БИБЛЕЙСКИЙ ЭНЦИКЛОПЕДИЧЕСКИЙ СЛОВАРЬ

BIBLE DICTIONARY

ENCYCLOPEDIC DICTIONARY IN RUSSIAN

Compiled by Eric Nustrem

Translated and edited from Swedish

by I.S. Svenson

New Revised Edition with Illustrations

WORLD CHRISTIAN MINISTRIES

Toronto 1980 Canada

БИБЛЕЙСКИЙ СЛОВАРЬ

ЭНЦИКЛОПЕДИЧЕСКИЙ СЛОВАРЬ

Составил Эрик Нюстрем

Перевод со шведского под редакцией
И. С. Свенсона

Новое пересмотренное и исправленное издание с иллюстрациями

Христианское общество
«Библия для всех»

Издательство «Логос» Лаге
Санкт-Петербург
1995

RUSSIAN BIBLE DICTIONARY
With Illustrations

Revised, Up-dated and Published by
WORLD CHRISTIAN MINISTRIES

ИЛЛЮСТРИРОВАННЫЙ БИБЛЕЙСКИЙ СЛОВАРЬ
Пересмотренное и исправленное издание.

ISBN 5-7454-0077-3

Напечатано по разрешению
Мировой христианской миссии
в г. Торонто
через федерацию союзов
ЕХБ в СНГ

Издание
Христианского общества
«Библия для всех»
по заказу Издательства
«Логос» Лаге, Германия

ПРЕДИСЛОВИЕ К РУССКОМУ ИЗДАНИЮ БИБЛЕЙСКОГО СЛОВАРЯ

Издательство считает своим долгом выразить искреннюю благодарность пастору Г. Б. Деркачу и его интересующейся миссионерской работой жене, которые, будучи занятыми миссионерскими делами, смогли взять на себя всецело издание русского библейского энциклопедического словаря. Этот замечательный Словарь выходит в свет благодаря плодотворному труду и многим молитвам пастора Г. Б. Деркача и послужит ему продолжительным памятником в небе, а также в сердцах верующих христиан на земле.

С тем же чувством искренности издательство приносит благодарность нижеупомянутым лицам:

Д-ру К. Костиву, О. Широбокову и пастору З. Речун-Панько за все сделанное ими на различных этапах подготовки Словаря, а особенно за корректуру рукописи;

Н. Зубовичу за подготовку Словаря к печати, за перевод подписей под фотографиями и иллюстрациями;

Г. Г. Ватричу, президенту, и С. Г. Ватричу, вицепрезиденту Гармони Принтинг Ко., за организацию работ над Словарем, техническую редакцию и за подбор фотографий к Словарю;

Д. Е. Гилману из Ван Когер Экзекутив Сентр, Норфолд, Вирджиния, за разрешение воспользоваться цветной гравюрой, фотокопию которой мы поместили вместе с другими цветными фотографиями в Словаре.

Пастору Д. Стур за фотографии Голгофы и Гробницы в саду;

Всем организациям и людям, которые дали нам право поместить их фотографии в Словаре;

Лайбери ов Конгресс, Отдел Фотографии, Вашингтон, Д.С., за воспользования фотографий из Матсон Фото Коллекшен.

Этот Библейский Словарь предназначается для проповедников, учителей воскресных школ, учителей Библии, для студентов, а также для всех, кто желает получить точные сведения на возникнутые вопросы во время чтения религиозной литературы.

Мы верим, что Словарь будет хорошим пособием многим людям различных вероисповеданий и тем самым принесет славу для нашего Господа.

ИЗДАТЕЛЬСТВО

ИЗ ПРЕДИСЛОВИЯ К 1-ОМУ ИЗДАНИЮ "БИБЛЕЙСКОГО СЛОВАРЯ" ДОКТОРА ЭРИКА НЮСТРЕМА

Теперь, когда эта работа передается тем, кто читают Библию, я считаю своим долгом предварить ее некоторыми заключительными словами, так как то, что для читателя книги является вступлением, на самом деле суть последние слова автора.

Прежде всего я чувствую, что мне следует здесь принести благодарность моему Небесному Отцу за благодать дарования мне физического и духовного здоровья и сил для окончания этой работы. Да прославится этим имя Его.

Это было летом 1866 года, когда я начал работу первым выпуском "Библейского Словаря", к чему побуждал меня мой старый почтенный друг, книгоиздатель Пер Пальмстрем (Стокгольм). Сердечно благодарю его и моих друзей, которые, как знатоки дела, помогли мне советом и указаниями.

Стокгольм, в сентябре 1868 г.

Г. Е. Нюстрем

ACKNOWLEDGEMENTS

Our special thanks and appreciation go to Rev. G. B. Derkatch, and his missionary minded wife, who with their various programs of missionary endeavours were also able to find time to organize the entire publication of the Russian Bible Encyclopedic Dictionary. This imposing Dictionary is the result of much prayer, and fruitful effort of Rev. Derkatch, and will be a lasting monument in heaven, as well as in the hearts of Christian believers in this world.

With the same feeling of gratitude we wish to acknowledge the outstanding participation of Dr. C. Kostiw, Ph.D., O. Chirobokow and Rev. Z. Reczun-Panko for their valuable assistance, consultation, correction and proof reading of the manuscipt.

Photographs—The majority of the black and white photographs used are a part of the Matson Photo collection and were graciously supplied by the Library of Congress, Photographic Division, Washington, D.C.

We sincerely thank J. E. Gilman of One Koger Executive Center, Suite 30[illegible], Norfolk, Virginia, 23502, U.S.A., for permission to use the color painting of "The Tabernacle," in the center fold of the Dictionary.

We also thank Rev. David Sture for supplying us with the black and white photos of Golgotha and the Garden Tomb. We wish to thank all organizations and individuals in supplying other photos and illustrations used in this publication.

Layout, design of text, research and co-ordination of photographs by Henry G. Watrich, President, and Stanley G. Watrich, Vice-President of Harmony Printing Ltd.

Compilation and translation of captions for photographs and illustrations by N. Zubowich, B.A.

This Bible Dictionary is dedicated as a help to Pastors, Sunday School teachers, Bible teachers, students and all who desire concise and accurate information on questions raised by ordinary reading.

We trust that this book will be a blessing to all people of all faiths and bring honour and glory unto the Lord.

THE PUBLISHERS

ИЗ ПРЕДИСЛОВИЯ К 4-МУ ИЗДАНИЮ "БИБЛЕЙСКОГО СЛОВАРЯ" ДОКТОРА ЭРИКА НЮСТРЕМА

Летом 1866 г. я начал работу над первым выпуском этого словаря, к чему побуждал меня мой старый почтенный друг, книгоиздатель Пер Пальмстрем. Возвратившись домой из своих путешествий по Сирии и Палестине в годы 1878-1881, мне представилась возможность приготовить новое, а именно второе, издание, которое вышло в конце 1883 года; третье издание вышло в 1887 году и было встречено большим интересом почтенного старого книгоиздателя Пера Пальмстрема, пока он в конце лета того же года был призван Господом. "Господь был с ним". 1 Пар. 9:20.

Слова, которыми были выражены цель и план 1-го издания в 1868 г., могут в сущности относиться и ко всем остальним изданиям, а именно:

Так как верная картина мест, которые были колыбелью святой истории, где лица, которые жили и действовали там, и обстоятельства и обычаи являются естественной или человеческой рамкой божественного откровения, что безусловно должно придать увеличенную ясность и наглядность понимания ее, то явилось главной целью вкратце представить то, что касалось этого предмета. Поэтому особое внимание обращено географическому, историческому и естественному содержанию Библии; менее подробно говорится о чисто теологическом, которое как-то принадлежит к этому. Противоречия и спорные вопросы, возникавшие в этом отношении, автор старался по возможности обойти; все же иногда убеждения автора давали окраску сказанному. Зато в подобном случае, я старался обращать внимание на положительные свидетельства, которые, хотя мало приняты во внимание, все-таки часто проявляются в природе и исследовании, на радость ее друзьям и вразумление ее противникам.

При обилии предметов, которые таким образом должны были быть обдуманы и представлены, естественно, что желаемая основательность и точность во всем не могли быть достигнуты в такое короткое время и такой непривычной рукой. Мне это чувствуется глубже всего теперь, когда я оканчиваю работу и поэтому надеюсь на благосклонность и снисходительность читателей. В то же время я убежден, что эта работа, при всех своих недостатках, будет в помощь какой-нибудь более счастливой и способной руке; такая книга была бы и мне в помощь, если бы я имел, скажем, одного менее удачного предшественника. Пусть будет эта книга кому-нибудь, да и многим друзьям, руководством и благословением; это — моя сердечная молитва, и может быть, слишком смелая надежда.

Помню, как в ранней молодости я очень обрадовался, когда в книжном шкафу моего отца нашел географический словарь к Новому Завету. Да послужит настоящий библейский словарь многим читателям Библии, как молодым, так и старым, их обучению и пробуждению. Библия является светом души и основанием всякого истинного развития — развития к вечному. Эта работа должна служить этой цели, как учителям, так и ученикам, ученым и неученым. Для этого я старался соединить основательность сведений с простотой изложения. Список цитируемых работ найдется в одном из приложений. То же приложение дает сведения о упомянутых в книге писателях, философах и т. д., что, наверное, приветствуется теми, кто не имеют возможности пользоваться такого рода пособиями. Те, которые владеют такими пособиями, пусть пройдут мимо этого приложения! Но в конце концов пусть никто не остановится на словаре, ни на приложении, а пусть всякий обратится к источнику, к которому, сам того не сознавая, тянется умирающий языческий мир, и возле которого даже среди христианства многие души еще стоят в колебании.

Когда же теперь мне снова дается возможность выпустить в свет новое издание этой работы, четвертое по порядку, с некоторыми изменениями и исправлениями, то я делаю это с глубокой благодарностью моему Небесному Отцу и с сердечной молитвой, чтобы Он далее и более благословил этот слабый посев во славу Своего имени.

Да будет эта книга средством для введения многих в Слово, и даст знакомство с теми местностями, где Сын Человеческий жил, с теми обстоятельствами, в которых Он действовал, и тем даст более живое представление о Нем Самом.

Алжир, 11 апреля 1896 г.

Эрик Нюстрем

Доктор Нюстрем скончался 64 лет от роду 3-го июля 1897 г. в Алжире, где он жил в последние годы жизни. Он умер несколько дней спустя после того, как он окончил ревизию перевода Нового Завета на так называемый народно-арабский язык.

Свен Лундквист

ПРЕДИСЛОВИЕ К РУССКОМУ ПЕРЕВОДУ БИБЛЕЙСКОГО СЛОВАРЯ ДОКТОРА ЭРИКА НЮСТРЕМА

Доктор Эрик Нюстрем высказал в своем предисловии искренное желание, чтобы Библейский Словарь послужил к благословению и пробуждению для многих, но мог ли он ожидать, что этот словарь будет переведен на русский язык?

Иоанн Свенссон, миссионер в России, знавший о большой нехватке Библий и учебных пособий в православной России, которая, после революции, стала атеистической, много потрудился над переводом и распространением этого словаря. Уже в 1920 году он был переведен на русский язык. Многие евангельские верующие того времени, знатоки русского языка, охотно помогли миссионеру Свенссону в этом.

На заседании правления Общества по Распространению Евангелия в России была представлена рукопись перевода Библейского Словаря уже в том же 1920 г. Но тогда не было денег на печатание и попытка собрать нужные для этой цели средства не дала желаемого результата. Время после первой мировой войны было, в экономическом отношении, тяжелым, и тогда было более необходимо печатать Новые Заветы и Библии для раздачи военнопленным, посылаемым обратно на родину по окончании войны.

Несмотря на то, что правление Славянской Миссии вполне понимало значение библейского словаря, особенно для учителей и проповедников в городах и деревнях, все же не было возможности собрать нужные на это средства в тот долгий и экономически трудный период.

Рукопись Библейского Словаря была передана Иоанном Свенссоном секретарю Миссии Элису Дюрингу, когда последний навестил переводчика в его доме в Бренниге, в Швеции, за несколько лет до того, как Господь отозвал из этой жизни Своего ревностного и верного слугу.

В то время над Европой нависла угроза новой войны. Вторая мировая война началась в 1939 году. Долгое время после войны Европа страдала от недостатка продовольствия, скоплений беженцев и всякого рода бедствий, которые Миссия старалась облегчить.

Когда в 50-ых годах была снова сделана попытка напечатать словарь, рукопись его считалась некоторыми устарелой благодаря многим научным успехам и модернизации русского языка.

Библейский словарь был отложен в сторону и предпочтение отдано передаче Слова Божия по радио.

В 1963 году исполнилось 60 лет работы Общества по Распространению Евангелия в России. Большие перевороты в Европе и переселение народов были причиной того, что Миссия переменила свое имя и называется теперь "Общество по Распространению Евангелия среди Славянских Народов". При праздновании 60-тилетия Миссии снова поднялся вопрос о сборе средств для переработки и печатания Библейского Словаря, но и на этот раз было дано преимущество слову, передаваемому по радио. И Библейский Словарь был опять отложен в сторону.

Но секретарь Миссии Элис Дюринг передал в 1964 году манускрипт книги типографии, чтобы получить смету расходов по ее печатанию. Однако прежде получения сметы, (которая равнялась 100.000 шведских крон). Элис Дюринг был отозван от службы земной в небесную обитель.

Опять Библейский Словарь был отложен. Казалось, что все двери были закрыты.

Но это, очевидно, не была воля Господня и Он снова и снова побуждал к этому делу. Он указывал на тот же самый способ, который уже ранее был применен при издании Библий, а именно способ фотографирования (оффсет), который стоил бы меньше, но требовал больше работы при списывании текста. Маргарита Эйзенберг из Эстонии обещала взять на себя эту задачу, если Господь даст на это необходимые время и силы. Теперь эта работа окончена и пред нами лежит готовая книга. Ирма Рюль, тоже из Эстонии, читала корректуру и проверила всю рукопись. Как переписка рукописи, так и проверка её — ее бесплатный труд на благо говорящих по-русски, с целью ознакомить их со страной и народами Библии, при глубоком желании помочь распространению Царства Божия.

Основой для расходов, связанных с печатанием, послужила сумма Кр. 16.722:11, которую народ Божий собрал как последний привет любви вместо цветов на могилу Секретаря Миссии Элиса Дюринга, и уже ранее упомянутые деньги, собранные для печатания, в 2.137:14 шв. крон.

Благодаря милости Божьей рукопись Библейского Словаря на русском языке тепер готова.

Мы, потрудившиеся в последнее время над словарем, от всего сердца благодарим Господа за то, что Он в Своей милости поддерживал и благословлял нас при работе. Нашим желанием является, как это и было желанием автора и переводчика книги, чтобы Библейский Словарь на русском языке стал руководством и благословением для всех, читающих Библию.

Стокгольм, 1 сентября 1969 г.

Хильма Дюринг

Известная стена Плача в Иерусалиме.

СПИСОК УСЛОВНЫХ СОКРАЩЕНИЙ

Быт. — Бытие. Первая книга Моисеева
Исх. — Исход. Вторая книга Моисеева
Лев. — Левит. Третья книга Моисеева
Чис. — Числа. Четвертая книга Моисеева
Втор. — Второзаконие. Пятая книга Моисеева
И. Нав. — Книга Иисуса Навина
Суд. — Книга Судей Израилевых
Руф. — Книга Руфь
1 Цар. — Первая книга Царств
2 Цар. — Вторая книга Царств
3 Цар. — Третья книга Царств
4 Цар. — Четвертая книга Царств
1 Пар. — Первая книга Паралипоменон
2 Пар. — Вторая книга Паралипоменон
Езд. — Книга Ездры
Неем. — Книга Неемии
Есф. — Книга Есфирь
Иов. — Книга Иова
Псл. — Псалтирь
Прит. — Книга Притчей Соломоновых
Еккл. — Екклесиаста или Проповедника
Песн. П. — Книга Песни Песней Соломона
Ис. — Книга Пророка Исаии
Иер. — Книга Пророка Иеремии
Плач. — Книга Плач Иеремии
Иез. — Книга Пророка Иезекииля
Дан. — Книга Пророка Даниила
Ос. — Книга Пророка Осии
Иоил. — Книга Пророка Иоиля
Ам. — Книга Пророка Амоса
Авд. — Книга Пророка Авдия
Ион. — Книга Пророка Ионы
Мих. — Книга Пророка Михея
Наум. — Книга Пророка Наума
Авв. — Книга Пророка Аввакума
Соф. — Книга Пророка Софонии
Агг. — Книга Пророка Аггея
Зах. — Книга Пророка Захарии
Мал. — Книга Пророка Малахии
Мат. — От Матфея святое благовествование
Мар. — От Марка святое благовествование
Лук. — От Луки святое благовествование
Иоан. — От Иоанна святое благовествование
Деян. — Деяния святых Апостолов
Иак. — Послание Иакова
1 Пет. — Первое послание Петра
2 Пет. — Второе послание Петра
1 Иоан. — Первое послание Иоанна
2 Иоан. — Второе послание Иоанна
3 Иоан. — Третье послание Иоанна
Иуд. — Послание Иуды
Рим. — Послание к Римлянам
1 Кор. — Первое послание к Коринфянам
2 Кор. — Второе послание к Коринфянам
Гал — Послание к Галатам
Еф. — Послание к Ефесянам
Фил. — Послание к Филиппийцам
Кол. — Послание к Колоссянам
1 Фес. — Первое послание к Фессалоникийцам
2 Фес. — Второе послание к Фессалоникийцам
1 Тим. — Первое послание к Тимофею
2 Тим. — Второе послание к Тимофею
Тит. — Послание к Титу
Филим. — Послание к Филимону
Евр. — Послание к Евреям
Отк. — Откровение Иоанна Богослова

В. З.	—	Ветхий Завет
до Р.Х.	—	до Рождества Христова
по Р.Х.	—	по Рождестве Христовом
дал.	—	далее
см.	—	смотри
срав.	—	сравни
напр.	—	например

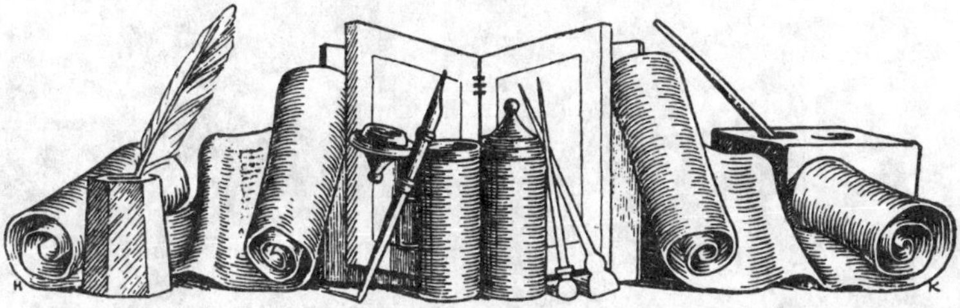

Известная стена Плача или место Плача в Иерусалиме, где каждый год собираются евреи, чтобы оплакивать потерянную славу древнего Израиля и увидеть руины древнего храма Соломона. Храм Соломона был разрушен в 586 г. до Р.Х., а храм Ирода был разрушен в 70 г. по Р.Х. Стена — это часть западной стены Купола на Камне, мечети, которая теперь стоит на месте, где стоял храм Соломона и храм Ирода. Многие верят, что эта стена теперешней мечети построена из камней, взятых из руин храма Ирода. Эта стена также называется стеной Соломона, потому что, правдоподобно, храм Ирода был построен из камней первоначального храма Соломона.

Проход Иофора в долине горы Синай.

А

Аарон, сын Амрама и Иохаведы, из колена Левиина, брат Моисея и Мариами (Исх. 6:20), на 3 года старше Моисея (Исх. 7;7). Женою его была Елизавета, дочь Аминадава; сыновья его: Надав, Авиуд, Елеазар и Ифамар. Он обладал даром слова. На 83 году своей жизни он был призван Богом в помощь Моисею, как его "уста" и как его "пророк" (Исх. 4:16; 7:1). Он был помощником своему брату при исходе евреев из Египта (Исх. 4—16), поддерживал руки Моисея во время сражения израильтян с амаликитянами (Исх. 17) и взошел вместе с ним на гору Синай, чтобы видеть славу Божию (Исх. 24:1, 2, 9-11).

Главным отличием Аарона было то, что он и его потомки мужеского пола были избраны Богом в священники (Исх. 28:29; Лев. 8). Он утвердился в этом избрании: во-первых после гибели Корея и его сторонников, затем, когда прекратилось поражение, после того, как он с кадильницей "заступил народ", а также когда его жезл пустил почки и расцвел (Чис. 16:17). Будучи верным и самоотверженным в служении, он кротко молчал, когда его сыновья Надав и Авиуд были умерщвлены огнем от Господа (Лев. 10:1-3). Все же иногда и он впадал в тяжелые грехи: нпр., сделал золотого тельца у подножия горы Синай (Исх. 32); соединился с Мариамью в мятеже против Моисея (Чис. 12) и вместе с Моисеем был непослушен Богу при Кадесе (Чис. 20:8-12). Поэтому Бог не допустил его вступить в Ханаан, и он умер на горе Ор в Мозере (Втор. 10:6), 40 лет спустя после выхода из Египта, 123

Гробница Аарона на горе Ор, около Пéтра.

„Холм Аарона", гора Синай.

лет от роду (Чис. 20:22-29; 33:39). Мозер, вероятно, название места у подножия, откуда Аарон взошел на гору.

Арабы до сих пор еще верят, что они указывают настоящее место могилы Аарона на горе, и оказывают ей большой почет.

Как первосвященник, Аарон был ярким прообразом Христа, так как призван был Богом, помазан елеем, носил на груди имена колен, возвещал волю Божию через урим и туммим, вступал в Святое Святых в день примирения "не без крови", ходатайствовал за народ Божий и благословлял его. См. Евр. 5:4; 7:11; 9:7 и далее.

Аароновы потомки (1 Пар. 27:17; 12:27). Им были отданы для жительства 13 городов в коленах Иудином и Вениаминовом.

Аваддóн, по-еврейски "гибель" и Аполлион по-греч. "губитель". Так называется "ангел бездны", упоминаемый в Откр. 9:7-11, где он является царем саранчи, вышедшей из бездны.

Авана и Фарфар (Парпар), реки около Дамаска (4 Цар. 5:12).

Авана (пишется также Амана, смотр. Амана) река с чистой, как кристалл, годной для питья водою, которая берет начало на Антиливане, оттуда направляется на юго-восток, протекает через Дамаск и, поворачивая на восток, впадает в большое озеро. Ее быстро текущая вода необыкновенно холодна, и поэтому настоящее ее название Нахр Барада (холодная река). Она настолько полноводна, что, хотя воду из нее отводят множеством каналов для орошения полей, однако и после этого она остается многоводной рекой с быстрым течением.

Фарфар, вероятно, река Нахр-ель-Авадж, которая берет начало с Ермона и, протекая южнее Дамаска, впадает в озеро, лежащее южнее того, в которое впадает Авана. Эти реки, орошая окрестности, превратили их в прекрасный сад и не без причины казались Нееману лучше вод израильских (4 Цар. 5:9-14).

Аварим, горная страна восточнее Мертвого моря и нижнего течения Иордана. Наиболее замечательные из ее возвышенностей: Нево, Фасга и Фегор (Чис. 23:28; 27:12; 33:47, 48; Втор. 32:49; Иер. 22:20; 34:1).

Аварим, по Чис. 33:47, является одной из стоянок Израиля. В параллельном месте Чис. 21:20 местность эта носит название Фасги.

Авва 1) халдейское слово, которое обозначает "отец" (Мар. 14:36; Рим. 8:15; Гал. 4:6).

2) См. "Ивва".

Аввакум — Хабакук.

Аввакум, один из малых пророков, автор названной его именем пророческой книги; о личности его и жизни ничего неизвестно. Из заключительных слов его книги (3:9) предполагают, что он мог участвовать в храмовом пении, и поэтому был левитом или священником. Он пророчествовал незадолго до вторжения халдеев (вавилонян) в Палестину (1:5 и дал.) и, следовательно, был современником Софонии и Иеремии. Он жил, приблизительно, между 640-610 гг. до Р. Хр.

Авеи, первоначальные обитатели северо-западной Палестины, малоизвестный народ. Они были истреблены народом кафторим, т. е. филистимлянами, при их переселении в эту страну (Втор. 2:23; И. Нав. 13:3).

Аввим, город в колене Вениаминовом (И. Нав. 18:23).

Август, первый римский император (Лук. 2:1). Его настоящее имя было Кай Юлий Цезарь Октавиан. Он родился в 63 г. до Р.Хр., был воспитан Юлием Цезарем и стал его наследником. После убийства Цезаря участвовал в триумвирате с Антонием и Лепидом. Когда последний умер, Август разделил власть с Антонием. Битва при Акциуме в 31 г. до Р. Хр. сделала его единственным властелином. Однако, для того, чтобы римский народ верил, что республика еще существовала ("потому, что он хотел верить этому"), Август избегал всех внешних признаков, указывающих на самодержавие: отказался формально от власти и признал сенат верховной властью, но устроил так, что все высшие военные и гражданские должности в государстве по закону находились в его непосредственном ведении. В 12 г. до Р. Хр. ему, наконец, предложили должность, которая давала ему главный надзор, но без соответственного титула. Под именем Август (Священный), которое было пожаловано ему сенатом в 27 г. до Р. Хр., он известен в истории. В семейной жизни Август был не очень счастлив. Умер он в Ноле, в Кампании (14 г. по Р. Хр). Во время его царствования родился Иисус Христос.

Августово рассмотрение (Деян. 25:21). По праву, данному Валериком (245 г. по римск. счисл.), все римские граждане могли аппелировать к высшему суду кесаря.

Авдемелех, ефиоплянин, евнух у царя Седекии, спасший пророка Иеремию от голодной смерти; впоследствии Господь сохранил его от смерти на войне (Иер. 38:6 и дал.; 39:15 и дал.; сравн. Мат. 10:41).

Авденаго (т. е. слуга Нево или Наву), халдейское имя, которое было дано Азарии, одному из трех товарищей Даниила, при дворе Навуходоносора (Дан. 1:7).

Авдий — Овадьягу.

Авдий, начальствовавший над дворцом Ахава, боялся Бога и спас сто Его пророков от избиения их царицей Иезавелью. Он первый увидел Илию, когда тот шел объявить о прекращении голода (3 Цар. 18:1 и дал.).

Авдон 1) город убежища для неумышленных убийц в колене Асировом (И. Нав. 21:30; 1 Пар. 6:74).

2) сын Гиллела из Пирафона в колене Ефремовом; был судьею в Израиле 8 лет; имел 40 сыновей и 30 внуков (Суд. 12:13 и дал.).

3) сын Михея, чиновник у царя Осии (2 Пар. 34:20).

Аве-Ситтим. См. "Ситтим".

Аведдар — Ове́д-Эдо́м.

Аведдар, гефянин, принял ковчег завета в свой дом после смерти Озы. В течение 3 месяцев, пока ковчег был у него, Господь обильно благословлял его дом (2 Цар. 6:10 и дал.; 1 Пар. 13:13; 15:25).

Авель (евр. "друг") или Авел-Беф-Маах, город в колене Неффалимовом, расположенный севернее озера Мерома, выдержал осаду восставшего Савея (2 Цар. 20:13-22); спустя 80 лет был взят Венададом (3 Цар. 15:20). По прошествии еще 200 лет его взял Феглаффелласар, царь Ассирийский (4 Цар. 15:29). Авель во 2 Пар. 16:4 называется Авелмаимом (болотистый луг), сравн. 3 Цар. 15:20. Местность всегда была богата водой (исток Иордана) и пастбищами. Прежде этот город был чтимым и знаменитым: "Мать городов в Израиле" (2 Цар. 20: 18, 19), теперь называется Абиль-эль-Камх, т. е. пшеничное поле.

Авель-Керамим, местность в земле Амона, к востоку от Иордана (Суд. 11: 33), известная еще во времена историка Евсевия своим хорошим виноградом.

Авель-Мехола и Авелмехола, город, где родился пророк Елисей, расположен в колене Иссахаровом, по Евсевию, на 15 км южнее Бел-Сана(3 Книга Цар. 19:16; 4:12). Близ этой местности Гедеон разбил мадианитян (Суд. 7:22).

Авель-Мицраим (равнина египтян); см. "Горен-гаатад".

Авель или Хавель (евр. "дуновение")* второй сын Адама и Евы, был пастырем овец. Авель принес Богу жертву от своего стада; Каин же принес от плодов земли. Бог принял с благоволением жертву Авеля, а жертву Каина отверг. Разгневавшись за это на Авеля, Каин убил его (Быт. 4). "Верою Авель принес Богу жертву... и получил свидетельство, что он праведен... ею он и по смерти говорит еще" (Евр. 11:4; Мат. 23:35). Каин был от лукавого и убил брата своего, потому что дела Авеля были праведны (Быт. 3: 12). "Кровь Авеля" вопиет о мщении (Быт. 4:10). Кровь Христа говорит лучше нежели Авелева (Евр. 12:24).

Авен, т. е. дуновение, также ложь.

1) в Ос. 10:8 сокращение от Бет Авен, прозванного впоследствии Вефилем (сравн. Ам. 5:5).

2) в Иез. 30:17 этому соответствует Он или Гелиополь (город солнца) в Египте.

3) "Долина Авен" (Ам. 1:5) обозначает, вероятно, Гелиополь (Heliopolis), т. е. город солнца, в долине между Ливаном и Антиливаном. В настоящее время этот город называется Баальбек и известен развалинами; особенно замечательны остатки трех огромных языческих храмов римских времен. Самый большой из храмов, (включая притвор с дворами и портиками), занимал пространство в 1000 футов (333 м) с востока на запад. Из многочисленных колонн сохранилось до сего времени значительное количество. Некоторые из них имеют 7 фут. (2,3 м) в диаметре и 62 фут. (20,6 м) в вышину, 14 фут. (4,6 м). Фундаменты храмов возвышались над землей на 40 и 50 фут. (13-16 метров). "Эти остатки древности уподобляются постройкам афинян по легкости, но превосходят их своими размерами: они огромны, подобно развалинам Фив, но значительно изящнее их".

Авен-Езер — Эвен-Эзер.

Авен-Езер, т.е. камень помощи, каменный памятник, который Самуил поставил между Массифою и Севом в воспоминание о спасении их Господом от руки филистимлян (1 Цар. 7: 5 и далее). Место это называлось так же и раньше (1 Цар. 4:1: 5:1).

Авенир — Авне́р.

Авенир, син Нира, брат Саула и военачальник (1 Цар. 14:50). В течение семи лет после смерти Саула он поддерживал сына его Иевосфея, который порицал его отношение к Рицпе. Он взялся соединить все царство под властью Давида, но был предательски убит Иоавом. Это было или мщением за то, что тот убил раньше брата Иоава Асаила, или сделано из зависти. Давид порицал это неправедное дело. Он сочинил плачевную песнь о его смерти и поручил Соломону наказать Иоава (2 Цар. 2; 3; 3 Цар. 2: 5, 6).

Авесса — Авша́й.

Авесса, сын Саруии, сводной сестры Давида, и брат Иоава и Асаила, один из самых замечательных героев Давида (1 Пар. 2:16); он до конца был верен своему царственному родственнику; был его спутником в лагерь к спящему Саулу (1 Цар. 26:7-11); предводительствовал в войнах с Иевосфеем (2 Цар. 2:15-18, 24); с идумеянами (1 Пар. 18:12, 13), а также с сирийцами и аммонитянами (2 Цар. 10:10). В одной битве с филистимлянами спас Давида и убил великана Иесвия, потомка Рефаимов (2 Цар. 21:16, 17); участвовал с Давидом в сражении с Симеем, Авессаломом и Савеем (2 Цар. 16:х; 18:2; 20:6, 7) и поразил копьем из их сообщников 300 человек (2 Цар. 23:18).

Авессалом — Авшало́м.

Авессалом 1) сын Давида и Маахи (2 Цар. 3:3), отличался красотой, приятностью в обращении и пышными красивыми волосами, которые ежегодно стриг, и которые весили 200 сиклей (2 Цар. 14:26). Когда Амнон, другой из сыновей царя, обесчестил его сестру Фамарь, Авессалом приказал слугам убить его и после этого убе-

---

*Примечание. Имя Хавель Шрадер и др. хотят объяснить ассирийским словом "хабал" (сын), которое встречается, напр., в имени Наву-Хабал-узур, т. е. "Нево (или Наву), сохрани сына".

жал в Гессур, где царствовал его дядя Фалмай. Спустя 3 года Давид, по просьбе Иоава, дозволил ему возвратиться в Иерусалим и, наконец, помиловал его (2 Цар. 14). Авессалом злоупотребил добротой Давида: он восстанавливал подданных против отца, к которому они приходили судиться. Льстивыми словами и обращением он вкрадывался в сердца израильтян и допустил в Хевроне выбрать себя царем (2 Цар. 15). После этого Давид удалился из Иерусалима. Авессалом преследовал его: произошло сражение, в котором войска Авессалома были разбиты и он сам бежал на муле. Когда мул мчался под ветвями большого дуба, Авессалом зацепился волосами в сучьях и повис между небом и землей, а мул убежал. Иоав и его воины, найдя Авессалома, убили его и закопали в лесу, накидав груду камней над его могилой. Давид горько оплакивал жалкий конец своего несчастного сына (2 Цар. 18).

2) 3 Цар. 15:2, 10; сравни: 2 Пар. 11:20.

Ави, мать Езекии, дочь Захарии (4 Цар. 18:2); она называется во 2 Пар. 29:1 Авией.

Авиам, сын Ровоама, смотри "Авия 3".

Авиафар или **Эвиафар,** сын первосвященника Ахимелеха, бежал к Давиду, когда Саул умертвил священников в Номве (1 Цар. 22:11; 23). Саул отдал его место Садоку. Давид, воцарившись, не захотел уволить Садока и наградил Авиафара, сделав обоих священниками (2 Цар. 20:25). Он был верен Давиду некоторое время (1 Пар. 15:11, 12; 2 Цар. 15:35); потом перешел на сторону Адонии. Соломон уволил его, оставив за ним звание священника (3 Цар. 4:4), и послал его в Анафоф (3 Цар. 2:26, 27). Соломон посвятил Садока, верного священника и таким образом сбылось пророчество о том, что исполнение священнических обязанностей будет отнято от Илия, Ифамара и его рода и возвращено роду Елеазара (1 Цар. 2:30-35). Во 2 Цар. 8:17 имя Ахимелех и в 1 Пар. 18:16 Авимелех, кажется, — смешение имен отца и сына. Может быть было несколько членов семейства с именем Авиафар. Сравни, что говорится о различных именах в статье "Охозия 2", "Сераия 1".

Авив, апрель, смотр. "Месяцы".

Авигея — Авигаль.

Авигея 1) Красивая и разумная жена Навала из Кармила. При известии о неблагодарности Навала по отношению к Давиду (1 Цар. 25:14), Авигея собрала 200 хлебов, 2 меха с вином, 5 овец, 5 мер сушеных зерен, 100 связок изюма и 200 связок смокв, навьючила все это на ослов и послала Давиду, который шел поразить Навала. Поступок и приятное обращение Авигеи так понравились Давиду, что, по смерти Навала, он взял ее себе в жены (1 Цар. 25:18 и дал.).

2) одна из сводных сестер Давида, мать Амессая (1 Цар. 16:17; 2 Цар. 17:25). См.: "Наас".

Авизер 1 или **Иезер,** правнук Манассии (Чис. 26:29, 30) и родоначальник (патриарх) того рода, из которого происходил Гедеон (И. Нав. 17:2; Суд. 6:34; 8:2; 32; сравни Чис. 26:29).

Авилинея, небольшая провинция, названная по имени города Авила, около реки Варады, на восточном склоне Антиливана, около 20 км к северо-западу от Дамаска. Эта страна в пятнадцатый год правления кесаря Тиверия управлялась четверовластником Лисанием (Лук. 3:1). Местечко Авилинея теперь называется Сок-ель-Барада с холмом Неби Хабил, который в народе считается местом погребения Авеля.

Авимелех, название некоторых филистимских царей, вероятно, общий царский титул, как напр. фараон и пр.

1) Царь Герарский, в столице филистимлян, который взял к себе Сарру, жену Авраама, но после предупреждения от Господа во сне, отдал ее обратно Аврааму и со свидетельством о невинности Сарры подарил ему 1000 серебряников в знак примирения (Быт. 20). Впоследствии он заключил союз с Авраамом (Быт. 21:22 и дал.).

2) другой царь в Гераре, современник Исаака, вероятно сын и наследник первого. Этот царь обличал Исаака за то, что тот лицемерил относительно Ревекки: он предостерегал свой народ, чтобы никто не касался Ревекки, и заключил союз с Исааком при Беэршиве (Быт. 26).

3) сын Гедеона (Иероваала), которого он имел от наложницы; после смерти своего отца Авимелех захватил власть в Сихеме, умертвил 70 своих братьев, и только младший Иофам спасся. Три года спустя жители Сихема восстали против Авимелеха, но он победил их, разрушил их город и, начав осаду Тевеца, едва не овладел башней, но одна женщина бросила обломок жернова ему на голову, отчего он и умер (Суд. 9; 2 Цар. 11:21).

4) в псалме 33:1 также говорится

об Авимелехе. Наименование Анхуса.

5) Авимелех смотри "Авиафар".

Авинадав 1) один из трех сыновей Иессея, последовавши за Саулом на войну с филистимлянами (1 Цар. 16:8; 17:13).

2) сын Саула, который пал в битве при Гелвуе (1 Цар. 31:2).

3) левит из Кириафиарима, в доме которого ковчег Завета оставался 70 лет после того, как филистимляне вернули его обратно (1 Цар. 7:1; 1 Пар. 13:7).

4) отец зятя и наставника Соломона, Бен-Авинадава (3 Цар. 4:11).

Авиноам, отец Варака (Суд. 4:6; 5:1).

Авирон 1) вождь из колена Рувимова, который вместе с Кореем, Дафаном и др. восстал против Моисея и Аарона (Чис. 16).

2) Авирам, сын Ахиила. См. "Ахиил".

Ависага — Авишáг.

Ависага, красивая молодая девушка сунамитянка, которая была взята во дворец, чтобы ухаживать за состарившимся Давидом. По смерти его Адония искал ее руки, чтобы при ее помощи проводить свои коварные планы; но за это был наказан смертью (3 Цар. 1:3; 2:22, 25).

Авитала (Авиталь), одна из жен Давида (2 Цар. 3:4).

Авихаиль, дочь Елиава, брата Давида, жена или теща Ровоама (2 Пар. 11:18). Этим именем назывались и другие женщины (Чис. 3:35; 1 Пар. 2:29). Мужчины также носили это имя (1 Пар. 5:14; Есф. 2:15; 9:29).

Авишуй 1) сын Финееса, четвертый первосвященник, начиная от Аарона (1 Пар. 6:4).

2) потомок Вениамина (1 Пар. 8:4).

Авиуд 1) второй сын Аарона, посвященный в священники вместе с тремя своими братьями (Исх. 28:1). Вскоре после этого он вместе со своим братом Надавом был сожжен огнем от Господа за то, что они зажгли фимиам чуждым, т. е. обыкновенным огнем, а не тем, который постоянно горел на жертвеннике всесожжения (Лев. 10:1, 2; 16:12; Чис. 16:46). Вскоре после этого случая употребление вина священникам было воспрещено и поэтому думают, что Авиуд и Надав совершили этот грех в нетрезвом виде. В Исх. говорится, что они оба провожали Моисея на Синайскую гору.

2) сын Заровавеля, один из предков Иисуса (Мат. 1:13).

Авия 1) второй сын Самуила, которого отец поставил вместе с его братом Иоилем судьями над израильтянами. Их жестокость и корыстолюбие вынудили народ избрать себе царя (1 Цар. 8:1-5).

2) сын первого израильского царя Иеровоама; он умер молодым, любимым и оплаканным, "ибо в нем нашлось нечто доброе перед Господом, Богом Израилевым" (3 Цар. 14:1-18). Этот пример показывает, что также и по Ветхому Завету часто ранняя смерть лучше долгой жизни.

3) или Авиам, сын Ровоама и наследник Иудейского царства (3 Цар. 15), приблизит. в 958-956 г. до Р. Хр. Он постоянно воевал с Иеровоамом, израильским царем, который в решающей битве вышел против него с 800.000 ч., сам же Авия имел 400.000 ч.; однако Господь дал победу колену Иудину и 500.000 израильтян остались на поле битвы (2 Пар. 13). Авия хорошо проповедывал врагам о Господе Боге, а сам жил в грехах; он взял себе после победы множество жен.

4) священник из рода Ааронова, по имени которого получила название восьмая из 24 чред священников (1 Пар. 24:10; Лук. 1:5).

5) священник во времена Неемии (Неем. 10:7).

6) мать Иезекии, смотр. "Ави".

7) потомок Вениамина (1 Пар. 7:8).

8) жена Есромова (1 Пар. 2:24).

Авнан (Он), сын Фалева (Пелета), участвовал с Кореем в востании против Моисея (Чис. 16:1).

Авраам или, как он назывался в начале — Аврам — праотец еврейского народа, сын Фарры, потомок Сима, родился в Уре Халдейском около 2000 лет до Р. Хр. (Быт. 11:27, 28). В Уре он прожил 70 лет, после чего, по призванию Божию, оставил своих языческих родственников и переселился в Харран, в Месопотамии (Деян. 7:2-5). С ним переселились его отец, жена Сарра, его брат Нахор, и сын умершего брата Арана Лот. 75 лет Аврам, похоронив своего отца в Харране, по повелению Божию, двинулся далее с женою и племянником Лотом и, кочуя, вступил в землю обетованную, получив обетование о большом числе своих потомков, о великом имении и благословении, которое получат в нем все народы на земле (Быт. 12:1-5). Он жил некоторое время в Сихеме и построил там жертвенник Господу, Который явился ему и обещал его потомству эту землю. Оттуда он переселился на возвышенность между Вефилем и Гайем, где также построил

Колодец Клятвы, которую здесь заключил Авраам с Авимелехом (Бытие 21).

жертвенник Господу и призвал Его имя. Вследствие голода в той земле, он отправился в Египет, где хитро назвал свою жену сестрой (Быт. 12). Когда он разбогател стадами, то вернулся в Ханаан. Предоставив Лоту плодоносную низменность в нижнем течении Иордана, Аврам раскинул шатры в Мамре, получив новое откровение от Господа (Быт. 13). Несколько лет спустя он собрал своих слуг в погоню за царем Кедорлаомером и его войсками, которые увели Лота и его друзей в плен, поразил их и преследовал до Ховы, к северу от Дамаска; освободил Лота с его друзьями из плена, Аврам принял благословение от Мелхиседека (Быт. 14). В пятый раз открылся ему Бог и дал обетование, что семя его будет многочисленно, как звезды на небе, предсказал его потомкам рабство в Египте в течение 400 лет и возвращение в землю обетованную для поселения в ней (Быт. 15). Так как обетование о сыне еще не исполнилось, то Сара ввела к нему служанку Агарь, которая родила ему Измаила на 86 году его жизни (Быт. 16). Спустя 13 лет, на 99 году жизни Аврама, Бог явился ему снова, как Бог Всемогущий, переменил его имя Аврам, т. е. великий отец, на Авраам, т. е. отец многих, переменил имя его жены Сары на Сарра, подтвердил, что обетованный наследник будет рожден именно Саррою и заключил с ним завет обрезания (Быт. 17). Обетование о сыне повторилось еще раз при удивительном явлении трех мужей, и в это же время Авраам просил за город Содом (Быт. 18). Затем Авраам

тронулся на юг к Герару, где он еще раз назвал Сарру своей сестрой (Быт. 20). Там родился Исаак на 100 году его жизни. Вскоре после этого изгнаны были Агарь с Измаилом (Быт. 21). Спустя 25 лет Бог испытал веру Авраама, приказав ему принести в жертву Исаака, наследника обетования, на горе Мориа (Быт. 22). Через 12 лет Сарра умерла и Авраам похоронил ее на поле Ефрона в пещере Махпела, которую купил для ее погребения (Быт. 23). Затем Авраам послал своего слугу, взять из Месопотамии жену его сыну Исааку (Книга Бытие 24). После этого брака Авраам женился на Хеттуре, от которой имел шесть сыновей, сделавшихся праотцами различных народов в Аравии. Авраам умер 175 лет "в старости доброй и насыщенный жизнью" (Быт. 25:8). Исаак с Измаилом похоронили его в одной пещере с Саррой. Исаак стал его наследником. Другие сыновья еще при жизни Авраама получили подарки.

Авраам верил Богу (Рим. 4), который избавил его от язычества (Ис. 29:22; И. Нав. 24:2) и рад был увидеть день Христа (Иоан. 8:56). Верою он повиновался, верою он странствовал в обетованной земле и жил в шатрах с Исааком и Иаковом, ибо он ожидал города, который имеет основание (Евр. 11:8-10). Верою, имея обетование, он принес в жертву единственного сына, думая, что Бог силен воскресить его из мертвых, почему и получил его в предзнаменование (Евр. 11:17-19); и, так как его вера была живой верой, которая выражалась делами, Бог вменил ему эту веру в праведность (Книга Бытие 15:6; Рим. 4:3), и он назван другом Божиим (Иак. 2:23; 2 Пар. 20:7; Ис. 41: 8). Еще и теперь он отмечается евреями, магометанами и христианами отличительным именем "эль халиль" (Друг Божий).

Авраамово лоно, см. "рай".

Ав 1) отец, встречается во многих сложных еврейских именах, напр., Авнер — отец света, Авессалом — отец мира.

Авран упоминается у Иез. 47:16, 18, как область, расположенная на северо-восточной границе Св. Земли. Возможно, что это Авран (Auran или Auranitis) — местность, известная под этим именем во времена Христа. Авраном и до сих пор называется область, расположенная на юг от Дамаска, между большой дорогой в Мекку и Аравийской пустыней, доходящая на юг до Геннисарета, богатая роскошными пастбищами, плодородными равнинами и многочисленными развалинами некогда могущественных городов: теперь высказывают мнение, что Авран Иезекииля — это нынешнее село Хаварин, к востоку от Антиливана.

Агав, пророк в Иерусалиме, предсказавший в Антиохии о голоде, который и был в царствование Клавдия, в 44 году по Р. Хр. По этой причине из Антиохии была послана помощь для верующих в Иерусалиме (Деян. 11: 27-30). Много лет спустя Агав предсказал о страданиях, которые постигнут Павла в Иерусалиме (Деян. 21: 10).

Агава, город и река в Вавилоне, где Ездра собрал евреев, когда они возвращались в Иерусалим (Езд. 8:15, 21, 31).

Агаг, общее название амаликитянских царей (Чис. 24:7; 1 Цар. 15:8). Тот, о котором говорится в последнем месте, был взят в плен во время войны с Саулом, но, вопреки воле Божией, оставлен в живых. По этой причине Самуил вмешался в дело, наказал Саула и "разрубил Агага перед Господом". Это было наказанием Агага за его собственную жестокость (1 Цар. 15: 33).

Агарь — Хага́р.

Агарь, служанка из египтянок у Авраама; по желанию Сарры, сделалась его наложницей. Она стала непокорна своей госпоже и убежала от Авраама из страха наказания. В пустыне ее нашел ангел Господень, убедил смириться и дал ей обетование о сыне и о многочисленном от него потомстве. Она призвала имя Господа, назвав Его: "Ты Бог, видящий меня". После этого она возвратилась к Аврааму и от нее родился Измаил. Приблизительно, 14 лет спустя со своим сыном должна была покинуть дом Авраама; дорогой она заблудилась и перенесла большое горе, видя своего сына умирающим от жажды, но ангел Господень утешил ее и Бог показал ей источник для утоления жажды (Быт. 16; 17:21). В Гал. 4:24 и дал. имя Агарь, которое по еврейски переводится словом чужеземец, а по арабски — скала, является символическим изображением пребывания под законом.

Агаряне, кочевой народ между Галаадом и Евфратом. Во времена Саула они были покорены коленами Гадовым и Рувимовым (1 Пар. 5:10, 20). О них вместе с измаильтянами говорится, что они были врагами народа Божия (Псл. 82:7).

Агат. См. "Драгоценные камни".

Аггей — Хагай.

Аггей, первый пророк после возвращения из вавилонского плена, вероятно, из числа пришедших с Зоровавелем. О его жизни ничего не известно. В Езд. 5:1 говорится, что Аггей и Захария пророчествовали евреям в Иерусалиме, побуждая их к постройке храма, и из Езд. 6:14 видно, что их ревность имела успех. По Агг. 1:1, он пророчествовал во второй год царя Дария Гистаспа, около 520 г. до Р.Хр.

Аггифа (Хагит), одна из жен Давида, мать Адонии (2 Цар. 3:4).

Агнец был главным жертвенным животным (Исх. 29:38 и дал.; Чис. 28:9 и дал.; 29:2, 13 и дал.). Поэтому Мессия (помазанник) изображается как Агнец, ведомый на заклание" (Ис. 53:7). Иоанн Креститель называет Его "Агнцем Божиим" (Иоан. 1:29) как непорочную, чистую жертву. Срав. 1 Пет. 1:19; Отк. 5:6; 7:9 и дал.; 12:11; 17: 14; 21:23 и дал.; 22:1. Мы читаем о браке Агнца (Отк. 19:7 и дал.), также о невесте Агнца (Отк. 21:9).

Аголиав, сын Ахисамаха, искусный художник из колена Данова, участвовавший в постройке скинии (Исх. 31:6).

Агриппа, см. "Ирод".

Агур, сын Иакея, автор 30-ой главы притчей Соломона. Высказывают мнение, что это имя обозначает "собиратель".

Ад. В большинстве мест, где это слово встречается в Библии, в основном тексте ему соответствует еврейское слово "шеол" или греч. "гадес", которое обыкновенно переводится словом "преисподняя" или "царство мертвых". Шеол обозначает "прикрытая пропасть" (Бернштейн) или "пустота внутри", сравни нем. Hölle; гадес — "невидимое".

Царство мертвых, куда соберутся все люди после их смерти (Иов. 30:23), изображается расположенным внутри земли (Чис. 16:30 и дал.; Иез. 32:18), это страна тьмы и тени смертной (Иов. 10:21) с жилищами (Прит. 7:27) и воротами (Ис. 38:10; Мат. 16:18), земля молчания и забвения (Псл. 93:17; 87:13), где мертвые соединяются по коленам и племенам (Быт. 37:35; Иез. 32:21 и дал.), где они отчасти сохраняют ту одежду и тот вид, который имели на земле (1 Цар. 28:14; Иез. 32:27), но где не существует деятельности, размышления, знания и мудрости, а царит безразличный покой (Иов. 3:13; Еккл. 9:10) и где уже не вспоминают о Боге и не призывают Его имени (Псл. 6:6; 29:10; 87:11 и дал.; Ис. 38:18 и дал.), хотя Всемогущий и там присутствует (Псл. 138: 8), так что души умерших (рефаимы) трепещут перед Ним (Иов. 26:5). Относительно возмездия в преисподней живущие неясно себе представляли: угнетатель и угнетенный живут там вместе (Иов. 3:13 и дал.). Саул и сыновья его встречаются там с Самуилом (1 Цар. 28:19). Из этого царства мертвых никто никогда не возвращается обратно (Иов. 16:22), оно называется вечным домом человека (Еккл. 12:5) и смерть называется вечным сном (Иер. 51:39, 57; сравни Ис. 26:14). Все это однако не препятствовало поэтическому воображению рисовать сцены посреди умерших; так, напр., Исаия описывает, как цари в преисподней встают со своих престолов для того, чтобы с глумливым смехом встретить царя Вавилонского, вверженного в царство мертвых (Ис. 14:9 и дал.).

С другой стороны в этот мрак преисподней проникают лучи, которые предвозвещают начало дня. Такими лучами были свидетельства о взятии Богом Еноха и Илии, предчувствия некоторых отдельных верующих о жизни после смерти, напр., Псл. 72: 23 и далее, торжественные слова Иова об Искупителе (Иов. 19:25 и дал.) и некоторые ясные пророчества об уничтожении смерти и о воскресении умерших (Ис. 25:8; 26:19; Дан. 12:2 и другие). Так как в последнем случае (Дан. 12:2) воскресение мертвых должно совершиться в два приема, то преисподняя, по представлению нового еврейства, имела две различные части, отделенные друг от друга непроходимой пропастью; одно из них предполагалось для верующих, другое для безбожников. В первой, которую назвали "раем" или "садом Едема", находятся набожные патриархи; там Авраам принимает на свое лоно всех истинных своих детей, чтобы утешить их. — В другом же отделении безбожники мучаются в пламени осуждения (Лук. 16:23 и далее).

Кроме упомянутых слов, шеол и гадес, в Новом Завете есть другое слово, а именно: геенна — греческая форма еврейского слова гехенна или гехинном (см. Енномова долина). Слово это употреблено, чтобы отметить последнее место собрания осужденных. Это слово встречается в Новом Завете в 12 местах, а именно: 11 раз в 3 первых Евангелиях (Мат. 5:22, 29, 30; 18:9; 10:28; 23:15, 33; Мар. 9:43, 45, 47; Лук. 12:5) и один раз у Иак. 3:6. В некоторых из этих мест находим название "геенна огненная", т. е. "горящая геенна"; оно обозначает то же, что и "печь огненная" (Мат. 13: 42, 50) — вечный огонь или "мука вечная" (Мат. 25:41, 46), "тьма внешняя" (Мат. 22:13; 25:30).

"Врата адовы" в Мат. 16:18, т. е. власть и совет ада. Срав. "Ворота".

Ада 1) одна из жен Ламеха (Быт. 4:19), родившая Иавала и Иувала.

2) одна из жен Исава, дочь Елона, которая родила Елифаза (Быт. 36:2, 4).

Адам 1) общее название всех людей, как рода, а также собственное имя первого человека, праотца всех народов. На 6 день творения мира Бог сказал: "Создадим человека (евр. Адам) по образу и по подобию нашему". — "И сотворил Бог человека по образу Своему, по образу Божию сотворил его: мужчину и женщину сотворил их" (Быт. 1:26, 27). "И благословил их Бог и сказал им Бог: плодитесь и размножайтесь и наполняйте землю, и обладайте ею и владычествуйте над рыбами морскими (и над зверями), и над птицами небесными (и над всяким скотом и над всею землею) и над всяким животным, пресмыкающимся по земле" (Быт. 1:28), и повелел им питаться растениями (Быт. 1:29).

В Быт. 2:7 описывается более подробно сотворение человека: "и создал Бог человека (адам) из праха земного (адама) и вдунул в лице его дыхание жизни: и стал человек (адам) душою живою". После этого Бог поместил человека в Едемском саду, чтобы он возделывал его. Бог предупредил человека о дереве познания добра и зла, также привел к нему всех животных, чтобы он дал им имена; наконец, дал ему жену, сделанную из его ребра, чтобы была ему помощницей.

Тогда сказал человек: "Вот это кость от костей моих и плоть от плоти моей, и она будет называться женою (иша), потому что взята от мужа (иш). Потому оставит человек отца и мать свою и прилепится к жене своей и будут (два) одна плоть". Они оба — Адам и его жена — были наги и не стыдились (Быт. 2). В Быт. 3 рассказывается, как змей прельстил Еву плодами дерева познания добра и зла, и она ела сама эти плоды, дала их мужу и он также ел. Святая невинность сменилась сейчас же стыдом и страхом; они покрыли себя листьями и спрятались от Бога. За падением последовал суд: болезненное рождение детей, проклятие земли, добывание пропитания в поте лица и изгнание из Едемского сада. Еще до суда Бог дал им обетование, что семя жены сотрет главу змея (Быт. 3:15). Когда Каин, первородный сын Адама, убил своего брата Авеля и ушел в другую страну, Адам на 130 году родил сына, по подобию своему и назвал его Сифом. После этого Адам прожил еще 800 лет и родил сыновей и дочерей, так что всех дней его жизни было 930 лет (Быт. 5:3, 4). Имя Адам, которое Бог дал человеку в тот день, когда создал его, легко объяснить еврейским словом — адама (земля), следовательно, Адам — земной (Быт. 2:7).

Как Адам был праотцем грешного рода преступников (Ос. 6:7), так Христос сделался праотцем праведного рода (Рим. 5) по новому завету (Евр. 8), почему Он также называется вторым или последним Адамом: "первый человек — из земли, перстный; второй человек — Господь с неба" (1 Кор. 15:45, 47).

2) город, расположенный на реке Иордане, между Цартаном и Сокхофом, где воды Иордана остановились при переходе израильтян (И. Нав. 3:16).

Адама, город в колене Неффалимовом (И. Нав. 19:36).

Адар, март, см. "Месяцы".

Адда (Идó) пророк, который имел видение о Иерусалиме; о его записях об Авии и Ровоаме упоминается во 2 Пар. 12:15; 13:22.

Аддий, один из предков Христа (Лук. 3:28).

Адер — Адáр.

Адер, Идумеянин царского рода, который во время войны Давида с Идумеей (2 Цар. 8:14) убежал в Египет, где женился на сестре царицы. После смерти Давида и Иоава он возвратился в Идумею и поднял восстание против Соломона (3 Цар. 11:14 и дал.).

Адифаим (Адитаим), город в колене Иудином (И. Нав. 15:36); в настоящее время селение Хадите, восточнее Лидды. См. "Хадид".

Адма, город, который был разрушен вместе с Содомом, Гоморрою и Севоимом (Быт. 10:19; 14:2; Втор. 29: 23; Ос. 11:8).

Адолламская пещера — евр. Меорáг Адулáм.

Адолламская пещера, где Давид спрятался от Саула (1 Цар. 22:1; 2 Цар. 23:13). По преданию, эта пещера находится в большом гроте с лабиринтами Харейтун, к югу от Вифлеема. В этом гроте может уместиться несколько тысяч человек. Местность около Дуббана также очень богата пещерами. Близ того места, южнее от Сохо, находятся пещеры, называемые Айдельмие и населенные людьми. Два псалма написаны Давидом в Адолламской пещере: Псл. 56 и 141.

Адони-Везек, хананейский тиран в Везеке, взявший в плен 70 царей (начальников округов) Палестины. Он отсек им большие пальцы на руках и на ногах и позволил им есть под своим столом, как собакам. По его словам, он получил возмездие, такое же наказание, попав в руки Иуды и Симеона (Суд. 1:5-7).

Адонирам, главный надзиратель у Давида и Соломона над 30.000 человек, которые были посланы, чтобы заготовлять деревья (3 Цар. 5:14; 2 Пар. 10:18). Он называется Адорамом во 2 Цар. 20:24; 3 Цар. 12:18.

Когда 10 колен взбунтовались, то Адонирам был послан царем Ровоамом к ним для переговоров и там был побит камнями.

Адониседек, аморрейский царь в Иерусалиме, соединился с четырьмя другими царями против Иисуса Навина. Жаркая битва произошла при Гаваоне, где Господь помог Израилю, послав каменный дождь с неба на врагов. Пять царей потерпели большой урон и спрятались в пещерах Македы, но были найдены и убиты (И. Нав. 10:1-27).

Адония. 1) четвертый сын Давида, которого он родил от Аггифы (2 Цар. 3:4). По смерти Амнона и Авессалома он очень хотел получить царство, хотя оно и было обещано Соломону, его младшему брату. Привлекши на свою сторону Иоава, Авенира и др. он начал открытый бунт и допустил избрать себя царем еще при жизни Давида. Узнав об этом Давид, сейчас же повелел помазать Соломона на царство. После этого друзья Адонии оставили его и он бежал к жертвеннику, чтобы спастись. (Срав. Исх. 21: 14). Соломон оставил его без наказания, сделав ему внушение. Когда же он немного спустя, попросил руки Ависаги, то был наказан смертью (3 Цар. 1:2). См. "Ависага".

2) один из левитов, которых Иосафат послал учить народ закону Божию (2 Пар. 17:8).

Адораим, город в южной части Иудеи,

укрепленный Ровоамом (2 Пар. 11:9). Теперь это большое селение Дура к западу от Хеврона, с знаменитыми развалинами.

Адраазар, сын Реховов, царь в Суве — части Сирийского царства (3 Цар. 11:23) — был разбит Давидом в трех сражениях (2 Цар. 8:3 и дал.; 10:6 и дал.; 1 Пар. 18:3; 19:6).

Адрамелех 1) сын ассирийского царя Сеннахирима (Ис. 37:38; 4 Цар. 19:37). Когда Сеннахирим, после неудачного выступления против Езекии, возвращался в Ниневию, он был убит двумя своими сыновьями — Адрамелехом и Шарецером. Они убежали после этого в Араратскую землю (Армению).

2) и Анамелех — боги, которым сепарваимцы поклонялись, принося им в жертву своих детей. После переселения в Самарию они продолжали поклонение им с жертвоприношениями (4 Цар. 17:31). Судя по ассирийским памятникам, на которых часто встречаются названия богов Адара и Ану, первый соответствовал Сатурну и изображался в виде крылатого быка с человеческой головой; второй, т. е. Ану, один из великих вавилонских богов, изображался в виде человека, покрытого рыбьей чешуей и носил название "добрый бог", "рыбий бог", "господин ночи", что совершенно согласно с рассказами Вероза (Евсевий 2. 3) о рыбьем человеке Данне, т. е. Ану.

Значение названий — Адрамелех, т. е. Адар — Малик (Адер есть царь) и Анамелех, т. е. Ану — Малик (Ану есть царь) — уясняются по памятникам, которые дают важное подтверждение библейскому рассказу.

Адрамит (Деян. 27:2), приморский город в Мисии (Малая Азия), расположен против острова Лесбоса, на несколько миль севернее Смирны. Теперь он называется Эдрамит. Оттуда был корабль, на котором Павел ехал из Кесарии до Миры.

Адриа или Адриатическое море, залив между Италией и Грецией, названный так по городу Адрия при реке По. Во времена Павла Адрией называли также Ионическое море, которое расположено южнее.

Адриэл из Мехолы, сын Верзеллия; он женился на Мерове, дочери Саула, которая была обещана Давиду (1 Цар. 18:19). От нее Адриэл имел пять сыновей, которые были отданы гаваонитянам, чтобы убить их "пред Господом" в отомщение за жестокость Саула к гаваонитянам (2 Цар. 21:8). В этом месте говорится, что они были сыновьями Мелхолы, которых она родила Адриэлу. Это или ошибка переписчика, или обе сестры назвались Мелхолами.

Адуммим, возвышенность на границе колен Вениаминова и Иудина (И. Нав. 15:7; 18:17) по дороге между Иерусалимом и Иерихоном, где теперь находится разрушенная крепость Калаат ель дем (крепость крови).

Азаил — Хазаэль.

Азаил, сирийский чиновник, которого Илья, по повелению Божию, еще до его избрания помазал царем над Сирией (3 Цар.19:15). Несколько лет спустя после помазания Азаил был послан царем Венададом к Елисею, который находился тогда в Дамаске, чтобы поговорить с ним об исходе болезни царя. На другой день царь умер, и Азаил занял его место (4 Цар. 8:7-15). Он царствовал около 40 лет, и его успехи и жестокость в войнах с иудеями и израильтянами вполне оправдали предсказания Елисея (4 Цар. 8:28; 13:3, 7, 22; 2 Пар. 22:5; 4 Цар. 10:32). Только большими подарками, взятыми из храма и дворца, Иоас мог побудить его пощадить Иерусалим (4 Цар. 12:17 и дал.).

Азария 1) царь в Иудее (4 Цар. 15:1). См. "Озия".

2) сын Иоанона, — "это тот, который был священником в храме, построенном Соломоном в Иерусалиме" (1 Пар. 6:10).

3) сын Одеда (2 Пар. 15:1), названный в 8 стихе этой главы Одедом, был сильный духом пророк в царствование Асы. Он одобрил Асу, желавшего обновить дом Господень и извергнуть языческие мерзости.

4) первосвященник в царствование Озии (2 Пар. 26:17), который противился царю, когда тот вступил в храм Господень, чтобы самовольно воскурить фимиам на жертвеннике.

5) первосвященник во время Езекии (2 Пар. 31:10).

6) он же Авденаго (Дан. 1:7). См. "Анания 3".

7) он же "Охозия 2".

Азека, город в низменной местности Иудеи, около Гефы (И. Нав. 15:35), близ Сокхофа (1 Цар. 17:1), покорен Навуходоносором (Иер. 34:7); впоследствии заселен евреями (Неем. 11:30).

Азмавеф (Азмавет). **Беф-Азмавеф** 1) Езд. 2:24; Неем. 7:28; 12:29 город или село вблизи Иерусалима.

2) 1 Пар. 27:25, поставлен над сокровищами царскими. Двое из сыновей его пристали к Давиду в Секелаге (1 Пар. 12:3).

Азор, один из предков Христа (Мат. 1:14).

Азот — Ашдод.

Азот 1) одна из 5 столиц филистимлян, к северу от Аскалона. Здесь находился храм Дагона, в который филистимляне поставили взятый в плен ковчег завета (1 Цар. 5:1). Этот город был предназначен для колена Иудина, но оно не могло овладеть им (И. Нав. 13:3; 15:47). После беседы с евнухом Филипп пришел в Азот и проповедывал там Евангелие (Деян. 8:40).

2) некоторое время этот город, после его завоевания в 711 г. до Р. Хр. (Езд. 20:1) платил дань Ассирии. Впоследствии Азот был взят египетским царем Псаметихом (633-610 гг.) после многолетней осады (29 лет, по словам Геродота). По возвращении иудеев из вавилонского плена, жители Азота относились к ним враждебно (Неем. 4:7), несмотря на то, что некоторые иудеи взяли себе жен из этого города (Неем. 13:23). Современный Ашдод основан в 1956-ом году в семи километрах к северу от развалин филистимского города. В 1968-ом году в нем было 30 тысяч жителей. Крупный промышленный центр, в 1965-ом году построен современный порт — второй большой порт Израиля на Средиземном море.

Аиалон 1) левитский город в колене Дановом (И. Нав. 21:24); в последующие времена считался принадлежащим то колену Ефремову, то Иудину, то Вениаминову (2 Пар. 11:10; 1 Цар. 14:31). Филистимляне отняли этот город в царствование Ахаза (2 Пар. 28:18). Здесь, по слову Иисуса Навина, были во время сражения остановлены солнце и луна (И. Нав. 10:12). Теперь этот город называется Ияло и расположен близ дороги, соединяющей Иерусалим с Рамле. В летописях китайцев, египтян (по Геродоту) и мексиканцев упоминается о продолжительном дне, приблизительно, в то же время, в какое описывается это событие в Библии.

2) Город в колене Завулоновом, где похоронен судья Елон (Суд. 12:12).

Аиаф, см. "Гай".

Аин (евр. родник) 1) местность в северо-восточной части Ханаана к западу от Риблы (Чис. 34:11); может быть, один из истоков Иордана. Срав. "Рибла".

2) источник в Изрееле (1 Цар. 29:1) в получасе ходьбы к востоку от Изрееля, быстро текущий "Источник Голгофа" — Аин-Джалуд. Предание говорит, что здесь Давид убил Голиафа. Может быть, этот источник то же, что и Харод (Суд. 7:1).

3) город левитов, вблизи Риммона, недалеко от Едомской границы (И. Нав. 21:16) в колене Иудином (И. Нав. 15:32) или Симеоновом (И. Нав. 19:7; 1 Пар. 4:32), упоминается во многих местах вместе с Риммоном. В Неемии 11:29 эти оба названия соединились в одно Ен-Риммон, т. е. гранатовый источник. Это место было расположено на южной границе земли (Зах. 14:10). Может быть, город находился на месте теперешних развалин Ум-ель-Руммамим, к северу от Вирсавии (Быт. 21:31).

Приставка Ен (евр. Ain) встречается часто в еврейских названиях местностей и напоминает о том источнике, который был причиной первоначального заселения данной местности, напр., Ен-Дор, Ен-Гедди и т. п. Еще и теперь в Палестине встречается множество названий местностей, которые начинаются с "Аин".

4) город в колене Неффалимовом, близ Дана, завоеванный Венададом (3 Цар. 15:20; 2 Пар. 16:4) и Феглаффелласаром (4 Цар. 15:29). Предполагают, что он был расположен на прекрасной равнине Мердж-Аин, при подошве Гермона к северо-западу от Дана.

Аир (евр. Канэ-Бóсем), индийский тростник (*Calamus odoratus*), из корней которого приготовляли благовонный елей (Исх. 30:23; Песн. П. 4:14; Ис. 43:24; Иез. 27:19).

Аист (Псл. 103:17; 17; Иов. 39:16), нечистая птица (Лев. 11:19 — цапля; Зах. 5:9), еврейское название которого "хасида", т. е. нежный, указывает, может быть, на нежность, с которым он относится к своим родителям; говорят, что он никогда не оставляет их, а кормит и защищает их в старости (?). С другой стороны, в последнее время наблюдали, что аисты-родители жертвовали жизнью, стараясь спасти своих птенцов из пламени. Народное поверие утверждает, что во время перелетов, если вожак устает, то другие поддерживают его. В Книге Иер. 8:7 словами "аист знает определенные времена", наверно указывается на свойственный ему инстинкт перелетной птицы. У него длинные ноги и клюв красного цвета, оперение белое, за исключением черных концов крыльев, равно как и части головы и верхних частей ног. Он питается крысами, ящерицами, змеями, лягушками и насекомыми.

Акелдама (земля крови), земля горшечника, которую первосвященники купили за 30 сребренников Иуды Искариота (Матфея 27:7, 8). Под предлогом того, что недозволительно внести эти деньги в сокровищницу храма, так как это была цена крови, они купили на них поле для погребения странников. В Деян. 1:18, 19 сказано, что Иуда Искариот приобрел землю, потому что она была куплена на его деньги. Согласно преданию, это поле находится на крутом склоне горы Злого Совещания, недалеко от Иерусалима, к югу от него.

Среди множества странных гробниц на южном склоне этой горы, находятся развалины под названием Хакл Дама или эль Фердус с каменными стенами и колоннами, лежащими глубоко в земле, и с кровлями над землей, имеющие 3 или 4 отверстия для опускания покойников. Вероятно, это остатки иудейской могильной постройки. На этом месте построен греческий монастырь св. Онуфрия.

Акила, еврей из Понта. Его ремеслом было делание палаток. Со своею женой Прискилой он переехал в Рим, но, по указу Клавдия о выселении евреев из Рима, он оставил Рим и поселился в Коринфе, где и встретился с Павлом. Вместе с Акилой Павел занимался деланием палаток и вместе с ним благовествовал.

Неизвестно, стали ли Акила и Прискила христианами в Риме, или позднее, в Коринфе. Они последовали за Павлом в Ефес, где точнее объяснили Аполлосу путь Господень (Деян. 18:24-26) и держали свой дом открытым для собрания христиан (1 Кор. 16:19). Впоследствии они вернулись в Рим, что видно из послания к Рим. 16:3-5, где Павел приветствует их, “как сотрудников во Христе Иисусе, — которые голову свою полагали за мою душу, которых не я один благодарю, но и все церкви из язычников”. Во время заключения Павла в Риме, они, кажется, были в Ефесе (2 Тим. 4:19).

Акка — Акко.

Акка, приморский город на Средиземном море, 40 км южнее Тира; расположен в северной части бухты Акка, напротив Кармила. Акка была назначена колену Асирову, которое так и не могло изгнать оттуда хананеев (Суд. 1:31). Во времена крестоносцев она называлась St. Jean d'Acre. Этот сильно укрепленный город выдержал много осад, был много раз разрушен, но снова отстраивался. Он был последним укрепленным пунктом, который турки вырвали из рук крестоносцев. Арабы до сих пор называют этот город по старому — Акка.

По Деян. 21:7, здесь находилась христианская община, которую Павел посетил на обратном пути из Милита в Иерусалим: “Мы прибыли из Тира в Птолемаиду, где, приветствовавши братьев, пробыли у них один день”.

Современный Акко представляет собой город, населенный арабами и евреями (22,5 тыс. евреев и 8,5 тыс. арабов в 1967-ом году). Город замечателен древней крепостью. На его южной окраине расположен единственный в Израиле сталепрокатный завод.

Аккад, один из тех четырех городов, которые Нимрод построил в земле Сеннаар.

Акравим — Акрабим.

Акравим (т. е. скорпионы), возвышенность немного южнее Мертвого моря (И. Нав. 15:3; Чис. 34:4). Эта местность еще и теперь изобилует скорпионами (Втор. 8:15).

Акриды. См. “Саранча”.

Алебастр (названый так по имени города Алебастрона в Египте) — род белого или красноватого известняка или гипса, из которого делали шкатулочки и пузырьки с длинными и узкими горлышками для бальзама и мирра. О таких сосудах говорится в Мат. 26:7; Мар. 14:3; Лук. 7:37.

Александр — 1) знаменитый сын и наследник царя македонского, Филиппа, прозванный Великим (336-323 до Р.Хр.). В Библии он не встречается, но полагают, что он упоминается в Книге Пророка Даниила 7:6; 8:4-7, в образе леопарда с четырьмя крыльями и козла с одним рогом между глазами, символизирующими быстроту завоеваний и непоколебимую силу. У большого истукана, которого Навуходоносор видел во сне, железные голени были символом царства Александра (Дан. 2:40). В течение 12 лет он сделался властелином Сирии, Палестины, Египта, основал Александрию, покорил Персию, зашел также в Индию, после чего внезапно умер в Вавилоне; его обширное царство поделили между собою его военачальники. Александр сокрушил персидское владычество, открыл Азию для греческой культуры, чем не мало способствовал будущей евангельской проповеди.

2) сын Симона Киринеянина (Мар. 15:21).

3) член того синедриона, который судил Петра и Иоанна (Деян. 4:6).

4) еврей в Ефесе, который напрасно старался успокоить народное возмущение против Павла (Деян. 19:33).

5) медник, который причинил Павлу много зла (2 Тим. 4:14). Вероятно он же участвовал в заблуждении Именея и разделил его участь (1 Тим. 1:20). См. "Именей".

Александрийцы, евреи из Александрии, имели собственную синагогу в Иерусалиме. Некоторые из них спорили со Стефаном (Деян. 6:9).

Александрия (Деян. 18:24; 27:6), прославленный город в нижнем Египте, расположенный между Средиземным морем и озером Мареотис, недалеко от устья западного рукава Нила; основан Александром Великим в 332 г. до Р. Хр., и заселен евреями и греками. Город быстро вырос, благодаря тому, что он был центром торговых сношений между Востоком и Западом и стал со временем первым в мире торговым городом. Город раскинулся на 25 километров в диаметре; его население доходило до 300.000 свободных граждан и такого же числа рабов. После смерти Александра, (который был здесь погребен), во времена Птоломеев, Александрия сделалась столицей Египта, достигши полной своей славы во время первых 3 правителей этой династии. Самые знаменитые философы Востока, Греции и Рима собирались сюда, чтобы пополнить здесь свое образование, так как в этом городе находились мужи, знакомые со многими отраслями знаний. Птолемей Сотер, первый из этой династии, основал вместе с другими учреждениями знаменитую богатую библиотеку, которая насчитывала 700.000 книг. По смерти царицы Клеопатры (26 г. до Р. Хр.) Александрия подпала под власть римлян; наконец, после тысячелетнего процветания, должна была склониться перед могучим завоевателем, турецким калифом Омаром, в 641 году после Р. Хр. Город все же имел значение, как торговый пункт, до открытия мыса Доброй Надежды в 1497 г.; с этого времени он утратил свое значение. В позднейшее время он опять начал возвышаться и его прекрасная гавань представляет теперь живописную картину. Его народонаселение, состоящее, главным образом, из арабов и египтян, растет из года в год. О прежнем великолепии города свидетельствуют многочисленные развалины, остатки колоннад, храмов и прославленые обелески, которые были вывезены в Лондон в 1878 г. и в Нью-Иорк в 1880 г.

Александрия была центром, откуда распространялось религиозное влияние до и после пришествия Христа. Здесь еврейская литература соприкоснулась с греческой ученостью и подпала под ее влияние, что видно из сочинений философа Филона. Здесь ученые евреи (как говорят, в числе 72) перевели Ветхий Завет на греческий язык. Этот перевод известен под названием перевода "семидесяти толковников" (Septuaginta LXX). Перевод семидесяти распространил между греками знание об истинном Боге и служил основанием для создания языка Нового Завета. Евреи жили в Александрии уже давно в значительном количестве и пользовались большой свободой. Согласно Филону, они населяли ⅖ города, и их число в Александрии и других египетских городах достигло 1.000.000 человек. Евангелие рано проникло в этот мировой город (Деян. 18:24), и скоро здесь расцвела жизнеспособная община, основанная, по преданию, евангелистом Марком. Позднее Александрия прославилась катехизической школой с такими учителями, как Климент и Ориген.

Аллемеф (Алемет), см. "Алмон".

Аллилуия (евр.), т. е. восхвалите Иегову, восклицание, часто встречающееся в еврейских псалмах (См., начиная с Псл. 103). Это восклицание отличает хвалебные псалмы от прочих. Срав. Отк. 19:1 и дал.

Алмаз (евр. аглóм), см. "Драгоценные камни".

Алмодад, один из сыновей Иоктана (Быт. 10:26).

Алмон-Дивлафаим (Чис. 33:46) или **Бет-Дивлафаим** (Иер. 48:22), одна из стоянок израильтян в земле Моава.

Алмон (И. Нав. 21:18) или **Аллемеф** (1 Пар. 6:60), город священников в колене Вениаминовом; теперь развалины Алмит к северо-востоку от Анафофа.

Алой упоминается еще Валаамом, который сравнивает жилища Израиля с алойными деревьями, насажденными Господом (Чис. 24:6 и дал.; Псл. 44: 9; Песн. П. 4:14). Этот драгоценный фимиам (который в Европе, куда он изредка завозится, ценится на вес золота), добывают из большого дерева, древесина которого издает лимонный запах, и которое в диком виде растет в Индокитае (Aloexylon Agallachum), а также из дерева Agallaria Agallacha, растущего в Индии. Малайцы называют его гаро, агуру, агхилы;

самое большое количество этих деревьев растет на Малайских островах. Листья его похожи на листья грушевого дерева и сок, напоминающий молоко, застывает, когда дерево стареет, образуя благовонную смолу. Ствол этого дерева кривой, суковатый и, в большинстве случаев, пустой внутри. По словам Геродота, в Египте алойное дерево употреблялось для бальзамирования мертвых и мы знаем, что Никодим приготовил состав из смирны и алоя для погребения Господа Иисуса.

Само собой разумеется, что алой этого рода значительно отличается от того, который продается в аптеках, и представляет горькую смолу, получаемую из довольно обыкновенного растения.

Алтарь (евр. мизбеах) обыкновенно означает жертвенник (по латыни altare означает возвышение), чем выше от земли, тем ближе к Богу; поэтому и искали возвышенных мест, чтобы приблизиться к божеству. На алтаре приносили в жертву то, что могло умилостивить богов: животных, растения и даже собственных детей. Патриархи строили жертвенники Господу частью для принесения жертв, частью в воспоминание о каком-либо событии и частью для общественных богослужений. Первый алтарь, о котором упоминает Библия, построил Ной после потопа. В Исх. 20:24 и далее Иегова приказывает построить жертвенник: "Сделай Мне жертвенник из земли и принеси на нем всесожжения твои и мирные жертвы твои, овец твоих и волов твоих; на всяком месте, где я положу память имени Моего, Я приду к тебе, и

Алтарь для воскурения фимиама.

благословлю тебя". Если жертвенник строился из камней, то эти камни не должны были отесываться, и лестницу к нему приставлять запрещалось. Срав. Втор. 27:5-7. В скинии и храме находились 2 жертвенника: жертвенник для всесожжений и жертвенник курения.

Жертвенник всесожжения представлял из себя ящик из дерева ситтим, обитый медью, 7½ ф. (2,5 м) в длину и ширину и 4½ ф. (1,5 м) в высоту. На 4 его углах находились возвышения-"роги"; чтобы переносить его, на четырех углах были прикреплены медные кольца, в которые вдевались шесты. Он ставился на внешнем дворе перед скинией, к востоку. Все принадлежности для жертвоприношения были сделаны из меди и состояли из угольницы, в которую выгребали пепел, который падал через решетку, лопаток и чаши, в которой сохраняли кровь для кропления жертвенника. На жертвеннике горел постоянный огонь (Лев. 6:12, 13), чудесно зажженный (Лев. 9:24), который заботливо поддерживался.

Здесь ежедневно утром и вечером сжигались в жертву агнцы, и другие животные, приносимые по закону и добровольно: жертвы заклания, хлебные и возлияния. К алтарю убегал тот, кто искал убежища (Исх. 21:14; 3 Цар. 1:50; 2:28, 30). Жертвенник в храме Соломона был больше, именно 30 ф. (10 м) в длину и ширину и 15 ф. (5 м) в высоту (2 Пар. 4:1). Говорят, что он был обложен толстыми медными листами и наполнен камнями; помост к нему был сделан с восточной стороны. Он часто называется медным жертвенником.

Жертвеник курения представлял собою маленький стол, сделанный из дерева ситтим и обложенный золотом, 1½ фута в длину и ширину и 3 фута в высоту (Исх. 30; 37:25 и дал.). Четыре рога, которые возвышались на 4-х углах и золотой венец вдоль верхнего края украшали этот жертвенник. На углах были сделаны золотые кольца, в которые вдевали шесты, чтобы переносить его. Он ставился в святом, перед входом в святое святых между золотым светильником и столом для хлебов предложения. Священники возжигали на нем фимиам утром и вечером (Лук. 1:9, 11).

Кроме этих двух жертвенников, в Библии упоминаются несколько других. Так, по повелению Моисея, Иисус Навин построил жертвенник из неотесанных камней на горе Гевал для принесения жертв благодарения и всесожжения после покорения Иерихона и Гая; кроме того, он поставил каменные памятники, на которых написал список с закона Господня (И. Нав. 8:30-32). Большой по виду жертвенник соорудили колено Рувимово, Гадово и полуколено Манассиино близ Иордана, не для жертвоприношений, но во свидетельство для них и потомства, что они принадлежат Господу и его народу (И. Нав. 22:10-34). Гедеон построил жертвенник, который назвал Иегова Шалом (Господь мир — Суд. 6:24). Далее говорится о жертвенниках, построенных Иегове Самуилом (1 Цар. 7:17), Саулом (1 Цар. 14:35), Давидом (2 Цар. 24:18-25), о жертвеннике на Кармиле, который Илия построил из 12-ти камней (3 Цар. 18:30-32).

Жертвенники (алтари) "постыдным идолам" (Иер. 11:13) ставились часто в рощах, в садах, на высотах под деревьями и т. д. (3 Цар. 12:32; 14:23; 4 Цар. 16:4; 17:10; 23:12; Суд. 6:25; 2 Пар. 28:2; Иер. 7:31).

Один жертвенник в Афинах имел такую надпись: "неведомому Богу" (Деян. 17:23). Из слов ап. Павла и по свидетельству греческих писателей известно, что жители в Афинах ставили жертвенники неведомым богам. Это они делали особенно тогда, когда грозили бедствия, чтобы не навлечь на себя немилости неведомых богов.

Алуша. См. "Дофка".

Алфей 1) отец Иакова младшего (Мат. 10:3; Лук. 6:15), вероятно, то же лицо, что и Клеопа, который по Иоан. 19:25 является мужем Марии, сестры матери Иисуса (?). Оба названия получили начало от одного и того же еврейского имени Халфай, см. "Мария".

2) отец евангелиста Матфея или Левия (Мар. 2:14).

Альфа и омега, первая и последняя буквы греческого алфавита. "Альфа и Омега, начало и конец" называет Себя Господь в Откр. 1:8; 21:6; 22:13. Также Он называет Себя "первым и последним" в Исх. 41:4; 44:6; 48:12. Это наименование Господь Христос применяет к Самому Себе в Отк. 1:10, 17; 2:8; сравн. Кол. 1:15-18.

Амадаф (Амдата), отец Амана (Есф. 3:1).

Амалик — Амале́к.

Амалик, сын Елифаза, внук Исава (Быт. 36:12). Выражение "страна амаликитян" в Быт. 14:7 можно понимать так: местность эта названа амаликитянской потому, что тогда (когда писалась первая книга Моисеева) еще несуществовавший амаликитянский народ позже поселился в этом месте.

Амаликитяне, древний народ, живший к югу от Палестины, между Эдомом и Египтом (Исх. 17), а также восточнее — между Мертвым морем и горной страной Сеиром (Чис. 24:20; Суд. 3:13). Они, повидимому, владели немногими городами; один из них упоминается в Цар. 15:5; они были кочевниками и жили обычно в палатках и пещерах как и теперь бедуины в Аравии.

Едва израильтяне перешли через Чермное море, как амаликитяне напали на них в пустыне Рефидим и побили тех из них, которые от усталости или слабости отстали. За это беспричинное нападение на народ Божий, Господь решил совершенно изгладить память о них. (Исх. 17:8-16). Они также вступили в сражение с израильтянами на границе обетованной земли (Чис. 14:45). Спустя 400 лет Саул, по повелению Божию, напал на них и истребил их (1 Цар. 15). Остаток все же спасся до времени. Давид несколько раз побеждал их (1 Цар. 27:8; 30: 1; 2 Цар. 8:12). Наконец, во время царя Езекии, колено Симеоново совершенно их уничтожило (1 Пар. 4:43); таким образом, исполнилось пророчество Валаама (Чис. 24:20). Аман, последний из этого народа, о котором упоминается в Священном Писании, умер подобно своим предкам, в борьбе с евреями. См. книгу Есфирь.

Амаликова гора, место в колене Ефремовом, где погребен судья Андон (Суд. 12:15).

Аман Вугеянин (по Флавию, то же, что амаликитянин), любимец Артаксеркса, известен по неудавшемуся, хитро задуманному плану истребления иудеев в Персии; был повешен на виселице, которую он приготовил Мардохею (Есф. 3:7).

Амана, высокий отрог Антиливана, откуда берет начало р. Авана. Река эта течет почти до Дамаска (Песни П. 4:8). См. "Авана".

Амария, первосвященник, которого Иосафат поставил главным судьею в Иерусалиме (2 Пар. 19:11).

Амаса, сын Хадлая, один из начальников, который, услышав слова пророка Одеда, увещевал израильтян хорошо обращаться с племенным коленом Иудиным (2 Пар. 28:12).

Амасай, вениамитянин, который предводительствовал над 30 храбрыми мужами и пришел помочь Давиду, когда тот бежал от преследовавшего его Саула в пустыне (1 Пар. 12:16 и дал.).

Амасия — Амациягу.

Амасия 1) сын Иоаса, восьмой царь в Иудее (798-782 до Р. Хр.) "и делал угодное в очах Господа, но не от полного сердца" (2 Пар. 25:2). Укрепившись на престоле и казнив убийц своего отца, он набрал войско из иудеев 300.000, нанял 100.000 израильтян для войны с идумеянами. По повелению Божию, но против своего желания, он распустил нанятые войска и Бог дал ему такую победу, что даже город Петра (Села), расположенный в горах, был взят и получил еврейское наименование. Вместо того, чтобы возблагодарить Бога, царь привез к себе идумейских идолов и поклонялся им, как богам; за это пророк Господень угрожал ему гибелью; когда, по прошествии некоторого времени, он выступил на войну с Израилем, то был поражен и его повели пленным в его собственную столицу, которая подверглась ужасному разграблению. 15 лет спустя против него составился заговор в Иерусалиме; он бежал в Лахис, но там был убит заговорщиками (4 Цар. 14:1-20; 2 Пар. 25).

2) священник в Вефиле, который жаловался Иеровоаму на Амоса (Ам. 7:10-17).

Амвон (медный — 2 Пар. 6:13), поставлен Соломоном среди двора храма; на нем царь всенародно призывал Господа.

Амврий — Омри.

Амврий или, правелнее, **Омври** (3 Цар. 16:16, 21, 25, 30) был главным начальником над войсками изр. царя Илы. Во время осады филистимского города Гаваона народ, услышав, что Ила убит Замврием, который и захватил власть, выбрал Амврия царем. Амврий пошел на Замврия, осадил город Фирцу, в котором тот заперся, и этим принудил его сжечь себя и свое семейство. После смерти Замврия половина народа признала Амврия царем, а другая половина держала сторону Фамния, сына Гонафова. Распря между обеими сторонами продолжалась 4 года. После смерти Фамния все признали Амврия царем. Он царствовал 12 лет: 6 лет в Фирце и 6 лет в Самарии (3 Цар. 16:16-28), около 929-918 г. до Р. Хр. Он превзошел своих предшественников в безбожии и злобе (3 Цар. 16:25, 26). Спустя долгое время мы читаем об "обычаях Амврия" (Мих. 6:16). Краткий намек в 3 Цар. 16:27 о его делах и мужестве получает некоторое освещение в записи на памятнике Мессы о его победе над Моавом.

Фирца (Тирца) раньше была главным городом в Израиле, но после того, как Амврий купил гору Семерон у Семира (3 Цар. 16:24), он построил на ней Самарию, которая и стала столицей 10 колен. Самария в клинописях, найденных в Ниневии, называется "Мат Бит Хуумри", т. е. земля дома Амврия.

Амелсар — Мельцар.

Амелсар (Дан. 1:11, 16). Это слово обозначает сторожа или кого-либо подобного.

Амессай — Амаса.

Амессай, племянник Давида, рожденный сводной сестрой его Авигеей и Иеффом из Израеля; он привязался к Авессалому и принимал участие в его восстании. Амессай предводительствовал над войсками Авессалома (2 Цар. 17:25) и был разбит своим двоюродным братом Иоавом. Давид предложил ему помилование и, главное, начальство над войсками, вместо гордого Иоава (2 Цар. 19:13). Во время замешательства, когда Савей поднял бунт, Амессай был предательски убит Иоавом (2 Цар. 20:4-10).

Аметист. См. "Драгоценные камни".

Амий (Ами), глава семейства, служитель Соломона (Езд. 2:57); в Неем. 7:59 он назван Амоном.

Аминадав 1) сын Арама, из колена Иудина, и предок Иисуса (Исх. 6:23; Руф. 4:20; Мат. 1:4; Лук. 3:33).

Аминь — Аме́н.

Аминь, еврейское слово, обозначает "правда, верность, истинность". Так называется Спаситель в Отк. 3:14: "Аминь, свидетель верный и истинный", где последние слова поясняют слово аминь. "Все обетования Божии в Нем "да" и в Нем "аминь" (2 Кор. 1:20). Чаще всего это слово употребляется как наречие, в смысле "истинно", "так". Слово это часто встречается в речах нашего Спасителя и переводится словом "истинно". Один раз или многократно повторенное оно употребляется в конце молитв и псалмов; напр., Псалмы 40:14; 71:19; 88:63 заканчиваются словами "аминь": "аминь" для того, чтобы подтвердить предыдущее или еще раз просить об исполнении высказанного: так; будь так; да будет так. Поэтому при клятвенном обещании, после того, как священник прочитывал слова завета или слова проклятия, те, кому эти слова были сказаны, должны были произнести "аминь" и этим словом связывали себя клятвой (Чис. 22; Втор. 27:15 и дал.; Неем. 5:13; 8:6; 1 Пар. 16:36; Псл. 105:48).

Также первые христиане после молитвы или благодарения громко произносили общее "аминь" (1 Кор. 14: 16).

Амми холм (2 Цар. 2:24). Неизвестно, где это место расположено.

Аммонитяне, потомки Бен-Амми, сына Лота (Быт. 19:38). Аммонитяне истребили великанов замзумимов и взяли их страну, на восток от Иудеи (Втор. 2:19-21), между реками Арноном и Иавоком, и поселились к востоку от Иордана и Мертвого моря до самой Аравии. Их столица Равва, Равва Аммонитская, была расположена близ реки Иавока. Во времена Моисея они были оттеснены от Иордана аморрейским народом далее к востоку (Чис. 21:21-35; 32:33). Моисею было воспрещено нападать на них (Втор. 2:19). Они были грубыми идолопоклонниками. Главным их божеством был Молох (3 Цар. 11:5-7; 4 Цар. 23:13). Во времена Иеффая они теснили израильтян, но потерпели от них тяжкое поражение (Суд. 11). В последующие времена они многократно тревожили израильтян и потому пророки грозили им наказаниями от Бога (Иер. 49:1-6; Иез. 25:2-10). Наконец, они были укрощены Иудой Маккавеем (1 Макк. 5:6-44). На ассирийских клинописях аммонитяне упоминаются под названием Бит Амман (дом Аммона).

В последние времена Бог восстановит потомков аммонитян (Иер. 49:6). См. "Моавитяне".

Амнон, старший сын Давида и Ахиноамы, известный своим преступлением против сестры Фамари, за что два года спустя и был убит по приказанию Авессалома (2 Цар. 13).

Амон 1) градоначальник в Самарии. См. "Иоас 2".

2) сын Манассии, 14-й царь в Иудее, восшел на престол в 642 г. до Р. Хр. 22 лет, и процарствовал только 2 года. Он подражал в злодеяниях своему отцу; оставил Бога и служил истуканам. Слуги, сговорившись, убили его в его же собственном дворце, но народ убил заговорщиков и поставил на царство его сына Иосию (4 Цар. 21:18-26; 2 Пар. 33:21-25).

3) Смотри "Но".

Аморреяне — евр. эмори́м. Аморреяне, самое могущественное хананейское племя (Быт. 10:16), населяли первое время горную страну к западу от Мертвого моря. Постепенно они расширили свои владения и поселились в лучших землях моавитян и аммонитян, к востоку от Иордана, между Иавоком и Арноном (Быт. 14:7, 13; Чис. 13:30; 21:21-31; И. Нав. 5:1; Суд. 11:22) и далее к северу, до Ермона. По египетским памятникам, они обитали в Ливанской области, стране Амур или Эмур. Вавилонский царь, который царствовал около 2000 г. до Р. Хр., называл себя "царем нагорной страны Пар-ту". В Втор. 3:8 Моисей говорит, что Израиль взял всю эту страну от "двух аморрейских царей" Ога и Сигона. Срав. И. Нав. 13: 4. Та местность, которою аморреяне владели на восточной стороне Иордана, дана была потомкам Иуды, а на западной — потомкам Рувима и Гада. Название "аморе" (аморрей) употребляется вообще вместо названия хананеянин (Быт. 15:16; И. Нав. 7:7; Ам. 2:9).

Выражением "отец твой аморрей" и мать твоя — хеттеянка" (Иез. 16: 3), Бог хочет напомнить евреям о том, что по происхождению они совсем не заслужили Его милости больше, чем самые худшие из языческих племен, так как Авраам и Сарра происходили от языческого племени (И. Нав. 24:2) или же проводится та мысль, что Израиль погряз так глубоко, что стал не лучше языческого потомства.

Амос 1) четвертый из малых пророков, был пастухом в Фекое; он пророчествовал об Израиле в Вефиле во времена Озии, царя иудейского, и Иеровоама 2., царя израильского, около 800 года до Р. Хр. Он был современником Осии, Иоиля и Исаии. Две первые главы его книги содержат пророчества об окружающих народах, врагах народа Божия. Амос в своих пророчествах особенно говорит против 10 колен Израилевых. Благосостояние и удача привели их к грехам: идолослужению, неправедности и безнравственности. За эти грехи он предсказал им наказание от Бога, но все же Амос оканчивает свои пророчества ободряющими словами утешения. Священник Амасия из Вефиля пожаловался на него царю, передав, что "Амос производит возмущение против тебя среди Израиля" и хотел принудить его удалиться в землю Иудину и пророчествовать там, а не в Вефиле, "ибо он — святыня царя и дом царский". Но Амос ответил ему: "я не пророк и не сын пророка; я был пастух и собирал сикоморы. Но Господь взял меня от овец, и сказал мне Господь: "иди пророчествуй к народу Моему Израилю" (Ам. 7:10-15). Что касается самой его книги, то Амос занимает видное место между пророками. Его язык отличается картинностью, сжатостью, и в то же время он прост и понятен.

2) предок Иисуса (Лук. 3:25).

3) отец Исаии (4 Цар. 19:2; Ис. 1:1).

Амплий, христианин в Риме, которого Павел приветствует в своем послании (Рим. 16:8).

Амрам, отец Мариами, Аарона и Моисея; он умер в Египте 137 лет (Исх. 6:18, 20; Чис. 26:59).

Амрафел, царь Сеннаарский, современник Авраама. В союзе с тремя другими царями он воевал с народами, жившими около Мертвого моря (Быт. 14:1).

Амфиполь, город в Македонии, не далеко от устья реки Стримона, построенный афинянами в 437 году до Р. Хр. В настоящее время это незначительное селение Эмболи или Неокрио. Павел и Сила однажды проезжали через этот город (Деян. 17:1).

Ана 1) один из сыновей Сеира, отец Оливемы, жены Исава (Быт. 36:18, 20, 25).

2) сын Цивеона, брата Сеира. Когда он пас ослов своего отца в пустыне к юго-востоку от Мертвого моря, то нашел горячие источники (Быт. 36:24). После, во времена греков и римлян, это место под названием Каллироэ славилось теплыми источниками, которыми пользовался Ирод для поправления своего здоровья.

Анав или **Анаф,** город в нагорной части Иудеи, к югу от Хеврона, где жили великаны енаки (И. Нав. 11:21; 15:50). До сих пор еще на этом месте находятся развалины под прежним названием.

Анамеил, двоюродный брат Иеремии, который купил у Иеремии участок земли в начале Вавилонского плена и совершил купчую, в знак возвращения из плена и ненарушимого обладания землею (Иер. 32:6 и дал.).

Анамелех (4 Цар. 17:31). См. "Адрамелех 2".

Анамим или анамимцы упоминаются между египетскими племенами в Быт. 10:13; по мнению некоторых, это торговый народ Амониане, живший в оазисе, к западу от Египта; другие предполагают, что этот народ жил в Нильской дельте. Наконец, их причисляют к пастушескому народу Нааму, который, согласно египетским памятникам, был краснокожим народом семитского племени.

Ананий, прозорливец, жил во время царя Асы; за свою прямоту и верность он был брошен царем в тюрьму (2 Пар. 16:7 и дал.), вероятно, он был отцом пророка Иуя (3 Цар. 16:1, 7).

Анания 1) город, в котором жили потомки Вениамина после Вавилонского плена (Неем. 11:32). Теперь он называется Бет Ханина; расположен к северу от Иерусалима.

2) еврей в Иерусалиме, который вместе с женою Сапфирою присоединился к ученикам Иисуса Христа. Когда верующие отдавали деньги за проданное имущество апостолам, он также принес им деньги, которые выдал за полную стоимость проданного им имения. Петр уличил его в грехе, и Анания пал мертвым. Такое же наказание постигло и его жену, когда та пришла немного спустя, и на вопрос Петра, были ли эти деньги полной суммой, полученной от продажи имения, повторила ложь своего мужа (Деян. 5:1-10).

3) ученик в Дамаске, которого Господь послал к Савлу, когда тот был поражен слепотой и взывал к Господу о свете и спасении. Анания пошел и возложил на него руки, после чего Савл прозрел, встал и крестился (Деян. 9:10-18).

4) первосвященник, который приказал бить Павла по устам, когда тот начал защищаться перед синедрионом. Павел обличил его за это словами: "Бог будет бить тебя, стена подбеленная!" Присутствовавшие напомнили Павлу, что Анания — "первосвященник Божий"; апостол ответил, что он не знал этого, и только поэтому допустил такое выражение. (Деян. 23:1-5).

5) лжепророк из Гаваона, который за свое безбожие был поражен смертью (Иер. 28).

Анания, Мисаил и Азария — еврейские юноши царского происхождения, которые вместе с Даниилом были приведены во дворец Навуходоносора. Там они получили халдейские имена: Седрах, Мисах и Авденаго, т. е. слуга Нево (Шредер) и халдейское воспитание. Они отказались есть языческую пищу, и Бог был с ними, так что, когда они, в виде опыта, ели овощи, то по виду оказались красивее и полнее тех, которые ели от царского стола. Они служили при дворце и выделялись своими способностями. Благодаря мудрости и исполнительности во всяком деле они были сделаны наместниками Вавилонского царства. За отказ поклониться золотому истукану Навуходоносора они были брошены связанными в печь настолько раскаленную, что бросавшие их тут же умерли от жара, но трое юношей остались невредимыми среди пламени. Царь испугался, увидев четырех мужей свободно ходящих среди огня; четвертый из них "был подобен Сыну Божию". Мужи эти были позваны царем и вышли из огня совершенно невредимыми. Навуходоносор прославил Господа и приказал истребить всякого, кто произнесет хулу на Бога Седраха, Мисаха и Авденаго, а их возвеличил еще более в Вавилонском царстве (Дан. 1:3 и дал.; 2:17, 49; 3).

Анафема (греч. слово) обозначает 1) что-либо, отделенное в дар божеству и 2) осужденное на заклятие, заклятое; это слово соответствует еврейскому слову херем (см. "Отлучение"). Не только люди, но и животные и города могли быть прокляты, т. е. осуждены на искоренение или разрушение (Лев. 27:21, 28, 29). Так случилось с Иерихоном (И. Нав. 6: 17-21) и с Аханом (И. Нав. 7). Такое заклятие высказывает апостол в 1 Кор. 16:22: "Кто не любит Господа Иисуса Христа, анафема (проклят), маран-ата". Последние два слова сирийские (арамейские) и означають "Господь грядет". Господь воистину грядет совершить суд над теми, которые не любят Его.

Анафоф — Анатот.

Анафоф, город священников в колене Вениаминовом, расположеный в 6,5 км к северо-востоку от Иерусалима (И. Нав. 21:18; 1 Пар. 6:60). Здесь родился пророк Иеремия (Иер. 1:1; 32: 7); жители этого города пренебрегали его словами и искали случая убить его (Иер. 11:21). Об этом городе упоминается в 2 Цар. 23:27; 3 Цар. 2:26; Неем. 7:27; Ис. 10:30. Анафоф теперь называется Аната.

Ангел 1) это слово в основном тексте (евр. малáх, греч. ангелос) собственно означает: вестник или посланник; оно часто употребляется в Библии, когда речь идет об обыкновенных вестниках или даже известиях (Мат. 11:10; Лук. 7:24; 9:52; Иов. 1:14; 1 Цар. 11:3; в русском переводе — вестник, посол и др.); о пророках (Агг. 1:13; евр. Агей — ангел Господень); священниках (Мал. 2:7); о всем израильском народе (Ис. 42:19), а также о неодушевленных предметах (Псл. 103:4) и о слугах сатаны во 2 Кор. 12:7 и, может быть, в Псл. 77:49. В обыкновенном значении, т. е. вестник, слово ангел употребляется также, когда говорится об Ангеле завета (Мал. 3:1) и о пастырях христианских церквей — "ангелы семи церквей" (Отк. 1:20; 2:1, 8). О выражении Павла в 1 Кор. 11:10 см. "Покрывало".

Обыкновенно словом ангел в Библии обозначается особый род разумных существ. Ангелы в собственном значении слова — существа другого порядка, чем люди: они окружают Бога; или Бог пользуется ими как орудием в управлении миром; через них Он помогает отдельным лицам и народам (Мат. 1:20; Дан. 10:13). Они — или настоящие духи (Евр. 1:14), или имеют тонкое невесомое тело (Срав. ни Луки 20:36 с Филипп. 3:21), но мы знаем, что они не имеют такого вида, как люди и у них не существует различных полов (Мат. 22:30). Без сомнения, они были созданы задолго до сотворения земли. В книге Иова 38:7 говорится о том, что утренние звезды ликовали и все сыны Божии славили Бога, когда Он полагал основания земли. Библия говорит нам, что их очень много (3 Цар. 22:19; 4 Цар. 6:16, 17; Псл. 67:18; Мат. 26:53; Лук. 2:13; Евр. 12:22 и д.; Дан. 7:10: "тысячи тысяч служили Ему; и тьмы тем предстояли перед Ним"). Они отличаются крепостью и силою, и называются в еврейском тексте "сильными героями" (Псл. 102:20; срав. 2 Пет. 2:11; Отк. 5:2; 18:21; 19:17). О их непрестанной деятельности узнаем из Суд. 13:20; Ис. 6:2 и дал.; Дан. 9:21 и дал.; Деян. 27:23; Отк. 8:13. Теперь они являются служителями благодати, а в будущем явятся служителями и исполнителями суда (Мат. 13:39 и дал.; 16:27; 24:31; 25:31; 1 Фес. 4:16). Мы читаем также о различных степенях или чинах между ними. Срав. Кол. 1:16, где различаются престолы, господства, начальства и власти, и Еф. 3:10, где говорится о начальствах и властях на небесах. Высшие ангельские чины: — херувимы и серафимы, напр.: Гавриил и Михаил. Срав. 1 Цар. 4:4; Ис. 6:2 и д.; Иез. 10:1; Дан. 8:16; 9:21; 12:1; Отк. 12:7. Библия богата рассказами о таких событиях, в которых ангелы принимали участие видимо для людей.* В главные моменты

* В некоторых местах Священного

божественного откровения они особенно проявляли свою деятельность, напр., во время объявления закона на Синае (Гал. 3:19; Деян. 7:38, 53), а также в таких случаях, как Рождество Христово, преображение, молитва в Гефсимании, воскресение и вознесение Иисуса Христа, равно как и при попечении о малом стаде Иисуса: Лук. 16:22 (где они приносят Лазаря на лоно Авраамово), Псл. 33:8; Мат. 18:10 (где говорится об ангелах малых детей на небесах), — они всегда служат лишь орудием в руках Божиих, исполняя Его повеления (Псал. 102:20; 90:11; Евр. 1:14). Поэтому и не допускается поклоняться им (Отк. 19:10; 22:8, 9).

В то же время Писание учит нас, что все верующие находятся под их попечением и охраной, что ангелы радуются спасению грешников (Лук. 2:10 и дал.; 15:7, 10; 1 Пет. 1:12; срав. Евр. 12:22). В указанных местах говорится о различных ангелах-хранителях. Слова Иисуса в Мат. 18:10 показывают нам, что дети находятся под защитой ангелов. Срав. Евр. 1:14, где говорится, что они суть "служебные духи, посылаемые на служение для тех, которые имеют наследовать спасение". Когда Петр стучал в ворота дома, где жили христиане, служанка Рода, узнав его голос, сказала, что Петр стоит у ворот, но некоторые из них не поверили ей и сказали, что это ангел (Деян. Ап. 12:15). Ангелы-хранители различных народов или ангелы, которые наблюдают за различными нациями, как посланники Божии и Его орудия, упоминаются в некоторых местах у Даниила. Так, например, мы читаем о бодрствующих ангелах в видении Навуходоносора (Дан. 4:10, 14, 20); в Дан. 10:13, 20, 21 мы читаем, о князьях-ангелах Персии, Греции и Израиля. Срав. "Михаил Архангел". Некоторые толкователи, как Альфорд и проч. полагают, что и ангелы церквей в Отк. 1:20; 2:3 суть то же, что и архангелы.

В духовном и интеллектуальном отношении ангелы, с одной стороны, описываются, как святые, скорые и послушные исполнители воли Божией, исполненные Его славой и участвующие в Его совете (Дан. 4:10, 14; Мат. 25:31); с другой стороны, — как конечные, развивающиеся существа, далекие от совершенства по сравнению с Богом (Иов. 4:18; Мат. 24:36; срав. 1 Пет. 1:12). Этим объясняется возможность отпадения: "Ангелов, которые не сохранили своего достоинства, но оставили свое жилище, Бог соблюдает в вечных узах, под мраком, на суд великого дня". (Иуд. 6); "дьявол и его ангелы" (Мат. 25:41; Отк. 12:9); "Бог ангелов согрешивших не пощадил, но, связав узами адского мрака, предал блюсти на суд для наказания" (2 Пет. 2:4).

Писания говорится, что Бог действовал Сам, хотя это действие совершалось через посредство ангелов. Сравни Исх. 19:3; Деян. 7:53; Гал. 3:19.

Ангел бездны. См. "Аввадон".

Ангел Божий. См. "Ангел".

Ангел Господень. Евр. мала́х Иегова, который выступает в некоторых местах Ветх. Завета от имени Иеговы, принимая божеские почести, есть "несотворенный ангел", которого Исаия называет Ангелом лица Божия (Ис. 63:9), о котором Иегова говорит: "Мое Лицо" (Я Сам — русск перевод); Исх. 33:14 и далее, "Мое Имя в Нем" (Исх. 23:21). Последний ветхозаветный пророк говорит о Нем: "внезапно придет в храм Свой Господь, Которого вы ищете, и Ангел Завета, Которого вы желаете" (Мал. 3:1). Следовательно, Вечное Слово-Иисус, который явил Бога (Иоан. 1:18), в этом образе до Своего воплощения выступал среди народа Божия с древнего времени. Во многих относящихся сюда местах Он называется Ангелом Иеговы (евр. малах Иеговы) и, приблизительно, в двух местах — Ангелом Божиим (евр. малах Элохим, Быт. 21:17; 31:11).

Так открылся этот Ангел Завета Агари (Быт. 16:7 и дал.) "и нарекла Агарь Господа, Который говорил с ней, сим именем: "Ты Бог, видящий меня"; затем в 21:17 и далее "Бог услышал голос отрока, а Ангел Божий с неба возвал к Агари... "Я произведу от него великий народ". Тот же Ангел в Быт. 22:11 и далее (принесение в жертву Исаака) воззвал к Аврааму: "с неба Я сказал: Мною клянусь, говорит Господь" и т. д. Этот Ангел также явился Иакову (Быт. 31:11 и далее) и сказал: "Я Бог, явившийся тебе в Вефиле". Моисею (Исх. 3:2, 6) явился Ангел Господень из пламени огня, из тернового куста... и сказал: "Я Бог отца твоего... Моисей закрыл лицо свое, потому что боялся воззреть на Бога". Срав. Деян. 7:30 и далее об Ангеле, который говорил с Моисеем на Синае. Также срав. И. Нав. 5:13 и далее о "Вожде воинства Господня"; Суд. 2:1 и далее; 13:3 и далее. В других местах слово "ангел Господень" обозначает сотворенные существа, напр., пророков (Агг. 1:13), священников (Мал. 2:7) или служебных ангелов (Лук. 1:11), которые ополчаются вокруг боящихся Его (Псл. 33:8) и поражают Его врагов (4 Цар. 19:35; 37:36).

Андрей из Вифсаиды, брат Петра и его помощник в рыбной ловле (Мар. 1:16), один из учеников Иоанна Крестителя. Он внял словам своего учителя об Агнце Божием, сделался первым последователем Иисуса и узнал в Нем Мессию, т. е. Помазанника (Иоан. 1:35-40, 44). Он привел своего брата Петра к Иисусу. Позднее на берегу Галилейского озера, он был поставлен апостолом (Мат. 4:18) и после этого следовал за Господом Иисусом Христом до конца (Мар. 13:3; Иоан. 6:8; 12:22). О дальнейшей жизни ап. Андрея ничего неизвестно; говорят, что он проповедывал Евангелие в Греции и, наконец, был распят на кресте в виде (X), позднее известного под названием Андреевского креста.

Андроник и Ония. Узники и родственники Павла, пользовавшиеся почетом между апостолами. Павел приветствует их в Рим. 16:7.

Анем. См. "Ен-Ганним 2".

Анна — Хана́.

Анна 1) Одна из двух жен левита Елканы, мать Самуила, которого она вымолила у Бога и дала обет посвятить Ему. В своей хвалебной песне, провидя далекое будущее, воспевает царство Помазанника-Мессии. Молитва Анны по всему характеру и настроению напоминает хвалебные песни Елисаветы и Марии. Бог благословил Анну еще тремя сыновьями и двумя дочерьми (1 Цар. 1 - 2:21).

2) пророчица, дочь Фануила, из колена Асирова, овдовевшая в ранних годах, после семилетней супружеской жизни и целиком посвятила себя на служение в храме. Будучи 84 лет, она встретила вместе со старцем Симеоном, младенца Иисуса при принесении Его в храм и прославила Бога (Лук. 2:36 и дал.).

3) Лук. 3:2. Первосвященник, тесть Каиафы; продолжал носить звание первосвященника при Каифе. Когда Иисуса взяли, то привели Его сперва к Анне (Иоан. 18:13). Анна участвовал в суде над Петром и Иоанном (Деян. 4:6).

Аннон (Хану́н), Аммонитский царь, отец которого Наас (Наха́с), оказал Давиду милосердие. Он оскорбил посольство, которое Давид отправил к нему для утешения по случаю смерти его отца. Следствием такого поступка Аннона была война, которую Давид предпринял против Аммонитян (3 Цар. 10:1 и дал..; 1 Пар .19:1 и дал.).

Антипа 1) См. "Ирод Антипа".

2) Мученик в Пергаме (Отк. 2:13).

Антипатрида, город на дороге между Иерусалимом и Кесарией, в 20-ти км к северо-востоку от Яффы. Этот город основан Иродом Великим и назван по имени его отца, Антипатра. Когда Павел под усиленной охраной шел из Иерусалима в Кесарию, то им пришлось ночевать в Антипатриде (Деян. 23:31). Теперь на этом месте Саба (Кфар Саба). В древнейшие времена так называлась вся эта местность.

Антиохия — название двух городов, которые встречаются в Нов. Завете.

1) расположен на реке Оронте, около 40 километров от ее впадения в море. Он основан Селевком Никатором в 300 году до Р. Хр. и назван по имени его отца Антиоха. Этот город был столицей Сирийского царства во время селевкидов, до 64 г. до Р. Хр., после чего он подпал под власть римлян. В 637 г. он был взят калифом Омаром. Во время крестовых походов Антиохия была столицей Антиохийского княжества (1098-1268 гг.) и в 1516 г. подпала под власть турок. Город славился культурой, торговлей, богатством и одно время был третьим городом Римской империи; был расположен в красивой местно-

Антиохия, на реке Оронте, у подножия горы Сильпиус, Сирия.

сти, около гор, с которых стекало много потоков, и окружен кипарисовыми рощами. О величине его можно судить из того, что при землетрясении в 115 г. по Р. Хр. погибло 200,000 жителей. Здесь был построен знаменитый храм Дафны в честь Аполона. Многочисленные войны и землетрясения сильно повредили городу и от прежнего великолепия осталось очень мало. Во время землетрясения в 1872 г. пол города было разрушено. Теперешняя Антиохия — маленькое местечко, названное Антакие. Здесь, после проповеди Павла и Варнавы, образовалась первая община из обращенных язычников. В Антиохии впервые ученики Иисуса стали называться христианами, и отсюда Павел отправлялся в свои миссионерские путешествия (Деян. 11:20, 21, 26; 13:1). В позднейшие времена Антиохия сделалась знаменитым центром церковной жизни и церковной деятельности, с такими учителями, как Игнатий и Иоанн Златоуст. Патриарх Антиохийский живет теперь в Дамаске, но сохраняет прежний титул.

2) Другая Антиохия также основана Селевком Никатором, была столицей Писидии, близ нового города Яловадж. Здесь проповедывали Павел и Варнава (Деян. 13:14; 14:19, 21; 2 Тим. 3:11). Эта была та Антиохия, где Павел объявил отвергавшим благовествование евреям, что теперь он обращается к язычникам (Деян. 13: 46).

Антихрист, т. е. против Христа, противник Христа. В этом смысле Иоанн говорит, что уже в его время было много антихристов, т. е. имеющих дух антихриста: отпавших, извращающих благовествование Христово (Деян. 20:30; Гал. 1:7), гонителей (1 Иоан. 2:18; 4:3), отрицающих Отца и Сына, Христа, пришедшего во плоти (1 Иоан. 2:22; 4:3).

Но, кроме того, Писание говорит об особой личности, великом Антихристе, который явится до второго пришествия нашего Спасителя. Павел называет его "человек греха, сын погибели" (2 Фесс. 2:3). Вероятно, Иоанн ссылается на это место в 1 Иоан. 2:18. Многие думают, что этот Антихрист будет стоять во главе большого организованного движения против Христа, но Христос в конце уничтожит Своих противников (Отк. 11; 13; 17).

Анхус — Ахиш.
Анхус, филистимський царь в Гефе, к которому прибегал два раза Давид, чтобы найти у него защиту от Саула. Когда Давид пришел в первый раз, и слуги царя узнали его, то он, испугавшись за свою жизнь, притворился сумасшедшим и, таким образом, избежал опасности (1 Цар. 22:10). Срав. Псл. 33, где Анхус называется Авимелехом. Спустя несколько лет Давид опять пришел к нему с 600 человек, и Анхус, будучи врагом Саула и Израиля, любезно принял его и дал ему для жительства Секелаг. Доверившись Давиду, Анхус позвал его итти вместе с ним на войну с израильтянами, но, по просьбе своих князей, не допустил его до сражения с израильским народом, а отослал обратно в Секелаг (1 Цар. 22:29). В 3 Цар. 2:39 и дал. говорится, вероятно, о другом Анхусе в Гефе, к которому убежали слуги Семея.

Аод (Эгуд), сын Геры, вениамитянин, второй судья в Израиле; он избавил народ от моавитян, убив их царя Еглона (Суд. 3:15 и дал.).

Апокрифический обозначает, собственно, "спрятанный", "утаенный". Апокрифическими книгами называются такие, которые ложно выдаются за книги известного автора или известного времени. См. "Библия".

Аполлион, см. "Аваддон".

Аполлония, неизвестный город, упоминающийся в Деян. 17:1; расположенный в Македонии между Амфиполем и Фессалониками.

Аполлос, ученый и красноречивый еврей из Александрии, который, хотя еще и не принял крещения во имя Иисуса Христа, но от какого-то из учеников Иоанна Крестителя получил некоторые сведения о Мессии и, горя духом, начал проповедывать в синагогах города Ефеса. Акила и Прискилла объяснили ему точнее путь Господень и александрийский ученый, знаток Писания, смиренно принял их наставление. Потом он отправился в Грецию и благовествовал там об Иисусе; всенародно опровергал иудеев, доказывая Писаниями, что Иисус есть Христос (Деян. 18:24-28). В Коринфе он "поливал то, что Павел посеял" (Деян. 19:1; 1 Кор. 3:6). Там образовалась партия, которая увлекалась его красноречием и примкнула к нему (1 Кор. 1:12; 3:5, 22). Из некоторых выражений Павла об Аполлосе видно, что Аполлос не одобрял этого, и что братская любовь между ним и Павлом ничем не нарушилась (1 Кор. 3:6; 4: 6). Из 1 Кор. 16:12 мы видим, что Павел очень хотел, чтобы Аполлос поехал обратно в Коринф, но Аполлос не отнесся к этому с прежней ревностью. Из послания к Титу 3:13 мы видим, что на острове Крите он был ценным сотрудником Павла.

Апостол, посланник, вестник. Обыкновенно, это название прилагается к 12 апостолам, которых Господь Иисус после ночи, проведенной в молитве, избрал из своих учеников и дал им это наименование (Лук. 6:12, 13; Мат. 10:1-4; Мар. 3:14); "двенадцать апостолов Агнца" (Отк. 21:14), соответствуют 12-ти коленам Израилевым (Мат. 19:28). Имена их были следующие: Симон Петр и Андрей, сыновья Ионы, Иаков и Иоанн, сыновья Зеведея; Филипп, Варфоломей или Нафанаил, Фома, Матфей, Иаков младший, сын Алфея, Иуда Иаковлев, называемый Леввеем или Фаддеем, Симон Зилот и Иуда Искариот. После того, как Иуда предал Христа, и над ним сбылось пророчество Псл. 68:26, на его место, путем жребия был выбран Матфей (Деяния Ап. 1:26). К числу апостолов был присоединен и Павел, избранный чрезвычайным образом (Деян. 9). Апостолами, кроме Павла и двенадцати, называются и другие благовестники, так, напр., Варнава (Деян. 14:4, 14), Сила и Тимофей (вместе с Павлом) 1 Фес. 2:7; сравн. 1 Фес. 1:1. В 2 Кор. 8:23 Павел, называя Андроника и Юнию апостолами (Рим. 16:7, греч. текст) или прославившимися между апостолами, этим хочет сказать, что они или были известны среди апостолов, или же он сам дает им такой титул за их евангельскую деятельность. В последних случаях название апостол употребляется в более широком значении, чем, напр., в 1 Кор. 12:28, 29: "Иных Бог поставил в Церкви во-первых апостолами, во-вторых пророками, в третьих учителями; далее, иным дал силы чудодейственные, также дары исцеления, вспоможения, управления, разные языки. Все ли апостолы?"

Аппиева площадь, местечко, основанное Аппием Клавдием у большой дороги (Аппиева дорога), которую он проложил от Рима до Капуи. Здесь братья из Рима встретили Павла, когда он в узах шел в Рим. Аппиева площадь находилась в 60 км от Рима; на 15 км ближе к Риму была гостинница Trest Tabernae — три гостинницы, где другие братья из Рима встретили узника; увидев их, "Павел возблагодарил Бога и ободрился" (Деян. 28:15).

Апфика (Филим. 2). Некоторые полагают, что она была женой Филимона.

Ар и Ар-Моав, столица моавитян, сожженная аморрейским царем Сигоном (Чис. 21:28; Втор. 2; Ис. 15:1). Греки и римляне называли этот город Раббат Моавом или Ареополем. Она разрушена в 342 г. по Р. Хр. сильным землетрясением. Местоположение этой столицы одни указывают на Рабба, в 20-ти км на восток от Мертвого моря, южнее реки Арнона; другие указывают в иных местах.

Ара, гористая страна, куда были переселены израильтяне (1 Пар. 5:26; срав. 4 Цар. 17:6).

Аравитяне. См. "Аравия".

Аравия известна в Библии под двумя названиями: а) "земля восточная" (евр. Эрец-Ке́дем) (Быт. 25:6); "Восток" (евр. Ке́дем; русский перевод — восточный. Быт. 10:30; Чис. 23:7), и "земля сынов Востока" (Быт. 29:1). Ее народ называется "восточным", "сынами Востока" и т. п. (Суд. 7:12; Иез. 25:4). б) "Аравия" от слова араб, т. е. житель пустыни или степной житель (2 Пар. 9:14; Ис. 21:13; Иез. 27:21). Эти названия, может быть, не обозначали всей Аравии, но только несколько ее племен, вместе с землей, которую они населяли.

Аравия делится на три части: собственно Аравия, северная Аравия и горная (каменистая) Аравия. — Собственно Аравия или Аравийский полуостров находится в юго-западной части Азии, между Персидским заливом и Евфратом на востоке и Чермным морем на западе. На юге эта страна омывается Индийским океаном, а на севере не имеет определенной границы, сливаясь с Сирийской пустыней. Аравия очень обширна: ее протяжение с севера на юг равно 2700 км и с востока на запад 1000 км. Количество населения неопределенно. Внутри полуостров представляет частью возвышенность Неджед, родину знаменитых арабских лошадей, частью раскаленную пустыню, где кочевники пасут свои стада на скудных пастбищах, где вырастает трава после сильных периодических дождей. Между Неджедом и Чермным морем расположена плодородная горная страна Геджас с двумя священными для магометан городами, Меккой и Мединой. Южнее Геджаса расположена прибрежная страна Иемен, богатая водой. Южная береговая полоса Гадрамаут — родина ладана, смирны и бальзама. Самый восточный мыс Аравии,

Оман, представляет горную страну с торговым городом Маскатом. Собственно Аравия называлась "счастливой Аравией"; это название произошло от непонимания значения слова Иемен, которое обозначает (землю) направо, в противоположность Шам (земля) налево, т. е. Сирия. Названия эти были даны, вероятно, потому, что арабы, совершая молитвы в Мекке, обращаются лицом к востоку, и тогда Сирия расположена от них налево.

От собственно Аравии надо отличать Аравийскую пустыню, или северную Аравию, являющуюся ее продолжением. Это обширное пространство, расположенное между Галаадом на западе и Евфратом на востоке, населено бедуинами, которые кочуют там таким же образом, как некогда древние измаильтяне и сыны Кидара. Это сухая и очень жаркая песчанная пустыня, где изредка встречается пальма, близ источника с соленоватой водой. Это та Аравия, которую посетил ап. Павел (Гал. 1:17).

Наконец Горная Аравия — область на северо-западной границе Аравийского полуострова, заключающая гористый Синайский полуостров и Иудейскую пустыню. Может быть, эта часть Аравии получила название горной (Petraea) от города Петры. См. "Села 2". Это пространство было заселено с древнейших времен хорреями, потом идумеями, амаликитянами и другими племенами. Несмотря на то, что это наименьшая из трех частей Аравии, — она более всех богата священными воспоминаниями. Здесь были расположены Кадес-Варни, Вирсавия, Герар и множество других мест, известных со времен патриархов. Здесь, на Хориве, Моисей видел горящий терновый куст, и Илия ощущал веяние тихого ветра (3 Цар. 19:2); здесь в течение 40 лет странствовали израильтяне.

Аравия в начале населялась различными племенами, м. б. хамитского или семитского происхождения: потомками Иоктана, Хуша, Авраама со стороны Хеттуры, Измаила, Исава и Лота.

Народы эти не особенно отличались друг от друга и со временем смешались (Быт. 10:7; 25:2-15; 27; 36). Никакие рассказы древних о племенах Аравии не подтверждаются так преданиями самих арабов, как подтверждаются ими рассказы Библии. Потомки Хуша и Иоктана жили в южной части, а измаильтяне, агаряне и идумеяне населяли северную часть Аравии. Конечно, теперь, по прошествии 40 столетий, невозможно различить следы предков многочисленных арабских племен. Все эти племена со своими различными преданиями и обычаями проводят жизнь в постоянной вражде с соседями, но все же составляют единый народ, отличающийся от других народов. Единственное различие между ними то, что одни живут в городах, напр., в южной части Аравии, другие же, так называемые бедуины, ведут кочевой образ жизни, питаясь от своих стад, а иногда грабежом и разбоем. Каждое племя разделено на роды, которые управляются шейхом, или родоначальником.

В древнее время арабы были идолопоклонниками: они поклонялись небесным светилам и разным священным предметам, как, напр., упавшему с неба черному камню в Мекке, вероятно метеору. В настоящее время они номинально — магометане, хотя эта религия имеет на них мало влияния. Отделенные от других народов и по большей части свободные от чужеземного гнета, арабы придерживаются старинных обычаев, исследование которых бросает свет на библейское повествование. Они сохранили в чистоте древний язык и, так как он родственен еврейскому, то является весьма ценным для изучения Ветхого Завета.

Арад, хананейский город в южной Иудее, царь которого воевал с Израилем. В наказание за это город был разрушен, и царь убит (Чис. 21:1; И. Нав. 12:14; Суд. 1:16). Остатки этого города находятся в 30-ти км к югу от Хеврона. В 1961-ом году израильтяне начали строить новый Арад в 9-ти км к востоку от руин древнего Арада. В 1968-ом году там жило 4,5 тыс. человек и действовало несколько фабрик.

Арам 1) один из сыновей Сима, праотец арамеян, живший к северо-востоку от Ханаана; по его имени названа Арамейская страна. См. "Сирия".

2) один из прародителей Иисуса (Руф. 4:19; 1 Пар. 2:10), сын Есрома и отец Аминадава (Мат. 1:4; Лук. 3:33).

3) арамеянин. См. "Сирия".

Аран, старший сын Фарры, отец Лота (Быт. 11:26 и дал.).

Арарат, область в Армении между рекою Араксом и озерами Ваном и Урмией (4 Цар. 19:37; Ис. 37:38); в Иер. 51:27 называется "царством Араратским". Достойно замечания, что в клинописях Армения называется Ураарту. На Араратских горах остановился Ноев ковчег (Быт. 8:4). Предание указывает на определенную гору Мазис, высокую и покрытую снегом; турками она называется Агри-Даг; персами Кухинук, т. е. Ноева гора; европейцами — Арарат. В 1831 г. американские миссионеры Смит и Двайт посетили Армению. Смит пишет: "Мы проезжали близ подножия известной горы, которую армяне называют Мазисом, а европейцы, обыкновенно, Араратом. Более 20 дней она не терялась из глаз. Вершина ее иногда закрыта облаками; она заканчивается двумя вершинами, из которых одна значительно выше другой. Из г. Нахичевани, который отстоит от Арарата на 160 км к юго-востоку, мы видели эту вершину, возвышающуюся, подобно огромной кегле. Нам сказали, что высота этой горы равняется 5300 метрам. Вечный снег на ее вершине иногда образует громадные лавины, которые с шумом, напоминающим гул от землетрясения, скатываются по склонам горы. Когда мы смотрели на гору, она была покрыта снегом от подошвы до вершины. Между Араратскими горами, а также и теми, какие мне пришлось видеть в других частях света, я не знаю ни одной горы величественнее этой, которая однажды служила как бы "мостом" между старым и новым миром. Я невольно углубился в размышление о том, что на этой вершине (!?) некогда были собраны единственные живые существа всей земли, и что я здесь, в долине Аракса, посетил место второй колыбели человечества".

В 1829 г. профессор Паррот после многих неудачных попыток, достиг, наконец, вершины Арарата, возвышающейся более чем на 5600 м над уровнем моря. Там он нашел следы вулканических извержений. В 1840 г. Арарат подвергся сильному землетрясению.

Арба, праотец великорослого народа Енаков, жил в Хевроне, называемом поэтому Кириаф-Арба, или город Арбы (И. Нав. 14:15; 15:13).

Арвад (Иез. 27:8, 11), финикийская местность, откуда выходили хорошие моряки и воины, старинная сидонская колония, построенная на каменистом острове, около северного берега Финикии. Одно время это был цветущий торговый город, известный грекам под названием Арадус. Это место еще не исчезло, хотя теперь представляет развалины колоссальных размеров под названием Руад, с населением около 3.000 магометан.

Арвадены, народ в Арваде и окружающей области, происшедший от Ханаана (Быт. 10:18). Они раньше славились, как моряки; да и теперь еще жители Руада известны, как хорошие мореплаватели и опытные водолазы.

Аргов, область, расположенная на восток от верхнего течения Иордана и Галилейского озера, замечательная плодородием, с 60 укрепленными городами, которые по имени героя Иаира, покорившего некоторые из них, назывались Хавот Иаир или селения Иаира (Втор. 3:4; 3 Цар. 4:13).

Ареопаг (Деян. 17:19). См. "Афины".

Арета, царь Аравии, т. е. Идумеи, тесть Ирода Антипы. Вел ожесточенную войну с Иродом из за того, что он отверг свою жену, дочь Ареты, (около 36-37 г. по Р. Хр.). Потом Арета покорил и овладел Дамаском и поставил там наместника, который, подстрекаемый евреями, преследовал Павла (2 Кор. 11:32; Деян. 9:24, 25).

Арех. См. "Эрех".

Арехьяне (Ездра 4:9). См. "Эрех".

Аримафея, город, откуда происходил Иосиф, положивший тело Иисуса в свою новую могилу (Мат. 27:57; Иоан. 19:38). Повидимому Аримафея тот же город, что и Рама или Рама-фаим-Цофима, родина Самуила. См. "Рама 2".

Ариох 1) царь Елласарский, союзник Кедорлаомера (Быт. 14:1).

2) Начальник стражи Навуходоносора (Дан. 2:14, 24).

Аристарх из Фессалоник, верный сотрудник Павла; его жизнь подвергалась опасности во время мятежа в Ефесе, но он спасся и сопутствовал Павлу в его последнем путешествии из Троады в Иерусалим (Деян. 19:29; 20:4); он также сопровождал Павла в Рим (Деян. 27:2) и разделял его узы (Кол. 4:10; Филим. 24).

Аристовул, римлянин, домашние которого были христиане (Рим. 16:10).

Ариэл 1) (Божий лев) — один из начальников Ездры (Езд. 8:16).

2) В Иез. 43:15 (в русск. Библии переведено: жертвенник) означает каменную доску жертвенника, Божий очаг, которая в том же стихе в еврейск. Библии называется Харель, т. е. гора Божия. Так понимают некоторые слово Ариил в Ис. 29:1, 2, 7, подразумевая под этим словом Иерусалим, город, где находился жертвенник

Богу; другие думают, что Иерусалим там назван Ариилом (Божьим львом) потому, что находится под защитой Божией. Срав. Быт. 49:9 — Иуда, молодой лев.

3) Моавитянин, два сына которого были убиты (2 Цар. 23:20).

Аркей — Аркй.
Аркей (Быт. 10:17; 1 Пар. 1:15), хананейское племя в сев. Финикии. Потомки Аркея основали (по Иосифу Флавию) финикийский город Арку, развалины которого были найдены в 1722 г. в расстоянии 20 километров к сев.-востоку от Триполиса.

Армагеддон 1) евр. Ар-Мегиддó (Отк. 16:16), еврейское название того места, где земные цари соберутся в последний раз на брань против Царства Божия. Это слово истолковывают, как Хар Мегиддо, т. е. Мегиддонская гора, в том смысле, что эти цари потерпят поражение, подобно поражению хананейских царей у вод Мегиддонских (Суд. 5:19). Срав. "Мегиддон".

2) См. "Мегиддон".

Армения, обширная возвышенная страна к востоку от Малой Азии, на южном склоне Кавказских гор, между Евфратом и Каспийским морем; на юге она граничит с Месопотамией и Ассирией. В Библии Армения носит название: Арарат, Миния, Аскеназ и Фогарма (4 Цар. 19:37; Иер. 51:27; Быт. 10:3). Название Армении некоторые производят от Хар-Мини, т. е. небесная гора. Главные города в Армении: Эрзерум, Ереван, Ва̄н и Нахичевань.

Первоначальные жители Армении называли ее Биайной. Они постоянно воевали с ассирийскими царями. Сами они представляли союз нескольких племен, который около 880 г. до Р. Хр. слился в государство, названное несколько десятков лет спустя Халдисским по имени главного божества этого народа — Халдиса. Около 550 г. с запада вторгся воинственный народ, армяне, и покорил Халдисское царство. Не надо смешивать Халдисское государство с Халдейским. Ныне можно считать, что Армения разделена между Россией, Турцией и Персией. Христианство проникло в Армению в начале 3-го столетия по Р. Хр.

Арнон, река, которая служила границей между Моавом и аморреями на севере (Чис. 21:13; Суд. 11:22); позднее она была границей между Моавом и Израилем (коленом Рувимовым Втор. 2:24; И. Нав. 13:16). Теперь она называется Вади Моджиб.

Ароэр 1) город "на берегу потока Арнона и город среди потока" (И. Нав. 12:2; 13:9) расположен частью на острове, при слиянии Арнона с Леджумой, частью на северном берегу Арнона. Сначала он принадлежал Аморреям, потом колену Рувимову (И. Нав. 13:9), а в позднейшие времена подпал, вероятно, под власть моавитян (Иер. 48:19). Развалины от него еще носят название Араир. В Втор. 2:36 он назван Ароиром.

2) город в колене Гадовом, близ Раввы, около маленькой речки, Гадова ручья (И. Нав. 13:25; 2 Цар. 24:5; Суд. 11:33).

3) "города Ароерские" (Ис. 17:2), может быть, общее название городов, расположенных восточнее Иордана.

Ароир (евр. Ароэр), город в Иудее (1 Цар. 30:28), развалины которого под названием Арара находятся в 20-ти км от Вирсавии в юго-восточном направлении.

Арпад (Ис. 36:19), город в Сирии, повидимому, зависевший от Дамаска (Иер. 49:23; 4 Цар. 18:34). В Ассирийских клинописях он называется Арпадду. Местоположение его предполагают около холма с развалинами Эрфад, в трехчасовом пути к северу от Алеппо.

Арса — Арца.
Арса, смотритель дворца в Фирце во время израильского царя Илы, против которого Замврий составил заговор и убил его в доме Арсы во время пира (3 Цар. 16:9).

Артаксеркс (евр. Артахшаста), царское имя, упоминается на персидских памятниках (Артаксхатра, т. е. могучий царь); у греков — Артаксеркс. Тот царь, о котором говорится в Библии (Езд. 4:7; Неем. 2:1) Артаксеркс Лонгиман (длиннорукий) — сын и наследник Ксеркса (465-424 г. до Р. Хр.). В начале своего царствования, вследствие интриг лукавых самарян, он приказал остановить работы по постройке Иерусалима (Езд. 4:7-23), но позже издал приказ противоположный первому (Езд. 6:14), и даже дал Ездре обширные полномочия для восстановления храма и богослужения в Иерусалиме (Езд. 7:11-26). Он благоволил к Неемии (Неем. 2).

Артем, вероятно, сотрудник Павла. Павел хотел послать его на Крит, чтобы Тит мог провести зиму у Павла в Никополе (Тит. 3:12).

Артемида Ефесская. См. "Диана".

Арум, место вблизи Сихема, где временно жил Авимелех (Суд. 9:41) м. быть, это Рума, о которой говорится в 4 Цар. 23:36.

Арфаксад (Арпахшад), сын Сима, праотец халдеев (Быт. 10:22; 11:10). Это имя напоминает Аррапакивис, провинцию в северной Ассирии.

Архангел. Этим словом обозначается в 1 Фес. 4:16 вестник пришествия Господа и в Иуд. 9 Михаил, который в Дан. 10:13, 21; 12:1 выступает, как ангел-хранитель еврейского народа, а в Отк. 12:7, как вождь множества ангелов в войне с драконом и его ангелами. Некоторые предполагают, что здесь имеется в виду Христос; но это не имеет основания, ибо в Дан. 10:5, 6, 13, 21 делается ясное различие между Сыном Божиим и ангелом Михаилом, и в Иуд. 9 Михаил сам не произносит суда над сатаною, но предоставляет суд Господу.

Архелай, сын Ирода Великого и самарянки Малтаки, воспитывался вместе со своим сводным братом Антипой в Риме и поставлен после смерти своего отца над Иудеей, Идумеей и Самарией. Жестокий и властный, как отец, он был страшен для подданных (Мат. 2:22). После девятилетнего царствования он, по жалобе на него кесарю, был сослан во Францию, в Виенну. См. "Ирод 4".

Архи (Аркй) 1) город в колене Ефремовом, родина Хусия, друга Давида (И. Нав. 16:2; 2 Цар. 15:32).

Архипп, сподвижник Павла, получивший от него приветствие в послании к Филимону 2, а в Колоссянам 4:17, увещание, чтобы он исполнил служение в Колоссах.

Архитянин Хусий (Хуши), друг Давида (2 Цар. 15:32), вероятно, уроженец гор. Архи (И. Нав. 16:2).

Арюбов (Арубот), ныне неизвестное место — может быть, в южной Палестине (3 Цар. 4:10).

Ас — Аш.

Ас (Иов. 9:9; 38:32), известное созвездие Большой Медведицы в северной части неба; "ее детьми" в 39:32 считают три выступающие из группы звезды.

Аса, сын Авия, третий царь в Иудее (955-914), ревностно выступил против идолослужения и не пощадил даже своей бабки Маахи, которая во время его юности захватила власть в свои руки. Он сжег ее истукана "Мифлецет" у потока Кедрона, а ее лишил звания царицы (3 Цар. 15: 13; 2 Пар. 15:16). Он отдал в храм посвященное его отцом и им самим, и обновил жертвенник (2 Пар. 15:8); основал крепости, увеличил войско до 580.000 человек (2 Пар. 14:8) и одержал большую победу над египтянином Зараем. Повидимому, эта победа воспрепятствовала намечавшемуся переселению народных масс в Палестину, что становится ясным, если обратить внимание на ту тьму войска, которую Зарай привел с собою: 1.000.000 человек.

Но несчастный спор между братскими государствами продолжался. Израильский царь Вааса раздражал иудеев постройкой крепости на границе в 20-ти км к северу от Иерусалима. Он, кажется, взялся за это предприятие в союзе с дамасским царем Венададом. Аса же пытался подарками привлечь последнего на свою сторону: "Пойди, расторгни союз твой с Ваасою, царем израильским!" говорил он (2 Пар. 16:3). Но это был отчаянный выход. Подарки, взятые из храма Божьего, послужили нарушению союза! Он получил временную помощь, но путем, который не мог дать ему благословения. Неудивительно, что пророк Господень упрекал его. Аса заключил пророка в темницу и притеснял некоторых из народа (2 Пар. 16:7-10). Он умер на 41 году своего царствования и был похоронен с большою пышностью (2 Пар. 16:13, 14).

Пророк Илия свидетельствует о нем, говоря, что это был преданный Господу и набожный царь (2 Пар. 21:12; срав. 3 Цар. 15:11, 14).

Асаил — Асаэль.

Асаил, младшый сын Саруи, один из 30 героев Давида, был чрезвычайно легок на ноги. Он был убит Авениром у Гаваона, когда, под начальством своего брата Иоава, воевал против Иевосфея, сына Саулова (2 Цар. 2:18 и дал.; 1 Пар. 11:26; 27:7). Другие, носящие то же имя, упоминаются во 2 Пар. 17:8; 31:13; Езд. 10:15.

Асаия. Один из посланных царем Иосиею к пророчице Олдаме, когда была найдена книга закона (4 Цар. 22:14). Другие, носящие то же имя, упоминаются в 1 Пар. 4:36; 6:30; 9:15.

Асардан — Асархадом.

Асардан, сын Сеннахирима и наследник его трона в Ассирии (4 Цар. 19:37). По ассирийской записи царей он царствовал между 681-669 г. до Р. Хр. Его имя по-ассирийски Асур-ах-иддин, т. е. Асур даровал брата. Свидетельство Библии об Асардане, как сыне Сеннахирима и внуке Саргона, буквально подтверждается найденными при раскопках кирпичами, один из которых имеет следующую надпись: Асурахиддин, царь в стране Ассура, сын Сеннахирима, царя в стране Ассура, сын Саррукина, царя в Ассурве" (Шредер). Об Асардане клинописи дают много сведений, из которых, между прочим, видно, что он покорил Сирию и Финикию, Израиля и Иудею, филистимлян, Кипр и Египет и поэтому называл себя "царем царей Египта и Ефиопии". Согласно Езд. 4:2, Асардан переселил в Самарию из некоторых подвластных ему областей язычников, которые впоследствии стали называться самарянами (4 Цар. 17:24 и дал.). Это подтверждают и найденные клинописи. Из 2 Пар. 33:11 нам известно, что иудейский царь Манассия был разбит военачальниками Асардана и отведен в плен в Вавилон. В записях о 22 покоренных царях в стране Хатти, т. е. Сирии, Финикии и Кипра упоминается также Минасиси сар ир Яхуди ("Minasisi, Sar ir Jehudi"), т. е. Манассия, царь в Иудее. Покорение Вавилона Асарданом, царем ассирийским, также подтверждается этими записями. На памятнике победы, найденном в Сендширли у сиро-малоазиатской границы. Асардан изображен исполином, по сравнению с двумя другими фигурами; в правой руке он держит чашу, в левой — палицу и 2 веревки. Перед ним 2 царя: Баалу из Тира и Тиргака из Египта-Ефиопии; первый стоит, а второй преклонил колена. Как прежде у медведиц, губы их проколоты и в них продеты кольца, к которым привязаны веревки. Так обращались, обыкновенно, победители с пленными царями и князьями. Срав. Ис. 37:29.

Асасель — Азазэль.
Асасель, в евр. Библии — название сатаны и означает — удалившийся (от Бога); Лев. 16:8, 10, 21, 22. В русском переводе — отпущение. К Асаселю отсылали в день очищения одного из козлов, на которого Аарон возлагал руки и исповедывал над ним все беззакония, преступления и грехи народа Израилева. Живой козел нес их затем на себе в пустыню к Асаселю, как первопричине всего зла. Символическим образом грех отправлялся обратно к тому, от которого он имеет свое происхождение. Великий день очищения является прообразом дня смерти и воскресения Иисуса Христа, который смертью и воскресением из мертвых, действительно, уничтожил грех и смерть.

Асаф 1) левит, сын Берехии, один из трех главных начальников хора во времена Давида (1 Пар. 6:39). Псалмы 49 и 72-82 приписываются ему. Впоследствии он прославился как пророк и псалмопевец (2 Пар. 29:30; Неем. 12:46).

2) отец Иоаха, летописец в Иудее времен царя Езекии (4 Цар. 18:18; Ис. 36:3).

3) смотритель царских лесов в Иудее во времена Артаксеркса (Неем. 2:8).

Асенефа (Аснат), дочь Потифера, жреца Илиопольского, жена Иосифа, и мать Манассии и Ефрема (Быт. 41:45; 46:20).

Асийские начальники (Деян. 19:31) выбирались городами Асийского проконсульства на один год для управления и принятия на себя расходов на народные зрелища.

Асинкрит, христианин в Риме, которого ап. Павел приветствует (Рим. 16:14).

Асир (Аше́р) 1) восьмой сын Иакова, второй сын, родившейся у Зелфы (Быт. 30:13).

2) город на южной границе колена Манассиина (И. Нав. 17:7).

Асирово колено — евр. ше́вет Аши́р.
Асирово колено, которое получило название по имени Асира, сына Иакова (Чис. 1:13; Отк. 7:6), было наделено землею у берегов Средиземного моря, к северу от Кармила, и граничило на юге с уделом Иссахара и Манассии, а на востоке — Завулона и Неффалима (И. Нав. 17:10, 11; 19:24-31). Земля была плодородна и богата. "Для Асира — слишком тучен хлеб его" (Быт. 49:20; Втор. 32:24). Но хананеяне не были изгнаны оттуда (Суд. 1:31). Колено Асирово пользовалось хорошей славой в истории Давида и Езекии (1 Пар. 12:36; 2 Пар. 30:11). Из этого колена происходила пророчица Анна (Лук. 2:36).

Асироф — Ацарот.
Асироф, одна из стоянок израильтян между Синаем и Кадесом. Может быть, теперешний источник Ель Худра (Чис. 11:35; Втор. 1:1).

Асия. Там, где это слово встречается в Новом Завете, оно обозначает исключительно римскую провинцию, "проконсульскую Асию", на западном побережье Малой Азии, со столицею Ефесом (Деян. 6:9; 19:10; 20:4; 1 Пет. 1:1; 2 Кор. 1:8; Отк. 1:4, 11). Области Фригия, Мисия, Кария и Лидия входили в состав Асии. В двух местах (Деян. 2:9 и 16:6) это слово имеет более узкое значение: здесь Асия упоминается рядом с Фригией, из чего видно, что в этих двух местах слово Асия обозначает только Карию, Лидию и Мисию.

Аскалон — Ашкелон.

Аскалон 1) одна из филистимских столиц (И. Нав. 13:3; 1 Цар. 6:17; Суд. 14:19), расположенная близ храма сирийской богине любви Деркето и священного озера, рыбу которого недозволено было есть. В позднейшее время город получил большое значение, и во времена крестовых походов он был важным пунктом. От него уцелели развалины на берегу Средиземного моря в 20-ти км к северу от Газы. История современного Ашкелона начинается в 1830-ом году, когда в трех с половиной километрах к северо-востоку от руин старого города возникла арабская деревня. Во время арабско-израильской войны 1948-го года израильтяне заняли Ашкелон и с 1949-го года стали активно заселять и застраивать его. К 1968-му году там жило около сорока тысяч евреев. На территории древнего города раскопана городская площадь античного периода; сохранились остатки античной гавани и остатки укреплений времени крестоносцев.

2) См. “Екрон”.

Аскеназ — Ашкеназ.

Аскеназ, один из сыновей Гомера (Быт. 10:3). В Иер. 51:22 этим именем называется царство, упоминаемое вместе с Минийским и Араратским, — повидимому, это область в Армении. Некоторые думают, что Аскеназ — германская раса и сравнивают с этим словом названия Аскания (Askanius) во Фригии и Скандинавия в Европе.

Аснафар “великий и славный”, который поселил колонистов в Самарийских городах (Езд. 4:19); вероятно, это был ассирийский царь Асардан (Езд. 4:2) или кто-либо из его военачальников.

Асор (Хацо́р), т. е. двор, название нескольких мест.

1) город в южной части Иудеи (И. Нав. 15:23).

2) город хананейского царя Иавина, в северной части Ханаана, близ озера Мерома; был взят Иисусом Навином и отдан колену Неффалимову (И. Нав. 11; 19:36); восстал, но был усмирен Вараком (Суд. 4:2). Позднее был укреплен Соломоном и оставлен под властью Израиля до тех пор, пока не был взят Феглаффелласаром (3 Цар. 9:15; 4 Цар. 15:29). Местоположение его (по Робинзону) около развалин Тель Хурайбех, к западу от Мерома.

Асарские царства, область в Аравии, которая была опустошена Навуходоносором (Иер. 49:28 и дал.).

Ассарий. См. “Деньги”.

Ассуир 1) муж Есфири, великий персидский царь Ксеркс (485-465 г. до Р. Хр.), (Есф. 1:1), царствовал над 127 провинциями, от Индии до Ефиопии и жил в городе Сузах. Когда на одном пиру он повелел царице показаться гостям, и та не пожелала, то он отстранил ее и сделал царицей еврейку Есфирь, двоюродную сестру Мардохея. Еврейское произношение имени Ассуир-Ахашверош (Езд. 4:6), довольно схоже с именем Ксеркса в древних персидских письменах, а именно: Ксиарша. Этому Ассуиру, или Ксерксу, самаряне послали жалобу на евреев (Езд. 4:6).

Ассупим (свр.), дом Ассупима (1 Пар. 26:15), т. е. кладовая.

Асс, приморский город в Троаде, против острова Лесбоса; теперь он называется Бейрамом. Отсюда Павел направился в Митилену (Деян. 20:13).

Ассур (Ашу́р), еврейское название земли и народа ассирийского.

1) В Быт. 10:21 Ассуром называется один из сыновей Сима. Согласно 10-11 ст. (это место переводится различно: или Ассур вышел из земли Сеннаар и построил Ниневию, или, что Нимрод пошел в Ассур и построил Ниневию) ассирийская культура заимствована у Вавилона. Оба эти перевода подтверждаются ассирийскими памятниками, на которых изображены ассирийские цари с семитическими чертами лица, а также письменами, язык которых весьма схож с еврейским: буквы вавилонского начертания, но более упрощенной формы. Кроме этого, религиозное мировоззрение ассирийцев и вавилонян в основном одно и то же.

2) Ассирия первоначально была незначительной по размерам страной вдоль восточного берега реки Тигра, со столичным городом Ассуром (теперь развалины Калат-Шергат на правом берегу реки). Это название осталось и после перенесения столицы на левый берег Тигра. Собственно Ассирия (Быт. 2:14; 10:10-12, 22) граничит на севере с Арменией, на востоке — с Мидией и Персией и на юге с Вавилоном. Классические писатели называли ее Атурин или Адиабенэ. Это, приблизительно, теперешний Курдистан. В ассирийских клинописях название Ассур является то обозначением города и страны, то бога

Ассура (т. е. "Добрый"). Некоторые полагают, что по имени этого бога названы были город и страна.

Собственно Ассирия была в большей части горной страной, со здоровым климатом, богатой плодами и дичью, что видно из изображений на памятниках. Эта страна в достаточной степени орошалась, старательно возделывалась и была населена народом, о мощи и художественном вкусе которого свидетельствуют постройки и произведения искусства, откапываемые из груд тысячелетних развалин.

3) Когда ассирийцы выступили, как победители, название Ассур или Ассирия распространилось на все завоеванные области, которые охватывали Вавилон и Месопотамию и простирались от Средиземного моря на западе, до границ с Индией на востоке. История Ассирии была неизвестна миру, если не считать примитивных и запутанных сказаний Геродота и других древних писателей и библейское повествование до тех пор, пока Лайярд (Layards) и Ботта (Bottas) при раскопках развалин Ниневии, производившихся, начиная с 1840 г., не нашли древние ассирийские клинописи, и тогда ассирийские царские дворцы, ассирийские цари, их имена и подвиги, множество их обычаев и богослужений, как бы воскресли для нас. Ассирийская история ожила и дала библейскому рассказу удивительное подтверждение. По клинописям, Ассур и Ниневия являлись вавилонскими колониями. Время основания этих колоний трудно определить. Шрадер предполагает, что Ассур был основан во втором тысячелетии до Р.Хр.; между 1450 и 1300 годами. Есть указание на то, что одновременно были два царя, Ассирийский и Вавилонский. Около 1300 года до Р. Хр. ассирийский царь Тиглад-Адар 1. покорил Вавилон, после чего Ассирия заняла первенствующее положение, продолжавшееся почти до половины седьмого столетия до Р. Хр. Между древними ассирийскими царями особенно выделяется Тиглат-Пилезер 1., воцарившийся в 1130 г. до Р. Хр. Он снова покорил на время отпавший Вавилон. Ассирийская запись царей после 900 года, по Шредеру, представляется в таком порядке:

1) Тиглат-Адар 2. 889-884.
2) Асур-Назир-Хабал 883-859.
3) Салманассар 2. 858-824.
4) Самас Бин 823-811.
5) Бин-нирар 810-782.
6) Салманассар 3. 781-772.
7) Асур-данил 771-754.
9) Тиглат-Пилезер 2. (Феглаффелласар, Фул или Пул) 745-723.
10) Салманассар 4. 727-723.
11) Саргон 722-706.
12) Санхериб (Сеннахирим) 705-683.
13) Асархаддон 681-669.
14) Асур-банипал (Сарданапал) 668-626.
15) Асур-идил-или (Саракус) 625-?

Все эти даты приблизительны. Между 900 и 840 годами Ассирийское царство достигло своего расцвета. Это могущественное государство часто приходило в соприкосновение с Израилем и служило в руках Господа как бы бичем для Его непослушного народа. Пророки говорят о высокомерии и упрямстве Ассура, напр., Ис. 10:8-12; Иез. 31:3 и далее, но также и о том опустошении, которое со временем, постигнет Ассирию и Ниневию, напр., Соф. 2:13-15, пророчества Наума и т. д. Срав. также Ос. 9:3; 14:4; Зах. 10:10, 11. Около 625 г. до Р. Хр. ассирийское царство было покорено соединенными силами мидян и вавилонян. Ассуру все же обещано благословение (Ис. 19:24, 25): "Израиль будет третьим с Египтом и Ассирией; благословение будет посреди земли, которую благословит Господь Саваоф, говоря: благословен народ Мой — Египтяне, и дело рук Моих — Ассирияне, и наследие Мое — Израиль".

4) названием Ассирии обозначались различные отдельные части Ассура после его разделения; так, напр., в Иер. 2:18; 4 Цар. 23:29 названия Ассирия, ассирийский обозначает Вавилон, вавилонский в Езд. 6:22 обозначает персидский.

Астароф — Аштарот.

Астароф и **Аштероф-Карнаим,** согласно Евсевию, 2 города в Васане. Первый из них — одна из столиц царя Ога (И. Нав. 9:10), вероятно, теперешний Телл-Аш'ари при реке Ярмуке, по своему расположению, очевидно, укрепленное место. Другой — Аштероф-Карнаим, место победы Кедорлаомера над рефаимами (Быт. 14:5), вероятно, теперешняя Тель-Аштара, севернее первого, при одном из притоков Ярмука. Названия этих городов указывают, что в этих местах поклонялись Астарте. В районе Тель-Аштары предание указывает место, где жил Иов. Приток носит название "река пророка Иова", источник, который "пробился в тот момент, когда Иов в раздражении топнул ногою о землю". Показывают и могилу Иова. Рядом на холме расположено село Шех-Сайд; в мечети показывают камень, на который будто бы опирался Иов, когда принимал своих друзей.

Астарта, греческое название богини, которой поклонялись некоторые семитские народы. В Вавилоне и Ассирии она называлась Иштар, в Сирии — Атар, в Израиле — Асторет (Аштарот), в Финикии — Астарте, в Абиссинии — Астар. В южной Аравии поклонялись богу мужеского пола п.н. Атар. Астарте поклонялись, как богине-матери. В молитве времен Ассурбанипала (686-627 г. до Р. Хр.) встречается следующее место: "Мал ты был, Ассурбанипал, когда я оставил тебя у божественной царицы Ниневии. Немощен был ты, Ассурбанипал, когда сидел на лоне божественной царицы Ниневии; от двух ее сосцев ты питался, а в двух других ты прятал свое лицо". Астарта изображалась с четырьмя грудями. Этой богине также поклонялись, как царице неба, деве в круге Зодиака (солнечном пути), несущей дитя или колос, или, как богине луны с рогами на голове, животворящей или убивающей, или наконец, как деве — богине охоты и войны, одетой в пламя, с колчаном и луком, стоящей на леопарде, древне-восточной валькирии. При ее храме, кроме жрецов, были блудницы и блудники. Ей во славу некоторые девицы лишали себя невинности, мужчины же ради нее оскопляли себя. Поклонение этой богине сопровождалось всевозможными мерзостями. Ей, как царице неба, дочери Иерусалима пекли пирожки и возжигали курения (Иер. 7:18; 44:17 и дал.). Еще во времена Самуила народ израильский поклонялся Астарте (1 Цар. 7:3). Соломон в угоду своим иноплеменным женам, построил около Иерусалима высоты для жертвоприношения ей (3 Цар. 11:5, 33), которые потом были разрушены Иосиею (4 Цар. 23). Города Аштароф и Астероф-Карнаим (Аштарот-Карнаим — Астарта с рогами) получили, повидимому, свои названия от Астарты. Название последнего города показывает, что тамошний истукан Астарты был снабжен рогами. Астарту смешивают часто с ханаанейской Ашерой; но последняя была богиней деревьев; Астарта же была богиней звезд. Израильтяне поклонялись одновременно и той, и другой (4 Цар. 23:7, 13, 14). Изображения Астарты выделывались, обыкновенно, из стволов деревьев, которые вколачивались в землю. Иногда они были настолько велики, что дров, получаемых из них, хватало на жертвоприношение Господу (Суд. 6:26). В русской Библии соответствующее место не переведено буквально. В Суд. 6:25 написано: "сруби священное дерево", тогда как в еврейском подлиннике сказано: "сруби Ашеру" (т. е. изображение Астарты); далее, конец 26 стиха: "всесожжение на дровах дерева, которое срубишь", в еврейском же подлиннике: "всесожжение на кусках Ашеры, которую ты изрубишь". Закон воспрещает делать изображение Ашеры (Астарты) (Русск Библ. "рощи") из каких-либо деревьев (Втор. 16:21). В 4 Цар. 21:7 (евр. подл.) говорится про пе́сель (идол), который в данном месте и есть изображение Астарты. Во 2 Пар. 15:16 говорится о чудовищном (мифлецет) изображении Астарты.

Астинь — Ва́шти.
Астинь, жена персидского царя Артаксеркса (Есф. 1:9). Когда царь устроил пиршество для своих князей, она также устроила пир для женщин. Напившись вина, царь повелел ей показаться его гостям. Царица отказалась сделать это. После совещания со своими князьями, царь отстранил ее и сделал вместо нее царицею Есфирь (Эстер) (Есф. 2:17).

Атах (1 Цар. 30:30), место, теперь неизвестное, в южной Иудее, жители которого относились дружелюбно к Давиду.

Атароф — Атаро́т.
Атароф, Атроф, т. е. венцы, название нескольких городов

1) два города в колене Ефремовом (И. Нав. 16:2); первый из них называется также Атароф-Аддаром (И. Нав. 16:5). Развалины Атарофа (Атара) находятся в 10-ти км к северу от Иерусалима.

2) город в колене Гадовом (Чис. 32:3, 34). Теперь это — развалины Аттарус, к востоку от Мертвого моря.

В Чис. 32:35 упоминается Атароф-Шофан, местоположение которого неизвестно.

3) Атароф-виф-Иоав, город в Иудее (1 Пар. 2:54), может быть, в районе Вифлеема.

Атталия, приморский город в Памфилии, который посетил Павел вместе с Варнавою (Деян. 14:25). Теперь он называется Анталь.

Афаним. См. "Месяцы".

Афарим (Атарим) (Чис. 21:1), неизвестное место.

Афарсафхеи (Езд. 4:9) и **Афарсахеи** (Езд. 5:6; 6:6), одно из ассирийских племен, которое поселилось в Самарии.

Афек 1) город колена Асирова, расположенный на Ливане, близ северной границы Ханаана. Теперь это село, называемое Афка, около 20-ти км к северо-востоку от Бейрута (И. Нав. 13:4; 19:30).

2) город в колене Иссахаровом в Изреельской долине, недалеко от Сонама (1 Цар. 29:1; 28:4). О котором из этих двух городов говорится у И. Нав. 12:18, трудно сказать.

3) город в нагорной стране Иудейской (1 Цар. 4:1), где израильтяне были разбиты филистимлянами, и где был взят в плен ковчег. У И. Нав. 15:53 город этот называется Афека.

4) В 3 Цар. 20:26 упоминается Афек, где сирийский царь Венадад собрал свои войска, и где 27.000 из них были раздавлены упавшей стеной. Может быть, это местность Фик на 30 км восточнее Генисарета, напротив Тивериады; или то же, что и Афек 2.

Афик. См. "Афек 1".

Афины, главный город Аттики в Греции, известный всему миру, как колыбель греческой образованности и искусства; расположен на берегу Саронского залива, в расстоянии полумили от берега, между реками Илиссом и Кефиссом. Город был расположен на нескольких холмах, из которых самый высокий был Акрополь (крепость). Акрополь был доступен только с запада, через Пропилеи: мраморные лестницы между храмами и художественными изваяниями вели до самой вершины холма, где с левой стороны возвышался храм Афины Паллады, а с правой Парфенон, образец греческого архитектурного искусства, из белого блестящего мрамора, развалины которого и теперь еще вызывают удивление. На этом же холме на высоком пьедестале было поставлено бронзовое изображение богини Афины, покровительницы города; ее блестящий шлем виден был мореплавателям на расстоянии нескольких миль от города. Известно было также изображение Афины, сделаное скульптором Фидием из золота и слоновой кости и поставленное в Парфеноне. На юго-западном склоне Акрополя был построен обширный театр Дионисия, а около него Одеон; на другой стороне был Пританей, где заслуженные граждане получали бесплатный стол. Близ Акрополя в северо-западном направлении, возвышался холм Ареопаг, где суд, известный под тем же названием, собирался ночью и решал дела. Ареопаг должен был особенно наблюдать за нравственностью и религиозной жизнью граждан и препятствовать введению богослужений, запрещенных законом. Близ него находился холм Пникс, где происходили народные собрания. По соседству была площадь (agora), открытое место, окруженное роскошными строениями. Город во времена расцвета (по Факидилу) занимал пространство в 43 стадии или ⅔ кв. мили с народонаселением около 150.000 чел.

Когда Павел во время своего первого европейского миссионерского путешествия прибыл в Афины, то "возмутился духом при виде города сего, полного идолов" (Деян. 17:16) и, в ожидании Силы и Тимофея, за которыми он послал, стал свидетельствовать о Христе как в синагогах, так и на площади, где афиняне искали случая удовлетворить свое, известное всему миру, любопытство. Некоторые из философов привели Павла в ареопаг (Деян. 17:19) и там он, начав с упоминания о жертвеннике, который он видел в городе, с надписью "неведомому богу", сказал афинянам свою знаменитую речь о Боге, Господе неба и земли, произведшем все человечество от одной крови; о спасении и суде через Воскресшего. Город Афины с 1834 г. стал резиденцией греческих королей.

Афни, город в колене Вениаминовом (И. Нав. 18:24), названный у Иосифа Флавия Гофна, теперь селение в расстоянии почти 10 км к северу от Иерусалима.

Ахав 1) седьмой израильский царь,, сын и наследник Амврия (875-853 до Р. Хр.), царствовал 22 года. Жена его Иезавель, дочь Сидонского царя Ефваала, была честолюбивая, предавшаяся похотям женщина, которая, пользуясь своим влиянием, ввела служение Ваалу и Астарте в Израиле. Ахав построил в Самарии дом Ваалу и поставил в нем изображения Ваала и Астарты. Он "более всех царей израильских делал то, что раздражает Гопода Бога Израйлева". Против него восстал пророк Илия со словами осуждения. Бог покарал землю засухой, продолжавшейся более трех лет. На горе Кармиле идолослужение было наказано огнем с неба и истреблением 450 пророков Ваала. Спустя 6 лет Сирийский царь Венадад напал на израильтян с большим войском, но потерпел позорное поражение по воле Божией; то же случилось в следующем году, когда Ахав взял Венадада в плен. Однако Ахав отпустил его на свободу, чем и навлек на себя гнев Божий. Несмотря на все предупреждения и оказанные Богом милости, Ахав продолжал жить в грехе. Наконец, после убийства Навуфея, Бог послал Илию возвестить царю о наказании, которое постигнет его и все его потомство. Наказание это было отложено, потому что Ахав смирился пред Богом. Через три года Ахав пошел с Иосафатом, царем Иудейским, отвоевать город Рамоф Галаадский у сирийцев, несмотря на запрещение Господа, переданное ему пророком Михеем. Во время сражения он был убит и псы лизали его кровь около пруда Самарийского (3 Цар. 16:29 до 22:40).

2) сын Колии, лжепророк; ввел в заблуждение израильтян в Вавилоне и был обличен Иеремиею (Иер. 29:21, 22).

Ахаз, сын Иоафама, 11-й царь Иудейский (около 735-727 г. до Р. Хр.), был одним из самых нечестивых царей; он зашел так далеко, что сжигал своих собственных детей в жертву идолам (2 Пар. 28:3); он повсюду поставил алтари хананейским божествам и поклонялся им. Сирийские и израильские войска опустошали его страну, и в это время Ахаз, самый недостойный царь, получил через пророка Исаию пророчество об Эммануиле (Книга Исаии 7:14). Ахаз не доверился Господу, но искал помощи у ассирийского царя Феглаффелласара и отправился в Дамаск, чтобы выразить ему покорность. Оттуда он привез образец жертвенника и порядок идольского служения и приносил жертвы богам Дамасским. Ахаз взял сокровища из храма Господня (частью для того, чтобы уплатить ассирийцам дань в результате неудачной войны), погасил светильники и жертвенные огни в святилище и, наконец, совершенно запер храм. Ахаз не был похоронен в гробницах царей (4 Цар. 16; 2 Пар. 28; 29:6, 7).

Ахаик, Фортунат и Стефан, три христианина из Коринфа, которые были у Павла в Ефесе, когда он писал свое первое послание к Коринфянам. Стефан и его домочадцы были крещены Павлом, первыми в Ахаии, и отдали себя на служение святым (1 Кор. 1:16; 16:15-18).

Ахаия, наименование, которое римляне дали покоренной Греции в 146 г. до Р. Хр. Первое время Ахаия находилась под властью наместника Македонии, но после царствования Августа она сделалась самостоятельной провинцией, включавшей Пелопонес и Элладу. Названия "Македония и Ахаия" обозначают Грецию в целом (Деян. 19:27; Рим. 15:26; 2 Кор. 11:10; 1 Фес. 1:7, 8). Наместник этой провинции жил в Коринфе.

Ахан, сын Хармия (Кармия), вопреки повелению Божию, взял себе часть из заклятой добычи, когда израильтяне покорили Иерихон. Это повело к проклятию и поражению народа. Через бросание жребия, виновник был обнаружен и вместе со своим домом и всем имуществом был сожжен в долине Ахор, близ Иерихона (И. Нав. 6:16; 7:1-26). Ахан в 1 Пар. 2:7 называется Ахаром.

Ахзив, город, расположенный в низменной части Иудеи (И. Нав. 15:44; Мих. 1:14). В Быт. 38:5 он называется Хезивом. По всей вероятности это теперешняя Кзаба с колодцами и развалинами в 10-ти км к западу от Хеврона.

Ахиил — Хиэль.

Ахиил из Вефиля, построил Иерихон во времена Ахава (3 Цар. 16:34). Постройка этого города стоила ему жизни первого сына Авирама, когда он положил основание города, и жизни младшего — Сегуба, когда он ставил ворота. Таким образом исполнилось то, что Господь изрек раньше через Иисуса Навина (И. Нав. 6:25).

Ахикам, сын Шафанов, один из тех мужей, которых Иосия послал к пророчице Олдаме, когда книга закона была найдена в храме (4 Цар. 22:12), верный друг пророка Иеремии (Иер. 26:24).

Ахим, один из предков Христа (Мат. 1:14).

Ахимаас 1) сын Садока (Цадока) и его преемник; был первосвященником в царствование Ровоама (1 Пар. 6:8, 53).

2) сын Садока, один из 12 приставников Соломона, женатый на его дочери Васемафе (3 Цар. 4:15). Неизвестно который из этих двух был на стороне Давида во время восстания Авессалома и после смерти последнего первый принес царю известие об этом (2 Цар. 15:27; 17:17; 18:19 и дал.).

Ахимаац, отец Ахиноами, жены Саула (1 Цар. 14:50).

Ахиман 1) См. "Шешай (Сесай)".

Ахимелех 1) Сын Ахитува, первосвященник после своего брата Ахии. Некоторые думают, что Ахимелех и Ахия обозначают одно и то же лицо. В его время скиния находилась в Номве, где жил он сам и большое число священников. Здесь он принял Давида, когда тот бежал от Саула, и дал ему хлебы предложения и меч Голиафа. Об этом поступке Доик донес Саулу, который счел это за измену. Саул рукой этого язычника убил Ахимелеха с 85 другими священниками (1 Цар. 22). Ахимелех в Мар. 2:26 называется Авиафаром; смотри "Авиафар".

2) упоминается в 1 Пар. 24:3, 6, 31; он также называется Авимелехом (1 Пар. 18:16), вероятно то же лицо, что Авиафар. Смотри "Авиафар".

3) Хеттеянин, один из друзей Давида, сопровождавший его во время бегства от Саула (1 Цар. 26:6).

Ахинадав, сын Гиддо, один из 12 приставников Соломона (Лев. 4:14).

Ахиноама, изреелитянка, одна из жен Давида, взятая в плен амаликитянами в городе Секелаге, но освобожденная Давидом и последовавшая за ним в Хеврон (1 Цар. 30:5, 18), мать старшего сына Давида, Амнона (1 Пар. 3:1).

Ахиноамь, дочь Ахимааца, жена Саула (1 Цар. 14:50).

Ахио, сын Аминадава, который шел перед ковчегом Господним, когда ковчег перевозили в Иерусалим из дома его отца; он шел впереди ковчега и, может быть, благодаря этому, избежал печальной участи своего брата Озы (2 Цар. 6:3-7).

Ахисар, начальник над домом царя Соломона (3 Цар. 4:6).

Ахитофел, гилонянин; вначале был одним из самых задушевных и высоко ценимых друзей Давида, но при восстании Авессалома он принял сторону последнего и был одним из самых сильных врагов Давида. Когда Авессалом не послушал его проницательного совета, Ахитофел, предвидя, что восстание окончится неудачей, повесился (2 Цар. 15:12; 17; Псл. 54:13-15). Ахитофел, кажется был дедом Вирсавии (2 Цар. 23:34; ср. 2 Цар. 11:3). Это до некоторой степени объясняет причину, почему Ахитофел изменил Давиду.

Ахитув 1) священник, внук и наследник Илия (1 Цар. 4:11; 14:3), отец первосвященника Ахимелеха (1 Цар. 14:3; 22:20).

2) священник, сын Амария и отец Садока (2 Цар. 8:17; 1 Пар. 6:8).

Ахия 1) сын Ахитува, первосвященник в царствование Саула (1 Цар. 14:3, 18).

2) сильный духом пророк из Силома во времена Соломона и Иеровоама (3 Цар. 11:29; 2 Пар. 9:29). Он предсказал Иеровоаму распадение царства и его собственное будущее возвышение. Впоследствии предсказал гибель Иеровоамова дома (3 Цар. 11:31; 14:1-14). После смерти Ахии остались исторические записки о царствовании Соломона (2 Пар. 9:29).

Другие лица с тем же именем, см. 3 Цар. 4:3; 15:27; 1 Пар. 2:25; 8:7; 11:36; 26:20; Неем. 10:20.

Ахмета. См. "Екбатана".

Ахор, долина Ахор, т. е. долина несчастия (И. Нав. 7:26), находится близ Иерихона; так она названа по причине несчастия, которое постигло народ израильский за преступление Ахана, нашедшего смерть в этой долине. Но эта же долина имеет чудное обетование у Исаии (65:10) и Осии (2:15).

Ахса, дочь Халева (Калева), выдана была з большим приданым замуж за Гофониила, племянника Халева, в награду за то, что он взял Давир (И. Нав. 15:15-17; Суд. 1:12, 13).

Ахсаф — Ахшаф.

Ахсаф, хананейский царский город (И. Нав. 11:1), покоренный Иисусом Навином и отданный колену Асирову (И. Нав. 12:20; 19:25); предполагают, что это теперешний Кефр Ясиф, почти на милю южнее Акки, или же развалины Ксаф, южнее Леонтеса, приблизительно, между Тиром и Баниасом.

Ашан, город расположенный в колене Иудином (И. Нав. 15:42), но принадлежавший колену Симеонову (19:7), вероятно, он же что Хорошан (евр. Борашан, т.е. водоем Ашана); 1 Цар. 30:30. Название произошло, может быть, оттого, что люди начали населяться у водоема, который вырыл некий Ашан. Впоследствии часть названия — Бор — откинули, и осталось слово — Ашан.

Ашбея, семья, выделывавшая виссон (1 Пар. 4:21).

Ашима, божество, которому поклонялись емафяне, поселившиеся в Самарии (4 Цар. 17:30).

Ашна, два города в низменной части Иудеи (И. Нав. 15:33, 43).

Аштерофа (Аштарот) или Аштероф-Карнаим; см. "Восор 2".

Ашур 1) см. "Гессур"; или же это слово обозначает колено Асирово (2 Цар. 2:9).

2) одно из тех племен, над которыми царствовал Иевосфей, сын Саула (2 Пар. 2:9); едва ли Ассур, т. е. племя ассирийского происхождения или Ашурим, т. е. аравийское племя, упомянутое в Быт. 25:3, жили там; вероятно, так названы потомки Асира. Срав. Суд. 1:32.

Аэндор. См. "Ен-Дор".

Первосвященник преклоняется перед ковчегом в святая святых.

Б

Баана и Рихав, сыновья Реммона, которые служили у Иевосфея, сына Саула; они убили своего господина и принесли его голову Давиду, за что и были казнены (2 Цар. 4).

Багряница 1) Отк. 18:16 (греч. "коккинос"), также называется кармозия, (араб. кермес) — ярко красная краска. Она высоко ценилась древними финикийцами и другими восточными народами, которые, повидимому, употребляли ее для окраски шерсти, предпочитая знаменитой багрянке. Эта краска получается посредством растирания яиц маленького жесткокрылого насекомого (cocus ilicis), которое водится на багряницевых дубах, 2-3 фут. вышины (Quereus coccifera) в западной Азии и южной Европе. Слово, обозначающее эту краску, встречается (евр.) в Быт. 38:28; Исх. 25:4; 26:1, 36; Чис. 4:8; 19:6; И. Нав. 2:18, 21; Ис. 1:18 и т. д.; в русском же переводе: червленая багряница и пурпуровая. Еврейские слова, означающие багряницу; "Шани" (блеск блестящий (Быт. 38:28; И. Нав. 2:18 и проч.) "Толаат" (червячек), Ис. 1:8; Наум. 2:3, а также оба эти названия вместе, блестящий червячек (Чис. 4: 8) и червленный цвет (Чис. 19:6). Багряница служила для покрывал и одежд святилища (Исх. 25:4; 26:1 и пр.). Окрашенная кармазином нить употреблялась при обрядах очищения (Лев. 14:6 и Чис. 19:6). Багряница имеется ввиду также у Мат. 27:28 и Отк. 17:3, 4.

2) одежда багряного цвета (см. багрянец) в древности являлась знаком царского достоинства (Мат. 27: 28; Отк. 17:4).

Баит, т. е. Капище в Моаве (Ис. 15:2).

Бальзамирование (Быт. 50:2). См. "Похороны".

Бальзам, благоухающая и целебная смола (евр. цори, цери), (Быт. 37:25; 43: 11), сочится из бальзамовых кустов, которые в прежние времена в изобилии расли в Иудее и особенно в Галааде (Иер. 8:22; 46:11). Натуральный бальзам добывается из кустов Balsamodendron Opobalsamus и Bals. Gileadense (евр. базам; Песн. П. 5:1), которые произрастают в Аравии, между Меккой и Мединой. Это растение имеет вид небольшого деревца или куста с раскидистыми ветвями, покрытыми трехлепестковыми листьями; цветочки белого цвета, четырехлепестные, ягоды — величиною с горошину. Из серой гладкой коры сочится сама по себе или при надрезе жидкая смола светло-желтого цвета, горькая на вкус, с удивительно приятным запахом, напоминающим лимон или розмарин. Бальзам на Востоке употребляется как лекарство от ран, укуса змей и внутренних болезней.

Барабан. См. "Музыка".

Бараны — евр. квасим́.

Бараны или овны, мясо которых высоко ценилось (Быт. 31:38; Иез. 39:18), были, как жертвенные животные более ценны, нежели овцы и ягнята (Чис. 15:5 и д.; 23:1; 28:11 и дал.; ст. 27 и дал.; Мих. 6:7). Их приносили в жертву всесожжения (Лев. 8:18; Псл. 65:15), в жертву повинности (Лев. 5: 15, 18), в жертву мирную (Лев. 9:4, 18); жертву очищения за назорея Чис. 6:14), но не в жертву за грех, как можно было бы понять из 2 Пар. 29:21, где в жертву за грех были принесены только козлы (ст. 23), а овны в жертву всесожжения (ст. 22). Особенно подробно описывается церемониал жертвоприношения двух овнов при посвящении священников (Исх. 29:1, 15, 19 и д.). Овен (баран) иногда символизирует князей и народы (Иез. 39:18; Дан. 8:3).

Бараньи кожи употреблялись на покрывала (Исх. 25:5; 26:14).

Барс (леопард) часто встречающийся в Палестине зверь — кошачьей породы; и теперь его еще можно найти там, особенно на высотах Ливана, "барсовых горах", как они называются в Песн. П. 4:8. Слово барс часто имеет символическое значение (Иер. 5:6; Дан. 7:6; Ос. 13:7; Агг. 1:8; Отк. 13:2). Во времена совершенства "волк будет жить вместе с ягненком, и барс будет лежать вместе с козленком; и теленок, и молодой лев, и вол будут вместе, и малое дитя будет водить их" (Ис. 11:6). На красивую шкуру барса указывается в Иер. 13:23: "Может ли ефиоплянин переменить кожу свою и барс — пятна свои?" Многие названия местностей в Палестине получили свое начало от еврейского слова барс — намер и арабского — нимр; например: Нимра, Беф-Нимра и Нимрим. Эти названия не изменились до сих пор.

Басня — евр. маша́ль.

Басня — нравоучитель. рассказ, в котором животные и растения представляются говорящими и действующими. В Библии мы находим, напр., басню о том, как деревья избрали себе царя

(Суд. 9:8 и дал.), или расказ о терне и кедре (4 Цар. 14:9). Эти рассказы очень близко подходят к притчам. Те басни, о которых предупреждает Павел, в 1 Тим. 1:4; 4:7; 2 Тим. 4:4; Тит. 1:14 (сравни 2 Пет. 1:16; Кол. 2:18 и дал.), по всей вероятности были различными языческими и еврейскими лжеучениями о бесконечном множестве духовных существ высших и низших степеней, которые, будто бы, исходили от Бога, заполняли пропасть между Богом и миром, и служили посредниками в Его откровениях.

Бат. См. "Мера".

Бахурим, родина Семея, город в колене Вениаминовом, близ Иерусалима (2 Цар. 3:16; 16:5; 17:18).

Башни — евр. мигдáль.

Башни различных видов упоминаются в Священном Писании: крепосные башни, напр., Пенуельская башня, которую разрушил Гедеон (Суд. 8:17), Башня в Тевце, с которой женщина бросила обломок жернова на голову Авимелеха (Суд. 9:51 и д.), башни на городских стенах, напр., башни Меа и Хананэла (Неем. 3:1, 11, 25 и д.), к которым, может быть, принадлежала Силоамская башня; говорится также о сторожевых башнях в виноградниках (Ис. 5:2; Мат. 21:33; Мар. 12:1) и на пастбищах для охраны стад (2 Пар. 26:10). В последней ссылке говорится о том, что царь Озия строил башни не только на стенах Иерусалима (2 Пар. 26:9), но также и в пустыне (на пастбищах) и рыл колодцы, "ибо он любил земледелие".

Об осадных башнях см. "Война".

О башне в Сиене см. "Сиена".

Башня стада (Мих. 4:8) — символическое название Сионской горы.

Башня Силоамская, при своем падении убившая 18 человек (Лук. 13:4), находилась, вероятно, на городской стене.

Маленькое местечко Силоа (евр. Шилó, араб. Силуан), населенное бедными магометанами, существует еще и теперь по ту сторону Кедрона, напротив Силоамских источников. Часть жителей еще и теперь обитает в древних могильных пещерах.

Бдолах упоминается в Быт. 2:12. По внешнему виду его сравнивают с манной (Чис. 11:7). Некоторые предполагают, что это ароматная смола кустарника Amyris Agallochum, который растет близ Персидского залива в Аравии, Вавилоне и других местах. Она прозрачна, горька на вкус, и, если ее зажечь, распространяет приятный запах. Другое мнение, что бдолах — особый сорт жемчужин.

Бегемот или гиппопотам, евр. — великое животное; в книге Иова 40:10 и дал., мож. быть, говорится о нильском бегемоте, или гиппопотаме. Гиппопотам водится на берегах Нила и других больших рек Африки; это большое, сильное и неуклюжее животное, которое проводит жизнь в воде и питается водяными растениями. Телосложение его непропорционально: огромное, гладкое туловище с необыкновенно большой головой и непропорционально короткими ногами. У него маленькие круглые уши, черные небольшие глаза, толстые и широкие губы, маленькие ноздри; страшные клыки нижней челюсти до того тверды, что, если при пережевывании попадет кусок стали, то от него летят искры (каждый из клыков весит около 6 фунтов); хвост короткий и толстый. Туловище гиппопотама покрыто толстой и очень твердой кожей, которую трудно пробить даже пулей.

Бедный — евр. онú.

Бедный. Закон проявляет особую заботу и попечение о бедных. Дух закона в этом отношении можно уяснить из Втор. 15:7 и дал. Особые установления были: 1) о предоставлении нищим остатков от жатвы (Лев. 19:9 и дал.; Втор. 24:19 и дал.; Руфь 2:2); 2) о

Типичная сторожевая башня на виноградниках, около древнего Ефрема.

"субботней жатве", общей для всех (Исх. 25:6); 3) о возвращении владений прежним хозяевам в юбилейный год (Исх. 25:10 и дал.); 4) воспрещение вечного рабства (Втор. 15:12 и дал.; Исх. 25:39 и дал.); 5) воспрещение лихоимства и удержания залога (Лев. 25:35 и дал.; Исх. 22:25 и дал.); 6) заповедь десятины для бедных (Втор. 14:28; 26:12 и дал.) и частей для бедных от праздничного стола (Втор. 16:11 и дал.; Неем. 8:10); 7) о ежедневной уплате жалования работникам (Лев. 19:13). Дух, предписание и примеры Евангелия суть такого же рода (Лук. 3:11; 14:13; Деян. 6:1; 11:29 и дал.; Гал. 2:10; Иак. 2:5, 15 и дал.; 2 Кор. 8:9).

Бeероф — Беэрот.
Бeероф, т. е. колодцы, город колена Вениаминова близ Гаваона (И. Нав. 9:17; 2 Цар. 4:2). Возможно, что это теперешнее селение Бире в местности, изобилующей водой, в миле к северу от Иерусалима по пути в Наблус.

Бeероф-Бене-Яакан. См. "Бене Яакан".

Беер-Шива — Беэр-Шева.
Беер-Шива или Вирсавия, т.е. семь колодцев: место, которое получило первое свое название Беер-Шива от того колодца Шива, который выкопали рабы Исаака (Быт. 26:33); второе свое название — от колодца, который выкопал Авраам, и от тех семи ягнят, которых он заколол при заключении дружеского договора с Авимелехом (Быт. 21:27 и дал.). Вирсавия находилась близ южной границы Ханаана, а Дан — недалеко от северной границы, откуда и происходит выражение "от Дана до Вирсавии", чтобы обозначать длину страны (Суд. 20:1). Здесь странствовали Авраам, Исаак и Иаков (Быт. 22:19; 26:23; 28:10; 46:1); здесь Авраам насадил рощу и призвал имя вечного Бога (Быт. 21:33). Город, который здесь был построен, вначале был отдан колену Иудину, а затем передан колену Симеонову (И. Нав. 15:28; 19:2). Здесь Самуил назначил своих сыновей судьями (1 Цар. 8:2). На этом месте отдыхал Илия во время своего путешествия к Хориву 3 Цар. 19:3). Во времена Осии здесь поклонялись идолам (Ам. 5:5; 8:14). После возвращения из Вавилонского плена это место снова заселилось иудеями (Неем. 11:27) и долгое время после Р. Хр. было довольно значительным. С 1948-го Беэр-Шева находится под властью Израиля. С этого времени началось ее усиленное заселение евреями, в большинстве выходцами из послевоенной Европы. К 1968-му году в ней жило свыше семидесяти тысяч человек. Ныне это крупнейший город на юге Израиля с развитой промышленностью, университетом и институтом по изучению пустынь.

Беештера, см. "Восора".

Бездна — евр. Тхом.
Бездна. Так называются большие подземные хранилища воды (Быт. 1:2; Иов. 38:16; Псл. 32:7). На символическом языке бездна обозначает тяжелую нужду, ужасную тоску (Псл. 41:8). Непостижимость судов и промысла Божия выражаются таким же словом (Псл. 35:7; 9:6; Римл. 11:33). "Глубины сатанинские" (т. е. бездны) у лжеучителей в Фиатире (Отк. 2:24) противополагаются глубинам Божиим (1 Кор. 2:10).

Бела 1) Быт. 14:2; см. "Сигор".
2) Быт. 36:31; сын Беора из Дингавы, царь Едомский.

Бене-Яакан — Бней-Яакан.
Бене-Яакан (Чис. 33:31), одна из израильских стоянок в пустыне; может быть, то же, что и Бeероф-Бене-Яакан, т. е. колодцы сыновей Яакана (Втор. 10:6). Население Бене-Яакана, по всей вероятности, было аравийского племени и происходило от Акана (Быт. 36:27; 1 Пар. 1:42).

Бен-Они, см. "Вениамин".

Бера, царь Содомский (Быт. 14:2).

Берилл, см. "Драгоценные камни".

Берит, см. "Ваал".

Берот, город у северной границы земли (Иез. 47:16). Может быть, то же, что и Бероф в Оуве, который был взят Давидом (2 Цар. 8:8); возможно, что это местность Британ, к югу от Баалбека. Некоторые считают им теперешний Бейрут. Это же самое место в 1 Пар. 18:8 называется Куном.

Бес, греч. Даймон или Даймоннон, обозначает злого духа, который служит своему главному начальнику-дьяволу, "князю бесовскому" (Мат. 9:34). Слово даймон или демон у греков имело значение божества без присоединения к нему понятия "злого". Так, напр., философы в Афинах в недоумении говорили: "кажется, он проповедует о чужих божествах (демонах), слыша проповедь Павла об Иисусе" (Деян. 17:18). Но новозаветные авторы всегда употребляют это слово в значении "беса". По словам Павла, язычники приносят жертву не Богу, а бесам (1 Кор. 10:20). Иаков говорит, что "бесы веруют и трепещут" (Иак. 2:19). По Мат. 8:29 и дал. они с трепетом ожидают будущего суда. Три первых Евангелия приводят много примеров исцеления Иисусом бесноватых, т. е. имевших в себе бесов (Лук. 8:27) или "нечистого духа бесовского" (Лук. 4:33). Эти больные терпели сильные мучения от злых духов: духи помрачали их ум, и терзали их до того, что одержимые, испуская пену, падали на землю (Лук. 4:35; 8:27 и дал.; 9:39 и дал.). Бесноватые были даже опасны (Мат. 8:28). Бесноватость не была обыкновенной болезнью, это ясно видно из различных подробностей евангельского повествования, в котором бесноватые отличаются от телесно больных (Мат. 4:24; Мар. 1:32; Лук. 6:18). Демоны, вселившиеся в человека, говорят от своего лица, знают больше, чем люди и почитают Иисуса не только за "сына Давидова", как это делали и люди, но за "Мессию, Сына Божия" (Мат. 8:29; Мар. 1:24; 5:7; Лук. 4:41 и т. д.). Христос в присутствии народа называет этих больных бесноватыми, а в тесном кругу учеников, говорит об условиях и средствах для их изгнания (Мат. 17:19 и дал.); Срав. Лук. 10:18 и дал.; Мат. 12:28 и дал., где Он определенно говорит о Своей силе и власти над князем бесовским и его слугами. Ученик Христа, Иоанн, также знал об этих духах злобы; в Ев. Иоанн. 13:27 он говорит об Иуде: "после сего куска вошел в него сатана". Впрочем, по свидетельству всех четырех Евангелий, враги Иисуса говорили о Нем, что Он был одержим злым духом или демоном (Мат. 9:34; 12:24; Мар. 3:22; Лук. 11:15; Иоан. 7:20; 8:48 и дал.; 10:20). Это обвинение коснулось и Иоанна Крестителя (Мат. 11:18; Лук. 7:33). Рассказы о том, как Иисус исцелял бесноватых и избавлял их от власти демонов, показывают нам Его, как могущественного победителя мира духов. Заметьте свидетельство Иоанна в 1 Иоан. 3:8, что разрушение дел дьявола и было целью воплощения Сына Божия. Иисус не исцелял при помощи колдовства или таинственных средств, как чародеи, но силою Своей личности, Своей святой волей и могущественным словом. Он указывает своим ученикам, что власть изгонять бесов дарується свыше молитвой и постом (Мар. 9:29; Мат. 17:19 и дал.). Эта сила противоположна часто механическому употреблению имени Иисуса в качестве заклинания (Ср. Мат. 7:22; Деян. 19:13; Лук. 9:49).

Бессмертие, это слово встречается в 1 Тим. 6:16 "Единый (Бог), имеющий бессмертие" и в 1 Кор. 15:53 и дал. "смертному сему надлежит облечься в бессмертие". Учение о бессмертии души имеет свое начало уже в Ветхом Завете (Псл. 15:10 и дал.; 16:15; 72:24; Прит. 14:32; Иов. 19:25 и дал.; Дан. 12:2, 13). См. ответ Иисуса саддукеям в Мат. 22:32; также в 2 Кор. 5:1 "Христос, разрушив смерть, явил жизнь и нетление (2 Тим. 1:10).

Бесноватый, см. "Бес".

Бесплодие считалось позором (Быт. 16:1; 30:1 и дал.; 1 Цар. 1:6; Ис. 47:9; 49:21; Лук. 1:25), для устранения которого часто прибегали к средствам, вызывавшим порицание (Быт. 16:2; 19:31 и дал.; 38:14).

Бет-Арбел (дом Арбела), город к западу от Галилейского моря; был разрушен Салманассаром (Ос. 10.14). Впоследствии это место называлось Арбела; теперь развалины Ирбид.

Бет-Дивлафаим, см. "Аммон-Дивлафаим".

Бет-Маон, см. "Ваал-Меон".

Беф (Байт), т.е. дом. 1) Часто встречается в связи с названием места.

2) или Тивхафа, город в Цобе, завоеванный Давидом (2 Цар. 8:8; 1 Пар. 18:8).

Беф-Авен, город и Бефавен — пустыня находятся недалеко от Вефиля, по направлению к востоку (И. Нав. 7:2; 18:12; 1 Цар. 13:5; 14:23). Это название, повидимому, изредка употреблялось в виде упрека Вефилю, после того как там был поставлен золотой телец (Ос. 4:15; 10:5). Вефиль, т. е. Дом Божий; Беф-Авен, т. е. дом идолов, или дом лжи.

Беф-Азмавеф. См. "Азмавеф".

Беф-Бирей. См. "Беф-Леваор".

Беф-Ваал-Меон. См. "Ваал-Меон".

Бефвара. См. "Вифара".

Беф-Гарам (И. Нав. 13:27) или **Беф-Гаран** (Чис. 32:36), город в Иорданской долине, принадлежавший колену Гадову. Ирод Антипа много сделал для его благоустройства и дал ему имя Ливиас. Развалины этого города доныне известны под названием Беф-Харан, к северу от Мертвого моря и к востоку от Иордана.

Беф-Дагон (И. Нав. 15:41), город в Иудейской долине. Может быть, теперешний Беф-Деджан к юго-востоку от Яффы.

Беф-Иешимоф — Бейт-Иешимот.

Беф-Иешимоф, город в Моавитской стране, отданный колену Рувимову (Чис. 33:49; И. Нав. 12:3), отвоеванный моавитянами после пленения евреев (Иез. 25:9). Это место, вероятно, находится к востоку от устья Иордана.

Бефкарем — Бейт Керем.

Бефкарем, т. е. дом виноградника (Иер. 6:1; Неем. 3:14), предполагают, что это должна быть так называемая Франская гора между Фекоем и Вифлеемом, округленный холм, на котором была сильная крепость крестоносцев.

Беф-Левеоф — Бейт Леваот.

Беф-Левеоф, львиный дом (И. Нав. 19:6), или **Леваоф** — "львы" (И. Нав. 15:32), один из городов колена Симеона в южной Иудее, называемый в 1 Пар. 4:31 — Беф-Биреи.

Беф-Маах, см. "Авель-Беф-Маах".

Беф-Нимра (Чис. 32:36; И. Нав. 13:27) или **Нимра́** (Чис. 32:3), город колена Гадова, к востоку от Иордана, напротив Иерихона, где доныне находятся развалины под названием Нимрин. Вблизи развалин находится поток; повидимому о нем говорится у Ис. 15:6; Иер. 48:34, где он назван Нимрим. Некоторые предполагают, что поток Нимрим теперешний Немера, который протекает близ юго-восточного берега Мертвого моря.

Беф-Орон или **Бефорон,** верхний и нижний, два соседних города, приблизительно в 15-ти км к северо-западу от Иерусалима по дороге к морю. Эти города также называются Вефорон, верхний и нижний (2 Пар. 8:5). Один город отделен от другого долиной и горным ущельем, где И. Нав. победил аморрейских царей (И. Нав. 10:10, 11; 16:3, 5; 1 Пар. 7:24). Доныне на этих же самых местах находятся 2 селения, называемые Бейт-ур-ель-Фока и Бейт-ур-ель-Тахта, т. е. верхний и нижний Бейт-ур. Беф-Орон упоминается среди городов левитов (И. Нав. 21:22). Эти города были укреплены Соломоном (3 Цар. 9:17; 2 Пар. 8:5).

Беф-Рехов, см. "Рехов" 3. 4.

Беф-Сан или **Бефсан** — Бейт-Шэа́н.

Беф-Сан или Бефсан, город колена Манассиина, долгое время не подчинявшийся им (И. Нав. 17:11, 16; Суд. 1:27; 1 Цар. 31:10; 2 Цар. 21:12) и, наконец, завоеванный и обложенный данью во время Соломона (3 Цар. 4:12). Город расположен в полумиле к западу от Иордана, около южной части Изреельской долины, где она круто спускается в Иорданскую долину. После нашествия скифов, в 7 веке по Р. Хр. это место стало называться Скифополем. Сохранились значительные развалины старого города. До 1948-го года Бейт-Шеан был арабской деревней с населением около 3-х тысяч человек. В 1948-ом году, в ходе войны за независимость Израиля, он был занят израильской армией. С 1949-го года он строился заново и заселялся евреями, преимущественно выходцами из стран ислама. В 1968-ом году в нем жило 13 тысяч евреев.

Беф-Таппуах, город колена Иудина, расположенный на горах (И. Нав. 15:53); в 1 Пар. 2:43 носит название Тапцуах. Этот городок Таффух в настоящее время находится к западу от Хеврона.

Беф-Фегор — Бейт-Пэо́р.

Беф-Фегор, моавитский город колена Рувимова (И. Нав. 13:20). В долине, недалеко от этого места, Моисей вторично прочел закон израильскому народу; здесь же был погребен Моисей (Втор. 4:46; 34:6).

Беф-Хогла, город колена Вениаминова на границе с коленом Иудиным (И. Нав. 15:6; 18:19, 21), там, между Иерихоном и Иорданом, в ивовой роще, доныне пробивается прекрасный родник, называемый Яин-Халжла, самый лучший в Иорданской долине.

Беф-Цур или **Вефцур,** город в нагорной части удела колена Иудина (И. Нав. 15:58). Ровоам укрепил его стеною (2 Пар. 11:7). Отсюда пришел народ в Иерусалим, чтобы строить стену (Неем. 3:16); развалины города носят название Бурдж Сур и находятся к северу от Хеврона.

Беф-Шемеш, т. е. дом солнца:

1) или **Бефсамис,** город левитов в колене Иудином (И. Нав. 21:16; 1 Цар. 6:59) в 20-ти км к западу от Иерусалима, близ предела Данова и филистимской границы (И. Нав. 15:10; 1 Цар. 6:12); здесь еще и теперь находится маленький городок Аин-Шемс (источник солнца), по всей вероятности, тот же город, что и Ир-Шемеш (И. Нав. 19:41). Сюда филистимляне прислали ковчег завета, который раньше они взяли в плен (1 Цар. 6). Бог "поразил жителей Вефсамиса за то, что они заглядывали в ковчег Господа" (1 Цар. 6:19). Здесь Амасия был убит Иоасом (4 Цар. 14:13).

2) Один из пограничных городов, принадлежавших колену Иссахарову (И. Нав. 19:22).

3) Укрепленный город, принадлежавший колену Неффалимову (И. Нав. 19:38; Суд. 1:33).

Бефсамис, см. "Илиополь" (Иер. 43:13).

Бецер, город убежища и левитский город в колене Рувимовом (Втор. 4:43; И. Нав. 20:8; 21:36).

Беэр, т. е. колодец.

1) Стоянка в моавитской пустыне. Это то место, где израильский народ получил в изобилии воду и прославил Бога (Чис. 21:16). Может быть, это место носит название Беэр-Елим, или колодец Елим (Ис. 15:8).

2) город в Иудее, куда Иофан бежал от Авимелеха (Суд. 9:21).

Библия — евр. Танáх.
Библия, т.е. книга, общее название книг Ветхого и Нового Заветов. По мере того, как ветхозаветные книги присоединяясь одна за другой, составили однако, одну книгу, то, естественно, все собрание получило одно название.

Началу Библии положили слова завета, заповеди и записи, которые Моисей делал время от времени (Исх. 17:14; 24:4; Чис. 33:2; Исх. 34:27; Втор. 31:24). В Исх. 24:7 упоминается "Книга завета", в которой Моисей записал все слова Господни (Исх. 24:4) еще до получения скрижалей с 10 заповедями (Исх. 31:18). В Втор. 31:26 говорится о "книге закона", которую должно сохранять в ковчеге. К этой "книге закона Божия" Иисус Навин сделал прибавления (И. Нав. 24:26). Когда Давид восхвалял закон Господа (Псл. 18:8), то он имел в виду пятикнижие Моисеево или некоторые его части (срав. Псл. 39:8). Этой же книгой закона Давид заповедал Соломону руководиться в его жизни (3 Цар. 2:3). Хелкия нашел в храме (4 Цар. 22:8) "книгу закона Господня, данную рукою Моисея" (2 Пар. 34:14). Ездра читал ее перед народом (Неем. 8). Но когда Даниил говорит о "книгах" (Дан. 9:2), то ясно, что этот сборник увеличился пророческими книгами.

Когда и кем соединены книги Ветхого Завета, неизвестно. По мнению евреев, это исполнил Ездра и его сотрудники (срав. Неем. 8:13), — так называемая "Великая Синагога". Вне всякого сомнения, "Ветхий Завет", который мы теперь имеем, именно тот самый, который был у иудеев за много столетей до Р. Хр., и тот же, который читал Иисус Христос и на который Он ссылался. Евреями в Александрии эти Писания назывались "хай библой", "библиа", и от этого греческого слова происходит слово "библия", т. е. книга. Ветхозаветные Писания упоминаются в Новом Завете под различными названиями, напр., "Писание" (Деян. 8:32), "все Писание" (Лук. 24:27), "Священные Писания" (2 Тим. 3:15). Название "Ветхий Завет" (2 Кор. 3:14) имеет в виду, во-первых, самый завет (на Синае), потом книгу завета (законы Моисея) и, наконец, все священное Писание до Р. Хр.

В противоположность названию "Ветхий Завет", в христианской Церкви начали называть "Новым Заветом" собрание писаний, содержащих свидетельства о новом завете, данном через Христа.

Новозаветные писания, насколько можно установить, были написаны во второй половине 1-го века (между 50 или 60 и 100 гг. по Р. Хр.); но соединение их в одно целое, подобно ветхозаветным писаниям, надо отнести к позднейшему времени. Третий вселенский собор в Карфагене в 397 г. по Р. Хр. дал нам первый законченный перечень новозаветных Писаний в том виде и порядке, каким мы пользуемся сейчас. В 5 веке (если не раньше) Слово Божие уже служило общим названием Писаний Ветхого и Нового Заветов.

Так как воля Божия есть наивысший порядок или правило (греческое — канон, Гал. 6:16) для веры и жизни, и эта воля открыта в священных Писаниях, то в христианской общине вскоре начали говорить об учении, основанном на Библии, называя его "канон истины" или "канон веры", вследствие чего в 4 веке Библия стала называться каноническим писанием, т. е. писанием, содержащим канон; потому все книги входящие в состав Библии получили название канонических. Следовательно, канонической называется такая книга, которая на основании своего божественного происхождения признана и принята, как правило для познания истины и для жизни. Так говорят о ветхозаветном каноне, т. е. книгах, которые в совокупности составляют ветхозаветное правило для веры и жизни, точно также говорится о новозаветном каноне. В противоположность каноническим писаниям, т. е. действительно относящимся к канону, существуют апокрифические книги (греч. — спрятанный, неизвестный), которые не приняты в состав канонических книг, и на которые нет ссылок в этих последних.

Распределение ветхозаветных книг вкратце указано у Мат. 11:13: "закон и пророки"; подробнее у Лук. 24:44: "Закон Моисеев, пророки и псалмы". 1) "Закон" (евр. Торá), заключающий пятикнижие Моисеево; 2) "пророки" (евр. навйм) в еврейской Библии заключают большее число книг, чем в нашей, так как к "старшим пророкам" причислялись книга Иисуса Навина, книга Судей и 4 книги Царств, а к "младшим пророкам" — первые три "великих" пророка: Исаия, Иеремия и Иезекииль, а затем 12 "малых" пророков: Осия, Иоиль и т. д. до Малахии; 3) Третья часть, называемая Ктувим, т. е. Писания, заключала а) псалмы, притчи Соломона, книгу Иова; б) Песни Песней, книгу Руфь, Плач Иеремии, Екклесиаст, Эсфирь; в) книги Даниила, Ездры, Неемии и две книги Паралипоменон.

В новозаветных книгах первое место было отведено 4 Евангелиям в том порядке, в каком мы их теперь имеем; затем следовала книга Деяния Апостолов и послания. Восточная Церковь поместила апостольские послания в таком порядке: сначала, так называемые, общие послания, потом Павловы. Западная Церковь придерживается обратного порядка. Последней книгой и в западной, и в восточной Церквах является Откровение ап. Иоанна.

Святые авторы Библии, записывая божественные откровения и план спасения по вдохновению Духа Святого, Духа Христова (2 Тим. 3:16; 1 Пет. 1:11; 2 Пет. 1:21), были вместе с тем прилежными исследователями писаний предыдущих времен, что видно из Луки 1:3; особенно это относится к тем, которые писали Ветхий Завет. Отметим писания, послужившие им источниками: "Книга о бранях Господних", упоминаемая в Чис. 21:14; из нее приводятся некоторые поэтические отрывки, относящиеся ко времени странствования в пустыне. По всей вероятности, из этой же книги взято слово "приточники", т. е. стихотворцы (ст. 27).

"Книга Праведного" (И. Нав. 10:13) служила источником, откуда почерпнуто сведение о неподвижности солнца в течение некоторого времени; во 2 Цар. 1:18 приводится плачевная песнь Давида о павшем в битве Сауле и Ионафане, со ссылкою на тот же источник.

Исторические источники следующие: "Дела Соломоновы" (3 Цар. 11: 41), "Летопись царей Израилевых" (3 Цар. 14:19), "Летопись царей Иудейских" (3 Цар. 14:29). Это не книги Паралипоменон, которые помещены в Библии и написаны позднее на основании древнейших исторических данных; срав. 2 Пар. 16:11; 24:27 и т. д. "Запись Самуила провидца", также "Нафана пророка" и "Гада прозорливца" служили источником для описания дел Давида, "Записи Нафана пророка", "Пророчества Ахии Силомлянина" и "Видения прозорливца Иоиля о Иеровоаме, сыне Наватовом" служили источником для составления истории царствования Соломона (2 Пар. 9:29). "Записи Самея пророка и Алды прозорливца" служили источником для истории царя Ровоама (2 Пар. 12:15). "Сказания пророка Алды" служили источником к описанию царствования Авии (2 Пар. 13:22). "Записи Ииуя, сына Ананиева", служили источником для истории царствования царя Иосафата (Пар. 20:34). Хроника "Исаии, сына Амосова, пророка" относится к царствованию Озии (2 Пар. 26:22), в "Видения Исаии, сына Амосова, пророка" и в "Книге царей Иудейских и Израильских" описываются также деяния царей Езекии (2 Пар. 32:32). "Записи Хозая" повествуют о царствовании Манассии (2 Пар. 33:19). "Книга Плачевных Песен" (2 Пар. 35: 25), сборник печальных стихотворений, написанных Иеремией и другими поэтами. Эту книгу не надо смешивать с книгой "Плач Иеремии".

Затем, ясно, что для составления длинных родословий, как, например, в 1 Пар. 1 - 9 гл., для подробных записей обмера и распределения земли с точными границами, для перечисления множества городов и мест, которые мы находим в книге Иисуса Навина, авторы должны были пользоваться значительным количеством древних записей, составленных очевидцами. Согласно Чис. 33:2, Моисей "описал путешествие их (израильтян) по станам их". Из И. Нав. 18:3-6 видно, что Иисус Навин приказал составить опись семи частей западной части Иорданской страны, т. е. древнейшую, упоминаемую в истории карту. Срав. 2 Пар. 35:4.

Книги Библии не были вначале разделены на главы и стихи. Подобно прочим древним рукописям, Библия написана сплошным письмом без промежутков и знаков препинания. Приблизительное представление о том виде, какой имел первоначальный текст Библии, можно составить по прилагаемому образцу, каждый столбец которого можно представить, как страницу, хотя, само собой разумеется, страницы были гораздо длиннее и шире.

Этот образец представляет начало Евангелия от Иоанна.

ВНАЧАЛ ЕГОНАЧАЛ ИЖИЗНЬБ
ЕБЫЛОСЛ ОБЫТЬИБЕ ЫЛАСВЕТ
ОВОИСЛО ЗНЕГОНИЧ ЧЕЛОВЕК
ВОБЫЛОБ ТОНЕНАЧА ОВИСВЕТ
ОГОНОБЫ ЛОБЫТЬЧТ ВОТЬМЕС
ЛОВНАЧА ОНАЧАЛОБ ВЕТИТИТ
ЛЕУБОГАВ ЫТЬВНЕМБ ЬМАНЕОБ
СЕЧЕРЕЗН ЫЛАЖИЗНЬ ЯЛАЕГО

Таким образом был написан библейский текст столбцами на длинных пергаментных свитках. При чтении, свиток нужно было развертывать от начала до конца текста. Наш Господь "развернул" книгу пророка Исаии, прочел из нее, "свернул" и отдал служителю (Лук. 4:17, 20); в русском переводе слова в кавычках переведены: раскрыл и закрыл.

Ветхозаветные книги в древности имели какое-то свое распределение, причем тексты распределялись или по основным мыслям или по действующим лицам. Это было необходимо для установления известного порядка в субботних собраниях; указания на это мы имеем в нескольких местах Нового Завета: Мар. 12:26 ("книга Моисея"), Рим. 11:2 (повествование об Илии). Срав. Лук. 13:15; 15:21 с 2 Кор. 3:14. Разделение закона на 54 "паршиот" и пророков на соответствующее число "хавтарот" относится к позднейшим временам, именно ко временам гонений при Антиохе Епифане (прибл. 137 г. до Р. Хр.). Разделение на тексты, или стихи (псуким) исходит также от евреев; оно было закончено лишь в 9 веке по Р. Хр. Из христиан первый Роберт Стефан принял это распределение Ветхого Завета в своем издании латинской Библии 1555 года, а в 1551 г. он издал Новый Завет разделенный на стихи. Но это он сделал на скорую руку; Генрих Стефан в предисловии к своей симфонии 1594 г. говорит, что это распределение было сделано "inter equitandum", на пути между Парижем и Лионом. Теперешнее разделение Библии на главы приписывается кардиналу Гюго из Каро, приблизительно, в 1240 г.; но и это распределение нередко нарушает связь текста. Так, напр., ясно, что три последние стихи 52 главы пророка Исаии должны быть отнесены к 53 главе.

Ветхий Завет написан по-еврейски, за исключением некоторых кратких отрывков, написанных по-халдейски или по-арамейски (Дан. 2:4-7, 28; Езд. 4:8-16, 18; 7:12-26; Иер. 10:11); Новый Завет написан на греческом языке. Древнейший из переводов Ветх. Завета — греческий, известный под именем "септуагинта" (т.е. перевод семидесяти), назван так потому, что, по преданию, сделан 72 переводчиками-евреями в Александрии в течение 72 дней, по поручению египетского царя Птоломея Филадельфа, большого любителя книг (около 285-247 г. до Р. Хр.). Этот перевод, во всяком случае, был сделан задолго до Р.Хр. Во времена Христа он был в общем употреблении между евреями, говорившими на греческом языке. Новозаветные писатели часто приводили выдержки из этого перевода. Язык его в значительной мере способствовал созданию языка Нового Завета. Существует еще халдейский или арамейский перевод Ветхого Завета, сделанные после Р. Хр. Самый древний перевод Нового Завета есть Сирийский, называемый Пешито; его относят к 1 или 2 столетию по Р. Хр.; затем следует латинский перевод, заключающий все книги Библии. В 4 веке Иероним проверил этот перевод, частью переработав его заново. Этот проверенный перевод известен под названием Вульгата. В римской церкви он почитается наравне с основным текстом. Потом следует готский перевод, который сделан готским епископом Вульфилой около 4 века; затем перевод англосаксов 8 века и т. д. Первая английская Библия издана Виклифом около 1380 г. Новый Завет мученика Тиндаля 1526 г. был первой книгой Св. Писания, напечатаной на английском языке. Современная английская Библия впервые издана в 1611 г., немецкая — между 1522-1534 гг. С изобретением книгопечатания (1436 г.), благодаря библейским обществам, основанным в прошлом столетии, Библия получила широкое распространение. За одно только прошлое столетие (называемое веком Библии) распространено большее число Библий, чем за все предшествовавшее время. Великобританское и Иностранное Библейское Общество распространило с 1804 по 1887 гг. более чем 112 милл. экземпляров Библии или ее частей и содействовало переводу Библии на 500-600 разных языков и наречий. До этого Библия была переведена только на 60-70 языков.

Бидекар (Бидка́р), сановник Ииуя (4 Цар. 9:25), совершил суд над Иорамом.

Билеам, см. "Гаф-Риммон".

Бич делался из ремней или из веревок, иногда из веток. Законом не дозволялось давать более 40 ударов (Втор. 25:1 и дал.); поэтому евреи давали по 39 ударов или 13 ударов тройным бичем. Срав. 2 Кор. 11:24. Преступник оголялся до пояса и привязывался к низкому столбу для того, чтобы в согнутом положении понести наказание; или же его клали ничком на землю (Втор. 25:2). Римское наказание бичем не было ограничено определенным числом ударов и поэтому было гораздо более жестоким. Такому бичеванию подверглись Иисус и апостолы (Иоан. 19:1; Деян. 16:22 и дал.). Это наказание считалось унизительным, и поэтому римские граждане были от него освобождены (Деян. 22:24 и дал.). Ровоамовы "скорпионы" (3 Цар. 12:11) вероятно представляли бичи из нескольких веревок или ремней с острыми шипами; может быть, это были палки с железными шипами.

Бифья (Битья), дочь фараона, на которой женился иудей Меред до времени притеснения народа Божия (1 Пар. 4: 18 и дал.).

Благовонное дерево, упоминаемое среди товаров Вавилона (Отк. 18:12) и высоко ценившееся у древних (лат. *Thuja articulata*) принадлежит к семейству хвойных деревьев; растет оно в северной Африке, то в виде кустарника, то в виде громадного дерева. Древесина его очень тверда, с приятным запахом. Его благоухающая смола употреблялась для курения, а из твердого с красивыми слоями материала приготовляли роскошную мебель и т. п. По словам Плиния, за ствол этого дерева платили 1.000.000 сестерций (т. е. 76.000 рублей).

Благословение (евр. брахá), см. "Благословлять".

Благословлять можно или словами, или делами. Словами, когда кто-либо призывает на человека помощь и благодать Божию (Мат. 21:9; Лук. 6:28) или благословляет Бога, выражая благодарность и хвалу (Луки 1:64; Римлянам 1:25), или же благословляет предмет, с благодарением Богу и молитвой в Его присутствии (Мат. 14: 19; 26:26). Благословляют делами тогда, когда обильно наделяют когольбо духовно или материально (2 Кор. 9:5); в этом смысле часто говорится о благословении Божием (Деян. 3:26; Гал. 3:9, 14; Еф. 1:3).

К обязанностям ветхозаветных священников относилось благословлять народ Божий особенным благословением, предписанным законом (Чис. 6:23 и дал.) "да благословит тебя Господь и сохранит тебя и т.д." Некоторые предполагают, что это благословение ежедневно было произносимо два раза в день: после утреннего и после вечернего жертвоприношений. Говорят, что священник при этом поднимал руки обратившись к собраному во дворе народу, подобно тому, как это сделал Аарон, после своего посвящения (Лев. 9:22). Народ на благословение отвечал "аминь". Тем же благословением оканчивали впоследствии богослужение в синагогах, и оттуда оно перешло в христианские общины. Трижды повторяющееся слово "Господь" в этом благословении прекрасно совпадает с троекратным пожеланием апостольского благословения: "благодать Господа нашего Иисуса Христа и любовь Бога Отца и общение Святого Духа" (2 Кор. 13:13).

Блудницы и блудники (Втор. 23:17) не допускались среди народа Божия (Лев. 19:29; 21:9). В Втор. 23:17 под названиями "кадеш" и "кадеша" (т. е. посвящен, посвящена) упоминаются мужчины и женщины, которые посвятили себя служению богине разврата. Разврат в форме профессионального блуда проник к Израилю более всего из Финикии с ее служением Астарте. О таковых блудниках при храме упоминается в некоторых местах Библии, напр., 3 Цар. 14:24. Платы блудницы и цены пса нельзя было вносить в дом Господа "ни по какому обету" Втор. 23:18). По обычаю блудниц при языческих храмах, "плата за блуд" приносилась в дар храму, чтобы таким путем освятить порок. Несмотря на запрещение, во все времена в среде Израиля существовали блудницы (3 Цар. 3:16; Прит. 7:10), закрывавшие покрывалами лица (Быт. 38:14), сидевшие при дорогах, чтобы привлекать к себе мимо идущих. Больше всего это было распространено в северном царстве и доходило до крайнего бесстыдства (Ос. 4; 3 Цар. 14: 24; 15:12; 22:46). По 4 Цар. 23:7, блудилищные дома были при самом храме Господнем, где женщины ткали одежды для Астарты. Царь Иосия разрешил эти притоны. Чем снисходительнее смотрели на это в Римской империи, тем серьезнее восставали апостолы против блуда в христианских общинах (1 Кор. 5:1 и дал.; 2 Кор. 12:21; 1 Фес. 4:3; 1 Тим. 1:10) и подчеркивали это в тех уставах, которые они давали христианам из язычников (Деян. 15:20, 29; 21:25).

Сын блудницы не мог вступить "в общество Господне", также никто из его потомства до десятого поколения (Втор. 23:2).

Блуд, блудодеяние обозначает в Писании не только грешную плотскую жизнь (Втор. 23:17; Отк. 22:15), но также вообще идолопоклонство и неверие. Так в Иез. 16 народ израильский уподобляется молодой девице, которая вступила в брачный союз с Господом, но потом начала блудодействовать, т. е. поклоняться идолам. См. также Иер. 2:20; Ос. 3:1. Может быть эти выражения имеют в виду распутство, которое часто было соединено с идолослужением (Иез. 23: 36-49).

Блюститель (греч. епископ, т. е. надзиратель). Так назывались представители общин первых христиан из язычников; название же пресвитер употреблялось в том же значении у христиан из евреев. Впоследствии оба эти названия стали относить без различия к одному и тому же лицу. См. Деян. 20:28, где называются блюстителями те, которые в 17 стихе названы пресвитерами; также Тит. 1:5-7 и 1 Пет. 5:1, 2. Срав. "Старейшины".

Бобы. См. "Семя".

Бог. Во всех книгах Ветхого Завета мы находим два главных названия Божественной Сущности — Элохим и Иегова. Элохим есть множественное число от Эль или Элоах (араб. Аллах). Элоах — позднейшая поэтическая форма (Неем. 9:17; 4 Цар. 22: 15 евр. текст). Также встречаются Элом, мой Бог, и более короткая форма — Эль, напримерь, Эль-Шаддай (Бог Всемогущий); под этим именем Бог открывался патриархам — (Быт. 17:1; 28:3); обрати внимание на Исх. 6:3: "Являлся Аврааму, Исааку и Иакову с именем "Эль-Шаддай" (Бог Всемогущий), а с именем "Иегова" (Господь) не открылся им". Слова Эль, Элоах и Элохим буквально означают Могущественный" (от одного корня с евр. словом аль — Сильный) или же "достойный почитания", "достойный поклонения" от корня алах, (арабск. алиха), обозначающего, — бояться или почитать; имя же Иегова, т. е. Сущий, вечно неизменяемый, изображает Его, как Бога завета, являющего Себя в делах благодати.

Примечение: Еврейское слово Иегова, вероятно, особенная форма будущего времени от глагола хавах, т.е. быть "иехвех", т.е. "Он существует" — так Бог называет себя в Исх. 3:14: "Я есмь Сущий", или просто "Я есмь", или также (будущ. хифиль) "иахвех", т. е. "Он дает существование", следовательно, — дающий жизнь. Неизвестно, как понимали евреи это слово: происходящим от иехвех, или от иахвех, так как они считали это имя настолько святым, что никогда не произносили его. Везде в еврейской Библии, где встречается это таинственное слово (Ихвх) евреи читают Адонаи (Господь). Но если в еврейском тексте Библии написано Адонаи JHVH, то они читают Адонаи Элохим (Господь Бог), напр., в Ис. 50:4 и далее. Слово JHVH в раввинских сочинениях называется "имя", "четырехбуквенное имя", "особенное имя" и т. д. Такое почитание этого имени происходило от неправильного понимания Лев. 24:16, согласно которому верили, что одно только произношение этого имени Бога было преступлением, заслуживающим смерти.

Слова Эль и Элохим (могущественный или достойный почитания), обозначавшие Божественную сущность, употребляются чаще, чем слово Иегова, обозначающее Бога завета. Имя Иегова никогда и никому не приписывается кроме одного Бога. Слова же Эль и Элохим применяются также духам и даже ложным богам, лицам, имеющим дарованную Богом власть. "Вижу как бы Бога (Элохим) выходящего из земли", сказала волшебница в Аэндоре Саулу (1 Цар. 28:13). Слово "ангелами" в Псл. 8:6 по-еврейски выражено словом "Элохим". (Срав. Псл. 81:1, 6; Псл. 96:7). В Исх. 4:16 сказано, что Моисей будет вместо Бога для Аарона, и в 7:1 "Господь сказал Моисею: смотри Я поставил тебя богом фараону". В Исх. 21:6; 22:8 "пред богов" или "пред судей", т. е. власть имущих. В Иез. 31: 11 Навуходоносор назван "властителем (евр. Эль) народов" и т. д.

Наконец, надо отметить еврейские выражения, где слово Бог употребляется в соединении с различными предметами, чтобы отметить их особенное величие или "божественность". Так, напр., ужас в 1 Цар. 14:15 называется "ужас великий от Господа". В Псл. 35:7 мы встречаем "горы Божии", т. е. самые высокие горы, а Псл. 79:11 "кедры Божии", т.е. высокие кедры. У Ионы 3:3 говорится о Ниневии "городе великом у Бога"; про Нимрода сказано, что "он был сильный зверолов пред Господом" (Быт. 10:9).

В Новом Завете также остался след такого рода выражений; так, напр., в Деян. 7:20 про Моисея "он был прекрасен перед Богом", т.е. что он был чрезвычайно красив.

Словом Элохим называются также иногда языческие боги и богини, напр., в 3 Цар. 11:33. Когда же это слово обозначает истинного Бога, то к ему присоединяется определенный артикль "ха", ха-елохим, со сказуемым в единственном числе; множественное же число имени Бога показывает полноту существа, или многообразие силы, троичность лиц, а употребляемое с глаголом в единственном числе обозначает единство существа. Так в Быт. 1:1 говорится, что Элохим (мн. ч.) сотворил (един. ч.) и т.д. В виде исключения, слово Элохим (Бог) встречается с глаголом во множественном числе во 2 Цар. 7:23.

Бог крепостей (Дан. 11:38), божество, поклонение которому Антиох Епифан ввел в Иерусалиме. Это божество в еврейском тексте Библии называется Эль-Маузим и, вероятно, обозначает Олимпийского Юпитера, изображение которого Антиох поставил в храме.

Болезни являются последствием разрушающей власти греха и Божьей кары (Псл. 38:12; 89:7 и дал.). В законе болезни представлены как наказания непослушным (Лев. 26:16; Втор. 28:21 и дал.); часто мы читаем, что Господь подвергал наказанию разного рода болезнями отдельных лиц и целые страны (1 Цар. 25:3, 8; 2 Цар. 24:15; 4 Цар. 5:27; 15:5; 19:35; 2 Пар. 21:78). Вообще состояние здоровья у израильтян, при умеренном климате страны и простом образе жизни, было довольно хорошее. По словам Тацита, жители Палестины были здоровы и сильны (История, 6). Самыми обыкновенными болезнями в древнее время, повидимому, были те же, которые и теперь наблюдаются в Палестине: изнурительная лихорадка осенью и весною, расстройство желудка, воспаление мозга (4 Цар. 4:19; Ион. 4:8), паралич и особенно болезни глаз: воспаление и слепота от ярких солнечных лучей, нечистоты и мелкой пыли.

В Лев. 20:16 и Втор. 28:21 и дал. упоминаются разного рода болезни, как то: горячка, лихорадка, воспаление, чахлость, паралич, сухотка и т.п. В Евангелиях часто упоминается расслабление, ломота в суставах и хромота (Мат. 4:24; Иоан. 5:3), и также падучая болезнь (См. лунатики).

Из хронических болезней упоминаются внутренняя неизлечимая болезнь (вероятно хроническое расстройство желудка) у царя Иорама (2 Пар. 21:18), водная болезнь (Лук. 14:2), истечение из тела (Лев. 15:3, 25), а также много накожных болезней, напр., сыпь, короста, струп и т. п. (Втор. 28:27). В Лев. 13:39, говорится о безвредной сыпи на коже, бледнобелом лишае (бохан), от которого нужно отличать злокачественный лишай, называемый бахерет (Лев. 13:2).

Самой злокачественной болезнью была, конечно, проказа, евр. цораат. т. е. удар. Больного нужно было отделить на семь дней и затем его осмотреть; для выздоровевшего, по признакам, указанным в Лев. 13, были предписаны особенные жертвы и обряды. Смотри "Очищение". Мариамь была наказана Богом проказою (Чис. 12:10) и Моисей молился за нее, чтобы она не была, как "мертворожденный младенец"; также Гиезий (4 Цар. 5:27) и царь Озия (2 Пар. 26:19).

Различают два вида проказы: туберкулезная форма или называемая черной проказой, и анестетическая форма или белая проказа. Первая, на которую, как предполагают, указывает выражение "проказа Египетская" (Втор. 28:27) и которой был болен Иов (Иов. 2:7, (евр.) 8, 12; 7:3 и дал. 19:21), начиналась красными пятнами на лице и членах, после чего кожа скоро покрывалась бугорками, величиною от булавочной головки до грецкого ореха, переходившими затем в нарывы, выделявшими омерзительный по запаху гной. Эти нарывы разъедали мясо до костей, одновременно появлялись жар и расстройство желудка, потом наступало общее утомление, кончавцееся смертью.*

Анестетическая, или белая проказа, проявляется более светлыми или красноватыми пятнами, большей частью на туловище, также в виде больших волдырей с ядовитым гноем, лопающихся затем и оставляющих после себя злокачественные опухоли. Ядовитая жидкость, собирающаяся под кожей, разъедает тело, особенно паль-

---

*Примечение. С этой болезнью Elerphantiasis graecorum не надо смешивать слоновой болезни — Elerphantiasis или Pachidermia, выражающуюся опухолью ног, которые делаются по виду похожими на ноги слона.

цы на руках и ногах, так что последние отваливаются по частям. Лицо также обезображивается разрушающим действием ядовитой жидкости. Расстройство желудка, судорожные припадки, удушье и после долголетних страданий — смерть. В редких случаях бывает, что болезнь проходит сама собою. На местах затвердевших опухолей развиваются доброкачественные нарывы, которые уничтожают первые, и больной выздоравливает. Предполагают, что об этой форме проказы говорится в Лев. 13 и что вышеупомянутые случаи выздоровления имеются в виду в Лев. 13:12 и дал., где говорится, что прокаженный, все тело которого покрыто белой сыпью, должен быть объявлен чистым.

Для многих все-таки остается вопросом: может ли проказа, описываемая Моисеем, действительно быть той злокачественной болезнью, которая известна теперь под именем проказы и которая свирепствует и ныне в Сирии.** Некоторые предполагают, что название цораат (евр.) в Лев. 13 обозначает различные виды кожных болезней и что название проказа дано по переводу семидесяти толковников (См. "Библия"), которые перевели его словом лепра, чешуя, отчего и происходит название болезни лепрозис.***

О психических или душевных болезнях говорится в некоторых местах Библии. Сумасшествие упоминается в Втор. 28:28, как Божие наказание. Злой дух от Бога так действовал на Саула, что ум его помрачился (1 Цар. 16:14 и дал.; 18:10; 19:9 и дал.). У Навуходоносора также помрачился ум (Дан. 4:13; 5:21) и он был "как животное и поступал, как животное". См. "Навуходоносор".

От физических и душевных болезней ясно отличается бесноватость. В этом состоянии человек подпадает под непосредственное влияние злых духов. Священное Писание на примере Иуды Искариота, показывает нам, что сатана может войти в человека и побудить его к совершению сатанинского греха (Иоан. 13:27). Из примера Иова, видим, как сатана получил власть над телом человека (Иов. 2:6 и дал.), в другом месте читаем про скорченную женщину, которую сатана держал связанною в течение 18 лет (Лук. 13:11); ап. Павла удручал ангел сатаны (2 Кор. 12:7). Еще большую степень духов злобы мы видим в бесноватых, которые от них не только терпели физические, но и душевные страдания; глухоту, немоту и слепоту (Мар. 9:17; Мат. 9:32; 12:22; Лук. 11:14), эпилепсию и бешенство (Лук. 9:39; Мар. 9:18; Лук. 8:27 и дал.), но бывали и всецело одержимые бесами (Лук. 6:18; Деян. 5:16), которых могла изгнать лишь спасительная сила Иисуса. Что духи говорили через таких больных, видно из того, что они устами больного свидетельствовали о личности и делах Иисуса, а это далеко превосходило познание людей того времени; что эти духи были злые и нечистые, видно из того, что они не желали иметь ничего общего с Иисусом и Его близость вызывала усиленный припадок бешенства у бесноватого.

** П р и м е ч е н и е. Описание проказы у Моисея не совсем сходится с признаками современной проказы. Главные и отличительные признаки еврейской проказы или не соответствуют признакам современной болезни или похожи и на другие накожные болезни. Главные же признаки теперешней проказы отсутствуют в Библейском описании.

*** П р и м е ч а н и е. Перевод семидесяти толковников с филологической точки зрения считается неудачным и, повидимому, дал повод к смешению еврейской и теперешней проказы.

Борода — евр. закáн.

Борода. Евреи, в противоположность египтянам, носили длинную бороду (Быт. 41:14). Запрещение в Лев. 19:27; 21:5: "не стригите бороды вашей кругом, и не порти края бороды твоей", вероятно, имеет в виду арабский обычай стричь бороду на щеках. Борода считалась украшением и подвергалась заботливому уходу (Псал. 132:2). Лишить кого-либо бороды считалось бесчестием (2 Цар. 10:4 и дал.; Срав. Ис. 7:20; 50:6). Во время большого горя сбривали или вырывали волосы на голове и бороде (Ис. 15:2; Иер. 41:5; Езд. 9:3) или совершенно не ухаживали за ней (2 Цар. 19:24). Однажды спросили у турка, почему он не бреет бороды, подобно европейцам. "Брить бороду", пылко воскликнул тот: "Бог запрещает". Араб раненый в челюсть охотнее соглашался расстаться с жизнью, нежели обрить бороду для исследования врачом раны. Это объясняет степень бесчестия причиненного посланникам Давида (2 Цар. 10:4 и дал.).

Бохим, т.е. плачущие, куда Ангел Господень пришел из Галгала и обличил народ в непослушании; "народ поднял громкий вопль и заплакал", отчего это место и получило название Бохим (Суд. 2:1, 4, 5).

Боцец и Сена, две скалы по дороге между Михмасом и Гивой (1 Цар. 14:4).

Брак — евр. несуи́н.

Брак. 1) Установление брака, т. е. соединения одного мужчины и одной женщины, как видно из первой книги Библии, относится к началу создания человечества в Едемском саду, где Бог дал в помощь Адаму жену, сотворенную из его собственного существа (Быт. 2:18), почему человек и должен оставить отца и мать свою, и прилепиться к жене своей, "и будут двое одна плоть" (Быт. 2:24). Следовательно, супружество по своей идее и по существу с самого начала является соединением двух людей. Несмотря на примеры многоженства, которые упоминаются в Библии и ею прямо не осуждаются, единобрачие все-таки представляется, в основе своей, как нормальный брак. Св. Писание восхваляет семейное счастье картинами, взятыми только из единобрачия (Прит. 12:4; 19:14; 31:10 и дал.; Псал. 127); им символизируется взаимоотношение между Богом и Его народом (Ис. 54:5 и дал.; Ос. 2:3). Исключением из этого является место в Иез. 23:4, где говорится, что Господь взял себе в жены двух сестер, Иуду и Израиля. Двоебрачие допустил в первый раз Ламех, потомок Каина (Быт. 4:19).

2) Законы о супружестве. Установленые Моисеем законы относительно препятствий к супружеству и воспрещение браков между родственниками были довольно строги, сравнительно с существовавшей в языческом мире свободой. В патриархальное время мы часто встречаем примеры, которые нельзя считать образцовыми. Авраам был женат на единокровной своей сестре (Быт. 20:12). Иаков имел женами двух сестер одновременно. Отец Моисея был женат на своей тетке (Исх. 6:20 и т. д.). В Лев. 18, воспрещаются под страхом смертной казни различные кровосмесительные сожительства, как, напр., с матерью, мачехой, сестрой, сводной сестрой, внучкой, невесткой, снохой, свояченицей и т.д., кроме того как в этой, так и в 20 главе, запрещаются и некоторые другие виды сожительства. Подобные преступления были подвергнуты торжественному проклятию с горы Гевал (Втор. 27:20 и дал.). Далее, закон запрещал браки с хананеянами и другими родственными им народами, как ведущие к идолопоклонству (Исх. 34:16; Втор. 7:3 и дал.). Мы нередко читаем о супружестве между израильтянами и язычницами или наоборот. Смотри Руфь 1:4; 2 Цар. 3:3; 3 Цар. 7:14; 14:21; 1 Пар. 2:3, 35. Запрещение браков с хананеянами часто нарушалось, особенно царями (Суд. 3:6; 2 Цар. 11:3; 3 Цар. 11:1 и дал.; 16:31). Ездра и Неемия ревностно боролись против супружества с языческими народами вообще, а не только с хананеянами, что было запрещено законом (Езд. 9:2 и дал.; 10:3; Неем. 13:23 и дал.).

В отступление от строгого запрещения в Лев. 18:16 брака с невесткой (женой брата), в Втор. 25:5 и дал. было установлено, чтобы брат женился на жене своего умершего брата для восстановления его семени (имени); если брат отказывался исполнить это, то были предписаны особые обряды (о чем смотри "обувь").

Для священников было установлено, чтобы они не женились на безнравственной женщине или разведенной; первосвященнику даже не разрешалось брать в жену вдову (Лев. 21: 7, 14); у Иез. 44:22 все-таки делается исключение для вдов священников. Закон не запрещал вдове выходить замуж вторично; но, повидимому, в позднейшее время под влиянием римлян, оказывавших особый почет вдовам, не вышедшим вторично замуж, что отмечалось даже на надгробных памятниках словами "univira" или "uninupta" (одномужница), — взгляды изменились. Пророчица Анна жила в долгом вдовстве после короткого супружества (Лук. 2:36 и дал.). В первых христианских церквах от пресвитера также требовалось, чтобы он не женился более одного раза, "был мужем одной жены"* (1 Тим. 3:2; Тит. 1:6) и вдовы, которые избирались на различные служения в церкви, тоже должны были быть таковыми, т. е. замужем только однажды (1 Тим. 5:9). У Павла мы встречаем также и другие пожелания, из которых явствует, что он отдает предпочтение несемейному положению или продолжительному вдовству (1 Кор. 7:8; срав. Мат.

---

* П р и м. Это место некоторыми истолковывается как общее требование непорочного отношения к супружеству. Но тогда можно задать вопрос: неужели этого не требовалось от каждого члена церкви?

19:12), хотя, с другой стороны, он не воспрещает вторичного брака после смерти первого супруга (Рим. 7:1 и дал.; 1 Тим. 5:14).

Какого-либо определенного запрещения многоженства в законе Моисеевом нет. Древний обычай — иметь несколько жен или, кроме жены, иметь еще наложниц — обычай, который встречается у патриархов (Быт. 16:3; 22:24; 25:6;** 26:34 и дал.; 30:3 и дал.; 36:12) не отменяется каким-либо прямим постановлением, но ограничивается различными определениями. Так, напр., было предписано, что будущему царю нельзя брать много жен (Втор. 17:17); далее, — при разделе наследства воспрещено давать детям одной жены преимущество перед детьми другой (Втор. 21:15 и дал.) и, наконец, было установлено, что девицей, купленной у израильтянина, нельзя было пользоваться, как рабыней; если она была отдана сыну купившего в жены, то должна пользоваться правами дочери и, в случае, если бы сын взял себе еще жену, не лишаться содержания и супружеских прав; в противном случае она должна получить свободу без выкупа (Исх. 21:7 и дал.). Итак, многоженство у израильтян было до известной степени узаконено; написано даже, что Сам Бог дал Давиду жен Саула (2 Цар. 24:3), но все-таки этот обычай ограничивался преградами, подготовлявшими место более строгому закону христианства. После Вавилонского плена многоженство становилось все более и более редким среди евреев, и во время Христа евреи вообще имели по одной жене (Мат. 18:25; Лук. 1:5; Деян. 5:1), хотя бывали и исключения. Христос, а потом и апостолы резко и определенно установили первоначальное положение, как единственно правильное (Мат. 19:4, 5; 1 Кор. 7:2; Срав. Еф. 5:22 и дал.).

Спорным местом в законе относительно многоженства является Лев. 18:18, которое гласит так: "не бери жены с сестрою ее, чтобы сделать ее соперницей, чтобы открыть наготу ее при ней, при жизни ее". Некоторые толкователи высказывают мнение, что здесь просто запрещается двоеженство с двумя сестрами одновременно, как, напр., супружество Иакова; после же смерти жены не запрещалось брать в жены ее сестру; в некоторых случаях это было даже повелено. Другие же толкователи понимают эти слова, как определенное запрещение многоженства вообще. Первые на это отвечают, что многоженство все-таки допускается законом, напр., в Втор. 21:15 и дал. где устанавливается, что, если человек имел двух жен, любимую и нелюбимую, и первородный сын был ему рожден от нелюбимой, то отцу должно было дать сыну полное право первородства. "Нет!" возражают первые: "мысль не та, что он имел одновременно двух жен, но одну после другой" и т. д.

3) Вступление в брак. Родителям принадлежало право выбора невест своим сыновьям (Быт. 24:2 и дал.; 21:21; 28:1 и дал.; 38:6), изредка после выраженного последними желания (Быт. 34:4, 8; Суд. 14:2). Для девицы желание родителей и братьев было решающим (Быт. 24:51, 34:11), хотя иногда спрашивали и девицу (24:58). Если согласие устанавливалось, то следовало обручение, причем подарки жениха невесте и родителям играли значительную роль, так что иногда могло казаться, как будто дело заключалось в покупке невесты за такое то количество даров, как это некоторыми, может быть не вполне правильно* и понимается. Срав. Быт. 34:12; 1 Цар. 18:23, 25. Возможно, что в вопросе о наложницах, действительно, покупка и имела место (Исх. 21:7 и дал.). Изредка девицам давалось приданое (И. Нав. 15:18 и дал.; 3 Цар. 9:16). Подтверждалось ли обручение кольцом, неизвестно. Между обручением и браком, обыкновенно, был промежуток времени, продолжительность которого колебалась от нескольких дней, как, напр., в патриархальное время (Быт. 24:55) до года для девиц и одного месяца для вдов в позднейшее время. В это время невеста на самом деле уже считалась женою своего будущего мужа, почему неверность с ее стороны наказывалась смертью (Втор. 22:23 и дал.), хотя муж все-таки имел право на более легкий исход: дать развод (Мат. 1:19; Втор. 24:1). Если обру-

** Заметьте, что Хеттура, которая в Быт. 25:1 называется женою, в 6 стихе причисляется к наложницам.

* Кейль указывает на то, что слуга Авраама только тогда подарил ей золото, серебро и одежды, а родственникам драгоценные подарки, когда получил согласие на брак Ревекки (Быт. 24:51-53).

ченная дева была насильно обесчещена, то она была свободна от ответственности, а насильник должен был умереть (Втор. 22:25 и дал.). Самый брак совершался без определенного религиозного обряда. Хотя мы читаем и о благопожеланиях (Быт. 24:60), и свидетелях (Руф. 4:11 и дал.; Срав. слово о "завете" в Прит. 2:17; о союзе Иез. 16:8; Мал. 2:14), но все-таки нет и следа церковного обряда бракосочетания ни в Ветхом, ни в Новом Заветах. Главное в брачном обряде состояло в переезде невесты из родительского дома в дом жениха или его отца. К брачной одежде жениха принадлежал тюрбан или шляпа (Ис. 61:10, русский венец), венок (русский венец, Песн. П. 3:11), а также мирра, фимиам и всякие порошки мироварника (Песн. П. 3:6). Одежду невесты составляло покрывало (Быт. 24:65), символ подчиненности мужу (1 Кор. 11:10), далее, особенный пояс (Иер. 2:32), венец на голову, золотые украшения с драгоценными камнями и духи (Псал. 44:10, 15; Ис. 49:18; 61:10; Отк. 21:2). Когда наступал определенный час, обыкновенно поздно вечером, жених отправлялся в путь в сопровождении своих друзей, "брачных друзей" (Суд. 14:11),* (в Мат. 9:15 названых "сынами чертога брачного". (Срав. Иоан. 3:29; 2 Кор. 11:2), музыкантами и певцами (Быт. 31:27; Иер. 7:34; 16:9). В брачном шествии несли также горящие факелы (Мат. 25:7 и дал.; Иер. 25:10; Отк. 18:23). Когда жених приходил в дом невесты, которая вместе с подругами ожидала его прибытия (Мат. 25:6), то брал ее с провожатыми и возвращался со всеми гостями обратно в свой или отчий дом, при всевозможных шумных выражениях радости (Псал. 44:15). Пир, на который приглашались друзья и соседи (Быт. 29:22; Мат. 22:1 и дал.; Лук. 14:8; Иоан. 2:2), часто продолжался несколько дней (Суд. 14:12). Жених с этого часа вступал в непосредственное общение с невестой, и радость друга его делалась совершенной, когда он слышал голос жениха (Иоан. 3:29). Конец обряда состоял в том, что невеста приводилась в брачный покой (Суд. 15:1; Псал. 18:6; Иоил. 2:16). Невеста все время была под покрывалом; поэтому обидная проделка Лавана с Иаковом не представляла ничего невозможного (Быт. 29:23). Молодой муж в течение первого года был свободен от военной службы и также от всякого другого общественного служения (Втор. 24:5); освобождался от военной службы также и только что обрученный муж (Втор. 20:7).

В качестве иллюстрации к притче Иисуса о десяти девах, вышедших навстречу жениху, может служить следующий рассказ путешественника Ворда:

"На индусской брачной церемонии, которую мне пришлось наблюдать, жених прибыл издалека, а невеста жила в Сарампоре, куда жениху нужно было ехать морем. Подождав 2 или 3 часа, мы, наконец, в полночь услышали возгласы, выраженные почти теми самыми словами, что и в Свящ. Писании: "вот жених идет, выходите навстречу ему". Те, которых касался этот призыв, зажгли фонари и поспешили с ними в руках занять свои места в шествии; некоторые потеряли свои свечи и не были готовы, а так как слишком поздно было их искать, то толпа поспешила занять места на большом дворе, над которым было натянуто полотно, и где большое количество друзей, одетых в лучшие свои одежды, сидели на коврах. Жених был приведен вперед одним из друзей и посажен на высокий стул посреди общества; просидев некоторое время, он вошел в дом, дверь которого сейчас же была заперта и охранялась солдатами. Я и некоторые другие напрасно старались подговорить сторожей. Никогда прекрасная притча Иисуса так много не говорила мне, как в эту минуту: "и двери затворились".

4) Супружеская жизнь. Законными правами жены по Исх. 21:10 были: пища, одежда и супружеское право. Многие места в Библии свидетельствуют о том, что положение израильской жены не было положением рабыни, как у многих народов древности. На это указывает также то положение, которое женщина занимала в

---

* В Суд. 14 делается различие между 30 брачными друзьями, которых дали ему родственники Самсона (ст. 11) и одним другом, которого он сам избрал (ст. 20). С этим сравнивают позднейший обычай: в день брака выбирать двух лиц, т. н. "шошбеним", на обязанности которых лежало защищать интересы жениха и невесты, особенно в случае могущих возникнуть споров о таких обстоятельствах, которые имеют отношение к Втор. 22:15.

обществе. Замужние женщины и девицы ходили непокрытыми (Быт. 12:14; 24:16, 65; 29:11; 1 Цар. 1:13) и участвовали до известной степени в общественных делах (Исх. 15:20; 1 Цар. 18:6, 7). Поэтому вполне естественно, что влияние женщины в семье было немалым. Мы видим ее участвующей в делах семьи и пользующейся до известной степени независимостью (4 Цар. 4:8; Суд. 4:18; 1 Цар. 25:14 и дал.). Ее обязанности в хозяйстве были различны; кроме воспитания и выращивания детей (1 Цар. 1:24; 2:19; Прит. 31:1; Деян. 16:1; 2 Тим. 1:5), на ее обязанности лежало приготовление пищи (Быт. 18:6), раздача продуктов слугам (Прит. 31:15) и приготовление необходимой одежды (Прит. 31:13 и дал.). Если она являлась образцом прилежания и способностей, то изготовляла пояса и покрывала для продажи купцам, за что уподобляется купеческому кораблю, издалека добывающему богатства в свой дом (Прит. 31:14, 24).

Хорошая жена — дар Божий (Прит. 18:22; 19:14; 31:10); картинами счастливого супружества рисуется в Ветхом Завете связь между Иеговой и Израилем (Ис. 54:5), а в Новом Завете соединение Христа с Его Церковью (Мат. 9:15; Иоан. 3:29; 2 Кор. 11:2). Поэтому апостольские увещевания супругов о любви и верности (Кол. 3:18 и дал.; Тит. 2:4 и дал.; 1 Пет.3:1 и дал.) сильно и ярко запечатлеваются указанием на величайшую тайну: любовь Христа к Церкви, невесте Его (Еф. 5:22 и дал.). Совершенная Церковь, поэтому, зовется **женою Агнца** (Отк. 21:9; греч. текст "невесту, жену Агнца"), и последняя радость победы называется браком Агнца (Отк. 19:7, 9; Срав. 22:17).

5) Развод был определенно запрещен только в двух случаях, а именно: если муж после брака возвел обвинение на свою невесту, которое при расследовании оказалось неосновательным; он должен был тогда уплатить штраф в 100 сиклей серебра отцу жены, оставить ее у себя, как жену, и никогда не разводиться (Втор. 22:13); также в том случае, если мужчина обесчестил необрученную девицу, он должен был заплатить ее отцу 50 сиклей серебра, взять ее в жены и никогда не мог оставить ее (28 ст. и дал.).

В одном случае брачный развод был обязателен, а именно: если хозяин дал жену еврею рабу, то, по получении свободы в седьмой год, он должен был оставить жену и детей хозяину (Исх. 21:4). Если же он не хотел расставаться со своей женой, то должен был остаться рабом навсегда. См. "Рабы".

Вообще, развод, как вкоренившийся обычай, был допускаем даже без приведения к тому каких-либо оснований, лишь с одним условием, что разведшемуся со своей женой нельзя было вторично взять ее замуж, после того как второй муж (если она шла замуж вторично) тоже развелся с нею или умер (Втор. 24:1 и дал.). Это установление, без сомнения, имело целью пресечь слишком большое легкомыслие при применении развода. Сознание, что он не получит жены обратно, предостерегало мужа от необдуманного шага. Из вышеприведенного текста видно, что брачный развод, согласно древнему обычаю, совершался посредством законного разводного письма. О действительных причинах, которые могли дать мужу право выдать такое письмо жене, с древности велся горячий спор. В Втор. 24:1, говорится: "потому, что он находит в ней что-нибудь", и пр. Во времена Иисуса Христа разные раввинские школы имели различные мнения о значении этих слов.

С одной стороны стояла Школа Шаммая, которая под этими словами понимала безнравственные поступки жены и только в таком случае допускала развод; с другой стороны — школа Гиллеля, которая применяла эти слова ко всякого рода мелочам, напр., если жене случалось пережарить пищу, и т.д. На вопрос фарисеев об этом, Христос ответил, что только по жестокосердию их Моисей позволил развод, но что по первоначальному замыслу Божию только прелюбодеяние могло быть поводом к разводу, и кто женится на разведенной, прелюбодействует (Мат. 19:3 и дал.; 5:31 и дал.).

Из того, как гласит текст в Мар. 10:12, "если жена разведется с мужем своим и выйдет замуж за другого, прелюбодействует", можно понять, что еврейская женщина имела право требовать развода; по греческому и римскому законам это было позволительно (1 Кор. 7:13). Еврейский закон ничего не говорит об этом, хотя изредка это и случалось (1 Цар. 25:44). Ев. Марк, может быть, только пользуется выражением более римской окраски для того, чтобы обозначить обоих разведенных супругов. По совету Павла в 1 Кор. 7:13, христианке жене не следовало пользоваться подобным правом по отношению к язычнику мужу, желавшему жить с ней. Если она развелась, то должна была или примириться с мужем, или оставаться безбрачною.

Другое установление в связи с разводом имеется в Втор. 21:10 и дал.; оно говорит, что если кто взял в плен девицу на войне и захотел на ней жениться, то должен был ввести ее в свой дом, обрить, очистить, переодеть и дозволить ей в течение месяца оплакать потерю родных, а затем взять ее в жены; но если она после этого потеряет благоволение в глазах его, то он должен был отпустить ее свободною, отнюдь не продавая ее в рабство и не оставляя у себя рабынею. О прелюбодеянии и обряде в том случае, когда муж подозревал жену, см. "Блуд".

Брат. Еврейское слово "ах" имеет различное значение, именно, родственник вообще, напр., двоюродный брат (1 Пар. 23:21, 22), племянник (Быт. 14: 15), также лицо из одного и того же колена (Чис. 20:14), союзник (3 Цар. 20:32), сослуживец (Неем. 5:10 и далее), друг (Иов. 6:15) и т. п. Символически слово брат обозначает равенство (Иов. 30:29; Прит. 18:9). Срав. различные значения греческого слова адельфос (друг, брат). В Нов. Завете: Евр. 7:15; Деян. 11:29; Мат. 7:3; 5: 23; 12:50.

Братья Иисуса. В духовном смысле всех исполнителей воли Отца Небесного Иисус Христос называл братьями как до Своего воскресения (Мат. 12:48 и дал.; Мар. 3:33 и дал.; Лук. 8:21), так и после него (Мат. 28:10; Иоан. 20: 17). "Он не стыдился называть их братьями" (Евр. 2:11), сравни Еф. 2:19; Евр. 3:6. Кроме того во многих местах говорится о братьях Господних в буквальном значении этого слова. По Ев. Мат. 12:46; Мар. 3:31 и Лук. 8:19, Матерь Его и братья Его пришли и хотели говорить с Ним; затем по Мат. 13:55 и дал. и Мар. 6:3, жители Назарета выражали свое презрение к Нему, как плотнику и сыну плотника, все родство которого они хорошо знали: 4 Его братьев — Иакова, Иосию, Симона и Иуду и, по крайней мере, трех Его сестер ("все сестры Его", Мат. 13:53). По Иоан. 2:12, Матерь Иисуса и братья Его последовали за Ним из Каны Галилейской в Капернаум; — братья Его не верили в Него (Иоан. 7:5), но в Деян. 1:14 видим уже обратное: там сказано, что 11 апостолов, Мария, Матерь Иисуса, и братья Его пребывали вместе в молитве и молении. В 1 Кор. 9:5 Павел говорит об апостолах и братьях Господних (которые были женаты). Из всех этих мест ясно, что братья Иисуса по плоти не верили в Него во время Его земной жизни, но чудо воскресения открыло им глаза и они уверовали. Впоследствии, как известно, один из них, Иаков, занимал выдающееся положение между свидетелями Воскресшего. Павел в послании к Гал. 1:9 называет Иакова, брата Господня, одним из апостолов. См. "апостол".

Многие до сих пор утверждают, что братья и сестры Иисуса были Его двоюродными братьями и сестрами — детьми Клеопы и Марии, сестры Матери Иисуса; но почему же мы их встречаем постоянно вместе с Матерью Иисуса? И как Иоанн мог сказать, что и братья (двоюродные?) не веровали в Него, если один из них, Иаков, сын Алфея, или — то же — Клеопы, был Его апостолом? Высказывается также мнение, что эти братья были сводными братьями Иисуса, детьми Его названного отца Иосифа от первого брака. Такой взгляд является следствием давно установившегося представления о недопустимости мысли, чтобы та, которая родила Святого, после этого могла еще иметь детей. Против этого указывают на выражение евангелистов "Она родила своего Первенца". (Мат. 1:25; Лук. 2:7).

Брачный пир см. "Брак".

Бритва — евр. таáр.

Бритва упоминается в Чис. 6:5; Суд. 16:17; 1 Цар. 1:11; Иез. 5:1 и в переносном смысле в Псл. 51:4; Ис. 7:20. Бритье волос предписывалось назореям в случае осквернения и также после исполнения обета (Чис. 6:8, 18); левитам при освящении их должно было обрить все тело (Чис. 8:7).

Брить см. "Бритва".

Броня см. "Война".

Бубаст Иез. 30:17 (евр. Пи-Вэсэт), город в Египте. Развалины его под названием Тель Баста еще и теперь существуют на север от Каира. По-египетски этот город назывался Па-Баст, т. е. место Басты, так как там было главное место поклонения Басте или Паште, богине любви с кошачьей или львиной головой. Служение ей совершали сотни мужчин и женщин с музыкой, танцами и питьем вина в роскошном, упоминаемом Геродотом, храме, построенном на одном из островов.

Недавно в развалинах Бубаста были произведены большие раскопки и там нашли множество набальзамированных кошек на специальном для них кладбище.

Буйвол (Втор. 14:5). См. "Олень".

Бук (самшит) вечнозеленое дерево с глянцевитыми листьями, желтоватыми цветами и твердой желтой древесиной. Вероятно, еврейское слово ташур в Ис. 41:19; 60:13; а, может быть, и слово ашур в Иез. 27:6 служит для обозначения этого же дерева.

Бул См. "Месяцы".

Бумага См. "Тростник".

Бытие — евр Бришйт.

Бытие. (Первая книга Моисеева). Эта книга описывает начало всего, охватывая время от сотворения мира до переселения израильтян в Египет. Ее можно разделить на две главные части, из которых первая (гл. 1-11) повествует о происхождении и первоначальной истории человечества, а вторая (гл. 12-50) — о начале истории народа, "взятого в удел", т.е. о времени патриархов и их ближайших потомков. В первой части говорится о сотворении Адама и Евы, их первоначальном блаженном состоянии, грехопадении, размножении человечества, умножении зла, всемирном потопе, спасении Ноя и ковчеге; затем, о потомках Ноя и рассеянии народов после смешения языков в Вавилоне. Во второй части находим подробные рассказы об Аврааме (гл. 2-25), его сыне Исааке и внуке Иакове (гл. 26-35), и потомках Иакова, в особенности Иуде и Иосифе (гл. 37-50). Книга заканчивается рассказом о смерти Иосифа.

Книга Бытие и первые главы Книги Исхода содержат описание тех обстоятельств, которые привели к основанию теократии, т.е. такого образа правления, где Сам Бог непосредственно царствовал над избранным Им народом, чтобы через этот народ дать спасение погибшему миру. (См. "Царь"). Автор книги Бытие начинает изложением Божественного происхождения и устройства мира, чтобы рассказать, во-первых, о призвании Авраама, и, во-вторых, истинную сущность еврейской теократии. Он начинает с сотворения мира, потому что Бог, сотворивший мир, был Тот же, Который открылся отцам. Следовательно, книга Божия преследует одновременно частную и общую цели. Она обнимает весь мир; она говорит о Боге, как Боге всего человечества. Но, как введение к истории Израиля, книга эта подчиняет общую цель частной, национальной. Пять главных лиц книги Бытия являются, так сказать, столпами, на которых покоится все здание: Адам, Ной, Авраам, Исаак и Иаков. История избранного народа, который сделался наследником обетований и которому было вверено Слово Божие (Рим. 3:2; 9:4) — единственная история, которая объясняет отношение человека к Богу и освещает последующую историю человечества.

Иаков на службе в Лавана.

В

Ваал — Бааль.

Ваал, т.е. господин. 1) Одно из главных божеств мужеского пола, которому поклонялись хананеяне и финикияне. Он был олицетворением созидающей и разрушающей силы природы. Поклонение Ваалу выражалось различно, как и поклонение богине Астарте, и, может быть также, планете Юпитеру. Сирийская форма названия Ваала — Веель (см. "Веельзевул"); на ассировавилонском наречии он назывался Вил (Ис. 46:1; Иер. 50:2; 51:44). Название Ваал встречается во многих финикийских именах, как, напр., Ганнибал, т. е. милость Ваала; Аструбал, помощь Ваала; Ефваал — с Ваалом (3 Цар. 16:31 и дал.). Множественное число от слова Ваал — Ваалы (Ваалим), т. е. господа, вероятно, обозначает различные виды и изображения этого божества (1 Цар. 7:4; 2 Пар. 24:7). Поклонение Ваалу, сопровождавшееся безнравственными оргиями и человеческими жертвоприношениями (Чис. 25:3; Иер. 19:5), начало проникать в Израиль еще при жизни Моисея (Чис. 25); в последующие времена поклонение Ваалу снова и снова возобновлялось; периодически евреи каялись и обращались к истинному Богу, но потом опять отпадали. Народ колебался между Богом и Ваалом (Суд. 2:11; 3:7; 10:6). Библия говорит о храме и служителях Ваала (4 Цар. 10:21; 11:18), жертвеннике Ваала (Суд. 6:25), одеждах жрецов (4 Цар. 10:22), жертве всесожжения (3 Цар. 18:26), затем, о молитвах и заклинаниях (3 Цар. 18:25, 26). В конце концов, служение Ваалу было возведено некоторыми царями, напр., Ахавом в Израильском царстве, Ахазом и Манассией в Иудейском, на степень официальной религии (3 Цар. 16:31 и дал.; 18; 2 Пар. 28:2 и дал.; 4 Цар. 21:3 и дал.). Пророки Вааловы, жрецы Астарты и другие прислужники безнравственного служения наводнили страну; от стола Иезавели, жены Ахава, питались 450 вааловых пророков и 500 жрецов Астарты (3 Цар. 18:19). Срав. "Астарта". Неудивительно, что Илия выступил с пламенной ревностью на борьбу с Ваалом. В вышеприведенной главе дано яркое описание дикого рвения и безумия пророков Ваала, которые скакали вокруг жертвенника с воем и криками и кололи себя ножами до крови. Храм и жертвенник Ваалу, обыкновенно, устраивался на высотах и кровлях домов (Иер. 32:29). Царь Ахав устроил жертвенник Ваалу на кровле своего дворца (4 Цар. 23:12).

О различных изображениях Ваала упоминается во многих местах: Ваал-Фегор (Чис. 25:3) или Фегор (Чис. 25:18; 31:16; И. Нав. 22:17). Фегор был моавитским идолом, во время служения ему женщины предавались распутству (Втор. 4:3; Псл. 105:28; Ос. 9:10); Ваалвериф (Бааль-Брит), т. е. господин завета (Суд. 8:33; 9:4) или Вериф (Суд. 9:46); ему был построен храм в Сихеме; Веельзевув (Бааль-звув) (русская Библия переводит Веельзевул), которому поклонялись филистимляне в Акка (4 Цар. 1:2, 3, 16). Именем этого идола евреи позднейшего времени называли сатану, и для того, чтобы сделать его более оскорбительным, изменили слово Веельзевув, т. е. бог мух, на Веельзевул, т. е. бог навоза. Этим именем фарисеи обозвали ту силу во Христе, которой Он творил чудеса (Мат. 10:25; 12:24, 27; Мар. 3:22; Лук. 11:15, 18, 19).

2) Один город. См. "Ваалаф-Беер".

3) Город в северной части Иудеи, он же Кириаф-Иарим (Кирьят-Яарим).

4) Город на западной границе Иудеи (И. Нав. 15:11).

Ваалаф — Баалат.

Ваалаф, город в колене Дановом (И. Нав. 19:44) близ Беф-Орона; неизвестно, тот ли это Ваалаф, который построил Соломон (3 Цар. 9:18; 2 Пар. 8:6), или нет.

Ваалис (Баалис), аммонитский царь, который приказал убить Годолию, наместника в Иудее (Иер. 40:14; 41:1-10).

Ваал-Гад — Бааль-Гад.

Ваал-Гад, город в Ливанской долине, у подножия Ермона, куда проникли воины Иисуса Навина (И. Нав. 11:17; 12:7; 13:5). См. "Кесария Филиппова". Этот город в Суд. 3:3 назван Ваал-Ермоном", и сама гора, вероятно, получила название по этому имени. См. "Ермон".

Ваал-Гамон (Песн. П. 8:11) место, где Соломон имел свой виноградник.

Ваал-Гацор (Бааль-Хацор), город близ Ефрема в Иудее, где находились стада Авессалома (2 Цар. 13:23). См. "Ефрем".

Ваал-Вериф см. "Ваал".

Ваал-Ермон (Бааль-Хермон) (1 Пар. 5:23), город около горы Ермона, он же Ваал-Гад.

Ваал-Иудин (Баале́й-Иегуда́), 1) 2 Цар. 6:2; см. "Кириаф-иарим". 2) т.е. мужи Иуды. См. "Кириаф-Иарим".

Ваал-Меон, аморрейский город в колене Рувимовом (Чис. 32:36), называется Бет-Маон у Иер. 48:23 и Беф Ваал-Меон у И. Нав. 13:17; по Иез. 25:9 это моавитский город. Развалины его носят название "Маин" и находятся в 10 км к югу от Есевона.

Ваал-Перцим (2 Цар. 5:20). См. "Перацим".

Ваал Цефон — Бааль-Цафон.
Ваал Цефон, место, близ которого расположился израильский народ перед переходом через Чермное или "Красное" море (Исх. 14:2; Чис. 33:7). См. "Красное море".

Ваал-Шалиша, город близ Галгала, на западном склоне горы Ефремовой (4 Цар. 4:42).

Ваала — Баала.
Ваала, город в южной Иудее (И. Нав. 15:29). Может быть, это город Ваала в Иудее, который, по И. Нав. 19:3, принадлежал колену Симеонову. В 1 Пар. он назван Вилга.

Ваалаф-Беер — Баалат-Беер.
Ваалаф-Беер (И. Нав. 19:8) или Ваал (1 Пар. 4:33), город в южной части Иудеи, отданный колену Симеонову и названный южной Рамой (И. Нав. 19:8) и Рамофом южным (1 Цар. 30:27).

Вааса — Баша́.
Вааса, военачальник израильского царя Навата. Он убил Навата при осаде Гаваона филистимского и воцарился вместо него. Царствовал он 24 года от 953-930 до Р.Хр. и истребил дом Иеровоама (срав. 3 Цар. 14:7-14). Он проводил жизнь в беззаконии, за что и навлек на себя и свой дом страшное наказание, которое Бог объявил ему через пророка Ииуя (3 Цар. 15:27-30, 33, 34; 16:1-7, 12).

Вавилон — евр. Баве́ль.
Вавилон, (Быт. 10:10), один из городов царства Нимрода в стране Сеннаар. Об основании его говорится в Быт. 11:1-9. Все жители земли после потопа говорили на одном языке. Чтобы не рассеяться по всей земле, не прославив себя, они решили построить город и башню, высотою до небес; но Господь смешал их язык, так что они не могли понимать друг друга, и, по необходимости, рассеялись по всей земле. Поэтому и город носит имя Вавилон, т. е. смешение. План основателей был разрушен, но Вавилон стал могущественным, известным всему миру городом. В Библии этот город известен, как столица царства мира сего, враждующая с царством Божиим.

В начале Вавилон был столицей древневавилонского царства (приблизительно, с 2240 до 2050 г. до Р. Хр.); потом из сказаний мы узнаем, что царство Вавилонское подпало под власть ассирийцев (2050 до 625 г. до Р.Хр.). От 625-538 г. вавилоняне, не желая оставаться под властью ассирийцев, основали новую столицу, близ Ниневии, и назвали столицу ново-вавилонского царства тем же именем — Вавилон. Ср. Ис. 13:19; 14:12. В то время, когда вавилоняне находились под властью персов (538-331 г. до Р. Хр.), началось окончательное падение Вавилонского царства, которое и кончилось тем, что в начале 1-го столетия по Р. Хр. от этой знаменитой столицы остались одни развалины. Вавилон некогда был "краса царств, гордость Халдеев" (Ис. 13:19). В нем во время Навуходоносора насчитывались миллионы жителей; его величие обращало на себя внимание всего мира. Стены Вавилона имели 200 локтей (прибл. 100 м) в вышину и 50 локтей (прибл. 25 м) в ширину; по ним свободно могли ехать в ряд 6 колесниц. (Срав. Иер. 51:56). Город славился висячими садами, террасами, построенными над водами Евфрата на высоких арках. — Гордый Вавилон, у рек которого пленный Израиль расположился в шатрах и развесил свои арфы; который принес в жертву своим идолам все сокровища храма Иеговы, — этот "Вавилон будет грудою развалин, жилищем шакалов, ужасом и посмеянием, без жителей" (Иер. 51:37). "Гордая дочь халдеев, госпожа царств" (Ис. 47:5) по своей торговле и богатству представляла Лондон прежних времен (Кн. Иезек. 17:4). "Изнеженная, живущая беспечно" (Ис. 47:8), по обеим сторонам Евфрата столица, образующая, согласно запискам Геродота, четырехугольник со сторонами длиною по 120 стадий (более 30½ км), была окружена глубокими водяными рвами вокруг величественных стен, с сотнями медных ворот. Теперь от всего этого осталось только открытое поле с развалинами, на протяжении 10-15 км с севера на юг. Среди этих развалин, у реки расположен город Гила, населенный арабами. Здесь следует искать древне-вавилонское царство, приблизительно в 400 километрах к северу от Персидского залива. Между множеством куч мусора замечательны шесть массивных груд развалин, которые возвышаются над остальными; пять из этих больших холмов находятся на южном берегу, шестой — к западу, в растоянии 10 км от упомянутого города Гила. Один из этих холмов, который находится ближе к северу, представляет остатки храма Меродаха. Теперь этот холм носит название Вавил. Он имеет вышину около 66 м. Некоторые принимают его за остатки Вавилонской башни. Согласно другим сведениям, остатки Вавилонской башни нужно искать дальше к югу, в больших развалинах, так называемых, Бурдж Нимруд, т. е. башня Нимрода. Высота этого холма развалин, состоящего из разбитых кирпичей, достигает 66 метров с разрушенной башней на вершине, имеющей 12,1 м в вышину и 8,5 м в ширину, так что вместе с башней высота холма достигает 75 м. Эти развалины, согласно Равлинсону, занима-

Руины древних дворцов Вавилона.

ют в окружности более 730 м. Подобие уступов, похожих на террасы, и некоторые другие признаки дают право предположить, что это — описанный Геродотом храм, который он называет башней Бела (Ваала). Автор книги, посетивший эту башню, передает, что она представляет четырехугольную пирамиду с семью террасами 830 м в окружности при основании. Семь террас посвящены семи богам-планетам в следующем порядке, начиная снизу: Сатурн (Адар), Венера (Истар, см. "Астарта"), Юпитер (Меродах), Нево (Меркурий), Марс (Нергал), бог луны и бог солнца. Каждая терраса была выкрашена в соответствующий цвет, начиная снизу: черный, белый, оранжевый, синий, пурпуровый, серебряный и золотой.

Часть Вавилона, где находилась эта башня, составляла особый квартал, называвшийся Барсип или Борсиппа; это имя встречается на многих кирпичах. В этой же куче развалин найден цилиндр с вавилонскими письменами, где Навуходоносор сам описывает свои работы по реставрации этой древней башни. Запись гласит так:

"Объявляем, что храм семи светил, башня в Борсиппе, которую построил в древности один царь, высотою в 42 локтя (приблизительно 21 м), еще не имеет верхушки, которую он не успел выстроить, и которая пришла в ветхость. Желоба для стока воды не действуют; от дождей и ветров облезла штукатурка, кирпич стал сильно разрушаться и все здание от времени начало разваливаться, так что скоро будет представлять из себя кучу мусора. Великий бог Меродах побудил меня восстановить разрушающуюся постройку. Основание и стены я оставил без изменения. В благоприятный месяц, в счастливый день я скрепил камни основания и обложил стены кирпичем. Столярную работу я сделал заново, и на фасаде башни я увековечил свое имя. Чтобы довершить постройку и поставить верхушку, я поднял руку (клятва) и, как издревле полагалось, так я и построил".

Но ни Нимрод, ни Навуходоносор не могут спорить с Иеговой: все ва-

Руины так называемой Вавилонской башни в Нимроде, Вавилон.

вилонские башни пали. "Вавилон взят. Вил посрамлен. Меродах сокрушен, истуканы его посрамлены, идолы его сокрушены" (Иер. 50:2).

Другой удивительный холм развалин находится в 5-ти км к северу от Гили и называется Эль-Кас, т. е. замок, остатки которого также колоссальных размеров: 700 локтей в длину (прибл. 348 метров), 600 — в ширину (прибл. 298 метров) и 70 — в вышину (прибл. 35 м). На кирпичиках можно прочесть следующую надпись: "Дворец Навуходоносора, царя Вавилонского, создателя высокого дома — он, живущий в страхе богов Нево и Меродаха: сын Набополассара, царь в Вавилоне".

В недалеком расстоянии находится другой холм развалин, называемый Амрам-бен-Али; на глубине 23 метр. произведенными раскопками обнаружен храм Эсадила, посвященный божеству-хранителю Вавилона Бел-Мардуку.

Из этих холмов за последнее время извлекли тысячи кирпичей с клинообразными письменами. С большим трудом при помощи выкопанных таблиц с одинаковыми текстами на нескольких других языках, ученым удалось прочесть эти клинописи. Теперь мы можем из этих пролежавших тысячелетия кирпичей узнать о Навуходоносоре и других халдейских героях и их подвигах. Эти письмена дают нашей ветхой Библии самое полное подтверждение. Особенно это относится к вопросу о том, кто были первыми жителями этой страны. Согласно Библии, Вавилон первоначально был построен Нимродом, сыном Хуша. Надписи на кирпичах служат ясным доказательством того, что задолго до семитической культуры в Халдее существовала культура, более древнего происхождения, язык которой не имел никакого сходства с еврейским или арабским, но с ясными признаками турецко-татарского происхождения. Это был аккадрский народ, создавший халдейскую культуру. Он же изобрел клинообразные письмена и воздвиг города Ур (Бытие 11:28), Эреж, Арку, Вавилон и другие, о чем свидетельствуют надписи на кирпичах и Библия. С этим народом за 3000 лет до Р. Хр. соединился, так называемый, протохалдейский, не-семитический элемент. Семиты, пришедшие из Аравии и постепенно забравшие в свои руки власть, приняли их халдейскую культуру и образование. Позднейшие властители, после 1500 г. до Р. Хр., называли себя в письменах: "царь Сумира (Сеннаар?) и Аккада". Это наименование показывает нам, что вавилонская национальность имеет двоякое происхождение.

Писатель Бероз (Berosos) передает нам из древенейшей вавилонской истории о трех династиях: во-первых, 49 халдейских царей в период 458 лет; далее, 9 аравийских царей в период 245 лет и, наконец, 49 ассирийских царей в период 526 лет. Более определенные сведения о вавилонских царях мы имеем после 747 года до Р. Хр. В "Птолемеевых правилах" вавилонские монархи перечисляются по порядку с указанием точного времени царствования каждого, начиная от Навонассара (747 года до Р.Хр.), до последнего персидского царя, который был убит Александром Великим в 331 году до Р. Хр. С разрушением Ниневии (625 г. до Р. Хр.) Вавилон стал могущественным городом. Царями его в это и последующие времена были: Набополассар (625 до Р. Хр.), Навуходоносор (604 г.), Эвильмеродах (560 г.), Периглиссар (559 г.), Лаборосоарход

556 г.), Набонид (в письменах Набунахид), 556-538 г. до Р. Хр. Затем Вавилон был взят мидянами и персами в ночь, когда жители его легкомысленно пировали. Мидяне и персы отвели русло реки и проникли в город по старому руслу, захватили его и перебили пировавших вавилонян (Иер. 51:31, 39; срав. Ис. 21:1-9). После смерти Александра Великого резиденция (местопребывание) царя была перенесена из Вавилона в Антиохию. Так пал Вавилон и стал грудою развалин (Иер. 51:37). Все соседние народы собирали в нем кирпичи для постройки своих городов.

В Новом Завете мы встречаем название Вавилон, напр., в Мат. 1:11. Петр передает привет от церкви в Вавилоне (1 Пет. 5:13). По всей вероятности, здесь подразумевается древний Вавилон, где иудеи давно уже поселились. Высказывается мнение, что это город в Египте; другие же истолковывают это слово в аллегорическом (иносказательном) смысле, относя это к Риму: "Вавилон, город великий" (Отк. 14:8; 16:19; 18:2).

Вавилонская земля (Иер. 51:29) или **Вавилон** соответствует теперешнему Ираку, в нижнем течении Евфрата и Тигра, от Ассирии на севере до Персидского залива на юге. В древности эта земля называлась Землею Сеннаар (Быт. 10:10; Дан. 1:2); а в последующие века Халдеей или Халдейской страной (Иер. 24:5; 25:12; Иер. 50:8; Иез. 12:13). Поверхность ее ровная, низменная, без гор и холмов; страна изобилует водой, благодаря разлитию Евфрата и Тигра. В древние времена Вавилон орошался посредством множества каналов, и был необычайно плодородной страной. Пшеница и ячмень давали урожай сам 200-300; пшено выростало подобно дереву. Из бесчисленного множества финиковых рощ и др. жители не только собирали плоды для пропитания, но и добывали вино и мед. Недостаток строительного материала возмещался неистощимым запасом глины, которую сушили и обжигали в печах или на солнце. Связующий материал добывался из многих нефтяных и смоляных залежей. Эта плодородная страна, некогда застроенная городами и густо населенная, ныне, по большей части, пустынна и болотиста (Ис. 14:23).

Ваеса, см. "Вааса".

Вала, см. Ваала".

Валак — Балак.
Валак, сын Сепфоров, Моавит. царь, боясь, что израильтяне истребят его, как они уже истребили Сигона и Ога, объявил им войну (И. Нав. 24:9; Суд. 11:25) и пригласил прорицателя Валаама, чтобы он проклял израильтян (Чис.22:24; Мих. 6:5), но Валаам был принужден благословить израильтян, и поэтому Валак должен был оставить затеянную войну, хотя ему удалось другим путем поразить израильский народ (Отк. 2:14; Сравн. Чис. 31:16).

Валаам (Билеам) (евр. Вилеам в Ветхом Завете и Валаам в Новом Завете).

1) Сын Веоров (2 Пет. 2:15), прорицатель, жил в Месопотамии, в городе Пефоре, на реке Евфрате. К нему моавитский царь Валак послал пригласить к себе, чтобы он проклял Израиля (Чис. 22:5). Валаам вопросил Господа и, когда Господь запретил ему это сделать, он отказался ехать с посланными. Тогда Валак послал других посланников, больше и знаменитее первых. Валаам сперва вторично отказался, но потом попросил их подождать до следующего дня. Ночью Господь посетил его и позволил ехать, приказав делать то, что Бог повелит ему. Валаам поехал. Тогда воспылал гнев Божий на него, и Ангел Господень стал с поднятым мечом на его пути, так что ослица Валаама своротила в сторону. Валаам не видел того, что видела ослица, и стал бить ее, чтобы понудить животное итти по выбранному им пути. Животное в страхе упало на землю. Валаам "возлюбил мзду неправедную, но был обличен в своем беззаконии: бессловесная ослица, проговоривши человеческим голосом, остановила безумие пророка" (2 Пет. 2:15, 16; Чис. 22:28 и дал.). Тогда Валаам увидел Ангела и исповедал свой грех. Ангел позволил ему продолжать путь, но приказал делать лишь то, что он скажет ему. Таким образом Валаам должен был благословить Израиля, хотя это противоречило намерениям Валака. На трех возвышенностях были поставлены жервенники: во-первых, на высотах Вааловых (Чис. 22:41), затем на Фасге (Чис. 23:14) и, наконец, на Фегоре (Чис. 23:28). Каждый раз Валаам принужден был произносить благословение все богаче и все полнее, а третье благословение в Чис. 24 соединено с удивительным пророчеством о звезде от Иакова и о жезле от Израиля (Чис. 24:17-19). Это одно из самых прекрасных и возвышенных мест в Ветхом Завете. Валаам пошел обратно в свое место (Чис. 24:25), но на обратном пути остановился и подал злые советы моавитянам и мадионитянам о вовлечении Израиля в блуд и служение Фегору (Чис. 31:16; Отк. 2:14), за что и последовал суд Божий, от которого погибло 24.000 человек (Чис. 25). Впоследствии Валаам во время сражения мадианитян с израильтянами был убит последними (Чис. 31:8).

Валла (Бильха) 1) Служанка Рахили, мать сыновей Иакова Дана и Нефалима (Быт. 30:3 и далее).

2) См. "Ваала"

Валтасар — Бэльтешацар.

Валтасар 1) Последний халдейский царь в Вавилоне, который проявил свое безбожие в том, что на пиру вместе со своими придворными пил из священных сосудов, захваченных Навуходоносором в Иерусалимском храме. Этот пир был нарушен появившеюся рукою, которая начертала на стене таинственные письмена, объясненные Даниилом, как суд над царем и его царством: см. "Мене". В эту ночь Валтасар был убит и город взят Киром в 538 г. до Р. Хр. (Дан. 5).

Из всеобщей истории известно, что последним царем в Вавилоне был Набонед или Лабинет, и что он не был захвачен врагами в Вавилоне, а в Борсиппе, уже после того, как столица была взята. Между тем очень недавно открылось, что действительно был царь Валтасар, сын Набонеда. На одном вавилонском цилиндре сам царь Набонед (Набунахил, т. е. Нево возвышен) написал о Валтасаре: "хабал ришту питх либбна, т. е. Валтасар, мой первородный сын, потомок моего рода (Мелин). По всей вероятности, когда Набонед оставил Вавилон, чтобы сражаться с Киром, его сын Валтасар, остался в городе, как его заместитель. Имя Валтасар пишется в клинообразных записях как Билсар-Упур, т.е. Бел, храни царя. В книге пророка Даниила написано, что Навуходоносор был отцом Валтасара; это нужно толковать в широком смысле.

2) Дан. 1:7. См. "Даниил".

Вамоф — Бамот.

Вамоф, т.е. вершины, — стоянка израильтян близ моавитской границы (Чис. 20); называется также "высоты Вааловы" (Чис. 22:41) и "Вамоф-Ваал" (И. Нав. 13:17), о котором говорится, что это место принадлежало колену Рувимову.

Ванея — Бен-Ягу.

Ванея 1) Сын Иодая, один из начальников при дворе Давида (2 Цар. 8:18). Приводится много примеров его отваги (2 Цар. 23:20). Он поступил на службу и к Соломону, противодействовал заговору Адонии; по повелению Соломона, убил Иоава, и сам занял его место (3 Цар. 1:36; 2:29-31).

2) Пиратонянин, другой герой Давида (2 Цар. 23:30).

Варавва, осужденный на смерть разбойник, который содержался в тюрьме за возмущение и убийство. Пилат по случаю праздника Пасхи, обыкновенно, отпускал одного из узников на свободу по выбору народа. Желая спасти Иисуса Христа, Пилат предложил отпустить Его, но евреи просили отпустить Варавву, что Пилат и сделал (Мат. 27:16; Мар. 15:7; Лук. 23:18; Иоан. 18:40).

Варак — Барак.

Варак, сын Авиноама (Суд. 4:6), призван Богом через Девору для освобождения Израиля от ига царя Иавина. Получив уверенность в содействии пророчицы, он собрал 10.000 мужей и расположился на горе Фаворе. Бог сражался за Израиля (Суд. 4). В хвалебной песне Деворы и Варака описывается их великая победа (Суд. 5). Варак упоминается в числе мужей веры (Евр. 11:32).

Варахий (Берехья) 1) Отец пророка Захарии (Зах. 1:1).

2) Отец другого Захарии (Мат. 23:35).

3) Отец Асафа (1 Пар. 6:39).

4) Придверник у ковчега Завета (1 Пар. 15:23).

Варвар человек, говорящий на незнакомом языке, чужестранец. Греки называли варварами другие народы, как-бы они культурны ни были. Поэтому мы встречаем у Павла выражение "Еллинам и варварам" (Рим. 1:14; срав. Колос. 3:11).

Вариисус (Деян. 13:6-11). См. "Елима".

Варнава т. е. "сын утешения", один из первых, обращенных к Господу апостолами. Это был левит по имени Иосия, родом киприянин; о нем говорится, что он продал свое имение и положил к ногам апостолов вырученную сумму (Деян. 4:36, 37). Когда Павел прибыл в Иерусалим, то Варнава ввел его в среду апостолов (Деян. 9:26). Спустя 2 года Иерусалимская община, узнав об успешном распространении евангелия в Антиохии, послала туда Варнаву, который возрадовался, увидев там благодать Божию (Деян. 11:22 и дал.). Оттуда он отправился в Тарс и привел Павла в Антиохию, где они и пробыли, приблизительно, до 45 года, т. е. до того времени, когда антиохийские братья послали помощь братьям в Иерусалиме в связи с бывшим там голодом. Из Иерусалима они скоро вернулись обратно с Иоанном Марком (Деян. 11:28; 12:25). Во время их пребывания в Антиохии, Дух Святой повелел церкви отделить Павла и Варнаву для того служения, которое Он предназначил им: основать новые общины среди язычников (Деян. 13:2). Они посетили Кипр и многие города Малой Азии (Деян. 13:14). После этого Варнава сопровождал Павла в Иерусалим на апостольский собор, где свидетельствовал о деле Божием среди язычников и стоял за освобождение уверовавших из них от обязанности обрезываться и соблюдать все законы Моисея (Деян. 15). Впоследствии, однако, он впал в заблуждение, принимая участие в лицемерии Петра, которое было строго обличено Павлом (Гал. 2:13). Перед 2-м миссионерским путешествием с Павлом Варнава хотел взять с собой своего племянника Иоанна Марка, отставшего от них во время первого путешествия, но Павел воспротивился, что послужило поводом к разногласию между ним и Павлом, после чего они разошлись: Павел и Сила поехали в Сирию, а Варнава с Марком на Кипр (Деян. 15:36, 41). Из слов Павла о Варнаве в 1 Кор. 3:6 можно заключить, что они снова соединились.

Варсава 1) Иосиф, называемый Варсавой, прозванный Иустом (Деян. 1:23), один из первых учеников Христа; он был один из двух, о которых бросали жребий для избрания в апостолы вместо Иуды Искариота.

2) Варсава Иуда, пророк в Иерусалимской общине, назначенный вместе с Силой сопровождать Павла и Варнаву в Антиохию с письмом и приветом от апостольского собора в Иерусалиме (Деян. 15:22).

Вартимей, сын Тимея, слепой, исцеленный Христом по дороге из Иерихона (Мар. 10:46).

Варух — Бару́х.

Варух, сын Нирия, принадлежал к одному из самых знатных родов в Иудее, верный друг пророка Иеремии. Он записывал под диктовку Иеремии все его пророчества и прочитал написанное народу. Эта же книга была прочтена царю Иоакиму, который тут же сжег ее. Варух снова написал эту книгу с некоторыми добавлениями (Иер. 36). Вместе с Иеремией Варух терпел преследования и страдания, вместе с ним был заключен в темницу и отправился в Египет (Иер. 32:12, 16; 43:3, 6). После смерти Иеремии, по сведениям раввинов, Варух возвратился в Вавилон.

Варфоломей, один из 12 апостолов (Мат. 10:3; Мар. 3:18; Лк. 6:14; Деян. 1:13), упоминается вместе с Филиппом и, повидимому, был тем же лицом, которого Иоанн называет Нафанаилом (Иоан. 1:45; 21:2). Вероятно, его действительное имя было Нафанаил, а Варфоломей, т. е. сын Фоломея, показывает его род (фамилию).

Васан — Башан.

Васан, северная часть восточной Иорданской страны, между Ермоном с северной стороны и Галаадом с южной (Втор. 3:3, 10, 14; И. Нав. 12:3; 1 Пар. 5:23). Страна эта известна своими пастбищами и величественными дубами (Ис. 2:13; Иез. 27:6; 39:18; Зах. 11:2; Ам. 4:1), а также как убежище диких зверей (Втор. 33:22). Часто Васан сопоставляется с Кармилом и Ливаном, как с самыми прекрасными местностями страны (Иер. 50:19; Наум. 1:4). После поражения Васанского царя Ога и взятия его укрепленных городов, эта земля вместе с половиной Галаада была отдана полуколену Манассиину (И. Нав. 13:29-32).

Васемафа (Басмат) 1) См. "Ада 2".

2) Одна из дочерей Соломона. См. "Ахимаас".

Василиск. См. "Змея".

Вафрий. См. "Фараон 13".

Вафуил (Бетуэль) 1) Сын Нахора, племянник Авраама, отец Ревеки (Быт. 22:22, 23; 24:24).

2) Город колена Симеонова. Этот город в 1 Пар. 4:30 назван Бефуилом, в 1 Цар. 30:27 — Вефилем и у И. Нав. 19:4 — Вефулом.

Вдова — евр. альмана́.

Вдова. По древнему обычаю, утвержденному потом законом (Быт. 38:8; Втор. 25:5 и дал.), брату мужа или его ближнему родственнику следовало жениться на вдове, если она осталась бездетной (Мат. 22:24; Руф. 3:12; 4:1 и дал.). Согласно закону, вдовы должны были получать пропитание из десятины от всех произведений, отделяемой через каждые три года Втор. 14: 28 и дал.), из остатков от жатвы (Втор. 24:19 и дал.), или от праздничной трапезы (Втор. 16:11 и дал.). Напоминание об этом встречается часто (Ис. 1:17; Иер. 22:3). Об особенном попечении и заботах Божиих о вдовах и сиротах часто упоминается в Священном Писании. Первосвященнику было запрещено жениться на вдове (Лев. 21:14). В апостольской общине бедные вдовы содержались на общий счет (Деян. 6:1 и дал.), по поводу чего Ап. Павел и дает различные советы в 1 Тим. 5:3 и далее; в ст. 9 говорится: "вдовица должна быть избираемая не менее, как шестидесятилетняя, бывшая женою одного мужа и т. д. Из этого видно, что уже тогда было положено начало тому порядку, который существовал в первые века христианства до времени Константина Великого, именно, избрание старых, известных общине женщин для присмотра за молодыми, подобно тому, как пресвитеры имели надзор за более молодыми мужчинами. По словам Тертуллиана, вдовицы сидели с непокрытыми головами на скамьях пресвитеров во время богослужения. Ср. Тит. 2:3 и далее.

Вдохновение или сверхестественное воздействие Духа Божия, Который внушал авторам библейских книг, что нужно было писать, и хранил их от ошибок. О боговдохновенности библейских книг написано в 2 Тим. 3:16: "Все Писание богодухновенно и полезно для научения, для обличения, для исправления, для наставления в праведности". Во 2 Пет. 1:21: "изрекали его (пророчество) святые Божии человеки, будучи движимы Духом Святым"; и в 1 Пет. 1:10, 11 о том, что пророки в своих изысканиях руководились Духом Христовым, Который был в них. Господь Иисус обещал Своим ученикам, что Дух Отца будет руководить ими, когда Бог призовет их для свидетельства (Мат. 10:19, 20; Иоан. 16:13). Церковь Христова признавала и признает книги Нового Завета такими же боговдохновенными, как и книги Ветхого Завета (срав. Лев. 24:12; Езд. 7:27; Неем. 2:12; Иер. 20:7-9; 1 Кор. 7:10, 25, 40; 11:23).

Ведро. См. "Мера".

Веельзевул (Бааль-Зе́вель), т.е. бог навоза, и Веельзевув, т.е. бог мух (Мат. 10:25). См. "Ваал".

Везек — Бе́зек.

Везек, город, основанный Адони Везеком, по всей вероятности, в уделе колена Иудина (Суд. 1:4, 5). Саул осмотрел свои войска в Везеке и оттуда выступил на защиту Иависа Галаадского (1 Цар. 11:8).

Веелиада (Вааль ядá) (1 Пар. 14:7), один из сыновей Давида, названный во 2 Цар. 5:16 и 1 Пар. 3:8 Елиада и Елидае.

Велиар — Блияаль.

Велиар, евр. слово, обозначающее зло, безбожие. Так, в основном тексте говорится о сыне Велиара (1 Цар. 25:17), дочери Велиара (1 Цар. 1:16); детях Велиара (Суд. 19:22). Иногда этим словом обозначается смерть и погибель. В Псл. 17:5 (евр.) говорится о потоках Велиара; в книге Наума 1:15 нечестивый в евр. тексте называется Велиаром. Ап. Павел называет Велиаром дьявола (2 Кор. 6:15).

Великое море. См. "Море".

Венадад (Бенхададд). Этим именем назывались три царя в Дамаске, столице Сирии.

1) Сын Тавримона, подкупленный царем Азой, пошел войною на Ваасу, царя Израильского, и разорил все колено Неффалимово (3 Цар. 15:18).

2) Сирийский царь Венадад 2. с большим войском был разбит Ахавом, царем Израильским (3 Цар. 20). Сила Иеговы, которая была против сирийцев, показала, что "Бог не есть Бог только гор, но и долин", и Венадад 2. был вторично разбит небольшим отрядом израильтян, потеряв все свое войско (3 Цар. 20:23, 28-30). Ахав пощадил его жизнь, вопреки повелению Божиему и даже подружился с ним, заключив мир. Условие этого примирения, как видно, не было выполнено, так как три года спустя Ахав пошел на него войной, но был разбит (3 Цар. 22). Приблизительно через 9 лет после этого Венадад опять появился в Израиле, но пророк Елисей разрушил все его планы (4 Цар. 6:8 и дал.). Потом опять возобновил он войну и осадил Самарию, жители которой испытывали ужасный голод (4 Цар. 6:25), но Бог устрашил ночью его войско и оно бежало, оставив все свое имущество израильтянам (4 Цар. 7:6, 7). Во время своей болезни Венадад послал Азаила к пророку Елисею, находившемуся в то время в Дамаске, узнать об исходе его болезни. Пророк ответил, что он умрет. На другой день царь был убит и Азаил занял его престол.

Венадад 2. упоминается под именем Бинхидри в записях царя Салманассара 2., где сказано, что он победил Бинхидри из Дамаска, который в то время был в союзе с Ахаабу Сирдан, то есть Ахавом из Израиля. Чудное подтверждение 3 Цар. 20:34, где сказано, что Ахав после сражения при Афеке заключил союз с Венададом.

3) Сын Азаила. Его отец положил на израильский народ тяжелое иго и беспощадно притеснял его. Венадад потерял все, что приобрел его отец, быв трижды поражен царем Иоасом (4 Цар. 13:3, 25; Иер. 49:27; Ам. 1:4).

Венец. См. "Платье".

Венец дома Иоава (евр. Атароф-Бэф-Иоав), город в колене Иудином (1 Пар. 2:54).

Вениамин — Бен-ями́н.

Вениамин, младший сын Иакова и Рахили (Быт. 35:16). Рахиль умерла вскоре после его рождения и, умирая, назвала его Бенони, т. е. сын моего страдания; но Иаков дал ему имя Вениамин, т. е. сын моей правой руки, или сын счастья. Он был особенно любим своим отцом и братом Иосифом (Быт. 42; 43; 45:12, 14).

Вениаминово колено — евр. ше́вет Беними́н.

Вениаминово колено (Чис. 1:11; Отк. 7;6) в начале было одно из самых малочисленных (Чис. 1:37), но, современем, возросло (2 Пар. 14:8; 17:17). Народ этого колена был воинственный храбрый: "хищный волк" (Быт. 49:27). Насилие, совершенное в Гиве, чуть было не привело к его полному истреблению (Суд. 19; 20; 21). Владения его не были велики, но земля была плодородна и занимала центральное положение между коленами Иудиным, Ефремовым и морем (И. Нав. 18:11). Южная граница пересекала окрестности Иерусалима между священными горами: "возлюбленный Господом обитает у Него безопасно" (Втор. 33:12). Вениаминитяне славились как ловкие стрелки из лука и владели пращей. Особые мужи имели обычай сражаться левой рукой (Суд. 3:15; 20:16; 1 Пар. 8:40; 2 Пар. 14:8). Когда Давид, после смерти Саула, занял престол, он был особенно любим коленом Иудиным. Вениаминитяне же были сторонниками старой династии и противниками царства Иудейского

(2 Пар. 2:9, 15, 25; 16:11; 20:1; Псл. 7:1). Однако, во время разделения царства колено Вениаминово присоединилось к колену Иудиному и эти два колена постоянно были в близких отношениях (3 Цар. 12:21, 23; 2 Пар. 11:10, 12; Езд. 4:1; 10:9), хотя некоторые из больших городов, как, напр., Вефиль, Галгал, Иерихон, отошли к северному царству. Царь Саул и Савл из Тарса были вениаминитянами (1 Пар. 9:21; Фил. 3:5).

Вениаминовы ворота. См. "Ворота Ефрема".

Вено — евр. моа́р.
Вено (Быт. 34:12; Исх. 22:16; 1 Цар. 18:25). Веном называется выкуп, который жених должен был дать родственникам невесты. Веном Иакова было 14-летнее служение (Быт. 29:18 и дал.). См. "Брак".

Венок. См. "Платье".

Веон, город в восточной части Иорданской страны (Чис. 32:3). См. "Ваал-Меон".

Верба. См. "Ива".

Верблюд (евр. гамал), по закону, нечистое животное (Лев. 11:4); израильтяне, как и окружающие их народы, пользовались им для перевозки тяжестей, верховой езды, а также во время войны (4 Цар. 8:9; Быт. 24:64; 1 Цар. 30:17). Верблюды водились в Египте (Быт. 12:16), Ефиопии (2 Пар. 14:15), Кидаре и Асоре (Иер. 49:29). Царица Савская привезла Соломону на верблюдах пряности, золото и драгоценные камни (3 Цар. 10:2). Давид напал на гессурян и амаликитян, и отнял у них, между прочим, верблюдов (1 Цар. 27:9). У Иова под конец его жизни было 6 000 верблюдов (Иов. 42:12). Верблюдов у мадианитян и их союзников было, как песку на берегу моря (Книга Судей 7:12). Верблюд может долгое время (до 14 дней) оставаться без воды и удовлетворяет голод самыми грубыми растениями, как, напр., репейником, тернием, т. п.. Поэтому он незаменим при путешествии по пустыне; арабы называют его "кораблем пустыни" и видят в нем особое проявление благости Творца. Верблюд может переносить огромные тяжести. Ступни его снабжены мягкими, эластичными подушками, отчего его ноги не тонут в песке. Верблюжье молоко очень питательно. Среди подарков Иакова Исаву упоминаются 30 дойных верблюдиц с верблюжатами (Быт. 32:15). Арабы едят верблюжье мясо, а из шерсти приготовляют одежду. Иоан Креститель носил одежду из верблюжьей шерсти (Мат. 3:4), вероятно, и Илия носил такую же (4 Цар. 1:8). Одногорбые верблюды или дромадеры, подвижнее двугорбых. Верблюды, о которых говорится в Библии — одногорбые; они и теперь еще водятся в библейских странах; двугорбые же чаще встречаются в средней и восточной Азии. Как в древние времена, так и теперь, арабы украшают шеи верблюдов цепочками с пряжками (Суд. 8:21, 26).

Относительно верблюдов у евреев и арабов существует много поговорок: напр., "верблюду пройти сквозь игольные уши" (Мат. 19:24) или "оцеживать комара, а поглощать верблюда" (Мат. 23:24).

Вервь — евр. хевель.
Вервь или веревка. Быт. 38:18, 25 (перевязь); Суд. 16:9 (тетива); Чис. 15:38 (нить); Ис. 44:13 (линия); Ам. 7:17) (межевая вервь); в переносном смысле размежеванная земля или участок, напр., И. Нав. 17:5, 14; 19:9; Втор. 32:9. Срав. Псл. 18:5, где евр. слово веревка (русск. Библия — звук) одни истолковывают, как область, другие, как струну или звук (Рим. 10:18).

Вереи (евр. мезузо́т) — столбы, на которых укрепляются петли ворот. (Псл. 147:2).

Вереника, старшая дочь Ирода Агриппы 1-го и сестра молодого Агриппы (Деян. 25:13, 23; 26:30), была хороша собою. Вначале она была замужем за своим дядей, Иродом из Халкиды; после его смерти, чтобы отвлечь подозрения относительно предосудительной связи со своим братом, вышла замуж за Полемона, царя Киликийского, но вскоре развелась с ним и вернулась к своему брату; Вереника была любовницей Веспасиана и Тита.

Веретено (евр. пе́лех), необходимая принадлежность для пряжи. См. "Прялка". Во 2 Цар. 3:29 (евр. "держащий веретено", т. е. опирающийся на посох) упоминается калека, который годится только для женской роботы, или же человек, ходящий на костылях.

Верзелий (Бӑрзелди́) 1) Из Мехолы, отец зятя Саулова — Адриэла (2 Цар. 21:8).

2) Старый и богатый житель Галаада, который проявил хорошее отношение к Давиду во время восстания Авес алома: он послал Давиду большие запасы и проводил его за Иордан, но просил разрешения не сопровождать царя в Иерусалим по причине своей глубокой старости (2 Цар. 17:27; 19:31). Давид перед смертью вменил Соломону в обязанность заботиться о детях Верзеллия (3 Цар. 2:7).

3) Священник во время Зоровавеля, женатый на одной из дочерей Верзеллия 2. и затем принявший его имя (Езд. 2:61; Неем. 7:63).

Верия, город в Македонии, расположенный у подошвы горы, в 20 англ. милях от Фессалоник. Павел проповедывал там Евангелие и верийцы исследовали Писание с целью узнать, соответствует ли учение Павла ветхозаветным книгам Св. Писания, после чего многие уверовали (Деян. 17:11). Сосипатр был родом из Верии (20:4).

Веселиил (Бецалель), сын Урии из колена Иудина и Аголиав, сын Ахисамаха, из колена Данова, его помощник — строители скинии (Исх. 3:2, 6).

Ветер и вихрь посылаются Господом то как благословение, то как наказание (Иов. 37:10 и дал.), но большею частью символизируют праведные суды Всемогущего (Пс. 82:16; Прит. 1:27; Ис. 17:13; 21:1; 29:6; 66:15). Особенно страшен восточный палящий ветер — сирокко (Псл. 10:6), несущийся из знойной аравийской пустыни (Иов. 1: 19; 27:21; Иор. 13:24; 4:11) иссушающий все на своем пути (Ис. 40:7; Иер. 17:8; Иез. 17:10; 19:12), разбивающий корабли на море (Псл. 47:8; Иез. 27:26) и наполняющий воздух желтой песчаной пылью, от которой меркнет солнце (Ис. 13:10; Срав. Иоил. 2:10, 30 и дал.; Деян. 2:19 и дал.). Этот ветер иногда символизирует нечестие и идолопоклонство (Ос. 12:1; Иов. 15: 2); "четыре ветра" упоминаемые в Библии, обозначают четыре страны света (Иез. 37:9; Дан. 8:8; Зах. 2:6; Мат. 24:31). Северные и южные ветры были желательны для растительности в садах (Песн. П. 4:16). В Деян. 27: 4, 14 упоминаются сильные противные ветры (Эвроклидон или востоко-северо-восточный). О ветрах в Палестине, см. "Палестина".

Ветоним — Бетоним.
Ветоним, город в северной части владений Гада (И. Нав. 13:26). Развалины этого города, называемые Батне, находятся к юго-западу от Мертвого моря (Рама в Галааде).

Вечернее жертвоприношение — см. "Утреннее и вечернее жертвоприношение".

Вечер — евр. эрев.
Вечер. Это слово встречается в Исх. 12:6; Чис. 9:23; о значении его — см. "утреннее и вечернее жертвоприношение".

Вечеря Господня, см. "Ужин".

Вечный и вечность. Эти слова обозначают безначальное и бесконечное, т. е. то, что стоит над понятием о времени. Так выражаются о Боге; уже в Быт. 21:33 сказано, что Авраам в Вирсавии призвал имя Господа Бога Вечного (евр. Ель-олам); срав. Псл. 89: 3; 103: 31; Ис. 41:4; 57:15; 1 Тим. 1:17; 6:16.

Далее, эти слова употребляются для обозначения того, что имеет начало по времени, но не имеет конца. Так должно понимать изречение в Еккл. 12:5, где говорится о человеке, который, умирая, "отходит в вечный дом свой", о вечной славе, которая ожидает верующих после кратковременного страдания (2 Кор. 4:17), и вообще о вечной жизни, которая даруется через Христа (Иоан. 3:16; Мат. 25:46), о вечном царстве, вечном наследии, вечном искуплении (2 Пет. 1:11; Евр. 9:12, 15); с другой стороны, также о вечном огне и мучении (Мат. 25:41, 46), о вечном суде (Евр. 6:2) и о вечной погибели (2 Фес. 1:9). Нужно заметить, что эти слова употребляются то в широком, то в более узком значении, что выясняется из смысла контекста. Например, говорится о завете "навсегда" между Богом, людьми и животными (Быт. 9:12), или о том, что земля не поколеблется (Псл. 103:5; срав. Лук. 1:33 с 1 Кор. 15:24). Как еврейское слово "олам", так и греческое "айон" обозначают нередко ограниченный период времени, т. е. имеющий начало и конец. Поэтому написано о вечности, т. е. периодах времении или веках, напр., в 1 Тим. 1:17 "царь веков", или в Евр. 1:2 "веки", или в Мат. 12:32, где говорится об этом веке, противополагая его будущему и т. д. Итак, слово "вечный" обозначает иногда "продолжительный": так, напр., говорится, что города Восора сделаются вечно пустыми (Иер. 49:13), также, что Иисус Навин обратил Гай в вечные развалины (И. Нав. 8:28), хотя Гай впоследствии отстроился (Езд. 2:28); или, что Анхус надеялся иметь Давида слугою "вовек" (1 Цар. 27:12). Приведенные примеры нельзя толковать в смысле бесконечности. По Втор. 15:17, раб, который на седьмой год своей службы не хотел уходить от своего господина и стать свободным, оставался рабом "навек" после прикалывания его уха к косяку двери; в данном месте слово "навек" означает на всю жизнь. В Библии "Карла 12-го" (перевод, сделанный в его царствование) к Втор. 15:17 относится следующее примечание: "Здесь видно, что еврейское слово "олам" не всегда обозначает бесконечность, но иногда — продолжительное время, напр., дни жизни человека, или время существования какого-нибудь правления; поэтому, когда Бог повелел исполнять левитские постановления "леолам" (во-век), то из этого не следует, что они никогда не упразднятся, ибо "леолам" в этом месте обозначает: во все время существования еврейского правления, до тех пор, пока не придет Мессия. Срав. слово "айон" в Иоан. 8:35 и слово "олам" и Иер. 17:4; Иез. 16:60 и далее. Слово "олам" употребляется не только в значении неопределенного периода времени в выше приведенных примерах, а также в существовании земли и луны (Еккл. 1:4; Псл. 77:69; 88:38), но также иногда о давно прошедшем времени, Прит. 8:23; Ис. 61:4

("олам" по-русски переведено "древние"), Иер. 5:15 и т. д. В таком же смысле употребляется и греческое слово "айон", напр., Лук. 1:70; Иоан. 9:32; Деян. 3:21, "Царем веков" называется Бог в 1 Тим. 1:17, как владычествующий над сменяющими друг друга периодами времени и над тем, что происходит в их продолжении".

Веф-Дагон, город колена Асирова (И. Нав. 19:27).

Вефиль (Бейт-Эль), т. е. дом Божий.

1) Город к западу от Гая; недалеко от Вефиля Авраам соорудил жертвенник Богу (Быт. 12:8); здесь Иаков видел во сне Бога и его ангелов, и назвал это место Вефиль — "Дом Божий" вместо прежнего названия Луз (Быт. 28:19; Суд. 1:23). Иаков впоследствии поставил здесь жертвенник Богу (Быт. 35:1 и дал.). Это место было завоевано Иисусом Навином и отдано колену Вениаминову (И. Нав. 12:16; 18:22), но вместо него здесь поселилось колено Ефремово; таким образом Вефиль перешел во владение царства Израильского (Суд. 1:22). В "доме Божием", т. е. в Вефиле, находился некоторое время Ковчег Завета (Суд. 20:26, 27; 1 Цар. 10:3). В этом месте пророк Самуил ежегодно рассматривал все тяжбы и производил суд по правде (1 Цар. 7:16). После времени Соломона Вефиль стал центром идолопоклонства. Иеровоам, имея в виду святось этого места, поставил там одного из золотых тельцов (3 Цар. 12:29), чтобы удержать народ от паломничества в Иерусалим; поэтому пророки Господни часто высказывали осуждение и угрозы по отношению к Вефилю (3 Цар. 13:1, 2; Иер. 48:13; срав. "Веф-Авен"; Ос. 4:15; 8:5; 10:15; Ам. 3:14; 4:4; 7:10). Очищение этого места от идолов начал Иосия (4 Цар. 23:15). После Вавилонского плена Вефиль заселился вениаминитянами (Неем. 7:32; 11:31). У Зах. 7:2 говорится, что Вефиль послал спросить у Господа, поститься ли ему по примеру прошлых лет. Вефиль существовал еще во времена римского владычества в виде небольшого города. Теперь это селение Бетин, где стены хижин — остатки разрушенных храмов и дворцов. Оно расположено в 15-ти км к северу от Иерусалима.

2) См. "Бефуил 2".

Вефорон. См. Беф-Орон".

Веффегор. См. "Беф-Фегор".

Вефхором, место, принадлежавшее колену Данову, близ Масифы, известное по поражению здесь филистимлян (1 Цар. 7:11).

Видения. Смотри "Сновидения, пророки".

Видения Исаии, сына Амосова, пророка (книга). См. "Библия".

Видения прозорливца Иоиля о Иеровоаме, сыне Наватовом. См. "Библия".

Вилдад (Бильдад) савхеянин, второй из друзей Иова (Иов. 2:11; 8; 18:25).

Вил (Ис. 46:1). См. "Ваал".

Вино часто упоминается, как один из лучших даров Творца (Втор. 7:13; 33:28; Суд. 9:13; Псл. 103:15; Ис. 55:1), но, с другой стороны, нередко изображается, как напиток, приносящий проклятие при злоупотреблении им (2 Цар. 13:28; Прит. 20:1; 21:17; Ис. 5:11; 28:7; 56:12). Употребление вина в известных случаях было воспрещено, напр., священникам при исполнении служебных обязанностей (Лев. 10:9) и назореям (Чис. 6:3). Существовали также известные общества или роды, члены которых совершенно отказались от употребления вина, напр., рехавиты (Иер. 35), ессеи, см. "Партии". Предостережения против греха пьянства часто даются народу Божию в Ветхом и Новом Заветах (Прит. 23:29 и дал.; 31:4 и дал.; Авв. 2:5; Еф. 5:18; 1 Тим. 3:3). На ряду с этим, однако, допускается умеренное употребление укрепляющего вина (Псл. 103:15; 1 Тим. 5:23).

По всей вероятности, евреи обычно пили вино смешанное с водой. Древние греки и римляне разбавляли его водой следующим образом: на три части воды 1 часть вина, или на 5 частей воды 2 части вина. Смесь, состоявшая из равных частей воды и вина, считалась очень крепкой и употреблялась только пьяницами. По Талмуду, евреи также разбавляли вино водою. Иногда увеличивали крепость вина добавлением пряностей (См. Псл. 74:9; Прит. 9:2, 5; Пес. Песн. 7:3). Срав. слово "Мумтак, т. е. вино, приправленное в Прит. 23:30; Ис. 65:11. Прежде чем пить вино процеживали его (Ис. 25:6; Срав. Мат. 23:24). Наряду с вином часто упоминается "шекар" (по-русски сикера), т. е. крепкие напитки: различные искусственно приготовленные вина из фиников или ячменя. Вино и сикера запрещаются священникам и назореям (Лев. 10:9; Чис. 6:3; Срав. 1 Цар. 1:15; Прит. 20:1; 31:4). В Песн. П. 8:2 упоминается особый напиток (азис) из гранатовых яблок.

Вино употреблялось не только на праздниках и пиршествах (Быт. 14:18; Иоан. 2:3 и дал.), но было обыкновенным пищевым продуктом; поэтому оно часто упоминается вместе с хлебом (1 Цар. 16:20; 25:18; Неем. 5:15). Иеремия описывает, как голодные дети на улице кричат своим матерям: "где хлеб и вино?" (Плач Иер. 2:12). Об употреблении вина при известных законоустановленных жертвах смотри "Жертва возлияния". Вино, хотя и не было предписано законом, но все-таки занимало в праздновании иудейской Пасхи важное место (см. "Пасха"). Поэтому также и Спаситель с учениками пил от плода виноградного и Сам установил Святую Вечерю воспоминания со вкушением хлеба и вина (1 Кор. 11:26). Срав. слова пророчества о благословении хлеба и вина в Царстве Мессии (Зах. 9:17). По Талмуду, вино во время празднования Пасхи смешивалось с теплою водою; поэтому в первохристианской церкви вино для причастия, по Иустину Мученику, также смешивалось с водою (Апол. 1, 65).

Пока не удалось привести неопровержимых доказательств того, что Библия делает различие между двумя родами вина: перебродившего и неперебродившего, опьяняющего и не опьяняющего. Самые обыкновенные названия вина, евр. яйн (jajin) и греческое ойнос (oinos) употребляются без заметного различия как для восхваления плода виноградной лозы, так и для предостережения от него; "яйн", в Псл. 103:15 восхваляется, как Дар Божий, веселящий сердце человека; его Мелхиседек вынес Аврааму (Быт. 14:18) и его же просят дети в Плач Иер. 2:12; в Прит. 23:30 "яйн" вводит в беду, а в Лев. 10:9 воспрещается священникам. "Ойнос" название вина, которое пили на браке в Кане Галилейской (Иоан. 2:3), также вина, претворенного Иисусом из воды (ст. 9 и дал.), и вина, которое Павел советовал пить Тимофею (1 Тим. 5:23); то же слово "ойнос" употребляется в Рим. 14:21, где советуется не пить вина, также Еф. 5:18; 1 Тим. 3:8; Тит. 2:3. Другие названия вина, которые встречаются более редко "хемер" или **"хамер",** т.е. жгучее или перебродившее, наприм., в Дан. 5:1 говорится о Валтасаре пьющем такое вино и его гостях; в Втор. 32:14, что Бог дал Своему народу вино, кровь винограда; срав. Псл. 74:9, где говорится о чаше в руке Господа, в которой кипит вино; далее **са́ве",** которое у Ис. 1:22, обозначает крепкое вино, а у Ос. 4: 18; Наум. 1:10 — сильное опьянение. Затем уже упомянутые слова **"мумтак"** и **"мевек"** смесь, или растворенное вино (Прит. 23:30; Псл. 74:9; Ис. 65:11), без сомнения опьяняющий напиток, и, наконец, "азис", который у Ис. 49:26 (молодое вино) и у Иоил. 1:5 (виноградный сок) является опьяющим, а у Иоиля 3:18; Амоса 9:13 означает одно из обещанных Израилю благословений. Наконец, заметим слово **"глевкос"** в Деян. 2:13 (сладкое вино), которое не могло обозначать молодого вина в смысле только что отжатого, ибо выражение, где встречается слово "глевкос", было высказано в день Пятидесятницы, задолго до сбора винограда. То же слово "главкос" у 70 толковников является переводом еврейского "яйн" у Иова 32:19 (вино, которое прорывает новые мехи).

Остается слово "тирош", которое, по мнению некоторых толкователей, означает неопьяняющее вино, или "Библейское вино". Это слово, как полагают, обозначает владение и применяется к вину, или как к хорошему владению (богатству), или как к его способности овладеть употребляющим его; оно упоминается в В. Завете 38 раз и, повидимому, обозначает вообще сок винограда, как выжатый, так и находящийся еще в ягодах. В этом значении оно употребляется у Ис. 65: 8, но в 62:8 означает только что выжатый сок, также в Прит. 3:10: Иоил. 2:24, — сок текущий в подточилия; у Мих. 6:15 Израилю угрожает наказание: "выжмешь виноградный сок, а вина пить не будешь". "Тирош" переведено в русской Библии словом вино в Быт. 27:28, 37; Втор. 7:13; 11:14; 12:17; 14:23; 18:4; 33:28; Неем. 5:11; 10:37, 39; Псл. 4:8; Ис. 36:17; 62:8; Зах. 9:17; 4 Цар. 18:32; Прит. 3:10; Иер. 31:12; Иоил. 2:19; и словом сок у Ис. 24:7; 65:8; Иоил. 2:24; Суд. 9: 13. В большинстве мест оно упоминается или как одно из благословений Израиля, или в связи с десятинами и жертвами. Это слово, по мнению некоторых, обозначает хорошее вино. Оно употребляется, когда речь идет о зрелом плоде виноградной лозы и о свежем соке винограда, прежде чем началось брожение. — Это утверждение является единственным доказательством, которое приводится, например, д-ром Келлоггом (Библейское вино). Но он упускает из вида, что вино, которое пили нечестивые князья, которых громит Осия (7:5), в стихе 14 называется соком (тирош), и что пророк указав в гл. 2:8, 9, 22 на сок (тирош), как дар Божий, в гл. 4:11, говорит: "блуд, вино и напитки (яйн и тирош) завладели серцем их". Сильнее слов об опьяняющем напитке невозможно высказать.

С другой стороны упускается из вида, что отсутствие вина (яйн) в Мих. 6:15 считается за наказание: сок обещан им, но вина нет. По мнению же Келлогга, было бы благословением получить сок и лишиться вина.

Было высказано также мнение, что, так как всякая закваска запрещалась во время празднования Пасхи, то запрещалось и вино, хотя бы немного подвергшееся брожению и, вследствие этого, опьяняющее. Но не существует никакого доказательства того, что еврейское слово "сеор" (закваска), также применялось и к вину. Закон говорит лишь о пресном хлебе (Исх. 12: 15, 20).

Американец Смит, миссионер в Сирии, рассказывает, что однажды в

Хевроне у знатного раввина испанских евреев ему было предложено перебродившее вино в праздник Опресноков. Он узнал, что это вино было таковым, не только по вкусу, но также из разговора с раввином о непоследовательности хранения такого вина в доме в то время, как, по его утверждению, он удалил из дома все квасное. Раввин ответил, что если брожение вина закончено, и оно больше не имеет в себе способности к окислению, то оно не подходит под запрещение закона, но, если в начале праздника имеется вино, которое могло бы подвергнуться брожению, то оно удаляется. Тот же миссионер Смит тщательно исследовал различные способы приготовления вина на Ливане и написал о результате в American Bibliotheca Sacra (Май, 1846 г.). Он, между прочим, говорит, что ему не пришлось слышать о неопьяняющих винах. Все вина, говорили ему, более иле менее опьяняющие. Всякий раз, когда он спрашивал, существует ли небродившее вино, то на него смотрели с удивлением; даже мысль о чем-либо подобном казалось им нелепостью.

Картины возделывания виноградников и виноделия дают в Библии множество сравнений, которые всем хорошо известны. Жить под своей виноградной лозой, считалось символом уюта в дни царя Соломона (3 Цар. 4:25), равно как и в будущем царстве Христа (Мих. 4:4). Винограднику уподобляет Господь Свой народ в Ис. 5: 1, 7; Срав. Мат. 21:33 и дал. Слуги Христовы работают в Его винограднике (Мат. 20:1 и дал.). Виноградной лозе уподобляется в Псл. 79:9 и дал. еврейский народ; Иисус называет Себя истинной виноградной Лозою, Своих учеников ветвями; а Отца виноградарем (Иоан. 15); работа топчущего в точиле, окрашивающая его одежду в красный цвет, является образом победы Христа над Своими врагами (Ис. 63:2, 3); Срав. Отк. 14:18 и дал. и 19:15 о точиле вина ярости и гнева Бога Вседержителя. Вино является также символом силы свыше, оживления (Прит. 9:2; Ис. 55:1) и чистой трапезы Евангелия (Ис. 25:6). Обольщающее и опьяняющее, оно является символом страшного могущества греха, а кипящее и жгучее — символом страшных судов Божиих (Псл. 74:9; Ис. 51:17; Отк. 14:10; 16: 19).

Виноградная лоза — евр. ге́фен. Виноградная лоза. Виноделие, впервые упоминаемое в рассказе о Ное и его винограднике (Быт. 9, 20 и дал.), которым, согласно Библии и памятникам, занимались с древнейших времен в Египте (Быт. 40:9 и дал.; Чис. 20:5; Псл. 77:47), было давно известно и в Ханаане (Втор. 8:8); среди благ этой земли часто упоминается виноградная лоза. Особенно славились виноградные лозы в Севаме, к востоку от Иордана (Ис. 16:8; Иер. 48:32) и в Енгеди у Соленого моря (Песн. П. 1:13). Также говорится о виноградниках у Сихема (Суд. 9:27), на Кармиле (2 Пар. 26:10) и на Изреельской равнине (3 Цар. 21:1). Виноградники на Ливане и ливанское вино славились в древности так же, как и теперь (Пес. П. 8:11; Ос. 14:8). Соглядатаи принесли из долины Есхол ветвь с виноградной кистью, которую два человека несли на шесте или носилках* (Чис. 13:24). Путешественники также свидетельствуют о необыкновенной величине виноградных лоз в Палестине. Шульц рассказывает, что однажды ему пришлось обедать близ города Акки под виноградным деревом, ствол которого в диаметре имел около 0,45 м, а в вышину около 10 м. Из ветвей этого дерева образовалась зеленая беседка в 30 фут. ширины и длины. Кисти созревшие на этой лозе весили от 10 до 12 фунт.; ягоды были величиной в небольшую сливу. Как пояснение к рассказу о кисти, принесенной соглядатаями, сообщается, что даже в Англии, по сведению Китто, однажды была выращена в Вельбеке виноградная кисть, которая весила 19 английских фунтов и была послана в подарок одному герцогу, причем ее несли на шесте четверо мужчин поочереди более 20-ти км. Кисть была почти 23 дюйма длины и 10 дюймов в диаметре в самом широком месте. Как виноградник насаждался, ограждался и какой за ним был уход — картинно изображается у Ис. 5:1 и далее и в притче Спасителя (Мат. 21:33). Мы узнаем, что виноградник разводится на плодоносном холме (Иер. 31:5), почва вскапывается и очищается от камней, насаждаются отборные лозы, и виноградник обносится оградой для защиты от диких свиней, лисиц и шакалов, а также и стеной для того, чтобы тучная земля не смывалась дождями; посреди него строят башню для сторожей и высекают в скале точило; дальнейший уход за виноградником заключается в очищении плодоносных ветвей и окапывании (Кн. Исаии 5:6). Для сравнения может служить Ам. 9: 13 "горы будут источать виноград-

---

* Евр. слово "мот" в этом месте в Чис. 4:10 переведено словом "носилки", является вопрос: не поставить ли слово "носилки" и в Чис. 13:24? Из текста видно, что вместе с виноградной кистью соглядатаи принесли также плоды граната и смоквы.

Вирсавия, недалеко от южной границы Иудеи.

ный сок", Чис. 22:24 — об узком проходе между стенами виноградников, где должен был остановиться Валаам; также Псл. 79:9 и дал. о том, что вследствие разрушенных стен виноградника дикие звери опустошают его. Срав. Песн. П. 2:15; Ис. 1:8.

Кроме отборной виноградной лозы (гефен), в некоторых местах упоминается виноградная лоза худшего качества. В Ис. 5:2 говорится о диком винограде. Полагают, что тут имеются в виду кислые или незрелые ягоды. В Втор. 32:32 говорится о Содомской виноградной лозе с горькими ягодами. Смысл этого выражения неясен. Путешественники предполагали, что это различные, растущие вокруг Мертвого моря растения, плоды которых снаружи прекрасны, но внутри наполнены пылью. О них упоминает также Иос. Флавий. Хасселквист нашел растение "Solanum Melongena", произрастающее в изобилии у Иерихона и в Иорданской долине, близ Мертвого моря. Плод этого растения, говорит он, будучи проколот известным насекомым, превращается внутри в пыль, тогда как наружная оболочка остается неповрежденной и сохраняет свой цвет. Другие, напр., Сеетцен и Робинзон, указывали на "Asclepias procera", плод которого, называемый арабами "аэшр", красножелтого цвета, заключает внутри несколько тонких шелковистых нитей и семян.

В противоположность этим диким ягодам упоминается лучший сорт винограда под названием "сорек" (Быт. 49:11; Ис. 5:2; Иер. 2:21). Высказывается мнение, что это известный в Марокко сорт "серки", а в Персии "кишмиш", с маленькими круглыми ягодами и мягкими косточками. Но, может быть, это название означает обыкновенную лозу, улучшенную культурой. Однако, некоторые придерживаются мнения, что сладкое вино, упоминаемое в Деян. 2:13, получилось из отборной лозы.

О возделывании виноградника имелись некоторые постановления в законе: 1) каждый виноградник был подчинен закону о субботнем годе (Исх. 23:11; Лев. 25:3 и дал.). 2) Виноградник нельзя было употреблять под хлебное поле (Втор. 22:9). 3) При собирании ягод бедные имели право на остатки от сбора (Лев. 19:10; Втор. 24:21; срав. земледелие). 4) Кто насадил виноградник, но не успел воспользоваться его плодами, освобождался от военной службы (Втор. 20:6).

Кроме того, было установление о десятине и начатках от плодов виноградника, равно как и от других произведений (Втор. 12:7 и дал.; 18:4; срав. Прит. 3:9 и дал.).

Виноградник (евр. "ке́рем"), см. "Виноградная лоза".

Виноград, см. "Виноградна лоза".

Вирсавия — Бат-Шева.
Вирсавия. 1) Дочь Елиама, жена Урии (2 Цар. 11:3), была соблазнена Давидом и стала его женой, после того, как убили ее мужа. Она родила Соломона и старалась упрочить за ним престол (3 Цар. 1:17).
2). См. "Беер-Шива".

Виффагия, т. е. дом смокв, местечко близ Вифании (Мат. 21:1; Мар. 11:1; Лук. 19:29).

Вифавара. По позднейшим спискам это было место, где крестил Иоанн; но, согласно древним рукописям, оно называлось Вифанией. Некоторые полагают, что Вифавара то же, что Бефвара, о которой упоминается в Суд. 7:24, но ведь это последнее место было расположено к западу от Иордана.

Вифания — Бейт-Ханания.
Вифания. Маленькое селение у подножия Елеонской горы, приблизительно, в 5-ти км к юго-востоку от Иерусалима, по дороге в Иерихон. Это селение Христос часто посещал (Мат. 21:17; 26:6; Мар. 11:11; 14:3; Лук. 19:29; Иоан. 12:1). Здесь жили Марфа и Мария, и здесь Христос воскресил Лазаря (Иоан. 11). Близ этого селения Он вознесся на небо (Лук. 24:50).

Вифезда — Бейт-Хасда́.
Вифезда, т. е. дом милосердия, купальня у Овечьих ворот в Иерусалиме с пятью крытыми ходами для больных, которые ждали возмущения воды, чтобы спускаться в нее. Здесь Христос исцелил больного, пролежавшего 38 лет (Иоан. 5:2). По не вполне достоверным сведениям Вифезда находилась на месте высохшего пруда "Биркет-Израиль", к северу от теперешней стены храма, близ Стефановых ворот, но более вероятно, что этот пруд был частью рва, окружающего крепость Антония, которая находилась к северу от храма.

Вифлеем — Бейт-Ле́хем.
Вифлеем, дом хлеба. 1) Иудейский "город Давидов", приблизительно 7,5 км к югу от Иерусалима; живописно расположенный на скалистой возвышенности, в 726 м выше уровня моря, откуда открывается замечательный вид на все стороны. Это был незначительный город (Мих. 5:2), но важный военный пункт (2 Цар. 23:14 и дал.) Ровоам укрепил Вифлеем (2 Пар. 11:6).

Вифлеем окружен садами и хлебными полями; его холмы обсажены виноградом, смоковницами и миндальными деревьями. Благодаря этому, городу было дано его первое название

Вифания весной, период цветения миндальных орехов.

Ефрафа (Эфрата), т. е. плодородный (Быт. 35:19; 48:7) и более позднее, название "дом хлеба". Поразителен неожиданный переход от Иудейской пустыни и Мертвого моря к Вифлеему с его прекр. садами, богатейшими оливковыми рощами и массой прекрасных цветов. Но Вифлеем привлекает наше внимание не как "город Давидов" (1 Цар. 20:6). Он известен по всему миру, потому что в нем родился Христос, чтобы "дать радость всем людям". Господь Иисус Христос родился в городе Давидовом, согласно пророчеству (Мих. 5:2), был положен в ясли, прославлен ангелами в присутствии пастухов, стороживших ночью свои стада в поле (Мат. 2:1, 6; Лук. 2; Иоан. 7:42). Под великолепным храмом во имя Девы Марии показывают пещеру, где родился Христос. Современный Бет-Лехем расположен на месте библейского. Израильтяне заняли его в ходе войны 1967-го года, и с тех пор находится под израильским управлением. В нем живут приблизительно 15 тысяч человек, из них примерно 8 тысяч мусульмане, а остальные — христиане различных исповеданий.

2) Город в колене Завулоновом (И. Нав. 19:15).

Вифиния, самая северная область в Малой Азии, около Черного моря, к северо-востоку от Мисии. Ап. Павел предполагал отправиться туда из Мисии, но не был допущен Св. Духом (Деян. 16:7). Впоследствии там были христиане, к которым Петр обращается в 1 Пет. 1:1.

Вифсаида, т. е. дом рыбаков. 1) Город

Вифания, общий вид руин деревни. Минарет в центре указывает на место гробницы Лазаря. Справа: развалины двух башен, вероятно принадлежат к дому Симона прокажённого.

в Галилее на западном берегу Геннисаретского озера, близ Капернаума; Уроженцами его были апостолы Филипп, Андрей и Петр (Иоан. 1:44). Иисус Христос часто посещал этот город и совершил там много чудес, но немногие уверовали в Него (Мат. 11:21; Мар. 6:45; Лук. 10:13).

2) Другая Вифсаида, к востоку от Иордана, севернее Геннисаретского озера. Близ этого города Христос накормил 5 000 человек, кроме женщин и детей (Лук. 9:10); здесь Он, исцелил слепого (Мар. 8:22). Этот город был расширен четвертовласником Филиппом, который назвал его, по имени дочери Августа, Юлией. От него сохранились незначительные развалины.

Власт, постельник царя Ирода Агриппы (Деян. 12:20).

Власть — божественное установление для отражения зла и содействия добру, почему христиане побуждаются быть покорными ей ради Господа (1 Пет. 2:13 и дал.) и по совести (Рим. 13:1 и дал.). "Бог низлагает царей и поставляет царей" (Дан. 2:21) и "существующие власти (будь это и Нерона, как во время апостола Павла) от Бога установлены". Навуходоносор на известное время был призван и облечен силою от Бога; заметь Иер. 27:6 и дал.: "Все народы будут служить ему и сыну его, и сыну сына его доколе не придет время и его земле и ему самому". Поэтому облеченные от Бога властью лица и называются в Св. Писании — богами (Срав. Исх. 21:6; Псл. 81:6; Иоан. 10:34); далее, они называются щитами (Ис. 46:10); спасителями (Суд. 3:9); пастырями (Чис. 27:17); отцами земли (Быт. 45:8, евр. пер.) и т. д.

Власяница. См. "Вретище".

Внутренности (евр. клайот-почки) и сердце упоминаются на символическом языке, как место чувствований (Псл. 7:10; 15:7; 25:2; Иер. 12:2; Отк. 2: 23).

Воанергес. См. "Иаков 3".

Вода — евр. ма́им.

Вода. В стране, где небо в течении длинного лета не дает им капли дождя, очень дорожат неиссякающими ручьями и непрерывно текущими источниками; такими источниками изобиловал Ханаан (Втор. 8:7), в противоположность Египту, где нужно было поливать землю "при помощи ног" (Втор. 11:10). Последний текст Священного Писания имеет в виду еще и теперь существующий в Египте способ проводить воду из каналов или водоемов на поля посредством целого ряда ведер, привязанных к длинной веревке, которая передвигалась при помощи колеса, приводившегося в движение ногами. Эти ведра, наполнившись внизу водой, поднимались наверх, и, опрокидываясь, выливали воду в желоб. Где не было родниковой воды, собирали дождевую воду в большие водоемы, или отводили из рек при помощи дорогостоющих водопроводов, остатки которых еще можно видеть в некоторых местах. Для земледелия и общего благополучия вода имеет такое большое значение, что в восточных языках ее употребляють в многих выражениях, как символ подкрепления (Ис. 55:1; Иоан. 4:14; Отк. 22:17), очищения (Иез. 36:25; 1 Пет. 3:20 и др.), плодородия (Чис. 24:6; Псл. 1:3). С другой стороны, вода иногда является символом бедствия и сильного гнева (Псл. 17:17; Ос. 5:10), также многочисленности (Отк. 17:1, 15).

Живою водою (Быт. 26:19) называется постоянно текущая, родниковая вода, в противоположность стоячей воде в водоемах. Срав. слова Господа в Иер. 2:13 и Иоан. 4:10. См. "Источники".

Вода города, низменная часть аммонитского города Раввы (2 Цар. 12:27).

Водяные ворота (евр. Шаар-амаим), одни из ворот храма на его восточной стороне (Неем. 3:26; 8:1, 16).

Возложение рук (Евр. 6:2), обряд, имевший разные значения. Когда первосвященник возлагал руки на козла отпущения, исповедуя над ним грехи народа, то это символизировало перемещение греха и проклятия на голову козла (Лев. 16:21); также и приносящий жертву должен был возложить руки на животное, которое приводил пред лицо Божие (Лев. 1:4; 3:2, 8; 4:4, 15 и дал.); по мнению некоторых, возложение рук в этих случаях выражало решительное желание и намерение приносящего жертву. С другой стороны, возложение рук, в других случаях, символизировало передачу силы и благословения, напр., при посвящении на должность. См. Быт. 48:14; Чис. 8:10; 27:18; Мар. 10:16; Деян. 6:6; 19:6; 1 Тим. 4:14.

Вознесение на небо Христа. На 40-й день после воскресения, дав Своим ученикам и друзьям вернейшие доказательства действителности Своего воскресения, открыв глубину Своего учения и возложив на них поручение, Христос расстался со Своими друзьями близ Вифании, на Елеонской горе. Подняв руки и благословив их, Он стал возноситься на небо (Мар. 16:19; Лук. 24:50 и дал.; Деян. 1:9 и дал.). Он исчез из вида не сразу; Его преображенное тело поднималось в глазах их выше и выше до тех пор, пока белое облако, подобно триумфальной колеснице, не покрыло и не унесло Его в святилище неба (Псл. 67:18 и дал.; 46:6). Он восшел превыше всех небес, дабы наполнить все (Еф. 4:10). Его вознесение свидетельствует о множестве обителей в доме Его Отца (Иоан. 14:2), о совершенном Им деле (1 Пет. 3:22), о новом открытом пути (Евр. 10:19 и дал.); о призвании святых; цели и надежде на будущее (Кол. 3:1; Фил. 3:20) в ожидании Его дивного пришествия (Деян. 1:11; 1 Иоан. 3:2).

Возношение (Евр. трума́) — святой дар Господу, Его святилищу или Его служителям. Так называлась та часть животного, которая употреблялась для приношения Господу. Это слово (трума́) обозначает добровольный дар для святилища или в жертву Богу (Исх. 25:2 и дал.; 2 Пар. 30:24) или же установленную законом подать, напр., часть для священников от военной добычи (Чис. 31:29), сборы на храм (Исх. 30:13), десятины (Чис. 18:24). Есть от жертв возношения разрешалось только священникам (Чис. 5:9 и дал.; 18:19).

Грудь приношения и плечо приношения (правая задняя нога) жертвовались Господу и отходили в собственность священникам (Исх. 29:27; Лев. 7:34; Чис. 6:20; 18:18); эти жертвы должно было есть на чистом месте (Лев. 10:14).

Возрождение. Это слово обозначает внутренее, духовное перерождение через веру в Христа (Иоан. 3:3; Тит. 3:5; 1 Пет. 1:3, 23; Иак. 1:18). В Мат. 19:28 (гр. т.) оно обозначает перерождение природы, "до времен совершения всего" (Деян. 3:21) "когда сядет Сын Человечиский на престоле славы Своей", когда все будет новое (Отк. 21:5; Срав. Рим. 8:21; 2 Пет. 3:13).

Война — евр. мильхама́.

Война. После 40-летнего хождения по пустыне израильтяне вступили в Ханаанскую землю, как воинственное племя. Все мужчины, начиная с двенадцатилетнего возроста, были обязаны носить оружие. Когда колено Рувимово, Гадово и полуколено Манассиино хотели поселиться к востоку от Иордана, то это было разрешено им при условии, что они вместе со своими братьями перейдут реку и помогут им завоевать землю (Чис. 32:16 и дал.). С оружием в руках израильтяне должны были отвоевывать каждую пядь Ханаанской земли. Во времена судей они вели беспрерывные войны с разными врагами. Войска набирались путем всеобщего народного ополчения, но такой набор охватывал не всю страну, а только ту область, которой грозила опасность. Так, Аод собрал колено Ефремово, Варак — Неффалимово и Завулоново; Гедеон выступил с коленом Манассииным и т. д. Вскоре после воцарения Саула было набрано всеобщее народное ополчение, составившее 330.000 человек, с целью помочь Иавису Галаадскому, осаждаемому аммонитянами (1 Цар. 11).

Постоянные войска стали необходимы во время правления царей. Уже Саул имел небольшой отборный отряд в 3000 человек, который он при необходимости увеличивал (1 Цар. 13:2; 14:52; 24:3; 26:2). Давид также имел особых телохранителей хелефеев и фелефеев (2 Цар. 8:18) и отряд храбрых воинов в количестве 600 человек (1 Цар. 23:13; 25:13; 2 Цар. 16:6; 20:7; 3 Цар. 1:8). Их казармами, может быть, был "дом храбрых", о котором упоминается у Неем. 3:16. По 1 Пар. 27, регулярные войска Давида достигали 288.000 человек и делились на 12 частей, которые несли службу поочередно в течение месяца; над войсками начальствовали 12 главных героев царя. Но число людей, способных к войне во времена Давида, достигало 1.300.000 человек (2 Цар. 24:9) или 1.570.000 (1 Пар. 21:5). В дальнейшем упоминается об огромных отрядах воинов. См. "Израильские цари и страна".

Кавалерия и военные колесницы, которыми пользовались египтяне, были неподходящи в гористой Палестине, но все же они были в употреблении. Цари и начальники сидели на колесницах и окружали себя всадниками, но всетаки главные силы еврейского войска состояли из пехоты, делившейся на тяжело вооруженных (мечом, копьем и секирой) и легко вооруженных (луком и пращей). Соответственно современному делению войска на полки и роты, еврейское войско делилось на тысячи, сотни и полусотни под командою соотвествующих начальников. Срав. 1 Цар. 8:12; 17:18; 18:13; 22:7; 4 Цар. 1:9 и дал.

Оружие — евр. не́шек.

Оружие употребляли как для нападения, так и для защиты. Для первой цели служили меч, копье и секира — для тяжеловооруженных и праща с луком — для легковооруженных. О внешнем виде оружия древних мы определенно ничего не знаем. У египтян и ассирийцев были, по памятникам, мечи различной формы: частью длинные заостренные с обеих сторон, частью кривые, заостренные с одной стороны. Меч Аода был длиною в локоть (около аршина), прямой и обоюдоострый (Суд. 3:16). Копья состояли из деревяного древка с острым железным наконечником. Таким копьем Саул бросал в Давида и Ионафана (1 Цар. 18:11,; 20:33). У Голиафа было медное копье, "и древко копья его, как навой у ткачей, а самое копье его в 600 сиклей железа" (1 Цар. 17:6 и дал.). Секира, которая была в употреблении у некоторых древних народов, упоминается, повидимому у Иер. 51:20 (евр. маппец), в русском переводе молот.

Лук — евр. ке́шет.

Лук в руках древних был ужасным орудием. Ииуй натянул лук рукою своей и поразил Иорама между плеч его и прошла стрела сквозь сердце его (4 Цар. 9:24). Луки пехотинцев были 11,5 и более метров длины, иногда из двойного дерева, металла или рога; тетива изготовлялась из бычачьих или верблюжых кишок. Стрелы делали из дерева или тростника с металлическим наконечником и пером на другом конце; иногда их отравляли или обертывали горючим материалом, который зажигали перед выстрелом. "Свои стрелы делает палящими" (Псл. 7:14). Срав. также Иов. 6:4; Ефес. 6:16. Не менее опасна была праща с камнями, особенно в таких руках, как Давид и вениаминитян (Суд. 20:16; 1 Цар. 17:48 и дал.; 1 Пар. 12:2).

К военным колесницам, согласно памятникам, иногда приделывали длинные острые ножи, на подобие кос (Наум. 2:3 и дал.). Эти колесницы имели почти полукруглую форму и были открыты сзади; в них запрягали по две лошади. В повозке стоял воин, вооруженный луком и копьем, рядом с ним возница (3 Цар. 22:34). Изредка там помещался третий человек, державший щит своего господина и помогавший ему в случае нужды (4 Цар. 9:25; евр. шалиш, т.е. третий человек). Колесницы упоминаются часто в В. Завете. Фараон преследовал Израиля с 600 колесницами (Исх. 14:7); у хананеев были железные колесницы (И. Нав. 17:18; Суд. 1:19); Иавин располагал 900 железными колесницами (Суд. 4:3); Филистимляне во времена Саула имели 30.000 колесниц (1 Цар. 13:5). Закон запрещал Израилю держать много лошадей (Втор. 17:16), но царская власть стала выше закона (1 Цар. 8:11) и Соломон имел до 1400 колесниц и 12.000 всадников (3 Цар.

10:26 и дал.). Лошадей покупали, большей частью, в Египте. Срав. обличительную речь пророка (Ис. 2:7; 31:1 и дал.). Средством защиты, которое после изобретения пороха утратило прежнее значение, служил **шлем** для головы (2 Пар. 26:14; Еф. 6:17), сделанный из кожи, металла и т. п.; по форме круглый, продолговатый или остроконечный, украшенный сверху пером или султаном. Грудь и туловище защищались **броней** из металлических пластинок или чешуек, нашитых на кожу, или же панцырем из железных колец (1 Цар. 17:5). Саул одел Давида в медный шлем и броню (1 Цар. 17:38). Поверх этого вооружения опоясывались поясом. Ноги защищались латами. У Голиафа были медные латы (1 Цар. 17:6). Особенно важное значение имел **щит,** о котором очень много говорится в Св. Писании. Воин носил щит на левой руке, или же щит нес его оруженосец. "И перед ним шел его оруженосец", сказано о Голиафе (1 Цар. 17:7). Древние пользовались большими продолговатыми щитами, которые прикрывали все тело, а также маленькими круглыми для защиты верхней части тела. Евреи также отличали большие щиты, "цина́", от маленьких, — "маген". Оба вида щита упоминаются в молитве Давида (Псл. 34:2, евр. текст). Щиты делались из дерева или плелись из прутьев и обтягивались кожей или металлической пластинкой. Были также щиты из толстой кожи, пропитанной маслом (2 Цар. 1:21). Приблизительно таково было вооружение еврейских воинов. Воины Давида были люди "мужественные, воинственные, вооруженные щитом и копьем; лица львиные — лица их, и они быстры, как серны на горах" (1 Пар. 12:8). "Озия вооружил своих 307.500 воинов щитами, и копьями, и шлемами, и луками, и пращными камнями" (2 Пар. 26:14).

В древние времена, обыкновенно, не начинали войны, "не вопросив Господа" (Суд. 1:1) через первосвященника (Суд. 20:18; 1 Цар. 28:6) или чрез кого-нибудь из пророков (3 Цар. 22:6 и дал.; 2 Пар. 18:4 и дал.). Израильтяне охотно брали на войну ковчег завета (Чис. 10:35; 1 Цар. 4:3 и дал.; 2 Цар. 11:11). Иногда они приносили Богу жертву до начала сражения (1 Цар. 7:9; 13:9).

Походы начинались обыкновенно весною и оканчивались до наступления зимы (2 Цар. 11:1; 3 Цар. 20:22). Относительно ведения войны в законе было дано несколько замечательных правил. Перед началом сражения священник должен был ободрять солдат и укреплять их в мужестве и уповании на Бога. Затем военачальники должны были освободить от военной службы тех, кто построил себе новой дом, но еще не жил в нем, или тех, кто посадил виноградник, но еще не ел от его плодов; также тех, кто обручился с невестой, но еще не вступил в брак; или только что женившегося и не проживши его с женой года (Втор. 24:5); и, наконец, начальники должны были предложить всем трусливым или малодушным возвратиться домой, чтобы братья их не заразились от них трусостью (Втор. 20:1 и дал.). Выступали на врага по сигналу данному священными трубами (Чис. 10:9; 2 Пар. 13:12 и дал.), иногда с песнями славословия (2 Пар. 20:21). Сражение, вероятно, начинал легкий отряд, за которым следовали тяжело вооруженные войска. С воинским криком, громом и шумом они устремлялись в бой (Суд. 7:18 и дал.) и дикая рукопашная схватка уносила массу человеческих жизней (2 Пар. 28:6). Мы читаем о некоторых замечательных примерах личной храбрости, об Ионафане и его оруженосце, обративших в бегство филистимский отряд (1 Цар. 14), о единоборстве Давида с Голиафом (1 Цар. 17) и о подвиге тех героев, которые, пробившись сквозь неприятельский стан, принесли воды из Вифлеемского источника (2 Цар. 23: 14 и дал.). Из некоторых мест Писания видно, что нападали с трех сторон: — в центре и обоих флангов (Суд. 7:16, 20; 1 Цар. 11:11; 2 Цар. 18: 2). Название "крылья" обозначающее фланговые части войска, встречается у Ис. 8:8. Нередко устраивали засады, ловушки, ночные нападения и т. п. (И. Нав. 8:2, 12; 2 Пар. 13:13; Суд. 7:16 и дал.). Бегущего врага преследовали до тех пор, пока трубный звук не давал сигнала для прекращения боя (2 Цар. 2:28; 18:16).

Для взятия укрепленных городов или крепостей, а также для защиты их, существовали особые приспособления. В древности все значительные города были окружены стенами, нередко весьма высокими, с воротами и засовами из железа или меди. Местами на стенах возвышались башни, с которых защитникам было легче поражать врагов. Иногда стены были окружены рвом с водой, который в значительной мере затруднял приступ. Осаждаемый город должен был прежде всего усилить укрепления и запастись водой и провиантом. Если источники воды были расположены вне города, то их засыпали или, если это было возможно, отводили воду. Так сделал Езекия во время осады Иерусалима (2 Пар. 32:3, 4, 30). Кроме обычного оружия защитники запасали на стенах большие камни, которые сбрасывали на врагов, а также устанавливали метательные орудия, так называемые катапульты и баллисты, т. е. огромные луки, которые натягивались при помощи особого приспособления; из такого орудия метали в неприятеля большие стрелы, копья, бревна, камни и свинцовые ядра. Так царь Озия "сделал в Иерусалиме искусно придуманные машины, чтобы они находились на башнях и на углах для метания стрел и больших камней" (2 Пар. 26:15). Осаждающие, со своей стороны, также пользовались подобными машинами, особенно для того, чтобы бросать на город горючие вещества; кроме того, они возводили земляные валы вокруг города, иногда настоящие стены с укреплениями и башнями, с которых стреляли в город. Были также подвижные башни на колесах, которые по мере надобности перевозились с места на место. Орудием разрушения служил также большой крюк, которым стаскивали камни, людей или разрушали стены города. Посредством штурмовых лестниц взбирались на стены, при этом происходили кровавые рукопашные схватки, сопровождавшиеся большими потерями. Ассирийские памятники часто показывают нам подобного рода картины. Самой ужасной из всех осадных машин был так называемый таран или стенобитная машина. Таран представлял длинное тяжелое бревно, имевшее с одного конца железное изображение бараньей головы. Это бревно висело горизонтально на канате или цепи и могло раскачиваться. Часто его привешивали в подвижной башне, которая охраняла работавших тараном. Раскачивая таран, били железной головой в стену до тех пор, пока та не проламывалась или не рушилась. Иезекииль живописно рисует осаду Иерусалима: "ты, сын человеческий, возьми себе кирпич и положи его перед собою, и начертай на нем город Иерусалим; и устрой осаду против него, и сделай укрепление против него, и расставь кругом против него стенобитные машины" (Иез. 4:1 и дал.).

Осада могла продолжаться очень долго. Часто голод решал исход дела. Азот около 630 года до Р. Хр. осаждался в течение 29 лет. Иерусалим был взят Навуходоносором в 588 году до Р.Хр., после, приблизительно, полуторагодичной осады (Иер. 52). Александр Великий в продолжение 7 месяцев осаждал Тир в 332 г. до Р.Хр.

Относительно осаждаемых городов закон Моисея давал такие предписания: если город не соглашался на предлагаемый ему мир, то, после его взятия, избивали всех мужчин, оставляя в живых женщин, детей и скот. Но если город принадлежал хананеям, то не щадили не одной души (Втор. 20:10 и дал.). Во время осады было воспрещено истреблять для постройки укреплений плодовые деревья около города, ибо от них "можно питаться" (Втор. 20:13 и дал.). Не удивительно, что о народе, имевшем такие законы, распространялся слух, как о милостивом на войне (3 Цар. 20:31). Но такое отношение еврейского народа к врагам нам представляется ужасным и бесчеловечным. Покоренным отрубали головы, перепиливали их, замучивали и т. п. Менаим разрубил всех беременных женщин в Типсаха (4 Цар. 15:16; сравни "Пленники"). Подобное бесчеловечие, как, напр., рассечение беременных женщин или обесчещивание девушек, разбивание о плиты детей, избивание железными молотилами пленников и т. п., совершалось постоянно по отношению к израильтянам разными языческими народами: сирийцами (4 Цар. 8:12; Ам. 1:3); ассирийцами (Ос. 10:14; 14:1); халдеями (Ис. 13:16; Наум. 3:10) и аммонитянами (Ам. 1:13). Ассирийские рисунки дают понятие о подобных казнях со всеми подробностями.

Победа праздновалась радостными криками и хвалебными песнями. Возвращающихся воинов встречали с пением, музыкой и танцами (2 Пар. 20:26 и дал.; 1 Цар. 18:6 и дал.). В память победы вешали в святилище оружие, отнятое от врагов (1 Цар. 21:9; 31:10; 1 Пар. 10:10; 4 Цар. 11:10).

Войны и воинское оружие часто встречаются в символических оборотах речи Библии и все они легко понятны. Человеческая жизнь с ее трудностями уподобляется военной службе (Иов. 7:1; евр. т.); призвание христианина часто рисуется картинами, взятыми из военной жизни. Павел описывает "всеоружие Божие", в которое верующий должен облечься (Еф. 6:13 и дал.); пояс истины, броню праведности, обувь-готовность благовествовать мир, щит веры, шлем спасения и меч-слово Божие. "Благодарение Богу", говорит он, "Который всегда дает нам торжествовать во Христе" (2 Кор. 2:14). Бог Сам хочет быть крепостью и щитом для Своего народа (Псл. 17:2, 3. Срав. Псл. 143:1 и дал.); уже Аврааму Бог говорит: "Я твой щит" (Быт. 15:1. Срав. Псл. 5:13; 83:12). Последнее решительное сражение между царствами света и тьмы рисуется также кровавыми красками войны (Отк. 14:20; 16:14 и дал.; 19:11 и дал.).

Волк — евр. зеéв.

Волк. За хищность и дикий вой волк считался особенно отвратительным животным. Волки, без сомнения, были более распространены в Палестине в древнее время, хотя они и теперь иногда встречаются там. Вениамин уподобляется хищному волку (Быт. 49:27); также лжепророки (Мат. 7:15) и неправедные князья и судьи Иез. 22:27; Соф. 3:3). Ночные грабительские набеги волков имеются в виду в Иер. 5:6; Авв. 1:8; а опустошение овчих дворов у Лук. 10:3; Иоан. 10:12. Враги Евангелия уподобляются волкам (Мат. 10:16; Деян. 20:29). Но настанет время, когда волк и ягненок будуть жить вместе (Ис. 11:6; 65:25).

Волосы — евр. сеа́р.

Волосы. Евреи вообще носили короткие волосы (1 Кор. 11:14; Иез. 44:20); исключение составляли назореи, которые не стригли волос по обету (Чис. 6:5, 9; Деян. 18:18), или некоторые отдельные личности, как, напр., Авессалом (2 Цар. 14:26). Волосы старательно умащивались мазями и елеем (Псл. 22:5; Еккл. 9:9; Лук. 7:46). В знак горя не заботились о волосах, иногда совершенно сбривали их, или вырывали (Иер. 7:29; Ездр. 9:3). В этом отношении закон имел ограничения Втор. 14:1). Иметь лысину считалось постыдным (4 Цар. 2:23). Украшением женщин были длинные волосы, искусно заплетенные и завитые (Ис. 3:17, 23; 1 Кор. 11:15; 1 Тим. 2:9; 1 Пет. 3:3). Сбривать волосы на теле было предписано для прокаженных, а также и для левитов, при их посвящении на служение (Лев. 14:8 и дал.; Чис. 8:7).

На символическом языке волос является чем-то незначительным у человека (1 Цар. 14:45; 2 Цар. 14:11; Деян. 27:34), иногда волосы обозначают многочисленность (Псл. 39:13; 68:5) или нечто особенно нежное и тонкое (Суд. 20:16). Волосы на голове учеников Христовых все сочтены у Бога (Мат. 10:30; Лук. 12:7), Который создал все в порядке и мере (Иов. 28:25 и дал.; Прит. 8:29; Ис. 40:12); о тех, кто страдает за имя Христа, сказано, что ни один волос с головы их не пропадет (Лук. 21:18).

Волхвы. Так называется в Библии существовавшая в древности на Востоке священническая каста (маги). Волхвы, или маги у мидян и персов, были одновременно жрецами, учеными, астрономами и пророками. Главный из них назывался Раб-маг, т.е. начальник магов (Иер. 39:3, 13). Даниил был назначен на эту должность в Вавилоне (Дан. 2:48; Срав. Ис. 47:13).

Волхвами называются также те мудрецы, которые были приведены к Иисусу чудесной звездой (Мат. 2:1 и дал.). Причину, по которой ожидали эту звезду на Востоке и следили за ее появлением, ставят в связь с предсказаниями в Чис. 24:17; Срав. Ис. 60 и

Купальня Вифезда.

дал.; Псл. 71:10. Древние толкователи Библии объясняли появление этой звезды (Мат. 2:1 и дал.), как сверхестественное явление, которое было видимо, может быть, только волхвам и, следовательно, не могло быть предметом астрономических наблюдений или определений. Но со времени благочестивого астронома Кеплера стали предполагать, что напали на след этой чудесной звезды. Кеплер наблюдал в 1603 г. совпадение планет Юпитера и Сатурна, которое весною 1604 г. стало еще заметнее, благодаря тому, что к ним присоединилась также планета Марс. 10-го октября того года он заметил вблизи них неподвижную звезду, необыкновенного блеска, которая некоторое время сияла, “как ослепительно яркий факел, раздуваемый сильным ветром, пламенеющий и искрящийся”. Все это явление, которое он называет безмерным чудом Божиим, дало ему повод для продолжительных исследований и исчислений; этим путем он пришел к тому (в новейшее время подтвержденному знаменитыми астрономами) результату, что подобное совпадение Юпитера с Сатурном и Марсом и еще с какой-то необыкновенной звездой, действительно, имело место в 747-748 гг. по римскому счислению. После Кеплера многие придерживались того мнения, что это соединение планет в связи с необыкновенной неподвижной звездой были внешним средством, которое Бог употребил для того, чтобы привести ищущих мудрецов к Великой звезде, взошедшей над Вифлеемом. Если волхвы заметили совпадение планет в его начале, то оно, действительно, явилось им на востоке (Мат. 2:2), ибо 29 мая 747 года произошло за 3½ часа до восхода солнца. Если они тогда же отправились в путь, то, по мнению Альфорда, вероятно через пять слишком месяцев, достигли Иерусалима (Ездра ехал 4 месяца из Вавилона в Иерусалим, Езд. 7:9) и, следовательно, если они вечером отправились из Иерусалима в Вифлеем, то они видели совпадение планет в направлении к Вифлеему. Существует другое мнение, что они только через два года после полного окончания совпадения достигли Иудеи. Замечательно также и то, что ученый еврей Абарбанель, который ничего не знал об этом совпадении планет, в своем комментарии к Данилу, изданном в 1547 г., рассказывает, что, по преданию, не было более замечательного совпадения планет, как то, которое произошло между Юпитером и Сатурном перед рождением Моисея в 2365 г. по сотв. мира, и высказывает мнение, что подобное явление в 1468 г. по Р.Хр. нужно было считать за знамение, предвещавшее пришествие Мессии. Из вышесказанного явствует, что подобные астрономические понятия бытовали среди евреев уже во время Христа.

Против этого мнения возражали, что Бог не мог пользаваться астрологическим суеверием, ищущим знамения в звездах. Но на это отвечали, что премудрость Божия, обратившая злобу людей в средство для приведения Иосифа в Египет, и допустившая вавилонского царя посредством языческого чародейства и бросания жребия решиться на войну с Иерусалимом (Иез. 21:21 и дал.), также могла дать астрологии возможность привести волхов с Востока ко Христу. Вероятно также, что Бог открылся магам, прежде чем они увидили звезду, как Он сделал это и после (Мат. 2:12).

На основании вышеупомянутых астрономических вычислений год рож-

Вид Вифлеема с юго-западной стороны.

дества Христа определяется между 747-750 гг. по римскому исчислению. Срав. "Иисус Христос".

Волчцы и тернии — евр. коц и дарда́р. Волчцы и тернии, символы наказания и опустошения (Быт. 3:18; Прит. 24:31; Иов. 31:40), часто употреблялись на топливо (Еккл. 7:7; Ис. 33:12; Псл. 57:10), иногда для заграждения (Ос. 2:6), также как орудие пытки (Суд. 8:7, 16). Однажды из терния был сделан венец (Мат. 27:29; Мар. 15:17; Иоан. 19:2, 5), но неизвестно из какого вида этого растения. Предполагают, что это был так называемый "Христов терновник" (Zizyphus Spina Christ), довольно высокий кустарник с темными листьями, похожими на листья плюща, и маленькими острыми шипами. В Иерусалиме встречаются теперь целые магазины маленьких терновых венцов, которые продаются паломникам.

Вол — евр. шор.
Вол был самым необходим. животным для евреев-земледельцев; во всех полевых работах он был незаменим по своей силе и выносливости. Волами евреи пользовались, когда пахали землю (Втор. 22:10; 3 Цар. 19:1, 19), молотили хлеб (Втор. 25:4; Ос. 10:11), или перевозили тяжести (1 Пар. 12: 40). Мясо волов употреблялось в пищу (Втор. 14:4; 1 Пар. 12:40), а коровы давали молоко, масло и сыр (Втор. 32:14; Ис. 7:22; 1 Цар. 17:18). Эти животные приносились также в жертву (Псл. 50:21). Первосвященник должен был принести в жертву за грех тельца и этим очистить себя и дом свой в день очищения (Лев. 16:6). Мирная жертва Соломона при освящении храма состояла из 22.000 волов и 120.000 овец (3 Цар. 6:63). Вол был также не забыт законом и находился под его охраной. Нельзя было заграждать рта волу, когда он молотил (Втор. 25:4) и надо было давать ему отдых и покой в субботу (Исх. 23: 12; Втор. 5:14). Увечение животных также было воспрещено: "в земле вашей не делайте сего", сказано в Лев. 22:24. Скот иногда откармливался дома (Прит. 15:17; 3 Цар. 4:28), но обыкновенно стада паслись на пастбище, напр., на Саронской равнине (1 Пар. 27:29). Свирепые враги уподобляются откормленным тельцам (Псл. 21:13; Срав. Амос. 4:1). Безнравственная жизнь картинно рисуется в образе упрямой телицы (Ос. 4:16).

Вооз — Боаз.
Вооз. 1) Богатый вифлеемянин, родственник Елимелеха, мужа Ноемини, женился на Руфи и купил имение ее умершего мужа Махлона. Когда родила от него Руфь сына Овида, он сделался одним из предков Иисуса (Руф. 2:1; 4:21; Мат. 1:5; Лук. 3:32).

Воровство — евр. гнева́.
Воровство (Исх. 20:15) в некоторых случаях наказывалось смертью (Исх. 21:16; Втор. 24:7). Укравший должен был отдать вдвойне и даже в 5 раз больше того, что украл. Если, напр., украденный вол был найден живым, то вор должен был отдать двух волов, а если вол был уже убит или продан, то укравший должен был отдать пять волов за этого убитого или проданного. Штраф взыскивался с вора посредством продажи его имущества, а в случае недостачи покрытия — даже его самого (Исх. 22:1 и дал.; 2 Цар. 12:6; Срав. Прит. 6:30 и дал.; Лук. 19:8). Если вора ночью случайно убивали на месте преступления, то смерть его не вменялась в преступление (Исх. 22:2).

Вороны — нечистые птицы по закону (Лев. 11:15). Они были орудием в руках Божиих для прокормления Илии (3 Цар. 17:4 и дал.). Вороны выставляются как пример промысла Божия (Псл. 46:9; Лук. 12:24). Они питаются трупами, у которых сначала выклевывают глаза (Прит. 30:17). Первая птица, которую Ной выпустил из ковчега, был ворон (Быт. 8:7), который не возвратился обратно.

Ворота — евр. шаар.
Ворота в укрепленных восточных городах вообще делались из дерева (срав. Суд. 16:3) и обивались толстыми железными или медными листами (Псл. 106:16; Ис. 45:2; Деян. 12:10). Они запирались засовами и затворами (Втор. 3:5; 3 Цар. 4:13); над ними помещалась сторожевая башня (2 Цар. 18:24, 33); площадка около ворот служила местом для торговли и для разбирательства судебных тяжб (Быт. 23:10, 18; Риф. 4:1; Втор. 16:18; 21: 19; 25:7; Прит. 22:22; Ам. 5:15). Давид сетует на тех, которые сидели у ворот и злословили его (Псл. 68:13). Около ворот читали объявления, изрекали пророчества и т. п. (Прит. 1:21; 8:3; Ис. 29:21; Иер. 17:19; 26:10). Если враги брали ворота города, то сила его была сломлена (Втор. 28:52; Суд. 5:8). Из этого ясно, что "ворота" являются символом силы, могущества, подобно, как и турецкое царство до сих пор называется "Высокая Порта" (ворота). Бог обещал Аврааму, что потомки его будут владеть воротами (в русс. Библ. городами) своих врагов (Быт. 22:17). Стены Сиона будут называться спасением и ворота их славою (Ис. 60:18), и "врата ада" не одолеют Царкви Божией (Мат. 16:18). Высокими и широкими воротами (арка, триумфальные ворота) шествовали победителей-царей (Пс. 23:7 и дал.). Врата нового Иерусали-

ма не будут запираться, ибо там не будет ночи (Отк. 21:25; Срав. Ис. 60: 11).

Ворота Источника, одни из ворот Иерусалима (Неем. 2:14; 3:15; 12:37).

Ворота Долины (2 Пар. 26:9), одни из ворот Иерусалима.

Ворота Ефремовы (4 Цар. 14:13; Неем. 8:16), одни из ворот Иерусалима, вероятно те же, что и ворота Венниаминовы (Зах. 14:10).

Ворота Навозные, одни из ворот Иерусалима (Неем. 2:13; 12:31), может быть, те же, что и Харшив (Иер. 19: 2).

Воскресение. Учение о воскресении мертвых, проскальзывавшее в Ветх. Завете в более или менее туманных намеках (Иов. 19:25; Пс. 15:10; Ис. 26: 19) было ясно выражено в кн. Дан. 12: 2. Во время Христа воскресение мертвых пользовалось общим признанием правоверных евреев, что Марфа и высказала в словах: "Знаю, что (брат мой) воскреснет в воскресение, в последний день" (Иоан. 11:24). Однако свободомыслящие саддукеи отрицали его (Деян. 23:8), также и языческие философы (Деян. 17:32). Только через Христа и Его Евангелие свет воскресения в полном блеске взошел над миром. Христос, Который есть воскресение и жизнь (Иоан. 11:25), не только опроверг кривотолки саддукеев (Мат. 22:31 и дал.; Мр. 12:26 и дал.), воскресил умерших, напр., Лазаря, сына Наинской вдовы и дочь Иаира, и проповедывал о великом дне, когда Он Сам воскресит всех умерших, одних "в воскресение жизни" других "в воскресение осуждения" (Иоан. 5:29), но и Сам воскрес на третий день после действительной смерти, "первенец из умерших" (1 Кор. 15:20). Уже тогда многие умершие святые ветхозаветного времени воскресли и, по воскресении Христа вышли из своих отверстых могил и придя в святой город, явились многим (Мат. 27: 52).

Воскресение Иисуса Христа является делом Отца (Деян. 2:24, 32; 3:15; 13:30; 1 Кор. 6:14; Рим. 4:24; также и Сына (Иоан. 2:19; 10:18). Поэтому для благовествовния апостолов, которые не хотели знать ничего иного, кроме Христа распятого (1 Кор. 1:23; 2:2; Гал. 3:1), оно было главным исходным пунктом и твердым основанием (Деян. 1:22; 2:24 и дал.; 4:33: 10:40 и дал.), божественной печатью истиности слов Распятого, действительности примирения в Нем с Богом (1 Кор. 15:14 и дал.) и залогом победы с Ним (1 Кор. 15:22, 57; 1 Фес. 4: 14). Это свидетельство апостолов является тем более стоящим вне всяких сомнений, что они в Писании откровенно говорят, как далеки они были от всяких мыслей о воскресении Иисуса, как трудно им было поверить в действительность Его воскресения и что только самые основательные доказательства могли убедить их в этом; Смот. Мат. 28:17; Мар. 16:8; Лук. 24: 11, 21 и дал.; Иоан. 20:9, 25 и дал. Но, когда они уверовали в это и когда Дух Св. напомнил им ветхозаветные пророчества и собственные предсказания Иисуса (Мат. 12:40; Псал. 15: 10; Деян. 2:27; Мат. 16:21; 17:9; Мар. 14:28; Иоан. 16:16), огонь загорелся в их сердцах (Лук. 21:32) и они с радостью стали отдавать жизнь за Того, Который сказал: "Я живу и вы будете жить" (Иоан. 14:19; Деян. 9:5; Гал. 1:16; 1 Иоан. 1:1 и дал.).

Уже в первые времена христианства в азиатских общинах появились лжеучители, которые не признавали воскресения тела, говоря, что оно уже совершилось (2 Тим. 2:18), может быть, извращая слова Павла (сравни 2 Пет. 3:16) о воскресении через веру (Рим. 6:4; Кол. 2:12; 3:1).

Подобно тому, как у Иоан. 5:29 Иисус розличает воскресение осуждение от воскресения жизни и у Лук. 14:14 говорит о воскресении праведных, так и Его апостолы подчеркивают разницу во времени воскресения. Ап. Павел в 1 Кор. 15 говорит, что умершие воскреснут в известном порядке: первенец Христос, потом Христовы в пришествие Его, а затем конец, когда все будет покорено Ему (1 Кор. 15:23 и дал.). Иоан описывает в Отк. 20 свое видение того, как Сатана будет скован на 1000 лет и в течение этого времени не будет прельщать народы (3 ст.). В начале этого времени мученики и те, которые не поклонились зверю (Антихристу), оживут и будут царствовать со Христом в течение 1000 лет (4 ст.); прочие умершие не оживут, пока не пройдут эти 1000 лет (ст. 5), после чего Иоанн говорит: "блажен и свят имеющий участие в воскресении первом: над ними смерть вторая не имеет власти, но они будут священниками Бога и Христа и будут царствовать с Ним 1000 лет". Затем Сатана будет освобожден на малое время, и соберет войско, которое окружит "стан святых и город возлюбленный" и уже после этого последует окончательное общее воскресение и суд (ст. 12:13). Упомянутные места Св. Писания послужили основанием для учения о тысячелетнем царстве, времени мира и счастия, когда исполнятся предсказания пророков о временах блаженства для всей земли (Ис. 59:18 и дал.; 60: 62); в них также видят указание на два воскресения, о которых выше упомянуто. По мнению Фиельстедта, эти слова определенно и ясно показывают, что первое воскресение совершится задолго до общего, и что первое воскресение отнюдь не имеет в виду воскресение в новую жизнь во Христе или духовное возрождение (Рим. 6), а воскресение тела. Мейер и Альфорд придерживаются того же мнения.

Другие же толкователи придают указанному месту духовное значение, как, напр., Мелин, который в первом воскресении видит только время расцвета Церкви Христовой, а в тысячелетнем царстве — предел ее земного совершенства и т. д. Августин и многие после него усматривают тысячелетнее царство в теперешнем состоянии церкви.

Восор — Бацара.

Восор. 1) Столица в Едоме, где родился Иовав, один из первых царей этой земли (Быт. 36:33; 1 Пар. 1:44); в настоящее время это селение Ель Бусайре между Петрой и Мертвым морем (Ис. 34:6; 63:1; Иер. 49:13, 22; Ам. 1:12).

2) в Моаве (Иер. 48:24), вероятно, это тот город, который греками и римлянами называется Бостра, столица Аврана. Этот город, расположеный на важном в военном отношении пункте у подошвы Аврана, находился под властью римлян и был столицей Аравии; он был украшен римским императором Траяном и особенно процветал в царствование Константина Великого. Предполагают, что здесь находился левитский город Беештера (И. Нав. 21:27), называвшийся также Аштероф (Втор. 1:4) или Аштероф Карнаим (Быт. 14:5), по имени двурогой Астарты (смот. "Астарта"). Этот Восор Васанский был столицей царя Ога и населен исполинами; он был отдан колену Манассиину (И. Нав. 13:31). Название показывает, что здесь было место поклонения Астарте. Некоторые полагают, что город Аштерот или Беештеру следует отыскивать в развалинах Тель-Аштере, к западу от Восора.

3) поток, впадающий в Средиземное море, южнее Газы, где Давид остановился со своим отрядом (1 Цар. 30;9). Теперь этот поток называется Вади-эль-Шедиа.

Восток — евр. Ке́дег.

Восток, обыкновенное название в Ветхом Завете Аравии, расположенной на восток и юго-восток от Палестины (Быт. 25:6; Суд. 6:33; 7:12), но употребляется иногда и в более широком смысле, обозначая весь Аравийский полуостров на юге вместе со странами Евфрата на северо-востоке (Быт. 29:1; Чис. 23:7; 3 Цар. 4:30; Иов. 1:3; Иер. 49:28). В последнем значении следует понимать это слово и в Мат. 2:1, где говорится о волхвах с Востока, которые пришли поклониться Иисусу.

Восьмиструнная. Смот. "Музыка".

Врач — евр. рофе́.

Врач. Уже во время Иосифа говорится о врачах (Быт. 50:2). По мнению многих, искусство врачевания возникло в Египте, так что и Моисей был научен ему. Египет, по словам Плиния, изобиловал болезнями. Геродот сообщает, что в Египте каждый врач имел свою специальность и лечил только один род болезни. Поэтому нет ничего удивительного в том, что в Быт. 50:2 говорится о врачах во множ. числе: "Иосиф повелел слугам своим, врачам, бальзамировать отца его". Египет был известен и в других странах врачебным искусством. Персидские цари Кир и Дарий пользовались услугами египетских врачей. Также и евреи были причастны врачебному искусству, что усматривается из некоторых мест Библии (Иер. 8:22; 46:11; Езек. 30:21; Мат. 9:12; Лук. 4:23; Кол. 4:14). В то время врачевание состояло большею частью в употреблении наружных средств. Раны очищались, смягчались елеем и обвязывались (Ис. 1:6). Когда Аса сделался болен ногами, то он взыскал не Господа, а врачей (2 Пар. 16:12). Женщина, о которой говорится в Евангелии, много потерпела от разных врачей, истратила все, что было у ней, и не получила никакой пользы, но пришла еще в худшее состояние (Мар. 5:26). Лука, сам будучи врачем, говорит, что она, издержавши на врачей все имение, ни одним не могла быть вылечена (Лук. 8:43).

Времена года. По представлению евреев, собственно, было только два времени года: лето и зима (Быт. 8:22; Псл. 73:17; Ис. 18:6; Зах. 14:8; Песн. П. 2:11). См. "Палестина". Более точно определяли времена года по приходившимся в определенное время года земледельческим работам, как, напр., жатва ячменя (Руф. 1:22), жатва пшеницы (Суд. 15:1), молотьба, собирание винограда и посев (Лев. 26:5; Срав. Ам. 7:1).

Время. Так иногда называется известная эра, которую можно, смотря по связи, считать за месяц, год или за еще больший период времени (Дан. 4:13; 7:25; 12:7). "До времени, и времен, и полувремени" составляет 42 месяца или 1260 дней; срав. Отк. 11:2 и дал.; 12:6, 14; 13:5.

Вретище — евр. сак.

Вретище (власяница): так называлась еврейская траурная одежда, изготовленная из темного грубого волоса и, следовательно, очень жесткая. От этого сравнение: "мрачно как власяница" (Отк. 6:12). Вретище надевали во время горя, покаяния и несчастия (Быт. 37:34; 2 Цар. 3:31; 3 Цар. 20:32; Мат. 11:21; Псл. 29:12). Об одежде пророков, см. "Пророки".

Всадники и скороходы (1 Цар. 8:11).

Вселенная. В некоторых местах Ветхого Завета это слово является переводом еврейского слова "тевéль", т. е. населенная земля, напр., в Псл. 89:2; 1 Цар. 2:8; Ис. 14:7 (вся земля). В Новом Завете вселенная обозначается тремя разными словами, по-греч.: "ойкумена", "айон" и "космос", которые в некоторых переводах не различаются друг от друга, напр., по-немецки все эти 3 слова переведены словом "вельт". В русск. же переводе разница довольно ясна, как это вытекает из следующего:

Первое слово "ойкумене" (населенная страна), соответствующее еврейскому "тевéль", употребляется частью в широком значении, обозначая всю населенную людьми землю, напр., Мат. 24:14 — проповедь Евангелия по всей вселенной; Лук. 4:5 — все царства вселенной; Рим. 10:18 — пределы вселенной; срав. Отк. 3:10; 12:9; 16:14; частью в более узком смысле, напр., Лук. 2:1, где "вся вселенная" (греч.) означает все римское царство.

Второе слово "айон" означает продолжительность жизни человека, период времени или век и употребляются для обозначения человечества, каковым оно в известное время представляется, или периода времени в зависимости от того отпечатка, который наложили на него люди. Это слово употребляется особенно в тех местах, где говорится о современном мире, настоящем лукавом веке (Гал. 1:4), в противоположность будущему веку (Лук. 20:34 и дал.; Евр. 6:5). Так, напр., Писание говорит о заботе века сего (Мат. 13:22); о сынах века сего (Лук. 16:8), о мудрости века сего (1 Кор. 2:6 и дал.) и т. д. Диавол называется богом века сего (2 Кор. 4:4; срав. Рим. 12:2; 1 Тим. 6:17; 2 Тим. 4:10). В Еф. 2:2 "айон" в соединении с третьим словом "космос" переведены словами: "обычай мира сего". Во всех приведенных местах слово "век" обозначает нечто отрицательное, противоположное будущему. Срав. также Еф. 1:21; Мат. 12:32, где этот век и будущий упоминаются без указания на их положительное или отрицательное значение. В некоторых местах говорится о нескольких веках, предшествующих последнему, как, напр., в Евр. 9:26, где сказано, что Христос явился однажды к концу веков, т. е. веков В. Завета, и в 1 Кор. 10:11, где говорится, что христиане того времени достигли последних веков. Слово "айон" здесь употребляется почти в том же значении, что и в тех местах, где имеется в виду совокупность всего созданного в пределах времени или века. Так, напр., Бог называется Царем времен или веков (1 Тим. 1:17), ибо Он создал их Своим словом (Евр. 11:3) через Сына (1:2).

Третье слово "космос", собственно, украшение, как, напр., в 1 Пет. 3:3; или совокупность действующих сил, как, напр., язык — "космос неправды", по-русс. прикраса неправды (Иак. 3:6) — обозначает вселенную (мир), в смысле того самого целого, приведенного в порядок, которое в Быт. 1:1 называется небом и землею; напр., "Бог сотворил мир (космос) и все, что в нем" (Деян. 17:24; начало мира (космоса) Мат. 24:21; основание мира (космоса Иоан. 17:24); создание мира (Рим. 1:20; Еф. 1:41). Это слово употребляется также в более узком смысле: напр., "все царства мира" (Мат. 4:8), "свет мира сего" (Иоан. 11:9), т.е. свет солнца; срав. Мат. 26:13; 2 Пет. 3:6; и затем, вообще, людей или человечество: поле есть мир (Мат. 13:38); Агнец Божий берет на Себя грех мира (Иоан. 1:29); Бог возлюбил мир (Иоан. 3:16); Христос пришел в мир (Иоан. 9:39; Евр. 10:5). Это слово также употребляется по отношению к языческому миру, в противоположность евреям: "богатство миру" и "примирение миру" (Рим. 11:12, 15); а во 2 Кор. 5:19, — без этого ограничения. В этом смысле говорится о свете мира (Мат. 5:14; Иоан. 8:12), Спасителе мира (Иоан. 4:42; 1 Иоан. 4:14); "поступать в мире" (1 Иоан. 4:17) и т. д. Иногда слово "космос" обозначает общество, народ, большое количество людей, как, напр., там, где сказано: "весь мир идет за Ним" (Иоан. 12:19; Срав. 14:19, 22; 18:20).

От выщеупомянутого значения слова космос, как человечества вообще, следует отличать те места, где оно поставлено для обозначения этого мира, или человечества, и мирских вещей, как враждующих против Бога. В таком значении, но также и в предыдущих, это слово встречается в Писании, преимущественно у Иоанна, не менее 100 раз. Сюда принадлежат те места, где говорится, что весь мир лежит во зле (1 Иоан. 5:19); о князе мира (Иоан. 12:31), о духе мира (1 Кор. 2:12), о мудрости мира (1:20), о веке мира сего (Еф. 2:2); быть от мира сего, быть не от сего мира (Иоан. 8:23), говорить по мирски (1 Иоан. 5:4). В этом смысле Иисус сказал: "Я не о мире молю" (Иоан. 17:9), ибо Он не мог молиться о его сохранении, но об его обращении (ст. 21, 23); как и на кресте. Он молился за Своих убийц Лук. 23:34). В первом значении сказано, что Христос пришел не для того, чтобы судить мир, но чтобы спасти мир (Иоан. 3:17; 12:47); в последнем же, что Он пришел в мир на суд (Иоан. 9:39; Срав. 12:31, 48). В первом смысле сказано, что Бог возлюбил мир

(Иоан. 3:16), в последнем Иоанн говорит: не любите мира (1 Иоан. 2:15; Срав. Иак. 4:4). С этой же точки зрения сказано, что мир погибнет (1 Иоан. 3:17), и будет осужден (1 Кор. 11:32) и что царство этого мира будет царством Господа нашего и Его Помазанника (Отк. 11:15).

Второзаконие — евр. Оварим.
Второзаконие (Пятая книга Моисеева), т. е. второй закон, или повторение закона, охватывает два последних месяца сорокового года. Она содержит увещания Моисея (гл. 1-4) и повторение уже данного закона с некоторыми изменениями, вызванными обстоятельствами (гл. 5-26); в ней торжественно объявляется Божие благословение на исполняющих закон и также Его проклятие на нарушающих его (гл. 27-30). Книга заканчивается прощальной песнью Моисея, его благословением, смертью и вступлением в его обязанности Иисуса Навина (гл. 31-34). В этой книге находим заботливость, мудрые поучения, увещевания и горячую любовь. Вся она свидетельствует о Моисее, как об истинном патриоте (друге своего народа), верном служителе в доме Божием и пророке. Эта книга часто цитируется позднейшими авторами. Сам Господь воспользовался ею, как орудием против трех искушений от диавола (Мат. 4:4 и дал.; Срав. Втор. 8: 3; 6:13; 10:20).

Вугеянин, название показывающее происхождение Амана (Есф. 3:1, 10; 8:3, 5). По объяснению Иосифа Флавия, это название обозначает то же, что и амаликитянин.

Вуз — Буз.
Вуз, второй сын Нахора (Быт. 22:21) племя Вуз (Буз у Иер. 25:23), к которому принадлежал и Елиуй, друг Иова (Иов. 32:2).

Вульгата. Смот. "Библия".

Высоты (евр. бамот). Хананеяне и другие древние языческие народы часто совершали свои богослужения на холмах, горах и искуственно сделанных высотах. Израильтянам было повелено разрушать эти посвященные идолам места (Втор. 12:2), но вместо того они, подражая язычникам, сами стали поклоняться на высотах, сначала Иегове (1 Цар. 9:12; 3 Цар. 3:2 и дал.), а потом и идолам (3 Цар. 11: 7; 4 Цар. 17:10 и дал.). Израильтяне даже строили капища на высотах (3 Цар. 13:32; 4 Цар. 17:29) и посвящали священников (3 Цар. 12:32; 4 Цар. 17:32). Пока храм в Иерусалиме не был построен, допускалось поклонение Иегове на высотах. Напр., Самуил приносил жертвы в тех местах, где не было ковчега. Еще во время Давида приносили Богу жертвы в Силоме, Иерусалиме и Гаваоне. С течением времени еврейское слово "бамот" получило более широкое значение, так что говорится о высотах или идольских жертвенниках, которые находились в долинах (Иер. 7:31; 32:35). Идольское служение на высотах особенно процветало в царстве Израильском. Езекия и Иосия ревностно искореняли это идолослужение (4 Цар. 18: 4; 2 Пар. 31:1; 4 Цар. 23:4 и дал.).

Высоты Исааковы. Смотри "Дом Исааков".

Жертвенник.

Г

Гаал, сын Еведа, предводитель Сихемских жителей восставших против Авимелеха, которым он, однако, был разбит на голову (Суд. 9:26 и дал.).

Гааш, гора в колене Ефремовом, с северной стороны которой был расположен город Иисуса Навина Фамнаф-Сараи (И. Нав. 24:30). По близости от нее, согласно 2 Цар. 23:30; 1 Пар. 11:32, были ручьи и долины рек. Сравни "Фамнаф-Сараи".

Гаваон — Гивóн.
Гаваон, большой царский город в Ханаане (И. Нав. 10:2), один из четырех укрепленных городов у евеев (И. Нав. 9:17). Жители этого города, услышав о победах Иисуса Навина, хитростью добились от него пощады: они послали к нему послов в ветхой одежде, обуви и т. д., которые сказали израильтянам, что страна их настолько далека, что одежды успели износиться и хлеб засохнуть в пути, и просили заключить с ними союз. Три дня спустя израильтяне уже подошли к их городам и узнали об их хитрости, но сдержали данное им обещание. Иисус Навин узнав об их обмане, сказал: "за это прокляты вы! без конца вы будете рабами, будете рубить дрова и черпать воду для дома Бога моего" (И. Нав. 9:3 и дал.). Вскоре после этого пять аморрейских царей выступили против израильтян расположив стан у Гаваона, но были разбиты И. Навином на голову. Когда они бежали от израильтян, то Господь бросал на них с небес большие камни до самого Азека, и они умирали; и было больше умерших от камней Господних, нежели от меча сынов израилевых (10:1 и дал.). По слову Иисуса в этот день солнце остановилось над Гаваоном и луна над долиною Аиалонскою, пока народ истреблял врагов своих. Гаваон был отдан колену Вениаминову и стал одним из левитских городов (18:25; 21:17). Здесь произошло кровавое сражение между войсками Давида и Иевосфея (2 Цар. 2:12 и дал.). В Гаваоне долгое время находилась скиния собрания (1 Пар. 16:39; 21:29). Во время Соломона здесь было главное место для принесения жертв. В Гаваоне Господь явился молодому Соломону во сне ночью (3 Цар. 3:4 и дал.).

Из 2 Цар. 21:2 и дал. видно, что Саул убил некоторых из Гаваонитян и намеревался совсем истребить их. В наказание за это в стране в дни Давида наступил голод, продолжавшийся в течение трех лет. Когда Давид узнал от Господа причину его (21:1) и услышал о том же от некоторых гаваонитян, то спросил их, чего они желали бы в возмездие за человекоубийство. Гаваонитяне потребовали выдачи 7 человек из потомком Сауловых, чтобы повесить их в Гиве Саула. Давид отдал им двух сыновей Рицпы и пять сыновей Мелхолы, и они были повешены на горе в Гиве. Рицпа сторожила все лето их мертвые тела, так что ни птицы днем, ни звери ночью не коснулись их. Давид, узнав об этом, велел похоронить их кости вместе с костями Саула и Ионафана во гробе Киса. И Бог умилостивился над страною (2 Цар. 21:1 и дал.). От Гаваона сохранились развалины в небольшом селении Эль-Джиб, в 5-ти км к северо-западу от Иерусалима; сохранился также большой водный резервуар, прежний Гаваонский пруд (2 Цар. 2:13).

Гавафа — Бигтан.
Гавафа — имя евнуха (привратника), который вместе с товарищем Фаррой замышлял наложить руку на царя. Но этот заговор был открыт слышавшим их разговор Мардохеем (Есф. 2:21).

Гаввафа, (т. е. возвышение) арамейское название места, которое по гречески называлось "Лифостротон", т. е. каменный помост. Вероятно, это — открытая, выложеная мозаикой площадка перед дворцом римского наместника в Иерусалиме. Там Пилат сел на судейское место, чтобы судить Иисуса (Иоан. 19:13).

Гавриил, т. е. Сила Божия или муж Божий, — ангел, который послан был к Даниилу (Дан. 8:16; 9:21). Захарии (Лук. 1:11, 19) и к Деве Марии (ст. 26 и дал.).

Гадад, Едомский царь, поразивший мидианитян (Быт. 36:35).

Гададриммон по Зах. 12:11 и по 2 Пар. 35:20 и дал. — место на равнине Мегиддо, где был оплакан Иосия, царь иудейский.

Гадание и колдовство с употреблением различных средств, как, например, чаш (Быт. 44:5), жезлов (Ос. 4:12), стрел, внутренностей животных (Иез. 21:21) было воспрещено законом под страхом строжайшего наказания (Исх. 22:18; Лев. 19:26, 31; 20:27). По 1 Цар. 15:23, непокорность такой же грех, что и волшебство. Это мы видим из того, что цари-идолопоклонники особенно покровительствовали гадателям, ворожеям и прорицателям 4 Цар. 21:6; 2 Пар. 33:6). Пророки обличали эти преступления (Ис. 47:12 и дал.; Иер. 23:32; Иез. 13:6 и дал.; 21:21). Из Ис. 8:19, видно, что чародеи и чревовещатели, шепча и бормоча, как бы подражали выходцам из могил. Во время Христа и апостолов черная магия была повсеместно распространена, что видно из рассказов о волхве Симеоне (Деян. 8:9 и дал.), Варисусе (Деян. 13:6), служанке, одержимой духом прорицательным (16:16), иудейских заклинателях (Лук. 11:19; Деян. 19:13) и о торговле чернокнижием в Ефесе (Деян. 19:19).

Гадаринская страна (Мар. 5:1; Лук. 8: 26) или Гергесинская (Мат. 8:28) расположена к востоку от Геннисаретского озера. Там Иисус исцелил бесноватого и позволил бесам войти в стадо свиней, которое бросилось после того с обрыва в море и погибло в нем (Мат. 8:30 и дал.; Мар. 5:11 и дал.; Лук. 8:30 и дал.). Эта местность находилась на юго-восточном берегу Геннисаретского озера; она называлась Гадаринской страной по имени города Гадары, одного из 10 городов, называемого Иосифом Флавием "столицею Переи". Развалины этого города, как полагают, находятся в Ум-Кейс, к югу от реки Ярмука, в 10 км от южной части озера. В Евангелии говорится, что когда стадо свиней бросилось с крутизны в море, пастухи побежали и рассказали об этом в городе (Лук. 8:34); возникает вопрос: в каком городе? в Гадаре? Вряд ли; ибо Гадара была расположена в одной миле от моря, по ту сторону Ярмука, и совсем не против Галилеи (Лук. 8:26). Местечко Керса, находящееся посредине восточного берега Геннисаретского озера, называвшееся прежде Гергеса, вероятно, и есть то место, где Иисус вышел на берег и где тотчас встретил Его человек, одержимый нечистым духом (Мар. 5:2). Около Ум-Кейса и около Керсы в горах находится много могильных пещер. Близ Керсы возвышается также крутая гора, с которой свиньи могли броситься в море. Кроме того, Керса расположена как раз против Галилеи.

Гадар — Адар .

Гадар — Едомский царь (1 Пар. 1:50), живший, вероятно, во время Моисея (Быт. 36:39). Возможно, что Моисей к нему отправил посольство (Чис. 20:14).

Гадасса. Смотри "Есфирь".

Гадер. 1) хананейский царский город, покоренный И. Навином (И. Нав. 12: 13).

2) башня или место близ Вифлеема (Быт. 35:21), по-еврейски Мигдаледер.

Гадорам (Адорам), один из сыновей Иоктана (Быт. 10:27). Предполагают, что упоминаемые Птоломеем адрамиты, жившие у Персидского залива, были его потомками.

Гад (т. е. счастье или отрада).

1)Седьмой сын Иакова, первенец от Зелфы (Быт. 30:10 дал.; 49:19), был отцом семи сыновей (48:16).

2) верный пророк Давида, руководивший им, когда он убежал от Саула, и часто посылаемый к нему со словом от Господа (1 Цар. 22:5; Цар 24:11; 1 Пар. 21:9). Он оставил после себя исторические записки о Давиде (1 Пар. 29:29) и руководство относительно игры на музыкальных инструментах в храме (2 Пар. 29:25).

3) языческое божество, бог счастья, по предположению, планета Юпитер, которой вместе с Мени (вероятно, богиня судьбы или Венера) поклонялись некоторые евреи (Ис 65:11).

Гаенам — Аейнам.

Гаенам, т. е. двойной источник, город в низменной части Иудеи (И. Нав. 15: 34), то же место, что и Енаим (Быт. 38:14) по дороге между Одолламом и Фамной. Теперь он называется Бейт Еиан и находится к северо-востоку от Иерусалима.

Газа — Аза.

Газа, самый южный и главный из 5 филистимских царских городов; раньше он принадлежал аввеям (Втор. 2:23); как пограничный с Палестиною город, он имел значение с самых древних времен (Быт. 10:19). Хотя Газа и была назначена колену Иудину, все же оно не получило его во владение (И. Нав. 10:41; 11:22; 15:47; Суд. 1:18; 16: 1). Здесь филистимляне держали в заключении Самсона; здесь же он разрушил храм Дагона, под развалинами которого погиб он и филистимляне (Суд. 16). Газа упоминается несколько раз, как граница, до которой доходили победы еврейских царей над филистимлянами (3 Цар. 4:24; 4 Цар. 18:8). Впоследствии Газа находилась под властью халдеев, персов, египтян (Иер. 47:1; Срав. Ам. 1:6; Зах. 9:5) и, наконец, римлян. Современная Газа — значительный портовый город, с арабским населением в 88 тысяч в самом городе и 30,5 тысяч в пригородках (1967 г.). В большинстве своем они беженцы периода войны 1948 года.

Газер. 1) хананейская столица (И. Нав. 10:33; 12:12) на границе колена Ефремова, между Беф-Ороном и Средиземным морем (И. Нав. 16:3). Хотя он и был назначен для жительства левитам (И. Нав. 21:21; 1 Пар. 6:67), однако долгое время был населен хананеями — пока не был, наконец, разрушен фараоном и отдан его дочери, жене Соломона, в приданое (3 Цар. 9:16). Соломон укрепил его (3 Цар. 9:15-17).

2) Смотри "Год".

Гаий. 1) македонянин — спутник Павла в его путешествиях, жизнь которого подвергалась опасности в Ефесе (Деян. 19:29).

2) коринфянин, крещеный Павлом (1 Кор. 1:14). Павел называет его "странноприимец мой и всей церкви" (Рим. 16:23). Вероятно, потому, что христиане собирались в его доме.

3) Гаий дервиянин, сопровождал Павла в его последнем путешествии в Иерусалим (Деян. 20:4).

4) "Возлюбленный Гаий", к которому написано 3-е послание Иоанна. Возможно, что это одно из вышеупомянутых лиц.

Гай (евр. Ай) Быт. 12:8; Неем. 11:31; в Ис. 10:28 — Аиаф, — хананейская столица восточнее Вефиля, по соседству с которой некогда поселился Авраам и построил жертвенник (Быт. 12:8; 13:3). Далее, Гай нам известен, как место, где Иисус Навин из-за Ахана потерпел поражение (И. Нав. 7) и где затем победил амаликитян (И. Нав. 8:1-30). Иисус Навин сжег Гай и "обратил его в вечные развалины" (И. Нав. 8:28). Впоследствии Гай снова был выстроен (Ис. 10:28; Езд. 2:28). Восточнее Вефиля находятся развалены Тель-Хаджар, т. е. груда камней, на месте которых и был, вероятно, Гай.

Галаад — Гила́д.

Галаад. 1) сын Махира, внук Манассии, праотец "поколения Галаадова" (Чис. 26:29 и дал.), находившегося в страшной вражде с коленом Евфремовым, которых они называли перебежчиками (Суд. 12:4 и дал.).

2) отец Иеффая (Суд. 11:1 и дал.).

3) (т. е. холм свидетельства), еврейское название, данное Иаковом памятнику, поставленному в знак заключения союза между им и Лаваном. Лаван назвал этот памятник по-сирийски: Иегар-Сигадуфа, обозначающее то же, что и Галаад. Его назвали также Мицпе, т. е. стража (Быт. 31:45 и дал.).

4) Галаадская гора или "Земля Галаад"; это название часто распространяется на всю нагорную местность к востоку от Иордана, расположенную между Геннисаретским озером, на севере и Арноном, впадавшим в Мертвое море, на юге (Быт. 31:21; Чис. 32:1; Псл. 59:9). В И. Нав. 12:2, 5 различают половину Галаада к югу от Иавока и половину к северу от этого притока Иордана. Горная страна к югу от Иавока, по всей вероятности, получившая свое название от горы Галаада и еще ныне называемая Джебел Джелаад, в древности была известна хорошими пастбищами (Чис. 32:1) и целебным бальзамом (Быт. 37:25); — "бальзам в Галааде" (Иер. 8:22; 46:11). Северная часть между Ярмуком и Иавоком, называемая теперь Джебел Аджлун, описывается путешественниками, как одно из лучших мест страны. Вечнозеленые дубовые леса и фисташковые рощи покрывают вершины Галаада. На уступах гор возделывают виноград, а в долинах — оливковые, апельсиновые и другие плодовые деревья. Земля покрыта роскошным ковром цветов. С значительных высот открываются обширные виды на большую часть Палестины с одной стороны и на равнины Аврана с другой. Горный воздух чист, прозрачен и живителен. Повсюду встречаются развалины, свидетельствующие о культуре и трудолюбии прошлых поколений; Срав. П. Песн. 4:1; 6:6. По покорении страны к востоку от Иордана, Моисей назначил южную часть до Арнона коленам Рувимову и Гадову, северную же часть с Арноном и Васаном — половине колена Манассиина (И. Нав. 13). С того времени "Галаад и Манассия" (Псл. 59:9) или "Галаад и Васан" (4 Цар. 10:33; Мих. 7:14) стало общим названием всей Заиорданской страны.

5)В таком широком значении название Галаад упоминается в некоторых местах Писания, заключая в себе Васан и всю восточную землю до Ермона. Так, напр., в Втор. 34:1 Господь показал Моисею с горы Фасги "всю землю Галаад до самого Дана"; Срав. И. Нав. 22:9; Суд. 20:1 и 4 Цар. 10:33, где сначала упоминается земля Галаад с коленами Гадовым, Рувимовым и Манассииным и потом особенно "Галаад и Васан". Земля Галаад подверглась опустошениям со стороны сирийских и ассирийских завоевателей Азаила и Феглаффелласара, после чего Израильское царство там больше не восстановлялось (4 Цар. 10:33; 15:29). О восстановлении Галаадской страны имеются обетования у Авд. 19; Мих. 7:14.

6) Упоминаемый у Осии 6:8 "город нечестивцев, запятнанный кровью", может быть, тот город (Суд. 12:7), где был похоронен Иеффай (возможно, что в Мицпе). На горе Джелаад, к югу от Иавока, найдены развалины, называемые Джалуд, которые, по предположению, некогда были городом Галаадом.

7) Гора Галаад (упоминается в Суд. 7:3) не имеет ничего общего с предыдущей горой (смот. 4). Там Гедеон получил повеление провозгласить собранным в долине Изрееля войскам, чтобы робкие и боязливые возвратились обратно с горы Галаад. Из этого видно, что гора Галаад находилась также к западу от Иордана. Может быть, это была одна из частей горы Гелвуй.

Галатия, область в Малой Азии, граничащая на севере с Пафлагонией и Вифинией, на востоке с Понтом и Каппадокией, на юге с Каппадокией и Фригией, на западе с Фригией и Вифинией. Она получила свое название от Галлов, — народа кельтского племени, которые в 389 г. до Р.Хр. сожгли Рим, 100 лет спустя они вышли из своих селений (на левом берегу реки Рейна) и проникли вдоль Дуная во Фракию и Грецию, произведя там ужасное опустошение. Около 280 года до Р.Хр. они вторглись в Малую Азию,

Рыболовы на берегу Галилейского моря. Вид вызывающий воспоминания о Андрее и его брате, Симоне Петре.

где, смешались с коренными обитателями, получили название галатов или галлогреков. Они пользовались самостоятельностью до 26 г. до Р.Хр, после чего Галатия сделалась римской провинцией. Главными городами были Анкира, Тавиум и Песинус. Свой прежний кельтский язык они сохранили до времен Иеронима, хотя греческий язык был также в употреблении между ними. По отзывам современников, это были храбрые, вспыльчивые, но непостоянные люди. (Срав. Гал. 4:15; 5:7). После покорения римлянами они более и более стали предаваться мирному труду и сделали свою страну одною из самых цветущих. Евангелие Христово проповедывалось среди них Павлом около 51-52 г. по Р.Хр., незадолго до его первого путешествия в Европу (Деян. 16:6). Он посетил их вторично (Деян. 18:23) и позднее послал к ним Крискента (2 Тим. 4:10). Срав. также 1 Кор. 16:1; 1 Пет. 1:1.

Галгал, т. е. сваливание.

1) первая стоянка Израиля после перехода через Иордан (И. Нав. 4:19), где они поставили 12 камней, которые взяли со дна Иордана (стихи 20-24), и где они все были обрезаны и, следовательно, "стыд" (крайняя плоть) Египта был снят или "свален". После обрезания они праздновали первую Пасху в земле ханаанской (И. Нав. 5:9 и дал.). Галгал надо разыскивать, вероятно, на небольшом круглом холме Тель-Джелджул., между Иерихоном и Иорданом. В Галгале Самуил в определенное время судил народ; здесь Самуил и Саул принесли Богу жертву и здесь венчался на царство Саул (1 Цар. 7:16; 10:8; 11:15; 13:7 и дал.). Позднее здесь была школа пророков (4 Цар. 4:38), а еще позднее — главное место идолослужения (Ос. 4:15; 9:15; 12:11; Ам. 4:4); склоняться к этому народ начал во времена Судей (Суд. 3:19).

2) Тот Галгал, откуда пророк Илия пред взятием его на небо пришел в Вефиль (4 Цар. 2:1) и на который, может быть, указывается в Втор. 11:30. Между Иерусалимом и Сихемом на расстоянии 10 км к северу от Вефиля, действительно находятся развалины по имени Джилджилис.

3) царский город, завоеванный Иисусом Навином (И. Нав. 12:23), может быть, теперешний Джиджилис, в 15 км к северо-востоку от Яффы.

4) пограничное место в колене Иудином (И. Нав. 15:7) может быть то же, что и Галгал.

Галилейское море. Смот. "Геннисарет".

Галилея (от евр. слова галил, т. е. кольцо, округ), область в Палестине. Сначала это название обозначало небольшое пространство около Кедеса на горе Неффалимовой (И. Нав. 20:7), где были расположены те 10 городов, которые Соломон отдал Хираму, царю Тирскому (3 Цар. 9:11). Пророк Исаия называет эту страну "Галилеей языческой" (Ис. 9:11), так как в ней жило много язычников, во-первых потому, что колено Асирово не овладело берегом моря и оставило его, таким образом, открытым для финикиян; во-вторых, там проходили большие торговые дороги "путь приморский" (Мат. 4:15) и, в третьих, Феглаффелласар, вместо выселенных им израильтян, поселил там язычников (4 Цар. 15:29). Чужеземцы постепенно распространялись там больше и больше, оставляя за новыми местами поселения старое название; таким образом, Галилея, наконец, сделалась одной из самых крупных провинций Палестины включая в себе уделы 4 колен:

Иссахарова, Неффалимова, Завулонова и Асирова.

Граница Галилеи на юге вдоль горы Кармила и холмов Самарии до горы Гелвуя, откуда через долину Изреельскую простиралась до Иордана; восточной границей служил Иордан, Геннисаретское озеро и Верхний Иордан, на западе же она граничила с владениями финикиян. Область разделялась на верхнюю и нижнюю Галилею; первая, северная, была малонаселенной гористой страной, заключая в себе Изреельскую долину, и была одной из самых богатых и красивых местностей Палестины. По Иосифу Флавию, в Галилее было не менее 404 городов и селений. Здесь, между прочим, находятся города: Назарет, Кана и Капернаум. В Галилее Господь Иисус провел большую часть Своей жизни; здесь же Он совершил большинство известных нам чудес. Свою молодость Он провел в Назарете. Когда Он выступил как Учитель, то переселился в Капернаум (Мат. 4:13; 9:1). Три первые Евангелия описывают, главным образом, деятельность Христа в Галилее. Евангелие от Иоанна повествует о Его деятельности в Иудее.

Природу этой страны один путешественник изображает в следующих словах: "Галилея с древних времен была сплошным и прекрасным садом Сирии и могла сделаться таковым и для всего мира. Здесь произрастает все, начиная с египетских пальм до каспийских грецких орехов. В то время как нагорная часть северной Иудеи гола и пустынна, а равнины Сарона высушены и выжжены, долины Галилеи почти везде покрыты манящей зеленью и цветами. Дубовые леса украшали склоны Кармила. Кедры прячутся в ущельях Хермона. Мирты и мириады померанцевых цветов наполняют воздух ароматом. Всякий холм — виноградник, и всякая равнина — хлебное поле. В дельте Нила солнца больше, чем в Галилее; окрестности Гренады не более живописны; ковры лугов Дамаска не более зелены и красивы, ибо зной здесь умеряется освежающими дождями и воды собираются не в пруды и болота, а в проточные полноводные реки впадающие в море". (Диксон).

Жители Галилеи были в презрении у остальных евреев, из-за их смешанного происхождения и религии (Иоан. 7:52; Деян. 2:7), а также их диалекта (Мат. 26:73; Мар. 14:70). Название "мужи Галилейские" в устах врагов было почти оскорблением, как признак принадлежности апостолов Тому, Кто первый зажег свет в "Галилее языческой" Деян. 1:11).

Галлион, областной правитель или проконсул Ахаии (Деян. 18:12 и дал.). Он отказался выслушать жалобы евреев на Павла, не желая быть судьею в вопросах веры. Описывается своим братом, философом Сенекой, и другими, как симпатичный и приветливый человек; хотя он и льстил императору Нерону, но это не спасло его от немилости: он был казнен. Галлион был первым судьей в Европе, который высказался за принцип полной свободы совести.

Гама (Ам) — местность, где жили Зузимы (Быт. 14:5); может быть, что и Равва.

Гамалиил — Гамлиэль.

Гамалиил. 1) Фарисей и законник, пользовавшийся почетом в Иерусалиме; по преданию, внук известного раввина Гиллеля; как член синедриона, подал свой голос против гонения христиан и, таким образом, спас апостолов от позорной смерти (Деян. 5:34 и дал.). По Деян. 22:3, Павел был его учеником.

2) сын Педацура, вождь колена Манассиина (Чис. 1:10; 10:23).

Гамона, т. е. "полчище", город в "долине полчища Гога", подобный городу состоящему из могильных холмов, после большого поражения Гога и его войска (Иез. 39:16).

Гаон. Смот. "Гиввефон".

Гареб (Гаре́в), один из героев Давида (2 Цар. 23:38).

Гариф — холм около Иерусалима, упоминаемый у Иер. 31:39 вместе с Гоафом; местоположение их неизвестно.

Гаризим, гора в колене Ефремовом к югу от Сихема; с этой горы во время Иисуса Навина были произнесены благословения; проклятие же провозглашались с расположенной напротив горы Гевал (Втор. 11:29; 27:12 и дал.; И. Нав. 8:33 и дал.). С этой горы Иофам произнес свою притчу о деревьях (Суд. 9:7 и дал.). Здесь был построен после Вавилонского плена самарийский храм . Срав. Иоан. 4:20. См. "Самаряне". Гора Гаризим, называемая теперь Джебель-Эль-Тор, возвышается около 800 метров над уровнем моря и 250 м. над долиною Сихема. Гевал — немного выше.

Гахил — Хахила.

Гахил — холм поросший лесом в пустыне Зиф, где Давид спрятался от Саула (1 Цар. 23:19; 26:1). Срав. "Зиф 2".

Гапор или **Гапар,** т. е. дом или селение, встречается в соединении с названиями местностей.

Гацар-Аддар (Хацар-Адар) (Чис. 34:4), "село Аддар", город на южной границе Палестины.

Гацар-Енан (Хацар-Эйнан) (Чис. 34:9; Иез. 47:17, город на северной границе Палестины.

Гацар-Тихон, город около границы Аврана (Иез. 47:16).

Ганор. 1) город в колене Вениаминовом

(Неем. 11:33), может быть, тот же, что и Ваал-Гацор.

2) или Хецрон (И. Нав. 15:25), город в южной части Иудеи.

Гацор-Хадаф (Хацор-Хадаш), т. е. новый Гацор, город в южной части Иудеи (И. Нав. 15:25).

Гаф-Риммон (Гат-Римом). 1) город левитов в колене Дановом (И. Нав. 19:45; 21:24; 1 Пар. 6:69).

2) город левитов в колене Манассиином (И. Нав. 21:25); называется также Ивлеам (И. Нав. 17:11; Суд. 1:27; 4 Цар. 9:27) и Билеам (1 Пар. 6:70), может быть, местность Бельамех, недалеко от Ен-Ганним или Дженин в южном направлении.

Гева или **Гива,** город левитов в колене Вениаминовом (И. Нав. 18:24; 21:17) близ Рамы (Неем. 7:30; Ис. 10:29) недалеко от северной границы Иудейского царства (4 Цар. 23:8). Поблизости от Гивы Давид разбил филистимлян (2 Цар. 5:25). Аса укрепил город, пользуясь развалинами Рамы (3 Цар. 15:22). Согласно с описанием в 1 Цар. 14:5, существует и теперь село Джева, расположенное в долине в 10-ти км к северо-востоку от Иерусалима. В северной части долины (Вади Сувейнит) находится до сих пор не изменивший своего названия "Михмас".

Гевал. 1) Город в Финикии (Иез. 27:9) в расстоянии около 20-ти км к северу от Бейрута; греки называли его Библосом. Город Тир нанимал наилучших плотников для постройки кораблей. Жители этого города помагали также Соломону в качестве плотников и каменотесов. В развалинах Гевала найдены большие плиты около 20 фут. длиною, подобные тем, которые имеются в Иерусалиме.

2) племя, которое воевало с израильтянами (Псл. 82:8); вероятно обитатели страны, которая впоследствии стала называться Геваленой (теперь Джебал) — северной гористой части Идумеи.

3) гора к северу от Сихема, напротив Гаризима, на которой Иисус Навин после покорения Гая по Божьему повелению через Моисея (Втор. 27:2 и дал.) построил жертвенник из неотесанных камней, на котором приносил жертвы всесожжения: "и поставил большие камни, обмазал их известью и написал на них слова закона" (И. Нав. 8:30 и дал.; Втор. 27:2). Шесть колен произнесли проклятие с горы Гевал, а шесть других — благословение с горы Гаризим (Втор. 11:29; 27:12 и дал.; И. Нав. 8:33 и дал.). Гора Гевал, которая остается по правую руку, когда едешь из Иерусалима в Сихемскую долину, теперь называется Джебел-Сулемие и возвышается, приблизительно, на 300 метров над долиной.

Гегай (Аге́), смотритель гарема при дворце Артаксеркса (Есф. 2:3, 8, 15).

Гедеон — Гидо́н.

Гедеон, сын Иоаса, потомок Авиезера, живший в городе Офра среди владений Манассии (Суд. 6:11; И. Нав. 17:2). Бог призвал его, когда он молотил пшеницу на гумне отца своего, чтобы спасти израильский народ от руки мадианитян. Он был пятый из израильских судей; о нем упоминается в 1 Цар. 12:11; Евр. 11:32. Уверенный в своем призвании многими знамениями, особенно знамением с росой и шерстью (Суд. 6:36 и дал.), он разрушил жертвенник Ваала в Офре (6:25 и дал.). за что и получил имя Иероваал, т.е. "да отмстит Ваал сам за себя" (стих 32). Гедеон выступил с отрядом в 300 воинов, отобранных по особому указанию Божию (Суд. 7:6), разбил большое войско мадианитян, убил их царей Зевея и Салмана, после чего земля покоилась в течение 40 лет (Суд. 7; 8:21, 28). Когда предлагали ему царское достоинство, он отказался от него, говоря, что один Господь должен владеть ими (8:23). С другой стороны, он согрешил, сделав из мадианитянской добычи истукана и поставив его в Офре; этот истукан ввел Израиля в соблазн, и они стали поклоняться ему (8:27). Гедеон умер в глубокой старости и был похоронен в Офре; после его смерти возобновилось поклонение Ваалу и народ израильский "дому Гедеонову не сделал милости за все благодеяния, какие он сделал Израилю". Во 2 Цар. 11:21 вместо имени Иероваал в подлиннике написано Иеруб-Безет, т. е. "Стыд да отомстит за себя". Гедеон имел много жен и 70 сыновей, кроме Авимелеха, сына наложницы (8:30, 31).

Гедероф (Гдеро́т), Гедера или Гедерофаим, города в низменной части Иудеи (И. Нав. 15:36, 41; 2 Пар. 28:18).

Гедор. 1) город в нагорной части Иудеи (И. Нав. 15:38).

2) город в колене Вениаминовом (1 Пар. 12:7) то же, что и Гадер.

Гелвуй — Гильбо́а.

Гелвуй — горная цепь, в юго-восточной части Изреельской равнины, известная, как место победы филистимлян над Саулом, убитым здесь с тремя своими сыновьями, между которыми был и Ионафан (I Цар. 31:1, 8; 2 Цар. 1:6, 21). По-арабски эта гора называется Джебель Факуда; там расположено селение под названием Джелбон.

Гемария. 1) сын Сафана, один из иудейских князей, имевших комнату около дома Господня, где Варух прочитал пророчества Иеремии перед всем народом (Иер. 36).

2) сын Хелкия, с которым Иеремия послал свое письмо пленникам в Ва-

вилоне (Иер. 29:3).

Геннисаретское озеро (Лук. 5:1) находится в Галилее. В древние времена оно называлось "Киннерет" (Чис. 34:11). Во времена Маккавеев озеро получило название Геннесар или Геннисаретское , по имении равнины, расположенной на его сев.-зап. берегу. Геннисаретское озеро в Новом Завете называется также Тивериадским (Иоан. 21:1) или Галилейским морем (Мат. 4:18). Это не море в настоящем смысле слова, а пресноводное озеро и притом незначительных размеров. Длина его около 20-ти км и наибольшая ширина — 10 км. В геологическом отношении озеро замечательно тем, что лежит на 225 м ниже уровня моря; его наибольшая глубина равна, приблизительно, 50 м. Берега весною покрываются пышной зеленью и цветами, чарующими взор. Путешествие вдоль берега, заросшего мальвами и олеандрами, высокими, как деревья, осыпанными душистыми цветами, не скоро забывается. От быстро наступающей жары растительность скоро блекнет. Горы вокруг озера не особенно высоки, что придает ландшафту мирный характер, особенно, если сопоставить его с дикими крутыми берегами Мертвого моря. Низкое и защищенное горами местоположение не препятствует однако сильным волнениям, вызываемым дующими между гор ветрами. В Геннисаретском озере наблюдается течение Иордана, протекающего с горы Гермона в Мертвое море. Огромные базальтовые скалы, теплые источники и частые землетрясения свидетельствуют о подземной вулканической деятельности. Вода мутновата и богата рыбой, как и во времена апостолов. Многолюдные города на берегу озера исчезли и не видно множества рыбачьих лодок, как в прежние времена (Мат. 4:18; Иоан. 6:23). Вода годна для питья, хотя несколько солоновата на вкус. Для охлаждения ее наливают на ночь в кувшины.

Геннисаретская страна — равнина на северо-западном берегу Геннисаретского озера (Мат. 14:34; Мар. 6:53).

Гера. Смот. "Деньги".

Герар, древний город. Уже в Быт. 10:19 о нем упоминается, как о хананейском пограничном городе, столице филистимского царя Авимелеха (Быт. 20:1; 26:1, 6; срав. 2 Пар. 14:13). Развалины его существуют под названием Ум Джерар, к югу от Газы, в широкой низменной долине; возможно, что это и есть упоминаемая в Быт. 26:17 Герарская долина.

Гергесеи, одно из хананейских племен (Быт. 10:16; И. Нав. 24:11).

Гергесинская страна. Смот. "Гадаринская страна".

Гесем — Го́шем.

Гесем — часть Египта, где жили сыны Израилевы; по указанию Св. Писания, это — северо-восточная часть Египта между Пелузийским рукавом Нила и Синайской пустыней.

Эта местность, как была, так осталась и до сих пор самой плодородной областью Египта (Быт. 45:10; 47:1). Здесь плодился и размножался Израильский народ (47:27). Здесь же они подвергались притеснению, но не были оставлены Богом (Исх. 8:22; 9:26).

Гессув — небольшая сирийская провинция в восточной области колена Манассиина, которую Израиль не смог приобрести себе в собственность; вероятно, она находилась где-нибудь около Гермона (И. Нав. 12:5; 13:13; 1 Пар. 2:23). Мааха, мать Авессалома, была дочерью царя этой провинции, почему Авессалом и мог, после убийства Амнона (2 Цар. 3:3; 13:37; 15:8), прожить здесь 3 года.

Гессуряне. 1) народ в Гессуре (Втор. 3:14; И. Нав. 13:11).

2) племя в пустыне к югу от филистимлян (И. Нав. 13:2; 1 Цар. 27:8).

Гешем — араб, современник Неемии, стремившийся насмешками и хитростью воспрепятствовать делу Божию (Неем. 2:19; 6:1 и дал.).

Местоположение древнего Герара, вид из западной стороны. Это месторождения Исаака.

Геф-Хефер, город в колене Завулоновом (И. Нав. 19:13), родина пророка Ионы (4 Цар. 14:25). По предположению, село Ель-Мешхад расположено на этом месте, в 5-ти км к северо-востоку от Назарета. Следовательно он был пророком из Галилеи, хотя фарисеи и заявляли обратное (Иоан. 7:52).

Гефер, сын Арама (Быт. 10:23).

Гефсимания — Гат-Шманим́.

Гефсимания, т. е. пресс для масла, небольшое селение с садом вне Иерусалима у западного подножия Масличной горы, куда часто удалялся наш Спаситель, и где Он перенес невыразимые душевные муки в ночь, когда был предан (Мат. 26:36; Мар. 14:32). Гефсимания находится по ту сторону Кедронского потока (Иоан. 18:1), где доныне показывают окруженный каменными стенами масличный сад, называемый Джесмание. Он представляет неправильный четырехугольник со сторонами длиною в 70 шагов. На стук в ворота открывает францисканский монах (католик), впускает посетителя и сопровождает его. В саду находится около 7 старых поддерживаемых камнями оливковых деревьев. Предание гласит, что эти деревья существуют со времени Иисуса Христа, но это сомнительно. Только в 16 столетии (не раньше) упоминается о старых оливковых деревьях на этом месте. Тит и Адриан велели срубить все деревья на большом расстоянии вокруг этого города. Вероятно, те старые деревья, которые показывают в этом саду, являются порослью от бывших при жизни Иисуса. Вокруг оливковых деревьев монахи насадили цветы: розы, нарциссы и т. под. Масло Гефсиманских маслин они продают за высокую цену. Из оливковых косточек делают четки. Вдоль внутренней стороны ограды монахи повесили образа, изображающие страсти Христовы начиная с Гефсимании и кончая Голгофой. Недалеко от этого места православные христиане владеют другой Гефсиманией, о которой утверждают, что она — подлинная. Однако она не производит впечатления древней.

Несмотря на все это, именно здесь где-нибудь и был расположен тот сад, в котором молился Иисус, переживая ужасные страдания (пот Его был, как крапли крови), и отдал Себя в руки грешников.

Гефское орудие (Псл. 8:1; 83:1), вероятно, обозначает особого рода струнный инструмент; слово "Гефское" (Гат — точило) наводит некоторых на мысль, что оно обозначает музыкальный инструмент, который употреблялся во время праздника жатвы.

Геф — Гат.

Геф, один из пяти филистимских городов (И. Нав. 13:3; 1 Цар. 6:17) — родина великана Голиафа (1 Цар. 17:4). О жителях их — исполинах срав. И. Нав. 11:22; 2 Цар. 21:19 и дал. Местоположение Гефа точно неизвестно. Здесь Давид искал спасения от Саула (1 Цар. 21:10) и царя Анхуса (1 Цар. 27:2 и дал.; Псл. 55). Впоследствии этот город подпал под власть Давида (1 Пар. 18:1). Из жителей Гефа у Давида был верный отряд в 600 человек под начальством Еффея (2 Цар. 15:18 и дал.). Позднее это владение было вторично закреплено Ровоамом и Осиею после борьбы с филистимлянами (2 Пар. 11:8; 26:6) и Иоасом — с сирийцами (4 Цар. 12:17; 13:25).

Гефяне, люди из Гефа — 600 человек, служившие у Давида (2 Цар. 15:18).

Гива, т. е. холм. 1) город в нагорной части Иудеи (И. Нав. 15:57).

2) местность в гористой части владений колена Ефремова, дарованная Финеесу, где он похоронил своего отца Елеазара, сына Ааронова (И. Нав. 24:33).

3) город во владении колена Вениаминова (Суд. 19:14), названный Гивой Вениаминовой (1 Цар. 13:2) и Гивой Сауловой (1 Цар. 11:4), как родина Саула (Ис. 10:29). Этот город известен также злодеянием, которое чуть было не повлекло за собою поголовное избиение всего колена Вениаминова (Суд. 19:20). Предполагают, что эта Гива — теперешний холм Тулель-ель-Фул, т. е. "малый молитвенный холм", к северу от Иерусалима. Вероятно, то же место упоминается у И. Нав. 18:28 под названием Гивеаф. Срав. "Гиваон".

4) холмы в городе Кириафиариме, где некоторое время в доме Аминадава стоял ковчег (1 Цар. 7:1; 2 Цар. 6: 3).

Гивеаф. Смот. "Гива 3".

Гиввефон и **Гавафон,** филистимский город во владении колена Данова, дарован левитам (И. Нав. 19:44; 21:23). Язычники долгое время жили в нем (3 Цар. 15:27; 16:15).

Гило, город-родина Ахитофела (2 Цар. 15:12) в нагорной части колена Иудина (И. Нав. 15:51). Теперь это село Бет Джала, расположенное недалеко от Вифлеема.

Гимзо, город в колене Иудином, отнятый филистимлянами от Ахаза 2 Пар. 28:18). Теперь он называется Джимзу и расположен между Вефороном и Лиддой.

Гин, народ, покоренный Давидом, жил в южной Палестине (1 Цар. 27:8).

Гирсам (Гершо́м), "пришелец в чужой земле" (Исх 2:22). Первый сын Моисея от Сепфоры (Исх. 2:22; 18:3; 1 Пар. 23:15).

Гирсон — Гершо́н.

Гирсон, старш. сын Левия (Быт. 46:11; Исх. 6:16), праотец рода Гирсонова, которых у Синая насчитывали 7.500 человек мужеского пола (Чис. 3:22). Их служба заключалась в перевозке всех тканей и покрывал скинии собрания. Для этого они получили две повозки и четырех быков (Чис. 4:24 и дал.; 7:7). Впоследствии они получили во владение 13 городов в северном Ханаане (И. Нав. 21:6; 1 Пар. 6:62, 71).

Гихон, одна из четырех рек Едема (Быт. 2:13). Смот. "Едем".

Гиффаим, город в колене Вениаминовом (2 Цар. 4:3; Неем. 11:33).

Гиацинт, смот. "Драгоценные камни".

Гиезий — Геха́зи.

Гиезий, слуга Елисея, посланный им к Сонамитянке (4 Цар. 4:12, 29). В возмездие за полученные от Неемана обманным путем подарки Гиезий был поражен неисцелимой проказой (4 Цар. 5.20 и дал.). Ранее он рассказывал Иораму о делах Елисея и помог Сонамитянке вернуть свое имение (4 Цар. 8).

Гион (евр. Гихон) — место, куда привели Соломона и где помазали его в цари (3 Цар. 1:33). По мнению многих, этим местом является долина к западу от Иерусалима, которая в южной своей части переходит в Енномову долину. Полагают, что вода, стекавшая с гор, скоплялась и сохранялась в двух больших прудах, существующих еще и до сих пор: "верхний Геон" (2 Пар. 32:30) или верхний пруд (теперь называемый Биркет ель Мамилла, по дороге к Яффским воротам), куда должен был пойти Исаия, чтобы встретить Ахаза (Ис. 7:3). Срав. Ис. 36:2, и "нижний пруд" (теперь Биркет ель Султан, значительно ниже первого, расположен на юго-запад от Сиона; Ис. 22:9). Иезекия построил водопровод от "верхнего Геона" к пруду, вырытому посреди Иерусалима (Биркет ель Хамман, близ храма гроба Господня (Ис. 22:11; 2 Пар. 32:3, 30; 4 Цар. 20:20). По мнению других, Гион иное название Силоамского источника.

Глазная мазь (Отк. 3:18), греч. коллирион, получалась из маленьких кругленьких лепешек, приготовленных из целительных веществ. Эти лепешечки растирали с елеем или другою жидкостью и полученную таким образом мазь употребляли, как средство против глазных болезней.

Глина. О приготовлении глины и пр. см. "Горшечник". О том, как глиной пользовались для печати (Иов. 38:14), см. "Печать". О еврейском слове "хемар" см. "Смола".

Гоаф, см. "Гарив".

Гоб — Гов.

Гоб — место, где Совохай и Елханан убили филистимских великанов (2 Цар. 21:18 и дал.). В 1 Пар. 20:4 назван "Газер".

Гог и Магог. В Быт. 10:2 упоминается между потомками Иафета. В Иез. 38:39 описывается Гог, князь в земле Магог, правящий и другими варварскими племенами: Роша, Мешеха и Фувала (Иез. 38:2), который с огромным войском идет походом против Св. Земли, но здесь терпит полное поражение от Господа. Магог, как полагают, обозначает Скифию, обширную степную страну к северу и северо-востоку от Кавказа и Каспийского моря, дикие полчища которой не раз заполняли землю. В связи с Отк. 20:7 и дал. явствует, что Гог и Магог обозначают державы языческого мира, которые, несмотря на прилагаемые ими неимоверные усилия против Царства Божия, не одолеют его.

Годолия — Гдальягу.

Годолия. 1) сын Ахикама и внук Сафана, секретаря царя Иосии, поставленный Навуходоносором правителем Иудеи после разрушения Иерусалима. Подобно своему отцу, он хорошо относился к Иеремии, который присоединился к нему. Дом Годолии в Массифе сделался убежищем для евреев из различных стран (Иер. 40). Два месяца спустя после назначения правителем, Годолия был убит Исмаилом (Иер. 41; 4 Цар. 25:22 и дал.).

2) сын Пасхова, один из нечестивых князей при дворе царя Седекии, он обвинял Иеремию в противогосударственной деятельности и с согласия царя бросил его в грязную яму, из которой Иеремия был вытащен Авдемелехом (Иер. 38:1 и дал.).

Год, евр. "шана", т. е. обновляющееся или возвращающееся. Известно, евреи вели счет по лунным годам, состоявшим почти из 354½ дней. Все время, начиная от исхода из Египта до конца Вавилонского плена и после этого времени, евреи начинали год с месяца Нисана, или апреля, см. статью "Месяцы". В противоположность этому, некоторые стремились доказать, что евреям с древних времен был известен египетский способ счисления солнечных годов с 12 месяцами, имевшими по 30 дней, и с пятью лишними днями; в доказательство этого указывали на рассказ о потопе, который продолжался 365 дней, с 17-го дня второго месяца 600-го года жизни Ноя до 27-го дня второго месяца его 601 года (Быт. 7:11; 8:14) и также на 365 лет жизни Еноха. По заповеди (Исх. 12:2), началом года считали месяц Нисан, но встречаются некоторые места, которые, повидимому, указывают на начало исчисления с Тишри, или октября, осенью, напр., там, где говорится об окончании сбора плодов земли и конце года (Исх. 23:16; 34:22), и также, что должно было считать субботний и юбилейный годы с Тишри, осенью (Лев. 25:9, 20 и дал.). Но в приведенных местах на это время указывается только, как на исходную точку для окончания земледельческих работ минувшего года и начало нового (срав. Ис. 37:30), но нельзя доказать, что здесь имеется в виду, так называемый, календарный год. Только после плена евреи начали считать начало года с Тишри и в этом месяце праздновать праздник нового года. Срав. "праздник труб". Есть предположение, что это исчисление употреблялось в древности, до перемены в Исх. 12:2.

По всей вероятности, евреи, по политическим соображениям, после плена приняли измененное исчисление. В продолжение истории Ветхого Завета они вели летосчисление от рождения патриархов (Быт. 7:11; 8:13) или от важнейших событий, как, напр., исхода из Египта (Чис. 33:39; 3 Цар. 6:1); построения храма (2 Пар. 8:1); Вавилонского плена (Иез. 33:21; 40:1); вступления на царство (Дан. 10:1; Агг. 1:1) и т. д., но во время Сирийского владычества они должны были принять Сирийское или Селевкидское исчисление времени, началом которого было покорение Вавилона Селевком в октябре 312 г. до Р.Хр. Однако еще в книгах Маккавеев находят древнее летосчисление с месяца Нисана (1 Макк. 10:21; 2 Макк. 15:36). Затем вернулись к Маккавейскому летосчислению с 143 г. до Р.Хр., но только на короткое время. Впоследствии было вновь принято Селевкидское летосчисление, приблизительно, до 11-го столетия, когда начали исчислять года от сотворения мира с 3761 г. до Р.Хр., так что 1914 г. по еврейскому летосчислению является 5674-5675 годом.

Гозан, теперь Каушан (у Птолемея Гауcанитис), местность в северной Месопотамии, Сеннахирим хвалился завоеванием этой местности (4 Цар. 19: 12; Ис. 37:12). Она орошалась рекой (4 Цар. 17:6), по берегам которой были расселены израильтяне (1 Пар. 5: 26). Срав. "Хавар".

Традиционное местоположения Голгофы.

Гоим. 1) народ или город царя Фидала, который участвовал в войне против царя Содомского во время Авраама (Быт. 14:1).

2) племя или местность, покоренное Иисусом Навином (И. Нав. 12:23), близ Галгала, к северо-востоку от Яффы (9). Срав. "Галгал 3".

Голан, значительный левитский город в колене Манассиином, к востоку от Геннисарета; один из трех городов убежища (Втор. 4:43; Иисуса Навина 20: 8; 21:27). По его имени названа провинция Голанитида, которая, по Иос. Флавию, была расположена к востоку от Галилеи. После смерти Ирода Великого она принадлежала тетрархии (области) Филиппа. Страна к востоку от Геннисаретского озера до Ермона доныне называется плато Голан.

Голгофа — место, где был распят Господь Иисус, находилась близ Иерусалима (Иоан. 19:20), вне стен города (Мат. 27:33; Мар. 15:22; Иоан. 19:17; Евр. 13:12). К ней примыкал сад с новой могилой, в которой тело Иисуса покоилось до воскресения (Иоан. 19:41). Название Голгофа, т.е. верхняя часть черепа, происходит от арамейского гулгулта, еврейского гулголет, и м.б. намекает на внешний вид местности: круглый холм. Но под этим названием нельзя подразумевать лобного места, т.е. обычного места казни с разбросанными черепами, что для евреев было мерзостью, да и едва ли какие-либо высокопоставленное лицо согласилось бы в таком неприятном соседстве иметь сад с могилой. Действительное местоположение Голгофы — предмет споров. Предание говорит, что оно находится внутри одной из часовень церкви Св. Гроба Господня, расположенной к северу от Сиона, внутри старого города. Церковь, по преданию, построена царицей Еленой в 335 г. по Р.Хр. Однако, трудно предположить, чтобы это место находилось вне городских стен во время Христа. Если к этому прибавить, что внутри храма показываются многие другие достопримечательности, как-то: камень (скала), который расселся во время смерти Христа; каменный столб, у которого бичевали Христа; большой камень, на котором Он сидел в терновом венце; большой камень, на котором обвили пеленами Его тело, и могилу, в которой Он покоился до воскресения, то особенно чувствуется правда слов, написанных по-гречески на мраморной доске над входом в святую могилу: "Что вы ищете живого среди мертвых? Его нет здесь: Он воскрес".

Голиаф — Голиа́т.

Голиаф. 1) филистимс. великан из Гефа, который вызывал соперника из войска Израилева и был поражен камнем, пущенным из пращи молодым Давидом, ставшим после этого любимцем народа (1 Цар. 17 гл.). Меч Голиафа хранился потом в святилище в Номве и был отдан бежавшему от Саула Давиду (1 Цар. 21:9; 22:10).

2) Во 2 Цар. 21:19 говорится о другом Голиафе из Гефа, которого убил вифлеемлянин Елханин.

Голубиный помет — евр. хирийони́м.

Голуб. помет. При осаждении Самарии сириянами голубиный помет служил пищей, которая дорого ценилась — 5 серебренников за 2 приблиз. стакана (4 Цар. 6:25). Некоторые думают, что под этим подразумевается скудная пища, приготовленная из растений. Во время голода в Англии в 1316 году, по свидетельству историков, ели собак, мышей и голубиный помет.

Гомер. 1) первый сын Иафета (Быт. 10: 2 и дал.), праотец киммерийцев (Аскеназ, Рифат и Фогарма), живших к северу от Черного моря, по имени которых полуостров Крым получил свое название (?).

2) См. "Мера".

Гомерь, дочь Дивлаима, блудница, на которой женился Осия (Ос. 1:3). Срав. "Осия".

Гоморра, один из хананейских городов в долине Сиддим, уничтоженный огнем с неба (Быт. 10:19; 18:20; 19:24; Мат. 10:15; 2 Пет. 2:6; Иуд. 7). Израиль назван "Гоморрским народом" — в Ис. 1:10; срав. Иер. 23:14.

Гора — евр. ар.

Гора. С горой Библия сравнивает божественную силу и непоколебимую благодать (Псл. 35:7; Ис. 2:2; 11:9; Иер. 31:23; Дан. 2:35). Гора обозначает безопасность и прибежище (Псл. 29:8; 120:1); или же препятствие и затруднение (Зах. 4:7; Мат. 17:20; 21:21; Мар. 11:23; срав. Псл. 96:5).

По словам одного писателя, все великие и славные дела Божии происходили на горах: на Араратской горе остановился Ноев ковчег (Быт. 8); на горе Мориа Авраам должен был принести своего сына в жертву Богу (Быт.22); на горе Синае дан был закон (Исх. 19); на этой же горе Господь говорил с Моисеем в течение 40 дней и 40 ночей (Исх. 24:16) лицом к лицу (Чис. 12:8); на Хориве пророку Илии явился Господь "в веянии тихого ветра" (3 Цар. 19); на Горах Гевал и Гаризим произнесены были проклятие и благословение народу израильскому (И. Нав. 8:33); на горах были построены пророческие школы (1 Цар. 10: 5); на горе Мория был построен Иерусалимский храм. Сам Христос любил горы: на горе Он преобразился и часто удалялся от народа на гору (Иоан. 6:15); на горе Он молился (Лук.

6:12). На Елеонской горе начались страсти нашего Господа Иисуса Христа. На одной из Галилейских гор, после Своего воскресения, Он дал великое поручение Своим ученикам; с Елеонской горы Он вознесся на небо. Все это имеет свое таинственное значение.

"Гора сонма богов" (Ис. 14:13). На нее хотел взойти вавилонский царь и быть подобным богам. Многие из древних народов полагали, что местопребыванием богов являются высокие горы в северных странах. Это представление они получили потому, что самые высокие горы они видели на севере. У индусов священной горой была Меру, у персов — Альбурди, у греков Олимп. Языческим священным горам противополагается св. гора Сион (Дан. 11:45; Псл. 86:2; Евр. 12:22; Отк. 14:14).

Гора Божия. См. "Синай".

Гора Господня (Чис. 10:33). См. "Синай".

Горе. См. "Похороны".

Горен-гаатад (евр. также Атад), место к востоку от Иордана, где Иосиф совершил 7-дневный плач по своем отце. Хананеяне назвали это место Абель-мицраим (т. е. плач египтян): Быт. 50:10, 11. В некоторых местах Сирии население еще и ныне совершает такой же плач по своим умершим.

Горлица́ — евр. ио́на.

Горлица (голубь), чистая по закону птица, употреблялась для жертвоприношений, особенно бедными людьми (Быт. 15:9; Лев. 5:7; 12:6 и дал.; Лук. 2:24). Горлица обозначала невинность и чистоту (Чис. 6:10; Песнь П. 5:2, 12; Мат. 10:16. Срав. выражение "моя голубица" Песн. П. 2:14) и, изредка, ограниченность знания (Ос. 7:11); голубь был вестником окончания Божьего наказания после потопа (Быт. 8:11), после крещения в Иордане Св. Дух спустился на Иисуса в виде голубя (Мат. 3:16; Лук. 3:22). У Ис. 60:8 сказано, что язычники будут стремиться к Богу, как голуби к своим голубятням. "Голубица, безмолвствующая в удалении" показывает тему псалма 55:1.

Горный промысел — добывание драгоценных и полезных металлов из недр земли. В Иов. 28:4, 10 встречаем указания на штольни и шахты; а 28:2, что медь выплавляется из руды. В окрестностях Едома недавно нашли ясные следы древне-египетской разработки медных рудников. Известно, что вблизи Пунона (Чис. 33:42) или Фенона, между Цоаром и Петрой, находились рудники, в которых работали многие христиане во времена гонений. См. "Пунон". О разработке металлов в самой Палестине в Библии не упоминается, хотя в этом отношении страна не была бедна (Втор. 8:9); особенно в северной части удела колена Асирова (Втор. 33:25). На Ливане имеются железные рудники, а также следы разработки железной руды.

Города убежища — евр. Аре́й-Гамикла́т. Города убежища. Шесть городов в различных частях Ханаана, выделенные Моисеем и Иисусом Навином по повелению Божию для того, чтобы там могли укрыться нечаянные убийцы от руки мстителя до дня смерти первосвященника, после чего убийца освобождался от ответственности (Чис. 35:6, 11 и дал.; Втор. 19:1 и дал.). Из этих городов три были на западной стороне Иордана: Кедес на Неффалимовой горе, Сихем на Ефремовой горе и Хеврон на горе Иудиной, а три на восточной: Бецер, Голан и Рамоф в Галааде (И. Нав. 20; Срав. Втор. 4:41 и дал.). Ясно, что эти города были избраны в зависимости от их высокого местоположения, вследствие чего они издалека были видны со всех сторон; дороги к ним предписывалось содержать в исправности (Втор. 19:3).

Город — евр. ир.

Город. Города в Палестине обыкновенно строились на возвышенностях, и обносились стеною для защиты от разбойников и разных хищников. Но нередко крепость, или укрепленное место, строилась на возвышенности, а остальная часть города была раскинута на склонах или у подножия горы; в случае опасности окрестное население находило убежище в этой крепости. Большие города не только обносились для защиты крепостными стенами с башнями и воротами (Псл. 106:16; Ис. 45:2), но также имели внутреннюю крепость или башню — последний оплот после занятия врагами города (Суд. 9:46, 51). Маленькие города или селения не были окружены стенами (Втор. 3:5). Иногда укрепления были из непрочного или горючего материала (Ис. 9:10; Ам. 1:7 и дал.). Для поддержания порядка и для несения дозорной службы имелись особые сторожа. См. 4 Цар. 9:17; Псл. 126:1; Песн. П. 5:7. Городские ворота были, обыкновенно, местом торга и отправления правосудия. Относительно величины палестинских городов, трудно сказать что-либо определенное. Вот некоторые факты: при взятии ханейского города Гая было убито 12.000 жителей (И. Нав. 8:25). О Гаваоне сказано, что, хотя этот город и был больше Гая, но он все-таки боялся, услышав о судьбе Гая (И. Нав. 10:2). В Гиве жило 700 отборных воинов, а вообще в городах Вениаминовых 26.000, обнажающих меч (Суд. 20:15). По Иос. Флавию, маленькие города Галилеи в его время имели по

15.000 жителей, большие города 50.000, а Иерусалим 150.000 жителей (?). Тот же автор говорит, что в одну Пасху было заколото 256.500 пасхальных агнцев, что соответствует, приблизительно, 2.000.000 человек, принимавших участие в празднике. Во время осады Иерусалима римлянами в нем было заперто более миллиона жителей.

Город Давида — евр. Ир-Давид.
Город Давида, так называется Сион (2 Цар. 5:7), Иерусалим (3 Цар. 2:10) и Вифлеем (Лук. 2:4, 11; Срав. 4 Цар. 14:20).

Город Пальм — евр. Ир-Атмарим.
Город Пальм, одно из названий Иерихона (Втор. 34:3; Суд. 1:16; 3:13; 2 Пар. 28:15). Во времена крестоносцев он имел то же название (Villa Palmarum); теперь пальмы Иерихона исчезли.

Город солнца, по евр. Ир-херес, один из 5 городов в земле Египетской, про которые сказано, что они будут говорить языком ханаанским (Ис. 19:18). Высказывается мнение, что это пророчество исполнилось при царе Птолемее, когда условия жизни в Египте были особенно благоприятны для евреев (там был сделан перевод Ветхого Завета с еврейского языка на греческий), и впоследствии, когда в первые столетия по Р.Хр. там проповедывалось Евангелие. Конечно, это отчасти так, но все-таки пророчество ожидает точного исполнения. Еврейское слово Ир-херес обозначает или город разрушения, или город солнца (Ир-херес — Гелиополис), который будет разрушен, как город, служащий солнцу, для того, чтобы некогда восстановиться, как город, в котором прославится Творец всего мира.

Города священников. См. “Пресвитер”.

Городской служитель (Деян. 16:35), римские ликторы, которые носили перед власть имеющими лицами, так называемые, “фасцее”, т. е. пучки розог, а иногда топор, и которые приводили в исполнение приговоры властей.

Горсть. См. “Мера”.

Горчичное зерно, одно из самых мелких зерен в израильском земледельческом обиходе; выростающее из него растение (Sinapis alba и nigra), в Палестине достигает в вышину до 4-х м и в его ветвях маленькие птицы находят себе отдых и корм (Мат. 13:31 и дал.; 17:20; Мар. 4:31 и дал.; Лук. 13:19; 17:6).

Горшечник — евр. йоцéр.
Горщечник. Египтяне и арабы с древних времен славились выделкой посуды из глины, в чем мы можем убедиться по сохраняющимся в музеях сосудам. Без сомнения, этим занимались и израильтяне. Деревянная посуда была неизвестна древним; вино и воду они сохраняли и носили в глиняных кувшинах. Плиний, живший во время разрушения Иерусалима, передает, как нечто неслыханное, что к северу от Альп сохраняют вино в бочках с обручами. Бондарное производство на востоке было весьма редко. Сосуды, упоминающиеся в Библии, приготовлялись из глины или из кожи. Поэтому искусство приготовления глиняной посуды на Востоке достигло высокой степени совершенства. В Библии часто встречаются символические картины, изображающие мастерскую горшечника. Власть горшечника над глиной, которую он разминает ногами (Ис. 41:25), кладет на кружало и делает по своему усмотрению тот или другой вид посуды (Ис. 45:9), сравнивается апостолами и пророками с властью Бога, создавшего человека из праха, воле Которого никто не может противостоять. “Что глина в руке горшечника, то вы — в руке Моей, дом Израилев” (Иер. 18 и дал.). “Не властен ли горшечник над глиною, чтобы из той же смеси сделать один сосуд для почетного употребления, а другой для низкого?” (Рим. 9:21; Срав. Ис. 64:8). Описанная пророком работа горшечника изображена на древних египетских рисунках. Горшечник вращает кружало ногою, рукою же придает сосуду ту или иную форму. Рядом с ним стоит сосуд с водою, которой он мочит глину. После того, как сосуд сформирован, к нему приделывают ручку, разрисовывают его и ставят в печь (Иер. 43:9).

Горькая трава. См. “Пасха”.

Господь (евр. Адонай). Это слово часто встречается в Библии и соответствует евр. Иегова (Вечный) и Адон (Господин). См. Быт. 18:3; 39:2; Исх. 4:10. Этому слову в греческом тексте Нового Завета соответствует “Кириос”, которое относится как к Отцу, так и к Сыну (Иоан. 20:28; Деян. 10:36; Отк. 1:8; 19:6, 16).

Господь мира или Господь есть мир — по еврейски Иегова Шалом — название жертвенника, построенного Гедеоном в Офре после явления Ангела Господня (Суд. 6:24).

Гостинница, пристанище, евр. малон (Быт. 42:27; Исх. 4:24; Иер. 9:2) обозначает место ночлега. Ночевать приходилось под открытым небом, в раскинутом шатре близ источника, или в пещере и т. п. В древние времена не было гостинниц в настоящем смысле слова: гостеприимство заменяло их. Срав. Суд. 19:17 и дал. В позднейшие времена гостеприимство предпочитали общественным гостинницам (Лук. 9:52; 22:11); последние впервые упоминаются у Иер. 41:17 (евр. текст Химам, гостинница близ Вифлеема). Далее говорится, что Иосиф и Мария не нашли свободного места в гостиннице (Лук. 2:7), и что милосердный самарянин привез израненного в гостинницу и дал хозяину денег для ухода за больным. Эти гостинницы походили, вероятно, на теперешние на востоке, известные под названием хан (перс. дом), или каравансарай (турец. дом для караванов) и обычно расположенные при дорогах, а также в городах и селениях. По Геродоту, правительственные дороги с гостинницами (каравансараями) были раскинуты по всему персидскому царству. Такие гостинницы представляли большие каменные здания, большей частью четырехугольные, с внутренним двором, где находился колодец или др. водоем. Гостинницы, по большей части, были двухэтажные, внизу помещались склады для товаров и хлева для животных; верхний этаж был предназначен для путешественников.

Гошен. 1) область в нагорной части колена Иудина (И. Нав. 10:41; 11:16).

2) город в нагорной части удела колена Иудина (И. Нав. 15:51).

Гофолия, евр. Аталия (4 Цар. 8:26), дочь Ахава, жена Иорама, сына иудейского царя Иосафата; — она ввела в Иудейском царстве поклонение Ваалу. После того, как Ииуй объявил себя царем в Израиле и убил Охозию, царя Иудейского, она присвоила себе престол, истребив весь род Давида за исключением юного Иоаса, спасенного тайно своей теткою Иосавефою, женой первосвященника Иодая. Процарствовав 6 лет (884-878), она понесла наказание: Иоас, воспитанный Иодаем, представлен был народу и поставлен на царство. См. 4 Цар. 8:12; 2 Пар. 21:6; 4 Цар. 11; 2 Пар. 23:1-16.

Гофониил — Атниэль.

Гофониил, сын Кеназа, племянник Халева, взял город Давир, за что и получил себе в жены Ахсу, дочь Халева. И. Нав. 15:17; Суд. 1:13. Он был первым судьею Израиля и усмирил Месопотамского царя Хусарсафема (Суд. 3:19 и дал.).

Град — евр. аара́д.

Град, одна из египетских казней (Исх. 9:23 и дал.), в руках Божиих является нередко средством наказания (И. Нав. 10:11; Агг. 2:17). "Град величиною в талант" (= 2½ пуда) упоминается в описании суда Божия над миром (Отк. 16:21).

Гранатовое дерево (евр. риммон), произрастает в Сирии, Аравии, Персии, Индии и друг. странах; в диком состоянии оно встречается в виде куста, в культивированном имеет вид небольшого дерева около 5-ти м высотою с прямым стволом и многочисленными отростками, красноватою корою, продолговатыми, блестящими листьями, и с большими, похожими на звезды, но не имеющими запаха, ярко-красными цветами. Плоды этого растения покрыты твердой красной кожей; они величиною с апельсин и состоят из множества сочных красных сладких зерен. Гранаты созревают в августе и упоминаются между самыми лучшими плодами Св. земли (Втор. 8:8). Соглядатаи принесли Моисею из долины Есхол виноградную кисть, гранаты и смоквы (Чис. 13:24). Разрезанное гранатовое яблоко с многочисленными красными блестящими семечками, заключенными в светложелтые пленки, красиво на вид. Отсюда в Песн. П. 4:3; 6:7 взято сравнение: "Как половники гранатового яблока — ланиты твои под кудрями (евр. текст, покрывалом) твоими". Плоды так сочны, что из одного граната можно выжать стакан сока красного цвета: если добавить немного сахару, то получается освежающий напиток. "Сок гранатовых яблок" упоминается в Песн. П. 8:2. Гранатовое дерево было одним из любимых плодовых деревьев в саду (Песн. П. 4:13; 6:11). Во время судов Божиих над землею увянут гранатовые деревья (Иоил. 1:12).

Горчичное дерево.

Украшение в виде гранатов окаймляло подол одежды первосвященника (Исх. 28:22) и столбы храма (3 Цар. 7:18).

Гром — евр. раа́м и **молния** — евр. бара́.

Гром и молния — проявления всемогу-

Гончарная лавка, где палестинский гончар пользуется гончарным колесом движимым ногой. Таким колесом также пользовались в библийские времена.

щества Божия (Исх. 19:16; 1 Цар. 2: 10; Псл. 17:13 и дал.) бывали редки в жаркие месяцы: май - сентябрь, почему в этом (1 Цар. 12:17) видели знамение гнева Божьего (Срав. Иов. 37:1 и дал.; 40:4; Иер. 10:13).

Грех — евр. хет, аверá.

Грех. Это слово, которое чаще всего обозначает терзание души человеческой вследствие грехопадения (Быт. 3), вражду против Бога (Рим. 8:7) и преступление против Его закона (1 Иоан. 3:4); в некоторых местах имеет значение греховного или грешника, напр., "неужели закон грех", Рим. 7: 7 (греч. текст), т. е. греховен; этому слову противополагается 12 стих, где сказано, что "закон свят", и 2 Кор. 5:21, где говорится, что Бог сделал Христа грехом (русск. пер. "жертвою за грех"), т. е. поступил с Ним, как с грешником, допустив Его умереть той смертью, которая была возмездием за грех. Другие понимают слово "грех" в этом месте возмездием за грех. Другие понимают слово "грех" в этом месте в значении жертвы за грех.

О вопиющих грехах срав. Быт. 4:10; 18:20; Исх. 3:7, 9; 22:23, 27; Авв. 2:11; Иак. 5:4; о грехе против Духа Святого Мат. 12:31 и дал.; Мар. 3:28; Лук. 12:10; Евр. 6:4 и дал.; 10:26 и дал.; 1 Иоан. 5:16.

Гумно Хидона. Смот. "Нахоново гумно".

Гур-Ваал, местность, где жили арабы, покоренные Озией (2 Пар. 26:7), она же Герара (1 Пар. 4:39) (?)

Гусеница. Смот. "саранча".

Пастух и заблудшая овца.

Д

Давид, т.е. возлюбленный. 1) Младший сын Иессея, рожденный в Вифлееме около 1085 г. до Р.Хр., царь израильский и иудейский 1055-1015 г. до Р.Хр. Его история подробно описана в 1 Цар. 16-31; 2 Цар.; 3 Цар. 1; 2; и в сокращенном виде в 1 Цар. 11-29. Давид был избран Богом в цари над Израилем вместо Саула и помазан Самуилом задолго до своего воцарения (1 Цар. 16:1-13). Бог, даровал ему Св. Духа, подготовил его для царствования, проведя длинным путем испытаний и опасностей. В молодые годы он отличался храбростью, верой и упованием на Бога и, будучи еще юношей, благодаря своим музыкальным способностям, красоте и другим качествам получил приглашение ко двору, чтобы игрой на арфе успокаивать взволнованный дух Саула. Давид очень понравился Саулу и он сделал его своим оруженосцем (Первая Книга Царей 16:21). Но в начале войны с филистимлянами Давид, по-видимому, вернулся к стадам своего отца, которые он пас раньше, будучи еще мальчиком. Придя однажды в лагерь к братьям, Давид увидел Голиафа, вызвался сразиться с ним и убил его. Покрытый славой, он вернулся ко двору и был поставлен главнокомандующим; он приобрел любовь народа и стал зятем царя. Ненависть Саула к нему заставила Давида бежать; он долгое время скитался в пустыне, скрываясь в пещерах, спасаясь от преследующего его Саула; наконец, он убежал к филистимлянам. Смерть Саула и Ионафана открыли ему дорогу к престолу.

Он вторично был помазан царем над Иудой в Хевроне (2 Цар. 2:4); после семилетнего враждебного отношения других колен и смерти сына Саула Иевосфея все колена признали Давида царем, и он был помазан в 3-ий раз. Давид покорил Иерусалим и поселился там (2 Цар. 5:3 и дал.). Он был родоначальником дома Давидова, царствовавшего до падения Иудейского царства. Давид приказал торжественно перевезти ковчег завета в Иерусалим (2 Цар. 6); заботился об упорядочении богослужения, творил суд и расправу без лицеприятия и много сделал для благосостояния народа. Мудростью и неусыпной энергией он укрепил свое царство и его опытность и предусмотрительность не допускали врагов напасть на него врасплох; он расширил границы своего царства (по пророчеству) от Чермного моря и Египта до Евфрата (2 Цар. 8; Быт. 15:18; И. Нав. 1:4). Огромное количество военной добычи обогатило народ и доставило обильный материал для постройки великолепного храма, которую он намеревался предпринять, но Господь поручил это сделать Соломону (2 Цар. 7). Давид не был свободен от искушений; во многом отличаясь от современных ему царей, он все же впадал в тяжкие грехи. Подобно прочим царям он имел много жен и наложниц (2 Цар. 5:13) и в последние годы своей жизни он должен был пожать горькие плоды этого. Священное Писание не умалчивает о его бесчестном поступке с Урией и Вирсавией; оно говорит также о Божьем наказании за этот грех и о том, что Давид, покаявшись, получил от Бога милость, о которой просил (2 Цар. 11:12; Псл. 50). С того времени Бог смирял его частыми испытаниями. В своей семье он видел разлад, бесчестные поступки и кровопролитие; история Фамари, Амнона и Авессалома дают нам почувствовать, как терзалось его сердце. Восстание под предводительством Авессалома (2 Цар. 15), Савея (2 Цар. 20) и Адонии (3 Цар. 1), голод и моровая язва, поразившие народ, безбожие Иоава и т. п. служили для него тяжкими испытаниями. Завещание Давида Соломону об Иоаве и Семее диктовалось справедливостью, а не жаждой мести. Его подготовительные работы для постройки храма, последняя хвалебная песнь Господу и прощальные слова Соломону (2 Цар. 22; 23) служат достойным завершением его жизни. Процарствовав около 40 лет, он умер, прибл., 70 лет и был похоронен в "городе Давидовом" (3 Цар. 2:10, 11). Давид был не только "муж поставленный высоко, помазанник Бога Иаковлева", но также "сладкий певец Израилев" (2 Цар. 23:1). Никакие песни не приобрели на земном шаре такой известности, как "Псалмы Давида". Как поэтические произведения, многие из них очень высокого качества, — настоящие жемчужины, которых Геликону не нужно было стыдиться, хотя они и принадлежат Иордану, как говорит Сперджен о Псл. 22, ибо "Дух Господень говорил в нем и слова Божьи были на его языке" (2 Цар. 23:1). Он был не только царь и певец, но также и пророк, который предсказал о Мессии — "Сыне и Господе Давида". Христос указывает на 109 Псл. в Мат. 22: 43 и дал., а Петр в своей проповеди в день Пятидесятницы ссылается на свидетельство "праотца и пророка" Давида о воскресении и вознесении Христа на небо (Деян. 2:25 и дал.; Псл. 15).

2) Давидом также называется великий обещанный Царь, т. е. Мессия (Иер. 30:9; Иез. 34:23 и дал.; Ос. 3:5), равно и царство Мессии называется царством Давида (Мар. 11:10), в котором Он управляет "на престоле Давида" (Иер. 22:2, 4) и имеет ключ Да-

вида (Отк. 3:7). Все эти выражения говорят о вечной неизмерной милости Божией обещанной Давиду (Ис. 55:3; 2 Цар. 7: 12 и дал.), и бывшей упованием Израиля в дни скорби (Псл. 88· 4, 5, 21, 36, 50; Иер. 23:5), исполнившемся в Иисусе Христе (Деян. Ап. 2:29 и дал.), преимущественно называемом Сыном Давидовым (Мат. 1:1; Мар. 10:47; Лук. 20:41). О Его царствовании предсказано, что самый слабый между жителями Иерусалима в тот день будет, как Давид (Зах. 12:8).

Давир — Даир.

Давир, т. е. святилище. 1) Хананейская столица в нагорной стране Иудеи, прежде называлась Кириаф-Сефер, т. е. город книг (И. Нав. 15:15) и Кириаф-Санна, т. е. город пальмовых листьев (И. Нав. 15:49). Сначала эта столица была покорена Иисусом Навином (И. Нав. 10:38; 11:21), но хананеи взяли ее обратно. Гофониил покорил ее снова (И. Нав. 15:16 и дал.; Суд. 1:11) и она отдана была священникам (И. Нав. 21:15). Из названия этого города можно заключить, что это был центр, где писались и откуда распространялись книги; может быть, отсюда и вышел финикийский алфавит. Местоположение города неопределенно. Одни полагают, что это — село Доберие в нескольких часах ходьбы к юго-западу от Хеврона; другие — что место этого города — развалины Дильбе, ближе к Хеврону, на холме, где льет источник. Воду этого источника провели в пруд, который находится у подошвы холма: срав. И. Нав. 15:19.

2) Город близ Галгала (И. Нав. 15: 7).

3) См. “Лодевар”.

4) (3 Цар. 6:5). Святое святых.

Давраф, город левитов в колене Иссаровом, на границе колена Завулонова (И. Нав. 19:12; 21:28; 1 Пар. 6:72), вероятно, теперешнее арабское село Дебурие у подошвы горы Фавор.

Даги, один из языческих народов, поселившихся в Самарии, который препятствовал постройке Иерусалима (Ез. 4:9). Вероятно, это те даги, о которых упоминает Геродот, т. е. персидское племя, имя которого теперь встречаем в названии персидской провинции Дагестан, к юго-востоку от Каспийского моря.

Дагон. Филистимское божество, капища которого были в Газе, Азоте и других местах (1 Пар. 10:10). Капище в Газе было разрушено Самсоном (Суд. 16: 21 и дал.). В Азоте истукан дважды падал с пьедестала перед ковчегом Божиим и в последний раз голова и руки его были отделены от туловища, имевшего вид рыбы (1 Цар. 5:1 и дал.). То, что Библия говорит нам об имени и изображении Дагона, подтверждается

Сооружение известное как башня Давида, около Иоппских ворот, Иерусалим.

ассирийскими памятниками, которые называют его Дакан или Даган; на них он изображен с человеческим туловищем, оканчивающимся рыбьим хвостом. Богиня, соответствующая Дагону, называлась Деркето и также изображалась с рыбьим хвостом. Ей поклонялись, как богине любви и в честь ее содержались священные рыбы в пруде близ Аскалона. Подобные идолы были и у других древних народов; в Индии и теперь поклоняются такому изображению, как одному из воплощений бога Вишну.

Далила, филистимлянка, покорившая сердце Самсона и потом предавшая его (Суд. 16:4 и дал.).

Далмануфа, местность близ Магдалы, к северу от Тивериады, расположенная на западном берегу Геннисаретского озера (Мар. 8:10; Мат. 15:39).

Далматия, провинция к востоку от Адриатического моря, которую посетил Тит (2 Тим. 4:10).

Далуиа. См. “Даниил 2”.

Дамар, женщина в Афинах, которая вместе с другими уверовала в Христа после проповеди Павла (Деян. 17:34).

Дамаск — Даме́сек.

Дамаск, столица Дамасской Сирии (2 Цар.8:6; Ис. 7:8), важнейший торговый пункт на большой дороге между Средиземным морем и внутренней Азией (Иез. 27:18). Он расположен на плодородной возвышенности у подно-

Город Дамаск, Сирия. Выход на Прямую улицу.

жия Ермона, в северо-восточном от него направлении и окружается ливанскими водами. Дамаск — один из немногих древних городов, который до сих пор сохранил свое прежнее значение. Восточные писатели называют его "жемчужина Востока", "благоухание рая", "перо райской птицы", "ожерелье красавицы", "глаз Востока" и т. п. Этот город расположен в хорошо орошаемой местности (4 Цар. 5:12), с чудным климатом и плодородной почвой; он возвышается на 690 метров над уровнем моря. Для арабов он был образцом райской красоты. Его сады с журчащими ручейками и обильно произрастающими плодами (выражение Корана) — идеал Магометова рая. Дамаск упоминается уже в Быт. 14:15. Слуга Авраама, Елиезер, родом был оттуда (Быт. 15:2). Во 2 Цар. 8:5 и дал. сказано, что дамасские сирийцы покорены Давидом, но город отпал во время Соломона, вследствие восстания Разона, основавшего там самостоятельное государство (3 Цар. 11:23 и дал.), 200 лет спустя покоренное ассирийцами (4 Цар. 16:9). После этого город подпадал под владычество различных народов: много раз был взят и разграблен вавилонянами, персами, греками и римлянами. В 1400 г. был разрушен Темерланом и в 1516 г. подпал под власть турок. С древних времен этот город был известен своей торговлей (Иез. 27:18) и промышленностью (Ам. 3:12); он и теперь славится мозаичными изделиями, хорошими базарами и красивыми восточными домами с фонтанами и мраморными бассейнами. Сады приносят прекрасные плоды: орехи, виноград, абрикосы; кроме того, здесь возделывают табак, хлопок, лен, коноплю и т. п.

Улицы города чище, чем в других сирийских городах; дома имеют выступы, вроде балконов, с решетчатыми рамами. Народонаселения приблизительно около 150.000 чел., среди которых множество евреев, несколько тысяч христиан, немного меньше друзов и т. д. Уже во времена Христа множество евреев жило в Дамаске, где у них было несколько синагог (Деян. 9:2). Евангелие рано проникло к ним. Павел пошел туда, чтобы преследовать верующих и отвести их связанными в Иерусалим, но Господь встретил его на дороге (Деян. 9:3). Теперь еще показывают длинную улицу, называемую Дарб-эль-мустаким, т. е. Прямая дорога; по преданию, это та прямая улица, где Анания нашел Павла в Иудином доме (Деян. 9:51). После своего обращения Павел проповедывал Евангелие в Дамаске, за что подвергся преследованию со стороны евреев. Они подстерегали его у городских ворот с целью убить его, но ученики спасли его, спустив в корзине сквозь отверстие в стене города (Деян. 9:25; 2 Кор. 11:32). Теперь еще показывают это отверстие. Пророчества о Дамаске: см. Иер. 49:23-27; Зах. 9:1.

Даниил, то есть суди меня Бог. 1) Молодой еврей знатного происхождения колена Иудина, переселенный в Вавилон около 607-го года до Р. Хр., и вместе с Ананией, Мисаилом и Азарией назначенный затем на службу при дворе Вавилонского царя. Они получили халдейские имена (Даниилу дали имя Валтасар, или по-ассир. Балатзу-узур, т. е. храни его жизнь) и были научены всей мудрости халдейской. Они отказались есть пищу с царского стола (Дан. 1). Даниилу Бог дал разумение не только всякой книги, но видений и снов (Дан. 1:17). По окончании учения Даниил проявил эту способность, объяснив Навуходоносору его сон о большом истукане, обозначавшем четыре больших земных царства и царство Божие, которое будет после них. За это царь возвысил Даниила: оставил его при своем дворе и назначил главным начальником над вавилонскими мудрецами (Дан. 2:48, 49). Затем он объяснил Навуходоносору его второй сон (Дан. 4) и, впоследствии, Валтасару таинственные слова на стене дворца (Дан. 5). Дарий Мидийский сделал его одним из 3-х правителей над 120 губернаторами и намеревался поставить над всем царством; тогда против Даниила составился заговор князей (правителей) и сатрапов (губернаторов), уговоривших царя издать приказ, запрещающий в течение 30 дней "просить какого-либо бога или человека, кроме царя" и грозивший ослушникам суровым наказанием, — быть брошенным львам на растерзание. Но Даниил остался верным своему обычаю и три раза в день молился истинному Богу перед открытым окном, обращенным к Иерусалиму (Дан. 6:10), за что, согласно указа, был брошен в львиный ров. Но Бог заградил пасть львам, и Даниил был вытащен неповрежденным. Тогда обвинители его были брошены в этот ров и немедленно растерзаны львами. Дарий по всему своему царству издал приказ, чтобы все чтили Бога Даниилова (Дан. 6 и дал.). Немного спустя, когда Даниил нашел в пророчестве Иеремии, что время плена приближалось к концу, он обратился к Господу в молитве и посте; в ответ на это к нему был послан Гавриил, который возвестил ему о семидесяти седьминах, о князе Христе и очищении грехов через его смерть (Дан. 9:2, 24, 26). Даниил еще при персидском царе Кире имел большое влияние (Дан. 6:28). На 3-ем году его царствования, около 533 г. до Р. Хр., он видел свое последнее известное нам видение на берегу Тигра (Дан. 10). Даниил прожил 90 лет. Вероятно он окончил свою жизнь при персидском дворе. Иезекииль говорит о нем, как об образце праведности и мудрости (Иез. 14:14, 20; 28:3).

2) 2-й сын Давида, называемый также Далуиа (1 Пар. 3:1; 2 Цар. 3:3). В еврейск. тексте он назван Килэееб во 2 Цар. 3:3.

3) потомок Ифамара, последовавший за Ездрой из Вавилона (Ездр. 8:2; Неем. 10:6).

Дан, т. е. судья. 1) один из сыновей Иакова от Валлы (Быт. 30:6).

2) Город в колене Неффалимовом (3 Цар. 15:20) на самой северной границе Палестины, отсюда выражение: "от Дана до Вирсавии". Этот город раньше назывался Лаисом (Суд. 18:7) или Ласемом (И. Нав. 19:47). После покорения его коленом Дановым он назван по его имени (Суд. 18:29). Идолослужение скоро привилось к колену Данову (Суд. 18:30). Так как этот город был местом, где стоял один из золотых тельцов Ровоама, то он долгое время пользовался дурной славой (3 Цар. 12:29; Ам. 8:14). Местоположение Дана определяется холмом Тель эль Кади, "холм судьи", недалеко от Баниаса, у подошвы горы Ермона, где течет приток Иордана — Леджан.

3) Иез. 27:19. См. "Дан и Иаван".

Дан и Иаван, места в южной Аравии или Имене, известные торговлею с Тиром, изделиями из железа, кассией и благовонной тростью (Иез. 27:19). Срав. "Узал".

Дан-Яам (2 Цар. 24:6), вероятно, то же, что и Дан. 2.

Дарий — Дариуш.

Дарий. 1) "Дарий Мидянин", сын Ассуиров", отнявший престол у Валтасара, царя вавилонского (Дан. 5:31; 9:1). Это он по проискам князей и сатрапов бросил Даниила во львиный ров, и после того, как Даниил был вытащен невредимым, издал приказ о почитании Иеговы (Дан. 6; 9:1; 11:1). Дарий называется у Ксенофонта Циаксарес 2, сын Астиага. Этот Дарий царствовал в Вавилоне с 538 г. до 536 г. до Р. Хр.; его сменил персидский царь Кир.

2) Дарий, сын Гистаспа, свергший Лже-Смердиса, выдавшего себя за сына Кира, захватил персидский трон (521-486 г. до Р. Хр.). Он снова дал евреям разрешение строить храм, который и был закончен ими на шестом году его царствования (Ез. 4:24; 5:5; 6:1 и дал.; Агг. 1:1; 2:10; Зах. 1:1, 7). От времени царствования этого Дария сохранилась записанная на трех языках надпись на высокой отвесной горе в Бегистуне, на западной границе Мидии. Там изображен сам царь, попирающий лежащего мужчину, вероятно, Гаумату, который выдавал себя за Смердиса. Сама надпись состоит из 300 строк на персидском, ассирийском и татарском языках (клинопись). Эта надпись послужила ключем для изъяснения всех клинописей. Надпись оканчивается, между прочим, следующими словами: "Ты, который некогда займешь престол, остерегайся греха. Того, кто грешит, строго накажи. Если ты так будешь поступать, то эта страна будет непобедима".

3) "Дарий персидский" (Неем. 12:22), вероятно, он же Дарий Кодоман, последний из персидских царей 336-330 г. до Р. Хр.), которого покорил Александр Македонский.

Дафан (Дата́н), сын Елиава, брат Авирона, один из зачинщиков возмущения Корея (Чис. 16).

Дворец, евр. гейха́ль, т.е. обширное, прочное (3 Цар. 21:1; Псл. 44:16; Прит. 30:28; Дан. 4:1); так назывался царский дом, состоявший из нескольких построек, выдающиеся части которых назывались армон (высокие) — палатами (4 Цар. 15:25). Словом дворец (чертог) обозначали вообще большие, роскошные строения (Амос. 6:8; Псл. 121:7). Крепость при доме Божием (Неем. 2:8; 7:2), построенная с северо-западной стороны храма для его защиты, была сделана потом дворцом Антония. Маккавеи восстановили ее; царь Ирод укрепил ее еще более и назвал ее

Антония, по имени императора Антония. Римляне содержали в этой крепости военный отряд (Деян. 21:34), и здесь именно ап. Павел был укрыт римскими солдатами от ярости евреев (Ст. 31 и дал.). Может быть, здесь была и претория, где Пилат допрашивал Иисуса.

Девора — Двора́, т. е. пчела.

Девора. 1) Кормилица или нянька Ревекки, которая последовала за ней в Ханаан. Она достигла глубокой старости, около 150 лет, и на ее глазах выросло три поколения избранного народа. После смерти Ревекки ее чтили как члена семейства и Иаков похоронил ее близ Вефиля (Быт. 24:59; 35:8).

2) Жена Лапидофа, пророчица и судья в Израиле, которая сидела "под пальмою Девориною между Рамою и Вефилем" (Суд. 4:4, 5). Она побудила Варака к войне с Сисарой, последовала за ним в сражение и воспела с ним чудную победную песнь (Суд. 5).

Дедан. 1) Сын Раамы, внук Хуша (Быт. 10:7; 1 Пар. 1:9).

2) Сын Иокшана, внук Авраама со стороны Хеттуры (Быт. 25:3; 1 Пар. 1:32). Из тех мест Библии, кроме вышеуказанных, где встречается это имя, (Ис. 21:13; Иер. 25:23; 49:8; Иез. 25: 13; 27:15, 20) видно, что 1) Хушанин Дедан жил в южной Аравии, на берегах Персидского залива, и что потомки его оттуда вели торговлю с Палестиной; 2) потомки Дедана преимущественно жили или в Едоме или близ него (см. Иер. 49:8) и занимались, вероятно, скотоводством.

Дела Соломоновы (книга). См. "Библия".

День Господень — евр. йом ле Адонай.

День Господень — день суда, о котором предсказано во многих пророчествах (Ис. 2:12 и дал.; 13:6, 9; Иоил. 2:31; 1 Фес. 5:2; 2 Пет. 3:12). Великий день Господень (Соф. 1:14 и дал.).

День очищения — евр. йом-кипу́р.

День очищения (Лев. 16). Десятый день 7-го месяца должен был быть священным днем покоя, подобно субботе; в этот день не позволялось делать никакой работы. Весь народ должен был "смирять свои души", т. е. соблюдать строгий пост; за непослушание грозило истребление. Это единственный по закону день поста у евреев и его главнейшее значение заключалось в том, что он был единственным общим днем очищения для всего народа, "Ибо в тот день очищают вас, чтобы сделать вас чистыми от всех грехов ваших, чтобы вы были чисты перед лицем Господним" (Лев. 16:30). Первосвященник, омыв все тело водою и облекшись в одежду, назначенную для этого праздника, именно: священный льняной хитон, нижнее льняное платье, льняной пояс и льняной кидар (Лев. 16:4), приносил за свои грехи и за грехи своего дома тельца и овна в жертву всесожжения. Кроме того, первосвященник брал от израильского общества двух козлов в жертву за грех и одного овна для всесожжения. Об обоих козлах он брасал жребий: один для Господа, а другой для "Азазеля" (беса). Козел, выбраный посредством жребия для Господа, закалывался и приносился в жертву за грех. Другого же козла, доставшегося по жребию "Азазелю", ставили живого перед Господом для того, чтобы, после очищения народа, отвести его в пустыню к Азазелю (русс. перевод для "отпущения"), чтобы он понес на себе все беззакония народа.

После выбора козлов первосвященник закалывал тельца в жертву за свои грехи и за грехи своего дома, потом набирал полную кадильницу горящих угольев с жертвенника и, взяв полные горсти благовонного мелкоистолченного курения, вносил это за завесу. Там он клал это курение на огонь перед лицем Господним и облако курения покрывало крышку, которая была над ковчегом, чтобы ему не умереть; затем он брал кровь тельца и кропил перстом один раз спереди на крышку и 7 раз пред крышкой. После этого он закалывал козла в жертву за грехи народа, вносил его кровь за завесу и делал с его кровью то же, что и с кровью тельца. Очистив святилище от нечистоты сынов Израилевых и от преступлений их, он таким же образом очищал и скинию собрания. Потом выходил из святилища к жертвеннику и кропил рога его перстом кровью тельца и козла со всех сторон 7 раз; этим кроплением он освящал его и очищал от нечистоты сынов Израилевых.

Совершив очищение "святого святых", "святого" и жертвенника, первосвященник приводил живого козла (козла для "Азазеля"), возлагал руки на его голову, исповедывал над ним грехи сынов Израилевых и отсылал козла с нарочным человеком в пустыню. "И понесет козел на себе все беззакония их в землю непроходимую, и пустит он (человек) козла в пустыню".

Сделав это, первосвященник снова входил в скинию, снимал льняные одежды, омывался водою, и, надев свою ежедневную одежду, выходил совершать за себя и за народ жертву всесожжения, состоявшую из 2-х овнов, и сжигал тук ее на жертвеннике. Таким образом он очищал себя и народ. Телец за грех и козел за грех выносились вон из стана, где на огне сжигались: "кожи их, и мясо их, и нечистота их". Те, кто отводил козла отпущения и кто сжигал жертвы за грех, должны были омыться водою и вымыть свои одежды до возвращения в стан.

После совершения очищения в тот же день приносились еще некоторые другие жертвы, предписанные в Чис. 29:8 и дал. "Приносите всесожжение Господу в приятное благоухание: одного тельца, одного овна, семь однолетних агнцев; без порока пусть будут они у вас. И при них в приношение хлебное пшеничной муки, смешанной с елеем, 3/10 части ефы на тельца, 2/10 части ефы на овна и по 1/10 части ефы на каждого из 7 агнцев. И одного козла в жертву за грех, сверх жертвы за грех, приносимой в день очищения, и сверх всесожжения и хлебного приношения его и возлияния их".

О действительном (точном) значении слова "Азазель" существует много различных мнений: одни переводят его словом "отпущение"; другие полагают, что это множественное число от слова "пустыня", третьи, что это соединение слов "аз" (козел) и "азаль", уйти — т. е. приблизительно, "отпущенный козел". Некоторые из современных, а также и прежних, толкователей предполагают, что слово Азазель обозначает лукавого, т. е. сатану, который противодействует Иегове и, судя по некоторым местам Писания, обитает в пустынных местах (Мат. 12:43; Лук. 11:24). По замечанию Гезения, противоположение Азазеля Иегове — один козел для Иеговы, другой для Азазеля — допускает, что Азазель обозначает существо, противостоящее Иегове.

"День очищения "с его жертвами, отличался от других праздников тем, что только в этот день первосвященник мог входить в Святое Святых и кропил кровью очищения не только жертвенники во дворе и в святом, но также и самый ковчег завета. День очищения был единственным в году, когда первосвященник входил в Святое Святых (Евр. 9:7), и в этот день он, вероятно, входил туда несколько раз: сначала с курением, затем с кровью тельца, после этого с кровью козла и, наконец, для того, чтобы вынести оттуда кадильницу.

Кропление кровью на престол Божий в этот день показывает более высокую степень примирения и большее совершенство по сравнению с всеми другими жертвоприношениями. Первосвященник, принеся за себя и за свой дом кровь очищения, очищал кровью тельца, принесенного в жертву за грех, все принадлежности скинии и весь народ, так что священники и народ, скиния и жертвенники после этого совершенно очищались от заразы греха и возвращались в полное общение с Иеговой.

Но очищение, которое совершалось через кровь козла, не было достаточным; первосвященник исповедывал грехи народа над живым козлом, который относил их в пустыню к Азазелю. Этот обряд объясняют обыкновенно так: оба козла составляли вместе одну жертву, которая символизировала как очищение грехов, так и их уничтожение; поэтому для жертвы нужно было два животных: одно для того, чтобы умереть за грехи, другое для того, чтобы понести их. Долг за грех уничтожался кровью закланного козла, но после прощения греха нужно было удалить их от себя. Козел отпущения относил грехи к Азазелю, виновнику греха, для свидетельства ему о том, что он больше не имел права на народ Божий; народу же это свидетельствовало о том, чтобы он не давал больше места греху, и что тот, кто желал продолжать жить в грехах, станет рабом князя тьмы. Один козел выражал: "и так нет ныне никакого осуждения" и т. д. (Рим. 8:1), другой: "если живете по плоти, то умрете" (Рим. 8:13); один свидетельствовал о значении жертвы: приношение Иегове невинной жизни за виновных, другой — об очищающей силе этой жертвы для тех, которые принимают ее верою.

День первых плодов. См. "Праздник седьмиц".

День суда: (Мат. 10:15; 2 Пет. 2:9; Быт. 4:17) "великий день Господень (Соф. 1:14), "день гнева" (Псл. 109:5; Соф. 1:15; Рим. 2:5; Откр. 6:17), когда Бог, после кончины этого века, будет судить весь мир через Христа (Деян. 17:31); когда Христос будет прославлен в своих святых и "явится дивным во вех веровавших", и все требования правды Божией будут удовлетворены. "Тем, которые постоянством в добром деле ищут славы, чести и бессмертия — жизнь вечную, а тем, кто упорствует и не покоряется истине, но предается неправде, ярость и гнев" (Рим. 2:7 и дал.). См. также Еккл. 11:9; Дан. 12:2; Мат. 12:36; 25:31 и дал.; Иоан. 5:22; Рим. 14:10 и дал.; 2 Кор. 5:10; 2 Фес. 1:7 и дал.; 2 Пет. 3:7; Отк. 20:12 и дал.

День трубного звука. См. "Праздник труб".

День — евр. йом и **ночь** — евр. лайла. День и ночь. Евреи считали сутки от захода солнца, — следовательно, ночь была первою частью суток; поэтому, например, суббота начиналась с захода солнца в пятницу. День считался с восхода солнца до захода и его разделяли на известные части, длина которых менялась в зависимости от долготы дня. В древнее время день делился на четыре части, на что имеется указание в кн. Неем. 9:3; Срав. Мат. 20:1-5. Халдейское деление дня на 12 часов было принято не раньше Вавилонского плена. У Даниила встречается слово, которое обозначает час (Дан. 3:6; 4:16). В Новом Завете говорится о 12 часах во дне (Иоан. 11:9) — о седьмом часе (Иоан. 4:52) — о десятом (Иоан. 1:39) и об одиннадцатом (Мат. 20:6). Третий, шестой и девятый часы, т. е. 9 часов утра, 12 ч. дня и 3 ч. пополудни были временами молитвы (Деян. 2:15; 3:1; 10:9). Надо заметить, что в Евангелии Иоанна время определяется по римскому (современному) счету, а у других евангелистов — по еврейскому. Дни не имели собственных имен, но назывались по порядку, напр., первый день недели (Мат. 16:2). Ночь первоначально делилась на три стражи. Мы читаем о первой страже (Плач. 2:19), средней страже (Суд. 7:19) и об утренней страже Исх. 14:24; 1 Цар. 11:11). Время этих страж считается, приблизительно, от 6-10; 10-2 и 2-6 ч. В Новом Завете встречается римское деление ночи на 4 стражи, которые или называются по порядку, напр., "четвертая стража" (Мат. 14:25) или именуются названиями "вечер, полночь, пение петухов, утро" (Мар. 13:35). Римская стража сменялась через 3 часа, равно как и иродовы солдаты (Деян. 12:4). Исключение составляет Иоан. 19:14, где более точно указывается время утреннего часа (когда судили Иисуса), именно шестой час, считая по римскому счислению суток от полуночи; по иудейскому счислению был 3-ий час, т. е. 9 часов утра, когда приговор был приведен в исполнение (Мар. 15:25). Слово день обозначает иногда период неопределенной длины (Ис. 22:5; Деян. 17:31), так говорится о пророческих днях, которые понимаются, как годы; сравни Иез. 4:6; Дан. 7:25; Отк. 11:2 и дал. (42 мес.); Дан. 9:25; Отк. 2:10.

Деньги — евр. ке́сеф, т. е. серебро. Деньги. Первоначально торговля представляла не что иное, как обмен товаров. Торговали тогда преимущественно скотом, который, собственно, и являлся ценностью. На римских монетах поэтому часто было изображение овцы или какого либо другого животного. Когда торговля достигла такой степени развития, что перестала быть простым обменом товаров, тогда потребовалось другое меновое средство, признаваемое обеими сторонами и имеющее постоянную ценность. Таковым средством в западной Азии с древнейших времен служили благородные металлы: серебро и золото, в начале в необработанных слитках, цена которых определялась по весу. Поэтому часто говорится, что деньги отвешивались продающему. Так, Авраам отвесил Ефрону серебро (Быт. 23:16), и Иеремия, купив поле в Анафоф у Анамеила, отвесил ему на весах семь сиклей серебра и десять сребренников (Иер. 32:9, 10). Первым шагом к чеканке монет, может быть, послужило то, что отдельные куски металла снабжались знаком, обозначающим их вес. В этом значении некоторые понимают плату за поле с пещерой, которое Авраам купил у Ефрона, отвесив ему четыреста сиклей серебра, "какое ходит у купцов" (Быт. 23:16). Таковыми, вероятно, был тот слиток золота, весом в пятьдесят сиклей, который присвоил себе Ахан (И. Нав. 7:21) и 100 монет (кесита по евр.) в Быт. 33:19; И. Нав. 24:32; Иов. 42:11; во всяком случае решающую роль играл вес денег, а не обозначение. Денежная единица сикль (ше́кель) обозначает также вес, и это слово стало со временем общим названием обиходного веса и ходящей монеты, как и слова: рубль, лира, марка и другие в Европе. По ценности и весу серебряного сикля или сикля священного (Исх. 30:13) закон Моисеев определял также различные подати и дани (Лев. 27:3) и т.д. Когда дело касалось больших ценностей, то брали большие меры веса для счисления; самой большой мерой был талант или киккар, т. е. круг; это название указывает на серебряные слитки в виде кругов или колец, каковые можно видеть на египетских памятниках, где изображены весы, на одной чашке которых помещено животное (очевидно оцениваемое), а на другой — несколько кольцеобразных слитков серебра. Рядом с весами стоит писец, записывающий на доске.

О чашах см. Ис. 46:6. Гирями первоначально служили камни и поэтому на еврейском языке гиря обозначается словом "камень". Так, в заповедях (Лев. 19:36) сказано: "Да будут у вас весы верные, гири верные" (буквально камни). В Втор. 25:13 запрещается иметь в суме́ двоякие гири (камни большего и меньшего веса. Срав. также Прит. 16:11. И теперь можно встретить в Палестине мелочных торговцев, употребляющих камни вместо гирь.

Монеты в настоящем значении слова впервые появились у финикиян, древнего торгового народа. От них, вероятно, израильтяне получили монеты, которые были у них в употреблении до Вавилонского плена. Талмудисты утверждают также, что все серебряные монеты, упоминаемые в законе, — тирского происхождения. Другие придерживаются того мнения, что финикийские монеты представляли большие или меньшие слитки металла круглой или четырехугольной формы, определенного веса, и что у греков впервые появились настоящие монеты. По словам Геродота лидийцы в Малой Азии первые начали чеканить серебряные монеты; это надо понимать так: Лидийское правительство впервые начало ставить знак на монетах, тогда как раньше это было дело купцов. Во время Вавилонского плена евреи познакомились с вавилонскими и персидскими монетами и с того времени стали вести счет драхмами, персидской золотой монетой, названной так, может быть, по имени Дария Гистаспа, который впервые начал их чеканить. О таких золотых драхмах мы читаем в Езд. 2:69; 8:27; Неем. 7:70; 1 Пар. 29:7. Золотые драхмы, находимые до сих пор, равняются, приблизительно, 11 руб. Существовали также серебряные драхмы меньшей ценности. После падения Персидского царства у евреев были в обращении греческие и сирийские монеты — таланты и драхмы — В 143 г. до Р. Хр. Симон Маккавей, спустя четыре года после освобождения Израиля, получил от Антиоха VII право на чеканку еврейской монеты (1 Макк. 15:6). Симон чеканил из серебра и бронзы сикль, полсикля и четверть сикля; многие монеты времен Симона и позднее сохранились до наших дней. По древним сведениям и по сохранившимся монетам, нормальный вес еврейского золотого сикля равен 3,77 золотникам (16,37 грам.), а серебряного сикля — 3:35 золотникам (14,55 грам.), почему ценность серебряного сикля (по сведениям Иосифа Флавия, равная 4 аттическим драхмам или 4 римским динариям) составляла около 1 р. 22 к., а золотого — около 20 р. 66 к. О золотом сикле, вероятно, упоминается в 4 Цар. 5:5. В определении ценности сикля очень помогли найденные в развалинах Ниневии ассирийские государственные стандартные гири, по которым вес ассирийского сикля равнялся 3,87 золотника (16,83 грам.). На одной стороне серебряного сикля времен первосвященника Симона изображена чаша, вокруг которой выбиты древнееврейские или так называемые, самарийские буквы: "Schekel Jisrael", т. е. израильский сикль, над чашей буквы B.S., 2 год. На другой стороне вокруг линии выбиты слова: "Святой Иерусалим". Части сикля были "века" (бека) или полсикля (Исх. 38:26) ценностью около 57 коп. и "гера" 1/20 часть сикля (Исх. 30:13), т. е. около 6½ коп.

Мина и талант являлись более крупными денежными единицами. Мина соответствует 50 сиклям, талант же равнялся 60 минам или 3000 сиклей; следовательно, древняя золотая мина на наши деньги равнялась 1033 р. 59 к.,

Еврейский меновщик денег в Иерусалиме.

а серебряная около 51 р. 68 к. Серебряный талант составлял около 3488 р 40 к., а золотой талант — около 62791 р. 20 к. Менаим должен был выдать ассирийскому царю Фулу 1000 серебряных талантов, т. е. 3.488.400 р. ((4 Цар. 15:19). Иезекия должен был уплатить 300 серебр. талантов, т. е. 1.046.520 р. и 30 золотых талантов, т. е. 1.883.757 р.

В Новом Завете говорится о мине у Луки 19:13 и дал.

Во времена Нов. Завета были в обращении греческие и римские монеты: "статир" (Мат. 17:27), равный ветхозаветному священному сиклю, около 1 р. 16 к.; "дидрахма", т. е. двойная драхма (Мат. 17:24), соответствующая ветхозаветной "беке", около 57 к. Самой обыкновенной монетой был римский динарий. В Евангелии говорится о 200 динариях (Мар. 6:37) и о 2-х динариях (Лук. 10:35). Этот динарий соответствовал греческой драхме (т. е. горсть), около 31 к. В Мат. 20:2 динарий составлял поденную плату работника. По Тациту, динарий был ежедневной платой солдату во времена Тиверия. Срав. Отк. 6:6: "Хиникс (около литра) пшеницы за динарий и три хиникса ячменя за динарий" — цена припасов во время дороговизны. Римский динарий в то время был самой распространенной монетой, и долгое время он являлся мерой определения ценностей. Динарий начал чеканиться в 3-ем столетии до Р. Хр. с изображением римской богини, украшенной шлемом. Затем римляне стали помещать на динарии изображение кесаря с надписью. Сравни Мат. 22:19 и дал. Мелкой монетой был римский ассарий (Мат. 10:29 и Лук. 12:6) — медная монета, ценностью около 1½ коп.; далее, римский кодрант, приблизительно ½ коп. (Мат. 5:26) и греческая монета лепта (Мар. 12:42), равная половине кодранта, т. е. ¼ коп. Римский ассарий имеет на одной стороне голову Януса, на другой нос судна.

Дерево — евр. эц.

Дерево в Библии часто символизирует царей и могущественных людей (Псл. 36:35; Ис. 2:13; Дан. 4; Зах. 11:1 и дал.). В Едеме были одно дерево жизни и одно — познания добра и зла (Быт. 2:9, 17). О дереве жизни в Божием раю см. Отк. 2:7; 22:2.

Дервия, город в юго-восточной части Ликаонии, который Павел посетил с Варнавой во время своего первого миссионерского путешествия (Деян. 14:6, 20); во время своего второго путешествия Павел снова посетил этот город (Деян. 16:1). Дервия была родиной Гайя, спутника Павла во время его последнего путешествия в Иерусалим (Деян. 20:4).

Десница. См. "рука".

Десятиградие (Мат. 4:25; Мар. 5:20; 7:31). Так назывался с 62 года до Р. Хр. союз 10 городов в северной Палестине с преобладающим греческим населением, пользовавшихся особыми привилегиями и находившимся непосредственно под властью римского наместника, жившего в Сирии. Все эти города, кроме одного, были расположены на восток от Иордана. Какие именно это были города — не вполне выяснено. Достоверно известно, что к ним принадлежали Скифополь (т. е. Бейсан), к зап. от Иордана, Гиппос, Пелла, куда бежали христиане во время разрушения Иерусалима (сравни Мат. 24:16), Гадара, Филадельфия (Равва-Аммонская) и Дион; наверное также — Канафа (Кенаф, см. "Новах") и Гераза или Герчеса. Неизвестно, следует ли причислить к ним Рафан и Дамаск. Что касается Абила, то, согласно одной древней надписи, он вероятно принадлежал к Десятиградию.

Десятина или десятая часть — евр. масэр.

Десятина или десятая часть. Уже в повествованиях о Мелхиседеке и Иакове мы находим упоминание о пожертвовании для святых целей десятой части приобретенного и урожая (Быт. 14:20; 28:22). По позднейшим предписаниям закона (Лев. 27:30 и дал.; Чис. 18:21 и дал.), каждый израильтянин должен был давать от своих полей, деревьев и стад десятую часть Богу, как

„Дерево страданий Христовых", сад Гефсиманский.

Владыке всего и как царю народа; доход от этого шел на содержание левитов. Ценность десятины можно было также вносить деньгами с прибавлением пятой части вносимой суммы (Лев. 27:31). Левиты же из того, что они таким путем получали, должны были давать десятину священникам (Чис. 18:26 и дал.). Затем была установлена другая десятина, которую ежегодно приносили в дом Господень и там съедали вместе со своей семьей и левитами. В случае далекого расстояния и эту десятину позволялось заменять деньгами и на месте купить соответственное количество пищи (Втор. 14:22 и дал.; Срав. 12:6, 11). Через два года на третий эту десятину не нужно было приносить в дом Господень, но требовалось употребить ее на трапезу для левитов, пришельцев, сирот и вдов в своем жилище. Таким образом, эта трапеза являлась своего рода десятиной для бедных (Втор. 14:28 и дал.). Этот третий год в Втор. 26:12 называется "годом десятин", а сама десятина иногда называется "третьей десятиной" (Тов. 1:8 — апокриф.). Закон также повелевал ,чтобы израильтянин пред лицом Господа подтвердил, что он добросовестно отделил десятую часть и отдал ее (Втор. 26:12 и дал.).

Старый иудей Товит так описывает отдание десятины в Тов. 1:7, 8: "И отдавал десятину всех произведений сынам Левииным, служащим в Иерусалиме; другую десятину продавал и каждый год ходил и издерживал ее в Иерусалиме; а третью давал, кому следовало, как заповедала мне Девора, мать отца моего, когда я после отца остался сиротою".

Для хранения начатков, десятин и других пожертвований царь Езекия повелел устроить особые кладовые при храме, надзор за которыми поручил левитам (2 Пар. 31:11 и дал.; Срав. Неем. 10:37; 12:44; 13:5). Израильтяне нуждались в напоминании через пророков о своей обязанности приносить десятины в хранилища дома Господа (Мал. 3:10). С другой стороны, фарисеи давали досятины с самого незначительного, не радея в то же время о главном (Мат. 23:23).

Десять заповедей Божиих, которые написаны Богом на 2-х скрижалях (Втор. 5:22). См. "Моисей".

Десять участков (Ис. 5:10), собственно, пространство земли, которое в день могут вспахать на 2-х быках (1 Цар. 14: 14).

Дети — евр. еладим.

Дети. Семья, в которой было много детей, считалась особенно благословенной (Псл. 126:3). Бездетность была большим позором (1 Цар. 1:6). В Палестине даже и доныне первый вопрос обращенный к гостю, сколько в семье детей (подразумевая под этим сыновей).

Новорожденного ребенка купали, натирали солью и пеленали (Иез. 16: 4; Лук. 2:7). На восьмой день ему давали имя и совершали обряд обрезания, если младенец был мужеского пола (Лук. 1:59; 2:21; Быт. 17:12). Отнятие ребенка от груди знаменовалось созывом гостей (Быт. 21:8). Кормилица девочки, в большинстве случаев, оставалась при ней прислужницей на всю жизнь (Быт. 24:59; 35:8). Дети воспитывались с заботой и старанием (Исх. 12:24 и дал.; 13:8; Втор. 4:9; 6:7, 20 и дал.); они должны были во всем быть послушными своим родителям (Исх. 20:12; Чис. 30:5; Ефес. 6:1; Кол. 3:20). За долги родителей не возбранялось продавать детей в рабство на ограниченный срок. Слово "дети" или, — что то же — сын и дочь, в евр. обороте речи имеют разные значения. Доброе дитя называется Божьим, сыном света, сыном царства и т. д.; злое — сыном дьявола, чадом гнева и т. д. Сильный человек называется сыном могущества, неверующий — сыном Велиара, селение — дочерью города; стрела — сыном лука и т. д.

Дети Божии. См. "Сын".

Деяния Апостолов, пятая книга Нов. Завета, написана, по преданию, евангелистом Лукою, и также, как и Евангелие, посвящена некоему Феофилу. В этой книге описывается, как Св. Дух, через проповедь апостолов, основал церковь Христову в Иерусалиме, откуда она распространилась в Иудее, Самарии и далее, среди языческих народов, до самого центра язычества — Рима. Одним словом, в этой книге заключается первоначальная история церкви. Книга Деяний Апостолов состоит из трех частей: 1. — с первой до седьмой главы — рост Иерусалимской церкви до первого кровавого гонения. 2. — с восьмой до двенадцатой главы — распространение Евангелия за пределами Иерусалима, среди евреев и язычников, в Самарии, Сирии и особенно в Антиохии. Сюда относятся повествование об евнухе (гл. 8), о сотнике Корнилии (гл. 10, 11) и обращение Павла (гл. 9). 3. — распространение Евангелия в Малой Азии и Греции до Рима, особенно через "апостола язычников" Павла. Из многих мест в этом последнем отделе, где встречается слово "мы", видно, что автор был очевидцем большинства событий, о которых пишет. Полагают, что эта книга написана около 64 г. по Р. Хр. Содержание свидетельствует о серьезном исследовании и личном наблюдении; стиль — красив и язык, как и в Евангелии от Луки, самый чистый греческий.

Дивлаим. См. "Гомер".

Дивлаф, неизвестное место, около пустыни (Иез. 6:14). В четырех подлинниках это место названо Рибла, и тогда оно обозначает местность у северной границы страны.

Дивон. 1) Моавитский город (Чис. 21: 30) сначала достался в удел колену Гадову (Чис. 32:34) и назывался Дивон-Гад (Чис. 33:45; потом был отдан колену Рувимову (И. Нав. 13:17). В позднейшее время принадлежал моавитянам (Ис. 15:2; Иер. 48:22). У Ис. 15:9 он называется Димоном. Развалины его, известные под именем Дибан, находятся к северу от Арнона. Здесь в 1868 г. нашли памятник победы моавитского царя Меши (так называемый "моавитский камень"). См. "Меши".

2) Город в колене Иудином (Неем. 11:25) у И. Нав. 15:22 он называется Димона.

Дидрахма (Мат. 17:24). См. "Деньги".

Дизагав, место в пустыне, на восток от Иордана (Втор. 1:1).

Дикая свинья. См. "Свинья".

Дикий осел. См. "Осел".

Дикла, т.е. пальма; имя одного из сыновей Иоктана (Быт. 10:27); аравийское племя.

Димас, сотрудник Павла (Филим. 24; Кол. 4:14), впоследствии прельстился миром и оставил Павла (2 Тим. 4:10).

Димитрий. 1) золотых дел мастер в Ефесе, который давал работу многим жителям города, изготовляя серебряные модели храма Дианы; он устроил мятеж против Павла, потому что тот подрывал его ремесло (Деян. 19:24 и дал.).

2) христианин, которого Иоанн ободряет в своем третьем послании, ст. 12.

Димна, см. "Риммон".

Димона, см. "Дивон".

Димон, см. "Дивон".

Дина, единственная дочь Иакова. Выйдя посмотреть на дочерей земли, в которой она жила с отцом, была обесчещена Сихемом, сыном князя этой земли (Быт. 34), впоследствии переселилась в Египет с домом Иакова (Быт. 46:15).

Динарий, см. "Деньги".

Дингава, город едомского царя Белы (Быт. 36:32).

Диакон, см. "Раб".

Диана, богиня, которой поклонялись не только в Ефесе, но и в Азии и во всем мире (Деян. 19:27). Диана или Артемида у древних греков была богиней луны и охоты, строгой девственницей, изображалась с полумесяцем на голове и луком в руке. Диана Ефесская напоминала более Астарту и изображалась со многими грудями, как олицетворение плодовитости; поклонение ей сопровождалось блудом. Известный ее храм был расположен вне города, вблизи прудов с посвященными ей рабами (символ плодовитости; сравни "Дагон"). В храме находилась ея статуя, о которой говорили, что она упала с неба (Деян. 19:35).

Когда в 356 г. до Р. Хр., в ночь рождения Александра Македонского, сгорел старый храм в Ефесе, подожженный безумным Геростратом, желавшим каким-либо поступком увековечить свое имя в истории, то не только жители Ефеса, но и все малоазиатские греки приложили старание, чтобы построить своей богине еще более роскошный храм. Отделанный прекраснейшим мрамором, с крышей из кедрового дерева, с алтарями и орнаментами — работы самых лучших греческих художников, — новый храм считался одним из семи чудес света. Небольшие серебряные модели этого храма работы мастерской Димитрия, как известно, пользовались хорошим сбытом (Деян. 19:24).

Дионисий, Ареопагит, обратился к Господу после проповеди Павла (Деян. 17:34). Предание говорит, что он был первым епископом в Афинах. См. "Афины".

Диоскуры — сыновья Юпитера. В римской мифологии дети Леды от Юпитера назывались Диоскурами, их считали богами-покровителями моряков. Люди представляли их себе в созвездии Близнецов и вырезывали их изображения на носу кораблей. Название корабля, на котором плыл апостол Павел (Деян. 28:11) было "Диоскуры".

Диотреф, гордый человек, противодействовавший Иоанну и относившийся холодно и даже враждебно к приезжающим благовестникам (3 Иоан. 9).

Дневной путь. См. "Мера".

Добыча — евр. шала́ль.

Добыча на войне, к которой причислялось все захваченное — люди, животные и драгоценности — делилась с ликованием (Ис. 9:3; Псл. 67:13; 118:162). Уже Авраам посвятил часть добычи Господу (Быт. 14:20; Евр. 7:4). Закон предписал половину мадианитянской добычи отдать воинам за вычетом 1/500 в пользу священников, другую половину — народу за вычетом 1/50 для левитов (Чис. 31:25 и дал.); Давид поровну разделил добычу между воинами, бывшими в сражении и остававшимися при обозе; впоследствии это сделалось обычаем в Израиле (1 Цар. 30:21 и дал.). Из "заклятого" города никому ничего не дозволялось брать: его должно было сжечь со всем имуществом, кроме металла, который посвящался Господу (И. Нав. 6:20, 23; срав. 2 Цар. 8:11 и дал.; 1 Пар. 26:27).

Додай, ахониянин, один из военачальников Давида (1 Пар. 27:4).

Доданим (Быт. 10:4), племя потомков Иавана. Одни предполагают, что этот народ — иллирийцы; другие, что это жители острова Родоса, от еврейского слова — роданим (1 Пар. 1:7).

Додо. 1) Вифлеемлянин, отец Елканы (2 Цар. 23:24).

2) Ахохиянин, отец Елеазара, один из героев Давида (1 Цар. 11:12; 2 Цар. 23:9), может быть, он же Додай в 1 Пар. 27:4.

Дождь — евр. мата́р.

Дождь, кроме буквального значения, это слово часто имеет символический смысл, а именно — духовное благословение (Втор. 32:2; Иов. 29:23 и дал.). Радуга, по Быт. 9:14 и дал., была знаком, что больше на земле не будет истребляющего потопа. О радуге говорится у Иез. 1:28; Отк. 4:3; 10:1. О происхождении дождя см. "Твердь"; "небо".

Ранний и поздний дождь (Втор. 11:14). — Ранний дождь бывал во время сеяния осенью; поздний — весною во время созревания хлеба. Далее о дожде смотри "Палестина".

Доик — Доэг.

Доик, идумеянин, потомок Исава, смотритель над пастухами Саула, находился в Номве "пред Господом", т. е. при скинии (может быть, по подозрению в том, что он был болен проказою (Лев. 13:4). Когда Ахимелех дал Давиду меч Голиафа, Доик донес об этом Саулу и истребил по поручению последнего в Номве 85 священников с их семействами и имуществом (1 Цар. 21:7; 22:9, 18; Псл. 51).

Долина: 1) Русскому слову долина соответствуют в Еврейской Библии следующие выражения: ЭМЕК — широкая долина между гор; ГАЙ (ГЕЙ) — ущелье, горная расщелина; НАХАЛЬ — суходол, горное ущелье, по дну которого пролегает сухое русло, заполняющееся водой во время зимних дождей.

2) (И. Нав. 17:16) евр. эмек, обозначает долину Изреельскую.

3) т. е. огород (Песн. П. 6:11). См. "Сад".

Долина благословения — евр эмек бракá.

Долина благословения близ Фекои, где Иосафат прославил Бога за победу над врагами (2 Пар. 20:26). Ныне эта долина с развалинами находится между Фекоей и дорогой, ведущей из Вифлеема в Хеврон.

Долина видения — евр. Гай хизайóн.

Долина видения (Ис. 22:1, 5) — название Иерусалима, как места, где получались и откуда распространялись божественные откровения.

Долина дуба — евр. Эмек а-Эйлá.

Долина дуба (1 Цар. 17:2; 21:9), собственно, долина теревинфа, где Давид поразил Голиафа, расположена к юго-западу от Иерусалима, между Сокхофом и Азекой. Там Робинзон нашел самое большое дерево теревинф из виденных им в Палестине.

Долина Есхол — евр. Нахáль Эшкóль.

Долина Есхол, откуда еврейские соглядатаи принесли Моисею и народу тяжелую виноградную кисть, гранаты и смоквы (Чис. 13:24 и дал.; 32:9).

Долина Иосафата — евр. Эмек Иегошафáт.

Долина Иосафата, т. е. долина суда Божия, символическое название места, где Бог будет судить врагов Своего народа (Иоил. 3:2, 12). По еврейскому преданию, это название дали Кедронской долине между Иерусалимом, Елеонской горой и Кедроном. Наименование "долина Иосафата" некоторые сравнивают с выражением "долина благословения" (2 Пар. 20:26), где победил царь Иосафат.

Долина плача, см. "Тутовое дерево" (1 Цар. 14:14).

Долина суда (евр. Эмек э-Харуц, Иоил. 3:14), другое название долины Иосафат.

Долина Харашим — евр. Гей а-Харашим.

Долина Харашим, т.е. долина плотников, место близ Лидды или Лоды (Неем. 11:35); родоначальником ее населения был по 1 Пар. 4:14, некий Иоав; та же долина, вероятно, имеется в виду у Неем. 6:2 под названием "равнина Оно".

Дом — евр. байт.

Дом. В древние времена, равно как и теперь, дома в Палестине строились из обоженной в огне или на солнце глины. Это маленькие квадратные серые хижины, которые и теперь можно найти повсюду в Палестине; храмины из брения (Иов. 4:19), которые легко проломить (Иов. 24:16; Мат. 6:19), как пришлось это когда-то сделать Иезекиилю (Иез. 12:5), и которые легко разрушались проливными дождями (Иез. 13:10 и дал.; Мат. 7:24 и дал.). Само собою разумеется, что дома богачей строились из отесанных камней, дворцы же из каменных плит и даже из мрамора (3 Цар. 7:9; Ис. 9:10; 1 Пар. 29:2). На стропила, панели и пр. употреблялось кедровое, оливковое и кипарисовое дерево (3 Цар. 6:15, 31; 7:2; 2 Пар. 3:5; Ис. 9:10; Иер. 22:14). Дома по большей части были одноэтажные, лишь дворцы имели несколько этажей (3 Цар. 7:2 и дал.). Дом, о котором говорится в Деян. 20:9, находился в Троаде, в Асии. Окна дома, иногда выходившие на улицу (Суд. 5:28; Прит. 7:6; Дан. 6:10), представляли небольшие отверстия с деревянными решетками или ставнями. В богатых домах окна, конечно, были лучше и чаще всего выходили во двор, так что многие дома в Палестине с фасада совсем не имели окон и напоминали крепостную стену. Крыши восточных домов, большею частью, плоски. По закону, они должны были быть обнесены решеткой во избежание несчастных случаев (Втор. 22:8). В хижинах бедняков скот часто помещался под одной кровлей с людьми, отделенный от жилого помещения невысокой перегородкой. Может быть, такой вид имел дом Аэндорской волшебницы (1 Цар. 28:24).

Богатые дома как раньше, так и теперь, строились в виде квадрата и имели один или несколько внутренних дворов, вымощенных разноцветными каменными плитами (Срав. Есф. 1:6) с фонтанами и бассейнами (2 Цар. 17:18; 11:2). Эти дворы были окружены колоннадами и обсажены растениями. С улицы голые стены таких домов производят неприятное впечатление, однако при входе во внутренний двор через узкую дверь и темный коридор, поражаешься роскошью обстановки. Двор, защищенный стенами от шума и пыли, с охлаждающими воздух фонтанами и благоухающими растениями, служит местом приема гостей, которых приглашают садиться на диване, угощают кофе, табаком, сластями и многократно справляются о самочувствии и состоянии их здоровья. Для защиты от солнечных лучей над двором натягивают тент. Комнаты первого этажа непосредственно примыкают к внутреннему двору. Возможно, что в одном из таких помещений Иисус подвергался допросу у первосвященника; тогда понятно, как Он мог обратиться и посмотреть на Петра, гревшегося у костра на дворе (Лук. 22:55, 61). В Сирии лестница, ведущая в верхние этажи, помещается в одном из углов двора. Над колоннадой, окружающей двор, обычно устроена галлерея с решеткою для второго этажа.

Крыши домов на Востоке имеют особое назначение. Как уже сказано выше, они плоски и обнесены решеткой; часто слегка покаты в одну сторону или снабжены посредине низким куполом для стока дождевой воды. Таковы почти все дома в Иерусалиме и Хевроне. Подобно теперешним сирийцам, евреям на крышах было много дела: там они раскладывали для сушки фиги и виноград или лен, как это делала Раав (И. Нав. 2:6). На крыше наслаждались вечерней прохладой и беседовали со своими друзьями. Так, напр., во 2 Цар. 11:2 сказано, что Давид, встав с постели, прогуливался по кровле своего дома (Срав. 1 Цар. 9: 25 и дал.; Прит. 21:9). На крышах совершали молитвы (Деян. 10:9). Особенно часто упоминаются о происходивших на крышах идолослужениях (4 Цар. 23:12; Иер. 19:13; 32:29; Соф. 1:5). Там же имелись маленькие комнаты, так называемые прохладные горницы (Дан. 6:10; Суд. 3:20). Такие комнаты, может быть, упоминаются в Деян. 1:13; 9:37; 20:8. Крыши служили не только для домашних нужд, но и местом, откуда можно было всенародно что-нибудь объявить или показать (Мат. 10:27; Лук. 12:3). Так, напр., Авессалом на кровле, перед глазами всего народа, вошел к наложницам своего отца (2 Цар. 16:22). На крышу выбегали, желая узнать происходящее на улице и т. д. (Суд. 16:27; Ис. 22:1). По плоским крышам домов можно было бежать, вдоль всей улицы (Мат. 24:17; Мар. 13:15; Лук. 17:31).

Что касается внутреннего убранства дома, то оно зависело от состоятельности хозяина. Впрочем, нам об этом не много известно. Внутреннее убранство скромной комнаты описывается в 4 Цар. 4:10, где сонамитянка, желая оказать гостеприимство Елисею, говорит: "Сделаем небольшую горницу над стеною и поставим ему постель и стол, и седалище, и светильник, и когда он будет приходить к нам, пусть заходит туда". Жилища богачей украшались роскошными диванами и постелями с одеялами и подушками (Ам. 6:4; Прит. 7:16; Иез. 13:18, 20; 23:41). Внутренние комнаты делились на комнаты для женщин и спальни. Срав. Чис. 25:8. В некоторых местах говорится о летних и зимних комнатах (Ам. 3:15; Иер. 36:22); последние отапливались жаровнями. И теперь печкой в Сирии служит жаровня; она занимает место среди комнаты, где имеется круглое углубление. Раскаленные уголья прикрывают крышкой, а сверху еще ковром, чтобы дольше сохранить тепло. О дымовых трубах говорится у Ос. 13:3. Необходимую домашнюю утварь составляли жернова для размалывания зерна, кухонная посуда — глиняная или металлическая (Лев. 6:21, 28).

Дом Еденов. См. "Еден".

Дом Исааков (Амос 7:16). **Высоты Исааковы** (Ст. 9) — израильский народ и возвышенные места, где ставились жертвенники идолам.

Дом кедровый (Ис. 22:8). См. "Соломон".

Дом разутого (Второзаконие 25:10). См. "Обувь".

Дорога, путь — евр. дéрех.

Дорога, путь. Это слово часто употребляется в смысле образа жизни, основных правил и обычаев; Иосия ходил путем отца своего Давида (4 Цар. 22:2) или в дурном смысле: Амврий "во всем ходил путем Иеровоама" (3 Цар. 16:26). Затем, слово "путь" стало даже обозначать известную религию или веру; напр., у Амос. 8:14 упоминается "путь в Вирсавию" рядом с богом Дана. В Деян. 19:9 христианство обозначено словом "путь". Ср. 16:17 "путь спасения". Иисус также говорит об узком и широком пути (Мат. 7:18 и дал.) и о Самом Себе говорит, что Он путь (Иоан. 14:6). Сравни молитву Давида Псл. 85:11; также Евр. 9:8; 10:19. "Путями Господними" называются те способы и средства, которыми Он открывает Себя человеку (Псл. 24:10; Прит. 8:22; Римл. 11:33).

Дор, — по Иосифу Флавию, — самая южная из Финикийских колоний; она упоминается у И. Нав. 11:2 (Нафор-Дор), как владение хананейского царя, которое было отдано колену Манассиину (. Нав. 12: 23; 17:11). Они сначала только обложили город податью (Суд. 1:27 и дал.); но потом, как видно из 1 Пар. 7:29, сами поселились там. Соломон сделал этот город местом жительства одного из своих начальников (3 Цар. 4:11). Теперь от него остались одни развалины близ деревни Тантура на берегу Средиземного моря, между Кесарией и горою Кармилом, с остатками башен, многочисленными каменоломнями и множеством могильных пещер. Дор известен как место добычи багрянок (раковин, из которых получают пурпуровую краску). В римские времена этот город был резиденцией епископов. Нафор-Дор или Нафаф-Дор, т. е. возвышешнности Дора, вероятно, названия прибрежной полосы около Дора.

Дофаим. См. "Дофан".

Дофка и Алуша, две стоянки израильтян во время странствования, расположены между пустынями Син и Рефадим (Чис. 33:12 и дал.).

Дочь — евр. бат.

Дочь. Это слово употребляется в Священном Писании в значении женского потомства вообще (Быт. 36:2); напр., "Дочь Авраама" (Лук. 13:16); далее, обозначает население женского пола страны или города (2 Цар.1:20); напр., "дочери Иерусалима" (Лук. 23:28) или города, в особенности небольшие, подчиненные "матери городов". Так, напр., говорится о дочери Сиона, дочери Вавилона и т. д. (Ис. 10:30; 23:12; Псл. 136:8); также читаем о "дочерях Ар-Моава", т. е. тех городах или небольших местечках, которые принадлежали Ар-Моаву (Чис. 21:29). Большой же город, как, напр., город Авель иногда называется "Матерью городов в Израиле" (2 Цар. 20:19). Наконец, следует заметить, что слово "дочь", равно как и "сын" употребляется в более общем значении: в смысле принадлежности, сходства и т. д. Так, напр., в Быт. 49:22 сучья названы сыновьями дерева, а ветви — его дочерьми (евр. текст). Также встречаем выражение "дщери пения" (Еккл. 12:4), т. е. звуки или мелодия и т. д., в Псл. 16:8 встречается слово "зеница" (зрачек ока), которое в еврейском подлиннике выражено так: "маленький человек, дочь ока". В еврейском тексте 1 Цар. 1:16 сказано о "дочери Велиала"; на русском языке это переведено более понятным выражением — "негодная женщина".

Дочь фараона. Три из них — египетские царские дочери — упоминаются в Библии:

1) усыновившая Моисея (Исх. 2:10);

2) Бифья — жена израильтянина Мереда (1 Пар. 4:18);

3) одна из жен Соломона (3 Цар. 3:1).

Дощечка. См. "Скрижали".

Дофан или Дофаим, место, где Иосиф продан был братьями (Быт. 37:17) и где Господь, по молитве Елисея, поразил сириян слепотою (4 Цар. 6:13). Дофан был расположен на караванной дороге из Сирии в Египет в 20-ти км к северу от Наблуса. Там же Робинзон нашел зеленеющий холм с развалинами, называющийся Дотан.

Драгоценные камни. С древнейших времен израильтянам были известны ценность и употребление драгоценных камней. Уже в Быт. 2 говорится о драгоценных камнях в земле Хавила. Такие камни, привозимые купцами из Аравии, Индии и других стран (Срав. 3 Цар. 10:11; 2 Пар. 9:10; Иез. 27:22) упоминаются в числе подарков царей и князей, а также и добычи, взятой на войне. Царица Савская также подарила Соломону драгоценные камни (3 Цар. 10:2, 10). Езекия имел камни в своей сокровищнице (2 Пар. 32:27) венец аммонитского царя, взятый Давидом, был из золота и украшен драгоценными камнями (2 Цар. 12:30). Об изделиях из драгоценных камней говорится в Исх. 28:17 и дал.; 39;10 и дал.; Песн. П. 5:14; сравни "Печать". Драгоценные камни употреблялись не только в качестве украшения праздничных и священнических одежд, но и при постройках. Давид собирал драгоценные камни для постройки храма (1 Пар. 29:2) и Соломон обложил ими храм (2 Пар. 3:6).

На символическом языке премудрость дороже всяких драгоценных камней (Иов. 28:16 и дал.). Будущее Царствие Божие изображается драгоценными камнями (Ис. 54:11 и дал.; Отк. 21:19 и дал.); также и величие самого Бога (Иез. 1:26; Дан. 10:6; Отк. 4:13; 21:11).

В следующих местах Библии драгоценные камни соединены и перечислены: Исх. 28:17 и дал. и параллел. место 39:10 и дал., где говорится о двенадцати камнях на наперснике первосвященника; Иез. 28:13, где в числе украшений тирского царя перечислены 9 драгоценных камней, и в Отк. 21:19 и дал. — о 12 драгоценных камнях, которые служили основанием Нового Иерусалима. Исходя из вышеприведенных и других мест Библии мы приводим описание камней в алфавитном порядке.

А г а т, — евр. шебо — восьмой камень в наперснике первосвященника. Теперешний агат (по названию реки Агатес в Сицилии), одна из пород кварца разнообразного цвета и рисунка; встречается молочно-белый, зеленоватый, дымчатый и черный. В древности ценился высоко, тогда как теперь он не причисляется к драгоценным камням вообще.

А м е т и с т, — евр. ахламах, — девятый камень в наперснике первосвященника и двенадцатый в Отк. 21:20 прозрачный кристалл кварца, чаще лилового, иногда пурпурового цвета. В древности он служил целебным средством против опьянения, отчего греки и назвали его аметистос (не опьяняющий). Предполагают также, что слово "ахламах" обозначает египетский камень малахит, отличающийся красивым зеленым цветом.

А л м а з — драгоценнейший из всех камней, соединяет прозрачность воды с блеском огня и по своей твердости не поддающийся лучшему напильнику. Этот камень в трех местах обозначается еврейским названием "шамир": у Иез. 3:9 говорится о лбе, который тверже алмаза — символ отсутствия боязливости; далее у Зах. 7:12 — о сердцах твердых, как алмаз и у Иер. 17:1 — об алмазном острие на железном резце. Шлифовка алмаза, от которой зависит его ценность, не была знакома древним; они знали его, как самородный чистый кристалл.

В некоторых переводах Библии еврейское слово "яхалом", шестой камень в наперснике первосвященника и третий у Иез. 28:13 переведено словом "алмаз". Возможно, что этот перевод не точен, потому что все камни в наперснике были гравированы, а алмаз по своей твердости не поддается резцу. Некоторые полагают, что еврейское слово ""яхалом" обозначает яспис, непрозрачный, воскового цвета кварц с различными оттенками. В древности носили его в перстнях и пользовались им. как печатью.

Б е р и л л — восьмой в Откровении 21, называемый также аквамарином, менее ценный род смарагда. Берилл бывает зеленого, синего или желтого цвета с различными оттенками. Древние высоко ценили берилл из Индии, цвета морской воды.

Г и а ц и н т — одиннадцатый камень в Отк. 21, красно-коричневый или красновато-желтый драгоценный камень; своим блеском напоминает алмаз. В огне гиацинт теряет свой цвет. Древние получали его из Эфиопии.

К а р б у н к у л , евр. "нофек", четвертый в наперснике первосвященника и восьмой у Иез. 28, камень, привозившийся сирийцами в Тир (Иез. 27:16). Неизвестно, обозначает ли еврейское слово "нофек" карбункул (греч. антракс) из Африки и Индии, т.е. настоящий индийский рубин или легко поддающийся гравировке гранат.

В Ис. 54:12 евр. слово "екдах" (от корня — зажигать огонь) обозначает драгоценный камень, блестящий, как раскаленный уголь, может быть — карбункул.

К р и с т а л л (Отк. 4:6; 22:1) упоминаемый в Иез. 1:22, по еврейски "керах" (лед), обозначает, вероятно, горный хрусталь, который, по мнению древних, является затвердевшим от сильного мороза льдом. Такое же значение имеет, повидимому, и слово "гавиш" (Иов. 28:17).

О н и к с , евр. шохам, одиннадцатый в наперснике и пятый у Иез. 28: 13. Он упоминается уже в Быт. 2:12, а также в числе приношений израильских начальников для святилища (Исх. 25:7; 35:9, 27). Два оникса с именами колен, по шести на каждом, были оправлены в золото и украшали нарамники ефода первосвященника (Исх. 28:9 и дал.; 39:6 и дал.). Оникс упоминается также в числе других драгоценностей в 1 Пар. 29:2; Иов. 28:16. По древним переводам, оникс — другое название берилла. Некоторые полагают, что это темнозеленый хризопрас. Название оникс (т.е. ноготь) давалось камням, которые имели светлые слои розоватого цвета, подобного цвету ногтей, переходящие в более темные слои различных оттенков или пятна различных цветов.

Рубин, сардоник или сардис, евр. "одем", драгоценный камень, первый в наперснике первосвященника и у Иез. 28, шестой в Отк. 21. Он упоминается также вместе с ясписом при описании славы Божией (Отк. 4:3). Этот красного цвета камень, названный древними по имени города Сардиса, употреблялся для печати отдельно или на кольце. Его привозили из Вавилона, Индии и Египта.

С а п ф и р , евр. саппир, пятый в наперснике первосвященника, седьмой у Иез. 28 и второй в Отк. 21. Этот драгоценный камень, вывозимый из Египта и Индии, с древних времен высоко ценился. Он блестящего лазоревого цвета и поэтому, вероятно, служил символическим изображением славы Божией (Иез. 1:26; 10:1) и будущей славы Сиона (Ис. 54:11). Красота Соломона уподобляется слоновой кости, украшенной сапфирами (Песн. П. 5:14). Это сравнение указывает или на его синюю одежду или на синие жилки, которые придавали белому, как слоновая кость, телу большую красоту. Князья израильские (Плач. 4:7) видом уподобляются сапфиру. У Иов. 28:6, 16 говорится о сапфире, как редком камне.

С а р д о н и к с , пятый в Отк. 21, — разновидность халцедона — прозрачный, блестящий камень с розовым отливом, который привозился из Индии и Аравии.

С м а р а г д , и з у м р у д , евр. барекет, т. е. молния, третий камень в наперснике первосвященника, девятый у Иез. 28 и четвертый в Отк. 21, ярко блестящий драгоценный камень, зеленого цвета. Древние ставили его на второе место после алмаза. Они получали его из Скифии, Эфиопии и других мест. Радуга вокруг престола Божия сияла, подобно смарагду (Отк. 4:3).

Т о п а з , евр. "питдах", второй в наперснике первосвященника и у Иез. 28, девятый в Отк. 21. Топаз прозрачен, как вода и ярко блестит, переливаясь всеми оттенками желтого цвета. Высказывается мнение, что "питдах" — не топаз, а хризолит. Древние получали топаз с островов Красного моря, которые Плинием названы "Топазовыми островами". Топаз из Эфиопии упоминается у Иова 28:19 как одно из самых драгоценных сокровищ.

Х а л ц е д о н , третий в Отк. 21, как предполагают, тот же, что "шебо" или агат. Древние называли халцедоном различные сорта камней, по имени города Халкедона близ Византии, откуда привозили этот камень. Теперь это название обозначает один из видов кварцевой породы.

Хризолит: седьмой в Отк. 21. Так называется теперь прозрачный светлозеленый драгоценный камень, привозимый из Индии, Египта и Бразилии. Некоторые полагают, что хризолит есть иное название бирюзы.

Хрисолиф, хризолит, евр. "таршиш", десятый в наперснике первосвященника и 4-й у Иез. 28. Еврейское название этого камня напоминает Фарсис в Испании (См. "Фарсис"; по еврейскому преданию, это белый камень цвета морской пены. Таршиш или фарсисский камень упоминается в описании колес в видении Иезекииля (Иез. 1:16; 10:9). Тело мужа, который представился в видении Даниилу, было подобно фарсисскому камню (Дан. 10:6, русс. пер. топаз), руки Соломона уподобляются ряду золотых кругляков, усаженных фарсисскими камнями (русс. пер. топазами (Песн. П. 5:14).

Хризопрас: десятый в Отк. 21. Теперь это название обозначает одну из разновидностей халцедона, окрашенного окисью никеля в маслянистый прозрачнозеленый цвет.

Яспис, евр. "яшпех", двенадцатый камень в наперснике и первый в Отк. 21, упоминается также в Отк. 4:3 и в 21:11, где он называется драгоценнейшим и кристалловидным. Поэтому некоторые думают, что этот камень обозначает алмаз. См. "Алмаз". Другие полагают, что "яшпех" обозначает опал, камень молочно-белого цвета, отсвечивающий искорками синего и красного цвета.

Яхонт, евр. "лешем", седьмой в наперснике первосвященника, по общему мнению, то же, что и гиацинт. По Плинию, яхонт обладал свойством, притягивать к себе легкие предметы, подобно янтарю.

Порядок 12 камней в наперснике первосвященника виден из следующей таблицы, в которой на первом месте поставлены еврейские названия и под ними соответствующие русские названия в переводе Библии 1907 г. (Изд. Брит. Библ. Общ.). Из этой таблицы явствует, насколько трудно установить полную точность при переводе названий этих камней.

1.	2.	3.
Одем Рубин	Питдах Топаз	Барекет Изумруд
4.	**5.**	**6.**
Мофек Карбункул	Сапир Сапфир	Яхалом Алмаз
7.	**8.**	**9.**
Лешем Яхонт	Шебо Агат	Ахламах Аметист
10.	**11.**	**12.**
Таршиш Хризолит	Шохам Оникс	Яшпех Яспис

Неизвестно в каком порядке были начертаны имена колен Израилевых на этих камнях. Может быть, по старшинству, как это было с надписью на ониксах, которые были на нарамниках одежды первосвященника (Исх.. 28:10) или же руководились происхождением родоначальников колен от различных матерей, или порядком их расположения в стане (Чис. 2). Неизвестно также, было ли начертано имя Левия. Если имя Левия было там, то имена Ефрема и Манассии, вероятно, были соединены под именем Иосифа

Дракон, евр. тан, какое-то дикое животное в пустыне. Некоторые предполагают, что это шакалы, наводящие ужас своим воем, о котором говорит пророк (Мих. 1:8; здесь в евр. тексте употреблено слово "тан", переведенное по-русски "шакал"). Срав. Иов. 30:29; Плач. 4:3; Иер. 9:11 и пр. Слово таннин, которое также переведено словом "драконы", повидимому, обозначает крупных морских чудовищ, ужасных змей и т. п. (Втор. 32: 33; Иер. 51:34; Псл. 90:13; Ис. 27:1). В некоторых местах это слово, может быть, обозначает крокодила (Ис. 51: 9; Иез. 29:3). В Быт. 1:21 слово "таннин" переведено "большие рыбы". Великим драконом называется дьявол в Отк. 12:9.

Драконов источник — евр. Эйн а-Тани́м. Драконов источник Неем. 2:13), около западной стены Иерусалима, может быть, какой-нибудь родник около Гиона. Смотри "Гион 2".

Драхма. См. "Деньги".

Дрова — евр. эци́м.
Дрова. Для огня на жертвеннике всесожжения нужны были дрова (Лев. 6:12), которые, как это видно из Неем. 10:34; 13:31, доставлялись израильтянами, как добровольное приношение.

Дроковый куст (евр. ротем) встречается в пустынях Палестины и Аравии, с желтыми цветами, похожими на бабочек, и стручками с маленькими твердыми семенами. Встречаются несколько разновидностей этих кустов, которые у арабов еще до сих пор называются "ратам". Множество ветвей образуют густую чащу, где и теперь бедуины ищут защиты от ветра, подобно Илие, который радовался, найдя под ним скудную защиту от лучей солнца (3 Цар. 19:14). Из корней этого растения выжигают уголь, как и в древние времена. В Псалме 119:4 дроковые уголья, которые долго держат жар, являются символом упорной злобы лукавого языка или угрожающего за это наказания. В Иов. 30:4 говорится о скудной пище, получаемой из корня (русск. пер. ягод) этого растения. Предполагают, что здесь подразумевается растение из семейства Orobanche, которое иногда выростает из корня дрокового куста, и мясистый ствол которого, по сведениям Плиния, употреблялся в пищу в вареном и сыром виде. (Во всех приведенных местах Библии, кроме Псл. 119:4, в русск. Библии это растение переведено словом "можжевельник").

Друг — евр. **ядѝд.**
Друг. "Авраам наречен другом Божиим" (Иак. 2:23; срав. 2 Пар. 20:7; Ис. 41:8); Иисус называет Своих учеников друзьями (Иоан. 15:15). По-гречески в последнем месте употреблено слово "филос", выражающее любовь и преданность. Однако у Мат. 26:50 слово друг выражено словом "хетайрос", т. е. товарищ, — обращение, означающее сотрудничество или пребывание вместе. Срав. Мат. 20:13, где это последнее слово обращено к недовольным рабочим в винограднике, и также 22:12, где царь с этим словом обращается к человеку, не одетому в брачную одежду

Друзилла, младшая дочь Ирода Агриппы I и сестра Агриппы младшего и Вереники, красивая и легкомысленная женщина, сначала обрученная с Епифаном, сыном царя Антиоха из Коммагены; но когда последний отказался обрезаться, она оставила его и вышла замуж за Азиза, царя Емесского; после чего она сошлась с Феликсом. Перед этой четой Павел держал свою обличительную речь (Деян. 24:24). Друзилла погибла вместе со своим ребенком Агриппою при извержении вулкана Везувия в 79 году по Р.Хр.

Дуб. 1) Так переведены в русской Библии слова "алла" (И. Нав. 24:26), "аллон" (Быт. 35:8; Ис. 2:13; Ис. 6:13) и "элон" (Суд. 9:37; 1 Цар. 10:3; Суд. 4:11; Быт. 12:6; 13:18; Втор. 11:30). Этими словами обозначаются различные породы дубов: дубы с мелкими листьями и годными в пищу плодами, величиною с яблоко, которые в изобилии росли на Васане (Ис. 2:13; Иез. 27:6), или "съедобный дуб", — маленькое дерево, плоды которого напоминают вкусом каштаны; также "каменный дуб" с вечнозелеными листьями; плод этого дерева вкусом напоминает орехи; вероятно, этот дуб, вместе с сосной, упоминается у Ис. 44:14 как материал для изготовления идолов. Некоторые исполинские дубы давали большую тень; под такими дубами устраивали иногда народные собрания (Суд. 9:6) и хоронили мертвых (Быт. 35:8). Близ Хеврона растет дуб более 3,3 м в обхвате, тень от которого имеет 30 м в диаметре. Народ называет его "дубом Авраама".

Дуб плача (евр. Алóн бахýт), под которым похоронена Девора (Быт. 35:8).

Дума. 1) Сын Измаила (Быт. 25:14; 1 Пар. 1:30). Это имя сохранилось в названии местности Думат-эль-джебель (Дума гористая), называемой также "Сирийская Дума", находящейся в восточном Авране, на границе между Аравией и Сирийской пустыней.
2) Город в нагорной Иудее (И. Нав. 15:52); развалины его находятся около Дауме, к югу от Хеврона.
3) Ис. 21:11, может быть, это название обозначает место в Едоме или в Дума 1.

Дух — евр. **рýах.**
Дух. 1) Дыхание, дух жизни от Бога у людей и животных (Иов. 12:10; 27:3; Псл. 134:17; Еккл. 3:19, 21; 12:7); "Если бы Он обратил сердце Свое к Себе и взял дух ее и дыхание ее, — вдруг погибла бы всякая плоть и человек возвратился бы в прах" (Иов. 34:14, 15). В этом смысле говорится об испускании духа (Мат. 27:50). "Тело без духа — мертво" (Иак. 2:26). В вышеприведенных местах слово дух обозначает почти то же, что и душа только в низшем ее значении, напр. "душа живая" в Быт. 1:20, 24.
2) Бессмертный дух у человека, благодаря которому он чувствует, думает и хочет, "дух человеческий, живущий в нем" (1 Кор. 2:11), в противоположность плоти или телу (Кол. 2:5; 1 Кор. 6:20; Рим. 8:10). В этом значении иногда дух обозначает то же, что и душа в собственном значении этого слова, срав. Иоан. 12:27 — "Душа Моя теперь возмутилась" с Иоан. 13:21 "Иисус возмутился духом". Срав. 1 Кор. 5:5; 1 Пет. 4:6, где говорится о спасении духа с 1 Пет. 1:9, где говорится о спасении души и двоякое выражение радости Девы Марии у Лук. 1:46, 47. Но более внимательное изучение этих и им подобных мест показывает различие между душой и духом, что ясно вытекает из 1 Фес. 5:23 и Евр. 4:12, а именно, что душа есть сама личность, а дух — та внутренняя глубина существа, в которую проникает душа. Лютер говорит, что дух — самое высшее и благое в человеке и что, благодаря ему, человек в состоянии объять невидимое и

вечное (Бог, вечная жизнь и т. д.) — короче — тот дом, в который вселяются вера и слово Божие.

3) Духовное существо "дух без костей и плоти" (Лук. 24:39). В самом высоком значении это говорится о Боге: Бог есть Дух и Отец духов, Иоан. 4:24; Евр. 12:9. Далее, здесь подразумевается личность, отделенная от тела (Евр. 12:23), "духи" в темнице (1 Пет. 3:19) и, наконец, ангелы, добрые и злые (Евр. 1:14; Деян. 23:8; Лук. 7:21; 8:2).

Дух Божий. Дух Святой, Который вначале носился над водою (Быт. 1:2) и затем действовал в слугах Божиих среди Израиля (Чис. 11:17, 25, 29; Ис. 61:1; 63:10-14), Который безмерно сошел на Иисуса (Иоан. 3:34); Утешитель, Дух истины, Который исходит от Отца (Иоан. 15:26) по ходатайству Сына и во имя Его (Иоан. 14:16, 17, 26; Лук. 24:49), Который излился в день Пятидесятницы (Деян. 2:33) и Который все еще запечатлевает верующих (Еф. 1:13; 4:30). По существу Он один, но различен в своих проявлениях, отчего и говорится "о семи духах Божиих", которые стоят перед Его престолом (Отк. 1:4; 4:5; 5:6; Срав. Зах. 3:9; 4:6, 10).

4) Духовный дар, духовная сила, духовная жизнь, "рожденное от духа есть дух" (Иоан. 3:6). Согласно этому, говорится о духе пророчества, духе мудрости, духе молитвы, духе силы, любви и целомудрия (2 Тим. 1:7), "о духе усыновления" (Рим. 8:15) и т. д. Иногда в Писании Дух Божий не различается от тех даров, которыми Он наделил верующих, (срав. Чис. 11:17, 25, 29). Мы имеем вернейшее обетование о том, что Св. Дух дается всем просящим Его (Лук. 11:13), а также не менее серьезные предупреждения: "не оскорбляйте Св. Духа Божия" (Еф. 4:30), "Духа не угашайте" (1 Фес. 5:19). Наоборот, сказано: "возгревай дар Божий, который в тебе" (2 Тим. 1:6). "Запечатление духом" называется дар Духа Св., который имеют верующие (2 Кор. 1:22; 5:5; Еф. 1:3; 4:30). Срав. "Залог". С другой стороны, в детях мира сего действует другой дух, противоположный духу Божию (Еф. 2:2): дух рабства Рим. 8:15), дух усыпления (Рим. 11:8), дух боязни и заблуждения (2 Тим. 1:7; 1 Иоан. 4:6).

Относительно многообразия тех духов, которые с различных сторон стремятся воздействовать на верующих, нужно иметь дар различения духов, о чем говорится в 1 Кор. 12:5, 10. Совет "испытывать духов" находится в 1 Кор. 14:29; 1 Иоан. 4:1; 1 Фес. 5:21.

5) Дух немощи (Лук. 13:11), злой дух, который проявлял свою силу над душою и телом скорченной женщины до тех пор, пока Господь не освободил несчастную (стих 16).

Душа — евр. не́феш.

Душа. Это слово встречается в различных значениях, которые важно отличать друг от друга. 1) Словом душа обозначается физическая жизнь с природными чувствами и побуждениями; так, водные животные в Быт. 1:20 называются душою живою; также сказано, что Ирод искал души Младенца, т. е. Его жизни (Мат. 2:20). В этом значении о душе говорится, что она нуждается в пище и питье (Лук. 12:19). 2) В высшем значении слово душа обозначает бессмертное в человеке, его вечное существо, которое нельзя убить. О душе в первом значении, как жизни тела, идет речь, когда говорится, что душу можно погубить (Мар. 3:4); о душе в последнем значении, как противоположность телу, Христос говорит, что она не может быть убита (Мат. 10:28). Оба эти значения соединены там, где говорится о сбережении и потере души (Мат. 10:39; Лук. 9:24, Иоан. 12:25). 3) Далее, нужно заметить значение слова в тех местах, где оно выражает характер сердца, желание, склонность и прочее, как, напр., в Деян. 4:32 "одно сердце и одна душа"; (срав. Фил. 1:27 и проч. 4) Наконец, слово душа обозначает личность, напр., в Лев. 1:2 "Если какая-либо душа захочет принести жертву Господу и т.д. (евр. и также "три тысячи душ" Деян. 2:41); изредка это слово обозначает рабов (Быт. 12:5, евр.; Отк. 18:13).

О духе и душе (1 Фес. 5:23; Евр. 4:12; Срав. "Дух 2").

Дыня — евр. авати́ях.

Дыня (Чис. 11:5) упоминается в числе египетских лакомств, о которых вспоминали израильтяне в пустыне. Здесь подразумеваются, вероятно, арбузы, которые растут в изобилии во всех теплых странах; корка у них темно-зеленая, внутри содержится в обильном количестве прохладительный сок. Они часто достигают в длину от 2 до 3 футов.

Дьявол, греч. диаболос, т. е. обвинитель. Так во многих местах Нов. Завета называется главный из злых духов, или сатана, противник Божий и обольститель людей. Он побуждает человека роптать на Бога и старается, чтобы человек искал для себя лучшего счастья и свободы, чем та, какую он имеет у Бога (Быт. 3; Мат. 4:1 и дал.) и вместе с тем, обвиняет человека перед Богом (Иов. 1:6; Зах. 3:1; Лук. 22:31; Отк. 12:10). Теперь этот "дракон, змей древний" (Отк. 20:2) "обольщающий всю вселенную" (Отк. 12:9) побежден и низвержен Христом (Отк.

12:10). Победа над ним дарована в крови Агнца всем тем, которые не возлюбили жизни своей даже до смерти (Отк. 12:11). В противоположность “детям Божиим” есть “дети дьявола” (1 Иоан. 3:10), которые пойдут в вечный огонь, уготованный для дьявола и его ангелов (Мат. 25:41; Отк. 20:10); срав. Иоан. 6:70, где Иуда называется дьяволом.

Дьякон. См. “Слуга”.

Избиение Стефана камнями.

Е

Ева (евр. Xáва), т. е. дающая жизнь (Быт. 3:20). Так назвал Адам свою жену, первую женщину (2:22) и праматерь всех людей. Срав. "Адам 1". "Змей хитростью своею прельстил Еву" (2 Кор. 11:3); таким образом в мир вступили грех и горе. "Жена, прельстившись, впала в преступление" (1 Тим. 2:14). Семя жены сотрет главу змея (Быт. 3:15).

Евангелие (греч. слово), т. е. радостная весть. Так называется, прежде всего, благая весть о спасении через Иисуса Христа, обетование "семени жены" (Быт. 3:15), почему это последнее место Св. Писания можно назвать "первым Евангелием", на основании пророчества Ис. 61:1, о котором Иисус сказал, что оно было исполнено в Его лице (Мат. 11:5; Лук. 4:18). В понятие "Евангелие" включили все богатое содержание, заключающееся в повествовании о спасающей божественной благодати во Христе (Деян. 20:24; Рим. 1:1-2; Мар. 1:15), а также благовестие о Царствии Божием (Лук. 16:16; Мат. 4:23; 9:35 и другие места). Христос — центр благовествования и, вследствие этого, Его личность и Евангелие иногда отождествляются (Мар. 8:35; 10:29). Когда ап. Павел говорит, что он проповедует Евангелие Христово, то это означает, что он проповедует то Евангелие, которое проповедывал Христос. Выражение "вечное Евангелие" в Отк. 14:6 означает, вероятно, благовествование о наступившем избавлении (ст. 7). Название "Евангелие", которое первоначально означало благую весть о Иисусе, впоследствии стало пониматься, как рассказ о Его земной жизни (Мар. 1:1). Поэтому говорится о 4-х Евангелиях, т. е. 4 различных сборниках, где повествуется о жизни и деяниях Спасителя на земле. Сам Он ничего не писал, но ученики Его записали то, что Он говорил и делал.

За подлинность и достоверность четырех Евангелий говорят, во-первых, внешние свидетельства. Если мы начнем следить с конца второго века, то найдем заметки о четырех Евангелиях у Иринея, епископа Лионского, родившегося около 140 г. и претерпевшего мученическую смерть в 202 г. Юношей он учился у Поликарпа, ученика ап. Иоанна. В письме к Флорину, сохраненному Евсевием, Ириней с юношеской пылкостью сообщает свои воспоминания о личности и учении Поликарпа и о том, как он рассказывал о своей жизни с апостолом Иоанном и другими, которые видели Господа, "как он повторял их слова и что он слышал от них о Господе, Его чудесах и Его учении". "И все это" (что Поликарп принял от очевидцев), говорит Ириней: "согласно с Писаниями", т.е. евангельским повествованием. Ириней ясно говорит о четырех Евангелиях и даже представляет некоторые основательные доводы, почему их четыре. "Возможно ли", спрашивает Тишендорф, "что Ириней ни слова не слышал от Поликарпа о Евангелии Иоанна, и что он, несмотря на это, имел бы к нему (Евангелию Иоанна) безусловное доверие?"

Тертуллиан, пресвитер в Карфагене, умерший около 230 года, стойко защищает Евангелие от Луки, противопоставляя его подложному Евангелию, которое некий Марцион стремился распространить в общине. Тертуллиан указал на определенное мнение относительно этого в апостольских общинах: "То Евангелие от Луки, которого мы придерживаемся с его появления, принято, как подлинное и", добавляет он, "авторитет апостольских общин будет также защищать остальные Евангелия, которые мы также получили от них".

Климент Александрийский, в ведении которого находилась катехизическая школа (где знакомили с истинами христианского учения), умерший около 220 года, дает те же определенные свидетельства о единомысленном признании общинами четырех Евангелий.

Кроме того, мы имеем замечательное свидетельство в письме от христианских общин в Лионе и Вьенне к "общинам в Азии и Фригии", где они рассказывают о тяжком гонении, которое пришлось им испытать около 177 г. В письме приводятся тексты из Евангелия от Луки и Иоанна. Это свидетельствует о том, что уже тогда эти Евангелия были признаны и приняты. В упомянутых общинах Франции в это время был епископом престарелый Потин, который претерпел мученическую смерть во время этого гонения. Ему было 90 лет, так что его сведения о Евангелиях восходят к первой четверти второго столетия, когда многие из знавших лично апостолов еще были в живых.

Кроме того, мы имеем непосредственные свидетельства более древнего происхождения. Иустин Мученик, родившийся в начале второго столетия, оставил после себя две апологии в защиту христианства и диалог (разговор) с евреем Трифоном; в этих книгах он приводит множество выдержек из Евангелий Матфея и Луки и несколько из Марка и Иоанна, в достаточной степени обнаруживающих его знакомство с этими Евангелиями.

"Те мемуары (или записки)", говорит он: "о которых я утверждаю, что они написаны Его (т. е. Господа) апостолами и их последователями"... "которые", говорит он в другом месте, "называются Евангелиями или одним общим именем Евангелие". Выдержки из Евангелий, которые он приводит, свидетельствуют о том, что он сам ими пользовался. Большинство из выдержек дословно соответствуют текстам четырех Евангелий, которые мы теперь имеем. Евангелие от Иоанна ему было известно, что видно из следующей выдержки: "Ибо Христос сказал: Если вы не родитесь вновь, вы никаким образом не можете войти в царство небесное; однако невозможно тем, которые однажды родились, вторично войти в утробу матери; это ясно каждому". (Апологетика). Очевидно, этот текст взят из Евангелия Иоанна 3:3 и дал., не говоря уже о многих других выдержках.

В письме Диогнету (апологетическое сочинение, современное Иустину Мученику) встречаются выражения, которые взяты из Евангелий Матфея и Иоанна.

Обратимся теперь к, так называемым, "ученикам апостольским", т.е. ближайшим ученикам апостолов, которые писали в последующее время. Один из старших между ними — Климент Римский, умерший в 100 году. В его "первом послании к Коринфянам", которое всеми признается подлинным, сообщаются сведения, показывающие его знакомство с 3-мя первыми Евангелиями; напр., такая выдержка: "Ибо Он сказал: Горе тому человеку; лучше было бы ему не родиться, чем соблазнить одного из избранных Моих".

Поликарп, епископ Смирнский, ученик Иоанна, умер мученической смертью между 156-166 гг.; он оставил после себя короткое "послание к Филиппийцам", в котором мы находим много выражений, напоминающих послания ап. Павла, много выдержек из Евангелия от Матфея и, что особенно важно по вопросу о Евангелии от Иоанна, следующий текст из первого послания Иоанна: "Всякий, кто не исповедует Иисуса Христа, пришедшего во плоти, есть антихрист" (1 Иоан. 4:3). Всеми же признано, что Евангелие от Иоанна и 1 послание Иоанна написаны одним автором. В сохранившихся письмах Игнатия, епископа Антиохийского, умершего в 107 или 115 г., находятся выдержки из Ев. от Матфея.

Еще одно ценное внешнее доказательство заключается в том, что все четыре Евангелия имеются в двух самых древних переводах Нового Завета, именно: в старом Сирийском, называемом Пешито, и в старом Латинском, оба середины второго века или немного позднее. Наконец, тот факт, что, так называемый, "Мураториев канон", латинский фрагмент, середины 2-го в., найденный итальянцем Муратори (ум. в 1750 г.) в Милане, говорит о "третьем Евангелии от Луки", с приложенными к нему сведениями о личности Луки, что он был врач, которого Павел брал с собою, и что Лука сам не видел Господа и т.д. Сейчас же после сведений о Луке говорится: "Четвертое Евангелие от Иоанна, одного из числа учеников".

О внутреннем доказательстве истинности Евангелий и особенно времени их написания мы добавим следующее замечание. Три первых Евангелия, между прочим, содержат предсказания Господа относительно разрушения Иерусалима. По стилю и образу речи ясно, что они писались до исполнения предсказанного события. Они говорят почти исключительно о знамениях, которые должны предшествовать этому ужасному событию, вместе с предупреждением, чтобы ученики были готовы к нему. Матфей, например, пророчеству и, в связи с ним, предупрежданиям уделяет 50 стихов, и из этих стихов только 4 (Мат. 24:19-22) дают описание ужасов разрушения, и притом в общих чертах. Это вполне естественно, если евангелист писал до разрушения Иерусалима. Если бы его Евангелие было написано после этого события, то он, конечно, описал бы его другими красками: предзнаменования должны были бы уступать место ужасам действительности. Далее, из ответов, данных Господом на вопросы учеников о времени разрушения Иерусалимского храма и конца века и из того тона, каким Матфей передает эти ответы, видно, что ученики получили впечатление, что разрушение Иерусалима и конец века последуют одно за другим. См. Мат. 24:3, 29. Если бы евангелист писал после разрушения Иерусалима, то он, конечно, выяснил бы это недоразумение, чтобы читатели не поняли превратно.

Рассмотрим теперь Евангелие от Иоанна. В нем мы встречаем различные выражения, которые подтверждают предание, гласящее, что это Евангелие написано в позднейшее время в Ефесе. Оно написано в языческой стране, вне Палестины; это видно из того, что автор старательно объясняет еврейские выражения и обычаи, напр., "Пасха, праздник иудейский" и т. д. Было бы странно писать таким образом в Иудее или Галилее. В этом Евангелии ничего не говорится о разрушении Иерусалимского храма и гибели государства; это легко объясняется тем, что автор писал уже после этого события, и потому отмена иудейских учреждений всем давно была известна.

Сравнивая 4 Евангелия, находим между ними удивительное согласие, вместе с некоторыми несущественными различиями. Все они описывают Господа Иисуса Сына Божия и человеческого, святого, чистого, кроткого и любвеобильного, могущественного в словах и делах, отданного Отцом для спасения мира, претерпевшего мучительную смерть на кресте и воскресшего из мертвых.

Существует большое различие между Ев. от Иоанна и тремя другими Евангелиями. Авторы этих трех — Матфей, Марк и Лука, — более или менее сходны в своем изложении и называются синоптиками, а их сочинения — синоптическими Евангелиями, потому что они легче подходят для "синопсиса", т. е. сравнительного наглядного обзора событий жизни Христа. Синоптики повествуют, главным образом, о деятельности Господа в Галилее и описывают только последнее Его путешествие в Иерусалим и связанные с этим события. Иоанн же описывает Его посещения Иерусалима год за годом и Его деятельность в Иудее. Таким образом, у него мы находим множество событий, которые не встречаются у синоптиков. Но там, где Иоанн передает те же события, что и синоптики, , напр., чудо с хлебами и установление вечери Господней, он прибавляет длинные речи Спасителя, которые отсутствуют у первых. В вопросе о хронологическом порядке существует также некоторое различие между Евангелием Иоанна и Евангелиями синоптиков, которое нам трудно объяснить. Некоторые стремились определить разницу между синоптиками и Иоанном так: первые говорят больше о чудесах Иисуса, последний же обрисовывает Его дивную личность; первые рассказывают нам, что Он делал; Иоанн же — кто Он есть. Но и у синоптиков встречаются некоторые различия, в которых трудно разобраться. Рядом с согласованиями в некоторых случаях, которые кажутся заимствованными друг от друга, мы встречаем странные различия. Один рассказывает о событии подробнее, другой короче; подробные обстоятельства, о которых умалчивается у двух, добавляются третьим; отдельные изречения Господа соединяются с различными событиями. Длинные речи один евангелист передает целиком, другой разбивает на несколько частей. Сравн., напр., нагорную проповедь у Мат. 5 - 7 гл. с Лук. 6:20-49; 11:1-13; 12:21 и дал.

Если, допустим, сумма содержания каждого Евангелия представляется числом 100 и цифрами отмечается количество тех мест, в которых один евангелист согласуется с другим, а также тех, которые составляют особенность только одного Евангелия, то получим следующую таблицу:

	Встречаются только в Евангелии	Сходство с другими евангелистами
Марка	7	93
Матфея	42	58
Луки	59	41
Иоанна	92	8

Из этого видно, что Марк имеет наименьший процент независимого от других евангелистов содержания (7), Иоанн наибольший (92).

На вопрос о том, как объяснить эти различия, особенно которые существуют между синоптиками, давались самые разнообразные ответы. Некоторые предполагают, что одно из трех Евангелий было написано сначала, а два других евангелиста пользовались им, как источником, и многое заимствовали. Но как же, в таком случае объяснить те отклонения, которые встречаются у синоптиков? Другие предполагают, что существовал оригинал, которым пользовались все трое. Но в этом случае остается неразрешенным тот же вопрос. Более удовлетворительно предположение, что источниками трех Евангелий были частью небольшие памятные записки (подобно тем, о которых Лука упоминает в начале своего Евангелия), частью — устные предания, хранившиеся в общинах (которые Лука называет "учением апостолов". Деян. 2: 42), и, наконец, личные расспросы очевидцев и самих апостолов.

В зависимости от того, как упоминаемые предания и рассказы преломлялись в сознании кождого из евангелистов и свойственной каждому из них форме изложения, особенно же по тому, как Дух Св. влиял на составителя, каждое Евангелие и получило особый отпечаток.

Матфей описывает Царя Израилева и показывает исполнение в Нем пророчеств; Марк показывает нам послушного слугу, Сына человеческого, возвышенного до престола Божия; Лука рисует Христа, как Спасителя всего мира; Иоанн же показывает нам вечного Сына, сошедшего к человечеству, чтобы освятить мир. Намерение Иоанна, о чем он и сам говорит (Иоан. 20:31), было довести своих читателей до уверенности, что Иисус есть Христос, и что они имеют в Нем жизнь.

Можно сказать, что Иоанн писал свое Евангелие, чтобы восполнить пробелы трех евангелистов. Поэтому он передает большей частью, то, что отсутствует у трех остальных, особенно же повторяющиеся посещения больших праздников в Иерусалиме и богатые по содержанию речи, в которых Христос высказывает о Своей личности и Своем посланничестве. Он был знаком с тремя синоптиками и предполагает у своих читателей знакомство с ними или, по крайней мере, с главным их содержанием, что совершенно ясно видно из его Евангелия. В 1:40 говорится о Петре, как известной читателям личности; в 6:71 говорится о "двенадцати", хотя о призвании их раньше ничего не сказано. В 11:1 название Вифания Иоанн поясняет словами "селение Марии и Марфы", из чего видно, что они были уже знакомы читателям из других Евангелий. В 6:62 мы встречаем ясное указание на вознесение Иисуса, хотя Иоанн ничего не рассказывает о том. Во многих местах евангелист отмечает, что передаваемое им он сам видел или слышал (Иоан. 1:14; 13:24; 19:26, 35; 20:2 и др. места).

Из Евангелия от Матфея видно, что и синоптикам свойственно, характерное для Иоанна, высшее понимание личности Иисуса, Его божественной природы и посольства; напр., в Ев. Мат. 11:25-30 кажется, что устами Матфея говорит Иоанн.

Евангелие от Иоанна, вероятно написано в Ефесе в 70-100 году по Р.Хр. Оно, видно, предполагает знакомство читателей с остальными Евангелиями. Так, напр., в Иоан. 3:24 о заключении Иоанна Крестителя упоминается, как об известном читателям факте. Оно, очевидно, было написано для язычников, мало знакомых с еврейскими обычаями (1:38, 41; 2:6, 13; 11:55). Первые 18 стихов первой главы являются как бы ключом для последующего изложения, ибо все приведенные впоследствии чудеса и беседы имеют целью подтвердить выраженную в начале истину, что Иисус есть Сын Божий, Вечное Слово, единое с Отцом. (См. 20:31). Это Евангелие, вероятно, было направлено также против различных лжеучений относительно личности Христа, так как эти лжеучения начали появляться уже в первом столетии. См. "Евангелие".

Евангелие от Луки. Так с древних времен называется третье из Евангелий, автор которого, не упоминающий о себе самом, указывает, в качестве внешнего повода к написанию им Евангелия, существование нескольких повествований о жизни и деятельности Иисуса (Лук. 1:1 и далее); что побудило его, "по тщательном исследовании", написать своему другу Феофилу то же самое, но возможно точнее и полнее. Следовательно, Лука собирал подробные сведения от очевидцев, и, возможно, написал свое Евангелие под руководством или наблюдением ап. Павла. Некоторые толкователи усматривают в этом Евангелии характерные особенности ап. Павла, так как автор излагает те дела и речи Христа, которые свидетельствуют о благодати Божией, спасительной для всех людей и рисует Иисуса Спасителем не только евреев, но и всех людей. Также замечают, что это Евангелие приводит родословие Иисуса от самого Адама с целью показать, что Иисус — Сын человеческий. Лютер говорит: "Лука, как будто, хочет сделать Христа общим для всех народов, поэтому он доводит его родословие до самого Адама: таким образом он хочет доказать, что этот Христос принадлежит не только евреям, но и Адаму с его семенем, т. е. всем народам мира". Только Лука приводит рассказы о грешнице (7:36 и дал.), о Закхее, о фарисее и мытаре (18:9 и дал., 19:1 и дал.), о разбойнике на кресте и притчи в 15 и 16 главах. Сравни также слова Иисуса в 24:46 и дал.; 4:24 и дал. относительно призыва язычников. Как на особенность Евангелия от Луки можно указать на повествование о рождестве и молодости Иисуса, рождении Иоанна Крестителя, некоторые подробности страданий и воскресения Иисуса и рассказ о Его вознесении на небо.

Время написания Евангелия от Луки определяется двумя годами ранее книги Деяний Апостолов, около 62 или 63 года по Р. Хр. Срав. "Евангелие".

Евангелие от Марка — второе из четырех Евангелий. По древнему преданию оно написано Иоанном Марком, племянником Варнавы (Кол. 4:10), со слов и под наблюдением ап. Петра. Предполагают, что оно написано, главным образом, для христиан из язычников, и, в подтверждение этого мнения, указывают на то, что в нем подробно объясняются еврейские обычаи и выражения (7:3, 4, 11; 15:42), но ничего не говорится о родстве Господа и, вообще, очень редко приводятся выдержки из Ветхого Завета. Хотя это Евангелие вообще не говорит ничего новаго, кроме того, что мы уже находим у Матфея и Луки, только повторяя это часто в более короткой форме и часто выпуская длинные речи, которые записаны прочими евангелистами; — мы все-таки не можем смотреть на него, как на повторение других Евангелий, так как оно во всем остальном проявляет характер самостоятельного произведения. Множество незначительных подробностей, которые только здесь и встречаются, свидетельствуют о том, что, хотя автор излагает уже существовавшие рассказы о Господе, однако получал сведения от наблюдательного очевидца, обладавшего хорошей памятью. Личность Христа во всех действиях и отношении к окружающему выступает здесь более ярко, чем где-либо. Здесь нам повествуется, что Христос взял за руку тещу Петра и поднял ее Мар. 1:31), что Он взял бесноватого за руку и поднял его (9:27) и т. д. Только здесь написано, что Он "взглянул" на богатого юношу и полюбил его, и что Он "посмотрев вокруг" говорил ученикам Своим (10:21, 23) и т. д. Срав. 3:5; 8:33. Далее, здесь описывается неутомимость Спасителя в Его служении: как Он вставал рано до рассвета, чтобы молиться (1:35), как Ему даже некогда было хлеба есть (3:20; 6:31), как Его, утомленного работою, ученики взяли в лодку, где Он спал на корме, на возглавии 4:36 и дал. — все эти подробности мы встречаем только в Евангелии от Марка. Обратите внимание, как Он "дивился неверию" народа (6:6), и как Он "глубоко вздохнул" видя их бедственное и жалкое положение (7: 34; 8:12). Слово "тотчас", которое говорит о поспешности и отзывчивости, встречается в этой книге чаще, чем где-либо в других книгах Библии. Смотри 1:10, 12, 20, 21 и т. д. Во всем Новом Завете оно встречается около 80 раз и из этого числа более 40 раз в Евангелии от Марка. Этими и еще многими подобными чертами Евангелие от Марка имеет целью изобразить Христа, как верного Слугу Божиего, удивительная жизнь и дела Которого послужили основой евангельского повествования. Особенностью Марка является и то, что он называет Иисуса "плотником" (6:3). Срав. "Евангелие".

Евангелие от Матфея. Первое из четырех Евангелий, единогласно приписывается древними отцами церкви апостолу Матфею; они также единогласно свидетельствуют о том, что оно было написано первоначально на арамейском языке, тогдашнем наречии Палестины, хотя греческий перевод его, которым мы пользуемся с древнейших времен упоминается наряду с прочими Евангелиями. Это Евангелие, во многих отношениях носит характер оригинального сочинения, а не перевода. Выдержки из Ветхого Завета, которые встречаются в речах Спасителя, обыкновенно заимствованы из греческого перевода Septuaginta (70 толковников), а не из оригинального еврейского текста. Выражения и обороты речи представляют часто такое согласие с Евангелиями Марка и Луки, что вызывают предположение о греческом оригинале. Цель написания этого Евангелия ясно выражена в 1:1. Оно хочет доказать, что Иисус Христос был Сын Давидов, обещанный евреям Мессия, их Пророк и Царь, и с этим согласуются все оригинальные черты, которые отличают этого евангелиста.

Он приводит родословие Иисуса от Авраама, праотца еврейского народа. Это — Евангелие Царствия, Царства Божия или Царства Небесного (название, которое встречается только у Матфея, причем, более 20 раз). Оно есть Евангелие исполнившихся пророчеств, и, поэтому, оно постоянно указывает на то, как пророчества исполнились в Иисусе. "Да сбудется реченное" и т. д. встречается там чаще, чем у других евангелистов. Оно приводит речи Иисуса замечательно подробно, с обильными цитатами из Ветхого Завета, и, поэтому, особенно способно убедить евреев в том, что Иисус был Мессия. Название "Сын Человеческий" Иисус дает Самому Себе особенно в этом Евангелии. Срав. "Евангелие".

Евангелист или благовестник. В Еф. 4: 11 среди апостолов, пророков с одной стороны и пастырей и учителей с другой стороны — упоминается особый дар Бога церкви — евангелисты; по всей вероятности, они, в качестве миссионеров, должны были разъезжать по местам, проповедуя Евангелие и приготовляя путь для последующего более глубокого учения пастырей и учителей. Таковым был диакон Филипп (Деян. 21:8). Тимофей также побуждается совершать дело благовестника (2 Тим. 4:5). Выражение "четыре евангелиста" обозначает Матфея, Марка, Луку и Иоанна, как авторов четырех Евангелий.

Еввул, христианин в Риме, который приветствовал Тимофея (2 Тим. 4:21).

Евеи — Хивйм.
Евеи, хананской народ, живший частью в средней части Палестины — около Гаваона и Сихема (Быт. 34:2; И. Нав. 9:1, 7; 11:19), частью около Гермона (И. Нав. 11:3; Суд. 3:3; 2 Цар. 24:7; 3 Цар. 9:20).

Евей (Хивй), один из сыновей Ханаана (Быт. 10:17), праотец евеев.

Евер (т. е. "на другой стороне" или "за"), сын Салы, внук Сима, который называется праотцем всех сыновей Евера; родил Фалека и Иоктана (Быт. 10:21 и дал.; Лук. 3:35). В Чис. 24:24 Евер обозначает название племени, жившего, вероятно, по ту сторону Евфрата.

Евильмеродах, сын и наследник Навуходоноссора, царь Вавилонский около 560 г. до Р. Хр., освободил иудейского царя Иехонию, или Иоакима, из тюрьмы (4 Цар. 25:27; Иер. 52:31). Два года спустя его умертвил Нергал Шарецер. По-вавилонски его имя — Авиль-Мардук, т. е. человек Меродаха. Это имя недавно найдено на вавилонской глиняной табличке, содержащей договор, помеченный числом: "1 таммуц (июля), в первом году Евильмеродаха".

Евника, мать Тимофея, вышедшая замуж за язычника (Деян. 16:1), наставляла своего сына с детства в знании Священного Писания (2 Тим. 1:5; 3:15). Срав. "Лоида".

Евнух. 1) (евр. сарис, гр. евну). Азиатские цари имели евнухов для наблюдения за своим придворным штатом и, главным образом, за своими женами. Впоследствии этим словом стали называть дворцовых служащих разных чинов (Ис. 39:7). Возможно, что и женатые чиновники назывались евнухами (1 Цар. 37:36 евр.), по языческому обычаю, в Израиле в позднейшие времена появились такие же служащие (3 Цар. 22:9; Иер. 41:16), которые иногда пользовались большим почетом (Иер. 34:19; 4 Цар. 34:19; 4 Цар. 24:12 и дал.)

О евнухе ефиоплянине смотри "Филипп".

2) (оскопленный) — мужчина, который посредством удаления половых желез потерял способность быть мужем и отцом. Такой человек не мог вступить в общество Господне (Втор. 23:1), которое также и внешним образом должно было быть "посвященным Господу". В пророчестве для новозаветного времени это воспрещение отменено (Ис. 56:3 и дал.; Срав. Деян. 10:34 и дал.). Закон воспрещал также приносить в жертву оскопленных животных. В Книге Лев. 22:24 и дал., перечисляются различные причины оскопления: раздавление, разбитие, вырывание, вырезывание, после чего добавляется: "в земле вашей не делайте сего".

В Мат. 19:12 Иисус говорит о трех родах скопцов: 1) от рождения, 2) посредством оскопления и 3) через собственное отречение.

Еводия и Синтихия, две христианки в Филиппах, подвизавшиеся вместе с Павлом в деле благовествования; впоследствии Павел увещает их быть единомысленными (Фил. 4:2 и дал.).

Евреи — евр. Иври́м.

Евреи, т. е. "пришельцы", "пришедшие из другой страны", название, под которым израильтяне были известны другим народам. См. Быт. 40:15; 1 Цар. 4:6 и дал.; Иоан. 1:9. Уже Авраам назывался евреем (Быт. 14:13); Моисей получил повеление от Господа передать фараону известие от "Бога евреев" (Исх. 3:18; 5:3; 7:16; 9:1, 13). Срав. выражения Быт. 21:2; Иер. 34:9, 14, где название "еврейский" противополагается языческим народам. Как исключение, заметим 1 Цар. 13:3, 7; 14:21. В Деян. словом "еврей" обозначены палестинские христиане, которые говорили по-еврейски, или арамейски, в противоположность "еллинам", говорившим по-гречески.

Павел в 2 Кор. 11:22 и Фил. 3:5 употребляет слово еврей в ветхозаветном значении, называя себя "еврей от евреев", т.е. что он был чисто еврейского происхождения.

Выражение "по-еврейски", или "еврейский язык", как обозначение древнего языка иудеев в Ветх. Завете мы не имеем. Древний еврейский язык там назывался или "ханаанский язык" (Ис. 19:18), или иудейский (4 Цар. 18:26; Неем. 13:24). Выражение "еврейский язык", встречаемое нами в Новом Завете, должно пониматься, как арамейский язык. Это народный язык, постепенно вытеснивший в последние столетия до Р.Хр. еврейский и называемый "сиро-халдейским". Слова, которые у Иоанна 5: 2,; 19:13, 17, хотя и названы еврейскими, но чисто арамейского происхождения. Однако, в Отк. 9:11 и 16:16 выражение "по-еврейски" обозначает слова древне-еврейского происхождения.

Евтих, юноша в Троаде, который, заснув на окне во время проповеди Павла, упал вниз с третьего этажа и был поднят мертвым. Павел сошел, пал на него и он ожил (Деян. 20:9 и дал.).

Евфрат (Отк. 9:14). В евр. тексте Ветхого Завета река Евфрат названа Фрат (Прат) (Иер. 13:4); по Быт. 2:14, это одна из четырех рек рая. Река начинается с покрытых снегами гор Армении, образуясь из двух рек Карасу и Мурад-Су; течение ее вдоль восточного края Сирийской пустыни очень быстро. Почти паралельно с Евфратом течет Тигр, также берущий начало в Армении. Между ними была расположена Месопотамия. Около Багдада, Селевкии и развалин древнего Вавилона эти реки очень близко сходятся между собой. Раньше в этом месте они соединялись множеством каналов, из которых некоторые сохранились до сих пор. Далее реки опять расходятся, но в нижнем течении близ Корны соединяются в одну могучую реку, называемую Шат-эль-араб (т.е. река арабов), которая в своем продолжении образует дельту (остров треугольной формы, образуемый рукавами реки при впадении ее в море), покрытую роскошными пальмами и прорезанную множеством каналов, и затем впадает в Персидский залив несколькими рукавами. Когда на армянских горах весною тает снег, то воды Евфрата поднимаются и в июне достигают наибольшего уровня, разливаясь по низменностям, подобно Нилу. Разлившийся в полноводье Евфрат — символ Ассирийской гордости (Ис. 8:7). Дельта, образуемая нижним течением реки, во время наводнения покрывается множеством озер и болот, не высыхающих втечение половины года. В древние времена люди пользовались разлитием реки и отводили воды посредством каналов для орошения земли. Река Евфрат тянется на протяжении почти 3000 км; в большей части пригоден для судоходства даже для больших пароходов; прежде большие суда могли доходить до Вавилона (см. Ис. 43: 14). Эта река, которая раньше протекала по странам с самой высокой культурой, теперь несет свои воды, большей частью, среди пустынь.

Евфрат, часто названый в Библии "река" или "большая река" (Исх. 23: 31; Ис. 7:20; Иер. 2:18), упоминается как крайняя граница земли, обещанной Богом евреям (Исх. 23:31; Втор. 1:7). Это обетование исполнилось во времена Давида и Соломона.

Египет расположен в северо-восточной части Африки и все еще имеет такое же протяжение с севера на юг, которое указано у Иез. 29:10; 30:6: "от Мигдола (позднее Магдол, при Пелузийском рукаве Нила) до Сиены" (теперь Ассуан), границы Ефиопии у Нильских порогов. Обыкновенное название этой страны в Ветх. Завете Мицраим (по имени сына Хама: Быт. 10:6) или "земля Мицраима", (также Мацор). Отсюда арабское название Миср. Название Египет произошло от греческого слова Айгиптос, данное финикийскими колонистами, которые называли Нильскую дельту "ай-габт", т.е. изогнутое побережье.

Коренными жителями страна называлась "земля Хамова" (Псл. 104:23, 27; 105:22; 77:51). Египет делится на Нижний Египет, — низменность в северной части с городами: Пифом, Раамсес, Фибозет и Он (или Илиополь), и Верхний Египет — на юге, называемый Пафрос, с городами: Сиена и Но. Завоевателями, греками и римлянами, Верхний Египет был разделен на две части: Фиваида и Эптаномида (т.е. Средний Египет с городами: Мемфис и Ханес).

Египет представляет продолговатую долину, около 700-800 км длиною, по обеим сторонам ограниченную песчаными плоскогорьями. Через всю страну протекает большая река Нил, названная египтянами Хапи-Му, т.е. "гений вод", евреями — Еор или Шахор, т. е. черная. Ширина этой долины от 10 до 30 км; в некоторых местах горы подходят к берегам реки. На севере, где оканчивается эта долина. Нил, не доходя 120 км до моря, делится на несколько рукавов, из которых самый восточный называется Пелузийским, а западный Канопским (теперь Абукир). Все эти рукава при впадении в море образуют треугольник, и потому эта часть Египта называется дельтой, вследствие сходства с греческой буквой дельта.

Окрестности Сиены, где начинаются величественные Нильские пороги, очень живописны; остальные части Египта, и особенно дельта, однообразны и мало привлекательны. Эти места в разные времена года имеют различный вид. В середине весны, когда жатва окончена, повсюду видна лишь серая пыльная растрескавшаяся почва. В августе Нил начинает разливаться, и осенью страна представляет обширное пространство красноватой или желтоватой воды, из которой поднимаются финиковые пальмы, города, села и узкие плотины, которые тогда служат дорогами. После того, как вода, которая стоит недолго на высоком уровне, спадает, до конца осени можно видеть только черную и тинистую почву, вполне подготовленную для посева. Зато зимою можно наблюдать всю роскошь и разнообразие растительности, которая превосходит все ожидания европейца. Египет в это время похож на прекрасный сад, цветущее поле и волнующийся океан зреющих хлебов. Плодородие почвы зависит только от ежегодного периодического разлива Нила; не будь этого, страна скоро превратилась бы в пустыню, так как дожди выпадают здесь редко. Поэтому с древних времен воду из Нила отводили на поля посредством каналов или откачивали при помощи большого колеса (Втор. 11:10). Геродот называл Египет "даром Нила". Небо так же однообразно, как и земля: светлоголубой небосклон всегда ясен. Воздух настолько чист, что глазам больно смотреть; горячие лучи солнца, не задерживаемые, как у нас, облаками, беспощадно жгут открытые поля. Деревья хотя и есть в Египте, но они дают совсем мало тени. Повсеместно растут только финиковые пальмы со своим высоким, тонким, голым стволом и перистой вершиной. Такие деревья не могут задерживать солнечных лучей и бросают только небольшую тень. Жара иногда стоит нестерпимая, особенно в Верхнем Египте. Раскаленный ветер пустыни "самум" дует во время весеннего равноденствия. Нередко страна терпит большие убытки от саранчи. Там растут главным образом: ячмень, кукуруза, рис, пшеница, бобы, лук обыкновенный и красный; возделывают также лен, хлопок и виноградную лозу. Из домашних животных, кроме обычных, разводят множество буйволов, ослов и верблюдов. В Египте встречаются дикие собаки, крокодилы и гиппопотамы, которые водятся преимущественно на севере, тогда как раньше их было много также и на юге. Народонаселение в Египте теперь пестрое, смешанное. Копты считаются потомками древних египтян. Феллахи или земледельцы составляют особый класс. Кроме оседлых арабов, там встречаются кочующие в пустынях бедуины; потом — сирийцы, греки, нубийцы и т.д. Копты, оффициально исповедующие христианскую религию, занимают должности писцов и бухгалтеров. Феллахи страдают от притеснений правительства и от кочевых бедуинов.

Египет — единственная из всех стран, в которой имеются древнейшие памятники культуры и искусства. Самые замечательные из них пирамиды (от египетского слова пехрам — святой), стоят уже несколько тысячелетий и приводят в удивление весь мир. Из всех существующих в настоящее время построек нет таких древних и громадных, как эти таинственные пирамиды. Самая большая из них занимает пространство более чем полмиллиона кв. футов: высотой она более 150 м. Некоторые исследователи предполагают, что эти пирамиды построены израильтянами во время египетского плена. Но древняя история и результат новейших изысканий противоречат этому предположению. Теперь открыли, что три самые большие пирамиды суть намогильные памятники фараонов Хуфу (Хеопс), Хафра (Хефрен) и Менкаура (Микерин). Мумия этого последнего находится теперь в британском музее в Лондоне. Древность пирамид достигает, по предположению, 4000 или 5000 лет.

Но кроме этих неизменившихся памятников давно забытых царей, Египет имеет много других, которые не менее замечательны. Эти памятники находятся на прекрасных островах близ Сиены и в других местах Верхнего Египта, особенно в долине Нила близ Фив, напр., в Карнаке и т.д. Те храмы, статуи, обелиски и сфинксы, которые здесь сохранились, изумляют путешественников колоссальными размерами и массивностью. Под землей около многих из них находится масса склепов с мумиями (см. “Похороны”); эти подземные кладбища тянутся до соседних гор. Огромные колонны храмов, их обширные ограды и многочисленные могилы покрыты скульптурными украшениями и рисунками художников, драгоценными памятниками древности, освещающими общественную и частную жизнь египтян. Эти картины и скульптурные изображения дополнены иероглифами (надписями); благодаря упорным трудам ученых, начинает открываться долгое время непонятное значение этих надписей. Некоторые из этих иероглифов не что иное, как знаки или символы, сравнительно легко понимаемые, но большая часть из них написана особым алфавитом, в котором каждый знак (фигура) обозначает ту букву, с которой начинается его собственное название: напр., слово Озир (Osir), имя египетского бога Озириса, изображалось при помощи тростника, ребенка и рта, потому что начальные буквы этих трех предметов, которые по-египетски читаются “ока”, “зи” и “ро”, составляют слово озир. Все-таки существует много сомнений относительно правильности разбора иероглифов, так как во многих случаях слова, прочитанные таким образом, все же остаются непонятными. Те надписи, которые до сих пор удалось разобрать, дали много подтверждений библейскому рассказу об истории, обычаях и образе жизни древних египтян; это служит лишним доказательством того, что рассказы Библии не выдуманы, а взяты из действительной жизни.

Древнейшая история Египта покрыта мраком неизвестности; новейшие исследователи предполагают, что образование и культура были заимствованы египтянами с юга, особенно из Мерое, и что страна в древнейшие времена представляла несколько царств, с течением времени слившихся в одно большое государство.

Египетский жрец Мането в 3-м столетии до Р.Хр. написал по-гречески историю Египта, где он перечисляет тридцать династий, царствовавших в течение нескольких тысяч лет. Однако, известно, что некоторые из них царствовали одновременно в различных частях Египта. Хронология, поэтому, очень сбивчива. К начальному периоду правления относят 14 первых династий, начиная с Мины, первого египетского царя, построившего Мемфис. К четвертой династии принадлежали строители пирамид. Построивший самую большую пирамиду у Менето называется Сифис, у Геродота Хеопс, а по надписи на пирамиде — Хуфу. В эпоху царствования двенадцатой династии выкопано озеро Моэрис и построен лабиринт. Тогда же построен город Фивы с колоссальными храмами и памятниками, и вся долина Нила была изрезана каналами.

К среднему периоду правления относятся 15-17 династии гиксов (хиксов , см. стр. 142), которые вторглись в Египет и покорили его. Новейший период правления начинается с Амезиса, который изгнал гиксов и начал 18-тую династию. К 19-ой династии принадлежали Сефи 1, и Рамзес Великий, оба названные греками Сезострасом, около 1311 г. до Р.Хр. (?). К 22-ой династии принадлежал упоминаемый в Библии Сусаким или Шешенк.

В 525 г. до Р.Хр. Египет был покорен Камбизом и сделался провинцией Персидского царства; затем он был покорен Александром Великим в 332 г. до Р.Хр. После его смерти им управляла династия Птоломеев.

После сражения при Акциуме в 31 г. до Р.Хр. Египет стал римской провинцией. В 640 г. после Р.Хр. он был покорен арабами; и в 1517 г. подпал под власть турок. (О фараонах, упомянутых в Библии, см. "Фараон").

Древние египтяне обожествляли планеты и силы природы; их жрецы изучали астрономию (наука о небесных светилах) и астрологию (предугадывание будущности человека по звездам); к ним, вероятно, принадлежали мудрецы и чародеи, о которых говорится в Исх. 7:11, 22. Этой мудрости, может быть, и был научен Моисей (Деян. 7:22). Египетская религия видела во многих животных символы тех богов, которым поклонялись. Египтяне не только считали священными некоторые породы животных, убийство которых каралось смертью, но держали этих животных в храмах и приносили им жертвы, как богам. Наряду с этим грубым идолопоклонством, им доступно было понимание многих истин, как, напр., бессмертие души, ответственность человека за свои поступки, будущая награда и наказание.

Связь народа Божия с Египтом началась уже с Авраама, который во время голода жил в Египте (Быт. 12: 10 и дал.). Впоследствии был продан в Египет Иосиф; это послужило причиной переселения всей семьи Иакова в Египет, после чего в течение долгого времени происшедший от нее народ был в рабстве. Предсказание Бога Аврааму, что его потомки будут рабами в чужой земле 400 лет (Быт. 15:13) исполнилось: сыны Израилевы жили в Египте 430 лет (Исх. 12:40 и дал.). Выйдя оттуда, они взяли с собою много золотых и серебряных вещей и одежд (Исх. 3:21 и дал.; 12:35 и дал.). В Божий замысел входило, чтобы народ, "взятый в удел", познакомился с высшей формой человеческой культуры, которая тогда существовала у египтян.

Сфинкс и пирамиды — знаменитые символы Египта.

За суеверия, которые евреи переняли у египтян, Бог многократно наказывал их во время 40-летнего странствования по пустыне.

После исхода из Египта не слышно о каких-либо сношениях между евреями и египтянами до времени царя Соломона, при котором отношении с Египтом носили дружеский характер (3 Цар. 3:1; 10:28 и дал.). После смерти Соломона египтяне часто притесняли Израиля (3 Цар. 14:25; 2 Пар. 14:9). Когда Израиль и Иуда начинали приходить в упадок, их цари искали помощи у египтян против восточных монархий (4 Цар. 17:4; Иез. 17; Ис. 30:ъ и дал.; 31:1 и дал.; Ос. 12:1). После Вавилонского плена множество евреев переселилось в Египет, где они в царствование Птолемея 7. (181--146гг. до Р.Хр.) построили себе храм по образцу Соломонова в городе Леонтополе. Этот свой поступок они оправдывали пророчеством Ис. 19:19 о жертвеннике Господу в Египте.

Прим. *Согласно Мането, "Хик" значит король. "Сос" — пастух; по новейшему объяснению "Хак-шис" — предводители разбойников. Это были завоеватели семитического происхождения, царствовавшие в Северном Египте в течение нескольких сот лет.

Еглаим (Иез. 47:10), колодец или место на северном берегу Мертвого моря.

Еглон. 1) Моавитский царь, который, соединившись с аммонитянами и амаликитянами, угнетал Израиля в течение 18 лет, — до тех пор, пока не был убит Аодом (Суд. 3:12 и дал.).

2) Хананейский царский город в низменной части Иудеи (И. Нав. 10:

3, 23), покорен Иисусом Навином (И. Нав. 10:34) и отдан колену Иудину (И. Нав. 15:39). Теперь на этом месте, между Хевроном и Газой, находится лишь холм развалин, называемый Аджлан.

Едем — евр. Ган-Эден.

Едем, т.е. приятность. 1) Место на Востоке, где Бог насадил сад, который отдал Адаму для жительства (Быт. 2:8). Из Едема вытекала река, которая орошала сад и, выходя из него, разделялась на 4 реки: Фисон, которая "обтекала всю землю Хавила"; Гихон, которая "обтекает всю землю Куш"; Хиддекель или Тигр (Дан. 10: 4) и Евфрат (Быт. 2:10 и дал.). В этом саду Бог поселил Адама (Быт. 2:8, 15), чтобы "возделывать его и хранить его". "И произрастил Господь Бог из земли всякое дерево, приятное на вид и хорошее для пищи, и дерево жизни посреди рая и дерево познания добра и зла". Но когда люди согрешили, съев запретный плод, Бог изгнал их из Едемского сада "и поставил на востоке у сада Едемского херувима и пламенный меч обращающийся, чтобы охранять путь к дереву жизни". О местоположении этого сада делали много предположений, но напрасно стремятся в точности установить действительное его положение; из четырех упомянутых рек известны только две — Тигр и Евфрат, две другие, Фисон и Гихон, трудно определить. Так как Гихон протекает через Куш (это название в других местах тождественно с именем Ефиопия), то и думали, что Гихон есть река Нил. Страна Хавила, которая орошалась Фисоном, согласно другим толкователям, должна находиться вблизи Персии или Индии, — поэтому полагали, что Фисон-река Ганг. По этим приметам Едем искали около Персидского залива. Так думали Иосиф Флавий и отцы церкви. Другие же предполагали, что река Гихон — Аракс, которая протекает в местности, называемой Куш, у Каспийского моря; Фисоном же считали ту реку, которая турками называется Фаш и древним известна под именем Фасис, протекающую в стране золота Колхиде (Хавила), к востоку от Черного моря. Едем был бы тогда расположен в нынешней Армении. Вообще, полагают, что реки, которые раньше были соединены друг с другом, впоследствии, благодаря сильным изменениям земной поверхности, частью разделились, частью совсем исчезли и передали свои названия новым рекам в других странах.

Из первоначального описания Едемского сада или рая, позднейшие авторы Библии брали много символов и образов. См., напр., Быт. 13:10; Ис. 51:3; Иоил. 2:3, где Едем, или сад Господень изображается, как символ приятного и покойного. Про Тирского царя сказано, что он жил в Едеме, Божьем саду (Иез. 28:13). Ассирия и другие великие державы называются у Иез. 31:8 и дал. деревами Едемскими, и в 16 стихе этой главы мы видим фараона, которого Бог низвел в преисподнюю присоеденненного к этим "деревьям". Окончательная слава восстановления рисуется теми же красками, что и Едемский сад (Иез. 36:35).

Еден. 1) В Фалассаре, город или место в Ассирийском царстве (4 Цар. 19:12; Ис. 37:12), торговал с Тиром (Иез. 27:23).

2) или дом Еденов (Ам. 1:5), место на Ливане; может быть, то же, что и Еден 1.

Едер, город в колене Иудином (И. Нав. 15:21).

Едом — Адо́м.

Едом, т. е. красный, прозвище Исава, данное ему по красноватому цвету чечевичной похлебки, которую он выпросил у Иакова (Быт. 25:30); поэтому его потомки стали называться идумеями, а страна, в которой они жили, Едомом (Быт. 32:3; Втор. 33:37) или Идумеей (Мар. 3:8). Страна Едом, раньше называвшаяся Сеиром (гора), была расположена высоко, славилась своим плодородием и неприступностью; она находилась между Мертвым морем и северо-восточным побережьем Эйлатского залива Красного моря (Иер. 49:21). Коренные жители этой страны, хорреи, были изгнаны идумеями (Быт. 14:6; 36:19 и дал.; Втор. 2:12, 22). Главные города были Феман, Восор, Села (Петра), гавань Елаф и Ецион-Гавер. Идумеяне управлялись царями (Быт. 36:31). Давид покорил их и занял их крепости (3 Цар. 11:15 и дал.; Псл. 59:2; 2 Цар. 8: 13 и дал.; Сравни Быт. 27:29); во время Иорама они восстали и объявили себя независимыми (2 Пар. 21:8 и дал.). Впоследствии они терпели много поражений (4 Цар. 14:7) и долгое время оставались непримиримыми врагами и ненавистниками евреев (2 Пар. 28:17; Ам. 1:11). Пророки предсказали им суды от Господа и выставляли их, как прообразы антихриста и всех врагов Божиих (Авд. 1 и дал.; Иоил. 3:19; Ис. 63:1; Срав. Доик в Псл. 51). При покорении Иерусалима вавилонянами они злорадствовали (Псл. 136: 7), но и они также подпали под это иго (Иер. 49:7 и дал.). Идумеяне постепенно были оттеснены из Едома измаильтянами, потомками Наваиофа и рассеялись по южной Палестине; они слились с евреями, приняв обрезание, и под их властью оставались до разрушения Иерусалима римлянами. Они были известны грабежами и убийствами. Но ни боги их (2 Пар. 25:20), ни укрепления в горах (Иер. 49:16), ни мудрость (Иер. 49:7) не могли спасти их от назначенной им Богом участи (Мал. 1:4; Ис. 34:10). Величественные развалины их городов доныне свидетельствуют о правдивости пророчества. См. "Села". Вокруг Иисуса собирались люди также из страны Едомской (Мар. 3:8).

Едрея. 1) Один из городов царя Ога в Васане, покорен Израилем при Моисее (Чис. 21:33; Втор. 1:4) и отдан колену Манассиину (И. Нав. 13:31). Этот город существует до сих пор под названием Едра или Дра, известный своими развалинами; находится в 40 км к востоку от истока Иордана из Геннисаретского озера.

2) город в колене Неффалимовом (И. Нав. 19:37).

Еж (евр. кипо́д). У Ис. 14:23; 34:11; Соф. 2:14 говорится, что эти животные, согласно пророчеству, будут обитать в развалинах Вавилона и Едома.

Ездра — Эзра́.

Ездра, сын Сераии (Езд. 7:1), пользовавшийся почетом священник из родаАаронова, "книжник, сведущий в законе Моисеевом" (Езд. 7:6, 11; 10:10), живший в Вавилоне во время царствования Артаксеркса Лонгимана.

Ездра был человек кроткого нрава и имел горячую ревность о славе Божией. Он старался приобрести людей для служения Богу и всякими средствами приводить безбожников к покаянию (Езд. 7:10; 8:21; 9:10 и дал. 10:10; Неем. 8:2). Ездра испросил для себя позволение поехать в землю своих отцов, которую он, вероятно, никогда раньше не видел. Царь дал ему разрешительное письмо, деньги и, вообще, оказал необходимую помощь. В 458 г. до Р.Хр. Ездра отправился с большим числом возвращающихся переселенцев в Иерусалим, где всячески старался очищать богослужение и нравы. Он дал Слову Божию подобающее ему место и особенно отмечается, что он, стоя на высоком деревянном помосте, открыл книгу перед глазами всего народа и прославил Бога (Неем. 8:4).

Народ назвал его впоследствии вторым Моисеем. Ему приписывается собирание и соединение в целое священных книг.

Езекия (евр. Хезкиагу), царь Иудейский 726-697 до Р.Хр. Вступил на престол в 25-летнем возрасте после своего безбожного отца Ахаза. Он ходил путями своего праотца Давида, уничтожил идолослужение, истребил истуканов и восстановил истинное богослужение. Когда он отказался платить ассирийцам дань, то они пошли против него войною и взяли много крепостей в Иудее. Для спасения Иерусалима от разрушения Езекия должен был уплатить 300 талантов серебра и 30 талантов золота, которые он взял из сокровищ храма и дворца, а также из украшений храма (4 Цар. 18:14 и дал.). Несмотря на то, что Езекия исполнил требования, Сеннахирим все же послал против Иерусалима большое войско и обратился через своих военачальников к Езекии с постыдным предложением покориться: "ибо ни Египет, ни Иегова не смогут спасти иудеев от рук ассириян". Езекия смирился перед Богом и обратился к пророку Исаии, который утешал царя обещанием скорого избавления. "В ту же ночь пошел Ангел Господень и поразил в стане ассирийском 185.000 чел". Сеннахирим должен был возвратиться в Ассирию (4 Цар. 19:35). Найденные письмена на камнях подтверждают этот библейский рассказ. Вскоре после этого Езекия заболел смертельно и обратился с мольбой к Господу, Который и продлил ему жизнь еще на 15 лет. В прекрасной песне царь прославил Господа (Ис. 38:9 и дал.). Когда вавилонский царь Меродах (Беродах), узнав о его выздоровлении, послал ему поздравительное письмо и подарки, Езекия показал послам все свои сокровища. Сейчас же после этого Господь послал к нему Исаию сказать, что все его сокровища будут отвезены в Вавилон, и что его собственные сыновья будут слугами царя вавилонского. Езекии же Бог дал спокойно окончить жизнь. Он прилежно работал для улучшения положения народа и страны, и после смерти искренне был оплакан своим народом (4 Цар. главы 18-20; 2 Пар. главы 29-32; Ис. главы 36-39). Особенно замечателен рассказ о торжественном праздновании Пасхи, которое устроил Езекия (2 Пар. 30). Езекия старался оказывать хорошее влияние также и на остальные 10 колен (2 Пар. 30:1, 5, 11, 18). Из Прит. 25:1 видно, что Езекия собирал при своем дворе ученых и благочестивых мужей (мужи Езекии), занимавшихся изучением и собиранием священных книг.

Екбатана (евр. Ахмета), Езд. 6:2, столица древней Мидии, которая по величию и пышности уступала только Вавилону и Ниневии. Ее окружали семь стен различного цвета и высоты. После смерти Кира она сделалась летней резиденцией персидских царей. Теперь на этом месте расположено селение Хамадан, где живет много евреев, уверенных, что они показывают подлинные могилы Есфири и Мардохея.

Екрон, самый северный из пяти филистимских городов (И. Нав. 13:3), сначала был отдан колену Иудину (И. Нав. 15:45), потом — колену Данову

(И. Нав. 19:45). Покорен этот город коленом Иудиным (Суд. 1:18). Из 1 Цар. 5:10; 17:52 видно, что был отвоеван филистимлянами. (В русском переводе Библии в этих местах слово Екрон переведено словом Аскалон). Здесь поклонялись идолу Веельзевулу (4 Цар. 1:2). Наказание Екрону предсказано через пр. Иеремию 25:20; Амоса 1:8; Софонию 2:4; но у Захарии 9:5 и дал. говорится, что "Екрон будет, как Иерусалим", т.е. соединится с Израилем. Местоположение Екрона предполагается на месте селения Акир в 7,5 км к югу от Рамы.

Елам. 1) Старший из сыновей Сима (Быт. 10:22).

2) Страна, населенная потомками Елама (Быт. 14:1) к востоку от Сеннаара и к северу от Персидского залива, известная грекам и римлянам под именем Елимаис и соответствующая, по всей вероятности, нынешней провинции Хузистан. Храбрый еламский народ (Ис. 22:6; Иер. 49:35) должен был смириться перед ассирийцами (Езд. 4:9) и вавилонянами (Иер. 25:25), но, соединившись с мидийцами, освободился от этого ига (Ис. 21:2; Дан. 5:28). Город Сузы в Еламской провинции был резиденцией персидских царей. О еламитах говорится в Ис. 11:11; Д. Ап. 2:9. За осуждением Елама (Иер. 49:34-38) следует обещание Господне о восстановлении его (Иер. 49:39).

Елаф — Эйлат.

Елаф приморский город с гаванью в Едоме, при восточном заливе Чермного моря (Втор. 2:8; 3 Цар. 9:26; 2 Пар. 8:17). Вследствие выгодного положения города, различные государства стремились захватить его в свою власть (4 Цар. 14:22; 16:6).

Современный Эйлат расположен неподалеку от руин библейского Елафа. Эйлат застраивается и заселяется израильтянами с 1949 года. В 1968-ом году там жило около 12-ти тысяч человек. Эйлат — крупный израильский порт; его пляжи и жаркая зима привлекают множество туристов.

Елдад и Модал — двое из семидесяти старейшин, оставшихся по какой-то причине в стране и не пришедших вместе с другими к скинии. Они также сделались участниками дара Духа Святого и пророчествовали в стане. Когда Иисус Навин сказал Моисею, чтобы он запретил им, то Моисей ответил: "О, если бы все в народе Господнем были пророками, когда-бы Господь послал Духа Своего на них". (Чис. 11:24-29; Срав. Иоил. 2:28; Филип. 1:15 и дал.).

Елеазар 1) Он же Елиезер 1.

2) Третий сын Аарона и его преемник в первосвященническом служении (Исх. 6:23; Чис. 20:25 и дал.); сначала он был начальником левитов (Чис. 3:32) и ему было поручено заботиться о елее для лампад, курении, хлебных приношениях и елее для помазания (Чис. 4:16). Затем, он участвовал в переписи народа (Чис. 26); также в разделе Ханаанской земли (И. Нав. 14:1). Первосвященники из его рода назначались до времени Илия, после которого эта должность перешла к роду Ифамара. Ср. "Ифамар", "Садок".

3) сын Аминадава из Кириафиарима; был посвящен народом для хранения ковчега, который находился в доме его отца (1 Цар.7:1).

4) Один из трех знаменитых героев Давида (2 Цар. 23:9; 1 Пар. 11:12).

5) Один из предков Иисуса (Мат. 1:15).

Елеале или **Альэле,** — город к северу от Есевона и к востоку от Иордана, был отвоеван от аммореев и отдан колену Рувимову (Чис. 32:3, 37); в позднейшее время этот город принадлежал моавитянам (Ис. 15:4; 16:9; Иер. 48:34). До сих пор существуют его развалины под именем Эль-Аль.

Елеонская гора, к востоку от Иерусалима (Иез. 11:23), расположена параллельно горе храма, немного выше ее и отделена от нее Кедронской долиной. Туда бежал Давид от Авессалома (2 Цар. 15:30) и туда же часто удалялся Иисус (Иоан. 8:1; Лук. 21:37). Здесь Он сидел с учениками и, на их замечание о красоте храма, говорил им о событиях последних времен (Мат. 24:3; Мар. 13:3). Елеонская гора, получившая, вероятно, свое название от масличных садов, остатки которых сохранились до сего времени, имеет протяжение с севера на юг, длиной не более часа ходьбы и состоит из трех возвышенностей. Южная называется "горой соблазна", потому что здесь, по предположению, Соломон построил жертвенники Хамосу и Молоху (3 Цар. 11:7), отчего и в 4 Цар. 23:13 (евр. текст) она названа "Машхит", т.е. погибель, в русском переводе "Масличная гора". Северная возвышенность называется **"Вири-Галилей"**, т. е. мужи Галилейские, ибо здесь, по преданию, ученикам Господа, по Его вознесении, явились 2 мужа в белых одеждах (Деян. 1:10 и дал.). На средней возвышенности, собственно "горе Елеонской", по-арабски Джебел-ель-Тур, предание отводит место вознесению Господа, что однако противоречит Лук. 24:50, где сказано, что Христос вознесся на небо в Вифании. На вершине этой горы, кроме турецкой мечети, стоит также церковь Вознесения, паломникам показывают якобы след правой ноги Вознесшегося.

С минарета (башенки у мечети), находящегося рядом, открывается один из самых красивых видов во всем мире. На востоке местность постепенно спускается до самой Иорданской долины и далее к югу до Мертвого моря, которое лежит приблизительно на 392 м ниже уровня моря, и до Моавитских гор на другой стороне моря, по направлению к пустыне. На севере открывается вид на обширные равнины до самых Самарийских гор, близ Вефиля. На северо-западном горизонте виден контур "Неби-Самуила", древней Мицпы. По направлению к югу виден греческий монастырь св. Илии, Вифлеемское плоскогорье и высоты Хеврона. На западе взору открывается роскошная панорама Иерусалима с храмами, минаретами, стенами и куполами. Такая картина никогда не забывается. Не удивительно, что уже давно это место было избрано для поклонения Богу (2 Цар. 15:32). Поблизости показывают место, где, по преданию, Иисус научил учеников молитве "Отче наш". Одна французская верующая построила здесь часовню так наз. капеллу "Патерностер", на стенах которой можно прочесть на больших досках эту молитву более, чем на 30 языках. В ста шагах от вершины на восточной стороне показывают место, где, по предположению, некогда была расположена Виффагия; спускаясь ниже, приходим в Вифанию, где жили Марфа и Мария. Здесь же, по Писанию, находится место, где Иисус вознесся на небо (Лук. 24:50; Деян. 1:9, 12). У подножия западного склона расположена Гефсимания. Вдоль средней возвышенности пролегает большая дорога из Иерусалима мимо Вифании в Иерихон. См. вид Елеонской горы и Гефсимании в "Гефсимания". По дивному пророчеству Зах. 14:1, некогда Господь ополчится против врагов Иерусалима "и станут ноги Его в тот день на горе Елеонской, и раздвоится гора от востока к западу весьма большою долиною... для спасения народа, ибо они побегут по этой долине от врагов своих; и потекут живые воды из святого города по этой долине к Средиземному морю на западе и к Соленому морю на востоке... и Господь будет Царем над всею землею (Зах. 14:9)... и все будет святынею Господа и... даже на конских уборах будет начертано: "святыня Господу... и не будет более ни одного Хананея в доме Господа Саваофа" (ст. 20, 21).

Елиаким. 1) Начальник дворца у Иезекии, который вместе с другими был послан для ведения переговоров с Сеннахиримом (4 Цар. 18:18 и дал.; 19:2; Ис. 22:20; 36:3 и дал.; 37:2).

2) Сын и наследник еврейского царя Иосии. Его имя изменено на Иоакима (4 Цар. 23:34). См. "Иоаким".

3) Священник, участвовавший в освящении городской стены (Неем. 12:41).

4) Два лица, которые упоминаются между предками Иисуса (Мат. 1:13; Лук. 3:30).

Елидае. См. "Веелиада".

Елидае. См. "Воолиада".

Елизавета. 1) Жена священника Захарии, мать Иоанна Крестителя, происходила из рода Ааронова и приходилась родственницей матери Иисуса. (Лук. 1).

2) Жена Аарона (евр. Элишева), была дочерью Аминадава и сестрой Наассона (Исх. 6:23).

Елима, т.е. мудрец, имя еврейского волхва Вариисуса на острове Кипре, который старался отвратить проконсула Сергия Павла от веры, за что Павел поразил его слепотою (Деян. 13:6 и дал.).

Елимелех, имя человека из Вифлеема Иудейского, который, вследствие голода, переехал с своей женой Ноеминью и сыновьями Махлоном и Хилеоном в Моавитскую землю, где он сам и его сыновья умерли, не оставив после себя детей (Руф. 1:1 и дал.).

Елим, 1) вторая стоянка израильтян после перехода через Чермное море (Исх. 15:27; Чис. 33:9). "Там было 12 источников воды и семьдесят финиковых деревьев; и расположились там станом при водах". Это место находится в Вади Гурундель — низменной, орошаемой дождями и источниками долине, в 10 км от Мерры. Там растут пальмы, акации и тамариск.

2) Источник (Ис. 15:8). См. "Беэр".

Елиса, первый из сыновей Иавана (Быт. 10:4). Полагают, что он является родоначальником греков (еллинов) с "островов Елисы", посылавших пурпур в Тир (Иез. 27:7).

Елисей — Елиша, сын Шафата.

Елисей, ученик и преемник Илии, пророк в Израиле во время царствования Иорама, Ииуя, Иоахаза и Иоаса (4 Цар. гл. 2-9). О нем известно, что прежде он занимался земледелием, и что у него было 12 пар волов. Он жил в Авель-Мехоле, когда Илия призвал его; в ответ на зов , он тотчас последовал за Ильей и служил ему. Несколько лет спустя он был свидетелем того, как Илия был взят живым на небо; принял вдвойне дух, который был на Илие; разделил воду Иордана его милотью (верхнее покрывало, плащ) и стал во главе пророческих школ. Он принимал большое участие в общественных делах Израиля. Много чудес совершилось по его словам: он сделал годным для питья горькую воду около Иерихона (4 Цар. 2:19 и дал.); доставил соединенным войскам Израиля и Едома воду (4 Цар. 3); чудесным образом наполнил сосуды вдовы елеем; обещал гостеприимной сонамитянке материнскую радость и вернул к жизни своей молитвой ее сына; исцелил проказу Неемана, обнаружил и обличил лукавство Гиезия и наказал его; ввел сириян в заблуждение; предсказал во время голода при осаде Самарии об обильных запасах пищи (4 Цар. 6:25 и дал.; 7:1, 16); помазал царем над Израилем Ииуя (9:1 и дал.). В 4 Цар. 13:14 и дал. рассказывается о его болезни и смерти. Царь Иоас, узнав о болезни Елисея, пришел к нему и плакал около него; Елисей предсказал ему от Господа поражение сирийцев. Когда при погребении одного умершего погребавшие, испугавшись наступавших полчищ моавитян, бросили тело в могилу Елисея, то оно, коснувшись костей пророка, немедленно ожило (4 Цар. 13:21).

Елифаз. 1) Сын Исава и Ады, отец Фемана (Быт. 36:4; 1 Пар. 1:35, 36).

2) Феманитянин, первый из трех друзей Иова (2:11; 4:1; 5; 15; 22; 42: 7).

Елиав. 1) Отец Дафана (Чис. 16:1).

2) Старший брат Давида, красивый и гордый человек (1 Цар. 16:6 и дал.; 17:13, 28), его дочь Авихаиль была женою Ровоама (2 Пар. 11:18).

Елиаким. См. "Иоаким".

Елиам, сын Ахитофеля, один из героев Давида (2 Цар. 23:34), может быть, отец Вирсавии (?) (2 Цар. 11:3).

Елиезер — Эль-Аза́р.

Елиезер. 1) Слуга Авраама. Авраам думал, что он будет его наследником (Быт. 15:2). Он же впоследствии был послан, чтобы найти и привести жену Исааку (Быт. 24).

2) Второй сын Моисея (Исх. 18:4; 1 Пет. 26:25).

3) Сын Додавы из Марешки, был против союза Иосафата с нечестивым Охозиею (2 Пар. 20:37).

4) Один из предков Иисуса (Лук. 3:29).

Елиуд, один из предков Иисуса (Мат. 1:15).

Елиуй — Элигу́.

Елиуй, сын Варахиилов, вузитянин из племени Рамова (Иов. 32:2), четвертый из друзей Иова, который, несмотря на свою молодость, пылкость и проницательность, с терпением выслушал беседы Иова и его трех друзей. Лишь когда он увидел, что они ни к чему не пришли, он выступил с длинной, обличающей обе стороны, речью: 32-37 главы.

Елкана. 1) Внук Корея (1 Пар. 6:23; Исх. 6:24).

2) Елкана Цофай, праотец Самуила (1 Пар. 6:26), называемый Цуфом в 1 Пар. 6:35; 1 Цар. 1:1.

3) Отец пророка Самуила (1 Цар. 1:1).

4) Некоторые мужи с этим именем упоминаются в 1 Пар. 12:6; 2 Пар. 28: 7.

Елкосея — Элько́ш.

Елкосея, родина пророка Наума (Наум. 1:1), вероятно незначительное местечко в Галилее; Иероним видел его развалины. По позднейшему преданию это Алкош в Ассирии, восточнее Тигра, где показывают могилу пророка.

Еллада. См. "Еллины".

Елласар, область царя Ариоха. (Быт. 14:1).

Еллинисты. См. "Еллины".

Еллины, Еллада (Деян. 20:2), т.е. греки, Греция. Греция была известна евреям под именем Иаван. См. "Иаван". Благодаря победам Александра Македонского, греки стали господствовать над Египтом, Сирией и странами по обе стороны Евфрата, так что название "грек" сделалось у евреев нарицательным, обозначающим всякого язычника (Мар. 7:26), таким образом, все не-евреи считались греками Деян. 20:21; 1 Кор. 1:22, 24). За завоеваниями последовало распространение греческого языка в покоренных странах, поэтому и авторы Нового Завета писали на этом языке. В Палестине греческий язык особенно распространился вследствие пользования греческим переводом Библии 70-ти толковников. Когда Павел говорит о греках, противопоставляя их варварам (Рим. 1:14), то сейчас же поясняет это словами: "мудрецам и невеждам". Приблизительно, в двух местах Нового Завета, именно, Деян. 6:1 и 9:23 мы встречаем слово "еллинисты", т.е. евреи, которые говорили на греческом языке, в противоположность евреям, говорившим по-арамейски. Первое несогласие в среде старейшей Иерусалимской церкви произошло вследствие того, что делалось различие между этими двумя категориями христиан (Деян. 6:1).

Елмодам, один из предков Иисуса (Лук. 3:28).

Елнафан — Эльната́н.

Елнафан, сын Ахбора, которого Иоаким послал в Египет схватить Урию, пророка Господня (Иер. 26:22). Он был в числе князей, которые предупреждали царя не сжигать пророчества Иеремии (Иер. 36:12, 25). Может быть, он же упоминается в 4 Цар. 24:8, как тесть царя.

Елон. 1) Хеттеянин, дочь которого была одной из жен Исава Быт. 26:34).

2) Второй из трех сыновей Завулона, от которого произошли елонитяне (Быт. 46:14; Чис. 26:26).

3) Из колена Завулонова, бывший судьею в Израиле 10 лет; погребен в Аиалоне (Суд. 12:11, 12).

4) Пограничный город в колене Дановом (И. Нав. 19:43).

Елуль, сентябрь. См. "Месяцы".

Елханан. 1) Один из героев Давида, поразивший Лахмия, брата Голиафа Гефянина (1 Пар. 20:5; 2 Цар. 21:19).

2) Сын Додо, один из героев Давида (2 Цар. 23:24; 1 Пар. 11:26).

Елцафан. См. "Мисаил 1".

Еман. 1) Мудрец, сын Зары из рода Иудина (3 Цар. 4:31).

2) Левит, потомок Корея и Каафа, сын Иоиля, внук Самуила, один из трех начальников хора во время Давида (1 Пар. 6:33; 16:41 и дал.); называется в 25:5 "прозорливцем царским". Один из этих двух, вероятно, автор 87-го псалма.

Емаф — Хама́т.

Емаф, древний известный город в верхней части Сирии, расположеный по обеим сторонам реки Оронта, к северу от Ливана. Его жители Химафеи, хананское племя, упоминаются в Быт. 10:18. Этот город был северной границей Ханаана, в широком значении этого слова (Чис. 13:22; И. Нав. 13:5; Суд. 3:3). Давид был почтен подарками Фоя, царя Емафского (2 Цар. 8:9 и дал.). Соломон взял Емаф (2 Пар. 8:4); в его время царство Израильское занимало обширное пространство: от Емафа до реки Египетской 3 Цар. 8:65) и от Типсаха до Газы (3 Цар. 4:24). Впоследствии Емаф освободился, но был покорен вторично Иеровоамом 2-м (4 Цар. 14:25, 28); позднее он подпал под власть ассирийцев (Ис. 10:9; 36:19; 4 Цар. 18:34; срав. Ам. 6:2). Антиох Епифан назвал город Епифанией, но все-таки он до сих пор сохранил старое название Емаф. Теперь это довольно большой город.

Емаф-Сува (Хамат-Цова) (2 Пар. 8:3). См. "Сирия".

Емек-Кециц (И. Нав. 18:21), город колена Вениаминова.

Емима (арабское слово, т.е. голубка), старшая дочь Иова (Иов. 42:14).

Еммануил (евр. т.е. "с нами Бог"). Когда царь Ахаз был сильно тесним сирийским царем Рецином и израильским Факеем, к нему был послан Господом пророк Исаия, чтобы уверить его в помощи от Бога Израилева. Исаия предлагал ему просить для себя знамения у Господа на земле или на небе, но Ахаз отказался от этого, говоря: "не буду просить и не буду искушать Господа". Тогда Господь Сам дал ему знамение: "се, Дева во чреве приимет, и родит Сына, и нарекут имя Ему Еммануил. Он будет питаться молоком и медом, доколе не будет разуметь отвергать худое и избирать доброе. Ибо, прежде, нежели этот Младенец будет разуметь отвергать худое и избирать доброе, земля та, которой ты страшишься, будет оставлена обоими царями ее" (Ис. 7:14, 15, 16). (Другой перевод: "Прежде, нежели этот Младенец будет разуметь отвергать худое и избирать доброе, земля обоих царей, которых ты страшишься, будет опустошена). Слово "прежде" имеет здесь большое значение. В Ис. 8:3 сказано: "И приступил я (Исаия) к пророчице (т.е. жене своей) и она зачала и родила сына. И сказал ему Господь: нареки ему имя: Магер-шелал-баз. Ибо прежде нежели дитя будет уметь выговорить: "отец мой", "мать моя", богатство Дамаска и добычи Самарийские понесут перед царем Ассирийским". Как это исполнилось, срав. 4 Цар. 15:30; 16:9. Прежде нежели сын Исаии "Магер-шелал-хаш-баз" мог выговорить "отец мой" и "мать моя", исполнились слова Господни. Другой Сын, Которому должно было родиться не от жены Исаии (пророчицы), но от Девы (7:14) (евр. "Алма"; то же слово "алма" в Быт. 24:43; Исх. 2:8 обозначает незамужнюю девицу), родился значительно позднее — 724 года спустя — в Вифлееме (Мат. 1:23).

Еммор — Хамор.

Еммор (Быт. 33:19; 34:6), евейский князь в Сихеме, отец того Сихема, который обесчестил Дину, дочь Иакова. Когда Еммор вступил в переговоры с домом Иакова, прося отдать Дину в жены его сыну, а также заключить союз с ним, то сыновья Иакова поставили условие, чтобы все жители Сихема обрезались. Те так и сделали. На третий день, когда раны еще не зажили, пришли сыновья Иакова, умертвили всех мужчин и разграбили город (Быт. 34).

Ен от евр. "айн" или "аин", т.е. источник, — слово, которое присоединяется ко многим еврейским наименованиям местностей, равно как и арабское "аин", которое имеет то же значение; напр., "Ен-Гадди"; Ср. "Аин".

Ен-Ганним, т.е. садовый источник. 1) Город в низменной части Иудеи (И. Нав. 15:34).

2) Левитский город в колене Иссахаровом (И. Нав. 19:21; 21:29). В 1 Пар. 6:73 назван Анем; вероятно, теперешний Дженин на южной границе Изреельской долины.

Енгедди, т.е. козий источник, раньше называвшийся Хацацон-Фамара, т.е. место порубки пальм (2 Пар. 20:2) — город, покоренный Кедорлаомером (Быт. 14:7), был расположен в той части Иудейской пустыни, которая потом называлась Эн-Гадди (1 Цар. 24:2). Впоследствии был отдан колену Иудину (И. Нав. 15:62). Местность, где находился этот город, на западном берегу Мертвого моря, изобиловала скалами и пещерами (Иез. 47:10; 1 Цар. 24:1 и дал.). Скалы Эн-Гадди достигают высоты 500 м над уровнем Мертвого моря, со 130 м выше уровня Мертвого моря стекает многоводный источник Аин-Джидди, который впадает в море, протекая через прекрасную долину между старинными развалинами. Иосиф Флавий восхваляет бальзам Эн-Гадди, Плиний — пальмы и Песнь Песней — его виноградники (Песн. П. 1:13).

Ен-Дор, город в колене Иссахаровом, отданный во владение колену Манассиину (И. Нав. 17:11) к югу от Фавора и недалеко от Наина; в более позднее время он стал известен, как место, близ которого были поражены Сисара и Иавин (Псл. 82:10 и дал.). Здесь же жила волшебница, с которой советовался Саул (1 Цар. 28:7 и дал.). Срав. "Саул". Ен-Дор существует до сих пор под названием Ендур. В 1 Цар. 28:7 этот город назван Аэндором.

Ен-Риммон. См. "Аин 3".

Ен-Шемеш, т.е. солнечный источник, поток на границе колен Иудина и Вениаминова (И. Нав. 15:7), вероятно, теперешний Айн-Шот, к востоку от Вифании, по дороге к Иерихону, называющийся, по преданию "Апостольским источником".

Ена, город, покоренный ассирийцами (4 Цар. 18:34; 19:13; Ис. 37:13). Предполагают, что это Ана при Евфрате, важное место переправы через реку по пути из Ниневии в Пальмиру.

Енаим. См. "Гаенам".

Енаки, Енакимы (Енаким, т.е. имеющие длинную шею), народ великанов в Ханаане, происшедший от Енака, сына Арбы в Хевроне (И. Нав. 15:13); населял, главным образом, нагорную часть Иудеи (Чис. 13:29, 34; И. Нав. 14:15; Втор. 1:28). Енаки были побеждены и изгнаны Иисусом Навином и Халевом (И. Нав. 11:21; 14:12); незначительная часть их сохранилась в филистимских городах: Газе, Гефе и Азоте (И. Нав. 11:22).

Енномова долина, евр. Гехинном (Неем. 11:30), называемая также "долиною сынов Енномовых" (И. Нав. 15:8; 4 Цар. 23:10), — плодоносная долина к югу от Иерусалима, на границе колен Иудина и Вениаминова (И. Нав. 18:16; Неем. 11:30). Долина начинается к западу от города Иерусалима, на юг от дороги в Яффу, тянется к югу, поворачивает у западного угла Сиона на восток и сливается с Кедронской долиной. В юго-восточной части этой покрытой садами и рощами долине, близ Силоамского пруда, находилось, по словам Иеронима, место, называемое Тофет (т. е. плевок или гарь), где идолопоклонники евреи сжигали в честь Молоха своих детей (Иер. 7:31 и дал.; 19:6, 14; 32:35; 3 Цар. 11:7) и где безбожный Манассия приносил в жертву своих детей (2 Пар. 33:6). Иосия уничтожил эти мерзости и осквернил это место (4 Цар. 23:10), так что на него в последствии смотрели с отвращением (Иер. 19:11 и дал.). Предположение, что эта местность в последующие времена была отведена для свалки городских нечистот и что там всегда поддерживался огонь — не доказано. Местность позднее получила название "долина Ге-Хинном" или "огненная Ге-Хинном", в греческом произношении "геенна". Она стала символом вечной муки осужденных. В таком значении употребляется слово "Геенна" или "геенна огненная" в Н. Завете в 11 местах у трех первых евангелистов и в послании Иакова 3:3.

Енон (источники), богатое водой место близ Салима к западу от Иордана, где крестил Иоанн (Иоан. 3:23 и дал.). Здесь он дал свое последнее и самое замечательное свидетельство об Иисусе (Иоан. 3:27 и дал.).

Енос (Эно́ш), внук Адама, сын Сифа, родивший Каинана на 90 году жизни; он жил 905 лет. (Быт. 4:26; 5:6 и дал.; Лук. 3:38).

Енох (евр. Енох или Ханох). 1) Быт. 5:18 и дал.; сын Иареда, отец Мафусала; после рождения Мафусала, "ходил пред Богом" 300 лет; "и не стало его, потому что Бог взял его". "Прежде переселения своего получил он свидетельство, что угодил Богу" (Евр. 11:5). При своем отходе он достиг 365 лет. Он обличал грехи своих современников и пророчествовал о пришествии Господа на суд, на что ссылается брат Господень Иуда, который в своем послании (Иуд. 14, 15) называет его "седьмым от Адама". У древних евреев и арабов, которые называют его "ученым", существуют различные сказания, будто он изобрел письменные знаки, счет, науку о звездах и т. д. Отцам церкви первых 3-х столетий после Р.Хр. была известна, так называемая книга Еноха, которую некоторые из них не признавали канонической, но считали ее в известной степени полезной для чтения. Эта книга, найденная в конце 19 столетия в Абиссинии, содержит различные размышления о Божьем управлении миром, о личности и действиях Мессии, о последнем суде и т. д. Все это говорится от лица Еноха и Ноя. В этой же книге находится также почти слово в слово вышеприведенное пророчество (Иуд. 14, 15). О древности происхождения "книги Еноха" мнения расходятся; время ее появления

Общий вид окрестностей Иерусалима: справа видна долина Кедрон, слева — долина Енном, гора Мориа, площадь старого храма, где теперь стоит большая мечеть (в центре); внизу, справа, вид Гефсиманского сада.

относят к периоду между 2-м столетием до Р.Хр. и 2-м столетием по Р.Хр.

2) т.е. посвящение, имя первого сына и города Каина (Быт. 4:18).

Епанча (Ис. 3:22), женское платье.

Епафрас, "возлюбленный сотрудник" Павла и "верный слуга Христов" для колоссян (Кол. 1:7), был вместе с Павлом в узах в Риме (Кол. 4:12 и дал.; Филим. 23).

Епафродит, сотрудник Павла, посланный филиппийской общиной к нему в Рим с денежной помощью, там опасно заболел, но был исцелен по молитве Павла. Павел отослал его обратно в Филиппы с поручением доставить филиппийцам его послание (Фил. 2:25 и дал.; 4:18).

Епенет, христианин в Риме, которого Павел приветствовал, как первого в Ахаие, уверовавшего через его проповедь (Рим. 16:5).

Ераст. 1) "Городской казнохранитель", или казначей в Коринфе, приветствующий братьев в Риме (Рим. 16:23).

2) Сотрудник и посланник Павла (Деян. 19:22; 2 Тим. 4:20).

Ермоген. См. "Фигелл".

Ермон — Хермон.

Ермон (евр. "святой" или "недоступный"), высокий горный хребет в Сирии, от 3000 - 3500 м высотой, на северо-восточной границе Палестины (И. Нав. 12:1; 1 Пар. 5:23). Жители Сидона называли его Сирионом (Псл. 28:6), амореяне — Сениром и Сионом (Втор. 3:8 и дал.; 4:43). Ермон представляет южный отрог Антиливана, называемый арабами Джебель-Эль-Шейх, т. е. гора старейшины, или Джебель-Эль-Фхельдж (снеговая гора); вершины его, покрытые вечными снегами, часто воспеваются в Библии. "Фавор и Ермон о имени Твоем радуются" (Псл. 88:13). Величественно смотрит его белая вершина на обширные поля, простирающиеся до спокойных вод Геннисарета. С его вершины открывается прекрасный вид на большую часть Сирии — от Аврана на востоке до Кармила на западе, вся горная страна Ливана на севере и равнины Галилеи с глубокой долиной Иордана на юге. — Деревья с Ливана и Сенира ценились, как дорогой материал (Иез. 27:6), роса Ермона воспевается в Псл. 132:3. Львы и леопарды, обитавшие там, упоминаются в Песн. П. 4:8. С его снежной вершины берут начало много рек, текущих в различных направлениях, как, напр., Иордан, Ярмук и другие.

Ермон называется также Ваал-Ермон (Суд. 3:3) может быть потому, что раньше он был центральным местом служения Ваалу, которое впоследствии совершалось на высотах. В 1 Пар. 5:23 видно различие между Ваал-Ермоном, Сениром и Ермоном; может быть, это названия его различных вершин или селений на его склонах.

Ерм и Ермий — два христианина в Риме, которых Павел приветствует в своем письме (Рим. 16:14). Первого раньше считали автором аллегорического морального сочинения "Пастырь Ерма", которое, вероятно, относится ко второму столетию.

Есевон — Хешбон.
Есевон. 1) Столица Аморейского царя Сигона (Чис. 21:26), отданная впоследствии колену Рувимову или Гадову и предназначенная левитам (И. Нав. 13:17; 21:39). Упоминается, как моавитский город, у Ис. 15:4; Иер. 48:2. Его развалины известны под именем "Хесбан" в 25 км к востоку от северной части Мертвого моря, с известными прудами, частью уцелевшими и до сих пор (Песн. П. 7:5).

2) Муж из Вифлеема; был судьею Израиля после Иеффая семь лет (Суд. 12:8).

Есек. См. "Ситна".

Еслим. Один из предков Иисуса (Лук. 3: 25).

Есром (Хецро́н), сын Фареса, отец Арама (Быт. 46:12; Мат. 1:3; Лук. 3:33).

Есть книгу. См. "Книга и тростник (камыш)".

Есфирь — Эсте́р.
Есфирь (перс. слово), т.е. звезда, дочь Аминадава (евр. текст Авихаила) из колена Вениаминова, называемая также Гадассой (евр. слово), т.е. мирта (Есф. 2:7, 15). Вероятно, она родилась в плену и, будучи сиротой, воспитывалась своим дядей Мордохеем. Гадасса вместе с другими, выбранными из всей Персии, девушками, была представлена царю Артаксерксу (480-465 до Р.Хр.), для того, чтобы царь мог избрать из них себе супругу, вместо отстраненной царицы Астини. Красота Есфири покорила сердце царя, и он женился на ней. Благодаря своему влиянию на супруга, ей удалось не только уничтожить злобные замыслы вероломного Амана против еврейского народа, но в награду еврейский народ получил право уничтожить своих врагов. После этого уничтожения (было перебито более 75.000) они устроили дни пиршества и веселия (Есф. 9:5 и дал.). В воспоминание об этом событии был установлен праздник Пурим, который доныне празднуется евреями (Есф. 9).

Еммаус.

Етаним, октябрь. См. "Месяцы".

Ефа. 1) См. "Мера".

2) Первый из сыновей Мадиана (Быт. 25:4), торговое племя в Аравии (Ис. 60:6).

Ефам или **Етам.** 1) Город в колене Иудином, укрепленный Ровоамом (2 Пар. 11:6); теперь Айв-Атан — бедная деревня, недалеко от Вифлеема. Здесь прятался в пещере от филистимлян Самсон (Суд. 15:8 и дал.).

2) Город в колене Симеоновом. См. "Ефер".

3) Одна из первых стоянок израильтян по выходе из Египта "в конце пустыни" (Исх. 13:20), т.е. при вступлении в Аравийскую пустыню из Египетской. Срав. Исх. 15:22; Чис. 33:8. Согласно с указанными местами, пустыня Ефам — то же, что и пустыня Сур.

Ефан — Ейтан.
Ефан. 1) Езрахитянин, один из сыновей Махола, известный своей мудростью 3 Цар. 4:31), автор Псл. 88. По 3 Цар. 2:6 он был сын Зары из колена Иудина. Зара, вероятно, другая форма имени Ездра, отчего и произошло название езрахитянин.

2) Потомок Корея из колена Левиина, один из певцов во время Давида (1 Пар. 6:44; 15:17), называемый также Идифум. Срав. 1 Пар. 15:17 и дал. с 1 Пар. 16:41 и дал.; 2 Пар. 35:15. Псалмы 38 и 61 Давида и 76 Асафа предназначаются для хора, начальником которого был он.

Ефваал (с Ваалом), т.е. под покровом Ваала, — царь Сидонский, отец царицы Иезавели (3 Цар. 16:31). Иосиф Флавий называет его Ифоваалом и говорит, что он был жрецом Астарты, убийцей царя, похитителем престола и царем Тирским и Сидонским.

Ефер — Этер.

Ефер. 1) Город, принадлежавший колену Симеонову и расположенный в низменной части Иудеи (И. Нав. 15:42; 19:7), в 1 Пар. 4:32 он назван Етамом.

2) Второй сын Мадиана (Быт. 25:4).

Ефес, столица проконсульской Асии, провинции на западном берегу Малой Азии, при реке Каистре, между Смирной и Милетом. Ефес был особенно известен благодаря храму Дианы, который считался одним из 7-ми чудес света. Жители Ефеса отличались суеверием, любовью к роскоши, расточительностью и развратной жизнью. Павел проповедывал здесь в 54 году по Р.Хр. (Деян. 18:19 и дал.); там жило много евреев, с которыми он беседовал и которые просили его остаться у них. Во время своего второго, более чем двухлетнего пребывания там, он образовал общину из обращенных евреев и греков (Деян. 19:9 и дал.); те из обращенных, которые занимались чародейством, сожгли свои книги, ценою в 50.000 драхм, т.е. около 15.000 рублей (Деян. 19:19). В это же время серебрянник Димитрий, терпевший убытки, так как вследствие проповеди Павла, люди переставали покупать изготовляемые им модели храма Дианы, произвел в городе возмущение (Деян. 19:24 и дал.). Спустя несколько лет пресвитеры общины приходили к Павлу в Мелит и, после беседы, трогательно простились с ним (Деян. 20:17 и дал.). Возможно, что он еще раз посетил их после своего заключения в Риме (1 Тим. 1:3). Кроме Павла там благовествовали Акила и Прискилла (Деян. 18:34 и дал.); позднее Тимофей (1 Тим. 1:3) и Тихик (2 Тим. 4:12). Наконец, там проповедывал ап. Иоанн в последние годы своей жизни и написал им с острова Патмос послание от имени Христа; возвратившись с Патмоса в Ефес, он там и умер. Одно время Ефес был центром христианской жизни в Малой Азии. После разрушения города готами в 262 г. слова предупреждения в Отк. 2:5 исполнились буквально; во всех окрестностях близ обширных развалин не встретишь ни одного христианина. Поблизости расположена жалкая деревня Аясалик.

Ефиопия, страна, называемая греками и римлянами Ефиопией, евреями — Куш или Хуш, расположена к югу от Египта, включая теперешнюю Нубию, Сеннаар, Кордофан и Северную Абиссинию; или же только царство Мероэ. Сиена была границей между Египтом и Ефиопией (Иез. 29:10). Столицей был город Мероэ (в Быт. 10:7 называемый Шева), расположенный на острове того же названия, между Нилом и Астбарой; теперь он называется Такацце, недалеко от Шевди. Библия называет Ефиопию богатой страной; она вела торговлю слоновой костью, золотом, пряностями и драгоценными камнями. Ее история тесно связана с историей Египта и названия этих стран в Библии часто упоминаются вместе (Ис. 20:3 и дал.; 43:3; Иез. 30:4 и дал.; Дан. 11:43). Эти страны часто соединялись под властью одного царя. Народ, по Библии и Геродоту, был великорослый и сильный (Ис. 18:2; 45:14). Незадолго до Рожд. Христа в Ефиопии царствовала женская династия с общим титулом Кандакии; одна из них упоминается в Деян. 8:27. По пророчеству Ефиопия также "прострет руки свои к Богу" (Псл. 67:32). Срав. "евнух ефиоплянин", Деян. 8:26-40; См. "Филипп 4". О Ефиопии в Быт. 2:13 см. "Едем", "Куш".

Ефод — верхняя одежда первосвященника. Она очень походила на саккос египетского облачения, только без рукавов, и состояла из двух кусков дорогой материи, сотканной из золота, виссона и шерсти, голубого, пурпурового и червленого цвета; эти куски соединялись на плечах двумя нарамниками, в которых были вделаны в золотые гнезда 2 камня-оникса с вырезанными именами 12 колен Израилевых. Эти имена были вписаны по старшинству, по шести на каждом нарамнике (Исх. 28:6 и дал.; 39:2 и дал.). Кроме этого драгоценного ефода, принадлежавшего к служебным одеждам первосвященника, были простые ефоды, которые носили остальные священники (1 Цар. 22:18). Самуил также носил ефод, хотя был только левит и к тому же дитя (1 Цар. 2:18). Когда Давид перевозил ковчег завета в Иерусалим, он был одет в льняной ефод (2 Цар. 6:14).

Поверх ефода первосвященник одевал урим и туммим. В 1 Цар. 23:6 и дал.; 30:7 и дал. написано, что Давид употреблял первосвященнический ефод, чтобы узнать волю Божию, вероятно при помощи урима и туммима.

Суеверие придавало большое значение этой одежде. Во время идолослужения употребляли одежды, представлявшие точную копию ефода. Гедеон сделал ефод из мадиамской добычи и этот ефод ввел всего Израиля в идолослужение (Суд. 8:27). Подобным же образом согрешил Миха, живший на Ефремовой горе (Суд. гл. 17; 18).

Ефраим, тот город, куда пошел Иисус после воскресения Лазаря (Иоан. 11:54), вероятно, он же Ефрон в 2 Пар. 13:19 и Офра у И. Нав. 18:23; 1 Цар. 13:17. Робинзон искал место этого города в населенном христианами из греков селе Тагибе, к северо-востоку от Вефиля. Может быть, это тот город, который упоминается во 2 Цар. 13:23, где говорится о Ваал-Гацоре, близ Ефрема. В Ваал-Гацоре стригли овец Авессалома. Некоторые предполагают, что этот последний город находился на месте теперешних развалин Тель-Азур, к северу от Тагибе.

Ефрафа (Эфра́т). Вторая жена Халева (1 Пар. 2:19, 50).

2) Прежнее название Вифлеема (Быт. 35:16, 19; Мих. 5:2), почему и жители его назывались ефрафяне (Руф. 1:2; 1 Цар. 17:12).

Ефремов лес (2 Цар. 18:6 и дал.), где Авессалом был убит; по предположению, это тот самый лес, который расположен к востоку от Иордана, названный так, вследствие поражения здесь Ефремлян (Суд. 12), другие же указывают на область у северной границы Ефрема, которая была завоевана у ферезеев и рефаимов (И. Нав. 17:15).

Ефрем — Эфра́й.

Ефрем, т. е. двойной плод. Второй сын Иосифа, рожденный в Египте; вместе со своим старшим братом Манассией он получил права на удел в Ханаане наравне с сыновьями Иакова. Он получил большее благословение, нежели его брат: Быт. 41:52; 48:8 и далее.

Ефрон. 1) Название плоскогорья между Иудеей и коленом Вениаминовым (И. Нав. 15:9).

2) То же, что и Ефраим.

3) Сын Цохара, у которого Авраам купил место для погребения (Быт. 23:8).

"Еффафа", т.е. отверзись, арамейское слово, которое сказал Иисус глухому (Мар. 7:34).

Еффей — Ита́й.

Еффей гефянин, который с 600 слугами из Гефа, остался верным Давиду во время восстания Авессалома и был поставлен затем тысяченачальником (2 Цар. 15:18; 18:2, 5, 12).

Еціон-Гавер, город в северной части Эйлатского залива Красного моря близ Елафа; одна из последних остановок израильтян во время странствования их по пустыне (Чис. 33:35; Втор. 2:8). Отсюда подданные Соломона отправлялись за товарами на кораблях в Офир (3 Цар. 9:26-28). О таком же неудачном предприятии царя Иосафата говорится в 3 Цар. 22:49 и 2 Пар. 20:36 и далее.

Ешбаал. См. "Иевосфей".

Ештаол или **Естаол,** город в низменной части Иудеи, который был отдан колену Данову (И. Нав. 15:33; 19:41). По соседству с этим городом было место, где в юности жил Самсон (Суд. 13:25); сюда же привезли его мертвое тело (Суд. 16:3).

Ештемо или **Естемоа,** город священников в Иудее (И. Нав. 15:50; 21:14; 1 Цар. 30:28), теперь село Семуа, в 15 километрах к югу от Хеврона.

Источник в Назарете.

Ж

Жаба — евр. карпад.

Жаба видом напоминает лягушку. Одна из "казней египетских" состояла в том, что Бог послал жаб на египетскую землю (Исх. 8:1 и дал.; Псл. 77: 45; 104:30). Подобны жабам были три нечистых духа, о которых читается в Отк. 16:13.

Жатва — евр. кацйр.

Жатва или время жатвы в Палестине обыкновенно продолжалась с Пасхи до Пятидесятницы, после которой в октябре следовало собирание плодов с фруктовых деревьев и виноградных лоз. Время жатвы всегда было временем общей радости и веселья, которые проявились в добрых пожеланиях и благословениях (Руф. 2:4; Псл. 117; 128:7). Такую же и еще большую радость дает Евангелие (Ис. 9:3, 6; Иоан. 4:35 и дал.).

Жезл. 1) (Лев. 27:32). См. "Пастух".
2) Символ власти.

Жезл Ааронов. Когда израильтяне возроптали на Аарона, Моисей, по повелению Божию, приказал начальникам колен принести свои жезлы. На них Моисей написал имена тех, кому они принадлежали, а на жезле колена Левиина он написал имя Аарона. Все жезлы были положены в скинии собрания перед ковчегом; на следующее утро жезл Аарона расцвел, пустил почки, дал цвет и принес плод. В память этого он сохранялся потом перед ковчегом откровения или внутри его (Чис. 9:4).

Жезл миндальный. См. "Миндальное дерево".

Железо — евр. барзе́ль.

Железо. Тувалкаин первый начал выделивать, изделия из железа (Быт. 4: 22). Железо употреблялось для инструментов (Втор. 27:5; 4 Цар. 6:6), оружия (1 Цар. 17:7), мебели (Втор. 3:11), земледельческих орудий (2 Цар. 12:31; Иер. 28:14) и для колесниц (И. Нав. 17:16; Суд. 1:19). Резец для резьбы на камне упоминается у Иов. 19: 24; Иер. 17:1.

Желтый шелк, см. "Пурпур".

Желудок в Втор. 18:3 означает внутренности, вообще пищеварительный орган.

Желчь. Так переведенное слово "мерерах" или "меророх" обозначает или желчный пузырь, орган человеческого тела (Иов. 16:13; 20:25) или яд змей, который, по мнению древних, находился в их желчи (Иов. 20:14). Так же переведено слово "рош", обозначающее: 1) ядовитое, горькое на вкус растение (Втор. 29:18) растущее в полях (Ос. 10:4) с плодами, похожими на ягоды (Втор. 32:32). 2) Различные наркотические растения (Псл. 68: 22; Мат. 27:34) и 3) Наконец просто яд (Иов. 20:16) и, вообще, все вредное, пагубное или горькое (Ам. 6:12; Деян. 8:23; Иер. 8:14; 9:15 и т. д.).

Жемчуг упоминается между другими драгоценностями у Иов. 28:18; Прит. 3:15; 8:11; 31:10; евр. "пениним"; это слово в Плач. 4:7 переведено словом коралл. Премудрость в В. Завете уподобляется жемчугу; так и Царство Небесное в Нов. Завете уподобляется жемчугу (греч. маргаритес) Мат. 13: 45 и дал. Срав. слова Иисуса: "не бросайте жемчуга перед свиньями" (Мат. 7:6). Ворота нового Иерусалима, которые видел Иоанн, были из жемчужин (Отк. 21:21). Павел советует женщинам не украшать себя жемчугом или драгоценной одеждой (1 Тим. 2:9) и в Отк. 17:4; 18:12, 16 жемчужины упоминаются среди украшений вавилонской блудницы.

Новозаветное слово "маргаритес", происходящее от санскритского "мангара", без сомнения, обозначает драгоценное содержимое жемчужной раковины; жемчуг в древние времена добывался, как и теперь, в Индийском океане, особенно близ острова Цейлона. Раковины, которые добываются со дна моря на глубине до 30 м специально занимающимися этим водолазами, имеют вид закругленного четыреугольника с шороховатой поверхностью снаружи и гладкие беловато-блестящие внутри. Раковина приблизительно в палец толщиной имеет от 2 до 12 дюймов в длину и ширину. Внутри находится жемчуг, продукт затвердевших выделений моллюска, различной величины и формы: круглый, грушеобразный и многогранный; некоторые жемчужины достигают величины голубиного яйца. Редкость жемчуга, трудность добывания, красивая форма и удивительно чистый блеск сделали его уже с древних времен драгоценным украшением. Дороже всего ценился жемчуг молочного цвета; встречается жемчуг желтый, розовый и пурпоровый. Некоторые предполагают, что евр. слово "пениним" обозначает жемчуг красного цвета. Евр. слово "нетифот", т.е. капли (Суд. 8:26; Ис. 3:19), вероятно, также обозначает жемчуг, употреблявшийся для серег.

Жених. См. "Брак".

Женщина — евр. ишá.

Женщина занимала у израильтян лучшее положение, чем у других восточных народов. Жены и девицы того времени свободно и непринужденно участвовали в житейских делах и удовольствиях. Ревекка ехала на верблюде, не закрывая лица до тех пор, пока она не заметила идущего Исаака (Быт. 24:64 и дал.). Иаков приветствовал Рахиль целованием в присутствии пастухов (Быт. 29:11). Женщина принимала значительное участие в общественных празднествах (Исх. 15:20 и дал.; Суд. 11:34). Песни Деворы и Анны (Суд. 5 и 1 Цар. 2) свидетельствуют о развитии их душевных способностей. Женщины занимали также официальные должности, как, напр., пророчицы Мариамь, Олдана, Ноадия и женщина-судья Девора. Как жена, мать и хозяйка, женщина описывается в Библии в самом привлекательном виде. Такого облика женщины, как в Прит. 31, язычество показать не может, и Израиль первый был научен Богом смотреть на материнское сердце, как на подобие сердца Бога (Ис. 49:15). Закон Израилев и Евангелие Христово подняли женщину из того приниженного состояния, в каком она находилась у язычников (Мат. 5:32; 19:3 и дал.; Гал. 3:28; 1 Пет. 3:7).

Жернов — евр. рехай.

Жернов. С самых древних времен (Исх. 11:5) ручные жернова были необходимой домашней утварью на Востоке. Они состояли из двух круглых камней, положенных друг на друга в 15 см толщиной и 0,6-0,9 м в диаметре. Нижний жернов был тяжелее и тверже верхнего (Иов. 41:15); верхняя сторона его имела несколько выпуклую форму. Верхний жернов несколько вогнутый, плотно накладывался на нижний и приводился в движение рукояткой; поэтому в евр. тексте он называется "движущийся" (Втор. 24:6 и пр.).

Зерно насыпалось в воронкообразное отверстие верхнего жернова, мука же сыпалась из пазов между жерновами на разостланный внизу холст. Выражение "звук жернова" было пословицей, указывающей на мирные занятия; отсутствие этих звуков знаменовало опустошение (Иер. 25:10: Отк. 18:22). Так как жернова были необходимым предметом в домашнем обиходе, то закон воспрещал брать у бедного в залог верхний или нижний жернов (Втор. 24:6). Молоть зерно таким образом нужно было очень долго, работа была крайне утомительна и поэтому поручалась пленникам, рабам и в особенности рабыням (Суд. 16:21; Плач. 5:13; Ис. 47:2; Лук. 17:35). Обычно двое садились друг против друга и поочередно вращали жернов по пол-оборота при помощи рукоятки; это и теперь еще можно видеть в Палестине. Позднее жернова делались крупнее и приводились в движение ослами или мулами, как и теперь это происходит в Сирии.

Жертва — евр. курба.

Жертва, т. е. дар — общее название всевозможных даров, которые поклоняющийся приносит Богу. Это слово буквально соответствует еврейскому слову "корван" — "предназначенное в дар" (Мар. 7:11), которым обозначаются всевозможные дары; так названы жертвы в Исх. 28:38, кровные и бескровные (Лев. 1:2; 2:1; 4:23; Чис. 5:15; Лев. 6:20; Чис. 6:14, 21; 7:10 и дал.). Если бы человек не впал в грех, то вся его жизнь была бы непрерывным личным самопожертвованием и все внешнее входило бы в это пожертвование, как часть целого. Но когда грех порвал связь между Богом и человеком и прежнее общение с Богом у человека заменилось отчужденностью, соединенною со страхом, то он почувствовал потребность отделять от своего имущества самое лучшее для приношения Божеству, чтобы, таким образом, вновь получить доступ к оскорбленному его грехом Величию, или чтобы этим выразить Ему свою благодарность за полученую помощь. Поэтому жертвы стали приноситься немедленно после изгнания из рая. Вспомним Каина и Авеля. Ной принес жертву всесожжения Иегове после спасения от вод потопа; патриархи строили жертвенники и приносили жертвы заклания, призывая имя Господа (Быт. 12:7; 13:4; 26:25 и т.д.), так что жертва, сопровождаемая молитвою, сама была, как бы "воплощенной молитвой". Когда человек хотел приблизиться к Богу с молитвою или благодарением, он чувствовал, что ему следовало прийти не с пустыми руками. Языческое богослужение, как в древние времена, так и теперь, свидетельствует, как глубоко заложено в человеке это чувство. Со всех жертвенников языческих храмов, со всех священных рек, поглотивших так много тысяч жизней, через века к нам доносится жалобный вопль: "С чем предстать мне пред Господом, преклониться пред Богом Небесным? Предстать ли пред Ним со всесожжениями, с тельцами однолетними? Но можно ли угодить Господу тысячами овнов или неисчетными потоками елея? Разве дам Ему первенца моего за преступление мое и плод чрева моего — за грех души моей?" (Мих. 6:6, 7).

На этот вопль языческого мира Бог ответил устройством среди Израиля жертвенного служения с обещанием примирения, которое возвращает грешнику общение с Богом. Естественное чувство, не допускавшее человека приближаться к Богу с пустыми руками, было правильно, что Бог подтвердил Сам: "и пусть не являются пред лице Мое с пустыми руками" (Исх. 23:15; Втор. 16:16). Он не оставил Израиля в неведении о характере жертв и формах жертвоприно-

Арабский крестьянин меряет пшеницу: „Мерою доброю, утрясенною, нагнетенною и переполненою..." (Луки 6:38).

шения; кроме того, Бог дал ему уверенность в том, что встретит его при жертвеннике с Своей благодатью. Итак, жертва, которая у язычников являлась выражением страха, у Израиля была средством получения благодати. И, смотря по различным потребностям, как общества, так и отдельных личностей, в законе о жертвах (Лев.) было дано указание относительно различных жертв: для очищения от греха, примирения с Богом, или выражения преданности Ему в служении, хвалы и благодарности и т.д.

Смотря по цели и назначению жертвы, по закону Моисееву, можно разделить их на четыре главных рода: 1) жертвы очищения в действительном значении этого слова, которые разделяются на жертву за грех и жертву повинности, 2) жертвы всесожжения, 3) мирные жертвы, которые делились на жертвы хваления, обетования и добровольные, 4) хлебные и возлияние. Первая из перечисленных жертв имела целью поставить человека под покров благодати, для его примирения с Богом. Три следующие рода жертв приносились уже примирившимся. В тех случаях, когда приносилось одновременно несколько жертв, первыми приносились жертвы за грех и повинности или только одна из них, а затем уже жертвы всесожжения и мирная жертва. Хлебная жертва и жертва возлияния приносились, большею частью, совместно с другими, а также и самостоятельно.

Жертвы были или кровавые, т. е. жертвы заклания, или бескровные, состоявшие из хлеба, вина и елея. Некоторые из жертв были точно определены, например, ежедневные, в известные праздники, очищения и освящения. Другие же были добровольные и приносились или всем обществом, или отдельными лицами по различным причинам.

В жертву приносили животных из крупного и мелкого рогатого скота: волов, коров, овец и коз; из птиц — горлиц и молодых голубей. Мелкий скот должен был быть не моложе 8 дней, а крупный не старше трех лет (Исх. 22:30; 29:38; Лев. 9:3; 22:27). Животные должны были быть без телесных недостатков, повреждений, уродливостей и т. д. (Лев. 22:20 и дал.). Жертвами из растений были колосья, мука, пресные хлебы, оливковое масло, курения, соль и вино (Лев. 2:1 и дал.). Мед и закваска не допускались для жертвоприношения (Лев. 2:11). Вообще израильтяне должны были приносить в жертву только то, что служило человеку пищею и что имело ценность, а не такие продукты или плоды, которые легко были доступны или приобретаемы — например, рыба, плоды диких растений или пойманная дичь, — все это нельзя было приносить в жертву, а только то, что требовало от человека прилежания и труда. Человек должен был лучшие плоды своих трудов давать Богу, чтобы жертва представляла достойную пищу Ему; жертва и называется хлебом Божиим (Лев. 21:6 и дал.; Чис. 28:2). Конечно, это нельзя понимать так, что Богу нужна материальная пища: "Ес-

Женщины размалывают зерно на жерновах.

ли бы Я взалкал, то не сказал бы тебе, ибо Моя вселенная и все, что наполняет ее" (Псл. 49:12). Он благоволит к душе, самопожертвование которой проявилось в ее даре — ибо для того, чтобы спасать души и вернуть их из плена греха к Себе, Он и дал все эти жертвы, которые уже в завете закона возвещали Евангелие.

Это значение жертвы, как средства благодати к воссоединению человека с Богом, особенно проявляется в жертвах заклания. Животное приводилось к скинии или храму и жертвующий возлагал руки на его голову, — после чего животное закалывали, и кровь его, собранная священником в сосуд, приносилась пред Господом и ею кропился жертвенник или завеса, или крышка ковчега. Если жертвою был голубь, то его кровь выпускалась на стену жертвенника. (См. Лев. 1:4, 15; 3:8; 4:4 и дал.). Это пролитие крови и кропление ею было именно то в жертвоприношении, чем достигалось примирение; ибо кровь считалась носительницей жизни и потому ее именно следовало приносить Богу. Язычество хотело приносить Богу человеческие жертвы, но Бог назначил израильскому народу кровь жертвенного животного, как средство примирения (Лев. 17:11). Однако, это все же не было в полной мере примирением. Жизнь самых лучших животных не могла равняться с жизнью человека; к тому же "человек никак не искупит брата своего и не даст Богу выкупа за него" (Псл. 48:8). "Невозможно, чтобы кровь тельцов и козлов уничтожила грех" (Евр. 10:4). Все жертвы искупления в Ветхом Завете указывали на грядущую совершенную жертву, которую Иисус Христос должен был однажды принести. Срав. "очищение", "примирение".

Хотя идея о приношении не выявляется так ясно в прочих жертвоприношениях, как в двух первых, — однако и в них можно уловить указание на то и напоминание о том, что все вообще приносимые жертвы благоугодны Богу только ради крови "примиряющей". Ежедневные жертвы также должны были свидетельствовать о примирении. По закону, ничего не очищалось без крови, ибо "без пролития крови не бывает прощения" (Евр. 9:22).

Все жертвенное служение было прообразом Евангелия, пронизывавшим всю жизнь общества того времени,

Сбор урожая на поле Вооза, около Вифлеема. Картина напоминает эпизод из Руфь 2:5.

Арабские крестьяне собирают урожай маслин

Давка маслин большим валом из камня при получении оливкового масла

почему и видят в отдельных действиях и обрядах при жертвоприношении Евангельские прообразы. Жертвы позволялось приносить только пред жилищем Господним (Лев. 17:3 и дал.), что говорило о единстве Существа Иеговы, Его Едином имени (Втор. 12:2; Зах. 14:9) и, кроме того, являлось средством для объединения всего народа. (Несмотря на это, было возможно приносить жертвы и в других местах вне храма, что видно из некоторых мест Библии. См. примечание к слову "Священник"). В крови приносилась Богу жизнь души, кропление кровью символизировало искупление, омытие греха и помилование грешника. Огонь на жертвеннике символизировал Бога, как живую силу, Который не терпит ничего нечистого в Своем присутствии. Сгоравшая в огне жертва — символизировала полное предание Богу души, которая переходит от смерти в жизнь. При жертвоприношении плодов не должно было быть меда и закваски; первый не подходил к святости и чистоте жертвы, последняя обозначала, что все нечистое и плотское не устоит перед Богом. Елей при хлебных жертвах, понимают, как символ Святого Духа или смягчающего и оживляющего милосердия Божьего. Курение обозначает молитвы праведников (Отк. 5:8), соль — твердый союз благодати с Иеговою и ее сохраняющие свойства (Мар. 9:49 и дал.; Чис. 18:19).

Евреям часто напоминалось о том, что одно внешнее соблюдение жертвенных обрядов не давало мира с Богом; пророки, наоборот, нередко заявляют обратное, что все жертвы суть мерзость перед Богом, если они не являются выражением сердечного стремления к Богу и добру (Прит. 21:27; Иер. 6:20; Ам. 5:22; Мих. 6:6 и дал.; Ос. 6:6; Мат. 9:13). "Послушание лучше жертвы, и повиновение лучше тука овнов" (1 Цар. 15:22). Давид уже знал, что "жертва Богу дух сокрушенный. (Срав. Псл. 49), сердца сокрушенного и смиренного Ты не презришь, Боже" (Псл. 50:19).

Благодарность, послушание и самопожертвование, которые все дети Божии в Новом Завете должны воздавать своему Небесному Отцу, символизируются часто картинами из жертвенного богослужения. Христианам следует поэтому приносить Господу, не жертву за грех и вину, ибо таковую они навеки имеют во Христе, а лишь жертвы всесожжения, хваления, хлебные жертвы и курение (Срав. Псл. 50:21; 1 Пет. 2:5; Мал. 1:11; Рим. 12:1; Фил. 2:17; 4:18; Евр. 13: 15 и дал.).

Жертва благодарения. См. "Жертва мирная".

Жертва возлияния (Быт. 35:4) соотвествующее величине хлебной жертвы количество вина, возливавшееся на жертвенник при жертве всесожжения (Исх. 29:40; Лев. 23:18; Чис. 15: 5, 10; Иоил. 1:9, 13).

Значение возлияния, вероятно, было то же, что и хлебной жертвы, а именно: являть приятные Богу плоды святости. Идолопоклонники приносили также возлияния при жертвоприношениях, иногда кровь, которую потом они сами пили (Псл. 15:4; Зах. 9:7;

Срав. Ис. 57:6; 65:11; Иер. 7:18; Иез. 20:28).

Жертва всесожжения, евр. "олé", т. е. поднимающееся. Так называются те жертвы, при которых жертвенное животное, после того, как оно было заклано и его кровью окропили жертвенник, рассекалось и, за исключением снятой заранее шкуры, со всеми внутренностями сжигалось на жертвеннике. Жертва как бы возносилась в огне кверху в "благоухание, приятное Господу" (Лев. 1). Это символ полной отдачи себя Господу и полноты примирения. Следующие жертвы всесожжения повелены законом: 1) ежедневное всесожжение — по агнцу утром и вечером с жертвой хлебной и возлиянием. (Исх. 29:38 и дал.). 2) субботнее всесожжение: 2 агнца, кроме двух ежедневных (Чис. 28:11 и дал.) — два тельца, один овен и 7 агнцев с соответствующей хлебной жертвой и возлиянием. Жертва всесожжения приносилась также в праздник Пасхи, в Пятидесятницу, т.е. день первых плодов (Чис. 28:16 и дал.), в праздник труб, т.е. в первый день седьмого месяца, в великий день очищения и в праздник поставления кущей (Чис. 29).

Жертвы всесожжения приносилось на особом жертвеннике, обложенном медью (Исх. 27:2, 8), который наполнялся землей (Исх. 20:24); это была освященная земля. Смот. "алтарь".

Жертва за грех и жертва повинности в израильском богослужении представляли два рода жертвоприношения, в которых особенно проявлялись необходимость и значение примирения. В то время, как остальные жертвы: всесожжения, мирная и хлебная имели целью выражать полнейшую преданность приносящего Богу и угодное Ему самопожертвование — почему они также названы жертвами благоуханпя, приятные Богу, — жертва за грех и жертва повинности являлись настоящими жертвами примирения, имевшими целью дать грешнику возможность предстать пред Святым Богом для прощения грехов. Несмотря на существенную разницу между жертвой за грех и жертвой повинности, между ними все же было значительное сходство в упомянутом отношении, почему также и сказано в одном случае, что закон об этих жертвах один и тот же (Лев. 7:7).

Прежде всего, надо заметить, что не всякий грех или провинность могли быть очищены посредством этих жертв, но только грехи совершенные: по упущению, нерадению или немощи (Лев. 4:2; 5:15, 18; Чис. 15:22, 29), в противоположность этому человек, совершивший преступление по надменности своего сердца, "дерзкою рукою", должен был быть истребленным из народа, ибо для него не существовало примерения (Чис. 15:30). Однако это не значит, что каждый вольный и преднамеренный грех исключал возможность очищения, потому что в относящихся сюда местах закона перечисляются некоторые грехи, на которые нельзя смотреть иначе, как на обдуманные, например в Лев. 6:2. См. ниже "жертва повинности 3".

Жертвы за грех (евр. "шаттат", грех, жертва за грех) были двух родов: общественные и специальные.

А) общественные жертвы за грех были следующие:

1) за весь народ: в праздники новомесячия (Чис. 28:15), Пасхи (28:22), Пятидесятницы (28:30), Труб (29:5), Кущей (29:16), в великий день очищения (Лев. 16:5, 9, 15 и дал.; Чис. 29:11) и при освящении нового святилища (Езд. 6:17; 8:35).

2) За священников и левитов при их посвящении (Исх. 29:14, 36; Чис. 8: 8 и дал.).

3) за первосвященника в великий день очищения (Лев. 16:3, 6, 11).

Б) Специальные жертвы за грех, предписанные на разные случаи, были такого рода:

4) за родившую женщину, по окончании времени ее очищения (Лев. 12: 6 и дал.; Лук. 2:24).

5) при очищении прокаженного (Лев. 14:10, 19, 22); Срав. установление об очищении дома прокаженного (Лев. 14:49).

6) при очищении болевшего истечением из тела (Лев. 15:14 и дал.).

7) за женщину после тяжелого кровотечения (Лев. 15:29 и дал.).

8) за назорея, который осквернился прикосновением к мертвому телу (Чис. 6:9 и дал.) и по окончании времени его назорейства (ст. 14).

9) если общество, князь, или отдельный израильтянин по ошибке согрешили против какой-либо заповеди Господней и позднее осознали это (Лев. 4:13 и дал. 22 и дал. 27 и дал.).

10) если помазанный священник (первосвященник) согрешил и навлек вину на народ (Лев. 4:3 и дал.).

11) Жертвою за грех называется также рыжая телица (Чис. 19:9, 17).

Животные для различных жертв за грех были разных родов, смотря по значению жертв: тельцы, овны, овцы, козы, голуби или горлицы и в одном случае вообще птицы. Тельцы приносились в жертвы по пунктам 2, 3 и 9, если согрешили общество и священник; козлы по 1 и 9, если согрешивший был князем; коза по 9, за отдельную личность; однолетняя овца по 5 п. при очищении прокаженного и по 8 п. по окончании времени назорейства; голубя и горлицу всегда по пунктам 4, 6 и 7; по 8 п. за осквернившегося назорея и по 5 п., если приносящий был беден; две птицы по 5 п. за прокаженный дом.

Церемониал жертвоприношения вообще предписывал (Лев. 4), чтобы жертвенное животное было приведено приносящим перед скинию собрания, где оно, посредством возложения рук, обрекалось на смерть и закалывалось. От четвероногих жертвенных животных сожигались на жертвеннике только сальники (тук). остальное же сжигалось вне стана, — это было правилом для жертв за грех по 1 п. (Исх. 29:14; Лев. 4:11 и дал.; 20 и дал.; 8:17; 16:27), тогда как при жертве по 2 п. мясо отдавалось священникам в пищу во святилище, после чего сосуды, в которых оно варилось, глиняные — разбивались, а медные — тщатильно чистились (Лев. 6:25 и дал.).

Особенное значение придавалось тому как поступать с кровью, при принесении жертвы за грех. В день Очищения первосвященник вносил кровь в Святое Святых и кропил ковчег завета, после чего ею мазались роги жертвенника для курений (Лев. 16: 14, 18 и дал.). При других жертвах за грех п. 2 этой кровью кропили рога и мазали рога жертвенника для курений, а остальное выливали к подножию жертвенника всесожжения (Лев. 4:5 и дал.; 16 и дал.). При жертвах за грех п. 2 этой кровью кропили рога жертвенника всесожжения, а остаток выливался к его подножию (Лев. 4: 25, 30, 34; Срав. 2 Пар. 29:22 и дал.).

Жертвы повинности (евр. "ащем" проступок, жертва за проступок) были все предписаны в особых случаях:

1) если кто-нибудь по ошибке совершил преступление против посвященного Господу (Лев. 5:15 и дал.).

2) если кто-нибудь по неведению преступил заповедь Божию (5:17 и дал.).

3) если кто-нибудь не отдал ближнему своему порученного, или находку, или оставленного ему на хранение, или отрицает причиненную им несправедливость, или же ложно поклялся (Лев. 6:2 и дал).

4) если кто-нибудь обесчестил несвободную женщину, которую другой человек взял себе в наложницы (Лев. 19:20 и дал.),

5) за прокаженного после выздоровления (Лев. 14:12),

6) за назорея, который осквернился прикосновением к мертвому телу (Чис. 6:12).

В четырех первых случаях животным для жертвы повинности был овен, в обоих последних агнец. Кроме того виновник должен был в 1 и 3 случаях принести возмещение соответствующее причиненному вреду, прибавив пятую часть стоимости; это возмещение по 1 пункту поступало священнику и по 3 п. потерпевшему владельцу. В случаях когда последнего не было в живых, а родственников не было, возмещение отдавалось священнику (Чис. 5:5 и дал.). Животное для жертвы повинности закалывалось на жертвеннике всесожжения, его кровью кропили на все стороны, сальник сжигался на жертвеннике, а мясо съедали священики на святом месте (Лев. 7:1 и дал.). При приношении жертвы повинности за прокаженного были особенные обряды с кровью (Лев. 14:14, 25).

Наконец, в Лев. 5:1 и дал. упоминаются некоторые жертвы, носившие одновременно характер жертв за грех и повинности; они были трех родов:

1) если кто-нибудь, несмотря на клятву, скрыл на суде то, что он видел и слышал (5:1),

2) Если кто-нибудь по неведению осквернился прикосновением к чему-нибудь нечистому (5:2, 3).

3) если кто легкомысленно поклялся (5:4).

В этих случаях, если согрешивший сознал и признал свое преступление, предписана была в жертву овца или коза (или, в случае бедности, два голубя или мелкая мука; 7:11), каковая жертва ясно называется жертвою за грех в Лев. 5:1, 11, но в 5:6, 7, называется также жертвою повинности.

Однако, несмотря на указанную и здесь, и в Лев. 7:7 родственность обоих этих родов жертв, из специальных установлений для каждой из них достаточно ясно видно, что в основном они различались. Бывали даже случаи, когда предписывались и те, и другие жертвы, напр., Лев. 14:12 и дал.; 19:22, 24 и дал.; Чис. 6:11 и дал. Обряды, отличающие жертвы за грех не сопровождали жертвы повинности; возмещения, которые добавлялись к жертвам повинности, отсутствовали у жертв за грех; роды жертвенных животных при жертвах за грех были более разнообразны; и, наконец, жертвы повинности были всегда для специальных случаев, в противоположность многим жертвам за грех. Главное различие между обоими родами жертв определяют так: жертва за грех более имела в виду греховное свойство поступка или вины, являющуюся преградой между человеком и Богом, для разрушения которой нужно было примирение; жертва же повинности рассматривала грех, как проступок, как нарушение прав Бога и ближнего, которое требовало возмещения. Эти жертвы показывают, как, соответственно в Новом Завете, за нас Христос сделался грехом (жертвою за грех, 2 Кор. 5:21); как Он сделался для нас клятвою (Гал. 3:13) и навсегда действенной жертвою за грех (Евр. 10:12), Агнцем Божиим, Который берет на Себе грех мира (Иоан. 1:29) и Сам, как жертва повинности, возвращает Богу и человеку все то, что было утеряно вследствие грехопадения, с избытком — "отдал сполна и приложил пятую долю".

"Когда умножился грех, стала преизобиловать благодать" (Рим. 5:20).

Жертва мирная, евр. "шлеми́м" — особое название тех жертв, которыми примирившийся с Богом израильтянин выражал благодарность и готовность жертвовать (Лев. 3:7). Они были трех родов: жертва благодарности за полученное благословение (Лев. 7:12 и дал.; 22:29 и дал.); 2 Пар. 29:31); жертва обета, который приносящий жертву дал Богу при какой-либо особенной нужде; его жертва, по существу, и была благодарностью за избавление от нужды (Лев. 7:16) и жертва усердия (7:16), которая была вообще выражением благодарности Богу, без какого-либо особого повода. Радостный и мирный характер всех этих жертв выражался и в той торжественной обстановке, которая отличала их от жертв за грех и за вину. Кровью жертвы окроплялся жертвенник, сальник сжигался на нем, грудь и правое бедро отдавались священнику (7:28 и дал.), а остальное приносящий жертву съедал с друзьями перед Господом. Мясо благодарственной жертвы должно было быть съедено в тот же день; жертву же обета и жертву усердия можно было есть и на следующий день; но все, что после этого оставалось, должно было сжигаться. Постановления о выборе животных для мирных жертв были не так строги, как для жертв за грехи и за вину. Для жертв усердия были годны даже некоторые из животных, не принимавшихся для жертв обета (Лев. 22:23).

Все жертвы благодарности были добровольными; единственным исключением была установленная законом жертва для праздника седьмиц, а именно, два первородных агнца (Книга Лев. 23:19). При больших торжествах приносились общественные жертвы благодарности в большом количестве, как, напр., при заключении союза (Исх. 24:5); при посвящении Аарона и освящении скинии (Лев. 9:18): при чтении закона во времена Иисуса Навина (8:31); при воцарении Саула (1 Цар. 11:15); при перенесении Давидом на Сион ковчега Завета (2 Цар. 6:17); при освящении Соломоном храма и кроме этого три раза ежегодно (3 Цар. 8:63; 9:25); в праздник Пасхи при царе Езекии (2 Пар. 30:22). Только в двух случаях были принесены жертвы благодарности во время всеобщего горя и покаяния (Суд. 20:26; 2 Цар. 24:25).

Жертвенник, сделан из камней пророком Илией на горе Кармил. И на этот жертвенник Господь послал с небес огонь.

Жертва по обету. См. "Жертва мирная".

Жертва ревнования. См. "Блуд".

Жертва усердия. См. "Жертва мирная".

Жертва от усердия. См. "Жертва мирная (благодарения)".

Животные — евр. хайо́т.

Животные. Бог сотворил человека господином над всеми животными (Псл. 8:7). Он привел их к нему, чтобы тот назвал их, соответственно их свойствам, распоряжался и пользовался ими (Быт. 1:26; 2:19). Это господство Бог нашел нужным ограничить и упорядочить разными законами, которые частью имели в виду сохранение жизни животных и обязательный отдых для них, а также были направлены против различных языческих обычаев (Исх. 20:10; 23:11 и дал.; 34:26; Лев. 19:19; 22:24, 28; 25:7; Втор. 22:4 и дал.; 25:4). Священное Писание часто говорит, что животные находятся под охраной небесного Отца; они, равно как и люди, подверженны суете и с надеждою ожидают откровения сынов Божиих (Иов. 39:3; Мат. 6:26; Рим. 8:19). У Бога не забыта ни одна малая птица (Лук. 12:

6). В Ниневии находилось не только более сотни тысяч людей, но и множество скота, над которым Бог также сжалился (Ион. 4:11). Людей и животных хранит всемилостивый Бог Псл. 35:7). После потопа Бог заключил вечный союз не только с людьми, но и с животными. Радуга в облаке напоминает Ему также и об этом (Быт. 9:12, 16). Животныя также имеют обетование избавления (Ис. 11:6 и дал.; 65:25; Рим. 8:21). Упоминаемые в Священном Писании животные часто имеют символическое значение и обозначают, смотря по их природным качествам, языческие народы, царей, царства или отдельных личностей. См., напр., Ис. 63:19; Ис. 27:1; 2 Пет. 2:22. Сатана называется "древним змием" (Отк. 12:9; 20:2; Срав. Быт. 3; Иоан. 8:44; 2 Кор. 11: 3). Под видом животных у Даниила (главы 7, 8) изображены силы мира, враждующие против Царства Божия; эти враждебные силы и антихристианские тенденции вторично были показаны Иоанну в звере, поднимавшемся из бездны (Отк. 11:7; 13:12; 17:17). Второй зверь из земли (Отк. 13:11) или лжепророк, имеющий к первому животному приблизительно такое же отношение, как Святый Дух имеет ко Христу (Отк. 13:12), есть духовная сила, отдавшаяся на службу зверю. Те звери, которые упоминаются в Иез. 1:5 и дал.; Отк. 4:6; 5:6; 7:11, не обозначают отпадший и враждебный Богу мир, но творение, вернувшееся к своему начальному совершенству. 4 животных у Иезекииля служат для выявления славы Божией, и животные в книге Откровения падают ниц и славословлят.

О чистых и нечистых животных см. "Нечистый".

Жребий. Решать посредством жребия неясные и запутанные вопросы было повсеместно распространенным обычаем. Израильтяне бросали жребий 1) при избрании козла отпущения в великий день очищения (Лев. 16:8), для подтверждения священства Аарона (Чис. 17), при разделе земли между коленами и родами (Чис. 26:55; Деян. 13:19), поэтому участки земли в Палестине, полученные через метание жребия, названы словом "жребий" (И. Нав. 15:1; Суд. 1:3); далее, для обнаружения преступников (И. Нав. 7:14; 1 Цар. 14:41 и т. д.; Срав. Иона 1:7); также при распределении службы в храме и служебных поручений (1 Пар. 24:5; Неем. 10:34; Лук. 1:9); жребий употребляли при служебных и частных спорах относительно собственности (Прит. 16:33; 18:18; Ис. 21:19; Мат. 27:35). О способе бросания жребия израильтянами мы ничего определенного не знаем. Предполагали, что они употребляли маленькие камешки (слово "гораль"-жребий — обозначает также маленькие камешки) различных цветов или с различными надписями, которые выбрасывали из урны на землю или в полу одежды. (См. Прит. 16:33; Лев. 16: 8). Некоторые предполагают, что урим и туммим были также камни, которыми пользовались для бросания жребия. Срав. 1 Цар. 14:36 и дал. — 2) У языческих народов жребий был очень распространен при принятии тех или других решений (Наум. 3:10; Есф. 3:7; Авд. 11). Особенный род жеребьевки мы встречаем у вавилонян: они употребляли стрелы, на которых писали имена городов, клали в колчан, перемешивали их, и вынутая стрела показывала им тот город, на какой они должны были напасть (Иез. 21: 21). Что-то подобное подразумевается, вероятно, у Ос. 4:12 под словами: "народ мой вопрошает свое дерево, и жезл его дает ему ответ".

Употребление жребия в христианской церкви имеет только один достойный внимания пример: Апостолы при избрании Матфея в число двенадцати на место Иуды Искариота бросили жребий (Деян. 1:26). Существует особая Братская община, которая приняла этот способ. Для права пользования жребием они поставили некоторые условия, а именно: 1) невозможность иным путем узнать волю Божию; 2) разбирать дело с молитвой и благоговением; 3) полнейшее послушание будущему решению.

Жрецы (евр. комарин) 4 Цар. 23:5, которых Иосия уволнил со службы. Это же еврейское слово приведено у Соф. 1:4 и у Ос. 10:6; соответствующее ему сирийское слово "кумра" — служит общим названием священников, но, так как идолопоклонство в Палестине, большею частью, было сирийского происхождения, то для обозначения сирийского священника у израильтян и употреблялось слово жрец.

Жук. См. "Саранча".

Журавль. У Ис. 38:14; Иер. 8:7 упоминаются две птицы "сус" и "агур"; в русс. Библии "журавль" и "ласточка". По Борхарту "сус" (или "сис") означает ласточку и "агур" журавля. Нумидийский журавль, который, вероятно, здесь имеется ввиду, бывает около метра длины, синеватого цвета; голова, шея, грудь, длинные ноги и концы крыльев у него черные, хохолки за ушами белого цвета. У Иер. 8:7 указывается на тот инстинкт, который побуждает перелетных птиц в нужное время улетать в страны с более мягким климатом. У Ис. 38:14 Езекия свой плач уподобляет голосу ласточки, журавля и воркующего голубя.

З

Завад, сын Шимеафы аммонитянки (2 Пар. 24:26), сговорившись с Иегозавадом, сыном Шимрифы, убил царя Иоаса. Срав. 4 Цар. 12:21, где Завад называется Иозакаром.

Завдий из Шефама, смотритель над запасами вина у Давида (1 Пар. 27:27).

Завеса — евр. паро́хет.
Завеса, которая отделяла Святое от Святого Святых, была соткана из голубой, пурпоровой и червленой шерсти и из крученного виссона с вытканными на ней херувимами (Исх. 36:35; Срав. 2 Пар. 3:14). Ее открывали только один раз в год — в день очищения. Она разодралась, когда Иисус умер (Мат. 27:51). Завеса, — символ жизни Христа; разодралась при Его смерти; через это открылся нам доступ к Богу (Евр. 10:19 и дал.).

Завет. См. "Библия" и "Союз".

Завет соли. См. "Соль".

Завулон — Завулу́н.
Завулон, десятый сын Иакова, шестой от Лии (Быт. 30:20); от него родилось трое сыновей (Быт. 46:14).

Завуф (Заву́д), сын Нафана, друг и советник Соломона (3 Цар. 4:5).

Заем. Как единственный Собственник всей занимаемой евреями земли, Иегова условием пользования землею предписал им давать взаймы своим бедным братьям и каждый седьмой год все непокрытые займы прощать. (Втор. 15:1 и дал.). Если брали что в залог, то должны были делать это с милосердием, руководствуясь любовью (Исх. 22:26 и дал.; Втор. 24:6, 10 и дал.). "У вдовы не бери одежды в залог" (Втор. 24:17). На нуждающихся братьев нельзя было налагать роста (Исх. 22:25; Лев. 25:36 и дал.) ни деньгами,, ни съестными припасами и ничем другим (Втор. 23:19). В том же духе запечатлевает и Иисус в сердцах своих учеников эту заповедь: давать взаймы, не ожидая получить обратно, и это даже по отношению к врагам (Лук. 6:34 и дал.) — в противоположность закону (Втор. 23:20), который разрешал отдавать деньги в рост чужеземцу.

Закалывание животных дома во время странствования в пустыне воспрещалось под страхом смертной казни (Лев. 17:3 и дал.), но допускалось в Ханаане, особенно для тех, кто жил далеко от святилища (Втор. 12:15, 21).

Закваска. Употреблять закваску или мед вместе с какой-либо жертвой, которую приносили Господу, было строго запрещено (Лев. 2:11); отсюда — обличительные слова пророка Амоса к современным ему евреям: "приносите в жертву благодарения квасное" (другой перевод: "дым от закваски" в жертву благодарения) Ам. 4:5. Во время пасхального праздника в доме израильтянина должна была быть уничтожена всякая закваска в воспоминание исхода отцов из Египта, когда те должны были взять с собою пресное тесто и спечь из него хлеб на скорую руку (Исх. 12:15, 19, 34; 13:7). См. "Пасха". Всепроникающая и изменяющая сила закваски является главной сутью сравнений в различных иносказательных выражениях. Так, напр., в другом значении говорится о закваске фарисеев и саддукеев, "которая есть лицемерие" (Мат. 16:6); Коринфская церковь побуждается очиститься от старой закваски (1 Кор. 5:6 и дал.; Срав. Гал. 5:9); с другой стороны Царство небесное в притче представляется закваской, заквашивающей три меры муки (Мат. 13:33; Лук. 13:20 и дал.).

Заклинатели — люди, которые призыванием имени Божия и при посредстве особых таинственных церемоний считали себя в состоянии изгонять бесов. Эта сила дана Христом Апостолам (Мат. 10:1, 8), также 70 ученикам (Лук. 10:17) и обещана уверовавшим в Него (Мар. 16:17), как одно из знамений их веры. После воскресения Христа его ученики изгоняли бесов (Деян. 16:18). Упоминаются также случаи, когда исцеления совершали и те, которые не сопровождали И. Христа (Мар. 9:38; Лук. 9:49). Слово заклинание или заклинатели никогда не применяется, когда говорится об изгнании бесов Христом или Его учениками. Что именем Христа могли изганять бесов и не принадлежавшие к Его ученикам видно в Мат. 7:22; Деян. 19:13. Все такие таинственные средства, как заклинание (Исх. 7:1, 22; 8:7, 18) или искусство гадания были строго запрещены в законе Господнем (Втор. 18:10). См. "Искусство гадания".

Заклятие или **заклятое** (Лев. 27:21 и дал., Чис. 18:14) называлась такая военная добыча, которую победитель не имел права оставлять себе, но должен был отдать в святилище Господа, как преданное заклятию, по евр. "херем", т.е. освященное или отделенное. Так, напр., израильтянам в Втор. 7:25 и дал. воспрещалось брать себе в добычу истуканы или украшение их, драгоценности, взятые от хананских народов, ибо они подпадали под заклятие. У И. Нав. 6:17 и дал. приказано предать Иерихон со всем находившимся в нем заклятию. Запрещено было щадить кого-либо или взять что-либо себе; когда после взятия города израильтяне были побеждены жителями Гая, то оказалось, что причиной этому было нарушение заклятия (И. Нав. 7:12 и дал.). Ахан взял для себя нечто из заклятого, в наказание за что сам подпал заклятию, т.е. осуждению на смерть. (Ст. 25).

Закон — евр. Тора́.

Закон. Это слово имеет множество различных значений:

1) Слово Божие вообще. Давид воспевает закон Божий (Псл. 18: 8 и дал.) и, восхваляет его в 118 Псалме, давая ему множество различных названий. Павел говорит о законе веры, т.е. Евангелии (Рим. 3:27) и законе Христа (Гал. 6:2) и т. д.

2) Писания Ветхого Завета вообще; напр., у Иоан. 10:34, как написанное в законе, приводится место из Псл. 81: 6; затем у Иоан. 15:25 выдержка из Псл. 34:19 или 68:5 и т.д.; также в 1 Кор. 14:21 из Ис. 28:11.

3) Пятикнижие Моисеево, первая из трех частей, на которые евреи делили Ветхий Завет (Лук. 24:44); "закон, пророки и писания". Срав. Деян. 13: 15.

4) Закон Моисеев, т.е. собрание нравственных, гражданских и богослужебных законов, даных Моисею на Синае; "закон Моисеев" (Лук. 2:22; Иоан. 7:23), закон Господень (Лук. 2: 39) и т.д. По смыслу того или другого места можно понять, говорится ли там об обрядовой части закона (как в Еф. 2:15, где Христос заменил закон заповедей учением), или о гражданских установлениях, которые имели значение для Израиля, как нации (напр., законы о ведении войны Втор. 20) или только для судей (Втор. 17. Срав. Деян. 23:3; 24:6; 25:8) или, наконец, о тех частях закона, которые обыкновенно называются моральным, нравственным законом и который заключается в 10 заповедях. Христос заключает его в двух вечных заповедях: возлюби Господа Бога твоего всем сердцем твоим, всею душою, всем разумением твоим и ближнего твоего, как

Мальчик с верблюжонком в Синайской пустыне.

самого себя. (Мат. 22:37 и дал.; Срав. Гал. 5:14; Рим. 13:8, 10; 7:25). Этот закон, закон любви, не был нарушен Христом, но исполнен в совершенстве, показан в жизни и написан в сердцах Его народа (Мат. 5:17; Иак. 2:9 и дал.; 4:11). Обрядовый же закон также был Им усовершенствован: когда явился Он, как осуществление прообразов, тогда символы, как ненужные "тени", отпали (Евр. 10:1).

5) Законом называют иногда внутреннюю побуждающую силу. Так, Павел говорит о законе ума и о законе, находящемся в членах (Рим. 7:23), о законе духа, греха, свободы и т.д. Сравни Рим. 8:2; 9:31; Иак. 1:25; 2: 12. О скрижалях закона см. "Откровение".

ПРИМЕЧАНИЕ ПЕРЕВОДЧИКА. Хотя некоторые делили и делят таким образом закон на части, и это, как будто, уясняет дело, но все же нужно сознаться, что само Слово Божие говорит не о законах, а о законе (об одном законе). Христос освободил нас от клятвы закона, заменив его Своим учением (Еф. 2:15; Рим. 6:14; 7:4, 6; Гал. 2:19; 3:13, 24; Кол. 2:14 и дал.)

Законники — люди, посвятившие себя исследованию и объяснению еврейского закона, особенно "преданий старцев". По всей вероятности они также занимались перепиской закона. Вероятно, название "законник" обозначало то же, что и "книжник"; то лицо, которое у Мат. 22:35 и у Лук. 10:25 названо законником, у Мар. 12:28 называется книжником. Многие из законников были членами синедриона. Вместе с фарисеями и священниками, они часто обличались Спасителем в слепоте и скрывании истины; Он называет их слепыми вождями слепых (Лук. 7: 30; 10:25). См. "Книжники".

Закон Моисея. Моисеевы законы, которые мы здесь приводим для сравнительного обзора, касались нравственности, гражданской жизни и левитского богослужения (Смотри "Законы").

Общий обзор разделения книг Моисея на Паршиот и Кафтарот в том порядке, в каком они читаются каждую субботу в иудейских синагогах в течение всего года.

(По комментарию А. Кларкеса.)

Паршиот или часть (отдел) закона. Кафтарот или часть (отдел) пророков.

Отделы			Португальские и итальянские евреи.	Немецкие и голландские евреи.
I.	Брешит	1:6:8	Ис. 42:5-21	Ис. 42:5-25; 43:10
II.	Толдот Ноах	6:9-11:32	Ис. 54:1-10	Ис. 42:1-17; 55:1-5
III.	Лех Лга	12:117:27	Ис. 40:27-31; 41:1-16	то же
IV.	Ваиера	18:1-22:24	4 Цар. 4:1-23	4 Цар. 4:1-37
V.	Хайе Сарах	23:1-25:18	3 Цар. 1:1-31	то же
VI.	Толлот	25:19-28:9	Мал. 1:1-14; 2:1-7	то же
VII.	Вайеце	28:10-32:3	Ос. 11:7-12; 12:1-11	то же
VIII.	Вайишлях	32:436:43	Авд. 1:1-21	Ос. 12:12-14; 13:1-16
IX.	Вайешев	37:1-40:23	Ам. 2:1-16; 3:1-8	то же
X.	Миккец	41:1-44:17	3 Цар. 3:15-28; 4:1	то же
XI.	Вайиггаш	44:18-47:27	Иез. 37:15-28	то же
XII.	Вайхи	47:28-50:26	3 Цар. 2:1-12	то же
XIII.	Шмот	1:1-6:1	Иер. 1:1-19; 2:1-3	Ис. 27:6-29:23
XIV.	Ваера	6:2-9:35	Иез. 28:25-29:21	то же
XV.	Бо ель Фаро	10:1-13:16	Иер. 46:13-28	то же
XVI.	Бешаллях	13:17-17:16	Суд. 5:1-31	Суд. 4:4-5:31
XVII.	Гитро	18:1-20:26	Ис. 6:1-13	Ис. 6:1-13; 7:1-6; 9:6-7
XVIII.	Мишпатим	21:1-24:18	Иер. 34:8-22; 33:25, 26	то же
XIX.	Трума	25:1-27:19	3 Цар. 5:12-18; 6:1-13	то же
XX.	Цаве	27:20-30:10	Иез. 43:10-27	то же
XXI.	Ки тисса	30:11-34:35	3 Цар. 18:20-39	3 Цар. 18:1-39
XXII.	Вайякхель	35:1-38:20	3 Цар. 7:13-26	3 Цар. 7:40-50
XXIII.	Пкуда	38:21-40:38	3 Цар. 7:40-50	3 Цар. 7:51; 8:1-21
XXIV.	Вайикра	1:1-6:7	Ис. 43:21-28; 44:1-25	то же
XXV.	Вайикра	6:8-8:36	Иер. 7:21-34; 8:1-3; 9:23, 24	то же
XXVI.	Шмини	9:1-11:47	2 Цар. 6:1-19	2 Цар. 6:1-23; 7:1-17
XXVII.	Тацриа	12:1-13:59	4 Цар. 4:42-44; 5:1-19	то же
XXVIII.	Мцора	14:1-15:33	4 Цар. 7:3-20	то же
XXIX.	Ашаре мот	16:1-18:30	Ам. 9:7-5	Иез. 22:1-19
XXX.	Кдошим	19:1-20:27	Иез. 20:2-20	Ам. 9:7-15
XXXI.	Эмор	21:1-24:23	Иез. 44:15-31	то же
XXXII.	Бхар Синай	25:1-26:2	Иер. 32:6-27	то же
XXXIII.	Бхуккотай	26:3-27:34	Иер. 16:19-21:17:1-14	то же
XXXIV.	Бмидбар	1:1-4:20	Ос. 1:10, 11;2:1-20	то же
XXXV.	Назо	4:21-7:89	Суд. 13:2-25	то же
XXXVI.	Бхаалотка	8:1-12:16	Зах. 2:1013; 3-1-13; 4:1-7	то же
XXXVII.	Шлах	13:1-15:41	И. Нав. 2:1-24	то же
XXXVIII.	Корах	16:1-18:32	1 Цар. 11:14, 15; 12:1-22	то же
XXXIX.	Хуккат	19:1-22:1	Суд. 11:1-33	то же
XL.	Галах	22:2-25:9	Мих. 5:7-15; 6:1-8	то же
XLI.	Пинхас	25:10-30:1	3 Цар. 20:46; 19:1-21	то же
XLII.	Маттот	30:2-32:42	Иер. 1:1-19; 2:1-3	то же
XLIII.	Мас'е	33:1-36:13	Иер. 2:4-28; 4:1, 2	Иер. 2:4-28; 3:4
XLIV.	Дбарим	1:1-3:22	Ис. 1:1-27	то же
XLV.	Ваетханан	3:23-7:11	Ис. 40:1-26	то же
XLVI.	Экеб	7:12-11:25	Ис. 49:14-26; 1:1-3	то же
XLVII.	Реех	11:26-16:17	Ис. 54:11-17; 55:1-5	то же
XLVIII.	Шофтим	16:18-21:9	Ис. 51:12-23; 52:1-12	то же
XLIX.	Теце	21:10-25:19	Ис. 54:1-10	то же
L.	Таба	26:1-29:8	Ис. 60:1-22	то же
LI.	Ниццавим	29:9-30:20	Ис. 61:10, 11; 62:1-12; 63:1-9	то же
LII.	Вайелех	31:1-31:30	Ос. 14:1-9; Мих. 7:18-20	Ис. 55:6-13; 56:1-8
LIII.	Хаацину	32:1-32:52	2 Цар. 22:1-51 или: Иез. 17:22-24; 18:1-32	Ос. 14:1-9; Иоил. 2:1-27
LIV.	Впот Хаббрака	33:1-34:12	И. Нав. 1:1-18; Прит. 1-12	то же

Когда спрашивают о ядре закона Моисеева, то, обыкновенно, указывают на десять заповедей или десять слов, которые Сам Господь написал и передал Моисею на Синае. Срав. Исх. 31:18; 34:1, 28; Втор. 4:13. Многие полагают, что закон относительно левитских обрядов был добавлен впоследствии к первоначальному ядру, потому что народ не мог понять высокого содержания закона и сейчас же по получении десяти заповедей вернулся к египетскому идолослужению, сделав золотого тельца. При виде этого Моисей в негодовании разбил скрижали и хотел оставить начатое дело (Исх. 32:19, 32). Он обратился к Богу и, получив от Него новое откровение, начал снова свое служение (33:18; 34:18 и дал.; 29; Втор. 10:1 и дал.). После этого Моисей, по отношению к народу, стал более сдержанным (Книга Исход 34:32 и дал.). Тогда выступили левиты (32:26; Втор. 10:8 и дал.) и, как предполагают, наложили на народ тяжелое иго обрядов (Деян. 15:10; Гал. 4:3, 9; Евр. 7:18). С той точки зрения объясняют, напр., Иер. 7:22 и дал., где сказано, что Бог, после того, как вывел израильтян из Египта, не заповедал относительно жертв всесожжения или других, но только, чтобы они слушались гласа Его; то же говорится у Иез. 20:11, 25, где в 11 стихе Господь говорит, что Он дал Израилю заповеди и постановления, исполняя которые человек будет жив, но в 25 ст. Он "попустил учреждения недобрые и постановления, от которых они не могли быть живы".

"В словах завета (Исх. 19:3-6) и в десяти заповедях не говорится ни слова относительно жертвоприношения" (Мелин). — "Закон о жертвоприношениях не стоял на первом месте, но десять заповедей занимали первое место. Не желавшие исполнять 10 заповедей не были способны принести жертвы, так как закон о жертвах не существовал для непослушных" (?) (Фьельстедт). "Народ израильский отпадением от Бога и желанием иметь видимый знак постоянного присутствия Божия показал, что ему нужно было такое богослужение, которое могло производить глубокое впечатление на внешние чувства. В скинии израильтяне получили нечто совершенно отличное от золотого тельца, которого они желали" (Фьельстедт). Срав. "Жертвы".

СРАВНИТЕЛЬНАЯ ТАБЛИЦА ЗАКОНОВ МОИСЕЯ

1. Нравственный закон. 10 заповедей.

	Исх.	Лев.	Чис.	Втор.
Первая заповедь против идолослужения	20.*23			4-8
Вторая заповедь против кумиров и истуканов	20.23.34	26		10-13
Третья — против злоупотребления именем Господа	20.23			5
Четвертая заповедь о субботе	20.23.31	19.23.26		
Пятая заповедь о почтении к родителям	20	19		5
Шестая — против убийства	20.21	19.24		5
Седьмая — против блуда	20	18.19		5.23
Восьмая — против воровства	20.22	19		5
Девятая — против ложного свидетельства	20.23	19		5
Десятая — против пожеланий (похотей)	20			5
Объединение		19		6

* Указаны только главы.

2. Обрядовый закон.

	Исх.	Лев.	Чис.	Втор.
О святилище	20	17		12
Устройство скинии	25-27.35-40			
Медный умывальник для омовения	30.38			
Жертвенник всесожжения	27.38			
Жертвенник для приношения курений	30.37			
Светильник	25.37	24		
Стол для хлебов предложения	25.26.37	24		
Ковчег. Священнические одежды	28.39			
Посвящение и служение левитов			3.4.8.18	
Их обязаность учить других				17.27.31
Посвящение и служение священников	29.30	6-8.21.22	3.18	
Содержание священников		22	5.18	18
Запрещение им пить вино		10		
Их обязанность — учить		10		17.31
Их обязанность — благословлять			6	
Жертвенные животные		22		15.17
Неугасимый огонь		6		
Трубы			10	
Жертва всесожжения		1.6.7	15	
Хлебная жертва		2.6.7	15	
Мирная жертва		3.7	15	
Жертва за грех		4		
Жертва за долг		5.6.7		
Хлебы предложения	25	24		
Лампады	27	24	8	
Курение	30.37			
Левитские города			35	
Елей для помазания	29.30			
Ежедневная жертва	29		28	
Субботняя жертва			28	
Новомесячная жертва			28	
Пасха	12.13 23.24	23	9.28	16
Праздник седмиц	23.34	23	28	16
Праздник кущей	23.34	23	29	16
Праздник труб		23	29	
День очищения	30	16	29	
Начатки	22.23.34	2	15	26
Десятина			18	12.14.26
Запрещение есть первые плоды		19		
Первородное	13.22.34			15
Юбилейный год	23	25		
Субботний год		25		
Обеты		27	30	12.23
Обет назорейства			6	
О нечистоте вообще		15.18,20	5	
О крови (Быт. 9)	23	7.10.17		12
О туке		3.7		
О падали	22	17		14
Нечистые животные		11.20		14
Нечистоплотность		12.15		23
О трупах			19	
О проказе		13.14	5	24
Обрезание (Быт. 17)		12		
Очистительная вода			19	
Печаль по мертвым		19		14
О смешении		19		22
Повязки (хранилища)				6.11
Птичьи гнезда				22
Мужское и женское платье				22

3. Гражданский закон.

	Исх.	Лев.	Чис.	Втор.
Законы, относящиеся к первой и второй заповедям.				
О идолопоклонстве и отпадших	22	20		13.16.17
О истреблении идолослужения	23.34		33	7.12
О чародеях, колдовстве и лжепророках	22	19.20		13.18
к третьей заповеди.				
О хуле		24	15	
к четвертой заповеди.				
О нарушении субботы	31.35		15	
к пятой заповеди.				
О властях	18.22		11	1.16.17
Об отцовской власти	21	20		21
к шестой заповеди.				
О смертной казни				21.22.24
Об убийстве	21	24	35	19
Об убийстве и убежищах	21		35	19.21
Об оскорблсниях	21	24		25
Военные правила				20.24
к седьмой заповеди.				
Запрещенные браки		18.20		7.22
О блуде и кровосмешении	22	19-21	5	22.23
Противоестественный грех	22	18.20		
О разводе				24
Прочие законы о браке	21	18.20		21.22.24 25
к восьмой заповеди.				
Наказание за воровство	22		5	
Святотатство (И. Нав. 7)				
Закон о чужеземцах	22.23	19		10
О жаловании служащих		19		24
О правильном весе и мере		19		25
О меже (границе)				19
Находка	22.23			22
Подкуп (взятка)	23	19		16
Пожар	22			
Кража людей				24
О беглых рабах				23
О жатве		19.23		23.24
О займе				15
О залоге	22			24
О процентах	22	25		23
О взятых взаймы и доверенных вещах	22			
О наследстве			26.27.36	21
к девятой заповеди.				
О свидетельстве		5		17.19

Благословение и проклятие				27.28

Закхей — Закáй, евр. достойный.

Закхей, богатый начальник мытарей в Иерихоне, который во время последнего путешествия Иисуса в Иерусалим, будучи мал ростом, влез на смоковницу, чтобы увидеть Иисуса. Христос, проходя мимо, сказал ему, чтобы он слез с дерева, и затем Христос посетил его дом. Когда народ увидел, что Христос зашел к мытарю, то стал роптать на Него. Закхей, услышав эти нарекания, обещал половину своего имения раздать нищим, а обиженным воздать вчетверо. Христос, услышав это, сказав: "ныне пришло спасение этому дому, потому что и он сын Авраама" (Лук. 19:1 и дал.).

Залог. Относительно залога в законе были разные человеколюбивые предписания. "Если возьмешь в залог одежду ближнего твоего, до захождения солнца возврати ее" (Исх. 22:26 и дал.; Втор. 24:12 и дал).

"Никто не должен брать в залог верхнего и нижнего жернова, ибо таковой берет в залог душу" (Втор. 24:6); "У вдовы не бери одежды в залог" (ст. 17).

Заимодавец не мог войти в дом должника, чтобы взять залог; он должен был стоять на улице, доколе должник не вынесет ему залога (ст. 10, 11).

Наставления относительно преступлений против этих заповедей — Иов. 24:3; Иез. 18:7, 12, 16; 33:15; также Ам. 2:8; Иов. 22:6; Прит. 20:16. О закладе недвижимого имущества упоминается у Неем. 5:3.

Иносказательно говорится о залоге в 2 Кор. 1:22; 5:5; Еф. 1:14. Это слово употребляется там в значении задатка, т.е. части платы, которую дают при совершении покупки в знак того, что вся сумма впоследствии будет уплачена. Так залог Духа в верующих означает, что они в будущем получат наследие полностью, почему Дух и называется "залог наследия нашего" (Еф. 1:14).

Замзумимы "народ великий и многочисленный", высокий ростом, подобно сынам Енаковым, землю которых до времени Моисея Господь отдал аммонитянам (Втор. 2:20); в Быт. 14:5 они называются Зузимами.

Замврий — Замри.

Замврий, 5-ый царь на изральском престоле. В начале он был военачальником царя Илы, но, восстав против него, убил его, занял престол и уничтожил весь дом Ваасы. Народ, услышав об этом поступке Замврия, выбрал царем военачальника Амврия, который пошел и осадил Фирцу. Замврий сжег себя в царском дворце после семидневного царствования, в 929 г. до Р.Хр. (3 Цар. 16:9 и дал.).

Заноах. 1) Город в низменной части Иудеи (И.. Нав. 15:34), теперь Зануа близ Вади Сурар, в 20-ти км от Иерусалима. Жители его участвовали в постройке стен Иерусалима (Неем. 3:13; 11:30).

2) Город в нагорной части Иудеи (И. Нав. 15:56), вероятно, теперешняя Занута, к югу от Хеврона.

Западное море. См. "море".

Запечатление Духом. См. "Дух".

Записи Гада прозорливца. См. "Библия".

Записи Ииуя, сына Ананиева. См. "Библия".

Записи Нафана пророка. См. "Библия".

Записи Самея пророка и Адды прозорливца. См. "Библия".

Записи Хозая. См. "Библия".

Заповеди человеческие. См. "Книжники".

Запястье (Быт. 24:22; Чис. 31:50; 2 Цар. 1:10; Ис. 3:19) — золотые кольца на руках; также ленты, которыми перевязывали руки около кисти. Запястья носили не одни только женщины, но и мужчины; напр., ассирийские цари носили такие запястья.

Зара, сын Иуды и Фамари, брат Фареса (Быт 38:30; Мат. 1:3).

Зарай, царь земли Хуш, или Эфиопии, который напал на Иудею с 1.000.000 войска и 300 колесницами, но по молитве царя Асы потерпел такое поражение, что никого не осталось в живых (2 Пар. 14:9 и дал.). Предполагают, что этот Зарай — египетский фараон Озаркон или Озерекон 1-й или 2-ой.

Заред, поток или долина на южной границе Моава, одна из стоянок израильтян, где, собственно, и окончилось странствование по пустыне (Чис. 21:12; Втор. 2:13 и дал.).

Захария т.е. Господь помнит, или память Господа, — распространенное между евреями имя.

1) Четырнадцатый царь израильский, сын и наследник Иеровоама 2-ого; после шестимесячного правления царством был убит Селлумом в 772 г. до Р.Хр. (4 Цар. 14:28; 15:8 и дал.).

2) Сын Варахин, один из двух верных свидетелей со стороны пророка Исаии (Ис. 8:2).

3) Советник царя Озии; после его смерти царя стали постигать неудачи (2 Пар. 26:5). Может быть этот Захария, или предыдущий, является отцом Авии жены царя Ахаза, матери Езекии (4 Цар. 18:2; 2 Пар. 29:1).

4) Сын священника Иодая, бесстрашно обличал идолослужение во времена Иоаса; по повелению царя он был побит камнями во внутреннем дворе храма (2 Пар. 24:20 и дал.; Лук. 11:51);

5) Набожный левит, который вместе с другими поддержал царя Езекию (2 Пар. 29:13).

6) Пророк, сын Вархаиин и внук Адды (Зах. 1:1); у Езд. 5:1 назван сыном Адды. Возвратившись из Вавилона с Зоровавелем, он, будучи еще молодым, начал пророчествовать (Зах. 2:4), на втором году в восьмом месяце воцарения Дария Гистаспа, два месяца спустя после пророка Агея (520 г. до Р.Хр.). Вместе с Зоровавелем он ободрял и побуждал народ к возобновлению постройки храма. Их старание увенчалось успехом (Езд. 6:14).

7) Священник из Авиевой череды во времена Ирода. Ему явился в храме ангел и возвестил, что его престарелая жена Елисавета родит ему сына. Так как он не поверил слышанному от ангела, то сделался немым (Лук. 1:5 и дал. Когда Елисавета родила сына, то они оба, как бы по согласию, дали ребенку одно и то же имя. После этого уста его разрешились и он прославил Бога (Лук. 1:57 и дал.).

Заяц (евр. “арневет”, араб. “арнаб”) “жующий жвачку, но не имеющий раздвоенных копыт”, считался нечистым животным (Лев. 11:6; Втор. 14:

Звезды — евр. кохави́м.

Звезды, бесчисленные светила, созданные Всемогущим (Быт. 1:16), ликование пред Ним при сотворении земли (Иов. 38:7). Господь знает число их и всех их называет именами (Псл. 146:4). Звезды более, чем что-либо другое в природе, свидетельствуют о дивном величии Создателя (Псл. 18: 1), и, взирая на них, псалмопевец приходит в изумление при мысли о попечении Бога о ничтожном человеке (Псл. 8:4 и дал.). Часто указывается в картинных оборотах речи Библии на бесконечное число и величественно-правильный ход звезд (Быт. 15:5; 22: 17; 26:4; Исх. 32:13; Ис. 40:26).

Сам Иисус называется “Звездой светлой и утренней” (Отк. 22:16); Он обещает побеждающему дать утреннюю звезду (Отк. 2:28; Ср. 2 Пет. 1:19; 2 Кор. 4:16; Еф. 5:8, 14). Его Рождество было возвещено волхвам явлением на Востоке удивительной звезды, которая привела их к месту, где находился Младенец (Мат. 2:2 и дал.). (Срав. “Волхвы”). Валаам за тысячи лет до этого предсказал о Нем, как звезде, восходящей от Иакова (Чис. 24:17). С другой стороны, силы и орудия тьмы уподобляются упавшим или блуждающим звездам, см., напр., Ис. 14:11 (царь Вавилонский); Иуд. 13; в Отк. 8:11, говорится о упавшей звезде, имя которой полынь.

Об утренних звездах у Иов. 38:32 см. “Планеты”.

Суеверные представления язычников о влиянии звезд на судьбу людей, вместе с поклонением им, создали особое искусство гадания по звездам (особенно у Вавилонских астрологов, Дан. 2:2, 27) — все это оказало пагубное влияние на израильский народ, несмотря на многократные предупреждения Господа (Срав. Втор. 4: 19; 17:3; 4 Цар. 21:3; 23:5; Иер. 10: 2; 19:13; Иез. 8:16; Соф. 1:5).

Следующие звезды и созвездия упоминаются в Священном Писании: Венера или утренняя звезда (Ис. 14:12; Отк. 2:28), Орион и Плеяды (Иов. 9: 9; 38:31; Ис. 13:10; Ам. 5:8); Большая Медведица (Иов. 9:9; 38:32); Скорпион (Иов. 26:13); Диоскуры, т.е. Близнецы (Кастор и Поллукс) (Деян. 28:11). Относительно 4 Цар. 23:5 см. “Планеты”.

Зеббуда (Звида́), мать царя Иоакима (4 Цар. 23:36).

Зеведей, галилейский рыбак, отец Апостолов Иакова старшего и Иоанна (Мат. 4:21). Его жена Саломия была одной из женщин, служивших Иисусу под конец Его жизни, и которые остались верными Ему до креста и до гроба (Мат. 27:56; Мар. 15:40). Из Мар. 1:20 (о работниках), Иоан. 18: 15 (о знакомстве Иоанна с первосвященником) заключают, что семейство Зеведея занимало видное положение.

Имя Зеведей есть греческая форма еврейск. Завдия или Зевадея (И. Нав. 7:1; 1 Пар. 8:15), которое означает “дар Божий”, приблизительно то же, что и Иоанн, т.е. “милость или дар Божий”.

Зевей и Салман, два мадиамских царя, которые были побеждены Гедеоном Суд. 8:5 и дал.; Псл. 82:12).

Зевул, служитель Авимелеха и главный начальник в Сихеме, тайно донес своему господину о кознях хананеянина Гаада и удалил его хитростью и силою из города (Суд. 9:28 и дал.).

Зелфа — Зильпа́.

Зелфа, служанка Лии, мать Гада и Асира, сыновей Иакова (Быт. 29:24; 30: 9 и дал.).

Земледелие упоминается как занятие Адама еще до грехопадения (Быт. 2: 15). Каин был земледелец (4:2); также Ной (9:20); Исаак (26:12) и Иов (Иов. 1:14). Древние евреи, несмотря на кочевой образ жизни, не были чужды этому занятию, способствовавшему слиянию рассеяных племен в один народ. В Египте они не только занимались скотоводством, но и обрабатывали землю, строили города и занимались ремеслами (Исх. 1:11; Чис. 20:5; Втор. 11:10; 1 Пар. 4:21 и дал.). Таким образом, Египет и в этом отношении был приготовительным классом той школы, в которую они попали в Ханаане, где различные установления закона, как-то, о разделе и обработке земли, как собственности Господа (Лев. 25:23), об отдыхе земли в субботний год (ст. 3 и дал.); о ненарушимости межевых знаков Втор. 19:

14); о непродаже навсегда наследственной земли (Лев. 25)); о праве бедных собирать жатву с края поля и подбирать остатки, также удовлетворять голод спелыми зернами по пути через поле (Лев. 19:9; Втор. 23: 25; Руфь 2:2; Мат. 12:1), равно как и установление связанных с разными периодами земледелия праздников и т. д. имело целью на основе земледелия построить тот общественный порядок, в котором народ, взятый в удел Господом, должен был быть воспитан. Насколько природные свойства Ханаана с его плодородной почвой и обильным орошением соответствовали этой цели, указывается в некоторых местах Писания. Следует обратить особенное внимание на описание Моисея в Втор. 8:7 и дал.: "Господь Бог твой ведет тебя в землю добрую... где пшеница, ячмень, виноградные лозы, смоковницы и гранатовые деревья, где масличные деревья и т. д."

Царь Озия особенно заботился о развитии земледелия (2 Пар. 26:10); Давид, повидимому, также имел попечение об этом (1 Пар. 27:26 и дал.).

Картины земледелия и садоводства дали материал для множества духовных образов, как в Ветхом, так и в Новом Заветах. (См. Псл. 1:3; 91:8; 91:14; Ис. 5:7; 28:24 и дал.; 58:11). Христос Сам — сеятель, сеющий Свое семя на поле, которое есть мир (Мат. 13). Служители Слова называются трудящимися земледельцами (2 Тим. 2:6), а церковь называется "Нивой Божией" (1 Кор. 3:6 и дал.; Евр. 6:7).

Землетрясение — евр. рааш. Землетрясение бывает часто в Палестине, о чем говорится у Амоса 1:1; Зах. 14:5 в царствование Озии, отмечено такие и у Иосифа Флавия. Земля во время землетрясения часто дает трещины, подобно тому, как это описывается в Чис. 16:32, и как это было при смерти Христа (Мат. 27:51 и дал.). Землетрясение в Галилее в 1837 году разрушило около ⅓ части города Тивериады, причем погибло много тысяч людей в окрестностях. Такие явления природы, с одной стороны, свидетельствуют о величии и могуществе Господа, Его судах и наказаниях (Исх. 19:18; 20:18; Псл. 67:9; Мат. 24:7; Отк. 16:18; Срав. 3 Цар. 19:11), с другой стороны служат для народа Господня признаками, что Бог слышит молитвы и избавляет его (Лук. 21:28; Деян. 4:31; 16:26).

Земля. Этим словом обозначается земля, как небесное тело, в противоположность небу; или же имеется ввиду ее состав из чего созданы живые существа. Для последнего еврейский язык имеет особенное слово "адама", которому родственно слово Адам. В тех местах, где слово земля имеет первое значение, в евр. тексте употреблено слово "эрец" (низменное) и "тевел" (обитаемое). Эрец имеет различные значения: 1) вся земля (Быт. 1:1), 2) Суша, как противоположность морю (Быт. 1:10), 3) особая страна (21:32), 4) участок земли (23: 15) и 5) почва, которая под ногами (1 Цар. 5:4; 3 Цар. 1:31). Все эти значения имеет и греческое слово земля, так что в некоторых местах под этим словом можно понимать или всю землю вообще, или известную страну (Мат. 5:5).

Земля горшечника — поле, купленное на деньги Иуды Искариота (Мат. 27:7), находилось, вероятно, в долине Гиммон, где еще во времена Иеремии была мастерская горшечника (Иер. 18:2; 19:1). См. "Акелдама".

Земля крови. См. "Акелдама".

Земля Хамова. См. "Египет".

Зереш, гордая жена Амана, увидевшая мужа и десятерых сыновей на виселице, которую она приготовила для слуги Господа (Есф. 5:10 и дал.; 6:13; 9:14).

Зеркала (Иак. 1:23; 2 Кор. 3:18). Зеркала у древних были из литого полированного металла (Иов. 37:18) и не давали такого ясного отражения, как наши зеркала (1 Кор. 13:12 греч.). Зеркала еврейских женщин (Исх. 38: 8; Ис. 3:23) походили, вероятно, на найденные в египетских остатках древности. Из медных женских зеркал по Исх. 38:8 (евр. текст) был сделан медный умывальник для скинии.

Зерно. См. "семя".

Зив. См. "Орив".

Зилот. См. "Симон".

Зимврия. Зимврийский народ упоминается вместе с Еламитами и Мидийцами.

Зимран (Быт. 25:2; 1 Пар. 1:32), старший сын Авраама от Хеттуры. Некоторые ставят его имя в связь с древним царским городом Цабрам на Чермном море, к западу от Мекки.

Зимри, сын Салу, начальник колена Симеонова, который прелюбодействовал с мидианитянкою Хазвою, за что и был убит Финеесом, сыном Елеазара (Чис. 25:6 и дал.).

Зина, законник, один из друзей Павла, посланный вместе с Аполлосом; Титу предлагается позаботиться о нем (Тит. 3:13).

Зиф. 1) Город в южной Иудеи, близ границы Едома (И. Нав. 15:24).

2) Город в нагорной части Иудеи, к юго-востоку от Хеврона, где находится возвышенность с древними развалинами, известная под названием Тель-Зиф (И. Нав. 15:55).

Местность вокруг этого города называется пустынею Зиф; туда Давид убежал от Саула, который через предателей узнал об этом (1 Цар. 23:14; 26:2; срав. Псл. 53). И теперь еще кое-где на возвышенностях попадаются дубовые рощицы; в минувшие времена дубы, вероятно, росли здесь в изобилии. В одной из таких рощ Давид и Ионафан вновь заключил дружеский союз (1 Цар. 23:18).

3) См. "Месяцы".

Зихрий ефремлянин, один из героев Факея во время войны с Ахазом (2 Пар. 28:7).

Змей. Змей, по Быт. 3:1, был самый хитрый из всех зверей и своею хитростью прельстил Еву (2 Кор. 11:3), почему Господь Бог сказал ему: "За то, что ты сделал это, проклят ты пред всеми скотами; ты будешь ходить на чреве твоем и будешь есть прах во все дни жизни твоей" (Быт. 3:14); "семя жены будет поражать тебя в голову" (16). Срав. слова Иоанна о драконе, древнем змие, называемом диаволом и сатаною, обольщающем всю вселенную (Отк. 12:9; 20:2) и слова Иисуса о человекоубийце (Иоан. 8:44).

В символических выражениях Библии встречаются часто слова: "змей", "ехидна", "яд змеи" и "порождения ехидны", обозначающие хитрость, злобу, идолопоклонство и безбожие (Быт. 49:17; Втор. 32:33; Псл. 57:5; 90:13; Мат. 3:7; 12:34). Изредка мудрость змеи представляется достойной подражания, но в соединении с простотою голубя (Мат. 10:16).

Змеи и вообще пресмыкающиеся животныя были нечисты по закону и их воспрещалось употреблять в пищу (Лев. 11:41 и дал.).

В грядущем Царстве Божием змея будет освобождена от проклятия (Ис. 65:25) "и младенец будет играть над норою и дитя протянет руку свою на гнездо змеи (Ис. 11:8).

В Библии упоминаются некоторые породы ядовитых змей, но точное их определение затруднительно.

1) А с п и д (евр. Петен), (Втор. 32:33; Иов. 20:14 и дал.) "затыкает уши свои и не слышит голоса заклинателя, самого искусного в заклинаниях (Псл. 57:5, 6), прячется в норах (Ис. 11:8). Предполагают, что это египетская очковая змея.

2) А с п и д (евр. Шефифон), (Быт. 49:17). Возможно, что это опасная рогатая гадюка (vipera Cerastes), которая имеет земляную окраску, лежит в засаде в песке и впивается в ногу своей добычи.

3) А с п и д, палестинская гадюка, (евр. Цефа, Циф'они) (Ис. 11:8; 14:29; 59:5; Иер. 8:17; Прит. 23:32) весьма ядовитая змея.

4) В а с и л и с к и, ядовитые змеи (евр. сраф́им), которые жалили евреев в пустыне (Чис. 21:6; Втор. 8:15); "Сараф" переведено словом

Акелдама́, Гончарное поле, теперь известно как „земля крови", на южном откосе долины Енномовой.

"летучий дракон" у Ис. 14:29 и "летучие змеи" в 30:6.

5) Е х и д н а (евр. Еф'е), Иов. 20:16; Ис. 30:6; 59:5. Вследствие того, что евр. название напоминает арабское "афа", думают, что это — ехидна, в 1 аршин длиною и 1 вершок толщиною с коричневыми и черными пятнами, отличающаяся своим шипением. Вероятно, такую змею Павел стряхнул в огонь, не потерпев от нее никакого вреда (Деян. 28:3 и дал.).

6) А с п и д (евр. Ахшув) в Псл. 139:4, предполагают, что это — встречающаяся в северной Африке ехидна "Echis arenicola".

7) Л е т у ч и й з м е й (евр. Киппоз), который, согласно пророчеству, будет жить в развалинах Едома (Ис. 34:15), опасная змея (Erix jaculus), родина которой Египет, Аравия и Палестина. Она живет среди ветвей на верхушках деревьев, и бросается с быстротою молнии на свою добычу.

Кроме перечисленных названий, змеи обозначаются словом "нахаш" т.е. шипящий (Быт. 3:1 евр.) и "ползающий по земле" (Втор. 32:24).

О медном змее, смотри "Медный змей".

Заклинатели змей упоминаются в некоторых местах (Псл. 57:6; Еккл.

10:11; Иер. 8:17; срав. Иак. 3:7). Это искусство известно и теперь в Африке и в Индии. Брюс видел в Каире человека, который голою рукою взял змею (cerastes), положил ее себе на голову и одел сверх нее шапку; затем положил ее на грудь, обвил вокруг шеи, без всякого вреда для себя. После этого змея была подпущена к курице, сейчас же ужалила ее и та через несколько минут околела.

Знамение — евр. "нес" или "от".
Знамение — залог или доказатильство для утверждения завета, или же свидетельство о чем-либо грядущем (Быт. 9:12 и дал.; Исх. 3:12; Быт. 17:11; Ис. 8:18), сверхъестественное явление (Лук. 21:11), чудо, как печать божественного посольства, могущества и власти (Исх. 4:8 и дал.; Мар. 8:11). Небесными знамениями назывались также движения и различные положения планет, по которым языческие звездочеты якобы читали божественные откровения (Иер. 10:2).

Золото — евр. зага́в.
Золото, символ чистоты (Иов. 23:10), доброкачественности (1 Кор. 3:12; 1 Пет. 1:7) и благородства (Плач. 4:1), упоминается уже в Быт. 2:11. Чеканка золотых монет долгое время не была известна; на египетских памятниках можно видеть деньги в виде золотых колец, взвешиваемых на весах (срав. Быт. 43:21). Соломон на постройку храма употребил огромное количество золота и других драгоценностей. Давид, по 1 Пар. 22:14, оставил для этой цели не менее 100.000 талантов (около 250.000 пуд.) золота и миллион талантов (около 2.500.000 пуд.) серебра; срав. 1 Пар. 29:4; 2 Пар. 1:15. Соломон "сделал серебро и золото в Иерусалиме равноценным простому камню". Золото употреблялось на различные украшения и посуду. См. 3 Цар. 6:22; 10:16, 21; Песн. П. 3:9 и дал.; Есф. 1:6; Иер. 10:9; Наум. 2:9; Дан. 3:1. В Библии известны следующие места, откуда доставляли золото: Хавила (Быт. 2:11); Аравия (Псл. 71:15); Офир (Иов. 28:16) и Парваим (2 Пар. 3:6; Срав. Иез. 27:22). Указания на золотых дел мастеров встречаются в Прит. 17:3; 27:21; Ис. 40:19; 41:7; 46:6 и т.д. Срав. "Кузнец".

Золотая кадильница упоминается в числе даров, которые родоначальники колен израильских принесли для скинии (Чис. 7:14). Каждая из них весила 10 сиклей.

Золотой жертвенник (алтарь), жертвенник для каждения в храме Соломона. См. "алтарь" (жертвенник).

Золотой нарост, 1 Цар. 6:4, см. "почечуй".

Зоровавель — Зерубавель, сын Салафиилов (Шалтизля).
Зоровавель, сын Салафиилов, из дома Давидова (Езд. 3:2), Иудейский князь (Езд. 1:8), вождь израильтян, которые возвратились из Вавилона (Езд. 2:2). Кир назначил его областеначальником Иудеи (Езд. 2:63; 5:14) и доверил ему священные сосуды, которые должны были быть возвращены в Иерусалим. Он положил основание постройке храма и очень много заботился о восстановлении богослужения (Езд. 1:11; 2:2; 3:8; 5:2). Как персидский областеначальник, потомок Давида, имеющий надежду на пришествие Мессии, он описывается, как верный Божий слуга (Агг. 1:1; 2:3 и дал.; 21 и дал.; Зах. 4:6 и дал.). Его халдейское имя было Шешбацар, т.е. великий, почетный (Езд. 1:8; 5:14). О его происхождении от Давида см. "Салафиил".

Зохелет, скала у источника Рогель в Енномовой долине, недалеко от Иерусалима в юго-восточном направлении, где Адония устроил пиршество для своих сторонников и ими был избран царем (3 Цар. 1:9 и дал.).

Зрелище (Деян. 19:29, греческий театр). Театрами греки пользовались не только для устройства представлений, атлетических состязаний и т.п., но также для общенародных собраний, судебных дел и т.п. В каждом городе на Востоке, где прививались греческие обычаи, строились театры (1 Макк. 1:14 и дал.; 2 Макк. 4:9 и дал.). Смотри "Поприще".

Зузим. См. "Замзумим".

Алтарь.

И

Иааца, место в северном Моаве, где израильтяне победили Сигона (Чис. 21:23); впоследствии он сделался левитским городом и находился в пределах колена Рувимова (И. Нав. 21:36; Иер. 48:21).

Иабец, место в Иудее, где жило общество книжников (1 Пар. 2:55).

Иавал (Юва́ль), сын Ламеха, "отец живущих в шатрах со стадами" (Быт. 4:20).

Иаван — Ява́н.

Иаван. 1) Четвертый сын Иафета (Быт. 10:2), отец Елисы и Фарсиса, Киттима и Доданима (Быт. 10:4). Это слово встречается, как общее название земли и народа греков (Ис. 66:19; Иез. 27:13; Дан. 8:21 (евр. текст). Иол. 3:6 (евр. текст). Восточные народы называли греков "детьми Иавана" или Ионянами. По рассказам греков, некий Иона был праотцем Ионического племени. Это имя существует еще и теперь в названиях: "Ионическое море", "Ионические острова". Так, Средиземное море называется в ассирийских клинописях "Тихамтив иавнай" (греческое море) и остров Кипр, где ассирийцы в первый раз встретили греков, называется ими "Иавнан" или "Иунан".

2) Место в Иемене, или южной Аравии ((Иез. 27:19).

Иавин. 1) Царь Асорский в северном Ханаане, был поражен Иисусом Навином (И. Нав. 11:1 и дал.).

2) Другой царь там же 125 лет спустя имел 900 железных колесниц и жестоко угнетал сынов израилевых 20 лет, до тех пор, пока его военачальник Сисара не был побежден Вараком и "рука сынов израилевых усиливалась более и более над Иавином" (Суд. 4:2 и дал., 23 и дал.).

Иавис (Яве́ш). 1) Отец царя Селлума (Шеллум) (4 Цар. 15:16).

2) Город в Галааде, жители которого были поражены за то, что не участвовали в войне против вениаминитян: 400 их девиц были отданы оставшимся в живых вениаминитянам (Суд. 21). Когда аммонитяне напали на этот город, то его спас Саул, за что, впоследствии, жители города с честью похоронили его и сыновей его (Цар. 11; 31:11 и дал.). Давид похвалил их за этот поступок (2 Цар. 2:4 и дал.).

3) Один из сыновей Иуды, молитву которого Бог слышал и благословил его обширным уделом (1 Пар. 4:9 и дал.).

Иавнеил. 1) Приморский город в северо-западной части Иудеи (И. Нав. 15:11 и дал.; он находился под властью филистимлян до тех пор, пока Озия не победил и не выгнал их оттуда (2 Пар. 26:6). Город называется в этом месте Иавнея. Греки называли его "Иамния". Во время Христа он был многолюден, имел хорошую гавань и знаменитую школу. Теперь это небольшое село, называемое Иебна (Явне), в 20 км от Яффы.

2) Город в колене Неффалимовом (И. Нав. 19:33).

Иавок — Ябу́к.

Иавок. теперь **Зерка,** т. е. синий, река, которая с востока впадает в Иордан между Галилейским и Мертвым морями; она служила северной границей владения аммонитян (Чис. 21:24) и разделяющей границей владения аммонитян (Чис. 21:24) и разделяющей линией между царствами Сигона и Ога (И. Нав. 12:2). Брод Иакова был тем местом, где Иаков боролся с Ангелом Господним (Быт. 32:22).

Иадуй — Яду́а.

Иадуй, сын Ионафана и его наследник в первосвященническом служении; это последний первосвященник, упоминаемый в Ветхом Завете (Неем. 12:11, 22).

Иадут (евр.), в русском переводе: "кричат вслед тебе громким голосом". Иер. 12:6; 15:10 "кричит Иадут" по-евр., т.е. Спорит и ссорится.

Иазер, значительный город в Галааде, был завоеван израильтянами, после чего отдан левитам; он расположен в колене Гадовом (Иер. 48:32; Чис. 21:32; 1 Пар. 26:31). Полагают, что местоположение его было при развалинах Сара, в 13 км к северо-востоку от Есевона.

Иаиль, жена Хевера, приняла спасающегося Сисеру в свой шатер, дала ему молока и уложила в постель, прикрыв его. Когда он уснул, она взяла кол от шатра и вонзила кол в висок его так, что пригвоздла его к земли, и он умер (Суд. 4:17 и дал.). Так исполнилось пророчество Деворы (4:9). Это дело восхваляется в песне Деворы (Суд. 5:24).

Иаир — Яи́р.

Иаир. 1) Герой из колена Манасиина, во времена Моисея пошел и взял область Аргов и некоторые селения в Моаве и назвал их: "селения Иаировы" (Чис. 32:41; Втор. 3:14; 1 Пар. 2:22). Может быть, это то место, которое в И. Нав. 19:34 названо: "Иуда у Иордана" (срав. Мат. 19:1)., вероятно потому, что Иаир со стороны матери был из колена Манассиина, а со стороны отца (через Есрома) из колена Иудина (1 Пар. 2:21).

2) Иаир из Галада, который судил израильтян 22 года. Его 30 сыновей имели 30 городов, называемые селениями Иаира до сего дня (Суд. 10:3 и дал.).

3) Отец Мардохея (Есф. 2:5).

4) Один из начальников синагоги, двенадцатилетняя дочь которого была воскрешена Иисусом (Мат. 9:18; Мар. 5:22 и дал.; Лук. 8:41 и дал.).

Иакин. Название колонны в храме Соломона. См. "Храм".

Иаков — Яако́в.

1) Сын Исаака и Ревекки и брат Исава (евр. Экев). Он держался своею рукою за пяту Исава и потому, когда они рождались, он получил свое имя Иаков, т.е. "он держит за пяту"; это выражение также обозначает "запинающий, хитрый" (Быт. 25:20. Ос. 12:3) и эта черта характера нередко проявлялась в его делах. Хитростью он купил первородство (право первенства) у брата своего Исава за хлеб и похлебку из чечевицы (Быт. 25:29 и дал.). Хитростью же, при помощи матери, он получил благословения отца, предназначавшиеся Исаву (Быт. 27).

Из-за этого ему пришлось бежать от брата в Месопотамию к родственнику Лавану. По пути туда в Вефиле он видел во сне лестницу, стоящую основанием на земле и верхом касавшуюся неба, "и вот ангелы Божии восходят и нисходят по ней". Бог стоял наверху и говорил к нему, обещая быть с ним и дать ему и его потомству ту землю, на которой он лежал, и благословить в нем и в его потомстве все племена земные (Быт. 28:10 и дал.). В награду за четырнадцатилетнее служение у Лавана он получил его дочерей Лию и Рахиль себе в жены. Опять таки хитростью он сумел приобрести себе большую часть стад своего свекра (Быт. 30:37 и дал.). Через 21 год он возвратился в Ханаан вместе с 2 женами, 2 наложницами, 11 сыновьями, одною дочерью и большим богатством (29:30). С Лаваном, который преследовал его, но был остановлен Господом, он заключил союз при Галааде (Быт. 31:47). При Иавоке он боролся с Ангелом Господним и получил имя Израиль (князь Божий, Быт. 32: 28). Перейдя Иавок он примирился с Исавом (Быт. 33). Затем он жил в разных местах Палестины, напр., в Сихеме (33:19) и Вефиле (35:6), где он вторично получил имя Израиль (35:16). Близ Вифлеема умерла Рахиль после родов Вениамина (36:19). В Хевроне он с братом похоронили своего отца Исаака (35:29). Горе, которое пережил старый Израиль, когда узнал о смерти Иосифа, сменилось радостью, когда он услышал, что его сын был господином в Египте, и когда он сам со всем своим семейством и имуществом поехал в Гесем. Увидя колесницы Иосифа, он ожил духом и сказал: "довольно" (Быт. 45:27 и дал.). В видении в Вирсавии Бог обещал итти с ним в Египет и там произвести от него великий народ (46:1 и дал.). Увидев Иосифа, Иаков сказал: "умру я теперь, увидев лице твое" (46:30). Проживши в Гесеме 17 лет (47:28), он перед кончиною усыновил обоих сыновей Иосифа — Ефрема и Манассию — и дал им благословение вместе со своими собственными сыновьями (Быт. 48; Евр. 11: 21), пророчествовал о будущем израильского народа, о Примирителе из колена Иуды, дал повеление о своих костях и "приложился к народу своему" (Быт. 49) 147 лет от роду. Спустя немного времени Иосиф и братья поехали в Ханаан со множеством людей и похоронили почтенного отца в пещере на поле Махпела в Хевроне (Быт. 50:7 и дал.). "Малы и несчастны были дни жизни его" (47:9), но он надеялся на помощь Господа (49:18). Сустав бедра хитрого Иакова был поврежден, когда он боролся с Богом, после чего ему и было дано имя Израиль (Быт. 32:25, 28; Ос. 12:3 и дал.). Бог возлюбил Иакова, а Исава возненавидел (Мал. 1:2 и дал.) и больший должен был служить меньшему (Быт. 25:23; Рим. 9:11 и дал.). В Ис. 45:4 Бог называет его "раб мой Иаков, избранный Мой Израиль" и в Царстве Небесном он возляжет с Авраамом и Исааком" (Мат. 8:11).

От своей жены Лии Иаков имел 6 сыновей: Рувима, Симеона, Левия, Иуду, Иссахара и Завулона, а от Рахили двух: Иосифа и Вениамина; кроме того от наложницы Валлы — Дана и Неффалима и от наложницы Зелфы — Гада и Асира, всего 12 сыновей и дочь от Лии, Дину. От этих 12-ти сыновей Иакова произошел в Египте тот народ, который затем стал сильным и могущественным и был выведен Моисем из земли рабства в землю отцов, которая была им обещана Богом Авраама, Исаака и Иакова. "Народ, взятый в удел" называется часто по имени праотца: сынами Иакова. Псл. 104:6; 1 Пар. 16:13; семенем Иакова (Ев.); Псл. 21:4; домом Иаковлевым Ис. 14:1; 19:3 или только Иаковом Втор. 33:16; Псл. 13:7; 134:4; Ис. 43: 1; 44:1. С другой стороны имя Иаков у Михея 1:5 означает израильское северное царство.

2) Сын Матфана, отца Иосифа, мужа Девы Марии (Мат. 1:15, 16).

3) Иаков, брат Иоанна, сын Заведея и Саломии, один из 12 апостолов (Мат. 4:21; 10:2; Мар. 1:19; 3:17; Лук. 6:14; Деян. 1:13). Услышав призыв Иисуса, он оставил лодку и сети и стал одним из Его близких учеников. Он упоминается как присутствовавший в некоторых важных случаях, напр., при преображении Христовом,

исцелении тещи Петра, воскресении дочери Иаира и со Спасителем в Гефсимании; может быть,из-за ревности, которую он и брат его показали в случае с самарянами (Лук. 9:54). Срав. Мат. 20:20 и дал.; Мар. 9:38; 10:35), Иисус дал ему вместе с Иоанном имя Воанергес, т.е. сыны громовы (Мар. 3:17). Он был первым апостолом, которому пришлось умереть за Иисуса: Ирод Агриппа повелел убить его мечем (Деян. 12:1 и дал.).

4) Иаков Алфеев, другой из апостолов Иисуса (Мат. 10:3; Мар. 3:18; Лук. 6:15; Деян. 1:13), названный Иаковом меньшим в Мар. 15:40, где мать его называется сестрой матери Иисуса, Марией, которая по Иоан. 19:25 была замужем за Клеопою. См. Мария 3.

5) "Иаков, брат Господень" (Гал. 1:19), старший из братьев Господа (Мат. 13:55; Мар. 6:3), которые во время жизни Иисуса не верили в Него (Иоан. 7:5), но после Его воскресения они перечисляются среди Его учеников (Деян. 1:14). Это тот Иаков, которому Воскресший Господь явился особо (1 Кор. 15:7); впоследствии он занимал видное место в Иерусалимской церкви. На съезде в Иерусалиме он в своей речи разрешил вопрос о принятии язычников в церковь. Язычникам предписывалось только "воздерживаться от оскверненного идолами, блуда, удавленины и крови, и не делать другим того, чего не хотят себе" (Деян. 15:13 и дал.).

К нему собрались пресвитеры, когда Павел в последний раз прибыл в Иерусалим (Деян. 21:18). Павел говорит о нем, как о столпе Церкви, наравне с Иоанном и Кифою (Гал. 2:9). Из Гал. 2:12 видно, что Иаков считал еврейские законы о пище обязательными для христиан из евреев; таким образом он является представителем того начального еврейского христианства, которое придерживалось христианской веры сполна, но все-таки в тесной связи с еврейскими обрядами, в противоположность Павлу, который ясно сознавал, что старое должно отпасть и дать место новому. Предание говорит, что Иаков был первым епископом в Иерусалиме и носил имя "Праведника", был почитаем и христианами, и евреями, из которых многие, благодаря ему, приняли христианство. Наконец, ярость евреев за то, что он отказался проповедывать против Христа, толкнула их на убийство старого учителя. Умирая, он, подобно Иисусу, молился за своих убийц: в это время его голову разможжили дубиною. (Так сказано у Евсевия). Иосиф Флавий же рассказывает, что первосвященник Ананус около 62 г. допустил побить камнями

Ворота Ирода в Иерусалимской стене.

известного своей праведностью Иакова, "брата Иисуса, так называемого Христа".

Некоторые думают, что этот Иаков, брат Господа, есть "Иаков меньший", и что он не был настоящим братом Иисуса, но только двоюродным или сводным Его братом. См. братья Иисуса.

Иамврий и **Ианний,** два египетских волшебника, которые могли подражать чудесам Моисея и тем укрепили фараона в его сопротивлении Моисею. Поэтому они стали прообразом всех, противящихся Божией истине (2 Тим. 3:8). Имена их, не встречаемые в Ветхом Завете, приведены Павлом как известные евреям по преданию.

Иаппай, один из предков Иисуса (Лук. 3:24).

Иарев — Яре́в.

Иарев у Ос. 5:13; 10:6 "царь Иарев", наименование Ассирийского царя, которое истолковывается или как "царь враг", или как "царь помощник", или как "великий царь" и т.д.

Иаред (Яре́д), сын Малелеила и отец Еноха (Быт. 5:15 и дал.; Лук. 3:37).

Иарив (Яри́в). 1) Один из начальников, которые поехали вместе с Ездрою из Вавилона в Иерусалим (Езд. 8:16).

2) Один из священников, который женился на язычнице, но потом развелся с нею, побужденный к этому Ездрою (Езд. 10:18).

Иармуф — Ярму́т.

Иармуф. 1) Город в низменной части Иудеи (И. Нав. 15:35), царь, которого Фирам соединился с 4 другими царями для того, чтобы наказать Гаваон

Общий вид Гефсиманского сада, расположенного на восточной стороне иерусалимской стены, за Золотыми воротами.

за его союз с израильтянами (И. Нав. 10:3 и дал. См. Адони-Целек).

2) См. Бемеф.

Иасон, христианин в Фессалониках, который принял в свой дом Павла и Силу, за что и преследовался еврейской чернью (Деян. 17:5 и дал.), может быть, тот же, что и Иасон в Рим. 16:21.

Иаспис. См. "Драгоценные камни".

Иаттир (Ятѝр), священнический город в горах Иудеи (И. Нав. 15:48; 21:14; 1 Цар. 30:27), развалины его около Аттира, к югу от Хеврона.

Иафет — Яфе́т.

Иафет, третий сын Ноя (Быт. 5:32), потомки которого "населили острова народов в землях их" (Быт. 10:2 и дал.).

Иафия — Яфиа́.

Иафия (И. Нав. 19:12), пограничное место в колене Завулона находится в селе Иафе вблизи Назарета.

Ива — евр шита́.

Ива упоминается у Иов. 40:17; Ис. 44:4. В Лев. 23:40 говорится об ивах и других деревьях, с которых ломали ветви во время празднования праздника кущей. Израильтяне повесили свои арфы в Вавилоне на вербах (Псл. 136:2), то есть на одной из пород ивы, которая обильно растет на берегах реки Евфрата. Впрочем, еврейское слово, обозначающее иву, является общим названием некоторых видов ив (Salix), как Salix alba, Salix viminalis, Salix aegyptiaca.

Ивва (4 Цар. 18:34; 19:13; Ис. 37:13). Вавилонский или Месопотамский город, завоеванный Салманассаром, тот же, что Авва, — из него люди переселились в города Самарии (4 Цар. 17:24, 31).

Ивлеам. См. "Гаф-Риммон".

Иго — евр. оль.

Иго — символ повинования (3 Цар. 12:4) и стеснения (Втор. 28:48). Так, закон называется игом (Деян. 15:10; Гал. 5:1). Потому существует выражение... сокрушить ярмо (иго). (Иер. 2:20; 5:5). Мы читаем также о "благом иге"" (Мат. 11:28 и т.д.), о котором можно сказать, что благо человеку, когда он носит иго в юности своей (Плач. 3:27).

Играть обыкновенно это слово обозначает веселиться с музыкой, пением и танцами, как в Исх. 32:6; в 1 Цар. 18:7; Иер. 30:19; 31:4. В религиозном значении это слово употребляется в

2 Цар. 6:5; Прит. 8:30, 31. В чем состояла забава филистимлян над Самсоном (Суд. 16:25 и дал.), в исполнении ли им каких-либо забавляющих их поступков или в издевательстве над его беспомощным состоянием слепца, — трудно определить. В 3 Цар. 2:14 этим словом обозначается также смертная игра или единоборство. 12 из героев Иевосфея и 12 из героев Давида вступили в единоборство и пали вместе (15 и 16 стихи).

Намеки на народные игры можно найти в Ис. 22:18, где говорится о "свертке" (шар или мяч) и в Зах. 12:3, о поднимании тяжелых камней, так называемая "проба силы", упражнение, которое, по Иерониму, было очень древним обычаем у юношей в Палестине.

После Вавилонского плена ввелись состязания по образцу греческих: бегание взапуски, фехтование, кулачный бой и т.п. Иродиане, в конце концов, решили строить театры и амфитеатры в Иерусалиме и некоторых других городах и устраивали иногда великолепные игры в честь Кесаря. См. Ристалище.

Идифум. См. "Ефан 2".

Идоложертвенное. В первые века христианства много спорили о жертвоприношениях и об употреблении в пищу того мяса, которое жертвовалось идолам и потом продавалось на рынках вместе с другим мясом. Некоторые из христиан высказывали свои убеждения, что идол ничто и что различие между чистою и нечистою пищею раз навсегда уничтожено Христом (Мат. 15:10, 11), и потому они ели без разбора все, что ни предлагалось им язычниками или христианами (не спрашивая о том, пожертвовано ли это идолам, или нет). Другие же, которые были "слабее", соблазнялись этой свободой и считали, что употребление такого мяса является участием в жертвоприношениях идолам. Различие во взглядах требовало разрешение этого вопроса, и мы находим, как Павел в различных своих посланиях дает советы как тем, которые сомневались, так и тем, которые были свободны от этого. Первые должны прислушиваться к голосу своей совести, поступать осмотрительно и воздерживаться от этой пищи, если им совесть не позволяет. Но Павел напоминает им также об их долге: с любовью относиться к тем братьям, которые не имели сомнения относительно пищи, и не осуждать их. Последним, он говорил, что они могли свободно покупать и есть всякое мясо, так как греха в этом нет и мясо, как пища, не испортилось от того, что было пожертвовано идолам; все-таки Павел советует им поступать осторожно, чтобы другие не преткнулись, не мучились и не прельстились, благодаря им, грехом; по закону христианской любви и мудрости они должны воздержаться от этого (Рим. 14:20-23; 1 Кор. 8; 10:19-23; Тит. 1:15).

Навозные ворота в городской стене Иерусалима.

Идол, идолопоклонство и идолослужение. Идол — то пред чем преклоняются вместо Бога, вообще все то, что отвлекает сердце от Бога; так любостяжание называется идолослужением: Кол. 3:5. Идолами Слово Божие называет также различные избранные и освященные предметы, истуканы или подобия, которым поклоняются и которых чтут; так говорится в Втор. 29:17 о мерзостях и о деревянных, каменных, серебряных и золотых кумирах египтян и других языческих народов. Это есть идолослужение в грубой форме. Не менее заслуживает порицания и та более утонченная форма, когда желают служить истинному Богу, почитая Его образ или подобие подобно тому, как израильтяне поклонялись Иегове перед изображением золотого тельца; о чем псалмопевец поет: "Сделали тельца у Хорива, и поклонились истукану. И променяли славу свою на изображение вола, ядущего траву. Забыли Бога, Спасителя своего, совершившего великое в Египте, дивное в земле Хамовой, страшное у Чермного моря" (Псл. 105:19-22). Идолослужение или, выражаясь другими словами, забывание Бога, есть проклятие для человека. Из тьмы идолослужения вывел Иегова Авраама и "народ, взятый Им в удел" (И. Нав. 24:2-3). Первая заповедь в законе была направлена против чужих богов и против служения им (Исх. 20:3-5). Почти вся история Израиля есть цепь преступлений против этой заповеди, божественных свидетельств об этом заблуждении их и наказаний преданного идолослужению народа, на который Господь жалуется через пророка: "Я воспитал и возвысил сыновей, а они возмутились против Меня" (Ис. 1:2). О времени, когда впервые началось идолослужение, Писание ничего не говорит. О внутреннем основании, сущности идолослужения Павел выражается достопамятными словами: "Они, познавши Бога, не прославили Его, как Бога, и не возблагодарили, но осуетились в умствованиях своих, и омрачилось несмысленное их сердце: называя себя мудрыми, обезумели, и славу нетленного Бога изменили в образ, подобный тленному человеку, и птицам и четвероногим, и пресмыкающимся, — то и предал их Бог в похотях сердец их нечистоте, так что они осквернили свои тела; они заменили истину Божию ложью и поклонялись и служили твари, вместо Творца, Который благословен во веки, аминь" (Рим. 1:21-25). Эту короткую и сильную проповедь о скверных свойствах идолов и идолопоклонства наглядно иллюстрирует современное положение языческого мира и вся израильская история. Ибо предметы для поклонения у язычников были: частью планеты и силы природы — луна, звезды, свет и огонь, как, например, библейские Ваал, Молох, Наву и т.д.; частью неразумные животныя, как, например, быки, козлы, рыбы и т.п.; частью проявления человеческих свойств — добродетель и порок, которые они олицетворяли в привлекательные или чудовищные формы в своих изображениях, как встречаем у греков и римлян. Этим божествам люди служили самыми лучшими жертвами, какие они имели: своими молитвами, дарами, своими детьми и своей нравственностью. Человеческие жертвы и блуд в истории Израиля часто именуются вместе с идолослужением. (Лев. 18: 21; 20:2 и дал.; 4 Цар. 21:6; 23:7-10; Псл. 105:37; Иер. 7:31; 19:5; 32:35). Самые неестественные пороки, которые называются мужеложством, совокуплением с животными, составляли у египтян и, вероятно, у хананеян часть богослужения; и эти пороки постоянно осуждаются в законе Господнем; от них же предостерегают судьи израильский народ; (Исх. 22:19; Лев. 18:22, 23). Таким богослужением была полна вся та земля, которую Израиль должен был взять в наследие, и по этой причине им было повелено уничтожить эти языческие народы и разрушить их алтари. Но Израиль допустил, чтобы эти люди остались в живых, и это сделалось для них сетью и падением. "Вы не послушались гласа Моего", говорит Господь. "Что вы это сделали? И потому говорю Я: не изгоню их от вас, и будут они вам петлею, и боги их будут для вас сетью" (Суд. 2:2-3; Псл. 105:34-39). В какой ужасной степени язычество одерживало верх в истории Израиля, дает нам сведения сам народ в сохранившихся документах. Во времена израильского царя Ахава в Израиле находилось не менее 450 пророков Ваала и 400 пророков Астарты, питавшихся от стола Иезавели (3 Цар. 18:19). Во времена иудейского царя Манассии идолослужение стало государственной религией и он построил алтари небесному воинству в обоих дворах дома Господня, соорудил жертвенники в доме Господнем и поставил истукан Астарты, богини луны. Иезекииль в 8 главе описывает, что дом Господень был наполнен всякими языческими мерзостями, что там были "всякие изображения пресмыкающихся и нечистых животных и всякие идолы дома Израилева, написанные по стенам кругом. И семьдесят мужей дома Израилева стоят пред ними: и у каждого в руке свое кадило, и густое облако курений возносится кверху. И сказал мне: Видишь ли, сын человеческий, что делают старейшины дома Израилева в темноте, каждый в расписаной своей комнате? Ибо говорят: "Не видит нас Господь, оставил Господь землю сию" (Иез. 8:10-12). Поэтому можно понять горячую ревность о Господе и Его храме, которая проявилась истинными пророками Господними, как, например, Илией и Исаией; с другой стороны, можно только удивляться, что имя Иеговы и истинное служение Ему не исчезло совершенно с лица земли и в самые темные времена Бог сохранял Себе остаток, который оставался верным своему Господу. Через постоянно повторяющиеся наказания от Бога и, наконец, благодаря Вавилонскому плену, искоренилась большая часть прежней склонности к идолослужению, так что во время Ездры и Малахии служение Иегове хранилось с большей чистотой и тщательностью, чем в более ранние времена. После завоеваний Александра Македонского, когда греческие обычаи и богослужение распространилось по Востоку, среди евреев также возникла, так называемая либеральная партия, которая поддалась языческим прелестям, и приняла языческое богослужение; дошло до того, что сирийскому царю Анти-

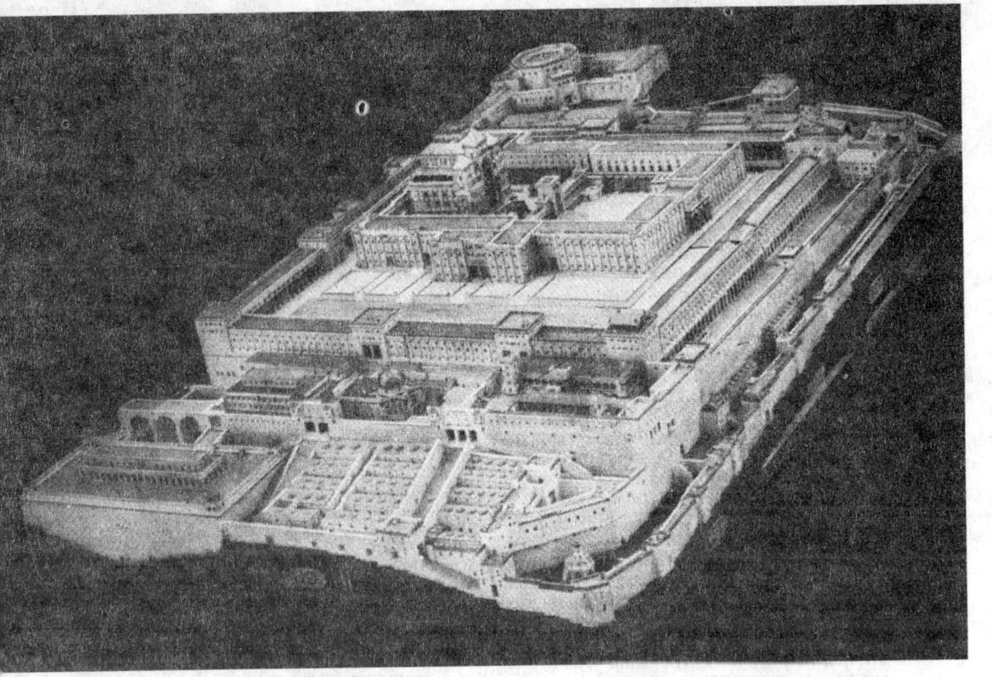

Величественный храм Соломона и его окрестности (модель д-ра Шик), блестящее достижение объединеного израильского царства царей Давида и Соломона.

оху удалось розорить храм Господень и обратить его в храм Зевса Олимпийского. Закон Моисея был отменен и греческое богослужение, со всей своей роскошью и плотоугодием, заняло его место. Кто не хотел служить идолам и есть свинину, кто обрезывал своих детей и соблюдал субботу в святости, — наказывался смертью. В это тяжелое время выступил во главе верных Господу священник Маттафий, со своими сыновями Иудой и другими, и начал 40-летнюю войну против взявших верх беззаконников. "Избранный народ" снова был очищен от осквернения идолослужением, ибо приближалось время, когда остаток из них принес языческому миру познание истинного Бога и когда началось исполняться сказанное через пророка Иеремию, который, печалясь о том, что его народ отпал, торжественно возвещает: "Господи! сила моя, и крепость моя, и прибежище мое в день скорби! К Тебе придут народы от краев земли и скажут: только ложь наследовали наши отцы, пустоту и то, в чем нет никакой пользы. Может ли человек сделать себе богов, которые, не боги? Посему, вот, Я покажу им ныне, покажу им руку Мою и могущество Мое, и узнают имя Мое — Господь!" (Иер. 16:19-21). И только то могло освободить народ земли от оков идолослужения, что Бог открыл Самого Себя людям. Все греческое искусство и мудрость ничего не могли сделать для освобождения от этого. Великий "апостол язычников", который очень хорошо видел эту ужасную силу язычества в живописных словах изображает народы, которые по человеческому образованию считаються передовыми; он называет их слепыми и безумными в духовных вопросах (Рим. 1:19) а их богослужение просто служением диаволу (1 Кор. 10:20). Правда, голос совести также иногда пробуждался в них (Рим. 2: 14-15), и свидетельство стихотворцев о божественном происхождении человечества (Деян. 17:27) было также доказательством того, что Бог был недалеко от них (Деян. 14:17). Несмотря на это, Павел все же указывает на невозможность избавления от грехов собственными силами, и призывает людей к покаянию, обращению и вере в распятого и воскресшего Христа, ибо только через проповедь о Христе будет исполненно пророчество: "И идолы совсем исчезнут" (Ис. 2:18).

Иевус то же, что Иерусалим (Суд. 19: 11).

Иевусеи — хананейское племя, жившее в Иевусе (Суд. 19:11), происходило от Иевусея, третьего сына Ханаана (Быт. 10:16). Колено Вениамина не изгнало их (Суд. 1:21). Давид взял их крепость Сион (2 Цар. 5:7) и воцарился в Иерусалиме. Между этими мирными жителями особенно выделился Орна, который по любви к Господу пожертвовал своим достоянием (2 Цар. 24:16 и дал.).

Иевосфей — Ио-Бошет.
Иевосфей, четвертый и последний сын Саула, воцаренный Авениром после смерти отца над всеми израильтянами, за исключением колена Иуды, над которым царем был Давид. Иевосфею было тогда 40 лет и он царствовал только 2 года (2 Цар. 2:8 и дал.). Между 1055-1053 до Р.Хр. Он воевал с Давидом и был побежден. Его последняя опора Авенир пал в войне. Самого Иевосфея умертвили Баана и Рихав и принесли его голову к Давиду, как добычу. Но Давид наказал предателей, лишив их жизни, а голову Иевосфея погребли во гробе Авенира в Хевроне (2 Цар. 2; 3; 4). Иевосфей называется в 1 Пар. 8:33 Ешбаал. Это имя обозначает муж Ваала; Иевосфей же означает муж стыда. Предполагают, что в начале его имя было Ешбаал, но, желая выказать свое отвращение к идольскому имени Ваал, изменили его на Иевосфей, т.е. муж стыда. Срав. Мемфивосфей.

Иегар-Сагадуфа. См. Галаад.

Иегова, имя, которым Бог называет Себя, как вечно верного заключенному союзу, Который называет Себя также С у щ и м (Исх. 3:14), Который есть, был и грядет (Отк. 1:4; См. Бог). Сокращенная форма слова Иегова есть Иа или Иах, например, в Исх. 15:2 “Слава Моя — Иа” (евр. текст). Псл. 62:5 Иа есть имя Ему (евр. текст); иногда он сложен с Иеговою (Ис. 26:4 евр. текст), или с “Элохим” (Псл. 67:19 (евр. текст).

От слов Иегова и Иа образуется множество имен лиц и названий мест; разница при образовании от этих слов только в том, что Иегова обыкновенно ставится в начале сложного слова, Иа же ставится в конце. Например: “Иегова-ире” (Быт. 22:14 — Господь усмотрит), (то место, где Бог усмотрел жертву вместо Исаака). Иегова-Нисси (Быт. 17:15), т.е. Иегова — знамя мое) тот жертвенник, который Моисей устроил в память победы над амаликитянами в Рефидиме), “Иегова-Шалом”, т.е. Господь мир (Суд. 6:24, жертвенник, который устроил Гедеон; “Иегова-шамма”, т.е. Господь там (имя нового города, который Иезекииль видел (Иез. 48:35). “Иегова-Пидкейну” (Иер. 23:6), т.е. Господь — оправдание наше (одно из имен Мессии и спасенного Им народа) Иер. 33:16.

Иногда встречаются сложные слова с сокращенной формой слова Иегова — Иего, напр., “Иегоцадак”, т. е. Иегова — праведен. “Иегошуа”, т.е. Иегова — спасает, или только “Ие” или Ио”, например, Иешуа, т.е. Господь спасает (от чего слово — Иисус), или Иошуа”; Иоганнан (Иоанн), т.е. “Иегова — милостивый”, Ионатан”, т. е. Иегова дает и т.д.
“Иа” же употребляется на конце сложных слов, например, “Иедидиа”, т. е. друг Иеговы. Такие слова иногда имеют форму окончания “иа”, иногда “я” (по евр.), например: Захариа и Захаря, Цефаниа и Цефаня и т. д. Часто встречаются имена одинакового значения, но разной формы, так, например, слова Иоцадок и Цедекия имеют приблизительно одно и то же значение (Иегова — праведен и праведность Иеговы). Ханаииа обозначает то же, что Иоханан, Натаниа то же, что Ионатан и т. д.

Также существует множество имен, соединенных со словом Эль (Бог), смотри, например, Эль-Вефиль (Быт. 35:7); Еммануэл или же Еммануил.

Иегова-Нисси. См. Иегова.

Иегова-Шалом (Господь мир). См. Алтарь или жертвенник.

Иегоиарив, начальник первой чреды (из 24) священников (1 Пар. 24:7).

Иегудий, человек, который был послан принести записки пророчества Иеремии и который прочитал их царю Иоакиму (Иер. 36:14, 21).

Иедай. См. Хеддай”.

Иедидия, друг Иеговы, то имя, которое Нафан дал Соломону (2 Цар. 12:25), ибо Господь возлюбил его (ст. 24).

Иезавель — Изавéль.
Иезавель. 1) Дочь Ефваала, царя Сидонского и жена Ахава (3 Цар. 16:31), ввела в Самарии поклонение Ваалу и Астарте и перебила пророков Господних. Сотни идольских жрецов кормились за ее столом (3 Цар. 18:4; 13:19; 19:2). Любодейства и волхования она творила без стыда (4 Цар. 9:22, 30). Она научала своего мужа делать негодное пред очами Господа (3 Цар. 21:25). Особенно отвратительна история, как она доставила ему виноградник Навуфея (21:1 и дал.). После смерти Ахава она жила еще 14 лет. По приказу Ииуя ее выбросили через окно дворца к воротам в стене города. Там она скончалась под ногами лошадей, и псы съели ее мертвое тело (4 Цар. 9) согласно с пророчеством Илии в 3 Цар. 21:23.

2) Лжепророчица в Фиатире, которая ввела в заблуждение рабов Господа, научив их любодействовать и есть идоложертвенное. Господь грозит ей и ее последователям ужасными наказаниями и увещает остальных оста-

ваться верными Ему до Его пришествия (Отк. 2:20 и дал.).

Иезания — Яазаниягу.

Иезания, сын Сафанов, стоящий во главе 70 старейшин, которых Иезекииль видел молящимся перед идолами, изображенными на стенах (Иез. 8:11), вероятно тот же Иезания, сын Азуров, которого пророк вместе с Фалтиею, сыном Ванеевым, и другими нечестивыми князьями видел в восточных воротах храма, и против которого он пророчествовал; Фалтия в это время пал мертвым (Иез. 11:1 и дал.).

Иезекиил (1 Пар. 24:16), левит во времена Соломона (1 Пар. 24:16).

Иезекииль — Ихезкиэль.

Иезекииль, сын священника Вузия, которого Навуходоносор, после своего второго нашествия на Иерусалим в 599 г. до Р.Хр., отвел в плен вместе с Иоакимом. В плену Иезекииль жил при реке Ховаре. На пятом году своего плена Иезекииль, по призванию от Бога, начал пророчествовать своим пленным землякам (около 595 г. до Р.Хр.), и продолжал это делать в течение более 20 лет. Он пользовался большим почетом и влиянием между своими единоплеменниками, которые спрашивали у него совета и руководства (Иез. 1:1 и дал.; 3:15; 8:1; 14:1; 20:1; 33:31). О его личной жизни и положении мы узнаем лишь из его случайных замечаний. Так мы знаем, что он был женат (24:18) и имел свой дом (8:1), в плену лишился своей жены во время наказания Божия. Первые 8-10 лет он жил одновременно с Иеремией. Даниил также жил в это время (Иез. 14:14; 28:3), хотя большинство пророчеств Даниила относятся к более позднему времени.

Иеминий (Суд. 3:15). См. Вениамин 2.

Иераполь, город в Фригии близ Колосс и Лаодикии, в местности, богатой источниками и купальнями. Там находилась христианская община (церковь), близкая сердцу Епафраса. Развалины города находятся при теперешнем Памбук Кадеси (башня из хлопчатника), называемая так, благодаря своим белым скалам.

Иерахмеил, потомок Иуды (1 Пар. 2:9); его потомки имели свои города на южной границе колена Иуды. Давид послал им часть из добычи (1 Цар. 30: 29; сравни 27:10).

Иерах (Быт. 10:26), один из сыновей Иоктана.

Иеремия — Ермиягу.

Иеремия, т. е. Бог возвышает; сын Хелкии, священника в Анафофе. Уже в юных годах Господь призвал его быть пророком. Когда Иеримия, по причине своей юности, отказывался, то Господь коснулся его уст и обещал вложить Свои слова в уста его. После этого он более 40 лет служил Господу, как верный свидетель против отпавшего колена Иудина: с 13-го года (627 г. до Р.Хр.) царя Иосии, затем во время царствования Иокима и Седекии до самого переселения жителей Иерусалима и после этого еще некоторое время (Иер. 1:1 и дал.). После смерти набожного Иосии он пережил тяжкие страдания: Иоаким бросил записанное им пророчество в огонь (Иер. 36:23) и искал умертвить его. Седекия же, выслушав его слова, заключил его в темницу (Иер. 32: 3; 37:13 и дал.), где он содержался до тех пор, пока Навуходоносор, царь Вавилонский, не освободил его (39: 11). Военачальник царя, Навузардан, предложил Иеремии последовать в Вавилон, если он хочет. Но он предпочел остаться жить в Палестине (40: 4 и дал.). Он предостерегал свой народ от переселения в Египет (42 гл.), но потом был вынужден сам итти с ними туда; но и там он не переставал свидетельствовать им о Боге (43:44). Весьма возможно, что он там и умер. Предание говорит, что он был побит камнями. Гроб его показывают в Каире.

Пророк Иеремия — замечательный образец мужественной духовной силы, которая проявляется в служении пророков. По природе чуствительный, мягкосердечный и несмелый, способный плакать, страдающий вместе со своим несчастным народом (9:1; 13: 17; 14:17), он преображается, когда свидетельствует от имени Господа и не боится никого: ни священника, ни книжника, ни пророка, ни царя; в это время он непоколебим, как медная стена (15:15 и дал.; 2:26; 27:14; 29: 21). Подлинному пророку иногда, по повелению Господа, приходится отказываться от семейных радостей (16: 2), в то время, как опасности и путы окружают его со всех сторон (11:21; 12:6; 29:25 и дал.).

Его серьезность и встревоженность отражаются также и в стиле его пророчеств, который своими повторениями и пересказываниями несколько пространен, угрюм и однообразен, что не мешает ему быть по временам захватывающим, а иногда и величественным, например, когда пророк, взирая на будущее, пророчествует о славе царства Мессии и о названии Самого Мессии: "Господь — оправдание наше" (23:5 и дал.; 33:14 и дал.).

Иеримоф, один из сыновей Давида, отец Махалафы, на которой женился Ровоам (2 Пар. 11:18).

Иерихон — Ери́хо.

Иерихон (Чис. 22:1; 26:3; Втор. 34:1), богатый и укрепленный хананейский город (И. Нав. 6:24); приблизительно в 20-ти км к северо-востоку от Иерусалима. Это первый город в Ханаанейской земле, который был взят израильтянами. По вере их пали его стены (Евр. 11:30) и все живое было истреблено. Только Раав со своим домом была пощажена. На того человека, который пожелал бы построить на этом месте город, было произнесено проклятие, которое несколько лет спустя исполнилось над Ахиилом (И. Нав. 6:26; 3 Цар. 16:34). Когда о Иерихоне говорится "строить", то надо понимать: "укреплять" или "возводить крепость", ибо под этим именем он продолжал быть заселенным городом в колене Вениамина (И. Нав. 18:21; Срав. 16:7). Иерихон был расположен в плодоносной местности — "Иерихонской равнине" (И. Нав. 4:13), где пальмы, розы и бальзам великолепно украшали ее. Этот город называется также "городом пальм" (Втор. 34:3). Вскоре он приобрел крупное значение. Под наблюдением Илии и Елисея здесь находилась школа пророков (4 Цар. 2). Город много украшался Иродом Великим, который имел там свой дворец. В его время там была римская таможня, главным образом, из-за вывозимого из Палестины бальзама. В нем Христос исцелил 2-х слепых (Мат. 20:30) и был в гостях у мытаря Закхея (Лук. 19). Старинный Иерихон теперь исчез.

Современный Иерихон расположен в полутора километрах к юго-востоку от руин древнего города. В 1967-ом году в нем жило около семи тысяч человек, из них примерно 10% — христиане, остальные мусульмане.

Руины стен древнего Иерихона.

Иероваал. См. Гедеон.

Иеровоам. 1) Сын Наватов, ефремлянин, первый царь Царства Израильского. До того он был начальником общественных работ и был высоко ценим царем Соломоном. Когда пророк Ахия возвестил ему о его (будущем) возвышении, то он должен был бежать в Египет (3 Цар. 11:26 и дал.). Когда по смерти своего отца сын Соломона Ровоам грубо отверг требования 10 колен, Иеровоам был выбран этими коленами царем (около 975 г. до Р.Хр.; 3 Цар. 12:20) и царствовал 22 года. Он стал известен тем, что ввел Израиля в грех; для того чтобы народ, ходя на поклонение в Иерусалим, не вернулся под власть иудейского царя, он поставил два капища — одно в Дане, другое в Вефиле, где народ мог служить своему Богу в образе золотого тельца (12:26 и дал.). "Путь Иеровоама" или "грех его" поддерживался его преемниками (3 Цар. 15:34; 16:2; 19 и дал.). Вместо сыновей Аарона он избрал священниками совсем незначительных людей. Ни знамения, ни предупреждения, ни преждевременная смерть Авия не могли заставить Иеровоама изменить образ жизни. Иеровоам вел непрестанные войны с иудеями. После короткого царствования его сына Навата, род Иеровоама прекратился (3 Цар. 12-14; 20; 2 Пар. 10-13).

2) Сын Иоасов, четвертый из рода Ииуя, израильский царь (около 825-784 г. до Р.Хр.). Он подражал греху Иеровоама. Более, чем какой-либо другой израильский царь, он расширил границы своих владений, изгнал сириян, взял Дамаск и восстановил царство Израиля на восток от Иордана, от Емафа до Мертвого моря. Несмотря на это, задолженность израильтян за это время возросла из-за увеличившейся роскоши и несправедливостей (Ам. 2:5, 6). Царство после него быстро пало, и его род вскоре прекратился (4 Цар. 14:23 и дал.). Жрец идолов Амосия жаловался на пророка Амоса за его обличительные пророчества против дома Иеровоама (Ам. 7:10 и дал.).

Иерусалим — Ерушалаим.

Иерусалим, "Город Великого Царя", "радость всей земли" (Псл. 47:3; Псл. 121); святой город (Неем. 11:1, 18; Мат. 4:5; 27:53), из которого слово Господне должно распространиться по всей земле (Ис. 2:3) ради Того, Который там был распят (Отк. 11:8; Лук. 24:47). О Иерусалиме мы знаем, что это был царский город евусян и назывался Иевус (Суд. 19:10 и дал. ; 1 Пар. 11:4 и дал.; И. Нав. 18:

Часть восточной стены Иерусалима. Справа: часть старой стены Ирода. Слева: вид закрытых Золотых ворот.

Базар около Дамаских ворот.

Золотые ворота, теперь закрытые.

28). Он называется также Салим (Псл. 75:3); может быть, и в Быт. 14:18 говорится о нем. После покорения Палестины, при разделе, он был отдан во владение колена Вениамина и находился на самой границе с коленом Иудиным (И. Нав. 18:16, 28). Поэтому, некоторым образом, он считался городом колена Иуды (15:8). Так, напр., у И. Нав. 15:63 сказано, что сыны Иуды жили в Иерусалиме вместе с иевусеями, потом в Суд. 1:8, что сыновья Иуды покорили и сожгли город и в стихе 21, что сыновья Вениамина не могли выгнать иевусеев, но жили вместе с ними в Иерусалиме. Благодаря расположению и хорошим укреплениям, прошло долгое время, пока израильтяне стали единовластно владеть городом. Только когда Давид взял крепость Сион (2 Цар. 5:6, 9), Иерусалим оказался вполне во власти израильтян. При разделении царства после смерти Соломона он стал столицею Иудейского царства и был особенно почитаем благодаря храму и богослужению, которое там совершалось (3 Цар. 12:27; Срав. Псл. 77:68).

Подвергнувшись ограблениям от Сусакима, царя Египетского (3 Цар. 14:26), филистимлян и арабов (2 Пар. 21:17), сирийцев (2 Пар. 24:23), от израильского царя Иоаса (4 Цар. 14:13 и дал.), от Египетского царя (2 Пар. 36:3), Иерусалим, наконец, был разрушен халдеями (2 Пар. 36:7, 10, 17 и дал.). 70 лет спустя город вторично был отстроен возвратившимися евреями. Город потом был взят Александром Македонским, после смерти которого Иерусалим был взят египетским фараоном Птоломеем. В 170 г. город был разрушен Антиохом Епифаном, который снёс городские стены и в храме поставил статую Юпитера. Под водительством Маккавеев, около 163 г. до Р.Хр., евреи снова отвоевали свою независимость. Ровно через 100 лет после этого в 63 г. до Р.Хр. город был взят римлянами под начальством Помпея. Ирод Великий тратил большие деньги на украшение города, но в 70 году по Р.Хр. все — и город, и храм — были розрушены до основания римлянами под начальством Тита. Из всех построек Иерусалима уцелели только три башни и часть западной стены. После этого евреи вскоре получили возможность возвратиться в Иерусалим и под начальством бунтовщика Баркохбы вторично захватили город в свою власть, но были окончательно разбиты после трехлетней кровавой борьбы, в которой, по рассказам, погибло 580.000 евреев. Место, занимаемое раньше храмом, было вспахано плугом в знак полного уничтожения. Город в 135 г. по Р.Хр. был

Место рождения Иеремии, маленькая деревня Анафоф, на северо-востоке от Иерусалима.

превращен в римскую колонию и въезд туда евреям был воспрещен под страхом смерти. Император Адриан переменил название города, дав ему имя Элия Капитолина (Aelia Capitolina), посвятил его языческим богам для того, чтобы по возможности осквернить его. и сделал все, что мог, чтобы истребить все следы иудейства. Во время императора Константина Великого город получил свое прежнее название, а мать его, Елена, построила церковь над гробом Христа (около 326 г. по Р.Хр.). Когда Юлиан Отступник в 363 году начал, вопреки словам Христа, строить еврейский храм, его попытка, по свидетельству современников-летописцев, была уничтожена землетрясением и пламенем, вышедшим из земли.

Последующая история города вкратце такова. В 614-му году персидский царь Хозрой, умертвив 90.000 человек, истребил, насколько мог, всё что почиталось христианами. В 628 г. Хозрой был покорен Гераклием, и греки взяли Иерусалим обратно. Некоторое время спустя, а именно, с 637 г. наступило долгое и бедственное владычество магометан. После четырехмесячной осады город был захвачен калифом Омаром и подпал на долгое время под власть арабов. В 969 г. им завладели египетские фатимиды. В 1077 г. он был взят турками, а в 1099 году — крестоносцами, которые провозгласили Готфрида Бульонского королем. После него царствовал его брат Балдуин, который умер в 1118 году. Самостоятельное Иерусалимское королевство продержалось 88 лет. Благодаря предательству Раймунда, султан Саладин в 1187 г. снова покорил город. В 1242 году город был дарован итальянским князьям Салихом Измаилом, эмиром Дамаска, но в 1291 г. они совершенно потеряли его: он сделался владением египтян до 1382 года. Турецкий султан Селим в 1517 году покорил Египет, Сирию и Иерусалим; его сын Солиман выстроил или перестроил его теперешние стены в 1542 году. После этого город все время оставался под турецкой властью, за исключением периода 1831-1840 гг., когда им владел Ибрагим Паша — египтянин. В 1948 году он был разделен между Израилем и Иорданией. Западная и южная части города остались в руках Израиля, восточная и северная, включая Старый город с храмовой горой перешли к Иордании. В войну 1967-го года Израиль занял весь Иерусалим и объявил его объединенным городом и столицей государства. В объединенном Иерусалиме живут свыше 300 тысяч человек, из них примерно 250 трсяч — евреи, а остальные — мусульмане и христиане разных исповеданий.

Иерусалим расположен в центре иудейских гор на 31° 47 северной широты и 35° 15 восточной долготы от Гринвича, возвышаясь на 800 м над уровнем Средиземного моря. Расстояние между морем и Иерусалимом около 50 км, до Мертвого моря расстояние равно 20 км, до Иордана — почти 30 км. Местность постепенно понижается к востоку, где она обрывается так называемой Иосафатовой долиной, которая орошается в период дождей разливающимся Кедронским потоком. В юго-восточном конце города Иерусалима восточная Иосафатова долина встречается с южной Енномовой долиной, которая, начинаясь еще на западной стороне города, дает ему природную границу. К северу от города простирается обширная равнина, украшеная оливковыми деревьями и смоковницами.

В середине самого города были две впадины или небольшие долины, благодаря которым застроенная земля естественно делилась на три главные части или возвышенности. Самой высокой из этих возвышенностей была Сион на юго-западной стороне, окруженная с юга и запада Енномовой долиною и с востока долиною Тиропеонскою, которая на юго-востоке оканчивается Кедронскою долиною, Сион, который у Иосифа Флавия называется "верхним городом", был издревле окружен стенами и глубоким рвом, и считался самым защищенным пунктом города; там были расположены крепость и царский дворец. К северу от Сиона, отделенная частью долины Тиропеонской, была расположена Акра, называемая Иосифом Флавием "нижним городом". На северо-восток от Сиона расположена святая гора Мориа, которая соединялась с Сионом каменным мостом через Тиропеон; до сих пор еще существуют остатки

Силоамский источник, южная часть тунели Иозекиилл, долина Кедрон.

моста. Гора Мориа вначале не была очень высокой, но впоследствии для постройки храма часть ее вершины была приподнята, а стороны выравнены; Мориа составляет только восточную часть горы, находящейся в городе; она поднимается к северу после небольшого спуска до высоты Бет-Заит (Оливковый дом). У Иосифа Флавия эта местность называется "Новый город". Вероятно, название Бет-Заит произошло потому, что раньше там росли оливковые сады. На юге гора Мориа спускается в Енномову долину. В настоящее время гора Мориа — самая низкая часть города.

На восток от Иерусалима находится Елеонская гора, отделяемая от города Кедронскою долиною. С этой горы город и окружающее пространство до самого Мертвого моря представляют прекрасную картину. У подножия Елеонской горы, напротив Мориа, расположен Гефсиманский сад. Вблизи от юго-восточной части города находится незначительное селение Сильван,, немного ниже "источника Неемии", называвшееся прежде Эн-Рогель (En-Rogel); от этого же места простираются соединившиеся здесь долины, извиваясь между высокими горами по направлению к Мертвому морю. При конце Тиропеонской долины между холмом Офелом и Сионом находится Силоамский источник.

Горы около Иерусалима различны

по своей высоте и только в трех случаях — Неби-Самуил, Эль-Рам и Телел-Фулил — они достигают значительной высоты. Елеонская гора возвышается только на 60 м. над самой высокой частью горы Сион. Несмотря на это, все они служат охраной, так как врагу необходимо было перейти эти горы, чтобы подойти к Иерусалиму. Далекие вершины гор Моава на горизонте для завоевателей, приходящих с востока, кажутся стеною. Размышляя о неприступности города Иерусалима, которую создают эти горы в соединении с глубокими пропастями и долинами, становятся понятными такие выражения, как: "Горы окрест Иерусалима, а Господь окрест народа Своего отныне и навек (Псл. 124:2). Так как город был высоко расположен и лежал в центре Палестины, то он был для всех живущих вокруг племен крепостью, к которой они возводили свои глаза; о путешествии в Иерусалим часто встречаем таковые выражения, как "восходить" и т.п. Срав. Псл. 120:1 "Возвожу очи мои к горам".

Такова естественная защита Иерусалима. Скажем также немного о стенах этого города. Самая первая из построенных Давидом и Соломоном стен заключала в себе горы Сион, Мориа и Офел. Глубокие, начинающиеся у подножия этих гор, долины давали возможность легко укрепить город с этой стороны. Эта южная стена во время царей простиралась вдоль обрывов этих холмов и заключала внутри себя Силоамский источник, Офел и, вероятно, части от Гионской и Кедронской долин (2 Пар. 33:14; Неем. 2:14; 3:15). Вторая стена, построенная Иофамом, Езекиею и Манассиею, перестраивалась на южной линии. Начиная с северо-восточной границы Сиона, она заключала внутри себя Акру, одну часть Везефа и сходилась со старою стеною на востоке. Эти стены были разрушены халдеями, но восстановлены, вероятно, по старому плану и остались таковыми во время Христа. Надо полагать, что при будущих раскопках удастся верно определить то место, где шла вторая стена — место которое более других вызывает споры, ибо это даст возможность определить действительное местоположение Голгофы.

Третья стена, начатая Иродом Агриппой 10 лет спустя после смерти Христа, простиралась еще далее на север, до самых "гробниц царей", к югу от Везефа, где она, спускаясь, встречалась со старой стеной. Пространство, занимаемое Иерусалимом, имело 10 км в окружности, тогда как теперь оно равно 5 км.

Теперешняя стена выстроена в 1542 году; она имеет от 13 до 20 м в вышину и, приблизительно, 3¾ км в длину. Восточная часть стены Иерусалима представляет почти прямую линию, а южная часть совпадает с местом, некогда занимавшимся храмом и называемым теперь Эль-Харам. На этом месте храма, бывшей горе Мориа, уже несколько веков стоят две магометанские мечети: роскошная восьмиугольная мечеть Омара, приблизительно, на месте старого храма, и пониже, ближе к стене, мечеть Эль-акса. В юго-восточном направлении от них стена (которая здесь имеет 25,6 м высоты) своим основанием возвышается на 50 метров над Кедроном. С этого места стена неправильной линией тянется в юго-западном направлении по горе Сиону, оставляя южную большую часть горы вне города, поворачивает в западной части Сиона к северу, по направлению к Яффским воротам, где стоит огромная башня, нижняя часть которой была построена в глубокой древности; она называется "башней Давида". У Иосифа Флавия она названа "Гиппиковой башней. Оттуда ломанной линией стена идет до северо-восточного угла и оставляет вне города большую часть Везефа. Местами стена укреплена четырехугольными башнями с площадками й бойницами для стрельбы. Из тех многих ворот (о которых мы читаем в Ветхом Завете, а также у Иосифа Флавия), жители города пользуются только четырмя. Они называются Яффскими или Вифлеемскими на западе, Дамаскими на севере, Стефановыми на востоке и Сионскими на юге. В восточной стене около Эль-Харам находятся "Золотые ворота", давно уже заложенные камнем. Кроме этих, в городской стене находятся двое небольших ворот, которые недавно были открыты: "Ворота Ирода" на северо-востоке" и "Навозные ворота" у Стены плача на юге.

Современный Иерусалим несомненно находится на месте прежнего города. До сих пор слова псалмопевца о Иерусалиме: что это — "прекрасная возвышенность, радость всей земли" (Псл. 47:3), — остаются справедливыми. Город с Елеонской горы представляет особенно красивый вид со своими внушительными стенами, многочисленными куполами и минаретами. Но прежней славы нет...

По Евсевию (IV 5) первая церковь в Иерусалиме в течение 100 лет управлялась епископами, которых сменилось за это время 15 человек, начиная с Иакова, брата Господня (Деян. 15:13; Гал. 1:19). Преемниками его указываются: Симеон Иуст I, Закхей, Вениамин, Иоанн, Матфей, Филипп, Сенека, Иуст II, Левий, Ефрес, Иосиф и

Иуда.

В Библии также говорится о горнем Иерусалиме, который "мать всем нам" (Гал. 4:26), о небесном Иерусалиме, к которому верующие уже приступили в этой жизни (Евр. 12:22) и о новом Иерусалиме, нисходящем с неба на землю (Отк. 3:12; 21:2, 10), в котором не существует никакого храма, а Бог со Своим Агнцем является его храмом (Отк. 21:22). Все это рисует нам царствие Божие при его начале и при его конце красками, взятыми из описания любимого евреями Иерусалима (Отк. 20:8).

Иеруша, дочь Садока, мать Иофама, царя Иудеев (4 Цар. 15:33; 2 Пар. 27:1).

Иесваал — Яшава́м.

Иесваал, сын Ахимана, один из трех храбрых героев у Давида, который своим копьем в один раз поразил 300 человек (1 Пар. 11:11). Срав. 2 Цар. 23:8, где сказано, что Исбосеф ахаманитянин поразил один раз своим копьем 800 человек. В 1 Цар. 27:2 читаем об Иашоваме, сына Завдиила, как об одном из военачальников Давида.

Иесвий (Ишби́в), один из потомков Рефаимов, который хотел поразить Давида. Но Давида спас Авесса, который поразил филистимлянина на смерть (2 Цар. 21:16).

Иессей — Ишай.

Иессей или Иессе, сын Овида, ефрафянина из Вифлеема Иудина; у Иессея было 8 сыновей и 2 дочери. Он во время Саула был старшейшим между мужами (1 Цар. 17:12). Младший сын его был Давид, который пас овец отца. Когда Давид от угроз и преследовавшего его Саула убежал в пещеру Аддоламскую, весь дом отца его пришел к нему. Тогда своих отца и мать Давид отвел в Моавитскую землю и поручил их защите Моавитского царя (1 Цар. 22). Св. Писание не говорит нам более подробно о родителях Давида, но имя Иессея мы встречаем несколько раз. Давид называется также "сыном Иессеевым" в Псл. 71:20 даже с большим почтением, нежели в 1 Цар. 20:30; 2 Цар. 20:1. От этого рода Иессея, по исполнении времени, должен был произойти Тот, Кого пророк называет: ""Отрасль Господня" (Ис. 11:1).

Иетур. См. "Итурея".

Иефонния, отец Халева (Чис. 13:7).

Иеффай — Ифта́х.

Иеффай, галаадитянин, был судьею у израильтян в течение 6 лет (Суд. 11:12 после сражения с аммонитянами. Перед битвой с аммонитянами он обещал, в случае победы, принести во всесожжение Господу первое, что выйдет к нему навстречу из ворот дома его (Суд. 11:30 и дал.). После победы, возвращаясь домой, он увидел свою дочь, вышедшею к нему навстречу с подругами "с тимпанами и ликами". От горя он разодрал свою одежду и отпустил дочь на 2 месяца, дабы она пошла с подругами оплакивать свое девство в горах ((Суд. 11:38); после этого она возвратилась, и он совершил над нею то, что обещал Богу (Суд. 11:39). И вошло в обычай израильтян, что ежегодно дочери израилевы ходили оплакивать дочь Иеффая галаадитянина четыре дня в году. Иеффай причисляется к числу мужей веры в Евр. 11:32.

Некоторые думают, что Иеффай не принес своей дочери в жертву всесожжения, но только обрек ее на постоянное девство, и что горе состояло только в том, что его род не мог через нее размножаться. Другие намекают на ясные слова текста в Суд. 11:39. Саул однажды также обещал подобное, и, без сомнения, он умертвил бы Ионафана ради клятвы, если бы народ не запретил ему (1 Цар. 14:24, 28, 48, 45). В рассказе об Иеффае ничего не говорится о том, чтобы ктонибудь вмешался и освободил дочь его.

Иехавцеил. См. "Кавцеил".

Иехолия (Яхальягу), мать царя Азарии (4 Цар. 15:2).

Иехония — Яхания́.

Иехония (1 Пар. 3:16; Иер. 22:24, 28; Мат. 1:11), сын Иоакима, воцарился над коленом Иуды в восемнадцатилетнем возрасте (4 Цар. 24:8), а по 2 Пар. 36:9 в восьмилетнем возрасте (еврейский текст), и после трехмесячного царствования был отведен в Вавилонский плен в 599 г. до Р.Хр.; из которого 37 лет спустя был освобожден Евилмеродахом. Евилмеродах вернул ему его прежний титул и кормил его со своего стола до его смерти (4 Цар. 25:27-30; Иер. 52:31 и дал.).

Иефер (Етер), измаильтянин, отец Амессая (3 Цар. 2:5, 32; 1 Пар. 2:17; 2 Цар. 17:25).

Избранная, избранная госпожа. См. 2-ое послание Иоанна.

Известь — евр. сид.

Известь. В Палестине, состоящий исключительно из известняковых гор, известняк часто употреблятся для строений. Только в особенно роскошных постройках употребляли мрамор (1 Пар. 29:2). Из известняка делали известку (Лев. 14:41; Втор. 27:2) Кипящая известь изображает наказание гнева Божия (Ис. 33:12). В Иез. 13:10 и дал. надежда народа, поддерживаемая пророками, уподобляется плохой стене обмазаной известью.

Измаил — Ишмаэль.

Измаил (евр. Бог слышит), сын Авраама от Агари, рожденный на 86 году жизни отца (Быт. 16:15 и дал.). Когда Агарь увидела, что она зачала, то начала презирать свою госпожу; когда же та стала притеснять ее, то Агарь убежала от нее. Ангел Господень велел ей вернуться обратно, обещая ей сильное и многочисленное потомство, сыну же велел дать имя Измаил, ибо Господь слышал ее страдание (Быт. 16:6 и дал.). На 13-ом году его жизни Бог высказал Свое обетование о нем: "12 князей родится от него; и Я произведу от него великий народ" (Быт. 17:20). В это время обрезали его крайнюю плоть (Быт. 17: 25). Когда ему было 14 лет, Сарра, увидев, что он насмехается* над Исааком, настояла, чтобы Авраам изгнал Измаила с его матерью. Агарь, уйдя, заблудилась в пустыне, и ее сын умирал от жажды, но Господь услышал вопль его, и показал ей колодец с водою. Отрок вырос и сделался охотником в пустыне; мать сосватала ему египтянку, которая родила 12 сыновей (Быт. 21:9 и дал.; 25:12 и дал.). Измаил был с Исааком, когда хоронили Авраама (25:9). 48 лет спустя он скончался 137 лет от роду (25:17). Потомки его "жили от Хавилы до Сура" (ст. 18), следовательно, в западной и северной частях полуострова Аравии, распространившись через пустыню до самого Персидского залива, представляя из себя ядро арабского народа. Северным арабским племенам подходит пророчество, которое мы находим в Быт. 16:12. "Он будет между людьми как дикий осел; руки его на всех и руки всех на него". Арабы всегда были врагами своих братьев израильтян, распространялись к востоку и западу; и по настоящее время они остались никем не покоренными, а только отдельные части их страны на короткое время находились под чужой властью. Вне Аравии арабы занимали более, чем 100 престолов (Риттер). Древние известные народы давно уже исчезли с лица земли, но потомки Измаила и Израиля все еще существуют, как памятники древних времен.

Измаильтяне упоминаются в Быт. 37:25 и дал. как кочующие купцы; в Псл. 82:6, как враги израильтян.

2) сын Нефании, еврей из рода царского, который восстал против халдейского наместника Годолии, поразил его, а также иудеев и халдеев, которые были с ним. После этого он убежал "к сыновьям аммоновым" (4 Цар. 25: 25; Иер. 41:1-15).

* Еврейское слово в Быт. 21:9 может обозначать "играть", как в Исх. 32:6, "шутить", как в Быт. 26:8 и "насмехаться" или *срамить", как в Быт. 39:14, 17. Еврейское толкование понимало поступок Измаила как насмешку и в Гал. 4:29 оно выставляется как гонение.

Израиль — Исраэль.

Израиль (евр. Божий герой). 1) Имя данное Богом Иакову после его борьбы с Ангелом в Пенуеле (Быт. 32:28-30); "Возмужав боролся с Богом. Он боролся с Ангелом — и превозмог (Ос. 12:4). По возвращении Иакова из Месопотамии, в Вефиле Бог вторично дал ему имя Израиль (Быт. 35:10). Сам Иаков редко называет себя этим именем (Быт. 46:1, 2, 5; Исх. 6:14; 32: 13, "Вспомни Авраама, Исаака и Израиля, рабов Твоих"; Ос. 12:12 и дал.; См. Быт. 33:20; 45:27, 28; 48:2).

2) Гораздо чаще употребляется это слово, как общее наименование всего народа, происходящего от Иакова. Его обыкновенное название — сыны Израиля, народ Израиля или, просто, Израиль. Уже в Быт. 34:7 говорится, что Сихем сделал безчестие в Израиле (русс. Библия: "безчестие сделал он Израилю"). В Исх. 3:16 Господь повелевает: "Пойди, собери старейшин Израилевых". Дом Израилев называл хлеб, посылаемый ему Богом, "манною" (Исх. 16:31 и дал.). Также вся населенная израильтянами земля Ханаан называется "землею израильскою" (1 Цар. 13:9) и народ называется общим именем — "израильтяне" (ст. 20 сравни Мат. 2:20 и дал.).

3) После смерти Саула еврейский народ разделился: колено Иуды признало над собой царем Давида, а остальные колена признáли сына Саула Иевосфея; эти одиннадцать колен присвоили себе право на название израильтян (2 Цар. 2:9 и дал.). Это название стало более подчеркиваться после смерти Соломона, когда 10 колен навсегда отпали и создали особое царство — "царство Израиля". "И отложился Израиль от дома Давидова до сего дня" (3 Цар. 12:19). Встречаемое название "земля Израилева" имеет, следовательно, более ограниченное значение, как отличие от Иудеи, напр.,: Иез. 27:17. Но, с другой стороны, пророк Михей включает в это выражение "дом Израилев" также и царство Иуды (Мих. 3:1, 9).

4) После переселения словом "Израиль" снова называется весь народ. Ездра и Неемия говорит о Боге Израилевом, о сынах Израилевых и о 12 колен Израилевых в первоначальном значении этого слова; см., напр., Езд. 6:16 и дал. Переселенцы принесли во всесожжение Богу Израилеву 12 тельцов за весь Израиль, 96 овнов (Езд. 8:35). Срав. Неем. 7:7, 61, 73; 12:47. Пророки также придерживаются старого имени "Израиль". Исаия говорит Господь называет Себя Отцом Израиля (Иер. 31:9). И в Новом Завете о двух домах Израилевых (Ис. 8:14).

слова Израиль и израильтяне, как названия народа Божиего, имеют более глубокое значение, чем название иудей (Иоан. 1:47). Павел хвалился тем, что он был израильтянином (2 Кор. 11:22), но иудеями ему было дано 5 раз по сорока ударов без одного (ст. 24). Срав. Рим. 9:4; 11:2; Фил. 3:5 и смысл перемены имени Иакова на Израиля в Быт. 45:27 и дал.; 48:2.

5) В духовном значении все "ходящие по следам веры Авраама" (Рим. 4:12): и евреи и язычники, — те, которые в Гал. 6:16 называются "Израилем Божиим". Срав. Рим. 9:6 "не все те израильтяне, которые от Израиля" и пророчество Исаии в Рим. 9:27; Ис. 10:22.

Израильский народ — Ам-Исраэль. Израильский народ, согласно тому, что уже сказано, есть особенное название еврейского народа, как народа Господня "взятого в удел", который Он воспитывал и кому обещал благодать. Название "Иудеи", под которым этот народ был известен язычникам, стало употребляться после переселения в Вавилон. Слово "Иудей" в Евангелии от Иоанна постоянно имеет в виду противников Иисуса Христа. Слово же израильтянин имеет другое значение. Нафанаил, который в Христе узнал "Царя Израилева", получил такую характеристику: "вот подлинно израильтянин" (Иоан. 1:47 и дал.). Только в качестве народа Израилева евреи имеют дивные обетования. Бог не отверг народа Своего (Рим. 11:2; Иер. 31:36). Отец Израиля говорит (Иер. 31:9) своему народу: "любовью вечною Я возлюбил тебя и потому простер к тебе благоволение" и дал.: "Кто рассеял Израиля, Тот и соберет его" (Иер. 31:3,10).

Изреель. 1) Город в колене Иссахара (И. Нав. 19:18), теперь незначительная деревня Зераин у северо-западной подошвы горы Гильбоа, близ восточной части большой Изреельской равнины. Здесь безбожный Ахав имел свой дворец, и здесь он отнял виноградник Навуфея, за что Господь и наказал его (3 Цар. 21; 4 Цар. 9; 10:1 и дал.). За то, что Ииуй произвел здесь истребление дома Ахава и служителей Ваала, этот город назывался также "городом Ииуевым" в еврейском тексте у Ос. 1:4.

2) Изреелем пророк Осия должен был назвать того сына, которого он родил от Гомери (Ос. 1:4). Имя Изреель обозначает: "Бог рассеет" и "Бог насадит", и это имя служило для людей проповедью, в которой, с одной стороны, был высказан суд Божий над безбожным и развратным городом Изреель за пролитую им кровь и над израильским народом, который за свое участие в этом должен быть осужден в тот великий день, который у Ос. 1:11 назван "великим днем Изрееля"; с другой стороны, это имя говорило о милосердии Бога, Который, в конце концов, восстановит рассеянный народ и "посеет Изреель для Себя на землю" (Ос. 2:23). Поэтому, в Ос. 2:22 израильский народ назван словом Изреель.

Изреельская долина или **Изреельская** (или Ездрилонская) **равнина** (И. Нав. 17:16; Суд. 6:33, названная также **Изреель,** Ос. 1:5; 2 Цар. 2:9. Мегиддо 2 книга Паралипоменон 35:22, Мегиддон 4 книга Царств 23:29), обширная и плодоносная равнина к югу от Фавора и Назарета, между горою Кармилом на западе и горами Гелвуй и Дехи на востоке, простирающаяся до Иордана. Это самая богатая и большая равнина Палестины, 8 часов ходьбы в длину и от 4-5 в ширину. Еще с древних времен эта равнина была местом, где воюющие державы сражались из-за Палестины, со времен Варака и Сисары (Суд. 4:14) до времен Ахава (3 Цар. 20:25 и дал.) и от Иосии (4 Цар. 23:29) до времен Бонапарта. В 1799 г. 25.000 турок на голову были разбиты 3.000 французами. Срав. Мегиддо. Большое значение этой равнины, как места сражений, зависело, главным образом, от того, что там пролегала большая караванная дорога между Египтом и Дамаском. Недалеко, на восток от города Изреель, дорога проходит мимо так называемого источника Голиафа, Аин Джалуд, "источник, что в Изрееле" (1 Цар. 29:1), откуда река Нахр Джалуд течет в Иордан мимо Беф-Сана "ниже Изрееля" (3 Цар. 4:12).

2) Город в нагорной части Иудеи (И. Нав. 15:56, откуда Давид взял себе жену Ахиноаму (1 Цар. 25:43; 27:3).

Изумруд. См. драгоценные камни.

Изюм (евр. цимукѝн) (1 Цар. 25:18; 30:12; 2 Цар. 16:1; 1 Пар. 12:40), сушеные ягоды винограда.

Иисус. 1) Евр. Иешуа, Иесуа или Иехошуа (Езд. 3:2; 4:3; 5:2; Неем. 12:26; Агг. 1:1; 2:4), слово еврейское, которое обозначает: И е г о в а с п а с а е т. Так назывался сын и преемник первосвященника Иоседека. Он возвратился вместе с народом из Вавилонского плена. Вместе с князем Зоровавелем Иисус старался восстановить город, храм и богослужение. Он был ярким прообразом Иисуса Христа по своему служению и, особенно, по двум пророчествам. В первом (Зах. 3), о нем говорится, что он подобен головне исторгнутой из огня, что он защищается ангелом от сатаны и облечен в торжественную одежду; в этом же пророчестве Иисус получает обещание, если останется верным, судить дом Господень; и дается обетование, что Господь пошлет раба своего, по имени Отрасль, и изгладит грех земли в один день.

Во втором пророчестве — в Зах. 6:9 и дал. говорится, что на голову Иисуса возлагаются венцы, которые сделаны из серебра и золота, собранного у приходивших из Вавилонского плена евреев. В этом месте он является прообразом той Отрасли, которая создает храм Господень, и "придут издали и примут участие в построении храма". Срав. Хелдай и Товия.

2) Сын Навина или Нуна (Чис. 13:9) из колена Ефрема (1 Пар. 7:27) слуга Моисея (Исх. 24:13). Моисей дал ему имя Иисус вместо прежнего Осия (Чис. 13:17). Иисус был предводителем израильтян в битве с Амаликитянами при Рефидиме (Исх. 17:8). Он был также одним из соглядатаев, которые посылались в Ханаан для осмотра земли. Только он и Халев говорили правду народу о Ханаане (Чис. 14:6 и дал.). Иисус Навин был избран Богом быть преемником Моисея, для чего и был поставлен Моисеем перед священником Елеазаром и всем израильским обществом. Моисей возложил на него руки (Чис. 27:19). Таким образом, он торжественно был призван и поставлен Богом (Втор. 31). Когда израильский народ перешел Иордан, ему было 84 года. После того он в продолжение 26 лет покорял Ханаан и делил покоренную землю. Вся его жизнь была ярким выражением высказанного им: "Я и дом мой будем служить Господу" (И. Нав. 24:15). После торжественной прощальной речи к народу и возновления завета народа с Богом он окончил свою жизнь 110 лет и был похоронен в своем уделе в Фимнаф-Сера на горах Ефремовых (И. Нав. 24:29 и дал.).

Об И. Навине, как прообразе Величайшего Вождя Спасения, Который вводит своих в настоящий покой, смотри Евр. 2:10; 4:8 и дал.

Доказательством известности Иисуса Навина в то время является финикийская надпись около города Тингиса в Мавритании, в западной Африке. Эта надпись принадлежит финикийцам, которые бежали из Ханаана, и эта же надпись приводится в истории вандалов Прокопия (Prokopius): "мы те, которые убежали от разбойника Иисуса, сына Навина".

3) Вефсамитянин, на поле которого остановился ковчег, когда он был отослан обратно филистимлянами (1 Цар. 6:14).

4) Градоначальник в Иерусалиме, перед воротами которого находились высоты с жертвенниками, которые были разрушены Иосией (4 Цар. 23:8).

5) Священник во времена Давида (1 Пар. 24:11).

6) Имена некоторых лиц, возвращавшихся из Вавилона (Ездр. 2:2, 40; 8:33; Неем. 3:19; 8:7).

7) Город в колене Иуды, снова отстроенный после возвращения из плена (Неем. 11:26).

8) Называемый Иуст, верующий еврей, сотрудник ап. Павла (Кол. 4:11).

Иисус Христос, Сын Бога Отца от вечности, ставший Сыном Марии, когда пришла "полнота времени". Он родился в Вифлееме, воспитывался в Назарете, распят, умер и погребен в Иерусалиме. В третий день после смерти Он воскрес и в 40-ой день вознесся на небо. Его имя Иисус (евр. Иесуа или Иешуа, т.е. Иегова спасет) было возвещено Его Матери через ангела еще до Его рождения (Мат. 1:21). Современники называли Его "Иисус, Сын Иосифа, из Назарета"; Его враги написали на кресте: "Иисус Назорей, Царь Иудейский". Христос или евр. Мессия, т.е. Помазанник, — имя, которое присвоили Ему, как посланному Богом Первосвященнику, Пророку и Царю (Евр. 1:9). Еще в начале Он, как Слово, имел самостоятельную сущность. "Слово было у Бога, и Слово было Бог. Через Него создана вся тварь, и в Нем была жизнь (Иоан. 1:1 и дал.; Кол. 1:15 и дал.). "И Слово стало плотию и обитало с нами, и мы видели славу Его", так свидетельствует Иоанн. Подобным образом Павел короткими словами описывает чудесную историю Посланника Божия, когда говорит: "Иисус Христос, будучи образом Божиим, не почитал хищением быть равным Богу; но уничижил Себя Самого, приняв образ раба, сделавшись подобным человекам и по виду став, как человек; смирил Себя, быв послушен даже до смерти и смерти крестной. Посему и Бог превознес Его и дал Ему имя выше всякого имени, дабы пред именем Иисуса преклонилось всякое колено небесных, земных и преисподних, и всякий язык исповедал, что Господь Иисус Христос в славу Бога Отца" (Фил. 2:6-11).

Сведения о жизни Иисуса переданы нам в 4-х Евангелиях.

Надо заметить, что год рождения Иисуса был по крайней мере на 4 года раньше начала принятого нами (Дионисианского) летосчисления, так как Ирод Великий, который дожил до рождения Иисуса, умер в 750 г. по римскому летосчислению, а первый год нашего летосчисления совпадает с 754 годом римского летосчисления. Следовательно, рождение Иисуса было раньше 750 г.; некоторые полагают, что оно могло быть в 749 г., 748 или 747 г. по римскому летосчислению. В 747 и 748 годах по римскому летосчислению произошло совпадение

Отрок Иисус в храме посреди учителей.

планет Сатурна и Юпитера; многие думают, что это совпадение планет и было той звездой, которая руководила волхвами. В 30-летнем возрасте Христос начал Свое служение (Лук. 3:23). Сколько лет Он провел в нем, трудно определенно сказать. Иоанн говорит об одной Пасхе вскоре после Его выступления на общественное служение (Иоан. 2:13), о другой Пасхе — во время Его деятельности в Галилее (Иоан. 6:4) и третьей Пасхе, во время которой Он был распят (Иоан. 13:1). Это составляет два с небольшим года общественной деятельности Христа. Многие думают, что еще одна Пасха упомянута под "праздником Иудейским" в Иоан. 5:1 и таким образом исчисляют время Его общественного служения более 3-х лет.

Ийе-Аварим, т.е. холмы Аварима — первая стоянка израильтян в пустыне "против Моава, к востоку солнца" (Чис. 21:11; 33:44), т.е. те холмы, которые берут начало от Аварама, на северо-восточной границе моавитской страны.

Икония (теперь Кония), столица Ликаонии, где Павел основал церковь (Деян. 13:51; 14:1), которую он вскоре должен был оставить из-за злобного отношения к нему Иудеев (14:2 и дал.). При следующем посещении он поставил им пресвитера (14:21-23; срав. 2 Тим. 3:11).

Ила — Эла́.

1) Сын царя Ваасы и его наследник в израильском народе, 930 г. до Р.Хр.; убит Замврием два года спустя после воцарения, когда во время пиршества Замврий захватил престол (3 Цар. 16: 6 и дал.).

2) Отец царя Осии (4 Цар. 15:30).

Или, Или, лама савахфани? т.е.: "Боже Мой, Боже Мой, для чего Ты оставил Меня?" — возглас Иисуса на кресте (Мат. 27:46; Мар. 15:34; Срав. Псл. 21:2).

Илий — Элй.

Илий. 1) Первосвященник Израиля в конце времени судей (1 Цар. 1:9) из рода Ифамара (сравни 1 Пар. 24:3), а также и судья в течение 40 лет (1 Цар. 4:18). Он навлек на себя гнев Бога за попустительство своим безбожным детям (1 Цар. 2:29; 3:13). Священное Писание свидетельствует, что он не имел духа молитвы и дара пророчества (1 Цар. 1:13; 3:1). Высказанные в 1 Цар. 2:27 и далее наказания исполнились (1 Цар. 4:16). Узнав, что ковчег взят в плен, Илий умер, 98-ми лет (1 Цар. 4:15, 18).

2) Некто Илий упоминается у Луки 3:23, как отец названного отца Иису-

са, Иосифа. Вообще предполагают, что Лука в этом месте передает нам родословие Иисуса по линии Его Матери и, так-как женские имена вообще не пишутся в родословии, то Иосиф и поставлен здесь вместо своей жены. Значит, Илий был отцом Марии и дедом Иисуса. В талмуде также говорится о Марии, Матери Иисуса, как дочери Илия. "Откуда еврейские ученые взяли эти сведения? Если оно взято у Луки, то это показывает, что они поняли его так, как и мы; но если они получили их из преданий, то это подтверждает правильность родословных документов, которыми пользовался Лука" (Годэ).

Илирик, римская провинция на восточном побережьи Адриатического моря; Павел говорит, что он благовествовал о Христе до Илирика (Рим. 15:19).

Илия, "фесвитянин, из жителей Галаадских", пророк Господа в Израиле (3 Цар. 17:1). Кроме вышеприведенных слов мы нечего не знаем о его родителях и о прежней его жизни. Неизвестный раньше, он вдруг появляется перед Ахавом и Иезавелью, обличая их в грехе и извещая о наказании от Бога. По повелению Господню он скрылся у потока Хорафа, где вороны приносили ему пропитание. После того, как поток высох, он пошел в Сарепту Сидонскую, где чудо доставило ему пропитание. Он исцелил сына своей хозяйки, возвратив ему жизнь. Затем он выступил перед Ахавом и перед многочисленной толпой израильтян на горе Кармиле. Там он просил Бога послать ему на жертвенник огонь. В ответ на молитву огонь ниспал с неба и сжег все, что было сделано для жертвоприношения. По его же молитве пошел обильный дождь после трехлетней засухи. Испытывая упадок духа вследствие малого воздействия Божьих откровений на народ и на его управителей, и будучи гоним, Илия бежал в пустыню. После того, как ангел Господень подкрепил его, он дошел до горы Хорива, где был утешен откровением силы и благодати Господа. Посланный Богом, он пошел в Дамаск помазать Азаила царем над Сирией и Ииуя — царем над Израилем, и призвал Елисея на пророческое служение. Через некоторое время он опять обличил Ахава и Иезавель за их поступок с Навуфеем. Он предсказал смерть Охозии и низвел огонь с неба на двух начальников с 50 воинами, посланных, чтобы схватить его. Извещенный о том, что он скоро будет взят от земли, он вместе с Елисеем посетил пророческие школы, разделил реку Иордан, перешел через нее и был взят на огненной колеснице на небо. Свою верхнюю одежду, служение и благословение он оставил Елисею (3 Цар. 17:19; 21; 4 Цар. 1:2).

Может быть Илия раньше сам писал и оставил кому-нибудь из своих учеников письмо, в котором он обличал и предсказывал смерть иудейскому царю Иораму (2 Пар. 21:12 и дал.). Возможно, что Илия жил во время исполнения этого пророчества на земле (4 Цар. 1:17).

Илия, как чрезвычайный посланник Бога, вместе с Мойсеем, является представителем закона и пророков (Малах. 4); вместе с Моисеем он удостоился быть свидетелем преображения Христа и говорить с Ним о Его исходе (Мат. 17:3). И, однако-же сильный в своей молитве, помилованный своим Богом, руководимый и сохраняемый Провидением, прославленный взятием живым на небо, он был такой же человек, как и всякий верующий в Христа (Иак. 5:17).

Перед пришествием Мессии, как сказано у Мал. 4:5, пророк Илия должен был прийти и приготовить Ему путь (Лук. 1:17). В Иоанне Крестителе, говорит Христос, это пророчество исполнилось (Мат. 11:14; 17:12; Мар. 9:13); ибо он пришел в духе и силе Илии.

Именей и **Филит** — лжеучители-гностики, которые говорили, что воскресение уже было, т.е. они отрицали воскресение тела (2 Тим. 2:17 и дал.) и прельщали многих. По 1 Тим. 1:20 Павел уже раньше имел причину предать сатане Именея и Александра, потерпевших кораблекрушение в вере и отвергнувших добрую совесть.

Именам почти всегда у израильтян придавалось большое значение. Они часто напоминали о каком-либо обстоятельстве, происшедшем во время или после рождения ребенка, а также вообще какие-нибудь события в жизни семьи. Иногда имена выражали характер или особенность человека. Местам давали названия, которыми напоминали о происшедших там событиях. См. Измаил, Израиль, Моисей, Ихавод, Галаад, Кавул. Сложные имена были в большом употреблении; нередко в их состав входила часть имени Бога, как пример Иаг-Ел; (смотри Иегова). Иногда имя состояло из целого предложения, как, напр., Рувим, т.е. "вот сын", или "смотри на сына". Ср. Еммануил (Имману-Эл), Шеарясув (Шеар-Иасув). Нередко, уже будучи взрослыми, люди меняли свои имена, присваивая себе другое имя (Руф. 1:20; Иоан. 1:42; Дан. 1:7). Поэтому одно и то же лицо встречается иногда под различными именами. См. Варфоломей, Авиафар. Срав. "новое имя" (Отк. 2:17); имя Господа, которое было дано Ангелу, ведущему Израиля в Ханаан (Исх. 23:21), выражено в Исх. 3:14. Срав. Бог, Иегова, имя Христа Сына Божия — какое имя Ему и какое имя Сыну Его? знаешь ли? (Прит. 30:4) — уже предсказано в некоторых местах Ветх. Завета (Ис. 9:6; Иер. 23:6) и объявлено только в Новом Завете: Иисус (Срав. Фил. 2: 9 и дал.). О выражении "восстановить имя умершего" смотри Руф. 4:5, 10 — а "изгладить имя" Псл. 9:6.

Иногда слово "имя" означает лицо (Отк. 11:13).

Индия, по евр. Ходду, встречается только в книге Есфирь 1:1; 8:9 и обозначает границу Персидского царства, которое на западе распростряналось до Ефиопии. Думают, что здесь говорится о стране, лежащей близ Инда-Синде, т.е. о западной части Индии.

Место рождения Иоанна Крестителя, холмистая местность Иудеи. Слева: монастырь Иоанна Крестителя, допускают, что он стоит на местоположении дома Захарии и Елисаветы.

Иоав. 1) Сын Сераия (Царуи), "родоначальник долины плотников", местности в колене Вениамина (1 Пар. 4:14).

2) Сын Саруи, сестры Давида (2 Цар. 2:13; 2:18; 1 Пар. 2:16). Он первый поразил иевусеев, за что и был поставлен Давидом главою военачальников, кем и пробыл почти во все время царствования его (1 Пар. 11:6). Иоав был хорошим воином и начальником; иногда он давал полезные советы, как, напр., в решении вопроса относительно Авессалома (2 Цар. 14) или при исчислении народа (2 Цар. 24: 3). Он отличался жестокостью и мстительностью, что видим из его предательского убийства Авенира и Амессея (2 Цар. 3:20); из его беспощадного поступка с Давидом (2 Цар. 3:39; 19:5), из его убийства Авессалома (2 Цар. 18:14 и дал.) и, наконец, из его предательского заговора с Адонией (3 Цар. 1:15 и дал.), — за все это, согласно завещанию Давида (3 Цар. 2:5 и дал.), он был умерщвлен по приказанию Соломона (3 Цар. 2: 28 и дал.).

Иоаким, второй сын царя Иосии; он прежде назывался Елиакимом, но когда фараон Нехао поставил его на царство вместо его брата Иоахаза, то переменил его имя "Елиаким" на "Иоаким" (4 Цар. 23:34). Он выжимал все возможное из своих подданных, чтобы платить Нехао тяжелую дань. Процарствовал он 11 лет, 609-599 до Р.Хр. Это был безжалостный, кровожадный и дерзкий правитель (4 Цар. 23:34 - 24:5; 2 Пар. 36:4 и дал.; Иер. 22:13 и дал.). Он преследовал Господних пророков (Иер. 26:20 и дал.), он же бросил пророчества Иеремии в огонь (Иер. 36). Процарствовав три года, он подпал под владычество вавилонян, которые разбили египтян в битве при Кархемисе 606 г. до Р.Хр., но, три года спустя, он отделился от них. Наемная армия Навуходоносора была послана, чтобы погубить его (4 Цар. 24:1 и дал.), и, вероятно, в это время он постыдно умер, согласно пророчеству Иер. 22:18 и далее.

Иоанан (евр. Иехоханан или Иоханан, т.е. Иегова милостив, греч. Иоанан и Иоаннес, лат. Иоханнес, когда обозначает мужчину и Иоханна, когда обозначает женщину), сын Азария и отец того Азарии, который был священником в Соломоновом храме (1 Пар. 6: 9, 10).

Иоанн (значение имени смотри Иоанан).

1) Один из рода первосвященнического, принимавший участие в суде над апостолами Петром и Иоанном (Деян. 4:6).

2) Тот же, что и Марк (Деян. 12: 12).

3) Иоанн Креститель, последний из пророков Ветхого Завета, о котором Исаия предсказал, как о "гласе вопиющего в пустыне для приготовления пути Господу" (Ис. 40:3; Срав. Мат. 3:3), а Малахия, как об Ангеле Господнем, который должен приготовить Ему путь (3:1 срав. Мат. 11:10) и как об Илие (4:5 срав. Мат. 11:14). По свидетельству Иисуса, Иоанн — самый великий из всех рожденных женами в Ветхом Завете (Мат. 11:11). Иоанн родился, согласно предсказанию ангела, от престарелых Захарии и Елисаветы, которые происходили из священнического рода, и посвящен с самого начала своей жизни на служение Богу (Лук. 1:15). Уже в утробе матери он возрадовался Мессии, Который родил-

ся 6 месяцев спустя после его рождения (Лук. 1:23, 44). Когда его обрезали, то, по повелению ангела, нарекли ему имя Иоанн — Иегова милосерд — ибо он должен был приготовить проповедью народ к приближающемуся царству благодати (Лук. 1:63). Он рос в пустынях до дня явления своего Израилю, в 15-й год царствования Тиверия, приблизительно в 29 г. по Р.Хр. (Лук. 1:80; 3:1). В Иудейской пустыне он начал собирать вокруг себя толпы людей, действуя на них своей строгой и аскетической жизнью и, особенно, своей проповедью покаяния в духе и силе Илии. Он без снисхождения обличал грехи каждого (Лук. 3:7 и дал.), проповедуя крещение покаяния для прощения грехов (Мар. 1:4) и направляя людей к Крестящему Духом Святым — Христу (Лук. 3:16). Иоанн указывал на Него, как на Агнца Божия, берущего на Себя грех мира (Иоан. 1:29), Которого он узнал через откровение, во время крещения (Иоан. 1:33 и дал.). Иоанн продолжал свою деятельность недолгое время после выступления Иисуса Христа (Иоан. 3:23; 4:1). Он учил своих учеников поститься (Мат. 9:14) и молиться (Лук. 11:1) и пользовался всеобщим почтением (Лук. 3:15); синедрион посылал к нему посольство (Иоан. 1:19 и дал.); Ирод с удовольствием слушал его и многое делал, по его совету (Мар. 6:20). Но Иоанн все положил к ногам Иисуса Мессии, Которому должно было расти, а ему (Иоанну) умаляться. Как радуется друг жениха, когда подводит невесту к жениху, так радовался и Иоанн, когда видел всех уходящих от него к Иисусу (Иоан. 3:23). Ирод Антипа посадил Иоанна в тюрьму за то, что тот обличал его (Лук. 3:20), а потом велел отрубить ему голову по настоянию дочери Иродиады (Мат. 14:3 и дал.).

О посольстве, которое Иоанн отправил из тюрьмы к Иисусу с вопросом: "Ты ли тот, Которому должно прийти, или ожидать нам другого?" Многие думают, что оно было послано по причине сомнения у Иоанновых учеников; но другие считают (что вероятнее), что сомнение самого Иоанна понудило его послать это посольство. Пока он находился там во тьме и ничего не слышал о том царстве, которое должен был основать Мессия, сомнение начало омрачать его, и он обратился к Иисусу, чтобы Тот рассеял его сомнения. При всем своем светлом понятии о новозаветных истинах он все-таки находился в рамках Ветхого Завета, и поэтому пережил ту же внутреннюю борьбу, что и близкие ученики Иисуса (Мат. 20:20 и дал.; Лук. 24:21; Деян. 1:6). Возможно, он также хотел воспользоваться этим случаем, чтобы, розрешив свои сомнения, посылать от себя к Иисусу тех из учеников, которые еще оставались при нем.

4) Иоанн, евангелист, "ученик, которого любил Иисус" (Иоан. 21:7, 20), сын рыболова Зеведея и Соломии, брат Иакова. Думают, что он был один из тех двух учеников Иоанна Крестителя, который последовал за Иисусом (Иоан. 1:37 и дал.). После этого первого знакомства он был призван Господом при море Галилейском и поставлен апостолом. Иоанн стал одним из трех самых близких учеников Иисуса Христа. Вместе с Иаковом и Петром он был свидетелем воскресения дочери Иаира, видел преображенного Наставника на горе, и был с Ним в Гефсимании; на вечери Господней он лежал у груди Спасителя. Вместе с Марией он стоял около креста; Мать Наставника была поручена ему. Все то, что он сам наблюдал и слышал, о том и свидетельствует нам. Вместе с Петром (отречение которого и слезы раскаяния он слышал и видел, и восстановление которого он так прекрасно описал) мы видим его у гроба Воскресшего, затем на Геннисаретском озере, во время первого гонения христиан в Иерусалиме и при первых успехах проповеди в Самарии. После сошествия Святого Духа и рассеяния верующих из Иерусалима, Иоанн — как говорит предание — пошел в Малую Азию и поселился в Ефесе. Там он пас те церкви, которые основал Павел; там же он написал свое Евангелие. Император Домициан сослал его на Патмос, где он получил откровение для утешения гонимой церкви. На Патмосе или в Ефесе он также написал свои послания для подкрепления своих духовных детей. Во время царствования императора Нерона он возвратился в Ефес, где и умер в глубокой старости в царствование императора Траяна, около 100 г. по Р. Хр. Иероним рассказывает про Иоанна, что тот в своей старости не мог много говорить, но постоянно повторял одни и те же слова: "Возлюбленные дети, любите друг друга". Когда спрашивали его, почему он так часто повторяет это, он отвечал: "Потому что это заповедь Господа, и если она исполняется, то и достаточно". Характер Иоанна не был таким мягким и женственным, как это иногда приписывается ему. Он был один из двух "сыновей громовых" (Мар. 3:17). См. Иак. 1. Характер Иоанна, который побуждал его запрещать другим действовать именем Христа, потому лишь что они не ходили вместе с Иисусом, или свести с неба огонь для истребления самарян, не принявших Спасителя,

или получить для себя самое лучшее место в царстве Мессии (См. Мар. 9: 38; Лук. 9:54; Мат. 20:20 и дал.) не изменился сразу, но смягчился и постепенно силою благодати сделался святым. С неустрашимостью он свидетельствовал о Воскресшем Спасителе (Деян. 4:13 и дал.) и ревностно писал против лжеучителей (1 Иоан. 2:4; 2 Иоан. 10). Апостол любви знал также и о "святом гневе" (Иоан. 3:38).

Иоанна, жена Хузы, управляющего домом Ирода Антипы, одна из тех женщин, которые служили Иисусу своим имением (Лук. 8:3; 24:10).

Иоаннан, один из предков Иисуса (Лук. 3:27).

Иоас — Йоа́ш.

Иоас. 1) Отец Гедеона; он отказался выдать жителям города своего сына, который разрушил жертвенник Ваала, и сказал: "Если он (Ваал) — Бог, то пусть сам вступится за себя" (Суд. 6:11, 25 и дал.).

2) Сын Ахава, который вместе с градоначальником Амоном получил от царя приказание стеречь пророка Михея (3 Цар. 22:26).

3) Сын и преемник Охозии, царя Иудейского 878-838 до Р.Хр. Когда его бабка Гофолия умерщвляла весь царский род, то он был спасен теткою Иосавефою и скрывался в течение 6 лет в храме. Семи лет он был избран царем, благодаря ходатайству священника Иодая. Пока Иодай жил, Иоас служил Господу, заботился об обновлении храма и преуспевал, но после смерти Иодая царь стал слушаться плохих советов. Идолопоклонство одержало верх. Когда Захария, сын Иодая, обличил народ, Иоас велел убить его на дворе храма. После этого одна беда стала сменять другую: Сирияне опустошили страну и увезли сокровища храма в виде добычи, сам царь был тяжело ранен в этой войне и умерщвлен двумя своими слугами 4 Цар. 11; 12; 2 Пар. 23-24).

4) Сын и наследник Иоаса, израильского царя, 839-825 г. до Р.Хр., придерживался "греха Иеровоама", хотя и чтил пророка Елисея. Он посетил пророка перед его смертью и Елисей предсказал ему победу над сириянами (4 Цар. 13:14 и дал.). Когда Иудейский царь Амассия, гордый своей победой над идумеями, вызвал на сражение Иоаса, последний разбил его на голову, взял Иерусалим и ограбил храм (4 Цар. 13:9 и дал.; 14:1 и дал.; 2 Пар. 25:17 и дал.).

Иоахаз — Егоаха́з.

Иоахаз. 1) Сын и наследник Ииуя, израильского царя 865-839 до Р.Хр. В наказание за грехи его самого и народа земля подверглась голоду и бедствиям вследствие вторжения в страну Азаила и Венадада. Царь смирился перед Богом, и Бог послал ему помощь через его сына Иоаса (4 Цар. 13:1 и дал. 22, 25).

2) Младший сын и наследник Иосии, царя иудейского 609 г. до Р.Хр.; после трехмесячного правления он был взят в плен фараоном Нехао и отведен в Египет, где и умер (4 Цар. 23:30 и дал.; 2 Пар. 36:1 и дал. Он назван С е л л у м в 1 Пар. 31:15; Иер. 22: 11).

3) 2 Пар. 21:17. См. Охозия 2.

4) Старший сын царя Иосии (1 Пар. 3:15).

Иоафам — Йота́м.

1) Сын и наследник иудейского царя Озии 758-742 до Р. Хр., современник израильского царя Факея и пророка Исаии. Он укрепил Иерусалим, построил крепости в селениях, покорил аммонитян и сделался могущественным, ибо он "устроил пути свои перед лицом Господа Бога Своего". Он был единственным иудейским царем, о котором ничего плохого не сказано (4 Цар. 15:32 и дал.; 2 Пар. 27; Мат. 1:9).

2) См. "Иофам".

Иовав. 1) Один из сыновей Иокатана.

2) Одно аравийское племя (Быт. 10: 29).

3) Царь Едома (Быт. 36:33).

4) По мнению 70 толковников тот же, что и Иов (См. ниже).

Иов (т.е. истерзанный или ненавидимый), история которого описывается в "книге Иова", был набожный человек в земле Уц (Оз), между Едомом и Пустынной Аравией. Он был могущественнее всех сынов востока, богат стадами скота, имел 7 сыновей и 3-х дочерей. Он часто приносил жертвы примирения (и делал это ради своих детей), потому что боялся, что они на своих пиршествах могли согрешить против Бога. Когда сатана намекнул Богу, что набожность Иова была только наружной, без внутреннего содержания и эгоистична, что он согрешит, если лишится благополучия в своей жизни, Бог позволил сатане поразить Иова бедствиями. Враги и молния уничтожили его стада и буря разрушила дом, в котором находились его дети, так что все они погибли под его развалинами. Но Иов благословил имя Господа. Когда сатана получил позволение поразить Иова болезнью (2:7; 7:5; 19:17; 30:17, 30) и даже жена Иова укоряла его, то Иов и после этого не согрешил. Три его друга — Елифаз, Вилдад и Софар — пришли утешать Иова. В течение 7 суток они сидели около него, не произнося ни слова. Утешение их было молчаливым упреком. Для Иова это было слишком тяжело и он разразился тем, что проклял день своего рождения (3 гл.). После этого следует ряд бесед между Иовом и его тремя друзьями, в которых они старались доказать, что Бог праведен и карает нечестивых страданиями, и что перед ними лицемерный Иов должен исповедать тот грех, за который он, повидимому, так страдает.

Иов, не сомневаясь в праведности Бога, не мог принять на себя греха, будучи уверен, что он не сделал его. После всех выступил четвертый из друзей Иова, бывший младше всех летами, Елиуй. Он обличил трех первых друзей за их обвинения, доказал, что страдания люди не должны обязательно считать наказанием за свои поступки, но испытанием и очищением. Он побуждал Иова к смиренному разбору своих мыслей и поступков. Наконец, Сам Бог явился в буре, объявил о Своем совершенстве и величии в создании и управлении вселенной и показал безумие тех, кто хочет порицать Бога или спорить с Ним. Иов сознал свое ничтожество и свое безумие: "Я отрекаюсь и раскаиваюсь в прахе и пепле" (Иов. 42:6). Затем Бог обличил трех друзей в том, что они говорили о Нем не так правильно, как Иов, велел им принести жертвы всесожжения и обещал помиловать их по молитве Иова. Господь восстановил прежнее благосостояние Иова и дал ему вдвое по сравнению с прежним. У него снова родилось 7 сыновей и 3 дочери, и после своих страданий он прожил еще 140 лет. Так как он имел до своего тяжелого испытания 7 взрослых сыновей и 3 дочерей, то отсюда заключають, что он достиг 200-летнего возраста. Пророк Иезекиль говорит об Иове, как о набожном человеке (Иез. 14:14, 20). Его терпение и конец жизни вспоминаются также Иаковом (Иак. 5:11).

Иодай (Иегоядá, т. е. Бог узнал), первосвященник, который сохранил наследника царского престола Йоаса во время истребления Гофолией царского рода. Его мудрость и набожность послужили на пользу царству до самой его смерти (130 лет). Он похоронен с царскими почестями (4 Цар. 11:5; 2 Пар. 23:24).

Иозакар. См. Завад.

Иозиил, сын Захарии, левит "из сынов Асафовых", исполнился Духом Господним, ободрил Иосафата и его людей и велел им выступить против врага, предвещая чудесную победу (2 Пар. 20:14 и дал.).

Иоиль (Йоэль). 1) Сын Самуила. См. Авия

2) Сын Вафула, пророк Господа в Иудейском царстве, живший, вероятно, в Иерусалиме в то время, когда служение в храме еще продолжалось (Иоиль 1:14; 2:1, 15, 17). Он был автором книги, которая носит его имя.

Иоктан, сын Евера, имел 13 сыновей; он является праотцем теперешних арабов, живущих в южной части Аравии (Быт. 10:25 и дал.; 1 Пар. 1:19 и дал.).

Иокшан, один из сыновей Авраама от Хеттуры (Быт. 25:2 и дал.), праотец некоторых арабских племен.

Иокфеил. 1) Город в колене Иуды (И. Нав. 15:38).

2) Тот же, что Села или Петра (4 Цар. 14:7).

Иона. 1) Сын Амафиин, пророк из Гафхевера (4 Цар. 14:25; Ион. 1:1)., современник Иеровоама 2-го, 825-784 до Р.Хр., великие завоевания которого Бог через Иону предрек (4 Цар. 14:25). Иона был послан Господом в Ниневию, чтобы проповедывать о ее грехах, но вместо исполнения воли Божией он отплыл на корабле из Яффы, намереваясь убежать в Фарсис (Ион. 1:3). Господь поднял бурю на море. Буря грозила гибелью судну; моряки бросили жребий, чтобы узнать виновника несчастия и жребий пал на Иону, который признался в своем поступке и велел им выбросить его в море. Огромная рыба проглотила Иону и носила его в продолжение трех суток; внутри ее он призвал Господа (Ион. 2). Иона был выброшен на берег и вторично получил повеление от Бога идти в Ниневию. Теперь Иона послушался. Услышав его проповедь, ниневитяне покаялись (Ион. 3; Мат. 12:39 и дал.). Увидев, что они получили прощение, Иона пал духом и стал просить себе смерти. Этот его поступок Бог обличил и наглядно показал пророку, на выросшем и высохшем в одну ночь растении, Свое всеобъемлющее милосердие (Ион. 4).

2) Отец Петра (Мат. 16:17; Иоан. 1:42).

Ионадав. 1) Сын Самая, брата Давида, хитрый человек. Он дал своему двоюродному брату Амнону лукавый совет, каким образом овладеть своей сестрой Фамарью. Впоследствии он не был удивлен, когда Авессалом за этот поступок умертвил Амнона (2 Цар. 13:3-32, 35).

2) Сын Рихава и близкий друг царя Ииуия; они вместе ревностно уничтожали служение Ваалу (4 Цар. 10:15, 23). Он заповедал своему потомству не пить вина (Иер. 35:6 и дал.). См. Рихавиты.

Ионан, один из предков Иисуса (Лук. 3:30).

Ионафан — Йонатан.

Ионафан (т.е. дар Божий). 1) Сын Гирсона, внук Моисея, священник в колене Дана в Лаисе или Дане. Прежде он служил перед тем истуканом, который они украли у ефремлянина Михи (Суд. 18:30. Срав. стих 18). Наверное он и есть тот левит, который раньше был нанят Михою быть священником за 10 сиклей серебра, платье и пропитание (17:7 дал. Срав. Миха).

2) Сын Саула, который отличался храбростью и набожностью. Вместе со своим оруженосцем он напал на филистимский гарнизон и убил 20 человек. Не зная о приказании отца, не разрешившего под страхом смерти во время битвы что-либо есть, он съел немного меда, чтобы подкрепить себя им; этот его поступок был обнаружен и только заступничество народа спасло Ионафана от смерти (1 Цар. 14). После победы Давида над Голиафом Ионафан привязался к нему всем сердцем (1 Цар. 18:1). Когда Ионафан пал вместе со своим отцом в битве при горе Гелвуе, Давид оплакал его смерть в прекрасной и скорбной песни и взял его сына Мемфивосфея под свое покровительство (1 Цар. 31:2, 8; 2 Цар. 9:1).

Традиционная могила Ионы в Ниневии, Ирак, древняя Вавилония.

3) Племянник Давида; он убил филистимского великана, который поносил израильтян (2 Цар. 21:20 и дал.).

4) Сын Авиафара, который поддержал Давида во время восстания Авессалома (2 Цар. 15:36; 17:20; 3 Цар. 1:42).

5) Дядя и советник Давида, сообразительный и образованный человек (1 Пар. 27:32).

6) Сын Узии, заведующий у Давида запасами (1 Пар. 27:25).

7) Писец, в доме которого заключили Иеремию (Иер. 37:15; 38:26).

8) Сын и преемник Иоиада в первосвященническом служении, отец Иаддуя (Неем. 12:11); он назван Иоханан в стихах 22, 23.

Иоппия. См. Яффа.

Иорам. 1) Сын царя Фоя, см. Фой.

2) Сын Ахава, который воцарился над Израилем после своего старшего брата Охозии 896-884 до Р.Хр. Он уничтожил служение Ваалу, но все же подражал "греху Иеровоама". После чудесной Божией помощи при недостатке воды он усмирил восставших моавитян с помощью Иосафата, царя Иудейского. Немного спустя он был вовлечен в войну с Венададом и Азаилом. В битве Иорам был ранен и умер от руки Ииуия. Тело его было выброшено на поле Навуфея в Изрееле; с его смертью прекратилась династия Ахава (4 Цар. 3-9).

3) Сын Иосафата и наместник его в колене Иуды. Царствовал в течение 8 лет, в начале, как помощник своего отца (4 Цар. 8:16), около 892-885 до Р.Хр. Гофолия, дочь нечестивого Ахава, была его женою; она способствовала тому, что его царствование было проклятием для земли. Своих шесть братьев и других благородных людей он лишил жизни, и имения их забрал себе. "Высоты устроил он на горах Иудейских, и ввел в блужение жителей Иерусалима, и соблазнил Иудею" (2 Пар. 21:11), так что Илия послал ему обличительное письмо (2 Пар. 21:11 и дал.). Идумеяне сделались независимыми, филистимляне и арабы были возбуждены Господом против Иорама.

Эпизод крещения в реке Иордане, праздник Богоявления.

Земля, город и его собственный дом были ограблены и он сам умер от тяжкой болезни; его никто не оплакивал; похоронили его в "городе Давидовом", но не в царских могилах (4 Цар. 8:16 и дал.; 2 Пар. 21).

Иордан — Ярде́н.

Иордан — главная или, вернее, един-

Иордан

ственная река Палестины. Она протекает прямо с севера на юг и делит землю на две части, из которых западная — "Иорданская страна" больше, чем восточная, или Перея. Иордан, евр. Иарден, т.е. падающий, назван так за свое быстрое течение; арабами он называется Эль-шарижа, т.е. место водопоя. Эта река образуется из множества источников на Ермоне, из которых три главнейшие — Баниас, который вытекает из пещеры, близ Кесарии Филипповой на южном склоне Ермона; Леджан, который берет начало близ Дана или Тель Эль Кади, недалеко на запад от Баниаса; и более длинный из них Нахр Хасбани, который начинается на севере у села Хасбейн на западной стороне Ермона. Эти три потока соединяются к югу от Ермона и образуют Иорда́н, который сперва протекает через озеро Мером (теперь Хуле) и затем, через 13 км, впадает в Геннисаретское озеро. Через все Геннисаретское озеро можно наблюдать течение Иордана. Выйдя из этого озера, река извилисто спускается к югу до впадения в горкие воды Мертвого моря.

Долина, по которой протекает Иордан — от подошвы Ермона до самого Мертвого моря — иногда представляет из себя узкое ущелье, которое часто расширяется, особенно на юге, доходя до 20 км в ширину, как, напр., у Иерихона. Южная часть этой долины в Библии названа именем "равнина", Арава́ (евр. текст); арабы эту местность называют Эль Гор, т.е. дно долины (См. 4 Цар. 25:4; 2 Пар. 4:17). Иорданская долина замечательна тем, что большая ее часть лежит ниже уровня моря и является самым низменным местом на всей нашей планете. Начинаясь на высокорасположенном Ермоне, долина быстро спускается на 320 метров ниже уровня моря и, следовательно, заключает в себе самые крайние противоположности — от суровой альпийской природы на севере до сухой, выжженой солнцем мертвой пустыни на юге. На всем своем протяжении по обеим сторонам она ограничена возвышенностями, которые совершенно отвесно поднимаются на западной стороне и имеют до 305 мет и 366 метров в вышину. Более отлоги берега восточной стороны Иордана; на этой стороне возвышенности достигают такой же высоты, как и на западной. Эта нестерпимо жаркая долина большей частью глиниста и покрыта голыми холмами. Здесь извилисто течет река, делая многочисленные изгибы. В этих местах берега Иордана

Спокойный вид на реку Иордан, около традиционного места, где Иоанн Креститель проповедовал и крестил.

покрыты густым кустарником и деревьями — вербами, олеандрами, которые часто отступают и дают место для лугов и полей. В своем нижнем течении река снова обрастает тростником, который служил местом обитания диких животных (Иер. 49:19; 50:44; Зах. 11:3). Русло реки, наверное, теперь глубже, чем раньше: наносные пласты встречались весною после наводнения во многих местах (1 Пар. 12:15). Особенно замечательны в Иордане извилистость и быстрое течение. Между Геннисаретским озером и Мертвым морем по прямому направлению считается около 100 км. Лейтенант Линч в 1848 г. измерил длину реки со всеми извилинами и насчитал 200 км. Ширина реки меняется от 25 до 70 м; глубина от 1 до 4 м. Течение большей частью сильное и быстрое. (Срав. Иов. 40:18). Иордан имеет множество водопадов, из них наиболее значительных 27. Геннисаретское озеро лежит на глубине 225 м, а Мертвое море 340 метров ниже уровня моря. Следовательно, Иордан между этими озерами спускается на приблизительно 100 м. Иордан, как и Геннисаретское озеро, богат рыбой; вода его вполне пресная. О мостах через Иордан мы ничего не встречаем в Библии. Паромные места для переправы, когда вода была не высока, упоминаются в некоторых местах (Суд. 3:28; 12:5; 2 Цар. 17:22). О пароме мы читаем также в 2 Цар. 19: 18.

Иисус Навин и израильтяне перешли Иордан во время его разлива (И. Нав. 3:15). Волнующаяся река остановила свое течение напротив Иерихона, а ниже вода стекла по направлению к Мертвому морю; дно стало сухо, так что израильтяне могли перейти сухим путем на другую сторону. В память этого Иисус Навин поставил двенадцать камней, взятых священниками со дна Иордана (И. Нав. 4:8, 20 и дал.), и на дне посреди Иордана Иисус Навин поставил 12 других камней. "Они там и до сего дня" (И. Нав. 4:9). Два раза после этого Иордан дивным образом был разделен и перейден Илией и Елисеем (4 Цар. 2:8, 14). В водах Иордана Нееман очистился от своей проказы (4 Цар. 5:14) и с его дна по слову Елисея всплыл утонувший топор (4 Цар. 6:6). В Иордане Иоанн крестил кающуюся толпу, в его же воде крестился Господь Иисус (Мат. 3); это событие ежегодно празднуется в апреле (по новому стилю) тысячами паломников, которые в определенный день посещают священную реку, пьют ее воду, купаются в ней и возвращаются в Иерусалим.

С обеих сторон в Иордан впадает множество ручьев; некоторые из них не пересыхают круглый год и поэтому называются притоками. Самые значительные из них Иеромакс и Иавок с востока. На юг от Иеромакса долина более плодоносна и имеет более красивый вид; качество земли также изменяется. Вообще весь ландшафт в этом месте меняется, так как от этой большой долины начинают ответвляться еще долины. Вдоль обеих сторон реки тянется равнина шириною от $\frac{1}{3}$ - $\frac{3}{4}$ часа ходьбы с богатейшей зеленью. Чем более отлоги горы, тем чаще встречаются долины с потоками и роскошной растительностью. Здесь мы встречаем резкую противоположность голым горам высоких берегов, на которых водятся лишь газели, шакалы и хищные птицы. Ближе к Мертвому м. всякий след растительности исчезает. Волнообразная поверхность переходит в однообразную равнину, с глинисто-солончаковой почвой. Земля здесь настолько рыхла, что ноги путешественников довольно глубоко вязнут в ней. В том месте, где Иордан впадает в Мертвое море, можно видеть цапель, занимающихся ловлей тех рыб, которых река принесла с собою и которые должны умереть в крепком щелоке Мертвого моря.

Иордан для земли ханаанской служил естественной границей на востоке. В других странах реки имеют важнейшее значение, как средство сообщения между людьми; поэтому при больших реках всегда расположены крупные города. Не такое значение имел Иордан. Он служил только оградой для Израиля со стороны востока. На берегах Иордана никогда не существовало городов.

Иорим, один из предков Иисуса (Лук. 3:29).

Иосавеф — Йошеве́т.
Иосавеф (2 Пар. 22:11; 4 Цар. 11:2), дочь иудейского царя Иорама, жена священника Иодая, спасшая Иоаса, младшего сына Охозии от мести кровожадной Гофолии.

Иосафат (Иогошафат). 1) Сын Ахилуда, летописец у Давида и Соломона (2 Цар. 8:16; 20:24; 3 Цар. 4:3; 1 Пар. 18: 15).

2) Сын и преемник иудейского царя Асы. Он вступил на престол 35 лет 914-889 до Р.Хр. (3 Цар. 15:24; 22; 4 Цар. 3; 2 Пар. 17:20; Мат. 1:8). В Библии его очень хвалят за ревностное отношение к делу Божию. Он приказал истребить идолов и разрушить их жертвенники и содействовал распространению народного образования через светских лиц и левитов (2 Пар. 17:7 и дал.) — первое подобного рода учреждение во всей истории; он поставил судей и дал им замечательные уставы (2 Пар. 19). Иосафат сделал ошибку, заключив союз с Аха-

вом, дочь которого Гофолия была выдана замуж за его сына Иорама. Благодаря Ахаву он принял участие в неудачной войне с сирийцами, и это чуть не стоило ему жизни (2 Пар. 18:31). После этого на Иосафата напали соединенные войска моавитян, аммонитян и др. Иосафат объявил пост, призвал Господа в молитве и встретил врага с прославляющим Бога пением... Враги, соединившиеся для войны с Иосафатом, стали избивать друг друга, после чего оставшиеся в живых бежали, оставив все в добычу иудеям, которые прославили Бога (2 Пар. 20). Иосафат построил флот для торговли с Тарсом, но, когда для этой цели он соединился с нечестивым Охозией, то корабли были разбиты бурей (2 Пар. 20:37); после этого он отказался от повторной попытки (3 Цар. 22:49 и дал.) Впоследствии он соединился с идумеянами и Иорамом, царем израильским, и пошел войной против моавитян. Недостаток в воде, который испытали соединенные войска, был пополнен пророком Елисеем, который велел им копать ямы в долине для сбора воды. Эта вода при восходе солнца показалась моавитянам красной, как кровь. Моавитяне думали, что их враги перебили друг друга и поспешили к ним, чтобы грабить их лагерь, но были разбиты на голову (4 Цар. 3:7 и дал.). Иосафат умер 60 лет и похоронен в "городе Давидовом".

3) Отец Ииуя (4 Цар. 9:2,14).

Иоседек (Егоце́дек), сын первосвященника Сарани, отведен в плен в Вавилон (1 Пар. 6:15); он был отцом первосвященника Иисуса.

Гробница Иосифа у подножия горы Гевал, на участке земли, которую Иаков подарил ему.

Иосиф — Йосе́ф.

Иосиф. 1) Одиннадцатый сын патриарха Иакова и первенец от Рахили, после ее четырнадцатилетнего бесплодия. Имя Иосиф означает: "он собирает и он добавляет". Рахиль назвала своего первого сына Иосифом. "Снял Бог позор мой" сказала она, и "Он даст мне другого сына" (Быт. 30:24). История Иосифа нам известна из Быт. 37: 39-48; 50. Иосиф стал любимцем своего отца и это вместе с его снами навлекло на него вражду и зависть его братьев. По их злобе, он был продан в рабство в Египет. В семнадцатилетнем возрасте он попал к Потифару, который поставил его смотрителем над всем своим домом. Иосиф не поддался искушению со стороны жены Потифара, попал в темницу и принужден был долго невинно страдать, но потом снова достиг хорошего положения, ибо "Бог был с ним". Благодаря дару Иосифа истолковывать сны, его представили фараону, которому он изъяснил его сны о коровах и колосьях и дал такие мудрые советы, что фараон был удивлен. Исполнение предложения Иосифа было поручено ему самому. Ему возложили золотую цепь на шею, а на палец надели царский перстень, одежда узника сменилась шелковым платьем, и тридцатилетний Иосиф стал начальником над всей землей с титулом Цафнаф-панеах, т.е. Спаситель мира (?) или сделавший открытие (?)* (Быт. 41:45). Его возили во второй роскошной колеснице фараона и возглашали перед ним: Аврех — по еврейски — преклони колена, или аброк — по египески — падай ниц (ст. 43). Его женили на дочери главного жреца Потифара. Одного не доставало Иосифу — видеть вокруг себя своих родственников. Голод в Ханаане привел в богатый хлебом Египет его десять братьев, а потом также Вениамина и, наконец, старого отца со всем домом. В Египте отцу и братьям Иосифа была дана для поселения земля Гесем, пока Иосиф управлял страною. Здесь умер его отец, благословив своих детей и особо детей Иосифа. Иосиф набальзамировал тело Иакова и устроил роскошные похороны. После смерти отца Иосиф сделал все возможное, чтобы успокоить опасавшихся его мести братьев. Он жил долго после этого и видел детей и внуков Ефрема и Манассии. Перед своей смертью — 110 лет — Иосиф взял от своих братьев клятву, что они, когда Бог посетит их Своей милостью, перевезли его кости в обетованную землю и проявил в последнем завещании ту веру, которой руководился в течение все своей жизни (Евр. 11:22). "И набальзамировали его и положили в ковчег в Египте" (Быт. 50:

---

* Примечание: Точное значение этого слова неизвестно.

26). Моисей исполнил завещание Иосифа и перенес его останки в Ханаан, где похоронили его в семейной могиле у Сихема (Исх. 13:19; И. Нав. 24:32; Деян. 7:16). Могила Иосифа показывается в долине около Наблуса, между Гевалом и Гаризимом, недалеко от колодца Иакова.

2) "Иосиф" иногда называют два колена, которые произошли от сыновей Иосифа, Ефрема и Манассии, которым Иаков дал равные права со своими сыновьями. В Чис. 13:12 колено Манассии названо коленом Иосифа. Колено Ефрема в 3 Цар. 11:28 называется домом Иосифовым. Оба колена вместе названы Иосифом в Быт. 49:22; Втор. 33:13 и сынами Иосифа в Суд. 1:22, 23.

3) Плотник Иосиф из Назарета (Мат. 13:55), потомок Давида, Иуды и Авраама (Мат. 1). Он был обручен с девицей Марией. Иосиф, заметив, что Мария "имеет во чреве", решил тотчас же отпустить ее, но Бог воспрепятствовал этому, и он оставил ее у себя, "ибо родившееся в ней", было сказано Иосифу, "есть от Духа Святого". После этого он принял ее как жену, но не познал ее до тех пор, как она родила Первенца и он дал Младенцу имя Иисус. Во время рождения Иосиф с Марией были в Вифлееме, куда она пошла ради переписи (Мат. 12:25). Сказано, что после возвращения из Египта он намеревался вернуться обратно, но, убоявшись жестокого Архелая и получив откровение во сне через ангела, поселился в Назарете. Иосиф был набожный и благочестивый человек, но бедный (Мат. 1:19; Лук. 2:22 и дал. Срав. Лев. 12:6 и дал.). Он стал отцом многочисленного семейства. (См. братья Иисуса). В глазах современников он считался отцом Иисуса (Лук. 3:23; Иоан. 6:42). После путешествия на праздник Пасхи, когда Иисусу было 12 лет, об Иосифе ничего больше не говорится в Евангелиях. Что Иисус знал ремесло своего воспитателя, видно из Мар. 6:3, где Иисус назван плотником.

4) Иосиф из Аримафеи, — богатый и знатный член Синедриона, который также ожидал царствия Божия и тайно был учеником Иисуса. Хотя открыто Иосиф не исповедывал своей веры в Него, но не одобрил приговора суда над Иисусом. После смерти Иисуса он осмелился просить у Пилата Его тело и, с помощью Никодима, снял Его со креста и положил в новую могилу, высеченную в скале, которую он приготовил в своем саду (Мат. 27:57; Мар. 15:43; Лук. 23:50 и дал.; Иоан. 19:38).

5) См. Варсава 1.

6, 7, 8) Три предка Иисуса (Лук. 3:24, 26, 30).

Иосия (Йошиягу). 1) Один из братьев Иисуса (Мар. 6:3).

2) Сын Клеопы и Марии, брат Иакова младшего (Мат. 27:56; Мар. 15:40; Иоан. 19:25).

3) Один из предков Иисуса (Лук. 3:29).

4) Деян. 4:36 (греч. текст Иосиф). См. Варнава.

5) Сын Аммона, 15-тый царь в Иудее, царствовал в течение 31 года, 640-610 до Р.Хр. О его жизни мы узнаем из 4 Цар. 22:23; 2 Пар. 34:35. Первые двенадцать глав пророчества Иеремии проливают много света на общее состояние иудейства в царствование Иосии. Через 8 лет после воцарения он начал искать Господа, а с 12 года в продолжение шести лет он ходил по Иудее и царству Израиля и уничтожал высоты с жертвенниками и истуканами (2 Пар. 34:7). Храм под наблюдением особой комиссии был очищен и обновлен. Во время производства работ священник Хелкия нашел часть книги Закона Господня, чтение которой удивительно подействовало на царя и удвоило его ревность. Вероятно, это была вся пятая книга Моисея, Второзаконие, или ее часть. Пророчица Олдама, у которой спросили совета, объявила суды Господни над землею. Главное событие в жизни Иосии было возобновление празднования Пасхи на 18 году его царствования (2 Пар. 35). Когда Фараон Нехао выступил против ассирийцев, то Иосия сразился с ним и пал мертвым на равнине Изрееля. Он был похоронен с большой пышностью среди своих отцов. Иеремия воспел его в плачевной песне и весь народ оплакивал его (Зах. 12:11).

6) Сын Софониев. См. Халдай.

Иота. См. черта.

Иофам — Иота́м.

Иофам, младший сын Иеровала (Гедеона), который спасся во время резни, произведенной Авимелехом над его братьями (Суд. 9:5). Впоследствии Иофам открыто обличил жителей Сихема в притче о деревьях, которые хотели избрать себе царя (Суд. 9:7 и дал.).

Иофор — Итро́.

Иофор или Рагуил, как он назван в Исх. 2:18 и Чис. 10:29, священник в земле Мадиам. У него было семь дочерей, за которых вступился Моисей у источника и помог им напоить овец. Моисея пригласили жить у священника; он женился на его дочери Сепфоре. Много лет спустя, когда Моисей пас овец Иофора в пустине, Бог явился ему в несгораемом кусте (Исх. 2:16 и дал.; 3:1). Узнав впоследствии, что Бог сделал через Моисея израильскому народу, Иофор посетил израильтян в то время, когда они должны были тронуться к Синаю, прославил имя

Иеговы, участвовал в жертвоприношении, ел с Аароном и старейшинами израилевыми хлеб перед Богом и дал Моисею разумный совет относительно судопроизводства. После этого он уехал на родину (Исх. 18).

Иохавед, тетка и жена Амрама, от которой родились Мариам, Аарон и Моисей (Исх. 6:20; Чис. 26:59).

Иоханан. 1) Сын Карея, один из начальников в колене Иуды, которые признали власть Годолия. Иоханан предупредил Годолия об Измаиле и отомстил за его смерть. Несмотря на предупреждение пророка Иеремии, Иоханан увел народ в Египет (4 Цар. 25:23 и дал.; Иер. 40:7-16; 41; 42; 43).

2) Один из начальников Иосафата (2 Пар. 17:15).

3) Левит, в комнате которого Ездра постился и молился за тех евреев, которые привели с собою иноплеменных жен (Езд. 10:6).

4) Неем. 12:22, 23 тот же, что Ионафан 8.

Иреия, начальник стражи, который схватил Иеремию, как перебежчика (Иер. 37:13 и дал.).

Ир. 1) Сын Иуды. См. "Онан".

2) Один из предков Иисуса (Лук. 3:28).

Ирод, имя некоторых царей, родом из Идумеи, которые во время владычества римлян управляли или всей Палестиной, или ее частью и которые, в то время, когда Иоанн и Иисус благовествовали и основывали духовное царствие Божие, стремились основать и поддержать политическое устройство и назависимость Иудеи, внешний блеск которой напоминал бы собой славу Соломона.

1) Ирод Великий, царь Палестины 40-4 до Р.Хр., второй сын идумеянина Антипатра, который Юлием Цезарем был сделан прокуратором Иудееи в 47 году до Р.Хр. Пятнадцатилетним мальчиком он был назначен своим отцом прокуратором Галилеи и в 41 г. вместе с братом Фазаилом он был назначен Антонием четверовласником над Иудеей. В 40 году он был назначен царем, победил своего противника Маккавея Антигона, взял Иерусалим и истребил род Маккавеев в 37 г. до Р.Хр. После битвы при Акциуме 31 г. до Р.Хр. он принял сторону Октавиана, за что и был пожалован Трахонитской областью и Панеасом. Этот Ирод, который неизвестно по какой причине назван в истории Великим, был диким, безнравственным тираном, лишь прикрывавшийся западным образованием. Перестройкой и украшением храма (ибо идумеи после 130 г. до Р.Хр. приняли иудейство), основанием или расширением городов Ирод стремился снискать расположение народа, но недоброжелательное отношение иудеев к чужеземному игу увеличивалось, особенно, когда он по римскому образцу ввел игры и построил театр и ристалище (беговой круг) в Иерусалиме. Он умертвил Мариамну, одну из своих многочисленных жен, вместе с ее двумя сыновьями — Александром и Аристовулом. За несколько дней до своей смерти он велел убить своего сына Антипатра и, когда уже почувнствувал приближение смерти, приказал заключить в темницу многих лучших людей из народа и взял от своей сестры обещание, что они будут умерщвлены в момент его смерти для того, как он выразился, "чтобы он не умер неоплаканным". Обещание это все же не было исполнено. "Я хотел бы лучше быть его свиньей, чем сыном", сказал кесарь Август об Ироде. Во время его царствования в Вифлееме родился Иисус. Когда идумейский чужеземец на престоле Иуды услышал от волхов о рождении иудейского царя, то испугался и, чтобы погубить его, приказал истребить всех младенцев мужеского рода в пределах Вифлеема, от двух лет и меньше. Вскоре после этого он умер от мучительной болезни на 70-му году жизни, процарствовав 37 лет (в 750 году по римскому счислению) (Мат. 2; Лук. 1:5).

По смерти Ирода Великого император Август разделил (согласно завещанию Ирода) его царство между тремя сыновьями таким образом: Архелай получил власть над Идумеей, Иудеей и Самарией, Антипа — над Галилеей и Переей, и Филипп — над Итуреей, Гавлонитидой и Трахонитской областью вместе с Ватанеей и Авранитидой. Антипа и Филипп получили титул тетрархов, Архелай же — етнарха (обласной правитель).

2) Филипп, сын Ирода Великого и Мариамны, был женат на Иродиаде, которая впоследствии бросила его и сошлась с Иродом Антипой (Мат. 14 :3 и дал.; Мар. 6:17 и дал.). Этот Филипп был лишен наследства своим отцом и был не у дел.

3) Ирод Антипа, сын Ирода Великого и самарянки Мальфаки, тетрарх (четверовласник) в Галилее и Перее (Лук. 3:1), называется царем у Мар. 6:14. Как галилеянин, Иисус находился под его властью (Лук. 23:6 и дал.). Он оставил свою первую жену, дочь царя Ареты, и сошелся с Иродиадой, которая была женой его брата Ирода Филиппа (Лук. 3:19, 20). Ирод, обличаемый Иоанном Крестителем за Иродиаду, жену своего брата, и за иные беззакония, прибавил ко всему прочему и то, что заключил Иоанна в темницу. Немного спустя, в день своего рождения, он был так оча-

Великолепный храм Ирода, реконструирован д-ом Конрадом Шик. Здание было построено из блестящего белого мрамора, строилось десять лет и этот храм был окончен лишь только несколько лет перед разрушением Иерусалима.

рован танцами дочери Иродиады, что поклялся дать ей все, что бы она ни попросила, даже до половины своего царства. Она попросила головы Иоанна Крестителя. Ирод исполнил ее просьбу. Совесть мучила Ирода впоследствии, и когда он услыхал об Иисусе, то думал, что это Иоанн воскрес из мертвых (Мат. 14:1 и дал.). Он был безнравственный, безхарактерный и кровожадный человек (Лук. 9:7 и дал.; 13:31; 23:11 и дал.). Иисус называл его "лисицею" (Лук. 13:32). Саддукейская "закваска", или лжеучение одобрялась при его дворе (Мат. 16:6; Мар. 8:15). Когда он, по совету Иродиады, отправился в Рим, чтобы выхлопотать себе царский титул и достоинство, на него был сделан донос кесарю Калигуле, и тот отослал его в Лион, в Галлию в 39 г. по Р.Хр., откуда впоследствии он был переведен в Испанию, где и умер.

4) Ирод Архелай, сын Ирода Великого от самарянки Мальфаки, правитель Иудеи, Идумеи и Самарии; подобно отцу, он был грозным тираном (Мат. 2:22). На него жаловались кесарю; спустя 9 лет после его воцарения он был выслан в Вьенну, во Франции.

5) Ирод Филипп, сын Ирода Великого и Клеопатры, старший из его сыновей, четверовластник (тетрарх) над Итурией, Трахонитской областью и пр. (Лук. 3:1); он управлял 37 лет — до самой своей смерти (34 г. по Р.Хр.). Местом его жительства был Панеас, находившийся у истоков Иордана. Он украсил и обстроил этот город, который и был переименован впоследствии в Кесарию Филиппову. Он был женат на дочери Иродиады — Саломии.

6) Ирод Агриппа 1., сын Аристовула и внук Ирода Великого, поставлен Калигулой начальником (в 37 г. по Р.Хр.) над теми областями, которые принадлежали его дяде Ироду Филиппу (5) и тетрарху (четверовласнику) Лисанию. В 39 г. по Р.Хр. он получил тетрархию Антипы и в 41 г. по Р.Хр. также Иудею и Самарию от Клавдия. Таким образом, он управлял всею Палестиною. Чтобы завоевать симпатию иудеев, он гнал христиан. Убил мечом апостола Иакова и заключил Петра в темницу. Немного спустя после заключения Петра он умер ужасной смертью в Кесарии, пораженный ангелом Господним "за то, что он не воздал славы Богу" в 44 г. по Р.Хр. (Деян. 12).

7) Ирод Агриппа 2., сын Ирода Агриппы 1., называемый в Нов. Завете Агриппою, получил от кесаря Клавдия в 48 г. по Р.Хр. управление над Халкисом, а также право наблюдения за Иерусалимским храмом и избранием первосвященника. Впоследствии он получил области, принадлежавшие прежде Филиппу и Лисанию,

вместе с царским титулом. В 55 году Нерон отдал ему Тивериаду, Юлиаду и расположенные вокруг местности. Этот Агриппа украшал Иерусалим и другие города. За своевольную перемену первосвященников он не был любим евреями. Когда вспыхнула последняя воина против римлян, он принял сторону римлян. Умер он 70 лет, в 100 г. по Р.Хр. Перед ним и его сестрой Вереникой (Деян. 25:13) Павел держал свою защитительную речь (Деян. 26), пока Агриппа не сказал: "Ты не много не убеждаешь (т.е. почти убеждаешь) меня сделаться христианином".

ДОМ ИРОДА ВЕЛИКОГО.

А. Жены и сыновья Ирода:

	Жены:		Сыновья:	
1.	Дорида	1.	Антипатр	
2.	Мариамна	2.	Аристовул	Убит отцом.
		3.	Александр	Убит отцом.
3.	Мариамна, дочь Симона	4.	Ирод Филипп 1. его жена Иродиада	Отстранен от управления
4.	Мальфака самарянка	5.	Ирод Антипа	Тетрарх в Галилее и др. обл.
		6.	Архелай	Этнарх в Иудее и др. обл.
5.	Клеопатра	7.	Ирод Филипп 2. (его жена Саломия, дочь Филиппа 1. и Иродиады)	Тетрарх в Итурее и др. обл.

Б. Дети Аристовула:

1.	Ирод Агриппа 1.			Царь Иудеи, Самарии, Галилеи и т.д.
2.	Иродиада жена	1.	Ирода Филиппа 1.	
		2.	Ирода Антипы	
3.	Ирод из Халкиса			

В. Дети Ирода Агриппы 1:

1.	Ирод Агриппа 2. царь	Тетрарх Трахонитской области
2.	Вереника (Деян. 25:23)	
3.	Друзилла, жена Феликса (Деян. 24:24)	

Иродиада, дочь Аристовула, сына Ирода Великого, была замужем за своим дядей Иродом Филиппом, но оставила его и сошлась с его сводным братом, четверовласником Иродом Антипой. Этот ее поступок также был причиной смерти Иоанна Крестителя: пляска дочери Иродиады была вознаграждена его головой; имя дочери было Саломия; она впоследствии вышла замуж за четверовласника Ирода Филиппа (Мат. 14:3 и дал.; Мар. 6:17 и дал.; Лук. 3:19). Иродиада последовала за своим мужем Антипою на место его ссылки в Лион.

Иродиане, вероятно, единомышленники саддукеев, сторонники Ирода Антипы, хотя в политическом отношении они были на стороне римлян (в противоположность фарисеям); все же, когда был поднят вопрос о предании Иисуса властям, они соединились с фарисеями (Мат. 22:16; Мар. 3:6; 8:15; 12:13).

Иродион, родственник Павла, приветствуемый в Рим. 16:11.

Ир-Мелах (город соли). См. Долина соленая.

Ир-Шемеш (И. Нав. 19:41). См. Виф-Шемеш.

Исаак (Ицха́к, т. е. "он засмеется") родился по обещанию Божию (Быт. 17:19) от Сарры и Авраама, когда последнему было 100 лет. В детстве он был предметом насмешек для Измаила. Когда Исаак стал юношей, он вместе со своим отцом Авраамом отправился на г. Мория, где Авраам, по указанию Божию, намерен был принести его в жертву Богу. По дороге на гору Исаак нес дрова для огня. Но в тот момент, когда Авраам поднял нож над сыном, который связанный лежал на жертвеннике, ангел Господень с неба остановил его, ибо Авраам выдержал испытание. Оглянувшись, Авраам увидел овна, запутавшегося в чаще рогами своими, и принес его во всесожжение вместо сына, который, таким образом, стал прообразом смерти и воскресения Христа (Быт. 22; Евр. 11:19). Когда Исааку было 40 лет, он женился на Ревекке, дочери своего двоюродного брата Лавана (Быт. 24), от которой родились

Исав и Иаков (Бытие 25). Голод в Южном Ханаане принудил его идти оттуда в Герар. Но Бог явился ему и повелел не продолжать путешествия в Египет и, затем, Он повторил ему обетования, данные прежде Аврааму. Точно также, как раньше Авраам, Исаак заслужил справедливый упрек филистимского царя Авимелеха за ложь относительно своей жены Быт. 20:2; 26). Он приобрел себе большое богатство, но потерпел также немалое притеснение от филистимлян. В Вирсавии Бог явился ему ночью; там он построил жертвенник Господу, там же принял он посетившего его Авимелеха и заключил с ним союз (26). После обмана Иаковом своего брата, Исаак послал его в Месопотамию искать себе жену (28). После этого мы знаем об Исааке только то, что он увидел Иакова приходящего к нему в Хеврон богатым и с большим семейством. Исаак дожил до 180 лет. Он был похоронен своими двумя сыновьями в Махпельской пещере (Быт. 35:27 и дал.; 49:31). Он, который умер и "приложился к народу своему", живет все-таки у Бога (по свидетельству Иисуса: ибо у Него все живы; Лук. 20:38) гостем в Царстве Небесном (Мат. 8:11). Он — прообраз Христа и муж веры (Евр. 11:19).

Исав, т.е. волосатый (Быт. 25:25). Ср. 27:16, 23, сын Исаака, старше своего близнеца Иакова; он продал свое первородство за красноватую снедь брату Иакову, почему и получил имя Едом, т.е. красный (Быт. 25:30; Евр. 12:16). Исав был ловкий охотник (25:27); жены его были из хананеянок (26:34, 36). Благодаря хитрости Ревекки он потерял лучшее благословение отца (27). После этого он со злобой преследовал своего брата до тех пор, пока они не встретились около Пенуэла и не примирились (гл. 33). Исав имел многочисленное потомство, жившее в горной стране Сеира или Едома (36).

Имя Исава иногда употребляется как название страны и народа Едома, например, Иер. 49:10; Авд. 6; встречаем также "горы Исава", "дом Исава" (Авд. 8:18).

Об отношениях между Иаковом и Исавом срав. Быт. 25:23; Мал. 1:2; Рим. 9:10 и далее.

Исаия — Ешаягу.
Исаия, сын Амоса, жил в Иерусалиме, был женат, имел двух сыновей (Ис. 7:3; 8:3, 18). Выступал как пророк, начиная с последнего года царствования Озии и во время царей Иоафама, Ахаза и Езекии, следовательно, между 759-698 г. (Ис. 1:1; 6:1). Из 2 Пар. 26:22 видно, что он вел летопись; 2 Пар. 35:32 показывает, что он писал о царе Озии, а из Ис. 36:39 мы узна-

Гора Искушения. Предполагают, что здесь сатана искушал Христа. Ручей (на переднем плане) вытекает из фонтана Елисы.

ем, что он имел видение относительно Езекии. Предание говорит, что в царствование Манассии он был перепилен. (Срав. Евр. 11:37). Его имя (евр. Еша-я-гу блаженство Иеговы) само по себе поясняет многое относительно выдающегося места, которое занимают его личность и записки. Выступая в эпоху, которая является серединой между Моисеем и Христом, он с величавой серьезностью выступает против лицемерной набожности отпадающего народа. От "Святого Израилева", славу Которого он защищает с горячей ревностью, он возвещает суд над всем земным величием и роскошью, призывает дерзких грешников к покаянию и обещает вернувшемуся остатку последнее спасение и славу через "слугу Господа". Этого "раба Господа" Исаия сначала представил образно в помазаннике Кире и потом в страдающем и побеждающем помазаннике, "Агнце Божием", Который явится во плоти. Иероним говорит: "Так ярко он изложил все тайны Христа и общины, что почти можно поверить, что он рассказывает повесть о том, что уже произошло". Поэтому Исаию и называют евангелистом Ветхого Завета.

Иска, сестра Милки, жены Нахора (Быт. 11:29).

Искариот. См. Иуда 2.

Искупитель (евр. гоель). В законе (Лев.) было поставлено, что если кто-нибудь из-за бедности вынужден был продать свое имение, то его ближайший родственник имел право выкупить его у нового владельца. По этому же закону Вооз имел право жениться на

Руфи и выкупить имение ее первого мужа Махлона (Руф. 2:20). Также и Иеремия мог выкупить поле своего племянника Анамеила (Иер. 32:7 и дал.). Закон Моисея вменял в обязанность близкому родственнику, как мстителю за кровь (евр. гоель хадам), убивать того, кто являлся убийцей родственника (Чис. 35:12, 19). Таким образом, искупитель имел двойную обязанность. Подобно тому, как дети причастны плоти и крови, то и Сын Божий, наш Искупитель, также воспринял на Себе оные, чтобы Своею смертью уничтожить убийцу наших душ — диавола, и выкупить потерянное для нас небесное наследие (Евр. 2:14; 9:12). Поэтому и Иов, будучи в тяжелом состоянии, с упованием глядит на своего Искупителя, ходатая, который останется верным, даже когда все остальное изменит (Иов. 19:25).

Искупление. См. Очищение.

Искусство писать. Искусство писать буквами и вообще искусство писания произошло, как думают, от семитского народа, ибо так называемый "финикийский алфавит", от которого берет свое начало начертание букв древнего и более нового времени, целиком соответствует характеру богатых горловыми звуками семитских наречей. Начертание букв израильтян тоже было семитского происхождения, именно таким, как оно выглядит на моавитских и финикийских памятниках, на финикийских и маккавейских монетах и надписях и т. д. Самыми древними памятниками, которые до сих пор удалось найти с таким древним еврейским шрифтом, являются: моавитский камень царя Месы (см. Меса), надпись на саркофаге (саркофаг — массивный гроб) сидонского царя Ешмунапара — пятого стол. до Р.Хр. Из этого древне-семитского шрифта с течением времени создались различные алфавиты: арамейский, пальмирский, набеатейский и проч. и после Вавилонского плена, так называемый, еврейский квадратный шрифт, которым написаны древнейшие подлинники Библии. То, что искусство писать известно евреям с древних времен, видно из рассказа о печати (кольцо с печатью) Иуды (Быт. 38:18) и также из того, что надсмотрщики над евреями в Египте носили название, означающее писец (Шотер).

Искушать, испытывать. Когда говорится о Боге, что Он искушает кого-либо злом, то это выражено неточно; более коротко и ясно это можно передать так: испытание от Бога, но искушение от греха (Иак. 1:13). Так дождь из манны, с одной стороны, был дар, благодать, с другой, испытание, так как собирание в субботу было воспрещено (Исх. 16:4). Срав. Исх. 20:19, 20; Втор. 8:2, 16; 13:3; Суд. 2:22. Когда Бог велел Аврааму принести Исаака в жертву, то это повеление служило для Авраама искушением (заколоть сына), ибо он еще был привязан к языческим понятиям. Срав. различные рассказы о том, как Давид был побуждаем к исчислению народа: сатаною по 1 Пар. 21:1 и гневом Божим по 2 Цар. 24:1.

Испания была известна евреям в Ветхом Завете благодаря финикийцам, которые очень рано основали колонии на южном берегу Испании, называемой в В. Завете Фарсис (Тарсис). Земля славилась своим богатством, благородными металлами, особенно серебром. После продолжительных войн большая часть Испании в 133 г. до Р.Хр. подпала под власть римлян. Под словом Испания

Обыкновенный иссоп, „...напоивши уксу сом губку и наложивши на иссоп, поднесл к устам Его".

римляне понимали весь полуостров также и теперешнюю Португалию. Исполнилось ли желание Павла посетить Испанию (Рим. 15:24, 28), неизвестно

Иссахар, 9-й сын Иакова (от Лии, Быт 30:18).

Иссоп — растение, которое употреблялось при еврейских обрядах очищения Пучки иссопа опускали в кровь и ма зали ею перекладины и оба косяка две рей в первую Пятидесятницу (Пасху в Египте (Исх. 12:22). При очищени прокаженных для помазания кровью связывали вместе кедровое дерево, червленую нить и иссоп (Лев. 14:4 и дал. и Евр. 9:19 и дал.). Моисей, произнесши все заповеди закона пред всем народом, взял кровь тельцов и козлов с водою, иссоп с червленою шерстью и окропил этим как самую книгу, так и весь народ. Иссоп употребляли также при жертвоприношении рыжей телицы (Чис. 19:4). Поэтому и Давид молится: "Окропи меня иссопом и буду чист" (Псл. 50:9). Из 3 Цар. 4:33 видно, что иссоп было небольшое растение. У Иоан. 19:29 мы читаем, что солдаты наложили на иссоп (ствол) ту губку, которую они напоили уксусом и поднесли к устам Иисуса. Какое из известных теперь растений называется в Библии иссопом, почти невозможно определить. Ученый Цельсий насчитывает 18 разных растений, которые считают за иссоп, как, напр.: **timjan, rosmarin, lavendel etc.** В конце он указывает известный в ботанике иссоп (**Hyssopus officinalis**), низкое ростение, родственное **lavendel and salvis**, а может быть то же самое. Предания намекают на известное огородное растение — майоран — но теперь предполагают, что это **Kapris**, маленькое ярко зеленое вьющееся растение с красновато-белыми цветами. Оно найдено около пещер в Синайской пустыне, Газе, в Иерусалиме и других местах.

Истечение из тела; см. Лев. 15; Чис. 5:2; 2 Цар. 3:29.

Истов. См. Тов.

Источник. Под этим словом понимают: 1) ключ (евр. бэер), колодец "с живой (свежей) водой" (Быт. 26:19); так говорится о 12 источниках (Исх. 15:27), и о колодце в Чис. 21:17; 2) искусственные водоемы, т.е. вырытые колодцы, где накоплялась вода (евр. бор, яма; Втор. 6:11; Неем. 9:25). Укажи разницу между водой в источнике и водой в вырытой яме. Господь жалуется, что люди не понимают этой разницы (Иер. 21:13). Такие водоемы или ямы высекались в скалах или вырывались в земле и обкладывались камнем для того, чтобы туда стекала дождевая вода; эти колодцы прикрывали камнем или чем-либо подобным (2 Пар. 17:19) только для того, чтобы предупредить несчастие (Лук. 14:5); но иногда, из ненависти, их заваливали (Быт. 26:15). Пустые водоемы служили также тюрьмами, местами для укрытия, как своего добра, так нередко и самих себя, от врагов (Быт. 37:22; 2 Пар. 17:18; Иер. 38:6; 41:9). В виду того, что водоемы и источники имели большую ценность в жаркой стране, из-за них нередко спорили (Быт. 21:25, 30); срав. Чис. 21:22. Около колодцев было удобное место для остановок путешественников, для отдыха армий, для постройки новых селений, отчего слова Беер и Аин (колодец) часто входят в состав слов, напр., Беер-Шива, Ен-Ганним и т.п. Срав. "Аин". Из колодцев достают воду при помощи ворота, но чаще опускают руками сосуд на веревке. На краях наружных камней у колодцев от веревок остались глубокие борозды. По вечерам, когда женщины приходят наполнить свои водоносы, — стада бегут к стоящим около колодца корытам и приближаются жаждущие путешественники. Получается очень живописная картина, похожая на картину из древних времен (Быт. 24: 11 и дал.; Исх. 2:16 и дал.).

Слова "колодец" и "источник" употребляются и в переносном значении: об истечении у женщин (Мар. 5:29); о колодце бездны (Отк. 9:1); чтобы определить начало или происхождение (Ис. 51:1; Псл. 67:27; (евр. "в колодце Израиля"); о неистощимости даров Божиих и даже о собственном существе Бога (Псл. 45:5; Иер. 2:13; 17:13; Зах. 13:1).

Источник взывающего. См. Лехи.

Истязатель (Лук. 12:58), гр. практор, человек, который описывает имущество за долги, судебный пристав.

Исход — евр. Шмот.

Исход (Вторая кн. Моисея). Эта книга называется так потому, что в ней говорится об исходе евреев из Египта; она охватывает историю израильтян после смерти Иосифа до второго года по исходе из Египта. В ней рассказывается про угнетение израильтян (1) и избавление их через Моисея. Про установление праздника Пасхи (2-12: 28), далее, про переход через Чермное море и странствование по пустыне до горы Синая (12:29-18); про обретение закона (19-24); про предписания о скинии и богослужении (25:31); про идолослужение народа и ходатайство Моисея о его прощении (32:34); и про внутреннее устройство скинии и ее освящение (35-40). Цель книги — не только сохранить воспоминание об исходе из Египта, но также дать образное представление о церкви Божией в ее сражениях и победах, показать бодрствующее над ней око Божие и наказания, которые Он посылает на ее врагов. Она подтверждает исполнение Божественных обетований и пророчеств, данных Аврааму, что его потомство станет многочисленным (Быт. 15:5; 17:4 и дал.; 46:27; срав. Чис. 1:1 и дал.; 46), и что оно будет угнетаемо в чужой стране, откуда выйдет в четвертом поколении с большим богатством (Быт. 15:13 и дал.; Исх. 12:40 и дал.). Во многих подробностях "исход" является прообразом и бросает свет на состояние христианской церкви. (См. 1 Кор. 10 и послание к Евреям). Во второй книге Моисея мы видим того же ангела, который в течение всей жизни Иакова был его помощником. Ангел-Иегова, который называется здесь Богом Авраамовым. "Я есмь Сущий" (Иегова; Исх. 3:2 и дал.). — Тот же, Который дал Закон (Деян. 7:38). Кроме этого, встречаем много замечательных прообразов Мессии, как, напр.: Моисей (5:18; Евр. 3), Аарон (Евр. 5), пасхальный агнец (1 Кор. 5:7); манна (1 Кор. 10:3); скала на Хориве (Исх. 17:6; 1 Кор. 10:4); крышка на ковчеге (Исх. 25:17) и скиния (Исх. 40), на которую, возможно, намекает Иоанн, говоря: "Слово стало плотью и поставило свой шатер между нами" (греч. Иоан. 1:14).

Италия, страна в Европе на Апеннинском полуострове, юго-восточнее Альп. Много евреев жило в Италии, но, во времена императора Клавдия, по его указу, все евреи должны были выселиться из Италии. Между ними были известные нам из Деян. Апостолов Акилла с Прискиллой (Деян. 18:2). В послании к Евреям автор шлет привет от братьев из Италии (Евр. 13: 24). Рассказав о путешествии Павла в Италию (Деян. 27:1), свидетельствует о торговле, существовавшей между Италией и другими расположенными по берегам Средиземного моря странами.

В Деян. 10:1 упоминается полк в Кесарии, называвшийся Италийским, в котором сотником был Корнилий. Этот полк назывался так потому, что он состоял исключительно из солдат-итальянцев.

Иттай из Гивы в колене Вениамина, один из героев Давида (2 Цар. 23:29; 1 Пар. 11:31).

Итурея, область на северо-восточной границе Палестины, названа по имени Иетура, сына Измаила (Быт. 25:15). Срав. 1 Пар. 5:19. Народ этой страны был дик и склонен к грабежу. Ирод Великий дал сыну своему Филиппу эту Итурею в наследство (Лук. 3:1). Думают, что теперь это область Djedur (Дедяр) к юго-востоку от Ермона.

Иувал (Юва́ль), сын Ламеха, родоначальник всех играющих на гуслях и свирели (Быт. 4:21).

Иуда (т.е. хвала или прославленный).

1) Четвертый сын Иакова (от Лии), рожденный в Месопотамии (Быт. 29: 35). Он защитил молодого Иосифа от злобы братьев (Быт. 37:26 и дал.). Он же просил неизвестного тогда для него управителя страной (Иосифа) остаться в Египте заложником вместо своего брата Вениамина. При этом он говорил так, что Иосиф не мог выдержать дольше и открылся братьям (44: 16 и дал.). Отношение Иуды к Фамари было несправедливое (Быт. 38). В благословении Иакова Иуда получает предпочтение перед своими братьями (Быт. 49:8 и дал.).

2) Искариот, т.е. из Кариота (вероятно, это город в колене Иуды Кариаф (И. Нав. 15:25), сын Симона из Кариота (греч. текст; Иоан. 6:71; 13: 26), один из 12 апостолов (Мат. 10: 4; Мар. 3:19; Лук. 6:16). Иуда был казначеем и иногда крал деньги (Иоан. 12:6). За 30 сребреников он предал своего Наставника в руки врагов (Мат. 26:14 и дал., 47 и дал.; Мар. 14: 10 и дал.; 43 и дал.; Лук. 22:3 и дал.; 47 и дал.; Иоан. 6:70 и дал.; 13:2, 21 и дал.; 18:2 и дал.), но, увидев последствия своего предательства, он принес деньги обратно, исповедал невинность Иисуса, пошел и повесился (Мат. 27:3 и дал.; Деян. 1:18, 25). Священники решили, что 30 сребреников, будучи ценою крови, не могут быть положены в сокровищницу храма и купили на них место для погребения странников (Мат. 27:6 и дал. Срав. Деян. 1:18; Иоан. 17:12).

3) Иуда, один из братьев Господних (Мат. 13:55; Мар. 6:3). Евсевий рассказывает, что император Домициан приказал привести внуков Иуды, как вредных деятелей в политическом отношении, но увидев их руки, свидетельствовавших о тяжкой работе, и услышав их понятие о царстве Иисуса, как о царстве "не от мира сего", он тотчас же даровал им свободу. Этот Иуда считается автором послания Иуды. Автор этого послания называет себя "Иудой, рабом Иисуса Христа и братом Иакова". Думают, что о своем родстве с Иисусом он умолчал из смирения и высказал только свое родство с Иаковом — известным и почитаемым братом Иисуса Христа.

4) Иуда Галилеянин из города Гамалы, к востоку от Геннисаретского озера, хотел вместе с фарисеем Садоком поднять восстание среди евреев в 6 году по Р.Хр. Его лозунгом было: "мы не имеем никакого господина, кроме Бога". Сульпиций Квириний, который тогда был начальником над всей Сиреей, подавил восстание; Иуда погиб и его сообщники рассеялись (Деян. 5:37). Они восстали впоследствии вторично и сразились с римлянами в отчаянной битве, кончившейся падением Иерусалима.

5) Иудей в Дамаске, в доме которого Анания искал молящегося Савла (Деян. 9:11).

6) Иуда Варсава. См. Варсава 2.

7, 8, 9) три лица в родословии Иисуса (Лук. 3:26, 30, 33); последний из перечисленных тот же, что и Иуда 1-й.

10) Один из 12 апостолов; в Лук. 6:16; Деян. 1:13 назван Иаковлев, брат Иакова, и в Мат. 10:3 он назван Фаддеем (т.е. отважный или милое дитя); а также в Мар. 3:18. В Иоан. 14:22 он ясно отличен от Иуды Искариота. Выражение Иуда Иаковлев понимается различно: или Иуда, сын Иакова, или Иуда, брат Иакова. В последнем случае предполагают, что этот Иуда называется так по имени своего более известного брата — Иакова старшего и что он был сын Алфея или Клеопы.

Иуда у Иордана. См. Иаир.

Иудеи. Это название впервые встречается в 4 Цар. и у Иеремии, как название народа Иудейского царства, см., напр., 4 Цар. 16:6; 25:25; Иер. 32:12; 38:19; 40:11; 41:3; 52:28; 44:1, и когда, после прекращения Израильского царства, Иудейское царство осталось единственным представителем всего народа, то название иудей стало почти тождественным названию еврей (Иер. 34:9), и евр. язык стал называться иудейским (4 Цар. 18:26; Неем. 13:24). После возвращения из плена слово иудей получило более широкое значение. Имя иудей стало общим названием вновь образовавшегося народа отчасти потому, что колено Иуды численно имело преимущество среди возвращающихся из Вавилонского плена, а также отчасти и потому, что название Иуда (срав. Быт. 49:8 и дал.) напоминало родовое преимущество этого колена. Под этим именем этот "народ взятый в удел" и был известен язычникам; срав. Дан. 3:8; Езд. 4:12; Есф. 3:4, 6 и дал.; История Тацита V 2; Деян. 16:20. В посланиях Павла иудеи противополагаются грекам; они имеют участие в завете с Богом. В Евангелии же Иоанна "иудеи" почти исключительно обозначают противников Христа среди Его единоплеменников; эти иудеи, гордые своими преданиями и обрядами, оттолкнули от себя то спасение, которое "от иудеев", к которым Иисус причислял и Себя (Иоан. 4:22).

"Цар Иудейский" был тот титул, который Пилат дал распятому Иисусу. Первосвященники ничего бы не имели против этого, если бы Пилат прибавил: "Он сказал: Я Царь Иудейский" (Иоан. 19:19 и дал.); Нафанаил же "подлинный израильтянин", в котором отсутствовало лукавство, назвал Его "Царем Израиля" (Иоан. 1:47 и дал.). См. "Израиль".

Об истории иудеев до Вавилонского плена см. судья, Израиль, плен, цари и т.д. Их история после Вавилонского плена или история еврейства (Гал. 1:13) в собственном смысле разделяется на следующие периоды:

1) Период Персидского царства 536-330 до Р.Хр., до его падения при Дарии Коломане.

2) Македонско-греческий период власти 330-167 до Р.Хр. После смерти Александра Великого иудеи сначала находились под властью Египта 323-218 до Р.Хр., затем зависели то от египетского, то от сирийского (Селевкиды) царей с 218 г. и, наконец, подпали полностью под власть сирийцев в 176 г. до Р.Хр.

3) Маккавейский освободительный период 167-141 г. до Р.Хр. Когда сирийский царь Антиох Епифан (175-164 г. до Р.Хр.), побуждаемый языческим фанатизмом и раздраженный еврейской аристократией, стараясь уничтожить Моисеево богослужение, заставить евреев поклоняться идолам, взял Иерусалим, сжег Св. Писания и пролил кровь достойных Божьих людей — то во главе верных закону против притеснителя восстал священник Маттафия (из расположенного в горах города Модин близ Лидды). В кровавых героических битвах, которые после смерти Маттафии продолжались под предводительством пяти его сыновей, евреи, большею частью, были победителями. Третий из сыновей Маттафии был Иуда Маккавей.

4) Маккавейский период 140-63 г. до Р.Хр. Победители Маккавеи называемы так по имени Иуды Маккавея, были возвышены народом настолько, что в 140 году стали его вождями и священниками. Один из них, Аристовул, присвоил себе царское звание около 106 г. С этого времени блеск маккавейского рода начал тускнеть. Преступления и споры приготовили почву для прихода римлян. В 63 году до Р.Хр. при Помпее римляне покорили Иерусалим и сделали Палестину своей провинцией.

5) Период римской власти 63 г. до Р.Хр. — 70 г. по Р.Хр. В это время Иудеи находились сначала под властью маккавейских царей, подчиненных римскому влиянию, а затем под властью римских управителей и под властью ненавистного евреям идумейского племени. Цезарь в 47 г. до Р.Хр. поставил правителем над Палестиной идумеянина Антипатра. Сын Антипатра, Ирод Великий, был поставлен царем Палестины в 40 г. до Р.Хр. В его время родился Иисус Христос. Отказ евреев от Мессии имел последствием ряд несчастий, которые достигли своей наивысшей точки при падении Иерусалима и рассеянии народа в 70 г. по Р.Хр. См. Иерусалим.

Иудея или страна (земля) Иудейская. Это название в Н. Завете в узком смысле обозначает южную Палестину. владения колена Иуды и Иудейских царей, часть Палестины, на противоположной стороне от Самарии и Галилеи. См. Иудеи (Мат. 2:1, 5; и т.д.) и Иудейская страна (Мар. 1:5; Иоан. 3:22 и т.д.). В широком значении Иудея обозначает всю Палестину, как, напр., Лук. 7:17; 23:5 "по всей Иудее, начиная от Галилеи" до Иерусалима (Деян. 26:20). О Мат. 19:1 см. Иаир 1.

Иудея более, чем какая другая часть Палестины, заслуживает название "нагорной страны". Ее возвышенности в древние времена не имели того печального вида, какой они имели впоследствии. Они спускались терассами и обрабатывались вплоть до самых вершин. Они были покрыты виноградом, маслинами, смоковницами и т.д.

"Нам часто", говорит Робинзон, "приходилось насчитывать от 50 до 70

Важные посетители скромного дома в Иудеи.

террас от подножия до вершины... Какую дивную картину должно было это представлять в то время, когда роскошные, зеленые виноградники покрывали горы. Стали более понятными слова пр. Иоиля (3:18) "горы будут капать вином", когда мы представляли себе свисающие с террас зрелые виноградные кисти. Когда же мы узнали, каким образом горы обрабатывались и увидели, сколько земледельцы вкладывали труда для получения плода от своей работы, то нам стало понятно обещание через прор. Иезекииля 36:8: "А вы, горы Израилевы, распустите ветви ваши и будете приносить плоды ваши народу Моему Израилю".

Иуй — Йегу́.

Иуй. 1) Сын Анании, пророк, которого Бог послал к Ваасе, израильскому царю (3 Цар. 16:1 и дал.), а много лет спустя к иудейскому царю Иосафату (2 Пар. 19:1 и дал.). Он оставил после себя исторические записи об Иосафате (2 Пар. 20:34).

2) Ииуй, сын Иосафата, внук Намессии (4 Цар. 9:2), часто называемый: сыном Намессииным" (3 Цар. 19:16; 4 Цар. 9:20), начальник над войском царя Иорама; помазан царем над Израилем одним из сынов пророческих (4 Цар. 9:3). Собственною рукою он умертвил Иорама, потом истребил род Ахава и очистил Израиля от идолопоклонства. Впрочем, о 28-летнем его царствовании (884-856 г. до Р.Хр.) говорится немного. Господь похвалил его ревность против идолослужения (4 Цар. 10:30; срав. ст. 16). Все-таки он не отступил от золотых тельцов, которые находились в Вефиле и Дане (ст. 29). Азаил, сирийский царь, победил его и отнял часть его царства на восток от Иордана (ст. 32, 33). Вероятно, для того, чтобы получить помощь против него, Иуй послал ассирийскому царю те подарки, которые изображены на одном ассирийском памятнике. См. "Салманассар". Его род кончился Захариею в 4 поколении (4 Цар. 15:10 и дал.) по слову Господню (10:30).

Иудейский город (2 Пар. 25:28) то же, что и Иерусалим, сравни 4 Цар. 14:20.

Иудейское царство. Когда, после смерти Саула, могущественное иудейское племя поставило царем Давида, не желая иметь царем Иевосфея, сына Саулова, распря между коленами стала принимать серьезный оборот. После падения Иевосфея колена соединились и оставались одним народом при Давиде и Соломоне. После смерти последнего объединенное государство опять распалось: только колена Иудино и Вениаминово остались верными дому Давида и составили Иудейское царство, которое вследствие этого, имеет свою собственную историю, начиная с Ровоама 975 г. до Р.Хр. и кончая Седекией 588 г. до Р.Хр. (3 Цар. 12; 2 Пар. 10). Это царство было меньше, чем северное Израильское царство, но зато было более прочным, потому что среди его находился святой город и храм, с его священниками и целым рядом могучих пророков. (Об этом и о царях иудейских см. "Израильское царство").

Иуст. 1) См. "Варсава".

2) См. "Иисус".

3) Благочестивый человек в Коринфе, у которого жил Павел (Деян. 18: 7).

Ифамар — Итамар.
Ифамар, младший сын Аарона (Исх. 6: 23). После смерти своих братьев Надава и Авиуда избран вместе с братом Елеазаром на священническое служение (Лев. 10:1, 2, 6 и дал.; Чис. 3:4; 1 Пар. 24:2). Во время странсвования по пустыне он был надзирателем над родами сынов Гирсоновых и Мерариных, которым было поручено хранение скинии (Чис. 4:28). Впоследствии первосвященство перешло от Озии, который был внук Финееса, сына Елеазара, к потомку Ифамара, Илию. По Иосифу Флавию, в царствование Соломона оно было возвращено роду Елеазара (3 Цар. 2:27-35).

Ифиил (Итиэль) — "Бог со мною" и Укал (Ухáль) — "я могу", имена сыновей или учеников Агура (Прит. 30:1).

Ихавод (евр. бесчестье). Так назвала умеравшая жена Финееса, невестка Илии, своего новорожденного сына, потому что в это время пришло известие о взятии ковчега Божия (1 Цар. 4:19 и дал.).

Ицгар, второй сын Каафа.

Ишбак, один из сыновей Авраама и Хеттуры, праотец аравийского племени, живущего в северной Аравии (Быт. 25:2).

Великолепный вид очень красивой горы Ермон, вид из Галилейского моря.

К

Кааф — Кеа́т.

Кааф, второй сын Левия (Быт. 46:11); его потомки при горе Синай насчитывались в количестве 8.600 человек (Чис. 3:28). Их служба заключалась в том, чтобы носить ковчег и священные предметы во время странствования по пустыне (Чис. 4:4 и дал.). Потомки Каафа получили 10 городов в колене Ефремовом, Дановом и Манассиином (И. Нав. 21:4 и дал.).

Кавул. 1) Пограничный город в колене Асировом (И. Нав. 19:27). Теперь существует селение Кавул в 14 километров к юго-востоку от Акк.

2) Область с 20 городами в Галилее, которую Соломон подарил царю Хираму в благодарность за его помощь при постройке храма; но Хирам не оценил этого и назвал его поэтому Кавул (3 Цар. 9:11 и дал.). Может быть, слово "Кавул" обозначает "хлам". Думают, что это те города, которые Хирам впоследствии возвратил Соломону (2 Пар. 8:2).

Кавцеил или Иекавцеил (Неем. 11:25) — город в южной части Иудеи (И. Нав. 15:21); родина Ванеи (2 Цар. 23:20).

Кадес или Кадес-Варни (Кадеш-Бармса) (Втор. 1:2 и Быт. 14:7).

Кадильница (Лев. 10:1; 2 Пар. 28:16). В посл. к Евр. 9:4 упоминается золотая кадильница в Святом Святых. Некоторые предполагают, что это жертвенник для курения в Святилище, стоявший вне Святого Святых, близ завесы, отделявшей Св. Святых от Святилища (Исх. 30:6); в 3 Цар. 6:22 она называется "жертвенником, который пред давиром". Другие думают, что под словами в послании к Евреям 9:4 надо подразумевать только то, что в день очищения, единственный день, когда Святое Святых было доступно человеку, золотая кадильница была вносима в него. Мишна придает очень большое значение тому, что именно золотая кадильница в тот день была вносима туда; В послании к Евр. 9:4 слово "золотая" особенно подчеркивается.

Кадка. См. "Мера".

Каждение. Курение или сжигание благовоний на углях с древних времен было распространено на востоке. Тогда, как и теперь, нарочно пропитывали запахом курения платья и бороду гостей, несли эти курения впереди брачной процессии, впереди царей, а также употребляли и в других торжественных случаях. Язычники кадили также своим богам (См. 3 Цар. 11:8; 2 Пар. 25:14; Иер. 1:16; Иез. 6:13). В символическом служении Ветхого Завета курение имеет близкое отношение к жертвоприношению. Курение предписывалось законом: 1) во время ежедневного богослужения, когда курение зажигалось на жертвеннике утром и вечером после ежедневной жертвы всесожжения (Исх. 30:7 и дал.); 2) в связи с различными хлебными жертвами (Лев. 2:1 и дал.; 1 Цар. 26:19) и 3) как особенное священнодействие, когда первосвященник в великий день очищения приносил курение в Святое Святых (Лев. 16:12-13). Огонь для этого разрешалось брать только с жертвенника всесожжения и переносить его в кадильнице в Святое (Лев. 6:12; Чис. 16:46). Курить "чуждым огнем" (Лев. 10:1), т.е. брать огонь в другом месте или же возжигать ароматы другого состава (Исх. 30:9) было тяжким преступлением. Приносить курение в Святилище могли только священники (2 Пар. 26:18 и дал.). Срав. слово "пресвитер".

Курительный состав, который под страхом смертной казни воспрещалось употреблять для чего-либо другого, кроме богослужения, делался (по Исх. 30:34) из следующих, сильно благоухающих веществ, взятых поровну: 1) стакти — чистой благовонной смирны, вытекающей из деревьев без надрезов. 2) ониха — раковины одного вида (**Blatta byzantina**), которая при сжигании распространяет сильный запах, 3) халвана — душистой смолы и 4) ливана (ладана) драгоценной, благоухающей смолы светло-желтого цвета и горького вкуса, которую привозили из Аравии (срав. Ис. 60:6; Иер. 6:20) и восточной Африки, добывая ее из дерева, латинское название которого **Boswellia serrata**. Такой ладан принесли волхвы в дар младенцу Иисусу (Мат. 2:11); о ливане же упоминается в Песн. П. 3:6 среди символических описаний красоты и очарования невесты.

Раввины говорят, что при возжигании курения один священник приносил курение в сосуде, называемом каф (**kaf**), т.е. ложка, а другой — горящие угли. Принеся угли, священник высыпал их на жертвенник в то время, как первый высыпал на них курение. Во время совершения курения молящийся народ стоял во дворе (Лук. 1:10). Из этого, так же, как из слов Давида "да направится молитва моя, как фимиам, перед лицо Твое" (Псл. 140:2), объясняется символическое значение курения, представляя народ Божий молящимся, а его молитву угодною Богу, когда она возносится во имя Иисуса (Иоан. 16:23 и дал). Подобно этому, и вхождение священника в Святилище являлось прообразом вхождения Иисуса Христа в небесное святилище (Рим. 8:34; Евр. 9:24). В Отк. 8:3 и дал. говорится о фимиаме, который прилагался к молитвам святых, и в Отк. 5:8 о чашах, наполненных фимиамом*, "которые суть молитвы святых".

Казни — евр. макóт.

Казни. Египетские казни. Когда фараон лишь ожесточился после чуда превращения жезла Ааронова в змею, которая поглотила, подобным же образом превращенных волхвами, змей (Исх. 7:8 и дал.), то Бог послал на Египет различные казни для того, чтобы сломить упорство фараона и принудить его отпустить Израиля (Исх. 7:14 - 12:30). 1) Первая из этих казней состояла в том, что Аарон, по слову своего брата, Моисея, простер жезл на реку Нил, и сразу вся вода в реке, в каналах от нее, и всех сосудах, содержавших Нильскую воду, обратилась в кровь и воссмердела так, что вся рыба погибла. Египтяне вынуждены были копать всюду вокруг реки колодцы для воды ((Исх. 7:14 и дал.). 2) Вторая казнь совершилась 7 дней спустя; она состояла в том, что Нил и все скопища воды на земле стали кишеть жабами, которые не только заполнили всю землю, но проникли и в жилища, даже в квашни и печи. Фараон обещал покаяться и, по молитве Моисея, жабы издохли, но тогда фараон снова ожесточил свое сердце (Исх. 8:1 и дал.). 3) Третья казнь состояла из мучительных укусов мошек, которые мучили людей и животных. Волхвы признали руку Божию, но сердце фараона было ожесточено (8:16 и дал.). 4) Тогда началась четвертая казнь — мучительные укусы оводов, наполнивших всю египетскую землю, кроме Гесема, где жили израильтяне. Фараон обещал отпустить народ, но когда казнь миновала, он опять ожесточил свое сердце (8:20). 5) Пятая казнь состояла в тяжкой моровой язве, от которой погиб весь скот египетский, тогда как из израильского скота в то же время ничего не пострадало (Исх. 9:1 и дал.). 6) Шестая казнь: Моисей и Аарон, по повелению Божию, взяли пепла из печи и бросили его в воздух перед глазами фараона: после этого поднялась пыль по всей земле, от которой люди и скот покрылись нарывами; волхвы также не избегли этого (9:8 и дал.). 7) После торжественного предупреждения о совершенном истреблении людей и скота (9:13 и дал.), (в этом можно усмотреть милость Божию к тем, кто поверил объявленному и собрал рабов и скот в укрытие, ст. 20) наступила седьмая казнь: град и буря с громом и молнией, которые принудили фараона исповедать свой грех. Когда же казнь прошла, последовало новое ожесточение. 8) Восьмой казнью послужили тучи саранчи, которая истребила всю зелень, уцелевшую после града. Саранча "покроет лицо земли так, что нельзя будет видеть земли" (10:1 и дал.). 9) Так как фараон продолжал упорствовать, то последовала тотчас же девятая кнзнь: наступила "осязаемая тьма" во всем Египте в течение 3 дней, но у израильтян в Гесеме было светло. Фараон согласился отпустить народ, но без скота; когда Моисей не согласился на это, фараон еще более ожесточился и запретил Моисею показываться ему на глаза (9:21 и дал.). 10) Десятая казнь — смерть первенцев. "Так говорит Господь: в полночь Я пройду посреди Египта и умрет всякий первенец в земле Египетской от первенца фараона, который сидит на престоле своем, до первенца рабыни, которая при жерновах, и все первородное из скота" (11:4, 5). Так и произошло (12: 29 и дал.). Теперь Израиль был отпущен, и сами египтяне ускоряли их исход. См. "Пасха", "Чермное море".

Каинан. 1) Сын Еноса, четвертый от Адама (Быт. 5:9-14; 1 Пар. 1:2; Лук. 3:37).

2) В Ев. Лук. 3:36 упоминается Каинан, как сын Арфаксада и отец Сады, хотя о нем ничего не говорится в еврейском Ветхом Завете (Быт. 10:24; 11:12). Это добавление сделано в греческом переводе семидесяти (**Septuaginta**) и перешло в Евангелие от Луки.

Каин, т.е. приобретение. 1) Первородный сын Адама и Евы (Быт. 4:1), который, несмотря на предупреждение Бога, поддался греху, когда Бог с благоволением принял жертву Авеля и отверг жертву Каина: он убил Авеля, и, в наказание за это, Бог изгнал его из земли, где он жил. Каин, благодаря особому знамению, данному ему Богом, был храним от мщения людей, которое, как он сам сознавал, он заслужил. Он поселился в земле Нод, к востоку от Едема, где построил город и назвал его "Енох" по имени своего сына Еноха (Быт. 4:16 и дал.; 1 Иоан. 3:12; Иуд. 11).

2) В Чис. 24:22. См. "Кенеяне".

Каир и **Кир** (4 Цар. 16:9) область, откуда сирийцы переселились на север Палестины (Ам. 9:7), и куда Феглаффелласар выселил народ из Дамаска (4 Цар. 16:9). Это место ищут около Аракса, притока Куры. Срав. Ам. 1:5; Ис. 22:6.

Каиафа, другое имя которого было Иосиф, первосвященник в год смерти Иисуса (Лук. 3:2), 18-36 гг. по Р.Хр. и, согласно Иоан. 18:13, зять предыдущего первосвященника Анны; он

---

*Примечание. Греческий текст допускает и такое толкование, что фимиам (греч. фимиамы) является молитвами святых.

пророчески высказал в Синедрионе, что Иисус должен умереть за народ (Иоан. 11:49 и дал.). В его палатах Синедрион принял решение убить Иисуса (Мат. 26:3), и перед ним допрашивали Иисуса, прежде чем повели Его к Пилату (Мат. 26:57; Иоан. 18:13 и дал.). Впоследствии Каиафа хотел воспрепятствовать проповеди Петра и Иоанна, но это ему не удалось (Деян. 4:6, 21 и дал.).

Калах. См. "Ниневия".

Калне. См. "Халне".

Камень — евр. эвен.

Камень. В древнее время люди делали ножи не из железа, а из камня (Исх. 4:25; И. Нав. 5:2). В память достопримечательных случаев ставили камни или памятники (Быт. 31:46; И. Нав. 4:5 и дал.), на них иногда возливали елей, как сделал Иаков с камнем, который служил ему изголовьем в Вефиле (Быт. 28:18).* Преступников иногда побивали камнями, а затем на тела их набрасывали груду камней (И. Нав. 7:26; 8:29; 2 Цар. 18:17). В символических оборотах речи Библии камень обозначает черствость или бесчувственность (Иез. 11:19), а также твердость и крепость (Быт. 49:24). Христиане называются живыми камнями, как строения части живого храма, в котором Христос является "краеугольным камнем" (Еф. 2:20 и дал.; 1 Пет. 2:4 и дал.).

Иисус Христос обещал в Отк. 2:17 побеждающему дать белый камень. Некоторые полагают, что это означает дощечку на лбу с написанным на ней именем Господа, подобную золотой дощечке на лбу первосвященника. По мнению других, здесь указывается на обычай выдавать выигравшим призы на греческих состязаниях белый камень или доску с написанными на них их именами и наградами. Самым простым и вероятным объяснением может быть то, что белые камни употреблялись как письменный материал, и что поэтому суть дела заключается не в камне, а в имени, написанном на нем. Срав. Ис. 62:2.

Камыш. См. "Тростник".

* Этот камень Иакова, по мнению англикан, находится теперь в городе Лондоне в церкви "Westminster Abbey", в Вестминстерском Аббатстве, где он лежит на древнейшем коронационном троне. Туда он был привезен в 1297 г. из Шотландии. По преданию он был доставлен в Ирландию "Тефи", дочерью царя Седекии и пророком Иеремией, а оттуда попал в Шотландию. Этот камень, на который, по их мнению, указывается в Псл. 117:22; Зах. 4:7 и прочих местах, считается ими драгоценнейшим наследием английского народа.

Кана. 1) Город в колене Асировом (И. Нав. 19:28), вероятно, теперешнее селение Кана в миле к югу от Тира.

2) Галилейская — уроженцем которой был Нафанаил (Иоан. 21:2), где Иисус превратил воду в вино (Иоан. 2) и исцелил сына царедворца (Иоан. 4:46). Некоторые ищут место этого селения в поселке Кенна, близ Назарета, другие в Кана-эль-Джелил в 10 км к северу от Назарета.

3) Поток, находившийся на границе между коленами Ефрема и Манассии (И. Нав. 16:8; 17:9).

Кананит. См. "Симон".

Кандакия (Деян. 8:27), царица Эфиопская, титул Эфиопских цариц того времени.

Канонические книги. См. "Библия".

Капернаум — Кфар-Наху́м.

Капернаум, город в Галилее на западном берегу Тивериадского озера (Мат. 4:13; Иоан. 6:24). В этом городе была синагога, где Иисус часто учил (Иоан. 6:59; Лук. 4:33; Мар. 1:21), она была построена сотником римского отряда, который, повидимому, был там, в Капернауме, расположен (Лук. 7:1 и дал.). Капернаум был таможенным пунктом и там служил Матфей (Мат. 9:9; 17:24). В этом городе Иисус сотворил много чудес и много проповедывал. В Назарете Христос был воспитан, но Капернаум был "Его городом", где Он жил (Мар. 2:1). Го́сподь предсказал, что, хотя город был вознесшимся до неба", он будет "низвергнут до ада" (Мат. 11:23; Лук. 10:15). Местоположение его неизвестно. Некоторые ищут его в значительных развалинах, недалеко от Тель Хум, в расстоянии одного часа пути к югу от северного конца Галилейского моря. Другие ищут его в Хан Миние, немного южнее первого места.

Каппадокия, самая большая область в Малой Азии, имеющая естественные границы: гора Тавр и исток Евфрата на юге и на востоке; на западе она граничит с Ликаонией, а на севере с Понтом и Галатией. Каппадокия орошалась рекой Галисом и была известна своими пастбищами, прекрасными лошадьми и ослами. Столица Каппадокии называлась Кесарией; народ сирийского происхождения, был туп и развратен; см. "Киликия"; "Крит". Евреи жили также в Каппадокии (Деян. 2:9), и к ним проникло Евангелие (1 Пет. 1:1).

Кармил — Карме́ль.

Кармил. 1) Город в гористой части Иудеи (И. Нав. 15:55); на горе Кармил паслись стада богатого Навала (1 Цар. 25), и там Саул поставил памятник в честь победы над амаликитянами (1 Цар. 15:12). Развалины Кармила сохранились до сих пор на горе Кермель в 10 км к юго-востоку от Хеврона.

Традиционное местоположение жертвоприношения Илии в честь победы, гора Кармил.

2) Название горного хребта, который являлся границей между коленами Манассии и Асира (И. Нав. 19:26), и также полуострова, который вдается в море и образует залив при г. Акка. Кармил, т.е. сад, за свою красоту воспевается Ис. 35:2; Песн. П. 7:6. Срав. Иер. 50:19. По словам одного путешественника, вся гора покрыта зеленью; на ее вершинах растут сосны и дубы, ниже — оливковые и лавровые деревья (Срав. Ам. 9:3). С этой горы течет много потоков; самый большой из них вытекает из так называемого источника Илии; пробираясь между роскошными коврами цветов, все они стекают в Киссон. Вид с вершины горы на залив при г. Акка и его плодоносное побережье до синеющих высот Ливана и снежной вершины Гермона прекрасен. Внизу раскинулась прекрасная Изреельская равнина. На склонах Кармила, сложенного из юрского известняка, находится множество пещер, срав. Третью книгу Царств 18:4. Замечательные события связаны с этой горой. Здесь Илия стоял перед всем Израилем и Ахавом; здесь вааловы жрецы тщетно взывали к своему богу; здесь же по молитве Илии пал с неба огонь. Отсюда Илия отвел вааловых жрецов к Киссону и умертвил их. С этой горы его слуга видел поднимающееся из за моря облако величиною в ладонь человека, после чего небо покрылось густыми тучами и пошел сильный дождь (3 Цар. 18). На Кармиле бывал Елисей (4 Цар. 2:25; 4:25). Гора Кармил арабами называется обычно Мар-Элиас, т.е. святой Илия.

Карп, друг Павла в Троаде (2 Тим. 4:13).

Кархемис (Кархемиш), город (Ис. 10:9), покоренный сириянами, вблизи которого фараон Нехао был разбит Навуходоносором (Иер. 46:2; 2 Пор. 35:20). Кархемис теперь называется Цирцезиумом и представляет укрепленный город, расположенный при слиянии рек Кабура и Евфрата. В ассирийских надписях он назван Гаргамисом.

Карфан. См. “Кириафаим”.

Касифья — место, где жили переселенные евреи; вероятно, вблизи Вавилона (Езд. 8:17).

Касия (Исх. 30:24; Иез. 27:19; Псл. 44:9), нежная кора индусского дерева Cinnamomum Cassia; употреблялась для приготовления священного мира.

Каслухим (Быт. 10:14; 1 Пар. 1:12) — народ, родственный египтянам. Мицраим родил Каслухима; от него произошли филистимляне и кафторим. Их древнее местожительство предполагают в низменной прибрежной стране между дельтой Нила и землей филистимлян. Древние называли эту мест-

Рельеф изображающий сооружение на колесах — Ковчег Завета, найден в руинах Капернаума.

ность Казиотисом по имени горы Казии на границе между Египтом и Сирией. О происхождении филистимлян см. "филистимляне".

Кассия, одна из дочерей Иова (42:14).

Кафтор, остров или прибрежная страна, о которой говорится у Иер. 47:4; Ам. 9:7, как о местности, откуда филистимляне пришли в Палестину. Жители этого острова, по происхождению египтяне, названы Кафторим (Быт. 10:14; Втор. 2:23). Предполагают, что Кафтор есть или остров Крит, или северная дельта Египта. Срав. "Филистимляне", "Каслухим".

Кварт, брат в Коринфе, передававший привет в Рим (Рим. 16:23).

Квириний. У Лук. 2:2 говорится о том, что Август повелел произвести во всех римских землях перепись; поэтому Иосиф с Мариею отправились в Вифлеем. Правивший в это время Сирией Квириний в римской истории известен под именем Публус Сульпицус Квиринус (Publius Sulpicius Quirinius). Из истории известно, что этот Квириний стал правителем Сирии не раньше 4 г. по Р.Хр., и что первая перепись в его правление происходила на 6 г. правления, т.е., самое меньше, через 10 лет по Р.Хр. (на эту перепись встречаем указание в Деян. 5:37). Для разрешения этого противоречия возникли разные предположения, из которых самое вероятное то, что Квириний занимал должность квестора (questor), т.е. управляющего финансами при Верусе (Verus), который управлял Сирией во время рождения Иисуса Христа, и что Лука приписал ему перепись как правителю, тогда как, на самом деле, Квириний, заведывавший ею, был только квестором правителя. Шафер и др. предполагают, что Квириний был правителем два раза: 1-й раз с 4 г. до Р.Хр. до 1 г. по Р. Хр.; 2-й раз с 6 по 11 год по Р.Хр. Впрочем, что касается самой переписи, то по Лук. 2:3 она имеет римско-еврейский характер. Римская перепись включала в число населения всех людей данной области вместе с их имуществом и т.д., причем никто не должен был оставлять своего местожительства. По сообщению Евангелиста Луки, каждый должен был ехать на свою родину, — что уже является еврейской особенностью в связи с тем значением, которое евреи придавали своему происхождению. То обстоятельство, что в данном случае поступили по еврейскому обычаю, зависело, вероятно, от того, что перепись, хотя и по римскому повелению, происходила в местности, подвластной еврейскому царю Ироду.

Кедар, второй сын Измаила (Быт. 25:13), праотец воинственных и отважных "сынов Кедара", живших в пустыне Аравии (Псл. 119:5; Ис. 21:16 и дал.; 42:11). Их шатры делались из черной верблюжьей шерсти; они владели богатыми сокровищами по Песн. П. 1:4.

Кедемоф — Кдемо́т.

Кедемоф, город левитов в колене Рувимовом (И. Нав. 13:18; 21:37), расположенный у восточной границы земли, близ пустыни Кедемоф (Втор. 2:26).

Кедес — Кедеш.

Кедес. 1) Город левитов, бывший в то же время городом убежища в колене Неффалимовом; родина Варака (И. Нав. 19:37; 20:7; 21:32; Суд. 4:6); теперь деревня Кадес к северо-западу от озера Мерома.

2) Город в южной части колена Иудина (И. Нав. 15:23).

3) (1 Пар. 6:72), то же, что Кишион.

Кедмонеи (Быт. 15:19), жители Палестины во времена Авраама.

Кедорлаомер, царь Еламский, один из 4-х царей, воевавших против 5 других царей у Мертвого моря и победили их. Позже Аврам напал на победителей, разбил их и отнял у них всю добычу (Быт. 14).

Кедр — евр. эрез.

Кедр. 1) Царь деревьев в Святой земле. "Кедр на Ливане с красивыми ветвями и тенистою листвою; и высокий ростом" (Иез. 31:3). Кедр (лат. pinus cedrus) принадлежит к семейству хвойных деревьев, и похож на лиственницу. Ветви и ствол его более растут вширь, нежели в вышину, он не так гибок, как наши сосны, и достигает в вышину более 30 метров. Кедр со своими широко раскинутыми ветвями представляет красивое дерево и дает густую тень. Длинные иглы, которые растут пучками более 20 штук вместе, не опадают зимою. Красноватые шишки, короче, но толще сосновых шишек, растут кверху, подобно елочным свечам, на блестящих ветвях кофейного цвета. Прочная древесина светло-желтого цвета, испускает приятный запах; черви ее не точат, отчего она и считалась драгоценным материалом для построек. Давид употреблял кедровое дерево для роскошных построек (2 Цар. 7:2); а также и Соломон (3 Пар. 7:2 и дал.). Особенно много пошло кедра на внутреннюю отделку (3 Цар. 8:9; Езд. 3:7); столбы, крыши и т.д. (3 Цар. 6:9 и дал.; 7:3-7; Песн. П. 1:16; Иер. 22:14) — первого и второго храма.

Из кедра делались также истуканы (Ис. 44:14 и дал.). Могучие стволы этого дерева употреблялись богатыми жителями Тира для мачт (Иез. 27:5). Кедровое масло употреблялось для бальзамирования трупов как средство против гниения. Густая смола, которая вытекала из ствола и шишек, име-

Типичная местность Ливанона, вид города Бширр в долине и дороги к ливанским кедрам.

ла сильный запах — "благоухание Ливана" (Песн. П.4:11; Ос. 14:7). Благодаря этому свойству, кедровое дерево употреблялось при некоторых обрядах очищения (Лев. 14:4; Чис. 19:6); на символическом языке Библии кедр обозначает: знатность, силу и долголетие (4 Цар. 14:9; Псл. 91:13; Ис. 21:13; Иез. 17:3, 22 и дал.; 31:3 и дал.).

Кедры в древние времена росли в значительном количестве на Ливане. Оттуда Хирам доставил Соломону огромное количество этого материала, в котором тот нуждался. По 10.000 дровосеков работали на Ливане ежемесячно и слуги Хирама перевозили бревна к морю, где их связывали в плоты и таким образом доставляли в Яффу, откуда они перевозились сухим путем в Иерусалим (3 Цар. 5:8 и дал.). Кедрового дерева во время Соломона в Иерусалиме было так много, что оно было не дороже сикомор, растущих на низменных местах (3 Цар. 10:27). Преемники Соломона продолжали вырубать кедры; от прославленных кедровых лесов Ливана теперь мало что осталось.

2) (Ис. 44:14; евр. тирпах) — твердое дерево, из которого делались идолы; в Ос. 4:13 это дерево названо теревинфом.

Ливанский кедр.

Кедровая роща в Ливане — оставшиеся следы когда-то огромных деревьев.

Кедровый дом (Ис. 22:8). См. "Соломон".

Кедрон, поток и долина, которая, начинаясь с северной стороны Иерусалима между его восточной стороной и Елеонской горой, спускается к югу и проходит мимо деревни Сильван. У источника Рогель, Кедронская долина сливается с Енномовой, затем спускается между обрывистыми дикими высотами к Мертвому морю. Только в период дождей Кедрон имеет вид настоящего потока. По дороге из Стефановых ворот к Гефсимании через Кедрон построен мост. По этой дороге Давид бежал от Авессалома (2 Цар. 15:23); здесь же часто ходил Иисус, когда посещал Вифанию, Елеонскую гору и Гефсиманию (Иоан. 18:1 и дал.). В этой долине Аса, Иосия и Езекия сжигали мерзости идолопоклонства (3 Цар. 15:13; 4 Цар. 23:4, 6, 12; 2 Пар. 29:16). Кедронская долина, которую предание называло "долиной Иосафата" (Иоиль 3:2), теперь имеет различные названия: ее начало, к северу от Иерусалима, называется Вади-ель-диоз, т.е. миндальная долина; самая известная часть ее, между городом и Елеонской горой называется Вади-ситт-Мариам, т.е. долина госпожи Марии; далее к югу она называется Вади-ель-нар, т.е. долина огня. Эта долина долгое время была излюбленным местом для похорон магометан и евреев; первых хоронили на западной стороне, а последних на восточной.

Кеиль — Кеила́.

Кеиль, город в низменной части удела колена Иудина (И. Нав. 15:44), который Давид спас от филистимлян; город же отплатил за это Давиду неблагодарностью (1 Цар. 23:1 и дал.). Срав. Неем. 3:17 и дал.

Кеназ. 1) Внук Исава (Быт. 36:15). Старейшина в земле Едома (ст. 42).

2) Сын Гофониила (И. Нав. 15:17).

Кенаф (Кнаг). См. "Новах" (Чис. 32:42).

Кенеи и **Кенезеи,** — два племени в земле Ханаанской во время Авраама (Быт. 15:19), вероятно те же, что кенеяне.

Кенеяне, моавитское племя, к которому принадлежал Иофор, тесть Моисея. Они пошли с сынами Иудиными в Иудейскую пустыню, поселились там среди народа (Суд. 1:16) и жили после этого очень долго среди Израиля (1 Цар. 30:29). Благодаря дружескому отношению кенеян к народу Божьему, Саул пощадил их, когда поразил Амалика (1 Цар. 15:6). Хевер, который отделился от кенеян и раскинул шатер свой у дубравы в Цаанниме, происходил из этого племени (Суд. 4:11) также, вероятно, и рехавиты (в 1 Пар. 2:55 называемые "кенеянами"). В Чис. 24:22 говорится о них, что ассирийцы уведут их в плен; там же они называються именем Каин.

Кенхреа, гавань города Коринфа при Саронском заливе (Деян. 18:18). Там существовала уже во время ап. Павла христианская церковь (Рим. 16:1).

Керенгаппух (т.е. рог с притираниями), одна из дочерей Иова (Иов. 42:14).

Керети (критяне) упоминаются в 1 Цар. 30:14, как народ, живущий в филистимской земле. Срав. "Кафтор", "Филистимляне".

Кериоф (Крио́т), один из главных городов Моава (Иер. 48:24: Ам. 2:2).

Кесария (Палестина). Город на Средиземном море в 45 км к северу от Яффы; построенный Иродом Великим на том месте, где раньше находилась "укрепленная башня", и назван в честь кесаря Августа. Кесария часто упоминается в книге Деяний Апостолов. Этот город был резиденцией царей династии Ирода, а также римских правителей. Здесь жили благовестник Филипп (Деян. 21:8) и сотник Корнилий; здесь в первый раз Дух Святой сошел на язычников (Деян. 10). Здесь допрашивался и благовествовал пред Феликсом и Агриппой ап. Павел, и здесь он был заключен 2 года в тюрьме во время правления Феликса и Феста (Деян. 23:33; 24:10, 24, 27; 25:4, 23, 26). В Кесарии Павел писал некоторые из своих посланий, и отсюда он отправился в Рим (Деян. 27:1). Здесь Ирод Агриппа старший был поражен ангелом Господним (Деян. 12:23). Кровавое столкновение в Кесарии между греками и евреями послужило поводом к несчастной еврейской войне, которая кончилась полным разрушением Иерусалима. После этого Кесария около 400 лет была столицей Палестины, почему и называется Кесарией Палестинской в отличие от другой Кесарии (Филипповой). Иерусалимские епископы были подчинены епископам Кесарийским. Один из этих последних, Евсевий, был автором церковной истории. Впоследствии Кесария много раз подвергалась осаде и разграблению со стороны турок и крестоносцев, и теперь уже 600 лет, как находится в разрушенном виде. От величественных театров, дворцов и гаваней Ирода остались теперь только одни развалины. Арабы называют их Кайзарие.

Теперешняя аэрофотосъемка окрестностей храма на вершине горы Мориа. Там теперь стоит мечеть Горам—еш—Шериф (Купол Камня). Большая часть древнего Иерусалима видна здесь. Справа, на переднем плане, вид долины Кедрон, внизу — Гефсиманский сад.

Кесария Филиппова, город близ северной границы Палестины, недалеко от истока Иордана, в хорошо орошаемой стране, на южном склоне Гермона; может быть, этот город был построен на том же месте, где находится древний Ваал-Ермон (Суд. 3:3). Теперь на этом месте находится маленькое селение, называемое Баниас, от древнегреческого слова Панеас, названия находившейся здесь пещеры Пана, бога пастухов. Здесь между беспорядочно наваленными грудами камней течет прозрачная, как кристалл, река Нахр Баниас, которая ниже сливается с другой рекой Леджан и вместе они образуют Иордан. Город получил свое название по имени тетрарха Филиппа, который расширил и украсил его. В этой Кесарии и в Кесарии Палестинской рим. полководец Тит отпраздновал разрушение Иерусалима кровавыми пиршествами, во время которых пленные евреи отдавались на съедение диким зверям. В этой мало известной стране Иисус, после уединенной молитвы (Лук. 9:18), в первый раз спросил Своих учеников, за кого они Его почитают, и соединил свидетельство о Своем божестве с предсказанием о крестных страданиях (Мат. 16:13 и дал.; Мар. 8:27 и дал.).

Кесарь, греческая форма от латинского слова Caesar, по имени основателя Римской монархии, Юлия Цезаря. Получив бразды правления в свои руки, он с притворной скромностью отказался принять титул царя, но удовлетворился титулом императора, т.е. военачальника. Имя "Цезарь" было присвоено его преемниками и постепенно сделалось титулом, который стал иметь более важное значение, чем царский титул. В государствах, принявших из латинского языка титул "император", он получил то же же значение, что и кесарь. Палестина и евреи во времена Нового Завета были во власти римских кесарей. История Нового Завета совпадает со временем царствования пяти первых кесарей: Августа — 14 г. по Р.Хр. (Лук. 2:1); Тиверия — 14-37 гг. (Лук. 3:1; Иоан. 19:12); Калигулы — 37-41 гг.; Клавдия — 41-54 гг. (Деян. 11:28) и Нерона — 54-68 гг. (Деян. 25:8 и дал.; Фил. 4:22).

Римские кесари назывались греками также "себастос" (Деян. 25:21, 25), т.е. достопочтенный (лат. Augustus).

То же название "себасте" или "августа" имел тот полк, в котором Юлий был сотником (Деян. 27:1) — "Августов полк". Вероятно, это был полк предоставленный прокуратору Фесту, может быть, так называемая, императорская гвардия, или охранный императорский полк.

Кесиль (евр.) — великолепное созвездие, которое теперь называется Орионом и находится в южной части небесного свода; оно известно арабам под именем "Великан"; о нем говорится в Иов. 9:9; 38:31; Ам. 5:8. Фантазия востока видит в этом созвездии Нимрода, сильного зверолова пред Господом (Быт. 10:9), который привязан к небесному своду за свое нечестие; может быть на это намекается в Иов. 38:33. В Ис. 13:10, где слово Касиль стоит во множественном числе (евр. текст), наверное, подразумеваются большие созвездия вообще.

Кесуллоф — Кесуло́т.
Кесуллоф (И. Нав. 19:18) или Кислоф-Фавор (И. Нав. 19:12), город на границе уделов колен Иссахарова и Завулонова, называемый также Фавором (И. Нав. 19:22). Теперь это деревня Искал на горе между Назаретом и Фавором.

Киброт-Гаттаава (Чис. 11:34), т.е. гробы прихоти или пресыщения, одна из стоянок Израильтян в трех днях пути от горы Синая (10:33) недалеко от моря (11:22, 31). Это название напоминает о факте алчности народа, поедавшего в чрезмерном количестве перепелов, падавших по повелению Божию в стане израильтян. Там же были погреблены умершие от объедения. По Чис. 11:3, это место незадолго до описанного факта было названо Тавера, т.е. сожжение, потому что Господь вследствие ропота народа истребил огнем окраинные шатры их. В Втор. 9:22 эти места различаются между собою; вероятно, это надо понимать так: весь лагерь назывался Киброт-Гаттаава, а та часть, которая была сожжена, называлась Тавера.

Киликия, юго-восточная область в Малой Азии, отделенная высокими горами Тавр от Каппадокии и Ликаонии на севере и горою Аманос от Сирии на востоке. На западе она граничит с Памфилией, а на юге омывается Средиземным морем. Между высокими горами тянутся роскошные долины с субтропическим климатом. Население, сирийско-семитской расы, со времен Александра Великого смешалось с греческими колонистами. Раньше страна была под властью различных государств: ассирийского, халдейского, персидского; наконец, в 64 г. по Р.Хр. сделалось римской провинцией. Столицей этой страны и местопребыванием императорского наместника был блестящий город Тарс, родина Павла (Деян. 9:11; 21:39). Киликийские иудеи имели свою собственную синагогу в Иерусалиме (Деян. 6:9). Коренные обитатели страны, которые были вытеснены греками и евреями, пользовались дурной славой. По ходячей пословице, самые плохие "К" были: киликийцы, каппадокийцы и критяне. Из Антиохии христианство скоро распространилось в Киликию (Деян. 15:23). Павел посещал ее несколько раз (Деян. 9:30; 15:41; Гал. 1:21). На пути из Кесарии в Рим он проезжал мимо своего родного берега (Деян. 27:5).

Кимвал. См. "Музыка".

Кимгам, человек, который по предложению старого Верзеллия последовал за Давидом из Галаада во дворец (2 Цар. 19:37 и дал.). Предполагают, что он был сыном Верзеллия. Срав. 3 Цар. 2:7.

Киннерофф. См. "Хиннерофф".

Кипарис (Песни Песней 1:16), евр. брош — красивое хвойное дерево с прочной благоухающей древесиной желто-красноватого цвета. Он упоминается вместе с кедром, как одно из украшений Ливана (Ис. 14:8; 37:24; 60:13). Кипарис употреблялся для роскошных построек (3 Цар. 5:8), для кораблестроения (Иез. 27:5), для музыкальных инструментов (2 Цар. 6:5) и для копьев (Наум. 2:3).

Кипр — евр. Кафрисин.

Кипр, остров в северо-восточной части Средиземного моря, около Сирии и Киликии, прославившийся своим хорошим климатом и фруктами. Может быть, это тот остров Киттим, который давно уже был известен евреям (Быт. 10:4-5; Ис. 23:1, 12). (См. "Киттим"). Кипр в 333 г. до Р.Хр. подпал под власть Александра Великого и в 58 г. до Р.Хр. сделался римской провинцией. Киприяне были известны своей изнеженностью и сладострастием. Их главным божеством была Венера, называемая Киприс, которой они поклонялись и построили известный храм в Пафосе. Остров славился своим вином, медом, елеем, пшеницей, драгоценными камнями и разными металлами, между прочем, медью (которая от этого острова и получила свое название aes cyprium), а также материалами для постройки судов (Иез. 27:6). На Кипре жило много евреев. Евангелие стало им известно довольно рано (Деян. 11:19). Мужи из Кипра и Киринеи первыми благовествовали грекам в Антиохии (Деян. 11:20). Уроженцы Кипра были Варнава и Мнасон (Деян. 4:36; 21:16). Павел и Варнава проповедывали здесь Евангелие (Деян. 13:4 и дал.). Впоследствии Варнава и Марк посетили Кипр (Деян. 15:39).

Кир. 1) Персидский царь, который в 536 году до Р.Хр. разрешил израильтянам возвратиться в Палестину (2 Пар. 36:22 и дал.; Езд. 1:1 и дал.), возвратил священные сосуды Иерусалимского храма (Езд. 1:7; 6:5) и сам сделал большие пожертвования для восстановления храма (Езд. 6:8 и дал.). По 2 Пар. 36:23 он потому издал приказ построить храм, что "Бог небесный повелел царю построить Ему дом в Иерусалиме". Иосиф Флавий говорит, что Кир получил это откровение, читая книгу пророка Исаии, который написал пророчество об этом за 210 лет до события; см. Ис. 44:28, где Господь говорит о Кире: пастырь Мой, и он исполнит всю волю Мою и скажет Иерусалиму: "ты будешь построен!" и храму: "ты будешь основан!" (Ср. Ис. 45:1 и дал.; Дан. 6:28; 10:1). Кир умер в 529 году до Р.Хр.

О юности и кончине этого знаменитого царя рассказы древних неясны и противоречивы. Вообще же сходятся в том, что он был сыном персидского царя Камбиза, находившегося под властью мидян. Ему удалось поднять персидский народ против мидян и он не только сделался властелином всего их обширного царства, но также покорил халдейское или вавилонское царство. Самым известным из его военных подвигов было покорение города Вавилона в 538 году до Р.Хр. Кир поэтому называется Вавилонским царем (Езд. 5:13).

2) См. "Каир".

Кириаф (Кирья́т). 1) Город в колене Вениаминовом (И. Нав. 18:28).

2) Город в южной части колена Иудина (И. Нав. 15:25); может быть, теперешний Кариетен к югу от Хеврона.

Кириафаим (Кирьята́им), город левитов в колене Неффалимовом (1 Пар. 6:76); назван Карфаном у И. Нав. 21:32.

Кириафиарим. См. "Кириаф-Иарим".

Кириаф-Иарим — Кирьят-Я́арим.

Кириаф-Иарим, гаваонитский город, пограничный с коленом Вениаминовым, предназначенный колену Иудину (И. Нав. 18:14 и дал.). В 1 Пар. 13:6 он назван Кириафиарим, а во 2 Цар. 6:2 — Ваал-Иудин. Здесь в доме Аминадава находился в течение нескольких лет ковчег завета (1 Цар. 7:1-2; 2 Цар. 6:2; 1 Пар. 13:5 и дал.). Месторасположение этого города указывают в теперешнем селении Кириаф-Эль-Енаб или Абу-Гош, около 10 км к северо-западу от Иерусалима.

Кириаф-Санна. См. "Давид".

Кириаф-Сефер. См. "Давид".

Кириаф-Хуцоф — Кирьят-Хуцо́т.

Кириаф-Хуцоф, т.е. уличный город, — город в Моаве, где Валак и Валаам приносили жертвы (Чис. 22:39).

Киринея, столица области Киринеи в северной Африке, западнее Египта (теперешняя Барка); за исключением Карфагена, самый красивый город в северной Африке. В начале она была греческой колонией, основанной в 631 г. до Р.Хр. Большой процент жителей города составляли евреи. Киринейские евреи имели собственную синагогу в Иерусалиме (Деян. 2:10; 6:9). Одним из киринейских евреев был тот Симон, который нес крест Иисуса (Мат. 27: 32). Некоторые из них стали христианами и благовествовали затем вместе с братьями из Кипра грекам в Антиохии (Деян. 11:20; 13:1).

Кирпич — евр. левана́.

Кирпич. В таких странах, как нижний Египет и Вавилон, где почва состояла из глубокого слоя наносной земли и отсутствовал камень, — кирпич был самым подходящим материалом для построек (Быт. 11:13; Исх. 1:14). Глину разминали ногами (Наум. 3:14) и смешивали с соломой (Исх. 5:7 и дал.). В жарких странах, где дождь является редкостью, кирпич достаточно было сушить на солнце, как это делается там и теперь. Однако же еще при построении Вавилонской башни мы читаем об обожженных кирпичах (Быт. 11:3). Обжигательные печи для кирпичей встречаются в некоторых местах (2 Цар. 12:31; Иер. 43:9 (евр.); Наум. 3:14). В гористой Палестине камень имел преимущество (Ис. 9:10; срав. Мат. 7:25).

Кирпичи (черепки), на которых народ сжигал фимиам (Ис. 65:3), вероятно, представляли маленькие жертвенники из кирпича или просто сложенные кирпичи на кровлях, где под открытым небом приносили жертвы идолам (Иер. 19:13; 32:29; Соф. 1:5; 4 Цар. 23:12). Возможно также, что это были особые кирпичи, с написанными на них изречениями, подобные тем, которые находят в развалинах Вавилона. Глиняными табличками также пользовались, как материалом для писания: Иезекиль начертал на кирпиче "город Иерусалим" (Иез. 4: 1). В Вавилоне и Ниневии найдены целые библиотеки из таких табличек.

Живописные картины производства кирпича в древнее время нашли на надгробном рисунке, близ г. Фив в Египте. Этот рисунок дает удивительно яркую иллюстрацию к рассказу Библии о египетстком рабстве, когда сыны Израиля должны были тяжко трудиться, изготовляя кирпичи (Исх. 1:14). На этом рисунке, который считается относящимся ко времени фараона, притеснявшего Израиля, изображены несколько чужеземных бородатых рабов, занятых изготовлением кирпича. Одни месят глину, другие несут ее на плечах, третьи формируют кирпичи, четвертые складывают их рядами для просушки и т.д. Надсмотрщики с жезлами в руках наблюдают за работой. Надпись к этому надгробному рисунку гласит, что эти пленные рабы взяты царем Тотмесом для того, чтобы строить храм Аммону, его отцу.

Кирхарес. См. "Кир-Моав".

Кир-Моав сильно укрепленный пункт у моавитян (Ис. 15:1); он назван Кир-харешетом и Кирхаресом у Ис. 16:7, 11 и Иер. 48:31 и Кир-Харешетом в 4 Цар. 3:25. Одно время он был почти разрушен израильским царем Иорамом (4 Цар. 3:25). Это селение существует до сих пор под именем Керак и имеет 7-8 тысяч жителей. Местоположение его к юго-востоку от Мертвого моря. За обладание им велось много войн; во времена крестоносцев его считали ключем к южной части Иорданской страны.

Кир-Харешет. См. "Кир-Моав".

Кис — Киш.

1) Сын Авиила, вениамитянин, отец Саула (1 Цар. 9:1 и дал.). По 1 Цар. 14:50 и дал., он был братом Нира (или Нера), ибо "Кис, отец Саула, и Нир (или Нер), отец Авенира, были сыновья Авиила". В 1 Пар. 8:33 и 9:39 сказано, что "Нер родил Киса, и Кис родил Саула"; из этого следует, что Авиила, отца Киса, называли также Нером. Таким образом, именем Нер назывались как дедушка, так и дядя Саула.

2) Сын Иеила из колена Вениаминова, дядя Киса 1. (1 Пар. 9:36).

3) Прадед Мардохея из колена Вениаминова (Есф. 2:5); быть может, тот же, что Кис 1.

4) Левит из рода Мерарина, сын Махиля; его сыновья женились на дочерях его брата (1 Пар. 23:21 и дал.) Срав. 24:28 и дал.

Кислев, декабрь. См. "Месяцы".

Кислов-Фавора. См. "Кесуллов".

Киссон (евр. Кишо́н), (Псалтирь 82: 10), поток, протекающий через Изреельскую равнину и впадающий в Средиземное море несколько севернее Кармила. Летом он почти пересыхает; в период сильных дождей уровень воды в нем настолько поднимается, что даже войско Сисары потонуло в его водах (Суд. 4:13; 5:21). То же самое случилось и с турками после битвы при Фаворе в апреле месяце 1799 года. При Киссоне Илия умертвил жрецов Ваала (3 Цар. 18:40).

Кисточки (евр. цицо́т). См. "Хранилище".

Кит. См. "Левиафан", "Рыба".

Киттим, народ происшедший от одного из сыновей Иавана (Быт. 10:4). Собственно, это название обозначает остров Кипр, где находилась финикийская колония Ситиум, а также вообще острова и прибрежные страны Средиземного моря (Чис. 24:24; Ис. 23:1, 12; Иер. 2:10; Дан. 11:30; Иез. 27:6).

Кифа. См. "Петр".

Киший или **Кушайя,** отец певца Ефана или Идифуна (1 Пар. 6:44; 15:17).

Кишион город левитов (И. Нав. 19:20; 21:28); в 1 Пар. 6:72 назван Кедес.

Клавда небольшой островок к юго-западу от Крита, на который было гонимо ветром судно с ап. Павлом по пути его в Рим (Деян. 27:16). Теперь он называется Гоццо или Гаудагула.

Клавдий четвертый римский император (41-54 г. по Р.Хр.). Имея слабый характер, он под влиянием женщин и любимцев стал делать низости и был отравлен Агриппиной, четвертой своей женой. Со времен его царствования совпал голод, предсказанный Агавом (Деян. 11:28). На девятом году своего царствования он выселил всех евреев из Рима (Деян. 18:2) под предлогом их неспокойной жизни. Этот приказ был отменен без огласки. Срав. Деян. 28:17; Рим. 16:3 и дал.

Клавдий Лисий — тысяченачальник римского отряда, который на время праздника был помещен в крепости Антония, близ храма. Он со своим отрядом явился на помощь к ап. Павлу во время нападения на него евреев, позволил ему говорить к народу и послал его в Кесарию под усиленной охраной, вместе с письмом к Феликсу, благоприятного для Павла содержания (Деян. 21:31; 22:24; 23:26).

Клавдия, христианка в Риме, которая через Павла приветствует Тимофея (2 Тим. 4:21). Срав. "Пуд".

Клеопа. 1) Один из двух учеников, которые шли в Эммаус (Лук. 24:18).

2) См. "Алфей и Мария".

Климент (Фил. 4:3) — сотрудник Павла в Филиппах. Полагают, что это известный впоследствии Климент, епископ Римский, который около 96 года написал чтимое древними послание к коринфянам.

Клятва — евр. ше́ба.

При Моисее клятва между израильтянами была в обиходе, как очень старинный обычай. См. Быт. 14:22 и дал. Моисей же дал ей правила и ограничения. Он запрещает ложную клятву с призыванием имени Бога (Исх. 20:7; Лев. 19:12); велит исполнять клятвенные обещания (Чис. 30:3) и делает твердой только клятву с призыванием имени Иеговы (Втор. 6:13), а не так, как это было принято у язычников (Иер. 5:7; Ам. 8:14; Быт. 42:15 и дал.) и как допустили это впоследствии неверующие евреи, которые клялись всем, чем угодно (Мат. 23:16 и дал.; 5:36). Сущность клятвы, как призывания в свидетели всеведующего Бога, чтобы утвердить сказанное, выражена в Евр. 6:16 и дал., где говорится, что Бог также клялся Самим Собою. Впрочем, по закону клятва была разрешена только в известных случаях, или как оправдывающее удостоверение, или для свидетельства перед судом (Исх. 22:11; Чис. 5:11 и дал.) и т.д. Со временем клятва стала очень часто применяться даже в обыкновенных разговорах, и при этом пользовались различными формулами, напр.: "Жив Господь" (Суд. 8:19; 2 Цар. 2:27) или "то и то пусть сделает со мною Господь (3 Цар. 2:23; 4 Цар. 6:31) и т.д. Против этого выступила партия ессеев (см. "Партии"), которые отрицали всякую клятву, почему Ирод при восшествии на престол освободил их от присяги (Иосиф Флавий, Иудейская война). Все же для вступления в их партию они требовали принесения страшной клятвы.

"Не клянитесь вовсе", говорит Господь (Мат. 5:34 и дал.); и ап. Иаков в своем послании (5:12) повторяет то же: "Братья мои, не клянитесь ни небом, ни землею и никакою другою клятвою". Толкование этих запрещений, как известно, различное. Квакеры (друзья) — община в Англии, образовавшаяся после 1650 года, не признает никакой клятвы на основании приведенных мест, и поэтому, по существующему закону (после 1833 года),торжественное обещание с их стороны имеет такую же законную силу, как и клятва. "Моисееву заповедь: "не клянитесь именем Моим во лжи" Иисус изменяет так: "Не клянитесь вовсе". Христос видит в клятве (равно как и в разводе) только дозволение, которое стало необходимым вследствие греха. — Нельзя согласиться с мнением толкователей, что здесь воспрещается только злоупотребление клятвой" (Ольсхаузен). Против этого возражают, что в мире, где царит ложь, клятва необходима, и что только благодаря ей, мы чувствуем уверенность в истине сказанного; далее, что Христос пришел не для того, чтобы нарушить закон, который предписывает клятву; к тому же и Бог клялся Самим Собою (Евр. 6:17; Ис. 45:23), также Христос (Мат. 26:63-64), апостолы (Рим. 1:9: 2 Кор. 11:31), и ангелы (Отк. 10:6) клятвою подтверждают истину своих слов. Хотя Христос и не находил нужды в какой бы то ни было клятве в совершенном царствии Божием, однако же, пока Церковь Христова находится в мире и мир проникает в нее, христианам, как членам государства, следует для евреев быть евреями, для немощных, как немощные, и т.д. (1 Кор. 9:20, 21) и приносить присягу, когда того требует правительство. Другая сторона возражает на это, что Христос Сам не клялся, но ответил на вопрос, поставленый Ему первосвященником с клятвой, положительно: и "Бог, собственно говоря, никогда не клялся в буквальном смысле; Бог клялся не так, как люди (Тем, Кто выше их); и поэтому мы не можем вывести отсюда заключения о необходимости клятвы". Афанасий. Призывание Павлом Бога совсем другого рода в сравнении с той клятвой, которую воспрещает Христос: это не что иное как торжественное утверждение правды сказанного для славы Божией. Наконец, полагают, что клятву нельзя оправдывать тем, что говорится в ней в Евр. 6:16, подобно тому, как из слов в 1 Кор. 9:24 нельзя заключить, что Павел одобряет языческие игры.

Сведения о том, как понимала клятву первая церковь, можно почерпнуть из рассказа Евсевия в его церковной истории (о некоем Василии, который служил в армии в Александрии во время Оригена. Василий вместе с другими присутствовал при казни девушки христианки Потампиайны, с которой обращался очень снисходительно, в притовоположность грубому обращению своих товарищей. Вскоре он стал сам христианином и имел возможность исповедывать свою веру. Когда по какой-то причине, товарищи заставили его поклясться, он ответил, что ему совсем не позволено клясться, ибо он христианин, и "это", говорит Евсевий, "он исповедывал на мало не уступая. Когда увидели, что он это говорит серьезно, то бросили его в тюрьму. В тюрьме посещали его "братья", они запечатлели его в Господе" (преподали крещение), а на следующий день после этого он был обезглавлен. На это можно возразить, что он, может быть, не хотел клясться в даном случае языческими божествами, и что это не значило, что он вообще отрицал клятву.

Ключ и замок (Суд. 3:25). Мы редко читаем о медных затворах и железных запорах (3 Цар. 4:13; Ис. 45:2), т.к. обыкновенно ключи и замки на Востоке делались из дерева, как это происходит и теперь. Вследствие того, что ключи были тоже из дерева, они имели большие размеры. Не трудно догадаться, что такие замки были не особенно надежны; поэтому-то и были нужны сторожа при дверях (Мар. 13:34; Иоан. 18:16); срав. 3 Цар. 14:27; 4 Цар. 11:5. Из Ис. 22:22 видно, что большие ключи иногда носились на плече: "ключ дома Давидова возложу на рамена Елиакима". И теперь еще можно видеть на Востоке лавочников и т. д., проходящих по дорогам и улицам с большими ключами, повешенными через плечо. Ключ стал символом власти и могущества: мы читаем о ключах Царствия небесного (Мат. 16:19), о ключе разумения (Лук. 11:52), о ключе Давида (Отк. 3:7); срав. 1:18; 9:1; 20:1.

Книга пророка Аввакума — евр. сéфер Хабакýк.

Книга пророка Аввакума состоит из 3-х глав. Первая глава (беседа пророка с Богом) освещает то опустошение, которое по попущению Божию должны были произвести войска халдеев в южной части Палестины. Вторая глава говорит о возмездии, которое постигнет халдейского тирана. Третья глава состоит из лирической песни, в которой пророк обращается к Богу, прося благодати и помощи, и прославляет Его за Его чудеса спасения в древние времена. Эта возвышенная песнь, которая во многом напоминает древние песни и псалмы (Втор. 33:2; Суд. 5:4 и дал.; Псал. 76:16 и дал.), является одной из лучших в еврейской поэзии. Рассказывается, что в собрании ученых в Париже в конце восемнадцатого столетия, где злобно критиковали Библию, Вениамин Франклин прочел эту главу и злая критика прекратилась.

На Аввакума есть ссылки в некоторых местах Нового Завета (Авв. 1:5 в Деян. 13:41 и Ав. 2:4 "Праведный верою жив будет" в Рим. 1:17; Гал. 3:11; Евр. 10:38).

Книга пророка Авдия — евр. сéфер Овáдия.

Кн. пророка Авдия, четвертая из книг "малых пророков", состоит только из одной главы, обличающей заносчивость идумеев, "их злорадство при поражении и разграблении Иерусалима (ст. 11-14), угрожает в наказание за это опустошением и предсказывает домам Иакова и Иосифа счастиливое время в конце, когда "придут спасители на гору Сион, чтобы судить гору Исава, и будет царство Господа" (Авд. 1:21). Если слова о Иерусалиме намекают на разорение города халдеями, то книга Авдия относится ко времени первого периода после Вавилонского плена. Но так как Авдий ничего не говорит о халдеях или сожжении города, то считают более вероятным, что он имет в виду одно из предыдущих разграблений, может быть, то, которое постигло Иерусалим во время Иорама (2 Пар. 21:17). В доказательство этого указывается также на то, что Иеремия приводит одно место из книги Авдия (срав. Авд. 1-9 с Иер. 49:7-16). Если Иеремия в своей книге ссылается на Авдия, то книга пророка Авдия относится ко времени царствования Иорама (892-855 до Р.Хр.).

Книга пророка Аггея — евр. сéфер Хагáй.

Книга пророка Аггея в двух главах содержит четыре откровения Бога к израильскому народу. В первом откровении (1:1-2:1) Бог через Аггея обличает народ за то, что они спешили с постройками своих собственных домов, не радея о доме Господнем; после этого Господь говорит, чтобы вожди и народ послушались и поспешили к исполнению работ. Во втором откровении (2:2-9) Господь утешает печалящихся о великолепии первого храма тем, что слава нового храма будет больше первого и в нем Господь даст мир. В третьем откровении (2:10-19) Господь обличает народ за формализм в обрядах, и в четвертом (2:20-23) обещает хранить Зоровавеля, как печать, когда царства язычников падут.

Стиль Аггея ровен, рассудителен, но слаб и без высоких поэтических взлетов.

Книга о бранях Господних. См. "Библия".

Книга пророка Даниила — евр. се́фер Даниэль.

Книга пророка Даниила в шести первых главах передает историю Даниила: его воспитание, истолкование снов Навуходоносора, его возвышение и избавление от львов во рву; в шести следующих главах передаются различные сны, видения и откровения, которые он сам пережил, и которые простираются до последних крупных сражений между царствами тьмы и света. Самые замечательные главы: — девятая с пророчеством Гавриила о Христе и двенадцатая о князе Михаиле, суде и воскресении. На пророчества Даниила указывает Господь Христос, прибавив слова: "читающий да разумеет" (Мат. 24:15). Выражение "Сын Человеческий", как Господь часто себя называет, впервые встречается у Даниила, когда он передает, что видел как бы Сына Человеческого, шедшего с облаками (Дан. 7:13). (Срав. Мат. 24: 30; 26:64). Автором книги пророка Даниила частью (2:4 - 7:28) написанной по-арамейски, по общему мнению евреев является сам Даниил. Единство и своеобразность стиля свидетельствует в пользу этого; знание вавилонских и персидских обычаев и имен, — все это дает представление о цельности книги и свидетельствует, что это слова очевидца.

Книга Ездры — евр. се́фер Эзра́.

Книга Ездры повествует о том, как Господь, после 70-летнего вавилонского плена, исполнил Свое обещание и привел Свой народ обратно в землю их отцов. Судя по словам евреев и свидетельству книги, она написана священником Ездрой.

В первой части, которая содержит 1-6 главы, он рассказывает о выходе евреев из Вавилона под предводительством Зоровавеля в 536 г. до Р.Хр., о восстановлении храма и его освящении. В последней части (главы 7-10) он рассказывает о втором выходе евреев, почти на 80 лет позднее первого, под руководительством Ездры и о тех мерах, которые он предпринял, чтобы восстановить богослужение и нравы. Часть книги Ездры написана на халдейском или арамейском языке (4:8 - 6:18 и 7:12-26).

Книга Екклезиаста — евр. се́фер Коге́лет.

Книга Екклезиаста разбирает вопрос о том, что такое счастье, и стремится опровергнуть заблуждение, утверждающее, что хорошего в этом мире достаточно, чтобы сделать человека счастливым; также дает некоторые указания относительно сущности истинного счастья и пути, который ведет к его достижению. В этой книге особенно подчеркивается, что мы не можем быть счастливыми, обладая одним лишь головным знанием (1:18; 12: 12), но что мы имеем другую цель жизни — ту цель, которой не может достигнуть и самый ученый человек, а только тот, кто по взглядам мира является ничего не знающим. Автор соединяет все, что он хочет сказать относительно этого, в следующих замечатильных словах: "Бойся Бога и заповеди Его соблюдай, потому что в этом все для человека" (12:13).

Автор Екклезиаста — "сын Давида, царь в Иерусалиме" (Еккл. 1:1). Кроме Соломона никто из сыновей Давида не был царем в Иерусалиме. Следовательно, автором этой книги является Соломон, который под конец своей жизни, покаявшись и начав новую жизнь, хотел передать своим детям собственный печальный опыт и предупредить других от последствия греха. Следующие места в его книге, вероятно, намекают на историю его жизни: 1:16; срав. 3 Цар. 3:12; Еккл. 2:4 и дал. срав. 3 Цар. 10:21, 27; Еккл. 7:26 и дал. срав. 3 Цар. 11:3 и дал.

Книга Есфирь повествует в 10 главах о возвышении Есфири, обнаружении Мардохеем заговора против царя Артаксеркса, возвышении Амана, его коварных планах и о том, как они были разрушены, и, наконец, об установлении праздника Пурим. Автор книги неизвестен; некоторые приписывают ее Мардохею, вероятно, потому, что автору хорошо известны все факты и обычаи; к тому же книга основывается на официальных документах, чем и объясняется то, что в этой единственной в Библии книге не встречается слова "Бог". Язык напоминает время Ездры и книг Паралипоменон, несмотря на некоторые персидские выражения.

Книга Жизни (Филип. 4:3; Псл. 68:29; Отк. 21:27) есть символическое название, может быть, взятое из еврейских списков родословий, из которых имена умерших вычеркивались. Срав. Ис. 4: 3; а также молитву Моисея в Исх. 32: 32: "Прости им грех их. А если нет, то изгладь и меня из книги Твоей". "Съесть книгу", т.е. усвоить себе ее содержание. Слово правды есть пища для души; поэтому Иеремия говорит: "Обретены слова Твои и я съел их; и было слово Твое мне в радость и в веселие сердца моего" (Иер. 15:16;

срав. Иез. 3:1 и дал.; Иоан. 4:14; Отк. 10:9). Срав. с папирусом в слове "Тростник 4".

Книга Закона. См. "Библия".

Книга пророка Захарии — евр. се́фер Зхария.

Книга пророка Захарии — одинадцатая книга из, так называемых, "малых пророков". Она содержит 14 глав и может быть разделена на три части: в первой на основании ряда видений и откровений пророк дает народу, священнику Иисусу и князю Зоровавелю советы и ободряет их; далее он описывает бедствие, ожидающее врагов народа Божия, равно как и будущую славу израильтян, обращение к Богу язычников и излияние Духа Божия (главы 1-6); во второй части говорится о правильном богослужении (главы 7 и 8); в третьей содержатся пророчества о Христе, его делах и победах для Своей Церкви, а также о Его судах над народами (главы 9-14). Особенно ясны следующие достопримечательные пророчества о Христе: 2:10, 11; 3:8; 6:12; 9:9; 11:12; 12:10; 13:7.

Книга пророка Иезекииля — евр. се́фер Ихезкиэ.

Кн. пророка Иезекииля, третья из, так называемых, книг "больших пророков". Ее можно разделить на три части: 1) 1-24 главы заключают, после повествования о призвании пророка (1:1 - 3:27), некоторые речи, которые он произносил до разрушения Иерусалима с целью увещания, упрекая народ за идолопоклонство и предсказывая Божии суды; 2) 25 - 32 главы содержат обличительные пророчества о некоторых языческих народах: аммонитянах, моавитянах, Тире, Сидоне и пр.; 3) 33-48 главы содержат пророчества, написанные после разрушения Иерусалима, в которых он рисует великолепные картины восстановления народа Божия, поражения его врагов, будущую красоту и богатства земли и храма. Особенно достопримечательны главы: 34 — о верном пастыре, 37 — о воскресении мертвых костей и 47 — о живительной воде в новом храме. В какой мере буквально и в какой духовно нужно понимать описание пророком нового храма (главы 40-44) и разделение земли (глава 48) — трудно определить.

Видения и пророчества Иезекииля, связаные со множеством символических действий, а также чужеземные слова и выражения делают его книгу тяжело читаемой и трудно понимаемой. Так-как пророчества Иезекииля написаны священником, то они содержат много подробностей относительно храмового служения; особенную важность он придает освящению субботы.

Книга пророка Иеремии — евр. се́фер Ермия́.

Кн. пророка Иеремии, вторая из, т.н., книг "больших пророков", содержит в гл. 1-45 пророчества, высказанные в разное время, большей частью, против иудеев и Иерусалима, в связи с событиями из собственной жизни Иеремии; далее, в гл. 46-51 содержатся пророчества о других народах: египтянах, филистимлянах, моавитянах, аммонитянах, жителей Едома, о Дамаске, Хедаре, Хацоре, Еламе, Вавилоне и, наконец, в гл. 52 приложение о разрушении Иерусалима, — тот же рассказ, что и в 4 Цар. 25. Нередко Иеремия пользовался предсказаниями предыдущих пророков, например, срав. Иер. 48 с Ис. 15 и 16 (о Моаве) и Иер. 49:7 и дал. с Авд. 1-9 (о Едоме), если только, разумеется, не Авдий позаимствовал у Иеремии. Особенно срав. Иер. 48:45 с Чис. 24:17. Часто он повторяет ряд своих прежних изречений, но более распространенно: срав. 8:10 и дал. с 6:13 и дал.; 30:23 и дал. с 23: 19 и дал.; 33:25 с 31:35; 50:40 и дал. с 49:18 и дал. Рядом с описаниями грехов народа и наказаний за них, у Иеремии встречаются светлые проблески, которые ведут нас далеко ко временам воссоздания (23; 32; 33). Он первый в Ветх. Завете ясными словами говорит о Новом Завете (31:31 и дал.), что впоследствии приводится в Евр. 8:8 и дал., 10:16 и дал. Он ясно пророчествует об окончании Вавилонского пленения через 70 лет (Иер. 25: 12 и дал.; 29:10 и дал.). Также для языческих народов: Моава, Аммона и Едома, после угроз суда встречаем слова благодати (48:47; 49:6, 39). Пророчества в этой книге помещены не вполне в хронологическом порядке. Одна из попыток систематизировать их предлагается здесь:

1. Пророчества во время царствования Иосии: гл. 1-12.
2. Пророчества во время царствования Иокима: гл. 13-20; 22; 23; 25; 26; 35; 36; 45-48; 49:1-33.
3. Пророчества о Иоакиме: гл. 22-24 и дал.
4. Пророчества во время царствования Седекии: гл. 21, 24; 27-34; 37-39; 49:34 и дал.; 50; 51.
5. Пророчества во время Годолии и в Египте: гл. 40-44.

Книга Иисуса Навина — евр. се́фер Егошуа, Бин Нун.

Книга Иисуса Навина. В первой части (главы 1-12) повествуется о переходе через Иордан и о покорении Ханаана; во второй (гл. 13-22) о разделе земли, а третья (гл. 23, 24) содержит прощальную речь и смерть Иисуса. Книга написана очевидцем вскоре после описываемых событий (6:25 до смерти Раавы: 3 Цар. 16:34), вероятно кем-либо из старейшин Иисуса; или же самим Иисусом Навином.

Книга Иова — евр. се́фер Йов.

Кн. Иова, гениально изложенное в поэтической форме жизнеописание Иова. Это произведение дает ответ на насущные вопросы: почему страдают праведники, а нечестивые пользуются благоденствием в этом мире. Об авторе этой книги и времени ее составления ничего не известно. Многие относят это произведение к расцвету еврейской литературы — к эпохе Соломона, — так-как вопросы, затрагиваемые этой книгой занимали мыслящих людей того времени. Другие считают, что эта книга написана до Моисея и видят в ней достойный памятник религии патриархов, которая, будучи несложной и неразвитой, имела основные положения, общие с христианством: 1) сущность Бога, Его созидающая сила и промысел (Иов. 38). 2) Грех и благодать, молитва и ходатайство (Иов. 15; 33:21; 42:8). 3) Бессмертие души и загробная жизнь (Иов. 19:25). Внутренняя связь и план этой книги уясняются из следующего:

1. Личность и испытания Иова (1-3).
2. Первая беседа, речь Елифаза (4, 5).
   Ответ Иова (6, 7).
   Речь Вилдада (8).
   Ответ Иова (9, 10).
   Речь Софара (11).
   Ответ Иова (12-14).
3. Вторая беседа.
   Речь Елифаза (15).
   Ответ Иова (16-17).
   Речь Вилдада (18).
   Ответ Иова (19).
   Речь Софара (20).
   Ответ Иова (21).
4. Третья беседа.
   Речь Елифаза (22).
   Ответ Иова (23, 24).
   Речь Вилдада (25).
   Ответ Иова (26-31).
5. Четыре речи Елиуя (32-37).
6. Две речи Иеговы (38-41).
7. Смирение Иова и его восстановление (42).

Мысли, сродные мыслям книги Иова, мы встречаем у Иеремии. Срав. Иер. 20:14-18 с Иовом 3:3-10; Иер. 20:7, 8 с Иов. 12:4; 19:7. Срав. также Ис. 44:24 с Иов. 9:8; Ис. 59:4 с Иов. 15:35 и 1 Кор. 3:19 с Иов. 5:13.

Книга пророка Иоиля. См. “Иоиль”.

Книга пророка Ионы — евр. се́фер Эйха́.

Книга пророка Ионы — пятая из книг “малых пророков”; она состоит из 4 глав и повествует о пророке Ионе. Иисус Христос ссылался на нее (Мат. 12:39 и дал.; 16:4; Лук. 11:29 и дал.). Она открывает ту истину, что Бог не есть только Бог евреев, а также и язычников, и хочет быть милосердным ко всем.

Книга пророка Исаии — евр. се́фер Иша́йгу.

Книга пророка Исаии разделяется на две главные части: 1) главы 1-35 и 2) главы 40-66, которые отделяются несколькими историческими записями (главы 36-39). После вступления (главы 1-5), рисующего тогдашнее состояние Израиля, а также его прошлое после того, как пророк в 6 главе рассказал о своем видении славы Господа и поручении, данном Богом ему, следуют (в главах 7-35) различные предсказания об Иуде, Израиле и также о языческих племенах: вавилонянах, ассирийцах, филистимлянах и прочих. В этих главах также, наряду с обличениями, даются утешительные обещания народу Господню и новое подтверждение спасения Израиля. Пророческая часть (главы 36-39) — повествует о нападении Сеннахирима и его поражении, болезни Езекии, его чудесном выздоровлении и продлении его жизни. Последняя часть (главы 40-66) говорит об избавлении от вавилонян, а также о том конечном избавлении, которого ожидает на земле сражающаяся и страдающая Божия Церковь. С особенной ясностью пророк говорит здесь о предтече Иисуса, как “гласе вопиющего в пустыне”, о безумии идолослужения, о Слуге Господа, к Которому благоволит душа Бога; об Агнце Божьем, на Которого возложены все наши грехи; о благодати, дарованной во Христе и о субботстве, которое остается для народа Божия (главы 40; 44; 45; 49; 53; 55; 62-65).

Из многих мест в первой части этой книги видим, что пророк уже тогда имел в виду великую евангельскую истину. Он, например, говорит об Еммануиле, о народе, который увидит великий свет, об Отрасли от корня Иессеева, на Котором будет почивать Дух Господень, о плодах праведности и приятности цветущей пустыни, благодаря дарованной Богом милости, и т.д. (Главы 7; 9; 11; 32; 35).

Пророчества Исаии действовали сильно на современников и потомство; это видно из того, что следующие за ним пророки многое заимствовали от него. Иеремия знаком с книгой пророка Исаии, что видно из многих мест в его книге. Срав. следующие места:

Иеремия	Исаия
5:25	59:1, 2
13:16	59:9-11
25:31, 33	66:16
48:18	47:1
51:48	44:23

Иезекиилъ также был знаком с книгой пророка Исаии. Срав. Иез. 23:40 и дал. с Ис. 57:7 и дал.; также Софония (2:15), который почти дословно передает Ис. 47:8; и Аввакум (2:18 и дал.) напоминает Ис. 44:9 и дал. Как ясно Дух Господень говорил через этого пророка о страдании и славе Христа (1 Петр. 1:11)! Вот почему авторы Нов. Завета много черпали из этого источника. Если обратим внимание на 53 главу Исаии, то заметим, что почти каждый стих из нее приведен в Нов. Завете и часто даже в нескольких местах. Сравни следующие:

Исаия 53, 1	Иоан. 12:38; Рим. 10:16.
3	Мар. 9:12.
4	Мат. 8:17.
5	Рим. 4:25; 1 Пет. 2:24.
6	1 Пет. 2:25; Мат. 9:36.
7	Иоан. 29; Деян. 8:32.
8	Деян. 8:33.
9	1 Пет. 2:22.
12	Мар. 15:28; Лук. 22:37.

По языку и строению речи книга пророка Исаии признается лучшей из ветхозаветных писаний. У него нет однообразия: соответственно содержанию он дает и окраску стилю — лирическую, элегическую или ораторскую; вместе с тем соблюдена равномерность, которая придает его сочинению величественную красоту.

Книга пророка Малахии — евр. се́фер Мала́хи.

Книга пророка Малахии, последняя из, так называемых, книг "малых пророков" и также последняя книга Ветхого Завета. Она содержит 4 главы, в которых, вместе с убедительными напоминаниями о благодеяниях Господа, встречаются серьезные обличения еврейского народа. Пророк строго указывает на множество злоупотреблений, которые наблюдались среди священников и народа, как, напр., непочтительное отношение к Богослужению, расторжение брака, неисполнение закона относительно десятины и пр. (Срав. Мал. 2:11 с Неем. 13:23 и дал.; Мал. 1:10; 3:8 с Неем. 13:10 и дал.). Кроме того, он проповедывал о пришествии Иоанна Крестителя в духе и силе Илии, о пришествии Христа, а также о блаженстве тех, которые служат Ему (Мал. 3:1; 4:5 и дал.). (Срав. Мат. 11:10; 17:10 и дал.; Лук. 1:17). Последние слова пророчества звучат, как прощальные слова верного служителя Божия. Пророк уступает место предтече Христа и умолкает с благой вестью на устах. На пророка Малахию ссылается ап. Павел в Рим. 9:13; срав. Мал. 1:2 и дал.

Книга пророка Михея — евр. се́фер Ми́ха.

Книга пророка Михея, Морасфитина, шестая из т. н. книг "малых пророков", содержит обличительные проповеди, направленные против столицы Израиля — Самарии и против Иерусалима, столицы Иудеи (Мих. 1). Среди перечислений кар за грехи и идолослужение находятся дивные пророчества о Царстве Божьем. Особенно замечательно пророчество о горе Сионской (4:1 и дал.). Это пророчество Михея имеет много общего с пророчеством Исаии (Ис. 2:2 и дал.). Срав. также Мих. 4:13 с Ис. 41:15. Его пророчество о рождении Мессии в Вифлееме (5:2), высказанное за 700 слишком лет до самого события, цитировалось многими людьми (Мат. 2:5 и дал.; Иоан. 7:42). Книга состоит из 3 частей, а именно: 1. гл. 1; 2; 2. гл. 3-5; 3. гл. 6-7; каждая из них начинается призывом слушать, что говорит Господь. В 1:6 и дал. ясно предсказывается падение Самарии, а в 3:12; 4:10 — падение Иерусалима и Вавилонский плен. Эта книга написана во время Езекии до падения Самарии, приблизительно, между 728-721 гг. до Р.Хр. Слова из книги пророка Михея приводятся Христом (Мат. 10:35, 36; срав. Мих. 7:6).

Книга пророка Наума — евр. се́фер Наху́м.

Книга пророка Наума, седьмая из книг "малых пророков", содержит в трех главах связную обличительную проповедь против могущественной и безбожной Ниневии, которая, разбив Израильское царство (2:2), угрожала также гибелью Иудее (1:9, 11 и дал.). Возвышенными оборотами речи и живописными картинами пророк изображает суд, который постигнет гордый город. Из приведенных и других мест заключают, что пророчество было высказано во времена Езекии и Исаии; вероятно, спустя некоторое время после поражения Сеннахирима под Иерусалимом (4 Цар. 19:35 и дал.), т.е. около 712 г. до Р.Хр. У Наума мы находим несколько ссылок на прежних пророков. Срав. Наума 1:4 с Ис. 33:9; 50:2; Наума 1:15 с Ис. 52:7; Наум. 3:10 с Иоилем 2:6; Наума 3:5 с Ис. 47:3. Срав. "Ниневия".

Книга Неемии — евр. се́фер Нехе́мия.

Книга Неемии является продолжением истории еврейского народа после возвращения из Вавилона и состоит из трех частей, из которых первая (главы 1-7:4) обнимает труды Неемии по отстройке Иерусалима и его заботы об улучшении нравов. К этой части добавлен родословный список (7:5 и дал.) в основном согласный с Есф. 2. Вторая часть (гл. 8-10) повествует о торжественном чтении закона, праздновании праздника кущей и возобновлении союза с Богом, — все под руководством Ездры. В третьей части (гл. 11-13) приводятся некоторые таблицы исчисления народа и родословия, а также рассказывается, как различные беспорядки, происшедшие во время отсутствия Неемии, наказывались и исправлялись. Книга написана после возвращения Неемии из Персии (Неем. 13:6), следовательно, после 433 г. до Р Хр. Она, повидимому, состоит частью из заметок Неемии, где он говорит о себе в первом лице (гл. 1-7; 12: 13-31), частью из добавлений другого лица (гл. 8-12:30).

Книга пророка Осии — евр. се́фер Оше́а.
Кн. пророка Осии первая из книг "малых пророков", содержит в гл. 1-3 рассказ о браке пророка Осии, а в следующих 11 главах обличительные проповеди, направленные против израильтян, причем он пользуется картинами брака и прелюбодеяния для того, чтобы изобразить взаимоотношения народа с Богом. Обличая народ в идолопоклонстве, он с сердечною теплотою, языком, который хотя иногда не вполне ясен, но всегда сжат и силен, указывает на то, что верный в Своей любви Бог долго не оставляет отпавшего народа, желая привести его к покаянию, прежде чем праведный суд Божий постигнет его. Среди громов суда мы усматриваем проблески евангельского света, в возвещении окончательного восстановления Израиля. См. 2:19 и дал., где сказано: "и обручу тебя Мне навек, и обручу тебя Мне в правде и суде, в благости и милосердии". В 3:5 говорится об обращении израильтян в последнее время (11:8 и дал.; 14:5 и дал.). В то же время пророк с горечью предвидит опустошение, которое вскоре должно было постигнуть Ефрема и его столицу Самарию (14:1). Изречения из жизни пророка Осии часто приводятся в Новом Завете; срав. следующие места:

Рим. 9:26; 1 Пет. 2:10.	Осии 1:10
Рим. 9:25.	Осии 2:23
Мат. 9:13; 12:7.	Осии 6:6
Лук. 23:30; Отк. 6:16.	Осии 10:8
Мат. 215.	Осии 11:1
Отк. 3:17.	Осии 12:8
1 Кор. 15:55.	Осии 13:14
Евр. 13:15.	Осии 14:3

Книга плачевных песен. См. "Библия".

Книга праведного (И. Нав. 10:13; 2 Цар. 1:18). См. "Библия".

Книга притчей Соломона — евр. се́фер мишлей Шломо́.
Книга притчей Соломона состоит из собрания притчей и правил мудрости, большею частью (если не целиком) высказанных и записанных царем Соломоном. Первые 9 глав содержат введение, где автор убеждает искать познания мудрости, начало которой — страх Божий. После собственных притчей Соломона (главы 10-22:16) следует отдел, состоящий из более связанных между собою советов (22:17-24: 34). Четвертая часть (гл. 25-29) содержит Соломоновы притчи, собранны и присоединены в книге набожными мужами при дворце Езекии. Тридцатая глава содержит вдохновленные изречения Агура, сказанные его ученикам Ифиилу и Укалу. 31 гл. приводит нам в ст. 1-9 очень хорошее наставление, которое мать царя Лемуила (Соломона) передала ему, после чего следует хвалебная песнь о добродетельной и прилежной жене, — подобия которой нам не дал весь древний языческий мир. Изречения из книги притчей Соломона часто приводится в Новом Завете. Сравним следующие места:

Прит. 1:16	Рим. 3:15.
Прит. 3:7	Рим. 12:16.
Прит. 3:11, 12	Евр. 12:5, 6; Отк. 3:19.
Прит. 3:34	Иак. 4:6.
Прит. 10:12	1 Пет. 4:8.
Прит. 11:31	1 Пет. 4:18
Прит. 17:13	1 Пет. 3:9
Прит. 20:22	Рим. 12:17.
Прит. 20:22	1 Фес. 5:15
Прит. 25:21, 22	Рим. 12:20.
Прит. 26:11	Иак. 4:13, 14.
Прит. 27:1	2 Пет. 2:22.

Книга Руфь — евр. се́фер Рут.
Книга Руфь. Четыре главы этой книги просто и прекрасно передают историю Руфи. Эту книгу можно считать продолжением книги Судей и введением к истории Давида, почему она в переводах Библии помещается перед книгами Царства, несмотря на то, что в еврейской Библии она помещена между поэтическими книгами. Вероятно, она написана в царствование Давида. Срав. Руфь 4:7, 17.

Книга пророка Софонии — евр. се́фер Цфа́нья.
Книга пророка Софонии — девятая из книг "малых пророков". В ней пророк обличает иудеев за их служение Ваалу и Молоху, угрожая земле гибелью (гл. 1), предсказывает наказание филистимлянам, Моаву, Аммону и Ассирии (2 гл.); бичует князей, священников и пророков Иерусалимских (3 гл.) и, в конце возвещает радость восстановления в последнее время, когда Израиль будет "именитым и почетным" между всеми народами земли (3:14 и дал.).

Книга Судей — евр. се́фер Шофти́м.
Книга Судей заключает историю израильского народа во времена судей, от смерти И. Навина до первосвященника и судьи Илия. В главах 1-16 этой книги повествуется о деятельности судей; в главах 17-21 заключается описание положения дел в стране. О времени составлении книги Судей мнения расходятся; из Суд. 1:21 (срав. с 17:6; 18:1; 21:25) заключают, что она написана в начале периода царей,

до взятия Давидом крепости Сиона. Из 18:30 можно заключить, что она написана после вступления в северную Палестину ассирийского царя Феглаффелласара, около 740 г. до Р.Хр. (4 Цар. 15:29). Евреи полагают, что автором этой книги был Самуил.

Книга царей Иудейских и Израильских. См. "Библия".

Книги — евр. сфар.

Книгами в Библии называются различные письменные документы, напр., родословия (Быт. 5:1), юридические документы (1 Цар. 10:25) или исторические записки (Исх. 17:14; Ис. 30:8; срав. Отк. 1:11). Книг в таком виде, как теперь, в древние времена не было, а те, которые существовали, были редки и дороги. В древнейшие времена люди вырезывали письмена на камнях или на скалах (Иов. 19:24; Втор. 2:3). Гезиод писал на свинцовых табличках; законы Солона были вырезаны на деревянных досках, а 10 заповедей на двух каменных скрижалях. В развалинах Ниневии и Вавилона найдены библиотеки, где книгами служили глинянные таблички с выдавленными на них буквами. Смотри слова: "Вавилон", "Кирпич". Потом стали употреблять дощечки из слоновой кости или из букового дерева, иногда покрытые воском. На таких твердых предметах писали железным резцом или каким-либо др. твердым острием: "Написан железным резцом, алмазным острием" (Иер. 17:1). Когда в римском сенате на Цезаря было нападение, то он опасно ранил руку Кассия резцом. Но существовал также и более мягкий письменный материал: люди рано научились искусству приготовлять материал для письма из коры и листьев некоторых деревьев. Поэтому у некоторых народов существует одно и то же слово, обозначающее книгу и материал, из которого она сделана. Так, напр., латинское слово liber обозначает лыко и книгу; греческое — biblos обозначает кору и книгу. Египтяне с незапамятных времен употребляли для письма папирус, отчего образовалось немецкое слово Papier (бумага); см. "Тростник". Писали также на полотне и на особо выделанных кожах животных: таковым был известный пергамент, который в большом количестве употреблялся для рукописей у греков и римлян (2 Тим. 4:13). Искусство выделки и окраски кож существовало уже во времена Моисея (Исх. 26:14) и возможно, что книги Моисеевы впервые были написаны на них. Некоторые думают, что из таких кож были сделаны те свитки, о которых ми читаем в Чис. 5:23; Иер. 36:2, 23. Другие думают, что в указанных местах говорится о папирусных свитках. На этих мягких материалах писали тонкой кисточкой, как и теперь пишут китайцы, или тростниковой палочкой, как пишут теперь арабы (3 Иоан. 13); эту палочку, заостренную ножиком (Иер. 36:23), обмакивали в чернила (Иер. 36:18; 2 Кор. 3:3; 2 Иоан. 12; 3 Иоан. 13). Чернила, вероятно, приготовляли из клея и копоти, как и теперь делают китайцы. Чернильницу носили в поясе на боку (Иер. 9:2). Обычай этот сохранился до сих пор на Востоке.

Внешний вид книг зависел от материала. Если это были деревянные или металлические дощечки, то они соединялись металлическими кольцами подобно корешку наших книг; через кольца же продевалась трость. Если они были из папируса, пергамента и тому подобных материалов, то имели вид длинных листов, исписанных, обыкновенно, только с одной стороны и очень редко с обоих (Иез. 2:10; Отк. 5:1). В этих случаях книга имела вид свитка. Отдельные листы склеивались и навертывались на одну или две трости (приблизительно, как наши стенные карты). Свернутые листы завязывались лентами, концы которых запечатывались (Ис. 29:11; Дан. 12: 4). Чтобы читать такую книгу, или свиток, его нужно было постепенно раскручивать с одной трости и накручивать на другую, читая один столбец за другим по порядку (Иер. 36:23; срав. Лук. 4:17, 20), отчего и произошло еврейское слово мегила, т. е. свиток (Псл. 39:8; Ис. 2:9; Зах. 5:1, 2). Небеса свернутся, как книжный свиток (Ис. 34:4). О внутреннем виде книг заметим, что слова были написаны очень тесно, без промежутков, без знаков препинания и без прописных букв. Все это, конечно, затрудняло чтение, и многие выражения в древних рукописах неясны для исследователя, не знающего, куда отнести буквы: к предыдущему или последующему слову.

Искусство писать и читать было, несомненно, более распространено у израильского народа, чем у многих других древних народов. Такие правила закона, как писать заповеди закона на косяках дверей и давать разводные письма (Втор. 6:9; 11:20; 24:1), ясно показывают это. (Срав. Ис. 10:19; 8: 1; 30:8; Авв. 2:2). Что это искусство не было достоянием всех, как и теперь, видно из Ис. 29:12 и дал., но все-таки умение читать и писать не было редкостью, как мы бы могли предполагать. В Суд. 8:14 рассказывается, что Гедеон захватил в плен юношу из Сокхофа, который написал ему 77 имен князей и старейшин сокховских.

Книга Царств — евр. се́фер Малахи́м. Кн. Царств. Всех их — четыре. 1-ая и

2-я (евр. библ. книги Самуила), которые сначала в еврейской Библии составляли одно целое, дают нам подробное изложение истории Самуила, Саула и Давида и вполне естественно разделяются на три части: 1) история Самуила (1 Цар. 1-12, 2) царствование Саула (1 Цар. 13-31), 3) царствование Давида: а) над домом Иудиным (2 Цар. 1-4), б) над всеми израильтянами (2 Цар. 5-24). В первой части повествуется также, в виде вступления, история Илия (1 Цар. 2-4). Все биографии отличаются пленительной простотою изложения; они дают нам в кратких очертаниях образ жизни и образ мыслей древнего времени и ярко свидетельствуют о важном значении пророческой деятельности. Эти книги получили название книг Самуила, вероятно, потому, что он является главным лицом в большей части рассматриваемого периода. Автор этих книг неизвестен. Вероятно, они написаны каким-нибудь из летописцев, который не указал, какими источниками он пользовался, за одним исключением (2 Цар. 1:18). Некоторые предполагают, что упоминаемые в 1 Пар. 29:29 летописи Самуила, Гада и Нафана дали материал для этих книг. Что Самуил не может быть автором, ясно из того, что в этих книгах рассказывается о его смерти, о смерти Саула и о конце царствования Давида. Из выражения в 1 Цар. 27:6 — "посему Секелаг и остался за царями иудейскими доныне" заключают, что время их написания было после разделения еврейского царства, может быть в эпоху Ровоама (975 г. до Р.Хр.). Выдержки из этих книг находим в Деян. 13:22; в Евр. 1:5; срав. 1 Цар. 13:14; 2 Цар. 7:14.

3-я и 4-я. Эти две книги описывают параллельно историю израильских и иудейских царей, начиная с Соломона и кончая Седекией. Их можно также считать одним цельным произведением. В еврейской Библии эти книги называются "Цари", в отличие от первых двух книг Царств, которые называются "Самуил". Третья и четвертая книги Царств могут быть разделены на три главные части: 1) история Соломона (3 Цар. 1-11), 2) история Иудейского и Израильского царств до падения Израильского царства (3 Цар. 12 - 4 Цар. 17), 3) конец истории Иудейского царства (4 Цар. 18-25). Автор приводит источники, которыми советует пользоваться: "книга дел Соломоновых" (3 Цар. 11:41), "Летопись царей Иудейских" (3 Цар. 14:29), "Летопись царей Израильских" (3 Цар. 16:5) и т.д. Повидимому, он в своем повествовании особенно желает представить характер царей с теократической точки зрения, т.е. он судит о них по их отношению к Господу и Его закону, и особенно отмечает те случаи, когда Господь вмешивается через Своих пророков и отстаивает Свои права. См. рассказы о пророках Нафане, Ахии, Самее, Иуе, Илие, Михее, Елисее и Исаии (3 Цар. 1:45; 11:29 и дал.; 12:21 и дал.; 16:1 и дал.; 17:22; 18; 4 Цар. 6:19; 20). Автор этих книг жил во времена плена, о чем заключают из 4 Цар. 25:27 и дал. Еврейское предание называет автором этих книг Иеремию.

Книд, город на полуострове Книдии в Архепелаге, в юго-западном углу Малой Азии, близ острова Родоса, с хорошей гаванью (Деян. 27:7).

Книжник. Когда после Вавилонского плена пророчества среди Израиля прекратились, то некоторые люди стали ревностно охранять и изучать имевшиеся Священные Писания. Они стали самыми влиятельными мужами среди еврейского народа втечение ближайших столетий до и после Р.Хр. Их называли книжниками, по евр. "соферим" (в буквальном переводе "писцы"). Первым в Библии под этим именем мы встречаем священника Ездру: "книжник, сведущий в законе Моисеевом" (Ездр. 7:6), "расположивший сердце свое к тому, чтобы изучать закон Господень и исполнять его, и учить в Израиле закону и правде (Ездр. 7:10; Неем. 8:1). В письме Артаксеркса он называется "совершенным учителем закона Божия" (Езд. 7:12, 21). После него законники стали появляться один за другим, причем каждый собирал вокруг себя учеников, прилагая свои толкования и объяснения к толкованиям предыдущих учителей. Несмотря на запрещение в Втор. 4:2, к заповедям Господним таким путем прибавилось множество заповедей и постановлений. Эти добавочные заповеди, которых законники насчитывали до 613 (248 повелений и 365 воспрещений), постепенно сделались главными и стали важнее слов закона Моисеева. Иудейские постановления и предания собирались и записывались в так называемую "мишну" (т.е. повторение). Мишна, по преданию, составлена "равви Иудою Святым" около 200 года по Р.Хр.; она разделена на 6 частей в том числе 63 трактата. К мишне затем добавили пояснения, так называемую "гемару" (т.е. завершение), написанную в двух изданиях, из которых одно закончено в Тивериаде в 350 г., а другое в Суре, в Вавилоне, около 550 г. по Р.Хр. Эти книги, вместе взятые, носят название Талмуд (т.е. учение) и представляют огромный сборник, который может считаться Библей новейшего еврейства. О происхождении предания мишна говорит: "Моисей принял устно закон на Синае и передал его Иисусу Навину, Иисус же — старейшинам, старейшины — пророкам, пророки — мужам большой синагоги".

Эти "предания старцев" (Мат. 15:2) заклеймлены в Новом Завете Иисусом Христом — назвавших их "учение и заповеди человеческие" и "ваши предания" (Мат. 15:9; Мар. 7:7 и дал.); (срав. Кол. 2:8, 22). Евангелисты точно свидетельствуют о том большом влиянии, которое во время Иисуса Христа имели на народ учители этих преданий и заповедей человеческих, так называемые "grammateis", — законники, занимавшиеся "grammata;, т.е. литературой. Их называли также законоучителями. Они являлись для народа богословами и юристами (Мат. 2:4; Лук. 20:46). Вместе с первосвященниками и старейшинами они составляли синедрион, который судил самые важные дела (Мат. 20:18; Лук. 22:2; Деян. 4:5). Законники находились, главным образом, в Иерусалиме и в Иудее, но их было много и в других местах страны (Лук. 5:17). Незадолго до времени Христа законники разделились на два различные течения или партии, названные по именам двух современных раввинов — Гиллеля и Шаммая. Гиллель умер 120-ти лет, около 10 г. по Р.Хр. Различие между школами Гиллеля и Шаммая касалось часто очень мелочных вопросов толкования закона, напр., позволительно ли в праздничный день переставлять лестницу от одной голубятни к другой или от одного ставня к другому. К школе Гиллеля принадлежал знаменитый законник Гамалиил, учеником которого одно время был Павел (Деян. 5:34; 22:3). Свои поучения эти учители делали частью у себя в доме, частью в синагоге, частью в притворе храма и т.д. Иногда они имели особые школьные помещения. Учитель сидел на возвышенном месте, ученики внизу вокруг него, как Павел у ног Гамалиила. Срав. рассказ об отроке Иисусе в храме (Лук. 2:46). Учили они бесплатно. Обыкновенно, законоучитель знал какое нибудь ремесло, чем и кормился. Рассказывается, что знаменитый Гиллель был дровосеком. До его времени законоучители не имели никакого особенного титула, но после него они стали носить один из трех различных титулов: "Рав" низший, "Рабби" и "Раббан" — самый высший титул.* Титул "Раббан" носили только семь самых знаменитых; одним из них был Гамалиил. Впрочем все эти раввины требовали себе почета от народа. Они любили, чтобы их называли равви, отцом и наставником (Мат. 23:7 и дал.); охотно ходили в длинных одеждах, любили приветствия в народных собраниях и избирали лучшие места в синагогах и на пиршествах Мат. 12:38 и дал.; Лук. 20:46). Талмуд внушает, что человек должен почитать своего учителя более, чем отца: "если отец и учитель потеряли что-либо, то должно возместить потерю сначала учителю, а после отцу, ибо отец только произвел его в этот мир, но учитель, который учит его мудрости, приведет его в жизнь будущего века. Если отец и учитель несут какую-либо тяжесть, то ученик должен сперва помочь учителю, а потом отцу. Если они находятся в заключении, то он сначала должен выкупить учителя, а потом отца". Вообще законники принадлежали к фарисеям и составляли ядро и были руководителями их. От этого часто повторяющееся в речах Спасителя "горе" книжникам и фарисеям (Лук. 11:42 и дал.; Мат. 23).

Между тем, кажется, что и в среде книжников находились более или менее признавшие Иисуса (Мат. 8:19; Мар. 12:32; Иоан. 3:1; срав. Иоан. 7:51; 12:42). По всей вероятности, они были последователями Гиллеля, который толковал закон вообще человечнее и мягче, чем Шаммай.

Еврейские ученые делали сравнение между Иисусом из Назарета и Гиллелем и стремились доказать, что Иисус основу Своего учения и Свои самые прекрасные изречения заимствовал у Гиллеля. Однажды к Шаммаю пришел язычник и обещал ему стать прозелитом, если Шаммай научит его всему закону, стоя на одной ноге. Шаммай рассердился и выгнал его вон. Тогда он пошел к Гиллелю с той же просьбой. Гиллель любезно его принял, встал на одну ногу и дал язычнику следующий короткий совет: "Не далай ближнему твоему того, чего не желаешь себе. Это весь закон. Все прочее только объяснение. Иди и исполняй это".

Это самые мудрые слова Гиллеля, и евреи, главным образом на них строили свои сравнения между ним и Иисусом. Но, вдумавшись, невольно замечаешь большую разницу между воспрещающей заповедью Гиллеля: не делать ближнему никакого вреда, и положительной заповедью Иисуса: Итак, во всем, как хотите, чтоб с вами поступали люди, так поступайте и вы с ними" (Мат. 7:12). Кроме этого, имеются другие, высказанные Гиллелем, изречения, которые совсем не вы-

* Рав — наставник, Рабби — мой наставник, Раббан — наш наставник. Смит приводит для сравнения теперешние титулы: уважаемый, достоуважаемый и глубокоуважаемый.

Ноев ковчег.

держивают сравнения с учением Иисуса. Фарисейство проявляется наиболее ярко в следующем изречении Гиллеля: "Неученому трудно избежать греха". (Срав. Иоан. 7:49). Гиллель также допускал брачный развод, по самому ничтожному поводу, напр., если у жены подгорела пища для мужа. В некоторых вопросах толкование закона Гиллелем было гораздо строже толкования Шаммая; так, напр., на вопрос, можно ли есть яйцо, снесенно курицей в субботу, — Гиллель ответил "нельзя".

Из мудрых изречений Гиллеля в "Пирке Абот" приводятся следующие: "Не суди твоего ближнего, пока ты не в его положении". "Не говори: я обращусь (к Богу), когда у меня будет свободное время; может быть, этого свободного времени у тебя никогда не будет". "Повсюду, где нет человека, будь ты человеком".

Князь мира. См. "Герой".

Ковчег (лат. арка, т.е. ящик). 1) Ноев ковчег (евр. тевах). Таким же словом по-еврейски называется та корзинка, в которой дочь фараона нашла маленького Моисея. Ноев ковчег не был построен в виде корабля, а скорее напоминал большой четыреугольный дом. Выстроен он был из дерева гофер, похожего на сосну; имел три этажа, дверь сбоку и окно на расстоянии одного локтя от кровли. Снаружи и внутри он был осмолен. Его величина была значительна: 300 локтей или 150 м в длину; 50 локтей или 25 метров в ширину и 30 локтей или 15 метров в вышину. Следовательно, он был в 4 раза длиннее и в 2 раза шире Соломонова храма. Высчитали, что его объем равнялся 3.600.000 куб. фут. и, следовательно, ковчег без затруднения мог вместить почти 7000 видов животных с запасом пищи на год. Такой плавучий ковчег, по размерам библейского описания, построил в 1609 г. в Голландии один богатый менонит Петр Янсен. Эта модель ковчега доказала, что Ноев ковчег во всех отношениях соответствовал своему назначению.

2) Ковчег откровения (завета), (евр. арон, т.е. ящик). Это же слово встречается в Быт. 50:26 и 4 Цар. 12:10. Описание ковчега мы имеем в Исх. 25:10-22. Это был ящик из дерева ситтим, имевший 2,5 локтя или 1,25 м в длину и по 1,5 локтя или 0,75 м в ширину и глубину. Внутри и снаружи ковчег был обложен золотом. Крышка была из чистого золота и украшена по краям золотым венцом. Ковчег носили потомки Каафа (Чис. 7:9; 10:21) на шестах из дерева ситтим, обложенных золотом и продевавшихся в кольца, прикрепленные к углам ковчега. Когда нужно было переносить ковчег, его закутывали святою завесою, покрывали кожами синего цвета и поверх этого накидывали покрывало из голубой шерсти (Исх. 4:5, 20). Срав. евр. тахаш (сафьян). В этом ковчеге хранились откровения (Исх. 25:16), т.е. скрижали закона или завета, почему он называется также ковчегом завета (Чис. 10:33). По Евр. 9:4, в нем хранился расцветший жезл Ааронов и сосуд с манною, но нигде в других местах Библии мы не встречаем подтверждения этому (Исх. 16:33); Чис. 17:10). Во времена Соломона в ковчеге не находилось ничего, кроме двух скрижалей с заповедями (3 Цар. 8:9); вероятно, остальное было потеряно, когда филистимляне захватили ковчег (1 Цар. 4:11).

Ковчег помещался в Святом Святых храма. Крышку украшали 2 сделанных из золота херувима славы. Собственно, здесь и было место Божьих откровений; здесь Бог являл Себя Моисею и говорил с ним (Чис. 7:89; Псл. 70:2).

Бог являлся Своему народу преимущественно у ковчега; и поэтому ковчег вел Израиля победоносно вперед; ковчег проложил им дорогу через Иордан (И. Нав. 3) и разрушил стены Иерихона (И. Нав. 6). Когда ковчег поднимался в путь, Моисей говорил: восстань, Господи, рассыплются враги Твои, и побегут от лица Твоего ненавидящие Тебя!" А когда останавливался ковчег, он говорил: "возвратись, Господи, к тысячам и тьмам Израилевым" (Чис. 10:35, 36). После покорения Обетованной земли евреи поставили ковчег в Силоме (И. Нав. 18:1); но оттуда они иногда носили его с собою. В Суд. 20:27 мы видим, что он находится в Вифиле. Во времена Илия он был захвачен филистимлянами и поставлен в храме их бога Дагона (1 Цар. 4:11; 5:1, 2); но, 7 месяцев спустя, они вынуждены были наказаниями от Господа отослать ковчег обратно к Израилю. Некоторое время ковчег простоял на большом камне в Вефсамисе, после чего он был перенесен в дом Амминадава в Кириафиарим (1 Цар. 6:15, 18; 7:1); оттуда он был взят и перенесен Давидом в Иерусалим в дом Аведдара Гефянина и спустя 3 месяца поставлен во вновь построенной Давидом скинии (2 Цар. 6:1-17). После этого случалось, что Израильтяне брали его на войну (2 Цар. 11:11). Наконец, ковчег перенесли в храм, выстроенный Соломоном, и поставили в Святое Святых под крылья двух больших херувимов (3 Цар. 8:6). Когда Манассия поставил идолов в храме, то, вероятно, он отставил ковчег в сторону (2 Пар. 33:7). Иосия велел поставить его на прежнее место (2 Пар. 35:3). Дальше Библия нам ничего не говорит о ковчеге. Во 2 Пар. 36:18, 19 рассказывается, что Навуходоноссор часть сосудов и драгоценностей храма увез в Вавилон, а остальные сжег. В описи золотых и серебряных сосудов храма, которые царь Кир вернул евреям по окончании плена (Езд. 1:7 и дал.), ничего не сказано о ковчеге. Во 2 Макк. 2:45 передается рассказ, что Иеремия спрятал ковчег и жертвенник курения на горе Нево, но что сопровождавшие его забыли дорогу к тому месту, и Иеремия предсказал, что это место останется неизвестным до тех пор, пока Господь снова не соберет Свой народ. Однако, прочитав этот рассказ, нужно обратить внимание на слова, переданные через пророка Господом (Иер. 3:16), что, когда Господь соберет Свой народ, то "не будут говорить более «ковчег завета Господня»; он и на ум не придет, и не вспомнят о нем, и не будут приходить к нему, и его уже не будет".

Кодрант. См. "Деньги".

Кожаные книги (пергамент) (2 Тим. 4:13). Израильтяне с древних времен употребляли для письма особо выделанные козьи и овечьи кожи (Чис. 5:23; Иер. 36:2, 23). По сведениям Геродота, этот письменный материал, вместе с уменьем писать, был заимствован от финикийцев. Вследствие того, что кожи обрабатывались преимущественно в Пергаме, — этому письменному материалу было дано название "пергамент". Срав. "Книга".

Козленок — евр. гедѝ.
Козленок. Варить козленка в молоке его матери запрещал закон (Исх. 23:19; 34:26). Вероятно, эта заповедь милосердия была направлена против варварской жестокости, а может быть, и против суеверия. По Маймониду жители Вирсавии во время жатвы варили козленка в молоке для того, чтобы доставить благословение своим полям; этим молоком они кропили свои поля.

Козел — евр. та́виш; **коза** — евр. эз.
Козел, коза. Большие стада этих животных были у евреев (Быт. 27:9; 32:14; 1 Цар. 25:2; 2 Пар. 17:11; Песн. П. 4:1; 6:6). Они употреблялись для различных жертв (Исх. 12:5; Псл. 49:9; 65:15), в особенности для жертвоприношения за грех (Лев. 16:5 и дал.; 4:22 и дал.; Чис. 28:15, 22, 30). Мясо и молоко употреблялись в пищу (1 Цар. 16:20; Лук. 15:29). "Овцы — на одежду тебе и козлы — на покупку поля. И довольно козьего молока в пищу тебе, в пищу домашним твоим и на продовольствие служанкам твоим" (Прит. 27:26, 27). Кожи употреблялись, как покрывала для постелей, строений и т.п. (1 Цар. 19:13; Евр. 11:37). Из кож выделывались также фляжки и мехи; из шерсти ткали ковры для стен и т.д. (Исх. 25:4). Иногда слово козел имеет символическое значение и обозначает вождя или царя (Иер. 50:8; Дан. 8:5; Зах. 10:3), а также нечестивых людей (Иез. 34:17; срав. Мат. 25:33). См. "Леший" (косматый). Серны упоминаются Втор. 14:5; 1 Цар. 24:3; Псл. 103:18, вероятно, это какая-нибудь порода из семейства Hex, которая до сих пор еще встречается на Синайском полуострове, и к югу и востоку от Мертвого моря.

Козел отпущения. См. "Очищение".

Козья шерсть упоминается в числе материалов, из которых делали покрывала для покрытия скинии (Исх. 25:4; 26:7; 35:6).

Кол (русск. перев. — гвоздь) — символ твердости, силы и опоры (Ис. 22:23; Зах. 10:4).

Колдовство. См. "Гадание".

Колено Гадово — евр. ше́вет Гад.

Колено Гадово (Исх. 1:4; Отк. 7:5) было особенно богато скотом; оно вместе с Рувимовым просило для себя область к востоку от Иордана. Моисей согласился на это условия, что они помогут своим братьям покорить землю к западу от Иордана (Чис. 32); срав. Втор. 33:20 и дал. Местоположение удела колена Гадова было между уделами колена Манассиина к северу и Рувимова к югу; оно занимало южную часть Галаада; восточная граница соприкасалась с землею аммонитян (И. Нав. 13:24 и дал.). Земля была плодоносна, но подвергалась нашествиям врагов (1 Пар. 5:18 и дал.; Быт. 49:19). Потомки Гада описываются, как народ храбрый, мужественный и воинственный. Они были вооружены щитом и копьем "лица львиные — лица их, и они быстры, как серны на горах" (1 Пар. 12:8). Колено Гадово было выселено Фаглаффелласаром (1 Пар. 5:26).

Колено Даново — евр. ше́вет Дан.

Колено Даново (Чис. 1:12) (отсутсвует в Отк. 7) — самое многочисленное после колена Иудина при вступлении в Ханаан (Чис. 26:43); получило для поселения низменную часть к северу от владений колена Иудина, около теперешнего города Яффы; на севере его владения граничили с коленом Ефремовым (И. Нав. 19:40, 48). Земля была плодородна, но ее беспокоили враги (Суд. 1:34, 35; 18:1), поэтому часть народа вышла и поселилась в Лаисе или Дане (Суд. 18).

Колено Ефремово — евр. ше́вет Эфрайм.

Колено Ефремово (Быт. 49:22 и дал.; Чис. 2:18 и дал.; Втор. 33:17) получило по жребию большую плодоносную область между владениями Дана и Вениамина на юге и Манассии на севере; на востоке границей служил Иордан, а на западе — Средиземное море (И. Нав. 16:5 и дал.; 17:10). Их владения пересекались Ефремовой горой (И. Нав. 17:15; 20:7), которая служит продолжением нагорной части Иудеи (И. Нав. 21:1).

2) Иногда Библия называет "Ефремом" царство 10 колен Израилевых, столицей которого была Самария, расположенная в уделе колена Ефремова (Ос. 6:10; 8; Ис. 11:13; Иер. 31:20; Иез. 37:19. Срав. Зах. 9:10, 13; 10:7).

Колено Завулоново — евр. ше́вет Звулу́н.

Колено Завулоново (Чис. 1:9, 30); Отк. 7:8) получило свое владение по пророчеству Иакова (Быт. 49:13), "при береге морском и у пристани корабельной, и предел его до Сидона" (срав. 33:18); следовательно, ту часть Ханаана, которая была расположена между Геннисаретским озером и Средиземным морем и граничило с коленом Иссахаровым на юге и коленом Неффалимовым и Асировым на севере (И. Нав. 19:10 и дал.). В земле Завулона находились: Назарет, Кана и Тивериада (см. Мат. 4:13). Колено Завулоново прославляется за свое участие в сражении с Вараком и Деворой против Иавина (Суд. 5:14, 18) и в войнах Гедеона (Суд. 6:35). Многие Завулоняне участвовали с царем Езекией в праздновании Пасхи (2 Пар. 30:11, 18). Пророчество о Завулоне см. Втор. 33:18 и дал. (срав. Песок); Ис. 9:1 и дал.; Мат. 4:13 и дал.

Колена Израилевы — евр. шивте́й Исраэль.

Колена Израилевы. От 12 сыновей Иакова, из которых каждый являлся праотцем своего потомства, произошли 12 колен (племён), носящих имена своих родоначальников: колена Рувимово, Симеоново и т.д. Но, вследствие того, что Иаков на одре болезни перед своей смертью усыновил двух сыновьей Иосифа: Ефрема и Манассию, вместо одного колена Иосифова, стало два (Быт. 48:5), так что всех колен было 13, вместо 12. Однако при разделе земли Ханаанской все-таки считали только 12 колен, так как колено Левиино, отделенное для священнического служения, не получило для себя никакого удела. Это колено имело некоторые города, расположенные в уделах других колен; кроме того, оно получало десятины, начатки и добровольные приношения. Из рассказа об Ахане можно получить представление о подразделении колен: жребий пал на колено Иудино, которое стало подходить по родам, семействам и, наконец, по одному (И. Нав. 7:16 и дал.). Срав. Отк. 1:2, где говорится о разделении народа по родам, семействам и домам. См. также 1 Цар. 10:19 и дал., где при выборе Саула царем, выходили по коленам и по родам. Во главе колен и родов стояли князья или начальники поколений (Чис. 3:24, 30, 35; 10:4; 16:2), "старейшины Израилевы" (Исх. 12:21). Несмотря на то, что всякое колено вначале имело свое собственное управление и судопроизводство — все же вместе они составляли одно целое, имея Господа своим Царем (Суд. 8:23).

В 1-ой главе книги Чис. мы находим 2 различных по времени, исчисления мужей в 12 коленах, способных к войне. Первое сделано в начале странствования по пустыне, второе в конце. Так как из этого можно заключить о численности отдельных колен и увеличении или уменьшении их за время хождения по пустыне, то мы приведем здесь следующую таблицу:

	В начале странствования по пустыне		В конце странствования по пустыне
Рувим (Чис. 1)	46.500	(Чис. 26)	43.730
Симеон	59.300		22.200
Иуда	74.600		76.500
Иссахар	54.400		64.300
Завулон	57.400		60.500
Иосиф			
Ефрем	40.500		32.500
Манассия	32.200		52.700
Вениамин	35.400		45.600
Дан	62.700		64.400
Асир	41.500		53.400
Гад	45.650		40.500
Неффалим	53.400		45.400
Всего	603.550		601.730
Левиты (Чис. 3)	22.000		23.000

Из этой таблицы видно, что колено Иудино было самое многочисленное и на много превосходило каждое из других колен. Поэтому сказано: "Иуда пойдет впереди" (Суд. 20:18). Пророческое благословение каждого колена было произнесено Иаковом (Быт. 49) и Моисеем (Втор. 33). Рассеяние не совсем уничтожило сознание о существовании двенадцати колен, что видно из Деян. 26:7, где Павел называет еврейский народ "наши двенадцать колен". Иаков пишет: "Двенадцати коленам, находящимся в рассеянии". В Отк. 7:4-8 говорится о "144.000 запечатленных из всех колен сынов Израилевых", но там не упоминаются колена Даново и Ефремово; вместо колена Ефремова упомянуто Иосифово, а колено Даново совершенно исключено. Вероятно, это сделано для того, чтобы получилось число 12. В Отк. 21:12 сказано, что на воротах нового Иерусалима написаны имена двенадцати колен сынов Израилевых, что соответствует пророчеству Иезекииля (48:31 и дал.).

Колено Иосифово — евр. ше́вет Йосе́ф. Колено Иосифово (Отк. 7:8); срав. 47: 13; 48:32. Целое Израильское царство названо "Иосифом" (Иез. 37:16, 19); тут оба царства: Иудейское и Израильское изображаются жезлами: первый — "Иуде и сынам Израилевым, союзным с ним", второй — "Иосифу; — это жезл Ефрема и всего дома Израилева, союзного с ним". Оба жезла пророк должен был сложить друг с другом и составить из двух одно целое. Так хотел Господь соединить свой рассеянный народ. Выражение "дом Иосифа" встречаем у Ам. 5:6; Зах. 10:6; 2 Цар. 19:20.

Изредка весь израильский народ называется "Иосифом" (Псл. 79:2; 80:6) или "дом Иосифа" (Авд. 18). Срав. Псл. 76:16, где народ Божий назван сынами Иакова и Иосифа.

Колено Иссахарово — евр. ше́вет Иссаха́р. Колено Иссахарово (Чис. 1:8; Отк. 7:7) было одно из самых многочисленных перед вступлением в Ханаан: оно было третим по числу людей (Чис. 26:25). Его владения находилось к северу от уделов Манассии и Ефрема и к югу от Завулона, между Кармилом и Иорданом, и занимало большую часть плодоносной Изреельской равнины (И. Нав. 19:17 и дал.). Умирающий Иаков изображает это племя, как крепкого осла, лежащего между протоками вод, довольного своею землею (Быт. 49: 14 и дал.). Срав. Втор. 33:18. Князья его были храбры на войне (Суд. 5:15) и впоследствии содействовали воцарению Давида: "люди разумные, которые знали, что и когда надлежало делать Израилю" (1 Пар. 12:32).

Колено Иудино — евр. ше́вет Егуда́. Колено Иудино, главное и самое многочисленное из всех колен Израилевых (Чис. 1:7; Отк. 7:5). При вступлении в Ханаан оно состояло из 75.500 мужей годных к сражению (Чис. 26:22). В своем благословении Иаков предсказал могущество, воинственный характер, успехи потомков Иуды и продолжительное существование — до времени пришествия Мессии (Быт. 49: 8 и дал.). Срав. колена Израилевы. Иуда получил свой удел в южной части Ханаана, между Средиземным морем и Иорданом; на севере этот удел граничил с владениями Дана и Вениамина; на юге — с уделом Симеона. В северной части владений Иуды на границе с уделом Вениамина (И. Нав. 18:16, 28) находилась столица Иерусалим (И. Нав. 15:63). В выделении городов для колена Иудина (И. Нав. 15) Иисус Навин делит всю их область на четыре округа: 1) "города с края колена сынов Иудиных, в смежности с Идумеею" (21-32); 2) города "на низменных местах" — в узкой прибережной полосе у Средиземного моря: Ештаол, Екрон, Газа и другие (33-47); 3) города "на горах — центральная часть владений — Хеврон, Кармил и другие 48-60); 4) города "в пустыне" к Мертвому морю: Ен-Геди и другие (61-62). В этой "пустыне" начал свою проповедь Иоанн Креститель (Мат. 3:1) и, вероятно, это была та пустыня, где Иисус был искушаем (Мат. 4:1).

Колено Иудино с древних времен имело обетование преимущества и силы: в пророчестве Иакова Иуда называется "молодым львом" и т.д. Срав. благословение Моисея (Втор. 33:7). Эти предсказания сбылись в том, который произошел от Иуды (Евр. 7:14),

"Лев из колена Иудина" (Отк. 5:5).

Впоследствии название "Иудейское царство" приписывалось владениям и жителям двух колен — Вениаминова и Иудина (3 Цар. 12:23; 2 Пар. 11:3 в противоположность царству Израильскому. Напр., 2 Пар. 20:20: "Послушайте меня, иудеи и жители Иерусалима". Часто упоминается у пророков Иуда и Израиль вместе, обозначая весь народ "взятый в удел" (Ис. 11:12; Иер. 50:20, 33; Иез. 27:17).

После Вавилонского плена "Иудея" стала общим названием для всей Палестины, и на нее смотрели, как на провинцию Персии; напр., Неем. 5:14, где Неемия назван областеначальником в земле Иудейской, т.е. в Палестине, и Агг. 1:14, где Зоровавель назван правителем Иудеи. В этом значении название Иудея употребляется в Нов. Завете и является общим для всех колен Израилевых.

Колено Левиино — евр. ше́вет Леви́.

Колено Левиино (От. 7:7) не было принято в расчет во время исчисления израильтян при горе Синае; оно предназначалось для ухода за скинией и ее утварью (Чис. 1:49 и дал.). Благодаря их непоколебимости в Божьем деле, после призвания их Моисеем (Исх. 32:26 и дал.), приговор, произнесенный Иаковом (Быт. 49:5 и дал.) был смягчен. Они были призваны на служение в помощь первосвященническому роду Аарона (Чис. 18:2 и дал.). В прощальной речи Моисей дает им особеное благословение (Втор. 33:6 и дал.). См. "Левиты".

Колено Манассиино — евр. ше́вет Менаш.

Колено Манассиино (Чис. 1:10; Отк. 7:6; Втор. 33:17) разделилось на две ветви, из которых одна получила свое владение к востоку от Иордана, в пределах Васана, к северу от Иавока; другая же получила свое владение между уделами Ефрема и Иссахара, по направлению к Средиземному морю и некоторые места в уделах Иссахара и Асира (И. Нав. 16; 17; 1 Пар. 5:18, 23). Восточная половина колена Манассиина глубоко впала в идолослужение и в первую очередь была уведена в плен (1 Пар. 5:25 и дал.). Западная часть выказала себя более преданной Богу (2 Пар. 15:9; 30:1, 11, 18; 34:6, 9).

Колено Неффалимово — евр. ше́вет Нафтай.

Колено Неффалимово, одно из 12 колен Израилевых (Чис. 1:15, 42; Отк. 7:6), предел которого простирался к северу от предела Завулонова, между пределом Асира и верхним Иорданом, до Ливана и Антиливана (И. Нав. 19:32 и дал.). Одна часть его предела называлась "горою Неффалимовой" (20:7). Колено Неффалимово отличалось храбростью во времена судей (Суд. 5:18; 6:35; 7:23). Ему пришлось много потерпеть от Венадада (3 Цар. 15:20). Это колено одним из первых было переселено в Ассирию (4 Цар. 15:29). Их храбрые герои и хвалебные песни (Суд. 4:6; 5) напоминают пророчество Иакова (Быт. 49:21), где Неффалим уподобляется стройной серне и говорит прекрасные изречения. На плодородие его удела намекается в благословении Моисея: "Насыщен благоволением и исполнен благословения Господа" (Втор. 33:23). В этом пророчестве видят также указание на то время, когда земли Неффалимова и Завулонова, "в которых народ ходящий во тьме, увидит великий свет Иисуса, Который временно там жил. Срав. Ис. 9:1, 2; Мат. 4:13 и дал.

Колено Рувимово — евр. ше́вет Реувен.

Колено Рувимово (Чис. 1:5; Отк. 7:5) было богато стадами и поэтому выбрало себе местожительство к востоку от Мертвого моря, между Арноном и коленом Гадовым, в стороне от остальных колен (Чис. 32:32, 37 и дал.; И. Нав. 13:15 и дал.). Колено Рувимово принимало незначительное участие в делах всего Израиля, занимаясь своими стадами, что и обличается в песне Деворы) (Суд. 5:16). Из 1 Пар. 5:8 и дал. видно, что племя Рувимово удалилось далеко на восток, в Сирийскую пустыню; это показывает, что они не особенно заботились о своих владениях. Срав. Втор. 33:6. Моавитяне были их опасными соседями. Судя по Ис. 15; 16, моавитяне во времена пророков владели большей частью удела колена Рувимова. Колено Рувимово одно из первых было отведено в плен (4 Цар. 10:33; 15:29; 1 Пар. 5:26).

Колено Симеоново — евр. ше́вет Шимон.

Колено Симеоново, одно из двенадцати колен Израилевых (Чис. 1:22), было, как и колено Левиино, из-за жестокости праотцов, разделено в Иакове и рассеяно в Израиле" (Быт. 49:5, 7). Это колено во время странствования по пустыне, значительно уменьшилось в числе: с 59300 до 22200 (Чис. 1:23; 26:14), может быть из-за греха Зимри, начальника Симеонова поколения (Чис. 25). Это колено получило в свое владение некоторые города с окружающими их селениями на юго-западной границе колена Иудина (И. Нав. 19:1, 9; 1 Пар. 4:28 и дал.); кроме того, оно, по стиху 39 и дал., стремилось расширить свои владения посредством завоевания в земле Едома и в области, окружавшей Герару. Колено Симеоново ничем особенным не выделялось; однако из него упоминаются храбрые воины в ополчении Давида (1 Пар. 12:25), а также у царя Асы (2 Пар. 15:9). При разделении царства колено Симеоново естественно должно было пристать к колену Иудину. Симеон был обойден в благословении Моисея (Втор. 33), но не забыт у Иез. (48:24) и в Отк. (7:7).

Колесница — евр. ре́хев.

Колесница. Уже в книгах Моисеевых мы читаем о колесницах для людей и для перевозки товаров. Иосиф послал из Египта в Ханаан колесницы для перевозки своего отца и домашних (Быт. 45:19 и дал.). В Чис. 7:3 и дал. говорится о повозках для отправления работ при скинии. Филистимляне возвратили Ковчег Завета на колеснице, которую везли две первородившие коровы (1 Цар. 6:7 и дал.). В земледельческих работах также пользовались особыми колесами, напр., для молотьбы, повозками для перевозки хлеба и т.д. (Ис. 5:18; 28:27 и дал.). В книге Амоса (2:13) Господь угрожает: "Вот Я придавлю вас, как давит колесница, нагруженная снопами". Вероятно, эти хозяйственные повозки имели сплошные колеса без спиц. Однако довольно рано научились более искусно изготовлять колеса, как, напр., колеса под медным морем в Соломоновом храме: с осями, ободьями, спицами и ступицами; все это было литое (3 Цар. 7: 33). Срав. Иез. 1:18. Такие колеса со спицами изображены у повозок на египетских и ассирийских памятниках. Были также повозки с сиденьями, что видно из одного ассирийского рисунка, где женщина сидит в подобии телеги, запряженной быками. В позднейшее время мы читаем рассказ об евнухе ефиоплянине, который сидя на колеснице, читал книгу пророка Исаии и просил Филиппа взойти и сесть с ним (Деян. 8:28 и дал.).

Несмотря на всю роскошь и стоимость колесниц древних времен (1 Цар. 8:12 — египетские колесницы Соломона стоили по 600 серебряных сиклей (3 Цар. 10:29), — они были все-таки очень неудобны, потому что кузов был укреплен непосредственно на оси. Колесницы такого типа существовали до средних веков. Только в 1405 г. говорится о колеснице, сиденье которой висело на ремнях. Затем самый кузов стали укреплять на ремнях до тех пор, пока в начале 17-го века их не заменили рессорами.

В Ис. 66:20 предсказано, что в последние времена рассеяные евреи будут привезены в Иерусалим на конях и колесницах, на носилках и на мулах, и на быстрых верблюдах. Под словом "носилки", вероятно, подразумевается носильный одр, как и в Песн. П. 3:9.

О колесницах солнца см. "Фарурум", "Солнце".

О железных и военных колесницах см. "Война".

О колесницах Бога, херувимах на ковчеге завета, см. "Херувимы". В

Сихарь, Самария, около колодца Иакова. На заднем плане вид горы Гаризим.

Колодец Иакова около города Сихарь. Таким он был в течении многих столетий, пока ему не предали романтического ореола, покрывши мрамором. Это тот колодец, где Христос разговаривал с самаританской женщиной (Иоан. 5).

Псл. 103:3 облака называются колесницами Божьими.

Колода. См. "Темница".

Колодец Иакова, где Иисус беседовал с самарянкой, которая спросила: "неужели Ты больше отца нашего Иакова, который дал нам этот колодец?" (Иоан. 4:12) — до сих пор еще находится там, где ему, согласно повествованию следует быть: к юго-востоку от Сихема или Наблуса, у подножия горы Геризим. Он имеет более 25 м глубины и почти 2,3 м в диаметре; внутри он весь выложен камнем. Этот колодец представляет одно из немногих библейских мест, где путешественник чувствует себя почти убежденным в его подлинности.

Колоссы, известный в прежние времена город при реке Ликусе во Фригии (Кол. 1:2), где существовала христианская церковь (община), основанная, вероятно, Епафрасом (1:7; 4:12). От города остались только развалины близ незначительного селения, называемого Конос или Хонас.

Колчан. См. "Лук и стрелы".

Кольца. Восточные женщины украшали и украшают кольцами пальцы, уши, руки, ноги и даже носы. Различные виды колец перечисляются в Исх. 35: 22; Чис. 31:50; Ис. 3:18 и дал. О кольцах с печатью — смотри "печать". Вручение кольца обозначало доверие и полномочие (Быт. 41:42; Лук. 15:22).

Копье. См. "Война".

Корабль. См. "Судно".

Кораллы — плотные известковые массы, которые образуются из выделяемых морскими животными веществ, часто имеющие вид ветвей. С древних времен кораллы высоко ценились, особенно красные; вероятно, евр. словом "рамот" (Иов. 28:18 и Иез. 27:16) обозначена эта драгоценность. В Плач. 4:7 встречается другое евр. слово "пениним"; оно переведено словом "коралл", хотя в других местах оно же переведено словом "жемчуг". Некоторые полагают, что слово "пениним" обозначает красные кораллы, "рамот" —черные. Кораллы различных видов и цветов во множестве встречаются в Чермном (или Красном) море и в Средиземном море. Многие из островов Тихого океана первоначально были коралловыми рифами.

Корван — курбан.

Корван, жертвенный дар (Мар. 7:11). Иисус обличает евреев в лицемерии, которое побуждало их говорить родителям: чем я мог бы помочь вам, или то, что вы могли бы получить от меня, — "корван" Богу, т.е. посвящено Ему. Подобным же образом фарисеи и их последователи талмудисты разрешали должникам обманывать своих заимодавцев, говоря, что они посвятили Богу свое имение, которое в действительности принадлежало заимодавцам. Срав. "Жертвы".

Корей — Корах.

Корей, сын Ицгара из колена Левиина, двоюродный брат Моисея (Исх. 6:21 и дал.). Он вместе с Дафаном, Авироном и Авнаном из колена Рувимова произвел возмущение против Моисея и Аарона и вовлек в это 250 начальников израильского народа (Чис. 16:1 и дал.), объявив, что весь народ свят (Исх. 19:6), и что Моисей с Аароном ставят себя выше народа Господня. 250 начальников были истреблены Господним огнем (Чис. 16:35); сам же Корей вместе с Дафаном, Авироном и их родственниками и имуществом были поглощены землей (Чис. 16:31 и дал.). На следующий день, когда народ роптал из-за гибели этих людей. Господь истребил 14.700 человек, и гнев Божий был отвращен каждением Аарона (Чис. 16:41 и дал.). Три сына Корея: Арис, Елкана и Авиасаф не принимали участия в восстании и остались в живых (Исх. 6:24; Чис. 26:11). Их роды, — "сыновья Кореевы" или "Кореяне" служили в храме придверниками или сторожами (1 Пар. 9:19; 26:1), пекли хлебы для храма (9:31) и участвовали в хоре (1 Пар. 6:34; 2 Пар. 20:19). Некоторые из лучших псалмов приписываются сыновьям Кореевым (Псл. 41-48; 83; 84; 86; 87).

Коринф, известный торговый город Греции на узком перешейке между Ионическим и Эгейским морями. Он имел две гавани: Лекейскую на западе и Кенхреи на востоке. Исключительное положение этого города сделало его важным торговым и военным пунктом; сюда съезжались торговцы с востока и запада; через него же проходила дорога с юга на север Греции. На вершине высокой (665 м) скалы была расположена крепость, откуда открывался красивый вид. Богатства сделали город очагом всяких пороков. В храме Афродиты, находившемся на вершине горы, 1000 блудниц занимались безнравственным идолослужением. Выражение "жить по-коринфски" прилагалось к развратнику в самом широком смысле этого слова. Город был разрушен римлянином, Луцием Муммием в 146 г. до Р.Хр. и восстановлен Юлием Цезарем в 44 г. до Р.Хр. В 27 году до Р.Хр. город сделался главным пунктом римской провинции Ахаии и местом жительства проконсула. После этого город снова стал возвышаться и попрежнему стал известен роскошью и легкомыслием.

От прежнего Коринфа, который некогда имел 300.000 жителей, теперь остались лишь незначительные остатки.

Из Афин ап. Павел пришел в Коринф, где проповедывал 1½ года (Деян. 18:1 и дал.). Коринфская церковь, по причине своих разделений и безнравственности причинила Павлу много огорчений; это побудило его написать им три послания, из которых два сохранились, а третье (1 Кор. 5:9) утеряно. Павел еще один или два раза посетил Коринф — что видно из 1 Кор. 16:7; 2 Кор. 13:2; Деян. 20:2 и дал. и из 1 Кор. 16:5; 2 Кор. 12:14; 13:1.

Корица — евр. кинамóн.

Корица, составная часть священного мира (Исх. 30:23) и приятная пряность (Прит. 7:17; Песн. П. 4:14; Отк. 18:13) — внутренняя кора дерева Laurus cinnamomum. Самый лучший сорт и самое большое количество корицы получается с острова Цейлона.

Кориандровое дерево — растение, имеющее вид зонтика (Coriandrum Sativum) с шарообразными семенами пряного запаха. Этому семени уподобляется посланная Богом в пустыне манна (Исх. 16:31).

Кормилица — евр. меяне́кег.

Кормилица. В Библии встречаются различные места, которые касаются отношения между кормилицей и ребенком. Моисей чувствовал большую ответственность и трудность руководства всем народом, как и кормилица чувствует ответственность за ребенка и обязанности по отношению к нему Чис. 11:12). Павел относился к новообращенным также нежно, как кормилица к своим детям (1 Фесс. 2:7, 8). Царицы язычников будут кормилицами народа Израилева (Ис. 49:23). Из истории Ревекки мы видем, что она постоянно была наставляема своей верной кормилицей Деворей, и что тот дуб, под которым похоронена старая кормилица, назван "дубом плача" (Быт. 24:59; 35:8). Еще и теперь на Востоке в некоторых местностях существует обычай, который напоминает о древних обычаях среди греков и евреев. Робертс в своих "Восточных картинах" говорит: "Как часто такие картины возвращали мои мысли ко временам патриархов. Дочь должна впервые оставить родительский дом. Между слугами начинается волнение; все они вспоминают давнишние случаи из жизни, все они желают какимлибо образом обратить на себя внимание молодой госпожи. Один говорит: "Не забудьте того, кто ухаживал за вами в детстве". Другой говорит: "Как часто ходил я далеко к пруду, чтобы принести вам водяную лилию. Говорил ли я когда-небудь о ваших плохих поступках?" Вот идет мать для того, чтобы проститься; в слезах с нежными объятями мать говорит: "Ах, милая дочка, я больше не увижу тебя; не забудь твоей матери". Брат обнимает сестру и обещает вскоре навестить ее. Отец стоит, углубившись в свои мысли, и отрывается от них, слыша сдерживаемые рыдания семьи; тогда он тоже горячо обнимает свою дочь и советует ей не страшиться грядущего. После этого женская прислуга должна обнюхать ее, в то время, как мужеская трогает ей ноги. В этом заключается прощание прислуги с дочерью хозяина. Как Ревекка получила свою кормилицу в сожительницы, так и теперь "айан", которая воспитала невесту с детства, сопровождает ее и живет с ней в ее новом доме. Айан является для нее советницей, помощницей и доверенным лицом; с ней она делится всеми своими надеждами и печалями".

Корнилий, римский сотник в Кесарии, "благочестивый, боящийся Бога со всем своим домом, творивший много милостыни народу и всегда молившийся Богу". Он видел в видении ангела, который велел ему послать в Иоппию за Петром. Петр также был подготовлен к этому видением сосуда со всякими нечестивыми животными, которых ему было велено заколоть и есть. Когда Петр отказался есть этих нечистых по закону животных, то ему было сказано: "что Бог очистил, того ты не почитай нечистым". В это время пришли посланные от Корнилия, и Дух велел Петру следовать за ними. Он отправился с ними на следующий день и, услышав от Корнилия, который созвал своих друзей, о его видении, Петр понял, что Бог хотел также спасения язычников; в то время, как он говорил присутствующим о Христе, Дух Святой сошел на всех слушавших. После этого они приняли крещение во имя Иисуса. Итак Корнилий стал первым христианином из язычников (Деян. 10).

Корова — евр. пара́.

Корова. См. "Бык", "Рыжая телица". Корову и теленка не позволено убивать в один и тот же день (Лев. 22:28).

Кос небольшой остров в Эгейском море, около юго-западного берега Малой Азии. В древние времена он был известен красотой природы, винами, тканями и мазями. Павел проезжал мимо этого острова на пути из Милита в Иерусалим (Деян. 21:1).

Косам один из предков Иисуса (Лук. 3:38).

Косматые встречаются в Ис. 13:21; 34:14 среди других мерзостей в развалинах Вавилона и Едома. Еврейское слово "саир", обозначающее "косматый", и часто употребляемое для наименования козла, здесь, наверное, означает призраки, напоминающие козлов. Таким козлам египтяне совершали безнравственное идолослужение, одобряемое и Иеровоамом (2 Пар. 11:15), хотя законом это воспрещалось Лев. 17:7; Втор. 32:17). См. "Диавол".

Краеугольные камни — евр. рош-пина́, букв. глава угла.

Краеугольные камни отсекались от скалы для того, чтобы соединить и поддержать стены постройки (Иер. 51:26) и имели часто крупные размеры. Краеугольными камнями названы в еврейском тексте начальники народа в Суд. 20:2; Ис. 19:13 (евр. пинот). Христос есть краеугольный камень — основание Церкви (Еф. 2:20), выдающийся Своей личностью и делами (1 Пет. 2:6), служащий для многих камнем преткновения (Мат. 21:42; Ис. 28:16).

Крапива — евр. сарпа́д.

Крапиву можно найти на поле ленивого (Прит. 24:31) и среди необитаемых развалин (Ис. 34:13; Ос. 9:6).

Красное дерево упоминается между драгоценностями, привезенными Соломоном из Офира; это дерево он употреблял на украшение построек и музыкальные инструменты (3 Цар. 10:11 и дал.).

Красное море (евр. Ям-Суф, т. е. Море Тростника). См. "Чермное море".

Красные ворота (Деян. 3:2, 10). См. "Храм".

Крепкий напиток. См. "Вино".

Крест — евр. цлав. **Распятие.**

Крест. Распятие. Слово крест, лат. "крукс", первоначально обозначало вообще позорный столб или столб мучения, который мог иметь различную форму. У некоторых древних народов преступников привязывали к столбу за руки над головою, и выставляли их, таким образом, на общее посрамление и голодную смерть. Другой способ подобного наказания заключался в том, что врывали в землю заостренный кол и насаживали на него живого человека. Таким образом, Дарий посадил на колы более 3000 жителей покоренного Вавилона. В этом случае смерть наступала скорее. Наказание через повешение применялось в Египте (Быт. 40:19), в Персии (Езд. 6:11; Есф. 2:23), а также у евреев (Чис. 25:4; Втор. 21:22 и дал.; И. Нав. 8:29), хотя в этих последних случаях, повидимому, вешали мертвое тело для посрамления. Смотри "Правосудие". Наказание через распятие является медленным убийством человека. При этом пользовались той формой креста, которая нам более известна и состоит из двух кусков дерева различной длины, скрепленных между собою. Были также кресты в форме буквы Т и буквы Х. Распятие на таких крестах было у римлян общепринятой смертной казнью для самых тяжких преступников, как то: разбойников, мятежников и тому подобных. Распятие, как говорит Цицерон, было самой жестокой и ужасной из всех казней. Благодаря римлянам, оно было введено также в Палестине, и это наказание для рабов и преступников применили к Иисусу (Мат. 27:26; Иоан. 19:18). После бичевания ременной плетью приговоренный к распятию был обязан сам нести свой крест до места казни, которое обычно находилось вне города, около большой дороги. Там с него снимали одежду и распинали его на кресте, который перед этим вкапывали в землю. На кресте прибивалась дощечка с указанием вины. Распинаемого привязывали веревками или прибивали его руки и ноги гвоздями. Для упора среди креста был выступ для сидения, под ногами же ничего не было. Смерть наступала после ужасных мучений и очень медленно. В большинстве случаев распятый на кресте жил более 12 часов, а иногда смерть наступала только на третий день. Вот почему Пилат был удивлен, узнав о быстрой смерти Иисуса (Мар. 15:44). Смерть наступала не от потери крови: воспаление ран, мучение от жажды, прилив крови к голове и сердцу отнимали постепенно силу у страдающего. Сильные натуры умирали от голода. Поэтому перебивание голеней считалось смягчением наказания, так как это укорачивало мучения. Мертвые тела оставляли висеть на кресте на растерзание диким зверям или для гниения. Евреи, обыкновенно, снимали их и хоронили.

Иисусу также должно было нести Свой крест, хотя Он изнемогал под его тяжестью, так что пришлось заставить земледельца Симона помочь Ему (Иоан. 19:17; Мат. 27:32). Перед казнью Ему предложили пить крепкий напиток по еврейскому обычаю, согласно Прит. 31:6: "Дайте сикеру погибающему и вино огорченному душею". Иисус отказался, ибо Он хотел страдать и умереть в полном сознании (Мат. 27:34), хотя потом, томимый жаждою, Он вкусил уксуса, который подали Ему (Иоан. 19:28 и дал.). Предшествовавшие ужасные страдания ускорили Его смерть и солдатам не нужно было перебивать Его костей, но один из них копьем пронзил Ему бок (Иоан. 19:33) во исполнение пророчества (Исх. 12:46; Зах. 12:10). Размышляя о том, что осужденный должен был сам нести крест, мы можем понять слова Иисуса, обращенные к Его последователям о несении креста (Мат. 10:38; 16:24).

Крест — дерево проклятия (Гал. 3:13; Евр. 12:2) — сделался славным символом спасения после того, как на нем был распят Иисус (Гал. 6:14). Это орудие мучения — соблазн для неверующих евреев (Гал. 5:11) и безумие для язычников (1 Кор. 1:23) — сделалось для христиан символом жизни, который даже над могилами свидетельствует о жизни и воскресении во имя Того, Кто смирил Себя до смерти и смерти крестной (Фил. 2:8).

Крещение — евр. атбала́, т. е. погружение.

Крещение. Во многих местах Ветхого Завета мы находим омовение,* как обряд, сопровождающий или символизирующий очищение души от грехов и преданность Богу. (См. Быт. 35:2; Исх. 19:10; Лев. 8:6; 16:4; 17:16; Мар. 7:4; Евр. 9:10; срав. черпанье воды в 1 Цар. 7:6); а также обетования у Ис. 4:4; Иез. 36:25; Зах. 13:1. Таким внешним символом было и крещение Иоанново (Лук. 3:3 и дал.) — "крещение покаяния (перемена образа мышления) для прощения грехов". "И выходили к нему вся страна Иудейская и иерусалимляне и крестились от него в воде Иордана, исповедуя грехи свои" (Мар. 1:5; Мат. 3:5 и дал.; Лук. 3:3; Иоан. 1:33). Также и Господь Иисус пришел к нему и крестился в Иордане; и в то время, как Он молился, отверзлось небо, и Дух Святой сошел на Него в виде голубя (Лук. 3:21). После этого Иисус начал приобретать учеников и крестить — через учеников — более, нежели Иоанн (Иоан. 4:1 и дал.). После воскресения, когда ученики увидели Его на горе в Галилее, Он дал им великое миссионерское поручение: "Итак идите, научите все народы, крестя их во имя Отца и Сына и Святого Духа" (Мат. 28:19). О том, как апостолы исполнили повеление о крещении, и как они смотрели на крещение, срав. следующие места: Деян. 2:38; 9:17 и дал.; 10:44 и дал.; 22:16; Рим. 6:3 и дал.; Кол. 2:12; 1 Пет. 3:21. О крещении семейств смот. Деян. 16:15 (Лидия), ст. 33 (сторож в темнице) и 1 Кор. 1:16 (Стефан). В начале крещение, говорит Хагенбах, "совершалось под открытым небом в реках или прудах через погружение: это известно из истории Нового Завета. В позднейшие времена стали совершать крещение в купелях и особых крестильнях (баптистерии). Крещаемый спускался по ступеням в водоем и затем погружался всем телом в воду, что являлось для души яркой картиной погребения в смерть и воскресения со Христом. Когда позднее было введено кропление (напр., в англиканской церкви), этот символ потерял значение". (История церкви, Хагенбах, 1. том, 19 глава, стр. 289, на шведском языке).

Крещение для мертвых (1 Кор. 15:29). Это выражение показывает, что в то время некоторые христиане принимали крещение вместо верующего близкого человека, который умер, не успев совершить этого акта. Они верили, что через это крещение он получит участие в воскресении праведных.

Крещение Святым Духом и огнем (Мат. 3:11; Лук. 3:16) считается указанием на излияние Св. Духа в день Пятидесятницы, сопроваждавшееся духовными дарами и огненными языками (Деян. 2), или на судящую и очищающую силу Евангелии для спасения всех верующих и мщение всем, противящимся ему (Мал. 3: 2и дал.; 1 Пет. 4:12; 1 Кор. 3:13 и дал.; 2 Фес. 1:8).

Крискент, сотрудник Павла (2 Тим. 4:10).

Крисп, начальник синагоги в Коринфе, уверовавший и крестившийся после проповеди Павла (Деян. 18:8; 1 Кор. 1:14).

Кристалл (Иез. 1:22), евр. керах (лед), может быть, горный хрусталь.

Крит — большой остров в Средиземном море, на полпути между Сирией и Италией; теперь греками он называется Крита, а европейцами Кандия. Гомер говорит о нем, как об острове со 100 городами. Жители его были известны, как хорошие моряки и стрелки из лука. В нравственном отношении они, однако, стояли очень низко, и пословица ставила их в число трех худших народов на букву "К", которых нужно остерегаться. Смотри "Киликия". Стихотворец Эпименид из Кносса (город на Крите) за 600 лет до Р.Хр. говорит о своих земляках: "Критяне всегда лжецы, злые звери, утробы ленивые". Это изречение привел в своем послании к Титу Павел (1:12), который и подтверждает справедливость этого мнения. Крит сделался римской провинцией около 66 года до Р.Хр. Там жили также и евреи; некоторые из них были очевидцами чуда в день Пятидесятницы (Деян. 2:11). Христианские церкви, появившиеся там, были посещены Павлом, который оставил у них Тита, чтобы он навел там порядок (Тит. 1:5). Крит упоминается еще в рассказе о путешествии Павла в Рим (Деян. 27). Возможно, что слово Кафтор (Втор. 2:23) в Ветх. Завете означает Крит.

Кровосмешение было строго воспрещено в законе Господнем (Быт. 19:33;

---

* Примечание. Омовение через погружение, обливание, кропление и т.д. называется баптисмос (крещение) (Евр. 9:10; срав. Мар. 7:4).

35; 2 Цар. 16:22; 1 Кор. 5:1; Лев. 18:17; 20:14, 17, 21).

Кровотечение естественное и периодическое, как у женщин, или болезненное и продолжительное, делало человека нечистым по закону, который в этих случаях предписывает различные омовения и жертвы (Лев. 15:19 и дал.).

Кровь — евр. дам.

Кровь, поддерживающая жизнь, была символом примирения в жертвоприношениях, и поэтому "без пролития крови не может быть прощения грехов" (Евр. 9:22). "Душа тела в крови, и Я назначил ее вам для жертвенника, чтобы очищать души ваши, ибо кровь сия душу очищает" (Лев. 17:11); поэтому под страхом смерти было воспрещено пить кровь (Лев. 17:14). "Не ешь души вместе с мясом" (Втор. 12:23). Так было повелено еще в Быт. 9:4. Запрещение есть кровь было подтверждено апостолами (Деян. 15:20, 29).

Крокодил. См. "Левиафан".

Крот и мышь считались по закону нечистыми животными (Лев. 11:29; Ис. 66:17). Евр. "холед" обозначает крота, а "ахбар" — мышь разных видов. Полевая мышь "иербоа" употребляется в пищу арабами. Мыши стали уничтожать посевы филистимлян после того, как последние захватили ковчег завета. Для избавления от этого бедствия филистимлянам пришлось послать обратно ковчег, к которому они присоединили изображения золотых мышей (1 Цар. 6:4 и дал.). Исаия говорит, что будет время, когда человек бросит кротам и летучим мышам своих серебряных и золотых идолов (Ис. 2:20).

Кружка. См. "Мера".

Крыло храма. См. "Храм".

Крышка ковчега. См. "Очищение".

Крытый субботний ход (евр. мисáх а-шабат; 4 Цар. 16:18). См. "Проповедывать".

Ксеркс. См. "Артаксеркс 1."

Кузнец — евр. хорéш барзель.

Кузнец и его ремесло упоминаются часто в Библии. В Быт. 4:22 читаем о первом кузнеце Тувалкаине. Прежде, как и теперь, кузнецы употребляли в своем ремесле разные инструменты, как, напр., наковальню, молот (Ис. 41:7), клещи (Ис. 6:6), резцы (Исх. 32:4), мехи (Иер. 6:29), плавильню (Прит. 17:3) и горнило (Иез. 22:18). Кузнецы умели лить (Исх. 25:12; 26:37), паять (Ис. 41:7), полировать (3 Цар. 7:45), раскатывать металл в тонкие листы (Чис. 16:39), напр., золото (тонкими листами оклад идолов (Кн. Ис. 46:6)* и другие предметы. Смотря по роду металла, мы читаем о кузнецах, обрабатывающих железо (Ис. 44:12), медь (3 Цар. 7:14), золото и серебро (Суд. 17:4; Деян. 19:24); Срав. 1 Цар. 22:15 и дал. Победители иногда умышленно выводили из покоренной страны всех ремесленников, а в особенности кузнецов, изготовляющих всякое вооружение (4 Цар. 24:14 и дал.; Иер. 24:1; 29:2; 1 Цар. 13:19 и дал.).

В Ис. 44:12 живописно рисуется труд мастера над металлом, когда тот обрабатывает его, чтобы сделать себе идола: "и трудится над ним сильною рукою, до того, что становится голоден и бессилен; не пьет воды и изнемогает". В Ис. 41:7 говорится о кузнеце, золотых дел мастере и разглаживающем железные листы молотом, что они помогают друг другу при изготовлении идола и укрепляют его гвоздями, чтобы он твердо стоял.

Кун (1 Пар. 18:8). См. "Берот".

Курспис. См. "Каждснис".

Куропатка — евр. хоглá.

Куропатка во множестве встречается в Палестине. Давид уподобляет себя преследуемой куропатке (1 Цар. 26:20). Приобретающий богатство неправдою в Иер. 17:11 уподобляется куропатке, садящейся на яйца, которых она не несла.

Кута (4 Цар. 17:24, 30) область, откуда ассирийцы переселили народ в Самарию. Долгое время не имели точных сведений относительно ее местоположения; недавно в ассирийских клинописях прочли то же слово Кути (**Kuti**), название города близ Вавилона, теперь развалины Тель Ибрахим. Кроме того, эти письмена подтверждают сведения Библии относительно идола Нергада, которому поклонялись Кутийцы (4 Цар. 17:30). Согласно клинописям, это было божество смерти и преисподней, изображаемое в виде льва и называемое ассирийским именем Неуру-гал. Таким же словом назывались огромные фигуры львов, которыми ассирийцы украшали входы в свои дворцы. Имя идола означает: царь над большим жилищем, т.е. царством мертвых.

Кутаия. Смотри "Хусий".

Куш. Смотри "Едем 1".

---

* Ис. 40:19.

Л

Лаван, богатый пастух в Харране, в Месопотамии, сын Вафуила, внук Нахора, брата Авраама. Он согласился на брак своей сестры Ревекки с его двоюродным дядей Исааком (Быт. 24:29 и дал.). Впоследствии Лаван отдал в жены племяннику Иакову своих дочерей Лию и Рахиль (Быт. 29:28). Когда Иаков, по повелению Божию, отправился в Ханаан, то Лаван преследовал его, но был предупрежден Господом не делать Иакову зла и возвратился домой, заключив с ним союз (Быт. 31:44 и дал.). Лаван повидимому поклонялся Иегове (Быт. 24:50; 31:49, 53); но боги, или терафимы, которые Рахиль украла у отца (Быт. 31:30, 34) показывают, что он не был свободен от идолопоклонства.

Лазарь. 1) из Вифании, брат Марфы и Марии, которого любил Иисус (Иоан. 11:5) и часто у него бывал (Лук. 10: 38). Однажды, когда Иисус находился в местности к югу от Иордана, Его известили о болезни Его друга Лазаря. Когда же, через несколько дней после этого, Иисус пришел в Вифанию, то Лазарь уже умер и пролежал четверо суток во гробе. Иисус, видя и слыша всех окружающих, прослезился около его гроба, потом воскресил Лазаря и сделал живым свидетелем Своей власти над смертью (Иоан. 11). После этого Лазарь сидел за столом с Иисусом на пиршестве в Вифании, где Мария помазала Иисуса (Иоан. 12:2 и дал.). Воскрешение Лазаря обратило всеобщее внимание на Иисуса, и многие после этого уверовали в Него (Иоан. 12:9, 11, 17); священники же сделали совещание, на котором решили убить Лазаря (Иоан. 12:10).

2) Лазарь, который упоминается в притче Иисуса (Лук. 16:19 и дал.). У дверей богатого, имевшего всегда излишек в пище и питье человека, лежал нищий, голодный и покрытый струпьями Лазарь. Когда он умер, то отнесен был ангелами на лоно Авраамово. Богач же после смерти оказался в месте мучения.

Лаис. См. “Дан”.

Ламех. 1) сын Мафусала, имел двух жен: Аду и Циллу, от него произошли Иавал, Иувал, Тувалкаин и Ноема (Быт. 4:18-22).

2) Сын Мафусала; на 182 году своей жизни он родил сына, которого назвал Ноем, что значит покой, отдых, ибо он надеялся, что этот сын даст родителям утешение в их трудах на проклятой Господом земле. Он умер в возрасте 777 лет, за несколько лет до потопа (Быт. 5:25 и дал.; Лук. 3: 36).

Лань. См. “Олень”.

Лаодикия, большой торговый город в юго-западной Фригии, при реке Лике, назывался сперва Дисполисом, но Антиох II, который украсил его, переименовал его, по имени своей жены в Лаодикию. В этом городе уже во времена апостолов была христианская церковь (Кол. 2:1), которая приветствуется Павлом (4:15), о которой Епафрас особенно заботился (Кол. 4:13). Павел написал ей особое послание (4:16) и выразил желание, чтобы Колоссяне его прочли, а также, чтобы послание к Колоссянам было прочтено в Лаодикии. Впоследствии Иоанн написал этой церкви послание с предостережением от имени Иисуса Христа (Стк. 3:14 и дал.). Развалины Лаодикии находятся около деревни Ески Гиссар.

Лапидоф (Лапидог) муж пророчицы Деворы (Суд. 4:4).

Ласем. См. “Дан. 3” (город в к. Нефф.).

Лесея, город на острове Крите, к югу от “Хорошие Пристани”; развалины этого города были открыты в январе 1856 г.

Ласточка в Псл. 83:4 названа словом “дрор”, т. е. свобода, как нашедшая гнездо для своих птенцов, а в Прит. 26:2, как улетающая. (По мнению некоторых слово “дрор” — означает не ласточку, а воробья). Предполагают также, что слово “сус” у Ис. 38:14 и у Иер. 8:7 означает ласточку, а упоминаемое там же слово “агур” обозначает журавля.

В Палестине есть несколько пород ласточек; они строят гнезда на крышах или под крышами домов; нередко можно видеть ласточек, летающих в храмах и мечетях, где они считаются находящимися под особой Божьей охраной. “Ласточка восхваляет Бога и пачкает святилище” говорит арабская поговорка.

Латы — евр. ширьóн.

Латы, или панцырь (Иов. 4:18; Неем. 4: 16) — металлическая покрышка для груди и поясницы. См. “война”. См. Суд. 18:16; 3 Цар. 10:25; 20:11; Иов. 20:24.

Лахис — Лахи́ш.

Лахис, ханаанский царский город, покоренный Иисусом Навином, в юго-западной части колена Иудина (И. Нав. 10:3; 10:5, 31; 15:39); он был укреплен Ровоамом (2 Пар. 11:9; 4 Цар. 18: 14; 17; 19:8,; 2 Пар. 32:9). О Лахисе говорится, как о важном пункте в войне Езекии с Сеннахиримом (См. “Сеннахирим”). В этом городе умерщвлен царь Амасия (4 Цар. 4:19). Согласно Мих. 1:13, Лахис был первым иудейским городом, где началось поклонение идолам, перешедшее от живущих на севере израильтян. От Лахиса, о котором упоминается после Вавилонского плена (Неем. 11:30), теперь осталась груда развалин Ум-Лакис с многочисленными водоемами, в 20 км к северо-востоку от Газы, близ Ажлана, древнего Еглона (Срав. И. Нав. 10:34).

Лахмий, филистимский великан, брат Голиафа; он был убит Елхананом, одним из героев Давида (1 Цар. 20:5).

Лаша, место границы хананеев (Быт. 10: 19), по Иерониму, то же, что и Каллироэ. См. "Ана".

Первосвященник левитского священства.

Левиты. Левитами в широком смысле слова называются все потомки Левия (Исх. 6:25; И. Нав. 3:3 — священники-левиты; Иез. 44:15); в узком же значении слова под левитами понимают тех членов колена Левиина, которые не происходили от Аарона (Чис. 3:6 и дал.). Вот почему в Библии часто упоминается о священниках и левитах. Левиты вообще, или все колено Левия, были избраны Богом для служения при Его Святилище, как представители первородного от всего народа. После избавления народа от рабства египетского левиты особенно были посвящены на служение Богу (Исх. 13; Чис. 3:12 и дал., 39 и дал.). Всех первенцев Израиля при Синае насчитывалось 22.273, а число всех левитов было 22.000. Взамен за 22.000 первенцев были даны 22.000 левитов для служения Богу, и в выкуп за 273 оставшихся первенцев дали по 5 сиклей серебра (Исх. 39 и дал.); эти 1.365 сиклей были отданы священникам (Стих 50 и дал.). Срав. "Первенец".

Левиты (в узком смысле слова) должны были, обыкновенно, помогать священникам в служении при храме (Чис. 3:6 и дал.; 18:2 и дал.); в пустыне их служение заключалось в заботах о скинии и ее принадлежностях, которые они переносили. Три левитских рода, сыны Гирсоновы, Каафовы и Мерарины переносили скинию (Чис. 1:51; 4). В храме они должны были сторожить у дверей, смотреть за одеждой, сосудами, светильниками, печь хлебы предложения, носить дрова и воду, славословить Господа музыкой и пением, приготовлять животных для жертв, принимать жертвования от народа и т.д. (См. 1 Пар. 9:18, 23; 2 Пар. 29; 30:16 и дал.; 35; Неем. 13:22; Псл. 133); кроме того, они должны были "учить весь Израиль" (2 Пар. 35:3; Срав. 2 Пар. 30: 22; Неем. 8:7) и поэтому они жили в разных местах, служа связью между всеми коленами и внедряя в них набожность и страх Божий. Они изучали закон и под наблюдением священников выступали среди народа, как учителя и судьи (2 Пар. 17:10; 10:8 и дал.). Для содержания их была назначена 10-ая часть хлеба, плодов и скота; но из этой же десятины они сами уплачивали десятину священникам; вследствие того, что левиты не владели землей, эта десятина считалась тем "начатком", который народу следовало давать Господу (Чис. 18:21 и дал.). Давать десятину левитам не было повелено, но было предоставлено свободной воле всякого из народа; поэтому и встречаются различные напоминания (Втор. 12:12, 18 и дал.). Для житья левиты получили 48 городов с принадлежащими к ним полями, пастбищами и садами; из них 13 были даны священникам. Все эти города были расположены около Иерусалима, во владениях прилежащих колен. Шесть из этих левитских городов были назначены убежищем для ненамеренных убийц (Чис. 35:1 и дал.; И. Нав. 20:9). Во время своего служения в храме левиты получали содержание из запасов, находящихся при храме, а также пользовались частью от ежедневных жертв (Втор. 12:18 и дал.). Этим же пользовались добровольно служащие левиты, которые, горя ревностью, постоянно находились при святилище

(Втор. 18:6 и дал.). Посвящение левитов с омовением, бритьем, с приношением жертвы очищения и т.д. описывается в Чис. 8:5 и далее.

Подобно священникам, левиты делились на очереди или чреды (1 Пар. 23-26). Время их служения продолжалось в возрасте от 25 до 50 лет (Чис. 4:3, 23 и дал.; Чис. 8:24 и дал.). По прошествии этих лет им поручалось более легкое служение. Давид позволил им начинать свое служение с 20 лет (1 Пар. 23:24 и дал.); также и Езекия (2 Пар. 31:17). В 1 Пар. 23:4; 5 указаны следующие левитские должности: руководящие делами в доме Господнем — 24.000; наблюдатели (евр. текст) и судьи — 6.000; привратники 4.000; певцы и музыканты 4.000. Различные чреды сменяли друг друга через неделю (2 Пар. 23:4, 8; 31:17). После падения Израильского царства, когда Иеровоам назначил жрецов для служения перед поставленными им тельцами и козлами, левиты, жившие в Израильском царстве, переселились во владения колена Иудина и Вениаминова (2 Пар. 11:13 и дал.; 13:9 и дал.). После Вавилонского плена многие из них возвратились в Иудею (Неем. 11:15 и дал.; 12). По Иосифу Флавию, все левиты были освобождены от военной службы; после плена, во время персидского владычества, они были освобождены от всякого рода податей (Езд. 7:24). В Новом Завете о них говорится редко (Лук. 10:32; Иоан. 1:19; Деян. 4:36).

Левит — евр. Ваикра́.
Левит (Третья книга Моисеева). Эта книга содержит различные наставления относительно богослужения, именно: о жертвах (гл. 1-7); о посвящении священников (гл. 8-10), об очищении и пр. (гл. 11-22); о праздниках и пр. (гл. 23-27). В гл. 9, 10 и 24 приводятся различные события, имевшие место во время пребывания народа у Синая. Весь левитский закон представляет собой лишь "тень будущих благ". Особенно нужно заметить обряды в день очищения (Лев. 16), так как они объясняются в Евр. 9; 10.

Левиафан — Левиатан.
Левиафан. Так называется в Иов. 41 большое водное чудовище (Иов. 40:20), которое, согласно описанию, скорее всего — крокодил, "ужас для Нила". Вероятно, на то же животное есть указание у Иова 3:8. В Псл. 103:26 говорится о кораблях среди моря и о Левиафане посреди них; возможно, что здесь речь идет о ките или о другом морском животном, так как крокодил живет только в пресной воде и совсем не встречается в Средиземном море. Вообще же словом Левиафан (т.е. извивающийся или скрутившийся) называли ужасных чудовищ, которые напоминали огромных змей. В Ис. 27:1 говорится о "левиафане, змее прямо бегущем и левиафане, змее изгибающемся и о чудовище морском"; может быть, это намек на некоторые различные породы этого чудовища. Срав. "Дракон". В некоторых местах Писания могущество Египта изображено этим символом. Срав. Псл. 67:31; 73:14; Иез. 29:3; 32:2. Срав. Раав в Ис. 51:9.

Левий. 1) Третий сын Иакова (от Лии); мать назвала его Левием, что значит присоединение, думая, что теперь муж должен полюбить ее (Быт. 29:34). Левий имел трех сыновей: Гирсона, Каафа, Мерари и дочь Иохаведу, от которой родился Моисей (Исх. 6:16 и дал.). За убийство жителей Сихема Левием и Симеоном Иаков произнес на них проклятие (Быт. 49:5 и дал.).

2, 3) Двое из предков Иисуса (Лук. 3:24, 29).

4) Сын Алфея. См. "Матфей".

Левона (Суд. 21:19), место к северо-западу от Силома, между Вефилем и Сихемом; теперь называется Луббаном.

Лев — евр. арьелави́.
Лев. Львы не были прежде редкостью в Палестине, особенно в тростниках Иорданской долины, не посещаемой людьми (Иер. 49:19; 50:44; Зах. 11:3), в лесах Ливана и в пещерах пустыни (Песн. П. 4:8). Еврейский язык имеет не менее семи названий львов: из них пять встречаются в кн. Иова (4:10 и дал.; Срав. Наум. 2:11 и дал.). Указания на силу и жестокость львов, их зубы и когти, их ужасный рев и кошачью способность подкрадываться к добыче — повсюду встречаются в Библии, как в буквальном смысле, так и символически. Лев изображает самого дьявола (1 Пет. 5:8) и его служителей (Псл. 34:17); безбожных тиранов и алчных лжепророков (Иез. 22:25). С другой стороны, лев является образом "гремящего" Господа Саваофа (Иер. 25:30; Иоил. 3:16); Иисус называется львом из колена Иудина (Отк. 5:5); все колено Иудино уподобляется льву (Быт. 49:9), а также Израиль в пророчестве Валаама (Чис. 24:9). Об опустошениях, произведенных львами, часто упоминается в Библии. Иногда львы наводили страх на целую область (4 Цар. 17:25 и дал.; Ам. 3:12; срав. 3 Цар. 13:24; 20:36). Под видом льва, противостоящего множеству пастухов, изображает Себя Иегова (Ис. 31:4). Об обычаях восточных царей держать львиные рвы для того, чтобы туда бросать преступников, говорит нам история Даниила (Дан. 6). Иезекииль перечисляет обычные способы ловли и усмирения львов, а именно: ямы и се-

ти, железные крюки и клетки (Иез. 19:4, 8 и дал.).

Населявшая Палестину порода львов, вероятно, была так называемая, персидская, немного меньше африканской, с гривою темно-кофейного цвета. Свидетельство о том, что львы прежде свирепствовали в стране, сохранилось в названиях разных местностей, как, например, Лаис (т.е. лев) на Гермоне, Беф-Леваоф (львиный дом), Леваоф (львы) в Южной Иудее. Живописные рисунки на ассирийских памятниках, изображающие охоты на львов, свидетельствуют о том, что львы прежде часто встречались в Ассирии и Вавилоне. В настоящее время в Палестине нет львов; они почти не встречаются к западу от Евфрата.

В царстве Мессии (Помазанника) молодой лев будет жить вместе с теленком (Ис. 11:6; 65:25).

Легион. Римский отряд, состоявший в в начале, приблизительно, из 3.000-4.000, а затем из 6.000-7.000 человек. Отец мог представить Иисусу более 12 легионов ангелов для Его охраны (Мат. 26:53), ибо перед Богом предстоят "тьмы тем" (Дан. 7:10). В царстве тьмы также находятся многочисленные легионы (Мар. 5:9) и существуют "неисследимые глубины".

Лемуил (Прит. 31:1, 4), царь, принявший от своей матери наставления, которые записаны в Прит. 31:2-9. Предполагают, что имя Лемуил обозначает: "к Богу" или "посвящен Богу", и многие видят в этом символическое имя Соломона, другие же — Езекии.

Лен. С древнейших времен лен был известен людям и им пользовались для различных целей. Египет издревле славился своим льном и полотняными товарами. По словам Моисея "лен осеменился" (Исх. 9:31). Раав в Иерихоне спрятала соглядателей в снопах льна, разложенных у нее на кровле (И. Нав. 2:6). Израильтяне носили льняную или шерстяную одежду (Лев. 13:47 и дал.). Обрабатывание льна было делом женщины (Прит. 31:13). Товары, упоминаемые в Прит. 7:16 и Иез. 27:7 "разноцветные ткани Египетские" были полотняные. Различные льняные и хлопчатые ткани, в которые были обвиты мумии, представляют пример замечательно тонкой выделки. В одном из кусков сосчитали, что на каждый квадратный дюйм приходилось на основу 132 нитки, а на уток 71, в другом — 270 двойных ниток на основу и 110 на уток. Предполагают, что лен обозначается еврейскими словами "пишта" (Суд. 15:14), "лен" (Иез. 44:17 и дал.) и "бад" (Исх. 28:42; 2 Цар. 6:14). В некоторых случаях эти слова, вероятно, обозначают хлопок, который именуется также еврейскими словами: шеш (егип. шенш) и буц (греч. буссос). Египтянам был известен хлопок и его выделка, что видно из памятников древности и из записок Плиния, где он упоминает о растущем в Египте кусте, от которого получается древесный лен, дающий очень нежную и мягкую ткань. Из этого тонкого материала была сделана завеса в храме и одежды священников (Срав. 26:1, 31; 1 Пар. 15:27; 2 Пар. 3:14; 5:12). Иосиф был одет в виссон (Быт. 41:42). Виссон ткался еврейскими женщинами (Прит. 31:22), и некоторые семейства специально занимались выделкой виссона, напр., дом Ашбеи (1 Цар. 4:21).

Лепешка пресная из лучшего сорта муки употреблялась при различных жертвах (Исх. 29:2, 23; Лев. 2:4; Чис. 6:15).

Лепта. См. "Деньги".

Летопись. Летописью называется собрание исторических записей, послуживших источниками для составления 3 и 4 книги Царств и 1 и 2 кн. Паралипоменон, на которые они и ссылаются. См., напр., 1 Пар. 29:29. Срав. "Библия".

Летопись царей Израильских. См. "Библия".

Летопись царей Иудейских. См. "Библия".

Летучая мышь — евр. аталéф.
Летучая мышь и кроты упомянуты у Ис. 2:20 для того, чтобы указать на те заброшенные места и пещеры, куда будут выброшены идолы, подобно ненужной рухляди.

Лехи, т.е. челюсть, — место в Иудее, где Самсон убил 1000 филистимлян ослиной челюстью (Суд. 15:9 и дал.; оно названо также Рамаф-Лехи, т.е. брошенная челюсть, потому, что Самсон, празднуя победу, бросил от себя челюсть (Суд. 15:17). Испытывая сильную жажду, Самсон обратился к Богу, и Бог открыл для него в Лехи яму, из которой потекла вода. Этот источник Самсон назвал "источником взывающего"; он существовал в то время, когда писалась книга Судей.

Леший. В Ис. 34:14 так переведено еврейское слово лилит (букв. ночная), обозначающее, по раввинскому объяснению, призраки, которые посягали на жизнь детей.

Лжехристы, т.е. ложные христы. Иисус предсказал, что многие явятся, выдавая себя за Христа или Мессию, т.е. Помазанника, и прельстят многих (Мат. 24:24). Они уже появились во множестве и доставили много бедствий евреям. Баркохба во втором веке был одним из таковых. Он, как Мессия, выступил во главе иудейского народа. Римляне напали и разбили его. По собственному признанию евреев защита этого мессии стоила им от

500.000 до 600.000 человек. В 1137 году восстал таковой же мессия во Франции. Он был убит вместе со многими последователями. В 1138 году появился среди персов еврей, выдававший себя за мессию, собрал войска, но был убит.

В 1157 году в Кордове, в Испании, произвел возмущение среди евреев какой-то мессия. Это возмущение вызвало всеобщее избиение евреев в Испании.

В 1167 году появился мессия в Феце и доставил много страданий евреям в Марокко.

В том же году восстал араб, выдавая себя за чудотворца. Когда его стали притеснять, то сторонники его разбежались, а он сам лишился головы.

В 1174 году в Персии выступил лжехристос Давид Алмессер, который утверждал, что может сделаться невидимым. Его скоро убили.

В 1176 году явился другой в Моравии и в 1196 такой же в Персии. Конец их был одинаков.

В 1496 г. испанские евреи были обмануты каким то Измаилом, который навлек на себя и на своих последователей бедствие.

В 1500 году в Австрии раввин Лемлем объявил себя предтечей Мессии. Он разломал свою кухонную печь, сказал евреям, что в следующем году, они будут печь хлеб в Палестине.

В 1509 году появился еврей Пфеферкорн в Кельне с мессианскими притязаниями.

В 1534 году раввин Соломон Малка был сожжен Карлом 5, за такое же безумие.

В 1615 году появился мессия в Ост-Индии.

В 1624 году появился мессия в Нидерландах; он утверждал, что был из рода Давидова по Нафановой линии; и обещал разрушить Рим и уничтожить турок.

В 1666 году наделал много шуму Шабтай Цвий из Алеппо, который также обманул евреев. Чтобы спастись от смерти, он принял магометанство, но все же ему отрубили голову.

Наконец в 1682 г. выступил немецкий еврей Мардохей, но и он должен был бежать, чтобы спасти свою жизнь. Его конец неизвестен.

Либертинцы (Деян. 6:9), т.е. освобожденные, вероятно, евреи, которые во время войн с римлянами делались их пленниками, и затем, освободившись, возвращались обратно на родину; они имели свою синагогу в Иерусалиме.

Ливан — Леванóн.

Ливан. 1) Арабский Лубнан (белый) — обширная горная страна на северной границе Палестины (Втор. 11:24; И. Нав. 1:4), начинающаяся от источника Иордана и состоящая из двух горных хребтов, которые простираются от Сидона до Триполиса, спускаясь кое-где крутыми выступами в море. Западный хребет — собственно Ливан — с вершиной Джебел Махмал, к юго-востоку от Триполиса (3063 метра над уровнем моря); восточный хребет греками "назван Антиливаном, арабами Джебель-ель-Шерки — "Ливан к востоку" (И. Нав. 13:5); его самый высокий пункт — известная гора Гермон, расположеная на юге, достигает 2.860 метр. над уровнем моря. Подобно тому, как слово Альпы не обозначает одну гору, а целую горную страну, так и Ливан представляет как бы свой собственный небольшой мир, где между горами встречаются глубокие ущелья и шумящие потоки. Между Ливаном и Антиливаном простирается роскошная долина около 120 км длиною, носящая название Бекая, Ливанская долина (И. Нав. 11:17); греками она названа Келесирией, что значит выдолбленная Сирия. Она расширяется к северу, на юге же, при впадении реки Леонтеса в море к северу от Тира долина очень узкая. Некоторые вершины Ливана достигают снеговой линии. Об одной из них арабские стихотворцы говорят, что "Саннин носит зиму на голове, весну на плечах, осень на груди, а лето лежит у его подножия".

Библейские писатели часто упоминают об этой величественной горной цепи — могучем оплоте от северных врагов (Ис. 10:34; 35:2; 37:24). Мы читаем о деревьях волнующихся от ветра на Ливане (Псл. 71:16), о его могучих кедрах и кипарисах (Псл. 91:13; Ис. 60:13; Иер. 22:23; Ос. 14:6), о его бесчисленных оленях, львах и барсах (Песн. П. 4:8), его прохладных реках (Песн. П. 4:15), вечных снегах (Иер. 18:14), превосходных винах (Ос. 14:7, 8) и ароматном бальзаме (Ос. 14:7). Моисей имел сильное желание увидеть обетованную землю, прекрасную гору и Ливан (Втор. 3:25). Невеста в Песн. П. (5:15), воспевая жениха, говорит, что "вид его подобен Ливану". "Башня Ливанская, обращенная к Дамаску" (Песн. П. 7:5) — напоминает развалины древних храмов из огромных камней, которые и теперь можно видеть в некоторых местах Ливана; эти развалины расположены на значительной высоте и видны поэтому издалека. Без сомнения, постройка этих храмов стоила огромных трудов.

2) См. "Каждение".

Ливия — евр. Лув.

Ливия (Деян. 2:10) — общее название древними всей Африки, кроме Египта, особенно той части, которая расположена на запад от Египта; восточная часть Ливии называлась Ливия Мармарика, западная — Киринея. Во время Христа в этой области жило много евреев; с ними на праздник Пятидесятницы пришли в Иерусалим некоторые чужеземцы — прозелиты (Деян. 2:10).

Ливийцы (евр. Лувим) упоминаются, как союзники Египта и Ефиопии (2 Пар. 12:3; 16:8; срав. Дан. 11:43; Наум. 3:9). Может быть, это тот же народ, который упоминается среди сыновей Мицраима под именем Легавим (Быт. 10:13), а, может быть, ливийское племя произошло от Фута (Быт. 10:6), третьего сына Хама. Ливийцы вместе с Ефиоплянами и Лидийцами упоминаются, как части войск Гога и союзники Египта (Иер. 46:9; Иез. 27:10; 30:5).

Ливна. 1) Хананейский царский город, покоренный Иисусом Навином, отданный впоследствии левитам и ставший местом убежища убийц (И. Нав. 10:29 и дал.; 15:42; 21:13; 1 Пар. 6:57). Во время царствования Иорама он отпал от Иудеи (2 Пар. 21:10). Этот город был осажден ассирийцами (4 Цар. 19:8).

2) Одна из стоянок израильтян (Чис. 33:20) может быть то же, что и Ливан.

Лидда — Лод.

Лидда, место в колене Вениаминовом, где Петр исцелил Енея (Деян. 9:32 и дал.), древний Лод (1 Пар. 8:12; Езд. 2:33), названный греками Диосполисом; существует до сих пор под названием Лод и представляет собою город, расположенный в 16-ти километрах к юго-востоку от Тель-Авива, населенный примерно 20.000 человек. Рядом с Лодом расположен главный аэропорт Израиля, названный Бен-Гуриона и крупный авиационный завод.

Лидия-женщина, торговавшая багряницей, из города Фиатир и чтущая Бога, т.е. перешедшая в еврейство. Она услышала проповедь Павла в городе Филиппах и Господь отверз ее сердце внимать тому, что говорил Павел. Когда же она крестилась вместе со своими домашними, то приняла благовестников в свой дом (Деян. 16:14 и дал.).

Ликаония (Деян. 14:6), бедная водою и мало обработанная область на внутреннем плоскогорье Малой Азии, между Киликией, Писидией, Фригией, Галатией и Кападокией, в 25 г. до Р.Хр. она сделалась римской провинцией. Главный город назывался Иконией, менее значительными города-

Лидда. Слева: церковь Св. Георгия.

ми были Листра и Дервия. Павел проезжал эту страну раза два (Деян. 14:1 и дал.; 16:1 и дал.). Ликаонское наречие (Деян. 14:11), вероятно, было некоторой ветвью древне-ассирийского наречия, а, может быть, и ломанным греческим языком.

Ликия, провинция в юго-западной части Малой Азии; на западе она граничит с Памфилией, а на севере с Фригией; орошается рекою Ксантом. Ликия завоевана римлянами в 43 г. по Р.Хр. соединена с Памфилией в одну провинцию. Во время своего последнего путешествия в Иерусалим Павел был в Ликии, где в городе Петаре он сел на корабль, идущий в Финикию (Деян. 21:1). Ему пришлось также посетить город Миры, расположенный при Ксанте, когда его везли в Рим (Деян. 27:5).

Лилия — евр. Шошанá, хавацéлег. Лилия. Одним из главных украшений долин обетованной земли является белая лилия (Lilium candidum), которую за ее блестящую белизну, прекрасный колоколообразный венчик, приятное благоухание и целительную силу листьев и луковиц называют королевской лилией. Повидимому, на эту лилию или какой-нибудь родственный ей вид указывает Иисус в Мат. 6:28; она же в Песн. П. 2:1, 2, 16; 4:5; 6:2 и дал.; 7:3 является символом взаимной приятности жениха и невесты, а в Ос. 14:6 — будущего времени расцвета Израиля.

Лин, христианин в Риме, который приветствует Тимофея (2 Тим. 4:21). Ириней называет его первым римским епископом.

Лисаний, четвертовластник в Авилинее (Лук. 3:1).

Лисицы и теперь встречаются в Палестине; нередко находят их норы (Мат. 8:20) в развалинах (Плач. 5:18). В северной части страны обитает сирийская лисица, а в южной египетская; последняя меньше, чем первая, и более темного цвета. Хитрость лисицы вошла в пословицу уже во время пророка Иезекииля (Иез. 13:4).

Еврейское слово "шуал", т.е. лисица, в некоторых местах, вероятно, обозначает родственного ей шакала, весьма обыкновенного зверя в Палестине, воющего по ночам, опустошающего огороды, виноградники и т.д. и расхищающего птичьи дворы. Лисицы, обыкновенно, живут парами, шакалы же бродят повсюду большими стаями. 300 лисиц Самсона, по всей вероятности, были шакалами (Суд. 15:4). Шакалы охотно пожирают трупы и потому, нужно думать, что в Псл. 62:11 речь идет о шакалах. В Песн. П. 2:15 и Неем. 4:3, по всей вероятности, говорится о настоящих лисицах. Возможно, что шакалы подразумеваются также и под названием "Циим", леший и т.п. (Ис. 13:21; 34:14; Иер. 50:39; Псл. 71:9; 73:14).

Собственным наименованием шакала является еврейское слово "ий", множественное число которого "ийим", т.е. воющий, соотвествующее арабскому названию "ибн, ибн аби", т.е. сын воя. Шакал оправдывает это название. Когда смеркается и на полях прекращается работа, тогда "сын воя" начинает подавать свой голос. Сперва раздаются продолжительные жалобные звуки, которые постепенно делаются все чаще и чаще и все более пронзительными; эти звуки издаются голодными животными, созывающими друг друга на добычу; их надрывающий душу вой, подобный плачу множества детей, не заглушается даже шумом сильной бури. Слово "ийим" встречается в еврейском тексте у Ис. 13:22 (шакалы); 34:14 (леший); Иер. 50:39 (шакалы). Другим названием шакалов в еврейском тексте, по всей вероятности, является слово "тан" (Иов. 30:29; Плач. 4:3; Иер. 9:11 и т.д.).

Листра, город в Ликаонии, где Павел во время своего первого миссионерского путешествия (Деян. 14:6 и дал.) исцелил человека, не владевшего ногами. Язычники хотели там поклониться ему, как богу, хотя он и проповедывал им живого Бога. Подстрекаемые евреями, язычники побили его камнями и вытащили за город, думая, что он умер. Он все-таки встал и на другой день отправился в Дервию, где и благовествовал; оттуда он вернулся в Листру и предсказал о многих скорбях для верующих. Во время второго миссионерского путешествия он в третий раз пришел в Листру и взял с собою оттуда ученика Тимофея (Деян. 16:1 и дал.).

Лия, старшая дочь Лавана, которую он хитростью (ибо невеста вводилась к жениху покрытой) отдал Иакову в жену, вместо Рахили. Лия не была так красива, как Рахиль, но Бог благословил ее большим числом сыновей. Она родила Рувима, Симеона, Левия и Иуду, потом Иссахара, Завулона и дочь Дину, раньше, чем у Рахили родился первый ребенок. Лия, вероятно, умерла вскоре после того, как Иаков пришел на юг — на то место, где жил его отец Исаак; он похоронил ее в семейной могиле Авраама (Быт. 29:16 и дал.; 30; 49:31).

Лифостратон. См. "Гаввафа".

Лоамми (не мой народ); так назывался второй сын пророка Осии, которого он родил от Гомери, дочери Дивлаима.

Лорухама — было имя их дочери. Эти имена, равно как и имя Изреель, которое имел первый сын (См. Изреель 2), были символическими и назначены для свидетельства о судах Божиих отпавшему Израилю (Ос. 1:4 и дал.), который будет рассеян и не будет больше народом Божиим и помилованным. Но после суда благодать снова проявится в силе. Лоамми назовется Амми (мой народ) и Лорухама назовется Рухами (помилованная) (Ос. 2:1, 23; срав. Рим. 9:25 и дал.).

Лог. См. "Мера".

Лод. См. "Лидда".

Лодевар, город к югу от Иордана, близ Маханаима (2 Цар. 9:14; 17:27). В кн. И. Нав. 13:26 он называется Давиром.

Ложе. См. "Постель".

Лоида, набожная еврейка, "нелицемерную веру" которой Павел заметил и в ее дочери Евнике, и у внука ее, Тимофея (2 Тим. 1:5).

Локоть — еврейская мера длины, равная, приблизительно, 0,5 м. См. "мера".

Лоно. Место и положение человека, когда кто-нибудь берет его к себе на колени и прижимает к груди.

Лопата и веяло (Ис. 30:24); Иер. 15:7; Мат. 3:12) ; предметы, посредством которых вымолоченное зерно подбрасывалось для того, чтобы при помощи ветра отделить мякину (Ис. 1:4; 34:5).

Лотан, старший сын Сеира Хорреянина, жившего в Едоме (Быт. 36:20, 22, 29).

Лоток (махта), поднос для щипцов, принадлежность светильника в святилище (Исх. 25:38; Чис. 4:9). Во 2 Пар. 4:22, тем же словом (махта) обозначены угольницы, употреблявшиеся при курении.

Лот, сын Арана, племянник Авраама, вышел со своим дядей сначала из Ура Халдейского, а потом из Харрана для того, чтобы поселиться в Ханаане (Быт. 11:31; 12:4 и дал.; 13:1). Когда они не могли более жить вместе в Ханаане из-за того, что пастухи их ссорились (Быт. 13:5 и дал.), то мирно разошлись. Лот поселился в плодоносной долине, близ самого Содома. Здесь он жил до гибели Содома и окружающих его городов (Быт. 19). Он потерял свое имущество при гибели города. Зятья и его жена также погибли, но Господь "спас праведного Лота" (2 Пет. 2:7 и дал.). Жена Лота, которая уже вышла из города, обернулась, несмотря на Божие предупреждение и обратилась в соляной столп (Быт. 19:26). Событие это приводится Христом, как предупреждающий пример (Лук. 17:32). Народная фантазия в последующие времена указывала на этот столп, возвышавшийся на соленой горе, имеющей в высоту около 50 метров, при юго-западной части Мертвого моря. В Премудр. Солом. (апокрифы) 10:7 сказано, что соляной столп стоит там до сих пор, напоминая о неверной душе. Иосиф Флавий говорит, что он видел его. Климент Римский и Ириней также упоминают о нем. Ленч говорит о круглом столбе в 13 метров вышиною из кристаллической соли, покрытом известью. На восточном берегу Мертвого моря остроконечная вершина одной скалы удивительно напоминает арабскую женщину, несущую на спине ребенка; арабами эта фигура названа "Бинт шейх Лут", т. е. дочь старейшины Лота.

Лошадь — евр. сус.

Лошадь в библ. странах менее употребляется для работ, нежели вол или осел. Но, с другой стороны, она является предметом роскоши для князей и необходимым животным на войне (Исх. 14:9, 23; Есф. 6:8; срав. Еккл. 10:7). Боевая лошадь великолепно обрисована в книге Иова (39:19 и дал.). Египет с древних времен был известен своими лошадьми (Быт. 47:17; 50:9; Пес. П. 1:8). Евреям было воспрещено покупать оттуда лошадей и вообще имееть лошадей в большом количестве. (Втор 17:16); лошадей врагов они должны были делать неспособными к работам и езде (И. Нав. 11:6; 2 Цар. 8:44; срав. обличительную проповедь у Ис. 31:1 и дал.). Несмотря на это Соломон завел лошадей и колесницы в большом количестве (2 Пар. 1:14 и дал.; 9:25), и после него евреи стали приобретать себе лошадей для езды верхом и в упряжи (4 Цар. 9:21; 11:16; Ис. 30:16; Ам. 4:10), для обработки земли и для молотьбы (Ис. 28:28).

Лошади посвящались солнцу (4 Цар. 23:11). Они упоминаются иногда как образы духовной и земной силы под водительством Божиим (4 Цар. 2:11; 6:15 и дал.; Зах. 1:8; 6:2 и дал.; О. 6: 2 и дал.).

Лорухама. См. "Лоамми".

Лошак. См. "Мул".

Луд (Быт. 10:22; 1 Пар. 1:17), четвертый сын Сима, родоначальник лидийцев, жителей маленькой живописной страны Лидии в Малой Азии, орошаемой реками Гермосом и Меандром.

Лудим (Быт. 10:13; 1 Пар. 1:11), хамитское племя, упоминаемое первым среди "сынов Мицраима". В Ис. 66:19 они называются "натягивающими лук" по Иер. 46:9 они были союзниками Египта; по Иез. 27:10 — союзниками Тира. В Иез. 30:5 они сражаются за Египет. Эти сведения дают основание предполагать, что Лудим был африканским племенем, жившим к западу или к югу от Египта.

Луз. 1) В Суд. 1:23 упоминается, как прежнее название города Вефиля, но в книге И. Нав. 16:2 говорится о Вефиле и Лузе. Это можно объяснить тем, что древний город носил название Луз, а место, где Иакову было откровение, названо им Вефилем (Быт. 28:19); впоследствии это название было дано и городу.

2) Город, построенный в стране хеттеев одним из жителей первого Луза, который спас свою жизнь при взятии этого города сынами Иосифовыми, указав им вход в город (Суд. 1:26).

Лук. Между египетскими лакомствами, о которых евреи плакали в пустыне (Чис. 11:5), упоминаются лук, репчатый лук и чеснок (евр. шацир, бацаль, шум). Трудно с точностью определить, какие виды лука здесь подразумеваются. Хассельквист упоминает о чрезвычайно нежных и питательных сортах лука в Египте. Один из них, называемый каррат, с незапамятных времен выращивался в Египте. Слово "шацир", собственно, означает траву; вероятно, здесь подразумевается зеленый лук. Остальные 2 слова встречаются только в этом месте Библии.

Лук (евр. ке́шет) **и стрелы** (евр. хец). Лук и стрелы, оружие прежних времен, которым защищались от нападения диких зверей, и от врагов; это оружие и теперь употребляется дикими народами. Луки изготовлялись из дерева, рога или металла; материалом для тетивы служили бычьи или верблюжьи жилы; стрелы — из тростника или полированого дерева (Иер. 51:11; Ис. 49:2) были оперены, с наконечником из острого камня или железа, который иногда был отравлен или обмотан просмоленною пряжей, которая перед выстрелом зажигалась. Отсюда выражения у Иов. 6:4; Псл. 7:14; Еф. 6:16. Чтобы натянуть тетиву, требовалась часто большая сила; поэтому ее натягивали иногда ногою; отсюда еврейское выражение: "топтать лук" (Псл. 7:13; 17:35; 10:2; 36:14 — евр. текст). Лук носили в налучнике, а стрелы — в колчане (Бытие 27:3: Исаии 49:2) за спиной или на боку. Вениамитяне славились, как хорошие стрелки из лука (1 Пар. 12:2; 2 Пар. 17:17), а из языческих народов — еламитяне (Ис. 22:6), мидяне (Ис. 13:18), измаильтяне (Быт. 21:20; Ис. 21:17), народы Пула и Луда (Ис. 66:19). "Один выстрел из лука" — обозначало известное расстояние (Быт. 21:16). "Неверный лук" (Псл. 77:57; Ос. 7:16) служит символом непостоянства. О луке и стрелах Божиих говорится во многих местах (Псл. 7:13 и дал.; Плач 2:4). "Луком" во 2 Цар. 1:18 называется плачевная песнь Давида по Сауле и Ионафане. В этой песни он восхваляет лук Ионафана и меч Саула.

Лука, "врач возлюбленный" (Кол. 4:14), впервые появляется в Деян. 16:10, как спутник Павла, сопровождавший его из Троады в Македонию (51-52 г. по Р.Хр.). После этого он, по-видимому, прожил в Филиппах несколько лет, ибо он продолжает дальнейшее описание путешествий ап. Павла в третьем лице; наконец, во время последнего путешествия Павла в Иерусалим, сразу после Пасхи 58 или 59 г., он сопровождает Павла из Филипп в Троаду (Деян. 20:5) и с тех пор не разлучается с апостолом. Во время первого и второго заключения Павла в Риме он был одним из немногих, оставшихся верными Павлу (Кол. 4:14; Филим. 23; 2 Тим. 4:10). О его прошлой и дальнейшей жизни ничего неизвестно. Из послания к Колосс. 4:11,14 можно заключить, что он не был еврейского происхождения; по преданию, он был уроженцем Антиохии.

Луна — евр. лавана́. Луна. Об этом небесном теле сказано, что Бог создал "светило меньшее для управления ночью" (Быт. 1:16); однако, луна стала, преимущественно, светилом, по которому определяли времена года, праздники и месяцы (Быт. 1:14; Псл. 103:19); весь еврейский календарь сообразуется с движением луны: оба главные праздника — Пасха и праздник кущей — начинались в день полнолуния. Многие языческие народы поклонялись луне (Астарта у финикиян и сирийцев, Мени, царица неба, у вавилонян; также египтяне и арабы обожествляли луну); см. Иов. 31:26, 27. Вопреки строгому запрещению закона (Втор. 4:19; 17:3), израильтяне также впали в этот вид идолопоклонства (4 Цар. 21:3; 23:5; Иер. 7:18; 8:2; 44:17-25). В Псл. 120:6 говорится о вреде, который луна может причинить ночью; это понимают, как указание вообще на вредное влияние ночной росы на здоровье, или же на вред, причиняемый глазам человека, спящего при ярком лунном освещении, что подтверждает Карне в своих письмах с Востока.

Лунатик (Мат. 17:15) обозначает больного падучей болезнью (срав. Мар. 9:17-26), припадки которой периодически повторялись с фазами луны. Лунатики отличаются от бесноватых в Мат. 4:24.

Лухит, Моавитский город между Аром и Цоаром (по Евсевию) (Ис. 15:5; Иер. 48:5.

Луций киренеянин, один из учителей в Антиохийской церкви, которые послали ап. Павла в его первое миссионерское путешествие (Деян. 13:1), может быть то же лицо, которое через Павла приветствует верующих в Риме и которого Павел называет своим сродником (Рим. 16:21).

М

Мааха. 1) Сын наложницы Нахора Реумы (Быт. 22:24).

2) Одна из жен Давида, мать Авессалома (2 ЦаЦр. 3:3).

3) Одна из наложниц Ровоама, которую он любил более всех других наложниц и жен; она была матерью Авия (2 Пар. 11:20 и дал.). Вероятно, Мааха была дочь или, скорее, внучка Авессалома, дочь которого Фамарь (2 Цар. 14:27) в замужестве с Уриилом стала матерью Маахи или Михаии (2 Пар. 13:2; 3 Цар. 15:2). Она предалась идолослужению, за что внук ее, царь Аса лишил ее царского достоинства (2 Пар. 15:16).

4) Сирийская область на северной границе Ханаана, которая только частью была покорена израильтянами (Втор. 3:14; И. Нав. 12:5; 13:13); царь Маахи соединился с аммонитянами против Давида, но был разбит (2 Цар. 10:6 и дал.).

Мааф, один из предков Иисуса (Лук. 3:26).

Магдала то же, что по-гречески Магадан (Мат. 15:39), а в Ветхом Завете Мигдал-Ель (И. Нав. 19:38) — место в колене Неффалимовом на западном берегу Галилейского моря, в 1¼ часа путешествия на север от Тивериады. Магдала родина Марии Магдалины (Лук. 8:2); теперь это деревня Медждель с древними развалинами.

Магог. См. "Гог".

Магер-шелал-хаш-без, т.е. "вот спешит грабеж" (Ис. 8:1, 3), имя, которое Исаия должен был дать одному из своих трех сыновей, в знак того, что ассирийский царь скоро нападет на 10 колен израильских и Сирию, и таким образом, освободит колено Иудино от его неприятелей Факея и Рецина. Сам пророк и его дети должны были быть знаменем для израильтян. О "пророчице" (Ис. 8:3), см. "пророки".

Магор-Миссавив. См. "Пасхар 1".

Мадиан. См. "Мадианитяне".

Мадианитяне,, потомки Мадиана, четвертого сына Авраама от Хеттуры (Быт. 25:2) — арабское племя, родиной которого была, вероятно, страна к востоку от Акабского залива Чермного (Красного) моря, где арабские географы отмечают местоположение городов Мадиана. Мадианитяне распространялись дальше к северу до земли Моава и к западу по Синайскому полуострову (Исх. 3:1; 18:1). Они называются иногда измаильтянами — общим названием северных племен (Быт. 37:25, 28, 36; Суд. 8:24), несмотря на то, что они резко отличались от них. Из этих и других мест видно, что они были могущественным кочевым народом, богатым скотом, верблюдами и различными драгоценностями (Срав. Ис. 60:6; Суд. 7:12). Вместе с моавитянами, они строили хитрые планы, чтобы ввести израильтян в блуд и идолослужение (Чис. 22:4, 7; 25:1, 6). За это Господь не велел жить с ними в мире (25:17 и дал.; 31). Во времена судей они были ужасным бичем Божиим для израильского народа, т.к. приходили со своим скотом и верблюдами и налетали, подобно тучам саранчи, на зреющие жатвы и спокойные жилища израильтян; люди искали спасения от них в пещерах и расщелинах гор. В это тяжкое время Гедеон явился освободителем (Суд. 6; 7); долгое время у израильтян оставалось воспоминание "о днях Мадиана" (Ис. 9:4), как о временах великого бедствия и великой помощи Божией (Срав. Суд. 9:17; Ис. 10:26; Псл. 82:10, 12).

В местности на восток от Акабского залива найдены замечательные следы древней культуры мадианитян, особенно их шахты для добывания серебра и золота. Нашли остатки человеческих жилищ, плавильни, целые холмы шлака, могилы и катакомбы. В горах и теперь еще находят золотые и серебряные жилы. Все это является подтверждением библейских рассказов (Чис. 31:50; Суд. 8:21, 24; Ис. 60:5 и дал.).

Мадий — Мада́й.

Мадий, третий сын Иафета, праотец Мадианитян (Быт. 10:2); он встречается в кн. Ис. 21:2 под названием "Мид".

Мадмена. 1) Место в моавитской земле (Иер. 48:2).

2) Место близ Иерусалима (Ис. 10:31).

Маинан, один из предков Иисуса (Лук. 3:31).

Македония — дикая гористая страна с плодоносными приморскими областями; она расположена на север от Греции, между Фессалией на юге и Мэзией и Фракией на севере; в древние времена была населена различными и многочисленными племенами, которые Филиппу удалось соединить в одно целое. Благодаря его сыну, Александру Великому, Македония стала мировой державой. Александр основал огромное Греко-Македонское царство от Адриатического моря до Индии (334 г. до Р.Хр.) Предполагают, что у пророка Даниила заключаются пророчества относительно этого всемирного царства, которое распространило греческую культуру по всей восточной Азии и проложило дорогу для распространения Евангелия (Дан. 2:33, 40 и дал.; 7:7, 19 и дал.; 8:5 и дал.; 11:2 и дал.). После смерти Александра (323 г. до Р.Хр.) Македония очень быстро пришла в упадок и вместе с Грецией

(148 г. до Р.Хр.) сделалась римской провинцией. В 27 г. до Р.Хр. она разделилась на две провинции: Македонию и Ахаю (бывшая Греция — Деян. 19:21; Рим. 15:26). Главными городами страны были Амфиполис и Фессалоники. Вместе с ними в Новом Завете упоминаются Филиппы, Верия и Неаполь. Македония принадлежала римлянам лет 600, а затем подпала под власть Турции. Македония была той частью Европы, которая первая приняла Евангелие. Когда Павел во время второго миссионерского путешествия был в Троаде, он видел в видении мужа македонянина, который просил его: “Прийди в Македонию и помоги нам” (Деян. 16:9). Павел поехал туда и проповедывал Евангелие в Филиппах, где Лидия и тюремный сторож уверовали в Господа; затем он благовествовал в Фессалониках и Верии (Деян. 17:1, 10). Впоследствии он посещал вновь образовавшиеся общины (Деян. 20:1), которые доставляли ему много радости своею любовью и пожертвованиями (2 Кор. 8:1; 9; 11:9; Фил. 4:15). Еще об одном посещении упоминается повидимому в 1 Тим. 1:3; Фил. 2:24. Сила и Тимофей также работали в Македонских общинах (Деян. 17:14; 1Е:5).

Макед, ханаанский царский город, где 5 амморейских царей, сединившихся против Иисуса Навина, были взяты в плен в пещере, где они спрятались, и были затем убиты. Город был расположен в соседстве с Азеком и Лахисом, к юго-западу от Иерусалима. Покоренный город был передан колену Иудину (И. Нав. 10:10 и дал.; 12:16; 15:41).

Маккавеи. См. “Иудеи”.

Малахия, евр. “Мой посланник”„ — автор последней книги В. Завета (Мал. 1:1), был современником Иеремии, однако позднее Аггея и Захарии, потому что он говорит о законченной постройке храма и восстановлении богослужения (Мал. 1:10; 3:1), следовательно, около 416 г. до Р.Хр.

Малелеил, сын Каинана, отец Иареда, пятый из патриархов, жил 895 лет (Быт. 5:12 и дал.; Лук. 3:37).

Малхом. См. “Мелех”.

Малх (Иоан. 18:10) слуга первосвященника, которому Иисус в Гефсимании исцелил ухо, отсеченое Петром (Мат. 26:51; Мар. 14:47; Лук. 22:50 и дал.).

Мальта. См. “Милет”.

Маммон, арамейское слово, обозначающее “богатство” (Мат. 6:24); оно называется неправедным богатством (Лук. 16:9), так как обычно приобретается и употребляется грешным образом. Иисус побуждает нас приобретать себе друзей богатством неправедным, дабы, когда обнищаем, они приняли нас в вечные обители.

Мамре. 1) Аморреянин в Хевроне, брат Анера и Эшкола — друг Авраама (Быт. 14:13, 24).

2) Мамре также называлась дубрава, по имени этого аморреянина; она находилась близ Хеврона, где поселился Авраам, и где жили также Исаак и Иаков (Быт. 13:18; 18:1; 35:27). Изредка сам Хеврон называется Мамре (Быт. 23:19). В ½ часа пути к северо-западу от Хеврона стоит старый дуб, самый большой из всех виденных Робинсоном в Палестине, который местное население называет “дубом Авраама”.

Манаил, один из учителей Антиохийской церкви, совоспитанник четвертовласника Ирода Антипы (Деян. 13:1).

Манассия — Менаше́.

1) Старший сын Иосифа, брат Ефрема, вместе с последним усыновлен Иаковом и сделан наследником вместо Иосифа (Быт. 41:51; 46:20; 48:1). Манассия, хотя и старший из братьев, все-таки получил меньшее благословение. Старый Израиль по собственной воле переместил руки так, что правая рука легла на голову Ефрема, а не Манассии, вопреки обычаю и желанию Иосифа (Быт. 48:13, 19).

2) Нечестивый сын набожного Езекии, наследник Иудейского престола, начал царствовать в 12 лет и царствовал в течение 55 лет (около 699-643 гг. до Р.Хр., по иному исчислению 686-641 гг.). По этому последнему исчислению царствование продолжалось только 45 лет, но трудно, согласуясь с другими современными событиями, установить точный срок. В своем бесстыдном идолопоклонстве он пошел дальше всех других царей иудейских: поставил жертвенник Ваалу и Астарте в самом храме; провел своего сына через огонь; гадал и ворожил; завел вызывателей мертвецов и волшебников и довел народ до того, что он стал поступать хуже тех народов, которых Господь истребил перед Израилем, наполнил Иерусалим невинной кровью (4 Цар. 21:1 и дал.; 2 Пар. 33:1 и дал.). Вторая книга Паралипоменон рассказывает далее, что, в наказание за все это, Господь привел на него военачальников царя ассирийского, которые заковали его в кандалы, сковали его цепями и отвели в Вавилон. В тесноте своей он стал умолять Господа Бога своего и глубоко смирился пред Богом отцов своих; и Бог приклонился к нему и услышал моление его и возвратил его в Иерусалим на царство его. И узнал Манассия, что Господь — есть Бог. После этого он обстраивал и укреплял Иерусалим, низверг идолов и выбросил их из города, восстановил жертвенник Господень и служение истинному Богу. Народ еще

приносил жертвы на высотах, но только Господу Богу своему (2 Пар. 33:11 и дал.). Манассия умер и погребли его в саду при доме его, в саду Уззы, и нет его в царских гробницах (4 Цар. 21:18; 2 Пар. 33:20). Истуканы всетаки не были совсем уничтожены, потому что Амон, сын его, нашел их и приносил им жертвы и служил им (2 Пар. 33:22). Срав. 4 Цар. 23:12, где сказано, что набожному Иосии вторично пришлось убрать их и совершенно истребить.

Критика сомневалась в точности повествования книги Паралипоменон о плене царя Манассии в Вавилоне и о последующем его восстановлении, но это событие получило неожиданное подтверждение в ассирийских клинописях. В них прочли собственный рассказ ассирийского царя Ассаргаддона о том, что между другими царями на западе, т.е. в Сирии и Филистимской земле, которые должны были признавать его верховную власть, находился также один по имени "Манасси сар Иахуды", т.е. Манассия, царь Иудейский. (Шрадер к 4 Цар. 21:1).

Мандрагоровые яблоки — евр. дудаим. Мандрагоровые яблоки или яблоки любви, — плод одного растения из семейства пасленовых "Атропа Мандрагора" с маленькими белыми или розовыми цветами, длинными корнями, похожими на редьку, и с небольшими желтоватыми яблоками; своим запахом это растение может одурманить человека. Суеверие сообщило этому растению чудесные свойства: поэтому из него приготовляли питье, которое будто бы возбуждало любовь и давало чадородие. Признают, что в Быт. 30:14 и дал. и Песн. П. 7:14 говорится о мандрагоровых яблоках, которые по-еврейски названы дудаим (дуд — любовь).

Манна, евр. ман ху, то-есть, что это? (Исх. 16:15, 31) — название, данное израильтянами тому небесному хлебу (Неем. 9:15, 20), которым Бог кормил их во время 40-летнего странствования по пустыне. Это были маленькие круглые зерна, подобные кориандровому семени, видом как бдолах, как роса, которая падала и лежала каждое утро около стана; ее должно было собирать рано, пока она не растаяла от солнца. Манна не падала в день субботний; потому в пятницу ее нужно было собирать в двойном количестве. Из нее или пекли хлебы или просто ее варили. Ее вкус напоминал печенье с маслом и медом; долго она не сохранялась (Исх. 16:14 и дал.; Чис. 11:7 и дал.; Втор. 29:6. Срав. Псл. 77:23 и дал.). Каждому следовало собирать "по гомеру на человека" (Исх. 16:16 и дал.; 2 Кор. 8:15). По Исх. 16:35 и И. Нав. 5:12 манна перестала падать только тогда, когда израильтяне вошли в Ханаан; все-таки из Втор. 2:6, 28 и И. Нав. 1:11 видно, что израильтяне и раньше, во время прохождения через области Едома и Моава покупали себе пищу у жителей этих стран.

На Синайском полуострове растет кустарник Тамарикс маннифера, арабск. Эль Тарфа, который на местах уколов, сделанных маленьким насекомым (*Coccus mannibarus* — коккус маннипарус), выпускает красновато-желтый сок, который вытекает особенно обильно в июне и вкусом напоминает мед. Арабы назвали его манной. Некоторые сравнивали этот сок с упоминаемой в Библии манной, хотя его невозможно ни молоть, ни печь, ни даже варить, что делали с библейской манной.

В воспоминание питания манной в пустыне впоследствии сохранили гомер манны в святилище в сосуде (Исх. 16:32 и дал.), который в Евр. 9:4 назван золотым сосудом. Манна являлась прекрасным прообразом небесного хлеба (Иоан. 6), Иисуса Христа, Который дает побеждающим сокровенную манну (Отк. 2:17).

Маней, отец Самсона (Суд. 13:2).

Маон, город в гористой части Иудеи (И. Нав. 15:55), где жил богатый Навал (1 Цар. 25:2). Недалеко отсюда в пустыне Давид спрятался от Саула (1 Цар. 23:24 и дал.). Село Маин существует и теперь там, где оно находилось по рассказу Библии: к югу от Кармила, в 12,5 км к юго-востоку от Хеврона.

Мара. См. "Неоминь".

Маран-афа, т.е. "Господь грядет" (1 Кор. 16:22).

Мардохей, сын Иаира, из колена Вениаминова (Есф. 2:5), прадед которого Кис был переселен в Вавилон вместе с Иехонинею. Мардохей удочерил неимевшую отца Есфирь и достиг высокого положения при дворе персидского царя Артаксеркса, будучи чудесным образом спасен от гибели. Посредством его Бог спас Свой народ, в память чего был установлен праздник избавления (Пурим). (Есф. 8-10).

Мареша, город в низменной части Иудеи (И. Нав. 15:44; Мих. 1:15), укрепленный Ровоамом (2 Пар. 11:8). В его окрестности Аса поразил Зарая ефиоплянина (2 Пар. 14:9 и дал.); развалины к югу от Виф-Дибрина носят и теперь название Мераш. Срав. "Моресеф-Гаф".

Мариамь, сестра Моисея и Аарона (Чис. 26:59), вероятно та самая, которая наблюдала за младенцем Моисеем в корзинке и предложила дочери фараона взять его мать кормилицею (Исх. 2:4 и дал.; Мих. 6:4). Под ее водительством, после гибели фараона с вой-

Остановка каравана при Моисеевых источниках (библейское Мара, горькая вода), где израильтяне остановились после перехода через Красное море.

ском в Черном море, женщины воспели хвалебную песнь (Исх. 15:20 и дал.). Ее ропот на Моисея за то, что он женился на ефиоплянке, был наказан проказою (Чис. 12; Втор. 24:9), но по молитве братьев она исцелилась. В конце странствования по пустыне она умерла в Кадесе, где и была погребена (Чис. 20:1).

Мария, евр. Мирьям. 1) Святая Дева в Назарете, обрученная с плотником Иосифом (Мат. 1:18; Лук. 1:27). Ее посетил посланный от Бога ангел Гавриил (Лук. 1:26 и дал.), после чего она отправилась к своей родственнице Елизавете (39 и дал.) и прославила там Бога. (46 и дал.). Затем Мария возвратилась к Иосифу и последовала с ним в Вифлеем, где и родила Иисуса (Мат. 1:24 и дал.; 2:1; Лук. 2:7). Им пришлось с Младенцем бежать в Египет (Мат. 2:13 и дал.), возвратившись оттуда они поселились в Назарете (2:23). После этих сообщений в Евангелии только изредка упоминается о Марии: во время посещения храма (Лук. 2:42 и дал.); на браке в Кане Галилейской (Иоан. 2:3 и дал.); когда она и братья Иисуса искали Его между народом (Мат. 12:46 и дал.; Мар. 3:21 и дал.; Лук. 8:19 и дал.); когда распятый Иисус с креста поручил ее Иоанну (Иоан. 19:26) и, наконец, когда она была вместе с учениками в Иерусалиме по вознесении Иисуса (Деян. 1:14).

Относительно ее, братьев Иисуса и Его сестер — срав. "Братья Иисуса". Когда однажды женщина в восторге от дел и слов Иисуса воскликнула: "блаженно чрево, носившее Тебя и сосцы, Тебя питавшие", Иисус ответил: "блаженны слышащие слово Божие и соблюдающие его" (Лук. 11:27 и дал.). Это же сделало Марию блаженною, когда она, выслушав слова ангела, сказала: "да будет мне по слову твоему" (Лук. 1:38).

2) Мать Иоанна Марка, которая имела дом в Иерусалиме, где собирались христиане. Когда Петр, освобожденный рукою ангела из темницы, пришел туда и стал стучать в дверь — "там были многие собраны и молились"; когда они отперли и увидели его, то изумились (Деян. 12:12, 16).

Из Кол. 4:10 некоторые заключают, что эта Мария была сестрой Варнавы, а из Деян. 12:12, что она подражала примеру своего брата, служа своим имением общине (Деян. 4:36 и дал.).

3) Мария, жена Клеопы. У Иоан. 19:25 читаем, что при кресте Иисуса стояли "Матерь Его, и сестра Матери Его, Мария Клеопова, и Мария Магдалина". Та же группа женщин упоминается у Мат., состоящая из Марии Магдалины и Марии Матери Иакова и Иосии, и матери сыновей Зеведеевых (Мат. 27:56), и у Марка — Мария Магдалина, и Мария, мать Иакова меньшего и Иосии, и Соломия (Мар. 15:40). Из этого вытекает, что Мария Клеопова и Мария, мать Иакова меньшего и Иосии — одно и то же лицо, и что она была сестрой Матери Иисуса.

Эту Марию видим в первый раз при распятии; затем видем ее вечером того же дня, сидящую при гробе Иисуса, и рано утром в день воскресения она была вторично там с ароматами, которые приготовила в пятницу вечером. Она была одной из видевших явление ангелов, которые сказали, что Иисус жив (Лук. 24:10, 23). Некоторые предполагают, что упомянутые у Мат. 13: 35 и дал. братья и сестры Иисуса были дети этой Марии. Срав. "Братья Иисуса". Другое предположение, что у Иоан. 19:25 возможны 4 лица, а именно: 1) Мать Иисуса, 2) Сестра Матери Его, 3) Мария Клеопова и 4) Мария Магдалина.

4) Сестра Лазаря в Вифании. Когда ее сестра Марфа начала хлопотать, чтобы угостить любимого ею Наставника, Мария избрала для себя "благую часть": села у ног Иисуса и стала слушать Его речи (Лук. 10:38 и дал.). Когда Лазарь умер, Марфа, услышав, что идет Иисус, поспешила к Нему навстречу; Мария же оставалась дома, пока Наставник не призвал ее к Себе (Иоан. 11:20, 28). На вечере в Вифании после воскресения Лазаря, где Марфа прислуживала, Мария помазала ноги Иисуса драгоценным миром (Иоан. 12:1 и дал.). Нельзя смешивать это событие с тем, о котором говорится у Лук. 7:36 и дал., где в доме фарисея кающаяся грешница в доказательство любви, помазала ноги Иисуса миром.

5) Мария Магдалина, т.е. Мария из Магдалы. О ней в первый раз упоминается там, где говорится о женщинах, которые служили Христу Своим имением (Лук. 8:2), и потом в числе женщин, следовавших за Ним ко кресту и ко гробу (Мат. 27:56, 61; 28:1; Мар. 15:40, 47; 16:1; Лук. 24:10; Иоан. 19:25). Иисус освободил ее от семи нечистых духов и за этот акт милосердия она была особенно преданна

Руины дома Марии и Марты, Вифания.

Ему (Лук. 8:2 и дал.). Рано утром по воскресении она была у Его гроба и, оставшись там когда ученики уже удалились, она была первою, которая бросилась к ногам Воскресшего и приняла Его приветствие и поручение (Иоан. 20:1 и дал.; Мар. 16:9 и дал.).

6) Мария (Мариамь) — ревностная христианка в Риме, которая приветствуется Павлом (Рим. 16:6).

Марк или Иоанн Марк — сын той Марии, в доме которой апостолы собирались после мученической смерти Иакова старшего (Деян. 12:12). По мнению некоторых это юноша, о котором говорится у Мар. 14:51 и дал., что он, завернувшись по нагому телу в покрывало, следовал за Иисусом. Он был племянником Варнавы (Кол. 4:10), который и взял его к себе в Антиохию. После этого он поехал с Павлом и Варнавою в их первое миссионерское путешествие (Деян. 12:25; 13:5) и сопровождал их до тех пор, пока в Памфилии не отделился от них и возвратился в Иерусалим (13:13). Когда Павел отказался взять его с собою во 2-е путешествие, он сопутствовал Варнаве в Кипр (15:37 и дал.); затем говорится, что он был сотрудником Петра. Из выражения 1 Пет. 5:13: "Марк, сын мой", заключают, что он через Петра обратился к Господу. Впоследствии Павел говорит о нем, как о верном и необходимом сотруднике (Кол. 4:10 и дал.; 2 Тим. 4:11; Филим. 23 ст.). Предание говорит, что он — автор второго из четырех Евангелий, и что он умер мучеником в Александрии.

Марфа, сестра Лазаря и Марии. Она приняла Иисуса в своем доме в Вифании (Лук. 10:58) и заботилась о большом угощении, для чего и просила Наставника сказать Марии, чтобы та ей помогла. Но Иисус указал ей тогда, что есть главное, о чем нужно заботиться человеку. Несмотря на это, Иоанн свидетельствует, что Иисус любил Марфу так же, как Лазаря и Марию (Иоан. 11:5). После смерти Лазаря, узнав, что идет Иисус, она пошла к Нему навстречу и исповедывала свою веру в воскресение мертвых и в Него, как Мессию (Иоан. 11:24, 27), хотя смрад от умершего испугал ее (39). На вечере в Вифании она также прислуживала гостям и не сделала никакого упрека сестре за ее щедрость (Иоан. 12:2 и дал.).

Маслина. См. "Олива".

Масло. 1) Еврейское слово "хема" (chem'ah) в большинстве мест считают обозначающим кислое молоко (лебен), освежающий напиток, который и теперь еще предлагают путешественникам на востоке (Быт. 18:8; Суд. 5:25; Иов. 20:17; 29:6). В засушенном виде молоко берется в дорогу и употребляется в пищу растворенным в воде. Оно упоминается, как одно из благословений обетованной земли (Втор. 32:14). Из некоторых мест можно предположить, что евреям было известно приготовление масла. (См. Прит. 30:33; Псл. 54:22). Арабские женщины приготовляют масло следующим образом: козий мех, наполненный молоком, подвешивается на жердь и раскачивается, на подобие качелей.

Масло растительное — евр. ше́мен.

2) Масло растительное, выжатое из маслин, употреблялось для освящения (Быт. 28:18); как освежающая мазь: "Ты умастил елеем голову мою", поет Давид в Псл. 22:5; для горения в лампадах (Исх. 27:20); как лекарство (Исаия 1:6; Мар. 6:13; Лук. 10:34); для различных жертвоприношений (Исх. 29:40; Лев. 2:1 и дал.) и, главным образом, в пищу. Соломон послал дровосекам на Ливане 20.000 батов оливкового масла (2 Пар. 2:10); весь запас пищи у вдовы в Сарепте состоял из горсти муки в кадке и небольшого количества масла в кувшине (3 Цар. 17:12; и теперь еще большая часть жителей Палестины питается только хлебом и маслом. Поэтому-то так и боялись за маслины или плантации маслин (1 Пар. 27:28).

Самое лучшее масло получали выбиванием из зеленых олив: "елей, выбитый из маслин" (Исх. 27:20; 29:40). Менее ценно было масло, выжатое из олив (Втор. 33:24; Мих. 6:15; Иоил. 2:24).

Масса (евр. искушение) или Мерива (укорение) — место в Рефидимской долине, где Моисей дал ропщущему народу воду из скалы (Исх. 17:7). Срав. Псл. 80:8; 94:8 и дал.

Массифа. 1) Город в Галааде (Ос. 5:1) — родина судьи Иеффая (Суд. 10:17; 11:11, 29, 34). Срав. "Рама".

2) Город в Моаве (1 Цар. 22:3).

3) Долина у подножия Ермона (И. Нав. 11:3, 8).

4) См. "Мицфа 2".

Масть (Ис. 39:2; Прит. 27:9; Еккл. 7:1; 10:1). Приготовление благоухающей масти (мази) являлось особенным искусством. Срав. "Аптекарь".

Особенно прославилась Галаадская масть — см. далее "Помазание".

Матанна (Чис. 21:18), одна из лагерных стоянок израильтян на восток от Мертвого моря.

Маттафай (Лук. 3:31) — предок Иисуса.

Маттафий (Лук. 3:26) — предок Иисуса.

Мать — евр. эм.

Мать. Закон ставит мать в ее правах

Мать с ребенком при входе в пещеру, которая служит жилищем, район Пе́тра.

над детьми и относительно следуемого ей почтения всегда рядом с отцом (Исх. 20:12; Лев. 19:3; Втор. 27:16; Прит. 10:1; 17:25; Иез. 22:7; Мих. 7:6). Мать правящего царя пользовалась особенно большим уважением (Лев. 2:19. Срав. Прит. 31:1). Поэтому мать часто упоминается при вступлении царя на престол (3 Цар. 15:2, 10, где слово "мать", вероятно, заменяет слово "бабушку"; 4 Цар. 21:1 и т.д.). В символическом значении сто-

Холм Мегиддона, вид из равнины Армагеддон. Здесь показаны раскопки, где нашли много археологических находок.

лица называется: "матерью городов в Израиле" (2 Цар. 20:19), в противоположность маленьким городам, которые называются "дочерьми" (Чис. 21:25 евр. текст). Народ называется матерью своих потомков (Ис. 50:1; Иер. 50:12; Иез. 23:2). Вышний Иерусалим — мать всех верующих (Гал. 4: 26). Вавилон — мать блудниц и мерзостей земных (Отк. 17:5).

Матфания. См. Седекия 2".

Матфан, один из предков Иисуса (Мат. 1:15).

Матфат (Лук. 3:24, 29) — предок Иисуса.

Матфей встречается в трех списках, как один из 12 апостолов Господа (Мар. 3:18; Лук. 6:15; в Мат. 10:3 назван Матфей мытарь). У Мат. 9:9 и дал. рассказывается, как Иисус призвал его, когда он сидел за сбором пошлин в Капернауме, и как он оставил все и последовал за Иисусом; вскоре после этого, во время пиршества в его доме, многие мытари и грешники возлежали за столом с Иисусом и его учениками, что вызвало ропот фарисеев. У Лук. 5:27 и дал. упоминается то же пиршество, устроенное мытарем Левием немедленно после того, как он, оставив свое занятие, пошел за Иисусом. У Мар. 2:14 и дал. он называется Левием — сыном Алфея. Из этого заключают, что апостол Матфей и Левий, сын Алфея, — одно и то же лицо, и что Левий было его собственным именем, Матфей же (дар Божий) было его прозвищем, под которым он был всем известен. Некоторые все-таки полагают, что Матфей и Левий были 2 различных лица.

Матфий, один из тех учеников, которые ходили за Иисусом все время, начиная от крещения Иоаннова до вознесения Иисуса. Он избран апостолом вместо Иуды Искариота (Деян. 1:21 и дал.).

Махалафа, первая жена Ровоама, дочь Иеримофа, сына Давида и Авихаили, племянницы его (2 Пар. 11:18).

Маханаим ("двойной стан"), место, где ангелы Божии встретили Иакова, когда он возвращался из Месопотамии (Быт. 32:1 и дал.). Оно расположено к северу от Иавока; впоследствии это был город левитов посреди колена Гадова (И. Нав. 13:26; 21:38). Здесь Иевосфей был поставлен царем (2 Цар. 2:8) и сюда прибежал Давид во время восстания Авессалома (2 Цар. 17:24 и 27). Маханаим упоминается в надписи о победе египетского царя Сисаха в Геве под именем "Маханма".

Махир. 1) Старший сын Манассии (И. Нав. 17:1; Быт. 50:23). Его потомство отличилось при покорении Галаада и в войне против Иавина (Чис. 32:39; И. Нав. 17:1; Суд. 5:14).

2) Друг Мемфивосфея, сына Ионафана (2 Цар. 9:4 и дал.; 17:27).

Махлон, сын Елимелеха и его жены Ноемини, первый муж Руфи (Руф. 1:2; 4:10).

Махол из рода Зары, колена Иудина, который имел 4-х сыновей, известных своею мудростью, — Ефана Езрахитянина, Емана, Халкола и Дарду (3 Цар. 4:31). Срав. 1 Пар. 2:6, где говорится о 5-ти сыновьях Зары: Зимри, Ефан, Еман, Халкол и Дара.

Мафусаил, отец Ламеха (Быт. 4:18). Сын Еноха и отец Лемеха, жил дольше всех людей — 969 лет и умер за год до великого потопа (Быт. 5:21 и дал.; Лук. 3:37).

Маш, в 1 Пар. 1:17 Мешех, четвертый из сыновей Арама (Быт. 10:23) — арамейское племя, название которого связали с горою Мазия на горном хребте между Арменией и Месопотамией.

Меа, одна из башен городской стены Иерусалима (Неем. 3:1; 12:39).

Меара, т.е. пещера (И. Нав. 13:4) — место около Сидона; предполагают, что это место замечательных пещер, которые находятся на восток от Сидона.

Меггиддон, Хананейский царский город в колене Иссахаровом, отданный колену Манассину (И. Нав. 12:21; 17:11; Суд. 1:27). Он расположен в юго-западной части Изреельской равнины, при потоке Киссоне,, который в Суд. 5:19 называется "водами Меггиддонскими". То же название получила и равнина "равнина Мегиддо" (2 Пар. 35:22). Город укреплен Соломоном (3 Цар. 9:15); около него произошло несколько сражений, в которых пали Сисара, Охозия и Иосия (Суд. 5:19; 4 Цар. 9:27; 23:29; Зах. 12:11).

По Откровению 16:16 последнее сражение против Антихриста произойдет на Армагедоне (хар-Мегидда), т.е. горе Мегиддон. Предполагают, что это место находится около развалин Леджун — прежней Римской лагерной стоянке, называемой Легио, к северу от развалин Таанука (Фаанаха). Мегиддон и Фаанах упоминаются вместе в Суд. 1:27; 5:19 и др. местах.

Медан, третий сын Хеттуры, арабское племя (Быт. 25:2).

Медведь — евр. дов.

Медведь теперь редок в Палестине и встрачается в незначитольном количестве на Ливане, но раньше, кажется, их было много. Мы читаем, что они нападали на стада овец (1 Цар. 17:34), на людей (Ам. 5:19) и растерзывали детей (4 Цар. 2:24). В некоторых местах говорится о свирепости голодных и потерявших своих детей медведиц (Прит. 28:15; 17:12; 2 Цар. 17:8; Ос. 13:8; Срав. Ис. 59:11; Дан. 7:5). Написано, что будет время, когда и медведь будут пастись на одном пастбище с коровой (Ис. 11:7).

Медева, моавитский город, к востоку от Иордана, отданный колену Рувимову; впоследствии моавитяне снова овладели им (Чис. 21:30; И. Нав. 13:9, 16; Ис. 15:2). В окрестностях его Давид поразил аммонитян (1 Пар. 19:7 и дал.). Развалены под тем же названием Медева существуют и теперь в 10 км к югу от Есевона.

Мед часто восхваляется вместе с молоком, как богатства Палестины (Лев. 20:24 и дал.). Еврейское слово "дваш" обозначает не только пчелинный мед, но и виноградный мед (вскипяченный виноградный сок), которым еще до сих пор торгуют в Палестине, и арабское название которого "дибс" напоминает еврейское название пчелиного меда. Виноградный мед, вероятно, упоминается в числе подарков Иакова (Быт. 43:11) и между товарами Тира (Иез. 27:17). Некоторые предполагают, что мед, который Ионафан нашел в лесу (1 Цар. 14:25), и дикий мед Иоанна (Мат. 3:4) был сладкий сок, получаемый из кустов и деревьев, как, напр., **Tamarix mannifera** на Синайском полуострове. Вероятнее же, что этот мед был, действительно, медом диких пчел.

Медная подстава (3 Цар. 7:27 и дал.). В Соломоновом храме было сделано 10 медных подстав, или стульев художественной работы (2 Пар. 4:14). Подставы украшались изображениями львов, быков, херувимов и пальм; ножки их были на колесиках. Эти подставы поддерживали умывальницы (3 Цар. 7:38 и дал.; 2 Пар. 4:6), которые предназначались для омовения жертвенного мяса. Стояли они в притворе священников, по пяти с обеих сторон.

Медное море (1 Пар. 18:8; 4 Цар. 25:13) или просто "море" (3 Цар. 7:44; 2 Пар. 4:6); так называлась большая умывальница, предназначенная для омовений священников, которую Соломон велел отлить вместо старой умывальницы в скинии (3 Цар. 7:23 и дал.; 2 Пар. 4:2 и дал.). Эта умывальница, вмещавшая от 2000 до 3000 батов воды, поддерживалась двенадцатью медными быками. Воду для нее сначала носили гаваонитяне, а затем она наполнялась посредством водопровода из Вифлеема. Ахаз снял ее с быков и поставил на каменный пол (4 Цар. 16:17). Медное море было разбито халдеями, и медь отвезена в Вавилон (4 Цар. 25:13).

Медный жертвенник. См. "Алтарь".

Медный змей — евр. Нехуштáн.
Медный змей. Когда изральтяне стали роптать в пустыне на Бога и Моисея, то Господь наказал их, послав на них "ядовитых змеев", которые жалили народ, отчего многие умирали. Когда народ в смертельной нужде обратился к Моисею, тот, получив от Бога повеление, выставил на шесте посреди лагеря изображение змея и смотревшие на него исцелялись от укусов и оставались в живых (Чис. 21:7 и дал.). "И как Моисей вознес змею в пустыне, так должно вознесено быть Сыну Человеческому, дабы всякий, верующий в Него, не погиб, но имел жизнь вечную" (Иоан. 3:14 и 15). По 4 Цар. 18:4 этого змея сохраняли, как святыню, и называли его Нехуштан (медный кусок); израильтяне долгое время поклонялись ему, пока благочестивый Езекия не уничтожил его.

Медь — евр. нехóшет.
Медь была известна и обрабатываема очень рано (Быт. 4:22). Она имела различное применение в скинии и храме (Исх. 38:1 и дал.; Чис. 16:39; 3 Цар. 7:14 и дал.; 2 Пар. 4:1 и дал.); употреблялась также для оков (Суд. 16:21), для вооружения (1 Цар. 17:5, 6, 38), для домашней посуды (Лев. 6: 28), для музыкальных инструментов (1 Пар. 15:19), для монет (Иез. 16:36, евр. текст Мат. 10:9). Давид сделал большие запасы меди для постройки храма (1 Пар. 22:3). Хирам был хорошим медником (3 Цар. 7:14). Из меди были сделаны зеркала, упоминаемые в Исх. 38:8 (евр. текст); из этих зеркал и меди был сделан умывальник вместе с подножьем. Медь находили в Палестинских горах, что мы видим из Втор. 8:9.

Межа. См. "ограда".

Мелеай (Лук. 3:31) — один из предков Иисуса.

Мелит (Деян. 28:1) — теперь Мальта, небольшой скалистый остров в Средиземном море, между Сицилилей и Африкой, известный трехмесячным пребыванием там Павла после кораблекрушения (Деян. 27:26 и дал.). Местоположение и хорошие гавани острова издавна сделали его важным пунктом. Уже финикийцы имели там колонию. Во время Пунических войн остров подпал под власть римлян. "Залив Св. Павла" на северо-западном берегу напоминает о высадке ап. Павла.

Мелхиседек — Мéлех а-Цéдек.
Мелхиседек, т. е. царь праведности, хананейский царь Салима и также священника Бога Всевышнего. Он вышел навстречу Аврааму, когда тот возвращался после поражения царей северного Ханаана, вынес ему хлеб и вино и благословил его во имя Господа, за что и получил от него десятую часть добычи (Быт. 14:18). Высокоблагословенный Авраам является тут как бы ниже хананейского царя, который здесь неожиданно появляется. Затем в продолжение 1000 лет о нем не говорится ничего, и вдруг в пророчестве 109 псалма Мессия называется "священником вовек по чину Мелхиседека". Проходят еще 1000 лет и послание к Евреям говорит, что Иисус из Назарета уподобляется этому таинственному первосвященнику (Евр. 5:6; 6:20). Эта мысль развивается в 7-ой главе, где говорится, что Мелхиседек во многом является прообразом Христа: своим именем "царь праведности"; названием его города "царь Салима", т.е. царь мира; своим неожиданным появлением в рассказе, где ни чего не упоминается о его отце и матери, рождении и смерти (без родословия); далее, тем, что он, хотя не происходил из священнического рода, все-таки занимал высокую священническую должность, принял от праотца Авраама десятину и дал ему благословение (Срав. Езд. 2:62). Итак, Мелхиседек является прообразом Христа, Который, хотя и произошел из колена Иудина, все-таки был гораздо выше Левия и посредством своего вечного священства заменил левитское священство.

Мелхий, двое из предков Иисуса (Лук. 3:24 и 28).

Мелхола, младшаяя из дочерей Саула (1 Цар. 14:49), которая полюбила Давида (1 Цар. 18:20). Когда старшая сестра Мерова, обещанная Давиду в жены, отдана была другому, то Давиду обещали Мелхолу, которую он тогда же и купил себе в жены, жизнью двухсот филистимлян (1 Цар. 18: 17 и дал.). Мелхола хитростью спасла жизнь Давида от руки Саула (19:11 и дал.). Саул отдал ее затем за Фалтия (1 Цар. 25:44), от которого Давид взял ее обратно несколько лет спустя (2 Цар. 3:12 и дал.). О пляске Давида перед ковчегом при его перенесении в Иерусалим, она выразилась с презрением (2 Цар. 6:16 и дал.). Она умерла бездетной (ст. 23). Относительно 2 Цар. 21:8 см. "Адриэл".

Мель. В Деян. 27:17 упоминается одна из двух опасных песчаных мелей, находящихся у северного Африканского берега и называемых Большой и Меньший Сирт. В древнее время мореплаватели очень боялись этого места.

Мемфивосфей — Мефившéт.

Мемфивосфей. 1) Сын Саула от Рицпы: вместе с 6-ю другими потомками Саула был выдан гаваонитянам для того, чтобы быть повешенным за то кровопролитие, которое Саул совершил раньше над гаваонитянами (2 Цар. 21:8 и дал.).

2) Сын Ионафана, внук Саула, который 5-летним был уронен своей кормилицей и стал калекой на всю жизнь. Давид, достигнув спокойного царствования в своих владениях, разыскал жившего в далеком Лодеваре Мемфивосфея, призвал его есть за одним с ним столом и подарил ему имения Саула под условием, что ими будет управлять Сива, слуга Саула (2 Цар. 9). Когда впоследствии царь убежал от Авессалома, и Сива вышел к нему навстречу с провизией, то Давид спросил его о Мемфивосфее, и Сива намекнул царю, что Мемфивосфей находится в городе в ожидании своего вступления на престол. Тогда царь подарил Сиве все имения Мемфивосфея (2 Цар. 16:1 и дал.). Но когда Давид после падения Авессалома возратился, то Мемфивосфей сердечно приветствовал его и заявил о своей невинности. Царь, услышал это, приказал им разделить имение, но Мемфивосфей ответил: "пусть он возьмет даже все после того, как господин мой царь с миром возвратился в дом свой" (2 Цар. 19:24 и дал.). Давид спас затем Мемфивосфея от мести гаваонитян (2 Цар. 21:7). Мемфивосфей называется в 1 Пар. 8:34; 9:4 "Мерибаал".

Мемфис. См. "Ноф".

Менаим — Менахем.

Менаим, сын Гадия, 16-й израильский царь. Он убил своего предшественника Селлума и отличался во время своего 10-летнего царствования жестокостями, бесчестными поступками и идолопоклонством (771-761 гг. до Р.Хр.). Когда ассирийский царь Фул пришел в его землю, то он склонил его к дружбе за 1000 талантов серебра (приблизительно 3 миллиона рублей) (4 Цар. 15:14 и дал.). В клинописях он упоминается также под именем Минхимми Самиринай (Менаим из Самарии); там рассказывается, что он платил дань ассирийцам.

Мене, мене, текел, упарсин, т.е. исчислен, исчислен, взвешен, разделен — те слова, которые были написаны огненной рукою на стене в палате Валтасара, и которых не могли прочесть его мудрецы; их прочел Даниил; эти халдейские слова обозначали, что царь был взвешен на весах и найден Господом, Который взвешивает души (Прит. 16:2), слишком легким и что победители разделят его царство (Дан. 5:5 и 25 и дал.).

Мени. См. "Гад".

Меонним дуб (Суд. 9:37), дерево или местность близ Сихема.

Меновщик (Мат. 21:12; Мар. 11:15; Иоан. 2:15); по Исх. 30:13 и дал., израильтянин, достигший 20 лет, во время каждого исчисления народа должен был платить за себя священнику выкуп — евр. полусикль, приблизительно 60 коп.; эта же монета была установлена для платежа подати. Для размена денег у храма сидели меновщики (греч. коллибистес, по маленькой монете коллибос, которую они брали, как заработок, на каждый полусикль). Среди народа в обращении были различные иностранные деньги: — сирийские, римские и т.д., которые меновщики и разменивали на полусикли и таким путем наживались. Этих меновщиков, известных своею алчностью и хитростью, Господь выгнал со двора храма. О меновщиках и банкирах в обычном смысле слова говорится у Мат. 25:27 трапезитес; срав. Лук. 19: 23, где слово "оборот", собственно, погречиски, означает стол, за которым сидели меновщики.

Мера — евр. мидá.

Мера. А. — мера длины. Небольшими мерами длины у евреев, как и у других народов, служили палец человека, локоть и т.д. Они были следующие, считая от самых малых:

1) П е р с т в ширину (евр. "эцба" (Иер. 52:21).

2) Л а д о н ь (евр. тофах) (Исх. 25:25), равна длине 4 перстов (ширину).

3) П я д е н ь или пядь (евр. серет) (Исх. 28:16) — расстояние от начала большого пальца до конца мизинца, как наша четверть, равное 3 ладоням (1 Цар. 17:4; Иез. 43:13; Ис. 40:12).

4) Л о к о т ь (евр. амма) (Быт. 6:16) — растояние от локтя до конца среднего вытянутого пальца у мужчины (Втор. 3:11), равное 2-м пяденям, или 6 ладоням, или 24 перстам.

5) С а ж е н ь упоминается в Деян. 27:28.

6) Т р о с т ь (евр. кане) (Иез. 40:5 и дал.; 42:16 и дал.), равнялась 6-ти локтям (Иез. 41:8).

Согласно Талмуду, ширина пальца равнялась ширине шести сложенных семян, а локоть равнялся ширине 144-х таким же образом сложенных семян. По этим и другим сведениям длину древнего еврейского локтя равняющуюся шести сложенным ладоням, считали равной 483,9 миллиметрам; это предположение подтверждается древне-египетским локтем образец которого найден в Египте и который вообще имеет в длину 484,2 миллиметра. Следовательно, пядень (3) равнялся 241,95 миллиметрам, ла донь (2) — 80,65 миллиметрам, перст (1) — 20,1625 миллиметров, трость (6) — 2 метра и 903,4 миллиметра. От старинного Моисеева локтя (4) (Втор. 3:11; 2 Пар. 3:3), который, круглым числом, составлял немного более 1½ фута, отличался египетский — так называемый, царский локоть, про который Иезекииль говорит, что он имеет длину большую Моисеева локтя на одну ладонь (Иез. 40:5; 43:13) и который считался равным 523,5 миллиметрам; вавилонский локоть равняется, приблизительно, 525 миллиметрам.

Более неопределенны были меры пути:

1) Шаг (2Цар. 6:13).

2) Расстояние Быт. 35:16; 48:7; 4 Цар. 5:19).

3) Дневной путь (Быт. 30:36; Лук. 2:44), приблизительно, восьмичасовой путь.

4) Субботний путь (Деян. 1:12) — длина пути, которую, по раввинскому толкованию некоторых мест Библии, было разрешено совершать в субботу. Срав. слова Иисуса к ученикам (Мат. 24:20) относительно субботы. Место в Исх. 16:29, где запрещается оставлять свой дом в субботу, раввины объяснили таким образом, что никому нельзя оставлять своего дома или его окрестностей, которые считали равными 2000 локтям или 1 км по всем направлениям от дома. Отходить на такое расстояние они допускали, основываясь на двух местах Священного Писания: И. Нав. 3:4, где говорится, что от лагеря до скинии было 2000 локтей, и Чис. 35:4, где сказано, что поля около левитских городов должны простираться на 2000 локтей во все стороны. Впрочем знали и другой способ, как обойти закон: отъезжали на 2000 локтей от дома, клали на землю свою пищу, часть которой съедали, часть закапывали и, таким образом, создавали себе “дом”; после чего считали для себя возможным отъехать еще на 2000 локтей и т.д.

Кроме этих мер, в Новом Завете встречаются следующие чужеземные меры:

5) Стадия — самая большая единица меры длины у греков (Лук. 24:13; Иоан. 6:19; 11:18; Отк. 14:20; 21:16), первоначально это была длина Олимпийского ристалища (место атлетических состязаний греков), составляющая около 200 метров (625 римских футов). Восемь таких стадий составляли римскую милю. Все-же величина стадий изменилась, так что в более позднее время римскую милю считали равной 7½ стадиям; такая стадия соответствовала талмудской мере (рус) или 400 локтям.

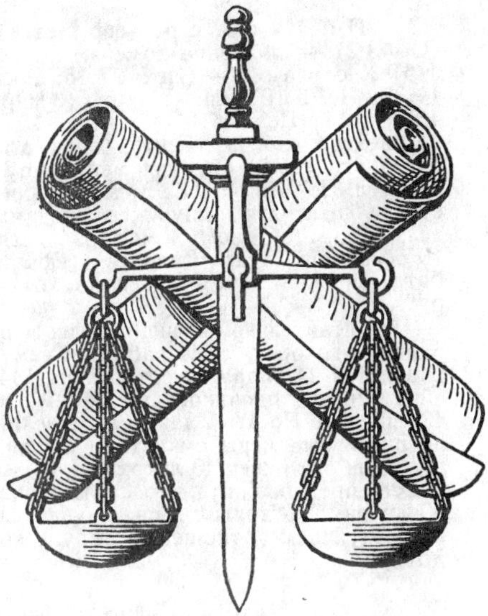

6) Поприще (Мат. 5:41) (миля), римская единица меры пути, равная 2000 шагов или 5000 римских футов, 8 греческих стадий или 1478,7 метра).

Для измерения площадей евреи довольствовались обозначением длины участка и его ширины, выраженной в локтях или тростях (Чис. 35:4 и дал.; Иез. 40:7; 42:20; 45:2; 48:20; Отк. 21:16).

Б. Меры жидких тел у евреев были следующие:

1) Лог — (Лев. 14:10), самая малая мера.

2) Гин — (Исх. 29:40; Иез. 4:11), согласно указаниям раввинов, равен 12 логам.

3) Бат — самая крупная мера жидких тел (3 Цар. 7:26), равная 6 гинам (Иез. 45:11); она составляла 1/10 хомера и, следовательно, равнялась ефе; у Лук. 16:6 единица этой меры названа словом “мера”, т.е. бат или ефа.

Меры сыпучих тел были следующие:

1) Каб — (4 Цар. 6:25), самый малый объем.

2) Гомер — или иссарон (Исх. 16:16; Лев. 14:10; Чис. 15:4), равняется 1/10 ефе (Исх. 16:36) или 1⅘ каба.

3) Сата — (Быт. 18:6), равнялась ⅓ ефы или 6 кабам. В Новом Завете и в 4 Цар. 7:1, 16 она названа “мера” (греч. сатон) (Мат. 13:33; Лук. 13:21).

4) Ефа — равная бату (Иез. 45:11), часто встречающаяся мера (Исх. 16:36; Лев. 5:11; 6:20; Суд. 6:19; 1 Цар. 17:17; Иез. 46:5), равна 3 сатам или 10 гомерам.

5) Полхомер (евр. летек) (Ос. 3:2) — половина хомера.

6) Хомер — (Исх. 27:16; Чис. 11:32; Ис. 5:10) или кор (3 Цар. 4:22; 5:11; Иез. 45:14); у Лук. 16:7 переведено словом “мера” (греч. корус). Эта самая крупная мера сыпучих тел. По Иез. 45:11 эта мера является общею для сыпучих и жидких тел. Таким образом хомер равнялся 10 ефам или батам; “мера их (ефы и бата) должна определяться по хомеру”.

О действительной величине этих мер раввины говорят, что 1 каб по объему равняется 24 яйцам; 1 сата равна 144 яйцам и ефа одинакова по объему с 432 яйцами. По этим данным вычислили различные меры емкости и нашли, что один бат равен 40 литрам.

Если предположить, что 1 ефа равна 40 литрам, то другие меры находятся в следующем отношении друг ко другу:

	каб	яйцо	литр
1 хомер (кор)	— 180	— 4320	— 400
1 полхомера	— 90	— 2160	— 200
1 ефа (бат)	— 18	— 432	— 40
1 сата	— 6	— 144	— 13,3
1 гин	— 3	— 72	— 6,65
1 гомер	— 1⅘	— 43⅕	— 4
1 каб	—	— 24	— 2,2
1 лог	—	— 6	— 0,55

Кроме этих упоминаются некоторые меры неопределенной величины, как, напр., горсть (евр. шалиш) (Ис. 40:12), большая мера (евр. шалиш) (Псл. 79:6), может быть, ⅓ ефы; далее кадка (евр. кад; 3 Цар. 17:12, 14, 16); ведро (евр. кад; 3 Цар. 18:34). У Агг. 2:16 упоминается также неизвестная мера (евр. пурах). Наконец в Новом Завете мы встречаем некоторые греческие меры: Хиникс (Отк. 6:6) — мера зерна для хлеба, которым мог прокормиться один человек в течение дня; мера — (греч. метретес; Иоан. 2:6), около одного бата; Кружка (греч. ксестес; Мар. 7:4) — 1/72 меры; сосуд (греч. модиос; Мат. 5:15; Мар. 4:21; Лук. 11:33) — почти 7 литров.

Мерари, третий сын Левия (Быт. 46:11), праотец потомства, которое достигло 6.200 человек одних мужчин (Чис. 3:34). Во время странствования по пустыне они должны были носить брусья скинии собрания, ее шесты, столбы, подножия и прочее (4:29 и дал.). Для этой цели им были даны четыре повозки и 8 волов (7:8). В земле Ханаанской они получили 12 городов в коленах Рувимовом, Завулоновом и Гадовом (И. Нав. 21:7, 34 и дал.).

Вверху: древнееврейские меры жидкостей. Внизу: меры сыпучих тел. Иерусалим, Музей Де Госпис ов Нотр Дам де Франс.

Меред, израильтянин, который женился на Бифьи, дочери Египетского царя (1 Пар. 4:18).

Мерзость — евр. таава́; шику́ц. Мерзость (гнусность), обозначает 1) чувство негодования и отвращения, которое поднимается в человеке при виде отвратительного предмета или нечестивого дела. (Срав. Иов. 15:16; Псл. 105:40 с Лук. 16:15; Тит. 1:16); также 2) предмет, вызывающий отвращение, так, напр., в Втор. 27:15: “проклят, кто сделает изваянный или литой кумир, мерзость пред Господом”. Таким образом, слово “мерзость” стало обыкновенным названием идолов, служение, которым почти всегда было соединено с противоестественными гнусностями и жестокостями; напр., “Молох”, мерзость аммонитская (3 Цар. 11:7); “жена держала золотую чашу в руке своей, наполненную мерзостями и нечистотою блудодейства” (Отк. 17:4). Вообще этим словом называется все нечистое по закону, оскверняющие человека, так, напр., запрещенная пища (Втор. 14:3; Ис. 65:4; 66:17), или слишком старое жертвенное мясо (Лев. 7:18).

“Мерзость запустения”, о которой пророчествует Даниил (11:31), указывает, по обще принятому мнению, на языческий жертвенник, который сирияне по приказанию жестокого Антиоха поставили (167 г. до Р.Хр.) в Иерусалимском храме на месте жертвенника всесожжения, и на котором приносились жертвы Юпитеру (2 Мак. 6:2). Относительно еще более постыдного запустения по пророчеству Дан. (9:27; срав. Мат. 24:15) — см. "Рим".

Мерибаал тот же, что и Мемфивосфей.

Мерива (Иез. 47:19; 48:28) — место близ Кадеса, где народ во второй раз, под конец странствования по пустыне получил воду из скалы (Чис. 20:11, 13; Втор. 33:8; Псл. 80:8; 105:32; Чис. 27:14). Эта Мерива не та же, что Мерива в Рефидимской долине. См. "Масса".

Меркурий. См. "Юпитер".

Мерова, старшая дочь Саула (1 Цар. 14:49), которую он обещал выдать замуж за Давида, но отдал за Адриэла из Мехолы (1 Цар. 18:17, 19). Ее 5 сыновей были отданы Гаваонитянам (2 Цар. 21:8). Срав. "Адриэл".

Меродах (Иер. 50:2), вавилонский идол; на ассирийских памятниках назван Мардук; соответствует Юпитеру у римлян.

Меродах Валадан (Ис. 39:1; 4 Цар. 20:12). Меродах Валадан, царь Вавилонский, послал письмо и дары Езекии, поздравляя его с восстанлением здоровья. Значение имени узнают из ассирийского выражения "Мардук хабал иддина", т.е. Меродах подарил сына. Клинописи подтверждают, что он царствовал во времена Езекии.

Мероз, город близ Киссона, который проклинается в хвалебной песни Деворы и Варака за то, что он не участвовал в сражении против Иавина (Суд. 5:23).

Мером, теперь Хуле, озеро у подножия Гермона, в которое впадают те потоки, из которых образуется река Иордан; оно имеет, приблизительно, 10 километров в длину и 5 километров в ширину. Своей формой оно напоминает грушу, суживающуюся к югу. Оно не глубоко. Восточные его берега очень плодородны, и уход за всякого рода хлебами не представляет там особого труда. Вблизи этого озера Иисус Навин покорил северных хананских царей, которые находились под предводительством Иавина, царя Асорского (И. Нав. 11:5 и дал.). Вид на Мером см. "Гермон".

Мерра (евр. горечь). 1) Одна из стоянок израильтян в трех днях пути от Чермного моря. Это место названо так по имени источника с горькой водой, которую Моисей, по указанию Господа, сделал годною для питья, бросив в нее дерево (Исх. 15:23, 25). Думают, что это был горький источник Ха-

Мертвое море или Соленое море. Также называлось морем равнины, морем пустыни или Восточным морем.

вара на восточном берегу Суэцкого залива.

2) См. "Ноеминь".

Мертвецы, мертвые: евр. рефаимы. Некоторые места в Ветхом Завете (Прит. 2:18; 9:18; 21:16; Псл. 87:11) свидетельствуют, что древние верили в жизнь после смерти. Особенно заметь Ис. 26:19.

Мертвое море. См. "Соленое море".

Меса, Моавитский царь, который отказался заплатить израильскому царю Иораму дань: 100.000 овец и 100.000 нестриженных баранов, которую он платил его отцу Ахаву. Иорам, в союзе с Иудеями и жителями Едома, напал на него, запер его в его главной крепости Кир-Харешет. Когда Меса, сделав неудачную вылазку, принес своего первородного сына в жертву на городской стене, израильтяне возмутились таким поступком, возвратились домой, и осада кончилась (4 Цар. 3:4 и дал.; Срав. 4 Цар. 1:1).

Это короткое повествование книги Царств о царе Месе было все, что в течение нескольких тысячелетий мир знал о нем. Никаких других документов, в которых рассказывалось бы об этом монархе и его битвах с Израилем, не было известно. В 1870 г. был обнаружен старинный памятник, который и подтвердил перед всем миром точность библейского рассказа. Царь Меса сам поставил этот памятник; на нем он написал свое имя и рассказ о своих сражениях с израильтянами. Он хвастается своими победами и восхваляет своего бога Хамоса, который помог ему похитить святые сосуды Иеговы; делает также перечень множества мест, им покоренных, большинство которых нам знакомо из Библии. Этот памятник, известный под названием "Моавитского камня", был открыт пастором Клейном в 1870 у. по Р.Хр. около Дивона в Моаве. Он представляет обломок черного базальтового камня, около 1,2 м в вышину, на передней стороне которого имеется надпись в 34 строки по 30 букв в каждой. Арабы, заметя, что европейцы хотели разобрать надпись на камне, разбили его. Все-таки с большим трудом удалось найти от него приблизительно ⅗ части. Осколки складывались с помощью снимков на бумаге, сделанных до разрушения камня, и таким путем удалось восстановить большую часть текста. Буквы — древне-еврейские или финикийские, а язык представляет удивительное сходство с еврейским, не только в корнях слов, но также и в оборотах речи. В 1870 г. эта надпись была предметом многих статей и толкований в различных странах и, несмотря на то, что в некоторых местах, где куски камня отсутствовали или текст был неясен — не удалось разобраться в точном смысле текста — все-таки получили достаточное основание утверждать, что этот Моавитский камень, поставленный в десятом веке до Р.Хр. в честь Хамоса, теперь свидетельствует к чести Иеговы о непоколебимой достоверности Библии. Мы приводим здесь перевод этого важного документа:

"Я, Меса, сын Хамоса, царь в Моаве. Отец мой царствовал над Моавом 30 лет и я царствую после отца моего. И я сооружаю эту высоту Хамосу в Кархахе... за то, что он спас меня от всех притеснителей и давал мне видеть (желаемое) всех ненавидящих меня. Царь Израиля... и он притеснял Моава многие дни, ибо Хамос был разгневан на свою страну. И сын его заместил его, и он также сказал: я хочу стеснить Моава. В мои дни, сказал (Хамос)... и я хочу следить за ним и его домом и истребляя хочу истребыть Израиля навеки. И Омри завладел Медовой и владел ею... и сын его, сорок лет... Хамос... над ним в мои дни. И я построил Ваал-Меон и сделал в нем... и... Кириафаим. И мужи из Гада ... в стране от века (ме олам) и царь израильский укрепил... и я воевал против города и покорил его и убил всех людей в городе для удовлетворения Хамоса, бога Моава. И я унес оттуда... перед Хамосом в Кириафе, и я расположил там мужей из Сарана и мужей из Сахрафа. И Хамос сказал мне: иди покори Нево вопреки Израилю. Тогда я пошел ночью и воевал против него от появления денницы до полудня, и я взял его, поразив всех 7000 (или князей)... ибо Астар-Хамосу было изгнание... и я взял оттуда сосуды Иеговы и освятил их пред лицом Хамоса. И царь израильский укрепил Иахац и занимал его, когда он воевал против меня. И Хамос выгнал его от лица моего. И я взял из Моава 200 человек всех его князей, и напал на Иахац и покорил его для того, чтобы соединить его с Дивоном. Я построил Кархах стену леса и... стену, и я построил его ворота, и я построил его башни, и я построил царский дом, и я сделал кладовые... внутри города. И не было никакой ямы для воды (цистерны) внутри городской стены в Кархахе, и я сказал всему народу: сделайте сами ямы для воды, каждый в своем доме. И я выкопал пруд (или издал запрещение) для Кархаха против Израиля. Я построил Ароер и дорогу через Арнон. Я построил Виф-Бамоф, потому что он был опустошен. Я построил Бецер, ибо... пятьдесят человек из Дивона, ибо весь Дивон был послушным. И я... Бикран, который я присоединил к стране. И я построил... и Виф-Дивлафаим и Виф-Ваал-Меон, и я поставил там... земле. И Хорохаим, где... жил... Хамос сказал мне: иди, сражайся против Хоронаима и... Хамос в мои дни..."

Сохранившиеся куски от этого камня находятся в Париже.

Месопотамия (между реками), греческое наименование земли между реками Евфратом и Тигром, которые разграничивают ее с Аравией на западе и Ассирией на востоке. Мидийская стена и каналы Вавилона служили для нее границей с Вавилоном на юге, Масийские горы с Арменией на севере. Жители, происшедшие от Арама, сына Сима, находились в родстве с израильтянами. Ветхозаветное название этой земли — Арам-Нахараим, т.е. Арам двух рек. См. Сирия. Здесь жили Фарра и Аврам (Быт. 11:31; Деян. 7:2); отсюда Исаак получил Ревекку (Быт. 24:10); здесь Иаков служил у Лавана (Быт. главы 28-31); отсюда пришел Валаам (Втор. 23:4); здесь царствовал во времена судей Хузарсафем (Суд. 3:8 и дал.); во времена Давида Месопотамия участвовала в войне против израильтян (1 Пар. 19:6, 16), но после этого она постоянно была в зависимости от покорителей мира: ассирийцев, персов, македонян и римлян, которые один за другим владели ею. Между посещавшими Иерусалим в Пятидесятницу были также люди из Месопотамии (Деян. 2:9).

Мессия, евр. Машиах, т.е. Помазанный — слово, соответствующее греч. слову Христос. Цари, первосвященники и, иногда, пророки помазывались при посвящении на служение священным елеем, поэтому "помазать" часто обозначало "посвящать", и помазанником (Христом) назывался также посвящаемый человек. Так, напр., Кир (Ис. 45:1) называется помазанником Господа, и первосвященник (Лев. 4:3, 5, 16) называется помазанником или мессией. Но преимущественно это название обозначает обещанного Израилю через пророков и ожидаемого в течение всех времен Искупителя и Царя. Имя, по своему значению, указывает на то, что Ожидаемый в Своем лице должен соединить три служения, на которые посвящались помазанием, т.е. что он должен быть Царем, Пророком и Первосвященником. Из множества библейских мест, в которых имеются обетования о Мессии (проходящих красною нитью через весь Ветхий Завет), мы укажем только на важнейшие. Уже в раю было обещано: "Семя жены" (Быт. 3:15). Аврааму обещается "семя", в котором благословятся все народы земли (Быт. 12:3; 18:18; 22:18; срав. Гал. 3:16).

Умирающий Иаков видит в Нем Примирителя и надеется на помощь Господа (Быт. 49:10, 18); Валаам говорит о звезде от Иакова и жезле от Израиля (Чис. 24:17). В Втор. 18:15 и дал. говорится о пророческом служении Христа. Анна — мать Самуила — первая из тех, которые говорят о Помазаннике, хотя еще никакого царя не было в Израиле (1 Цар. 2:10). "Господь будет судить концы земли и даст крепость Царю Своему и вознесет рог Помазанника Своего". Он должен быть царем из дома Давида (Псл. 88:36, 37; 2 Цар. 23:3 и дал., а также первосвященником (Псл. 109:4). Срав. Зах. 6:12 и дал.Вечному по Своему существу, Ему все-же должно было родиться в незначительном городе (Мих. 5:2) и, хотя Он явился в мир младенцем, Ему надлежало быть крепким Богом, Отцом вечности (Ис. 9:6), Иеговой, нашим оправданием (Иер. 23:6). Срав. Мал. 3:1. См. дал. Дан. 9:24 и дал.; Ис. 42:1 и дал.; 53 гл.; 61:1 и дал.; Псл. 2:6 и дал.; Агг. 2:7. Эти места говорят о Его страдании и отвержении, о Его конечной победе и всеобщем владычестве.

В Иисусе из Назарета, Который был помазан Духом Святым без меры (Иоан. 3:34; Евр. 1:9; Деян. 4:27) — все эти пророчества получили свое завершение. Он Сам применял к Себе древние пророчества о Мессии и принимал без возражения название — Мессия или Христос (Мат. 16:16; 26:63 и дал.; Мар. 14:61 и дал.; Лук. 4:17 и дал.; Иоан. 1:41; 6:69; 10:36). Срав. проповеди Петра о Христе (Деян. 2:16 и дал.; 3:12 и дал.).

Подобно Самому Христу, Его ученики помазаны (2 Кор. 1:21) помазаны от Святого (1 Иоан. 2:20, 27). Срав. дал. "Слово" и "Премудрость" относительно Мессии. См. ст. 509.

Месяцы — евр. ходашим.

Месяцы. Месяцы считались израильтянами по фазам луны и начинались с появлением нового месяца. В зависимости от этого месяцы заключали от 29 до 30 дней. По Талмуду, каждый житель Иерусалима и его окрестностей, заметивший молодой месяц, должен был сейчас же сообщать об этом Синедриону, который и объявлял начало нового месяца. В древние времена месяцы назывались числами по порядку: первый, второй и т.д. После Вавилонского плена все они получили собственные имена, хотя и до этого некоторые из них имели собственные имена.

Так первый из них назывался Авив, т.е. месяц колосьев (Исх. 13:4; Втор. 16:1), второй — Зиф, т.е. цветочный месяц (или блестящий месяц) (3 Цар. 6:1, 37), седьмой — Афаним, т.е. месяц наводнения (3 Цар. 8:2) и восьмой — Буль, т.е. дождливый месяц (3 Цар. 6:38).

После плена все месяцы получили

собственные имена, заимствованные, согласно Талмуду, от вавилонян, что видно из сравнения с вавилонскими названиями месяцев, записанных на памятниках. В Ниневии найдена таблица со всеми названиями месяцев, которые в этом отношении имеют большое значение. Порядок и название еврейских месяцев следующие:

1. Нисан (Неем. 2:1) или Авив (Исх. 13:4) "первый месяц" (Есф. 3: 7), с которым совпадала Пасха (Исх. 12:2); по-ассирийски Нисхану, приблизительно апрель.

2. Ияр или Зиф, "второй месяц" (2 Пар. 30:2); по-ассирийски — Айру, май.

3. Сиван (Есф. 8:9), по-ассирийски — Сейвану, июнь.

4. Таммуз, ассирийск. Дувуцу, июль; получил, вероятно, свое название по имени идола Таммус; смотри "Таммус".

5. Ав, ассир. Абу, — август.

6. Елул (Неем. 6:15), ассир. Улулу, — сентябрь.

7. Тишри или Етаним, с которым совпадает День Очищения и праздник Кущей; ассир. Фасриту, — октябрь.

8. Мархесван или Буль, ассир. Араах самна, т.е. восьмой месяц, — ноябрь

9. Хаслев (Зах. 7:1) или Кислев (Неем. 1:1), ассир. Кисливу, — декабрь.

10. Тевет (Есф. 2:16), ассир. Тибитув, — январь.

11. Шеват (Зах. 1:7), ассир. Себату, — февраль.

12. Адар (Езд. 6:15) "двенадцатый" (Есф. 3:7), ассир. Аддару; вероятно, назван по имени идола Адара (см. "Адрамелех 2"), — март.

13. Адар батраах или Ве-Адер — високосный месяц, который прибавлялся, смотря по надобности, через два или три года; ассир. Арху маакру са Аддару, т.е. месяц после Адара.

Год израильтян, именно лунный год, равнялся почти 354½ дням. Для того, чтобы привести его в согласие с солнечным годом, так чтобы главные праздники, которые были связаны с уборкой хлеба и винограда, приходились на 1., 3. и 7. месяцы (Исх. 23:15 и дал.; 34:18, 22) и всегда совпадали с одним и тем же временем года, было необходимо время от времени добавлять високосный месяц. По Исх. 12:2 год должен начинаться с месяца колосьев, Нисана, в котором евреи вышли из Египта.

СИНХРОНИЗИРОВАННЫЙ ЕВРЕЙСКИЙ КАЛЕНДАРЬ.

ЧИСЛО		НАЗВАНИЕ МЕСЯЦЕВ	ЗЕМЛЕДЕЛЬЧЕСКИЕ СЕЗОНЫ
1 (7)	Нисан	(март - апрель)	Начало уборки ячменя.
2 (8)	Ияр	(апрель - май)	Уборка ячменя.
3 (9)	Сиван	(май -июнь)	Уборка пшеницы.
4 (10)	Таммуз	(июнь - июль)	
5 (11)	Ав	(июль - август)	Созревание винограда, фиги, маслины.
6 (12)	Елул	(авг. - сент.)	Начало сбора винограда.
7 (1)	Тишри	(сент. - окт.)	Ранние дожди, пахание.
8 (2)	Мархесван	(окт. - нояб.)	Посев пшеницы, ячменя.
9 (3)	Хаслев	(нояб. - декр.)	
10 (4)	Тебеф	(дек. - янв.)	Дождливые зимние месяць
11 (5)	Шеват	(янв. - фев.)	Новый год для деревьев.
12 (6)	Адар	(февр. - март)	Цветение миндаля.
13	Адар батраах		Високосный месяц.

Синхронизированный еврейский календарь. В первой колонке цифры указывают месяцы гражданского года, начиная с Тишри.

Меунитяне. См. “Моавитяне”.

Мефег-Гаамма (т.е. вожжа руки), (2 Цар. 8:1) был взят Давидом из рук филистимлян; название намекает на то, что Давид, отняв этот город, лишил филистимлян правой руки, т.е. лишил их возможности держать израильтян в своих руках.

Мехола. См. “Авель Мехола”.

Мехи — евр. ноад.

Мехи (Быт. 21:14) были сделаны из кожи животного, которая специально для этого выделывалась. Шея животного служила горлышком, а все остальное зашивалось. Таким образом, мехи с содержимым можно было удобно носить на плечах (И. Нав. 9:4, 13). Эти мехи были чувствительны к жаре, от которой они ссыхались (Псл. 118:83). Только что выделанные и сшитые мехи могли выдержать молодое еще не перебродившее вино, но старые, обыкновенно, прорывались при брожении (Мат. 9:17; Лук. 5:38; Иов. 32:19). Такие мехи, выделанные из кож крупных и мелких животных, до сих пор употребляются на востоке. Там можно видеть человека с наполненным мехом за спиной, откуда он наливает лимонад или какое-нибудь другое питье жаждущим покупателям, которых ему удается привлечь своими выкрикиваниями.

Древние были знакомы с искусством выделывания фляжек или небольших сосудов из камня, глины, фарфора и алебастра. См. “алебастр” и “стекло”.

Старинные мечи.

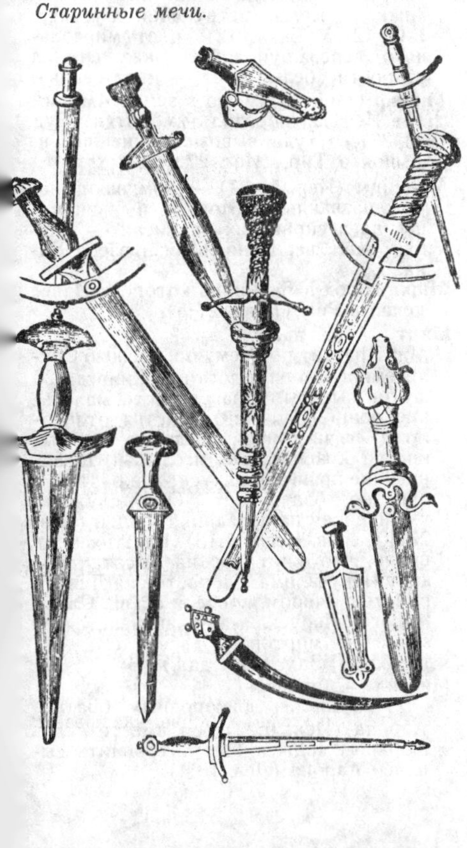

Меч (евр. хе́реф). См. “Война”.

Меша. Пограничное место с Иоктанскими арабами (Быт. 10:30).

Мешальное жито. См. “семя”.

Мешех. 1) Шестой сын Иафета (Быт. 10:2), а также народ, торговавший с Тиром (Иез. 27:13); упоминается у Иез. 38:2 и дал.; 39:1 вместе с другими языческими державами, которые вторгнутся в Ханаан под властью Гога, князя над Рошем, Мешехом и Фувалом. Срав. Иез. 32:26.

В Псл. 119:5 слово Мешех употребляется как общее название для диких, чужих народов.

2) См. “Мас”.

Мешуллемеф (Мешулемет), дочь Харуца, мать царя Аммона (4 Цар. 21:19).

Мигдал-Гад, город в низменной части Иудеи (И. Нав. 15:37), может быть, теперешнее село Меджделл, недалеко к северо-востоку от Аскалона.

Мигдал-Ел. См. “Магдала”.

Мигдол, башня. 1) Место в северо-восточном Египте, близ которого израильтяне расположились лагерем незадолго до перехода через Чермное море (Исх. 14:2; Чис. 33:7).

2) Город в северном Египте (Иез. 29:10; 30:6); во время Иеремии переселенцы из евреев расположились там (Иер. 44:1; 46:14). Некоторые думают, что этот Мигдол тот же, что и предыдущий.

Мигрон, одно или, может быть, два места под этим именем, расположенные недалеко от Микмаса, упоминается в 1 Цар. 14:2. К северу есть развалины под названием Макрун.

Мидийцы (евр. Мадай), народ в Мидии (Быт. 10:2). Мидия — плодородная страна к югу и юго-западу от Каспийского моря, между Арменией на севере и Персией на юге, известная своими лошадьми. Она включала страны, которые теперь называются Азербайджан, Гилан, Мазандерван и Ирак-Аджми. Северная часть называлась греками Атропатене или Малой Мидией, а южная — Большой Мидией. Первая соответствует теперешней Персидской провинции Азербейджан, к юго-западу от Каспийского моря; со всех сторон окружена высокими горами, кроме восточной, где река Кура или Кир впадает в Каспийское море. Большая Мидия в большей части соответствует теперешнему Ирак-Аджми. Главными городами были: Рагес на севере и Экбатана, по-евр. Ахмета (Езд. 6:2), теперь Гамадан — на юге. По мнению некоторых, в северной Мидии существовала еще одна Экбатана.

После долгого рабства под игом Ассирии мидийцы восстали под предводительством Деекса и Фраортеса, добились независимости под предводительством Кларкареса, около 630 до Р.Хр. (срав. Ис. 13:17 и дал.; 21:2) и остались независимыми до соединения с Персией в царствование Кира. Таким путем возникла Мидо-Персидская мировая держава. Выражение "закон мидийский и персидский" нередко встречается в Библии (Дан. 6: 8 и 12 и т.д.); говорится также о "книге дневных записей царей Мидийских и Персидских" (Есф. 10:2). С этого времени у обоих народов заметно стремление к единообразию обычаев, богослужения и культуры. Вообще, из древних книг Зенды можно заключить, что мидийцы, персы и бактры первоначально составляли один народ с общим наречием и одной религией, именно служением Ормузду Ахура-Мазда, т.е. премудрый Господь) — высшему существу, которого они чтили в образе огня. Они чтили также звезды на небе и планеты, но, больше солнце и луну. Священнослужителями при этом богослужении были, так наз., маги (волхвы) из мидийского рода, которым доверено было культивирование и соблюдение обычаев. Из среды священнослужителей, как предполагают, до времени Кира, явился Заратустра или Зороастр, как реформатор и восстановитель старинного, но забытого служения свету; приверженцы этого культа существуют и в наше время в Персии и Индии под названием гюебры. В Библии о Мидии сперва упоминается, как о части Ассирии, куда были уведены 10 колен (4 Цар. 17:6; 18:1). Последующая история связана с историей Персии. Обе страны были покорены Александром Македонским (330 г. до Р.Хр.), и в следующем столетии подпали под власть Парфян, своих восточных соседей, вместе с которыми они упоминаются в Деян. 2:9.

Милит, известный, богатый приморский город на западном берегу Малой Азии, недалеко к югу от истока реки Меандра. В древние времена этот город был столицей старинной Иконии. Персы разрушили его, но он отстроился вновь: Александр Великий нанес ему смертельный удар, а турки окончательно его уничтожили. Во время своего последнего путешествия в Иерусалим Павел имел здесь трогательное прощальное свидание с пресвитерами Ефесской церкви (Деян. 20:15 и дал.). Из 2 Тим. 4:20 можно предположить, что Павел еще раз посетил Милит. См. "Трофим".

Милка, жена Нахора (Быт. 11:29).

Милло. 1) Одно из укреплений Иерусалима, которое было еще более укреплено Давидом, Соломоном и Езекией (2 Цар. 5:9; 2 Пар. 32:5; 3 Цар. 9:15). В так называемом доме Милло убили Иоаса (4 Цар. 12:20).

2) Укрепленное место в Сихеме (Суд. 9:20).

Милхом. См. "Молох".

Мина. См. "Деньги", "Весы".

Миндальное дерево — евр. шкедия.

Миндальное дерево. Родина этого дерева — западная Азия, и его можно встретить по всем берегам Средиземного моря. Оно цветет, когда ветви еще голы, очень рано — в январе, плод же вызревает в марте. Миндальные орехи упоминаются уже в повествовании об Иосифе (Быт. 43:11). Когда другие деревья еще находятся в сонном состоянии, миндальное дерево распускает свои красивые цветы. В 1881 году миндальные деревья в Бейруте цвели около 20 января, а неделю спустя сады были, как будто, покрыты снегом от осыпавшихся с деревьев цветов. Иаков клал миндальные прутья в водопойные корыта (Быт. 30:37). Из этого же дерева был сделан жезл Аарона (Чис. 17:8). Вероятно, по причине своего раннего цветения это дерево получило свое название по-еврейски "шакед", т.е. бодрствующий. См. Иер. 1:11, 12. У Еккл. 12:5 цвет миндального дерева уподоблен, как символ старости (белый цвет — цвет седин).

Миниф (Минит), место в земле Аммона, где Иеффай поразил аммонитян (Суд. 11:33), оттуда вывозили пшеницу на рынок в Тир. (Иез. 27:17).

Минийцы (Иер. 51:27) — армянский народ, названный у Иосифа Флавия мины, на ассирийских надписах — маннеи; жил, вероятно, вблизи озера Вана.

Мира, город в Ликии, из которого Павел уехал в Рим (Деян. 27:5).

Мирт — евр. ада́с.

Мирт растет по всему побережью Средиземного моря и достигает иногда 20 футов высоты, образуя часто маленькие рощи (Зах. 1:8). Листья отличаются глянцевитой зеленью, цветы иногда красноватые, ягоды — червоносиние пряные на вкусе; все растение приятно благоухает. Оно служило украшением на празднике Кущей (Лев. 23:40; срав. Неем. 8:15). Из этих мест видно, что мирт рос на высотах вокруг Иерусалима. Он растет на Ливане вместе с лавром, посреди сосен. Слава Нового Иерусалима сравнивается с красотою миртового дерева (Ис. 41: 19; 55:13; Зах. 1:9 и дал.).

Мисаил — Мишеэль.

1) Один из двоюродных братьев Аарона (Исх. 6:22); он вместе с Елцафаном должен был похоронить сыновей Аарона (Лев. 10:4).

2) Тот же, что Мисах. См. "Анания".

Масах тот же, что и Мисаил. См. "Анания".

Мисрефор-Маим, место, о котором упоминается вместе с Сидоном и Ливаном (И. Нав. 11:8; 13:6). Некоторые предполагают, что это теперешние источники Аин-Мешерфе на берегу близ мыса Тирская Лестница, или Рош а-никра́, по средине пути между Аккою и Тиром; другие же указывают на Сарепту (Сурафенд), между Тиром и Сидоном.

Мисия, провинция в северо-западной части Малой Азии, к северу от Лидии (Деян. 16:7, 8).

Митилина, главный город на острове Лесбосе, у северо-западного берега Малой Азии: он был богат, роскошен и известен своей литературой; развалины его находятся около теперешней столицы Кастро (Деян. 20:14).

Миха, живший во время судей, украл 1100 сиклей серебра у своей матери и возвратил их обратно. С ее согласия он построил в своем доме святилище с истуканом и ефодом и сделал своего сына священником, затем, найдя левита, поставил его для отправления богослужения (Суд. 17). Однажды к нему пришло множество людей из колена Данова и взяли священника с вещами святилища, которого и привели в Дан (Суд. 18).

Михаил Архангел, который спорил с диаволом о Моисеевом теле (Иуд. 9 стц.) — один из первых князей (Дан. 10:13, 21) — князь великий, стоящий за еврейский народ (12:1) и сражающийся со своими войсками против дракона (Отк. 12:7). См. "Архангел".

Михаиль, отец Сефура, одного из 12 соглядатаев (Чис. 13:14).

Михей — Миха.

Михей. 1) Сын Иемвлая, верный и бесстрашный пророк, который противостал 400 лжепророкам и предсказал Ахаву исход похода его и Иосафата против Сирии. Ему пришлось претерпеть издевательство от дерзкого Седекии. Ахав посадил его в темницу, где и кормил его скудно хлебом и водою (3 Цар. 22:8 и дал.; 2 Пар. 18:7 и дал.).

2) Михей морасфитянин, пророк Господа, действовавший во время Иоафама, Ахава и Езекии, царей Иудейских; следовательно, он был современником Исаии. Одно из его пророчеств приводилось более ста лет спустя в защиту Иеремии (Мих. 3:12; Иер. 26:18 и дал.).

3) Один из князей, которые помогали Иосафату в восстановлении истинного богопочитания (2 Пар. 17:7).

4) Сын Гемарии, молодой князь при дворе Иоакима, пересказавший князьям царя все слова Иеремии, которые он слышал, когда Варух читал свиток вслух народа (Иер. 36:11 и дал.).

Михмас, место в колене Вениаминовом, в 10 км к северу от Иерусалима, близ Гивы. Теперь там находится деревня под названием Михмас. Там находился склад запасов Сеннахирима при его нападении на Иерусалим (Ис. 10:28; Ср. 1 Цар. 13:23; 14:4 и дал.; Неем. 7: 31; 11:31). Срав. "Гива".

Мицпа (евр. сторожевая вышка) — памятник, который был поставлен Иаковом и Лаваном (Быт. 31:49); вероятно, то же место, что и "Массифа 1".

Мицраим, второй сын Хама (Быт. 10:6); праотец египтян.

Мицфа. 1) Город в низменной части владений колена Иудина (И. Нав. 15:38).

2) (Также Массифа) — город в колене Вениаминовом, место собрания всех колен во времена судей (И. Нав. 18:26; Суд. 20:1, 3; 21:1). Здесь Самуил приносил Богу жертвы и судил, а Саул был избран царем (1 Цар. 7:5 и дал.; 10:17). Аса укрепил этот город (3 Цар. 15:22; Иер. 41:9). В нем жил правитель Иудеи во времена Навуходоносора (Иер 40:6; Неем. 3:7; 4 Цар. 25:23). Эта Мицфа Самуилова представляет теперь деревню "Неби Самуил" на значительной высоте, приблизительно, в 5 км к северо-востоку от Иерусалима, — самой высокой горе в его окрестностях (914 метров над уровнем моря). Предание считает это место родиной Самуила, а также местом его жительства и погребения. В одной из магометанских мечетей показывают его могилу.

Мишал, город левитов в колене Асира (И. Нав. 19:26; 21:30).

Мишпат то же, что Кадес (Быт. 14:7), — название источника, города и пустыни, окружающей его (Псл. 28:8), при южной границе обетованной земли; по Чис. 20:16; она находилась при границе Эдома. Через Кадес израильтяне проходили два раза. При первом посещении, вскоре после остановки при Синае, они послали оттуда 12 соглядатаев в Ханаан (И. Нав. 14:7). Здесь же народ сначала отказался войти в землю обетованную и, после осуждения Божьего на скитание в пустыне, решил самонадеянно вступить в Ханаан без разрешения Божьего (Втор. 1:19 и дал.; 44). При последнем посещении Израилем этого места, 38 лет спустя, здесь умерла Мариамь, и народ поднял ропот из-за воды, которая чудесно появилась в изобилии. Здесь впали в грех неверия Аарон и Моисей, и отсюда же Моисей безрезультатно просил о проходе через Едом (Чис. 20:1 и дал.). Некоторые думают, что Кадес был местом главной стоянки во время путешествия по пустыне, так что часть народа постоянно оставалась там, в то время как Моисей со скинией переходили в другие лагерные места. Срав. Втор. 1:46; Чис. 14:33.

Мшипат. См. "Кадес".

Мнасон киприянин, давний ученик, в доме которого в Иерусалиме жил Павел (Деян. 21:16).

Моавитяне (Суд. 10:12) или меунитяне (2 Пар. 26:7) — арабское племя, от руки которого Господь многократно спасал Израиля; их родиной был город Маон (теперь Маан) в каменистой Аравии, к востоку от Петры. К моавитянам, вероятно, также должно причислить и аммонитян, упоминаемых во 2 Пар. 20:1.

Моав, один из двух сыновей Лота, праотец моавитян (Быт. 19:37), которые жили на восток от Мертвого моря, к югу от Арнона. Они изгнали емимов, многочисленный и рослый народ (Втор. 2:10 и дал.), и распространили временно свою власть к северу до Иавока, так что земля напротив Иерихона называлась землею Моава (Чис. 22:1; Втор. 1:5; 29:1; И. Нав. 13:32); затем аморреи опять оттеснили их обратно за Арнон (Чис. 21:13, 26; Суд. 11:13 и дал.); Моисей отнял владения у аморреев и определил их колену Рувимову (Чис. 32). Моавитский народ во главе со своим царем Валаком строил опасный для израильтян план (Чис. 22-24); хотя они избегли меча израильтян (Втор. 2:83), но все-таки над ними был произнесен тяжкий приговор (23:3 и дал.). Это были грубые язычники, поклонники Хамоса и Ваал-Фегора, которых они чтили безнравственным богослужением (Чис. 25:1-5; 3 Цар. 11:7; Ос. 9:10); поэтому они называются "Народом Хамоса" (Чис. 21:29). Они воевали с израильтянами во дни Еглона (Суд. 3:12 и дал., Давида (2 Цар. 8:2, 12), Иорама и Иосафата (4 Цар. 3:13, 20 и дал.). После покорения израильтян Навуходоносором моавитяне также воевали с израильтянами (4 Цар. 24:2; Срав. Иез. 25:8 и дал.). Из Ис. 15-16 можно полагать, что они снова приобрели свои прежние владения к северу от Арнона. Страна их, бывшая раньше богатой и плодовитой, в настоящее время является дикой пустыней, которая своими развалинами храмов, могил, каменных стен и пр. подтверждает истину пророчеств (Чис. 24:17; Иер. 48:9; Ам. 21:1 и дал.). В наше время нашли в пределах Моава громадные каменные памятники, называемые археологами — дольменами, т.е. древними каменными могилами, а также истуканы и доисторические надмогильные холмы из камней. Некоторые из истуканов так громадны, что необходимы были огромные усилия, чтобы поставить их. Срав. Втор. 2:11, о коренных жителях Моава. "Моавитский камень" своими письменами ясно говорит о том, что моавитский народ был в ближайшем родстве с израильским, и что религиозные взгляды у обоих народов во многом были сходны, хотя содержание существенно различалось. См. "Меса".

Хотя Моав осудил себя быть пустынею навеки (Соф. 2:9), "но в последние дни возвращу плен Моава, говорит Господь. "Доселе суд на Моава" (Иер. 48:47).

Могила — евр. ке́вер.

Могила (гроб). Евреи заботливо оберегали все, относящееся к выражению горя по умершим. См. "Похороны".

Могилами у них служили или простые ямы, выкопанные в земле (Быт. 35:8; 1 Цар. 31:13), или пещеры, которых так много в Палестине (Быт. 23:17). Иногда могилы высекались в скалах и имели внутри вид обширной комнаты с маленькими боковыми камерами, которые соединялись коридорами. Могилы охотнее всего делали под тенистыми деревьями и в садах, вне городов (Лук. 7:12; Иоан. 11:30). Только цари и пророки погребались в городах (3 Цар. 2:10; 16:6; 1 Цар. 25:1; 28:3; Деян. 2:29). Богатые, обыкновенно имели фамильные могилы (Быт. 23:20; Суд. 8:32). Из развалин могил близ города Петры можно судить, что богатые люди, как, напр., Севна (Ис. 22:16) — любили высекать себе могилы высоко в скалах. Считалось унизительным не быть погребенным в могиле своих отцов (3 Цар. 13:22; 2 Пар. 28:27). Об общих кладбищах говорится в 4 Цар. 23:6; Иер. 26:23 (евр. "могилы сыновей народа"). Могилы, высеченные в скалах, заваливались большими камнями (Мат. 27:60; 28:2; Иоан. 11:38). Над могилами иногда ставили памятники, сделанные из камней или высеченные из скалы (Быт. 35:20; Иов. 21:32); такой памятник Авессалом построил для себя еще при жизни (2 Цар. 18:18), хотя его похоронили потом в яме, набросав над ним груду камней. "Памятник Авессалома" предание указывает в долине Кедрона. Он частью высечен из скалы, частью построен из камней в виде четыреугольной пирамиды с небольшим уклоном около 15 метров в вышину. В Кедронской долине земля усыпана старыми надмогильными камнями и памятниками. Склон горы Мориа на восточной стороне от стены храма весь покрыт такими могильными памятниками с еврейскими и арабскими надписями. Всюду путешественник встречает там могильные пещеры, которые иногда служат убежищем для стад

Гробница, в которой, предполагают, лежал Иисус Христос.

Внутренность гроба в саду. Предполагают, что в этом гробу лежал и воскрес Христос.

овец или для бедуинов, подобно тому, как в древние времена бедняки находили приют в таких пещерах (Лук. 8:27). Суеверные идолопоклонники совершали в них свои таинственные волхвования (Ис. 65:4). Букоторф в виде примера приводит следующие надписи на еврейских памятниках — "Этот камень я поставил в память уважаемого покойного Елиакима. Да даст ему Бог покой в Едеме между другими святыми земли. Аминь. Аминь. Села". Памятник одной девушки имеет такую надпись — "Этот памятник я поставил над святейшей, чистейшей, добродетельной и нравственной Ревеккой, дочерью святого раввина, левита Самуила, о которой все хорошо отзывались. Умерла она 8 декабря 135 г. Да покоится ее душа в Едемском саду".

После зимних дождей могилы белились мелом для того, чтобы предупреждать единоверцев от осквернения при прикосновении к могиле (Чис. 19:16), и потому Господь Иисус уподобляет фарисеев окрашенным, т.е. наружно красивым гробам, внутри наполненных костями мертвых и всякой нечистотою (Мат. 23:27 и дал.). Срав. Лук. 11:44, где фарисей, из-за своего лицемерия, которое затуманивает глаза людей, уподобляется незаметным для глаза могилам. Охрана и украшение гробниц пророков впоследствии стали вытекать из лицемерия. Суеверное и наружное поклонение могилам и праху, на которое Иисус указывал и которое обличал в Своих современниках, ставя этих строителей памятников на одну доску с их отцами, убившими пророков, и до сих пор можно встретить во всей своей неприглядности. Местам, где, как считают, умер. и погребен Иисус, поклоняются и воздают почести тысячи людей, которые в то же время презирают Закон Божий. До сего времени охраняют могилу Давида на горе Сионе и гроб Авраама в Хевроне с величайшей заботливостью, тогда как многие Божеские и человеческие законы безнаказанно попираются.

Могилами царей называются прекрасные надмогильные постройки, недалеко к северу от Иерусалима, где в твердой скале высечено большое четыреугольное углубление, по сторонам которого помещаются высокие и богато украшенные склепы. Вероятно, это дело царицы Елены из Адиабены, которая во времена Иисуса вместе со своим сыном перешла в еврейство. Она умерла в Иерусалиме, построив для себя могильный памятник. Языческие писатели воспевали этот памятник.

Могилу Христа показывают в одной из многих часовен, находящихся внутри храма св. Гроба Господня в Иерусалиме. Внутри этой небольшой мраморной часовни показывают настоящую скалу с могильной пещерой, камень отваленный ангелом от гроба и прочее. См. "Голгофа".

Могила Давида (3 Цар. 2:10) на горе Сионе существовала еще во времена апостолов (Деян. 2:29). Магометане утверждают, что она сохранилась и до сего дня. В предместье Неби Дауд (пророк Давид), недалеко к югу от Иерусалима на Сионской горе находится старая христианская церковная постройка, где на втором этаже показывают зал, в котором будто бы происходила Вечеря Господня, так называемый Ценакулюм ("горница"); в том же доме на первом этаже стоит гробница, покрытая покрывалами; это изображение настоящей могилы Давида, которая, по их словам, находится в склепе под землею, и которую они не разрешают осматривать.

Модад. См. "Елдад".

Можжевеловый куст. См. "Дроковый куст".

Можжевельник. См. "Дроковый куст".

Мозер, одно из лагерных мест, может быть, то же, что и Мосероф (Чис. 33:30), откуда Аарон взошел на гору Ор для того, чтобы там умереть (Втор. 10:6; Срав. Чис. 20:28).

Моисей, великий пророк и законодатель израильтян, родившийся в Египте, приблизительно в 1570 году до Р.Хр. Его родителями были Амрам, сын Каафа, внук Левия, и Иохаведа, тетка и жена Амрама (Исх. 6:20). Он был братом Мариами и Аарона (Чис. 26:59) на три года моложе последнего (Исх. 7:7). Его история разделяется на три резко разграниченных периода, каждый по сорока лет, а именно: время воспитания его в Египте, время пастушеской жизни, и, наконец, странствования по пустыне (Деян. 7:23, 30, 36). Первый период начинается с его детства, когда мать, не смея далее скрывать красивого трехмесячного ребенка, положила его в корзину, которую поставила посреди тростников у берега Нила (Исх. 2:1 и дал.). Там он был найден дочерью фараона, которая взяла его, усыновила и нарекла имя Моисей (евр. Моше), ибо она сказала: "Я из воды вынула его"; это имя происходит от евр. ""Машах", т.е. вынимать (Псл. 17:17) или из египетских слов: МО (вода) и УШЕ (спасен), следовательно, спасенный из воды. Благодаря догадливости сестры, Моисей был вскормлен своей матерью; затем он воспитывался при дворе фараона, где и научился всей мудрости египетской и стал могущественным в словах и делах (Деян. 7:22).

Второй период начинается с бегства в Мадиам, которое было следствием национальной ревности (убийство египтянина) и навлечения на себя вражды за свою попытку примирить двух евреев (Исх. 2:11 и дал.). Убежав от мщения фараона в Мадиамскую землю, он в течение 40 лет вел образ жизни кочевника. Помощь, оказанная дочерям священника Иофара, открыла ему доступ в его дом: он женился на его дочери Сепфоре; от Сепфоры у него родились два сына, из которых один назван Гирсам, а другой Елиезер (Исх. 18:3 и дал.). Моисей, пася овец у Иофора, познакомился со всеми опасностями пастушеской жизни (Исх. 2:15 и дал.). В одиночестве пустыни, также как и раньше через изучение мудрости египетской, Бог приготовил из него вождя, которым он стал для своего народа в течение третьего периода своей жизни, начавшегося с того дня, когда Бог призвал его из пламенеющего куста на горе Хориве итти и вывести еврейский народ из Египта (Исх. 3 гл.).

Этот последний период завершается его восхождением на вершину горы Фасги, с которой он увидел великолепные Ханаанские горы и затем умер... К этому последнему периоду принадлежит все то, что мы знаем о его выступлении перед фараоном и его чудесах перед ним (Исх. 5 и дал.), о первой пасхальной вечере, переходе через Чермное море (гл. 12-14), принятие закона (19:1 и дал.), установлении богослужения и пр. (Исх. 25 и дал.). "Он верен во всем дому Моем", так Сам Бог свидетельствует о нем (Чис. 12:7) и апостол говорит: "И Моисей верен во всем доме Его, как служитель для засвидетельствования того, что надлежало возвестить" (Евр. 3:2, 5). Ибо Бог говорил ему устами к устам, явно, а не в гаданиях, и образ Господа он видел (Чис. 12:8). "И говорил Господь с Моисеем лицом к лицу, как бы говорил, кто с другом своим" (Исх. 33:11). Несмотря на это, ему все-таки не позволено было вступить в землю Ханаанскую за его грех у Меривы (Чис. 20:8 и дал.; Втор. 1: 37; 3:26). После того, как он привел Израиля к границам обетованной земли, ему лишь с вершины Фасги удалось посмотреть на великолепие Ханаана, чтобы затем умереть в земле Моавитской по слову Господню. "И погребен на долине в земле Моавитской против Беффегора, и никто не знает места погребения его, даже до сего дня" (Втор. 34). Ему было 120 лет, когда он умер, но зрение его не притупилось и крепость в нем не истощилась (Втор. 34:7). Архангел Михаил должен был состязаться с диаволом, споря о Моисеевом теле (Иуд. 9): оно не стало добычей тления. Прославленный Моисей явился на горе Преображения и беседовал с Мессией (Лук. 9:30).

Установления и законы Моисеевы обнаруживают во всем дух свободы, чистоты, изощренного ума, справедливости и кротости, которые мы напрасно бы искали во всей языческой древности. И, главное, они проникнуты любовью к Богу, уважением и послушанием, которые ставятся выше всего прочего. Ими (законами) создавался и развивался характер евреев, так что они из кочующего пастушеского племени стали земледельческим, оседлым народом. Установления Моисея, благодаря Библии и еврейскому народу, оказали свое влияние на весь мир, и, часто, люди, проходившие мимо их буквы, все-таки принимали их дух.

Евреи всегда чтили Моисея, как самого выдающегося в их истории человека и как создателя всех установлений правосудия и религии. Многочисленные места как в Ветхом, так и в Новом Заветах свидетельствуют, насколько имя его жило в памяти еврейского народа. (Ср. Псалмы: 102:7; 104:26; 105:23; Ис. 63:12; Иер. 15:1; Дан. 9:11; Мат. 8:4; Лук. 24:27; Иоан. 1:17; 5:45; 9:28; Деян. 7:20, 37; Евр. 3; 11:23 и дал.). Во всех своих благих начинаниях и поступках он являлся только орудием в руке Всевышнего. Склонный по природе к гневу и нетерпению, его характер, путем Божественного воспитания, стал настолько смиренным, что он называется "кротчайшим из всех людей на земле" (Чис. 12:3). Это свидетельство подтверждается также всем тем, что рассказывают Моисеевы книги о его согрешениях. Многие стороны его жизни замечательно прообразуют Христа в различных отношениях: как Спасителя, Господина и Начальника Своего Народа, носящего его в Своем сердце, ходатайствующего за него (Исх. 32:32; Чис. 11:2; 12:13), помогающего, учащего и питающего его до самого вступления в страну Обетованнию. Все Моисеевы установления указывали на Христа. На святой горе, спустя тысячелетия после его смерти, Моисею дано было вместе с Илией почтить Того Пророка, о Котором он предсказал (Втор. 18:18 и дал.): он увидел (чего так желал) "ту добрую землю, которая за Иорданом, и ту прекрасную гору и Ливан" (Втор. 3: 25), беседовал с Иисусом о самом замечательном предмете: об исходе Его, который Ему надлежало совершить в Иерусалиме (Лук. 9:31). Побуждающей силой во внутренней и внешней жизни Моисея (Евр. 11:24 и дал.) была та вера, которая взирала на Невидимого, и соделала то, что он скорей согласился страдать с народом Божиим, нежели иметь временное, греховное наслаждение; та вера, которая и теперь привязывает душу ко Христу (Иоан. 5:46), почему и песнь победителей в Отк. 15:3 называется “песнью Моисея, раба Божия, и песнью Агнца”. На этого замечательного мужа нам следует смотреть не только как на посредника, законодателя и народного вождя, но и как на пророка, как на человека, проникающего в будущее, поэта и талантливого писателя, ибо во всех этих отношениях он являлся выдающимся человеком. В качестве пророка он говорил о будущем колен Израилевых (Втор. 33), о служении Христа, о служении в храме и о правлении царя (Втор. 17:18); как поэта мы узнаем из таких мест, как, напр., песнь, воспетая Моисеем и израильтянами в хвалу Господа после перехода через Чермное море (Исх. 14:31; 15:1 и дал.); из воинской песни об Амалике (17:16) и в речи против игрищ вокруг золотого тельца (32:18). Он или его ближайшие последователи должны были быть авторами воинских песен, записанных в “книге браней Господних” (Чис. 21:14 и дал.; 27 и дал.), и песни “наполняйся колодезь” (21:17 и дал.). Вспомним, наконец, о дивных местах песни Моисея о величии и падении Израиля (Втор. 32:1 и дал.) и о благословении, которым Моисей, человек Божий, благословил сынов Израилевых перед своей смертью (Втор. 33). Моисею приписывается также Псл. 89, “Молитва Моисея, человека Божия”. Как писателя, мы знаем его по его книгам. Пять книг Моисеевых, которые часто называются одним именем “Пятикнижие”, первоначально составляли одно целое, как “закон Моисеев” (Езд. 7:6), книга Моисеева (Езд. 6:18; Неем. 13:1) или книга закона Моисеева (Неем. 8:1). Евреями она еще теперь называется Тора (закон) или Торат Моше (закон Моисеев). Деление этого сочинения на пять частей является, вероятно, делом греческих переводчиков, так как названия различных книг — не еврейские, а греческие: по-еврейски они обозначаются начальными словами каждой книги. Относительно автора “Пятикнижия” заметим, что, хотя мы на достаточном основании верим, что все главное написано Моисеем по повелению Божию (Исх. 17:14; 24:4, 7; 34:27; Чис. 33:2; Втор. 31:24), но это не препятствует предпологать, что Моисей отчасти мог пользоваться древнейшими источниками, что местами незначительные пояснения или замечания были добавлены позже и, наконец, что окончание пятой книги Моисея (о смерти Моисея) было сделано другим автором. (Срав. слова Иисуса в еван. Иоан. 5:46). Основанием для предположения, что книги Моисея написаны несколькими авторами, считают Езд. 9:11, где приводится место из Втор. 7:2 и дал. с такими словами: “которые заповеди дал Ты через рабов Твоих пророков”. Рукописи Пятикнижия представляют целый свиток, который не разделен на книги, а на большие и меньшие части, называемые “паршиот” и “седарим”. Эти “паршиот” разделены так, что вся книга Моисеева (т.е. все 5 книг) в течение года прочитывались в синагогах один раз вместе с соответствующими отрывками из пророков, т.н. хафтарот (См. “Библия”). Содержание также представляет одно целое. Таким образом все Пятикнижие не является сборником отрывков, случайно связанных между собой, но имеет следы планомерности и порядка. См. “Закон Моисея”.

Молада, город в Иудее, отданный впоследствии колену Симеонову (И. Нав. 15:26; 19:2; 1 Пет. 4:28; Неем. 11:26). Его развалины и колодцы найдены при Тель-Мильх, в 2 милях на восток от Вирсавии.

Молитва — евр. тефил.

Молитва. Определен. приказания молиться в законе нет. Необходимость молитвы вытекает из естественной потребности человеческой души, жаждущей общения с Богом и Его милости. Молитва есть главное в жертвах и жертва имеет свое значение как воплощенная молитва (Срав. Псл. 140:2). Что молитва была соединена с жертвоприношением, мы видим также из Лук. 1:10, где к месту жертвоприношения, т.е. в храм, приходили для того, чтобы молиться (Лук. 18:10; Деян. 3:1), обращаясь при этом лицом к Святому Святых (Псл. 5:8; 137:2). Если молящийся находился далеко от храма, то во время молитвы он обращался лицом в сторону храма, подобно Даниилу, открывавшему свое окно к Иерусалиму и молившемуся в этом направлении (3 Цар. 8:46 и дал.; Дан. 6:10). Молитва, как видно, совершалась трижды в день (Псл. 54:18; Дан.6:10); временем молитвы были вечер или “девятый час”, — время вечернего жертвоприношения (Деян. 10:3; Дан. 9:21), утро или “третий час” (Деян. 2:15) и полдень “шестой час” (Деян. 10:9). Молитва перед едой или благодарение за пищу до ее вкушения упоминается в некоторых местах (Мат. 15:36; Деян. 27:35). Народ не хотел есть до благословения Самуилом жертвы (1 Цар. 9:13). Молились чаще всего стоя (1 Цар. 1:26; Мар. 11:25; Лук. 18:11), иногда с поднятыми вверх руками (3 Цар. 8:22). В торжественных случаях или в большой печали преклоняли колени (3 Цар. 8:54; Псл. 94:6) и даже простирались на земле (И. Нав. 7:6; Неем. 8:6). В Ветхом

Завете мы не встречаем образцов молитв за исключением тех выражений, о которых говорится в Втор. 26 при приношениях всяких начатков земли и десятой части своего имущества, также троекратного благословения (Чис. 6:24 и дал.) и молитва Моисея, когда ковчег поднимался в путь или останавливался (Чис. 10:35, 36; Срав. Псл. 67:2). Самые замечательные молитвы записанные в Ветхом Завете: молитва Соломона при освящении храма (3 Цар. 8), молитва левитов в великий день поста после плена (Неем. 9) и молитва Даниила (Дан. 9). Из Лук. 11:1 видно, что знаменитые учителя давали своим ученикам образцы молитв. Когда ученики просили Господа, чтобы Он научил их молиться, то Он дал им молитву, известную нам под именем "молитвы Господней" или "Отче наш" (Лук. 11:2 и дал.; Мат. 6: 9 и дал.); Христос, проводивший целые ночи в молитве к Отцу и имевший более других дух молитвы, в Своей "Первосвященнической молитве" (Иоан. 17) показал Себя, как молитвенника за нас, а Своей молитвой в Гефсимании до сих пор побуждает нас к усиленной молитве в минуты упадка духа. Молитва учеников во имя Иисуса постоянно имеет доступ к сердцу Отца (Иоан. 14:13 и дал.; 15:16). Мы имеем много примеров молитв апостолов во имя Иисуса (См. Ефес. 3:14 и дал.; Филип. 1:3 и дал.; Кол. 1:9 и дал.; Евр. 13:20 и дал.; 1 Пет. 5:10 и дал.; Иуд. 24 и дал.). Побуждение к молитве см. Ефес. 6:18; 1 Фес. 5:17; 1 Тим. 2:8; Мат. 6:5 и дал.; 1 Иоан. 5: 15; 5:10 и дал.; Псл. 33:7; Лук. 18:1; 21:36).

Молитва Господня. См. "Отче наш".

Молоко — евр. хала́д.

Молоко коров, овец, коз и верблюдов было самым обыкновенным пищевым продуктом израильтян и вообще на востоке (Быт. 32:15; Втор. 32:14; Прит. 27:27). Теперешние бедуины подолгу питаются одним только молоком. Молоко, вино и мед являлись признаком благосостояния и благословения (Быт. 49:12; Чис. 16:13; И. Нав. 5:6; Ис. 55:1). Молоко сохраняли в бурдюках (Суд. 4:19) и употребляли его в жидком или в сушенном виде, или как простоквашу (срав. "масло", "сыр"). Молоко является символом чистой, легко усвояемой и неподдельной истины (1 Пет. 2:2). В Евр. 5:12 и дал. 1 Кор. 3:2 им обозначены начатки христианского учения.

Молотьба. Гумна у евреев в Палестине были выровненные, твердо утрамбованные площадки, обыкновенно сделанные на возвышенных местах для того, чтобы мякина, благодаря ветру, легко отлетала. Напр., гумно Орны на горе Мория (2 Цар. 24:16; срав. Суд. 6:37; Ос. 13:3; Иер. 4:11 и дал.). Молотьбу производили следующим образом: волов заставляли ходить по снопам, положенным на гумне, и они топтали их до тех пор, пока зерно не отделялось от соломы (Ос. 10:11), или ездили по снопам в молотильных санях — (По-евр. "мораг"; 2 Пар. 24:22; 1 Пар. 21:23); эти сани состояли из досок с вделанными в них острыми камнями и т. п., или же отделяли зерно маленькими молоточками с острыми колесами (по евр. "агала") (Ис. 28:27; срав. Ам. 1:3; Ис. 41:15). Вол, который молотил, должно быть, имел возможность есть во время работы (Втор. 25:4). Небольшое количество или более легкие злаки молотились палками (Руф. 2:17; Суд. 6:11; Ис. 28:27), точно так же как и теперь на Востоке. За молотьбой следовала очистка зерна (веяние) для того, чтобы отделить мякину от зерна (Псл. 1: 4), после чего хлеб перевозился в житницы (Лук. 12:18); солома же и мякина сжигались (Мат. 3:12).

В иносказательных оборотах речи в Библии иногда встречаются выражения, взятые из процесса молотьбы на гумне для того, чтобы нарисовать картину совершенного уничтожения (4 Цар. 13:7; Прит. 20:26; Ис. 41:2; Ам. 1:3). Может быть, здесь имеются в виду военные колесницы, снабженные косами (ножами) и т.п.; (см. 2 Цар. 12:31). В Ис. 41:15 Израиль уподобляется новому зубчатому молотилу, которое будет молотить и растирать горы и превращать в мякину холмы.

Молох (Деян. 7:43); в 3 Цар. 11:5 также назван Милхомом и у Иер. 49:1 — Малхомом — отвратительный идол огня, которому преимущественно поклонялись аммонитяне, как своему высшему божеству или царю, отчего и произошло его имя, соответствующее Ваалу, финикийскому богу солнца. (См. Иер. 32:35). Закон строго воспрещает приношение детей ему в жертву (Лев. 18:21; срав. 20:2; Втор. 12:31). Несмотря на это, народ Божий все-таки совершал ему служение во время странствования по пустыне и после поселения в Ханаане (Ам. 5: 26; 3 Цар. 11:5, 7) "проводили своих детей через огонь Молоху" (4 Цар. 23: 10). Царь Ахаз проводил сыновей своих через огонь идолам (2 Пар. 28:3; проводились через огонь Молоху таким образом: истукан с большой бычачьей головой и человеческими протянутыми руками нагревался изнутри до каления, а затем в его руки бросали маленьких детей, крик которых заглушался шумной музыкой. Некоторые толкователи Библии предполагают, что детей сначала убивали, а затем уже приносили в жертву Молоху (Иез. 16:21; 23:39; Ис. 57:5; Псл.

105:37). См. “долина Енномова”.

“Скиния Молохова” (Ам. 5:26; Деян. 7:43) была, вероятно, ящиком или шатром, в котором носили во время торжественных шествий изображение Молоха.

Моль, по-евр. “грызущее насекомое”, была очень опасна для одежды народов востока. Это слово часто встречается, символизируя истребление и тленность (Иов. 13:28; Ис. 50:9; Ос. 5:12; Мат. 6:19; Иак. 5:2).

Монета (евр. матбéа). См. “Деньги”.

Море — евр. ям.

Евреи называли “морем” не только океан (Быт. 1:10; Втор. 30:13), но также и заливы, озера, реки и т.д. (И. Нав. 24:6; Ис. 19:5; Иер. 51:36; Иоан. 21:1).

“Великое море” (Исх. 34:6), “западное море” (Втор. 11:24; Иоил. 2:20) или “море филистимское” (Исх. 23:31) — различные названия у евреев Средиземного моря.

Море. 1) Дуб или дубрава близ Сихема (Втор. 11:30), где Авраам поставил свой шатер в земле Ханаанской (Быт. 12:6).

2) Холм у равнины Изреель (Суд. 7:1), может быть, теперешний Малый Ермон, гора (Дахи) к югу от Назарета.

Морешеф-Геф — Морешет-Гат. Морешеф-Геф, город в юго-западной части владений колена Иудина (Мих. 1:14), может быть, то же место, что и Мерасфит — родина пророка Михея (Мих. 1:1; Иер. 26:18).

Мория. 1) Местность, в которую Авраам был послан Господом для принесения своего сына Исаака в жертву на горе, указанной Богом (Быт. 22:2). Многие предполагают, что эта страна была окрестностью Иерусалима, а гора была той самой горой, что и

2) Мория, на которой Соломон построил храм Господень (2 Пар. 3:1). Давид приносил здесь жертву на гумне, которое принадлежало Орне Иевусеянину (2 Цар. 24:16 и дал.; Срав. 1 Пар. 22:1). См. “Иерусалим”.

Мосероф. См. “Мозер”.

Моф или **Мемфис** (Ос. 9:6; Иер. 46:14). См. “Ноф”.

Мрак — евр. хóшех.

Мрак. В некоторых местах Ветхого Завета сказано о Боге, что Он покрылся мраком или живет во мраке (2 Цар. 22:10 и 12; Псл. 17:10 и 12; Исх. 20:21; 3 Цар. 8:12), т.е. что Он не постигаем человеком. В то же время говорится, что Он одевается светом (Псл. 103:2), и что Он есть свет (1 Иоан. 1:5); Иисус называет Себя Светом мира (Иоан. 8:12). Мрак — символ ада — царства мертвых (Иов. 10:21, 22) и вообще жизни без Бога (Иоан. 1:5; 3:19; Ис. 8:22; 9:2). Так мы читаем о делах тьмы (Еф. 5:11), о мраке вне Царства Небесного (Мат. 8:12). Удивителен был египетский мрак, в течение трех дней окутывавший только египтян, тогда как у израильтян было светло в жилищах (Исх. 10:21 и дал.). Также удивителен был мрак, в течение трех часов стоявший над всею землею при смерти Иисуса (Мат. 27:45), он напоминал о словах Господа, сказанных через Амоса (8:9), “Я (Господь Бог) произведу закат солнца в полдень и омрачу землю среди светлого дня”.

Мрамор (Отк. 18:12), род известкового камня, известного своею прочностью и хорошо поддающегося полировке. С древних времен его употребляли на постройках и на выделку сосудов. Он упоминается среди материалов, употребленных Соломоном на постройку храма (1 Пар. 29:2). Колонны из белого мрамора и мозаичные полы из зеленого, белого, желтого и черного мрамора украшали дворец Артаксеркса (Есф. 1:6, 7).

Мститель за кровь. По закону (Быт. 9:6) человеческая жизнь была священна и, потому, если кто убивал человека, т.е. проливал его кровь, — сам должен был отдать свою кровь в возмездие. Право потребовать жизнь убийцы у некоторых древних народов считалось не только принадлежностью родственников умершего, — но даже их священным долгом. Это право мести одобрялось также и в Израиле, но, чтобы им не злоупотребляли, оно было ограничено правилами. Мститель за кровь (евр. гоель) действовал во имя Бога, Который взыскивал за невинную кровь (Псл. 9:13), и он должен был, без милосердия, т.е. ни на что не обращая внимания, убить преступника (Чис. 35:19). Не позволялось мстить за кровь кому-либо из родственников убийцы, но только ему самому (Втор. 24:16; 4 Цар. 14:6). Для того, кто нечаянно убивал кого-либо, были отведены города, в которые могли скрываться такие убийцы.

Мудрецы (Дан. 2:27). См. “Звезды”.

Мужеложство (евр. маасе сдом) (Быт. 19:5) воспрещалось законом (Лев. 18:22; 20:13), но все же такие люди жили даже в Иерусалиме (3 Цар. 14:24); блудники (4 Цар. 23:7), как и в соседних странах (Иов. 36:14). Срав. Рим. 1:27; 1 Кор. 6:9, 10; 1 Тим. 1:10).

Муж Божий. См. “Пророк”.

Музыка. Музыкальные инструменты, изобретение которых приписывается Иувалу (Быт. 4:21), упоминаются с древнейших времен вместе с танцами и пением; ими пользовались в торжественных случаях (Быт. 31:27; Исх. 15:20; 32:6, 18; 3 Цар. 1:40 и дал.; 1 Цар. 18:6); при разгульных пиршествах (Ис. 5:12; 24:8; Ам. 6:5) и в царских дворцах (2 Цар. 19:35; Еккл. 2:

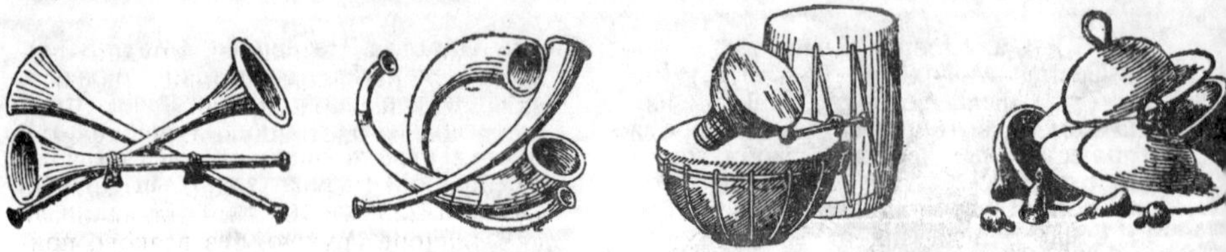

Трубы Корнеты Барабаны Тарелки и колокольчики.

8). С другой стороны музыка и пение выражали и горе при печальных событиях (Иер. 9:17; 2 Пар. 35:25; Мат. 9:23). Возбуждающее и успокаивающее влияние музыки было известно придворным тоскующего Саула (1 Цар. 16:16, 23). Во время игры на гуслях Илия принял дух пророчества (4 Цар. 3:15). В школах для пророков, видимо, упражнялись в музыке (1 Цар. 10:5). В установленном законом богослужении музыка также занимает выдающееся место. Уже при Чермном море женщины восхваляли Господа с тимпанами, ликованием и пением (Исх. 15:20 и дал.). Моисей дал определенные предписания, чтобы священники при приношении всесожжений и мирных жертв трубили в серебряные трубы (Чис. 10:2 и дал.). Царь Давид, который обладал поэтическим и музыкальным талантом, установил, чтобы пение и музыка в святилище исполнялись левитами (1 Пар. 16:4 и дал.; 25), при освящении храма Соломонова музыкальная часть богослужения была более величественна, чем когда-либо (2 Пар. 5:12 и дал.). По 1 Пар. 23:5 Давид поставил не менее 4000 левитов для того, чтобы они воспевали Господа на музыкальных орудиях. После прекращения теократического образа правления и гибели Соломонова храма музыкальное искусство пришло в упадок, так что при богослужении после Вавилонского плена от него осталось только слабое подобие прошлого (Езд. 3:10 и дал.; Неем. 12:27 и дал.). Для 70 толкователей Ветхого Завета музыкальные выражения надписей над псалмами были уже непонятными. Во время восстановления "дева Израилева" будет "украшаться тимпанами... и выходить в хороводе веселящихся" (Иер. 31:4).

Мы не много знаем о музыкальных инструментах евреев; некоторые из них, вероятно, принесены праотцами из Халдеи (Быт. 4:21; 31:27); с другими же израильтяне, наверное, познакомились в Египте. Из изображений на ассирийских и египетских памятниках мы можем получить некоторое представление о формах музыкальных инструментов того времени.

Упоминаемые в Библии музыкальные инструменты можно разделить на три рода, а именно: духовые, струнные и ударные инструменты.

1. Духовые инструменты. Второй из упоминаемых в Библии музыкальных инструментов называется по-еврейски "угав" (Быт. 4:21), что в русской Библии переведено словом "свирель" (Иов. 21:12; 30:31; Псл. 150:4). Мнения о значении слова "угав" различны. Одни предполагают, что оно означает волынку, которая теперь еще нередка в Египте и Аравии и которая в Италии называется "самбонья", это название весьма напоминает название одного из музыкальных инструментов в Даниила (3:5), халдейского "симфония". Другие предполагают, что "югаб" представляет пастушескую свирель. Этот инструмент состоит из нескольких трубочек различной длины и высоты тона, соединенных друг с другом в один ряд; он очень распространен среди пастухов на востоке. Третьи же предполагают, что это инструмент, по-халдейски назван "машрокита (Дан. 3:5), а по-русски — труба. Другой духовой инструмент, называемый "халил" (1 Цар. 10:5), по-русски — свирель (3 Цар. 1:40; Ис. 5:12; 30:29; Иер. 48:36), представлял, вероятно, флейту из тростника, дерева или рога. На ней играли и в горе и в радости (Мат. 9:23; 11:17), также при религиозных торжествах (Срав. 1 Цар. 10:5; Ис. 5:12). Слово "нехилот" в Псл. 5:1, вероятно, также обозначает флейту (по-русски духовой инструмент). Египетские памятники показывают нам одинарные и двойные флейты и свирели.

Инструмент, который называется "хацоцра" — труба, употреблялся исключительно для священных целей. Моисею было приказано от Бога сделать священникам две серебряные трубы и употреблять их для собирания народа, для сигналов на войне, при провозглашении праздников и при приношении жертвы всесожжения и мирных жертв (Чис. 10:2 и дал.; Срав. "хацоцра" 1 Пар. 13:8; 2 Пар. 20:28; Псл. 97:6). Во 2 Пар. 5:12 говорится о 120 священниках, которые трубили такими трубами в храме Соломоновом.

Почти для тех же целей употреблялся инструмент, называемый "шофаром" (евр.); по-русски трубный звук весьма сильный (Исх. 19:16). Иоав затрубил трубою для того, чтобы

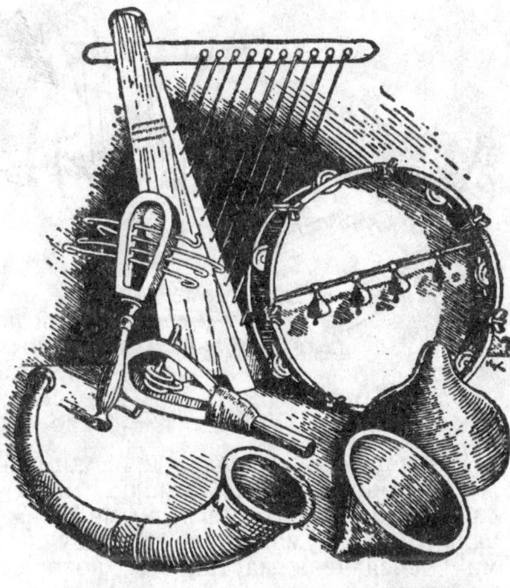

Древние музыкальные инструменты.

собрать войско (2 Цар. 2:28). Праздник нового года проходил при трубных звуках (Псл. 80:4). Срав. далее Иов. 39:24 и дал.; Лев. 25:9; Ис. 18:3; 27:13; 58:1; Иер. 4:5, 19; Иер. 6:1, 17).

Разница между "хацоцра" и "шофаром" — неизвестна. Предполагают, что разница между ними состоит в том, что первый представляет прямую, длинную трубу, какая изображена на триумфальной арке Тита, последний же формой напоминает рог. Рог упоминается как особое музыкальное орудие в Дан. 3:5 (русск. перев. — труба). В И. Нав. 6:5 юбилейная труба (евр. керен) — тот же инструмент, который в 4 стихе называется "шофар". Если сравнить эти стихи с Чис. 10:10, то выходит, что "хацоцра", "шофар" и "керен" могут служить названиями одного и того же инструмента. В Псл. же 97:6 два первые различаются: труба и рог.

2. Струнные инструменты. Из них нам следует отметить особенно два, а именно: "киннор" и "небель". Киннор по-русс. "гусли" — первый музыкальный инструмент, упоминаемый в Библии (Быт. 4:21). Лаван умел играть на них (31:27). Они употреблялись в торжественных случаях, как, напр., при возвращении ковчега (1 Пар. 16:5), при богослужении в доме Господнем (1 Пар. 25:3); при триумфальных шествиях (2 Пар. 20:28) и т.д. Странствующие певцы, как видно, пользовались "киннором" (в русск. переводе — цитрою) (Ис. 23:16). Игрою на "кинноре", по-русск. "гуслях" — Давид служил Саулу (1 Цар. 16:22 и 23). Пленные евреи в Вавилоне повесили свои "кинноры" (русск. "арфы) на вербах при реках (Псл. 136:2). О размерах и виде "киннора" трудно сказать что-либо определенное. Думают, что он более походил на гитару или лиру, чем на настоящую арфу, так как иногда играли на "кинноре" на ходу (2 Цар. 6:5; Срав. 1 Цар. 10:5). По 1 Цар. 16:23; 18:10; 19:9 Давид играл на "кинноре" рукою, без всякого приспособления и без косточки. Иосиф Флавий все-таки говорит, что в его время играли на "кинноре" косточкой. Возможно, что название "киннор" обозначает резличные виды этого инструмента, от арфы до лиры. Египетские памятники показывают нам арфы очень разнообразных видов. Самая обыкновенная форма арфы представляет дугу, соединенную с резонатором и натянутыми струнами, числом от трех до двенадцати. Крупный инструмент такого рода ставился играющим на землю; небольшие носят на груди или на плече. Кроме того, на памятниках встречаются изображения арфы более простого вида, состоящие из двух или трех сбитых планок, между которыми натянуты струны. Такие небольшие треугольные арфы встречаются также на ассирийских памятниках. Лира отличается от арфы тем, что резонатор помещается внизу и от него поднимаются две изогнутые дуги, соединенные наверху перекладиною; между этой перекладиной и резонатором натянуты струны. На лирах играли пальцами, носили же их по причине их легкости обыкновенно в руках.

Самым обыкновенным струнным инструментом был "небель", по-русски — псалтирь. Обыкновенно, на псалтири играли при пении священных "песней хваления" (3 Цар. 10:12; 1 Пар. 15:16; 16:5; 25:1; 2 Пар. 5:12; 29:25), на народных торжествах, а также и на веселых пирах (2 Пар. 20:28; Ис. 5:12), где, играя на псалтири (рус. Библия "гусли"), думали, что владели музыкальным орудием так же, как Давид (Ам. 6:5). Часто псалтирь и гусли упоминаются вместе (Псл. 70:22; 150:3). Давид говорит: "Воспрянь, псалтирь и гусли (небель и киннор), я встану рано. Буду славить Тебя, Господи" (Псл. 107:3). Форма псалтири точно неизвестна. Предполагают, что она напоминала арфу или гитару и т.д. Псалтирь сравнивают также, благодаря халдейскому названию "псантрин" (Дан. 3:5), с арабским инструментом — "синтир" и предполагают, что "небель" (псалтирь) был одинаков с часто встречаемым теперь у жителей Палестины, так называемым "кануном". Этот "канун" представляет четыреугольный продолговатый деревянный ящик с натянутыми на нем металлическими струнами, на которых играют пальцами. "Синтир" почти такого же вида, только играют на нем косточкой. Вероятно, особенный род "небеля" упоминается в Псл. 32:2; 143: 9 — "небель-асор", десятиструнный небель; в Псл. же 91:4 делается различие между "асор" и "небель". Августин объясняет разницу между "киннор" и "небель". По его мнению, первый, который он называет цитхара — имеет звуковой ящик (деку) внизу, последний же (псалтериум) наверху.

И киннор и небель делались из дорогого прочного дерева, как, напр., кипариса или сандалового дерева (2 Цар. 6:5; 3 Цар. 10:12; 2 Пар. 9:11). Кроме упомянутых инструментов у Дан. 3:5 встречается "китрос" — особый род "киннора", и "сабка", напоминающая латинское слово самбука, треугольный высокого тона инструмент, похожий на арфу, с несколькими струнами. Римляне упоминают о нем, как о восточном увеселительном инструменте. На этом же месте у Дан. 3:5 упоминается "псантрин". Думают, что это род гуслей: маленький ящик с декой и множеством струн, по которым ударяют двумя молоточками.

3. Ударные инструменты, назначение которых было производить шум и отбивать такт, были различны. На первом месте надо поставить так называемый "тоф", по-русски "тимпан", кольцо из дерева или металла, обтянутое только кожею, а по краям обвешенное металлическими побрякушками. Этот инструмент, в который ударяли рукою, женщины любили больше всех других (Исх. 15:20; Суд. 11:34; 1 Цар. 18:6; Псл. 67:26) при танцах и пении. О нем упоминается и в торжественных случаях и при веселых пирушках (2 Цар. 6:5; Ис. 5:12). Тимпан считался также украшением (Иер. 31:4). Подобные инструменты и теперь имеются у арабов под названием "дуф". Другой вид его, также древнего происхождения, называющийся "дарбакке", имеет форму кувшина, с длинным горлышком, нижняя половина которого срезана и заменена натягнутой кожей, по которой барабанят рукою (арабский барабан).

Общеупотребительные и любимые с древнейших времен на востоке кимвалы (евр. "целцлим") (2 Цар. 6:5; Псл. 150:5) и "мецильтами" (1 Пар. 13:8; 15:16, 19, 23; 16:5; 25:1 и 6; 2 Пар. 5:12 и дал.; Езд. 3:10; Неем. 12: 27) представляют выпуклые металлические пластинки в виде тарелок, которыми ударяют друг о друга, причем они издают дребезжащий звук. Они употреблялись музыкантами при пиршествах, а также во время богослужения. В Псл. 150:4 и дал. общество призывается восхвалять Господа не только с тимпанами и ликами, но также

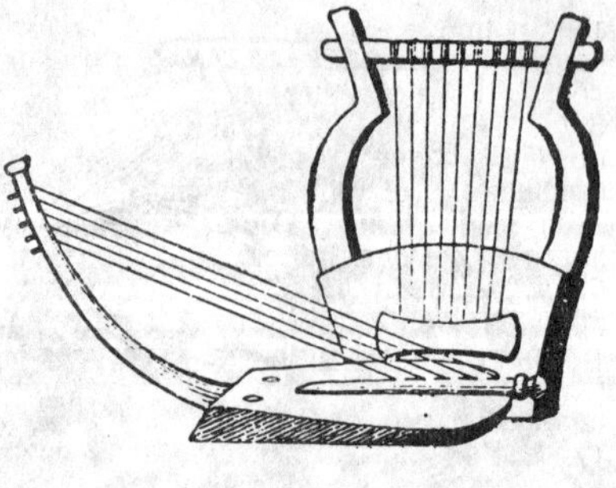

Арфа.

и на "звучных кимвалах и на кимвалах громогласных". Разница между "звучными" и "громогласными" кимвалами, как думают, та, что "звучными" обозначены кастаньеты, которые укрепляются одна на большом, а другая на указательном пальцах руки и ударяются друг о друга, а "громогласными" — вышеупомянутые кимвалы, которыми ударяли, держа их в обоих руках. (Срав. 1 Кор. 13:1). Древние памятники показывают нам танцовщиц с тамбуринами. В Египте танцовщицы и теперь еще пляшут с маленькими кастаньетами. Кимвалы, принадлежавшие храму, по Иосифу Флавию, были большого размера.

Далее, в 1 Цар. 18:6 упоминается "шалиш", на котором играли женщины, выходившие навстречу Саулу с "торжественными тимпанами". Вероятно, этот инструмент представлял металлический согнутый треугольником прут, издающий при ударе высокий звук. В 2 Цар. 6:5, когда несли ковчег, играли на "мена-неим", вероятно, особого рода инструментах, которые назывались "систрами" и представляли треугольный металлический прут, увешанный кольцами, которые при встряхивании издавали звенящий звук, подобно маленьким колокольчикам.

Наконец, что касается высоты музыкального искусства у евреев и характера их мелодий, то не много можно извлечь из имеющихся туманных и скудных сведений. Из 1 Пар. 15:19 и дал. и из заглавий некоторых псалмов видно, что евреи имели различные напевы, но гармония в нашем понятии, была им неизвестна. Следов нотных знаков не найдено. Различные напевы обозначаются выражениями "ал-ала-мот" (1 Пар. 15:20), т. е. по "девичьи" (по-русски, тонким голосом) и "ал-хашминит" в 21 ст., т.е. "октавой" (по-русски на цитрах, а в Псл. 6:1 на восьмиструнном). Предполагают, что "аламот" означает женский голос — сопрано, а "шиминит" низкую октаву. Слово "аламот" встречается также в Псл. 45:1; в Псл.

7:1 встречается слово "шиггаион", обозначающее (как предполагают) "плачевная песнь" или "песнь в высоком тоне". То же слово стоит у Аввакума 3:1 — "шигионот", т. е. в высоком тоне (по-русски "для пения"). Другим признаком мелодии (мотива) — является выражение в Псл. 9:1 "аль мут лаббен" (русск. перев. "по смерти Лабена"). Предполагают, что эти слова, обозначающие "смерть сыну", показывают, что этот псалом поется по мотиву другой песни, которая начиналась этими словами. Подобные же указания мелодий известных песен находятся, как думают, в заглавиях Псл. 21 "при появлении зари", Псл. 59 "шушан-эдут", т.е. "лилия свидетельства", Псл. 44:1 "шошан", т.е. "лилия", Псл. 79:1 "шошаним-эдут", т.е. "лилии свидетельства", Псл. 55 "о голубице безмолствующей в удалении", Псл. 56, 57, 58, 74 "Не погуби". Выражение "Начальнику хора", которое встречается во многих заглавиях псалмов (Псл. 4 и др.), вероятно, обозначает, что помеченный таким образом псалом предназначался для пения при богослужении. То же слово (менацеах) употребляется во 2 Пар. 2:2, о надзирателях над каменотесами Соломона.

Наконец, музыкальный термин неизвестного значения представляет слово "села", которое встречается более 70 раз в псалмах, а также в песни Аввакума (3:3, 9, 13 по-евр.). Предполагают, что оно означает "вверх" или "выше" и указывает на громкое интермеццо на музыкальных орудиях, пока пение смолкает. Это мнение подтверждается тем, что слово "села" встречается в таких местах, где предыдущее предложение имеет важное значение или глубокое содержание. В Псл. 9:17 (евр.) перед "села" стоит слово "хиггаион", которое, вероятно, отмечает тихое интермецццо. Срав. употребление слова в Псл. 91:4 (евр.) хиггаион на кинноре (по-русски "песня на гуслях").

Мул — евр. пéред.
Мул — помесь осла и лошади. Это крепкое и выносливое животное употреблялось с древних времен для перевозки тяжестей (4 Цар. 5:17; 1 Пар. 12:40), а также для езды верхом (3 Цар. 1:33; 2 Цар. 18:9). В 2 Цар. 13:29 мы читаем, что все сыновья царя сели каждый на своего мула и убежали. Вследствие того, что всякое смешение различных пород животных было воспрещено евреям, надо полагать, что мулы пригонялись из-за границы. Мы читаем, что царю Соломону дарили мулов (3 Цар. 10:25), и жители Тира доставили себе мулов из Фогармы Иез. 27:14). В книге Есфирь 8:10 и 14 упоминаются мулы, которые употреблялись гонцами; вероятно, это были лошади низкорослой породы. Относительно ослов в Быт. 36:24, — см. "Ана".

Муравьи — евр. немалóт.
Муравьи. В Прит. 6:6 и дал.; 30:24 они выставляются, как пример прилежания и умения использовать жизнь при всех обстоятельствах. Они особенно заботятся о своем потомстве, мудро распределяют свои работы и соблюдают удивительный порядок в своем общежитии.

Муха — евр. эвув.
Муха (Еккл. 10:1; Ис. 7:18). По всей вероятности, общее название насекомых, которые по закону были нечисты (Лев. 11:42). На востоке эти насекомые особенно назойливы и укусы их мучительны.

Упоминаемые Исаией мухи (збув) при устье Египетской реки сравнивали с эфиопской мухой, известной под именем цимб, которая чуть-чуть длиннее и толще пчелы. Она является настоящим бичом страны, когда жужжащими роями летит над полями и пугает пасущийся скот, который, мотая головами, бегает, пока не издыхает от голода и изнурения. Подобные насекомые (может быть, слепни), были четвертою египетской казнью (Исх. 8:21 и дал.; Псл. 77:45; 104:31).

Мытарь. У римлян богатые и почетные мужи, обыкновенно римского дворянского сословия, за известную плату на точно определенное количество лет, получали у римского правительства право на собирание податей в какой-либо римской провинции. Эти откупщики на таможенных заставах ставили своих чиновников (Мат. 9:9; Мар. 2:14), которые и взымали с населения пошлины для откупщиков. Эти подчиненные чиновники и называются в Новом Завете — мытарями; они были или римлянами, или уроженцами данной страны. Их положение и деятельность делали их людьми подозрительными и, поэтому, они упоминаются вместе с грешниками, блудницами и язычниками (Мат. 9:11; 21:32). По Талмуду, еврей, поступивший на эту службу, считался отлученным от общества израильского (Ср. Мат. 18:17). Иисус ел вместе с мытарями и грешниками (Лук. 15:1 и дал.) и приобрел последователей также и из них, напр., Закхей (Лук. 19:2 и дал.); один из них даже стал Его апостолом (Мат. 9:9; 1А:3).

Мышь. См. "Крот".

Мясо — евр. басар.
Мясо не упоминается в пище, предназначенной для первых людей (Быт. 1:29). После потопа оно было разрешено для пищи, но с известным ограничением (Быт. 9:2 и дал.). Впоследствии израильтяне получили много наставлений в этом отношении, направленных к огра-

ничению чрезмерного потребления его с целью отучения израильского народа от языческих обычаев. Более всего ели баранину, как и теперь в Сирии (1 Цар. 25:18; 2 Цар. 12:4; Срав. Ис. 53:7; Ам. 6:4). Ели также и другое мясо, особенно зажиточные люди. К столу Соломона отпускалось ежедневно, не считая 90 коров (См. "мера") муки, 10 откормленных и 20 обычных волов, 100 овец, кроме оленей, серн, сайгаков и откормленных птиц (3 Цар. 4:23. К столу Неемии ежедневно приготовляли более чем на 150 человек, 1 быка, 6 овец, много птицы и вина (Неем. 5:17 и 18).

Принесенное в жертву идолам мясо было воспрещено есть (Исх. 34:15). Ревнители чистоты по закону совершенно воздерживались от мяса для того, чтобы случайно не съесть принесенного в жертву идолам или изготовленного языческим способом (Дан. 1:8 и дал.). В первой христианской общине относительно этого держались различного мнения: некоторые ели все без разбора, другие избегали есть мясо, а питались овощами (Рим. 14:1 и дал.; 1 Кор. 8; 10:23 и дал.). Срав. "Идоложертвенное".

Мята, известное садовое растение, упоминаемое Христом вместе с другими растениями, с которых фарисеи давали десятину (Мат. 23:23).

Гора Искушения. Греческий монастырь на склоне горы.

Н

Наама. 1) Родина Софара, друга Иова (Иов. 2:11).

2) Аммонитянка, мать царя Ровоама (3 Цар. 14:21, 31).

Наараф — Наарата.

Наараф (И. Нав. 10:7) или Нааран (1 Пар. 7:28) — пограничный город в колене Ефремовом, близ Иерихона.

Наас. 1) Аммонитский царь, воевавший с израильтянами и разбитый Саулом (1 Цар. 11:1 и дал.). Впоследствии он оказал благодеяние Давиду (2 Цар. 10:2); сын Нааса не подражал примеру отца. См. "Аннон".

Сови, сын Нааса, который послал Давиду запасы пищи во время его бегства от Авессалома (2 Цар. 17:27), вероятно был брат недружелюбного Аннона.

2) Какой-то Наас, упоминаемый во 2 Цар. 17:25, как отец Авигеи и Саруи, которые по 1 Пар. 2:16 были дочерьми Иессея. Одни предполагают, что Наас — другое имя Иессея, другие же, что здесь говорится о каком-то Наасе, который был женат на жене Иессея до ее брака с последним, или после смерти его; или также, что Наас была второй женой Иессея. Из последнего предположения выходит, что Саруия и Авигея были единокровными сестрами Давида.

Наассон — один из предков Иисуса (Мат. 1:4; Лук. 3:32), сын Амминадава и шурин Аарона (Исх. 6:23), князь в колене Иудином (1 Пар. 2:10; Чис. 1:7; 7:12).

Наваиоф — Навито́.

Наваиоф, сын Измаила (Быт. 25:13; Ис. 60:7), название Измаильтянско-арабского племени. В ассирийских надписях Сеннахирима также встречается название народа "Набату" наряду с названиями "Гаврану", "Гагарану" и "Араму" (Гавраняне, Гагаряне и Арамяне). Считают возможным, что Наваиоф был праотцем набатян, упоминаемого греками и римлянами народа, который в течение трех последних столетий до Р.Хр. жил в горной стране Сеир, преимущественно в столице Петре, после вторжения идумеян в Иудею. Потомки Наваиофа занимались скотоводством в обширном размере и вели значительную торговлю индусскими и арабскими товарами.

Навал, могущественный человек в Маоне, в южной Иудее, у которого было большое имение на близлежащем Кармиле (1 Цар. 25:3). Забыв свой долг признательности к Давиду, который защитил его от разбойников, он не оказал ему помощи в нужде. Обиженный его неблагодарностью, Давид хотел немедленно уничтожить его вместе со слугами, но жена Навала, Авигея, своею мудростью предотвратила эту опасность. Через десять дней после этого Господь поразил Навала и он умер (1 Цар. 25:38). Впоследствии Давид женился на Авигее.

Нават, сын и наследник Иеровоама 1-го. Он царствовал над израильтянами два года и делал неугодное пред очами Господа. Вааса умертвил его при осаде Гаваона, 954-953 гг. до Р.Хр. (3 Цар. 15:25 и дал.).

Нават, отец царя Иеровоама (3 Цар. 11:26).

Наваф — Нави́т.

Наваф — место близ Рамы, где Самуил и его ученики приняли убежавшего Давида (1 Цар. 19:18 и дал.; 20:1).

Навин (Нун), отец Иисуса Навина, ефремлянин (Исх. 33:11), назван Ноном в 1 Пар. 7:27.

Навузардан (вавил. "набу-зир-иддина", т.е. Нево дал потомков), военачальник Навуходоносора, разрушивший Иерусалим (4 Цар. 25:8 и дал.; Иер. 52:12 и дал.). Он сознавал в этом праведный суд Божий и относился к Иеремии с почтением (Иер. 39:11 и дал.; 40:1 и дал.). Несколько лет спустя он вторично пришел в Иудею и увел еще часть народа (Иер. 52:31).

Навуфей — Наво́т.

Навуфей, израильтянин, один из 7000 (3 Цар. 21:1), которые во время Ахава еще боялись Бога и придерживались Его закона. Он имел виноградник близ дворца Ахава, который царь пожелал приобрести, но Навуфей ни за что не соглашался уступить наследие своих отцов (Лев. 25:23; Чис. 36:7). Тогда царица Иезавель послала от имени Ахава письма старейшинам народа, чтобы они назначили всенародный пост и Навуфей был посажен во главе народа. Два ложных свидетеля выступили, обвиняя его, что он хулил Бога и царя. Навуфей был побит камнями (3 Цар. 21:13); сыновья его также были убиты (4 Цар. 9:26), и Ахав взял виноградник себе. Смерть Навуфея была отомщена кровью Ахава и особенно Иорама, который умирающим был выброшен на поле Навуфея (3 Цар. 21; 4 Цар. 9:24 и дал.).

Навуходоносор, вавилонский царь, сын и преемник Навополассара, основателя нововавилонского царства (см. "Нево"), царствовал около 43 лет (приблизительно, 604-561 гг. до Р. Хр.). Значение его имени ясно из клинописей, начертанных на вавилонских кирпичах: Набиув-кудури-узур, т.е. "Нево, сохрани венец!" Будучи еще наследником, он поразил фараона Нехао при Кархамисе, около 606 г. до Р.Хр. (Иер. 46:2), после чего начался 70-летний вавилонский плен израильтян. Иерусалим был покорен, царь Иоаким сделался подвластным Вавилону; Даниил и множество иудеев знатного происхождения были отведены в Вавилон (4 Цар. 24:1; 2 Пар. 36:6; Дан. 1:1 и дал.). После этого Навуходоносор должен был поспешить в Вавилон для вступления на царство после смерти своего отца (604 г.); тогда же он поместил сосуды Иерусалимского храма в храме своего бога. Когда Иехония, получивший иудейский престол после восстания и смерти Иоакима, поднял новое восстание, Навуходоносор выступил против него и привел Иехонию в Вавилон, а вместо него воцарил Седекию. Когда и этот несколько лет спустя отделился от него, Навуходоносор взял все укрепленные места в Иудее, разрушил Иерусалим (588 г. до Р.Хр.), а Седекию закованым и ослепленным послал в Вавилон (4 Цар. 24:25; 2 Пар. 36:; Иер. 52). Затем в течение многих лет (13 по Иосифу Флавию) он осаждал укрепленный город Тир, но, повидимому, без успеха. Срав. Иез. 26:1, 7 и дал. с 29:18, где Господь, в награду за неудачные осадные работы при Тире, обещает Навуходоносору воздаяние в Египте. Надписи показывают также, что он, после осады Тира, сделал несколько внезапных набегов на Египет (Срав. Иер. 46). Библия изображает Навуходоносора, как ревностного идолопоклонника, который все-таки, когда умудренный Богом Даниил объяснил ему значение его сна о большом истукане, признал, что Иегова есть Бог богов (Дан. 2), и когда три мужа, которые не согласились поклониться сделанному им истукану, остались невредимыми в раскаленной печи, всенародно прославил "Бога Седраха, Мисаха и Авденага". (Дан. 3). Вавилонские памятники говорят о Навуходоносоре прежде всего, как о строителе роскошных дворцов и храмов для идолослужения, строителе каналов и покровителе земледелия (См. "Вавилон"). В Дан. 4:27 говорится, как он, расхаживая по царским чертогам в Вавилоне, в заносчивости сказал: "Это ли не величественный Вавилон, который построил я в дом царства силою моею могущества и в славу моего величия"! Далее говорится, как Господь тогда же поразил его болезнью, которая называется ликантропией, особого рода безумием, при котором больной воображает себя животным и поступает, как таковое (стих 30), "и отлучен он был от людей, ел траву, как вол, и орошалось тело его росою небесною, так что волосы у него выросли, как у льва, и ноги у него — как у птицы".

Некоторые предполагают, что Берозус намекает на эту болезнь, когда говорит, что Навуходоносор перед концом своего царствования поступал как бесноватый и произносил слова "под действием божественного побуждения". К этому времени относится также часть Вавилонской надписи, в которой Навуходоносор, повидимому, сам указывает на этот несчастный период своего царствования. Там сказано, между прочим, следующее: "Четыре года (?) моя столица в городе... которая не радовала мое сердце. Во всех моих царствах я не возвысил своей власти; драгоценных сокровищ моего царства я не собирал. В Вавилоне я не возводил никаких построек ни для себя самого, ни для славы моего царства. Не воспел я во славу моего господина и бога Меродаха, радости моего сердца в Вавилоне, городе его величества и столице моего царства, и ничего не положил я на его жертвенник; также не очищал я каналов".

Некоторое время спустя к Навуходоносору вернулся рассудок, и он прославил Всевышнего, Царя Небесного, Который силен смирить ходящих гордо" (Дан. 4:34).

Среди многочисленных памятников того времени, которые сохранились до наших дней, упомянем один из самых замечательных, именно, черный камень, или камень с изображением Навуходоносора, который находится теперь в Берлинском музее. Клинопись вокруг изображения гласит следующее: "Меродаху, своему господину, Набиувку дуриузур, царь Вавилонский, повелел при жизни это сделать".

Нагалал (Наалаль), (И. Нав. 19:15; 21:35) или Наглол (Суд. 1:30), — город левитов в колене Завулоновом.

Нагалиил — Нахалиэль.
Нагалиил, одно из лагерных мест к северу от Арнона, между Матанной и Вамофом (Чис. 21:19). Предполагают, что он был расположен там, где теперь "Вади Энхейле", близ нижнего течения Леджума, притока Арнона.

Наггей, один из предков Иисуса (Лук. 3:25).

Нагой (евр. арóм). См. "одежда (платье)".

Надав, сын Аарона, см. Авиуд".

Надав (1 Пар. 5:19), племя Измаильтян, кочевавшие в Галааде.

Наема, место в низменной части Иудеи (И. Нав. 15:41).

Назарет — Нацрáт.
Назарет, город, где жил Иосиф и Мать Иисуса (Лук. 1:26; 2:4), и где Он провел первые 30 лет Своей жизни (Мат. 2:23; 4:13; Лук. 2:51; Иоан. 1:45), почему и был известен как "пророк из Назарета" (Мат. 21:11) и обыкновенно назывался Назарянином (Мар. 1:24; Лук. 4:34; Мат. 26:71; Деян. 2:22; 3:6 и т.д.). Это название было также написано на Его кресте (Иоан. 19:19) и было дано Его последователям — "Назорейская ересь" (Деян. 24:5). Теперь христиане на Востоке также называются "Назара" или "Назаряна-

Общий вид Назарета с восточной стороны.

ми". Назарет был незначительным местечком в северной части Галилеи. В Ветх. Завете о нем не упоминается. Этот город не пользовался доброй славой среди населения (Иоан. 1:46); Срав. Деян. 6:14: "И Иисус, этот Назарянин!" (греч.). Теперь город существует под названием "Эль Назира" в красивой долине на склоне крутой горы Джебель-Эль-сих, с которой, вероятно, хотели свергнуть Иисуса (Лук. 4:29). В Назарете Иисус не мог совершить многих чудес по неверию жителей (Мат. 13:54 и дал.). Назарет расположен к западу от Фавора, на полпути между горою Кармилом и южной частью Геннисаретского озера, в растоянии 165-ти км от Иерусалима. В католическом монастыре показывают "пещеру Благовещения"; монахи францисканского ордена показывают мастерскую Иосифа и т.д. Более достоин внимания т.н. "Источник Марии", единственный источник в окрестностях города, куда, наверное, Иисус и Его Мать часто ходили за водою.

Современный Назарет насчитывает около 40.000 жителей, из которых несколько больше половины — арабы-мусульмане, а остальные — арабы-христиане и несколько сот европейцев-монахов, священников и работников миссионерских учреждений. В городе действует около 20 храмов и

Холмистая земля около Назарета и гора Фавор.

Равнина Армагеддон, вид из холмов Назарета.

несколько монастырей. В числе храмов замечатильна новая католическая церковь Благовещания, построенная в 1955-1968 годах — крупнейшая церковь на Среднем Востоке. В 1957 году к востоку от Назарета был заложен еврейский город Верхний Назарет. В нем построено несколько фабрик и проживает около 20.000 человек.

То, что Иисус вырос в Назарате и назывался Назореем, приводится у Мат. 2:23, как исполнение пророчеств: Ис. 11:1: "Отрасль ("Незер") от корня Иессеева"; Иер. 23:5; Зах. 3:8. — Срав. "Цемах".

Назарянин. См. "Назарет, назорей".

Назорей — евр. назúр.

Назорей, т.е. отделенный или посвященный, — название человека (мужчины или женщины), который дал Богу обет не пить вина или крепких напитков, не есть виноградных ягод и вообще пищи, приготовленной из плодов виноградной лозы, и во время обета не стричь волос. По закону назорей должен был считать себя посвященным Господу и тщательно следить, чтобы не прикасаться к мертвому телу. Если же ему приходилось нечаянно прикоснуться к умершему, то на восьмой день он должен был принести жертву за грех, жертву всесожжения и жертву повинности и снова дать обет назорейства на такой же срок. По окончании времени назорейства надо было принести жертву всесожжения, жертву за грех, мирную жертву, хлебную жертву и жертву возлияния, остричь волосы и положить их в огонь под мирной жертвой. Совершив жертвоприношение, назорей считался освобожденным от своего обета. Некоторые были назореями от чрева матери, т.е. посвященными еще до рождения, как, напр., Самсон, Самуил и Иоанн Креститель. Считалось богоугодным делом, если кто-нибудь брал на себя издержки за жертвы назорея, которые требовались для освобождения от обета (Чис. 6). Павел сделал это (Деян. 21:20 и дал.). Трудно сказать, был ли обет, о котором говорится в Деян. 18:18, назорейским в обыкновенном значении. По сведению Иосифа Флавия были случаи, когда назорей остригал голову в начале назорейства. Предполагают, что Павел ради этого обета, для совершения жертвоприношения поспешил в Иерусалим. (См. Деян. 18:21 и дал.). Волосы назорея (евр. "незер" — посвящение), которые росли свободно, являлись признаком того, что этот человек посвятил себя Богу. (Слово "незер" также обозначает диадему на кидаре первосвященника). Назорейство было выражением необходимости для человека быть освобожденным от оков плотской жизни. Бог избрал назореев также, как избрал и пророков (Ам. 2:11). Как назорей, человек не должен был подвергаться плотским возбуждениям и всему, что можно отнести к человеческим побуждениям и влияниям. Поэтому бритва не должна была касаться его головы. Подобно этому, виноградные лозы, которые не срезали ножом в субботный и юбилейный годы, называются "назореи земли" (евр.) — по-русски "необрезанные лозы" (Лев. 25:5, 11), и неостриженные волосы девицы называются ее незером; по-русски волосы (Иер. 7:29).

Слово назорей или посвященный встречается в некоторых местах евр. текста в смысле "вождь" или "князь", например, в Втор. 33:16, (русс. перевод наилучший), также в Быт. 49:26 (избранный), и в Плач. 4:7. У Ам. 2:11 и дал. слову "назорей" придается обрядовое значение.

Назорейская ересь. См. "Назарет".

Наин — маленький город в Галилее, где Иисус воскресил сына вдовы (Лук. 7:11 и дал.). Он существует и теперь под своим прежним названием на северном склоне горы Дахи или Малого Гермона к югу от Назарета.

Наложница (евр. пиле́геш; Быт. 22:24). См. "супружество".

Намессий — Нимши́.
Намессий, дед израильского царя Ииуя (4 Цар. 9:2, 14), этот последний часто называется сыном Намессииным (3 Цар. 19:16; 4 Цар. 9:20).

Наперсник — евр. хошен.
Наперсник (т.е. украшение из драгоценных камней). Наперсником назывался щит на груди у первосвященника (Исх. 28:15 и дал.; 39:8 и дал.). Он служил для того, чтобы носить имена сынов Израилевых для постоянной памяти пред Господом (28:29). Он был искуссно соткан и расшит, подобно ефоду, золотом, голубой, пурпуровой и червоной шерстью и крученным виссоном. Он был четыреугольный и так складывался, что образовывал квадрат по 17,5 см в длину и ширину, на внешней стороне которого в золотых гнездах были вставлены двенадцать драгоценных камней в четыре ряда, считая сверху, на которых были вырезаны имена двенадцати колен. (О порядке имен смотри "драгоценные камни"). Наперсник прикреплялся на плечах посредством двух золотых колец и цепочек, а снизу он был прикреплен шнуром из голубой шерсти к кольцам пояса; таким образом, наперсник покрывал, приблизительно, всю переднюю часть ефода. На наперсник были положены урим и туммим (свет и совершенство), "они будут у сердца Ааронова, когда будет он входить во святилище пред лице Господне" (Исх. 28:30).

Наполнять. "Наполнять чьи-либо руки" было обыкновенным выражением, обозначающим посвящение в священники (Исх. 28:41); "Наполнять руки алтаря" (Евр. текст) означало освящать его (Иез. 43:26; "Наполнять (посвятить) свои руки Господу", означало жертвовать Ему от сердца наполненными руками (Иез. 43:26; Исх. 32:29; 2 Пар. 29:31).

"Овен вручения" и "овен посвящения" (Исх. 29:22 и дал.; Лев. 8:22 и дал.), один из двух овнов, которые приносились в жертву при посвящении в священники, потому что тук животного вместе с хлебным приношением клался в руки посвящаемых, которые, таким образом, наполнились; после чего, обычным способом возлагали это на жертвенник.

О "наполнении" и "наполнять" при выжимании винограда и молотьбе хлеба см. "слезы".

Напоминание о беззаконии (Чис. 5:15), см. "Блуд".

Нард — драгоценное масло, которое выжимается из благоухающего корня

Нард.

нардового растения (Nardostachys Jatamansis), растущего в Индии, с пурпуро-красными цветами, неширокие листья которого издают приятный аромат (Песн. П. 1:11; 4:13 и дал.). Это драгоценное масло сохранялось иногда в закрытых алебастровых сосудах (Мар. 14:3; Иоан. 12:3); у последнего сказано, что один фунт этого масла стоил 300 динариев.

Наречие, язык. Еврейское слово "масса", в значении язык или наречие, мы находим в Быт. 11:1 (срав. греч. Мар. 16:17; 1 Кор. 14:21) и в других местах; но, как это слово имет и другое значение, то оно же переведено в других местах Библии иначе: пророчество, возвещение, изречение, наставление (4 Цар. 9:25; Ис. 13:1; 19:1; Прит. 30:1; 31:1); в Иер. 23:33 и дал. — бремя.

Наркисс, римлянин, в семье которого были христиане, приветствуемые Павлом (Рим. 16:11).

Наследство — евр. нахалá, ерушá.
Наследство. Законы наследства у евреев были примитивны. Землю можно было закладывать, но продавать или дарить было невозможно (Чис. 36:6-9); см. "юбилей". На продолжительное владение землею человек приобретал право только по наследству; если же он покупал ее, то владел ею только до юбилейного года, после чего она снова возвращалась продавшему ее. Старший сын получал вдвое более по сравнению с другими братьями (Втор. 21:17). Женщины не могли получать земли в наследство. Однако, в том случае, если отец не имел сыновей, дочери наследовали землю при условии, чтобы они выбрали себе мужей из того колена, к которому принадлежал их отец (Чис. 27:8; 36:8.В виде исключения приводится Иов*, что он дал дочерям имения столько же, сколько и сыновьям (Иов. 42:15). Если кто умирал бездетным, то его земля переходила к ближайшим родственникам в определенном порядке (Чис. 27:8-11). Часто наследство делилось между детьми еще при жизни отца (Втор. 21:16). Так поступил и Авраам (Быт. 24:36; 25:5). Потому и блудный сын мог потребовать свою часть имения еще при жизни отца (Лук. 15:12). О письменных завещаниях мы встречаем указания лишь в позднейшие времена (Гал. 3:15; Евр. 9:17).

Наум — Нахýм.
Наум (утешитель). 1) Пророк. Елкосеянин (Наум. 1:1), выступил, как указывает его книга, в Иудейском царстве и пророчествовал об истреблении Ниневии и об уничтожении Ассирийской державы. Больше ничего о нем неизвестно. Срав. "Елкос".

2) Один из предков Иисуса (Лук. 3:25).

Нафан — Натан.
Нафан. 1) Один из сыновей Давида от Вирсавии (2 Цар. 5:14; 1 Пар. 3:5; 14:4), вероятно, праотец рода Нафанова, о котором говорится в Зах. 12:12. Нафан упоминается между праотцами Иисуса в Лук. 3:31.

2) Выдающийся пророк во время Давида, друг и советник своего царя. Он одобрил в начале решение Давида строить храм, но, получив Божественное откровение, он предназначил на это дело Соломона (2 Цар. 7:1 и дал.). Через него Господь обличил Давида в его грехе с Вирсавией, через него же Он передал слова прощения (2 Цар. 12). Нафан, назвавший Соломона вскоре после рождения "Иедидиа" (возлюбленный Богом) (12:25), оказал ему при его вступлении на царство действительную помощь (3 Цар. 1:11 и дал.). Соломон в знак благодарности определил его сыновей на высокие должности (3 Цар. 4:5). Нафан оставил после себя исторические заметки о царствовании Давида и Соломона. О них говорится в 1 Пар. 29:29; 2 Пар. 9:29.

Нафанаил — Натаниэль.
Нафанаил из Каны Галилейской (Иоан. 21:2) был приведен своим другом Филиппом к Иисусу, увидевшему в нем подлинного израильтянина, в котором не было лукавства. Он уверовал в Иисуса после того, как открылось, что Иисус знал сердце его и видел его под смоковницею еще до его встречи с Филиппом (Иоан. 1:45 и дал.). Он был одним из тех, которым Иисус явился после своего воскресения (Иоан. 21:1 и дал.). Вероятно, он — тот же, что Варфоломей. См. "Варфоломей".

Нафишем. См. "Нафиш".

Нафиш, имя одного из сыновей Измаила (Быт. 25:15) и название его потомков (1 Пар. 5:19).

Нафор-Дор. См. "Дор".

Нафтухим (т.е. народ Птаха или Мемфиса), народ в среднем Египте; упоминается среди сыновей Мицраима (Быт. 10:13).

Нахоново гумно — евр. гóрен Нахон.
Нахоново гумно (2 Цар. 6:6) или гумно Хидоново (1 Пар. 13:9), место, где Оза был убит Господом за то, что простер руку для поддержания ковчега в то время, когда везшие его волы наклонили его. Давид впоследствии назвал это место "поражением Озы" (1 Пар. 13:11).

Нахор. 1) Сын Серуха и дед Авраама, умер ста девятнадцати лет Быт. 11:24 и дал.; Лук. 3:34).

---

* Примечание: Есть предположение, чти Иов жил во времена Авраама.

2) Один из сыновей Фарры (Быт. 11:26), женившийся на Милке, дочери своего брата Арана (стих 29). О нем не упоминается при выходе из Ура Халдейского в Харран (ст. 31); возможно, что он переехал туда впоследствии, т.к. Харран называется "городом Нахора" (Исх. 24:10; срав. 27: 43). Нахор, как и Иаков, сделался отцом 12 сыновей, из которых четыре родились от его наложницы Реумы (22:20 и дал.); один из его сыновей, рожденных от Милки, был Вафуил, отец Ревекки (ст. 23).

Начальник. Это слово обозначает или государственную власть, как, напр., начальники городов (Деян. 17:6, 8; см. Фессалоника) или церковную власть, как, например, начальник синагоги (Мар. 5:22) и т.д. (См. "Синагога"); членов синедриона (см. "Синедрион"). В менее определенном смысле это название встречается в Езд. 9:2; Неем. 2:16; 7:5. См. дальше "Ассирийские начальники".

Начальник магов. См. "Волхвы".

Начальники стражи при храме. См. "Храм в Иерусалиме".

Начатки — евр. ришит бикурей адама.
Начатки плодов земли принадлежали Господу (Исх. 23:19; 34:26). Особенно обращалось внимание на то, чтобы 1) весь народ во время Пасхи, которая совпадала с жатвой, приносил первый сноп жатвы к священнику и однолетнего агнца во всесожжение Господу; при этом необходимо было принести хлебную жертву и возлияние (Лев. 23:10 и далее); во время же Пятидесятницы — 2 испеченных кислых хлеба из начатков самой лучшей пшеничной муки. Эти дары, вместе с другими, приносили в жертву, священник потрясал их перед жертвенником (Лев. 23:15 и дал.). Кроме того, 2) каждый израильтянин должен был принести начатки из первого и лучшего (Втор. 26:2) от различных плодов земли, по собственному усмотрению. К жертвам начатков принадлежал также тот хлеб, о котором написано: "От начатков теста вашего лепешку возносите в возношение" (Чис. 15:20). Эти жертвы предназначались для пропитания священников (Чис. 18:11; Втор. 18:4). Неемия побуждал народ приносить оба рода этих жертв из начатков (Неем. 10:35 и дал.; 12:44). Благочестивые в израильском народе приносили свои начатки пророкам Господним (4 Цар. 4:42).

Христос называется "первенцем из умерших", подобно тому, как после начального снопа в снопы собиралась вся жатва, так и после воскресения Христова последует воскресение верующих в Него (1 Кор. 15:20; Срав. Иоан. 20:17; 14:19). "Если начаток свят, то и целое" (Рим. 11:16). "Начаток Духа" называются те духовные дары, которые в этой жизни даются верующим, как залог того совершенства, которое они получат в вечности (Рим. 8:23).

Неаполь, приморский город во Фракии. После Нерона он присоединен к Македонии. Там Павел впервые высадился в Европе и продолжал путешествие в Филиппы (Деян. 16:11). Теперь этот город называется Кавала.

Небо — евр. шама́им, ракиа́.
Небо. Это слово встречается в различных значениях, которые должно отличать друг от друга.

1) Воздух над нами, в котором проносятся облака; так, напр., "небо красно (Мат. 16:2), "знамение с неба" (Лук. 11:16). Об этом небе говорится, что оно заключается и поэтому не бывает дождя (Лук. 4:25), и что оно отверзается, так что глаза могут видеть славу Божию (Деян. 7:56).

2) Звездное небо — пространство, где движутся бесчисленные небесные тела: "Звезды на небе" (Евр. 11:12) и "силы небесные" (Мат. 24:29; Срав. 3 Цар. 8:27).

Оба упомянутые значения слова "небо" заключаются в выражении "небо и земля", т.е. в том, что мы понимаем под словом "мир" или "вселенная". Так, например, в Быт. 1:1: "Бог сотворил небо и землю" и в Мат. 5:18: "небо и земля пройдет". Срав. Отк. 20:11. Говорится также о нынешних небесах и земле (2 Пет. 3:7) и о прежнем небе и прежней земле (Отк. 21: 1) в противоположность новому небу и новой земле (2 Пет. 3:13; Отк. 21: 1).

Когда-то представляли себе небо, как свод, нижний край которого касался краев земли (См. "твердь", "небо"), и это подало повод к таким выражениям, как: "от края небес до края их" (Мат. 24:31), "от края земли до края неба" (Мар. 13:27).

3) Небо, место обитания Бога (3 Цар. 8:49), "Бог небес" (Псл. 135:26; Отк. 11:13; 16:11). Небесный Отец (Мат. 6:9, 14), возле Которого находятся "воинство небесное" (Лук. 2: 13), ангелы небесные (Мат. 24:36), и "духи праведников" (Евр. 12:23); то небо, где воля Божия исполняется совершенно (Мат. 6:10), откуда сошел Христос (Иоан. 3:13) и куда Он вознесся (Лук. 24:51) и восшел "превыше всех небес" (Еф. 4:10) и откуда Он снова придет (1 Фес. 4:16); это небо открыто и приготовлено для спасенных грешников (Иоан. 14:2) через Того, Кто со Своею кровью вошел "в самое небо", приобрел вечное искупление (Евр. 9:12, 24). Павел в 2 Кор. 12:2 наверное подразумевает это небо, говоря, что в видении и откровении Господнем он был восхищен до

Гора Нево и источники Моисея.

третьего неба, или рая (ст. 4) и слышал неизреченные слова, которых человеку нельзя пересказать.

4) В некоторых местах Писания слово "небо" заменяет обитателей неба, напр., Отк. 18:20: "Веселись о сем, небо" и т.д. (Срав. Отк. 12:12), или Господа неба: "Я согрешил против неба", т.е. против Бога (Лук. 15:18) или же говорится "с неба" вместо "от Бога" (Иоан. 3:27; Лук. 20:4) и т.д.

Невеста (евр. кала́). См. "Брак".

Нево — ассирийский или вавилонский идол (Ис. 46:1), имя которого часто встречается в ассирийских надписях: Набиув или Набу, т.е. говорящий (от корня "наба", говорить, срав. евр. "нави", пророк, собственно — вестник). Он описывается, как бог науки, творец клинописи на кирпичах, устроитель мира, бог скипетра, или бог пера и т.д.; следовательно, он соответствовал Гермесу или Меркурию. Нево особенно поклонялись в Вавилоне. В Ворсиппе ему был построен большой храм. Имена нескольких вавилонских царей образованы от имени этого бога; так, напр., Навополассар (т.е. Набиув-абал-уцур = Нево, сохрани сына!), Навуходоносор, Навонид. В Ниневии найдены изображения Нево, которые теперь находятся в европейских музеях.

2) Гора Нево в земле Моава; она представляет вершину горы Фасги, с которой Моисей смотрел на Ханаанскую землю, и где он умер (Чис. 33:47; Втор. 32:49; 34:1). Эту возвышенность, вероятно, следует искать близ теперешнего местечка "Неббе", на горе, к юго-западу от Есевона, приблизительно в 20 км к востоку от северного конца Мертвого моря, с этого Неббе открывается великолепный вид на Ханаанскую землю от Хеврона на юге до Галилеи и Ермона на севере.

3) Моавитский город, который был покорен коленом Рувимовым (Чис. 32:3, 38); впоследствии он был взят обратно моавитянами (Ис. 15:2; Иер. 48:1, 22). О нем упоминается также на моавитском камне (См. "Меса"), как об израильском городе, покинутом царем Месою.

4) Город в Иудее (Езд. 2:29; 10:43), называется в Неем. 7:33 "Нево другим".

Неделя, евр. шавуа, т.е. седьмица; срав. "число". Счисление недель, которое нашли у разных народов древнего времени: египтян, вавилонян, китайцев и перуанцев, ясно видно из Быт. 29:27; следы этого находят в Быт. 2:2; 7:4; 8:10. Этим счислением также пользовались для определения и деления Моисеевых праздников, так, напр., Пятидесятница называется праздником седьмиц (Втор. 16:9 и дал.). Так как слово "шавуа" означало только число семь, то оно также могло быть употребляемо в других единицах времени, кроме дней; в пророчествах Даниила о семи седьмицах (Дан. 9:24 и дал.) это слово понимается как обозначающее период, состоящий из семи лет.

Нееман — военачальник сирийского царя, храбрый полководец, уважаемый своим господином, "но прокаженный". Пленная еврейская девочка сообщила ему о пророке Елисее, к которому он и поехал в Ханаан с позволения своего царя. Там он исцелился чудесным образом, окунувшись семь раз в Иордане, по слову пророка (4 Цар. 5). Убедившись в силе Иеговы, он взял с собою земли сколько могут снести два лошака для того, чтобы построить жертвенник Иегове (Исх. 30:24), Которому он хотел служить и приносить жертвы в своем отечестве. "Только вот в чем да простит Господь раба твоего (сказал он пророку): когда пойдет господин (царь) мой в дом Риммона для поклонения там и опрется на руку мою и поклонюсь я в доме Риммона, то за мое поклонение в доме Риммона, да простит Господь раба твоего в случае сем". Пророк сказал ему: иди с миром (4 Цар. 5:17 и дал.). О Неемане упоминается также в Лук. 4:27.

Неемия — Нехе́мия.

Неемия, сын Ахалии, набожный израильтянин, который после Вавилонского плена занимал должность виночерпия у персидского царя Артаксеркса 1 (Неем. 1:11; 2:1). Узнав от своего брата Ханани и других евреев о великом бедствии в Иерусалиме, он поведал царю о своей скорби и попросил у него позволения поехать в Иерусалим для того, чтобы отстроить город. Царь дал ему письменное полномочие, конных воинов и послал его в Иудею, как областеначальника (по-евр. "пахах", по-персидски "тиршафа", т. е. строгий господин (Неем. 7:65; 8:9). В течение 12 лет, с 20 года царствования Артаксеркса (445-433 гг. до Р.Хр.), он работал в Иудее (5:14) и благодаря неутомимым трудам и жертвам ему удалось, вопреки всяким препятствиям со стороны самарян и других врагов, выстроить стены города и, кроме того, предпринять некоторые меры для улучшения положения народа. На своей стороне он имел также верных друзей, особенно книжника Ездру (Неем. 8:1, 9, 13; 12:36). Когда назначенный двенадцатилетний срок (2:6) окончился, он возвратился в Персию, но спустя некоторое время снова (13:6) приехал в Иерусалим для того, чтобы бороться с некоторыми злоупотреблениями и уничтожить их, напр., упущения в богослужении, незаконные браки и пр. Относительно его смерти ничего неизвестно.

Ненасытимость (Прит. 30:15), евр. алука — пиявка, — символ невоздержанности и ненасытимости.

Необрезанный. См. "Обрезание".

Неплодие считалось большим позором (Быт. 16:1; 30:1-23; 1 Цар. 1:6; Ис. 47:9; 49:21; Лук. 1:25). Чтобы снять из себя поношение, женщины прибегали к различным, достойным порицания, мерам (Быт. 16:2; 19:31 и дал.; 38:14 и дал.).

Нергал. См. "Кута".

Нергал-Шарецер, имя князя царя Навуходоносора (Иер. 39:3, 13); по-ассирийски он называется Ниргал-Заруцур, т.е. Нергал охраняет царя; по-гречески — Нериглиссар. Некоторые думают, что первый Нергал-Шарецер, упоминаемый у Иер. 39:3 тот же, что и известный вавилонский царь Нериглиссар (559-556 гг. до Р.Хр.).

Нетофа — городок близ Вифлеема (Езд. 2:22; Неем. 7:26; 4 Цар. 25:23), в окрестностях которого жили певцы (Неем. 12:28). Может быть, это селение Беит-Нетиф, между Иерусалимом и Аскалоном.

Нефан-Мелех — придворный, около местожительства которого в Фаруриме Иудейские цари помещали коней, посвященных солнцу (4 Цар. 23:11).

Нефинеи — Нетиним.
Нефинеи, т.е. подаренные (от слова "натан" — давать) — работники, которых Давид и его князья дали левитам в качестве прислуги при храме (Езд. 8:20; 2:58; Неем. 11:3; 1 Пар. 9:2). Они упоминаются в некоторых местах вместе с сыновьями рабов Соломоновых (Езд. 2:58; Неем. 7:60), вероятно, работников, которых Соломон поставил на ту же должность. Некоторые предполагают, что жители Гаваона, которым Иисус Навин поставил в обязанность рубить дрова и черпать воду для дома Божия (И. Нав. 9:23) образовали ядро этого состава служащих, достигавших нескольких сот, которые впоследствии и стали называться нефинеями. По всей вероятности, нефинеи, состояли из пленников, взятых на войне. Что они были прозелиты, обрезаны и обязаны исполнять закон, видно из Неем. 10:28 и дал., где они вместе с остальным народом вступили в обязательство с клятвою и проклятием поступать по закону Божию. Они жили в Офеле (Неем. 3:26) и в городах для левитов Езд. 2:70); Неем. 7:73). Большая часть из них была уведена в плен в Касифью (откуда Ездра привез 220 из них обратно в Иудею (Езд. 8:17 и дал.).

Неффалим — Нафтали.
Неффалим, шестой сын Иакова, рожденный Валлой (Быт. 30:8). Он имел 4-х сыновей, и является праотцом колена Неффалимова.

Нехао (2 Пар. 35:20) или фараон Нехао (4 Цар. 23:29), египетский царь, который, по Геродоту, послал финикийцев в морское путешествие вокруг Африки и намеревался прорыть канал между Средиземным и Чермным морем. Царствовал он, приблизительно, 612-606 гг. до Р.Хр. Когда он шел войной против Навуходоносора, его встретил Иудейский царь Иосия, которого он умертвил в Мегидоне (4 Цар. 23:29; 2 Пар. 35:20 и дал.). После взятия Иерусалима он низложил Иоахаза и послал его закованным в Египет, а вместо него поставил царем Иоакима, наложив на всю землю тяжелую дань (2 Пар. 36:3, 4). Несколько лет спустя, он сам был разбит при Кархемисе (около 606 г. до Р.Хр.) и потерял свои владения в Сирии (4 Цар. 24:7; Иер. 46:2).

Нехушта, мать царя Иехонии (4 Цар. 24: 8, 12, 15; Иер. 13:18; 29:2).

Нехуштан. См. "Медный змей".

Нечистые животные, мясо которых нельзя было употреблять по закону в пищу (Лев. 11; Втор. 14), были все те, которые не имели раздвоенных копыт с глубоким разрезом, и вместе с тем не пережевывали жвачки; также все пресмыкающиеся животные, некоторые породы птиц, числом 20 или 21, все водяные животные и рыбы, не имеющее плавников и чешуи; затем, те насекомые, у которых не было "голеней выше ног, чтобы ими скакать по земле". Кроме того, было воспрещено есть кровь или мясо с кровью, тук приносимого в жертву, павших животных и растерзанных зверем (Лев. 3:14 и дал.; 7:23, 26; 17:10 и дал.), а также идоложертвенное мясо.

Все эти постановления имели целью отделить народ израильский от языческих обычаев и общения с язычниками; он должен был держаться обособленно от остальных народов мира, чтобы принадлежать Господу, как Сам Господь изъяснил Моисею относительно цели всех этих постановлений (Лев. 20:24 и дал.).

Основанием для различия между чистыми и нечистыми животными, различия, которое существовало уже до потопа (Быт. 7:28), послужили, может быть, следующие обстоятельства: естественное отвращение к животным, неприятным для наших чувств (ящерицы, змеи и т.д.); заботы о здоровье, когда, напр., речь идет о свинье; стремление избегать таких животных, которые своим хищничеством или пожиранием трупов и других нечистот носили отпечаток греха и разложения. Однако, главное основание для такого различия все-таки надо искать в теократическом принципе, выраженном в Лев. 20.

Когда преграда между евреями и язычниками разрушилась (Евр. 2:14), то Господь, через видение, научил Петра (Деян. 10:11 и дал.) тому основному принципу, который высказан уже в Быт. 1, что всякое творение Божие само по себе хорошо (1 Тим. 4:4), и что Он нелицеприятен (Деян. 10:34).

Нивхаз, от слова навах — лаять, по толкованию раввинов, идол, изображающий собаку, которому поклонялись жители Аввы (4 Цар. 17:31). Предание говорит, что между Бейрутом и Триполи при реке Нахр-ель-кельб, т.е. собачьей реке, прежде стоял истукан, изображающий собаку, которому поклонялись, как богу-хранителю.

Нигер. См. "Симеон".

Никанор, один из 7 диаконов (Деян. 6:5).

Никодим — один из членов синедриона, фарисей, хотя убедившийся в Божественном посланничестве Иисуса, он все же не сразу вступивший в ряды Его последователей. Сначала он пришел побеседовать с Иисусом ночью (Иоан. 3:1 и дал.), затем осмелился осторожно защищать Его в синедрионе (7:50 и дал.), и, наконец, когда Иисус был казнен, он выступил открыто и исполнил, вместе с Иосифом из Аримафеи, последний долг любви к умершему Учителю (19:39).

Николаиты, партия, которую ненавидела Ефесская церковь (Отк. 2:6); в Пергамской церкви существовали державшиеся их учения (ст. 15). Николаиты одобряли послабления относительно идолослужения и прелюбодеяния (см. 14).

Николай, прозелит из Антиохии, один из семи диаконов (Деян. 6:5).

Никополь, "город победы", город в Эпире, построенный Августом в воспоминание сражения при Акциуме (Aktium). Павел просит Тита поспешить туда, так как и сам он решил провести там зиму (Тит. 3:12). Некоторые предполагают, что здесь подразумевается другой Никополь — у реки Несса (Nessus) во Франции, другие же думают, что это Никополь Киликийский.

Нил. См. "Египет".

Нимра. См. "Беф-Нимра".

Нимрод, сын Хуша, "сильный зверолов пред Господом". Царство его в начале составляли Вавилон и окрестные города в земле Сеннаар (Быт. 10:8 и дал.). Оттуда вышел Ассур и построил Ниневию (ст. 11); так образовалось Ассиро-Вавилонское царство, которое в Мих. 5:6 называется "землею Ассура" и "землею Неврода".

Нимфан, христианин в Лаодикии, которого, вместе с его домашнею церковью, приветствует Павел (Кол. 4:15).

Ниневия — Нинве́.

Ниневия, древняя столица Ассирии, была расположена на вост. берегу реки Тигра, в углу, образуемом этой рекою и ее притоком Верхним Забом, приблизительно, напротив нынешнего города Мосула. У классиков этот город известен под именем Нинос или Нинус, на памятниках — Нинуа или Нина. Основатели Ниневии вышли из Вавилона, что видно из Быт. 10:11, где говорится, что Нимрод или Ассур вышел из земли Сеннаар и построил Ниневию, которая вместе с 3 другими ассирийскими городами: Реховоф-Ир, Калах и Ресен составляла "Великой город". В течение столетий Ниневия была столицею ассирийского царства. Древние писатели и Библия описывают этот город, как неприступную крепость, благодаря ее стенам и местоположению, и как процветающий торговый город. Страбон и Геродот рассказывают о великой Ниневийской стене, которая имела в окружности почти 480 стадий (больше 90 км). Пророк Иона говорит, что Ниневия была великий город у Бога, на три дня ходьбы (Ион. 3:3). Софония (2:15) называет его торжествующим городом, живущим безпечно, говорящим в сердце своем: "я — и нет иного, кроме меня". Наум называет его городом кровей, полным обмана и убийства, в котором не прекращается грабительство (3:1); "развратницей приятной наружности, искуссной в чародеянии, которая блудодеяниями своими продает народы и чародеяниями своими племена" (3:4). Согласно словам Господа в книге пророка Ионы (4:11) там было более 120.000 маленьких детей, из чего можно заключить, что количество населения составляло приблизительно 600.000 человек. По словам Наума (3:16) купцов в этом городе было более, нежели звезд на небе.

В эту Ниневию был послан пророк Иона около 800 г. до Р.Хр. для того, чтобы объявить суды Божии, но жители города покаялись от его проповеди (Мат. 12:41), так что наказание было отменено. После этого о гибели Ниневии пророчествовал Наум, что и совершилось от руки мидян и их союзников вавилонян, около 625 г. до Р.Хр. (по Шрад. и др. 609-606 гг.). Опустошение, которое тогда постигло Ниневию от огня и наводнения (Наум. 2:6, 8), и последовавшие затем ливни и песчаные ураганы до того разрушили этот город, что, когда Ксенофонт, лет 200 спустя, проходил со своими войсками мимо остатков Ниневийских стен и развалин, то принял их за развалины мидийских городов. Тацит в первом столетии по Р.Хр. знал "Нинус" только, как небольшую крепость. С того времени, в течение почти 2000 лет, стада и плуги арабов и бедуинов проходили по холмам, образовавшимся над развалинами Ниневии, а ученые в это время спорили о том, где, собственно, была расположена Ниневия. После 1841 г. французы Ботта и Пласе (Botta и Place), англичане Лейярд и Лофтус (Layard и Loftus) и другие ученые обратили внимание на некоторые кирпичи и алебастровые плиты с изображениями и клинописными знаками, выступившими после дождей на некоторых из холмов против Мосула. Произведеные раскопки стали обнаруживать одну часть Ниневии за другой и снова подтвердили достоверность Библии. Большая часть кирпичных библиотек древних ассирийских царей находится в музеях Европы.

Мосул — значительный торговый город на западном берегу Тигра (приблизительно на 36° с.ш.), расположен к северу от устья Верхнего Заба, называемого древними Ликус (Lykus). Против него, на восточном берегу Тигра находятся развалины городов, которые в совокупности составляли Великую Ниневию. Как раз против Мосула на обоих берегах речки Казр находятся остатки собственно Ниневии в виде двух холмов с расположенными на них селениями Куюнджик (малая овца) и Неби-Юнус (пророк Иона). Далее в 30 км к югу близ угла, образуемого Тигром и Забом находится холм Нимруд. На расстоянии 20 км к северо-востоку от Нимруда находится другая масса развалин Карамлес; в 20 километров к северу — другие развалины, называемые Хорсабад, почти в 20 км к северо-востоку от Куюнджика. Эти четыре образовавшихся над развалинами холма: Куюнджик, Хорсабад, Карамлес и Нимруд составляют 4 угла неправильного параллелограмма длиною от 50 до 60 км и от 20 до 30 км шириною. Предполагают, что все это место занимала Ниневия в широком смысле этого слова, "Великий город", как говорит о нем Моисей. Собственно Ниневию ищут около Куюнджика и Неби-Юнуса. Калах ищут в развалинах Нимруда. Рехооф-Ир (т.е. городские улицы, Быт. 10:11) обнаруживают теперь в развалинах Яремдже, недалеко к югу от Куюнджика и, наконец, Ресен, последняя часть Великого города, по всей вероятности, развалины Саламийе, к северу от Нимруда.

Эти раскопки обнаружили перед нами целую историческую эпоху. В холме Куюнджик откопали дворец Сеннахирима и Ассурбанипала. В холме Неби-Юнус найдены дворцы Сеннахирима и Асаргаддона. Во дворце Сеннахирима отрыли 27 ворот с изображениями крылатых быков и львов колоссальных размеров, 75 зал, комнат и галлерей, стены которых от 0,9 до 2 м толщиною выложены алебастровыми плитами с рисунками военных подвигов царя. Там найдена также библиотека или государственный архив, собранный Ассурбанипалом, состоящий из кирпичей с клинообразными письменами. В Калахе или Нимруде обнаружили другую ассирийскую резиденцию, где жили некоторые цари до Сеннахирима. Наконец, на северо-востоке расположены развалины Дур-Саргон при селении Хорсабад (706 до Р.Хр.), где найдены остатки дворца в 300 метров длины и высоты заключающего более 200 комнат и зал, 30 дворов и 225 ворот и дверей.

Громадные ворота при входе украшались двумя огромными крылатыми фигурами быков. Когда в этих ниневийских развалинах мы читаем имена израильских царей и городов, собственный рассказ Сеннахирима о его вторжении в Палестину и победе над Езекиею, и рассматриваем рисунки, изображающие пленных евреев перед ассирийским царем (см. "Сеннахирим"), а также рисунки, показывающие, как брали штурмом крепости и мучили пленных (см. "Войны"); как разрывали их рты крюками и выкалывали глаза (4 Цар. 19:28; Ис. 37:29; 4 Цар. 25:7) и как, с другой стороны, ассирийские вельможи, одеты в ткани яхонтового цвета с роскошными повязками на головах стройно ездили на конях, имея вид военачальников (Иез. 23:6, 14, 15), тогда вспоминаем слова Аввакума (2:11) и Иисуса (Лук. 19: 40) "Камни из стен возопиют и перекладины из дерева будут отвечать им: "горе строющему город на крови и созидающему крепости неправдою".

Нирь. См. "Кис 1".

Нирей и его сестра — христиане в Риме, приветствуемые Павлом (Рим. 16: 15).

Нирий. 1) Один из предков Иисуса (Лук. 3:27).

2) Отец Варуха, друга Иеремии (Иер. 32:12; 36:4) и Серайи, постельничего царя Седекии (Иер. 51:59).

Нисан. См. "Месяцы".

Нисрох, ассирийский идол, в храме которого был умерщвлен своими сыновьями Сеннахирим (4 Цар. 19:37; Ис. 37:38). Существует предположение, что это тот же самый идол, с человеческим телом и орлиной головой, который найден в развалинах Ниневии.

Но, жилище (Иез. 30:14 и дал.) или **Но-Амон,** жилище Амона (Наум. 3:8), которому Иезекиль грозит гибелью, а Наум уже говорит о нем, как о павшем, — не что иное, как известный город Фивы в верхнем Египте, — главное место служения египетскому идолу Аммону ("Аммон, который в Но", Иер. 46:25). Еврейское название Но-Аммон представляет только иную форму египетского "Ну-Амеи или Па-Амен", т.е. жилище Амена, подобно тому, как греческое Тебе (Фивы) происходит от египетского Та-апе. Когда греки в Аммоне узнали Юпитера, то назвали город Диосполисом, т.е. городом Юпитера. Этот древнейший город воспетый Гомером, как "стовратные Фивы", самый известный из древних городов Египта. Ни от одного города не сохранилось таких величественных развалин. Он был расположен на широкой равнине по обе стороны Нила, около теперешних селений Карнак и Луксор на восточном берегу Нила и Гурна и Мединет-Абу на западном берегу (между 25° и 26° с.ш.). Между прочим, здесь было главное святилище Аммона. На западном берегу стояли храмы, посвященные служению в память умерших. Греками они назывались Мемноны (от египетского слова "менну" — памятник). В тихом соседстве могил находились школы ученых и библиотека под названием "лекарство для души". Здесь нашли рукописи на папирусе времен первых фараонов. Остатки Аммонова храма, который теперь называется храмом в Луксоре и Карнаке, описываются как что-то необыкновенное. Иероглифы на стенах повествуют о подвигах египетских царей, а на одной из стен храма в Карнаке перечисляются города, которые завоевал в Палестине египтянин Сисах. Сохранились также длинные ряды громадных колонн,имеющих в окружности больше 10 м. Рамсес Великий, фараон времен Моисея, в царствование которого Фивы стояли на высоте своего величия, описал на стене большого зала с колоннами в Карнаке свои победы и богатства; там же написано, что идол, которому он служил, говорит ему: "Твоя держава да стоит непоколебимо миллионы лет и мы подарим тебе вечную блаженную жизнь". Здесь также, близ Нила, возвышаются громадные Мемнонские истуканы вышиною до 20 метров. Один из них, высеченный из целого куска, является самым большим каменным истуканом в мире. (См. "Египет"). В одной могильной постройке найдены фрески, которые наглядно изображают рабство Израиля в Египте. (См. "Кирпич").

Великие Фивы завоевывались неоднократно ассирийцами в 7 столетии до Р.Хр. Наум намекает на одно из таких поражений, когда он спрашивает гордую Ниневию: "Разве ты лучше Но-Аммона? но и он переселен, пошел в плен, а о знатных его бросали жребий" (Наум. 3:8, 10).

Но-Аммон. См. "Но".

Ноадия (Неем. 6:14), пророчица, враждебно настроенная против Неемии.

Новах, человек из колена Манассиина, который при покорении Ханаана завоевал город Кенаф в Галааде с его окрестностями и назвал его своим именем (Чис. 32:42; Суд. 8:11; 1 Пар. 2:23). Селение Кенаф существует теперь на Хавранских горах под названием Канаваф, на россстоянии 70 км к востоку от Тиверидского озера. Там находятся развалины бань, театров, храмов и каменных домов с дверями и окнами.

Новолуние (евр. Рош-ходеш). См. "Новомесячие".

Новомесячие. Первый день месяца считался праздником и отмечался особыми жертвоприношениями (Чис. 28:11 и дал.). Работы и торговля останавливались (Ам. 8:5) и народ собирался на общественное богослужение (Иез. 46:3; 4 Цар. 4:23; Ис. 1:13 и дал.; трубили в трубы при различных жертвоприношениях, а также и в разные праздники (Чис. 10:10; Псл. 80:4). Новый месяц был праздником радости (Ос. 2:11) и в семействах отмечался пиршествами (1 Цар. 20:5, 18). Особенно торжественно праздновали первый день седьмого месяца Тисри (Лев. 23:24). См. "Праздник труб".

Об отмене новомесячий см. **Гал. 4: 9, 10; Кол. 2:16.**

Нов (Номва), город священников в колене Вениаминовом близ Иерусалима (Неем. 11:32; Ис. 10:32), где хранилась скиния во время Саула (1 Цар. 21:1 и дал.). Жители этого города были убиты Доиком по приказанию Саула за гостеприимство, оказанное Давиду (22:9 и дал.).

Новый год (евр. Рош а-шана́). См. "Год".

Нога — евр. ре́гель.
Нога. На крутых горных дорогах Ханаанской земли "ноги спотыкаются". — Это выражение часто встречается, как символ несчастия и падения (Втор. 32:35; Псл. 65:9; 120:3; Иер. 13:16; Срав. Ис. 8:14; Лук. 2:34). Наступить ногою на шею врага означало полную победу (И. Нав. 10:24), отчего и существует выражение "положить под ноги" (Псл. 8:7; 1 Кор. 15:25). Так как сандалии не защищали ног от пыли, то омовение ног было первой услугой, оказываемой пришедшему (Быт. 18:4; 24:32; 43:24; 1 Цар. 25:41). Омовение ног, по личному примеру и учению самого Господа (Иоан. 13), считалось христианским делом любви (1 Тим. 5:10).

Раввин трубит на трубе из рога и тем самым оглашает праздник Нового Года. На такой трубе также трубят каждую пятницу на закате, оглашая начало священного дня отдохновения.

Нод, страна на восток от рая, куда бежал Каин (Быт. 4:16).

Ноема, сестра Тувалкаина (Быт. 4:22).

Ноеминь, т.е. "приятная" или "веселая" — жена Елимелеха; она назвала себя Марою, что значит "горькая" или "огорченная", когда печаль стала ее спутницей (Руф. 1:20).

Ной — Ноах.
Ной (евр. покой; см. "Ламех"), сын Ламеха, внук Мафусала, родился около 1056 г. после сотворения мира и был человек праведный и непорочный, "ходил пред Богом" (Быт. 6:9). Поэтому, когда Бог решил истребить грешное человечество, Он заключил завет с Ноем и повелил ему построить ковчег для спасения себя и своего семейства. Когда наступил водный потоп, на 600 году жизни Ноя, он вошел в ковчег с женою, со своими тремя сыновьями: Симом, Хамом и Иафетом и с женами их; кроме них он взял в ковчег скота чистого по семи мужского пола и женского, а нечистого по паре. Господь затворил за ним дверь (Быт. 7:2, 16). "Верою Ной, получив откровение о том, что еще не было видимо, благоговея, приготовил ковчег для спасения дома своего, ею осудил он мир и сделался наследником праведности по вере" (Евр. 11:7). Почти год спустя, они вышли из ковчега. Ной принес жертву всесожжения и Бог дал радугу, как знамение завета между Богом и землею, что не будет больше потопа на спустошение земли (Быт. 8; 9:1 и дал.). После того Ной насадил виноградник и, выпив чрезмерно сока от плодов, — опьянел. Легкомысленный Хам посмеялся над ним, чем и навлек на своего сына Ханаана проклятие отца; Сима же и Иафета Ной благословил (9:20 и дал.). Ной жил после потопа 350 лет (ст. 28 и дал.). Он упоминается в Иез. 14:14, 20 как образец праведности; Ап. Петр называет его проповедником правды (2 Пет. 2:5).

Воспоминание о Ное и о "водах Ноя" (Ис. 54:9) сохранились в преданиях самых различных народов. Древние греки рассказывали, как Зевс в наказание за переступления людей послал потоп, который истребил всех, кроме Девкалиона и его жены Пирры; они спаслись на корабле, который 9 дней спустя остановился на вершине горы Парнас. Оракул велел им бросать за себя бабушкины кости. Они набрали камней и стали бросать за себя. Камни, брошенные Пиррой, сделались женщинами, а Девкалионом — мужчинами. Таким образом заселилась Греция.

У мексиканских индейцев сохранилось сказание о том, что от вод потопа спаслось на корабле или пароме только Кокс-Кокс и жена его Ксохикетцатль. Гора у них называется Колхуакан. Люди, которые родились после потопа, были немыми, пока не прилетел голубь с вершины одного дерева и не роздал им языки, после чего люди стали говорить на различных языках.

Другие мексиканские сказания говорят о птицах, которые Тепци (Кокс-Кокс называется также Тепци) выпустил с корабля. Жители островов Фиджи рассказывают о сильном дожде, от которого погибли почти все люди, но в последнюю минуту приплыли 2 лодки; на одной из них сидел бог столяров Рокора, а на другой — его главный мастер Рокола; они вытащили некоторых утопающих и, таким образом, спасли 8 человек.

Более замечательны древние-халдейские предания о потопе. До 1872 года по Р.Хр. о них знали только по сообщениям Александра Полихистора, заимствовавшего их у Берозуса. Бог Хронос открыв Ксизутросу, что будет потоп, повелел ему написать историю о начале бытия и конце всего существующего и закопать эту книгу в Сиппаре, городе солнца, а затем построить корабль, взойти на него со своими родственниками и друзьями, птицами и четвероногими животными и взять с собою также пропитание и питье. Построенное судно имело в длину пять выстрелов из лука (или пять стадий). Потоп пришел, но скоро кончился. Выпустили птиц, но они прилетели обратно. Тогда выпустили других птиц, но и они вернулись обратно с тиною на ногах. Выпущенные в третий раз птицы более не возвратились. Ксизутрос открыл часть крыши и увидел, что судно пристало к горе. Тогда он вместе со своею женою, дочерью и рулевым, вышел на землю, стал молиться, простершись на земле, затем построил жертвенник и принес богам жертвы. Потом он вместе с вышедшими исчез. Оставшиеся на судне также вышли на землю и услыхали голос с неба, говоривший, чтобы они почитали богов, которые взяли исчезнувших к себе, пошли бы в Сиппару, отрыли закопанную книгу и передали ее человечеству. Тогда они принесли жертвы богам, сходили в Сиппару, достали книгу и построили Вавилон.

В 1872 году Георг Шмит открыл среди Ниневийских глиняных плиток, хранящихся в Британском музее, исписанную ассирийской клинописью глиняную табличку, содержащую халдейский рассказ более раннего периода о потопе. Эта доска взята из библиотеки ассирийского царя Ассурбанипала (7 столетие до Р.Хр.); но предполагают, что она списана с более древнего оригинала.

Ксизутрос называется здесь Хизизадра. Содержание рассказа следующее: "Бог открыл уста свои, говорил и сказал мне, слуге своему... войди и запри дверь корабля. Я соберу к тебе твое семя, твою домашнюю утварь и имущество, твоих рабынь и рабов, диких зверей с земли и скот с поля... И сильная буря поднялась утром с края неба. Бин громыхал, Нево и Сару шли впереди... опустошитель Нергал разрушал; Адар опрокидывал... Потоп Бина достигал до самого неба; светлая земля превратилась в пустыню; потоп начисто вымел землю... и истребил всякую жизнь с поверхности земли...

Боги в небе боялись ненастья и искали убежища; они влезли на небо Ану и скрылись с быстротой собак...

Буря утихла на седьмой день, непогода, свирепствовавшая, подобно землетрясению, тоже утихла. Вода стала высыхать. Тела мужей злобы плавали на воде, как тростинки... Я открыл окно, и потоки света озарили меня... Я заметил берег у границы моря... Судно приближалось к земле Низир. Гора Низир остановила судно.

На седьмой день я выпустил голубя; голубь полетел, но не нашел места, где бы отдохнуть, и вернулся обратно. Тогда я выпустил ласточку, — ласточка полетела, но, не найдя места, где бы ей отдохнуть, возвратилась обратно. После нее я выпустил ворона... Ворон полетел и, увидев на земле трупы, стал их пожирать, и не возвратился обратно. Я выпустил животных в направлении четырех ветров.

Я принес жертву возлияния и построил жертвенник на вершине горы... Боги собрались над жертвой подобно рою комаров".

Весть оканчивается тем, что Бел вывел Хизизадру с женой из корабля и очистил землю, после чего был заключен союз, и Хизизадра со своими домашними были взяты, чтобы стать подобными богам.

На фригийских монетах из города Апамеи эпохи Септимия Севера (около 200 по Р.Хр.) изображено четыреугольное судно, подобное ящику, плавающее по воде, с надписью: "Но". В нем сидят мужчина и женщина, а другая пара стоит вне судна. Наверху сидит птица, а другая летит с веткой в клюве.

У позднейших евреев создалось представление о, так называемых, 7 Ноевых заповедях, которые считались обязательными для всех людей, следовательно, также и для "прозелитов". Эти заповеди были частью взяты из Быт. 9:4 и дал. Они были следующие: 1.послушание властям, 2. воспрещение хулить имя Божие, 3. воспрещение идолослужения, 4. против кровосмешения, 5. против убийства, 6. против краж, 7. против употребления в пищу мяса живых животных.

Номва. См. "Нов".

Нос — евр. аф.

Нос, обоняющий неприят. запах, символизирует гнев или неблаговоление (Ис. 65:5). Напротив, запах приятный для обоняния означает благоволение. Господь обонял приятное благоухание от жертвы Ноя (Быт. 8:21); священники возжигали курение пред лицом Божиим (Втор. 33:10; срав. Лев. 1:9-13; 2:2 и т.д.). Дикому животному продевали кольцо в нос, чтобы водить его; отсюда образное выражение в 4 Цар. 19:28; Иез. 38:4.

Кольцо в носу было обычным украшением восточных женщин, что можно видеть и до сих пор. Слуга Авраама надел кольцо на нос Ревекки (Быт. 24:47 евр. т.); Господь сказал народу израильскому: "Я дал тебе кольцо на твой нос" (Иез. 16:12).

Носилки (Ис. 66:20). См. "Колесница".

Ноф — египетский княжеский город (Иер. 46:14), называемый также Мемфисом (Ис. 19:13; Иер. 2:16; Иез. 30:16), где были капища идолов (Иез. 30:13). После падения Иудейского царства в этом городе также поселились евреи (Иер. 44:1; Ос. 9:6). На самых древних памятниках этот город называется "Мен-Нефер", т.е. "место доброго" или "гавань добрых"; на народном наречии Мен-Нофи, поарабски — Менф. Название обозначает главное божество города, по имени которого он и назывался Пу-Птах, т.е. дом Птаха. Мемфис был расположен в нескольких милях к югу от разветвления Нила, на его левом берегу, между рекою и Ливийскими горами, и считался одним из самых старинных городов Египта. Уже во времена Авраама он был местом жительства царя и Египет, о котором говорится в книгах Моисея, был, по всей вероятности, мемфисской (священнической) державой. Со времени Гиксов Мемфис стал столицею всего государства и разросся после упадка Фив; некоторые полагают, что окружность его достигала 150 стадий, но после основания Александрии Мемфис начал приходить в упадок. Возникновение в соседстве с ним Каира было для него гибельным. От его замечательных развалин, которые описывает Страбон, теперь сохранилась только незначительная часть; пески засыпали почти все, в том числе и святилище бога Птаха и храм быка Аписа. В последнее время начали откапывать его храмы и памятники. Самыми замечательными памятниками древности старого царского города считаются пирамиды, расположенные близ него (см. "Египет"). Сбылось пророчество: "Ноф будет опустошен, останется без жителя" (Иер. 46:19).

Нофа, город моавитян (Чис. 21:30).

Ночлег. См. "Гостинница".

Ночь. См. "День и ночь".

Ноябрь. См. "Месяцы".

Базарный день в Иерусалиме.

О

О мужах Езекии. По-видимому, Езекия, царь Иудейский, собрал при своем дворце ученых и набожных людей, которые занимались науками (Прит. 25:1).

Обезьяна — евр. коф.

Обезьяна упоминается в 3 Цар. 10:22; 2 Пар. 9:21 между предметами торговли, которые привозили корабли Соломона. Древние египтяне поклонялись обезьянам. Это поклонение сохранилось до сего времени в различных местах Индии. Путешественники рассказывают, что в Индии есть великолепный храм, посвященный обезьянам, кровля которого поддерживается 100 колоннами. Когда португальцы грабили остров Цейлон, то нашли зуб обезьяны; народ очень желал вернуть этот священный предмет и цари этого острова предлагали за него португальцам 150.000 рублей. По словам одного путешественника, в некоторых индусских храмах содержится не менее 10.000 священных обезьян.

Обет — евр. не́зер.

Обет, т. е. данно перед Богом обещание, которое дается или из благодарности за полученную милость или помощь; или из страха перед угрожающим бедствием, или при желании получить благословение (Еккл. 5:3 и дал.; Мал. 1:14). Когда Иаков отправлялся в Месопотамию, он обещал давать Богу десятину со своего имения, если Бог сохранит его и он вернется в дом отца своего (Быт. 28:20 и дал.). Через Моисея Бог дал различные законы касающиеся обетов. "Если кто дает обет Господу или поклянется клятвою, положив зарок на душу свою, то он не должен нарушать слова своего ,но должен исполнить все, что вышло из уст его" (Чис. 30:3 и дал.; Втор. 23:21 и дал.). Обеты дочери или жены не имели силы без согласия на это отца или мужа; обеты вдов и разведенных имели силу (Чис. 30:4 и дал.). Иеффай по обету, принес свою дочь в жертву Господу (Суд. 11:30 и дал.); Самуил так же по обету был посвящен на служение Господу (1 Цар. 1:11, 27 и дал.). Кто посвящал себя самого или свое имение Господу, был обязан неуклонно выполнить обет; однако же были случаи, когда давший его мог быть освобожден от исполнения. См. Лев. 27.

Облака — евр. анани́м.

Облака (тучи) предвещали дождь, когда они поднимались от Средиземного моря (3 Цар. 18:44; Лук. 12:54). Часто облака являются в Писании символом войск или больших толп людей (Ис. 60:8; Иер. 4:13; Евр. 12:1); иногда облако обозначает присутствие Бога, как, напр., на горе Синае (Исх. 19:9; 24:15 и дал.), в скинии и храме (Исх. 40:34; Лев. 8:10), в столпе облачном (Исх. 13:21), равно как и на горе Преображения (Мат. 17:5). Срав. также Псл. 17:12; 96:2; Мат. 24:30; Отк. 14:14 и дал.).

Областеначальник. 1) В Ветхом Завете это название (евр. паках), изредка переводимое словом господин или правитель (вождь), обозначало или нисшее начальство восточных царств и высшее в войсках (4 Цар. 18:24; Ис. 36:9; Дан. 3:2; Неем. 2:7 и дал.). Упоминаемые в 3 Цар. 20:14 областеначальники и в Дан. 6:1 и дал. сатрапы были такими военачальниками. Персидское царство имело 120 сатрапов, над которыми были поставлены 3 князя. Иногда областеначальниками ставали выдающихся людей из местного населения. Так, напр., Зоровавель и Неемия называются персидскими областеначальниками или правителями (Тиршафа) над Палестиной (Агг. 1:1; Неем. 5:14; 10:1; 12:26).

2) В Новом Завете названию областеначальник соответствует слово проконсул (греч. антипатос), и игемон, которое обыкновенно обозначает императорских прокураторов.

После победы при Акциуме в 31 г. до Р.Хр. все провинции римского государства перешли к императору Августу. Но для того, чтобы совершенно не уничтожить республиканского строя, император не управлял всеми провинциями сам, но отдал в 27 г. до Р.Хр. часть из них сенату, оставив за собою только важнейшие в военном отношении провинции. Т. обр. в римском государстве с того времени существовало два рода провинций: сенатские и императорские. Сенатские провинции управлялись наместниками, которые выбирались посредством жребия и занимали должность в течение 1 года. Они именовались проконсулами. Таковые были, напр., в провинции Асии (Деян. 19:58), в Ахаии (Деян. 18:12) и на острове Кипре (Деян. 13:7). Наместники императорских провинций назначались самим императором и обыкновенно по его определению, оставались продолжительное время в этой должности и эти наместники носили титул "Legatus Augusti pro praetore" — посол Августа над преторирей. Таков был Квириний в Сирии (Лук. 2:2).

От этих чиновников надо отличать императорских прокураторов в провинциях, на обязанности которых лежал сбор податей. Они получали полномочие для управления некоторыми провинциями и нередко пользовались почти неограниченной властью. Таковые были те начальники, которые, по смерти Архелая, управляли Иудеей и

Самарией (6-41 по Р.Хр., а затем, по смерти Ирода Агриппы 1-го, всей Палестиной (44-66 годы по Р.Хр.). Номинально, они были подвластны Сирийскому наместнику (Legatus Augusti), но пользовались почти неограниченной властью, имея в своем распоряжении войско и право над жизнью и смертью населения. Синедрион также пользовался властью, но без согласия прокуратора не имел права осуждать на смерть (Иоан. 18:31). Прокураторы Иудеи жили в Кесарии (Деян. 23:23), но в Иерусалиме во дворце Антония имели постоянный военный караул. Во время больших праздников и т.п. они приезжали в Иерусалим для того, чтобы наблюдать за порядком; тогда они жили в претории, бывшем дворце Ирода. Прокураторы, которые за время от 6-41 гг. по Р.Хр. управляли Иудеею и Самариею, были: Копоний в то время, когда Иуда Галилеянин поднял восстание (Деян. 5:37), Амбивий, Анний Руф, Валерий Грат, первый в правление Тиверия (14-25), Понтий Пилат (25-36), Маркелл, Марулл (до 41 года). По смерти Ирода Агриппы Кустий Фад (44-46), Тиверий Александр, бывший Александрийский еврей (46-48). Куман Феликс (53-61), Порций Фест (до 64 г.), Альбин, Гессий Флор (до 66 г.).

Большинство из этих прокураторов были жестокими и несправедливыми, брали и давали большие взятки и разоряли население. Феликс и Фест были лучшими из них, два же последних были хуже всех предыдущих. Гессий Флор очень злоупотреблял своею властью; своими жестокостями он довел народ до последнего отчаянного восстания, которое и завершилось разрушением Иерусалима.

Обоз, т.е. части, обслуживающие армию (1 Цар. 17:20); стан (26:5 и дал.).

Обручение. См. “Брак”.

Обрезание — евр. бритмила.

Обрезание. На 99 году своей жизни Авраам получил повеление от Бога обрезать себя и весь мужеский пол в доме своем, своих детей и детей слуг, рожденных в доме его, и купленных за серебро у иноплеменника. Это было знаком союза между Авраамом и Богом. “И взял Авраам Измаила, сына своего и всех, рожденных в доме своем, и всех купленных за серебро свое, весь мужеский пол людей дома Авраамова, и обрезал крайнюю плоть их в тот самый день, как сказал ему Бог” (Быт. 17:9 и дал.). После этого оба народа, происшедшие от Авраама, именно: измаильтяне (арабы) и евреи стали обрезывать своих сыновей. У первых это совершается в возрасте между 6-15 годами, обыкновенно на 13-ом году, а у евреев в 8-ой день от рождения, как сказал Господь Аврааму (Быт. 17:12), как это и было сделано с Исааком (21:4) и предписано законом (Лев. 12:3; срав. Фил. 3:5). Суббота не должна была препятствовать обрезанию (Иоан. 7:22 и дал.). Самое обрезание совершалось отцом, в исключительных случаях также женщинами (Исх. 4:25). В другие времена употреблялись для этого каменные ножи (Исх. 4:25; И. Нав. 5:3; евр. текст). При обрезании мальчику давали имя (Лук. 1:59; 2:21; Срав. Быт. 17:5). В течение всех времен израильтяне неуклонно придерживались закона обрезания и даже в Египте тщательно исполняли этот обряд. Только рожденные во время странствования по пустыне не были обрезаны до тех пор, пока, после вступления в Ханаан, не обрезались в Галгале (И. Нав. 5:4 и дал.). Во время Сирийских гонений Антиоха Эпифана народ придерживался обрезания, несмотря на многие страдания и язвительные насмешки греков и римлян. Евреи, со своей стороны, клеймили другие народы презрительным словом “необрезанный”. Необрезанный и нечистый в их понимании имело то же значение, что у греков “варвар” (Быт. 34:14; Ис. 52: 1; Суд. 15:18; 1 Цар. 14:6; 17:26; 31: 4).

Слова Павла “обрезанные” обозначают евреев и язычников (Рим. 3:30; Гал. 2:7). Первым христианам из обрезанных евреев было весьма трудно понять ,как язычники без этого обряда могли быть также народом Божиим, взятым в удел. Петру нужно было особенное знамение, чтобы постичь это, но Павел первый вполне и ясно изложил, что обрезание и необразание ничего не значат, когда речь идет о спасении через Иисуса Христа (Рим. 4:9 и дал.; Гал. 5:6; 6:15). Уже в Ветхом Завете часто говорится о том, что внешнее обрезание ничего не значит без обрезания или перемены сердца (Втор. 10:16; 30:6; Иер. 4:4; Иез. 16:30), почему и говорится (символически) о людях с необрезанным сердцем и ушами (Лев. 26:41; Иер. 6:10; 9:26; Иез. 44:7; Срав. 7:51; Рим. 2: 28, 29; Фил. 3:3). Есть также образные выражения: “необрезанные уста” (Исх. 6:12, евр. текст) в значении косноязычности и “необрезанные плоды”: евреи должны были считать свои вновь посаженные плодовые деревья необрезанными в течение трех первых лет и бросить плоды от них, как нечистые (Лев. 19:23).

Иногда случалось, что евреи, желая избегнуть насмешек со стороны язычников, — посредством особенной операции скрывали свою обрезанность (1 Макк. 15; евр. текст). На это намекают слова Павла: призван ли кто обрезанным — не скрывайся (1 Кор. 7:18).

Обычай обрезания существовал у некоторых из древнейших народов. Кроме других свидетельств, мумии, найденные в Египте, подтверждают, что и египтяне придерживались обрезания. По сведениям Иосифа Флавия и Оригена, египетские жрецы также подвергались обрезанию. Этот обряд обнаружен также и у других народов, например, у некоторых племен негров, мексиканцев и индейцев.

Евреи до сих пор исполняют обряд обрезания с величайшей торжественностью. Перед совершением обряда они молятся над младенцем, которому при этом дается имя, посвящая его Богу и испрашивая для него Божьего благословения. Во время чтения молитвы тот человек, который будет совершать обрезание, должен держать нож в руке; указание на это раввины видят в следующих словах псалмопевца: "Да будет славословие Богу в устах их, и меч обоюдоострый в руке их (Псл. 149:6).

Еврейское слово обрезание по-гречески переведено "перитомэ". Ап. Павел в Фил. 3:2 говорит не об обрезании, как переведено по-русски, а об рассечении (греч. слово здесь "катотомэ", что значит разрез, рассечение). Некоторые думают, что, выражаясь так, Павел подразумевал лжеучителей, настаивавших на необходимости еврейского обрезания, чтобы т.о. наложить иудейское иго на учеников Христа.

Обувь. Об обуви у евреев см. статью "Одежда". Скажем несколько слов о некоторых относящихся сюда оборотах речи. Выражение "обувь на ногах" означает быть готовым в путь, ибо так израильтяне должны были есть пасхального агнца (Исх. 12:11). Павел побуждает христиан быть обутыми "в готовность благовествовать мир" (Еф. 6:15). У Мар. 6:9 мы читаем, что Христос повелел Своим ученикам обуваться в простую обувь, а у Мат. 10:10 и Лук. 10:4, Он воспрещает им брать с собой обувь, что объясняется, как запрещение иметь запасную обувь (Срав. Лук. 22:35).

"Наступать ногой на врага" или "землю" означает полнейшую победу или "овладение"; отсюда оборот речи: положить что-нибудь "под ноги" кого-либо (Псл. 8:7; 1 Кор. 15:25). Господь обещает Моисею: "всякое место, на которое ступит нога ваша, будет ваше" (Втор. 11:24; И. Нав. 1:3). Также псалмопевец говорит в Псл. 59: 10: "на Едома простру сапог Мой", т.е. втопчу его в прах.

Из вышесказанного вытекает значение обычая "снимания сапога" (Руф. 4:7), которым подтверждали торговую сделку, договор и т. п. Когда ближайший родственник Руфи не хотел выкупить поля Ноемини и с тем жениться на Руфи, то он уступил свое право Воозу, более отдаленному родственнику, и в подтверждение этого снял перед свидетелями сапог и отдал его Воозу, вследствие чего последний получил право выкупить имение Ноемини и взять в жены ее невестку. Снятие обуви было, следовательно, символическим актом, обязывающим уступить свое право в пользу другого. Этот обычай существовал также у других народов, например, у индусов и древних германцев.

То же значение имел обряд, предписанный законом в Втор. 25:7 и дал. Если братья жили вместе и один из них умирал, не оставив сына, то вдова его не должна была выходить замуж за человека из другого рода, но

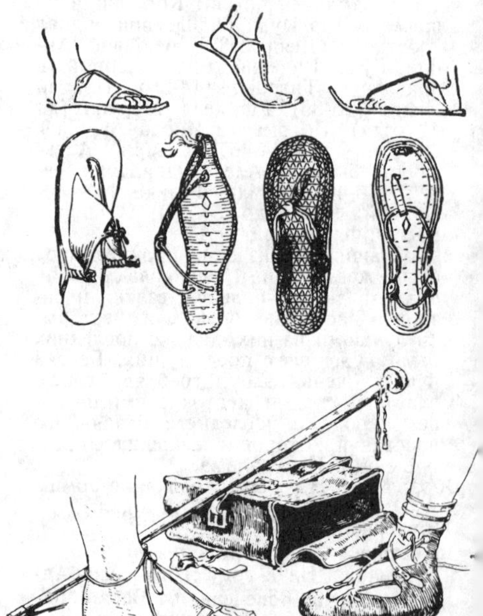

Заплечный мешок, посох и сандалии.

деверь был обязан жениться на ней, и первородный сын должен был носить имя умершего брата. Если же брат отказывался жениться на свояченице и твердо настаивал на своем отказе, то закон не принуждал его к этому, но вдова имела право навсегда лишить его права, которым он не хотел воспользоваться. Для этого она снимала с него обувь, плевала ему в лицо и говорила: "так поступают с человеком, который не созидает дома брату своему". И нарекут ему имя в Израиле “дом разутого”. Женитьба на свояченице (Втор. 25:5) была старинным обычаем у многих других народов, как-то: индусов, персов, авганцев, друзов, африканских негров и др.

Община, церковь (ecclesia). Греч. слово “екклезия” (собств. “собрание избранных”, т.е. тех, которые вызваны, приглашены) обозначает вообще собрания, разрешенные законом (Деян. 19:39) или экстренные (Деян. 19:32, 40), следовательно, и собрания израильтян, например, для богослужения (Деян. 7:38; Евр. 2:12). Так, уже в Ветхом Завете народ Божий называется “обществом Господним” (Втор. 23:1 и дал.; Срав. Псл. 106:32). Главным образом слово екклезия употребляется в Новом Завете и обозначает собрание христиан. Здесь мы должны различить три особых значения этого слова.

1) Оно обозначает всех верующих в Господа Иисуса Христа, без различия их местопребывания, как одно Тело, Глава которого Христос; как одно здание, основание которого Он Сам, “Церковь Бога живого” (1 Тим. 3:15), “Церковь Господа и Бога, которую Он приобрел Себе кровью Своею” (Деян. 20:28). О Ней Христос говорит: “Я создам Церковь Мою, и врата ада не одолеют ее” (Мат. 16:18). В этом значении приводится слово Церковь в послании к Ефесянам: Бог “поставил Его (Христа) выше всего, главою Церкви, которая есть Тело Его” (Еф. 1:22, 23); “Христос глава Церкви” (Еф. 5:23); Он “возлюбил Церковь и предал Себя за нее” (5:25; срав. Кол. 1:18, 24). В этом значении также сказано, что Бог поставил в Церкви одних апостолами, других пророками и т.д. (1 Кор. 12:28).

В этом же значении надо понимать слова апостола Павла, когда он говорит, что гнал Церковь Божию (1 Кор. 15:9; Гал. 1:13; Фил. 3:6; Срав. Деян. 9:31).

2) Слово “екклезия” обозначает также группу христиан, местную общину в известном доме или городе, например, домашняя церковь Акилы и Прискилы (Рим. 16:4; Срав. 1 Кор. 16:19; Кол. 4:15), “церковь в Иерусалиме” (Деян. 8:1), “церковь Божия в Коринфе” (1 Кор. 1:2), — в Ефесе, Смирне, Пергаме и т.д. (Отк. 2:1, 8, 12). В этом значении слово церковь встречается нередко и в множественном числе, например, “И церкви утверждались верою и ежедневно увеличивались числом” (Деян. 16:5); “Приветствуют вас все церкви Христовы” (Рим. 16:16; Срав. 2 Кор. 8:1; 11:8) и т.д.

3) Место собрания христиан для богослужения: “когда вы собираетесь в церковь” (en ekklesia) (1 Кор. 11:18. Срав. выражение “говорить о церкви” (1 Кор. 14:19, 35). О “церкви первенцев” см. “Первенец”.

Овадия, один из князей, которых Иосафат послал учить народ (2 Пар. 17:7).

Овал, один из сыновей Иокима; также арабское племя (Быт. 10:28; 1 Пар. 1:22).

Овед-Эдом (Аведдар). 1) Гефянин из Гаф-Риммона (И. Нав. 21:24), после смерти Озы принял в свой дом ковчег, который оставался у него в продолжение 5 месяцев; и благословил Господь Аведдара и весь дом его (2 Цар. 6:10 и дал.; 1 Пар. 13:13; 15:25).

2) Левит, привратник во время Давида (1 Пар. 15:18); его братья и потомки были люди сильные, прилежные и способные (1 Пар. 16:38; 26:4-8). Впоследствии ему было поручено хранение сокровищ храма (2 Пар. 25:24). Многие полагают, что Овед-Эдом 1 и 2 — одно и то же лицо.

3) Под этим же именем упоминаются другие лица (1 Пар. 15:21; 16:38) и т. д.

Овес. См. “Семя”.

Овечьи ворота (евр. шаар а-цон), одни из ворот Иерусалима в восточной стене города, к северу от храма (Неем. 3.1).

Овид, сын Вооза и Руфи, дед Давида (Руф. 4:17; Мат. 1:5).

Оводы — четвертая из египетских казней. См. “Казни”.

Овощной сад (огород). См. “Сад”.

Овощи. См. “Мясо”.

Овоф, одно из лагерных мест израильтян к востоку от Едома (Чис. 21:10).

Овца — евр. кивсá.

Овца. Уже в Быт. 4:2 упоминаются овцы, которые составляют главное имущество жителей Востока. При перечислении скота патриархов на первом месте всегда стоят овцы (Быт. 12:16; 30:43). Это кроткое по природе животное требует менее всех других ухода за собою, и нет другого скота, который так легко можно было бы гонять огромными стадами; к тому же никакое животное не приносит столько пользы, как овца. Поэтому Священное Писание и начинает исчисление имущества с овец. Навал имел 3.000 овец и 1.000 коз (1 Цар. 25:2); Иов имеел к концу своей жизни 14.000 овец (Иов. 42:12). В мадианитянской добыче было 675.000 овец (Чис. 31:32). Соломон принес в жертву при освящении храма 120.000 овец (3 Цар. 8:63). Царь Меса присылал царю израильскому по 100.000 овец и по 100.000 нестриженных баранов (4 Цар. 3:4). Многочисленные горные пастбища в Ханаане содействовали разведению овец. Евреи имели различные названия для овец разного пола и возраста. Надзор за овцами считался почетным занятием, которого никто не стыдился (Исх. 3:1; 1 Цар. 16:11). Указываемая в Лев. 3:9 овца для жертвоприношения, вероятно, до сих пор еще существующая порода в Сирии, отличающаяся большим, тяжелым — до 30 фунтов — хвостом (курдюком), жир из которого считается самым ценным. Поэтому закон и повелел сжигать его на жертвеннике целиком.

Овчий дом или двор, огороженное место, где овцы проводили ночь под открытым небом. Несколько стад могли, таким образом, провести ночь вместе под наблюдением одного сторожа, который утром впускал пастухов (Срав. Иоан. 10). Иногда на пастбищах строили башни или укрепления для защиты скота от зверей и разбойников (2 Пар. 26:10). Стрижка овец сопровождалась пиршествами (1 Цар. 25:2, 8, 36; 2 Цар. 13:23). В некоторых местах Св. Писания говорится о заблудшей беспомощной овце, символизирующей совратившегося с пути грешника (Ис. 53:6; Мат. 9:38). В других местах овца (агнец) упоминается, как образец кротости, терпения и самопожертвования (Ис. 53:7; Деян. 8:32; Иоан. 1:29; 1 Пет. 1:19). Срав. "Пастух".

Ог, могущественный аморейский царь в Васане, последний из Рефаимов, жил в Аштерофе в Едрее. Моисей с израильтянами победил его. Земля Ога, богатая укрепленными городами и стадами, досталась колену Манассиину (Чис. 21:33; Втор. 1:4; 3:1 и дал.; 4:47; 31:4; И. Нав. 2:10; 12:4; 13:30; Псл. 134:11; 135:20). Его железное ложе, длиною в 9 локтей (4,5 м) и шириною в 4 локтя (2 м) долго находилось в аммонитском городе Равве (Втор. 3:11).

Огненный столп. См. "Столбы".

Огола и Оголива — символические названия Самарии и Иерусалима — двух сестер, которые принадлежали Господу, но не остались ему верными (Иез. 23). Огола, т.е. (она имеет) свой собственный шатер (Храм); Оголива, т.е. Мой шатер (Храм) в ней.

Огонь — евр. эш.

Огонь. Мы не знаем, каким образом древние евреи добывали огонь: при помощи ли высекания из кремня, или посредством трения двух кусков дерева друг о друга. Закон запрещает зажигать огонь в домах в субботу (Исх. 35:3; Срав. 16:23). Если кто-нибудь, вследствие неосторожного обращения с огнем, сжигал копны или хлебное поле, то должен был возместить убыток пострадавшему (Исх. 22:6). Бог посылал огонь с неба, как выражение Своего благоволения к жертвам (Быт. 15:17; 3 Цар. 18:38), также при освящении скинии и храма (Лев. 9:24; 2 Пар. 7:1). За огнем на жертвеннике должны были присматривать священники (Лев. 6:12-13). Огнем с неба Бог наказывал Своих врагов (Чис. 11:1; 16:35; Ос. 8:14); в Новом же Завете призывать для этого огонь с неба означает действовать противно духу Христову (Лук. 9:54-56). Язычники поклонялись огню и сжигали детей, думая этим умилостивить своих богов (Чис. 17:17; Втор. 12:31; Иер. 7:31).

Огонь символически обозначает горячее чувство, как, напр., любовь (Песн. П. 8:6), день суда или очищения (Иез. 24:10-11; 1 Кор. 3:12 и дал.; Срав. 31:23), или погибель (Ис. 66: 24; 2 Пет. 3:10 и дал.). Слово Божие уподобляется огню (Иер. 23:29) и даже Сам Господь уподобляется огню (Втор. 4:24; Евр. 12:29). Неугасимый огонь есть символическое обозначение, неотменяющегося наказания, истребления и разрушения (Ис. 1:31; 34:10; 66:24; Иер. 4:4; 7:20; 17:27; 21: 12; Иез. 20:47-49; Ам. 5:6).

Огород. См. "Сад".

Ограда — евр. ге́дер.

Ограда. Оградами обносились сады и виноградники (Ис. 5:2; Псл. 79:13), но свои участки на полях евреи не огораживали (Мар. 2:23), а отделяли их друг от друга межевыми знаками из камней и т.п. Переставление межевых знаков являлось грубым нарушением закона (Втор. 19:14; Прит. 22:28; 23: 10; Ос. 5:10).

Огурцы упоминаются между другими лакомствами Египта, из-за которых Израильтяне хотели вернуться туда обратно (Чис. 11:5). По описанию, египетские огурцы длиннее, мягче и слаще, нежели наши, к тому же они более удобоваримы. Огурцы разводились также в Палестине, что видно из Ис. 1:8 (евр. текст), где говорится о шалаше на огуречных грядах.

Дикие огурцы — горьки и действуют, как слабительное. Вероятно про них говорится в 4 Цар. 4:39. Украшения, изображающие огурцы, встречаются в 3 Цар. 6:16; 7:24.

Одед, пророк Господень; после победы Факея над иудеями, убедил израильтян оказать милость пленным иудеям и вернуть их обратно (2 Пар. 28:9 и дал.). Другой Одед; См. "Азария 3".

Одежда. Еврейская одежда вообще была широка, имела много складок, и, наверное, весьма напоминает современную одежду в библейских странах, особенно у арабов. Различие между женской и мужеской одеждой в древние времена было очень небольшое. В Сирии часто затрудняются на большом расстоянии отличить фигуру женщины — от мужчины. Все же должно было существовать различие между мужским и женским платьем, может быть, более тонкий материал или какие-нибудь украшения, потому что закон воспрещает мужчинам носить женское платье и наоборот (Втор. 25: 5). Шитье платья древних времен было делом женщин, и даже самые знатные из них не считали для себя это занятие неприличным (1 Цар. 2:19; Прит. 31:22 и дал.; Деян. 9:39). Платья не разрешалось ткать из смеси льна и шерсти (Лев. 19:19; Втор. 22: 11).

Мужчины и женщины носили нижнее белье или рубашку и верхнюю одежду или мантию. Нижним бельем (евр. кутонет, лат. туника) служила узкая рубашка, иногда с рукавами, которая доходила до колен; она опоясывалась кожаным или льняным поясом (4 Цар. 1:8; Мат. 3:4; Иер. 13:1). Верхняя одежда или мантия представляла большой четыреугольный кусок материи, который набрасывался на плечи и покрывал все тело. На четырех углах этой мантии израильтянин должен был иметь кисточки, прикрепленные голубым шнуром, для напоминания о заповедях Господних (Чис. 15: 38; Втор. 22:12). Мантия служила постелью и одеялом бедняка (Исх. 22:26 и дал.). Тот, кто ходил без мантии, назывался нагим (1 Цар. 19:24; Ис. 20:2 и дал.; Иоан. 21:7), так что слово "нагой" часто имеет то же значение, что и наше слово "раздетый", как у Мар. 14:51 или "плохо одетый" (Иак. 2:15; 2 Кор. 11:27). Об употреблении этого слова в духовном смысле см. Отк. 3:17; Срав. Ос. 2:3.

Между этими двумя одеждами иногда носили третью—длинную одежду без рукавов, евр. меиль (1 Цар. 15:27; 18: 4; Иов. 1:20).

Платьем для путешественников на случай ненастья служила такая же мантия или плащ, которую Павел оставил в Троаде (2 Тим. 4:13).

Верхняя одежда отличалась цветом, тонкостью материала и роскошью. Мы читаем о власяницах, которые носили пророки (4 Цар. 1:8; Зах. 13:4; Срав. Евр. 11:37), далее говорится о мантиях из узорчастых драгоценных материалов, из тончайшего льна или пурпура: тканных золотом (Иез. 16:10 и дал.), привозных (И. Нав. 7:21; Соф. 1:8) или изготовляемых у себя дома (Прит. 31:22). Большой гардероб считался богатством (Ис. 3:6; Лук. 15: 22; Иак. 5:2); платья часто дарили (Быт. 45:22; 1 Цар. 18:4; 4 Цар. 5:5; Есф. 4:4; 6:8 и дал. Цари имели особых служащих, которые смотрели за их гардеробом (4 Цар. 10:22; 2 Пар. 34:22). Рассказывают об арабском стихотворце, жившем в Куфе в 9-ом столетии, который получал столько подарков платьями, что после своей смерти оставил 100 верхних перемен, 200 рубашек и 500 чалм (Срав. 6:19; Иак. 5:2).

Иногда в полы мантии завязывали то, что хотели скрыть (Иез. 5:3). Когда одежда стягивалась поясом, то могли прятать вещь за пазуху (Мат. 10: 9). При поясах, которые евреи любили украшать, носили чернильницы (Иез. 9:2), на поясах же носили мечи (Суд. 3:16; 2 Цар. 20:8).

Штанов израильтяне не носили; они были принадлежностью священнических одежд (Исх. 28:42 и дал.). Персы же ходили в штанах (Дан. 3:21, 27 евр. текст).

Голову обыкновенно не покрывали; если же покрывали, то или той же мантией, или особым платком (покрывалом). О шляпах и шапках упоминается редко. (Срав. Ис. 61:3). Обыкновенно, удовлетворялись повязкой, которая не допускала волосам развеваться во время работы (Иов. 29:14), или простым платком, под которым прятали волосы. Эти простые повязки, наверное послужили началом тех головных украшений, которые впоследствии служили признаком достоинства и величия, а именно: венцы или диадемы, которые на древних памятниках имеют множество разновидностей. Они носились царями (2 Цар. 1:10; 12:30), царицами (Есф. 2:17), первосвященниками (Исх. 28:36; 29:6; 39:30), невестою и женихом (Песн. П. 3:11; Иез. 16:12), сановниками (Есф. 8:15). Персы, кажется, украшали венцами даже своих лошадей (Есф. 6:8). Венцы делались из золота, драгоценных камней и других дорогих материалов; иногда этими вещами служили венки из цветов, веток или листьев. Латинское слово корона обозначает венок. Такие венки служили знаками отличия у воинов и призами на всякого рода состязаниях (1 Кор. 9:25; 2 Тим. 4:8). Язычники таким же образом украшали как жрецов, так и животных для жертвоприношений (Деян. 14:13). Венец или венок служит, нередко, символом славы, власти, блаженства и вечной жизни (Плач 5:16; 2 Тим. 4:8; 1 Пет. 5:4; Отк. 2:10; Срав. Прит. 12: 4; Ис. 62:3).

Обувь составляли сандалии из кожи или дерева, они привязывались к ногам ремнями, из которых один охватывал пятку и, встречаясь с другим концом, пропущенным между большим и остальными пальцами, связывался с ним. Вследствие того, что такая обувь оставляла большую часть ноги неприкрытой, необходимо было часто омывать ноги. Даже на этой второстепенной части одежды (срав. выражение "продают бедного за пару сандалий" Ам. 2:6; 8:6) были украшения на ремнях, особенно у женщин (Песн. П. 7:2). Вероятно к женским сандалиям иногда нашивали кожу, так что они имели вид туфель; такую обувь употребляли изнеженные персы и вавилоняне (Иез. 16:10). Роскошная обувь (Иез. 16:10) по-еврейски называлась тахаш (см. "Сафьян"). Пестрая или пурпурового цвета обувь считалась роскошью; ее носили тиряне, персы, греки и римляне. Развязывать, снимать и носить в руках обувь, было делом рабов (Мат. 3:11; Мар. 1:7; Иоан. 1:27; Деян. 13:25). Ученики раввинов считали за честь обувать и разувать своего учителя. При входе в дом снимали обувь, при выходе же снова обувались (Деян. 12:8; срав. Исх. 12:11). На святом месте нужно было снимать обувь (Исх. 3:5; И. Нав. 5:15). Когда магометанин входит в мечеть, то оставляет свои туфли направо вне дверей в том случае, если не имеет слуги, который носил бы их. В знак горя ходили босыми (2 Цар. 15:30; Ис. 20:2 и дал.; Иез. 24:17, 23).

Об одежде женщин можно сказать, что она была немного длиннее и тоньше мужской. Особенностью их одежды служило покрывало (См. "Покрывало") различных сортов. Об их головных украшениях и прочих предметах роскоши, трудно что-нибудь сказать определенно. Недостатка в них не было, что видно, напр., из Ис. 3: 16 и дал., где мы встречаем длинный перечень женских укращений, которые громил пророк: цепочки на ногах, звездочки, луночки, серьги, ожерелья, опахала, запястья и т.д.

Одоллам — Адулам.

Одоллам, город, расположенный в низменной части Иудеи к юго-западу от Иерусалима (Быт. 38:1; И. Нав. 15: 35). Царь его, вместе с 30 другими царями был разбит Иисусом Навином (И. Нав. 12:15). Вместе с другими городами он был отстроен и укреплен Ровоамом (2 Пар. 11:7). Евреи опять поселились в нем после Вавилонского плена (Неем. 11:30). Местоположение его намечается в Дер-Дуббан, между Иерусалимом и Газою.

Оза, сын Аминадава,ведший колесницу, на которой волы везли ковчег завета из дома его отца в Кириафиариме на Сион. Оза пал мертвым за то, что прикоснулся к святыне, когда волы наклонили ковчег (2 Цар. 6:3 и дал.; 1 Пар. 13; См. также Чис. 4:15; 19: 20). См. "Нахоново гумно".

Озия, сын Амасии (2 Пар. 26:1; Мат. 1: 8); назван также Азарией (2 Пар. 15: 1 и дал.); девятый царь в Иудейском царстве, воцарился шестнадцати лет и царствовал 52 года (810-759 гг. до Р.Хр.). Он боялся Бога и имел успех до тех пор, пока был жив его учитель Захария (2 Пар. 26:5). В последнем году его царствования выступил пророк Исаия. Озия вел победоносные войны с идумеянами, меунитянами, арабами и филистимлянами, укрепил Иерусалим башнями и военными машинами, увеличил число войск до 307.500 человек, под начальством 2600 князей, и уделял много внимания земледелию и виноделию. Благосостояние страны обнаруживается в речах пророков о чертогах (Ам. 2, 5); укрепленных городах (Ос. 8:14); богатстве и роскоши (Ис. 2:7); и о неслыханной пышности женских нарядов (Ис. 3:16 и дал.). Когда царь, в конце своего царствования, захотел сам возжечь курение на жертвеннике Господа, не слушая предупреждений священников, то Бог поразил его проказою; так и жил он прокаженным до самой смерти, в особом доме; а Иоафам, сын его, управлял царством (2 Пар. 26:16 и дал.). Озия был погребен на поле царских гробниц. Во время его царствования произошло землетрясение, о котором говорится у Зах. 14:5 и у Ам. 1:1.

Око — евр. а́ин.

Око, как зеркало души, часто упоминается в таких выражениях, как, например, "глаза гордые" (Прит. 6: 17); "чистое око" (Мат. 6:22) и т.д. Смотреть на кого-либо является выражением благоволения; так, напр., написано: "Око Господне над боящимися Его" (Псл. 32:18; 33:16). Срав. часто повторяющееся слово "смотри", в смысле радости или злорадства; первое, например, о Мессии (Ис. 53:11), последнее — о Его врагах (Псл. 21:18). Срав. Псл. 34:21; 53: 9. Некоторые места Ветхого Завета имеют в виду стремление восточных женщин посредством краски или притираний придать своим глазам большую величину, а также блеск и темность. О Иезавели говорится, что она "нарумянила лицо свое" (4 Цар. 9:30; по-евр. положила глаза свои в притирания). Это иногда делалось даже сверх меры (Иер. 4:30; по евр.: расширяешь глаза красками). Срав. Прит. 6:25. Маленькой палочкой или зондом из дерева, серебра и слоновой кости, смоченной в розовой воде, набирали мелкий порошок и смазывали внутренность век; черная кайма оставалась после этого вокруг глаза. Порошок для этой цели приготовляли из ароматной смолы, иногда из свинцового блеска или других веществ. Маленькие коробки или рога для притираний нередко бывали очень красивы, и теперь можно найти очень красивые экземпляры их в Сирии. Имя младшей дочери Иова было Керенгаппух, т.е. рог с притираниями. "Аравийские женщины", говорит Нибур, "красят свои ногти пурпуровой краской, а руки и ноги — желтой, соком растения альхена". См. "Кипарисовый цветок". "Внутренность век покрывают также красящим веществом, приготовленным из свинца. Кроме глаз, женщины подводят себе брови и делают красками различные украшения на руках и ли-

Крестьянин пашет примитивным плугом на склоне горы, где растут оливковые деревья и виноградники.

це. Часто они накалывают на коже разные фигуры и затем натирают известным составом, который так впитывается в тело, что остается на всю жизнь. Таково понятие аравийских женщин о красоте".

Олдама — Хульда.

Олдама или Олдана, жена Шаллума (хранителя царских одежд), пророчица времен царя Иосии. У нее спросили разъяснения слов найденной в храме книги закона и она предсказала суд Божий над народом и страной (4 Цар. 22:14 и дал.; 2 Пар. 34:22 и дал.).

Олдана. См. "Олдама".

Олень (по-еврейски цви). Мясо этого животного допускалось законом в пищу и ценилось израильтянами (Втор. 12:15, 22; 14:5; 15:22; 3 Цар. 4:23). Олень красив, ловок и строен (Песн. П. 2:9; Ис. 35:6). Лань, самку оленя, воспевают пророки и поэты. Лань изображает любимую жену (Прит. 5:19); ловкость Нефралима (Быт. 49:21). Давид убегал от своих врагов с быстротою оленя (2 Цар. 22:34; Псл. 17:34. Срав. Авв. 3:19). О нежной любви лани к ее детенышам говорится у Иер. 14:5; ее боязливость описывается в Псл. 28:9. В этом псалме (28), который изображает величие Господа в буре, сказано в приведенном месте, что "голос Господа разрешает от бремени ланей".

В пояснение последнего приводим рассказ мисс. Моффата из южной Африки. Он передает, что во время сильной бури с грозой стада испуганных антилоп несутся в разные направления и что жители той местности — бечуаны — на следующее утро отправляются по их следам, чтобы подбирать выкинутых испуганными самками детенышей.

Оливема, дочь Аны, одна из жен Исава (Быт. 36:2).

Оливки (Мих. 6:15). См. "Оливковое дерево".

Оливковое дерево или маслина — эц а-аайт.

Оливковое дерево или маслина, лист которой принес радостную весть плававшему в ковчеге Ною (Быт. 8:11), встречается в древнейшей притче, которую сохранила нам Библия (Суд. 9:8 и дал.); также у Давида, как символ блаженства и благословения (Псл. 51:10; 127:3) и у пророков, как символ красоты, обилия и силы (Иер. 11:16; Ос. 14:1); о двух маслинах срав. Рим. 11:16 и дал.; Зах. 4:3 и дал. и Отк. 11:3 и дал. См. "Светильник".

Маслина, родина которой юго-западная Азия, теперь встречается повсюду в странах Средиземного моря и издавна росла в изобилии в Ханаанской земле (Втор. 6:11; 8:8; 28:40). Масличные сады и горы упоминаются при описании Обетованной земли вместе с виноградниками и полями (Суд. 15:5; 1 Цар. 8:14). Цари имели обширные насаждения (1 Пар. 27:28). И теперь

Оливковая гора, вид с восточной стены Иерусалима, через долину Кедрон. На переднем плане Гефсиманский сад.

в Палестине оливковое дерево — обычное явление; туристы знают, что почти каждое селение имеет свою масличную рощу. Разведение маслин имело важное значение для израильского народного хозяйства. Оливковое масло составляло обыденный пищевой продукт (2 Пар. 2:10) и было предметом вывоза, например, в Дамаск (Иез. 27:17) и Египет (Ос. 12:1). Трудно сказать, употребляли ли израильтяне в пищу самые плоды, как едят их теперь в Палестине: консервированными и свежими.

Маслина хорошо растет в сухих местах на каменистой почве. Она растет медленно, но достигает глубокой старости. Когда ветви ее начинают засыхать, то можно привить к дереву ветви от дикой маслины, и тогда они приносят хорошие плоды. (Срав. Рим. 11:17 и дал.). Вокруг старого ствола вырастают молодые отпрыски из корня. В Псл. 127:3 это символизирует детей вокруг трапезы благословенного мужа. Оливковое дерево, достигающее 7-13 метров высоты, напоминает некоторые породы ив с сучковатыми ветвями, серою корою и узкими растущими попарно листьями серовато-зеленого цвета с наружной стороны и почти белые с внутренней. У дикой маслины листья шире, а ветви покрыты шипами. Цветы желтовато-белые, растут пучками, плоды овальные на подобие слив, сперва зеленого, потом черного цвета, созревают в сентябре. Для сбора их трусят дерево (Ис. 24:13; Втор. 24:20). Сильные ветры сбивали цветы, что причиняло большой убыток занимающимся разведением оливковых деревьев (Иов. 15:33). Само собою разумеется, что саранча также была опасна для маслин. Нередко случалось, что все труды по разведению маслин пропадали даром (Авв. 3:17). Дикая маслина (Неем. 8:15), давая худшие плоды, но служила хорошим строительным материалом. Соломон пользовался им для внутренней отделки храма (3 Цар. 6:23, 31 и дал.).

Олимпан, христианин в Риме, которого Павел приветствует в своем послании (Рим. 16:15).

Олово (Чис. 21:32) — металл, привозимый, в числе других товаров, тирянами из Фарсиса (Иез. 27:12). В Ис. 1:25 под словом примесь надо понимать свинец, олово и другие примеси, от которых через расплавливание очищается серебряная руда.

Омар, внук Исава, один из идумейских старейшин (Быт. 36:11, 15, 43).

Омега. См. "А".

Омовения у израильтян были в большом употреблении. Израильтяне не только умывали руки перед едою, но также омывались перед посещением знатных лиц (Руф. 3:3), и перед совершением религиозных обрядов, чтобы предстать перед Богом чистыми (Быт. 35:2; Исх. 19:10). Омовение рук было также символом отречения от участия в преступлении или злом деле (Втор. 21:6; Мат. 27:24). Сравни слова псалмопевца о чистых руках (Псл. 25:6; 72:13). Подача воды для омовения рук и омовения ног принадлежала к обязанностям прислуги (4 Цар. 3:11). Омовение ног друг другу по примеру Господа являлось доказательством готовности любить и смиряться (Иоан. 13; 1 Тим. 5:10). См. "Баня", "Нога", "Очищение".

Он (Илиполь), город в Египтс, где Потифар, тесть Иосифа, был священником (Быт. 41:45, 50). Этот известный город Ан в северном Египте назван греками Илиполис, т.е. город солнца, а у Иер. 43:13 — Бефсамис, т.е. дом солнца. Иеремия пророчествует о том, что его истуканы или статуи погибнут. Это были известные обелиски, которые украшали храм бога солнца в Оне в большем количестве, чем в других местах Египта. Теперь обелиски частью перевезены в Европу, частью превратились в развалины. Около селения Матарие, к северу от Каира еще стоит один обелиск, высеченный из красного гранита, 70 футов в вышину, исписанный иероглифами. Храм солнца в Оне славился с древности не только своим великолепием, но также существовавшей при нем школой. Евдокс и Платон упоминаются в числе ее учеников.

Онан, сын Иуды. Когда Ир, брат его, был уничтожен Господом, потому что не был угоден пред очами Его, то Онан должен был жениться на Фамари, вдове своего брата, умершего бездетным; он так и поступил, но не желая восстановить семени брату своему, он грешил, за что и был умерщвлен Господом (Быт. 38:3 и дал.).

Оникс. См. "Драгоценные камни".

Онисим, т.е. беглый раб Филимона, был обращен к Господу через Павла и послан им обратно к своему хозяину Филимону с письмом (Фил. 10).

Онисифор, дому которого Павел высказал пожелание от Господа (2 Тим. 1:16) и послал особенный привет (4:19), многократно до этого принимал апостола и не стыдился уз его, когда тот находился в тюрьме в Риме, а также служил ему и в Ефесе (1:16-18). Павел молился, чтобы Господь дал ему обрести милость у Господа "в оный день". Вероятно, Онисифора не было в жизни, когда Павел писал это, потому что он приветствует только его домашних.

Оних (Исх. 30:34). См. "Каждение".

Оно, город в колене Вениаминовом близ Лода (1 Пар. 8:12; Неем. 11:35), вероятно, теперешнее селение Кефр Ана, к северу от Лода.

Ор. 1) Пестрая от различных цветов песчаника гора, имеющая около 1330 метров высоты; она расположена на границе Едома, недалеко в восточном направлении от Петры, приблизительно, по середине между Мертвым морем и Эланитским заливом. Ее двуглавая остроконечная вершина имеет вид громадной разрушенной крепости. Оттуда открывается далекий вид к северу до берегов Мертвого моря и границ Ханаана, а к югу — до Синайского плоскогория. Здесь, на вершине, умер Аарон. На восточном возвышении вершины Ора находится квадратная постройка, которую арабы называют могилой Аарона. Гора называется ими Джебел-неби-Харун, (гора пророка Аарона) (Чис. 20:22 и дал.; 33:38; Втор. 32:50).

2) В Чис. 34:7, 8 Ор есть название Ливана или какой-либо его части.

Орел, который упоминается в Лев. 11:13; Втор. 14:12 вместе с морским орлом среди нечистых животных, часто встречается в картинных оборотах речи Библии. Этот царь птиц, достигающий иногда при распущенных крыльях, более 2,3 м ширины и более 1,3 м от головы до хвоста, с высоким и быстрым полетом, гнездящийся на высоких горах, с острым зрением, высматривающим добычу, служит символом великого, могущественного или трудного и т.д. (2 Цар. 1:23; Иов. 9:26; 39:30 и дал.; Прит. 23:5; Иер. 49:16; Плач 4:19). Этим же символом обозначается быстрота нашествия врагов (Втор. 28:49) — "как орел налетит народ"; говорится о нашествии Навуходоносора (Иер. 4:13; Срав. 48:40; 49:22; Ос. 8:1). Жизнеспособность орла имеет в виду Давид, когда он воспевает благодать своего Бога: "Насыщает благами желание твое; обновляется подобно орлу юность твоя" (Псл. 102:5); срав. Ис. 40:31: "Надеющиеся на Господа обновятся в силе, поднимут крылья, как орлы".

С другой стороны, заботы и труды орла, при обучении своих орлят полету, когда он, бросая их вниз, сам летит под падающих и принимает их на свою спину, являются прекрасным символом верного попечения Бога о Своем народе; так, например, в Исх. 19:4 говорится: "Я носил вас как бы на орлиных крыльях и принес вас к Себе", и в Втор. 32:11: "Как орел вызывает гнездо свое, носится над птенцами своими, распростирает крылья свои, берет их и носит их на перьях своих, так Господь один водил его и не было с Ним чужого бога".

В некоторых местах слово орел, вероятно, обозначает других хищных птиц. Судя по тому, что орел не ест падали, должно в Мат. 24:28; Лук. 17:37 предполагать какую-либо иную хищную птицу.

Орехи (Песн. П. 6:11; Быт. 43:11) растут обильно на Ливане.

Орив и Зив — Орев и Зе́ев.

Орив и Зив (ворон и волк), два Мадиамских князя, побежденные и убитые Гедеоном в тех местах, которые впоследствии стали называться Цур-Орив и Иекев-Зив (Суд. 7:25), Воспоминание об этой победе "в день Мадиама" долгое время жило в Израиле (Ис. 9:4; 10:26; Псл. 82:12).

Орикс (евр. дигион), животное из породы антилоп (Втор. 14:5).

Орион (евр. Кесиль) — прекрасное созвездие на южной половине небесного свода, известное у арабов под названием "Великан", упоминается у Иов. 9:9; 38:31; Ам. 5:8. Народная фантазия Востока видела в этом созвездии охотника Нимрода, привязанного к небесному своду за безбожие. М.б. на это намекается у Иов. 38:31. (Срав. "Плеяды").

Орна (евр. Аравна), иевусеянин из Иерусалима, который имел гумно на горе Мория, около города. После того, как Давид впал в грех и послана была моровая язва от Господа, чтобы истребить народ, Давид исповедал свой грех и получил через пророка Гада повеление пойти на холм Мориа и построить там жертвенник Господу. Услышав это, Давид пошел туда и рассказал о причине прихода Орне, который в это время вместе с четырьмя сыновьями молотил пшеницу. Выслушав слова Давида, Орна не только отказался от платы за место, но предложил Давиду бесплатно волов для жертвоприношения и повозки с воловьей упряжью на дрова. Но Давид отказался принести в жертву полученное даром, и купил волов за 50 сиклей серебра, а землю за 600 сиклей золота, построил на этой земле жертвенник и принес Господу жертвы всесожжения и мирные жертвы; тогда прекратилось поражение моровой язвой израильтян. Впоследствии Давид приносил на этом месте жертвы, а Соломон построил здесь храм (2 Цар. 24; 1 Пар. 21; 2 Пар. 3:1).

Оружие. См. "Война".

Орфа, моавитянка, жена Хилеона, сына Ноемини (Руф. 1:4, 14).

Осанна, т.е. "помоги" или "дай счастье", — торжественное или молитвенное восклицание, взятое из Псл. 117:25, которым евреи приветствовали Иисуса, как Мессию, при Его входе в Иерусалим (Мат. 21:9).

Освящать, т.е. отделять человека или вещь для служения Богу. Так были освящены священники, жертвы, скиния и т.д., равно как и суббота. Отец "освятил Христа и послал Его в мир". Христос освятил Самого Себя, отдав Себя в жертву Богу. Через ниспосылаемую благодать Св. Духа христиане освящаются внешне и внутренно, чтобы быть готовыми узреть Бога (Быт. 2:3; Исх. 13:2; Лев. 8:10; Иоан. 10:36; 1.:19; Евр. 10:14; Фес. 5:23; Евр. 12:14).

Иногда освятить обозначает признать чью-либо святость: "Да святится имя Твое" (Мат. 6:9), "святите Христа (русс. Библия — Господа Бога) в сердцах ваших" (1 Пет. 3:15). Примеры противоположного: осквернять, хулить и т.д. См. Псл. 78:1; Иез. 20:13, 22, 26; 36:20; Соф. 3:4; Мал. 1:7; 2:11.

Освящение, обряд, которым люди или вещи посвящаются для святых целей. Так, например, освятились Аарон и сыновья его омовением, одеванием, помазанием елеем и кровью, равно и скиния с ее принадлежностями (Исх. 29; 40:9 и дал.; Лев. 8). Как освящались левиты см. Чис. 8; освящение храма Соломонова сопровождалось большими жертвоприношениями от царя и народа (3 Цар. 8:63); также и освящение второго храма (Езд. 6:16); в Втор. 20:5 говорится об освящении жилых домов; в Неем. 12:27 — об освящении Иерусалимской стены и т.д.

Осел — евр. хамо́р.

Осел с самой глубокой древности был ценным домашним животным. В Палестине он бодрее, красивее и более вынослив, нежели в Европе. Цвет его коричневато-красный, или блестящий серовато-белый. Хотя осел не так быстр на ходу как лошадь, все-таки он несет всадника на одинаково далекое расстояние и на крутых горных дорогах ступает более уверенно, чем лошадь. Осел часто упоминается, как часть имущества восточных людей (Быт. 24:35; 30:43; 32:5); также и в словах закона в 10 заповедях (Исх. 20:17). Особенно ценными, как верховые животные, были ослицы. Авраам получил от Фараона ослов и ослиц (Быт. 12:16). Иов имел 500 ослиц (Иов. 1:3), а Давид имел особого начальника над ослицами (1 Пар. 27:30). Возвратившиеся с Зоровавелем евреи имели с собою 736 лошадей и 6720 ослиц (Езд. 2:66, 67). Как верховые животные ослы и ослицы в древние времена были в общем употреблении даже между знатными и воинами, до тех пор, пока лошадь не вошла в большее употребление (Чис. 22:21; 4 Цар. 7:7; Ис. 21:7). В позднейшие же времена езда на ослах являлась более покойной и символизировала мир и покой (Зах. 9:9). Иисус совершил Свой вход в Иерусалим, сидя на молодом осле (Мар. 11:2 и дал.; Лук. 19:30 и дал.; Иоан. 12:14 и дал.), за которым следовала ослица. На ослах ездили также женщины (И. Нав. 15:18; 1 Пар. 25:23); при этом погонщик бежал рядом или сзади, как это происходит и теперь (Суд. 19:3; 4 Цар. 4:24). В дороге муж, имея только одного осла для жены и детей, сам шел рядом, как написано о Моисее (Исх. 4:20). Кроме того, ослами пользовались, как вьючными животными и для перевозки тяжестей (Быт. 42:26; Неем. 13:15), для пахоты (Ис. 30:24; причем было воспрещено запрягать в ярмо осла и вола вместе (Втор. 22:10); для вращения мельничных жерновов, почему больший из жерновов в Мат. 18:6 и Лук. 17:2, по основному тексту, называется "ослиным жерновом". Может быть, под названием "Осел крепкий" — символ Иссахара (Быт. 49:14) имеется в виду рабочий осел.

Мясо считалось нечистым (Лев. 11:26); вместо в жертву первородного осла должно было принести агнца (Исх. 34:20). Во время сильного голода за голову осла все-таки платили довольно дорого (4 Цар. 6:25).

Дикий осел (Иов. 39:5), или лесной осел более худощав и быстр, живет в пустынях (Ис. 32:14; Иов. 24:5; Дан. 5:21); он злонравен и неукротим. Этот осел является символом Измаила (Быт. 16:12), и вообше нечестивого народа (Иов. 11:12; Иер. 2:24; Ос. 8:9). Изнеможение диких ослов — признак сильного зноя (Иер. 14:6; срав. Псл. 103:11).

Осия — Гоше́а.

Осия, сын Беерии, пророк Господень в израильском царстве во дни Озии, Иоафима, Ахаза, Езекии, царей Иудейских и во дни Иеровоама 2-ого, сына Иоасова, царя Израильского и его преемников. (Срав. Ос. 8:4). Следовательно, в течение не менее 60 лет (приблизительно 783-723 гг. до Р.Хр.; Ос. 1:1; 7:5). Он выступал, как пророк, во время умножающихся несчастий и бед, когда греховность народа увеличивалась перед ассирийским нашествием. О личности его мы ничего не знаем кроме того, что он сам рассказывает о своем браке и своих детях (Ос. 1 и 3). По Ос. 1:2 и дал. он, по повелению Божию, женился на блуднице Гомери, которая родила ему Израеля, Лорухаму и Лоамми, имена которых имели символическое значение (См. "Изреель 2" и "Лоамми"). По Ос. 3, он сошелся с другою неверною женою для свидетельства о Боге, Который любит уклонившегося в идолослужение Израиля. Многие понимают эти рассказы о браке Осии только, как иносказания, а не как исторические факты.

Осия. 1) Сын Навина; см. "Иисус 1".

2) Сын Илы, восстал против царя Факея, умертвил его и занял его трон (4 Цар. 15:30); Осия был плохим правителем, но все же лучше своих предшественников (4 Цар. 17:2). Когда он, 9 лет спустя после воцарения, заключил союз с Египтом, чтобы освободиться от ассирийского ига, то был отведен ассирийским царем Салманассаром в плен вместе с большей частью своего народа (721 г. до Р.Хр.) (4 Цар. 17:1-6; 18:9-12).

Оскверненный (нечистый; евр. тамэ). См. "Чистый" (Мар. 7:2; Деян. 10:14; Рим. 14:14).

Основа (Лев. 13:48). См. "Ткани".

Остров. Это слово вообще обозначает удобную для жилья землю, в противоположность морю (Ис. 42:10, 15; Иер. 31:10; Соф. 2:11), а также прибрежные страны или острова (Ис. 20:6; 23:2, 6; Иез. 27:15). Острова моря, т.е. острова и прибрежные страны Средиземного моря, упоминаются в пророчествах, говорящих о временах евангельских (Ис. 11:11; 24:15; 60:9; Псл. 71:10 и пр.).

Острова народов (Быт. 10:5) — приморские страны Азии и Европы, заселенные потомками Иафета.

Отвечать (возражать) и говорить (Ис. 8:19).

Отец — евр. ав.

Отец. Отцовская власть пользовалась в Израиле большим почтением и благословение отца ценилось очень высоко (Быт. 27:27 и дал.; 49). За преступление против отца или матери строго наказывали (Исх. 21:15 и дал.; Втор. 21:18 и дал.). В образе отца Бог часто показывает свое отношение к Своему народу (Втор. 32:6 и дал.; Ис. 64:8; Ос. 11:1; Рим. 8:15 и дал.; 2 Кор. 6:18); напротив, сыны тьмы находятся во власти "отца лжи" или "дьявола" (Иоан. 8:44).

Слово отец обозначало иногда предков или старейшин (Иоан. 8:56; Рим. 4:16; Деян. 22:1), учителей, советников, правителей или благодетелей (Суд. 17:10; 4 Цар. 2:12; 1 Цар. 24:12). Также говорится об отцах во Христе, которые, окрепши в благодати, стали способны учить и увещевать других (1 Кор. 4:15; 1 Иоан. 2:13). Но в духовных вопросах признавать кого-либо отцом, слепо ему повиноваться, Христом воспрещено (Мат. 23:9).

В Быт. 4:20 и дал. слово отец, по-видимому, обозначает первого, начавшего известный образ жизни или открывшего новый род искусства; см. "Иавал и Иувал".

Откровение. Это слово употребляется в особом значении, когда говорится о делах и событиях, которыми незримый Бог (Ис. 45:15) открывается Своему творению; и прежде всего в совести, в природе и в истории (Рим. 1:19, 32; 2:14,15; Псл. 18; Деян. 17: 24 и дал.); в подготовлении спасающей благодати в среде Израиля с самого призвания Авраама до ее полного проявления во Христе (Деян. 7:2 и дал.; Иоан. 1:14 и дал.), а также в действии Его Духа в Церкви (Мат. 11:25; Иоан. 14:21; 2 Кор. 12:1; Гал. 1:16; Еф. 1:17; 3:3) до явления славы окончательного совершенства (Лук. 17:30; Рим. 8:18, 19; 1 Пет. 1: 7; 1 Иоан. 3:2).
Откровением называются также слова завета, написанные на двух скрижалях перстом Божиим, содержащие откровение Бога о том, кем Он был и хотел быть для Своего народа, и о том, чего Он требовал от них. Поэтому сказано, что Моисей должен был положить откровение или скрижали в ковчег завета (Исх. 25: 16, 21), когда он сошел с горы и которые он имел в руках (34, 29). Ковчег также называется ковчегом откровения (25:22) и скиния называется скининей откровения (Исх. 38: 21; Чис. 9:15); срав. Чис. 17:4). Выражение "скрижали откровения" — более подходящее, чем "скрижали закона", потому что десятисловие на скрижалях содержит не только заповеди, но также и обетование благодати. Они поэтому также называются скрижалями завета (Евр. 9:4).

Слово "откровение" вообще означает Слово Божие (Псл. 18:8; 118: 88, 99; Ис. 8:16); равно как и слово "свидетельство" (Отк. 1:2).

Откровение Иоанна. Эта книга является единственной пророческой книгой Нового Завета, и ею заканчивается Библия. Эта книга написана по повелению Иисуса Христа Его рабом Иоаном (1:1; 22:8). Иоанн говорит о себе, как о брате и соучастнике со всеми верующими в скорби, царствии и терпении Христовом (1:9), как о сослужителе ангелам и брате пророков (22:9). Он пишет в этой книге о Слове Божием, о свидетельстве Иисуса Христа и о том, что он видел, когда был сослан на Патмос. Срав. 1:2 с Иоан. 1:2; Иоан. 1:14; 19:35. Автором этой книги был евангелист Иоанн, что подтверждают Иустин Мученик, Ириней и много последующих свидетелей. Относительно времени ее написания Ириней говорит: "Она появилась недавно, почти в наше время, в конце царствования Домициана". (Этот император царствовал 81-96 гг. по Р.Хр.).

В первой главе Иоанн посылает привет семи церквам, находящимся в Асии, и рассказывает о своем видении прославленного Сына Человеческого, Который приказал ему записать, что он видел, и послать упомянутым церквам. Во 2-ой и 3-ей главах следуют послания каждой из семи церквей; в 4-ой и 5-ой главах Иоанн видит Всемогущего, сидящего на престоле славы, и в руке у Него книгу, запечатанную семью печатями, которую оказался достойным взять и распечатать только один Христос. В последующих главах Иоанн описывает ряд видений или картин, изображающих борьбу и победу Царства Божия до времени совершенства — когда все будет новое: "новое небо и новая земля" (21:1), "и ничего уже не будет проклятого" (22:3). Последняя книга божественного Откровения заканчивается предложением: "Жаждущий пусть приходит, и желающий пусть берет воду жизни даром" (22: 17). Далее, строго предупреждается не добавлять чего-либо к этой книге, и не отнимать от нее. В конце книги Иисус обещает: "Ей, гряду скоро!", а Церковь отвечает: "Аминь. Ей, гряди, Господи Иисусе!"

Отлучение — евр. хе́рен.
Отлучение от синагоги; см. "Синагога". Об отлучении от христианской церкви, о котором дает постановление Христос (Мат. 18:15 и дал.), говорится в некоторых местах посланий апостольских (1 Кор. 5; 2 Кор. 2:7, 8; 2 Фес. 3:5, 6, 14, 15; 1 Тим. 1: 20; Тит. 3:10; 2 Иоан. 10).

Отрасль (евр. цемах). Так называется у Зах. 3:8; 6:12 обещанный Мессия, где о Нем сказано, что Он создаст храм Господень, будет царствовать на Своем престоле и будет священником. Мессия "Отрасль Господа" (Ис. 4:2) называется отрасль праведная Иер. 23:5; 33:15. Срав. Ис. 11:1; 53:2). Иисус Сам называет Себя в Отк. 22:16 корнем и потомком Давида; срав. 5:5; Рим. 15:12.

Отстой, осадок — гуща от опустившихся на дно частиц винограда. Чистое вино (Ис. 25:6) получалось путем оцеживания старого крепкого вина. Выражение "сидят на дрожжах" употреблено о тех, которые живут беспечно (Иер. 48:11; Соф. 1:12). Безбожники будут пить чашу гнева Божия до осадков (Псл. 74:9; Ис. 51: 17).

Отче наш — молитва Господня, которой Иисус научил Своих учеников (Мат. 6:9 и дал.; Лук. 11:2 и дал.).

Офел, южный выступ храмовой горы в Иерусалиме, укрепленный Иоафамом и Манассиею (2 Пар. 27:3; 33:14), а затем вернувшимися из плена евреям под наблюдением Ездры и Неемии

(Неем. 3:25 и дал.). Срав. “Иерусалим”.

Офир. 1) Один из сыновей Иоктана (Быт. 10:29), также племя в южной Аравии.

2) Страна славившаяся самым лучшим золотом, — “офирское золото” (Иов. 22:24; 28:16; Ис. 13:12; Псл. 44:10). Соломон посылал свои корабли из Ецеон-Гавера в Офир и они привозили множество золота, красного дерева и драгоценностей (3 Цар. 9:28; 10:11, 22; 2 Пар. 8:18; 9:10). Иосафат пытался сделать то же, но ему это не удалось (3 Цар. 22:48). Где был расположен Офир — неизвестно. Некоторые предполагают, что в Индии, в торговом центре Абира. Другие принимают за Офир береговую страну Софала, напротив Мадагаскара, где найдены замечательные развалины среди обширных залежей золота. Вернее все-таки предполагать, что название Офир относится к южному берегу Аравии. Внутри Аравии, у западного берега Иемена, нашли следы древних серебряных и золотых приисков.

По новейшему предположению Офиром назывался Перу в Южной Америке, а название Перу произошло от Парваим (2 Пар. 3:6).

Офни и Финеес — Харнú и Пинха́с.
Офни и Финеес, сыновья первосвященника Илия. Своим легкомысленным отношением к богослужению и необузданностью они навлекли на себя и на своего слабовольного отца погибель. Ковчег Завета, который они принесли в стан израильский, был взят в плен филистимлянами, а они сами пали в сражении (1 Цар. 1:3; 2:12 и дал., 22 и дал.; 4:11).

Офра. 1) Незначительный город в колене Манассиином (Суд. 6:11, 15), где Гедеон родился, жил и был погребен (6:24; 8:27, 32). Из связи между главой 7 и И. Нав. 17:1, заключают, что Офра находилась в западной части удела колена Манассиина.

2) Город в колене Вениаминовом (См. “Ефрем”).

Охозия — Аха́з-ягу́.
Охозия. 1) Сын Ахава и наследник престола израильского (3 Цар. 22:40, 51; 4 Цар. 1), царствовал сперва вместе со своим отцом, который сделал его соправителем за год до своей смерти (897 г. до Р.Хр.), и затем два года самостоятельно. Охозия, подобно своему отцу, поклонялся Ваалу и Астарте. Его короткое царствование было несчастливо: Моавитяне, которые раньше были подвластны израильтянам, отложились по смерти Ахава (4 Цар. 1:1; 3:4, 5); корабельная торговая экспедиция, посланная Охозией вместе с Иосафатом, погибла (2 Пар. 20:35, 37). Царь упал с галлереи своего дома и обратился за помощью к одному из филистимских богов, Веелзевулу (богу мух). Пророк Илия предсказал его скорую смерть сперва посланным от царя, а потом и самому Охизии, после того, как два посольства, по 50 человек каждое, были сожжены огнем с неба.

2) Сын Иорама и Гофолии, царь Иудейский (4 Цар. 8:25; 2 Пар. 22:2), царствовал только год (около 885 г. до Р.Хр.). Охозия подражал дому Ахава, с которым по своей матери он был в родстве, и делал неугодное в очах Господних. Он умер от руки Иичуя, во время посещения Иорама, сына Ахавова (4 Цар. 8:25-29; 9:16, 27; 2 Пар. 22). Во 2 Пар. 22:6 (в еврейском тексте) он называется Азарией, а в 2 Пар. 21:17 (евр. текст) Иохазом; это удивительный пример того, как одно и то же лицо упоминается под несколькими несхожими между собой именами.

Оценка (Лев. 27), цена выкупа посвященных Господу людей и вещей.

Очищение. Так называется установленный законом обряд, благодаря которому израильтянин делался свободным по обрядовому закону от навлеченной на себя нечистоты. Самым употребительным способом очищения являлась вода: ею кропились, омывались и в нее погружались. В случае же большего преступления закона и осквернения такое очищение сопровождалось также различными жертвоприношениями. Омовение тела и одежды требовалось в случаях, упоминаемых в Лев. 11:25, 40; 15:16 и дал. После рождения ребенка требовалось принесение в жертву однолетнего агнца, голубя или горлицы, а в случае бедности — двух горлиц или двух молодых голубей (Лев. 12:6 и дал.). Об очищении себя от нечистоты вследствие прикосновения к могиле или мертвецу имелись особые постановления (Чис. 19). См. “Рыжая телица”. Самой ужасной нечистотой являлась проказа. В случае исцеления от этой болезни требовалась особого рода жертва. Когда объявляли, что прокаженный исцелился, то он должен был принести в жертву двух чистых живых птиц, кусок кедрового дерева, червленую шерстяную нить и иссоп. Одну птицу закалывали над сосудом с ключевой водою и ждали, пока ее кровь стечет в воду; после этого священник окунал в воду окрашенную этой кровью живую птицу и прочие предметы и кропил семь раз на исцеленного; затем живую птицу отпускал на свободу. Тогда исцеленный должен был только омыть свои одежды, обриться и выкупаться

(Лев. 14:4 и дал.). Подобною жертвою очищались также те дома, которые были заражены язвами проказы (Лев. 14:49 и дал.); срав. Псл. 50:9; 18:14; 1 Иоан. 5:6). После Вавилонского плена чрезмерная праведность по закону зашла слишком далеко в своей ревности к очищениям: стали тщательно наблюдать омовение чаш, кружек, котлов и скамей, а также придавать слишком большое значение омовению рук перед едой (Лук. 7:3 и дал.).

Христос и апостол Петр на море.

П

Павел, избранный Богом апостол Иисуса Христа, "чтобы возвещать имя Его пред народами и сынами израилевыми". В первый раз встречаем мы апостола язычников под именем Савла, присутствующим при убиении Стефана (Деян. 7:58; 8:1). Павел родился в Тарсе Киликийском (Деян. 22:3), от еврейских родителей (Фил. 3:5), и имел, вероятно, с самого рождения, оба имени: еврейское Савл (испрошенный), и римское Павел (маленький), так как евреи в течение римского владычества, обыкновенно, носили одно еврейское и одно римское имя, например, Иоанн Марк, Иисус Иуст (Деян. 12:12; Кол. 4:11) и пр. Отец его был фарисей (Деян. 23:1) и имел права римского гражданина (Деян. 22:28). Павел в раннем детстве был послан в Иерусалим, где воспитывался у ног мудрого Гамалиила (22:3) и где сделался ревностным сторонником фарисейской секты (Фил. 3:5). Кроме того, он в молодости был обучен ремеслу — деланию палаток (Деян. 18:3; 20:34; 2 Фес. 3:8) по еврейскому принципу: "кто не учит сына своего ремеслу, тот учит его воровать".

Быстрое распространение христианства возбудило пылкого молодого фарисея к противодействию. Стефан провидел уже тогда, что христианство вытеснит иудейство и его резкие слова о том, что "Христос Назорей разрушит место сие (иерусалимский храм) и переменит обычаи, которые передал нам Моисей, казались евреям хульными словами (Деян. 6:13 и дал.), за которые следовало наказание смертью. Савл одобрял убиение Стефана и стерег одежды тех, которые побивали Стефана камнями. Затем он стал злейшим гонителем христиан, выискивал их в домах, предавал их суду и подавал свой голос на их убиение (Деян. 8:3; 22:4; 26:10; 1 Кор. 15:9; Гал. 1:23; 1 Тим. 1:13). Из Деян. 26:10 заключают, что в то время Павлу, как имевшему право голоса члену синедриона, было приблизительно 30 лет. Для него было недостаточно, что он истреблял церковь в Иерусалиме; он достал себе полномочие от синедриона для поездки в Дамаск, чтобы и там делать то же. Близ Дамаска явился ему Иисус и сказал: "Савл, Савл, что ты гонишь Меня?" Ослепленный видением, Савл упал на землю и его пришлось вести за руку в город, где Господь через Своего ученика Ананию призвал его быть Своим избранным сосудом и возвратил ему зрение. Он крестился, примкнул к ученикам и начал сейчас же проповедывать в синагогах Евангелие о Христе. Мы имеем три подробных описания об обращении Павла (Деян. 9:1 и дал.; 22:3 и дал.; 26:12 и дал.). С этого дня Сам Христос стал жизнью его жизни, все свои преимущества, как еврея, фарисея и законоучителя он почел за сор, чтобы приобресть Христа, а целью его жизни стало проповедывать распятого Христа и приобретать языческий мир для Бога Израилева (Фил. 1:21; 3:5 и дал.). В качестве апостола язычников (Рим. 11:13) Павел уразумел характер христианства, как мировой религии, предназначенной для всех народов, и ясно определил значение Моисеева закона, как водителя ко Христу, прообразам и установлениям которого должно было отпасть, когда во Христе явилась подлинная жизнь. Павел в течение десятков лет ездил повсюду, свидетельствуя в еврейских синагогах Сирии, Малой Азии, Греции и Италии о пришедшем Мессии, и проповедуя о едином Боге в центральных местах языческого мира: в Ефессе,Коринфе, Афинах и Риме перед поклонниками Юпитера и Венеры и о непосредственном пути к общению и единению с Ним, Который стал доступен для всех: и евреев, и язычников.

Жизненный путь Павла нередко был путем страдания; ему приходилось путешествовать по суше и по морю, переправляться через пустыни и горы; языческие жрецы и суеверные люди часто покушались на его жизнь; но злейшие из всех гонений ему пришлось претерпеть со стороны своих фанатичных земляков и тех лжеучителей, которые хотели совместить христианство с еврейством. См., напр., Рим. 9:2, 3, где Павел говорит: "великая для меня печаль и непрестанное мучение сердцу моему: я желал бы сам быть отлученным от Христа за братьев моих, родных мне по плоти" и Гал. 4:19, где он говорит: "Дети мои, для которых я снова в муках рождения, доколе не изобразится в вас Христос". Ярость евреев довела его, наконец, до заключения и поездки в Рим на суд кесаря.

О миссионерских путешествиях Павла и о церквах, основанных им, мы имеем подробные сведения в Деян. (главы 13-28), написанных его спутником Лукою; кроме того, Павел сам дает нам в посланиях к церквам важные указания в этом отношении, как, например, в 1 Кор. 15:32; 2 Кор. 11:23 и дал.; Гал. 1:17 и дал.

После короткого пребывания в Дамаске, Павел отправился в Аравию, откуда пришел обратно в Дамаск. Спустя 3 года он был вынужден бежать от евреев и отправился в Иерусалим, где познакомился с Петром и

Иаковом (Гал. 1:17 и дал.; Деян. 9:23 и дал.) около 40 г. по Р.Хр. Оттуда братья отправили его подальше от злобствующих евреев, в Тарс (Деян. 9:30; Гал. 1:21), где его нашел Варнава и привел с собою в Антиохию. Там они работали вместе целый год (Деян. 11:25 и дал.). Из Антиохии они ездили в Иерусалим отвозить собранное между братьями из язычников пособие тамошним верующим (Деян. 11:29, 30). Возвратившись в Антиохию, Павел и Варнава были отделены Святым Духом на дело служения среди язычников и пришли в Селевкию; оттуда отплыли в Кипр. Прошедши весь остров Кипр до города Пафа, они отплыли оттуда и побывали в Пергии, в Памфилии, в Антиохии Писидийской, в Иконии и в Ликаонских городах: Листре и Дервии, после чего возвратились через Писидию, Памфилию, Пергию и Атталию в Антиохию, откуда были преданы благодати Божией на дело, которое и исполнили (Деян. 13-14), около 45 г. по Р.Хр. Это было первое миссионерское путешествие апостола Павла. В начале этого путешествия, когда Павел проповедывал Слово Божие проконсулу Сергию Павлу, Лука в первый раз делает замечание: "Савл, он же и Павел" (Деян. 13:3). Вероятно, он отметил это здесь именно потому, что с этого времени началось более широкое служение апостола в языческом мире, в котором он более был известен под своим римским именем "Павел", нежели под еврейским "Савл".

Для выяснения некоторых спорных вопросов относительно обрезания и пр., Павел и Варнава были посланы на Апостольский Собор в Иерусалиме Деян. 15) около 50 г. по Р.Хр. По возвращении оттуда они продолжали совместную работу в Антиохии, но затем расстались друг с другом из-за несогласия относительно Иоанна, называемого Марком (Деян. 15:35). Варнава и Марк отплыли на Кипр, Павел же, взяв с собой Силу, отправился в свое второе миссионерское путешествие (Деян. 15:40 и главы 16, 17, 18), — около 51 г. по Р.Хр. Они (Павел и Сила) прошли через Сирию и Киликию до Дервии и Листры, где к ним присоединился Тимофей (16:1 и дал.), и дальше, через Фригию в Троаду. Здесь ночью Павлу было видение: "предстал некий муж македонянин, прося его и говоря: приди в Македонию и помоги нам. Немедленно они переправились через Геллеспонт (Дарданеллы) и стали проповедывать слово Божие в Греции (16:9 и дал.), принеся т.о. слово жизни в Европу. Сначала они посетили Филиппы, потом Фессалонику, Верию, Афины и Коринф. В последнем городе они встретились с Акилою и женою его Прискиллою и проповедывали там в течение 1½ года (18:1 и дал.). В результате проповеди слова Божия повсюду выростали маленькие церкви. Из Коринфа Павел возвратился морем в Ефес, а оттуда через Кесарию и Иерусалим в Антиохию (18:18 и дал.) — около 54 г. по Р.Хр.

Третье миссионерское путешествие апостол предпринял в 54 г. по Р.Хр. (Деян. 18:23 и дал.) из Антиохии через Галатийскую страну и Фригию в Ефес, где пробыл и благовествовал 2 или 3 года (Деян. 19:8 и дал.; 20:31), после чего он, по причине народного восстания, принужден был удалиться оттуда и направился снова в Македонию и Грецию, где прожил 3 месяца (Деян. 20:1 и дал.) около 57 г. по Р.Хр. Затем, возвратившись через Македонию, он отплыл из Филипп в Троаду, оттуда в Милит и затем морским путем в Тир и Птолемаиду, из которой через Кесарию пришел в Иерусалим (Деян. 20:3-21:17).

В Иерусалиме его радушно приняли Иаков и пресвитеры, которые уговорили его принять участие в еврейском обряде очищения, чтобы опровергнуть в глазах народа слух, что Павел учит отступлению от закона Моисея (Деян. 21:20 и дал.). Асийские иудеи, думая, что он ввел с собою в притворы храма необрезанного грека, которого они видели с ним в городе, возбудили против него мятеж и едва не убили его. Тысяченачальник полка, расположенного в крепости около храма, явился с воинами, взял Павла из их рук и, сковав его двумя цепями, повелел вести в крепость (Деян. 21:30 и дал.).

Арестованный Павел произнес две защитительные речи перед народом и перед синедрионом (Деян. 22:23). Вследствие кровожадных планов евреев, он был послан под прикрытием отряда воинов в Кесарию (Деян. 23:12 и дал.), где правитель Феликс выслушал его и его обвинителей (Деян. 24), около 58 г. по Р.Хр.Он пробыл в заключении 2 года, 58-60 (Деян. 24:27); после этого времени Феликса сменил Порций Фест, который выслушал Павла (Деян. 25:6); у него Павел потребовал суда кесарева (Деян. 25:11). Допрошенный еще раз в присутствии царя Агриппы и его супруги Вереники (Деян. 25:13 и дал.), он был отправлен на корабле в Рим, чтобы предстать пред судом кесаря, — около 60 г. по Р.Хр.

Во время этого путешествия корабль, на котором он плыл, потерпел крушение около острова Мелит (Деян. 27), где Павел пробыл три месяца; оттуда он весною 61 г. прибыл в Рим (Деян. 28:11, 16), и, увидев братьев, вышедших ему навстречу, он "возблагодарил Бога и ободрился". В Риме он жил довольно свободно целых два года, около 61-63 г. по Р.Хр. "на своем иждевении и принимал всех приходивших к нему, проповедуя Царствие Божие и уча о Господе Иисусе со всяким дерзновением невозбранно" (Деян. 28:30). Так оканчивается повествование о Павле в книге Деяний Апостолов. О конце его жизни мы не имеем достоверных сведений.

Предание говорит, что после упомянутых 2 лет он был освобожден и трудился, как благовестник и блюститель общин в Малой Азии, Греции и Италии, и что он по высказанному им однажды желанию (Рим. 15:24, 28) даже побывал в Испании. Так понимают некоторые слова Климента о Павле в его 1-ом послании к Коринфянам: "научив весь мир праведности и дойдя до крайних границ на западе, он, наконец, претерпел мученическую кончину" (Клим. 1 Кор. 3:14). Иные видят в этих словах намек на Италию, как крайнюю границу деятельности Павла.

Предположение о вторичном аресте Павла в Риме подтверждается некоторыми местами в посланиях к Титу и Тимофею, в которых упоминается о путешествиях Павла, например, в Ефес, Троаду и пр. (1 Тим. 1:3; 2 Тим. 4:13, 20), на Крит (Тит. 1:5), в Никополь (Тит. 3:12); следовательно, в этот промежуток времени он пользовался свободой. Срав. "Трофим".

Предание далее говорит, что Павел, спустя некоторое время, вторично был заключен в темницу и что в царствование Нерона он вместе с Петром был казнен в Риме. Из 2 Тим. 4:6 и дал.. (это послание написано из темницы, 2:9) видно, что апостол со святой всепобеждающей радостью ожидает предстоящей мученической кончины. Если предположение о том, что Павел был освобожден после первого римского заключения верно, то это должно было произойти до ужасного гонения в июле 64 г., во время которого, само собой разумеется, не был бы пощажен такой видный вождь христиан, как Павел. Шафф указывает на удивительное совпадение, именно, что в конце второго года пребывания Павла в узах, еврейский историк Иосиф Флавий (тогда 27-ми лет) прибыл в Рим и исходатайствовал через супругу Нерона, Поппею, которая была полуеврейского происхождения, освобождение для некоторых еврейских священников, которых Феликс послал в качестве узников в Рим. Может быть и Павел также был освобожден в их числе.

Если это и так, то все же трудно определить с точностью год смерти Павла: по предположению, это событие произошло между 64 и 69 гг.

О внешних обстоятельствах жизни Павла мы имеем мало сведений. В качестве римского гражданина, он, наверное, принадлежал к почетному классу общества, но все-таки не был богат. Часто упоминается о том, что он кормился трудами своих рук. В Деян. 23:16 и дал. говорится о сыне его сестры в Иерусалиме, который спас жизнь своего дяди. Из 1 Кор.7:7 и 9:5 одни заключают, что он был холостым, другие, что он был вдовцом, По мнению некоторых из древних христиан Павел был женат, и что в Фил. 4:3 он к своей жене обращается со словом "Сюнзюге" (Synzyge), которое скорее обозначает сотрудника, товарища или является именем какой либо особы, к которой Павел обращается с особым увещанием.

Наружность апостола Павла была невзрачна и речь его незначительна, по мнению поверхностных коринфян, хотя они должны были признать, что в посланиях он строг и силен (2 Кор. 10:10). Ростом он был мал, о чем заключают из Деян. 14:12, где сказано, что язычники называли Варнаву Зевсом, а Павла Ермием. Некоторые места в посланиях дают повод думать, что у него был физический недостаток, который по временам его мучил. В Гал. 4:13 и дал. он говорит, что в немощи плоти благовествовал им, т.е. он, вероятно, был там задержан какой-то болезнью. Во 2 Кор. 12:7 и дал. он говорит, что ему дано было "жало в плоть", ангел Сатаны, удручать его, чтобы он не превозносился чрезвычайностью откровений. Эти слова указывают, по всей вероятности, на физичское страдание, а не на духовные искушения, как понимают некоторые, а также не на плотское влечение, как думают другие. Выражение в Деян. 13:9 и 23:1 обозначает, как Павел смотрел на Елима и на синедрион (гр. atenizo, русс. устремить взор), показывает, что он страдал слабостью зрения, может быть, вследствие света, который ослепил его на пути в Дамаск (возможно, что по слабости зрения он также не узнал первосвященника, Деян. 23:5). Но то же гр. слово употребляется и в других местах Писания, например, Лук. 4:20; 22:56; Деян. 11:6 и пр.

Древнейшее из имеющихся изображений Павла, относящееся, повидимому, к концу первого или началу второго столетия найдено на большом бронзовом медальоне на кладбище Домициллы в Риме и теперь хранится в Ватиканской библиотеке. На нем изображены лица Петра и Павла,

Ученики же ночью, взявши его, спустили по стене в корзине. *Деяния 9:25.*

первого налево, последнего направо. “Павел менее представителен, очевидно, с пораженными глазами, лысый с короткой густой бородой. Вид у него вдумчивый, серьезный и почтенный” (Шафф). Гораздо более ценен для нас духовный облик апостола, как христианина, миссионера, блюстителя душ, пастыря церкви, брата и друга, который выявляется в его 13 посланиях. Эти послания, написанные между 52 (53) и 64 (67) годами, как церквам, так и отдельным лицам, почти все вызваны какими-либо особыми обстоятельствами, отвечая на животрепещущие вопросы того времени, они дают нам некоторое представление о богатстве природных и духовных даров, отличающих этот “избранный сосуд”. Послания к римлянам и галатам дают ясное и связное изложение евангельского учения и особенно уясняют взаимоотношение между Ветхим и Новым Заветом. Послания к коринфянам поучают нас о духовных дарах церкви и дают практические указания о здоровом направлении церковной жизни. Послания к фессалоникийцам разъясняют вопросы о суде и воскресении. Послания к ефесянам, филиппийцам и колоссянам открывают неизмеримое богатство Славы Иисуса Христа и Церкви в Нем. Послания к Титу и Тимофею, которые получили название “пастырских посланий” говорят о благословениях и обязанностях, сопровождающих пастырское служение. О, какая полнота и многосторонность тем и изложения в этих посланиях, равно как и в замечательных проповедях Павла, записанных Лукою в Деяниях Апостолов. Здесь перед нами не просто философ, обладающий еврейской и языческой ученостью, который умеет отражать противников оружием из их же собственного арсенала (Деян. 17:28; 1 Кор. 15:33; Тит. 1:12); не только пастырь стада Христова, исполненный ревности за истину, который “заботится о всех церквах” (2 Кор. 11:28); не только апостол восстающий против лжеучений и лжепророков и указывающий людям на их обязанности во всех обстоятельствах жизни (1 Кор. 7; Еф. 5; 6; Кол. 3; 4); но также нежный, мягкосердечный, чувствительный человек, который замечательно воспел хвалу любви (1 Кор. 13); верный брат и друг, который даже не забывает посоветовать своему ученику Тимофею позаботиться о своем здоровье (1 Тим. 5:23), и который отправляет беглого раба, приобретенного им для Господа в узах, обратно к его господину, прося его принять бедного раба с той же любовью, с какой бы он принял самого апостола (Фил. 12).

Вопрос о хронологической последовательности посланий ап. Павла до сих пор остается не вполне выясненным. Первыми по времени являются послания к фессалоникийцам (около 52 или 53 г. по Р.Хр.).

Затем следуют послания к галатам,

коринфянам и римлянам (между 56-58 годами).

После них следуют послания с места заключения: к колоссянам, ефесянам, Филимону и филиппийцам (62 или 61-63 гг.).

Наконец следуют пастырские послания, из которых второе к Тим., по-видимому, написано незадолго до кончины апостола.

В качестве примеров, показывающих, как одно место Писания поясняет другое, и как согласуются книги, написанные независимо друг от друга, укажем на следующие паралельные места в Деян. и посланиях Павла, освещающие события в жизни Павла.

Обращение Павла, Деян. гл. 9; 22; 26;	Гал. 1:15 и дал. 1 Кор. 15:8; 1 Тим. 1:13 и дал.
Гонение в Дамаске, Деян. 9:23 и дал.	2 Кор. 11:32 и дал.
Посещение Иерусалима, Деян. 9:26 и дал.; 15:2	Гал. 1:18; 2:1
Павел один в Афинах, Деян. 17:16	1 Фес. 3:1, 7
Делание палаток, Деян. 18:3; 20:34	1 Кор. 4:12 1 Фес. 2:9
Два (или три) посещения Коринфа, Деян. 18:1; 20:2	1 Кор. 2:1; 4:19; 16:5 и дал.
Аполлос в Коринфе, Деян. 18:27 и дал.	1 Кор. 1:12; 3:6
Для иудеев, как иудей, Деян. 16:3; 18:18; 21:23 и дал.	1 Кор. 9:20
Крещение Криспа и Гайя, Деян. 18:8	1 Кор. 1:14 и дал.
Последнее путешествие в Иерусалим, Деян. 24:17	Рим. 15:25 и дал.
Желание поехать в Рим, Деян. 19:21	Рим. 1:13; 15:23
Посланник в узах, Деян. 28:16 и дал.	Еф. 6:19 и дал.

В заключение скажем несколько слов об отношении Павла к остальным апостолам. Из Деян. 9:27 видим, что Варнава сначала ввел Павла в среду апостолов; тогда Павел 15 дней пробыл вместе с Петром и виделся также с Иаковом, братом Господним (Гал. 1:18 и дал.). С одной стороны, Павел высказывает, что он в сравнении с видевшими Господа во плоти и сообщавшися с Ним является как бы некоторым извергом, что он наименьший из апостолов и не достоин называться апостолом, потому что гнал Церковь Божию (1 Кор. 15:8 и дал.). С другой стороны, он подчеркивает, что избран не человеком, но Богом; что Евангелие, которое он проповедует, принято им не от людей, но от Самого Господа (Гал. 1:1, 11 и дал.), и что он ничему не учился от знаменитых апостолов (2:6). Когда впоследствии все встретились на соборе в Иерусалиме (Деян. 15:4; Гал. 2:2), то Павел вместе с Варнавой получили от трех главных апостолов: Иакова, Петра и Иоанна братское признание с согласием, чтобы Павел и Варнава преимущественно благовествовали язычникам, а остальные евреям (Гал. 2:7 и дал.). В вопросе об обязательстве обрезания и других иудейских постановлений для христиан из язычников также не было разногласия между Павлом и остальными. Когда некоторые из христиан, придерживавшиеся фарисейской ереси, доказывали необходимость обрезания, то Петр выступил первым и напомнил о том, как Бог через него призвал язычников, после чего задал вопрос: "Что же ныне искушаете Бога, желая возложить на выи учеников иго, которого не могли снести ни отцы наши, ни мы" (Деян. 15:5 и дал.). Этими словами Петр поддержал Павла и Варнаву и, когда они рассказали, как Господь через них обратил язычников ко Христу, апостолы и пресвитеры согласились послать с Павлом и Варнавою к братьям в Сирии такое решение, чтобы для христиан из язычников не были обязательными уставы еврейства, за исключением некоторых предложенных Иаковом предписаний (Деян. 15:22 и дал.). Обличение Павлом Петра в Антиохии касалось только недостаточной последовательности со стороны Петра (Гал. 2:11 и дал.). Доказательством того, что хорошее отношение между Павлом и Петром после этого не изменилось, служит свидетельство Петра во 2 Пет. 3:15, 16: "Как и возлюбленный брат наш Павел, по данной ему премудрости, написал вам, как он говорит об этом и во всех посланиях, в которых есть нечто неудобовразумительное, что невежды и неутвержденные к собственной своей погибели, превращают, как и прочие Писания". Из сравнения "с прочими писаниями" усматривается, что уже в то время, когда Петр писал свое послание, существовали собрания посланий ап. Павла, которые пользовались известным уважением.

Палестина. Первоначально это название обозначало только узкое побережье в юго-западной части Ханаана, между Яффой и египетскою границею — Палешет или земля филистимская (Ис.

Бедуинка ткет в своей палатке, около Вирсавии.

14:29; Иер. 25:20); но благодаря тому, что эта страна была расположена при море, на пути между Египтом на юге и Финикией, Сирией и Ассирией на севере, она стала известна западному миру раньше, нежели прочие внутренние части страны. Поэтому греческие и римские писатели дали всей земле, населенной евреями, название, которое вначале обозначало только маленькую западную ее часть. Так, например, Птолемей говорит о Палестине, которая также называется Иудеею. С тех пор израильскую землю стали называть Палестиной.

Эта Ханаанская земля (Быт. 12:5; Деян. 7:11), в которой патриархи жили, как пришельцы, и которой сыны Израилевы после выхода из Египта овладели, под предводительством Иисуса Навина. Она называлась ими различно, например: “земля евреев” (Быт. 40:15); “земля сынов Израилевых” (И. Нав. 11:22); “земля Израилева” (1 Цар. 13:19; Мат. 2:21). Это последнее название после смерти Соломона стало употребляться в более узком смысле, обозначая только северную часть Палестины, именно, царство 10 колен Израилевых (4 Цар. 5: 2; сравни “Израиль”); “Иудея” (Аг. 1:1); “Иудейская земля” (Иер. 39: 10; Неем. 5:14); “Иудея” (Лук. 1: 5; 2:4; Деян. 1:8); это последнее название обозначает в более узком смысле только часть Палестины, в противоположность Самарии и Галилее; земля Господня ”(Ис. 14:2; Ос. 9:3), “Святая земля” (Зах. 2:12; это название получило особенное значение после того, как Сын Божий жил, страдал, умер и воскрес в этой земле), и “обетованая земля” (Евр. 11: 9), т.е. земля, которую Бог обещал Аврааму (Быт. 15:18).

Согласно этому обещанию, Израильская земля должна была простираться от реки Египетской до большой реки Евфрат. Здесь между Азией, Африкой и Европой, в центре древнего мира, была расположена хорошо защищенная со всех сторон горами, пустынями, реками и морем небольшая страна, которая послужила ареною величайшего исторического события. Ливан и Гермон возвышаются, подобно громаднейшим стенам, на северной границе; Средиземное море служит западной границей, а на юге и востоке Сирийская и Аравийская пустыни являются трудно преодолеваемой преградой. Глубокая

Хорошо сохраненная гробница с камнем при входе, около Кириаф-Нарима.

Бедуинки ткут маты из папируса для сооружения палаток и жилищ.

Иорданская долина, более, чем на 330 м ниже уровня моря, делит страну на две половины, из которых западная больше и важнее восточной. В некотором отношении можно даже сказать, что земля на запад от Иордана — и есть собственно земля Израилева, Божия земля. Из Чис. 34:6, 12 видно, что границы земли на востоке и западе были великое море и река Иордан. Такой обширной, как было указано в обетовании, израильская земля была только в продолжение короткого промежутка времени, а именно, во время царствования Давида и Соломона (3 Цар. 8:65), да и то, говоря относительно, ибо филистимляне, финикийцы и иные ханаанские племена с течением времени научились сохранять свою самостоятельность и были для Израиля "колючим терном" (Иез. 28:24) из-за его непослушания. "О если бы народ Мой слушал Меня, и Израиль ходил Моими путями! Я скоро смирил бы врагов их и обратил бы руку Мою на притеснителей их" (Псл. 80:14 и дал.).

Обыкновенное определение границ Святой земли таково: на севере и юге, от Дана до Вирсавии (Суд. 20:1 и дал.), следовательно от истоков Иордана у Гермона на севере, до Едомской пустыни на юге, или, приблизительно, с 31°15′, северной широты, т.е. вся земля простиралась в длину не более, чем на 200 с небольшим км. Ширина между Средиземным морем и Иорданом — различна: на ширине Иерусалима она составляет около 80 км, а между Даном и Тиром у северной границы — она едва достигает 40 км. Кроме того, была еще восточная Иорданская земля, или Галаад и Васан — пространство около 150 км в длину, между Герменом и Арноном на юге, на востоке определенной границы не было: там страна сливалась с пустыней. Самым восточным пунктом называют место Салха (Втор. 3:10), приблизительно, 36¾ восточной долготы. Итак Святая земля, расположенная между 31° и 33° северной шир. и между 34° и 35½° восточной долготы, была очень мала в сравнении с могущественными царствами, окружавшими ее, так что и в этом отношении, подтверждаются слова Павла, что Бог избрал незначущее, униженное и немощное, чтобы посрамить сильное (1 Кор. 1:27 и дал.). Римлянин Цицерон высказывает в одном месте, что Бог евреев должен быть очень малым Богом, раз Он даровал им такую малую землю.*

---

* Длина Палестины в наших мерах равняется около 232 км, а ширина, приблизительно от 51 до 133 км.

Но Бог, Который избрал этот народ для Своих великих планов спасения, избрал также и подходящую для этого землю. С одной стороны, она была расположена подобно хорошо огороженному и защищенному винограднику, как это описывается в 5 гл. Ис.; ее морские берега были лишены хороших гаваней и по ее единственной судоходной реке невозможно было проехать на парусном судне; с другой стороны, она занимала выгодное центральное положение, которого никакая другая страна не имела, так что, когда благая весть должна была изойти от евреев, то она нигде не нашла бы лучшей исходной точки, чем здесь. Избранный народ жил здесь, как выражается пророк Иезекииль (38:12), "на вершине земли", а его столица Иерусалим была поставлена среди народов (Иез. 5:5) для того, чтобы, когда исполнилось время, слово спасения, начиная с Иерусалима могло бы быстро распространиться во все части света, до края земли (Ис. 2:3; Деян. 1:8).

По характеру поверхности Палестина является плоскогорьем, изрезанным глубокими долинами, и ущельями, по которым в зимнее время бурно несутся дождевые потоки. От Ливана на западе и Гермона на востоке тянутся по обеим сторонам Иордана огромные горные отроги на всем протяжении страны; на западе они известны под названием Неффалимовых, Ефремовых гор и нагорной Иорданской страны; на востоке же — Авранских, Галаадских и Аваримских гор. Кое-где высоты прерываются обширными равнинами, как, например, Изреельская равнина между коленами Неффалимовым и Ефремовым. Плодоносной была также замечательная Иорданская равнина и приморские равнины: Саронская, к северу от Яффы и Иудейская к югу.

Преобладающей горной породой в Палестине к западу от Иордана является юрский известняк, вместе с доломитом и мелом. В южной части Заиорданской страны находим ту же формацию, чередующуюся с базальтом и песчанником; в северной же части преобладает базальт. Вокруг Мертвого моря находятся залежи горной соли и асфальта, а в Иорданской долине—серы. Серовато-белые известняковые горы, которые в течение столетий стоят, лишенные лесов, придают стране унылый вид. Быстро появляющиеся весной и также быстро исчезающие трава и роскошный ковер цветов создают впечатление обманутого ожидания в путнике, привыкшем к сочным лужайкам северных стран, которые придают там летом такую прелесть. В древние времена Палестина была покрыта лесами; также имеются многие доказательства того, что страна отличалась чрезвычайным плодородием. Она описывалась как хорошая и тучная земля (Исх. 3:8; Неем. 9:25).

Климатические условия Палестины, конечно, очень разнообразны. Эта страна характерна климатическими контрастами: от покрытых вечными снегами вершин Гермона на севере до знойной долины Мертвого моря, лежащего на 437 метров ниже уровня океана — на юге. На побережье Средиземного моря, где дуют морские ветры, средняя годовая температура, приблизительно, равна 20° С. (между 35° С и 10° С, в гористых местах — немного ниже (около 17° С); в Иорданской же долине и около Мертвого моря мы находим тропический климат; температура этой страны варьирует между 25° С и 55° С. Самый длинный день продолжается 14 часов, а самый короткий — 10 часов. Времен года, собственно говоря, только два: сухое лето, или время собирания жатвы, и зима, или дождливый период, который начинается после сбора плодов с деревьев (Быт. 8:22; Псл. 73:17; Песн. П. 2:11). Делают различие между ранним дождем во время посева, в октябре, и между поздним — в апреле, благодаря которому дозревают хлеба: "ранний и поздний дождь" (срав. Втор. 11:14; Псл. 83:7; Ос. 6:3; Иер. 5:24; Иоил. 2:23; Иак. 5:7). В промежутке между ними также время от времени выпадают дожди, иногда с градом, а в гористых местах выпадает и снег (Псл. 147:5). Во время дождливого периода (январь и февраль) иногда бывают дни со свежим и чистым воздухом. После позднего дождя "небо заключается" и начинается летний зной, который в течение нескольких месяцев (май по сентябрь) томит людей и животных. Дождь и гроза в это время — явление очень редкое, а также и не особенно желательное (Прит. 26:1); Господь, по молитве Самуила, именно в этот период времени послал гром и дождь, что привело весь народ в страх (1 Цар. 12:17 и дал.). Летний зной с удушливыми ветрами пустыни словно хочет превратить всю природу в пыль, и только прохладная ночная роса поддерживает жизнь истомленных растений. (Срав. "роса"). Дождь после летнего зноя служит символом обильного благословения (Втор. 32:2; Иов. 29:23; Ис. 44:3).

Ветры в Палестине дуют довольно регулярно. С осеннего равноденствия до ноября дует северо-западный ветер, который делает воздух сухим и чистым и приносит с собою ранний дождь; с ноября по февраль дуют западный и юго-западный ветры, называемые арабами "отцами дождя"; затем до июня дуют бурные, жаркие, все иссушающие восточные ветры, юго-восточный ветер, который дует с Мертвого моря и Аравийской пустыни. С июля начинают дуть различные ветры: то северный, то западный. Вообще, климат с такими регулярными переменами ветров может считаться здоровым. Вреден, собственно говоря, только знойный юго-восточный ветер (хамсин), который приносит с собой мельчайшие частицы песка, отчего вся страна окутывается желтовато-серою пылью, которая затемняет солнце и проникает повсюду.

В политическом отношении Палестину делили не раз, и она находилась под властью различных властителей. Иисус Навин разделил землю на 12 частей по числу 12 колен Израилевых, из которых уделы Рувима, Гада и половины колена Манассиина были расположены к востоку от Иордана. После смерти Соломона страна разделилась на 2 царства: Иудейское и Израильское. Около 700 и 600 г. до Р.Хр. страна подпала под власть Ассирии и Вавилона, затем персов, греков, сирийцев и римлян. Под властью римлян, во времена Христа, она была разделена на пять провинций: Галилею, Самарию, Иудею (Иоан. 4:3, 4), Идумею и Перею.

Пальма. Подобно тому, как кедр выделялся среди лесных деревьев, так и финиковая пальма занимала первое место среди плодовых деревьев земли Ханаанской (Псл. 91:13). Там она росла прежде в таком изобилии, что ее изображение чеканилось на римских и еврейских монетах, как символ страны. См. "Плен". Пальма предпочитает тощую, песчаную, но влажную почву и вырастает под лучами палящего солнца, в таких местах, где всякая другая растительность засыхает. В Библии она символизирует праведника (Псл. 91:13). Растет она медленно и достигает в высоту 26,7 м, доживая до 200 лет. Арабы говорят: "Царица оазиса погружает ноги в воду, а голову в зной небес". Ее стройный, тонкий, лишенный ветвей ствол покрыт, как чешуей, черешками опавших листьев и оканчивается вечнозеленой короной, состоящей из 40-80 дугообразных перистых листьев, длиною 2,6-3,3 м и шириною от 0,3 до 0,6 м. Светло-желтое соцветие, напоминающее виноградную кисть, помещается в кожистом стручке между самыми нижними листьями.

Тычинковые цветы, которых насчитывают до 12.000 в одном только соцветии, имеют по 6 тычинок; пестичный цветок с 3 плодниками находится на особом дереве. Соцветие с тычинковыми цветами срезается попечительным садовником и привязывается возле пестичных цветов приблизительно в марте месяце. Через 5 месяцев поспевают хорошо известные финики, сладковатые, вкусные и питательные плоды, немного напоминающие видом сливы, но более продолговатые, покрытые красновато-коричневой кожицей с твердой косточкой внутри. Разумеется, оплодотворение цветов совершается также с помощью ветра.

Финики употребляются в пищу в различных видах: их едят свежими, сушенными или в прессованном виде. Из сока плодов приготовляется род вина, а также густой сироп или патока; из цветочных покровов выжимают пальмовое масло, которое в прежнее время употреблялось как лекарство для ран. Кроме того, пальмовые листья употребляются для плетения: корзин, ковров, одеял и т.п.; из крепких листовых жил делают палки, корзины и т.д.; из волокон и луба плетут ковры, сети, вьют веревки и пр. Легкая, но прочная древесина употребляется на бревна, скульптурные работы и тому подобное. Плодоносность этого дерева настолько велика, что несколько деревьев дают достаточное пропитание для одного семейства в течение целого года. Неудивительно поэтому, что арабы считают бедной всякую страну, в которой не растут пальмы. Указания на значение пальмы, как плодового дерева, предполагают в Иоил. 1:12; Песн. П. 7:7 и дал. Одним из приятных воспоминаний о странствовании по пустыне был рассказ о стоянке в Елиме с его 12 источниками воды и 70 финиковыми пальмами (Исх. 15:27).

В Священном Писании указывается, преимущественно, на красоту пальмы. Еврейское название пальмы "тамар" было любимым женским именем. Смотри "Тамара". Невеста в Песн. П. уподобляется пальме (Песн. П. 7:7 и дал.). Пальмовыми листьями украшали палатки в праздник кущей (Лев. 23:40; Неем. 8:15). Стены храма были украшены разными изображениями пальм (3 Цар. 6:29; 2 Пар. 3:5; Иез. 40:16). С пальмовыми ветвями в руках встречали и сопровождали победное шествие царей (Иоан. 12:13; срав. 1 Макк. 13:37, 51; 2 Макк. 14:4). Иоанн видел святых перед престолом Божиим с пальмовыми ветвями в руках (Отк. 7:9).

Памфилия — приморская провинция на южном берегу Малой Азии (Деян. 27:5), подвластная римлянам с 103 г. до Р.Х., представляет узкую полосу земли между Киликией на востоке и Ликией на западе, пересеченную отрогами Тавра и орошаемую несколькими горными речками, а также судоходною рекою Эвримедонт. Памфилийцы представляли смешанный народ, состоявший из киликийцев, финикийцев и греков, и занимались преимущественно мореходством. Они присутствовали, в числе прочих, в Иерусалиме в день Пятидесятницы (Деян. 2:10). Впоследствии Павел и Варнава благовествовали в Пергии, столице Памфилии (Деян. 13:13; 14:25).

Паралипоменон — евр. Диврей а-ямим. Паралипоменон 1-ая и 2-ая книги, греч. слово, т.е. добавление оставшегося (евр. "летописи"). Две исторические книги Вет. Завета; автор их неизвестен. Греческое название этих книг показывает, что они служат добавлением к четырем книгам Царств. Повидимому, книги Паралипоменон имеют целью дать краткий обзор всей священной истории от ее начала до возвращения израильтян из Вавилона. Различие между этой книгой (ибо эти две книги, в сущности, составляют одну) и 4-мя книгами Царств может быть выражено так: 1-ая и 2-ая книги Царств суть биографического характера, дающие нам подробные жизнеописания; 3-ая и 4-ая книги Царств уже носят теократический отпечаток: они излагают историю евреев, как нации, находящейся под водительством Божиим. Книги Паралипоменон представляют скорее церковную историю, нежели государственную; поэтому даются также точные сведения относительно подготовки царем Давидом материалов для постройки храма и о постройке его Соломоном; относительно реформационой деятельности Асы, старания Иосафата и Езекии научить народ закону Господню, восстановить порядок богослужения и т.д. Срав., напр., 2 Пар. 4:7 с 3 Цар. 7:49.

Все, что касается богослужения, священников, левитов излагается подробнее, из чего видно, что автору было очень важно вселить в возвращающийся из Вавилона народ страх Божий, который возвышает дух. Автор пользуется древнейшими источниками, что ясно видно из 2 Пар. 9:29; 16:11; 20:34. Иногда автор вставляет выписки из древних книг, совершенно не изменяя их, напр., шесты ковчега "там (в храме) до сего дня" (2 Пар.5:9), эти слова заимствованы из 3 Цар. 8:8; однако в то время, когда писалась 2 Пар., ковчег и шесты были утеряны, и храма Соломонова уже не было. Первая книга Паралипоменон в кратких словах передает историю от сотворения мира до Давида. Вторая же повествует о росте и падении Иудейского царства, до возвращения из Вавилона, охватывая 3500-летний период. Евреи считают Ездру автором этих книг.

Паралич, расслабление полное или частичное было одной из тех болезней, которую наш Спасител исцелял одним словом (Мат. 4:24). Этого же рода болезнь мучила слугу сотника (Мат. 8:6), и он был уже при смерти (Лук. 7:2). Может быть, это, так называемый, **paralysis agitans**. Страдающий этой болезнью человек не может успокоиться ни на одну минуту, забываясь только во сне. Женщина, имевшая духа немощи (Лук. 13:11), вероятно, страдала параличом, и человек, имевший иссохшую руку (Мар. 3:1) был болен тою же болезнью.

Парваим — страна, откуда привозили хорошее золото (2 Пар. 3:6). Срав. "Офир".

Пармен, один из 7 диаконов (Деян. 6:5).

Партия. Среди евреев существовали различные партии, то политические, например, партия иродиан, то религиозно-политические, как партия фарисеев и саддукеев, то исключительно религиозные, как, например, партия староверов, т.н. асидеев (хасидим — набожные), которые на столько ревностно исполняли заповеди о субботе, что в случае нападения на них даже не защищались в этот день, а скорее расставались с жизнью (Срав. 1 Макк. 2:32 и дал.). Асидеи соединились с Маккавеями, которые жертвовали жизнью и имуществом в борьбе за закон и заключенный с Богом завет (1 Макк. 2:20).

Другую религиозную партию или, вернее, братство составляли ессеи (время их существования предполагается от 100 г. до Р.Хр. до разрушения Иерусалима). Ессеи более других стремились достигнуть совершенного исполнения закона. Они удалялись от общественной жизни, соединялись в тайные общества и селились в пустынных местах. Например, на северо-западном берегу Мертвого моря жили в общественных домах и все имущество у них было общее; большинство из них не вступало в брак. Престарелые и больные пользовались особенно нежным уходом и попечением. Главным их занятием, кроме усердных молитв, было земледелие и ручной труд. Они часто совершали омовения (крестились); одежду носили самую скромную; довольствовались самой простой пищей: совсем не ели масла и пили только воду. Суббота соблюдалась ими очень строго. В жертвоприношениях Иерусалимского храма они не участвовали, но посылали дары для самого храма. Чтобы вступить в их общество, требовалось трехлетнее испытание, а при самом принятии, испытуемый

Пастух со своим стадом на Пастушеском поле, около Вифлеема. Город виднеется вдали.

обязывался ужасной клятвой прославить Бога, быть справедливым по отношению к людям, ненавидеть зло, но творить добро, не искажать учения ессеев, хранить их писания и известные им имена ангелов. В Новом Завете об ессеях ничего не говорится, но после разрушения Иерусалима многие из них примкнули к христианам, вследствие чего возникло аскетическое направление, известное под именем евионитов. То влияние, против которого боролся Павел в послании к колоссянам, по всей вероятности было ессейским.

Большое сходство с ессеями имели т.н. терапевты: еврейские аскеты в Египте, к которым принадлежали и мужчины, и женщины. Они пренебрегали физической работой и занимались исключительно изучением внутреннего (духовного) смысла закона.

Христианство также считалось в начале евреями новой сектой или ересью; Тертулл, обвиняя Павла перед Феликсом, сказал, что он "представитель Назорейской ереси" (Деян. 24:5).

В христианские общины уже рано вкралось вредное разделение (1 Кор. 11:19; Гал. 5:20; 2 Пет. 2:1).

Парфяне, дикий народ, живший в небольшой, неплодородной гористой стране Парфии, к юго-востоку от Каспийского моря; сначала они находились под властью ассирийцев, персов и Селевкидов, но потом, около 256 г. до Р.Хр., под предводительством Арсака образовали самостоятельное царство, которое значительно распространилось по Сирии и Малой Азии и причиняло римлянам не мало хлопот. В Парфянском царстве, во время Иисуса Христа жили тысячи евреев, большею частью потомки тех 10 колен, которые были переселены ассирийцами по ту сторону Евфрата. Парфяне упоминаются на первом месте, между присутствовавшими в Иерусалиме в День Пятидесятницы (Деян. 2:9).

Пастух — евр. роэ.

Пастух. Предки евреев, во время патриархов были скотоводами и кочевали со своими стадами; потому часто Библия дает нам много картин из пастушеской жизни. Наблюдение за стадами поручалось не только слугам, но и сыновьям и дочерям знатных лиц (Быт. 30:29; 29:6; Исх. 2:19). Рабство в Египте много содействовало приобретению привычки к оседлой жизни и мы часто видим, что те колена, которые еще имели склонность к кочевой пастушеской жизни, избрали себе подходящее для этого место на восточной стороне Иордана (Чис. 32:1 и дал.). Но и помимо них, некоторые сохранили любовь к пастушеской жизни (1 Пар. 4:39 и дал.;

Иер. 35:6 и дал.). Занятие пастухов, по библейскому описанию, было нелегко и даже опасно. Пастух должен был переносить и холод, и жару (Быт. 31:40); заработок его был незначителен: может быть, он мог пользоваться некоторой частью продуктов, например, молоком (1 Кор. 9:7); так что он должен был довольствоваться простой пищей, например, ягодами сикоморы, рожками и, может быть, акридами и диким медом (Срав. Ам. 7:14; Лук. 15:16). Он постоянно подвергался опасности от диких зверей, например, льва и медведя (1 Цар. 17:34; Ис. 31:4; Ам. 3:12) и не был также в безопасности от нападения разбойников (Быт. 31:39). Одежда и снаряжение пастуха состояли из плаща, вероятно, из овечьей шкуры (Иер. 43:12), мешка с пищей, пращи с камнями (1 Цар. 17:40) и, наконец, посоха, который служил и оружием, и орудием для управления стадом (1 Цар. 17:40; Псл. 22:4; Зах. 11:7). Когда пастух пас стадо вдали от селения, то строил себе шалаш (Ис. 38:12; срав. Песни П. 1:7). Иногда строили сторожевые башни для наблюдения за врагами и для защиты стад (2 Пар. 26:10; Срав. 27:4). Ежедневное занятие пастуха состояло в следующем: утром он выводил свое стадо из загона (Иоан. 10:4), идя перед своими овцами и клича их; придя на пастбище, он стерег стадо с помощью своих собак (Иов. 30:1). Если какая-нибудь овца убегала, он искал ее до тех пор, пока не находил (Иез. 34:12; Лук. 15:4). Он должен был поить их из корыта (у колодца или прямо из ручья (Быт. 29:8; 30:38; Исх. 2:16; Псл. 22:2). Вечером он вел их обратно в загон и пересчитывал (для того, чтобы удостовериться, что ни одна из них не пропала (при помощи своего посоха, под который овца пролезала (Лев. 27:32; Иез. 20:37), под рукою считающего (Иер. 33:13). Тяжелая ответственность лежала и на том пастухе или стороже, который стерег ночью находящихся в загоне овец (Иоан. 10:3). Служба пастуха требовала много бодрствования (Лук. 2:8) и заботы о молодых и слабых (Ис. 40:11; Быт. 33:13). У крупных владельцев, кроме пастухов, были еще надзиратели над пастухами; отсюда слово пастыреначальник (1 Пет. 5:4; 1 Цар. 28:7; Срав. Быт. 47:6).

В качестве иллюстрации к Иоан. 10:1-16 приводим рассказ миссионера Хартлея, который путешествовал по Греции и восточным странам: "Вчера вечером", говорит он, "остановил внимание на тексте Иоан. 10:3, я обратился к своему слуге с вопросом, существует ли в Греции обычай давать прозвища овцам. Он ответил мне, что овцам дают имена и что они прислушиваются к пастуху, когда он называет их по имени. Сегодня утром я удостоверился в этом, когда шел мимо стада овец, и предложил пастуху тот же вопрос, что и своему слуге. Пастух дал мне такой же ответ. Тогда я попросил его позвать одну из своих овец; он исполнил это, и тотчас же одна из овец отделилась от стада и побежала к пастуху с такой радостью и готовностью, какой я никогда не наблюдал у других животных; я также удостоверился в том, что на чужой голос овцы не идут, а бегут от него. Пастух прибавил, что многие из его овец еще дики и не знают своего имени, но что через некоторое время они привыкнут и будут отзываться на свои имена".

Из жизни пастуха и его обязанностей в Библии взято много примеров; все они знакомы и всякому понятны. Цари и правители часто называются пастырями, подобно тому, как еще у Гомера цари назывались "пастырями народа". (Срав. 2 Цар. 5:2; Прит. 12:10; Псл. 77:71 и дал.; Иер. 2:8). В Ис. 44:28 Бог называет Кира "Мой пастырь". Уже в Быт. 49:24, в пророчестве Иакова Бог назван "Пастырем и твердыней (скалой) Израиля". Это название в дальнейшем встречается очень часто (Псл. 22; 79:2; Ис. 40:11; Иер. 31:10). В Иез. 34 Иегова, в противоположность ложным пастырям Израилевым, изображает Себя, как верного Пастыря, и обещает поставить над ними одного Пастыря — раба Своего Давида (стих 23), — Того, Который, пришед, сказал: "Я Пастырь добрый" (Иоан. 10:11), "Великий Пастырь овец" (Евр. 13:20), Который отдал Свою жизнь за овец (Иоан. 10:15; Мат. 9:36) и Которого Петр называет "Пастырем душ" (1 Пет. 2:25) и Пастыреначальником (1 Пет. 5:4), так как Он является Наставником для всех пастырей, т.е. учителей и блюстителей, которым Он поручил пасти Свое стадо, как Он положил это на сердце Петру после Своего воскресения (Иоан. 21:15 и дал.; Еф. 4:11). Подобно тому, как Иегова обещал в Иер. 31:10 собрать рассеянного Израиля, как пастух собирает свое стадо, так и Иисус обещал собрать Своих рассеянных овец: "И будет одно стадо и один Пастырь" (Иоан. 10:16).

Пасха, т.е. прохождение мимо, или пощада; (греч. Паска, евр. Песах); (Исх. 12:11), название праздника, который Бог повелел праздновать сынам Израилевым, в воспоминание о той ночи, когда Господь послал Своего ангела умертвить всех перворожденных в Египте и пройти мимо еврейских домов, и когда вывел их

Готовность Авраама принести в жертву Исаака.

Дочь фараона усыновляет младенца Моисея.

Моисей нисходит с горы Синай со скрижалями.

Ибо облако Господне стояло над скиниею днем и огонь был ночью в ней пред глаза-

ми всего дома Израилева, во все путешествие их.

Исход 40:38

Соглядатаи принесли ветвь с виноградной кистью. (Чис. 13:24).

Добрый самарянин (Луки 10:33).

Вход Иисуса Христа в Иерусалим

ЕВРЕЙСКИЙ РЕЛИГИОЗНЫЙ КАЛЕНДАРЬ

МЕСЯЦЫ		СПЕЦИАЛЬНЫЕ ДНИ
Нисан	(апрель)	14 — Пасха 15 — Опре́сноки 21 — Конец пасхи
Ияр	(май)	
Сиван	(июнь)	6 — Праздник Пятидесятницы — семь недель после пасхи (Годовщина Синайского Закона)
Таммуз	(июль)	
Ав	(август)	
Елул	(сентябрь)	
Тишри	(октябрь)	1 - 2 — Праздник труб Рош Гашана, начало гражданского года 10 — День искупления 15-21 — Праздник ку́щей
Мархесван	(ноябрь)	
Хаслев	(декабрь)	25 — Праздник света, Посвящение, Ганука
Тебеф	(январь)	
Шеват	(февраль)	
Адар	(март)	14 — Праздник пури́м

Именецкая еврейская семья в Иерусалиме за пасхальной трапезой.

из земли рабства (Исх. 12:12 и дал.). В десятый день месяца Авива или Нисана глава семейства выбирал однолетнего агнца или козленка без порока (Исх. 12:5; Срав. Пар. 35:7); в 14-й день при захождении солнца (Втор. 16:6) закалывал его, мазал его кровью, при помощи пучка иссопа, косяки дверей, жарил все животное и ел его вместе со своими домашними в ночь на 15 Нисана с пресным хлебом и горькими травами (Исх. 12:8). Если семейство было так мало, что не могло съесть целого агнца, нужно было соединиться с соседями (Исх. 12:4). Все члены семейства должны были есть агнца, но, конечно, только обрезанные.Если пришелец, поселившийся среди израильского народа, желал участвовать во вкушении агнца, то он прежде должен был обрезаться (Исх. 12:48). Господь повелел народу через Моисея и Аарона, есть пасхального агнца при следующей обстановке: "Пусть будут чресла ваши препоясаны, обувь ваша на ногах ваших и посохи ваши в руках ваших, и ешьте его (агнца) с поспешностью" (Исх. 12:11). Все животное должно было быть съедено, и ничего (никаких остатков) от него не должно было выносить из дома, а сжечь в ту же ночь. Так ели пасхального агнца в израильских жилищах в последнюю ночь в Египте. И когда Господь видел кровь на косяках дверей, то проходил мимо (Исх. 12).

Этот праздник дан был израильтянам в воспоминание, как вечное установление (Исх. 12:14, 24). После переселения в Ханаан евреи должны были закалывать и есть пасхального агнца в святилище (Втор. 16:2 и дал.) и вместо помазания кровью косяков, священник кропил кровью жертвенник (2 Пар. 30:16; 35:11). Те, кто из-за нечистоты левитов или по другим причинам не могли праздновать Пасхи в установленное время, должны были праздновать ее в следующем месяце; того, кто совсем не праздновал этого дня, должно было истребить (Чис. 9:6 и дал.; Срав. 2 Пар. 30). Обязанными праздновать Пасху, по Исх. 23:17, были только мужчины. Но некоторые раввины распространили эту заповедь и на женщин.

В пасхальном агнце, постановление о котором было дано раньше закона о жертвах, усматриваются обе черты, характеризующие жертву за грех и мирную жертву — каждую в отдельности. Пасхальный агнец был жертвой, которая, с одной стороны, кроплением крови свидетельствовала о пощаде, с другой — общим вкушением агнца свидетельствовала об общении с Богом и друг с другом. По этим общим признакам, а также и по некоторым подробностям, например, запрещению сокрушать кости пасхального агнца (Исх. 12:46; Иоан. 19:36) видим, что пасхальный агнец был прообразом нашего Агнца — Христа (1 Кор. 5:7; Срав. 10:7), Который также был принесен в жертву в Иерусалиме в то самое время, когда тысячи агнцев закалывались израильтянами в Иерусалимском храме.

Из некоторых мест, как, например, Втор. 16:1 и дал. (о мелком и крупном скоте) и 2 Пар. 35:7 и дал. (об агнцах, козлятах и волах) видно, что во время праздника Пасхи, кроме необходимого пасхального агнца, приносили в жертву и других животных, вероятно, в качестве добровольных и мирных жертв. Следующие пасхальные праздники отмечены, как особенно замечательные: во времена Иисуса Навина в Галгале (И. Нав. 5: 10), во время Иезекии (2 Пар. 30) во время Иосии (4 Цар. 23:21 и дал.; 2 Пар. 35); и, наконец, после возвращения из Вавилона (Езд. 6:19 и дал.).

Для празднования этого дня с течением времени образовался особый ритуал (порядок). Перед началом пасхальной вечери, когда все члены семейства были собраны вокруг установленного кушаньями стола, вливали вино в чашу, которую благословлял с благодарением отец семейства; эта чаша выпивалась присутствующими по старшинству. После этого омывали руки, ели горькие травы и начинали чтение пасхального текста — той части закона, которая описывала празднование первой Пасхи и выход из Египта. Потом наливали вторую чашу, причем отец семейства, на вопрос своего сына о значении праздника, цитировал (говорил наизусть) Исх. 12:26 и дал. Затем пелись Пс. 112-113, начало "Галлель" — песней хваления, Псл. 112-117; см. Мат. 26:30 — и призывалось благословение Божие на преломленные опресноки и испеченного агнца. Только после этого каждый из присутствующих мог возлечь, пить и есть по собственному усмотрению. По окончании вечери отец семейства омывал руки, благодарил Бога, благословлял третью чашу, называвшуюся, обыкновенно "чашею благословения" (срав. 1 Кор. 10:16) и выпивал ее со всеми участниками; после этого наполнялась четвертая чаша и снова начинали петь "Галлель" с Псл. 114 до Псл. 117, причем отец семейства, после слов в Псл. 117:26, благословлял чашу и вместе с присутствующими выпивал ее. Эти четыре чаши считались необходимыми для полноты празднования Пасхи. Изредка с пением псалмов 119-136 прибавляли пятую чашу.

Во время такой пасхальной вечери, накануне Своей смерти, Иисус установил святое причащение (Мат. 26: 26; Лук. 15:19 и дал.). На пасхальную чашу указывается в Лук. 22:17; на пение псалмов в Мат. 26:30; Мар. 14: 26.

Сразу после праздника Пасхи начинался праздник опресноков, который праздновали 7 дней с 15 по 21 Нисана (Мар. 14:1; Лук. 22:1). Этот праздник получил свое название от того, что в эти семь дней разрешалось есть только пресный хлеб в воспоминание поспешного бегства из Египта, когда народ не успел заквасить своего теста (Втор. 16:3 и дал.); поэтому вся закваска до начала празднования должна была выноситься из дома. В каждый из дней этого праздника приносились особенные жертвы: козел в жертву за грех, два тельца, один овен и семь агнцев — в жертву всесожжения с соответствующим хлебным приношением и возлиянием Исх. 12:15 и дал.; 13:6 и дал.; Чис. 28:17 и дал. Первый и седьмой дни праздновались, как суббота — день покоя — со священным собранием и прекращением работы (Лев. 23:5 и дал.). Во второй день, 16-го Нисана, должны были приносить Богу начаток жатвы (сноп). Священник возносил его пред Господом, принося при этом жертву всесожжения, состоящую из агнца и хлебного приношения с возлиянием. До приношения первого снопа Богу нельзя было есть нового хлеба со своего поля (Лев. 23: 9 и дал.). Следующие после этого дни праздновались приношением добровольных жертв, мясо которых народ ел. 21-го Нисана праздник заканчивался священным собранием (Втор. 16:8; срав. Чис. 28:24).

Оба эти праздника, Пасхи и опресноков, считались общим праздником; последний (праздник опресноков) начинался во время вкушения пасхального агнца. Поэтому день, в который ели пасхального агнца, называется у Мар. 14:12 первым днем опресноков.

Из 3-х первых Евангелий кажется очевидным, что Иисус праздновал Свою последнюю Пасху — вечером 14 Нисана, в таком случае день Его смерти приходится на 15 Нисана, или в самый день Пасхи; но вряд ли евреи могли схватить, допрашивать и выдать схваченного в святую пасхальную ночь; также трудно представить себе совершение казни в такой великий день. Это место синоптиков пополняется Евангелием от Иоанна, согласно которому день смерти Иисуса совпадает с пятницей 14 Нисана — день приготовления Пасхи (Иоан. 19: 14) или кануном пасхальной вечери, с чем также согласуется место Иоан. 18:28, а именно: евреи не желали войти в преторию, чтобы не оскверниться от общения с язычниками и этим лишить себя права участвовать во вкушении пасхального агнца. Следующий день, т.е. 15 Нисана, был великим субботним днем (по Иоан. 19: 31), ибо он не только являлся обычною субботою, но также первым из семи праздничных дней опресноков. В этот день Господь покоился во гробе, а на следующий день, 16 Нисана, когда начаток жатвы вносился в храм, Господь воскрес из мертвых, первенец (начаток) из умерших (1 Кор. 15: 20).

Существует следующее объяснение этого противоречия. Спаситель ел пасхального агнца в четверг, 13-го Нисана*. Сам же истинный Пасхальный Агнец был принесен в жертву вечером, 14-го Нисина. Места, указывающие на то, что Спаситель должен был поспешить со вкушением пасхального агнца, находим в Мат. 26:18; Лук. 22: 15. В тот день (2-й день Пасхи и день Воскресения Христова, когда первый сноп приносился в храм (Лев. 23:10) восстал из недр земли Драгоценнейший плод пшеничного зерна, падшего в землю (Иоан. 12:24); день этот стал пасхальным праздником Церкви Христовой.

Пасхор. 1) Сын Еммеров, надзиратель в доме Господнем, — лжепророк. Он преследовал Иеремию и наказал его побоями и тюрьмой. Пророк произнес над ним суд Божий, по которому он получил в предзнаменование несчастия имя "Магор Миссавив", т.е. ужас вокруг (Иер. 20:1 и дал.).

2) Сын Молхиин, также один из врагов Иеремии (Иер. 21:1; 38:1 и дал.).

3) Отец Годолии (Иер. 38:1).

Патара, место, куда Павел приехал с Родоса, и где он сел на корабль, идущий в Финикию (Деян. 21:1 и дал.), большой приморский город в Ликии на берегу Малой Азии или Анатолии, близ устья реки Ксанфа, с известным храмом Апполона и оракулом.

Патмос, остров, где Иоанн принял откровение Иисуса Христа (Отк. 1:9;

---

* ПРИМЕЧАНИЕ ПЕРЕВОДЧИКА. В Исх. 12:10 сказано: "оставшееся от него до утра сожгите на огне" и в Исх. 35:3: "не зажигайте огня во всех жилищах ваших в день субботы". Без огня невозможно было исполнить заповедь Исх. 12:10. Поэтому можно было, когда 14 Нисана совпадало с пятницей, или есть пасхального агнца раньше, или нарушить заповедь Исх. 35:3. Съедая его 13 Нисана, возможно было сжечь оставшееся в пятницу — 14 Нисана. Иисус сделал это, и, по всей вероятности, не только Он, но и весь народ.

1:1), представляет небольшой неплодородный скалистый остров в Эгейском море, близ западного берега Малой Азии. Около гавани Де-ла-Скала показывают пещеру, где апостол, по преданию, видел свои видения; над этой пещерою построена церковь.

Патриарх, т.е. родоначальник; так называются Авраам (Евр. 7:14), 12 сыновей Иакова (Деян. 7:8 и дал.) и царь Давид (Деян. 2:27, русс. перевод праотец). Обыкновенно патриархами называют праотцев избранного народа: Авраама, Исаака и Иакова и его сыновей; праотцами называются также перечисленные в Быт. 5 праотцы всего человечества.

Патров, христианин в Риме, которого приветствовал Павел (Рим. 16:14).

Патрусим, народ, происшедший от Мицраима (Быт. 10:13 и дал.), вероятно, жители Пафроса, или южного Египта.

Пау (1 Пар. 1:50; Быт. 36:39), город Едомского царя Гадора.

Паук упоминается в Прит. 30:28 между малыми, но мудрыми на земле, который "лапками цепляется, но бывает в царских чертогах". Еврейское слово в этом месте "шмамиґ", истолковывается некоторыми как ящерица. Паутина у Иов. 8:14; Ис. 59:5, является символом тщетного упования и злоумышлений нечестивых.

Паф, знаменитый торговый город на западном берегу острова Кипра, где Павел во время первого миссионерского путешествия обратил проконсула Сергия Павла ко Христу (Деян. 13:6 и дал.). Это был новый Паф, называемый теперь Паффа. Недалеко от него находился старый Паф (теперь Куклия) с знаменитым храмом. Здесь, по языческому преданию, Венера вышла из моря.

Пафрос, область в Египте, куда бежала часть евреев после разрушения Иерусалима (Иер. 44:1,15). У Иез. 29:14 эта область называется землею происхождения египтян, вероятно, ее южная часть, которую, по преданию, египтяне заселили первоначально. Согласно древнеегипетским письменам, южный Египет назывался Паторис со столицею Но (Фивы). Срав. Ис. 11:11; Иез. 30:14.

Пеликан, водная птица, водящаяся в теплых странах, окраской и величиной напоминающая лебедя, но не такая стройная, как этот последний, и отличается от него, главным образом, своим длинным и широким клювом, с находящимся под ним мешком. Самка вылавливает клювом из воды много рыбы, которую и собирает в этот мешок, чтобы затем, по мере надобности, кормить своих птенцов. У пеликана грубый, неприятный голос, напоминающий крик осла. Название "каат", происходящее от корня "ко", т.е. рвать (его вырвало), может быть, указывает на способ кормления этой птицей своих птенцов.

Пенуэл — Пнуэль.

Пенуэль. 1) т. е. Лицо Бога; место, где Иаков боролся с Богом (с ангелом Ос. 12:4), — и получил имя Израиль (Быт. 32:30), близ потока Иавока, к востоку от Иордана.

2) Город, который был поражен Иисусом Навином (И. Нав. 8:8 и дал.) и впоследствии перестроен Иеровоамом (3 Цар. 12:25). Некоторые полагают, что Пенуэл 1 и 2 — одно и то же место.

Пепел — евр. эфер.

Пепел обозначал горе, печаль (Иов. 2:8; Ефес. 4:3; Иоан. 3:6; Псл. 101:10). Пепел от рыжей телицы (Чис. 19) освящал того, кто прикасался к мертвецу, гробнице и тому подобн. (Евр. 9:13); напротив, тот, кто прикасался к этому пеплу, должен был очиститься путем омовения (Чис. 19:9,10).

Стоянка Иикова с семьей около потока.

Пение, как выражение чувств и настроений, упоминается с самых древних времен. Мы читаем о песнях священного праздника (Ис. 30:29), о песнях любви (Ис. 5:1; Псл. 44:1); о плачевных песнях (2 Пар. 35:25); о песне при сборе жатвы (Ис. 16:10; Иер. 48:33) и о брачных песнях (См. Быт. 31:27; Иер. 7:34; Срав. Лук. 15:25). После перехода через Чермное море израильтяне воспели песнь хваления во славу Божию (Исх. 15). Давид поставил пение при официальном богослужении в скинии на надлежащую высоту, сам слагал псалмы и песни, устроил хоры из левитов под руководством таких мужей, как Асаф, Еман и Ефин; их 24 сына управляли 24 хорами певчих, общее число которых было 2000 человек, и которые по очереди служили в храме (1 Пар. 25); с этого времени жертвоприношения стали сопровождаться священным пением и музыкой (2 Пар. 5:12 и дал.; 7:6; 29:25 и дал.; 35:15). Среди возвратившихся из Вавилона упоминаются также 245 певцов и певиц (Неем. 7:67; Срав. Езд. 2:41, 65; Неем. 12:27). См. дал. "Музыка"; "Поэзия". Христос и Его ученики пели израильские песни хваления (Мат. 26:30; Мар. 14:26). Павел и Сила пели в тюрьме (Деян. 16:25). В собраниях христианской церкви пели духовные песнопения и псалмы во славу Божию (1 Кор. 14:26; Еф. 5:19; Кол. 3:16). Иоанн слышал пение на горе Сионе, звучащее как игра на гуслях, могучее, как шум от множества вод (Отк. 14:2).

Петух — евр. тарниго́ль.
Петух. По пению петуха одна из четырех частей ночи получила название "пение петухов", а именно, — третья, которая приходилась после полуночи; с 12-3 часов (Мар. 13:35; Срав. 26:34).

Песнь Песней — евр. Шир а-Ширим.
Песнь Песней, которая, судя по заглавию, написана Соломоном (или посвящена ему?), рисует в 8 главах яркими картинами отношение между двумя любящими существами, из которых она называется Суламитою, (т.е. мирная), а он совсем не называется по имени. Еврейские толкователи видели в "нем" Соломона и толковали отношение между Соломоном и Суламитою, как отношение между Господом и Его церковью. Это т.наз. аллегорическое толкование принято большинством христианских исследователей Библии применительно к Псл. 44; Иер. 3:12 и дал.; Ос. 2:14 и дал.; Отк. 19:7 и пр.

Иное толкование Песни Песней видит в ней гимн подлинной любви, которая в противоположность многоженству, чиста, самоотверженна и вмещает только одного или одну, и поэтому символизирует отношение между Богом и душою человека (Еф. 5:23 и дал.). Наконец существует еще т.наз. буквальное толкование П. Пес., представителем которого является проф. Годэ (Godet). Согласно этому толкованию, возлюбленный Суламиты есть отсутствующий пастух, которому она остается верна, несмотря на все попытки царя Соломона привлечь ее к себе. Пастух символизирует Того, о Котором Давид говорит: Господь — Пастырь мой (Псл. 22:1), Суламита же олицетворяет истинный народ Божий, сердечное желание которого быть в подчинении у Истинного Царя, грядущего Мессии, несмотря на всяческие соблазны со стороны мирской власти.

Перацим — поражения.
Перацим, гора (Ис. 28:21); вероятно, та высота в долине Рефаим, где Давид поразил филистимлян; посему этому месту дано название Ваал-Перацим (2 Цар. 5:20).

Первенец — евр. бен бхор.
Первенец. За перворожденным младенцем мужского пола признавалось преимущественное право, потому что он — "начаток силы" (Быт. 49:3). Поэтому он должен был:

1) быть посвящен Господу (Исх. 22:29 и дал.). Одна из главных причин такого преимущества была та, что Господь пощадил израильских первенцев в Египте (Исх. 13:1 и дал.). Впоследствии было избрано колено Левиино, чтобы заменять первенцев (Чис. 3:12), но так как число первенцев по первому исчислению израильтян превышало число левитов на 273 человека (Чис. 3:39, 43), то этих 273 первенцев должно было выкупить, считая по 5 сиклей с человека; это же применялось и для последующих первенцев превышающих число левитов (Чис. 3:44 и дал.). Выкуп предназначался для скинии (Чис. 8:11 и дал.; Срав. Лук. 2:22). Так же и из скота все перворoдное мужского пола, если оно было из чистых животных, должно было жертвоваться Господу; за нечистых же животных вносили выкуп в размере 5 сиклей (Чис. 2) должен был иметь высший авторитет в семействе (Срав. Быт. 49:3), и права первородства, которые заключаются а) в наследовании двойной части по сравнению с другими; если у кого были 2 жены, из которых одну он любил, а другую не любил, и если нелюбимая родила первенца, то отец не мог, при разделе своим сыновьям имения, дать преимущество сыну любимой пред первородным сыном нелюбимой жены (Втор. 21:15 и дал.), б) в большем почтении и влас-

ти в роде, отчего он и становился преемником своего отца, например, в управлении царством (2 Пар. 21:3). Иногда говорится о израильских начальниках, как главах семейств; вероятно, они пользовались правом первородства (Чис. 7:2; 25:14). Это право могло быть утрачено (1 Пар. 5:1). Продажа его была для Исава вечным стыдом (Быт. 25:34; Евр. 12:16).

Таким образом, название "перворecho" cо временем стало обозначать достоинство и преимущество. Поэтому и произошли некоторые символические выражения: 1) Израиль называется "сын Мой, первенец Мой" (т.е. Божий) в смысле первого избранного Богом народа, взятого в удел (Исх. 4:22; Срав. Рим. 3:1 и дал.). 2) Христос называется "Перворecho между многими братьями" (Рим. 8:29), "рожденный прежде всякой твари" (Кол. 1:15), "Первенцем из мертвых" (Кол. 1:1; Отк. 1:5), потому что Он первый во всем: в священстве, в жертве, в царстве (Срав. Мат. 28:18; Псл. 8:7; Евр. 1:2). Уже в пророческом псалме сказано: "И Я сделаю Его Первенцем, превыше царей земли" (Псл. 88:28).

3) "Церковь первенцев написанных на небесах" (Евр. 12:23), по мнению одних, обозначает первых учеников Христа, которые как первенцы, пошли домой первые из среды верующих; по мнению других, тут подразумевается вообще Церковь Христова, члены которой суть "первенцы", "первенцы от стада" (Иак. 1:18; Отк. 14:4), и хотя они находятся здесь, но имена их написаны на небесах (Лук. 10:20).

4) "Первенец смерти" (Иов. 18:13), обозначает, вероятно, какую-нибудь опустошительную заразную болезнь.

Первое послание Иоанна. Апостол напоминает своим ученикам о вечной жизни, явившейся в Иисусе Христе, и об очистительной силе Его крови; призывает верующих к общению друг с другом, также как с Отцом и Сыном Его. Он стремится укрепить их в познании личности и дел Христа и указывает, кроме того, много признаков, которыми можно проверить истинность христианского вероисповедания.

Первосвященник. Первое место среди израильского священства принадлежало первосвященнику. Это название мы впервые встречаем в Лев. 21:10, евр. "коген-гадол", т. е. великий священник или первосвященник (Чис. 35:25 и дал.). Как представитель еврейского священства и как единственное лицо, имеющее право совершать известные священнодействия, кроме тех, которые вообще лежали на обязанности священников, первосвященник должен был отличаться особенною одеждою и являть пример чистой жизни. Кроме тех одежд, которые принадлежали к обыкновенному священническому одеянию, — нижней рубашки, штанов, пояса и тюрбана или кидара, — первосвященник носил особое служебное одеяние, состоявшее из четырех одежд, а именно: 1) верхняя риза голубого цвета, вся тканная с отверстием для головы, без рукавов, обшитая кругом по нижней кайме золотыми колокольчиками и гранатовыми яблоками из голубой, яхонтовой, пурпуровой и червленой шерсти так, что колокольчики и яблоки чередовались (Исх. 28:31 и дал.; 39:22 и дал.); риза была длиною, приблизительно, до колен; поверх этой ризы одевался 2) ефод, состоявший из двух частей — передней и задней, — соединенных на плечах двумя дощечками из камня оникса, на которых были выгравированы имена 12 колен Израилевых, по 6 на каждой. Этот ефод, который был также соткан из нитей священных цветов с вотканными золотыми нитками, стягивался вокруг стана поясом (Исх. 28:6 и дал.; 39:2 и дал.); поверх ефода, на груди, был прикреплен 3) наперсник, из той же искусной ткани, сложенной вдвое в виде кармана, украшенный 12 оправленными в золото драгоценными камнями с выгравированными 12 именами колен Израилевых, по одному на каждом камне, с уримом и туммимом, вложенными в наперсник (Исх. 28:15 и дал.; 39:8 и дал.). См. "Наперсник". Срав. также "Урим и Туммим" и "Драгоценные камни". 4) Тюрбан или кидар напоминал тюрбаны остальных священников, отличались лишь, по сведению Иосифа Флавия, голубым украшением наверху; он был снабжен диадемой, т.е. дощечкой из золота, которая прикреплялась к тюрбану голубым шнурком. На этой дощечке были выгравированы слова: "Святыня Господня" (Исх. 28:36 и дал.; 39:30 и дал.).

Все это одеяние, называемое раввинами золотым одеянием, потому что в каждой из его 4 частей было золото, имело в каждой части в отдельности символическое значение. Риза, сотканная из цельной ткани, символизировала законченность, которая свойственна истинному богослужению. Гранатовые яблоки и колокольчики должны были свидетельствовать о том, что откровение Господне укрепляет души, и о том, что слуга Господа обязан свидетельствовать о Нем во всеуслышание. Имена 12 колен Израилевых были выгравированы на драгоценных камнях не только на плечевых украшениях первосвященника, но также и на наперснике, который он носил на груди. Все это указывало на могущество, которое несет тяготы служения на своих плечах (срав. Ис. 9:6: "Владычество на раменах Его"; 22:22), а также на любовь, которая носит нужды страждущих на сердце своем. Наконец, золотая дощечка, или диадема (Исх. 29:6; 39:30; Лев. 8:9) своей полной значения надписью "Святыня Господня" свидетельствует о том, что святое звание первосвященника имело силу примирить и изгладить все недостатки приношений, посвящаемых израильтянами (Исх. 28:38).

Посвящение первосвященника на служение совершалось посредством тех же обрядов, как и священника вообще: омовением, облачением, помазанием, приношением жертвы за грех, жертвы всесожжения, жертвы посвящения, окроплением кровью и другими обрядами, которые повторялись в течение 7 дней (Исх. 29; 40:12 и дал.; Лев. 8). Особенным отличием при посвящении первосвященника было то, что св. елей помазания выливался на его голову (Исх. 29; Лев. 8:12; 21:10, 12; срав. Псл. 132:2); при посвящении же остальных священников елеем помазывался только лоб (по сведениям раввинов). Вследствие этого обильного возлияния елея, символа высшей меры Духа, первосвященник преимущественно и назывался помазанным священником, по-евр. мессией, по-греч. Христом (Лев. 4:3, 5, 16).

Во всех этих, так подробно установленных законом, определениях, проглядывает пророческое указание на Того, Который сделался в свое время Первосвященником вовек, помазанным елеем радости более своих соучастников (Евр. 1:9).

Кроме совершения вообще тех же жертвоприношений, что и прочими священниками, были две особенные служебные обязанности, которые принадлежали исключительно первосвященнику: во-первых — в великий день очищения он должен был совершать известные жертввоприношения и входить в Святое Святых для кропления кровью жертвы за грех на крышку ковчега, и сжечь курение (Лев. 16), причем он должен был быть одетым в особенную белую одежду, названную "священною одеждою" (Лев. 16:3, 4); во-вторых, в более важных делах испрашивать волю Божию посредством урима и туммима (Чис. 27:21; 30:7 и дал.). Кроме того, он должен был начальствовать во время разбора судебных дел, которые решались священниками (Втор. 17:8 и дал.; 19:17; 21:5; 33:8, 10; Иез. 44:24; Иак. 2:7), почему он в позднейшие времена и был председателем синедриона.

В соответствии с такими высокими обязанностями первосвященник должен был соблюдать себя больше, чем другие священники, в отношении личной чистоты и святости. Ему нельзя было прикасаться к телу умершего, обнажать голову и раздирать одежду в знак горя по умершим; он также не мог брать в жены вдову, разведенную или блудницу, но только девицу из своего народа (Лев. 21:10 и дал.).

Первосвященник пользовался величайшим уважением среди народа, по крайней мере, в древние времена. Случалось даже, что первосвященники женились на царских дочерях (2 Пар. 22:11); см. "Иосавеф". Изредка первосвященники вынуждались обстоятельствами, хотя это первоначально не входило в их обязанности, брать на себя руководство государственными делами, например, Иодай, Хелкия и Иисус, и даже управлять страной, как, например, Илий. Во время Маккавеев первоначальнический сан и княжеское достоинство соединились в одно.

Обязанность, которая, по всей вероятности, не принадлежала одному только первосвященнику, но священникам вообще, была — благословлять народ Божий. См. "Благословение".

Кроме первосвященника, после времени Иосии упоминается священник второй чреды (4 Цар. 25:18; Иер. 52: 24; срав. 4 Цар. 23:4), как стоящий по чину непосредственно за первосвященником, может быть, то же положение, что и надзиратель в доме Господнем (Иер. 20:1; 29:25 и дал.); или "начальник при доме Божием", "начальствующий в доме Божием" (2 Цар. 31:13; Неем. 11:11). В Талмуде он называется "саган" или начальник (священник) и является помощником при служении первосвященника. По всей вероятности, это то лицо, которое, по сведению Талмуда, должно было быть готово исполнить обязанности первосвященника в великий день очищения, если тот не будет в состоянии исполнить это сам.

По смерти Ааарона должность первосвященника перешла к его потомкам по линии Елеазара (Чис. 3:32; 20:28; Втор. 10:6; срав. Суд. 20:28). Со времени Илия до Соломона первосвященники были из рода Ифамара, второго сына Аарона, после чего служение вновь перешло к роду Елеазара (срав. 1 Цар. 2:35; 3 Цар. 2: 35). Во время Маккавеев после Ионафана первосвященники были поставляемы из священнического рода Иоарива (1 Макк. 2:1; 14:35, 41), доколе Ирод Великий не предоставил права на это звание вообще священникам. Обыкновенный порядок был таков, что должность первосвященника переходила по наследству, от отца к сыну, и каждый служил до своей смерти. Пример увольнения с этой должности встречается только один раз до плена (3 Цар. 2:35); но после Сирийского периода это бывало чаще. Последним из упоминаемых в Ветхом Завете первосвященников является Иаддуй, во время Александра Великого (Неем. 12:11). Законным возрастом для вступления на эту должность, по преданию, было 20 лет (срав. 2 Пар. 31:17). Однажды эту должность занял 17-летний юноша. Все число первосвященников, от первого — Аарона, — до назначенного во время начала последней иудейской войны Фамниаса (около 68 г. по Р. Хр.), составляло, по Иос. Флавию, 83 человека. В последнее время, когда быстро менявшиеся властители страны, по политическим причинам, увольняли и назначали первосвященников по своему произволу, случалось, что называли одновременно нескольких первосвященников и были в недоумении, кто из них подлинный. Так объясняется некоторыми то, что в Новом Завете мы иногда читаем о нескольких первосвященниках в одно и то же время (Лук. 3:2; Иоан. 11: 49; срав. 18:13). Этим же стараются объяснить недоумение Павла в Деян. 23:5. Срав. "Анания 3". Другие предполагают, что первосвященниками в это время называли также лиц, ранее исполнявших эту должность, а также членов их семейств (срав. Деян. 4:6), или также начальников 24 чред священников. Во 2 Пар. 36:14, повидимому, имеется в виду высшее духовенство вообще.

Точный перечень иудейских первосвященников трудно составить вследствие недостаточных и спорных данных. Кроме случайных сведений в более древних книгах Библии, мы находим в 1 Пар. 6:1 и дал.; 50 и дал. и в Езд. 7:1 и дал. родословные линии первосвященников до самого плена, а в Неем. 12:10 и дал. продолжение до времени Александра Великого. Другие, расходящиеся с этим, записи даются Иосифом Флавием и пр.

Следущая таблица является одной из многих попыток составления перечня первосвященников, наряду с именами властителей, которые все время управляли страной.

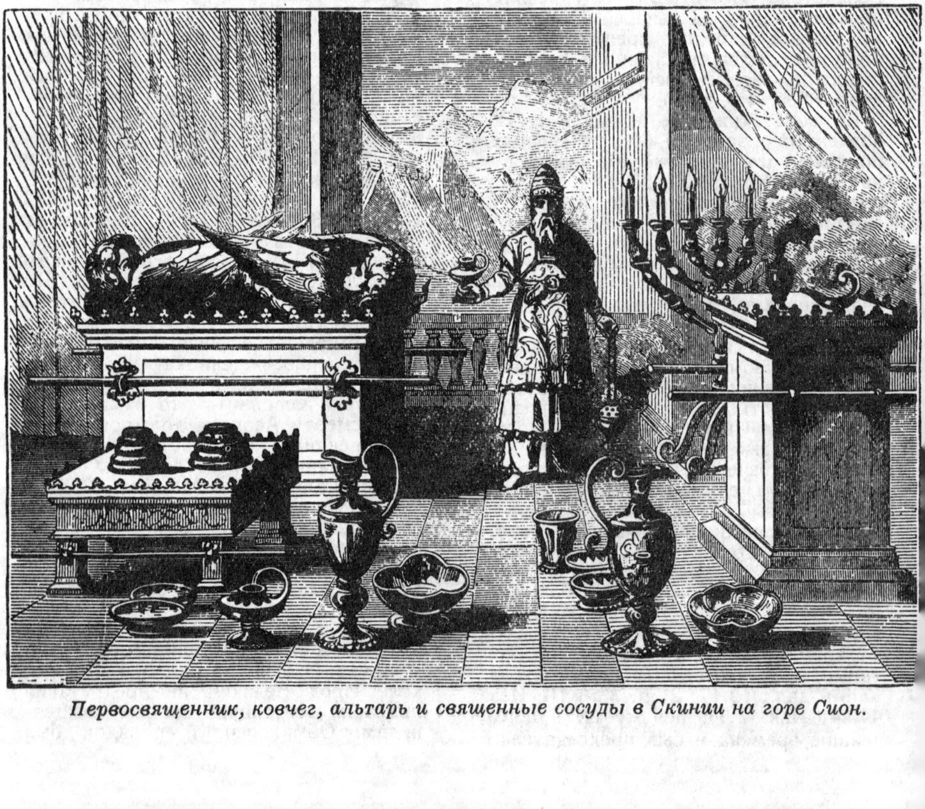

Первосвященник, ковчег, альтарь и священные сосуды в Скинии на горе Сион.

Правители страны:	Первосвященники:
Моисей.	Аарон.
Иисус Навин.	Елеазар.
Гофониил.	Финеес.
Авиуд.	Авиуд.
Илий.	Илий.
Самуил.	Ахитув.
Саул.	Ахия (Ахимелех?).
Давид.	Садок и Авиафар.
Соломон.	Азария.
Авия.	Иоанан.
Аса.	Азария.
Иосафат.	Амария.
Иорам.	Иодай.
Охозия.	Он же.
Иоас.	Он же и Захария.
Амассия.	?
Озия.	Азария.
Иофам.	?
Ахаз.	Урий.
Иезекия.	Азария.
Манассия.	Селлум.
Аммон.	Селлум.
Иосия.	Хелкия.
Иоаким.	Азария. (?)
Седекия.	Сераия.
Евилмеродах.	(Иседек?)
Зоровавель (Кир и Дарий)	Иисус.
Мордохей? (Ксеркс)	Иоаким.
Ездра и Неемия (Артаксеркс)	Елиашив (?)
Дарий Нот.	Иодай.
Артаксеркс Мнемон.	Иоанан или Ионафан.
Александр Вел.	Иаддуй.
Ония 1. (Птолемей Сотер и Антигон)	Ония 1.
Птолемей Сотер.	Симон Праведный.
Птолемей Филадельф.	Елеазар.
Он же.	Манассия.
Птолемей Эвергет.	Ония 2.
Птолемей Филопатр.	Симон 2.
Птолемей Епифан и Антиох.	Ония 3.
Антиох Епифан.	Иисус (Иасон).
Он же.	Ония 4. или Менелай.
Дмитрий.	Иоаким или Алким.
Александр Балас.	Ионафан, брат Иуды Маккавея.
Симон (Маккавей).	Симон (Маккавей).
Иоанн Гиркан 1.	Иоанн Гиркан 1.
Аристовул 1.	Аристовул 1.
Александр Ианней.	Александр Ианней.
Королева Александра.	Гиркан 2.
Аристовул 2.	Аристовул 2.
Помпей, Гиркан, Антитатр.	Гиркан 2.
Пахор.	Анигон.
Ирод, царь Иудейский.	Ананеел.
Он же.	Аристовул (последн. из Маккавеев), (умерщвлен Иродом.
Он же.	Ананеел, вторично назначенный.
Ирод Великий.	Иисус, сын Фабия.
Он же.	Симон, тесть Ирода.
Он же.	Матфий.
Он же.	Иоадзар.
Архелай.	Елеазар.
Он же.	Иисус, сын Сиаса.
Он же.	Иоадзар (во второй раз).
Квириний.	Анна.
Валерий Грат.	Измаил.
Он же.	Елеазар.
Он же.	Симон.
Он же.	Иосиф или Каиафа, (который допрашивал Христа).
Вителлий.	Ионафан.
Он же.	Феофил (от которого Павел взял письмо в Дамаск; Деян. 9).
Ирод Агриппа.	Симон.
Он же.	Матфий.
Он же.	Елионей.
Ирод из Халкиса.	Иосиф.
Он же.	Анания (при котором допрашивался Павел, Деян. 23).
Он же.	Ионафан.
Он же.	Измаил.
Он же.	Иосиф.
Он же.	Анан.
Иисус, сын Гамалиила, по избранию народа.	Иисус, сын Гамалиила.
Он же.	Матфий, сын Феофила.
Фанниас, сын Самуила, избранный посредством жребия.	Фанниас, сын Самуила.

Последний в этой длинной цепи первосвященников, который был избран партией необузданных зилотов, описывается Иосифом Флавием следующим образом: "Имя ему было Фанниас, сын Самуила, из селения Афты; он не только не был из первосвященнического рода, но даже был настолько невежествен, что едва понимал, что значит первосвященническая должность. Несмотря на это, его, против его воли, вытащили из деревни, принудили выступить в этой роли, точно как в театре: одели на него священные одежды и научили, как поступать. Это ужасное нечестие, которое для них было лишь веселой шуткой, стало для остальных священников поводом для вздохов и плача, когда они издали наблюдали, как их закон стал предметом хулы, и как святыню втоптали в прах". Огонь и меч римлян скоро положил конец и храму и священству. Так постыдно кончилась эта длинная цепь первосвященников, которая тянулась почти непрерывно около 16 столетий. Египетская, ассирийская, вавилонская, греческая и римская мировые державы, возвышение которых, одну за другою, наблюдали еврейские первосвященники, все, кроме последней, поблекли и исчезли, — и тогда последний преемник Аарона лишился своего святого одеяния, и храм, где он служил, был сравнен с землей с тем, чтобы никогда не быть восстановленным. Но это совершилось лишь тогда, когда истинный Первосвященник и Царь Израилев, Священнодействователь святилища и скинии истинной (Евр. 8:2), принесший единую и навсегда действительную жертву, занял Свое место одесную Величества на небесах, нося на Своей груди право суда и устроения царства Своего искупленного народа и вовек пребывая Первосвященником Вечного Святилища.

Первый день недели (воскресенье); см. "Суббота".

Пергам, старинный город в Мисии, расположенный на судоходной реке Кайкас, недалеко от ее впадения в Эгейское море. Город был известен преимущественно, как столица Пергамского царства (283-133 гг. до Р. Хр.); во время же римского владычества, — как столица провинции Асии и место римского суда. Здесь находилась одна из самых знаменитых библиотек древнего мира и храм известного бога — целителя Эскулапа, олицетворением которого была живая змея. Теперь этот город называется Бергама. От старого города сохранилось много развалин.

Очень рано здесь образовалась христианская церковь, к которой апостол Иоанн обращается с одним из 7 посланий (Отк. 1:11; 2:12 и дал.), в котором Спаситель восхваляет церковь за ее верность в городе, где находится престол сатаны, (может быть, намек на служение Эскулапу), но предостерегает ее от ереси николаитов, которые хотели совместить свет с тьмою. Побеждающему Он обещает дать сокровенную манну и белый камень, на котором написано новое имя.

Пергия, город в Памфилии у реки Кестрос, на расстоянии 60 стадий от устья, с знаменитым храмом Дианы. Здесь Павел и Варнава во время первого миссионерского путешествия сошли на берег, здесь же Иоанн Марк оставил их (Деян. 13:13). На обратном пути они проповедывали здесь Евангелие (Деян. 14:25).

Перепела (евр. сляв) — перелетные птицы, которые весною перелетают большими стаями на север из теплых стран Африки и Азии, пересекая Средиземное море. Тяжело летающие птицы пользуются попутным ветром и летят чаще всего ночью; случается, что большие стаи после утомительного перелета, особенно через водные пространства, опускаются на землю для отдыха. Тогда их легко поймать. Еще и теперь перепела ловятся в большом количестве на островах и берегах Средиземного моря и их жирное мясо во многих местностях является лакомой пищей. Этих птиц израильтяне ели во время странствования по пустыне (Псл. 77:27; 104:40) в первый раз весною, в пустыне Син, незадолго до подхода к Синаю (Исх. 16:13); и во второй раз также весною, спустя год, по другую сторону Синая, в том лагерном месте, которое получило название "гробы прихоти" (Кварот Гаттаава).

Когда ропщущий народ просил мяса, перепела появились в таком количестве, что усеяли лагерь на расстоянии двух дней пути на два локтя (4 метра) от земли. Некоторые понимают это так, что птицы летели над землей на высоте 4 метров. Это мнение разделяется, например, Шаффом. Народ собирал их безостановочно, сушил на земле и ел досыта в течение месяца. Пока израильтяне еще ели перепелов, их постигло наказание Божие, так что множество из них умерло и было погребено в пустыне (Чис. 11).

Рассказы Библии в приведеных местах подтверждаются тем, что вообще известно о перепелах. Путешественники рассказывают, что острова Средиземного м. в известное время года усеяны этими птицами. На остр. Капри, близ Неаполя, однажды их поймали такое множество, что после продажи, благодаря большому доходу, полученному епископом, стали называть его "перепелиный епископ". В другой раз, на маленьком острове их поймали 160.000 штук.

Перепись. См. "Квириний".

Перила. В Втор. 22:8 закон предписывает на плоских кровлях, во избежение несчастных случаев, строить перила.

Перо. См. "Книга". (Лев. 11:9). См. "Чешуя".

Персида "возлюбленная, которая много потрудилась о Господе", женщина в Риме, которую Павел приветствует (Рим. 16:12).

Персы, Персия. Персы жили сначала в земле Персис или Парас (Иез. 27:10; 38:5, где они упоминаются среди войск Тира и Гога), вероятно, теперешней провинции Фарсистак — на северо-восточном берегу Персидского залива; в 559 г. до Р.Хр. они, под водительством могучего Кира свергли власть мидян, расширили свои границы и образовали великую персидскую державу, которая простиралась от Средиземного моря до Индии (Дан. 2:38). В этом значении упоминается Персия во 2 Пар. 36:20 и дал.; Езд. 4:5 и дал.; Ефес. 1:3; 1:18; 10:2. Собственно Персия, или Фарсистан, представляет жаркую, нездоровую приморскую страну; внутри она гориста и неплодородна; но в ней встречаются и плодоносные хорошо орошаемые равнины и долины. Здесь находятся развалины старинного царского города Персеполя.

Персидская монархия, которая просуществовала с 559 до 330 гг. до Р. Хр., в дни своего расцвета охватывала двадцать провинций, разделенных на 127 областей. Царские дворцы в Екбатане, Сузах и в Вавилоне отличались роскошью постройки и обстановки. В книге Есфирь описываются нравы и обычаи того времени. К царскому столу ожедневно приглашалось до 15.000 человек. Одни только украшения, носимые Ксерксом, оценивались греками в 12.000 талантов (См. "Деньги").

Наиболее выдающимися из персидских царей и имевшими особенное значение в истории израильтян, были следующие:

Кир, который в 538 году взял Вавилон и сделался освободителем израильтян; 559-529 до Р.Хр. (Езд. 1:1 и дал.).

Камбиз завоевал Египет (529-522 гг.).

Дарий Гистасп (521-486 гг.) покровительствовал евреям и позволил им строить храм (Езд. 4:24; 6:12 и дал.).

Ксеркс, великий персидский царь, который наказал море ударами бичей, хотел покорить Грецию, но со стыдом должен был вернуться обратно (485-465). Он и есть тот Артаксеркс, который описан в книге Есфирь.

Артаксеркс Лонгиман покровительствовал Неемии (465-424 гг.).

Дарий Нотх (423-404) воевал с египтянами и арабами.

Артаксеркс Мнемон (404-364 гг.) послал персидские войска к южным границам Палестины, чтобы смирить Египет, причем евреи много потерпели от его военачальника Багоза.

После него царствовали слабые правители Артаксеркс Ох (364-338 гг.), Арзес (338-335 гг.) и Дарий Кодоман (335-330 гг.). В сражении при Арбеле (330 г. до Р.Хр.) Александр Великий окончательно разбил персов и овладел их страной. Впоследствии Персия восстановилась сперва как часть Парфянского царства (256 г. до Р.Хр. — 226 по Р.Хр.), а потом под властью династии Сассанидов, вышедшей из среды персидского народа (226-651 гг. по Р.Хр.). Во время нашествия магометан Персия подпала под их власть, но потом персидская держава снова была восстановлена, и с 1499 г. Персия представляет самостоятельное царство, управляемое своими шахами (царями).

Религия древних персов была та же, что и мидян. Главным богом был Агурамазда, или Ормузд ("премудрый Господь" или "жизнь дающий"), престол которого окружают 7 добрых духов, — Амшаспанд (бессмертные духи) и тысячи Изед (достопочтенные). Они составляют царство света, против которого постоянно враждует царство тьмы со своими злыми духами, во главе которых стоит Ариман (Анра — Майнии, т. е. злой дух). Жизненная задача человека состоит в том, чтобы добрыми словами и делами содействовать победе добра над злом. Земледелие, культура, медицина и т.д. все имеет религиозное значение. В этих и других чертах персидской религии, как, например, в отсутствии предметов для поклонения, и особенно в их представлении о Мессии "Сосиюш" (приносящий пользу), который победит Аримана, находят удивительные точки соприкосновения с еврейством, и в этом ищут объяснения тому обстоятельству, что царь Кир и некоторые из его преемников оказывали покровительство еврейской религии.

Пес, собака — евр. ке́лев.

Пес, собака (Исх. 11:7) считается евреями одним из самых нечистых животных (Ис. 66:3). Собак держали для того, чтобы стеречь дверь (Ис. 56:10) или стадо (Иов. 30:1). Обычай допущения псов под стол, на котором ели (Мат. 15:27), вероятно, перешел от греков. Впрочем тогда, как и теперь, стаи голодных, одичалых собак бродили по полям и улицам, питаясь отбросами, трупами, падалью и тому подобными нечистотами (3 Цар. 14:11; 16:4; Псл. 58:7, 15; Иер. 15:3; Лук. 16:21). Мясо растерзанного в поле зверя бросалось собакам (Исх. 22:31). Собака часто упоминается, как символ ничтожества и презрения (1 Цар. 17:43; 2 Цар. 3:8; 9:8; 16:9), свирепых врагов (Псл. 21:17), животных страстей (Втор. 23:18; Отк. 22:15) и плотских чувствований (Мат. 7:6; Фил. 3:2; 2 Пет. 2:22; Срав. Прит. 26:11).

Песок — евр. холь.
Песок. Это слово встречается в образном языке Библии и обозначает многочисленность, как, например, в Быт. 32:12; 41:49, или тяжесть (Иов. 6:3; Прит. 27:3). Завулону и Иссахару было сказано, что они будут питаться сокровищами, скрытыми в песке, и созывать народ на гору Господню (Втор. 33:19). Иисус призвал рыбаков именно из земли Завулоновой для того, чтобы они проповедывали слова благодати.

Господь "положил песок границею моря, вечным пределом, которого не перейдет" (Иер. 5:22).

Петр, апостол Иисуса Христа, нередко упоминаемый первым, когда речь идет об апостолах (Мат. 10:2; Мар. 3:16; Лук. 6:14; Деян. 1:13); он часто говорит от их лица (Мат. 16:16; 19:27; 26:40; Мар.. 8:29; Лук. 12:41). Его настоящее имя было Симон; он был сын некоего Ионы и брат Андрея, вместе с которым занимался ловлею рыбы; жил он в Капернауме (Мат. 4:18; 8:14). В 1-ой главе ев. Иоанна говорится, что Андрей был учеником Иоанна Крестителя; когда Андрей привел своего брата Симона к Иисусу, то тот дал ему новое имя — Кифа, или по-гречески Петр, т.е. камень (Иоан. 1:42). Христос призвал их вторично в Галилее, когда они закидывали сети в море, словами: "идите за Мною, и Я сделаю вас ловцами человеков". Они тотчас оставили сети и последовали за Ним (Мат. 4:18 и дал.). Вместе с Иаковом и Иоанном Симон составлял тесный кружок учеников, близких Иисусу, которые присутствовали при Преображении "на святой горе" (2 Пет. 1:18), при воскресении дочери Иаира и в Гефсимании. Симон первый исповедал Иисуса Мессией, Сыном Божьим (Мат. 16:16), и Иисус назвал его новым именем Кифа, или Петр, т.е. камень, на котором Спаситель обещал построить Свою Церковь; может быть, этими словами Христос указывал на первую проповедь Петра в день Пятидесятницы, когда к Церкви присоединилось 3000 душ (Деян. 2), и на его проповедь в доме Корнилия, когда первые христиане из язычников были приняты в Церковь (Деян. 10). Срав. название столп в Гал. 2:9. "Иаков и Кифа и Иоанн, почитаемые столпами, подали Павлу и Варнаве руку общения". Название Петр все-таки не препятствовало ему в начале иметь плотские понятии о Царстве Божием: он хотел отговорить своего Господа от пути страдания, за что и был обличен Иисусом (Мат. 16:22 и дал.). Петр был человеком пылким по натуре; он смело пошел по воде навстречу Господу, но бушующие волны скоро устрашили его и он поколебался в вере (Мат. 14:28 и дал.). Он также горячо обещал Господу быть верным до конца. Вместе с Иоанном он отважно последовал за Иисусом в среду врагов, извлек меч и ударил им одного из слуг, присланных взять Иисуса (Иоан. 18:10, 15). В час же искушения он не устоял и трижды отрекся от своего Господа (Мат. 26:69 и дал.; Мар. 14:66 и дал.; Лук. 22:55 и дал.; Иоан. 18:17 и дал.). Заметив обращенный на него взор Иисуса, Петр вышел, горько заплакав. Впоследствии он получил от ангела, свидетеля воскресения Христа, особенное повеление итти в Галилею, чтобы встретить там Иисуса (Мар. 16:7). У Тивериадского моря Господь трижды спросил Петра, любит ли он Его, дал ему поручение пасти Его агнцев и овец и предсказал о его предстоящей мученической кончине (Иоан. 21:15 и дал.).

После вознесения Иисуса и сошествия Св. Духа Петр выступил смелым свидетелем Воскресшего и в его проповедях, страданиях и делах проявилась перерождающая, укрепляющая и созидающая общества верующих сила (Деян. 2:14 и дал.; 3:5 и дал.; 4:3, 13 и дал.; 5:18, 29; 9:32 и дал.). В Иоппии он был научен особым видением проповедывать Евангелие язычнику Корнилию (Деян. 10); после этого он сильно и красноречиво защищал свой поступок перед братьями в Иерусалиме. Если Бог в видении повелел ему заколоть и есть таких животных, которых закон объявил нечистыми, но которых Бог очистил, то он должен был послушаться побуждения Духа и итти с посланными от Корнилия в Кесарию; видя же, как Дух Святой сошел на слушавших Евангелие об Иисусе, он должен был крестить их во имя Господа, ибо "кто же я" — говорит он — "чтобы мог воспрепятствовать Богу" (Деян. 11:1-18).

После смерти Иакова старшего Ирод намеревался убить и Петра и заключил его в тюрьму, но ангел Господень освободил апостола ночью, и он неожиданно пришел к своим друзьям (Деян. 12:3 и дал.). После недолгого отсутствия (12:17) он снова выступил на соборе апостолов (Деян. 15:7 и дал.) как посредник между спорящими сторонами. Потом мы видим его в Антиохии (Гал. 2:11 и дал.) и в миссионерских путешествиях в сопровождении жены (1 Кор. 9:5).

О его кончине в Новом Завете ничего не сказано. Предание говорит, что он проповедывал в Малой Азии (срав. 1 Пет. 1:1), затем в Риме и что в этом городе он мученически закончил свою жизнь (в 64 или 69 году), будучи распят на кресте головой вниз, потому что не считал себя достойным умереть таким же образом, как и его Наставник.

О жизни Петра в Риме Новый Завет ничего не говорит, если не предположить, что Вавилон, из которого Петр написал свое первое послание, — и есть Рим (1 Пет. 5:13).

Об отношениях Петра к Павлу, см. "Павел".

Пефор — Птор.

Пефор в Месопотамии, родина Валаама (Чис. 22:5).

Печаль (евр. эвель). См. "Похороны".

Печать — евр. хатимо́.

Печать существовала уже в древенейшие времена (Быт. 38:18). Геродот говорит, что "всякий носит кольцо с печатью и трость, вырезанные человеческой рукой". Перстень с печатью вешали на шнурке на шею или же носили на пальце правой руки (Иер.

Древние печати.

Печать с рамкой.

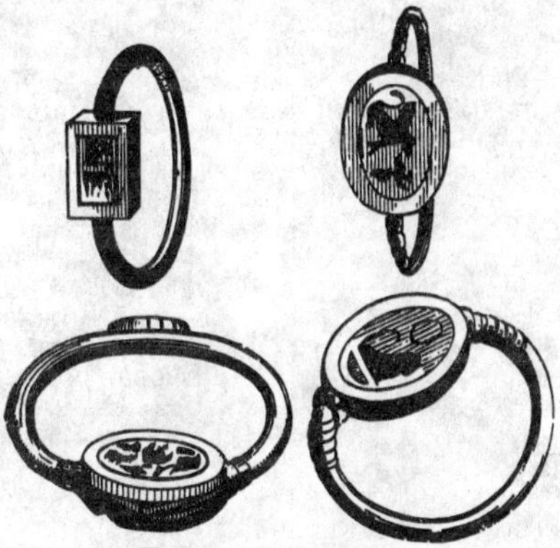

Кольцо с печаткой.

22:24; Агг. 2:23). Даря такой перстень, князья или государи назначали обыкновенно своих любимцев на высокие должности (Быт. 41:42; Есф. 3:10). На самой печати, которая была из камня или металла, была выгравирована надпись (Исх. 28:11), вероятно, имя владельца кольца.

На употребляемых теперь на востоке перстнях вырезано, обыкновенно, имя и изредка какой-нибудь стих из корана. Когда печать служит для подписи, употребляют особого рода тушь, которой и смачивают печать. При запечатывании писем (Иов. 14:17), источников (Песн. П. 4:12) употребляли глину или другой мягкий материал, способный воспроизводить отпечаток; об этом упоминается в книге Иов. 38:14: "Чтобы земля изменилась как глина под печатью".

Слова "печать", "запечатать" и т.д. употребляются иногда в символическом смысле, обозначая подтверждение или тайну, или тщательно сохраняемую драгоценность (см. Рим. 4:11; 1 Кор. 9:2; Втор. 32:34; Отк. 5:1; Песн. П. 8:6; 2 Тим. 2:19).

Печень — евр. ко́вед.

Печень (Плач 2:11) считалась древними центром наших чувств и страстей. Жрецы рассматривали печень жертвенного животного и предсказывали по ней будущее или говорили, где находится искомая вещь (Иез. 21:21). Срав. "Слова".

Печная башня. (Неем. 12:38; срав. 3:11); одна из башен Иерусалима.

Пещеры — евр. меара́.

Пещеры встречаются в бесчисленном количестве в Палестине; иногда они бывают значительных размеров. В древности ими пользовались как жилищами или местом укрытия, а также для погребения умерших (Бытие 19:30; Судей 6:2; 1 Царств 13:6; Ис. 2:19; Йоан. 11:41). В селении Силоа, пригороде Иерусалима, есть

Камранские пещеры, где найдено рукописи Мертвого моря. На переднем плане пещера Но. 4, где найдено главную библиотеку ессеев.

много пещер, служащих местом погребения мертвых. Весь город Петра в Идумее был сделан в пещерах (Иер. 49:16; Авд. 3).

Пещера (Бытие 23:9), евр. Махпела, т. е. двойная — та пещера и то поле, которое Авраам купил за 400 сиклей серебра у Ефрона, сына Цохарова для семейной могилы. Здесь были похоронены сначала Сарра (Быт. 23), потом Авраам; Исаак и Ревекка; Лия и Иаков (Быт. 25:9 и дал.; 49:31; 50:13).

Пи-Гахироф — место, где израильтяне расположились станом, перед тем, как перейти через Чермное море (Исх. 14:1, 9; Чис. 33:7). Предполагают, что это теперешний Агируд, к северу от Суэца.

Пилат или Понтий Пилат, пятый из римских прокураторов в Иудее и Самарии 25-36 г. по Р.Хр. (Лук. 3:1). Это был гордый человек, презрительно и даже жестоко относившийся к евреям (Иоан. 18:35 и дал.); однажды он приказал убить некоторых галилеян в то время, когда они приносили жертву Богу (Лук. 13:1). Пилат, находясь перед праздником Пасхи в Иерусалиме, разбирал дело Иисуса и, убедившись в его невинности, он понял, что Иудеи предали Его из зависти (Мат. 27:18). Жена предупредила Пилата, чтобы он не делал зла этому Праведнику (ст. 19), но, чтобы угодить народу, он отдал Назаренина на распятие, умыв руки в знак личного признания невинности Иисуса (Мат. 27:24). Он велел прибить надпись к кресту с указанием Его вины (Иоан. 19:19; Срав. Мат. 27:37). Историк Тацит, упоминая о христианах, пишет: "Зачинщик этой ереси был Христос, который в царствование Тиверия был наказан смертью прокуратором Понтием Пилатом" (Анналы XV 44). Впоследствии Пилат был обвинен в жестокости по отношению к некоторым самарянам, собравшимся на горе Геризим, и вызван в Рим. Предание говорит, что он покончил жизнь самоубийством.

Пирафония или **Пиратония** — местность в колене Ефремовом (Суд. 12:13 и дал.), родина судьи Авдона. Герой Давида Ванея также назван пиратонянином (2 Цар. 23:30; 1 Пар. 27:14). Название этого места сохранилось до

Пещеры Одоллама, около Вифлеема, где Давид нашел убежище от Саула.

сих пор; небольшое селение Ферата на маленьком холме, в расстоянии 2-х часов пути к юго-западу от Наблуса, или Сихема.

Пирр. См. “Сосипатр”.

Пиршество, устраивалось иногда для того, чтобы почтить своих друзей (2 Цар. 12:4; Лук. 5:29), или же по случаю выдающихся событий в семейной жизни, например, при отнятии от груди ребенка (Быт. 21:8), по случаю брака (Быт. 29:22) или при других торжественных событиях, например, дня рождения (Мат. 4:6), стрижки овец (2 Цар. 13:23), собирании винограда (Суд. 9:27), похоронах (Иер. 16:7) и т.д. В символическом значении пиршество упоминается в Прит. 9:2 и дал.; Ис. 25:6; Мат. 22:4. Во время пира, главным образом, пили вино, что вполне понятно в жарком климате, где люди вообще много пьют; это видно уже из самого еврейского названия пиршества миште, т. е. питье. Приглашение передавалось через слуг (Прит. 9:3; Мат. 22:3); гости приветствовались при входе поцелуем (Лук. 7:45). Им омывали ноги и умащали волосы и бороду благовонными мастями (Псл. 22: 5; Ам. 6:6); после чего предлагали место соответственно их положению (1 Цар. 9:22; Лук. 14:8; Мар. 12:39). Почетным гостям хозяин давал лучшие куски (1 Цар. 9:24); иногда вдвое (1 Цар. 1:5) или впятеро более по сравнению с другими. На семейных пиршествах участвовали также женщины и дети (1 Цар. 1:4; Иоан. 12:3). На пиршества во время праздников, установленных Моисеем, приглашались также слуги, служанки, левиты, чужеземцы, вдовы и сироты (Втор. 16:11, 14). Так и Господь Иисус Христос советует Своим ученикам приглашать на пиры не тех, кто может отплатить таким же приглашением, но нищих и вообще не могущих воздать (Лук. 14:12 и дал.). Большая торжественность придавалась пиршеству — музыкой, пением и танцами (Суд. 16:25; Псл. 68:13; Лук. 15: 25). Присутствующие забавлялись тем, что загадывали друг другу загадки (Суд. 14:12 и дал.). Иногда на пирах бывало слишком оживленно, что видно из обличений пророков (Ис. 5:12; Ам. 6:4 и дал.) и т.д. Евреям было воспрещено участвовать на жертвенных пиршествах язычников (Исх. 34:15). Христианам также воспрещается быть участниками таких пиршеств, которые сопровождаются объедением, пьянством и ссорами с дракой (Рим. 13:13; Гал. 5:21; 1 Пет. 4:3).

Устройство пира поручалось специальному лицу, обыкновенно другу семейства, который заботился о доставке пищи, напитков, а также наблюдал над прислуживающими рабами и т.д. На браке в Кане Галилейской пиршеством заведывал такой же распорядитель (Иоан. 2:8). Греческое слово в этом месте — архитриклинос — дословно переводится — распорядитель трехместных скамей, от слова архе — распоряжаться и триклинион — трехместная скамья. Это название напоминает о греческом и римском обычае на пиршествах возлежать на скамьях или ложах (каждое для трех или более человек), называемых триклиниями. В более древние времена евреи ели сидя (Быт.43: 33; 1 Цар. 20:25; Псл. 127:3), но с течением времени они последовали обычаю персов, халдеев и римлян — возлежать за столом. Этот обычай уже во время Амоса начал распространяться среди изнеженных самарян. В Ам. 6:4 говорится о ложах из слоновой кости, или обложенных слоновой костью и покрытых драгоценными коврами или покрывалами. Такими ложами для возлежания за столом были также триклинии, или трехместные скамьи. Они иногда составлялись вместе, так что получалось сплошное ложе вокруг одного стола; такое соединение скамей также называлось триклинием. На такое убранство комнаты для пира, может быть, намекается в Ев. Мар. 14:15 словами: "горница устланная". (Срав. Лук. 22:12). Гости возлежали таким образом, что левою рукою они опирались на подушку, а ноги были вытянуты. Тому, чье место было с правой стороны, приходилось, следовательно, возлежать у груди (или лона) своего левого соседа. Почетнейшим местом на такои триклинии считалось среднее. Место, ближайшее к хозяину, было почетным и предоставлялось его задушевному другу, отчего и сказано об Иоанне, что он возлежал у груди Иисуса ((Иоан. 13:23; 21:20). Из рассказа о женщине, которая помазала ноги Иисуса в доме Симона, видно, что Господь не сидел за столом, а возлежал; иначе она не могла бы стоять позади у ног Его, обливать их слезами и мазать миром (Лук. 7:37).

Писец (евр. софе́р). Это слово имеет разные значения:

1) Писарь, составлявший список войска, как, например, во 2 Пар. 26: 11; Ис. 33:18; Иер. 37:15, также в 4 Цар. 25:19; Иер. 52:25;

2) Своего рода придворный чиновник, нечто вроде генерального секретаря (1 Пар. 27:32; Иер. 36);

3) Личный секретарь или помощник при писании вообще (2 Пар. 34: 15), например, Варух, писец, который помогал писать Иеремии (Иер. 36: 26);

4) По всей вероятности, такие же писцы, как те, которые и доныне предлагают свои услуги публике у нас и на востоке в общественных местах. Миссионер Томсон рассказывает, что он видел однажды пожилого араба, сидящего на открытом месте у мечети с трубкой в зубах и тростью для писания в руке, с лежащей рядом бумагой и чернильницей у пояса. Женщина, закутанная с головы до ног, стояла перед ним и шептала ему на ухо то, что хотела изложить в письме. Писец аккуратно записывал, сопровождая свою работу необходимыми любезностями и поклонами, по восточному обычаю.

В 1 Пар. 2:55 упоминается о племени софериийцев, т.е. писцов (книжников или ученых?), живших в городе Иабеце, если только слово софериец не является здесь названием племени.

Другое слово, которое на еврейском языке обозначает писца, "шотер". Этим же словом называют надсмотрщиков над Израилем в Египте (Исх. 5:6), затем некоторых старейшин народа (Чис. 11:16), способных вести родословия, составлять документы и т.д. (Втор. 31:28). О них часто упоминается, как о помощниках судей (Втор. 1:15; 16:18; И. Нав. 1:10).

Писидия, гористая страна в юго-западной части Малой Азии, к северу от Памфилии. С 102 г. до Р.Хр. она стала зависеть от Рима, вначале как часть провинции Киликии, а с 25-го года до Р.Хр. была присоединена к Галатии. Павел и Варнава дважды посещали Писидию во время первого миссионерского путешествия (Деян. 13:14; 14:21, 24). В писидийской столице Антиохии Павел произнес первую проповедь евреям, которая до нас дошла. Евреи отвергли Евангелие, но писидийский народ принял его с радостью (Деян. 13:16 и дал.).

Письмо — евр. михта́в.

Письмо в древности часто имело вид книжного свитка (см. "книга"), (4 Цар. 19:14) с печатью отправителя (3 Цар. 21:8; Есф. 8:8; срав. Ис. 34: 4; Иез. 2:9). Посылались письма с уезжающими (Иер. 29:3; Еф. 6:21 и дал.; Кол. 4:7 и дал., или с кем-либо из слуг (Неем. 6:5). Цари имели почтовых курьеров (4 Цар. 19:14; 2 Пар. 30: 6; Есф. 3:15; 8:10). Послать открытое письмо считалось оскорбительным (Неем. 6:5). Слово "письмо" вообще обозначает различного рода письменные документы, например, доверенности (Деян. 9:2; срав. 26:12) и т.под. Есть письма, которые пользуются в Библии плохой репутацией, таковы: письмо Давида к Иоаву (2 Цар. 11:14 и дал.), письмо Иезавели о Навуфее (3 Цар. 21:8), богохульное письмо Сеннахирима (2 Пар. 32:17), письмо Беродаха Баладана к Езекии (4 Цар. 20:12) и самарян к персидскому царю (Езд. 4). Но гораздо более замечательны следующие письма: Илии к Иораму (2 Пар. 21:12), Иеремии к пленным Иудеям (Иер. 29) и особенно в Новом Завете послания апостолов и послание Господа к 7 церквам (Отк. 2, 3). Захария видел летящий свиток (Зах. 5:1). Христиане называются письмом Христовым (2 Кор. 3:3).

Пифом — Пито́м.

Пифом, один из городов для запасов, построенный израильтянами фараону (Исх. 1:11); найден в 1883 году около развалин Тель-эль Маштута в северо-восточной части Египта, близ одного из рукавов Нила; там найдены остатки храмов, амбаров и проч., что свидетельствует о прежнем значении этого места. В некоторых надписях упоминается имя Рамзеса 2-го с названием города Пифом, т.е. дом Фома.

Пища и питье. На Востоке приготовление пищи не вызывает так много затруднений и хлопот, как у нас. При-

Древняя библиотека.

рода сама предлагает щедрою рукою готовые питательные вещества, множество вкусных и полезных плодов, например, виноград, который утоляет жажду и к тому же очень питателен; фиги, финики, миндаль и т.п.; самое чистое масло и очень жирное молоко, большое количество дынь и различного рода овощи. Поэтому варка пищи не является необходимостью. Самой необходимой пищей был хлеб, который пекли ежедневно. Хлеб и вода вообще упоминаются в Писании, как самое необходимое для жизни: "хлеб будет дан ему; вода у него не иссякнет" (Ис. 33:16). Поэтому и встречаются такие выражения: "всякий стебель хлебный истребил" (Псл. 104:16); "истребил в ней хлебную опору" (Иез. 14:13; срав. Ам. 8:11). Ели также баранину, телятину, а богатые, кроме того, и нежную дичь (3 Цар. 4:23; Неем. 5:18). Все-таки мяса употребляли в пищу гораздо меньше, чем в холодных странах. Рыба упоминается также, как пища, употреблявшаяся с хлебом (Иоан. 6: 9; 21:9). Сушеные и жареные пшеничные зерна были в древности и до сих пор еще являются любимой пищей (Срав. Лев. 23:14; 1 Цар. 17:17). Саранча также была довольно обыкновенным кушанием бедняка; ее или жарили на решетках, или сушили на солнце.

Законом были установлены некоторые ограничения относительно пищи. Так, например, нельзя было варить козленка в молоке его матери (Исх. 23:19; 34:26). Срав. "Козленок"; не позволялось в один и тот же день закалывать корову, овцу или козу вместе с их порождением (Лев. 22:28). Кровь, а также павших животных, не только было запрещено есть, но даже и прикасаться к ним. Вообще законом было установлено строгое различие между чистыми и нечистыми животными. Евреи ели только пищу приготовленную евреем и никогда не варили пищи в посуде иноплеменника. Считалось за осквернение, есть вместе с кем-нибудь нечистым по закону, например, с самарянином (Иоан. 4:9); мытарями (Мат. 9:11) или язычниками (Гал. 2:12). Есть с кем-либо вместе означало доверие и дружбу, залог дружеского отношения между семействами, и в будущем — между их детьми. Законы гостеприимства соблюдались свято и строго; даже и теперь у арабов случается, что беглец находит временный приют в палатке врага. Нарушение этого святого обычая считалось преступлением (Псл. 40:10).

Обыкновенным напитком служила вода. Рано узнали про опьяняющее вино (Быт. 9:20 и дал.). Финиковое вино и т. под. напитки употреблялись бедным населением, а также одно из дешевых вин, которое называлось уксусом (Мат. 27:48; Руф. 2:14).

Еврейский закон, запрещающий употребление в пищу удавленины и крови, соблюдался первое время и в христианской церкви; он был одобрен собором в Иерусалиме, который и советовал христианам соблюдать его, чтобы не соблазнять посещающих синагогу (Деян. 15:9-21). Относительно употребления пищи, принесенной в жертву идолам, см. "Идоложертвенное мясо".

Предполагают, что евреи принимали пищу два раза в день, что соответствует нашему обеду и ужину. (Лук. 14:12: "обед и ужин"). Главным временем еды был ужин, при заходе солнца, когда спадал утомительный дневной зной. Поэтому пиршества обыкновенно устраивали во время ужина (Срав. Мар. 6:21; Лук. 14:16 и дал; Иоан. 12:2).

Так как не употребляли ножей и вилок (срав. Мар. 14:20; Иоан. 13:26), то омовение рук было необходимо как до, так и после еды. (Сравни Ев. от Матфея 15:20; Марка 7:3). Поэтому и было прилично взять кусок хлеба рукою (Иоан. 13:26), обмакнуть его в соус или что-либо подобное и положить другу в рот (Руф. 2:14). Подобный обычай сохранился и доныне в Палестине. Д-р Иоветт рассказывает следующие: "К ужину подаются 2 или 3 горячих блюда, зелень и кислое молоко. Мне давали ножик, ложку и тарелку, а прочие брали прямо из миски, в которой можно было наблюдать 5 арабских рук одновременно. Их хлеб чрезвычайно тонок и легко разрывается (подобно нашему блину). В него завертывают твердую пищу перед отправлением в рот или свертывают его трубочкой, и употребляют вместо ложки для жидкой пищи. Когда хозяин находил какой-нибудь лакомый кусочек на блюде, то брал его пальцами и клал мне в рот".

Призывать Божие благословение перед принятием пищи было обычаем, который соблюдался уже в Ветхом Завете, например, Самуилом (1 Цар. 9:13). Христос также делал это (Мат. 14:1 и дал.; 26:26).

Плавильня. Кроме хлебных печей (см. "Хлеб"), в Св. Писании говорится также и о других печах, как, например, горнило (Иез. 22:18), плавильня (Прит. 17:3). В Ис. 33:12 (по-русск. известь) имеются в виду, быть может, обжигательные печи (Ам. 2:1). Печами для обжигания кирпича, наверное, были также и те, в которые Давид бросил Аммонитян (2 Пар. 12:31). В Дан. 3 подразумевается, вероятно, огромная плавильня. В символических выражениях печь иногда обозначает состояние стеснения и печали (Втор. 4:20; Ис. 48:10).

Планеты упоминаются в 4 Цар. 23:5, как предметы поклонения, в послании Иуды 13 "блуждающие звезды" — образ лжеучителей. Еврейское слово "массолот" (пристанище?) в 4 Цар. 23:5 некоторыми понимается как пояс Зодиака, через который проходит солнце и который арабами называется пристанищем. Слово "массолот" (Иов. 38:32; русс. перевод: "Ас с ее детьми"), вероятно, имеет то же значение.

Простой способ веяния хлеба. Мат. 3:12.

Плата за лечение в случае повреждения должна была по закону быть внесена тем, кто причинил это повреждение (Исх. 21:19).

Платок, упоминаемый в Новом Завете, является чем-то вроде наших носовых платков. Он также мог служить для завязывания различных предметов, например, денег (Лук. 19:20). Платками обвязывали также лица умерших (Иоан. 11:44; 20:7). В Ефесе исцелились больные, на которых возлагались платки, бывшие на теле Павла (Деян. 19:12).

Плач Иеремии — книга следующая за книгою пророчества Иеремии, состоит из 5 глав или песней, в которых пророк скорбит о разрушении Иерусалима, падении храма и бедствии народа. Дерзость врага и ужас голода рисуются здесь яркими красками. Плачущий пророк страдает вместе со своим непокорным народом и призывает всех вместе обратиться к Богу с действительным покаянием.

Пророк Иеремия также написал книгу плача о набожном царе Иосии, которая вместе с гимнами других песнопевцев была соединена в особый сборник, под названием "книга плачевных песней" (2 Пар. 35:25), эту книгу не надо смешивать с книгой "плач Иеремии".

Плачевная песнь (2 Пар. 35:25). См. Книга "Плач Иеремии".

Плевать на кого-либо, особенно в лицо, было выражением глубочайшего презрения (Чис. 12:14; Втор. 25:9; Срав. Иов. 30:10). Слуге Божьему, согласно пророчеству Ис. 50:6 надлежало претерпеть такое же поругание, что и сбылось в буквальном смысле слова (Мат. 26:67).

С другой стороны, в трех случаях, приведенных в Писании, Господь Иисус употребил Свою слюну, как внешнее средство при исцелениях (Мар. 7:33; 8:23; Иоан. 9:6).

Выражение "Доколе я проглочу слюну мою" означает: "одно мгновение" (Иов. 7:19; также Чис. 4:20 евр.).

Плевелы (сорная трава), которые враг посеял между пшеницею (Мат. 13:25 и дал.), по-гречески названы "цицания" (веревка безумия) (Lolium temulentum), пока плевелы еще не выколосились, они имеют поразительное сходство с пшеницей, но легко отличаются от нее после того, как нальются ее зерна. Название цицания — семитического корня, и доныне это растение у арабов носит родственное имя "циван". На полях Самарии доктор Стэнли видел женщин и детей, занятых выдергиванием длинных стеблей плевелов из пшеницы.

Плен. В истории евреев упоминается 3 больших пленения: ассирийское, вавилонское и римское.

1) Ассирийский плен постиг десять колен израильских. Как более отдаленное от святыни Иеговы (храма), более подверженное нападению, влиянию окружающих языческих держав и управляемое целым рядом безбожных царей, — царство Израильское рано получило должное возмездие. Вскоре после того, как ассирийский царь Фул (около 770 г. до Р.Хр.) взял большую дань (4 Цар. 15:19 и дал.), пришел Феглаффелласар (около 740 г. до Р.Хр.) и увел в плен народ из Неффалимской земли, Галилеи, Галаада и других городов (4 Цар. 15:29; 1 Пар. 5:26; Ис. 8:4); наконец пришел Салманассар, покорил Самарию в 721 году и увел остаток десяти колен в Ассирию и Мидию (4 Цар. 17:6).

2) Вавилонский плен. После царствования набожного Езекии и после неудачного похода Сеннахирима, Иудейское царство быстро пришло в упадок. Идолослужение, испорченность нравов, нечестная политика привели народ к должному возмездию. Когда царь Иосия вмешался в борьбу между мировыми державами, представителями которых являлись Нехао и Навуходоносор и пал при Мегиддоне, то его страна подпала под власть Египта до битвы при Кархемисе (около 606 г. до Р.Хр.), в которой Навуходоносор остался победителем. После этого сражения начался семидесятилетний вавилонский плен (Иер. 25:12), который продолжался до 536 г. до Р.Хр. Одно переселение в Вавилон следовало за другим: первое было на третьем году царствования Иоакима (4 Цар. 24:1; Дан. 1:1 и дал.), второе — на одиннадцатом году его царствования (2 Пар. 36:6), третье — во время царствования Иехонии (4 Цар. 24:10 и дал.), когда Иехония сам, вместе с 10.000 знати и тысячами воинов и ремесленников были отведены в Вавилон (Срав. Иер. 52:28); четвертое последовало за падением Иерусалима в 588 г. до Р.Хр. (4 Цар. 25:11; 2 Пар. 36:20; Иер. 52:29), и пятое — через пять лет после четвертого (Иер. 52:30). Все сколько-нибудь годные люди были отведены в плен; "только несколько из бедного народа земли оставил начальник телохранителей в виноградниках и землепашцами" (4 Цар. 25:12).

О положении евреев в плену мы мало знаем. Повидимому, с ними не поступали, как с узниками, а скорее, как с переселенцами, что усматривается из письма к ним Иеремии (Иер. 29:4 и дал.). В этом письме он советует им строить дома, разводить сады, вступать в брак и молиться о благосостоянии Вавилонской земли. Некоторые из переселенцев, например Даниил, даже занимали там высокие посты. В религиозном отношении им была предоставлена свобода, конечно, они могли собираться только для молитвы и чтения Слова Божия, так как жертвоприношений нельзя было совершать нигде, кроме Иерусалимского храма. При мысли о Сионе у них выступали на глазах слезы, что видно из Псл. 136. Однако, они не оставались без утешения и ободрения со стороны пророков, Иезекииля и Иеремии, которые выступали в то время среди них. Все же многие из них предавались разным порокам (Иез. 33:31 и склонялись сердцем к речам ложных пророков (Иер. 29:31).

Вавилонский плен окончился через два года после падения Вавилона, в 538 г. до Р.Хр., когда Кир в 536 г. до Р.Хр. издал свое повеление (Езд. 1: 2 и дал.). Народ стал возвращаться на родину отдельными группами. Первое обратное переселение произошло сейчас же после разрешения, под предводительством Зоровавеля; вернувшихся было 42.360 человек, не считая рабов и рабынь (Езд. 2:2, 64 и дал.); второе большое переселение состоялось позже, под предводительством Ездры (Езд. 8).

Вопрос о том, возвратились ли 10 колен Израилевых из плена, или остались там, решается различно. По сведениям из Езд. 2 некоторые полагают, что между возвратившимися из колен Иудина и Вениаминова, под предводительством Зоровавеля, было много из остальных колен. "Весь Израиль стал жить в городах своих" (Езд. 2:70). И когда Ездра по возвращении из плена, торжественно праздновал Пасху, то заколол 12 козлов в жертву за грех всего дома Израилева по числу колен (Езд. 6:17; 8:35). Остаток от 10 колен сохранился даже до времен Нового Завета; это видно, например, из сообщения, что пророчица Анна была из колена Асирова (Лук. 2). Евреи, которые присутствовали на празднике Пятидесятницы собрались из всякого народа под небесами (Деян. 2); ап. Иаков пишет свое послание 12 племенам (Иак. 1:1).

На это возражают, что 10 колен не возвратились полностью, а только частью. Те евреи, которые возвращались под предводительством Зоровавеля и Ездры, пришли из Вавилона (Езд. 2:1; Неем. 7:6); и если между ними и находились израильтяне северных колен, то это не разрешает вопрос о том, возвратились ли также те, которые были отведены в Ассирию: ибо когда население Иудейского царства было отведено в Вавилон, то между ними находились, вероятно группы из северных колен, так как из 1 Пар. 9:3; 2 Пар. 34:9 усматривается, что в Иерусалиме жили израильтяне из колена Вениаминова, Ефремова и Манассина после начала ассирийского пленения. Они вместе с иудеями последовали в Вавилон и возвратились оттуда с ними; — но где же 10 колен Израилевых, которые были отведены в Ассирию и Мидию? Некоторые исследователи предполагают, что их потомками являются индейцы северной Америки, другие ищут их между несторианами в Персии. Новый взгляд, защищаемый, так называемыми, англо-израильтянами, состоит в том, что англичане являются потомками 10 колен и наследниками обетований.

Вне всякого сомнения, многие из евреев, живших в плену, постепенно слились с языческим населением. Часть же из них сохранила национальные особенности, не возвращаясь домой: впоследствии они встречаются под названием "находящихся в рассеянии"; в их среде и зародились первые христианские общины.

3) Последний плен иудеев в 70 г., после того, как они отвергли Христа и отказались от Евангелия, был самым ужасным из всех. По словам Иосифа Флавия, при осаде Иерусалима Титом погибло до 1.000.000 чел. и около 100.000 было выселено в Римскую империю, где они проливали свою кровь на гладиаторских играх, томились в рабстве, изнывая под игом победителей. С тех пор еврейский народ существует без царя, без жертвенника и без жертвоприношений (Ос. 3:44).

Пленники, т.е. захваченные на войне; о них в древности имели такое понятие, что они справедливо заслужили смерть; следовательно и все мучения, которым их подвергали, считались менее страшными, чем смерть. Пленникам наступали на шею (И. Нав. 10:24); это объясняет такие выражение, как, например, в Псл. 109:1; их продавали в рабство, как Иосифа; причиняли им увечья; раздевали донага и в таком виде они должны были служить украшением триумфального шествия. О Давиде говорится, что он, победив моавитян, "смерил их веревкою, положив их на земле; и отмерил две веревки на умерщвление, а одну веревку на оставление в живых" (2 Цар. 8:2).

Способы умерщвления были варварские; так, например, десять тысяч идумеян сбросили живыми с вершины горы (2 Пар. 25:12); аммонитян умерщвляли пилами, железными цепами, бросали в раскаленные печи и т. п. (2 Пар. 12:31; 1 Пар. 20:3).

Плоть — евр. васар, гуф.

Плоть. Слово плоть иногда обозначает вообще людей, например, Быт. 6:12: "всякая плоть извратила путь свой на земле", Ис. 40:5 и дал.; Деян. 2:17; иногда все живущее (Быт. 6:17); далее, так называется тело в противоположность духу (Иоан. 6:63; Мат. 21:41); "немощь плоти", т.к. болезнь тела (Гал. 4:13). Иногда этим словом обозначается национальное происхождение: "Израиль по плоти" (1 Кор. 10:18). Христос рожден от семени Давида по плоти" (Рим. 1:3; Срав. Иоан. 3:6; Евр. 2:14); также плотское чувство (Рим. 7:18) и вообще все, противоположное духу верующих: существующий остаток греха и несовершенство, которое нужно подавлять и убивать (Рим. 8:4 и дал.; Гал. 5:16; 2 Кор. 10:3). Выражение "плоть и кровь" в 1 Кор. 15:50 и Евр. 2:14 обозначает тело, но в других трех местах: Мат. 16:17; Гал. 1:16; Еф. 6:12 — так называется вообще слабый и несовершенный человек, в противоположность Богу и духовному миру.

Плуг — евр. махареша.

Плуг с древних времен является земледельческим орудием (Быт. 45:6; Втор. 22:10; Иов. 1:14). В начале плуг, вероятно, представлял часть древесного ствола с двумя отходящими в стороны ветвями; подобные примитивные плуги употребляются и до сих пор в Египте. Лемех плуга часто оббивалось железом или делалось целиком из железа (Ис. 2:4; Иол. 3:10). Земледелец направлял плуг одной рукой, а другой держал рожон (заостренный шест), чтобы погонять животное. Вооруженный таким рожном, Самегар убил 600 филистимлян (Суд. 3:31). Если животное не шло и сопротивлялось, рожон втыкался в его тело, отчего и произошло выражение "итти против рожна" (Деян. 26:14). В плуги запрягали волов, ослов и быков. Животных различной породы, нельзя было впрягать вместе (Втор. 22:10).

Пляска. Танцы упоминаются во многих местах Библии не только, как детская забава (Мат. 11:17) и как выражение радости всей семьи (Иер. 31:4; Лук. 15:25), но также, как религиозный обряд, соединенный с музыкой и пением. После перехода через Чермное море женщины воспели хвалебную песнь Господу сопровождаемую пляской с тимпанами под водительством Мариами пророчицы (Исх. 15:20; Срав. 1 Цар. 18:6, 7; Суд. 11:34). В Силоме торжественно праздновали праздник Господень, во время которого девушки плясали (Суд. 21:21); при перенесении ковчега в Иерусалим "Давид скакал изо всей силы пред Господом; одет же был Давид в льняной ефод" (2 Цар. 6:14); и тогда царица Мелхола упрекнула его в том, что он в такой одежде показался народу, Давид ответил: "Пред Господом играть и плясать буду" (2 Цар. 6:21). В этих плясках каждый пол участвовал отдельно. (Срав. Исх. 15:20; Псл. 67:26; Мат. 14:6). При богослужении у Израиля танцев не было, почему тимпаны или тамбурины, не принадлежали к музыкальным инструментам храма, — хотя вообще тамбуринами и плясками тоже восхваляли Господа: "Да веселится Израиль о Создателе своем; сыны Сиона да радуются о Царе своем. Да хвалят имя Его с ликами, на тимпане и гуслях да поют Ему" (Псл. 149:2, 3; 150:4) Восстановление Израиля также будет сопровождаться ликованием и пляской (Иер. 31:4). О характере еврейских танцев мы знаем очень мало; те танцы, которые теперь можно наблюдать у народа, живущего в Палестине и в которых мужчины и женщины участвуют отдельно, состоят, главным образом, из плавных движений совершенно непохожих на наши современные танцы.

Библия предостерегает нас от танцев, имеющих целью угождение плоти или идолослужение (Исх. 32:19; 3 Цар. 18:25; Мат. 14:6).

Побивание камнями. См. "Правосудие".

Повязка (Ис. 3:22).

Подарки с древнейших времен служили выражением преданности и почтения. К царям и знатным лицам нельзя было приближаться без подарков (Быт. 43:11; 1 Цар. 9:7; 10:27; 3 Цар. 14:3). Цари и князья давали подарки, состоявшие из одежд и ценных вещей, тем, кого они хотели почтить (Быт. 45:22; 1 Цар. 18:4; 4 Цар. 16:8; 2 Пар. 9:9, 12). Пророки принимали подарки или отказывались от них, смотря по указанию Божию (4 Цар. 5:15 и дал.; 8:9; Дан. 2:48; 5:17). Слово "подарок" иногда обозначает взятку (1 Цар. 8:3; Псл. 14:5; Ис. 5:23). Дарами называются определенные законом жертвы (Втор. 16:17; Мат. 5:23 и дал.), а также евангельские благословения для этой и будущей жизни (Деян. 8:20; Еф. 4:8; 1 Кор. 12-14).

Позвонки — маленькие золотые колокольчики, которые были прикреплены попеременно с яблоками по подолу верхней ризы первосвященника (Исх. 28:33). Настанет время, когда даже конские уборы будут посвящены Господу (Зах. 14:20).

Покрывало — евр. цайф.

Покрывало (Быт. 38:19) теперь, как и в древние времена, служит принадлежностью женского костюма. Может быть, в позднейшие времена ношение покрывала в библейских странах стало соблюдаться гораздо строже, чем во времена Ветхого Завета, на основании тщательных предписаний Корана, священной книге магометан. Коран запрещает женщине показываться непокрытой кому-небудь, кроме своих ближайших родственников. Поэтому внешний вид женщин на востоке представляет что-то странное, — когда они находятся на прогулке или сидят вокруг могил. С головы до ног они прикрыты широкими покрывалами или мантиями, совершенно скрывающими формы тела; скрыты даже руки. Магометанки носят покрывала из полосатых материй темно-красного, синего и коричневого цветов, более же знатные — шелковые с красными и желтыми полосами. Христианки и еврейки также носят покрывала белого цвета, напоминающие большую простыню. Кроме того, магометанки закрывают лицо более тонким покрывалом, обычно светло-фиолетового цвета, сквозь которое они сами видят очень хорошо, но их лица скрыты от постороннего взора. Пока глаз не привыкнет к таким фигурам, они производят впечатление призраков. Женщины племени друзов на Ливане носят черные покрывала, которые они спускают на лицо, причем один глаз и часть лба остаются неприкрытыми. В древние времена употребление покрывал, кажется, было ограничено, и их носили только в известных случаях, как украшение (Песн. П. 4:1 и дал.; 5:7; в русск. Библии слово "покрывало" передано словом "кудри"). Невесту приводили к жениху под покрывалом (Срав. Быт. 24:65; 29:25). Может быть, некоторые женщины одевали покрывало с другим намерением (Быт. 38:14).

Впрочем, ношение покрывал во времена Ветхого Завета не было особенно распространено, о чем можно заключить из Быт. 12:14; 24:16; 29:10. Среди еврейских женщин во времена Нового Завета, повидимому, существовал обычай покрывать голову во время богослужения. Когда Павел в 1 Кор. 11:10 говорит, что жена должна иметь "знак власти" на голове для ангелов, то он, вероятно, подразумевает под этим покрывало, которое женщина носит, как знак власти мужа, "чтобы не подавать повода к преткновению тем небесным существам, перед глазами которых христиане совершают свое богослужение" (д-р Малин), может быть, словом "ангелы" Павел обозначает известных лиц в христианских общинах, которые имели служение, соответствующее, так называемому "шалиах-циббур". См. "Синагога".

Покрывало для очей. См. "Авимелех 1". (Быт. 20:16).

Поле Иарима (Псл. 131:6), где найден был ковчег. См. "Кириаф-Иарим" (т.е. лесной город), откуда Давид перенес ковчег в свой город.

Полсикля. См. "Вес, весы".

Полынь — евр. лаана́.

Полынь (Плач. 3:15), — символ горького и отвратительного (Втор. 29:18; Иер. 9:15). Плоды легкомыслия и похотей "горьки, как полынь, остры, как меч обоюдоострый" (Прит. 5:4); неправедность и притеснение уподобляются горечи (Ам. 6:12). В Отк. 8:11 говорится о звезде, название которой полынь; срав. о звездах Ис. 14:12; Иуд. 13.

Помазание. Натираться благовонным елеем было общим обычаем у евреев и других восточных народов. Обыкновенно умащались елеем во время праздников и на пиршествах. Т.о. помазание стало признаком радости, а также почтения по отношению к гостям (Псл. 22:5; Мат. 6:17; Лук. 7:38, 46; Псл. 103:15; 132:2). Иногда елей употреблялся для смягчения ран, а также, как лекарство (Ис. 1:6; Мар. 6:13; Лук. 10:34; Иак. 5:14). Если человек не был умащен елеем, то это служило признаком глубокой печали (Дан. 10:3; Срав. Ис. 61:3). Тела умерших также помазывались елеем (Мар. 14:8; Лук. 23:56), что являлось самым обыкновенным способом бальзамирования евреев. Помазание было также важным обрядом при посвящении на три должности: царскую (1 Цар. 9:16; 3 Цар. 19:15), первосвященническую (Исх. 30:30; 40:13; Лев. 16:32), и, иногда, пророческую (3 Цар. 19:16). Посредством помазания даже неодушевленные предметы, как, например, камни, жертвенники и проч. отделялись для священных целей (Быт. 31:13; Исх. 30:26 и дал.). Елей, предназначенный для священного помазания и приготовленный по особому рецепту из смирны, корицы, благовонного тростника, касии и оливкового масла (Исх. 30:23 и дал.), нельзя было приготовлять или употреблять для других целей (ст. 32 и дал.).

Помазанный священным елеем назывался помазанником или Мессией (евр.) — Христом (греч.).

Понт, родина Акилы (Деян. 18:2). Так называлась страна на северо-восточном побережье Малой Азии на Черном море, которая во времена Павла носила название Понт Эвксинский. Она была расположена между Вифинией на западе и Колхидой на востоке, к северу от Каппадокии и уже в 700 году до Р.Хр. была заселена греческими переселенцами. В 300 г. до Р. Хр. она развилась до самостоятельного государства. Это "Понтийское царство" управлялось царями из рода Митридатов. Шестой из них Митридат Великий, с 121 г. до Р.Хр. вел большие войны с римлянами. Около 65 г. до Р.Хр. Понт подпал под власть Рима. Здесь жило множество евреев (Деян. 2:9). Петр пишет свое первое послание "пришельцам, рассеянным в Понте" и т.д. (1 Пет. 1:1).

Понтий Пилат. См. "Пилат".

Поручительство. Когда торговли еще не было, закон ничего не говорил об обязанности поручителя. Во время Соломона положение изменилось, так что и поручительство за долг случалось нередко (Прит. 6:1; 11:15). "Человек малоумный дает руку и ручается за ближнего своего" (Прит. 17:18).

Порций Фест. См. "Фест".

Послание к Галатам. Павел во время второго миссионерского путешествия, в продолжение которого он, большею частью, был болен, основал в Галатии несколько общин (Деян. 16:6; 1 Кор. 16:1; Гал. 4:13 и дал.); во время своего третьего путешествия он вторично посетил их (Деян. 18:23) и вскоре после этого посещения написал свое послание (Срав. Гал. 1:6); оно было написано или в самом начале его продолжительного пребывания в Ефесе (54-57 г. по Р.Хр.) или в Коринфе (Деян. 20:2 и дал.; около 57 г.?). Поводом к написанию этого послания послужило, вероятно, то, что иудействующие учителя хотели убедить верующих в Галатии обрезываться; к тому же они унижали апостольское достоинство Павла. Это послание состоит из трех частей: защитительной (гл. 1, 2), полемической (гл. 3, 4) и практически-увещательной (гл. 5, 6). Павел приводит ясные основания своего апостольского достоинства, ревностно защищает божественность проповеданного им учения, развивает подробно учение о свободе верующих от закона, сожалеет о неразумном отпадении галатов и обращается к ним с проникнутыми любовью словами предупреждения и увещания.

Послание к Евреям. В нем не говорится ничего об авторе, о месте его написания как и о тех, кому оно написано. Относительно автора этого послания существует много различных предположений. Одно только ясно: намерение автора — укрепить христиан из евреев в вере и предостеречь их от отпадения. С этой целью автор особенно старается показать, что Евангелие Христово гораздо выше ветхозаветного богослужения. Христиане из евреев страдали от враждебного отношения преследующих их евреев, которые склоняли их к возвращению в еврейство; может быть, их снова привлекал пышный церемониал еврейского богослужения, или тяготили грустные мысли о том, что вся слава Сиона скоро исчезнет. Автор послания сразу атакует их словами: "Тот же Бог, Который говорил отцам, теперь говорит нам в Сыне. Во Христе вы имеете все, что ищете, все, чего желали ваши отцы. Во Христе, Единородном Сыне Бога, вы имеете Совершенного Посредника, Который ближе к Отцу, нежели ангелы; в Нем вы имеете Законодателя выше Моисея, Первосвященника, ходатая более могущественного и более сострадательного, нежели ветхозаветные первосвященники. Его субботство ждет нас на небесах; завет Его лучше первого завета; Его примиренние — вечная действительность, посему все жертвы суть лишь тени. Небеса есть та скиния, в которую Он вошел со Своей кровью; Его небесный город создан не руками. Имея Христа, держась за Него верою, которая видит невидимого; такою же твердою верою, как и у усопших святых в древние времена будьте терпеливы в страданиях, в святой жизни и неизменной братской любви, ибо верен Обещавший".

Послание к евреям написано позже, чем другие, что выясняется из 2:3; 13:7. Из этих же мест видно, что те люди, к которым оно написано, были вторым поколением христиан. По 13:7 видно, что первые учители и надзиратели (пресвитеры) уже умерли. Однако, это послание написано до разрушения Иерусалима, так как из некоторых мест усматривается, что служение в храме в то время еще продолжалось (Срав. 8:4 и дал.; 9:6 и дал.). Следовательно, надо полагать, что оно написано между 65-70 гг. по Р.Хр.

Автором этого послания предание и предположение исследователей Писания называло нескольких лиц. Некоторые восточные церкви указывали на Павла; Тертулиан называет Варнаву; другие Клемента или Луку. Уже Ориген говорит: "Кто написал это послание, — знает только один Бог". По мнению Кальвина, Павел не мог быть автором этого послания, на что есть важное указание (2:3). Это место показывает, что послание написано не Павлом, ибо он, вообще, не признавал себя "учеником апостолов". Некоторые новейшие исследователи придерживаются мнения Лютера, что послание к евреям написано Аполлосом, который, по словам Луки, был муж красноречивый и сведущий в Писаниях, опровергавший всенародно иудеев, доказывая Писаниями, что Иисус есть Христос (Деян. 18:24, 28). Действительно, в послании к евреям есть много характерных особенностей — как-то: стиль, обороты, александрийско-греческий язык, выдержки из Ветхого Завета постоянно приводимые с греческого перевода Septuaginta (70 толковников), — а не из еврейского подлинника. Все это указывает на Аполлоса, александрийского еврея, как на возможного автора послания. К тому же типично символический способ изложения и старательно выработанный периодический строй речи свидетельствуют о красноречивом александрийце.

Несмотря на невыясненность вопроса относительно автора и других сюда относящихся вопросов, мы все же принуждены согласиться с мнением Лютера об этом послании, как о сильном, могучем и возвышенном послании, которое высоко парит и убежденно доказывает по пунктам божество Христа. По словам другого автора, это послание — "величественный реквием (заупокойное богослужение) над ветхозаветным храмовым служением с его алтарями и священнослужителями", и занимает в истории развития Божественного откровения место, которое не может заменить никакая другая книга в Ветхом или Новом Завете. К книге Левит оно относится, как тело к своей тени, и закон жертвоприношений имеет в послании к евреям божественное истолкование.

Послание к Ефесянам написано ап. Павлом для христиан в Ефесе; вероятно, во время его первого заключения в Риме (Еф. 3:1; 4:1; Деян. 28:30) около 62 года. По мнению некоторых, это было соборное послание к церквам, переданное ефесянам Тихиком, который вез также послания к колоссянам и Филимону; таким образом, объясняют отсутствие всяких личных обращений, приветов и тому подобного. Предполагают также, что послание лаодикийцам (Кол. 4:16) есть ни что иное, как послание к ефесянам.

В первой части послания (1-3 главы) Павел восхваляет дивную благодать, дарованную во Христе и благословения, вытекающие из этой благодати; молится, чтобы верующие возрастали и укреплялись в благодати; в последних главах (4-6) он старается запечатлеть хригстианские чувствования и поступки в различных случаях жизни, предупреждая от языческих пороков и призывая облечься во всеоружие Божие для отражения козней диавольских.

Послание к Ефесянам написано одновременно с п.к Колоссянам; это видно из того, что оба послания были доставлены одним и тем же лицом (Еф. 6:21; Кол. 4:7) и особенно из сходства их содержания и изложения. Это становится более понятным при совместном чтении обоих посланий. Несмотря на сходство, каждое из них имеет свой особый отпечаток: в послании к Колоссянам Христос изображается, как полнота Церкви, а в послании к Ефесянам Церковь изображается, как тело Христа, как Его полнота. В первом послании (Колос.) основание и центр тяжести христианского увещевания заключается в пребывании во Христе; в последнем послании (Ефес.) — в призыве к внутреннему единству Церкви. В послании к Ефесянам имеется много выражений напоминающих прощальную речь Павла пресвитерам Ефеской церкви (Деян. 20). Это послание сторицей вознаградило ефесян за языческие книги, которые они сожгли. Оно представляет в целом дивный, торжественный гимн похвалы божественной благодати и любви.

Фессалоника.

Послание Иакова, одно из, так называемых, соборных посланий, написано "рабом Бога и Господа Иисуса Христа двенадцати коленам, находящимся в рассеянии" (Иак. 1:1). Полагают, что автором этого послания является Иаков, брат Господень, несмотря на то, что он сам не говорит того о себе. В своем послании он обращается главным образом к верующим братьям (2:1, 7; 5:7) и только, в виде исключения, к прочим (4:1; 5:1 и дал.); он указывает особенно на веру в Христа, как на силу, которая может пересоздать жизнь во всех отношениях, и на надежду Его скорого пришествия, как утешение в страданиях. Восставая против рассудочной веры, которая бессильна перерождать человека, он подчеркивает, что настоящая, живая вера совершенствуется делами, и что вера без дел мертва, — "человек оправдывается делами, а не верою только" (2:24). В этом видели резкое противоречие между учением Павла и Иакова: Павел говорит об оправдании "через веру"; "не верою только" говорит Иаков. Но это только кажущееся противоречие: Павел проповедует против мертвых дел, Иаков — против мертвой веры. Это только различные стороны одного и того же утверждения. Вероятно, Иаков ничего не знал о послании Павла, когда писал свое послание. Повидимому, оно принадлежит к самому раннему периоду христианской эпохи и является древнейшей книгой Нового Завета; оно несложно по содержанию, и стиль его во многом напоминает проповеди Самого Спасителя своими короткими и глубокими изречениями. Ни одна книга Нового Завета не имеет такого сходства с нагорной проповедью.

Послание Иуды, одно из небольших посланий в Новом Завете: содержит только одну главу. Автор увещевает христиан подвизаться за веру и побуждает их бороться против лжеучителей, обращающие "благодать Бога нашего в повод к распутству" и отвергающихся "Единого Владыки Бога и Господа Иисуса Христа". В этом послании многими примерами из Ветхого Завета описываются гнустные дела еретиков и те суды, которые они навлекли на себя. Иуда указывает на пророчество Еноха о пришествии Господа и на предсказанные апостолами Иисуса признаки последних времен. Послание Иуды имеет сходство с 2 главой второго послания Петра. Когда и кому написано это послание неизвестно. Из 17-го стиха заключают, что автор жил после апостолов, или же не был одним из них. Послание, вероятно, написано Иудой, братом Господним. См. "Иуда 3".

Послание к Колоссянам. 1-ая глава заключает благодарственную молитву за колоссян и прославление Бога за Его милости. 2-я глава — предупреждает против ложных учений, 3-ья и 4-ая главы заключают увещание и приветствования. Это послание написано Павлом, по всей вероятности, одновременно с посланием к Ефесянам и Филимону, во время первого заключения в Риме, около 62 года. Поводом к написанию этого послания послужило известие, полученное Павлом от Епафрата, относительно внутренного состояния общины. Он предупреждает их о лжеучителях, которые склоняли колоссян к исполнению еврейского закона относительно пищи и праздников, и распространяли различные восточные фантазии, чем и вносили смущение в души и отвлекали от простоты во Христе.

Послание к Колоссянам в некоторых местах имеет сходство с посланием к Ефесянам; сравнение обоих посланий весьма поучительно. В обоих посланиях апостол прославляет божество Иисуса Христа и показывает, какое богатство Церковь имеет через соединение с Ним, в противоположность убогой системе, которую еврейство вместе с язычеством противопоставляло Евангелию. Чтобы вернуть колосскую общину, уклонившуюся от чистого христианства, к истине, апостол, исполненный святой ревностью, полемизирует со своими противниками, стремясь доказать свою правоту. Поэтому послание к колоссянам полно предупреждений такого рода: "Смотрите, чтобы кто не прельстил вас" и т. под. Напротив, в послании к ефесянам, с начала до конца, Павел в возвышенных хвалебных песнях и горячих молитвах изливает свое сердце, прославляя дивную благодать Божию, так как относительно ефесян он в то время не имел оснований тревожиться. Во многих местах этих обоих посланий можно найти одни и те же мысли, выраженные почти теми же словами. Сравни, например, следующие места:

Кол.		с Еф.	
	1:14		1:6, 7
	1:3, 4		1:15, 16
	1:21		2:1
	2:19		4:16
	4:6		4:29
	4:7-9		6:21, 22 и т.д.

Срав. "Послание к Ефесянам".

Послание к Римлянам. В столице мира очень рано образовалась христианская церковь, вера которой была повсюду известна (Рим. 1:8). Павел давно имел желание прийти к ним (1:10). Прежде прибытия в Рим в качестве узника в 61 г. по Р.Хр., незадолго до своего последнего путешествия из Коринфа в Иерусалим, Павел написал это послание к римским христианам (около 58 г. по Р.Хр.) и послал его с Фивою , диакониссою Кенхрейской церкви. (Срав. Рим. 15:25 и дал. с Деян. 20:2, 3, 16 и Рим. 16:1, 23 с 1 Кор. 1:14). Любящим мудрость грекам Павел предложил Евангелие, как Божию премудрость, а властолюбивым римлянам, как силу Божию для спасения верующего (Рим. 1:16). В своем послании апостол показывает 1) что все люди согрешили и находятся под гневом Божьим, а потому нуждаются в спасении, равно как язычники, так и евреи (1:16 - 3:20); 2) что спасение через Иисуса предлагается всем путем веры для получения оправдания, освящения и славы (Рим. 3:21 - 8:39); 3) что спасение, которое сперва предлагалось евреям, теперь предлагается и язычникам, но что настанет время, когда оно снова захватит евреев, именно, после того, как войдет полное число язычников (главы 9-11), 4) что это спасение должно побуждать верующих к действенной любви, которая является истинным служением Богу (главы 12 - 15). В 16 главе Павел оканчивает свое послание приветствиями. Это послание содержит более современное развитие евангельской истины, чем какое-либо из других его посланий. Лютер называет его самой важной книгой Нового Завета.

Послание к Титу, одно из трех пастырских посланий Павла, написанное вскоре после того, как Павел оставил Тита на Крите. Оно в трех главах дает различные установления относительно организации церквей, правила жизни для верующих разных состояний и возрастов, строгие предупреждения относительно иудействующих лидеров, вносящих разделение (Тит. 1:10 и дал.; 3:9 и дал.), а также против языческого легкомыслия (1:12,13; 1:12; 3:14). О времени его составления см. “послание к Тимофею”.

Послание к Филимону, самое краткое из посланий Павла: оно имеет только одну главу. Это послание показывает нам силу Христова Духа и представляет чудный образец христианского письма. Заключенный апостол возвращает беглого раба Онисима его прежнему владельцу Филимону и умоляет Филимона снова принять Онисима не только как слугу, но как брата. Хотя в темнице Павел и нуждается в помощи Онисима, но все же не хотел задерживать его у себя и отослал к Филимону, прося за него и обещал заплатить Филимону понесенные убытки. Послание написано из Рима около 62 года.

Послания, греч. письма. Так называются написанные апостолами письма, которые сохранились для нас в Новом Завете (Кол. 4:16; 2 Пет. 3:1). Божия премудрость рассудила не только в Евангелиях дать нам знание о спасении, приобретенном для нас Христом, но и в посланиях указать нам, что в различных обстоятельствах жизни это спасение может проявляться как всепроникающая и всепобеждающая сила. Из 21-го послания в Новом Завете: тринадцать принадлежат Павлу, одно Иакову, два Петру, три Иоанну, одно Иуде; автор послания к евреям неизвестен. Большая часть из них начинается с имени автора, а также того, к кому послание написано; далее следует пожелание мира, после чего начинается само послание, которое обыкновенно состоит из 2-х частей: одной — поучающей, другой — увещевающей; оканчивается послание взаимными приветствиями и личными поручениями. Послания часто писались другим лицом (Рим. 16:22) под диктовку автора, который собствен-

Земледельцы Галатии.

норучно подписывал свое имя (1 Кор. 16:21; Кол. 4:18); иногда все послание писал сам автор (Гал. 6:11). О внешнем виде посланий см. "письма".

Послания Иоанна. Самый слог этих посланий служит доказательством того, что они написаны автором Евангелия от Иоанна. О времени и месте их написания — точно неизвестно.

Послания к Коринфянам. 1. Первое из этих посланий Павел писал в Ефесе, около 57 г. по Р.Хр., по поводу известий из Коринфской общины, полученных через домашних Хлоиных (1:11), и в письме от общины (7:1), доставленном, вероятно, Стефаном (16:17). Община разделилась на партии, которые называли себя по имени различных проповедников — Павла, Аполлоса, Кифы (1:12). (Предполагают, что Павел в 2 Кор. 10:7 и дал.; 11:18 и дал. преимущественно намекает на тех, которые более других желали называться Христовыми). В первой части своего послания (1 - 4 главы) апостол обличает это разделение и старается возвратить их к единству на общем основании — получении спасения; кроме того, он предостерегает их от ложных философских мудрствований и от ложного основания, на котором люди строят свою веру, ставя человеческий авторитет выше Слова Божия. Затем он строго обличает различные виды безнравственности, которые были допущены среди них. Павел велит им извергнуть развращенного из их среды (главы 5, 6). Он отвечает на различные вопросы, касающиеся брака и девства, а также употребления в пищу идоложертвенного мяса; опровергает разные заблуждения и осуждает злоупотребления, которые существовали в общине, как, например, возмутительные распри между братьями и беспорядки в собраниях (главы 7 - 10). Он излагает учение о вечере Господней, о воскресении мертвых, которое некоторыми в Коринфе отрицалось, об истинной любви и правильном употреблении духовных даров; он дает хорошие советы относительно благотворительности и кончает приветствиями (главы 11 - 16).

2. Второе послание к Коринфянам Павел писал, вероятно, из Македонии (2 Кор. 7:5; 8:1; 9:2), немного спустя после первого. От Тита, посланного им в Коринф, Павел получил сведения о благоприятных результатах первого послания (2:12, 13; 7:6; 12: 18), а также о своих противниках, которые обвиняли его в трусости, говоря, что он заочно строг, а в личном присутствии слаб, и порицали его за хвастовство (1:15 и дал.; 10:9 и дал.; 12:16 и дал.). В этом послании Павел желает утешить общину в ее великой скорби, уверяет ее в своей нелицемерной любви к ней, указывает на величие Нового Завета, на ответственность и благословенность христианского служения (главы 1 - 5), потом увещевает совершать освящение в страхе Божием и в самых теплых выражениях старается уяснить их сердцам необходимость участвовать в деле вспоможения неимущим братьям (главы 6 - 9). Он предостерегает их от обольстителей, защищает себя от нападок своих противников, побуждает общину к любви и миру, и заканчивает приветствиями (главы 10-13).

Замечательными местами в этом послании являются следующие: 5, глава о богатстве любви и главы 11, 12 о гонениях, которые претерпел Павел, и о его откровениях.

Послания 1-ое и 2-ое Петра. В Новом Завете мы имеем два послания, автором которых был Петр.

Первое из этих посланий написано в Вавилоне (Риме? 1 Пет. 5:13), пришельцам, рассеянным в некоторых провинциях Малой Азии, и содержит драгоценные напоминания о спасающей благодати Бога и сердечный призыв к святой жизни, верности и терпению во время гонений. Все послание свидетельствует о смиренном духе автора, очищенном через испытания. Оно послано Петром через Силуана (1 Пет. 5:12). Между прочим, в этом послании Петр говорит о проповеди Христа духам, находящимся в темнице (3:18 и дал.; 4:6).

Второе послание, направленное тем же церквам, что и первое (2 Пет. 3:1), предостерегает их от плотских лжеучителей, пытающихся ввести разделения, и призывает к чистому смыслу и святой жизни в ожидании конца этого века и пришествия Христа. Автор, который называет себя очевидцем преображения Иисуса (2 Пет. 1: 16 и дал.), пишет о своем скором отшествии (2 Пет. 1:13 и дал.; Срав. Иоан. 21:18 и дал.). Послание состоит из трех глав, из которых вторая имеет большое сходство с посланием Иуды. Об указании на Павла и его послания (3:5) см. "Павел". Определить время, когда эти послания написаны, невозможно. В первые века было сомнение относительно подлинности 2-го послания ап. Петра: одни признавали его подлинность, другие отрицали. Непризнание этого послания происходило, отчасти, вследствие резкой разницы в стиле с 1-ым посланием, а также потому что автор ставит как бы на одинаковую высоту послания и Священное Писание. Все это, как думали, указывало на позднейшее происхождение этого послания, уже после апостола Петра.

Послания к Фессалоникийцам по времени являются первыми из посланий апостола Павла, написаны около 52 г. по Р.Хр. из Коринфа от имени Павла, Сулиана и Тимофея и адресованы молодой Фессалоникийской церкви, которую он незадолго до этого вынужден был оставить.

В первом из этих посланий Павел выражает свою радость по поводу состояния церкви в Фессалонике, о чем он услышал от Тимофея (гл. 1 - 3). В гл. 4 и 5 он приводит различные увещевания и ободрения христианам и опровергает заблуждение, в которое впали некоторые, а именно, что умершие до пришествия Христа не получат удела в Его славе.

У трех главах второго послания, главная цель апостола заключается в том, чтобы показать, что пришествие Христа не наступит в ближайшем будущем, но что ему будет предшествовать отступление и появление человека греха, сына погибели, который ложными знамениями и чудесами приобретет себе власть и сядет во храме Божием, выдавая себя за Бога (2: 2-4).

Послание к Филиппийцам. Христиане в Филиппах были очень преданы Павлу и оказывали ему любовь, посылая денежную помощь в то время, когда он работал для других общин (Фил. 4: 15 и дал.; 2 Кор. 11:9). Узнав о его заключении в Риме, они послали Епафродита, одного из своих учителей, чтобы он там служил Павлу (Фил. 2:25; 4:10 и дал.). Когда Епафродит возвращался обратно в Филиппы, Павел послал с ним это послание, написанное в конце его первого заключения в Риме, около 62 года. В нем он свидетельствует о своей любви к филиппийцам и благодарит их за участие. Ни одно из посланий Павла не изобилует такими выражениями преданности, как это. Постоянно мы встречаем слова: "братья" и "возлюбленные". Основной тон послания следующий: "братья мои возлюбленные и вожделенные, радость и венец мой" (4:1); "радуйтесь всегда в Господе и еще говорю: радуйтесь" (4:4). Пятнадцать раз в четырех главах этого небольшого послания мы находим слова: "радость" и "радуйтесь". "Я радуюсь и сорадуюсь всем; о сем самом и вы радуйтесь" (2:17, 18).

Т.о. это послание является посланием о святой радости, написанным из мрачной темницы в силе веры, побеждающей мир. Апостол пишет, что он все может в укрепляющем его Христе (4:13); для него "жизнь Христос и смерть — приобретение" (1:21). Вера побуждает Павла радоваться тому, что Христос проповедуется искренно или даже притворно (1:18). Павел увещает своих возлюбленных филиппийцев крепко стоять, "подвизаясь единодушно за веру евангельскую", и возростать в любви, крепости и всех добродетелях. Он указывает им на пример Христа, Который, будучи образом Божиим, уничижил Себя и смирил Себя до смерти и смерти крестной (2:5 и дал.). Между побуждениями к радости он делает вставки, предупреждая о еврейских лжеучителях (3:2), врагах креста Христова (3: 18); при мысли об этом у старца Павла выступают слезы. Это послание, между прочим, содержит ободряющие известия об успехах Евангелия в языческой претории (казармах) (1:13) и передает приветы от святых из дома самого кесаря (4:22).

Послания к Тимофею. Среди апостольских посланий в Новом Завете имеются два послания ап. Павла к Тимофею, которые, по всей вероятности, написаны после его первого заключение в Риме.

Первое из них было послано Тимофею в Ефес, некоторое время после отъезда апостола в Македонию (1 Тим. 1:3). Пять глав этого послания содержат предписания относительно внутреннего порядка в церквах, необходимых качеств для епископов и диаконов; поведения женщин, вдов, слуг и т.д.; указания, касающиеся лжеучителей, а также личные увещевания и советы Тимофею.

Второе послание к Тимофею отличается от первого тем, что оно не содержит никаких наставлений относительно попечения о церквах и т.п.; его 4 главы содержат исключительно сообщения личного характера. Павел находится в заключении в Риме и "становится жертвой" (4:6); многие оставили его (4:10, 16); он пишет теперь к Тимофею, который находился в Ефесе или вблизи его (см. 4:13 о Троаде и ст. 19 о приветствии дому Онисифорову; срав. 1:16 и дал.) и умоляет его прийти поскорее к нему в Рим (4:9, 21). Предвидя свою предстоящую в скором времени мученическую кончину (4:7 и дал.), Павел обращается к своему возлюбленному сыну (1:2; 2:1) с самыми сердечными увещеваниями пребывать в терпении, стойкости и чистоте (2:3 и дал.), особенно, имея в виду опасные лжеучения, которые вскоре будут грозить церкви гибелью (3:1 и дал.; 4:3 и дал.); заканчивает свое прощальное послание к Тимофею и общине радостным утверждением, что Господь избавит его от всякого злого дела и сохранит для Своего Небесного Царства (4:18).

Два послания Павла к Тимофею и послание к Титу, которое имеет большое сходство с 1-м посланием к Тимофею, получили общее название “пастырских посланий”, потому что в них, гл. образом, говорится о служении и ответственности христианского пастыря или учителя церкви. Вопрос о времени их составления зависит от решения вопроса, был ли Павел заключен в Риме один раз или более (срав. “Павел”). Те, кто считают, что было только одно заключения Павла в Риме, относят 1-ое послание к Тимофею и послание к Титу к концу трехлетнего пребывания Павла в Ефесе 54-57 г. по Р.Хр. (Деян. 19:8 и дал.; 20:31), когда он, может быть, совершил не упомянутое в Деян. путешествие в Македонию и на остров Крит (1 Тим. 3; Тит. 1:5). Второе же послание к Тимофею относят к концу его (первого) заключения в Риме (63-64 по Р.Хр.). Если предположить, что Павел был в заключении 2 раза, (что во многих отношениях более правдоподобно), то время написания двух первых посланий совпадает с периодом свободы после 64 г., а второго послания к Тимофею — с периодом заключения (около 67-69 гг.).

Было сделано возражение, что (в последнем случае) слова Павла к ефесским пресвитерам, что они не увидят более его лица (Деян. 20:25) опроверглись действительностью, если он все-таки возвратился в Ефес после своего освобождения (1 Тим. 1:3), но на это, с другой стороны, можно ответить, что Павел так же определенно выражает свою уверенность в том, что он освободится из своего римского заключения и посетит верующих в Филиппах (Фил. 1: 25 и дал.), что все-таки не сбылось, если предположить только одно его заключение в Риме. Нельзя очитать такие выражения Павла за вдохновление свыше. Мы знаем из собственных слов Павла, что он однажды отменил свое решение посетить Коринф, за что противники обвиняли его в легкомыслии (2 Кор. 1:15 и дал.).

Пословица (по евр. машал) собственно обозначает притчу, ибо соль пословицы часто заключается в сравнении (Быт. 10:9; 1 Цар. 10:12; 2 Пет. 2:22). Выражение, “быть притчею” обозначает то же, что и “быть предостерегающим примером” (Втор. 28:37; Иез. 14:8; Срав. Иер. 29:22; Иов. 17:6). Примеры подлинных пословиц, произведений народной мудрости, находятся в 1 Цар. 24:14; 2 Цар. 5:8; Иов. 2:4; Иер. 31:29; Иез. 16:44; Лук. 4: 23; Иоан. 4:37. Вообще всякое туманное или загадочное выражение, требующее объяснения, называется пословицею или притчею (Дан. 5:12; Срав. Иоан. 16:25, 29). Поучительное стихотворение или поэтическая обработка религиозной или нравственной истины, называется также притчею или загадкою (Псл. 48:5; 77:2). Но этим названием, главным образом, обозначают короткие остроумные изречения, в которых люди умудренные житейским опытом излагали свои мысли. Мудрый Соломон избрал подобную форму поучения: “Он сказал 3000 притчей, а песней его было 1005” (3 Цар. 4:32).

Посредник. Так называется Моисей, потому что через него Бог дал Израилю Свой закон (Гал. 3:19; Втор. 5:5), и он, действительно, был посредником между Богом и народом; сравни Исх. 20:19; 32:30 и дал.; Втор. 5:23 и дал.; Псл. 105:23. Христос является Посредником, через Которого Бог заключил новый лучший завет (1 Тим. 2:5; Евр. 8:6; 9:15; 12:24), и Который всегда жив и ходатайствует за Своих (Евр. 7:25; Рим. 8:34).

Пост — евр. цом.

Пост был установлен законом только в великий день очищения (Лев. 16:29; 20:27; Чис. 29.7), который потому преимущественно называется “постом”. Этот день совпадал с осенними бурями (Деян. 27:9). Кроме этого, мы часто встречаем упоминание о посте, как о выражении горя при своих или чужих несчастиях, например, смерти и т.п. (1 Цар. 31:12; 2 Цар. 1:12; Псл. 108:24; 34:13). Во времена общественных бедствий или, когда приготовлялись к какому-нибудь важному делу, объявляли пост на несколько дней, в продолжение которых народ, одевшись во вретища (покрывала из грубой ткани) и посыпав голову пеплом, воздерживался от пищи и просил у Бога милости и помощи (Суд. 20: 28; 1 Цар. 7:6; 14:24; 2 Цар. 12:16; Неем. 9:1; Иер. 36:9; Иоил. 2:15; 3 Цар. 21:9, 12; Езд. 8:21 и дал.). Моисей и Христос приготовлялись сорокадневным постом к предстоящему служению (Втор. 9:9; Мат. 4:2; Срав. с Илией 3 Цар. 19:8). Во времена Вавилонского плена соблюдали четыре различных поста (Зах. 7:1 и дал.; 8: 19). В четвертом месяце был пост по случаю разрушения Иерусалима (Иер. 52:6 и дал.); в пятом месяце по поводу сожжения храма (Иер. 52:12 и дал.); в седьмом — в память умерщвления Годолии (Иер. 4:1 и дал.) и в десятом месяце по поводу начала осады Иерусалима (Иер. 52:4). Пророки часто напоминали народу о том, что внешний пост без истинного покаяния и обращения ни к чему не ведет (Ис. 58:3 и дал.; Иер. 14:12; Зах. 7:5 и дал.). Лицемеры много постились напоказ (Мат. 6:16; 9:14; Лук. 18:12). В Новом Завете не существует заповеди о посте, хотя и Христос, и апостолы словом и примером показали важность и значение добровольного поста для святой жизни (Лук. 5:34 и дал.; 2 Кор. 6:5; 11:27; Мат. 4:2; 6:16 и дал.; 17:21; (Деян. 13:2 и дал.).

Постель. Самой древней и простой постелью был ковер или одеяло, которое постилалось на пол или на землю. Единственная одежда или плащ бедного также служил ему постелью: отсюда милостивое установление закона во Исх. 22:26 и дал.; Втор. 24:13. Из вышесказанного ясно, что "взять постель" и итти (Мат. 9:6) или спустить больного через отверстие в потолке вместе с постелью (Мат. 2:4) не составляло большого труда. Но были также и более удобные постели. По всей вероятности, уже в древние времена имелось нечто соответствующее теперешним восточным диванам; именно, низкие скамьи, или диваны вдоль стен более или менне удобные и роскошные, смотря по средствам и положению владельца (Исх. 8:3; 2 Цар. 4:5 и дал.; Псл. 131:3). Срав. "Пиршество". В Библии упоминается о громадном железном ложе Ога (Втор. 3:16), о ложах из слоновой кости во времена Амоса (Ам. 6:4); о разноцветных тканиях и коврах на постели блудницы (Прит. 7:16). Меблировка простой комнаты описывается в 4 Цар. 4:10 с постелью, столом и светильником. Особые спальни упоминаются в следующих местах: Исх. 8:3; 4 Цар. 6:12; Екл. 10:20. О "носильном одре" Соломона — в Песн. П. 3:9; см. "Колесницы".

Пот. "И был пот Его, как капли крови, падающие на землю" (Лук. 22:44); это нельзя понимать в таком смысле, что капли Его пота были так же велики, как капли крови, но, что пот был смешан с кровью. Это есть симптом болезни, известной под названием diapedesis; случаи заболевивания этой болезнью наблюдались также и в позднейшие времена. В 1552 г. во время войны между Генрихом 2-м французским и Карлом 5-м, итальянский офицер был схвачен врагами; в случае его отказа предать им крепость Монте Маре, ему грозила публичная казнь. Мысль о подобном позоре потрясла его до такой степени, что кровавый пот выступил у него на всем теле. По всей вероятности, это неестественное явление происходит от сильного потрясения нервной системы, вследствие чего кровь задерживается в своем естественном течении, и красные кровяные шарики выжимаются через поры.

Потифар, царедворец и начальник телохранителей. Он купил Иосифа у измаильтян и поставил его управляющим над своим домом. Вследствие ложного доноса жены Потифара, Иосиф был посажен в тюрьму (Быт. 37:36; 39:1 и дал.). Имя Потифар, в переводе семидесяти — Петефрес, в коптском переводе — Петефре, соответствует египетскому Пети-фа-ра, т.е. "принадлежащий Ра" или богу солнца. То же значение имеет имя Потифер.

Потифер, илиопольский жрец в Египте, дочь которого Асенефа была отдана Иосифу в жены (Быт. 41:45, 50).

Поток Кана. См. "Кана 3".

Потоп — евр. мабу́ль.

Потоп, "воды Ноя" (Ис. 54:9), — которые были посланы Богом на грешную землю, и затопили ожесточенное человечество, за исключением 8 душ, которые спаслись в ковчеге. Господь закрыл дверь ковчега, после чего, на 600 году жизни Ноя, в семнадцатый день второго месяца "все источники великой бездны и окна небесные отворились, и лился на землю дождь сорок дней и сорок ночей" (Быт. 7:11, 12). Вода поднималась в течение 5 месяцев и покрыла горы на 15 локтей. После этого вода начала спадать, и в 18-ый день 7-го месяца ковчег остановился на Араратских горах. Спустя еще три месяца показались вершины гор, через 40 дней после этого Ной, желая узнать, в каком состоянии находится земля, выпустил ворона. После ворона Ной три раза с перервами в одну неделю выпускал голубя. На 601 году жизни Ноя, в день нового года, вода сошла, а 27 числа второго месяца земля была суха. Ной вышел со своими домашними из ковчега и принес жертву благодарности. В знак завета между Богом и землею Бог дал на небе радугу (Быт. 6:8). Свидетельства, подтверждающие это событие, и его практическое значение, см. Мат. 24:37 и дал.; Лук. 17:27; 1 Пет. 3:20 и дал.; 2 Пет. 3:6.

Похороны. Быть непогребенным, оставленным в пищу диким зверям, считалось в древние времена величайшим несчастием, и отказать кому-либо в погребении, было ужасным надругательством (1 Цар. 31:8 и дал.; 2 Цар. 4:12; Иер. 22:19). Давид и Голиаф угрожали поступить так друг с другом (1 Цар. 17:44-46); подобные угрозы часто повторяются в приговорах Божиих над развратившимся народом (Втор. 28:26; 3 Цар. 14:11; 21:24; Иер. 16:4; 34:20; Иез. 29:5; 32:4). На великую вечерю Божию будут приглашены все птицы небесные и все дикие звери (Иез. 39:17; Отк. 19:17, 18), чтобы напитаться трупами людей и лошадей, которые погибнут в последнем сражении с Господом и воинством Его. Вид непогребенных трупов должен был быть для евреев омерзительным, так как одно приближение или прикосновение к мертвым понималось по закону, как осквернение

Похоронная процессия.

(Чис. 19:11) и требовалась особая церемония очищения. Теплый климат способствовал разложению трупа и заставлял возможно скорее хоронить мертвых (Срав. Деян. 5:6, 10; Втор. 21:23).

Как только человек умирал, ему закрывали глаза, все прощались с ним, целуя его, и омывали тело (Быт. 46:4; 50:1; Деян. 9:37). Гробы были в употреблении в Египте и Вавилоне, но не у народа израильского. Тело обвертывали особыми пеленами, в которые вкладывали душистые вещества, голову повязывали особым платком и на носилках относили покойника к могиле в сопровождении плачущих родственников и друзей (2 Цар. 3:31; Мат. 27:59; Мар. 14:8; 15:46; Лук. 7:13; 23:56; Иоан. 19:39). После похорон делали поминальное пиршество (Иер. 16:7), иногда налагали пост (1 Цар. 31:13). Погребение никогда не обходилось без плача и сетования, которые имели особенное значение и иногда продолжались несколько недель (2 Цар. 3:32, 34; Быт. 50:10; Втор. 34:8); все это сопровождалось игрой на свирелях (Мат. 9:23· Мар. 5:38). Печаль по умершем выражалась весьма сложным образом: кроме громкого плача, ударяли себя по бедрам (Иез. 21:12), раздирали одежду и бросались на землю, посыпая голову пеплом или землей (Быт. 37:29, 34; 44:13; И. Нав. 7:6; 1 Цар. 4:12; 2 Цар. 15:32). В знак печали надевали на себя вретище из грубой, темного цвета, ткани, рвали или стригли волосы на голове и бороде (Езд. 9:3; Иер. 7:29; 16:6; Ам. 8:10), покрывали голову и рот (2 Цар. 15:30; Иез. 24:17), снимали с себя всякие украшения; все это имело целью придать внешнему виду скорбящего отпечаток неряшливости (2 Цар. 14:2; 19:24); также воздерживались от пищи и питья (2 Цар. 12:16; Дан. 10:3; Ос. 9:4) и даже царапали и терзали себя до крови (Иер. 16:6; 48:37). В законе Моисеевом существует много определений, имеющих целью ограничить эти неприятные и ненужные обычаи, особенно касающиеся надрезов и прокалывания своего тела ради умерших, так как это было заимствовано у язычников (Лев. 19:28; 21:1, 5, 11; Чис, 6:7; Втор. 14:1).

Не одни только родственники совершали плач по умершим; для этой цели еще нанимали специальных плакальщиков и свирельщиков (Иер. 9:14; Ам. 5:16; Мат. 9:23). Этот обычай был общепринятым еще во времена Иисуса Христа и вошел в народную поговорку, которая часто слышалась на улицах между играющими детьми (Мат. 11:16, 17).

Женское причитание при смерти и погребении, принято еще до сих пор на Востоке, и представляет нечто невероятное. Обычай найма специальных женщин плакальщиц существует и доныне. Доктор Иоветт (Jowett) был свидетелем подобного зрелища в Наблусе (прежний Сихем). В день приезда доктора Иоветта умер губернатор города Наблуса. "Когда мы приближались к воротам города", пишет доктор Иоветт, "то увидели большую толпу женщин, которые причитывали и что-то пели, хлопая для такта в ладоши. В этом пении не было никаких следов печали. — Если это траур, — подумал я — тогда это удивительно, такое пение скорее выражает что-то вроде злобного упрямства. — Когда мы подъехали к воротам, монотонное причитание плакальщиц внезапно перешло в отчаянный вой и крик, который произвел на меня, впервые приехавшего в этот негостеприимный город, самое неприятное впечатление. Плакальщицы некоторое время следовали за нами, потом вернулись обратно, так как ничего от нас не получили. К вечеру мы узнали, что эта группа женщин была только небольшой горсткой из всех плакальщиц. Их крик заглушал всякие звуки в городе; они усиливали вой и крик, как написано: "чтобы из глаз лились слезы и с ресниц текла вода" (Иер. 9:18). На следующее утро они должны были явиться к начальству, чтобы получить ничтожное вознаграждение за такую напряженную работу".

Бальзамирование в полном смысле слова не практиковалось у израильтян. Согласно древним писателям, оно было в обычае у египтян, которые и изобрели различные способы бальзамирования. Одни из них были дешевы, но другие весьма дороги. Дешевые способы бальзамирования призводились, главным образом, при помощи кедрового масла и селитры. Бальзамирование более сложным и дорогим способом описывается так: Сперва вынимали мозги, затем и внутренности; затем труп дезинфецировали пальмовым вином, натирали пахучими веществами, наполняли мирой, кассией и др. драгоценными снадобьями, натирали маслом, после чего оставляли тело в натре (соли), приблизительно, дней 70; по прошествии этого времени его опять омывали и завертывали в льняные полотнища, пропитанные каучуком. После бальзамирования мастера возвращали труп родственникам, которые клали его в гроб из сикоморы. Этому гробу придавалась форма тела человека. Трупы, сохраняемые таким образом, назывались мумиями. Такие мумии находят в большом количестве в гробницах древнего Египта. Многие из них пролежали тысячи лет.

По всей вероятности таким же образом были набальзамированы Иаков и Иосиф (Быт. 50:2, 26) и их "положили в ковчег". Других примеров подобного бальзамирования мы не встречали в Библии, хотя, как видно из вышесказанного, драгоценные снадобья и т. под. часто употреблялись при погребении в обильной мере, особенно когда покойник был княжеского рода. Писание передает, что царя Асу (2 Пар. 16:14) "похоронили в гробнице, которую он устроил для себя в городе Давидовом; и положили его на одре, который наполнили благовониями, разными искусственными мастями, и сожгли их для него великое множество". О подобном сжигании благовоний говорится и во 2 Пар. 21:19: "И не сожег для него народ его (царя Иорама) благовоний, как делал то для отцов его". См. также Иер. 34:5.

Сжигание трупов было греческим и римским обычаем; у евреев это делалось только в исключительных случаях. Библия говорит об одном или двух таких случаях. Первый случай описывается в 1 Цар. 31:12, хотя именно в этом случае кости были собраны и погребены (стих 13). В Ам. 6:10 говорится о сожигателе, и также о наказании, которое постигнет народ, когда число умерших будет так велико, что не будут успевать хоронить всех по установленному обычаю.

Страстное желание каждого еврея — быть похороненным вместе со своими близкими. Старый Верзеллий выпросил у царя Давида, в виде особенной милости, разрешение возвратиться в свой город, чтобы быть погребенным вместе со своими отцами (2 Цар. 19:37). Иаков заповедал своим детям отвезти его остатки в пещеру, близ Мамре, — "там похоронили Авраама и Сарру, жену его; там похоронили Исаака и Ревекку, жену его; и там похоронил я Лию" (Быт. 49:29-31). И хотя Иосиф почти всю жизнь прожил вдали от родины, он все-таки заручился клятвенным обещанием израильского народа, говоря: "Бог посетит вас, и вынесите кости мои отсюда" (Быт. 50:25). "Верою Иосиф при кончине напоминал об исходе сынов Израилевых и завещал о костях своих" (Евр. 11:22). И когда пришло время, Моисей взял с собой останки Иосифа (Исх. 13:19).

Многие тысячи евреев и в наши дни на закате жизни отправляются в землю Ханаанскую, особенно в какое-нибудь священное место, например, Иерусалим или Тивериаду, чтобы покоиться в земле своих отцов.

Поцелуй — евр. нешука́.

Поцелуй — знак приветствия (Быт. 29:11, 13). Поцелуй в губы был признаком любви (Песн. П. 1:1; 8:1; Срав. Прит. 24:26). Иногда целовали бороду (2 Цар. 20:9) и в знак глубочайшего уважения — ноги (Лук. 7:38). Поцелуй служил также выражением чувства верноподданства (1 Цар. 10:1; Псл. 2:12 (осн. текст). Идолопоклонники оказывали такой же знак уважения своим идолам (3 Цар. 19:18; Ос. 13:2). Царь Давид поцеловал старого Верзелия (2 Цар. 19:39). Пресвитеры Ефеса целовались с апостолом Павлом при прощании (Деян. 20:37). Святой поцелуй (Рим. 16:16) или поцелуй любви (1 Пет. 5:14) является знаком взаимной любви между верующими.

Почечуй — евр. афали́м.

Почечуй (Втор. 28:27) — карбункул или геморидальная шишка; то же, вероятно, обозначает слово "наросты" (1 Цар. 6:4), от которых мучились филистимляне, и которые понудили их возвратить ковчег Господень. Некоторые язычники приносили своим богам в качестве жертвы благодарности за возвращенное здоровье изображения из воска или метала мучивших их язв или животных. Поэтому филистимские жрецы и потребовали, чтобы вместе с ковчегом непременно были посланы 5 золотых изваяний наростов и 5 золотых мышей.

Поэзия, Поэты. Во время своей проповеди в Афинском ареопаге Павел, в вопросе о существовании живого Бога, сослался на высказанное известными греческими поэтами выражение: "Мы Его и род" (Деян. 17:28). Мы находим такое выражение у Арата из Солоа (около 270 г. до Р.Хр. — гимн Зевсу, ст. 5).

В 1 Кор. 15:33 слова: "Худые сообщества развращают добрые нравы" представляют стих, взятый из драматической пьесы Менандра: "Фаида". В Тит. 1:12 апостол относительно дурного характера критян говорит, что один из их стихотворцев (именно Эпименид в 6 столетии до Р.Хр.) высказал: "Критяне всегда лжецы, злые звери, утробы ленивые". Так языческая поэзия послужила апостолу точкой соприкосновения при возвещении Евангелия язычникам. О греческой трагедии по ее величайшему представителю Софоклу, можно сказать, что она принадлежит к пророческим голосам и через нее дух истины действовал среди язычников, "дабы они искали Бога, не ощутят ли Его и не найдут ли" (Деян. 17:27; Рим. 1:20 и дал.), как это было в прошедших родах, когда Бог допустил всем народам ходить своими путями (Деян. 14:16). В своих трагедиях Софокл серьезно стремился разрешить задачи жизни, тайны греха, примирения и нравственности, и указывал на постоянную борьбу и стремление духа к соединению с Богом.

Таким образом, вся поэзия этого направления являлась проповедью смиренного подчинения Богу вследствие сознания греховности.

То, что языческие поэты старательно искали или же в отчаянии отрицали, является достоянием Библии. Бог, по Своей милости, открыл Себя Израилю, и на основании этого откровения выросла еврейская поезия. Эта поэзия — большею частью лирическая — является выражением разнообразных чувств и глубоких душевных настроений; вместе с тем, она проникнута религиозным духом, и именно это имеет большое значение с чисто поэтической точки зрения. Благодаря откровению истинного, живого Бога, религиозная лирика освятилась и очистилась, и создала такие произведения, которые по своей свежести, оригинальности, возвышенности, глубине , а также по своему многообразию являются вечными образцами религиозной поэзии.

Более ⅓ всего ветхозаветного Писания нужно отнести к отделу поэзии; и именно: книгу Иова, Псалмы, Притчи Соломона, Песни Песней, Плач Иеремии и большую часть книг Пророков, которые, являясь поэтическими произведениями, носят иногда и поучительный характер. Кроме этих больших поэтических произведений, мы находим в Ветхом Завете некоторые следы еврейской народной поэзии; где выражаются естественные и национальные чувства без определенного религиозного оттенка. К таким принадлежит, например, песнь Ламеха (Быт. 4:23 и дал.); песнь о колодце (Чис. 21:17); песнь женщин о победе Давида над Голиафом (1 Цар. 18:7); плачевная песнь о Сауле и Ионафане (2 Цар. 1:19 и дал.); плач над Авениром (2 Цар. 3:33 и дал.). Религиозное чувство замечается в победной песне Израиля у Чермного моря (Исх. 15:1 и дал.); оно менее проявляется в величественной песне Деворы (Суд. 5). Национальной торжественной песнью является благословение Иакова (Быт. 49). Что касается книги Песни Песней, то это ни с чем несравнимый гимн любви. Полного завершения и всестороннего развития израильское стихотворное искусство достигает у Давида и у других прекрасных поэтов во время расцвета теократии (т.е. до времен царей. Срав. "Псалмы").

Мы не находим у евреев форм классической поэзии. Метрическое стихотворение древних и тоническое позднейшего времени не имеет следов в еврейской поэзии. Характерным признаком еврейского стихосложения является т.наз. параллелизм, впервые обнаруженный английским епископом Лаут (Lowth, 1753 г.). Под этим подразумевается соответствие по смыслу и выражению между отдельными частями одной и той же строки или фразы. Это соответствие может проявляться различным способом. Три самых обычных способа следующие: части стиха содержат одинаковые мысли, выраженные немного измененными словами или, наоборот, содержание одной части совершенно противоположно другой; или же наблюдается постепенное нарастание в развитии мысли. Изредка случается, что фраза или строка состоит из 2, 3 и 4 однородных предложений и что во втором, третьем или четвертом встречается слово, объясняющее первое и другие предложения. В этом случае основная мысль в первом предложении часто бывает скрытой или туманной; последующее содержит разбор или объяснение, но часто также покрытое полумраком, и основная мысль раскрывается только в следующем предложении. Почти во всех книгах Библии встречаются поэтические изречения, которые могут служить образцами параллелизма. Нижеприведенные примеры достаточно освещают это.

1) Односмысленный параллелизм, где различные части выражают ту же мысль в разных, хотя и очень сходных, оборотах речи, например:

Что есть человек, что Ты помнишь его,
и сын человеческий, что Ты посещаешь его? (Псл. 8:5).

Ревет ли дикий осел на траве?
Мычит ли бык у месива своего? (Иов. 6:5).

Мы сделались сиротами, без отца;
Наши матери — как вдовы.
Юношей берут к жерновам,
И отроки падают под ношами дров.
Старцы уже не сидят у ворот;
Юноши не поют. (Плач 5:3, 13, 14).

Другие примеры, смотри Прит. 31:10 и дал.; Иов. 7:1 и дал.; Псл. 50; Ис. 40 и особенно Псл. 113.

2) Противоположный параллелизм, где противоположные мысли выражены соответствующими словами, например:

Дом беззаконных разорится,
а жилище праведных процветет. (Прит. 14:11).

Кроткий ответ отвращает гнев,
а оскорбительное слово возбуждает ярость. (Прит. 15:1).

Мерзость пред Господом помышления злых,
Слова же непорочных угодны Ему. (Прит. 15:26).

Нечестивый берет взаймы, и не отдает,
а праведник милует и дает. (Псл. 36:21).

Срав. также Псл. 19:8, 9; Прит. 6:7.

3) Синтетический параллелизм, при котором мысли следуют повышающимся темпом:

Кто восходил на небо и нисходил?
Кто собрал ветер в пригоршни свои?
Кто завязал воду в одежду?
Кто поставил все пределы земли?
Какое имя Ему?
И какое имя Сыну Его?
Знаешь ли? (Прит. 30:4).

Закон Господа совершен, укрепляет душу,
Откровение Господа верно, умудряет простых.
Повеления Господа праведны, веселят сердце;
Заповедь Господа светла, просвещает очи.
Страх Господень чист, пребывает вовек.
Суды Господни — истина, все праведны.
Они вожделение золота и даже множества золота чистого.
Слаще меда и капель сота.
И раб Твой охраняется ими;
В соблюдении их великая награда. (Псл. 18:8-12).

Кроме того, встречаются различные сложные формы параллелизма, примеры которых находим в Ос. 14:9, 10; Ис. 1:3; Псл. 102:11, 12; 134:16, 17. В особенности Псл. 2 и 14 дают наибольшее количество примеров различных видов параллелизма.

Особенностью библейского оборота речи является также довольно многообразная игра слов. Чаще всего встречаются примеры сходных по созвучию слов различного значения. Иногда целое рассуждение переплетено такими оборотами речи, например, Ис. 24:1, 3, 4, 6, 12. В этом случае перевести основной текст так, чтобы читатель получил ясное понятие о художественности этого места, очень трудно.

Кроме того, в еврейской поэзии обнаруживают следы ритма, но не в том значении, которое мы придаем этому слову. Часто встречающаяся игра слов именно и служит для того, чтобы придать речи живость, окраску и выразительность. В Новом Завете мы также находим подобные примеры; например, у Мат. 6:16 буквально сказано так: "Они (фарисеи) делают невидимыми свои лица, чтобы они стали видимы (заметны)" и в Рим. 1:20: "Невидимое Его... видимы".

Иногда игрою слов пользуются для того, чтобы звук самого слова уподобился звуку того предмета, о котором говорится; например, в Ис. 24:17 встречаются три одинаково звучащих слова, которые ясно изображают охотничью жизнь в тот момент, когда охотник убивает дичь; евр. пахад (paḥad), вафахад (vafaḥad), вафах (vafaḥ). (Русск. ужас, яма и петля). Или в Ис. 28:10, где болтовня и хульные речи пьяных передаются таким образом, что читатель в этих звуках слышит как бы лай собаки:

Цав лацав, цав лацав (заповедь на заповедь, заповедь на заповедь)
Кав лакав, кав лакав (правило на правило, правило на правило).

Кроме того, мы встречаем в еврейской поэзии особенности, как, например, припев в Псл. 135 повторяются слова:

"во век милость Его"; также в Псл. 41:6, 12 и 42:5. Срав. Псл. 79:4, 8, 20.

Другую оригинальную черту еврейской поэзии представляет "выходящий ритм". Он состоит в том, что всякий последующий стих или часть стиха берет слово или выражение из предыдущего и связывает его с новым, так что все это вместе образует, так сказать, лестницу или цепь. Прекрасный пример этого мы находим в Псл. 120; срав. Ис. 26:5, 6. Некоторые думают, что вступительные слова в Псалмах 119-133 показывают именно такой характер всех этих псалмов. См. "Сонм".

Менее ценно, в сравнении с предыдущим, то построение, которое мы встречаем в, так называемых, алфавитных псалмах и поэтических отрывках, которое состоит в том, что начальные буквы каждой строки помещены в алфавитном порядке — по порядку 22 букв еврейской азбуки, так что первый стих или часть его начинается "А", второй с "Б" и т.д.; например, в Псл. 110 и 111; или же каждая строфа начинается с одной и той же буквы, и эти буквы по строфам следуют в алфавитном порядке. (Как, например, в Псл. 118:8 строки начинаются с однаковой начальной буквы, следующие — с другой и т.д. в алфавитном порядке). Сюда можно отнести Псл. 24; 33; 36; 110; 111; 118; 144; Прит. 31:10-31; Плач. 1-4. Плач Иеремии 5 также содержит 22 стиха, но без применения алфавитного порядка начальных букв.

Пояс особенно нужен жителям востока для того, чтобы стягивать их широкие развевающиеся одежды. Мы находим в Библии выражения: "опояшьтесь", "чресла ваши препоясаны", в смысле быть готовым (4 Цар. 4:29; Лук. 12:35; Деян. 12:8). Туго стянутый пояс придает подвижность и крепость телу и обозначает, поэтому, дерзновение и твердость (Иов. 38:3; Еф. 6:14; 1 Пет. 1:13). Слабо завязанный пояс обозначает бессилие (Ис. 5:27). Рабочий пояс был кожаный, каковой видим и у пророков (4 Цар. 1:8; Мат. 3:4). Иногда пояса делались из самого лучшего льна (Иер. 13:1; Иез. 16:10) и украшались серебром и золотом (Дан. 10:5). В поясах носили деньги, письменные принадлежности и другие предметы; к поясу привешивали оружие (Мат. 10:9; 1 Цар. 25:13; 2 Цар. 20:8; Иез. 9:2). Пояса принадлежали к почетным подаркам (1 Цар. 11:4) и поэтому обозначали иногда отличие на службе (Ис. 22:21). Связанный из четырех цветов пояс принадлежал к служебному облачению священника (Исх. 29:9; Срав. Отк. 15:6).

Праведный, евр. яшар, т.е. прямой, искренний, справедливый (Втор. 32:4; Иов. 1:1).

Правило (греч. канон) (Гал. 6:16; Фил. 3:16). См. "Библия".

Правосудие. Наблюдающим за правосудием, наказывающим за проступки всюду в Священном Писании является Сам Иегова; поэтому правосудие отправлялось от Его имени. Искать правосудия называлось "просить суда у Бога" (Исх. 18:15); стоять перед судом, значило стоять перед Богом (Втор. 19:17); в качестве представителей Бога судьи назывались богами (Исх. 21:6; ибо суд — дело Божие (Втор. 1:17). Поэтому говорится в законе о праведном суде (Втор. 1:16 и далее; 17:11; 19:18; Срав. 2 Цар. 23:3; 2 Пар. 19:6 и дал. Священное Писание постоянно осуждает неправедных судей (1 Цар. 8:3; 3 Цар. 21:8 и дал.; Ис. 1:23; 10:1; Мих. 3:11; 7:3).

Судопроизводство в древние времена было очень несложно. Глава дома являлся также судьей и суд его был короток (Быт. 38:24). Когда семейства разрослись и образовали племена, тогда старейшина или начальник племени стал отправлять правосудие. Во всей истории Израиля говорится о старейшинах как о судебной власти, а во времена царей — как о совещательном органе при царях, своего рода, народном представительстве (Руф. 4:2; 3 Цар. 8:1; 20:7; 4 Цар. 23:1; Иер. 29:1; Иез. 14:1 и дал.; 20:1 и дал.).

В пустыне Моисей был сам судьею народа до тех пор, пока, по совету своего тестя Иофора, не учредил системы судопроизводства и не выбрал из всего Израиля способных людей, которых поставил начальниками народа, тысяченачальниками, стоначальниками, пятидесятиначальниками и десятиначальниками. Они и судили народ во всякое время; маловажные дела они решали самостоятельно, а о важных доносили Моисею, который относительно их часто испрашивал особого Божьего изволения (Исх. 18:13 и дал.; Лев. 24:12). Эти судьи, по всей вероятности, были князьями, родоначальниками и начальниками племен, о которых мы читаем впоследствии (Чис. 27:2). После вступления в Ханаан, в городах и селениях были поставлены разные начальствующие лица, для совместной работы со священниками, также находившихся под властью Иеговы, Верховного Судьи Израиля (Втор. 16:18; 19:17; 21:1 и дал.). Местные суды состояли по Втор. 16:18 из судей и надзирателей; по Иосифу Флавию, они состояли из 7 членов. Кроме этого суда, на страже закона в каждом городе стоял совет старейшин, на обязанности которого лежало наказание виновных и искоренение зла (Втор. 19:12; 21:19; 22:15 и дал.; 25:7 и дал.). Без сомнения, вышеупомянутый суд и совет старейшин во многих случаях сотрудничали друг с другом, как, например, в Втор. 21:2 и дал. Этот местный суд в Мат. 5:21 называется судом; в некоторых случаях он мог выносить смертный приговор. Для более важных дел был установлен особый верховный суд, имевший свое местопребывание при святилище и состоявший из священников и мужей из народа (Втор. 17:8 и дал.; 19:16 и дал.). Во времена разделения и беспорядка, которые последовали после Иисуса Навина, выдвинулись те герои и военачальники, история которых рассказана в книге Судей. Вследствие того, что этим военачальникам, по всей вероятности, поручалось решение судебных дел, — они назывались также судьями. Так, написано, что Девора судила израильтян под пальмою (Суд. 4:6); Самуил из года в год ходил и обходил Вефиль, Галгал и Массифу и судил Израиля во всех этих местах (1 Цар. 7:16 и дал.). Само собою разумеется, что впоследствии судьями стали цари (1 Цар. 22:16; 2 Цар. 4:9 и дал.; 3 Цар. 22:26 и дал.). Давид назначил при доме Господнем 6000 писцов и судей (1 Пар. 23:4; 26:29). Иосафат ввел регулярное судопроизводство; во всех укрепленных городах Иудеи поставил низших судей и, кроме того, учредил в Иерусалиме верховное судилище, состоявшее из священников и мужей из народа; всем судьям он дал строгое предписание (2 Пар. 19:5 и дал.). Дальнейшим развитием этого верховного судилища считается синедрион (Мат. 5:22). Расследование дел происходило у городских ворот, как на самом открытом месте (Втор. 21:19; 22:15; 25:7). У городских ворот или на других открытых местах утверждались также письменные договоры (Руф. 4:1, 11; Срав. Иер. 32:12). Суд никому не выносил обвинительного приговора, если обвинение не было подтверждено двумя, ни в чем не расходящимися в показаннях, свидетелями (Чис. 35:30); в противном случае обвиняемый мог оправдаться клятвою (Исх. 22:11). Приговор приводился в исполнение немледенно, и, в некоторых случаях, первый камень должны были бросить свидетели (Втор. 17:5 и дал.; И. Нав. 7:25; 3 Цар. 2:24, 34). Применение пытки для вынуждения сознания встречается всего один раз, и то во время римлян (Деян. 22:24); также мы встречаем один раз поверенного, которого пригласили евреи для обвинения Павла перед Феликсом (Деян. 24:1).

Что касается наказаний за преступления по закону Моисееву, то они почти сплошь построены на принципе: "око за око" (Исх. 21:23 и дал.; Лев. 23:17 и дал.; Втор. 19:16 и дал.). Это правило применялось также и к животным; см., например, "если вол забодал человека... (Исх. 21:28 и дал.). Застращивание применялось редко, хотя оно и не отсутствует, но зато очень ясно проводится в тех местах, где сказано, что лжесвидетель должен понести то наказание, которое следовало за ложно возводимое им на другого преступление, тогда "и прочие услышат и убоятся и не станут впредь делать такое зло среди тебя" (Втор. 19:19; срав. 17:13). Когда наказание имело целью месть, то оно должно было являться выражением необходимости уничтожения зла и восстановления справедливости, вкладывая, таким образом, в понятия святой гнев праведного Бога против греха. В наказаниях, установленных законом Моисеевым, мы не находим той суровости и жестокости, которые характеризуют законодательство средних и позднейших веков, даже в самой Европе. Так, например, число ударов точно было определено; признавалось человеческое достоинство подсудимого. Таких наказаний, как физическая пытка или лишение человека чести (доброго имени), закон Моисея не знает.

Наказания, которые накладывал закон, были следующие: лишение жизни, телесные наказания и денежные штрафы.

Самым обычным видом смертной казни было побивание камнями, причем свидетели первые должны были бросать камень (Втор. 17:5 и дал.; Срав. Деян. 7:58). Камнями побивали за такие преступления, как: идолослужение, богохульство, прелюбодеяние и проч. (Лев. 20:27; 24:10 и дал.; Втор. 22:21, 24 и т.д.). По сведениям раввинов, побивание камнями производилось во всех тех случаях, когда по закону не был предписан род смертной казни. В Исх. 21:28 побивание камнями устанавливается, как смертная казнь для животных, именно, для вола, забодавшего на смерть человека. Второй род смертной казни — убиение мечем (Втор. 13:15; 2 Цар. 1:15; 4 Цар. 10:25; Иер. 26:23), но это не было отсечением головы, так как подобного рода казнь вошла в обычай в позднейшие времена при владычестве римлян (Мат. 14:10). За более тяжкие преступления наказывали сожжением (Лев. 20:14; 21:9); это понимают в том смысле, что осужденного сначала побивали камнями, а затем сжигали. Так совершили суд над Аханом (И. Нав. 7:15, 25). Так же понимают и те случаи, в которых говорится о наказании через повешение (Чис. 25:4; Втор. 21:22; 2 Цар. 21:6). Из Есф. 9:7 и дал. видно, что сыновья Амана сначала были убиты, а затем повешены; срав. 2 Цар. 4:12. Тела повешенных не должны были ночевать на дереве (Втор. 21:23), ибо проклят перед Богом всякий повешенный на дереве. Иногда на казненного набрасывали груду камней (И. Нав. 7:25; 8:29; 2 Цар. 18:17). Не установленные законом, но заимствованные из разных стран мучительные способы смертной казни упоминаются нередко, например, сожжение заживо (2 Цар. 12:31; Дан. 3:20), колесование и разные другие мучительные способы лишения жизни (Евр. 11:35), также сбрасывание с высоты (2 Пар. 25:12, Лук. 4:29), перепиливание (2 Цар. 12:31; Евр. 11:37), разрубливание беременных женщин (4 Цар. 8:12; 15:16), отдача на растерзание диким зверям (Дан. 6), утопление (Мат. 18:6), и распятие (Мат. 27:26).

Самым обычным телесным наказанием было бичевание (Лев. 19:20). Бичем или палкою наносили до сорока ударов, но не больше ((Втор. 25:3; 2 Кор. 11:24). В случае причинения какого-либо личного вреда, виновный по суду получал по принципу: око за око, зуб за зуб и т.д. (Исх. 21:23 и дал.; Втор. 19:19). Тюремное заключение, как таковое, не упоминается в законе Моисеевом, но в позднейшие времена оно не являлось уже редкостью (2 Пар. 16:10; Деян. 5:18); иногда заключенного сковывали цепями (2 Цар. 34) и забивали в колодки (деревянная колода с отверстиями для рук, ног или шеи преступника (Иер. 20:2; 29:26; Иов. 13:27; 33:11; Деян. 16:24). Мы находим в Библии телесные наказания, которые не были введены евреями, например, отсечение членов (Иез. 23:25), ослепление (4 Цар. 25:7; Иер. 52:11; срав. Суд. 16:21; 1 Цар. 11:2). Выселение из страны упоминается у Езд. 7:26.

В известных случаях законом были установлены денежные штрафы в определенных суммах (Втор. 22:19, 29); самое большое взыскание равнялось 100 сиклям серебра; в иных случаях платили по соглашению (Исх. 21:22). О возмещении за вред, причиненный бодливым волом смотри Исх. 21:29 и дал.

Праздники — евр. хаги́м.

Праздники. А) Во-первых, евреи должны были соблюдать те праздники, которые подходили под понятие "суббота" (т.е. время покоя). Это были: а) еженедельная суббота, б) седьмое новомесячие или праздник труб, в) субботний год и г) юбилейный год. Б) Три великих годовых праздника были следующие: а) Пасха, б) Пятидесятница и в) Поставление Кущей или праздник сбора плодов. Во время этих трех праздников все мужчины должны были являться пред Богом, т.е. в передний двор скинии или храма, и с радостным сердцем принести что-либо в дар Господу (Исх. 23:14 и дал.; Втор. 16:16 и дал.); им давалось особенное обещание о Божией охране их имения во время их отсутствия (Исх. 34:23 и дал.). Во все дни священных собраний евреи должны были прекращать свои обычные работы (Исх. 12:16; Лов. 23:21 и дал.). Цель этих праздников заключалась не только в том, чтобы оживлять и сохранять сознание единства народа, но также поддерживать духовную жизнь в народе, давать возможность к более живому общению между отдельными коленами и, особенно, поддержать в народе чувство ожидания Мессии. В) Особенное значение имел Великий День Очищения, 10-го числа седьмого месяца (октября) (Лев. 16), который был днем поста, покаяния и молитвы. Г) После Вавилонского плена был установлен праздник пурим (очищение) (Есф. 9) и праздник обновления (1 Макк. 4:59; Иоан. 10:22).

Относительно сущности и значения еврейских праздников, установленных законом, их связи друг с другом и последовательного порядка заметим: 1) что они могут быть разделены на 3 класса, именно: а) субботние, б) исторические (в воспоминание) и в)

Праздничная процессия.

праздники очищения (или примирения с Богом); заметим также, 2) что семь — число Божественного совершенства и покоя — находится во всяком установленном законом празднике, каково бы ни было значение праздника. Это можно выразить следующим образом: каждый период времени (принятый евреями), который при вычислении является седьмым, есть праздник; например, всякий седьмой день, седьмой месяц, седьмой год — праздники. В седьмом месяце приходились: праздник труб, праздник очищения и праздник кущей. С этого месяца начинались субботний год и юбилейный год. Пятидесятница праздновалась по окончании семи недель, после начала жатвы; Пасха и Праздник Кущей праздновались в течение семи дней. Ежегодно происходило семь торжественных собраний (2 на Пасху, одно в Пятидесятницу, одно в Праздник Труб, одно в Праздник Очищения и два в Праздник Кущей). Следовательно число семь являлось главной основой для установления еврейских праздников.

Праздник жатвы. См. "Праздник седмиц".

Праздник кущей — евр. Суккóт.

Праздник кущей (Лев. 23:34 и дал.; Втор. 16:13 и дал.), один из 3-х самых больших праздников у евреев. Этот праздник был установлен в воспоминание того, как израильтяне жили в кущах (шалашах) во время сорокалетнего странствования по пустыне. (См. Лев. 23:34). Он назывался также праздником собирания плодов (Исх. 23:16; 34:22), так как его празднование совпадало с окончанием земледельческих работ, когда еще могли жить в кущах под открытым небом — в средине месяца Тишри (октября). Праздник продолжался 7 дней (15-21); восьмой день, который назывался "днем собрания", был как и первый день, святым днем отдыха и, кроме того, последним праздником истекавшего года. Впоследствии праздновали еще один день, 23 Тисри, когда оканчивалось чтение 54 парашим (отделений) книг Моисеевых; в следующую субботу начинали чтение парашим сначала.

Праздник Кущей был праздником радости; его празднование в позднейшее время может показаться слишком легкомысленным: оно сопровождалось черпанием воды, танцами с факелами и т.п. Хотя на праздник Пасхи разрешалось (если случалось дело, не терпящее отлагательства) возращаться домой сейчас же после вкушения пасхального агнца, то, относительно праздника кущей, закон предписывал, чтобы все находились у святилища в течение 7 дней. Каждый совершеннолетний мужчина должен был лично являться пред Господом и принести благодарение за те дары, которыми Бог его благословил в течение года. Радостному настроению в продолжение этого праздника содействовало также и то, что все жили в кущах или палатках. На улицах, открытых местах и на крышах домов строили кущи из ветвей деревьев, носили в руках ветки с плодами: — лимонами и финиками, радостно пировали в кущах и т.д. По Талмуду, во время этого праздника носили в левой руке лимон, а в правой пальмовую ветвь, перевитую миртовыми и ивовыми ветвями, называемую "лулав". В святилище приносили в жертву за народ в течение праздника одних тельцов 70 штук и это делали в точно предписанном, удивительном порядке; далее, ежедневно по 2 овна, 14 однолетних агнцев, одного козла в жертву за грех и к этому предписанное хлебное приношение и возлияние. Жертвы 8-го дня состояли из одного тельца, одного овна, семи однолетних агнцев, при них хлебное приношение и возлияние, и одного козла в жертву за грех (Чис. 20:12 и дал.). В субботный год торжественность праздника увеличивалась ежедневным чтением заранее определенных частей закона перед собранием мужчин, женщин, детей и пришельцев (Втор. 31:10 и дал.). Последним обрядом этого торжественного праздника было выливание воды, состоявшее в том, что ежедневно, при совершении утреннего жертвоприношения, священник приносил в золотом сосуде воду из Силоамского источника и выливал ее вместе с вином в две серебрянные трубы, укрепленные на западной стороне жертвеника, при пении Галлелд (т.е. Псл. 114-118) или также Исаии 12 и игре на музыкальных инструментах (Иоан. 7:2). Он говорит о живой воде (ст. 37). Обычай выливания воды понимается некоторыми, как молитва о даровании раннего дождя на посевы; другими, — как благодарное воспоминание о той воде, которую Господь давал Израилю в пустыне. Пророческие указания на этот обычай думают найти у Иоил. 3:18; Иез. 47:1; Зах. 14:8. Впоследствии в начале праздника устраивали роскошную иллюминацию во время приношения вечерней жертвы. Священники и левиты, стоя на 15 ступенях лестницы, ведущей во внутренний притвор, пели Псл. 120-134 в сопровождении игры на музыкальных инструментах, а мужчины устраивали танцы с факелами в женском притворе (Срав. Псл. 117:24 и дал.).

В Езд. 3:4, Неем. 8:14 и дал. рассказывается, как торжественно прошел праздник кущей после вавилонского плена. Будущее восстановление Израиля изображается, как подобие этого праздника (Ос. 12:9). У Зах. 14:16 и дал. говорится, что языческие народы будут приходить в Иерусалим для того, чтобы праздновать праздник кущей.

Праздник опресноков. См. “Пасха”.

Праздник седмиц — евр. Шавуот.

Праздник седмиц (Исх. 34:22), названный также “праздником жатвы” (Исх. 23:16), и “днем первых плодов” (Чис. 28:26), праздновался через семь недель после начала жатвы (Втор. 16: 9 и дал.), или в пятидесятый день после приношения в святилище первого снопа. Праздник седмиц должен был праздноваться священным собранием и особенным жертвоприношением, состоящим из одного козла в жертву за грех, двух тельцов, одного овна и семи однолетних агнцев в жертву всесожжения и установленное при них хлебное приношение и возлияние (Чис. 28:26 и дал.). Далее, как особенность этого праздника, должно было приносить Господу новое хлебное приношение, состоящее из двух кислых хлебов из новой пшеничной муки, и жертву всесожжения — из 7 агнцев, одного тельца, двух овнов; в жертву за грех одного козла; в жертву мирную двух однолетних агнцев (Лев. 23:15 и дал.). Весь народ должен был праздновать этот день, как субботу, т.е. прекращать всякую работу, и веселиться вместе со всеми своими: детьми, слугами, вдовами, бедными и левитами при общей жертвенной трапезе перед Господом (Втор. 16:9 и дал.). Этот праздник был окончанием времени жатвы, которое начиналось с Пасхи. Его празднование нигде не упоминается в Ветхом Завете, кроме 2 Пар. 8:13. В позднейшие времена (после Христа) некоторые из еврейских раввинов придали празднику седмиц значение праздника в воспоминание издания закона на Синае; но какого-либо основания для подобного толкования нет ни в Библии, ни в преданиях.

Так как праздник седмиц праздновался в 50-й день после Пасхи, а 50-й по-гречески гласит “пентекосте”, то это слово стало другим названием этого праздника, и от этого греческого названия произошло слово пятидесятница (Деян. 2:1; 20:16; 1 Кор. 16:8); следовательно, во всех этих местах имеется в виду еврейский праздник седмиц. Он часто праздновался при большом стечении народа. В такой праздник седмиц или пятидесятницу, десять дней спустя после вознесения Иисуса Христа, Дух Божий сошел на собранных учеников, и они стали говорить новыми языками евреям из различных народов. Петр возвещал спасение во имя Иисуса и начаток, состоящий, приблизительно, из трех тысяч душ, присоединился в тот день к ранее уверовавшим (Деян. 2).

Праздник труб — евр. Рош-а-шаиа́.

Праздник труб. Так называется первый день седьмого месяца (октября), потому что в этот день трубили на самых звучных трубах. Этот праздник отличался особыми жертвами всесожжения и хлебным приношением. Его должно было праздновать, подобно субботе: прекращали работы и собирались на священное собрание (Лев. 23:24; Чис. 29:1). В это новомесячие вернувшиеся из Вавилонского плена возобновили приношение жертв Господу (Езд. 3:6), и на этом торжестве Ездра читал закон Моисеев (Неем. 8: 1). Все это в совокупности послужило к тому, что этот праздник стал считаться первым днем нового года, после возвращения из плена. Срав. “месяц, год”.

Прах — евр. афа́р.

Прах. Посыпание прахом или пеплом головы (И. Нав. 7:6) служило знаком печали. Сидеть в прахе было выражением глубокой печали или унижения (Плач. 3:29; Ис. 47:1; Псл. 7:6). Бросать прахом в кого-нибудь было способом обвинения и заклеймления человека, как ничего иного не заслуживающего, кроме проклятия; так, например, Семей бросал камнями и пылью в Давида (2 Цар. 16:13). Евреи, когда не могли более терпеть слов Павла, метали одежды свои и бросали пыль в воздух (Деян. 22:22 и дал.). “Отрясти прах от ног своих” на кого-либо, служило выражением отказа от всякого общения с ним (Мат. 10:14; Мар. 6:11; Деян. 13:51).

Праща. См. “Война”.

Преграда, о которой Павел говорит в Еф. 2:14: “Христос разрушивший стоявшую посреди преграду” и т.д., означает или завесу в храме, которая разодралась при смерти Иисуса, или ту преграду, которая отделяла внешний притвор храма — “притвор язычников” от “притвора женщин” и над которой была надпись, запрещавшая под страхом смерти язычникам и оскверненным лицам проходить через нее (Деян. 21:28). Разрушение этой преграды открывает, по словам Павла, свободный доступ к Богу через Иисуса Христа для евреев и для язычников. Срав. “Храм”.

Преломление хлеба. Тонкий хлеб, который обыкновенно едят люди в странах, упомянутых в Библии, не режется, но ломается: отчего и произошло выражение — преломление хлеба

(Иер. 16:7). Общая трапеза в Новом Завете называется преломлением хлеба (Лук. 24:30, 35; Деян. 2:46; 20:7, 11). Некоторые думают, что слово "преломление хлеба" иногда, например, в Деян. 2:42, обозначает вечерю Господню.

Прелюбодеяние. Этот грех прежде всего был запрещен в 10 заповедях закона, и виновный подвергался тяжелому наказанию. Если кто обесчестил девушку, то должен был жениться на ней, никогда не разводиться с нею и, кроме того, заплатить ее отцу 50 сиклей серебра (Втор. 22:28 и дал.). Если девушка после заключения брачного договора не оказывалась девственной, то побивалась до смерти камнями (Втор. 22:20 и дал.). Если же муж ложно обвинил ее в этом, то присуждался заплатить ее отцу 100 сиклей и ему ни в каком случае нельзя было развестись с нею (Втор. 22:13 и дал.). Если мужчина обесчестил обрученную невесту, и она не противилась, то их обоих должно было побить камнями (Втор. 22:23 и дал.). Если мужчина совершил это насилие на поле, она освобождалась от наказания, но он был повинен смерти (стих 25 и дал.). Если она была рабою, то наказывались оба, но не смертной казнью, и мужчина должен был принести "жертву повинности своей" (Лев. 19:20 и дал.). В случае доказанного прелюбодеяния с замужнею должно обоих побить камнями (Лев. 20:10; Втор. 22:22). Впрочем, за это преступление строже взыскивалось с женщины, ибо израильтянин, кроме своей жены, мог иметь наложниц. Впоследствии, когда нравы более смягчились, смертная казнь стала применяться реже; ее заменили разводом (Мат. 1:19; Иоан. 8:5 и дал.).

Если муж подозревал свою жену в неверности, но не мог этого доказать, то он должен был привести ее к священнику вместе с жертвенным даром, состоявшим из 1/10 ефы ячменной муки без елея и курения. Священник ставил жену перед Богом, брал освященную воду, насыпал в нее немного земли с пола скинии, снимал с жены покрывало, вкладывал хлебные приношение в ее руку и заклинал ее, говоря, что, если она невиновна, то эта вода не повредит ей, а если виновна, то живот ее опухнет и лоно опадет. Она же на это должна была сказать: "аминь! аминь!" Это проклятие священник писал на свитке листов, смывал его водою, брал хлебную жертву из ее руки, возносил ее пред Господом и сжигал часть ее на жертвеннике. Женщина же должна была выпить эту горькую проклятую воду (Чис. 5:11 и дал.). Жертва, приносимая при этом, называлась приношением ревнования и приношением воспоминания.

О прелюбодеянии в духовном смысле см. "блуд. блудодеяние".

Премудрость — евр. хахма́.

Премудрость. Под этим названием подразумевается Мессия в Прит. 8, где Он в 22 ст. свидетельствует о Себе Самом, как о Существовавшем у Иеговы прежде всего сотворенного, а в 30 стихе, как об исполнителе слов Бога Отца при сотворении мира. См. также Иов. 28:12 и дал.; Иер. 51:15 и дал.; Прит. 30:4. В Новом Завете

Патмос.

следует сравнить Иоан. 1:1 и дал., о том, как все начало быть через Вечное Слово, с семью местами, где Христос называется "Премудростью Божией" или "Мудростью" (Лук. 11: 49; 1 Кор. 1:24, 30; срав. Рим. 11:33; 1 Кор. 1:21).

Преображение Христово (Мат. 17:1 и дал.; Мар. 9:1 и дал.; Лук. 9:28 и дал.; 2 Пет. 1:16 и дал.) было вероятно, не на Фаворе, как говорит предание, а на одной из вершин Гермона, в окрестностях Кесарии Филипповой, что усматривается из сопоставления текстов. Иисус взял с Собою на высокую гору Петра, Иакова и Иоанна. Когда Он молился, лицо Его просияло, как солнце, одежды сделались блистающими, белыми, как снег. Явились Моисей и Илия и беседовали с Ним об Его исходе. Закон и пророчество подчиняются Христу. — Слышен голос с неба: "Сей есть Сын Мой возлюбленный, Его слушайте!" Ученики в начале заснули; пробудившись же, увидели Иисуса и двух мужей с Ним. И услышавши слова, они испугались и предложили поставить кущи. Тогда Илия и Моисей исчезли и остался Иисус один с ними.

Пресвитер — "старейшина".

Престол. См. "Стул".

Претория. 1) Латинское слово (praetorium). Первоначально оно обозначало "шатер военачальника" в римском лагере, а впоследствии (не говоря о других значениях) стало обозначать дворец, в котором жил правитель провинции, и где он производил суд. В Новом Завете этим словом назван дворец, в котором жил Пилат. Туда привели Иисуса из дома Каиафы, и там Он был допрашиваем Пилатом и истязуемый солдатами в то время, как евреи ожидали решения во дворе. С судейского места, называемого Гаввафа, Пилат начал производить суд (Мат. 27:27; Мар. 15:16; Иоан. 18: 28, 33; 19:9). Где была расположена претория Пилата? Одни предполагают, что в крепости Антония, к северу-западу от храма, близ "Виа Долороза", сейчас же за Стефановыми воротами. По мнению других, Пилат во время пребывания в Иерусалиме (его постоянной резиденцией была Кесария) помещался в роскошном дворце Ирода, в северо-западной части верхнего города; этот дворец, по описанию Иосифа Флавия, был роскошно отделан и украшен; он имел множество дворов, зал и проч. Некоторые полагают, что теперешняя, т.наз. башня Давида, является остатком украшений этого царского дворца. Это единственная башня, которую Тит оставил неповрежденной при разрушении Иерусалима.

2) В Деян. 23:35 упоминается Иродова претория в Кесарии, где Павел был заключен; это был построенный Иродом дворец, который служил резиденцией Иудейских прокураторов.

3) В Фил. 1:13 говорится о претории в Риме, в которой Павел был заключен и где, благодаря его узам, сделалось известным Евангелие. Эта претория была казармой на Палатинском холме, близ дворца Нерона. М.б. этим словом обозначается преторианская казарма, построенная Тиверием за городом. Слово "претория" употребляется также для обозначения укрепленных замков, или дворцов, принадлежавших Кесарю.

4) Мат. 10:17; Мар. 13:9 упоминаемые судилища обозначают низшие суды в Иудейских провинциальных городах.

Прибыль. См. "Заем".

Приветствие. Приветствовать кого-либо означало: спросить о его душевном состоянии или о его здоровье, как это выражено в евр. тексте (Быт. 43:27; 1 Цар. 10:4) и т.д. Обыкновенно приветствие было таково: "мир тебе" (евр. шалом леха) имеет, приблизительно, то же значение, что и арабское Салам алайк (Суд. 19:20): "Да будет милость Божия с тобою" (Быт. 43:29); "Господь с тобою"; "Да благословит тебя Господь (Суд. 6:12; Руф. 2:4) и т.д. Приветствия сопровождались поклонами, преклонением колен, иногда земными поклонами (Быт. 18:2; 19:1), объятиями, поцелуями и т.д. (Быт. 29:11, 13; 33:3 и дал.; Исх. 4:27; 18:7). При расставании повторялось то же самое (Быт. 31:55; 47:10; Деян. 20:37). Церемониал приветствий в странах, упоминаемых в Библии, в большинстве случаев очень сложен. Бесконечное число раз, длинными витиеватыми фразами справляются о здоровье друг друга, о здоровье родственников, присоединяя к этому многократные приглашения к себе, прикладают ладонь руки ко лбу и к груди и кланяются так, что непривыкший к таким церемониям чувствует себя очень неловко. Может быть, и в древние времена существовали подобные обычаи, но при недостатке времени их можно было избегать (4 Цар. 4:29; Лук. 10:4).

Учтивость требовала, чтобы человек говорил о себе в третьем лице, называя себя слугою, а собеседника — своим господином (Быт. 18:3; 19: 2; 24:18; 1 Цар. 26:18). Иногда человек был настолько учтив, что называл самого себя псом и т.д. (2 Цар. 9: 8; 4 Цар. 8:13). Так, араб, часто из учтивости, называет себя "эль факир", т.е. негодяем и т.д.

Привратники, родом из левитов, прислуживали в храме и сторожили храм ночью. Давид назначил на эту должность 4.000 левитов (1 Цар. 23:5). Некоторые думают, что в Псл. 134 (Срав. 2 Пар. 23:4), намекается на них.

Призрак — дух в человеческом образе. Ученики Иисуса Христа думали, что увидели призрак, когда Господь шел к ним по воде (Мат. 14:26; Мар. 6:49), и когда Он явился им после Своего воскресения, они думали, что видели "духа" без плоти и костей (Лук. 24:37 и дал.). Когда Рода объявила собравшимся, что у ворот стоит Петр, ей отвечали: "это ангел его" (Деян. 12:15), может быть в этих словах также заключается какое-то представление о призраке.

Еврейское слово "кемо ша-ар", обозначающее призрак, в Прит. 23:7 не вполне ясно. Просто и хорошо оно выражено в русском переводе и также в арабском: ..."каковы мысли" в душе его, таков и он, или же: "как он чувствует" в сердце и т.д.

В Ис. 8:19; 19:3 говорится о людях, вызывающих мертвых (Срав. 1 Цар. 28:3, 7 и дал.). Подобное было запрещено законом (Втор. 18:11).

Примирение или очищение. Еврейское слово киппур, которое иногда переводится русским словом "примирить", собственно, означает покрывать; и мысль, вложенная при различных применениях в основу этого слова и происшедших от него, такова: скрыть грешника (или его грех) от того, против кого он согрешил, т.е. отвратить от него гнев последнего. В одном месте это слово употребляется в смысле умилостивления обиженного, именно в Быт. 32:20, где Иаков посылает подарок брату Исаву, "ибо он сказал сам в себе: умилостивлю его дарами (евр. я желаю покрыть его лицо дарами...) может быть, и примет меня". В таком смысле это слово едва ли еще употребляется в Библии, разве только во 2 Цар. 21:3, где Давид спрашивает гаваонитян ..."чем примирить (вас)?" и в Прит. 16:14 "мудрый человек умилостивит его".

Значение этого слова при левитском служении с жертвами видно из Лев. 16, где говорится о великом дне очищения. В ст. 18, 19 значение слова примирить то же, что и очистить или освятить; в ст. 30 мы читаем, что примирение Израиля совершилось в тот день так, что они очищались от всех своих грехов. Жертва примирения являлась, следовательно, тем средством, через которое грешник очищался от всех своих грехов и мог снова вступить в общение с Богом. И то, что примирителем был Сам Бог, во имя Которого священник очищал народ, видно из многих мест, так, например, Втор. 21:8 "очисти народ Твой, Израиля, который Ты, Господи,

освободил, и не вмени народу Твоему, Израилю, невинной крови" и они очистятся от крови; Втор. 32:43 "Он очистит землю Свою и народ Свой; 2 Пар. 30:18, 19 "Господь благий да простит (очистит) каждого, кто расположил сердце свое к тому, чтобы взыскать Господа Бога". Также в Псл. 64:4; 77:38; 78:9 говорится, что Господь очистит грехи и отвратит Свой гнев. (Срав. Иер. 18:23; Иез. 16:63). В некоторых местах в русском переводе Библии слово "очищать" заменено словом "прощать". Далее, значение этого слова освещается рассмотрением таких мест, как Чис. 25:11 и дал. Здесь говорится, что гнев Господень воспламенился на израильтян за их идолопоклонство и Бог повелел Моисею поразить смертью всех, поклонявшихся Ваалу-Фегору. Когда один из народа открыто привел язычницу в шатер, то Финеес, горя ревностью по Богу, взял копье и пронзил их обоих в чрево. Тогда поражение прекратилось. Господь говорит об этом: "Финеес, отвратил ярость Мою от сынов Израилевых, возревновав по Мне среди их... за то, что он показал ревность по Боге своем и заступил (очистил) сынов Израилевых" (Чис. 25:11-13). Очищение

Финеесом сынов Израиля обозначает то, что он отвратил от них гнев Божий. Аарону также сказано, что он заступил (очистил) народ (Чис. 16:46) и, как он это сделал, видно из 47-48 стихов. "Он положил курения и заступил (очистил) народ. Стал он между мертвыми и живыми, и поражение прекратилось".

Очистить грешника от грехов и этим отвратить от него гнев было также целью того примерения, которое символизировалось жертвоприношениями. Левитское священство, по Божьему повелению, должно было примирять или очищать самих себя, народ и скинию (Лев. 9:7; 16:16-19, 24; Чис. 8:12, 19). "Душа в крови, и Я назначил ее вам для жертвенника, чтобы очищать души ваши, ибо кровь сия душу очищает" (Лев. 17:11). Это примирение, обыкновенно, выражается по-еврейски — соединением слова "киппур", т. е. покрывать со словом обозначающим грешника, посредством предлога "над" (евр. "аль"), так что "примирить кого-нибудь" по-еврейски буквально обозначает "покрыть его". Преступление, требующее примирения, часто выражается при помощи вспомогательных слов "за" или "над его грехом" или "от его греха" и т.д. Так, например, см. Лев. 19:22 "И очистит его священник овном повинности перед Господом от греха, которым он согрешил" (Лев. 4:26; срав. Лев. 4:20, 31, 35; 5:6, 10, 13, 18; 10:17; 12:7; 14:20, 29).

Иногда не сам грешник является объектом очищения, но его грех, например, в Исх. 32:30 Моисей говорит народу: "Я взойду к Господу, не заглажу ли греха вашего", срав. 1 Цар. 3:14 "Вина Илиева не загладится". Также в Дан. 9:24 говорится, что семьдесят седьмин определены для народа, чтобы покрыто было преступление, грехи запечатаны и беззакония заглажены. Во всех этих выражениях проходит одна основная мысль о средстве очищения, или спасения, которым Бог очищал человека, чтобы он снова мог вступить в общение с Ним. Кровь определенного Богом жертвенного животного служила примирением для души или выкупом (евр. "кофер"). В этом значении слово "кофер" (очищение или выкуп) употребляется в Исх. 21:30 о том выкупе, который должен заплатить допустивший бодливого вола свободно ходить и забодать на смерть мужчину или женщину. По закону Исх. 30:12, во время исчисления народа, всякому должно дать Господу выкуп (кофер) — покров или примирение за душу, "и не будет между ними язвы губительной при исчислении их".

Покровом или примирением называлась также золотая крышка на ковчеге завета (евр. капорет) (Исх. 25:17; 37:6), которую первосвященник кропил кровью в день очищения (Лев. 16:14, 15). Эта крышка, которая в Евр. 9:15 по-гречески называется "гиластерион", т.е. средство примирения, и которая была осенена херувимами славы, называется в Ветхом Завете подножием Бога (1 Пар. 28:2, срав. Псл. 98:5; 131:7; Плач. 2:1). Это было то место, где Бог встречал Моисея и Аарона, и говорил к ним (Исх. 25:22; Лев. 16:2). Когда Моисей входил в скинию собрания, чтобы говорить с Господом, то слышал голос, говорящий ему с крышки ковчега откровения, между двумя херувимами (Чис. 7:89). "Святое Святых" в храме называлось также домом очистилища (евр Бет акапорет) (1 Пар. 28:11; евр. текст).

Покрытие и помилование грехов, которое в Ветхом Завете выражается словами "киппур", "кофер" и т д , в Новом Завете выражено греческим словом "гиласкестай" и производными от этого корня "гиласмос" и "гиластерион". Лучи ветхозаветных прообразов сосредотачиваются как в фокусе, в лице Христа, Который Сам является первосвященником, жертвенным Агнцем и очищением. "Он верный первосвященник для «умилостивления» за грехи народа" (Евр. 2:17). То же название (очистилище), которое в Евр. 9:5, дается крышке, Павел в Рим. 3:25 дает Христу, говоря, что "Бог предложил Его в жертву умилостивления (гиластерион) в крови Его чрез веру, для показания правды Его (Христа) в прощении грехов, соделанных прежде, во время долготерпения Божия". Из этого места, равно и из Евр. 9:15, где говорится, что смерть Христа служила для искупления от преступлений сделанных в первом завете, ясно видно, что все, прообразуемое жертвами, в полноте дано во Христе. Кровь левитских жертв не могла уничтожить грехов (Евр. 10:4), и очистить порочную совесть (9:9), но только освятить телесно, например, очистить дом от проказы (Лев. 14:53), и давать прощение только за невольные грехи (Лев. 4:2 и дал.; Чис. 15:22-29); грехи не могли быть очищены по личному желанию человека (ст. 30, 31). Кровь же Христа очищает совесть (Евр. 9:14) от всех грехов (1 Иоан. 1:7). Незнавшего греха, Бог сделал для нас жертвою за грех (греч. "грехом для нас") (2 Кор. 5:21); Христос пострадал за грехи наши, праведник за неправедных (1 Пет. 3:18), отдав Свою жизнь для искупления многих (Мат. 20:28), вошел во святилище "не с кровью козлов и тельцов, но со Своею кровью, и приобрел вечное искупление" (Евр. 9:12). Когда Он умер, завеса в храме разорвалась; огонь жертвенника скоро угас и храма не стало. Христос теперь есть умилостивление (гиласмос) за наши грехи и за грехи всего мира (1 Иоан. 2:2; 4:10) и живущим во Христе нет никакого осуждения (Рим. 8:1), ибо будут спасены Им от гнева (Рим. 5:9; 1 Фес. 1:10); напротив, отвергающий Его не увидит жизни и гнев Божий пребывает на нем (Иоан. 3:36).

Приведенные выше места показывают, что, как в еврейских, так и в греческих выражениях грешник (или грех, или пораженные грехом предметы) всегда стоит как объект. Языческой окраски в употреблении, например, слова "гиласкестай" — умилостивлять — Библия старательно избегает. Греки часто употребляли это слово по отношению к своим богам: они говорили об умилостивлении Юпитера и т.д.; но выражение "умилостивлять Бога" — не встречается в основном тексте Библии. Там говорится: "все же от Бога" (2 Кор. 5:18). Бог дал нам во Христе Спасителя, чтобы Он примирил нас и очистил от всех грехов; и оба завета проповедуют о необходимости жертвы очищения не для того, чтобы умилостивить Бога, но для того, чтобы очистить нашу совесть верою во Христа, сделавшегося совершенным через страдания и воскресшего из мертвых. О жертве на Голгофе намекало ветхозаветное жертвоприношение; и около него, пожертвовавшего Себя на Голгофе и воскресшего из мертвых, концентрируется проповедь апостолов. (Срав. Деян. 4:10; 17:31; Рим. 4:25; 1 Кор. 2:2; 15:12; Гал. 3:1; 1 Пет. 1:21; Евр. 13:20; Отк. 1:18; 13:8).

Это очищение во Христе описывается в Новом Завете также словами другого корня, именно, "каталлассейн", и "каталлаге". "Каталлассейн" обозначает "переставлять", "променять", "поставить в другое положение", а "каталлаге" обозначает самую перемену или состояние, происшедшее от перемены. "Гиласмос" означает примирение в смысле "снятие с человека греха через очищение"; "каталлаге" означает примирение в смысле состояния мира, происшедшего от очищения от греха. Возможно, что в некоторых местах Писания оба значения выражены словом "каталлассейн". Вот места, где встречается это слово: Рим. 5:10 "Мы примирились с Богом смертью Сына Его". (1 Кор. 7:11 о том, что жене должно примириться с мужем); затем 2 Кор. 5:18 "от Бога, примирившего нас с Собою Иисусом Христом"; ст. 19: "Бог во Христе примирил с Собою мир"; ст. 20 "Примиритесь с Богом". Слово "каталлаге" встречается в Рим. 5:11; 11:15, также во 2 Кор. 5:18 и дал. о служении примирения и о слове примирения. Слово "каталлассейн" встречается и в соединении с предлогами в Ефес. 2:16 и обозначает, что Христос примирил с Богом посредством креста и язычников, и евреев, и в Кол. 1:20 и дал. о том, что Богу благоугодно было через Христа примирить с Собою все и земное, и небесное.

Из всех этих мест мы ясно видим, что примирение исходит от Бога, и что люди нуждаются в примирении с Богом, и что это примирение совершается через Христа. Кто во Христе принимает "гиласмос", которое предлагает Бог, тот приобретает сейчас же "каталлаге", или примирение с Богом. Через страдание, послушание и ревность по Богу (Чис. 25:13; Иоан. 2:17) Христос Своей жизнью, смертью и воскресением победил грех, смерть и дьявола (Рим. 8:3; Иоан. 12:31), и Сам сделался совершенным вождем спасения вечного (Евр. 2:10; 5:8), могущим очищать от греха и постоянно спасать тех, которые через Него приходят к Богу (Евр. 5:9; Рим. 5:9 и дал.); поэтому можно во имя Его проповедывать очищение и примирение, и поэтому же Господь и теперь посылает Евангелие (благую весть) Своим врагам с призывом сложить оружие, почтить воскресшего из мертвых Сына и обратиться через Него к Богу. Это то примирение, на которое каждый должен лично согласиться и принять его. Сам Христос, отданный Отцом и воскресший для всех, есть "гиласмос" или примирение, для всего мира, и Он же, принятый верою и живущий в сердце, есть "каталлаге", т.е. умилостивление или примирение верующих в Него. См. ст. 515

Примиритель (евр. шило́). Так назван Мессия в известном пророчестве (Быт. 49:10) "не отойдет скипетр от Иуды и законодатель от чресл его, доколе не приидет Примиритель (шило́), и Ему покорность народов". Слово шило́ в русск. Библии переведено словом Примиритель; о Нем впоследствии более ясно предсказал пророк Исаия (Ис. 9:6); ап. Павел говорит в Еф. 2:14: "Он (Христос) наш мир". Прежние толкователи понимали это слово, как шило́, т.е. "Он, которому принадлежит" владычество. (Срав. Иез. 21:27). Течение событий показало, что к тому времени, когда окончилась независимость еврейского народа, когда римляне овладели и местом, и народом (Иоан. 11:48), и обратили Иерусалим в развалины — именно тогда пришел Христос, потомок Иуды, и Евангелие стало распространяться через иудеев между всеми народами земли.

Приношения воспоминания (евр. минха́т зихро́н). См. “Блуд”.

Приношения ревнования (евр. минха́т кнао́г) (Чис. 5:15). См. “Блуд”.

Прискилла. См. “Акила”.

Пристанище. См. “Гостинница”.

Притча — евр. маша́ль

Притча, рассказ, взятый из истории или окружающей жизни, цель которого — запечатлеть духовные или нравственные истины. Греческое слово “параболэ” (притча) обозначает также “сравнение”, ибо при помощи притчей делают сравнение между естественными и духовными предметами и показывают соответствие между чувственным и духовным миром. Говорить притчами и загадками было свойственно восточным мудрецам и ученым. Слушать притчу из уст глупца было невыносимо (Прит. 26:7). Иногда слово притча имеет значение пословицы (Лук. 4:23 — “присловие”), неясного выражения (Мат. 15:15) или вообще сравнения (Мат. 24:32 “подобие”)

Пророки часто пользовались притчами, чтобы произвести впечатление на народ и князей. Так, Нафан высказал Давиду его грех в притче о богатом человеке, который отнял и заколол единственную овечку бедняка (2 Цар. 12; Срав. Суд. 9:7 и дал.; 4 Цар. 14:9 и дал.). Спаситель также часто пользовался таким способом изложения Своего учения. Почти все Его притчи имеют целью представить Царствие Божие с различных точек зрения. Относительно причины такого изложения Его учения смотри Ис. 6:9 и Мат. 13:10 и дал.

Примеры притчей в Ветхом Завете:

Иофама: Деревья, избравшие себе царя (Суд. 9:8 и дал.).

Нафана: Единственная овечка у бедняка (2 Цар. 12:1 и дал.).

Женщины фекоитянки: Ссорящиеся братья (2 Цар. 14:6 и дал.).

Иоаса: Терн и кедр (4 Цар. 14:9 и дал.).

Исаии: Виноградник, приносящий дикие ягоды (Ис. 5:1 и дал.).

Притчи Иисуса:

Сеятель (Мат. 13:3 и дал.; Мар. 4:3 и дал.; Лук. 8:5 и дал.).

Плевелы: (Мат. 13:24 и дал.).

Горчичное зерно: (Мат. 13:31 и дал.; Мар. 4:30 и дал.; Лук. 13:18 и дал.).

Закваска: (Мат. 13:33; Лук. 13:20 и дал.).

Скрытое сокровище: (Мат. 13:44).

Драгоценная жемчужина: (Мат. 13:45 и дал.).

Невод, заброшенный в море: (Мат. 13:47 и дал.).

Немилостивый заимодавец: (Мат. 18:23 и дал.).

Работники в винограднике: (Мат. 20:1 и дал.).

Сыновья, посылаемые в виноградник: (Мат. 21:28 и дал.).

Злые виноградари: (Мат. 21:33 и дал.; Мар. 12:1 и дал. и Лук. 20:9 и дал.).

Приглашение на брачный пир: (Мат. 22:1 и дал.; Лук. 14:16 и дал.).

Десять дев со светильниками: (Мат. 25:1 и дал.).

Таланты: (Мат. 25:14 и дал.).

Овцы и козлы: (Мат. 25:31 и дал.).

Незаметно растущее семя: (Мар. 4:26 и дал.).

Два должника: (Лук. 7:41 и дал.).

Милосердный самарянин: (Лук. 10:30 и дал.).

Просящий хлеба у друга: (Лук. 11:5 и дал.).

Безумный богач: (Лук. 12:16 и дал.).

Господин, который должен возвратиться с брака: (Лук. 12:35 и дал.).

Бесплодная смоковница: (Лук. 13:6 и дал.).

Пропавшая овца: (Лук. 15:4 и дал.; Мат. 18:12 и дал.).

Потерянная драхма: (Лук. 15:8 и дал.).

Блудный сын: (Лук. 15:11 и дал.).

Неверный управитель: (Лук. 16:1 и дал.).

Богач и Лазарь: (Лук. 16:19 и дал.).

Неправедный судья: (Лук. 18:1 и дал.).

Фарисей и мытарь: (Лук. 18:10 и дал.).

Десять талантов: (Лук. 19:11 и дал.).

Добрый пастырь (Иоан. 10:1 и дал.).

Виноградная лоза: (Иоан. 15:1 и дал.).

Для того, чтобы правильно понимать притчи, надо принять во внимание следующие пункты: 1) Не обязательно, чтобы все, о чем повествуется в притче, было в действительности; рассказанного события могло и не быть. Кроме того, не все поступки лиц, упоминаемые в притче, безусловно хороши и безупречны. Да и цель притчи заключается не в точной передаче события или явления природы, а в откровении высших духовных истин. (См. 2 Цар. 14:6; Лук. 16:1 и дал.). 2) Необходимо уяснить себе цель притчи, которую возможно понять из пояснения, если оно есть, из предисловия к притче, или из обстоятельств, которые побудили сказать ее, также и из общей связи с контекстом. 3) Из этого следует, что не все детали, или подробности притчи можно понимать в духовном смысле; некоторые, подобно свету или теням на картине, добавлены для того, чтобы ярче осветить главную мысль или более наглядно представить ее слушающим. 4) Несмотря на это, притча, кроме главной мысли, которую она намеревается запечатлеть, иногда может содержать такие подробности, которые напоминают о других истинах или подтверждают их.

Приведем пример излишне — подробного толкования притчи Спасителя о милосердном самарянине (Лук. 10:30-37). В ней Христос приводит множество подробностей: гостиница, разбойники, два динария и т.п., которые подчинены главной цели: запечатлеть любовь к ближнему. Простое пояснение притчи Христом таково: "иди и ты поступай так же". Эту цель затуманили и извратили различными самовольными толкованиями. Уже с пятого века начали объяснять эту притчу следующим способом: человек, поехавши в Иерихон, есть Адам; разбойники — дьявол со своими ангелами, которые украли у Адама его бессмертие; священник и левит обозначают управление по Моисееву закону, милосердный самарянин — Христос; елей и вино — благословение Евангелия; животное, на котором самарянин привез больного, человеческая природа Христа, гостинница — община или церковь, и два динария — нынешняя и будущая жизнь. Ясно, что такое объяснение не что иное, как извращение. См. "Прообраз".

Пришельцы — евр. герим.

Пришельцы. Под этим словом закон понимает получивших права гражданства или живущих в стране иноплеменников, т.е. лиц не израильского происхождения. Таких было много в земле израильской, частью из упоминаемых в Исх. 12:38 "разноплеменных людей", которые вышли вместе с евреями из Египта, частью из оставшихся в Ханаане народов, а также из пленных и беглецов. Закон старается внушить любовь к пришельцам следующими словами: "Люби его, как себя; ибо и, вы были пришельцами в земле Египетской" (Лев. 19:33 и дал.; Втор. 10: 18 и дал.; 24:17; 27:19). Они повиновались предписаниям закона (Исх. 20: 10; Лев. 16:29) и пользовались некоторыми преимуществами, наравне с народом израильским (Чис. 9:14; 15: 14). Они даже участвовали во вкушении пасхального агнца, если допускали себя обрезать (Исх. 12:44,48). За исключением моавитян и аммонитян (Втор. 23:3), все народы, при известных условиях, могли получить права гражданства. Строгий закон все же допускал исключения, как видно из примера Руфи. Давид нанимал пришельцев для постройки храма (1 Пар. 22:2; срав. 3 Цар. 9:20 и дал.). Гостеприимство по отношению к пришельцам и странникам было священной обязанностью (Иов. 31:32; Евр. 13: 2).

Прозелит, т.е. вновь пришедший; так называются в Новом Завете язычники, перешедшие в иудейство (Деян. 2:10), например, Николай Антиохиец (Деян. 6:5). Фарисеи были особенно ревностны в деле обращения язычников (Мат. 23:15). Талмуд и раввины различают два рода прозелитов: 1) "прозелиты врат" (от выражения "чужестранец в твоих воротах" (Исх. 20:10; Втор. 14:31; евр. текст), чужеземцы, которые поселились среди Израиля; они были обязаны исполнять, так называемые "Новые Заповеди", но были освобождены от еврейского обрядового закона. 2) "Прозелиты праведности" или "прозелиты завета", которые вполне переходили в иудейство, подвергали себя обрезанию и, следова-

Переселение.

тельно, обязывались исполнить весь закон (Гал. 5:3); такие обрезанные прозелиты имели право есть пасхального агнца и пользоваться всеми прочими преимуществами избранного народа (Исх. 12:48). Такое действительное вступление в среду Израиля, по сведениям раввинов, было возможно при соблюдении трех непременных условий: обрезания, омовения и жертвоприношения; для женщин были обязательны только два последних условия. Необходимость обрезания вытекала из Исх. 12:48, а необходимость жертвы из Исх. 24:4 и дал. О омовении прозелитов ничего не говорится ни в Ветхом, ни в Новом Заветах, а только в вавилонской Гемаре (часть Талмуда). Несмотря на это, все-таки можно признать совершенно достоверным, что и этот обряд имел место, так как евреи всегда придерживались различных обрядовых омовений (срав. Исх. 19:10; Мар. 7:3 и дал.), и что язычники не допускались к религиозному общению без соответствующего обряда омовения, хотя Иосиф Флавий и Филон не упоминают об этом.

Прозелиты во время апостолов были многочисленны и жили повсеместно в Римской империи, где большое число язычников, в особенности женщин (Деян. 13:50), не удовлетворялись пустотою идолослужения , побуждаемые сомнениями в истинности их верований, приходивших все более и более в упадок, принимали с радостью то, что еврейство было в состоянии дать, обязуясь более или менее строго соблюдать заповеди еврейства. Иосиф Флавий говорит следующее: "С древних времен среди народных масс замечается сильное стремление к нашему богопочитанию. Нет такого города ни у еллинов, ни у варваров, ни во всем свете, куда не проникло бы празднование субботы, где не соблюдали бы поста, возжигания свечей и не исполняли бы многих из наших установлений относительно пищи". Эти слова дают нам некоторое представление о тех требованиях, какие предъявлялись к прозелитам. Вероятно, одни из этих требований были более, другие — менее строгими.

Такие, перешедшие в иудейство язычники, были в особенности подготовлены к принятию Евангелия. В Новом Завете они обозначаются выражением "чтущие Бога" (греч. себоменой) (Деян. 13:50; 16:14; 17:4, 17; 18: 7). В одном месте прозелиты называются: "чтители Бога, обращенные из язычников" (Деян. 13:43). Более вероятно, что в указанных выше местах речь идет о так называемых "прозелитах праведности", а не прозелитах врат", т. к. эти последние, в действительности, не были перешедшими в иудейство, а только "чужестранцами в воротах". Может быть, разница между этими двумя родами прозелитов есть ни что иное, как выдумка раввинов.

Прозорливец. См. "Пророки".

Проказа — евр. цараа́т.

Проказа. Еврейское слово, которое так переведено в Лев. 13 и т.д., обозначает не только ужасную накожную болезнь (см. "Болезни"), но употребляется также для обозначения ненормальных явлений на одежде, шерсти, мехах и даже на камнях и стенах. В Лев. 13:47 и дал. говорится о язвах проказы на шерстяных и льняных одеждах, на коже и кожанных изделиях и на основе и утоке из льна или шерсти; если язва была злокачественной, то зараженные вещи сжигались. В 14:34 и дал. говорится о язве проказы на домах: если при исследовании она оказывалась разъедающей, то нужно было выломать камни, на которых она появлялась, оскоблить дом внутри, вставить новые камни и обмазать дом заново. Если язва после этого появлялась снова, то должно было разломать весь дом; но, если после ремонта признаков язвы не появлялось, то дом очищался приношением такой же жертвы, какая приносилась за очистившихся от проказы людей, и объявлялся чистым. См. "Очищение".

Что нужно понимать под этой язвой на домах, одежде и т.п., — не выяснено. Современные иследователи предполагают, что это были наростоподобные образования того вида, который появляется на выветренных камнях, род лишая, который имеет наружное сходство с лишаями на теле. Что касается язвы проказы на одежде, то это могло быть плесенью или ржавчиной.

Если в вышеприведенных местах имеется в виду настоящая проказа, перешедшая путем заражения от больных людей, то это противоречит всему, что известно о проказе.

Прообраз, греческое слово типос, имеет сходство с притчей. Например,в Рим. 5:14 Адам представлен прообразом Христа, а именно: как Адам является праотцем грешного рода, так и Христос стал праотцем рода праведников (стих 19). Исаак в Евр. 11:19 также представляется как прообраз воскресшего из мертвых Христа; для Авраама он был уже, как бы мертвым, и он получил его в предзнаменование. Так и Христос действительно умер, но воскресением возвратился к жизни и явился Своим ученикам. Весь Ветхий Завет полон прообразами (или "типами"). Следующие лица являются прообразами: Адам, Ной, Мелхиседек, Исаак, Аарон. Иисус Навин, Да-

Традиционная гора Блаженства, вероятно место Нагорной проповеди.

вид, Соломон, Иона; также группы лиц, например, Израиль, первородные, первосвященники; особые предметы: ковчег Ноя, лестница Иакова, столп облачный, манна, Красное море; прообразные установления: обрезание, жертвы, очищение, десятины, праздники, храм и все богослужение с его различными принадлежностями. Послание к Евреям имеет целью показать, насколько ветхозаветные прообразы в Иисусе Христе и в Его Царстве достигли и достигают своего исполнения.

Проповедывать (лат. praedicare, возглашать) публично свидетельствовать о делах Господа (Ис. 61:1 и дал.). Публичная проповедь известна нам уже с древних времен. Енох проповедывал о пришествии Господа (Иуд. 14 и дал.), и Ной упоминается, как проповедник правды (2 Пет. 2:5). В исторических библейских книгах часто упоминается о проповедях. Левиты и священники имели особую миссию: наставлять народ, а пророки были посылаемы с чрезвычайными полномочиями на то же дело, что и левиты и священники. Особенно в синагогах, учрежденных после плена, во времена Ездры и Неемии, проповедь занимала главное место, наряду с чтением закона и пророков. В Неем. 8 говорится о чтении текста и проповеди, и в 8:4 упоминается о деревянном возвышении, с которого читалось Писание и говорилась проповедь. В 2 Пар. 6:13 упоминается о медном амвоне, который велел сделать Соломон.

Проповедь по завету Христа служит одним из средств для распространения Его Царства (Мар. 16:15) и строй синагоги являлся для Христа и Его учеников прекрасной исходной точкой (Лук. 4:16; Деян. 13:15 и дал.). Проповедывать, или свидетельствовать о Господе, является долгом каждого христианина, когда ему представляется возможность к этому (Деян. 8:4; 11:19 и дал.), и особенно тем, кто получил исключительное призвание быть "посланником от имени Христа" (2 Кор. 5:20), "евангелистами", т.е. благовестниками (2 Тим. 2:2; Срав. Деян. 20:17 и дал.).

Пророки — евр. навийм.

Пророки. Так назывались святые мужи, которых Бог по временам воздвигал из среды Израиля, чтобы по Его откровению возвещать народу Его волю и предупреждения, предостерегать от греха и идолопоклонства, и свидетельствовать о могущественных делах Божиих в прошедшем. Пророки не были, как это теперь понимается, предсказателями будущего, хотя и это часто входило в их миссию, но они были прежде всего провозвестниками воли Божьей. Греческое слово "профетес" также, как и еврейское "нави" обозначает просто оратора или вестника (срав. "Нево"). Авраам является первым, который назван пророком. В Быт. 20:7 Бог говорит Авимелеху "он (Авраам) пророк и помолится о тебе", хотя мы нигде не видим, чтобы Авраам предсказывал события. Аарон также называется пророком Моисея (Исх. 7:1), так как он являлся лицом, которому было поручено пересказывать все то, что Моисей слышал от Бога. Итак, пророки Израиля были людьми особо призванными и являлись орудием, через которое Иегова говорил к народу. Часто, когда священники и цари заблуждались или когда угрожали бедствия и голод, выступали пророки. Эти строгие и ревностные выходцы из народа, грозными, осуждающими проповедями, или же гневными, ободряющими и утешающими речами, то указывали на дела Господа в прошлом и глубоко внедряли в сердца людей сознание необходимости сердечного послушания Богу, а не одного лишь выполнения обрядовой стороны закона; то возвещали грядущие наказания, которые будут совершаться руками иноплеменников, нападающих на непокорного Израиля; и говорили

Пророк.

о возмездии, которое постигнет языческие народы за порабощение ими Израиля. Предсказывали также о дивных временах царства Мессии и о том спасении, которое, в лице Царя этого Царства, будет явлено на горе Сионе, а оттуда распространится на народы всей земли (4 Цар. 17:13; Иер. 25:4).

Взятые из различных слоев общества, некоторые от сохи или стада (3 Цар. 19:20; Ам. 7:15) и охваченные пересозидающей, переплавляющей, усмиряющей и закаляющей силой Духа (1 Цар. 10:6 и дал.; Ис. 6:5 и дал.; Иер. 1:6 и дал.; Иез. 3:8), пророки выступали среди склонного к идолопоклонству изнеженного народа со святым дерзновением и самоотвержением (4 Цар. 1:1-8; 5:15 и дал.; Мат. 3:4), говоря во имя Господа, терпя злостradания (Иак. 5:10). Иногда они соединяли свою проповедь с символическими поступками; таким образом — путем личных выступлений, а иногда и семейных обстоятельств, пророки являлись знамением для народа (Ис. 8:18, 20; Иер. 19; Ос. 1:3; Иез. 4:5), будучи во всех обстоятельствах верны своему Господу: и в плену, и в тюрме, и в смерти (Мат. 23:34 и дал.; Евр. 11:32 и дал.).

Подобно тому, как Аарон был пророком (голосом) Моисея (Исх. 7:1) или его устами (Исх. 4:16), — и пророки должны были передавать людям только Слово Божие; поэтому они часто начинают свою речь словами: "Так говорит Господь". Следовательно, они говорили только то, что им внушал Бог и не выдавали себя за всезнающих прорицателей, могущих все предсказать (4 Цар. 4:27), за каковых их часто принимало общественное мнение (4 Цар. 6:12). Библия также иногда отличает собственный вымысел пророка от того слова, которое Бог повелел ему передать (2 Цар. 7:3 и дал.; срав. 1 Кор. 7:10 и дал.).

На обязанности пророков лежало говорить Слово Божие, и их речь всегда вращалась вокруг Бога-Слова (Личного Слова), центра и главного предмета их пророчества. Христос, будучи сущностью и силой прообразных жертв, являлся также и средоточием пророчеств: "свидетельство Иисусово есть дух пророчества" (Отк. 19:10); пророки говорили "будучи движимы Духом Святым" (2 Пет. 1:21); они исследовали и свидетельствовали о страданиях Христовых и о последующей за ними славе по вдохновению живущего в них Духа Христова (1 Пет. 1:10 и дал.; Лук. 24:27, 44; Деян. 10:43). Все они были предтечами Великому Пророку, Которого Господь через Моисея обещал воздвигнуть сынам Израилевым из среды их братьев (Втор. 18:15 и дал.; Деян. 3:22 и дал.).

Обетование в Втор. 18 о пророке, которому поручено будет говорить Слово Божие народу, понимается некоторыми, как указание на ветхозаветных пророков, которых Бог по временам посылал Израилю, хотя это обетование собственно указывает на Христа, "Великого Пророка", большего, нежели Моисей, хотя Моисей был величайшим пророком в Ветхом Завете (Втор. 34:10). См. сравнение между Моисеем и Христом в Евр. 3 гл. Такую достойность или многоразличие мы замечаем в некоторых из пророческих предсказаний.

Пророчество, которое ближайшим образом предугадывает вскоре предстоящее событие, может также содержать представление о еще более великом событии, относящемся к отдаленным временам. Например, пророчество Исаии об Еммануиле указывает сначала на спасение от сириян, а затем также на другое, великое спасение через Сына, рожденного от Девы (Ис. 7:14 и дал.; Мат. 1:23). Пророчество Мат. 24 сопоставляет разрушение Иерусалима со вторым пришествием Иисуса Христа. Одним словом, многие пророчества можно уподобить картине, на переднем плане которой нарисовано небольшое селение с церковью, а на заднем плане — синеющие горы, находящиеся на расстоянии многих миль от селения. (Срав. Ис. 6:9 с Мат. 13:14; Псл. 108:8 с Деян. 1:16, 20). Иногда указание пророка на какое-либо дело Божие в прошедшем времени являлось также указанием на что-то еще большее в будущем. (Срав. Ос. 11:1 с Мат. 2:15). Пророки часто получали свои откровения в виде картин, которые, подобно панораме, проносились перед их внутренним взором в видении или в сновидении, в то время как их тело находилось в состоянии экзальтации или просто во сне. Исследуйте сказанное об Аврааме (Быт. 15:12 и дал.); Иеремии (Иер. 31:26); Исаии (Ис. 6); о том как были на Иезекиле "рука Господня" и "дух" (Иез. 1:3; 2:1, 2; 3:14; 11:1, 24); и как Даниил изнемог и заболел от тех видений, которые представились его взору (Дан. 8:27; 10:8 и дал.; Срав. также рассказ о Валааме (Чис. 24:2 и дал.); Петре (Деян. 10:10 и дал.); Иоанне (Отк. 1:10 и дал.). Настоящие и будущие события являлись при этом взору пророка не в последовательном по времени порядке, иногда даже о будущих событиях говорится так, как будто они уже совершились: например, пророчество Ис. 53 гл. Во время подобного прозрения духа все душевные способности пророка достигали такого напряжения, что переходили границы его природных дарований, так что он сам не вполне ясно понимал цель и значение тех сообщений, которые ему поручалось передать. Так, мы видим, что Даниил и Иоанн просили и получили объяснения некоторой части тех откровений, которые им были даны (Дан. 8:15 и дал.; Отк. 17:7 и дал.). Из 1 Пет. 1:11 видно, что пророки не вполне понимали, на которое и на какое время указывал Дух, и из Дан. 12:8 и дал. следует, что смысл некоторых предсказаний остался для них сокрытым.

Символические действия, которые должны были совершать пророки — часто очень трудно понять и объяснить; поэтому некоторые склонны согласиться с Шаффом (Schaff), который говорит относительно пророка Иезекииля: "Многие из символических действий, по всей вероятности, не буквально совершались пророком, а только описываются таким образом для риторического эффекта". Например, написано, что Иезикииль съел книжный свиток (Иез. 2:9; 3:3); что дух (ветер) поднял его между землею и небом и принес его по воздуху в Иерусалим (Иез. 8:3 и дал.). Некоторые так же понимают рассказ о браке пророка Осии (Ос. 13) с блудницею Гомерь. Одно, по крайней мере, ясно, что именно так нужно понимать слова о чаше с вином ярости, которую Господь подал Иеремии, и из которой он напоил народы (Иер. 25: 15).

Рука Господня, которая брала человека и делала его орудием для откровения воли Божьей, избирала иногда таких людей, которые в прямом смысле слова не были пророками и даже не принадлежали к народу Божьему. Филистимлянин, мадианитянин, вавилонянин и римлянка могли получать пророческие видения во сне (Быт. 20:6; Суд. 7:13; Дан. 2; Мат. 27:19); развратитель Валаам был принужден пророчествовать и благословлять, вместо того, чтобы проклинать (Чис. 22-24; Срав. 31:16); даже Каиафа, сам того не ведая, пророчествовал (Иоан. 11:51).

Еще несколько слов о внешнем виде пророков. Их одежда, обыкновенно, состояла из длинного широкого плаща сделанного из грубой шерстяной или волосяной ткани (3 Цар. 19: 13; 4 Цар. 2:8, 13), называемой также вретищем (Ис. 20:2), опоясанного кожаным поясом (4 Цар. 1:8; Мат. 3:4). Два свидетеля Господня в последнее время также будут пророчествовать, облеченные во вретище (Отк. 11:3). Лжепророки подражали пророкам своей одеждой (Зах. 13:4).

В противоположность священникам, служение которых совершалось только в святилище, пророки выступали со своей проповедью повсюду, где того требовали обстоятельства. Они проповедывали в общественных местах, на улицах и торговых площадях, около городских ворот и на дворах храма (Ис. 20:1, 2; Иер. 7:2; 19:14; 26:2; 19:14; 26:2; 29:26 и дал.; Иоан. 3:4). Когда Бог повелевал им, они безбоязненно выступали в царских дворцах, обличая царей в их преступлениях и объявляя суды Божьи, как, например, Самуил перед Саулом; Нафан перед Давидом; Илия перед Ахавом и Исаия перед Ахазом и Езекиею (Ис. 7:38, 39). В Израильском царстве, где после разделения — во времена Иеровоама, — никакого регулярного богослужения и никаких законных священников не было, пророки являлись единственными представителями верховной власти Иеговы. Люди собирались у них для молитвы и приносили к ним хлебные начатки (4 Цар. 4:23, 42; Срав. 4 Цар. 17:13, 23).

Живая речь, которая, как уже было замечено, иногда сопровождалась символическими поступками, возвышалась иногда до поэтического энтузиазма (Ам. 5:1; Ис. 5:1). В древнее время и музыка также содействовала возбуждению пророческого дара. Елисей просил призвать гуслиста, когда стоял перед Иорамом для того, чтобы сказать ему слово Господне. "И когда гуслист играл на гуслях, тогда рука Господня коснулась Елисея" (4

Цар. 3:15). Пророки на холме Божием (Гиват-Елохим) пророчествовали при звуках музыки на псалтири, тимпанах, свирели и гуслях, и, когда Саул встретил их, "сошел на него Дух Божий, и он пророчествовал среди них" (1 Цар. 10:5 и дал.). Вероятно, в этом случае пророчествование состояло в том, что они в восторге пели духовные песни, равно как в 1 Пар. 25:1 певцы при богослужении представляются как пророчествующие на своих инструментах.

Когда Дух Божий совершенно овладевает человеком, так что он не сам говорит или действует, а Дух говорит и действует через него, тогда и речь и действие того человека называются пророчествованием в истинном смысле слова. Если, с другой стороны, злой дух настолько овладевает человеком, что он действует или говорит по вдохновению этого духа, то и это в Библии носит название пророчествования. Так, в 1 Цар. 18:10 написано, что Саул, когда злой дух от Бога напал на него, бесновался (по-евр. "пророчествовал") в своем доме; он поступал, как сумасшедший: бросал копьем в Давида, намереваясь пригвоздить его к стене — и об этом сказано, что он "пророчествовал", т.е. действовал по вдохновению. В 3 Цар. 18:29 то же слово обозначает поступок пророков Ваала: они стали кричать громким голосом и кололи себя ножами и копьями, так что кровь лилась по ним; прошел полдень, а они все еще пророчествовали (русс. перевод "бесновались"). Срав. рассказ в 1 Цар. 19:20 и дал., где говорится, что Саул послал слуг взять Давида. Слуги увидели сонм пророков пророчествующих и Самуила, начальствующего над ними; Дух Божий сошел на них, и они стали пророчествовать. Саул послал еще два посольства — получились те же результаты. Тогда Саул пошел сам в Раму; и вот Дух Божий сошел также на него; он снял свою одежду "и пророчествовал перед Самуилом и весь день тот и всю ночь лежал неодетый".

Следовательно, мы видим, что слово "пророчествовать", кроме общеизвестного значения 1) говорить от имени Господа людям в назидание, увещание и утешение (1 Кор. 14:3 и дал.); и 2) предсказывать сокрытое и будущее (Мат. 26:68; 1 Кор. 13:2; Иуд. 14) также может обозначать 3) петь и играть и 4) поступать ненормально по вдохновению от доброго или злого духа.

Другое назначение пророков было — писать историю. Моисей, великий пророк Израиля, записал не только закон, данный Богом, но и начальную историю своего народа. Впоследствии, мы видим, что некоторые из пророков записывали не только свои пророчества, но и историю отдельных царей, или целых исторических периодов. Упоминается не менее пяти пророков, или провидцев, как летописцев царствования Соломона (1 Пар. 29:29; 2 Пар. 9:29); срав. далее 12:15; 13:22; 26:22; 32:32). Поэтому евреи в своем расположении книг Ветхого Завета поместили под названием "старшие пророки" те большие исторические книги, которые в нашей Библии следуют непосредственно после книг Моисеевых, именно кн. Иисуса Навина, кн. Судей и 4 книги Царств. Смотри "Библия". В противоположность этим книгам они дали название "младшие пророки" книгам, написанным пророками в настоящем смысле этого слова. "Великими пророками" называют Исаию, Иеремию, Иезекииля к которым у нас присоединена и книга пророка Даниила, отнесенная ев-

Пророк пророчествует.

реями к поэтическим книгам Ветхого Завета; "Малыми пророками" называются Осия, Иоиль, Амос, Авдий, Иона, Михей, Аввакум, Софония, Аггей, Захария и Малахия. Время выступления этих пророков заключается, приблизительно, между 800-400 годами до Р.Хр. Хотя и трудно с полной уверенностью определить их хронологическую последовательность, но все-таки, приблизительно, можно наметить 4 периода. В первый период (до переселения Израиля в Ассирию 722 г. до Р.Хр.) выступали Амос, Осия, Иоиль, Исаия и Михей; во второй период (с 722 г. до переселения в Вавилон, 606 г. до Р.Хр.) Наум, Софония, Иеремия, Аввакум и Авдий; в 3 период (во время Вавилонского плена) Иеремия, Иезекииль и Даниил и в 4 период (по возвращении из Вавилонского плена) Аггей, Захария и Малахия. (Относительно распределения исторических и пророческих книг для чтения в евр. синагогах, см. "Законы Моисеевы".

Кроме этих пророков, книги которых имеются в Библии, еще упоминается не малое число посланных Богом мужей с этим названием; вот имена этих пророков, кроме Моисея: Самуил, прибл. 1100 г. до Р.Хр. (1 Цар. 3:20; Деян. 3:24; 13:20); далее, во время царствования Давида и Соломона: Гад и Нафан; во время Ровоама и Иеровоама: Ахия, Самей и Адда; во время Асы, Ваасы и Иосафата: Азария, Ананий, Ииуй, Михей и Иозиил (2 Пар. 20:1-4). Елиазар и Одел; во время Ахана и Иоахаза: Илия, Елисей и Михей; во время Иоаса: Захария (2 Пар. 24:20) и во время Иоакима: Урия.

Женщины также иногда получали дар пророчества. Мы знаем следующих пророчиц Ветхого Завета: Девору, жену Лапидофа (Суд. 4:4), Олдаму, жену Шаллума (4 Цар. 22:14), Мариамь также названа пророчицей (Исх. 15:20). Ноадия была лжепророчицей и противодействовала Неемии (Неем. 6:14). Однако слово "пророчица" у Ис. 8:3 употреблено не иначе, как в смысле "жены пророка". В Новом Завете упоминается о пророчице Анне (Лук. 2:36) и о жене Иезавели, которая выдавала себя за пророчицу (Отк. 2:20).

Как видно из приведенных мест, пророк Самуил является первым звеном в цепи пророков (Деян. 3:24; 13: 20), через которых Бог воспитывал народ израильский. В промежутке от Моисея до Самуила редко слышен пророческий голос (См. Суд. 4:4 и дал.; 6:8 и дал.; 1 Цар. 2:27 и дал.). С Самуила в этом смысле началась новая эра. Пробуждению народных масс содействовали, возникшие сна-

Улица в Иерусалиме.

чала при Самуиле, а потом при Илие и Елисее — школы пророков; эти школы состояли из набожных людей, которые, как служители и ученики, сплачивались вокруг пророков. Священное Писание называет их "сынами пророков". Мы знаем о таковых школах в Навафе (1 Цар. 19:19 и дал.), в Вефиле (4 Цар. 2:3), в Иерихоне (4 Цар. 2:5), в Галгале (4 Цар. 4:38) и также в других местах (4 Цар. 6:1, 2). Сыны пророческие жили вместе (4 Цар. 6:1), часто большими группами (4 Цар. 2:16; 3 Цар. 18:4, 13) и имели общий стол (4 Цар. 4:38 и дал.), среди них были и женатые мужи (4 Цар. 4:1). Вероятно, в этих пророческих школах изучали слова откровения (Слово Божие) и посредством проповеди и песнопений пробуждали и развивали теократический (т.е. где Бог является Правителем) дух. Сыны пророческие, или ученики, иногда выходили стройными рядами, говорили и пели, что видно из 1 Цар. 10:5 и дал.; 19:20 и дал. Иногда сыны пророческие посылались пророком с особым поручением. Например, Елисей послал одного из них помазать Ииуя в цари (4 Цар. 9:1). Из вышесказанного нельзя сделать заключения, что только посещавшие эти школы, и выступали потом, как пророки. Пророческий дух иногда охватывал мужей из народа, совершенно неподготовленных к тому (2 Пар. 20:14).

Амос ясно высказал, что он не был пророком или сыном пророка, но что Бог взял его от стада (Ам. 7:14 и дал.); Иеремия и Иезекииль происходили из священнического рода; Софония, м.б., из царского рода.

Кроме название "пророк", встречаем и другие названия, обозначающие этих посланников Господа. Вследствие того, что божественное откровение нередко давалось посредством внутреннего видения или прозрения, пророк назывался провидцем (евр. роэ) или прозорливцем (евр. хоце). Исаия жалуется на то, что сыны израилевы говорят провидящим: "Перестаньте провидеть" и прорицателям: "не всматривайтесь" (евр. текст) (Ис. 30:10). Гад назван прозорливцем Давидовым (1 Пар. 21:9). В 1 Пар. 29:29 Самуил назван провидцем, Нафан — пророком и Гад — прозорливцем. Во 2 Пар. 9:29 упоминается об Иоиле прозорливце и т.д. Из 1 Цар. 9:9 мы узнаем, что пророки прежде назывались прозорливцами. В Чис. 12:6 и дал.. говорится о разнице между низшей формой откровения — посредством видения и сновидения и высшей формой, которую Бог даровал Своему рабу Моисею: "Устами к устам говорю Я с ним и явно, а не в гаданиях, и образ Господа он видит". С другой стороны Иеремия предостерегает от пророков, которые передают сны, и посылает к Слову Божию (Иер. 23:28).

Как орудие Господа, водимое Духом, пророк имеет и другие названия. Так, например, пророк Аггей называется "Ангелом Господа" (евр.), т.е. вестником Господа (Агг. 1:13). Нередко мы встречаем название "человек Божий", обозначающее пророков (1 Цар. 2:27; 9:6, 10). Так же назван и Моисей (Втор. 33:1; Псл. 89:1). "Вдохновенный" (евр. муж Духа) — наименование пророка в Ос. 9:7. Другое название, указывающее на ответственность пророческого служения, есть "страж" (Ис. 52:8; 56:10; Иер. 6:17; Иез. 3:17 и дал.; 33:2 и дал.; срав. Евр. 13:17). Наконец, пророк часто называется "рабом Господа" (Ам. 3:7; 4 Цар. 17:13; Иер. 7:25).

В противоположность истинным пророкам Господа, часто упоминается о лжепророках, которые пророчествовали именем ложных богов (Иер. 23:13), и жили в пороках, утверждая и прочих в нечестии (Иер. 23:14) или ложно выдавали себя за говорящих от имени Господа (Иер. 29:23). Число их было велико.

Израильский царь Ахав собрал 400 таких лжепророков (3 Цар. 22:6). Иеремия скорбит о том, что и священники, и пророки лицемеры и нечестивцы, и что, благодаря им, нечестие распространилось из Иерусалима на всю землю (Иер. 23:11, 15). О характере и отличительном признаке лжепророков сравни Втор. 18:20 и дал.; Иер. 23:9 и дал.; Иез. 13:14. Они появлялись среди народа, будучи похожими по внешности на истинных пророков Господних, одетые в такие же одежды из грубой шерсти (власяницы) или овечьей шкуры (Зах. 13:4; Мат. 7:15). О лжепророках срав. Иез. 13:17 и дал.

Когда мы переходим к Новому Завету, то нам приходится отметить, что некоторые из евреев поняли Втор. 18, в смысле пророчества, указывающего на определенного пророка, предшествующего Мессии, причем они думали, что это будет один из ветхозаветных пророков, воскресший из мертвых (См. Мат. 16:14; Иоан. 7:40 и дал.). Имея ввиду только воскресшего из мертвых пророка, евреи спросили Иоанна Крестителя: "Ты ли пророк?" на что он ответил отрицательно, так как он не воскрес из мертвых (Иоан. 1:21, 25). Кто такой он был в библейском смысле, см. Мат. 11:13, 14; 17:12, 13.

Название "пророк" в Новом Завете дается не только ветхозаветным пророкам, из которых Иоанн Креститель был последним и величайшим, по собственным словам Иисуса (Мат. 11:1; Лук. 7:28), но и Самому Иисусу — "Пророк из Назарета Галилейского" (Мат. 21:11). "Тот Пророк, Которому должно прийти в мир" (Иоан. 6:14; Деян. 3:22 и дал), а впоследствии, в среде христианской церкви, — христианам обоего пола, говорящим на собрании (1 Кор. 11:4 и дал.; 14:29). Так у благовестника Филиппа были четыре дочери, которые пророчествовали (Деян. 21:9).

Дар пророчества новозаветных пророков, который состоял в том, что они говорили краткое слово в назидание, увещание и утешение, отличался от дара апостольства и учительства и ставился среди духовных даров выше всех, как наиболее назидавший церковь. (Срав. 1 Кор. 12:10, 28; 14:1, 3, 22, 30). Нельзя было уничижать пророчества (1 Фес. 5:20); у каждого оно не должно было превышать его веры (Рим. 12:6). Иисус, вероятно, указывает на этих пророков в Мат. 10:41; 23:34; также и ангел в Отк. 22:9. Мы находим далее, что в Антиохии, в тамошней церкви, были пророки и учителя, которые, по вдохновению Св. Духа, отпустили Павла и Варнаву в их первое миссионерское путешествие (Деян. 13:1). Иуда и Сила, будучи пророками, обильным словом преподали наставление братьям и утвердили их (Деян. 15:32). В Еф. 3:4, 5 говорится, что тайна Христова теперь открыта святым апостолам Его и пророкам Духом Святым; и в 4:11, что Он поставил (гр. т. даровал) церкви своей апостолов, пророков, евангелистов, пастырей и учителей. Без сомнения, апостол имел в виду этих пророков, говоря: "вы утверждены на основании апостолов и пророков" (Еф. 2:20), т.е. на том же основании, на котором были утверждены первые свидетели и посланники Христовы. Многие все-таки относят эти слова к новозаветным апостолам и ветхозаветным пророкам и к возвещавшемуся ими основанию спасения.

Разница между даром пророчества в этом смысле и даром говорить (иными) языками была та, что пророк говорил по вдохновению и побуждению Духа Святого, сохраняя самообладание и ясность духа, между тем, как говорящий языками говорил в состоянии исступления, которое затуманивало его сознание. От дара учительства дар пророчества отличался тем (по Иоанну Златоусту), что пророчествующий говорил только по побуждению Духа; учитель же говорил и от своего собственного сердца и ума.

Также и у новозаветных пророков упоминается дар пророческого предсказания , а именно: у Агава (Деян. 11:28; 21:10 и дал.).

Наконец, в Отк. 11:3 говорится о двух свидетелях Божих, которые будут пророчествовать с силою Моисея и Илии 1.260 дней, будучи облечены во вретище; после чего они будут убиты в Иерусалиме и 3½ дня спустя воскреснут и взойдут на небо.

Пророчество Ахии Силомлянина. См. "Библия".

Пророчество Иоиля, вторая из книг "малых пророков". В первой половине книги (1:1 - 2:17) он побуждает народ к покаянию и обращению к Богу, так как, в течение нескольких лет, народ страдал от саранчи, засухи и голода (1:10; 2:25). Эта кара Божья есть прообраз великого и страшного "дня Господня" (2:1, 11), в который будут поражены противящиеся Богу. В последней части книги он обещает благодать и благословение послушным: мучение окончится, пойдет дождь, и земля даст свой плод. Бог изольет Своего Духа на всякую плоть, и от Сиона выйдет спасение для всякого, призывающего имя Господне (2: 28 и дал.). Исполнение этого пророчества началось со дня Пятидесятницы, по словам Петра, который сослался на это место пророчества Иоиля (Деян. 2:17 и дал.). Враги царства Божия будут судимы в Иосафатовой долине, место колена Иудина и Иерусалим навсегда будут заселены, и Господь будет обитать на Сионе (3: 2, 20-21). Срав. Отк. 21:3. Относительно времени написания этого пророчества ничего неизвестно. Предполагают, что оно относится к 870 гг. до Р.Хр. Многие считают Иоиля современником царя Иосии.

Пророчествовать. См. "Пророки".

См. ст. 509.

Пророчицы. См. "Пророки".

Просо. См. "Семя".

Прохор, один из 7 диаконов (Деян. 6: 5).

Пряжка — евр. сагарóн.

Пряжка (Суд. 8:21, 26), — украшение на шее верблюдов у мадианитян, имевшее, вероятно, вид полумесяца. Пряжки также были украшением их царей (ст. 26) и еврейских женщин Ис. 3:18). Под этим названием встречаются также и другие украшения, форму которых трудно определить, н. Исх. 28:13, 14; 35:22; 39:16; Чис. 31: 50.

Прялка — евр. тавý.

Прялка употреблялась, как и в наше время, для прикрепления пряжи; веретено же служило для наматывания скрученной нитки. В Исх. 35:25 и дал. мы читаем о "мудрых женщинах", которые пряли шерсть овечью и козью. Срав. Мат. 6:28; Лук. 12:27.

Псалмы. Еврейское название псалма "мизмор" обозначает пение с музыкой, во славу Божию. Словом "мизмор" озаглавлены 57 из тех поэтических произведений, которые в числе 150 известны под общим названием псалмов или псалтири — сборника духовных песнопений народа израильского. Эти псалмы поются по всему лицу земли на сотнях языков. Еврейское название этого сборника, — одной из, так называемых, поэтических книг Ветхого Завета, — техиллим, т.е. хвалебные песни. Другое общее еврейское название находим в Псл. 71:20 — Тефиллот — молитвы. Эти два наименования определяют также внутренее содержание этих песнопений, а именно, хваления и молитвы. Из 150 псалмов только один (144) озаглавлен словом "Техилл", т.е. хвала; 57 из них озаглавлены словом "мизмор" — псалом (например, 3, 4); 5 имеют заглавие "тефилла", т.е. молитва (16; 85; 89; 101; 141); 6 названы михтам", по всей вероятности, то же, что "михтав", т. е. песнь или писание (15; 55-59); 13 псалмов названы "маскиль", т.е. учение (например, 31; 44; 87). Многие носят название ""шир", т.е. песнь, употребляемое вместе с "мизмор", т. е. псалом для пения; 15 псалмов (119-133) носят название: "песнь восхождения", что обозначает, вероятно, торжественные песнопения, которые пелись на пути в святилище, Пс. 7 назван "шиггайон". См. "Музыка". Весь сборник получил название Псалтырь (от греч. "псалло", т.е. пение сопровождаемое игрою на псалтири — струнном инструменте; см. "Музыка").

В Лук. 24:44 "Псалмы" обозначают вообще поэтический отдел в Ветхом Завете (См. "Библия"). По содержанию Лютер делит псалмы на а) пророческие, б) поучительные, в) утешительные, г) молитвенные и д) благодарственные. Однако, надо иметь в виду, что иногда в одном и том же псалме встречаются 2 или 3 из этих подразделений, а изредка и все пять. Некоторые из благодарственных псалмов содержат обращение к Иегове, как Творцу природы и всей вселенной (Псл. 8; 103); другие прославляют Его, как покровителя и защитника Израиля (Псл. 19; 28; 32; 45; 46). Некоторые составлены отдельными лицами, прославившими таким образом Бога за полученную помощь (Псл. 17; 30), иные псалмы восхваляют особенные качества Иеговы (Псл. 89; 102; 138). Большая часть псалмов носит чисто лирический характер; в них выражены субъективные религиозные чувства, например, вера и упование (Псл. 22; 61; 124); преданность (Псл. 15); сожаление о невозможности присутствовать на богослужении (Псл. 41; 42; 83); молитвы о прощении грехов и т.д.; сюда принадлежат 7, так называемых, покаянных псалмов (Псл. 6; 31; 37; 50; 101; 129; 142). К поучительным псалмам относятся Псл. 1; 33; 127; 14; 31; 49 и другие. Плачевные псалмы, в которых псалмопевец выставляет нужду свою или народа и взывает о помощи, многочисленны: например, Псл. 3; 9; 22-39; 12; 54; 78 и т.д. Многие псалмы содержат краткую историю израильтян для поучения, ободрения и предупреждения, например, Псл. 77; 104; 105; 106; 113.

Особенного внимания заслуживают мессианские псалмы. Они разделяются на чисто пророческие, которые содержат дальнейшее развитие прежних предсказаний и обетований, и в которых Обетованная личность ясно рисуется духовному зрению; и прообразные, в которых святые псалмопевцы, особенно Давид, так высказывают свои собственные опыты жизни, чувствования и упование, что, благодаря гармонии в плане Царствия Божия и водительству Св. Духа, личность говорящего и образ Грядущего сливаются. В псалмах этого рода в одном случае образ Мессии выступает на первом плане, а личность псалмопевца почти не заметна, а в другом — указание на Мессию представляется в слабых, легких, едва уловимых намеках; поэтому невозможно определенно указать, какие псалмы имеют мессианское содержание и какие не имеют.

Мессианскими псалмами в строгом смысле являются следующие: Псл. 2; 8; 15; 21; 39; 44; 68; 71; 109. Но, как уже сказано, мы и в других псалмах встречаем указания на личность Христа, Его дело и будущее господство. Например, в Псл. 39:7 и дал. говорится о пришествии Христа, Который Своим совершенным послушанием отменит Моисеево жертвоприношение (См. Евр. 10:5 и дал.; Псл. 131:11 предсказывает, что Христос произойдет из дома Давидова (Деян. 2:30); Псл. 44:7 и дал. предсказывает Его божественную природу (Евр. 1:8 и дал.); Псл. 117:22 говорит о том, что Он будет отвергнут евреями (Мат. 21:42; Деян. 4:11; 1 Пет. 2:6); Псл. 21 говорит о Его страдании на кресте (ст. 2, 9); Псл. 15:8 и дал. — о Его воскресении (Деян. 2:25 и дал.); Псл. 67:19 — о Его вознесении и о даровании Им Св. Духа (Евр. 4:8). Псл. 68 и 108 говорят о суде над Иудою и евреями (Деян. 1:20; Рим. 11:9 и дал.). Псл. 116 — о призвании язычников (Рим. 15:11). Псл. 72 проводит конечную победу царства Мессии. Псл. 109 особенно достопримечателен, как, вполне и исключительно указывающий на Христа (Срав. Псл. 2 и 1 Кор. 15:25; Деян. 2:34; Евр. 1:13).

Псалмы исторического содержания, говорящие о Давиде и народе Божьем, часто получают прообразное значение, указывая на Христа и Его Церковь. Когда Давид описывает своих врагов, свои страдания и победы, то его духовный взор проникает в будущее, речь становится возвышенной и относится к грядущему Мессии, выдающимся прообразом Которого является сам Давид, так что Христос иногда называется его именем (Иер. 30:9; Иез. 34:23 и дал.; Ос. 3:5).

Что касается авторов (составителей) псалмов, то, судя по заглавиям, 73 принадлежат Давиду (Псл. 1-31; 33-40; 50-64; 67-69; 85; 100; 102; 107-109; 121; 123; 30; 132; 137-144); один принадлежит Моисею, "человеку Божию" (Псл. 89); 2 Соломону (Псл. 71; 126); 12 Асафу (Псл. 49; 72-82); 1 Еману (Псл. 87); 1 Ефаму (Псл. 88); 12 псалмов принадлежат "сынам Кореевым", известным певцам из левитов во времена Давида (Псл. 41-48; 83; 84; 86; 87; о Псл. 87 сказано, что он составлен Еманом); они являются наилучшими из псалмов. Составителей прочих псалмов невозможно определить. Псалмы, составленные, по всей вероятности, во время и после Вавилонского плена, — следующие: Псл. 101; 106; 110-117; 120; 122; 125; 128; 136; 145-150; 119. Относительно заглавных терминов (обозначений) см. "Музыка". Об "алфавитных" псалмах см. "Поэзия".

Псалтырь разделен на 5 книг, которые ясно обозначены заключительными словами; именно книга 1. — Псл. 1-40; книга 2. — Пс. 41-71; книга 3. — Псл. 72-88; книга 4. — Псл. 89-105; книга 5. — Псл. 106-150. Это деление существовало до перевода 70 толковников (Septuaginta). Неизвестно, когда и кем эти отдельные книги и вообще весь этот сборник расположены в сохранившемся до сих пор порядке и соединены в одну общую книгу — Псалтырь. Первая книга содержит исключительно псалмы Давида, вторая и третья — псалмы Давида и его современников; в остальных книгах расположены все прочие священные поэтические произведения. Замечено удивительное различие между этими книгами по их употреблению имени Иегова и Элохим. В 1. книге преобладает имя Иегова, оно встречается 272 раза, тогда как Элохим (употребленное отдельно) только 15 раз; во 2 книге 164 раза встречается слово Элохим и 30 — Иегова; в 3 книге — Иегова 44 раза и Элохим 43 раза; в обеих последних книгах 339 раз Иегова и 7 раз Элохим. О различии слов Иегова и Элохим см. "Бог". Завершение сборника приписывается книжнику и священнику Ездре, которого многие считают автором длинного 118 псалма.

Ценность псалмов Иисус Христос подтвердил тем, что Сам вместе с учениками пел пасхальные псалмы (Мат. 26:30); что Он разяснил эту часть Св. Писания Своим ученикам, указывая, что говорится в псалмах о Нем и Его Царстве (Лук. 24:44); это Он в беседе с врагами пользовался псалмами (Мат. 24:43) и, наконец, на кресте излил душу Свою словами псалма (Мат. 27:46; Лук. 23:46). Срав. употребление псалмов Петром (Деян. 2), равно как и апостолами вообще (Деян. 4:11; 13:33 и дал.; Евр. 1:2). Павел побуждает верующих назидать друг друга псалмами, славословиями и песнопениями духовными (Еф. 5:19; Кол. 3:16), под этим он, вероятно, подразумевает как Псалтырь, так и позднейшие духовные песнопения. Из 1 Кор. 14:15, 26 видно, что в собраниях верующих назидательное поучение чередовалось с молитвою и пением.

Псалтырь. См. "Музыка"

Птицы по закону были разделены на чистых и нечистых (Лев. 11:13 и дал.; Втор. 14:11 и дал.). Из списка нечистых птиц видно, что таковыми считались те, которые питались свежим мясом, падалью или жили в болотах; они, действительно, внушают отвращение. Чистые птицы употреблялись

Ястреба.

для жертвоприношений. (Срав. Лев. 14:4 и дал.), особенно голуби (Лев. 5:7; Лук. 2:24). Закон воспрещает брать мать с птенцами (Втор. 22:6, 7). О певчих птицах очень мало говорится в Св. Писании (Псл. 103:12); птицы для приманки упоминаются у Иер. 5:26-27; о силках для птиц читаем в Псл. 123:7; Прит. 7:23; Еккл. 9:12. **Хищная птица** — символ врагов опустошителей (Ис. 46:11; Иез. 32:4; Иер. 12:9; Отк. 19:17 и дал.). Господь через пророка Исаию обещает охранять Свой народ, подобно птицам, покрывающим своих птенцов (Ис. 31:5; Срав. Втор. 32:11; Мат. 23:37).

Птичка, малая птица. Еврейское "ципор" и греческое "струфион" означает маленьких птиц, которых было разрешено употреблять в пищу (Сравни книгу Левит 14:4). В Псалме 83:4 и книге Притчей 26:2, вероятно, имеется в виду воробей. И теперь еще на Востоке мальчики продают воробьев, привязанных за ножку бечевкой, конец которой мальчик держит в руке, причем птички свободно порхают в воздухе. (Срав. Иов. 40:24). Из Нового Завета видно, что маленькие птички и тогда являлись дешевой пищей, которую покупали за мелкую монету; однако же "ни одна из них не забыта у Бога" (Мат. 10:29; Лук. 12:6).

Птолемаида. См. "Акко".

Публий, римский военачальник на острове Милите (Мальте), который принял потерпевших караблекрушение ап. Павла и его спутников в своем доме и три дня оказывал им гостеприимство. Тяжело больной отец Публия и некоторые другие больные были исцелены Павлом, за что жители оказали Павлу с его спутниками много почестей, а при отъезде снабдили всем нужным (Деян. 28:7 и дал.).

Пуд, христианин из Рима, от имени которого ап. Павел приветствует Тимофея (2 Тим. 4:21). В этом же месте своего послания он также приветствует от имени Лина и Клавдия. Удивительным совпадением является то обстоятельство, что современник Павла, испанский поэт Марциал, который прибыл в Рим, приблизительно, в 66 году по Р.Хр. и прожил там около 40 лет, упоминает в своих сочинениях о двух современниках : Пуде и Клавдии — Руфине, как о муже и жене, а также о некоем Лине. О Клавдии он отзывается, как о прекрасной женщине британского происхождения, матери нескольких детей.

В 1723 году нашли в Англии латинскую надпись на храме, который был построен во время правления одного из васальных королей Тиверия Клавдия (приблизительно, 52-76 гг. по Р.Хр.); согласно которой участок для постройки этого храма был подарен неким Пудом. Предполагают, что Клавдия, упоминаемая Марциалом, была дочерью Тиверия Клавдия. Перед этим Британия управлялась римским военачальником Аулом Плацием (Aulus Plautius) (4-52 гг. по Р.Хр.). Тацит рассказывает о его жене Помпонии, которая происходила из того же рода, к которому принадлежало семейство Руфа, что она в 57 г. была обвинена судом в Риме в принадлежности к "иноземному суеверию". Она допрашивалась перед семейным судом и была оправдана; после чего она прожила почти 40 лет, будучи по характеру очень замкнутой, всегда одетая в темное платье. Из этого заключают, что Помпония была христианкой и что Клавдия, вероятно, находилась под ее покровительством. От нее же, быть может, Клавдия получила фамилию Руфины и впоследствии вышла замуж за Пуда, который, по сведениям Марциала, прежде служил на севере офицером. Возможно, что это именно те люди, о которых упоминает ап. Павел.

Пул в Ис. 66:19 упоминается о далеко живущем народе Пул, знаменитых стрелков из лука.

Пунон, одна из стоянок израильтян в пустыне, недалеко от Моава (Чис. 33: 42), может быть, Файнон (или Фейнон) между Петрою и Мертвым морем, прославившийся своими горными промыслами. Вблизи этого места был водружен на знамя медный змей (Чис. 21:8 и дал.).

Пурим, т.е. жребий, — ежегодный праздник, который был установлен в воспоминание спасения евреев Есфирью и Мардохеем от Амана, замышлявшего истребить их. Праздник получил свое название от слова "пур" (жребий), который бросал суеверный Аман, чтобы узнать подходящий день для истребления евреев (Есф. 3:7; 9:24, 26). Празднование этого, установленного персидскими евреями, дня, встретило сильное противодействие в Иерусалиме (по Талмуду со стороны 85 старейшин, которые смотрели на это, как на нежелательное новшество). День его празднования приходился на 14 и 15 Адара (Марта), в укрепленных городах 15 Адара, а в селениях и маленьких городах — 14 Адара, (См. Есф. 9:18 и дал.). Праздник справлялся раздачей милостыни, приглашением гостей, посылкой подарков друг другу и веселием. В праздник Пурим читается книга Есфирь, которая говорит о происхождении этого праздника. Когда при чтении упоминается имя Амана, слушатели сжимают кулаки, производят шум, ударяя молотками и кулаками по скамьям: "да будет имя его истреблено!" По окончании чтения все собрание кричит: "Да будет проклят Аман! Да будет благословен Мардохей! Да будет проклята Зерешь (жена Амана)! Да будет благословенна Есфирь! Да будут проклятые все идолопоклонники! Да будут благословенны все израильтяне, и да будет благословен Харбона, который повесил Амана!" (Есф. 7:9). С течением времени праздник, вследствие неумеренности в пище, питье и разных веселых выходках, до такой степени извратился, что стали говорить: "каждому еврею в этот день следует напиться до такого состояния, чтобы он не мог отличить восклицания: "да будет проклят Аман" от — "да будет Мардохей благословен!" Со временем в високосном году стали праздновать двойной Пурим: так называемый "малый Пурим" в Адаре и "большой" в Ведаре (см. "Месяцы"). Предполагают, что этот праздник, который в Иоан. 5:1 называется "Праздником Иудейским" и есть Пурим; но празднование Пурима не было связано с Иерусалимом и потому трудно сказать, отправился ли бы Иисус в Иерусалим для участия в этом празднике.

Пурпур и порфира часто упоминаются, как драгоценное украшение богачей (Есф. 8:15; Иер. 10:9; Иез. 27:7; Отк. 17:4). Пурпуровые цвета были обязательны для частей священнической одежды и проч. В евр. языке существует различие между двумя родами пурпура: темнокрасный пурпур — "аргаман" (argamen) (Исх. 25:4; 26: 1; 39:1; Песн. П. 3:10; 7:6; Иез. 27:7; Лук. 16:19) (греч. порфира) и синий или фиолетовый пурпур "тхелет" (tchelet) (Исх. 26:1; 28:5; Чис. 4:6 и дал.; 15:38. Темнокрасный пурпур получали из конусообразных раковин Murex trunculus, водящихся в Средиземном море. Большое количество их находят в песке около финикийских городов. Синий пурпур, который уподоблялся цветом темно-голубому южному небу, получали из круглых раковин helix ianthina темносинего цвета с фиолетовым отливом. Так как из каждой раковины получалась только одна капля этой краски, то потому она и имела большую ценность.

Пустыня — евр. мидба́р.

Пустыня. Это слово обозначает пространства земли, лишенные жизни и растительности, каковые, например, описываются в Чис. 20:5 — "негодное место, где нельзя сеять, нет ни смоковниц, ни винограда, ни гранатовых яблок, ни даже воды для питья". Это же слово иногда обозначает места, непригодные для возделывания, которые все-же могли служить пастбищем для скота, то что мы назвали бы степью или пажитью. Давид, например, говорит о пустынных пажитях (Псл. 64:13), и пастух, который искал пропавшую овцу, оставил остальных в пустыне, т.е. на пастбище (Лук. 15:4). Также говорится о городах и селениях в пустынях (И. Нав. 15:61; Ис. 42:11). Зной пустыни иногда символизирует духовную нужду; блаженные времена восстановления описываются такими картинами: "пустыня и сухая земля расцветет, как нарцисс" (Ис. 35:1), "пробьются воды в пустыне и в степи потоки" (ст. 6). В Ис. 35:7 сказано: "Превратится призрак вод в озеро"; это указывает на обманчивые видения (миражи) в пустыне, когда путешественнику кажется, что он видит в далеке текущие воды, зеленеющие поля и леса, холмы и дома, но все это при приближении постепенно исчезает. Благословения Евангелия не таковы: они дают все, что обещают и превосходят самые смелые ожидания человеческого духа (Срав. Ис. 55:1; Отк. 22:1).

Пустыня, где был искушаем Иисус. См. "Колено Иудино".

Пустыня приморская (Ис. 21:1) — пророческое название опустевшего Вавилона, около широкого, волнующегося Евфрата.

Путеол, теперь Поццуоли, был цветущим приморским торговым городом с хорошей гаванью, около берегов Кампаньи, между Неаполем и Кумами. Город был основан жителями Кум, которые называли его Дикеархия: около 520 г. до Р.Хр., во время Пунических войн он подпал под власть римлян, которые и дали ему название Путеол (т.е. источники), т.к. в окрестностях этого города много минеральных источников. Впоследствии город сделался римской гаванью и часто посещался сирийскими и египетскими купцами, проезжавшими через него во всемирно известный город Рим. Когда Павел ехал узником в Рим, то он остановился здесь и пробыл 7 дней у братьев по вере (Деян. 28:13 и дал.).

Пчела — евр. овора́.

Пчела (Втор. 1:44; Суд. 14:8; Псл. 117:12; Ис. 7:18). Палестина была богата пчелами; это видно из ее описания: "страна, где течет молоко и мед" (Лев. 20:24). Все же пчеловодство там не было развито; поэтому больше в употреблении был дикий мед. Боль от укуса пчел и их кружение в воздухе дают нам возможность представить некоторые картины, заключающиеся в вышепоименованных стихах (Ис. 7:18-25).

Пшеница. См. "Семя".

Пядь. См. "Мера".

Пятидесятница. См. "Праздник седмиц".

Пятикнижие. См. "Книги Моисеевы".

Пятница. См. "Суббота".

И давал Хирам Соломону дерева кедровые и дерева кипарисовые... 3-я Царств 5:10

Р

Раав. 1) Блудница в Иерихоне спаслась со всем своим домом от гибели, постигшей остальных жителей, потому что она из страха перед Богом Израилевым приняла соглядатаев, посланных Иисусом Навином (И. Нав. 2:1 и дал.; 6:16 и дал.; Евр. 11:31; Иак. 2:25); она стала женою Салмона и праматерью Иисуса Христа (Руф. 4:21 и дал.; Мат. 1:5).

2) Раав встречается у Ис. 30:7 (евр.) и Псл. 86:4, как поэтическое название Египта. Некоторые полагают, что под словом Раав, которое по-еврейски обозначает шум или гордость, подразумевается, может быть, какое-то производящее шум морское чудовище, например, в Псл. 88:11; Ис. 51:9 и Иов. 26:12; оно стало поэтому символом Египта, родины крокодилов.

Раама — имя одного из сыновей Хуша (книга Бытия 10:7), и также страны, населенной его потомками (Иез. 27:22); возможно, что эта страна находилась к северу от Персидского залива, где, по сообщению Птолемея, был город, по имени Регма.

Раамсес, другое название земли Гесем в Египте, где израильтянам было позволено поселиться (Быт. 47:11; Срав. 46:28). Так назывался также один из городов для запасов, которые израильтяне во время рабства должны были построить для фараона (Исх. 1:11). Из Раамсеса израильтяне выступили, чтобы итти в землю обетованную (Исх. 12:37; Чис. 33:3, 5). Название Раамсес напоминает нам о великом египетском фараоне Рамзесе 2-ом; имя которого встречается на некоторых надписях среди развалин Гесема, в восточной части Нильской долины. Египетские папирусы свидетельствуют о том, что еврейские рабочие должны были, под наблюдением египетских надсмотрщиков, заниматься шлифованием камней в Цоане (иначе Танисе), который также называется дворцом Рамзеса.

Раб — евр. эвед.

Раб. Прислугой у израильтян, как и у всех древних народов, были рабы, которые являлись собственностью своих владельцев. Рабами, обыкновенно, были иноплеменники, взятые на войне (Чис. 31:26 и дал.), или купленные за деньги (Быт. 17:23; Лев. 25:44), или, наконец, рожденные от рабов, следовательно, от рождения бывшие собственностью своих господ (Быт. 17:23; Исх. 21:4). Законною ценою раба было 30 сиклей серебра (Исх. 21:32), а свободного израильтянина — 50 сиклей серебра (Лев. 27:3 и дал.). Израильтянин также мог быть рабом у израильтянина (Исх. 21:2; Втор. 15:12) в том случае, если первый из-за бедности продавал себя (Лев. 25:39); но закон повелевал хозяину все-таки не считать его за раба, а относиться к нему, как к наемнику, и, спустя определенное время, возвратить ему свободу без выкупа (Исх. 21:2 и дал.; Лев. 25:39 и дал., если только он до этого времени не был выкуплен (25:48 и дал.). Неизвестно, касалось ли это правило также того, который, вследствие невозможности возместить украденное, был продан в рабы (Исх. 22:3). Должников, которые не могли уплатить долга, заимодавцы обращали в рабов (Чис. 4:1; Неем. 5:5; срав. Иов. 24:9; Ам. 2:6; Мат. 18:25). Некоторые полагают, что это было установлено законом в Лев. 25:39, 47, где говорится о том, что бедный должник продает себя заимодавцу; другие же понимают это так, что продажа себя была добровольным поступком должника.

Рабство, которое существовало у евреев с незапамятных времен (Быт. 12:16; 14:14; 24::35; 30:43), не было отменено законом Моисеевым, но было облегчено и смягчено некоторыми оговорками, причем сделано различие между рабами — израильтянами и таковыми из других народов: последние были полной собственностью своих господ и переходили, как все прочее имущество, к потомству для "вечного владения" (Лев. 25:44 и дал.), раб-израильтянин мог быть выкуплен своими родственниками или, если этого не получалось, то после шестилетнего пребывания в рабстве получал право оставить своего господина и стать свободным (Исх. 21:2); и тогда нельзя было отпустить его с пустыми руками: хозяин должен был снабдить его всем необходимым из скота и припасов (Втор. 15:12 и дал.). Если раб израильтянин был женат в то время, как продавал себя в рабство, то он имел право взять на свободу жену, но если он женился во время пребывания в рабстве, то жена и дети его принадлежали хозяину (Исх. 21:3 и дал.). В Иер. 34:8 и дал. говорится о том, как Седекия и народ, из страха перед халдеями, провозгласили свободу рабам-евреям, потому что эта заповедь не была соблюдаема. Когда же опасность миновала, они раскаялись в своем поступке и взяли обратно только что освобожденных рабов (ст. 11, 16), поэтому Господь объявил им свободу подвергнуться мечу, моровой язве и голоду и обещал отдать их на озлобение во все царства земли (ст. 17).

Если раб не желал пользоваться свободою, но предпочитал оставаться у своего хозяина со своим семейством, то его в присутствии властей

Раб в винограднике.

ставили к косяку двери, и господин прокалывал ему ухо шилом; тогда он делался рабом его навсегда, т.е. на всю жизнь (Исх. 21:5 и дал.); таким образом поступали и с рабынями (Втор. 15:17). Прокалывание уха у многих восточных народов было обычаем, который наружно выражал послушание и покорность (Срав. Пcл. 39:7). Плавт указывает, что ношение серег в ушах являлось признаком рабства. Талмудисты выражение "вечно" толкуют так, что время пребывания в рабстве еврея продолжалось только до юбилейного года, когда он, во всяком случае, делался свободным; другие думают, что прокалывание уха делало его рабом на всю жизнь, независимо от того, доживал ли он до юбилейного года, или нет, на одинаковых условиях с теми рабами, о которых говорится в Лев. 25:46.

В противоположность закону Исх. 21:1 и Втор. 15:12 о том, что рабы евреи должны были быть отпускаемы на волю в 7-ой год или после 6-летнего служения, закон в Лев. 25:39 и дал.; 47 и дал. предписывал, чтобы рабы, которые продали самих себя богатым поселенцам, живущим в стране, были отпускаемы на свободу не после 6-летнего служения, но только в юбилейный год. Однако, согласно этому закону, они имели право во всякое время получать обратно свободу, если их выкупали родственники, или они сами приобретали средства для своего выкупа (ст. 48 и дал.); в этих случаях сумму выкупа должно было определить по числу лет, которые остались до юбилейного года, когда рабы, во всяком случае, делались свободными. Относительно того, как согласовать эти законоуставления, существует много различных мнений. Многие принимают объяснение, которое предложил Михаелис, что в обыкновенных случаях, раб из евреев делался свободным после шестилетнего служения; если он вступил в рабство незадолго до юбилейного года, то ему не нужно было ждать седьмого года, так как он делался свободным в юбилейному году.

Особые установления были предписаны законом и для дочери израильтянина, которая была продана своим отцом другому израильтянину в рабыни, в качестве наложницы. Если она не нравилась своему господину, то ее могли сейчас же выкупить, но нельзя было перепродать ее в рабство чужому народу. Если господин определил ее наложницею своему сыну, то она должна была пользоваться правом дочери, и, если сын брал себе другую, то нельзя было отнимать от первой ее прав жены, в противном случае она делалась свободной без выкупа (Исх. 21:7 и дал.). Также если израильтянин брал себе в жены чужую женщину из пленных, и она впоследствии переставала ему нравиться, то он не мог ее продать или обратить в рабство, но должен был отпустить ее (Втор. 21:13 и дал.).

Кроме общего установления о том, что к рабу еврею нельзя было относиться жестоко, но как к наемнику Лев. 25:39, 43, 53) закон предписывал также делать рабов из язычников участниками* благословения Божия: их должно было обрезывать (Быт. 17:12), и таким путем предоставить им право вкушать пасхального агнца (Исх. 12:44). Рабы и рабыни должны были пользоваться полным отдыхом в субботу (Исх. 23:12; Втор. 5:14),

* По позднейшему раввинскому правилу не позволялось принуждать купленного раба обрезаться; если он противился, то ему давался один год на размышление; если он и после этого оставался тверд в своем решении, то его перепродавали какому-нибудь язычнику

иметь участие в остатках жертвы (Лев. 25:6), также в жертвенных пирах (Втор. 12:12, 18) и в праздничном весельи (16:11, 14). Убивший своего раба подвергался наказанию (по толкованию раввинов — смерти) (Исх. 21:20); если раб был искалечен, то отпускался на волю (ст. 26 и дал.). Раба убежавшего от своего хозяина, нельзя было выдавать обратно; он имел право поселиться в Израиле, где ему было угодно (Втор. 23:15 и дал.). Кража людей (1 Тим. 1:10) была тяжким преступлением, за которое закон карал смертью (Исх. 21:16; Втор. 24:7).

Вообще закон внушал гуманное отношение ко вдовам, сиротам, чужестранцам и пришельцам (Исх. 22:21 и дал.; Втор. 10:18 и дал.; 24:17 и дал.; 27:19); платы наемнику нельзя было задерживать до следующего утра ((Лев. 19:13).

Разные места в Ветхом Завете свидетельствуют о трудном и утомительном служении рабов (Иов. 7:2, Псл. 122:2) и о суровой дисциплине, которой они были подчинены (Прит. 29:19, 21). С другой стороны, бывали случаи лучшего обращания. Случалось, что хозяин отдавал свою дочь в жены рабу (1 Пар. 2:35); более распространенным был обычай брать рабынь в наложницы (Быт. 30:3; Исх. 21:9). Иногда хорошие слуги делались доверенными управителями. Сиба, раб Саула, имел 15 сыновей и 20 рабов (2 Цар. 1:2, 10). В рассказе об Аврааме и Елеазаре (Быт. 24), о Воозе и его слугах (Руф. 2:4) и об уважении Иова к правам своих слуг (Иов. 31:13 и дал.) мы встречаем картины хорошего отношения между хозяином и рабами.

Древний обычай евреев, брать своих собратьев в рабы, кажется, постепенно исчез после возвращения из Вавилонского плена. Попытка восстановить его во времена Неемии встретила определенное противодействие (Неем. 5:5 и дал.). По Иосифу Флавию, большое негодование возбудил указ Ирода о продаже в рабство воров. В Ветхом Завете мы читаем, что пленные евреи часто делались рабами других народов и продавались, например, финикийцами (Иоил. 3:6) и филистимлянами (Иоил. 3:6; Ам. 1:6). Из Ам. 1:9; Иез. 27:13 видно, что торговля рабами велась финикийцами в больших размерах. По всей вероятности, благодаря финикийцам, евреи во время Авдия были переселены в рабство в Сефарад (Авд. 20). Сирийцы, египтяне и римляне забирали в рабство большие партии евреев.

О египетском рабстве до Моисея см. "Египет" и "Фараон". Корни рабства, наконец, были подрублены, но не путем определенных установлений, а незаметно действующею могучею силою христианства. Наставник, Который явился в образе раба (Фил. 2:7), принял на Себя попечение о самых незнатных и учил своих последователей, что они все братья (Мат. 23:8), и что самое великое преимущество в Его царстве быть для всех рабом (Мар. 10:44). Его апостолы подтвердили, что в Христе не существует никакой разницы между рабами и свободными (Гал. 3:28; Кол. 3:11). Они не требовали насильственного упразднения внешних форм, но учили рабов оставаться в своем звании, и, если было возможно легально получить свободу, то воспользоваться этим (1 Кор. 7:20). Если христианин на своем месте, будь он господин или раб, оказывал верность, кротость и послушание, дух Христов постепенно преобразовывал также и внешние обстоятельства, и поэтому апостолы постоянно напоминали рабам об их обязанностях по отношению к господам, кто бы они ни были — язычники или христиане (Еф. 6:5 и дал.; Кол. 3:22 и дал.; 1 Тим. 6:1 и дал.; Тит. 2:9 и дал.; 1 Пет. 2:18 и дал.). Старец Павел возвращая своему другу Филимону, его беглого раба Онисима, ходатайствует за виновного, прося не об освобождении, но о прощении и братском отношении к вернувшемуся (Фил. 12, 16 и дал.).

Рабсак и Рабсарис (т.е. начальник евнухов), ассирийские чиновники, которые вместе с Тартаном были посланы от Саргона, царя ассирийского (Ис. 20:1) к Иезекии, чтобы принудить его покориться (4 Цар. 18:17 и дал.; срав. Ис. 36:2 и дал.; 37:4, 8).

Рабсарис. См. "Рабсак".

Равва, столица амонитян, расположенная недалеко от Мертвого моря в северно-восточном направлении, в 30-40 км к востоку от Иордана (Втор. 3:14; И. Нав. 13:25). При осаде этого города был убит Урия (2 Цар. 11), впоследствии Равва была взята Давидом (2 Цар. 12:29), но вновь сделалась независимой. В Иер. 49:1 и дал. и Иез. 21:20; 25:25 высказан городу суровый приговор за его жестокость по отношению к Израилю. Птолемей Филадельф украсил город и назвал его Филадельфией; теперь он называется Амманом.

Равви, Раввуни (т.е. великий господин), почетное звание, которое давалось законникам во времена Иисуса. Этим названием народ почтил Иоанна Крестителя, а, в особенности, Иисуса (Мат. 23:7; 26:49; Мар. 9:5; 10:51; 11:21; Иоан. 1:38; 20:16). Срав. "Законники".

Рагав — сын Фалека и отец Серуха (Быт. 11:18; Лук. 3:35).

Рагуил. 1) Сын Исава и Васемафы, дочери Измаила (Быт. 38:4, 10, 17).

2) См. “Иофор”.

Разводное письмо. См. “Развод”.

Разноплеменные люди. Когда израильтяне вышли из Египта, с ними пошло много разноплеменных людей, низшего сословия, которые хотели избежать притеснений со стороны высших сословий (Исх. 12:38; Срав. Чис. 11:4). Они сделались дровосеками и водовозами (Втор. 29:11).

Разон, сын Елиады, сириянин, который бежал от своего государя Адраазара, царя Сувского, завоевал у Давида Дамаск и был противником Израиля во все дни Соломона (3 Цар. 11:23 и дал.).

Рай, евр. пардес, т. е. парк или сад, вероятно, от персидского слова пайридеца, т.е. огороженное или защищенное место. Это слово употребляется для обозначения лесных парков и садов в Неем. 2:8; Еккл. 2:5; Песн. П. 4:13. После перевода Ветхого Завета 70 толковниками слово рай стало обычным названием Едемского сада (См. “Едем”), а в позднейшем иудействе — обычным названием того отделения Гадеса, или царства умерших, где души праведников ожидают воскресения, место, которое евреи также называли лоном Авраамовым (Лук. 16: 22 и дал.). Иосиф Флавий выражается так: после нашой смерти Авраам, Исаак и Иаков примут нас в свое лоно. “В сей день (ныне же) будешь со Мною в раю”, сказал Иисус разбойнику (Лук. 23:43). Эти слова должны были означать то место в преисподней, куда после смерти Своей сошел Господь и проповедывал находящимся в ней духам (1 Пет. 3:19; 4:6), но в них также заключалось указание на небесный рай, “самое небо” (Евр. 9: 24), который Иисус тогда открыл смертью Своей, и куда, без сомнения, разбойник вошел с Ним, как первенец.

Этот рай Божий, в котором стоит “дерево жизни” (Отк. 2:7), и который описывается в Отк. 21:1 и дал. словами, во многом напоминающими описанный Иезекиилем (Иез. 31:3 и дал.). “Божий сад”, подразумевает и Павел, когда он говорит, что он был восхищен до третьего неба... восхищен в рай (2 Кор. 12:3 и дал.) и слышал там неизреченные слова, которых человеку нельзя пересказать.

Рак (2 Тим. 2:17), болезнь, подобная гангрене, распространяющая свои ядовитые соки на все тело, — символ пагубного влияния лжеучителей.

Раќа (Мат. 5:22) происходит от слова обозначающего “пустой”, приблизительно, то же, что слово “дурак”.

Рама (возвышенность), множественное число Рамот; название некоторых городов.

1) Город в колене Вениаминовом (И. Нав. 18:25; Суд. 19:13), который был укреплен израильским царем Васой (3 Цар. 15:17 и дал.). Здесь вместе с другими пленниками был заключен в темницу Иеремия после падения Иерусалима (Иер. 40:1). В этой Раме пророк предсказал, что Рахиль будет оплакивать смерть своих детей (Иер. 31:15). Ев. Матфей приводит эти пророческие слова при избиении младенцев в Вифлееме. Рама застроилась вторично после плена (Езд. 2: 26; Неем. 7:30). Это место называется теперь Рам.

2) Родина Самуила, где он также жил, работал и умер (1 Цар. 7:17; 8:4; 19:18; 25:1; 28:3). Его могила находится на месте, называемом Цуф. Город носил также другое название — Рамафаим-Цуфим (1 Цар. 1:1, 19). У Иосифа Флавия он назван Армафой; В Новом Завете Аримафеей (Мат. 27:57). Некоторые полагают, что местечко Неби-Самуил, в 5 км к северо-западу от Иерусалима, по всей вероятности, и есть древняя Рама. См. “Мицфа 5.”; по мнению других, на месте Рамы теперь расположено населенное христианами селение Рамалла, почти в 20 км к северу от Иерусалима; иные же думают, что на ее месте находится селение Соба, в 10 км к западу от Иерусалима; предполагают также, что Рама 1. и 2. — одно и то же место, а именно, вышеупомянутый Рам.

3) Город в колене Асировом (И. Нав. 19:29); теперь село Рама к юго-востоку от Тира.

4) Город в колене Неффалимовом (И. Нав. 19:36), теперешнее селение Раме к юго-западу от Сафеда в северной Галилее.

Рамафаим-Цуфим. См. “Рама”.

Рамоф. См. “Ремеф”.

Рамоф-Галаадский также назван Рамаф-Мицфа, город левитов и город убежища в колене Гадовом, к востоку от Иордана (Втор. 4:43; И. Нав. 13:26; 20:8; 21:38).

Будучи важным военным пунктом, он являлся яблоком раздора между царями израильским и сирийским. В этом месте был убит Ахав (3 Цар. 22: 34-38), ранен Иорам (4 Цар. 8:28 и дал.) и помазан на царство Ииуй (4 Цар. 9:1 и дал.; 2 Пар. 22:5 и дал.). На месте древнего Рамофа, может быть, расположен теперешний Сальт в одном км к югу от Иавока. По всей вероятности, этот Рамоф то же, что и Мицфа 1.

Рамоф-Лехи. См. “Лехи”.

Рамоф-Мицфа. См. “Мицфа 1”.

Раскаяние — евр. тшувá.

Раскаяние. В некоторых местах Библии говорится, что Бог “раскаялся”, как например, в Быт. 6:6, 7 “раскаялся

Господь, что создал человека на земле", и в 1 Цар. 15:11: "Жалею, что поставил Я Саула царем". (Срав. Исх. 32:12, 14; Иоил. 2:13, 14; Иер. 18:8; 26:13, 19; Иоан. 3:9, 10). С другой стороны, Св. Писание подчеркивает, что Бог не может раскаяться, как человек (Рим. 11:29). Так же понял это Валаам (Чис. 23:19), почему выражения о раскаянии Бога должны быть поняты, как иносказания, или как самое сильное выражение, обозначающее изменившееся положение человека к благоволению Божию, но в самом Боге не совершается изменения, ибо негодование к злу принадлежит Его сущности. Так, в одной и той же главе, 1 Цар. 15, сказано, что Господь раскаялся (ст. 11 и 35) и, что Господь не раскается (ст. 29).

Распорядитель пира. См. "Пиршество".

Рассадники (Песн. П. 4:13). См. "Сад".

Расселины гор (Песн. П. 2:17), места, где можно пастись животным.

Растение: 1) (Ион. 4:6), евр. "кикайон". Так названо растение, которому Господь повелел вырасти, чтобы дать тень пророку Ионе. По общему мнению, это растение — клещевина, родина которого Азия и Африка; листья его напоминают виноградные, но гораздо крупнее последних. Клещевина растет так быстро, что в течение нескольких месяцев в теплых странах достигает 30 до 40 футов высоты; в садах же южной Европы достигает только 10 фут. (Ricinus communis).

2) В 4 Цар. 4:39 упоминается растение (евр. гефен саде, дикая лоза), с которого по ошибке собрали несъедобные плоды. Вероятно, это были дикие огурцы. Некоторые предполагают, что это слово обозначает растение колоквинт, видом напоминающее померанец, горькое на вкус.

Рахиль — Рахель, т. е. овечка.

Рахиль — младшая дочь Лавана, любимая жена Иакова, которую он получил в жены за четырнадцать лет работы. Она, после долгого ожидания, стала матерью Иосифа и Вениамина и умерла вскоре после рождения последнего (Быт. гл. 29-35). Могила Рахили показывается еще и теперь недалеко от Вифлеема; над ней построена магометанская часовня. По 1 Цар. 10:2 могила Рахили находилась на границе колена Вениаминова, — следовательно к северу от Иерусалима. Может быть в этом случае подразумевается другое место?

Ревекка — Ривка́.

Ревекка, дочь Вафуила, сестра Лавана и жена Исаака. После двадцатилетнего ожидания она сделалась матерью Иакова и Исава. Будучи пристрастной к Иакову, она хитростью добилась для него от отца большего благословения, которое предназначалось Исаву, как старшему сыну. После этого Иаков убежал из дому и, когда много лет спустя, он вернулся из Месопотамии, Ревекки, вероятно, уже не было в живых. Она была погребена в пещере Махпела, которую Авраам купил себе для семейной могилы (Быт. 24-28; 49:31).

Река — евр. нага́р.

Река. Этим словом в некоторых местах Библии обозначается Нил (Исх. 2:3; 7:15); в других местах Евфрат (Ис. 11:15; Быт. 31:21; Езд. 4:10). "От моря до реки" обещал Бог распространить власть евреев, т.е. от Средиземного моря на западе до Евфрата на востоке, и это обетование исполнилось во времена Давида и Соломона (Быт. 15:18; Исх. 23:31; Псл. 79:12; 2 Цар. 8; 3 Цар. 4:21; 2 Пар. 9:26; Срав. Псл. 71:8 и дал.).

Река Аравийская (Ис. 15:7). См. "Заред".

Репчатый лук. См. "Лук".

Речь, язык — евр. лашо́н, сафа́.

Речь, язык. Дар речи по Быт. 2:19 и дал. представляется, как просыпающаяся под руководством Создателя и возрастающая в чоловеке способность. О свойствах и характере первоначального языка мы ничего не знаем. Из Библии известно, что после потопа некоторое время "на всей земле был один язык и одно наречие" (11:1). Во время постройки города и башни Вавилонской язык людей смешался, так что один не понимал речи другого, и "люди рассеялись оттуда по всей земле" (Быт. 11:2 и дал.; Срав. 10:5, 20, 31). Этот суд Божий был естественным последствием духовного извращения гордого человечества, выразившегося в стремлении к раздору и разделению, и, вместе с тем, был действием благодати, чтобы пресечь неудержимый рост зла, как следствие безпрепятственного общения людей. Противоположность этому мы видим в новозаветном чуде в день Пятидесятницы, когда галилейские мужи прославили великие дела Божии на разных, чуждых им наречиях (Деян. 2:4, 11). По всей вероятности, этот же дар получили обращенные язычники в Кесарии (10:46), в Ефесе (19:6) и в Коринфе (1 Кор. 12:10; 14:2 и дал.); им также в высокой степени обладал ап. Павел (14:18). Эту речь на языках, состоявшую из молитвы и прославления, невозможно было понимать без истолкования (14:5, 14 и дал.).

Еврейский язык, как один из древнейших языков, если только не самый древний, заслуживает особенного внимания, будучи языком древних израильтян, на котором Бог давал им Свои откровения. В Ветхом Завете он называется Иудейским языком (4 Цар. 18:26; Неем. 13:24; Есф. 8:9), также ханаанским языком (Ис. 19:18); в Новом Завете — еврейским языком (Отк. 9:11); он был родственен тем языкам, на которых говорили в Ханаане до покорения его израильтянами, что видно из особенностей финикийского языка, сохранившегося на монетах и надписях (финикийцы, как известно, были хананеями); из большого количества названий местностей — существовавших до покорения Ханаана, а также из того, что евреи, объясняясь с хананеями, не пользовались переводчиками. Языки соседних народов имели также большое сходство с еврейским. Язык записей на Моавитском камне выглядит как бы еврейским наречием. Родственные еврейскому языку были также сирийский или арамейский (Дан. 2:4; Езд. 4:7), который все же не вполне был понятен простому народу (4 Цар. 18: 26; Ис. 36:11), далее азотский, т.е. смесь еврейского с филистимским, который возбуждал негодование Неемии (Неем. 13:24). В самом еврейском языке были разные наречия, что видно из Суд. 12:6 (См. "Шибболет"); в позднейшее время галилейское наречие обнаружило принадлежность Петра к ученикам Иисуса (Мат. 26:73; Мар. 14:70).

Сирийский или арамейский язык, на котором говорили на первоначальной родине евреев, не был похож на еврейский. Это различие видно хотя бы из разных названий, которые Иаков и Лаван дали сделанному ими из камней холму (Быт. 31:47). В позднейшее время, после возвращения из Вавилона, он стал все более и более распространяться (вследствие увеличившегося сирийского влияния) в Палестине, где он, как международный разговорный язык был понимаем и употребляем знатными людьми (4 Цар. 18:26), так что, несмотря на заботу об очищении языка со стороны Неемии и других реформаторов (Неем. 13:24), древне-еврейский язык постепенно был забыт народом, смешался с арамейским и, наконец, был совершенно вытеснен арамейским языком. Книги Ездры и Даниила, большею частью, написаны на этом последнем языке. Древнееврейский язык изучался и хранился только учеными, которые почитали его святым языком. Народ во время Христа употреблял арамейское наречие, которое в Новом Завете неправильно называется еврейским (Иоан. 5:1; 19:13; 19:17, 20). На этом языке говорил Иисус (Мар. 5: 41) и апостолы (Деян. 21:40; 22:2). Родство этого языка с древнееврейским видно, например, из сравнения еврейского "gulgolet" с арамейским "golgata; gulgalta" (череп), или еврейского "av" с арамейским "abba" (отец).

Важнейшим после еврейского — для люблящих Библию — является греческий язык, язык Македонской мировой державы и язык философии и науки, особенно в той форме, в которой он развивался среди еврейских колонистов в Александрии во время до Р.Хр.; так называемое эллинистическое наречие, на которое был сделан перевод книг Ветхого Завета 70-ю толковниками, и которое можно охарактеризовать, как облеченный в греческую форму еврейский или арамейский язык. За исключением, до известной степени, Евангелия Луки, посланий Павла и послания к Евреям, — весь Новый Завет написан на таком греческом языке с еврейской окраской, который во время Христа был общеупотребительным в Палестине, так как некоторые области имели преимущественно греческое население.

Наряду с этими двумя языками имеет большое значение и латинский язык, — язык римского всемирного владычества. На этих трех языках: латинском, греческом и еврейском Пилат написал на кресте царский титул Иисуса (Иоан. 19:20; Лук. 23:38), и на них же в первые века христианства Евангелие распространилось по всему миру.

Ремеф (И. Нав. 19:21), также назван Рамоф (1 Пар. 6:73) и Иармуф (И. Нав. 21:29), город левитов в колене Иссахаровом; м.б. теперешнее селение Рамех, находящееся в десяти км к северу от Самарии.

Ремфан. Так назван Стефаном (Деян. 7:43) идол, которому поклонялись израильтяне. У Ам. 5:26 он назван Киуном (евр. текст).

Ресен (Быт. 10:12). См. "Ниневия".

Рефаим, т.е. дух умершего.

Рефаимы, т.е. великаны, населявшие Палестину во времена Авраама (Быт. 14:5; 15:20). Потомки их существовали спустя еще долгое время. Царь Ог во время Моисея происходил от них; они упоминаются также в книге И. Нав. 12:4; 17:15. Во время Давида несколько потомков Рефаимов жили в Гефе (2 Цар. 21:18 и дал.; 1 Пар. 20:4 и дал.). Некоторые предполагают, что евр. слово "нефилим" (исполины) в Быт. 6:4 обозначает именно этих великанов, "потомков сынов Божиих и дочерей человеческих". (Срав. Иуд. ст. 6 со 2 Пет. 2:4).

Долина Рефаимская — плодородная долина, к югу от Иерусалима (Ис. 17: 5; И. Нав. 15:8; 18:16), где Давид разбил филистимлян (2 Цар. 5:18; 5: 22; 1 Пар. 14:9 и дал. ;Срав. 2 Цар. 23:13).

Рефидим (Исх. 17; 19:2), стоянка израильтян между пустынею Син и горою Синай, где народ стал роптать, и Бог дал им воду из скалы, и где были разбиты амаликитане.

Рехав — отец того Ионадава, который жил в царствование Ииуя и помог ему убить пророков Ваала (4 Цар. 10:15, 23); по Иер. 35:6 он — праотец Рехавитов, которые 200-300 лет спустя строго соблюдали заветы, оставленные им Иоанадовом, сыном Рехава: "не пейте вина ни вы, ни дети ваши во веки; и домов не стройте, и семян не сейте, и виноградников не разводите и не имейте их, но живите в шатрах во все дни жизни вашей". Их стойкость и послушание заповеди отца дали Богу повод обличить евреев в их вероломном отношении к Богу (Иер. 35:2 и дал.). Господь благословил дом Рехавитов за их послушание своему родоначельнику (Иер. 35:18, 19). Срав. "Кенеяне".

Рехововф. См. "Ситна".

Рехововф-Ир. См. "Ниневия".

Рехум и **Шимшай** писали письмо к царю Артаксерксу с целью воспрепятствовать восстановлению Иерусалима (Езд. 4:8 и дал.).

Рецеф, город покоренный ассирийцами (4 Цар. 19:12; Ис. 37:12), вероятно, Ресафа, между Пальмирою и Евфратом.

Рецин — царь Дамаска, который соединился с израильским царем Факеем против Ахаза, царя иудейского. После неудачной осады Иерусалима Рецин ушел обратно, завоевав Елаф. Через некоторое время после этого его войско было разбито Феглаффелласаром, царем ассирийским, а он сам был убит; его народ был уведен в плен ассирийцами (4 Цар. 15:37; 16:5 и дал.; Ис. 7:1 и дал.; 8:6; 9:11).

Ривла — город в Емафской земле; теперь это селение на правом берегу Оронта, на северном конце обширной Ливанской долины, Эль-Бека. Ривла в военном отношении была важным пунктом, потому что через нее проходила самая удобная дорога в Палестину с севера и северо-востока. В Ривлу был приведен царь Иохаз к фараону Нехао. Здесь была главная квартира царя Навуходоносора во время войны с Иудеей (4 Цар. 23:33; 25:6, 20 и дал.; Иер. 39:5; 52:10). Не вполне выяснено, та ли это Ривла, которая упоминается в Чис. 34:11, расположенная на северо-восточной границе Ханаана.

Ригия, теперь Реджи, приморский город, основанный греческими колонистами на юго-западном берегу Италии, напротив Мессины. Павел остановился здесь на один день во время своего путешествия в Рим (Деян. 28:13).

Рим, столица всемирной державы, расположеный на берегу реки Тибра в Италии, по преданию, построен Ромулом около 750 года до Р.Хр. Во времена своего расцвета он был раскинут на семи холмах — Капитолии, Палатине, Авентине, Целии, Квиринале, Виминале и Эсквилине (Срав. Отк. 17:9). Рим сначала управлялся царями — приблизительно до 500 г. до Р.Хр.; потом царская власть сменилась республикой, во главе которой стояли два консула, избираемые на 1 год. Так продолжалось до времени Юлия Цезаря, который захватил власть в свои руки в 46 г. до Р.Хр. Сын его брата Октавиан Август, сделавшийся единовластным правителем с 31 г. до Р.Хр., принял новый титул кесаря. В течение этих столетий власть Рима распространилась сперва на всю Италию (270 г. до Р.Хр.) и на все земли, прилегающие к Средиземному морю, включая Галлию и Британию на севере, Египет на юге и стран, прилегающих к Евфрату — — на востоке. Таким образом, Рим владел всем миром и сделался центром тогдашнего мира. Его населяли миллионы людей, пестрая смесь всевозможных племен; богослужение, суеверие и мерзости всех побежденных народов находили там себе место, как это описано в Рим. 1:21 и дал. Предполагают, что во времена Августа народонаселение Римской империи достигало, приблизительно, 100 миллионов человек, население же самого города Рима в то время достигало 1 мил. 20 тыс. человек. Палестина также была втянута в эту твердую, как железо, всемирную монархию, особенно после союза, заключенного между Римом и Маккавеями в 140 г. до Р.Хр. (Макк. 14 гл.). Окончательно Палестина была присоединена к империи после взятия Иерусалима Помпеем в 63 году до Р.Хр., после чего знамена непобедимых римских войск были водружены среди израильского народа. Некоторые предполагают, что Спаситель словами: "мерзость запустения, стоящая на святом месте" (Мат. 24:15; Мар. 13: 14) указывал на знамена с языческими символами, богинями победы, военными орлами, венками и т.п., как на прелюдию к будущему владычеству антихриста (2 Фес. 2:4 и дал.).

Уже тогда много евреев, как полагают, — до 20-30 тысяч человек, жило в Риме; они имели там собственный квартал с семью синагогами и все говорили по-гречески, т.к. в это время греческий язык в Риме был в таком же употреблении, как и латинский. Некоторые из них были старьевщиками, другие врачами и банкирами; иные имели даже доступ во дворец, но вообще все они были предметом насмешек со стороны римских писателей. Среди посещавших Иерусалим в праздник Пятидесятницы находились и евреи из Рима (Деян. 2:10). По всей вероятности, римская церковь и образовалась из обращенных евреев и прозелитов. Она уже существовала до прихода туда Павла (Деян. 28:14 и дал.; Рим. 1:8). Трудно определить, распространялся ли на христиан указ Клавдия об изгнании евреев из Рима (Деян. 18:2). В 64 г. император Нерон воздвиг ужасное гонение на христиан; за этим последовали другие гонения вплоть до времени Константина Великого (312 г.), который взял христиан под свое покровительство и, наконец, сделал христианство государственной религией. Впоследствии, когда Константин Великий перенес резиденцию в Византию (Константинополь), могущество Рима стало падать.

Теперешний Рим, насчитывающий 2.800.000 (1974) жителей, замечателен не только своими библиотеками, музеями, церквами и дворцами, но также и развалинами, напоминающими о его прежнем величии. Особенно замечательны остатки огромного амфитеатра Колизея, который вмещал около 80.000 мест для сидения. На его усыпанной песком арене часто лилась кровь тех, кто охотнее согласился стать пищей диких зверей, чем отказаться от Христа. Особенный интерес представляют катакомбы, т.е. длинные подземные пещеры, где собирались первые христиане, где они скрывались и хоронили своих умерших. Тысячи могильных надписей от времени Тиверия до Константина найдены в этих катакомбах.

Римлянин. Это слово в Новом Завете обозначает не только вообще римский народ (например, Иоан. 11:48), но, в некоторых случаях, имеет тот же смысл, что и римский гражданин (Деян. 22:29). Так назывались не только граждане самого города Рима, но и все лица, получившие права римского гражданина, которое давалось им независимо от места жительства. Право римского гражданства давалось еще во время консулов и впоследствии во времена императоров — целым провинциям, городам или отдельным лицам, в виде награды за услуги, оказанные государству, императорскому дому и т.п. Иногда это право давалось в знак милости, а иногда и покупалось за большие деньги (Деян. 22:28). Оно передавалось по наследству и поэтому Павел, отец которого был римским гражданином, мог сказать: “я родился римским гражданином” (Деян. 22:28). Римский гражданин пользовался некоторыми привиллегиями: он в силу Порциева закона (506 г. от основ. Рима) был освобожден от всякого рода позорных наказаний, например, бичевания, и от позорной смертной казни, как, например, распятия. Римского гражданина не разрешалось заковывать, прежде чем он не был признан виновным по суду, и, наконец, он имел право в случае недовольства решением местного суда, требовать суда кесарева. Нарушение этих прав римского гражданина приравнивалось к оскорблению римского народа и даже кесаря. Заявление: “я римский гражданин”, было, по словам Цицерона, верным средством оградить себя от самовластия и насилия судей. Этим орудием воспользовался Павел в Филиппах, в Иерусалиме (Деян. 16:37 и дал.; 22:25 и дал.) и в Кесарии, где он аппелировал к суду кесаря (Деян. 25:10 и дал.). В согласии с этим законом, Павел, как римский гражданин, был, по преданию, усечен мечем, Петр же был распят.

Риммон (гранатовое яблоко). 1) Город на границе Едома, в пределах Иудеи, отданный колену Симеонову (И. Нав. 15:32; 19:7; 1 Пет. 4:32; Зах. 14:10; Срав. “Аин”).

2) Город Риммон близ Вефиля, где спаслись 600 вениамитян после поражения своего колена (Суд. 20:45 и дал.; 21:13). К востоку от Вефиля существует еще местечко Раммун на вершине известковой горы.

3) Город в колене Завулоновом (И. Нав. 19:13), по всей вероятности, тот же, что и город левитов Риммон (1 Пар. 6:77), который у И. Нав. 21:35 называется Димною. Предполагают, что он был расположен около теперешнего местечка Римманех, недалеко от Каны Галилейской — в южном направлении.

4) Ассирийское божество, которому поклонялся царь Сирийский, господин Неемана (4 Цар. 5:18), м. б. изображенное на ассирийских памятниках божество Рамману, т.е. “высокий” или “гремящий?”, бог воздуха и бурь, с громовой стрелой в руке.

Римнон-Фарец, одно из лагерных мест израильтян в пустыне (Чис. 33:19).

Рисай — один из предков Иисуса (Лук. 3:27).

Рисса и Рифма — две стоянки израильтян (Чис. 33:21, 18).

Ристалище, т.е. арена для состязаний в беге. Греки любили зрелища до такой степени, что каждый мало-мальски значительный город имел свой собственный театр и стадион, или ристалище. В Ефесе были ежегодные состязания в честь богини Дианы. Прямое указание на эти игры, как думают, имеется в 1 Кор. 15:32 (о борьбе с зверями). Послания Павла изобилуют выражениями и картинами, взятыми из Истмийских игр, которые ежегодно происходили в расположенном на перешейке (Истме) Коринфе (2 Тим. 4:7; 1 Тим. 6:12) и были двух типов: панкратиум, состоявший из кулачных боев и борьбы, и пентатлон, состоявший из бега, прыгания и метания диска или копья, и борьбы. Для того чтобы приготовиться к участию в борьбе, борцы подвергались продолжительной серьезной тренировке, во время которой они переносили различные лишения и вели строгий образ жизни. Срав. указывающие на это слова Павла в 1 Кор. 9:25, 27; 1 Тим. 4:8; 2 Тим. 2:5. На олимпийских играх, происходивших у городе Олимпии в южной Греции, предварититель-ные упражнения продолжались до 10 месяцев, под руководством особых судей. Состязания происходили в присутствии массы народа (Евр. 12:1); при этом состязавшиеся служили для них зрелищем (Евр. 10:33). Игры открывались объявлением герольда (глашатая) (1 Кор. 9:27 греч.), который также был обязан возглашать имя и родину каждого состязающегося и особо объявить имя победителя. Судья, который должен был быть справедливым, стоящим выше всяких подозрений (срав. 2 Тим. 4:8), предупреждал и пресекал разногласия (на что, быть может, указывает выражение "брабевейн" — владычествует, в Кол. 3:15); раздавал награды (1 Кор. 9:2; Фил. 3:14), которые состояли из венков (Второе к Тимофею 3:5; 4:8). На Олимпийских играх эти венки были из оливковых ветвей, а на Истмийских — из сосны или плюща. Павел, собственно, упоминает только два из пяти видов состязаний: кулачный бой и бег; большею частью, последний. Из бокса, или боя на кулаках, при котором руки обвязывались ремнями, утыканными гвоздями, взята картина в 1 Кор. 9:26: "Я бьюсь и т.д." и в 27 ст. "усмиряю и порабощаю тело", или в буквальном переводе: "я бью под глазами, биением размягчаю", как это делают состязающиеся со своими противниками. Бег взапуски (2 Тим. 4:7) происходили на стадионе, или ристалище (1 Кор. 9:24), — продолговатой арене, один полукруглый конец которой был открыт, а другой окружен скамьями, расположенными одна выше другой (амфитеатром), на которых сидели зрители. Судья имел свое место у призового столба (цели) (Фил. 3:14), который очень хорошо был виден с одного конца ристалища до другого.

Рифат (Быт. 10:3; 1 Пар. 1:6), племя, происшедшее от Гомера, первого сына Иафета.

Рифма. См. "Рисса".

Рихав. См. "Ваана".

Рицпа, наложница Саула, которую после его смерти взял себе Авенир (2 Цар. 3:7 и дал.). Когда повесили ее двух сыновей вместе с пятью другими сыновьями Саула в отмщение за убитых гаваонитян, то Рицпа оберегала их тела день и ночь в продолжение всего лета. Этот поступок смягчил сердце Давида и он достойно похоронил Саула и его родственников (2 Цар. 21: 8 и дал.).

Ровоам — Рахава́м.

Ровоам — сын Соломона и аммонитянки Наамы, на 41 году жизни, после смерти отца, занял его престол и процарствовал в Иерусалиме 17 лет, 975-958 гг. до Р.Хр. (3 Цар. 12; 14:21 и дал.; 2 Пар. 10-12 гл.). Когда Ровоам пренебрег советом опытных старейшин и отклонил требование израильтян облегчить их тяжелое положение, в которое ввел их его отец Соломон, то десять колен отложились и образовали свое Израильское царство, избрав царем Иеровоама. Таким образом, Ровоам стал первым царем Иудейского царства. Он пытался силою подчинить отпавшие десять колен, и вражда между разделившимися коленами не прекращалась во все время его царствования. Народ впал в ужасное идолопоклонство и за это, на пятом году царствования Ровоама был наказан нападением египетского фараона Сусакима, который наложил на землю тяжкую дань. См. "Сусаким".

Рог — евр. ке́рен.

Рог. Рога некоторых животных заменяли сосуды для питья, для хранения елея и т.п. (1 Цар. 16:1; 3 Цар. 1:39). На четырех углах жертвенника возвышались рога (Исх. 27:2; Иер. 17:1). Эти рога жертвенника мазались кровью некоторых жертв (Исх. 29: 12: Иез. 43:20), к этим рогам бежали преступники и хватались за них (3 Цар. 1:50; 2:28). Так как некоторые животные выказывают свою силу рогами, то рог стал символизировать господство и силу. Срав. Втор. 33:17; 1 Цар. 2:1, 10; Плач. 2:3, 17; Дан. 7: 20 и дал.; Зах. 1:18 и дал.; Лук. 1: 69.

Не выяснено, носили ли древние евреи головные уборы с рогами, что было в позднейшее время обычаем у некоторых народов востока. Женщины друзов на Ливане носят серебряные рога на голове.

Рогель или Эн-Рогел — источник или колодезь на границе колен Вениаминова и Иудина (И. Нав. 15:7; 18:16) близ Иерусалима (2 Цар. 17:17; 3 Цар. 1:9); вероятно, теперешний "Источник Неемии" или "Источник Иова", к юго-востоку от города, как раз в том месте, где Енномова долина соединяется с долиною Иосафатовой.

Колодец имеет более 30 метров глубины и обложен большими каменными плитами, которые с одной стороны образуют арку. Постройка эта, повидимому, весьма древняя.

Розглим, местожительство галаадитянина Верзелия (2 Цар. 17:27; 19:31).

Рода, служанка в доме Марии, матери Марка (Деян. 12:13).

Родос, остров у юго-западного угла Малой Азии с городом того же названия. В древние времена он славился своей торговлей и огромной статуей Аполлона, более 30 м высотою — известной под названием Колосса Родосского. Впоследствии был разрушен землетрясением. Остров Родос до сих пор не утратил своего значения. Ап. Павел проезжал мимо него во время своего путешествия в Рим (Деян. 21:1).

Родословия. Никогда не существовал такой народ, который бы придавал столь важное значение хранению именных списков и родословий, как евреи, ибо они потверждали принадлежность к одному из колен, право владения участком земли и право на высшие должности (1 Пар. 5:1, 17; 9:1; Езд. 2:62). В Ветхом Завете мы находим такую родословную таблицу, составленную и хранившуюся более 3500 лет (1 Пар. гл. 1, 3, 6). Эти родословия в особенности послужили доказательством того, что Иисус из Назарета, согласно пророчеству, родился от семени Авраама и что Он был законным наследником престола Давида (Лук. 1:32; 2 Тим. 2:8; Евр. 7:14). Евангелисты дают нам родословие Иисуса Христа на протяжение 4000 лет. Два родословия — Мат. 1 и Лук. 3 — отчасти отличаются друг от друга; это объясняют так, что первый дает родословие Иосифа, последний — Марии. Две ветви начинаются от сыновей Давида: Соломона и Нафана; они пересекаются в Салафиле и соединяются во Христе. Иосиф был по закону отцом Иисуса и состоял в родстве с Марией, так что Мессия был потомком Давида и по закону, и по плоти. Пробуют также согласовать различие между обоими родословными указаниями на еврейские законоустановления относительно брака и т.п. (См. “Салафиил”; срав. Зах. 12:14; Лук. 3:23, 38). Родословия евреев, которые, по Иосифу Флавию, тщательно велись вплоть до его времени, исчезли с прекращением существования еврейского народа, как нации; следовательно теперь никто из них не мог бы доказать, что он Мессия, сын Давидов.

Мелхиседек известен нам, как не имевший родословия (Евр. 7:3) и потому он не мог бы доказать своих прав на священническое звание (срав. Езд. 2:62). Его священство было высшего порядка, по сравнению с еврейским. Ср. “Мелхиседек”.

Рожки (Лук. 15:16), — плоды одного высокого дерева, растущего в Сирии и Малой Азии, из семейства ceratonia siliqua, с темнозелеными листьями и красными кистями цветов. Рожки, т.е. одеревенелые стручки сладковатые и терпкие на вкус, от 15-20 см в длину и шириною в 4 см., служили пищей для скота и бедняков. В Палестине и теперь еще едят эти рожки. По преданию Иоанн Креститель питался этими стручками, отчего и само дерево названо Иоанновым хлебным деревом.

Рожон. См. “Плуг”.

Роса — евр. таль.

Роса в Палестине и других странах востока весьма обильна, она особенно драгоценна для урожая в то время, когда совсем не бывает дождей или их выпадает слишком мало. Обильная роса Ермона в Псл. 132:3 есть символ благословения, братского общения. Маундрелл рассказывает, что палатки путешественников раскинутые на горах Фаворе и Ермоне утром были так мокры от росы, как будто всю ночь шел дождь. (Срав. Суд. 6:38; Песн. П. 5:2). Небесная роса воспевается, как драгоценный Божий дар (Быт. 27:28; Иов. 29:19; Зах. 8:12) и упоминается часто в символическом значении (2 Цар. 17:12; Ос. 14:6; Мих. 5:7).

Рост. См. “Заем”.

Рош, северный народ, упоминаемый вместе с Мешехом и Фувалом (Иез. 38:2, 3; 39:1).

Рувим — **Реувéн.**

Рувим, т. е. вот сын, первородный сын Иакова от Лии (Быт. 29:32). Он имел больше сострадания к Иосифу, нежели его братья (Быт. 37:21 и дал.; Срав. Быт. 42:22, 37). Рувим спал с Валлою, наложницей своего отца и потому лишился своего первородства (Быт. 35:22; 49:3 и дал.; 1 Пар. 5:1).

Рука — евр. яд.

Рука часто обозначает крепость и могущество. Быть в чьей-нибудь руке означает зависеть от кого-нибудь (2 Цар. 24:14). “Поднимать руку” обозначает клятву или выражение благоговения (Втор. 32:40; Псл. 133:2; 140:2). Некоторые выражения о руке понятны сами собой “Правая рука” или правая сторона (одесную) обозначала почесть и могущество (Псл. 15:8; 44:10; 109:1; Мат. 26:64; Кол. 3:1). В географическом отношении правою рукою обозначался юг и левою север, потому что, называя страны света, представляли себя обращенными к востоку; см., например, Быт. 14:15, где “левая сторона Дамаска” то же, что “к северу от Дамаска”; и 1 Цар. 23:19 “направо от Иесимона”, — т.е.

"к югу и т.д. О наполнении рук см. "наполнение".

Рума. См. "Арума".

Рута (Ruta graveolens), пряное растение горького вкуса, которое прежде употребляли, как лекарство; из его урожая фарисеи давали десятину (Лук. 11:42).

Руф — христианин в Риме, которого приветствует Павел. Вероятно, его мать относилась к Павлу с особым доброжелательством, ибо Павел называет ее "его и моя мать" (Рим. 16:13). М.б., это тот Руф, который по Мар. 15:21 был сыном Симона Киринеянина.

Руфь — Рут.

Руфь, моавитянка, жена Махлона, который вместе с братом Хилеоном последовал за своими родителями Елимелехом и Ноеминью из Вифлеема в землю моавитскую, во времена судей, по причине голода (Руф. 1:1), приблизительно, за 100 лет до Давида (Руф. 4:17 и дал.). Когда Носминь, 10 лет спустя, похоронивши своего мужа и двух сыновей, решила возвратиться в Иудею, Руфь последовала за ней, сказав: "народ твой будет моим народом и твой Бог моим Богом" (1:16); ибо она обратилась к Богу Израилеву, чтобы "успокоиться под Его крылами" (2:12). Через некоторое время, когда Руфь вышла собирать колосья, Господь привел ее на поле богатого Вооза. Ее скромность и преданность своей свекрови привлекли его внимание. Будучи дальним родственником ее свекрови, Вооз женился на ней; от нее родился Овид, отец Иессея, от которого родился Давид. Итак, моавитянка Руфь сделалась праматерью Христа (4:10; Мат. 1:5).

Ручеек. Еврейское слово "нахаль" и арабское "вади" не всегда обозначают постоянно текущую воду. В Библии это слово часто понимается как русло, которое только временами наполняется водой. В узких ущельях или ложбинах в период дождей вода бежит с дикой всеразрушающей силой, почему Давид и называет свои искушения "потоки беззакония" (Псл. 17:5). Но летний зной скоро иссушает обильные водой потоки (символ неверных друзей; Иов. 6:15 и дал.). Таково большинство потоков в Израиле; за исключением Иордана и Леонтеса, летом все они или совсем высыхают или становятся маленькими ручейками, скрытыми от взора густым кустарником (Срав. 4 Цар. 5:12).

Рыба — евр. даг; даяги́м.

Рыба и рыбаки. Рыба была обычной пищей евреев (Мат. 7:10). Много рыбы водилось в реке Ниле (Лев. 7:18 и дал.; Чис. 11:5), также в Тивериадском озере; в последнем до сих пор ловится много рыбы (Лук. 5:6; Иоан. 21:6 и дал.). В Иерусалим привозили рыбу также из Средиземного моря

На рассвете рыбаки Галилейского моря чинят свои сети.

(Неем. 13:16). Одни из ворот Иерусалима назывались Рыбными (Неем. 3:3). По закону, все рыбы признавались чистыми, кроме тех, которые были лишены чешуи и плавников (Лев. 11:9 и дал.). Рыбу ловили на крючки (Ам. 4:2), острогами (Иов. 40:26) или сетями (Еккл. 9:12; Срав. Ис. 19:8). О рыбаках часто говорится в Библии, и некоторые из апостолов занимались этим ремеслом, пока Христос не сделал их "ловцами человеков" (Мат. 4:18 и дал.).

У народов древности некоторые рыбы считались символом плодородия и признавались священными. Истуканам, изображенным в виде рыб, воздавались божеские почести. Срав. "Дагон", "Аскалон". В Втор. 4:18 воспрещено поклоняться изображениям рыб.

Рыболов — баклан, евршада́х.
Рыболов (Лев. 11:17; Втор. 14:17) — согласно закону, нечистая птица. Получила название от того, что она стрелою бросается со скалы в воду на рыбу и ныряет на значительную глубину за своей добычей. Эта птица водится в большом числе на морских берегах Палестины, у Геннисаретского озера и у Иордана.

Рыжая телица. Для оскверненных прикосновением к могиле или мертвому телу предписывалось по Чис. 19 особенное очищение. Рыжая телица без порока, не носившая ярма, закалывалась в жертву за грех. Священник кропил ее кровью по направлению к святилищу 7 раз, после чего телица с кусками кедрового дерева, иссопом и нитью из червленой шерсти целиком сжигалась. Пепел телицы хранился на чистом месте вне стана для очистительной воды (Чис. 19:9), для приготовления которой пепел размешивали в сосуде с проточной водой. В эту воду погружали пучек иссопа, которым и кропили оскверненного, а также тот дом, где находился умерший и всю его утварь (Чис. 19:18). Срав. молитву Давида (Псл. 50:9) с посланием к Евр. 9:13 и дал. Замечено, что это единственная жертва, где обращено внимание на масть жертвенного животного; может быть, масть телицы была символом красного, как кровь, греха (Ис. 1:18); думают, что это символ жизни, которая предается на смерть для того, чтобы победить силу смерти. "Но даже Соломон не знал определенно причины этого" (цвета), — говорят раввины.

Некоторые виды рыб Геннисаретского моря.

С

Сава (Ис. 60:6). См. "Шева 3".

Саваоф — Цваóт.

Саваоф, т.е. войскá (множественное число от "цава"), слово, которое употребляется для обозначения войск, например, в Исх. 6:26; Чис. 31:53 (евр.). Этим словом именуются, во-первых, "небесное воинство" — планеты и ангелы (Втор. 4:19; 17:3; Дан. 8:10; 3 Цар. 22:19; 2 Пар. 18:18; срав. Ис. 24:21), где, может быть, имеются ввиду великие духовные силы "воинство, выстроенное на высоте", в противоположность "царям земным на земле". Господь небесного мира и мира духов часто называется Иегова Саваоф (Адонай Цваот), т.е. Господь воинств (1 Цар. 1:3; 17:45; Псл. 58:6; Ис. 18:7; Иер. 15:16; Ос. 12:5; Иак. 5:4), и особенно у пророка Захарии.

Савей — Шева.

Савей, сын Бахри, вениамитянин, который после смерти Авессалома поднял восстание против Давида и поплатился головой (2 Цар. 20).

Савейские пути (Иов. 6:19). См. "Шева 3".

Савея, Сава и Савейцы. См. "Сева".

Савл из Тарса (Деян. 9:4, 17). См. "Павел".

Савта и Савтеха — третий и пятый сыновья Хуша (Быт. 10:7); племена в Аравии и Персии.

Савтеха. См. "Савта".

Савхея (Шух), родина Виллада (Иов. 2:11).

Саддукеи. Партия в Иудее во времена Иисуса Христа (Мат. 3:7; 16:1, 6, 11, 12; 22:23; Мар. 12:18; Лук. 20:27; Деян. 4:1; 5:17; 23:6-8); в противоположность фарисеям, они, по словам Иосифа Флавия, отвергали предание старцев и придерживались только закона Моисеева. Они особенно подчеркивали свободную волю человека. Время возникновения этого учения, по Иосифу Флавию, относится к 145 г. до Р.Хр. Из Нового Завета видно, что саддукеи отвергали воскресение мертвых, существование ангелов и духов (Мат. 22; Лук. 12; Лук. 20; Деян. 23). Мнение, что будто бы они признавали из всего Ветхого Завета только 5 книг Моисеевых, ничем не подтверждается. Правда, они твердо стояли на основании откровения (Св. Писания), в противоположность фарисеям, придерживавшихся также человеческих установлений, но, вероятно, из чувства оппозиции, отвергали часть того, чему учило Св. Писание. В отношении к язычникам они были более терпимы, чем фарисеи и более склонны к уступкам властям. Они имели своих сторонников, главным образом, среди высших классов общества, тогда как фарисеи больше влияли на низшие слои населения. Саддукеи в особенности опирались на своих единомышленников в первосвященническом роде, так что, по Деян. 5:17, сторонники первосвященника были заодно с партией саддукеев. Следовательно, не без основания их называли чем-то вроде аристократии среди священников. Так как первосвященнический сан со времени Соломона перешел к роду священника Садока — того Садока, который остался верным Давиду и Соломону (См. "Садок") — то в имени Садок нашли естественное объяснение названия саддукеи, т.е. сторонники рода Садока или первосвященнического рода. Менее удачна попытка объяснить происхождение этого слова от одного раввина Садока или от слова "цадик", т.е. праведный.

Сад Уззы, место, где были погребены Манассия и Аммон, близ дворца Манассии (4 Цар. 21:18-26).

Садок, один из предков Иисуса (Мат. 1:14).

Садок — Цадóк.

Садок, т.е. праведный. 1) Первосвященник во время Давида (2 Цар. 8:17; 20:25), сын Ахитува, из линии Елеазара. Когда Давид бежал от Авессалома, он хотел сопровождать его с ковчегом завета, но Давид понудил его возвратиться в Иерусалим, откуда он поддерживал связь с царем (2 Цар. 15:24 и дал.). Когда Авиафар помагал Адонии, Садок стоял на стороне Соломона (3 Цар. 1:7 и дал.); который и поставил его единственным первосвященником (3 Цар. 2:35; 1 Пар. 29:22). Благодаря этому, первосвященническое служение перешло от рода Ифамара к роду Елеазара (3 Цар. 2:27; 1 Пар. 6:4 и дал.; ст. 50 и дал.; 24:3, 6, 31); хотя Авиафар, повидимому, носил тот же титул (3 Цар. 4:4).

Род Садока процветал затем долгое время (2 Пар. 31:10). Из потомков его самым знаменитым был Ездра ((Езд. 7:1 и дал.). "Сыны Садока" упоминаются как священники в новом храме, который описывает Иезекииль (Иез. 40:46; 44:15; 48:11).

2) Отец Иеруши, матери царя Иоафама (4 Цар. 15:33; 2 Пар. 27:1).

3, 4) В Неем. 3:4, 29 говорится о двух человеках с именем Садок, которые строили стены Иерусалима.

5) Один из тех, которые подписали завет с Богом (Неем. 10:21).

6) Законник, верный человек, на которого была возложена обязанность раздавать питание братьям-левитам (Неем. 13:13).

Сады с плодовыми деревьями (Лев. 19:23), как-то: гранатовыми, фисташковыми, масличными деревьями и виноградными лозами (Песн. П. 6:11); огороды с ароматными травами:

нардом, шафраном, миррой и алоэ (Песн. П. 4:13 и дал.), овощные сады с полезными для хозяйства овощами (3 Цар. 21:2), упоминаются часто в Писании как символ благословения и покоя (Иер. 29:5; Ам. 9:14; Лук. 13: 19). Конечно, насаждать сады было удобно у какого-либо источника; за неимением такового приходилось выкапывать водоемы или проводить водопроводы. Валаам уподобляет Израиля садам при реке (Чис. 24:6), и благословение праведника изображается в Ис. 58:11 в виде сада, напоенного водой; в противоположность этому, сад без воды является символом бедствия и смерти (Ис. 1:30).

Под тенью деревьев наслаждались отдыхом и уединением (3 Цар. 4:25; Иоан. 1:48; 18:1); в садах находились также семейные могилы (4 Цар. 21: 18, 28; Иоан. 19:41); в тени садов идолопоклонники совершали свои мерзости (3 Цар. 14:23; 4 Цар. 16:4; Ис. 1:29; 65:3; 66:17; Иер. 2:20; 3:6). Когда созревали плоды, то надзор за садами поручался особым сторожам, которые ставили там свои шалаши (Псл. 1:8; Иер. 4:17; Иов. 27: 18).

Богатые люди и цари разбивали роскошные сады и парки, занимавшие большие площади. Екклезиаст или проповедник рассказывает, что он "устроил сады и рощи, и насадил в них великие плодовитые дерева; сделал себе водоемы для орошения из них рощ, произращающих деревья" (Еккл. 2:5, 6). Таков был, вероятно, царский сад близ Силоама, недалеко от Иерусалима (4 Цар. 25:4; Иер. 39:4; Неем. 3:15) и сад при дворце в Сузах (Есф. 7:7 и дал.).

Садом называется первое место жительства человека в Едеме (Быт. 2:8). От этого Божьего сада взяты иносказания в Иез. 28:13; 31:4 и дал.; конечная слава изображается также как жизнь в раю (Отк. 2:7; 22:1 и дал.).

Сала (Шелах), отец Евера (Быт. 10:24; Лук. 3:35).

Саламин, греческий портовый город на восточном берегу острова Кипра, в котором благовествовали Павел и Варнава (Деян. 13:5). Во время Константина Великого он был разрушен землетрясением, но потом снова был отстроен и получил название Констанции.

Салафиил — Шалтиэль.

Салафиил, отец Зоровавеля из царского рода Давида (Езд. 3:2; 5:2; Агг. 1:1). По Мат. 1:12 и 1 Пар. 3:17 он был сыном Иехонии, следовательно, потомком Давида по линии Соломона, но по Лук. 3:27 он был сыном Нирия, т.е. потомком Давида по линии Нафана (31 ст.); к этому надо добавить, что в 1 Цар. 3:19, Зоровавель называется сыном Федаии, брата Салафиила. Эту разницу объясняют согласно Втор. 25:5, но во всяком случае, Салафиил и сын его Зоровавель, являются законными наследниками имени и престола Давидова.

Салим (Шале́м). 1) Царский город Мелхиседека (Быт. 14:18; Евр. 7:1); может быть, тот же, что и

2) Салим (Псл. 75:3) — одно из названий Иерусалима.

Салим. См. "Елим".

Салман — Шалман (Бет Арвель).

Салман, царь или военачальник, который разрушил город Бет-Арбол (Ос. 10:14). Можно предполагать, что его имя является сокращением имени Салманассар; тогда оно указывает на "Салманассара" IV. Шрадер упоминает об одном моавитском царе, "Саламану", который — по данным памятников — был обложен данью Феглафелласаром II.

Салман. См. "Заввей".

Салманассар — Шалманэсер.

Салманассар (ассир. Салману, т.е. Салман милостив), ассир. царь, который обложил израильского царя Осию данью. Но когда Осия стал искать союза с Египтом, то Салманассар взял его под стражу и заключил в темницу. Потом Салманассар покорил Самарию и переселил израильтян в Ассирию в 721 г. до Р.Хр. (4 Цар. 17:3 и дал.; 18:9 и дал.). Предполагают, что пророчества Исаии (гл. 10; 15; 16; 23) имеют ввиду этого Салманассара, четвертого Ассирийского царя с этим именем, именно, Салманассара IV. Время его царствования, судя по памятникам, относят к 727-723 годам до Р.Хр. На этих памятниках описывается также его поход на Самарию, хотя взятие ее приписывают его преемнику — Саргону, который в своих записях упоминает об этом, как о своем первом военном подвиге.

Среди развалин Ниневии найден замечательный памятник, относящийся ко времени другого ассирийского царя, Салманассара II (около 858-824 гг.), а именно: обелиск более 20 метр. высоты из черного мрамора, покрытый со всех сторон рисунками и надписями, который хранится в Британском музее в Лондоне. Один из рисунков изображает человека, который приветствует царя земным поклоном, изъявляя ему покорность, и подносит множество драгоценных даров, которые несет длинный ряд пленников, или слуг, с трудом передвигающихся под тяжестью корзин, тюков, металлических прутьев и т.д. Рисунок поясняется надписью, следующего содержания: "Царь от Ииуя, сына Амврия (по ассир. Мадату са Иахуа хабал Хумри и т. д.); серебряные прутья, золотые прутья, золотые блюда, золотые ложки, золотые чаши, золотые черпаки, свинец в плитках, рабы для царя, копья; я принял это". Из 4 Цар. 10:32 и дал. мы узнаем, что сирийский царь Азаил вел войну с Ииуем, царем израильским, по всей вероятности, Ииуй стал искать тогда помощи у могущественных ассирийцев и послал к их царю посольство, какое изображено на рисунке. Окружанный своими придворными, гордый монарх принимает смиренно преклоняющихся посланников, фигуры которых представляют для нас большой интерес, так как этот рисунокявляется самым древним памятником, изображающим людей, принадлежащих к избранному Богом народу.

Салпаад — Цалафха́д.

Салпаад, сын Хефера, умер в пустыне, оставив после себя пятерых дочерей, но ни одного сына, что и послужило поводом к установлению закона, по которому, в подобных случаях, наследство получали дочери (Чис. 26:33; 27:1 и дал.; И. Нав. 7:3 и дал.). К этому прибавилось затем установление, по которому дочерям в подобных случаях, нельзя было выходить замуж вне своего колена; поэтому дочери Салпаада вышли замуж за своих двоюродных братьев, и остался удел их в колене, в племени отца их (Чис. 36:10 и дал.; Срав. 1 Пар. 23:22).

Салха, город в южном Васане, который предназначался в удел колену Манассиину (Втор. 3:10; И. Нав. 12:5; 1 Пар. 5:11). Он существует до сих пор под именем Салкат, к югу от Авранской горы, в расстоянии 100 километров к востоку от Иордана. Там найдены значительные развалины дворцов и пр.

Салмон. 1) 1 Пар. 2:11; Руф. 4:20; Мат. 1:4, 5; Лук. 3:32), сын Наассона, князь из колена Иудина, который женился на Рахаве и от нее родил Вооза.

2) Одна из стоянок израильтян (Чис. 33:41) к востоку от Едома.

Салмона-мыс на северо-восточном берегу острова Крита (Деян. 27:7).

Саломиф* — Шломи́т (Дивра́).

Саломиф, дочь Давриина из колена Данова, жена египтянина. Ее сын хулил Господа. После особого откровения Божия Моисею относительно хуления и наказания за это, преступник был побит камнями (Лев. 24:10 и дал.).

Саломия, жена рыбака Зеведея, мать апостолов Иакова и Иоанна. Она была одною из тех женщин, которые как при жизни, так и после смерти Иисуса Христа, оставались Ему верными (Мар. 15:40; Мат. 27:56). Она была той женщиной, которая просила Иисуса о почетных местах для своих двух сыновей в Его Царствии (Мат. 20:20 и дал.). Из Иоан. 19:25 и Мат. 27:56 некоторые предполагают, что она была сестра матери Иисуса (См. "Мария 3").

Самария (евр. Шомрон). 1) Гора с округленной вершиной, около 120 метр. высоты, в средней Палестине, в северо-западном направлении от Наблуса, около 50 км к северу от Иерусалима. Она у Ам. 4:1 названа "горой Самарийской". Эта Самария принадлежала какому-то Семиру, который продал ее израильскому царю Амврию, построившему на ней свою новую столицу Самарию. Эта гора, величественно возвышающаяся над плодородной долиной, называется в Ис. 28:1 "венком гордости пьяных Ефремлян".

2) Город Самария построен Амврием около 923 г. до Р.Хр., через 6 лет после разрушения Фирцы, — прежней столицы северного царства (3 Цар. 16:24). В качестве таковой она часто упоминается вместе с Иеруса-

Вид на город Самарию из дороги Сихем.

* Это имя не упоминается в русской Библии.

лимом (Иез. 16:46 и дал.; Мих. 1:1, 5) и клеймится за служение Ваалу (3 Цар. 16:32; 4 Цар. 10:17 и дал.; Иер. 23:13). Но и в этой столице выступали пророки Господни: Илия (3 Цар. 18:1 и дал.), Елисей (4 Цар. 6: 32; 7:1) и Осия (7:1; 14:1). Самария переносила тяжести осады со стороны сириян (3 Цар. 20; 4 Цар. 6:24 и дал.), особенно в последний раз, когда осажденные претерпели ужасный голод. Наконец, после трехлетней осады город был взят ассирийцами в 721 г. до Р.Хр., когда и пало царство Израильское (4 Цар. 17:1 и дал.). Самария все-таки не была совершенно уничтожена (она снова упоминается в Иер. 5 гл.), но была заселена выходцами из Ассирии (4 Цар. 17:24). Затем она была взята Александром Великим, который переселил туда сирийско-македонских колонистов. Император Август подарил этот город Ироду Великому, который украсил его и назвал в честь кесаря "Себасте" (по-гречески — "Августа"). Он лежит в расстоянии 7,5 км к северо-западу от Сихема или Наблуса, с многочисленными развалинами, свидетельствующими о минувшей славе.

Местоположение Самарии, на живописном холме, возвышающемся среди широкой долины — весьма выгодно в военном отношении. Если город был укреплен, то он, по способам ведения войн того времени, был неприступен. Долина, окружающая город, заканчивается четырьмя возвышенностями, по одной с каждой стороны, на которых расположены террасы, засаженные хлебными злаками, фигами, оливами и т.п. — точно так же, как и сама долина.

Убожество городка при рассматривании его издали — теряется, и, благодаря красивому местоположению и живописным развалинам, оно представляет восхитительный вид.

На возвышенном месте городка расположено открытое гумно. Тут же поблизости возвышается множество колонн, — печальных свидетелей минувшего величия. По всей вероятности, это остатки великолепного храма, который был построен Иродом Великим и посвящен Августу. Вид этого холма вызывает в памяти пророчество: "Я сделал Самарию грудою развалин, обнажу основания ее" (Мих .1:6).

В Иез. 16:53, 55 Бог обещает, что, в конце концов, Самария и ее дочери возвратятся "в прежнее свое состояние".

По городу Самарии это название с древних времен было дано и его окрестностям, так что впоследствии часто говорится о городах самарийских (3 Цар. 13:32; 4 Цар. 17:24). С течением времени слово Самария стало обычным названием середней Палестины и в Новом Завете мы часто читаем о Самарии, как об одной из трех провинций Палестины, находящуюся к западу от Иордана, между Галилеей на севере и Иудеей на юге (Лук. 17:11; Иоан. 4:4); она, благодаря смешанному с язычниками населению, была презираема иудеями (См. "Самаряне"), но евангельская весть и здесь достигла слуха людей и в самом начале христианской эпохи в Самарии уже основались церкви (Деян. 8:1, 25; 9:31; 15:3).

Природа Самарии гораздо мягче и не так скудна, как природа Иудеи: растительное царство более разнообразно и роскошно; в некоторых местах путешественник поражается заросшими лесом холмами, цветущими лугами и шумными потоками."Иосиф — отросль плодоносного дерева над источником" (Быт. 49:22). Самария была той самой областью, которая была отдана сыновьям Иосифа, колену Ефремову и Манассиину. Срав. "Сарон" и "Сихем".

Когда евреи, возвратившись из Вавилонского плена, начали строить храм, самаряне снова выступили противниками колен Иудина и Вениаминова (Езд. 4:1). Они сперва хотели принять участие в работах, но, когда их предложение было отвергнуто, стали делать все возможное, чтобы воспрепятствовать постройке храма (Езд. 4:1 и дал.), а также и укреплению Иерусалима во времена Неемии (Неем. 4). После этого самаряне еще более отошли от израильского народа и образовали особое религиозное общество. На горе Гаризим близ Сихема они построили храм Иегове. По сведениям Иосифа Флавия, сын первосвященника Иоиады, Манассия, стоял во главе этого дела. Неемия прогнал этого человека от себя (Неем. 13:28). В этом храме, упоминаемом в 2 Макк. 6:2, было установлено особенное богослужение с приношением жертв. См. "Жертвоприношение на Гевале" (Втор. 27:4 и дал..; И. Нав. 8:30 и дал.). Из этого видно, что религия Иеговы постепенно вытесняла языческое мировозрение самарян. Они придерживались строго закона Моисеева и отвергали все позднейшие иудейские писания и установления, утверждая, что тот список книг Моисеевых, который был в их руках, вернее списка, имевшегося у евреев. Он отличался от иудейского, между прочим, тем, что в Втор. 27:4 было поставлено слово Гаризим вместо Гевал. Когда 200 лет спустя храм на Гаризиме был разрушен Маккавеями (около 129 г. до Р.Хр.), то это место продолжало оставаться священным для самарян (Иоан. 4:20). И до сего дня небольшой остаток самарян собирается на горе Гаризим, чтобы праздновать установленные законом Моисеевым праздники по обычаю отцов.

О розни, которая существовала между иудеями и самарянами во времена Нового Завета, свидетельствуют некоторые места в Евангелии. На самарян смотрели, как на пришельцев из иноплеменников (Лук. 17:16 и дал.). Когда Иисус намеревался отправиться в Иерусалим, самаряне Его не приняли (Лук. 9:52 и дал.); поэтому ученики хотели свести огонь с неба, чтобы истребить их. Назвать кого-либо самарянином считалось тяжким оскорблением (Иоан. 8:48). Поэтому евреи избегали всякого общения с ними (Иоан. 4:9). Иисус также, посылая в первый раз своих учеников на проповедь, не велел им ходить в самарянские города (Мат. 10:5), и когда Он, наконец, послал их при Своем отшествии проповедывать Евангелие, то поставил Самарию в третью очередь, после Иерусалима и Иудеи (Деян. 1:8).

Сами же самаряне хвалились своим израильским происхождением. По словам Иосифа Флавия, они, смотря по обстоятельствам, выдавали себя то за тех, то за других. Женщина самарянка в Иоан. 4 гл. сказала: "наш отец Иаков". Спасающая благодать Божия сначала приобрела несчастную женщину у колодца Иаковлева, а через ее свидетельство также и другие, ожидавшие спасения, души (4:39 и дал.); после же вознесения Христова множество самарян уверовало в Него (Деян. 8:1, 25; 9:31; 15:3).

И теперь еще существует в Наблусе, прежнем Сихеме, маленькая самарянская община, члены которой, хотя и говорят по-арабски, но как великую святыню хранят свою самарянскую рукопись пятикнижия Моисеева, о которой утверждают, что она написана Финеесом, сыном Елеазара. Это самарийское пятикнижие, которое известно в Европе с 1616 года, содержит пять книг Моисеевых на еврейском языке, написанных самарянскими письменами. Впоследствии найдено несколько копий с этого самарянского текста, написанных на самарянском диалекте — смешанном еврейско-арамейском языке. Туда включена также так наз. "Книга Иисуса Навина", которая содержит много очевидной лжи. Самарянское пятикнижие в особенности расходится с еврейским в летосчислении (хронологии).

Самаряне соблюдают очень строго закон Моисеев, особенно субботу, и презирают иудеев за их легкомысленное отношение к этому дню. Четыре раза в году, при чтении книги закона, они совершают торжественное восхождение на гору Гаризим, а именно: накануне Пасхи, когда они закалывают 7 пасхальных агнцев, в Пятидесятницу, в Праздник Кущей и в День Очищения. На горе, между прочим, они показывают место, где стояла скиния Завета; где Авраам намеревался принести Исаака в жертву и также камни, которые принес из Иордана Иисус Навин (И. Нав. 4) и которые, по их словам, останутся на горе до тех пор, пока придет "Вождь", ожидаемый Мессия.

Самаританский первосвященник выставляет рукописи Закона перед конгрегацией на горе Гаризим во время праздника пасхи.

Самаряне (4 Цар. 17:29), жители провинции Самарии, смешанный народ, большею частью, языческого происхождения, о котором говорится в 4 Цар. 17:24 и дал. После падения города Самарии в 721 г. до Р.Хр. и увода ее жителей в плен, ассирийский царь перевел людей из Вавилона, из Куты, из Аввы, из Емафа, и из Сепарваима, и поселил их в городах самарийских. По Езд. 4:2 это сделал Асардан, царь сирийский, наследник Сеннахирима. Подобная колонизация происходила и прежде; об этом свидетельствуют надписи на ассирийских памятниках, относящихся ко времени ассирийского царя Саррукина (биб-

Гостиница „Добрый Самаритянин", на пути между Иерусалимом — Иерихоном.

лейский Саргон), где он рассказывает о взятии Самарии, как о своем подвиге, а также упоминает и о переселении туда колонистов. Приводим его слова: "Я осадил и взял Самарию; 27.800 жителей я увел в плен; 50 колесниц я отделил, как свою царскую часть; место их (выселенных) я назначил для обитания жителям покоренных стран". Далее сказано ..."семь жителей вместе с их имуществами я перевел и поставил в земле Хатти (т.е. Израиль)... жителей Тасида, Ибадида... я покорил и оставшихся я переселил и позволил им жить в городе Самарии". Это является веским подтверждением библейского рассказа.

В 4 Цар. 17 рассказывается далее, что язычники, переселенные в города самарянские в начале не чтили Иеговы, за что Он посылал на них львов, которые умерщвляли их. И донесли об этом царю ассирийскому. Тогда он отдал приказ: "Отправьте туда одного из священников, которых вы выселили оттуда; пусть пойдет и живет там и он научит их закону Бога той земли". Один из выселенных из Самарии священников поселился в Вефиле и стал учить народ, как чтить Господа. Следствием этого явилось, что самаряне стали чтить Бога и продолжали служить своим идолам по обычаю тех народов, откуда они были выселены. "Дети их и дети детей их до сего дня поступают так же, как поступали отцы их".

Таким образом произошел самарянский народ, столь ненавидимый евреями. Из 4 Цар. 17 можно заключить, что он состоял почти исключительно из язычников, которые, благодаря еврейским законоучителям, усвоили некоторые черты еврейства. С другой стороны, предполагают, что Самарийский народ включал также рассеянные остатки 10 колен, которые остались в Палестине, о чем свидетельствуют некоторые места в Библии, как, например, остатки Израиля в земле Ефремовой и в Манассииной во время Иезекии и Иосии (См. 2 Пар. 30:6, 10, 18; 34:6, 9), также в Иер. 41: 5 говорится о 80 мужах из Сихема и Самарии, которые во время Вавилонского плена пришли в Иерусалим с жертвами и фимиамом.

Самгар-Нево, один из начальников у Навуходоносора (Иер. 39:3); по Шредеру — Сумгир-Набу, т.е. будь милостив, Набу".

Самегар (Шамгар), сын Анафов (Анатов), израильский герой во времена судей, который побил воловым рожном 600 человек филистимлян и считался спасителем израильтян (Суд. 3:31; 5:6).

Самей — Шемáя.

Самей, т. е. Бог слышит, — человек Божий, времен царя Ровоама. Он предотвратил войну между Ровоамом и отпавшими коленами израильевыми (3 Цар. 12:22 и дал.); проповедывал обращение к Господу и покаяние во время вторжения Сусакима в Иудею (2 Пар. 12:5 и дал.). Он оставил запись о царствовании Ровоама (12:15).

Самма (Шамá), один из братьев Давида (1 Цар. 16:9; 1 Пар. 2:13); назван также Самаем во 2 Цар. 13:3.

Самос — остров около берегов Малой Азии близ Ефеса. Он известен своим плодородием, глиняной посудой и храмом богини Юноны, остатки которого сохранились доныне. Павел останавливался в Самосе во время своего третьего миссионерского путешествия (Деян. 20:15).

Самофракия — остров в Эгейском море между Троадою и Македонией, прославившийся в древности своими религиозными представлениями (мистериями). Ап. Павел посетил этот остров во время своего второго миссионерского путешествия (Деян. 16:11).

Самсон — Шимшон, т. е. солнышко.

Самсон, последний судья в книге Судей, сын Маноя из колена Данова, рожденный по особому Божьему обещанию от жены, бывшей долгое время неплодной, и от утробы матери посвящен в назореи Господу (Суд. 13). В то время, когда израильтяне в течение 40 лет были под игом филистимлян, Господь воздвиг Самсона, чтобы он подвигами своей необыкновенной физической силы мог вредить врагам Израиля. На пути в Фимнафу, куда он шел для того, чтобы взять себе филистимлянку в жены, он растерзал молодого льва, который шел к нему навстречу; в трупе этого льва на обратном пути он нашел рой пчел

Самсон молотит в доме узников.

с медом. По поводу этого он задал филистимлянам загадку, и когда им с помощью его жены удалось отгадать ее, то он отдал проигранные в споре тридцать рубашек из тонкого полотна и тридцать перемен одежд (гл. 14). Когда после этого отец его жены отдал ее другому, то Самсон выпустил 300 лисиц с привязанными к хвостам факелами на жатву филистимлян и выжег ее. Филистимляне, со своей стороны, сожгли его жену и ее отца. Тогда он "перебил им голени и бедра (15:8) и пошел и засел в ущелье скалы Етама" в Иудее. Выданный иудеями филистимлянам, он разорвал веревки, которыми были связаны его руки, нашел ослиную челюсть и убил ею 1000 человек филистимлян (15:14, 15). После этого он почувствовал сильную жажду и воззвал к Господу, "и разверз Бог ямину в Лехе и потекла из нее вода" (15:18 и дал.). Однажды Самсон пошел в Газу и, увидев блудницу, вошел к ней. Филистимляне ходили кругом и подстерегали его всю ночь в воротах города, желая убить его. Когда он встал, то схватил створни городских ворот с обоими косяками, положил их на плечи и отнес на вершину горы, которая на пути к Хеврону (16:1 и дал.). Впоследствии он попал в сети филистимлянки Далилы, которая старалась узнать секрет его силы. С его слов, она связала его семью сырыми тетивами, потом семью новыми веревками, но он разорвал их; наконец, она воткала в ткань семь кос с его головы и прикрепила к колоде, но он выдернул ткальную колоду вместе с тканью. Она докучала ему до тех пор, пока не узнала от него тайну: "если же остричь меня, то отступит от меня сила моя" (16:17). Тогда она усыпила его на своих коленах и велела человеку остричь 7 кос его головы, и сила, действительно, отступила от него. Филистимляне взяли его, выкололи ему глаза, сковали его двумя медными цепями и приставили его молоть в доме узников. Между тем волосы на его голове начали отрастать. Некоторое время спустя филистимляне торжественно справляли праздник в храме своего идола Дагона и привели туда Самсона, чтобы забавляться им. Там он воззвал к Господу, сдвинул с места два средних столпа, на которых утверждалось все здание... "и обрушился дом на владельцев и на весь народ, бывший в нем, и было умерших, которых умертвил Самсон при смерти своей, более, нежели сколько умертвил он в жизни своей". Судьею Израиля он был 20 лет (16:21 и дал.). Он упоминается среди мужей веры (Евр. 11:32).

Самуил — Шамуэль.

Самуил, т.е. услышан Богом (испрошенный у Бога). 1) Сын Елканы и Анны, живших в Рамафаим-Цофиме, городе колена Ефремова. Его набожная мать, испросившая его у Господа, дала обещание посвятить его в назореи Господу; еще ребенком он был отведен ею в святилище в Силом, где вырос под наблюдением Илия и участвовал в служении при святилище (1 Цар. 1:2 и дал.). В юных годах он был призван Господом на служение посредством ночного видения, во время которого Господь открыл ему о наказании, ожидающем Илия и его дом (1 Цар. 3 гл.). Часто повторяющиеся от Господа откровения утвер-

Вечерний свет в горах Моав, вид из Иудейской пустыни, через северный конец Мертвого моря.

дили его призвание; и весь Израиль узнал, "что Самуил удостоен быть пророком Господним" (1 Цар. 3:20). После смерти Илия Самуил сделался судьею и, благодаря его влиянию, израильтяне уничтожили своих идолов (7:3 и дал.) и, собравшись на войну, поразили филистимлян (7:7 и дал.). Самуил судил народ во все дни своей жизни (7:15), из года в год он ходил и обходил Вефиль, и Галгал, и Массифу, и судил Израиля (7:16 и дал.). В Раме, его родном городе, Самуил построил жертвенник и исполнял обязанности священника, молился за народ и совершал жертвоприношения, хотя и не был священником (7:5 и дал.). Торжественное празднование Пасхи, которое устроил Самуил, жило в воспоминании летописцев еще несколько столетий (2 Пар. 35:18). При наступлении старости он поставил своих сыновей и Авию судьями над Израилем. Развращенность этих сыновей и страх народа перед аммонитским царем Насом заставили израильтян просить Самуила поставить им царя (1 Цар. 8:2 и дал.; 12:12). Такая просьба не понравилась Самуилу, однако Господь велел ему исполнить их желание, ознакомив предварительно народ с требованиями, которые царь имеет право предъявить к их личности и имуществу. Выслушав от Самуила "права царя" (8:9 и дал.), народ все-таки стал настаивать на исполнении своего желания. Тогда Самуил помазал над ними царем Саула, сына Кисова (1 Цар. 9:1, 10). Потом он созвал общенародное собрание в Массифе, где выбор Саула был утвержден (1 Цар. 10:20 и дал.). Самуил записал права царя в книгу и положил ее "пред Господом" (10:25). После победы Саула над аммонитянами Самуил еще раз утвердил посвящение нового царя торжественным жертвоприношением в Галгале (11:14 и дал.). Затем старец Самуил в торжественной прощальной речи подверг оценке свою неподкупною деятельностью по отношению к народу во все время руководства им от самой юности; предостерег их и нового царя от непослушания Богу; по их просьбе он обещал продолжать до своей смерти молиться за них и учить их доброму пути (12:1, 5, 19, 23). Во время царствования Саула Самуил являлся строгим опекуном царя: он обличал его за непослушание (1 Цар. 13:9, 13), за пощаду Агага и за амалекитянскую добычу (15:9, 25). Когда Самуил едва не упал духом, наблюдая заблуждения царя Саула, Господь послал его помазать царем Давида вместо Саула (16:1 и дал.). Самуил продолжал свою пророческую деятельность в Раме, где ему пришлось принять один раз бежавшего Давида (1 Цар. 19:18 и дал.). Когда он умер, все израильтяне собрались оплакивать его и похоронили его в Раме, в его доме (1 Цар. 25:1). Несчастный Саул искал свидания с ним после его смерти, при помощи волшебницы в Аэндоре (1 Цар. 28 гл.).

Память пророка Самуила свято чтилась в Израиле. Современники называли его "мужем Божиим", "человеком уважаемым", обращались к нему, как к прозорливцу, чтобы через него вопрошать Бога (1 Цар. 9:6 и дал.). В Псл. 98:6 и Иер. 15:1 он упоминается рядом с Моисеем и Аароном, и в Деян. 3:24; 13:20 он называется пророком (Срав. Евр. 11:32. По I Пар. 26:28 он посвятил различные дары для дома Господня и по 1 Пар. 9:22 он вместе с Давидом поставил привратников у дверей святилища.

Самуил является основателем и руководителем пророческих школ, что видно из 1 Цар. 10:5; 10:20; кроме того он оставил исторические записи о делах Давида (1 Цар. 29:29).

О старости Самуила и о числе лет его деятельности, Священное Писание ничего не говорит. Из того, что он был в преклонных годах при воцарении Саула (1 Цар. 8:1) и что прожил значительную часть сороколетнего царствования Саула, видно, что он дожил до глубокой старости. По Иосифу Флавию, Самуил до воцарения Саула был судьею только 12 лет.

Санаваллат (Неем. 2:10), противник Неемии, который вместе с Товией, аммонитским рабом, и другими врагами Израиля всеми способами стремились препятствовать восстановлению стен и храма (Неем. 6:3 и дал.). Зять его был из первосвященнического рода (Неем. 13:28).

Сандалии. См. "Одежда".

Сапфира. См. "Анания (1)".

Саранча, теперь, как и раньше, является тяжким бедствием в странах Востока. Еврейская Библия упоминает много различных названий этого насекомого; некоторые из них, вероятно, обозначают только различные виды одной и той же породы. В Лев. 11:22 названы четыре различные съедобные породы этих насекомых: "арбе", "солам", "харгол" и "халав" — саранча, солам, харгол и хагаб (русск. Библия). Переходы и перелеты роев саранчи описываются, как руководимые Богом и употребляемые Им для наказания народов (Втор. 28:38; 3 Цар. 8:37; 2 Пар. 6:28). Нашествие саранчи было одной из египетских казней; она покрыла всю землю и пожрала всю зелень на земле и все плоды, которые уцелели от града (Исх. 10:14 и дал.). Лучшее описание этого насекомого и его всеистребляющей силы мы видим у прор. Иоиля 2: 3 и дал. Надо заметить, что те четыре рода насекомых, которые перечисляются у Иоил. 1:4 под названием "газам", и "арбе", "гелек" и "хазил" (гусеница, саранча: черви и жуки—русск. Библия)—вероятно, суть лишь различные породы саранчи; как известно, некоторые из них лишены крыльев. Следующие выдержки из записок Шоу (Shaw) и госп. Морье (Morier), подтвержденные Нибуром (Niebur), Бургардом (Burckhard) и др. путешественниками, дают нам наглядное освещение этих мест в Библии.

Саранча.

Др. Шоу так рассказывает о нашествии саранчи: "Тот род саранчи, который я наблюдал, был гораздо крупнее наших обыкновенных кузнечиков. Она имела крылья пятнисто-коричневого цвета, ноги и туловище были светложелтого цвета. Появилась она в конце марта с южным ветром. К середине апреля ее нагнало так много, что в полдень она собиралась большими тучами, летала по воздуху подобно темным облакам и, как говорит пророк Иоиль, "помрачала солнце". Когда начинал дуть ветер, эти тучи уносились, сменяясь другими. Это уяснило нам слова псалмопевца: "гонят меня, как саранчу" (Псл. 108:23). В мае месяце саранча постепенно удалилась в Метиах и другие соседние равнины, где она положила яйца. В июне, как только вывелся молодняк, каждый выводок соединялся в тесную прямоугольную колонну и шел прямым путем к морю, преодолевая все препятствия и не оставляя ничего на пути: она истребляла не только зелень, но даже объедала гранатовые деревья, пальмы, яблони и вообще все деревья (Иоил. 1:12). При этом она неотступно двигалась вперед, перелезая через все, что служило ей преградой на пути: стены или деревья, залезая в дома и спальни. Чтобы воспрепятствовать ее движению, копали ямы и канавы, которые наполняли водой или же накладывали в них вереск, сучья и другой горючий материал, который зажигали при приближении насекомых... Но напрасно: канавы скоро переполнялись и огонь тушился мириадами саранчи, вплотную следовавшей одна за другой. Через день или два появлялись новые полчища и, в свою очередь, пожирали то, что предыдущие оставили, например, кору деревьев и обглоданные веточки. Пророк справедливо сравнивает саранчу с войском и землю до ее появления с прекрасным садом, а после ее ухода — с пустыней".

Морье рассказывает следующиее: "11-го июня мы услышали из наших палаток странные звуки, напоминавшие шум отдаленной бури. Когда мы посмотрели на небо, то увидели огромную тучу, частью совершенно черную, распространявшуюся по всему небу и через некоторое время закрывшую солнце. Это была саранча, которая большими тучами спускалась на землю вокруг нас. Она была красного цвета. Мне представилось, что она была той же породы, что и саранча в Египте во время Моисея. Казалось, ее действиями управляла твердая воля и она продвигалась вперед, как сплоченное войско под предводительством начальника (Иоил. 2:7 и дал.)".

По закону, саранча принадлежит к чистым насекомым (Лев. 11:21 и дал.) и употреблялась в пищу бедняками (Мат. 3:4; русск. пер. акриды). До сих пор саранчу едят на Востоке и некоторые даже считают ее за лакомство. "Саранча продается нанизанной на веревочку на всех базарах в Аравии", говорит Нибур, от Баб-эль-Мандебского пролива до Басры. На горе Шамора я видел араба, набравшего полный мешок саранчи. Саранча приготовляется различным способом. Один араб в Египте, которого мы попросили при нас съесть саранчу, бросил горсть на угли и затем стал есть одну за другой, отрывая голову и ножки. Когда у арабов бывает много саранчи, то они сушат ее в печках или варят и едят с солью. Арабы в Марокко сначала варят ее, а потом сушат на крышах. На базаре продаются целые корзины такой саранчи.

На символическом языке саранча обозначает нечто незначительное: "Мы были в глазах наших пред ними, как саранча, такими же были мы и в глазах их" (Чис. 13:34). Живущие на земле — как саранча пред Богом (Ис. 40:22) и т.д. В Еккл. 12:5 говорится о признаках старческой слабости: "отяжелеет саранча" (по русск. Библии — кузнечик).

Саргон, ассирийский царь, который покорил Азот во время Исаии (Ис. 20:1). Кроме этого единственного места у Исаии, который упоминает о Саргоне для того, чтобы определить время одного высказанного им пророчества о Ефиопии и Египте, не было никаких сведений об этом ассирийском царе ни в Библии, ни во всемирной истории, так что ученые предполагали, что Саргон был другим именем Салманассара или Сеннахирима. Раскопки, произведенные в конце XIX века в древнем городе Ниневии, дали блестящее подтверждение слов Исаии. В Ниневии нашли не только имя Саргона, но и его изображение, его дворец и его хвастливые надписи. Библейский Саргон, современный пророку Исаии (759-698 гг. до Р.Хр.), есть Саррукин ассирийских памятников, преемник Салманассара и отец Сеннахирима, строитель северной Ниневии, Дур-Саррукина (т.е. дворец Саррукина, теперешний Хорсабад). По ассирийским записям царей, он царствовал с 722 по 706 г. до Р.Хр. Имя Саррукин обозначает или "царь-тверд", или "он (бог) утвердил царя".

Этот царь Саргон или Саррукин, о котором мир прежде ничего не знал, теперь является одной из самых ярких личностей древней Ассирии. Существуют подробные записи о пятнадцати годах его царствования и, кроме того, большое количество вещественных доказательств его могущества, художественного вкуса, подвигов, как, например, остатки стен, барельефы, колоссальные каменные быки, домашние сосуды и проч. Между прочим, найдена стеклянная фляжка, теперь сохраняемая в Британском Музее, вышиною в 3¼ дюйма, надписью "Гекал Саррукина", т.е. дворец Саргона. В Берлинском музее хранится обломок большой алебастровой вазы с такой же надписью. Среди надписей Саргона есть одна, которая особенно подтверждает указание Ис. 20. Саргон рассказывает в ней, что царь Азотский Ацур поднял против него восстание; поэтому он послал войска к Азоту, сверг Ацура с престола и поставил вместо него его брата Ахимета. Когда и этот через некоторое время был свергнут с престола Яманом, то Саргон сам выступил против Азота. Яман убежал в направлении Египта, а Мероэ (Ефиопия) страшилась могущества Ассирии. Из этой надписи видно, что восстание Азота имело связь с восстанием Египта; следовательно, с этим вполне согласуется то, что Исаия в тот самый год, когда Тартан, военачальник Саргона (см. "Тартан"), покорил Азот, получил повеление от Бога возвестить также Египту предстоящее покорение его Ассирией.

В Ис. 23:1 и дал. объявляется суд над Тиром, который тогда был осажден Салманассаром и Саргоном. Саргон повествует об этом на глиняном цилиндре в таких словах: "Сильный и желающий сражения, прошедший под парусами среди Эгейского моря, переплыв его подобно рыбе, я покорил землю Куй и город Тир (Сурри)". Эта надпись является хорошим пояснением к Ис. 23:5, где сказано, что Египет содрогнется, услышав весть о Тире, так как Египет в то самое время воевал с Ассирией.

Согласно клинописям, Саргон покорил также и Самарию. Он упоминает об этом, как об одном из своих первых подвигов. Библия приписывает этот подвиг его предшественнику Салманссару. Возможно, что Саргон совершил его в качестве военачальника Салманассара. См. "Салманассар".

Вскоре после окончания постройки

Один момент из жизни древней Палестины.

своего великолепного дворца Дур-Саррукин, Саргон, согласно записям на памятниках, умер насильственной смертью в 706 или 705 г. до Р.Хр. После него воцарился Сеннахирим.

Сардис — древняя столица Лидии, расположенная с северной стороны у подошвы горы Тмола, на берегах реки Пактола, богатой золотом. Этот город был известен своей безнравственностью и богатством (имя его последнего царя Крез сделалось нарицательным именем для имеющих огромное богатство). В настоящее время это захудалое местечко, называемое Сарт, населено преимущественно пастухами, хотя там проходит караванная дорога из Персии в Смирну. Среди развалин находятся две колонны, которые считаются остатками древнего языческого храма Кибелы. Землетрясения и войны уничтожили прежнее великолепие этого города. Церковь Сардисская, согласно Отк. 3:1, называла себя живой, будучи мертвой (Отк. 3:1 и дал.).

Сарепта — Царпата.

Сарепта (Лук. 4:26), где Илия жил некоторое время у вдовы (3 Цар. 17:9 и дал.), финикийский город (Авд. 20) у Средиземного моря, между Тиром и Сидоном в растоянии 21 км к северу от Тира. На этом месте сохранились остатки древних построек, саркофагов, т.е. надгробных памятников, могильных пещер и т.д. Между прочим, там находится небольшая, священная для магометан, могила, называемая могилой Илии. На горе над прибрежной равниной теперь расположено село с прежним названием — Сурафенд.

Сарецер вместе с Регем-мелехом и другими был послан из Вефиля в Иерусалим, чтобы вопросить Бога, нужно ли было соблюдать известный ежегодный пост (Зах. 7:2).

Сарон — Шарóн.

Сарон. 1) Равнина, прославленная за свою красоту и плодородие, расположенная вдоль берега Средиземного моря к югу от Кармила и простирающаяся от Кесарии до Иоппии и немного дальше ее (1 Пар. 27:29; Песн. П. 2:1; Ис. 33:9; 35:2; 65:10). В Деян. 9:35, вероятно, имеется в виду эта равнина или какая-нибудь ее часть близ Лидии.

Американец Томсон, который посетил эти места в 1831 г., описывает вид, открывшийся перед его глазами с башни в Рамле такими словами:

"Вся Саронская равнина от Иерусалимских гор до моря и от подошвы Кармила до холма Газы расстилается перед глазами, подобно раскрашенной карте, и чрезвычайно красива, особенно к вечеру, когда последние лучи заходящего солнца окрашивают далекие вершины гор, когда усталые люди возвращаются домой, после дневного труда, и блеющие стада спешат в свои загоны. В такое время я видел Сарон и оставался там, углубленный в размышления до тех пор, пока звезды не заблистали на небесном своде, и прохладные струи ночного ветерка не начали осаждать обильную росу на истомленную землю. О, какой рай был здесь, во времена Соломона, когда он в Иерусалиме воспевал лилии Сарона, и какое царство Божие на земле будет здесь, когда Тот, Который больше Соломона, будет сидеть на престоле Давида, отца Своего, ибо "во дни Его процветет праведник и будет обилие мира, доколе не престанет луна"(Псл. 71:7).

2) Окрестности Сарона, область принадлежавшая колену Гадову, к западу от Иордана (1 Пар. 5:16).

Сарра, жена Авраама, мать Исаака, называвшаяся первоначально Сарой (Быт. 11:29). По Быт. 20:12 она была сводной сестрой Авраама. Священное Писание повествует о ее красоте, которая ставила их обоих в затруднительное положение (Быт. 12:11 и дал.; 20:2 и дал.), о ее неплодности, которая очень печалила их и привела к тому, что Сара дала Аврааму в наложницы свою служанку Агарь, которую она затем должна была прогнать (Быт. 16:2 и дал.) и о ее сомнении, когда Бог обещал ей, 90-летней, сына (18:9 и дал.). При заключении союза обрезания ее имя было изменено из Сара (т.е. княжеская или сварливая?) в Сарра, т.е. княгиня (17:15). После рождения Исаака (21:2) она жила еще долго и умерла 127-ми лет в Хевроне, где и была погребена в Махпельской пещере (23:1-9). По иудейскому преданию, горе, вызванное предполагавшимся принесением в жертву Исаака, так подействовало на сердце старой матери, что она в скором времени умерла. Не только Авраам сильно горевал о Сарре (23:2), но также и Исаак (24:67). Сарра приводится в пример избрания благодати (Ис. 51:2) и силы веры (Евр. 11:11). В 1 Пет. 3:6 она выставляется, как послушная жена, и в Гал. 4:22, 26 она представлена, как символ свободного Вышнего Иерусалима, который — матерь всем нам.

Саруия — Церуя.

Саруия, родная или сводная сестра Давида (см. "Наас 2"), мать его военачальника Иоава, Авессы и Азаила (2 Цар. 2:18; 1 Пар. 2:16). Давид часто выражал свою тревогу относительно их дерзости и вспыльчивости, называя их "сыновьями Саруи" (2 Цар. 3:39; 16:10; 10:22).

Сатана, — евр. сатáн, т. е. противник.

1) Первоначально это слово упо-

треблялось в значении противника вообще. Так, например, в Чис. 22:22, 32 (евр. текст) говорится, что ангел Господень вышел против Валаама, как сатана, т.е. противник, чтобы свести его с этого злого пути. Также в 3 Цар. 5:4 (евр. текст) написано: “нет противника (сатаны) и нет более препон”. В этом смысле Иисус обратился к Петру (Мат. 16:23; Мар. 8:33). По всей вероятности, слово сатана имеет это же общее значение, также и в Псл. 108:6.

2) В более особом значении это слово употребляется в трех местах Ветхого Завета и часто в Новом Завете по отношению к самому упорному противнику Бога и всего доброго. Так, мы читаем в 1 Пар. 21:1, что сатана внушил Давиду исчислить народ (в параллельном месте 2 Цар. 24:1 сатана назван “гнев Господень”); в кн. Иова 1 и 2 гл. сатана выступает против Иова, и у пророка Захарии 3 гл. он является противником первосвященника Иисуса. Отк. 20:2 называет его драконом, древним змеем, который есть диавол и сатана. Иисус отогнал его от Себя, назвав сатаною (Мат. 4:10). По Лук. 10:18, Иисус видел сатану, спадшего с неба, подобно молнии. Может быть, эти слова указывают на изгнание бесов, или на первоначальное изгнание сатаны из мира света и истины (Иуд. 6; 2 Пет. 2:4). Но эти слова также можно понять, — и это всего вернее — как пророчество о конечном поражении, которое понесет сатана, когда Бог мира сокрушит его под ногами верующих (Рим. 16:20), в то время, когда он будет скован на тысячу лет (Отк. 20:2) и освобожден на малое время (Отк. 20:7), будет ввержен в озеро огненное (Отк. 20:10). До тех пор, пока это не сбудется, сатана действует всевозможными способами, чтобы удерживать людей во зле и препятствовать устроению Царства Христова. Он препятствует действию Слова Божия (1 Фес. 2:18), похищает посеянное в сердцах человеческих (Мар. 4:15), влагает в сердца злые планы и намерения (Деян. 5:3), искушает людей под видом ангела света (2 Кор. 11:14), вселяется внутрь их (Лук. 22:3) и мучает их болезнями и тому подобн. (Лук. 13:16), к чему некоторые применяют слова ап. Павла о предании сатане во измождение плоти для того, чтобы дух был спасен в день Господень (1 Кор. 5:5); и о предании Именея и Александра сатане, чтобы они научились не богохульствовать (1 Тим. 1:20). Сатанинскою синагогою (сборищем) называются такие люди, которые объединились на почве лицемерия и греха (Отк. 2:9; 3:9), такие, которые всецело отдали себя во власть сатаны (Отк. 2:13) и погрузились в глубины сатанинские (Отк. 2:24).

3) Сатаною Писание называет и подчиненных диаволу духов. Так, у Мат. 12:26 говорится, что сатана сатану не изгоняет (Мар. 3:23, 26; Лук. 11:18); во 2 Кор. 12:7 говорится об ангеле сатаны (Лук. 10:18). См. также Мар. 5:9; Еф. 6:12. Срав. “диавол”.

Саул (Шау́ль), т. е. испрошенный.

1) Саул из Реховофа, царь Едомский (Быт. 36:37).

2) Саул, первый царь израильтян, приблизительно 1095-1055 г. до Р. Хр. Его история изложена в 1 Цар. гл. 9-31. Он был сыном богатого вениамитянина Киса, красивый молодой человек, на голову выше всего народа. В сопровождении слуги он отправился на поиски ослиц своего отца. После тщетных поисков он намеревался вернуться домой, но слуга напомнил ему, что недалеко от этого места живет муж Божий Самуил. Последний только что собирался совершить жертвоприношение на высоте. Когда Саул пришел, то Самуилу было дано знать от Господа, что это тот, о котором он накануне получил откровение. Самуил успокоил Саула, сказав, что ослицы нашлись, посадил его на почетное место и дал лучший кусок, а на следующий день, наедине, помазал его на царство (1 Цар. 9:22 и дал.; 10:1), предсказав, что произойдет с ним на обратном пути и назначил с ним встречу в Галгале для совершения жертвоприношения. На обратном пути Бог дал Саулу новое сердце; Дух Божий сошел на него и он стал пророчествовать; люди, удивляясь, говорили: “неужели и Саул во пророках” (10:9 и дал.). Затем, в общенародном собрании в Масифе, он был указан Богом и избран царем; причем, пришлось его искать, так как он спрятался в обозе. Некоторые из народа с презрением отнеслись к нему, но он как бы не замечал этого (10:27 и дал.). После этого Саул возратился к своему обычному труду. Однажды, когда он шел позади волов с поля и услышал, что аммонитянин Наас угрожал жителям Иависа Галаадского позором и Израилю бесчестием, Дух Божий сошел на него, и он, созвав израильтян, поразил аммонитян. Народ после этого хотел, чтобы хулители новоизбранного царя были наказаны, но Саул не допустил этого, сказав: “в сей день никого не должно умерщвлять, ибо сегодня Господь совершил спасение в Израиле”. Отсюда все собрались в Галгал; там Саул был торжественно провозглашен царем; Господу принесли мирные жертвы, и была великая радость (11:5; 13:15). Спустя некоторое время (13:1)

филистимляне стали угрожать Израилю, собрав большие отряды войска в Михмасе. Саул тогда находился в Галгале и настоятельно желал выступить против врага, но ожидал Самуила, чтобы тот совершил жертвоприношение. Он ждал семь дней — время, назначенное Самуилом, но, не дождавшись прихода Самуила, сам принес жертву. Самуил пришел и объявил принесение жертвы Саулом неразумным поступком, за который Господь отвергнет его царство и найдет мужа Себе по сердцу Своему (13:8, 14). Между тем филистимляне были разбиты на голову, главным образом, благодаря храбрости Ионафана, сына Саула. Утомленный народ совершил грех: заколол животных из военной добычи, и ел мясо с кровью. Саул велел тогда принести животных и заколоть их перед ним, дабы не ели с кровью. Там он построил первый жертвенник Господу (14:31 и дал.). Когда после этого вопросили Господа о предположенном набеге на филистимлян ночью, то ответа не получили. Бросание жребия показало, что причина молчания Господа был грех Ионафана, который преступил повеление Саула ничего не есть до тех пор, пока враги не будут разбиты. Ионафан не слыхал заклятия отца и потому съел немного дикого меда в лесу. Он сознался в этом и Саул поклялся, что он должен умереть. Народ же заступился за Ионафана, и он был освобожден (14:24 и дал.). Со всеми окрестными врагами Израиля Саул воевал успешно (14:47), отличался на войне личной храбростью и обогащал дочерей народа (согласно песни Давида о нем 2 Цар. 1:22 и дал.) роскошными платьями и золотыми уборами.

Саул проявил ревность по Боге в том, что изгнал всех волшебников и гадателей из страны (1 Цар. 28:3).

Наконец, Саул получил повеление от Бога воевать с амаликитянами и не пощадить никого из них; но вместо того, чтобы исполнить волю Божию, Саул и народ пощадил царя Агага и самых лучших животных. В наказание за это Самуил вторично возвестил Саулу, что Бог отверг его "и обратился Самуил, чтобы уйти, но Саул ухватился за край одежды его и разодрал ее". Он просил Самуила ради народа и старейшин почтить его. Тогда Самуил возвратился с Саулом, и "поклонился Саул Господу". Самуил умертвил Агага и отошел от Саула навсегда (15:27 и дал.). Господь послал Самуила в Вифлеем помазать на царство Давида; исполнив это, он удалился в Раму. От Саула отступил Дух Господень, и возмущал его злой дух от Господа (16:14). К Саулу был приведен молодой Давид развлекать его игрою, и, когда он, взяв гусли, играл, отраднее и лучше становилось Саулу. После сражения с Голиафом Давид стал другом Ионафана и начальником военного отряда Саула (16:23; 17; 18:1, 5). Зависть все-таки не давала покоя Саулу. После победы Давида над филистимлянами Саул стал его бояться и постоянно искал его убить (18:12, 15, 29), так что он время от времени должен был убегать от него. Однажды Саул искал его в доме пророков в Раме, куда Давид убежал; там Дух Божий вторично сошел на Саула, и он пророчествовал перед Самуилом лежа неодетым всю ночь и весь день; по этому поводу опять начали говорить: "неужели и Саул в пророках" (19:23 и дал.). Уныние все-таки охватило его снова и ненависть к Давиду побуждала его на ужасные поступки, как убийство священников в Номве (22:16 и дал.). Он гонялся за Давидом по пустыне и пещерам. Убедившись в великодушии Давида, выразившемся в том, что он пощадил его жизнь, Саул со слезами исповедал свой грех и просил пощадить его потомство, когда Давид примет власть (24:17 и дал.; 26:21).

После смерти Самуила филистимляне, которые продолжали воевать с Израилем во все царствование Саула (14:52), расположились станом в Сонаме для решительного сражения, израильтяне же напротив них — в Гелвуе. Когда Господь не отвечал Саулу относительно сражения ни во сне, ни через урим, ни через пророков, то он нашел волшебницу в Аэндоре и просил ее вызвать Самуила (28:7 и дал.). Женщина увидела "как бы бога, выходящего из земли", и, когда Саул попросил описать его, то она ответила, что видит мужа престарелого, одетого в длинную одежду. Тогда Саул поклонился до земли и услышал вновь из уст Самуила суд отвержения: Израиль будет поражен филистимлянами, Саул со своими сыновьями на следующий день будут с Самуилом (т.е. умрут). Обессиленный царь упал на землю (он ничего не ел в течение суток). Волшебница подкрепила его со слугами пищей и в ту же ночь они ушли от нее (28:24 и дал.). На следующий день Саул во время сражения был смертельно ранен стрелой и, бросившись на свой собственный меч, умер (1 Царств 31:3 и дал). Амаликитянин, грабивший трупы, хвалился тем, что он нанес ему последний удар (2 Цар. 1:10). Филистимляне отрубили голову Саула и повесили его тело на стене Беф-сан. Но жители Иависа взяли тела Саула и трех его сыновей, убитых с ним, сожгли их и похоронили (1 Цар. 31:9

и дал.). Давид воспел печальную песнь о Сауле, и Ионафане, любезных и согласных в своей жизни, не разлучившихся и в смерти, бывших быстрее орлов, сильнее львов (2 Цар. 1:23).

Время царствования Саула не указано в Ветхом Завете; в Деян. 13:21, оно определяется сорока годами — число, которое также встречается у Иосифа Флавия. По мнению других, время служения Самуила и Саула в общей сложности составляет сорок лет.

Саф (1 Пар. 20:4). См. "Сафут".

Сафат (Шафа́т), отец Елисея (3 Цар. 19:16).

Сафатия (Шафа́тья), сын Давида и Авиталы (2 Цар. 3:4).

Сафут, филистимский великан, которого убил Совохай (2 Цар. 21:18); в 1 Пар. 20:4 он назван Сафом.

Сафьян, по-евр. "тахаш" — кожа, из которой израильтяне сделали верхнее покрывало для скинии и ее принадлежностей (Исх. 25:5; 26:14; Чис. 4:6 и дал.). У Иез. 16:10 упоминается обувь из сафьяна.

Сбор винограда — евр. бацу́р.

Сбор винограда, который наступал в сентябре-октябре (хотя уже в июле месяце можно было собирать зрелый виноград), был всеобщим праздником радости. Виноград собирали с пением и ликованием (Быт. 49:11; Суд. 9:27; Иер. 6:9; Отк. 14:18). Раньше, как и теперь, часть винограда сушили на изюм (1 Цар. 25:18); часть съедали в свежем виде, но большая часть поступала в точило (Ис. 16:10).

Светильник — евр. менора́.

Светильник. 1) Одной из священных принадлежностей Скинии был светильник, который находился налево от входа в святилище, напротив стола с хлебами предложения. Он имел вид стебла с шестью ветвями, отходившими с обоих сторон, — по три с каждой стороны. Стебель утвержден был на подножьи; на нем и на его ветвях помещалось 7 лампад (Исх. 25:31 и дал.; 37:17 и дал.). В эти лампады наливалось чистое оливковое масло и их зажигали каждый вечер (Лев. 24:2 и дал.; 1 Цар. 3:3; 2 Пар. 13:11). В храме Соломоновом было 10 светильников из чистого золота, по пяти на северной и на южной стороне святилища (3 Цар. 7:49; 2 Пар. 4:7; Иер. 52:19). Во втором храме был только один светильник, подобный светильнику в скинии. При разрушении Иерусалима он стал добычей римлян, которые принесли его в Рим и поставили в храме, построенном Веспасианом в честь мира. Изображение этого светильника изваяно на триумфальной арке Тита в Риме. Эта арка стоит до сих пор, свидетельствуя в продолжение столетий о минувшей славе иудеев, а также и о судах Божиих, как будто ожидая того времени, когда Иудея снова заселится и люди спокойно станут жить в Иерусалиме.

Светильник в храме можно считать за символ Самого Бога, "Света Израиля" (Ис. 10:17), одежда Которого — свет (Псл. 103:2) и Который один является светом для Своего святилища — Церкви. Срав. слова Иисуса: "Я свет миру" (Иоан. 8:12) с Отк. 21:23, где сказано, что слава Божия освещает новый Иерусалим и светильник его — Агнец. Тот же светильник символизирует "народ взятый в удел" или Церковь Божию, призванную и получившую благодать, чтобы ходить в свете перед Богом и свидетельствовать о Нем миру. Поэтому христиане называются "светом мира" и побуждаются "светить перед людьми" (Мат. 5:14 и дал.) и "держать свои светильники горящими" (Лук. 12:35; Фил. 2:15). Семь церквей также уподобляются семи светильникам (Отк. 1:20). Число семь в этом месте, как и семь ветвей светильника, обозначает богатство божественной благодати; елей обозначает духовную силу. Украшения светильника, напоминающие цветы (Исх. 37:19, 20), может быть, обозначают духовное бодрствование и послушание (См. "Миндальное дерево"). Уже в видении Захарии (Зах. 4) встречается светильник, как символ "народа взятого в удел"; вся его сила для постройки храма исходит от Господа через Его избранные орудия; елей, который требовался для лампад, поступал из двух маслин (Зах. 4:11), стоявших по обеим сторонам светильника, простирающих свои ветви и изливающих в лампады светильника очищенный, как золото, елей. Эти две маслины или два сына елея (евр. бней ицгар), или помазанные елеем (Зах. 4:14) обозначают гражданскую и церковную власть: иудейского князя Зоровавеля и первосвященника Иисуса, которые вместе являлись прообразом Царя и Первосвященника (Христа), через Которого дары духовной благодати постоянно изливаются на Церковь Христову.

Такое же название "две маслины" дается двум свидетелям, которых Иоанн видел в своем видении (Отк. 11:3 и дал.). См. "Свидетель".

2) Светильник с маслом и фитилем изо льна считался с древнейших времен необходимой домашней утварью; свет от светильника символизировал счастье и жизнь (Псл. 131:17), отсутсвие его обозначало горе и опустошение (Иов. 18:5 и дал.; Прит. 20:20). Когда, однажды, Давид едва не был убит одним филистимлянином, то люди его поклялись, говоря: "не выйдешь

ты больше с нами на войну, чтобы не угас светильник Израиля" (2 Цар. 21:17), и до сих пор в Палестине можно услышать такое выражение: "Его масло иссякло", т.е. его светильник угас. Теперь, как и раньше, в восточных городах, не имеющих освещения, необходимо иметь с собой фонарь или факел, чтобы не сбится с пути. Поэтому и толпа, предводимая Иудой Искариотом, шла со светильниками и факелами (Иоан. 18:3). Девы поправили свои светильники перед тем, как выйти навстречу жениху (Мат. 25). Светильниками (лампадами) также назывались те чашечки на подсвечнике в святилище, куда наливали елей. Их зажигали каждый вечер и поправляли по утрам (Исх. 25:37; 30:7 и дал.; 3 Цар. 7:49; Зах. 4:2).

Свидетель (евр. эд). Относительно свидетелей закон дает следующие определения:

1) Для подтверждения обвинения требуется не менее двух свидетелей (Чис. 35:30; Лев. 17:6; 19:15; Иоан. 8:17; 2 Кор. 13:1; Срав. 1 Тим. 5:19). 2) Свидетель, который утаил правду и потом сознался в этом, должен был принести особую жертву за грех (Лев. 5:1, 5 и дал.). 3) Ложный свидетель должен был понести наказание, следуемое за преступление, которое он стремился опровергнуть (Втор. 19: 18 и дал.). 4) Распространение злонамеренных слухов и злословие воспрещаются (Исх. 20:16; 23:1; Лев. 19:16). 5) Свидетели должны быть первыми исполнителями наказаний (Втор. 13: 9; 17:7; Деян. 7:58). 6) В случае, если животное, отданное кому-либо на хранение, было растерзано зверем, взявший на хранение должен был показать растерзанное в доказательство своей невинности (Исх. 22:13). Присягали ли свидетели перед подачей показаний — неясно. Некоторые решают этот вопрос в утвердительном смысле на основании Лев. 5:1. По Иосифу Флавию, женщины и рабы не считались правомочными и потому не могли быть свидетелями.

Свидетелями называются иногда присутвующие при совершении покупки и т.п. См. Быт. 23:12 и дал.; Руф. 4:9; Иер. 32:10.

В Новом Завете слово "свидетель" употребляется по отношению к тем, которые и жизнью, и словом свидетельствуют о Христе (Лук. 24:48; Деян. 1:8; срав. 1 Пет. 5:1 — свидетель страданий; но особенно это относится к тем, которые запечатлели свое свидетельство собственной кровью, как, например, первый мученик Стефан. (Срав. Деян. 7:59; 22:20; Отк. 2:13; 17:6). Христос Сам называется Свидетелем Верным (Отк. 1:5; 3:14). В Отк. 11:3 говорится о двух замечательных свидетелях Божиих, которые будут пророчествовать 1260 дней, после чего будут убиты, но через три с половиной дня воскреснут и вознесутся на небо; они называются также двумя маслинами (ст. 4); срав. Зах. 4. См. "Светильник".

И зажегши свечу, не ставят ее под сосудом...
Матфея 5:15.

Свинец — евр. офéрет.

Свинец — один из предметов торговли финикийцев (Иез. 27:12); упоминается впервые в песне Моисея (Исх. 15: 10), египтяне "погрузились, как свинец, в великих водах". Резец или грифель из свинца (олова) упоминается у Иов. 19:24. Символическая картина отделения свинца от серебра встречается у Иер. 6:29 и дал., а у Иез. 22: 18 и дал. говорится об употреблении свинца для различных смесей металлов.

Свинья — евр. хазúр.

Свинья. Это животное по закону считалось крайне нечистым (Лев. 11:7; Второзаконие 14:8). Есть свинину Ис. 65:4; 66:17) считалось мерзостью. Гадаринские свиньи (Мат. 8:30), по всей вероятности, предназначались для языческого населения (См. "Десятиградие". Нечистоплотность свини делает ее символом легкомыслия и пренебрежения благодатью (Мат. 7:6; 2 Пет. 2:22). Пасти свиней было для еврея самым презренным занятием (Лук. 15:15).

Кабан — враг виноградников (Псл. 79:14); ему уподобляются враги Сиона; он часто встречается в зарослях густых кустарников, особенно в Иорданской долине и на Фаворе.

Святилище или святое святых — отделенное место (Псл. 19:3). Так называлось самое внутренее отделение скинии или храма, где помещался ковчег завета и куда однажды в год имел право входить только первосвященник (Лев. 4: 6; 3 Цар. 8:8). Святилищем называлась иногда вся скиния или весь храм (И. Нав. 24:26; 2 Пар. 20:8). В противоположность "земному святилищу" Ветхого Завета (Евр. 9:1) с его внешними обрядами, существует небесное святилище, куда вошел Христос (Евр. 9:24).

Слово "святилище" иногда употребляется в значении прибежища и охраны (Иез. 11:16).

Святой (евр. кадош) в самом глубоком смысле есть Бог, как абсолютно отделенный от всякого греха, как делающий только добро и ненавидящий зло. Израилю постоянно напоминается: "Будьте святы, ибо Я свят (Лев. 11:45; 19:2; Псл. 98:5, 9; Ис. 6:3; Иоан. 17:11; Отк. 6:10).

Святыми называются в Ветхом Завете "народ Божий взятый в удел" — Израиль (Дан. 8:24), а в Новом Завете — ученики Христовы, "святой народ" (1 Пет. 2:9), как отделенные от мира, соединенные со Христом и причастники Св. Духа (2 Кор. 5:21; 1 Фес. 3:13; 2 Фес. 1:10). Святыми называются также ангелы (Мат. 25:31; Отк. 14:10), пророки (Лук. 1:70; Ефес. 3: 5) и апостолы (Ефес. 3:5). В более широком значении слова святой и освященный употребляются по отношению к известным лицам, временам и предметам (без обозначения какого-либо их доброго качества), которые были посвящены Богу или употреблялись во время богослужения (Исх. 30:25; 31:14; Мат. 7:6; Лук. 2: 23). В Ис. 13:3 (евр. текст) наступающие на Вавилон мидийские и персидские войска Господь называет: "Мои освященные", т.е. избраные Им для ведения Его священной войны. Впоследствии эти слова стали обозначать все разрешенное для употребления, или что-либо, прикосновение к чему не оскверняло человека. Так в 1 Кор. 7:14 говорится о смешанных браках: муж язычник освящается верующей женою, и жена язычница освящается верующим мужем; дети же христиан святы; в 1 Тим. 4:5 сказано, что пища освящается словом Божьим и молитвою. Срав. выражения "святые горы" (Псл. 86:1), "святые места" (Мат. 24:15; Деян. 6:13; 21: 28), "святой город" (Деян. 9:24; Мат. 4:5; 27:53), "святая гора" (2 Пет. 1: 18).

Священник, евр. коген, т.е. священнодействующий (Евр. 8:2) от корня коган = совершать священное служение, т.е. приносить жертвы и курение в храме. При богослужении времен патриархов мы не видим никакого следа священства, переходящего по наследству, а также существования касты священников. До времени Авраама относительно богослужения слово "коган" встречается только один раз в Библии, а именно, о Мелхиседеке сказано, что он был священник Бога Всевышнего (Быт. 14:18). В богослужении патриархов мы находим, что отец семейства или родоначальник исполняли обязанности священника. Это служение соединялось с правом первородства. Каин и Авель, Ной, Авраам, Иов, Исаак и Иаков сами приносили жертвы. Израильский народ в Втор. 7:6 называется "собственным Его народом", а в Исх. 19: 6 "царством священников". Но все-таки понадобились особые люди, состоящие в этой должности, чтобы служить посредниками между народом и Богом (Исх. 20:18 и дал.). Таким посредником при заключении торжественного союза между Богом и народом был Моисей и в этот раз для исполнения обязанностей священников были избраны юноши (Исх. 24:5). После того, как Господь, в воздаяние за пощаду в Египте еврейских первенцев, избрал и назначил колено Левиино для совершения богослужения, звание священников перешло к роду Аарона, и все его сыновья стали священниками. Из Исх. 19:22 и дал. и 4: 14 можно заключить, что левиты уже в Египте, повидимому, исполняли обязанности священников.

Самаританский первосвященник с древними рукописями в самаританской синагоге, Сихем.

Хотя левиты и были избраны Богом в священники, но все-таки из многих

Священники.

мест Св. Писания видно, что в течение долгого времени после издания этого закона угодные Богу жертвоприношения совершались также и другими лицами и даже вне святилища, например, Гедеоном (Суд. 6:18 и дал.), Маноем (Суд. 13:19 и мал.); Самуилом (1 Цар. 7:9 и дал.; 9:12 и дал.); Илиею (3 Цар. 18:30 и дал.); Елисеем (3 Цар. 19:21); Давидом (2 Цар. 6:17; 24:18 и дал.) и другими. Однако, царь Осия был поражен Господом за то, что вошел в храм, чтобы воскурить на алтаре кадильном 2 Пар. 26:16 и дал.). Срав. жертвоприношение Саула (1 Цар. 13:9 и дал.) и Иеровоама в Вефиле (3 Цар. 12:33; 13:1) и также рассказ о богослужении в доме Михи и о его радости, когда он нанял левита священником (Суд. 17; Срав. 18:30).

Никто из имевших телесный недостаток не был допускаем к исполнению священнических обязанностей: ни слепой, ни хромой, ни уродливый, ни с переломленной ногой или рукой, ни горбатый, ни с бельмом на глазу, ни страдающий паршою и т.д. (Лев. 21: 18-21). Левиты посвящались на служение особым обрядом (Исх. 29; Лев. 8). Одежда, которую они носили во время совершения богослужения, состояла из льняного платья — от чресл до голеней и ефода, т.е. узкой, длинной рубашки с длинными рукавами, целиком вытканной (без швов) из самой лучшей шерсти или хлопчатой бумаги; ефод стягивался вышитым красными, зелеными и пурпурными нитями поясом, который можно было несколько раз обвернуть вокруг туловища; по сведениям раввинов, этот пояс был 32 локтя в длину. Затем следовал головной убор — тюрбан, состоявший из длинного льняного полотнища, которое обвертывалось вокруг головы. Священникам воспрещалось снимать головной убор, потому что это являлось знаком печали или горя, и не соответствовало тому значению, которое имело их более блестящее одеяние. По всей вероятности, они совершали богослужение босыми. До вступления в святилище они должны были омыть руки и ноги (Исх. 30:19 и дал.; 40:30 и дал.). В то время, когда они находились при исполнении священных обязанностей, они не могли пить вина или крепких напитков (Лев. 10:9; Иез. 44:21). Внешнее выражение горя по умершим разрешалось только по отношению к ближайшим родственникам (Лев. 21:1 и дал.; Иез. 44:25). Им не разрешалось стричь головы (Лев. 19:27; 21:5). Они должны были совершать богослужение в святом спокойствии, а не с дикими выходками и безумствами жрецов Ваала, которые кололи себя ножами и кричали громким голосом (Лев. 19:28; 3 Цар. 18:28). Им запрещалось жениться на блуднице или разведенной (Лев. 21:7); первосвященнику даже запрещалось жениться на вдове (Лев. 21:14; Иез. 44:22); у Иез. 44:22) священники могли жениться или на девице из дома Израиля, или же на вдове священника.

Обязанности священников были различны; они должны были поддерживать огонь на жертвеннике всесожжения днем и ночью (Лев. 6:12; 2 Пар. 13:11), подливать масло в лампады светильника (Исх. 27:20 и дал.; Лев. 24:2), приносить утреннюю и вечернюю жертву, хлебное приношение и возлияние (Исх. 29:38 и дал.). Их обязанностью было также учить израильтян всем уставам Господа (Лев. 10: 11; Втор. 33:10; Срав. 2 Пар. 15:3), разрешать спорные вопросы (Иез. 44: 23 и дал.), исследовать различные виды проказы (Лев. гл. 13-14). Далее, они должны были в известных случаях трубить в серебрянные трубы (Чис. 10: 2 и дал.) и на войне ободрять народ (Втор. 20:2 и дал.). Одним словом, священник должен был хранить в чистоте учение, "ибо закона ищут от уст его", потому что он "вестник" (евр. ангел) Господа Саваофа" (Мал. 2:7).

Все эти обязанности лишали священника возможности трудиться для своего пропитания, — и потому относительно этого существовали различные постановления. Так как Бог не дал колену Левиину удела в Палестине, как остальным коленам, то израильтяне должны были давать левитам десятину на пропитание. Из этой десятины левиты, в свою очередь, должны были отдавать десятую часть священникам, так что священники получали: 1) 1% со всего дохода от земли (Чис. 18:26 и дал.). 2) Выкупные деньги за все перворродное от людей и скота (Чис. 18:15 и дал.). 3) Выкупные деньги за людей и животных, которые были посвящены Господу или были "закляты" (отлучены) (Лев. 27; Чис. 18:14). 4) Хлебы предложения и мясо жертв всесожжений, мирных и повинности (Лев. 6:26, 29; 7:6 и дал.; Чис. 18:8 и дал.); в частности, грудь потрясания и плечо возношения (Лев. 10:12 и дал.). 5) Начатки плодов земли: хлеба, вина, оливкового масла и шерсти овец (Исх. 23:19; Лев. 2:14; 23:10; Втор. 18:4; 26:1 и дал.). 6) Кроме того, для священников было назначено 13 городов с их пастбищами (И. Нав. 21:13 и дал.). 7) Рассказывается также, что в одном случае, священники даже получали часть от захваченой на войне добычи (Чис. 31:25 и дал.). Несмотря на все эти доходы, служба священника не была выгодной в материальном отношении, судя по замечанию в 1 Цар. 2:36.

Самые ранние следы разделения священников на "чреды" находим во времена Давида. Священники разделялись тогда на 24 чреды или очереди (1 Пар. 24:1 и дал.; Срав. 2 Пар. 23:8; Лук. 1:5), которые должны были чередоваться в исполнении служебных обязанностей: одна неделя назначалась для каждой чреды. Различные же служебные обязанности в течение недели распределялись между священниками каждой чреды посредством жребия (Лук. 1:9). Повидимому, каждая чреда вступала в исполнение своих обязанностей в субботу, причем, оканчивающие недельное служение священники совершали утреннее богослужение, а вечернее уже исполняла новая чреда (2 Пар. 23:8). При таком делении оба священнические рода все же не занимали одинакового положения; например, дом Ифамара имел меньше представителей, чем дом Елеазара, и из первого выбрали 8 очередей, тогда как из дома Елеазара их было 16 (1 Пар. 24:4). После возвращения из плена осталось только 4 чреды из 24-х по 1000 человек в каждой (Езд. 2:33 и дал.); но в последующие времена Иосиф Флавий опять упоминает о 24 чредах, которые, очевидно, носили те же названия, что и прежние, и существовали до окончательного разрушения Иерусалима.

В некоторых местах Ветхого Завета слово "священники" (коганим) встречается в значении министров при царе, или его ближайших советников (2 Цар. 20:26; 3 Цар. 4:5). Наверное, и священники из дома Ахава (4 Цар. 10:11) были таковыми.

Когда Христос, истинный Первосвященник и Посредник, пришел в мир, был отвергнут и предан на смерть высшими представителями еврейского священства и принес Себя Богу за грех мира (Мат. 27:1 и дал.; Мар. 15:1 и дал.; Лук. 22:66; 23:1; Иоан. 19:6), тогда, по пророчеству Осии (3:4), прекратилось еврейское священство. "Сыны Израиля долгое время будут оставаться без жертвы и без жертвенника". И в христианской церкви не существует священников в ветхозаветном значении этого слова — как особого сословия. Послание к евреям особенно подчеркивает, что Христос — единственный Священник и Первосвященник (Евр. 2:17; 3:1; 4:14; 5:5 и дал.; 9:11), через Которого мы приближаемся к Богу (Евр. 7:19).

Словом "священник", в значении приносящего жертву (греч. — иереос) в Новом Завете никогда не называют пастырей и руководителей христианской церкви. Везде, где употребляется это слово (иереос) в Новом Завете, оно обозначает или еврейских священников (Мат. 8:4; Лук. 20:1 и дал.; Иоан. 1:10; Деян. 4:1; 6:7) или Иисуса Христа, как указано выше в послании к Евреям, или учеников Его в целом (святое и царственное священство) (1 Пет. 2:5 и дал.; Отк. 1:6; 5:10; 20:6).

В одном месте это слово обозначает языческого жреца (Деян. 14:13).

В русском переводе для обозначения пастыря церкви употребляется греческое слово пресвитер, т.е. старший (Деян. 14:23; 15:2; 20:17; 1 Пет. 5:1). (Русск. — пастырь, греч. — пресвитер) (1 Тим. 5:17; 2 Иоан. 1:1; 3 Иоан. 1:1) русск. перев. в этих посланиях Иоанна — старец, греч. пресвитер. Срав. "Старейшины", "Пресвитер".

Священное Писание. См. "Библия".

Сева. 1) Один из сыновей Хуша (Быт. 10:7; 1 Пар. 1:9) и по Ис. 43:3, также африканская страна (русск. перевод Савея), населенная рослыми людьми (Ис. 45:14), о которых упоминается также в Псл. 71:10. Предполагают, что это древнее царство Мерое, теперешний Сеннар, между верхним Нилом и его самыми северными притоками в северо-восточном направлении от Абиссинии. Другие думают, что Сева есть общее название Эфиопии и указывают на упоминаемый Страбоном город Савэ с гаванью Саба на западном берегу Аравийского залива, близ теперешней Массовы.

Севам (Чис. 32:3) или Симва (32:38), моавитский город близ Есевона в колене Рувимовом (И. Нав. 13:19), известный своими виноградниками (Ис. 16:8, 9; Иер. 48:32).

Севна, начальник дворца царя Езекии, который высек себе гробницу на возвышенности и завел роскошные колесницы, но не помышлял о пользе народа. Пророк Исаия угрожал ему позорной потерей места, отвержением и смертью (Ис. 22:15 и дал.). Его место занял Елиаким.

2) Писец, который вместе с начальником дворца Елиакимом, был послан Езекией к Сеннахириму для того, чтобы вести с ним переговоры, а также к пророку Исаии попросить его помолиться Господу о ниспослании помощи находившемуся в нужде народу (4 Цар. 18:18, 37; 19:2; Ис. 36:3; 37:2). Некоторые предполагают, что этот Севна тот же, что и Севна 1, который был обличен Исаией, исправился и был пощажен, но понижен в должности.

Сегуб. См. "Ахиил".

Седекия — Цидкия.
Седекия. 1) Сын Хенааны, хуливший Михея, который потом произнес над ним суд Божий (3 Цар. 22:11 и дал.; 2 Пар. 18:10 и дал.).

2) Сын Иосии от Хамутали, дочери Иеремии. Его имя было Метафания, но Навуходоносор после поражения Иерусалима в 599 г. до Р.Хр. воцарил его вместо Иоакима, сделав его подвластным себе, и переменил его имя на Седекию. 11 лет он царствовал в Иерусалиме (4 Цар. 24:17 и дал.; Иер. 52:1), и был последним из царей Иудейских (599-588 гг. до Р. Хр.). Временами он, как будто, прислушивался к словам Иеремии, просил его молиться за него и выручал его из затруднений (срав. Иер. 21:1 и дал.; 37:3, 17, 21; 38:9 и дал.); стремился также навести порядок среди народа (34:8 и дал.); но потом вновь подпадал под дурное влияние начальников и советников (21:12; 38:5); за что и был отвержен Господом (24:8; Иез. 17:18; 2 Пар. 36:13). Не желая подчиниться власти Навуходоносора он восстал проти него и, вопреки предупреждению Иеремии, стремился заключить союз с египтянами (Иер. 37:2 и дал.). Войска вавилонян снова вторглись в страну и Иерусалим пал в 588 г. до Р.Хр. Царь пытался бежать, но был схвачен на Иерихонской равнине и приведен в Ривлу к вавилонскому царю Навуходоносору, который на глазах у него велел убить его детей, ослепил его, сковал оковами и отвел в Вавилон (4 Цар. 25:6 и дал.; Иер. 39:52). В этом исполнились, повидимому, несогласуемые пророчества в Иер. 34:3 и Иез. 12:13. Седекия умер в плену в Вавилоне (Иер. 52:11).

3) Сын Маасея, лжепророк во время Вавилонского плена, который был обличен Иеремиею (Иер. 29:21 и дал.).

Седрах. См. "Анания 3".

Седьмой год — евр. шабато́н.
Седьмой год или субботний год (Лев. 25:4). По закону каждый седьмой год должен был праздноваться. После шестилетней обработки земли и пользования ее плодами нужно было в седьмой год дать ей субботний покой, т.е. не возделывать полей, не собирать плодов и не снимать жатвы. То, что само собою созревало в этот год на полях, а также плоды виноградной лозы и слив должны были быть общим достоянием рабов и свободных чужеземцев, бедных и животных (Исх. 23:10 и дал.; Лев. 25:1 и дал.). Во избежение голода Бог обещал так благословить жатву шестого года, что ее хватило бы на три года (Лев. 25:20 и дал.). В субботний год также запрещено было требовать обратно долги; поэтому этот год и назывался годом прощения (Втор. 15:1 и дал.). Раввины и некоторые христиане толкуют это так, что долги совершенно отпускались. С этим не надо смешивать закона, по которому раб-еврей делался свободным на седьмой год своего служения (Исх. 21:2). В субботний год праздник Кущей праздновался особенно, именно, всенародным чтением закона (Втор. 31:10 и дал.; Неем. 8:1 и дал.). Цель празднования седьмого года заключалась не только в том, чтобы через равный промежуток времени давать отдых земле, равно как и домашним животным и рабам, но для напоминания народу о том, что земля принадлежит Господу и что высшее счастье и цель жизни заключается не в непрерывной заботе о земном, но в покое души в Боге, перед Богом, и в наслаждении Его благодатными дарами. Вот почему этот год должно было отличать особо торжественным чтением закона.

Повидимому, празднование субботнего года не соблюдалось народом израильским. Угрозы в случае несоблюдения этого закона мы находим в Лев. 26:32 и дал. "Тогда удовлетворит себя земля за субботы свои во все дни запустения своего; когда вы будете в земле врагов ваших, тогда будет покоиться замля". Это исполнилось во время Вавилонского плена (2 Пар. 36:20 и дал.) и после него. Обязательство празднования седьмого года после плена мы находим у Неем. 10:31.

Сеир, т.е. волосатый, дикий. 1) Гора Сеир и земля Сеир (Быт. 14:6; 32:3), дикая и пустынная область Едома, между Мертвым морем и восточным заливом Чермного моря (Чис. 24:18).

2) Праотец хорреев, коренных жителей земли Едома (Быт. 36:20).

3) Сыны Сеира и также Сеир, — название идумеев (Иез. 25:8; 2 Пар. 25:11, 14).

4) Возвышенность на границе колен

Иудина и Ефремова, к западу от Кириаф-Иарима (И. Нав. 15:10), может быть та, где теперь расположено селение Сарис.

Сенраф (Сира́т), куда Аод убежал после убийства Еглона, лесная область между коленами Ефремовым и Иудиным (Суд. 3:26, 27).

Секелаг. См. "Циклаг".

Секунд из Фессалоник — один из братьев, провожавших Павла из Коринфа в Асию (Деян. 20:4).

Села́, т. е. скала.

Села́, величественный город идумеян близ горы Ор, среди Идумейской горной страны, приблизительно на полпути между Мертвым морем и Акабским заливом (4 Цар. 14:7; Ис. 16:1; Суд. 1:36; Авд. 3). Иудейский царь Амасия покорил его и назвал Иокфеил, т.е. "усмирен Богом" (4 Цар. 14:7); затем он стал известен под именем Петра (скала). В конце 4-го столетия до Р.Хр. Петра является главным городом набатеев, которые успешно отражали нападения Антигона. Около 70 г. до Р.Хр. город подпал под власть арабских князей и стал называться Аретой. Римляне, под предводительством Траяна покорили его. Во время Траяна и Адриана он был богатым и цветущим городом. К этому времени относятся величественные развалины, которые и отмечают местоположение древней Селы. Христианство рано проникло в этот город; епископы из Петры упоминаются на вселенских соборах. В четвертом столетии цветущий город пришел в упадок. Его разрушение и опустошение служат буквальным подтверждением некоторых пророчеств (см. Иер. 49:7 и дал.; Ис. 34:5 и дал.; Иез. 35; Иоил. 3:19; Ам. 1:11 и дал.; Авд. 3 и дал.).

Город Петра был расположен на значительной высоте над уровнем моря, в глубокой долине, огражденной горами, куда был доступ только через узкое ущелье, вдоль извилистой реки, протекающей через город. После Буркгардта, первого, побывавшего в Петре в 1812 году, множество путешественников оставили интересные сведения об ее развалинах, которые по размерам и великолепию можно сравнить с Колизеем, Акрополем и пирамидами. Буркгардт так описывает эти места: "После двухдневнего длинного перехода мы доехали до небольшого ручья и долины на Джебель-Шера к востоку от Аравы, названной Вади-Муса (долина Моисея). Это место замечательно своими развалинами древнего города, который, по моему мнению, является Петрою, столицею горной Аравии. Сюда, насколько мне известно, никогда не заглядывали европейские путешественники. В красном песчанике, из которого состоит долина, находятся почти 250 гробниц, высеченных в скале, и большею частью украшенных греческими орнаментами. Там можно увидеть мавзолей в виде храма колоссальных размеров, также высеченный в скале с покоями, передней и галереей с колоннами. Там находятся и другие гробницы с обелисками (очевидно, в египетском стиле) также целый амфитеатр, высеченный в скале, остатки дворца и нескольких храмов. На вершине той горы (Ор), которая с западной стороны заграждает узкое ущелье, находится гробница Аарона. Она пользуется большим почетом у арабов".

Долина Петры расположена на 660 метров выше долины Аравы, длиною приблизительно 1,5 км от севера к югу и в два раза уже в ширину с многочисленными небольшими боковыми расселинами, так что вся ее площадь составляет 60 км². В долину проходят через ущелья на севере и на юге, с востока же и с запада скалы круто обрываются, представляя отвесные стены от 30 до 60 метров в вышину. Главный же вход в город с востока начинается между 13-метровыми скалами, расположенными на расстоянии 50 метров друг от друга, которые постепенно повышаются и сужаются; в них высечены многочисленные могильные пещеры. Это узкое, извилистое ущелье, длиною в 1,5 км приводит к маленькой горной речке, где скалы в одном месте сближаются на растояние четырех метров при высоте 84 метров. В конце этого узкого ущелья открывается вид на самую красивою изо всех построек Петры — Ель-Хацне-храм, упоминаемый Буркгардтом, высеченный в скалистой стене. Затем ущелье расширяется и тянется в северо-западном направлении мимо амфитеатра, заворачивает налево и, наконец, приходит к большой долине, где расположен самый город. Повсюду по склонам гор видны высеченные могилы в несколько рядов друг над другом; некоторые из них доступны, благодаря высеченным в

Каньоны Пётра. Справа: храм высеченный в утесе.

скале ступеням; другие же, находясь на высоте 130 метров, как бы издеваются над попытками путешественников добраться до них. Театр был настолько велик, что мог вместить более 3000 человек. Долина, большею частью, усеяна развалинами общественных зданий и глиняными черепками. Горная речка течет через долину в западном направлении и исчезает в узком ущельи, подобном тому, сквозь которое она пробивалась. В горном ущельи на западной стороне возвышается красивый храм, высеченный в самой скале; его фасад имеет в длину и высоту 50 метров и его нижние колонны, наполовину выдающиеся из скалы, имеют 2,6 в диаметре. Хотя стиль этих построек и является римским стилем времен упадка 3 и 4 столетий по Р.Хр., в известной мере страдающим напыщенностью, но все-таки в целом картина замечательно красива благодаря красоте того камня, из которого все эти постройки высечены. Камень этот — мягкий песчаник, отливающий всевозможными цветами: красным, пурпуровым, белым, небесно-лазурным, желтым, черным, густо-пурпуровым в соединении с бледнорозовым. Над высеченными памятниками величественно возвышаются дикие горы в своей естественной красоте. Этот удивительно красивый вид производит на зрителя неизгладимое впечатление.

2) См. “Музыка”.

Села-Гаммахлекоф, т.е. скала разделений (1 Цар. 23:38), где Давид неожиданно был спасен от руки Саула, — отдельная часть холма Гахила.

Салах (Неем. 3:15) — Силоам.

Селевкия — укрепленный город в Сирии, при устье Оронта, недалеко от Антиохии, для которой она служила гаванью. Город основан Селевком Никатором за 300 лет до Р.Хр.; Павел и Варнава здесь сели на корабль, отправившись на Кипр во время первого миссионерского путешествия (Деян. 13:14). Теперь это значительные развалины Селукие, близ пристани Суейдиех.

Селения (Втор. 2:23), евр. Хазерим (Хацери́м, букв. дворы).

Селлум — Шалу́м.

1) Сын Иависа (Яве́ша), 15-й израильский цар, который сверг династию Ииуя, убив Захарию; через месяц он сам был убит Менаимом, около 772 г. до Р.Хр. (4 Цар. 15:10 и дал.).

2) Иудейский царь, см. “Иоахаз 2”.

Селмон (Цальмо́н) (Суд. 9:48), гора близ Сихема, где Авимелех нарубил древесных сучьев и сжег затем Сихемскую башню.

Семей — Шими́.

Семей. 1) Сын Геры вениаминитянина из рода Саулова, был одним из первых противников Давида; бросал в него камнями и хулил его, когда тот бежал от Авессалома (2 Цар. 16:5 и дал.). По возвращении Давида он смирился и получил помилование (19:16 и дал.) до смерти Давида.Давид заповедал своему сыну Соломону не оставить его безнаказанным (3 Цар. 2:8 и дал.). Соломон запретил этому человеку под страхом смерти удаляться из Иерусалима, но когда тот, три года спустя, поехал в Геф за двумя убежавшими рабами, то, по возвращении, был казнен. (Ст. 36 и дал.).

2) Один из сторонников Соломона во время восстания Адонии (3 Цар. 1:8). Он, может быть, то же лицо, что и Шимей в 4:18, сын Елы, один из двенадцати начальников у Соломона.

Семей (Лук. 3:26), один из предков Иисуса.

Семир (Ше́мер) владел местом на горе Самарии, которое и продал Америю, а тот на этом месте построил город Самарию (3 Цар. 16:24).

Семь (евр. ше́ва). См. “Число”.

Семя — евр. зе́ра.

Семя. Разного рода семена употреблялись в израильском полевом хозяйстве. Главным продуктом в Ханаане была пшеница. Уже в древние времена ее сеяли в таком количестве, что Соломон ежегодно отправлял Хираму 20.000 ко́ров. Пшеница из Миннифа привозилась на базар в Тир (Иез. 27:17). Ее сеют и теперь в Палестине в значительном количестве. Обширная Авранская равнина, т. наз. “Нукра” доныне является житницей для северной Аравии. Главные пункты вывоза пшеницы — Яффа, Акка и Бейрут. Из пшеницы приготовляют так называемый “бургул”, обыкновенную пищу Сирийских крестьян: варят пшеницу вместе с небольшим количеством закваски и высушивают на солнце. Пшеница часто упоминается в Священном Писании (Быт. 30:14; Втор. 8:8; Суд. 6:11; Мат. 13:25; 1 Кор. 15:37). Хлебное приношение, за одним исключением (см. ниже), должно было состоять из мелкой пшеничной муки. Пшеница, которая теперь возделывается в Палестине, имеет, обыкновенно, на колосьях 2 или 4 ряда зерен. Следующее за пшеницей место занимал ячмень; он примешивался к другим хлебным семенам и употреблялся в пищу бедными людьми (Иез. 4:9); ячмень служил также кормом для лошадей (4 Цар. 4:42; Иоан. 6:9; 3 Цар. 4:28). Гедеон своим врагам снился в виде ячменного хлеба (Суд. 7:13). Из ячменной муки должны были состоять жертва ревнования, предписанная в Чис. 5:11 и дал., в противоположность другим хлебным жертвам, состоявшим из пшеничной муки.

Наряду с пшеницею, в Исх. 9:32 упоминается полба, — род хлеба, называемого по-еврейски "куссемет" (Triticum Spelta), которая по качеству приближается к пшенице, хотя и мельче последней. О ней упоминается также у Ис. 28:25 и Иез. 4:9. Некоторые предполагают, что еврейское слово "куссемет" соответствует арабскому "курзенне", обозначающему растение в роде вики (Vicia sativa), которое употребляется в корм скоту.

Другой род хлеба, который называется у Иез. 4:9 пшеном (еврейское "дохан"), — турецкая пшеница или "дурра", несколько напоминающая пшеницу или рожь (Holcus dochna, H. sorghum); она возделывается в Италии, Сирии и Египте и употребляется частью в корм скоту, частью же на приготовление хлеба, каши и крахмала. Далее в том же месте упоминается "чечевица" (евр. "адашим"), род гороха, которую сеют и теперь в довольно большом количестве в Палестине и едят в виде похлебки. Такая чечевичная похлебка красно-коричневого цвета возбудила алчность Исава (Быт. 25:29 и дал.). Возможно, что из чечевицы во время неурожая приготовляли хлеб, как это и теперь случается в Египте (Срав. Иез. 4:9; 2 Цар. 23:11). Наконец, в Иез. 4:9 упоминаются бобы неизвестно какого вида. Многообразие хлебных злаков и пищевных продуктов картинно изображается во 2 Цар. 17:28 и дал., где говорится о том, что друзья Давида послали ему в его убежище пшеницы, ячменя, муки и пшена, бобов и чечевицы, жареных зерен, меду и масла, овец, коровьего сыра. По закону запрещалось засевать поле двумя родами семян, равно как и носить одежду сделанную изо льна и шерсти (Лев. 19:19).

Слово "семя" часто употребляется в значении потомства, рода; так говорится о семени жены (Быт. 3:15); о семени Авраама (Быт. 22:17 и дал.); о семени в духовном смысле см. Гал. 3:29; Рим. 9:7 и дал. и проч.

Сен (1 Цар. 7:12). См. "Авен-Езер".

Сене. См. "Боцец".

Сенир. См. "Ермон".

Сеннаар — Шина́р.

Сеннаар (Быт. 10:10; 11:2; Ис. 11:11; Дан. 1:2; Зах. 5:11), низменная равнина при нижнем течении Евфрата и Тигра, к югу от собственно Месопотамии; по всей вероятности, область, которая в вавилонских и ассирийских надписях называется Сумир.

Сеннахирим — Санхери́в.

Сеннахирим — ассирийский царь, который в 14 год царствования Иезекии вторгся в Иудейское царство, взял укрепленные города и наложил на Иезекию дань в 300 талантов серебра и 30 талантов золота (4 Цар. 18:13 и дал.); затем он послал своих военачальников с войском к Иерусалиму, будучи раздражен тем, что Иезекия вел переговоры с Египтом; эти военачальники требовали сдачи города и дерзко хулили Бога Израилева. Устрашенный Иезекия был утешен пророком Исаией, который обещал ему скорую помощь от Господа. Ночью в стане ассирийцев ангел Господень поразил 185 тысяч*) человек, так что Сеннахирим вынужден был возвратиться в Ниневию и Иудея была спасена. Вскоре после этого сыновья Сеннахирима Адрамелех и Шарецер убили его мечем в храме Нисроха, его бога (4 Цар. 18:17 и дал.; 19 гл.; срав. 2 Пар. 32 гл.; Ис. гл. 36-37).

В развалинах Ниневии в конце прошлого столетия обнаружили собственный рассказ ассирийского царя о его экспедиции в Палестину. На найденной там печати, названой по фамилии нашедшего "Призмой Тейлора", Сеннахирим сам подробнейшим образом излагает свою историю. Эта печать представляет собой глиняную шестигранную призму, приблизительно, 63 см в вышину сплошь исписанную клинописью. На второй и третьей гранях этой призмы дается описание похода на Палестину в следующих словах:

"Мое третье военное предприятие состояло в походе на страну Хатти (Сирия). Лули, царь Сидонский, был охвачен страхом при мысли о моем царском могуществе, и убежал далеко, до средины моря (по Куюнджикской надписи — см. "Ниневия" — на Кипр); страну его я покорил. Большой Сидон, малый Сидон, Бет-Цитти, Сарепта и т. д. подчинились мне... Менахим из Самарии, Эттабал из Сидона... все цари Запада принесли мне богатые дары и драгоценности и целовали мои ноги... Продолжая свой поход, я пошел на города Бет-Дагон, Иоппе, Бекебарак, Ацур, Цидкас, которые мне еще не подчинились, взял их и увел пленников.

Высшие сановники и жители Екрона, которые заковали в железные оковы своего царя Пади, моего союзника и вассала Ассирии, и во тьме ночной с враждебным намерением выдали его Езе́кии из Иудеи, исполнились стра-

---

*) Так понимается, обыкновенно, евр. текст. Но евр. выражение "сто восемдесят и пять тысяч" может также обозначать 5180, также как в Иез. 48:16 выражение "пятьсот и четыре тысячи" не обозначает 504.000, но 4500.

хом. Цари египетские собрали стрелков из лука, колесницы... и они вышли им на помощь. Уповая на Ассура, моего господина, я сразился с ними и нанес им поражение...

Но Езекия из Иудеи не подчинился мне. Сорок шесть из его укрепленных городов, бесчисленное множество укреплений, селений, находящихся в пределах его страны, я обстрелял... при помощи осадных машин я взял их приступом; 200.150 человек (мужчин и женщин), лошадей, мулов, ослов, верблюдов, быков и овец без числа я увел и объявил военной добычей. Его самого заключил я, как птицу в клетке, в Иерусалиме (Урсалимму), его царском городе; я возвел против него укрепления, проход через большие ворота в его город повелел я проломать... Езекия был охвачен ужасом перед моим царским могуществом равно как и его войско и его народ и те, которых он взял, чтобы защищать Иерусалим, его царский город, и так он согласился заплатить дань 30 талантов золота, 800 талантов серебра... красно блестящих камней... дерева, обивки для роскошных стульев... богатые сокровища. Вместе с тем я велел привести за мной в Ниневию, мой царский город, его дочерей, женщин его дворца и служителей его гарема мужеского и женского пола. Для того чтобы заплатить дань и объявить о своем подчинении, он послал своего посла".

Об этом событии упоминается также на камне с изображением быков в Куюнджике (См. "Ниневия"). На одном из найденных там барельефов изображен царь Сеннахирим. Он сидит на роскошном престоле со скамейкой под ногами, и слуги держат над ним опахала; военачальники подводят к нему ряд пленников, которые выражают покорность. На верхней части рисунка помещена короткая, но выразительная надпись: "Сеннахирим, царь народов, царь земли Ассура, сидит на возвышенном престоле и принимает военную добычу города Лахиса". Это был именно тот город, где, согласно Библии, Сеннахирим расположился лягерем и где посланные от Иезекии предстали пред ассирийским царем (4 Цар. 18:14, 17; 19:8). См. "Лахис".

Подобное совпадение библейского повествования с рассказом ассирийского памятника, на котором мы находим имена действующих лиц и множество названий мест, упоминаемых в Библии, представляет огромный интерес, несмотря на то, что еще существуют разногласия по некоторым пунктам. Разница между 300 талантами серебра Библии и 800 тал. серебра клинописей, на самом деле, по Шредеру, представляет совпадение, так как еврейский талант серебра был равен 2⅔ ассирийского таланта. Если же Сеннахирим и умалчивает о своем ночном поражении, то это не должно удивлять нас. Когда победители ставят памятники, то они не говорят ни о чем другом, кроме своих побед. О поражениях можно узнать из других источников. Нужно считать вероятным, что если бы Сеннахириму удалось взять Иерусалим, то запись не умолчала бы об этом. Косвенное подтверждение библейского рассказа о поражении Сеннахирима мы все-таки имеем из другого источника. Грек Геродот приводит рассказ, который он слышал в Египте, о походе Сеннахирима. Этот поход угрожал гибелью Египту, но бог Фтах чудесным образом спас страну. В течение одной ночи множество крыс сгрызли все военные доспехи врага: тетивы у луков, колчаны и т. д., вследствие чего ассирийцы должны были обратиться вспять.

Царь Сеннахирим, по-ассирийски — Синахи-ирба, т.е. "Сын подарил многих братьев", по памятникам, был сыном Саргона и его наследником и царствовал 705-682 гг. до Р.Хр. Его поход на Палестину, согласно Библии, совпал с 14 годом царствования Иезекии (726-697 гг.), следовательно, около 712 г. до Р.Хр., по ассирийским же памятникам — на 4 году его царствования, т.е., приблизительно, в 701 г. до Р.Хр.

Сепарваим — Сфаруи́м.

Сепарваим — царский город в южной Месопотамии, покоренный ассирийцами, которые выслали его жителей в город Самарию (4 Цар. 17:24, 31; 19:13; Ис. 37:13). У греков он был известен под именем Сиппара; на клинописях называется Сипаром, также "городом солнца" (Иллиополь), что подтверждает библийский рассказ о его божествах, которым приносили человеческие жертвы. См. "Адрамелех 2". Развалины этого города под именем Абухабба находятся близ восточного берега Евфрата к юго-западу от Багдада. Об этой Сиппаре говорится в халдейском рассказе о потопе; см. "Потоп".

Сепфор (Ципо́р), отец моавитского царя Валака (Чис. 22:4).

Сепфора (Ципора́), дочь Рагуила (Иофора), жена Моисея (Исх. 2:21; 18:2; Чис. 12:1).

Сера — евр. Гафри́т.

Сера. Котловина вулканического происхождения между Гермоном и Аравийским заливом, на которой находится Тивериадское озеро, со множеством асфальтовых залежей, нефтяных источников и базальтовых скал, — арена частых землетрясений, — скрывает в своих недрах также и серу, обыкновенную составную часть вулканических пород. Самородки серы местами лежат на поверхности земли, в особенности на северо-западном берегу Мертвого моря. Сера, вместе с другими горючими веществами, была средством истребления Сиддимской долины (Быт. 19:24; Лук. 17:29) и упоминается в предостережении израильскому народу (Втор. 29:23); и вообще нечестивым (Иов. 18:15; Псл. 10:6); Ассуру (Ис. 30:33); Гогу (Иез. 38:22), и жертвам последнего осуждения (Отк. 14:10; 20:10; 21:8).

Сераия — Церу́я.
Сераия. 1) Секретарь Давида (2 Цар. 8:17), называется Сусой в 2 Цар. 20:25; 1 Пар. 18:16 и Сивой в 3 Цар. 4:3.
2) Первосвященник во время царя Седекии (1 Пар. 6:14), был убит Навуходоносором (4 Цар. 25:18, 21).
3) Сын Нирии, высокопоставленный сановник царя Седекии. Иеремия поручил ему всенародно прочесть в Вавилоне его пророчество о падении Вавилона и по прочтении, привязать к свитку камень и бросить его в Евфрат со словами: “так погрузится Вавилон” (Иер. 51:59 и дал.).

Серафимы, т. е. пламенные — небесные существа, которые в видении пророка Исаии стояли вокруг Иеговы, сидящем в храме на престоле высоком и превознесенном — “у каждого из них по шести крыл; двумя закрывал каждый лице свое и двумя ноги свои, и двумя летал. И взывали они друг ко другу и говорили: свят, свят, свят, Господь Саваоф!” Храм колебался от звука голоса их и наполнялся фимиамом. Когда Исаия в тоске подумал, что он погиб, тогда прилетел к нему один из серафимов, прикоснулся к его устам горящим углем с жертвенника и объявил ему о благодати примирения, после чего Иегова послал его проповедывать (Ис. 6:2 и дал.).

Серах. 1) Дочь Асира, которая последовала за братьями в Египет (Быт. 46:17).

Сребренник — евр. шеке́ль.
Сребренник, т. е. серебряный сикль. Тридцать сребреников, по Исх. 21:32, представляют стоимость одного раба, а по Зах. 11:12 — скупая плата верному пастуху. За эту цену Иуда предал своего Наставника (Мат. 26:15; 27:3).

Серебро — евр. ке́сеф.
Серебро употреблялось на изделия украшений (Быт. 24:53) и различных сосудов (Езд. 5:14). Из него делались истуканы, им они обкладывались или украшались (Исх. 20:23; Ос. 13:2; Авв. 2:19). В Ефесе велась крупная торговля маленькими храмами Дианы, сделанными из серебра (Деян. 19:24). Для внутренней отделки скинии и храма также употреблялось серебро (Исх. 26:19, 32; 1 Пар. 29:4 и дал.). Большей частью, оно все-таки употреблялось для платы и, поэтому, в еврейском языке серебро, обыкновенно, обозначало деньги. Соломону серебро привозили из Аравии (2 Пар. 9:14) и из Фарсиса (2 Пар. 9:21), откуда оно привозилось также и в Тир (Иез. 27:12, срав. Иер. 10:9).

Серебро в сокровищницах (4 Цар. 18:15) обозначает те средства, которые собирались для общих потребностей, как, например, для постройки храма (Езд. 2:69).

Серна. Еврейское слово “цви”, которое переведено словом “серна”, вероятно, обозначает газель (**Antilope doreas**). Это животное всюду во множестве встречается в Палестине. Благодаря своему стройному телосложению и прекрасным глазам она воспета поэтами. Она является символом быстроты (2 Цар. 2:18; 1 Пар. 12:8), красоты (Песн. П. 2:7, 17; 8:14). Выражение “глаза, как у газели”, еще и теперь употребляется у арабов, когда они хотят сказать любезность женщине. Еврейское название “цви”, т. е. украшение, также указывает на привлекательность этого животного. С окончанием женского рода слово цеби употребляется также как женское имя. См. “Цивья” и “Тавифа”. Мясо серны, по закону, было чисто и составляло любимую пищу евреев (Втор. 12:15, 22; 14:5; 15:22), поэтому ей часто приходилось спасаться от охотников (Ис. 13:14; Прит. 6:5).

Серух (Срог), сын Рагава (Рео́) из рода Симова, отец Нахора, прадед Авраама (Быт. 11:20 и дал.; Лук. 3:35).

Сесай — Шешай.
Сесай, Ахиман и Фалмай (Талмай) исполимы, потомки сынов Енаковых, жившие в Хевроне (Чис. 13:23) и изгнанные оттуда Халевом и коленом Иудиным (И. Нав. 15:14; Суд. 1:10).

Сесах — Шеша́х.
Сесах (Иер. 25:26; 51:41) загадочное название Вавилона, написанное услов-

Сикль и полусикль.

ными буквами, в обратном порядке алфавита, как если бы мы, например, написали я вместо а, ю вместо б, и т. д.

Сестра — евр. ахо́т.

Сестра. Это слово так же, как и слово брат, имеет вообще значение родства (Чис. 28:18), преданности (Песн. П. 4:9), или общения (Рим. 16:1; 3:7; Иез. 16:46). В символических оборотах речи Библии это слово применяется также и к другим предметам, кроме людей. Иов называл своим отцом гроб, а червей матерью и сестрами (Иов. 17:14; срав. Прит. 7:4: скажи мудрости: "ты сестра моя"). Брак с сестрою был воспрещен законом (Лев. 18:9; Втор. 27:22; Иез. 22:11).

Сети — евр. махмо́р; ре́шег.

Сети, которыми ловили рыбу (Ис. 19:8; Лук. 5:1 и дал.; птиц (Прит. 1:17) и зверей (Иез. 19:8; Ис. 51:20) часто встречаются, как символические обороты речи, обозначая хитрые планы (Иов. 18:8; 19:6; Псл. 139:6). С другой стороны, Царствие Небесное уподобляется неводу (Мат. 13:47).

Сефа — Шеху.

Сефа, место близ дома Саула в Раме, известное своим многоводным источником (1 Цар. 19:22).

Сефар, пограничная местность с арабами, потомками Иоктана (Быт. 10:30); может быть, теперешний город Сафара.

Сефарад — неизвестная местность, где жили выселенные евреи (Авд. 20); предполагают, что это Спарта, Сарды и т. д.

Сиф — май, см. "Месяцы".

Сива, один из слуг Саула, который впоследствии был поставлен Давидом для управления имением Саула, перешедшим к Мемфивосфею (2 Цар. 19:24 и дил.). См. "Мемфивосфей".

Сиван. См. "Месяцы".

Сивма. См. "Севам".

Сигон — Сихо́н.

Сигон, аморрейский царь в Есевоне, который царствовал над областью между Арноном и Иавоком, откуда он вытеснил моавитян. Отказав евреям в свободном проходе через землю, он был побежден ими и лишился своего царства (Чис. 21:21 и дал.; Втор. 2:26 и дал.; Псл. 134:11; 135:19). Страна Сигона была отдана коленам Рувимову и Гадову (Чис. 32:33; Втор. 29:7 и дал.); в Иер. 48:45 Сигон означает город Сигона, т.е. Есевон.

Сигор — египетский царь, помощи которого против Салманассара тщетно искал Осия, царь Иудейский (4 Цар. 17:4). Сигор, предшественник царя Тиргака, носит также имя Сабакона, первого из Ефиопской династии; на египетских памятниках он назван Шабака. По-евр. его имя произносится также Сава.

2) Один из 5 Содомских городов, куда убежал Лот.

Сиддим долина, богатая месторождениями асфальта, где некогда были расположены города Содом, Гоморра, Бела и Севоим (Быт. 14:3, 8, 10).

Сидон (Цидон). 1) Старший сын Ханаана, праотец самого знатного из хананейских племен — сидонян, главным городом которых был

2) город Сидон, северная граница хананеев (Быт. 10:19), в свое время самый знаменитый из финикийских городов. Гомер упоминает о богатом медью Сидоне и о искусных сидонянах; у Иисуса Навина город называется великим Сидоном (И. Нав. 11:8; 19:28). Сидон, который был расположен на берегу Средиземного моря, на узкой плодоносной полосе земли у подножия Ливана, в расстоянии более 30 км к северу от Тира, упоминается в благословении Иакова, как пограничное место Завулона (Быт. 49:13). Сидон при разделении земли был назначен колену Асирову (И. Нав. 19:28), которое, однако, никогда не овладело им (Суд. 1:31); поэтому израильский народ постоянно страдал от враждебных сидонян (3:5; 10:12). Сидон с древних времен славился мореходством, торговлею, производством стекла, зодчеством и т.д. Построенный частью на материке и частью на маленьких островах, город имел две превосходные гавани: одну на севере и другую на юге.

Сидон долго первенствовал среди городов Финикии, пока (около 1200 г. до Р.Хр.) он не был превзойден Тиром, который тогда стал первым, так что сидонские рубщики леса и моряки были у него на службе (3 Пар. 5:6; Иез. 27:8). Все-таки название Сидон было тогда обычным наименованием всей Сидонской или Финикийской прибрежной страны, например, в Ис. 23:2, 4, 12 названием "Сидонский" обозначалась также местность, принадлежавшая Тиру; срав. 3 Цар. 16:51; 4 Цар. 23:13). Сидонские цари упоминаются еще у Иеремии 25:22; 27:3. Даже подвластный азиатским державам (после 700 г. до Р.Хр.), Сидон был еще довольно значительным торговым пунктом, пока после неудачного восстания против персов, он не был совершенно разрушен в 351 г. до Р.Хр. Во время этого восстания 40.000 человек сожгли себя вместе с имуществом в своих домах, чтобы не попасть в руки победителей. Впоследствии Сидон вновь отстроился и был под властью сириян и римлян цветущим городом.

Иисус приходил также и в пределы Сидонские (Мат. 15:21; Мар. 7:24) и жители этого города приходили к Нему, чтобы получить от Него помощь (Мар. 3:8; Лук. 6:17; Срав. Мат. 11:22). На пути в Рим Павел нашел здесь христианскую церковь (Деян. 27:3).

Сидон, который без сопротивления сдался мусульманам, впоследствии много страдал во время крестоносцев, будучи не раз опустошаем и вновь отстраивался, пока, наконец, не подпал под власть турок. Особенным расцветом Сидона было то время, когда турецкий султан Фахреадим здесь и в Бейруте имел свою резиденцию (1595-1634 гг.). Он выстроил громадные дворцы, развел большие плантации и парки, и поднял до значительных размеров торговлю города. После этого Сидон вновь пришел в упадок. Теперь Сидон называется Сайда и занимает только часть прежнего города с громадными развалинами стен и крепостных укреплений; он окружен роскошными садами фруктовых деревьев: оливковых, апельсиновых, тутовых и др.

Окрестности Сайды изобилуют остатками древностей. Стеклянные бутылочки, статуэтки, саркофаги особенно многочисленны в могильных пещерах, которые высечены с древних времен в известковых горах. К югу, недалеко от города, находится древний могильный памятник, который магометане называют "Неби Сейдун" (т.е. пророк Сидон) и который евреями почитается, как место, где находится "могила Завулона". Недалеко отсюда нашли в 1865 г. громадный саркофаг (надгробный памятник) из мрамора или базальта с длинной финикийской надписью, говорящей о том, что он хранит прах сидонского царя Ешмунацара (5 или 11 столетия до Р.Хр.), угрожая проклятием наглецу, который нарушит его покой.

Длинная надпись на этом хорошо сохранившемся саркофаге, который теперь находится в Париже, имеет большое значение, как неопровержимое доказательство родства древнего финикийского языка с еврейским. Надпись великого царя начинается так: "Царь Ешмунацар, царь сидонян, говорит так: Я был лишен плода моих лет, разумных, готовых к войне сыновей, я, потерявший отца, сын вдовы, покоюсь в этом саркофаге, в этой могиле, на том месте, которое я сам со всем моим царством построил... И всякому, который откроет покойника этого места успокоения или возьмет саркофаг — мое место покоя, или тем, которые похоронят в этом месте успокоения, да не будет даровано покойное место в царстве теней и да не будет таковой похоронен в могиле... Я и мать моя построили дом богам сидонян в Сидоне, приморской стране, дом Ваалу Сидонскому; да соделает он вовеки свое жилище, украшение плодоносной страны, местом для царей, да сохранит он нас от нашествия врагов к границам нашей страны — и никакой человек да не откроет мое мертвое тело".

Против таких людей и таких царей, возвышали свой голос пророки Господни, возвещая грядущий суд над Сидоном (Иер. 27:3 и дал.; Иоил. 3:4 и дал.; Иез. 28:21 и дал.).

Сиена, город в Египте близ его южной границы с Эфиопией, у порогов Нила; теперь он называется Ассуаном. Выражение "от Мигдола до Сиены" обозначало всю длину Египта с севера на юг (Иез. 29:10; 30:6). От древнего города осталось очень немного. В соседстве с ним находятся каменоломни, где добывают гранит красновато-коричневого цвета, известный под названием сиенит, который служил материалом для обелисков и статуй.

Сикера. См. "Вино".

Сикль. См. "Деньги".

Сикомор — евр. шикма́.

Сикомор (Ficus Sycamorus), одно из самих частых деревьев в Египте, встречается нередко в самых жарких частях Палестины. Это огромное дерево до 17-ти метров высоты, с толстым стволом и раскидистыми ветвями, с сердцевидными листьями, немного напоминающими листья тутового дерева, приносит плоды грязновато-белого цвета с зелеными полосками. Их вкус не так приятен, как вкус обыкновенных смокв, но зато они имеют большое значение, как важный пищевой продукт бедняков. Завязавшиеся плоды нужно надрезать для того, чтобы они вполне созрели и сделались сочными. Некоторые предполагают, что пророк Амос занимался этим (Ам. 7:14). "Пастух, который надрезывал сикоморы" (евр.). Другие толкуют еврейское слово в его обыкновенном обозначении "собирал сикоморы". Значение этого плода, как пищевого продукта видно из Псл. 77:47, где уничтожение этих деревьев в Египте приводится, как тяжкое Божье наказание. Прочная и легкая древесина этого дерева употреблялась на постройки (3 Цар. 10:27; 2 Пар. 9:27; Ис. 9:10). Гробы египетских мумий, сделанные из сикоморов по крайней мере 3000 лет тому назад, сохранились до наших дней. В густой листве этого высокого дерева занял место Закхей, чтобы посмотреть на Иисуса (Лук. 19:4). В этом месте слово сикомор переведено на некоторые языки словом "смоковница" или "тутовое дерево". По словам Христа сила веры может передвинуть и это огромное дерево (Лук. 17:6. русск. перевод —

смоковница).

Сила или Силуан, как он называется в посланиях, "муж, начальствующий между братьями" и пророк, живший в Иерусалиме (Деян. 15:22, 32) был избран тамошнею церковью с Варсавою, чтобы сопровождать Павла и Варнаву в Антиохию. Затем он сопутствовал Павлу в некоторых его путешествиях и разделял с ним тюремное заключение в Филиппах (Деян. 15:40; 16:25; 17:4, 10, 15). После этого мы встречаем его вместе с Павлом в Коринфе (2 Кор. 1:19) и вместе с Петром (1 Пет. 5:12), который говорит о нем как о верном брате. Послания к Фессалоникийцам написаны также и от имени Силуана (1 Фес. 1:1; 2 Фес. 1:1).

Силла, место в Иерусалиме, где был убит Иоас, царь Иудейский (4 Цар. 12:20).

Силоам — Шилóах.

Силоам, т. е. посланный, или посланная Богом вода-источник или пруд в Иерусалиме с медленно текущей водой (Ис. 8:6). По Неем. 3:15 — Селах. Он находился у юго-восточного угла городской стены, близ царских садов. К этому источнику Иисус послал омыться слепорожденного (Иоан. 9:7 и дал.). Он существует еще и теперь, на том же месте, под именем Сильван, у подножия южного выступа храмовой горы — Хомма и представляет выложенный камнями водоем длиною около 16 и шириною 5 или 6 метров. Ступени ведут вниз до самого дна. Глубина воды в водоеме около 1 метра; по выходе из водоема вода орошает плантации в долине. Эта вода медленно течет сквозь высеченный в твердой скале канал или тунель из "Девичьего" или "Мариина источника", расположенного в 4-х километрах севернее Силоама на восточном склоне Офла. Вода в этом источнике повышается и понижается через определенные промежутки времени в той же мере и в то же время, как в пруде Сильван.

Высеченный в скале туннель, по всей вероятности, является тем водопроводом, который построил Езекия (4 Цар. 20:20; 2 Пар. 32:30). В 1880 году на стене туннеля нашли надпись, высеченную древне-еврейским шрифтом, вероятно, сделанную рабочими во время Езекии. Она состоит из 35 букв и в переводе гласит следующее: "Пробитие, и ход пробития, когда еще... тогда голос одного кричал другому, ибо был сиддах (трещина?) в скале направо (?), и в день пробития каменщики долбили один против другого, долото против долота и воды потекли от истока пруда на протяжении 1200 локтей; высота скалы была 100 локтей над головою каменщиков".

Медленно текущая Силоамская вода у Ис. 8:6 является символом незаметного развития Царства Божия, в противоположность бурным водам жизни мира сего. У Иоан. 9:7 название Силоам, т.е. посланный, указывает на посланного Богом Мессию.

Силом (евр. шило) — самое важное место в Святой Земле во времена судей. Там Иисус Навин в начале поставил скинию, и там он закончил разделение земли (И. Нав. 18:1; 19:51). Робинзон открыл Силом в 2½ км. к югу от Наблуса, где теперь находятся развалины Сейлун. Их местоположение вполне соотвествует подробному указанию книги Судей (21:19): "На север от Вефиля и на восток от дороги, ведущей от Вефиля в Сихем, и на юг от Левоны". Скиния с ковчегом завета осталась там до времени Илия (Суд. 18:31; 19:18; 1 Цар. 3:3, 15). Там праздновали ежегодно "праздник Господень" во время которого однажды некоторые из вениаминитян, уцелевшие после поражения своего колена (Суд. 20), вышли из виноградников и схватили себе каждый жену из девиц Силомских, "когда те вышли плясать в хороводах" (Суд. 21:21 и дал.). В Силоме молодой Самуил был призван Господом (1 Цар. 3). После дней Илия "Господь отринул жилище в Силоме" и сделал это место примером Своего справедливого гнева (Псл. 77:60). "Пойдите... и посмотрите, что сделал Я с ним за нечестие народа Моего Израиля" (Иер. 7:12 и дал.; 26:6 и дал.).

Силуан. См. "Сила".

Сим — Шем.

Сим, старший сын Ноя (Быт. 5:32, Лук. 3:36), покрывший одеждой вместе с братом Иафетом наготу отца своего, за что они получили особенное благословение: "благословен Господь Бог Симов... да распространит Бог Иафета и да вселится он в шатрах Симовых" (Быт. 9:26 и дал.).

Симеон — Шимóн.

1) Один из сыновьей Иакова от Лии (Быт. 29:33; Исх. 1:2), который вместе со своим братом Левием отомстил с варварскою жестокостью за насилие над их сестрой Диной (Быт. 34), так что отец проклял их гнев (49:5 и дал.). Впоследствии Иосиф в Египте задержал Симеона, в качестве заложника до тех пор, пока братья не возвратились из Ханаана с Вениамином (Быт. 42:24; 43:23).

2) Праведный муж в Иерусалиме, "чаявший утешения Израилева" и получивший обетование от Духа Святого, что он не умрет, доколе не увидит Христа Господня. Придя по вдохновению в храм и взявши младенца Иисуса на руки, он благословил Бога

и пророчествовал о Христе (Лук. 2: 25 и дал.).

3) Симеон, называемый Нигер, один из учителей в Антиохии, которые, по повелению Духа Святого, отделили Варнаву и Савла на служение (Деян. 13:1, 2).

Симон. 1) См. "Петр".

2) Симон Зилот — один из двенадцати апостолов (Лук. 6:15; Деян. 1: 13), назван Кананитом в Мат. 10:4 и Мар. 3:18. По всей вероятности, этот Симон придерживался раньше учения зилотов, которые отличались строгой ревностью в охранении национальной религии от иностранного и языческого влияния; при этом зилоты ни с чем не считались и их безрассудство привело в конце концов к разрушению Иерусалима. Симон, став учеником Христа, сохранил прозвище "Зилот", т.е. "ревнитель". Слово Кананит является греческим видоизменением еврейского "Канан'и", которое также обозначает "ревнитель".

3) Один из братьев Иисуса (Мат. 13:55; Мар. 6:3). См. "братья Иисуса".

4) Один из фарисеев, живший в Галилее, у которого был Иисус, когда грешница помазала его ноги (Лук. 7: 36 и дал.).

5) Симон прокаженный, в доме которого в Вифании был Иисус после воскресения Лазаря и был помазан драгоценным нардовым миром (Мат. 26:6 и дал.; Мар. 14:3 и дал.; Срав. Иоан. 12:1 и дал.).

6) Симон из Киринеи, которого заставили нести крест вместо изнемогшего Иисуса (Мат. 27:32), отец Александра и Руфа, о которых Марк упоминает, как об известных лицах (Мар. 15:21).

7) Отец Иуды Искариота (Иоан. 6: 71; 13:2, 26).

8) Симон волхв в Самарии, который выдавал себя за кого-то великого и пользовался большим уважением людей. Он был поражен чудесами, совершенными Филиппом, и крестился. Но когда он хотел приобрести за деньги от апостолов дар низводить Духа Святого посредством возложения рук, то был строго обличен Петром и просил молится за него (Деян. 8:9 и дал.).

9) Кожевник в Иоппии, который принял Петра в своем доме, расположенном при море (Деян. 9:43; 10:6, 32).

Синагоги. Греческое слово "синагоге" первоначально обозначало 1) собрание людей; так, например, этим словом названо собрание христиан в послан. Иакова 2:2; 2) Дом, где собрание имело свое помещение (еврейское слово гейт а-кне́ссет); в последнем значении оно часто встречается в

Крыша дома Симона Кожевника в Яффе (древний Иоппа), где апостол Петр увидел видение.

книгах Нового Завета. В законе не существует предписаний о синагогах или о синагогальном богослужении и также не имеется следов существования их до Вавилонского плена. По всей вероятности, синагоги возникли после Вавилонского плена и в особенности, как результат реформаторской деятельности Ездры. Когда народ был рассеян в чужой языческой стране, не имея той объединяющей силы, которую давало их национальной и религиозной жизни общее служение в храме, то, вероятно, потребность объединения побудила их собираться в разных местах, т.е. в синагогах, вспоминать о делах Господних в прошедшее время и взывать к Нему о помощи и избавлении. Когда, после возвращения из Вавилона, такие мужи, как Ездра и Неемия, собирали народ слушать слово Божие и побуждали его к прилежному исследованию Св. Писания, то синагога стала естественным выражением новой жизни, которая пробудилась в среде строго наказанного за идолослужение народа, так

Богослужение в синагоге в библейские времена, где читалось Священное Писание.

что Иаков, брат Господень, имел основание сказать: "Закон Моисеев от древних родов по всем городам имеет проповедующих его, и читается в синагогах каждую субботу" (Деян. 15:21). Еврейское предание относит учреждение синагоги ко времени пророческих школ и даже ко времени патриархов произвольным толкованием таких мест, как Быт. 25:27; Суд. 5:9; Ис. 1:13. Самое древнее историческое указание на нечто напоминающее позднейшие синагоги, находится в 4 Цар. 4:23, где из вопроса мужа сонамитянки можно понять, что набожные израильтяне имели обыкновение собираться у пророков во дни новомесячий и суббот. Другое указание находим в Псл. 73:8, где псалмопевец жалуется, что враги сожгли все места собраний Божиих в земле израильской. По мнению некоторых, этот псалом написан во время разрушения Иерусалима халдеями в 588 г. до Р.Хр.; в таком случае, он свидетельствует о существовавших уже до этого времени молитвенных домах. Другие же относят появление этого псалма ко времени после плена. Третье указание, быть может, находится в Псл. 106:32. Во время Иисуса Христа синагоги существовали повсюду в Палестине, например, в Назарете (Лук. 4:16); Капернауме (Лук. 7:5) и т.д. В Иерусалиме было много синагог для евреев различных толков (Деян. 6:9). (По Талмуду, — около четырехсот). Синагоги были также и вне Палестины в большей части городов, где жили евреи: например, Антиохии Писидской (Деян. 13:14), в Фессалониках (17:1), в Верии (ст. 10, Афинах (ст. 17), в Коринфе (18:4), Ефесе (ст. 19; 19:8); иногда по нескольку, как в Саламине (13:5) и Дамаске (9:2). По Талмуду, синагога должна была быть везде, где имелось 10 евреев.

Синагоги, обыкновенно, строились на возвышенном месте на общинные средства, а изредка и на средства отдельных благотворителей (Лук. 7:5). В помещении синагоги стояли скамьи, из которых передние были отведены старейшинам и знатным (Мат. 23:6). В Александрийской синагоге находились 71 золотой стул по числу членов Синедриона. Перед скамьями стояла кафедра. У передней стены стоял ящик или шкаф, называемый ковчегом, в котором хранились Священные Писания. Этот ковчег помещался в передней части синагоги, всегда обращенной к Иерусалиму, чтобы народ во время богослужения находился лицом к Святому городу. В синагоге постоянно горел светильник. У двери были кружки для сбора добровольных пожертвований.

В Галилее найдены развалины древних синагог, например, в Тел-Хуме (Капернауме), в Керазе (Хоразин), две в Кефр-Берим и т.д. Из остатков видно, что они имели четыреугольную форму, разделялись колоннадами на несколько отделений с довольно высокими порталами и с двумя боковыми дверьми.

Всякая синагога имела своего начальника — архисинагога и его помощников — нескольких старейшин (Лук. 7:3), также называемых, начальниками синагоги (Мар. 5:22; Деян. 13: 15). Вместе они составляли власть, которая наблюдала за порядком и нравами среди общины; см., например, Иоан. 9:22; 12:42; 16:2. Далее, там был переводчик, который переводил еврейский текст на понятный народу язык. Еврейские источники упоминают еще о должности, носящей название "Шалиах цибур", т. е. поверенный или посланник общины; так назывался тот, который читал молитвы во время богослужения и вместе с тем исполнял обязанности секретаря или представителя синагоги. Некоторые полагают, что вышепреведенное название не давалось одному определенному лицу, но при каждом отдельном случае тому человеку, который читал молитвы по поручению общины. Затем были диаконы, т.е. собирающие пожертвования, и, наконец, сторож или служитель, обязанностью которого было подавать из ковчега книги (Лук. 4:17 и дал.), содержать в чистоте помещение, приводить в исполнение наказания и т. д.

Наконец, там еще были, так называемые, "батланим", т.е. свободные люди, 10 человек, которые всегда должны были приходить на богослужения для того, чтобы в синагоге было достаточное для открытия собрания число присутствующих. Это были или люди со средствами, которые имели свободное время, или нанятые за плату члены общины.

Каждая синагога представляла самостоятельную общину и в то же время поддерживала деятельную связь с другими синагогами. В качестве духовного суда, она имела власть отлучать и наказывать преступников (Мат. 10:17; 23:34; Мар. 13:9; Лук. 12:11). Павел сознается, что часто в синагогах мучил и бил последователей Иисуса (Деян. 22:19; 26:11).

Богослужение в синагогах совершалось три раза в неделю, именно, по субботам, понедельникам и четвергам; молитвенными часами были третий, шестой и девятый (9 ч. у.), 12 ч. (полдень) и 3 часа (пополудни), по-еврейски: "шахарит, минха и аравит" (ср. Псл. 54:18; Дан. 6:10; Деян. 2: 15; 3:1; 10:30). Во время собрания мужчины были отделены от женщин низкой перегородкой или решеткой; в позднейшее время женщины получили место на хорах.

К богослужению относились молитва, пение, чтение Библии с толкованием, совершение обрезания и установленных законом омовений. Жертвоприношения в синагогах никогда не совершались. Молитвы и песни были взяты приемущественно из Псалтыря, самой древней из богослужебных книг.

Первая молитва, называемая "Шема" или "Криат Шема", состояла из двух вступительных благословений, чтения 10 заповедей и выдержек из Пятикнижия, именно, Втор. 6:4-9; 11: 13-21; Чис. 15:37-41. Затем читались, так называемые "шмоне-есре" (восемнадцать), — собрание молитв и благословений. Одна из них гласит так:

"Даруй мир, блаженство, благословение, милосердие и сострадание нам и всему Твоему народу Израилю. Отец, благослови нас всех светом Твоего лица, ибо в свете лица Твоего Ты дал нам, Господи, Боже наш, закон жизни, любви, праведности, благословения, милосердия и мира. Благоволи благословить Твой народ, Израиля, во все времена и в каждое мгновение миром. Благословен Господь, благословляющий Свой народ Израиля миром".

Присутствовавшие выслушивали молитву стоя (Мат. 6:5; Мар. 11:25; Лук. 18:11, 13) и отвечали громким "аминь", — обычай, который вместе с некоторыми другими перешел из синагоги в христианскую церковь (1 Кор. 14:16).

После молитв следовало чтение из Библии, сперва Закона (парашá), затем пророков (Хафтара), которые читались по-еврейски и сопровождались переводом на понятный народу язык, с назидательным объяснением и практическим применением. Каждому иудею можно было выступать для молитвы, чтения и проповеди. Так и Господь Иисус Христос, выступив в синагоге, получил книгу, прочел пророчество и истолковал его (Лук. 4:17 и дал.). Этой свободою пользовались апостолы и всегда присоединяли свои проповеди о Христе к той форме, которая предлагалась им богослужебным порядком синагоги. В Деян. 13:15 говорится, что в Антиохии Писидийской в синагоге по окончании чтения закона и пророков на-

Традиционный холм Неопалимой купины, около Синая.

чальники послали спросить Павла и Варнаву, имеют ли они слово наставления к народу, и Павел, встав, проповедывал им о смерти и воскресении Иисуса, и об оправдании верою в Него. Это имело такое действие, что почти весь город собрался в следующую субботу слушать Слово Божие (13:44). Срав. далее Лук. 13:10; Иоан. 18:20; Деян. 14:1; 17:1 и дал.; 18:4, 26; 19:8. После чтения Священного Писания следовало заключительное благословение, на которое собрание также ответило "аминь".

Каждому бросается в глаза, в какой значительной мере богослужение синагоги было подготовлением к богослужению христианской церкви. Не связаная с каким-либо священным местом, но возникавшая повсюду, где являлась в ней потребность; не отягощенная тяжелым бременем обрядов, но свободная от жертвенника, священства и жертвоприношения, и, с другой стороны, дающая свободный доступ для участия в ее деятельности каждому члену общины, — синагога была во многих отношениях образцом для первоначального богослужебного порядка христианских церквей.

От синагог отличались, так называемые "молитвенные дома", которые всегда были вне города, поблизости от проточной воды, так как евреи имели обыкновение совершать омовение перед молитвой. В таком молитвенном доме Павел нашел Лидию (Деян. 16:13 и дал.). Иногда встречается слово "молитвенное место", обозначающее настоящую синагогу.

Отлучение от синагоги (херем) упоминается в Новом Завете, как наказание за тяжкие религиозные преступления. Родители слепорожденного боялись много говорить об Иисусе, потому что евреи уже решили отлучать от синагоги всех признающих Иисуса за Христа (Иоан. 9:22; срав. 12:42). Об этом же Иисус предсказал своим ученикам (Иоан. 16:2; Срав. Лук. 6: 22). Закон ничего не говорит об отлучении, но талмудисты приводят, как примеры, Корея (Чис. 16), город Мероз (Суд. 5:23), объявление Ездры (Езд. 7:26) и суд (10:8), состоявший в том, что ослушавшийся приказания старейшин, лишался своего имения и отлучался от общества. Отлучение, которое в Талмуде называется "Ниддуй" или "Шаммата", могло постигать человека за 24 преступления. В "Гемаре" делается различие между "Ниддуй" и "Херим": "Ниддуй" являлось простым отлучением на 30 дней, но "Херем" было, сопроваждаемое проклятием, торжественное отлучение от общества.

"Ниддуй" мог произнести один раввин; человек, подпавший под отлучение, должен был одеться в траур, ему нельзя было стричься, он должен был держаться на расстоянии 4 шагов от людей; он мог посещать богослужения, но ему нельзя было входить через общие ворота. "Херем" же имели право произнести не менее десяти членов общины; он оглашался при трубных звуках всенародно и совершенно отлучал преступника от храма и синагоги; разрешалось только подавать ему пищу. Если он после 30 дней раскаивался, то его принимали вновь. Кроме этих двух степеней, позднейшие раввины упоминают "Шаммата", как самую высшую и тяжелую степень, т.е. отлучение навсегда. Это различие между тремя степенями, согласно Кейлю, придумано с 1525 года.

Указания на отлучение от синагоги некоторые усматривают в известных выражениях ап. Павла относительно благочиния в христианских церквах (1 Кор. 5:5; 16:22; Гал. 1:8 дал.).

Большой синагогой называется в раввинских преданиях совет или синод, состоявший из 120 мужей, которые, после возвращения еврейского народа из Вавилона, руководили религиозными преобразованиями. Они собрали Св. Писания и соединили их в одно целое в том порядке, в каком они существуют и теперь; проверили текст и поставили гласные буквы, утвердили синагогальное богослужение, установили праздник Пурим, утвердили "восемнадцать благословений" и т. д. Первым председателем этой коллегии был священник Ездра. Об этом синоде не существует исторических сведений древнее талмудистской книги "Пирке-Авот", около 2-го столетия по Р.Хр. Ни в Ветхом Завете, ни у Иосифа Флавия об этом не упоминается. Из книги Неемии видно только, что вокруг Ездры группировались набожные, выдающиеся мужи, которые работали под его руководством (Неем. 8:13; 10:1-29).

Синай гора, на которой Иегова явился Израилю в огне и дыму, и где Он дал Свой закон (Исх. 19:2 и дал.; Чис. 3:1; Втор. 33:2; Деян. 7:30; Гал. 4:24). Эта гора называется также горой Божией, Хоривом, где Господь в первый раз говорил с Моисеем из горящего тернового куста (Исх. 3:1 и дал.; срав. Втор. 1:6; 4:10, 15). "Господь на Хориве говорил к вам из среди огня". К этой горе пришел также и Илия после сорокадневного пути (3 Цар. 19:8); см. также Исх. 33:6; 3 Цар. 8:9). Хорив, или Синай, был расположен поблизости стоянки Рефидим, что видно из Исх. 17:1, 6, где говорится, что, когда народ просил там воды, то Моисей, по приказанию Господа, ударил в скалу Хорива, и из нее потекла вода. По Исх. 17:1; 19:1 и дал., сыны Израилевы пришли к Рефидиму из пустыни Син, а из Рефидима двинулись далее и расположились станом против Синая, где и оставались почти целый год: с третьего месяца первого года, после исхода из Египта до 20-го дня во втором месяце второго года (Исх. 19:1; Чис. 10:11; срав. Втор. 1:6). Значение названия Хорив, т.е. сухость, пустынность, указывает на скалистую пустыню и лишенные растительности горы; название Синай объясняется одними как "многовершинная гора", другими, как гора, посвященная богу луны, т.к. богу луны под названием Син поклонялись не только вавилоняне, сирийцы и ассирийцы, но также и арабы, и на горе Хорив-Синай было капище бога луны, где язычники арабы еще в шестом столетии после Р.Хр. справляли праздник новолуния. В связи с этим, указывается также, что гора Синай еще до издания Закона называлась горою Божией (Исх. 3:1; 4:27; 18:5; срав. 3:12), а после этого стала называться "горою Господней" (Чис. 10:33).

Синайской пустыней называется вышеупомянутая пустыня, в которой израильтяне расположились станом, против Синайской горы, и оставались там целый год, в продолжение которого они приняли через Моисея закон (Исх. 19:1 и дал.; там же весь народ был исчислен Моисеем (Чис. 1:19). Если предыдущая стоянка Рефидим была расположена близко от Синая или Хорива, то эта была еще ближе, так что нужно было предостерегать народ от восхождения на гору или прикосновения к ее подошве; для большей предосторожности Моисей даже получил приказание провести черту вокруг горы (Исх. 19:12, 23).

На эту Синайскую гору окутанную густыми облаками, перед собранным у подошвы горы народом, снизошел Иегова, окруженный тьмами ангелов

Вершина горы Синай, видна часть часовни Моисея, которую иногда называют часовней Илии.

(Срав. Втор. 33:2 и Псл. 67:18 с Деян. 7:38, 53; Гал. 3:19; Евр. 2:2), с молнией и громом, и сильными трубными звуками (Исх. 19:16 и дал.; Срав. Евр. 12:18 и дал.). Оттуда Он изрек десять заповедей Закона (Исх. 20:1 и дал.) и дал Моисею, единственному человеку, который был на горе в продолжение сорока дней и ночей (24:18), множество предписаний, касающихся общественной жизни народа, устройства скинии, служения священников и жертвоприношений (Исх.. гл. 21-31); после этого Моисей спустился с двумя скрижалями Завета (31:18; 32:15, 16), но при виде золотого тельца, исполненный негодования, разбил их (32:19); потом Моисей высек две новые скрижали, на которых Бог вновь начертал десятисловие, после вторичного сорокосуточного пребывания Моисея на горе (Исх. 34:1, 28; Срав. Втор. 9:9 и дал.; 10:4). Прочие постановления, которые были даны на Синайской горе, записаны в книгах Моисеевых, без определенного порядка, с вставленными между ними историческими записями (Срав. Лев. 7:38; 25:1; 26:46; 27:34; Чис. 3:1-5, 14; 5:23 и дал.; 29:1). В других местах приводятся откровения и постановления, которые Бог дал Моисею не на горе, а в Синайской пустыне в поставленной Моисеем скинии вне стана, о которой говорится в Исх. 33:7 и дал.; См. Исх. 34:34 и дал.; Лев. 1:1; Чис. 1:1; 3:14; 9:1.

В Синайской пустыне, прежде чем принять скрижали Завета, Моисей принес жертву Завета, которою он посвящал народ Господу и обязывал исполнять Закон (Исх. 24). Он поставил у подошвы горы жертвенник и двенадцать камней, по числу колен

Люди поднимаются на восходящую часть долины Хеврона в Синае.

израилевых. Израильские юноши закололи тельцов и принесли жертвы всесожжения и мирные жертвы; взяв половину крови, Моисей окропил жертвенник. Затем он прочел книгу Завета народу, который обещал исполнять написанное в ней. После этого остальной кровью Моисей окропил народ, говоря: "вот кровь Завета, который Господь заключил с нами" Исх. 24:3 и дал.). В Евр. 9:19 и дал. сказано, что он и самую книгу окропил кровью.

В Синайской пустыне израильтяне праздновали во второй раз праздник Пасхи, через год после первой Пасхи в Египте (Чис. 9:1 и дал.).

В Гал. 4:24 и дал. Павел сопоставляет гору Синай, рождающую в рабство, — прообразом чего служила Агарь (слово Агарь, по-арабски Хаджар, означает скала) и вышний Иерусалим, прообразом которого служила Сарра: сын ее получил наследие, тогда как сын Агари был изгнан. Таким же образом в Евр. 12:18 и дал. сравнивается страшная гора Синай с дивною горою Сионом.

О местоположении библейского Синая существует довольно полное единогласие в том, что его надо искать где-нибудь в цепи высоких горных вершин, называемых арабами "Джебель-ель-Тур" или "Тур Сина". Этот ряд вершин на подобие громадной кафедры возвышается из середины гранитных гор, в южной части Синайского полуострова, между двумя заливами Красного моря. Вся эта горная цепь состоить из трех параллельных гребней, тянущихся в направлении с северо-запада на юго-восток. Самый западный из них, между Вади Талах на западе и Вади Ледиа на востоке, называется Джебель-ель-Хамр; его южная вершина называется Екатерининской горою. Средний гребень, собственно Синай, между Вади-Ледиа на западе и Вади-Шаиб на востоке, имеет две значительные вершины; северная называется Рас Сафсафе и достигает 2000 метров высоты, а южная Джебель Муза (гора Моисея), достигает в вышину почти 2250 метров. В долине, к западу от этой горы, находится старинный монастырь "ель-Арбани", т.е. сорок, в память 40 мучеников, умерщвленных здесь арабами. Восточный гребень между Вади-Шаиб или Иофоровой долиной на западе и Вади Себаие на востоке имеет несколько вершин: Джебель-ель-Деир на севере; дальше к югу — Джебель Арибех более 2000 метров высоты, и самая южная вершина у плоскогорья Себаие Менаджа — 1800 метров. Между двумя последними горами на склоне спускающемся к Иофоровой долине, расположен знаменитый, населенный десятками греческих монахов, Синайский или Екатерининский монастирь, основанный в 527 г. после Р.Хр. В этом монастыре в 1859 году Тишендорф нашел одну из древнейших рукописей Библии, так называемый "Синайский Кодекс". В монастырской церкви есть часовня, на месте которой, как говорят, находился горящий куст, из которого Бог говорил Моисею. На паперти находится, так называемый, колодец Моисея, из которого Моисей поил овец Иофора. Далее, к югу показывают пещеру Илии (3 Цар. 19:9). На северном краю Иофоровой долины, находится небольшая возвышенность, так называемый Ааронов холм, где, по преданию, стоял золотой телец. Итак, вся эта местность полна священными воспоминаниями.

Хотя почти все согласны с тем, что средний из вышеупомянутых гребней и есть подлинный Хорив, но все-таки неизвестно, которая из его вершин является той горой, куда нисходил Иегова: северная — Сафсафе или южная — Муза. У подножия Сафсафе простирается обширная равнина "Вади-ель-Раха" длиною в 2.5 км. и шириною в 1 км. У подножия горы Муза также расположено обширное плоскогорие "Вади-ель-Себаие", приблизительно в 4 км. длины от востока на запад и 4.5-6 км. ширины. Древнее предание называет гору Муза подлинной Синайской горой; в таком случае равнина Себаие и является тою Синайской пустыней, в которой находился стан Израиля. Другие же считают Синайской горой северную вершину Сафсафе; тогда Синайской пустыней является обширная равнина Раха. Некоторые же за Синайскую гору принимают гору Сербал, находящуюся на северо-западе от Джебель-Тур, которая хотя и не так высока, как Джебель-Муза (2045 метр.), но, кажется, значительно выше последней. У подошвы Сербала однако же нет такого места, которое бы соответствовало указаниям Библии о расположении Синайской пустыни по отношению к Синайской горе. Окрестности Сербала также не имеют такого количества пастбищ, которое было нужно для больших стад многочисленного кочевого народа в течение целого года. Равнина же Раха и примыкающая к ней долина Вади-ель-Деир, вполне соответствуют библейскому описанию, а их расположение по отношению к крутому, почти отвесно возвышающемуся, величественному Сафсафе, делает вполне вероятным, что именно здесь находится "Синайская пустыня" и "Синайская гора". Громадные голые скалы на вершине этой горы в течение нескольких месяцев бывают покрыты снегом, в то время, как в долинах цветут благоухающие растения, зеленеют обильные пастбища и шумят потоки. (Срав. Исх. 32:20; Втор. 9:21). Может быть, обе вершины, Сафсафе и Муза, заключаются в названии Синай, но вершина Муза особенно имеется ввиду, например, во Исх. 19:17, где говорится, что Моисей вывел народ из стана (из равнины Раха) и стали (на равнине Себане) у подножия горы (Джебель-Муза).

Уже в первых столетиях нашего летосчисления началось паломничество к "Божией горе Хориву" и Синайские пустыни стали прибежищем для множества отшельников и монахов. В Вади Фейран, при подошве Сербала, вырос город того же имени, от которого еще и доныне сохранились значительные развалины. Таким образом, эти пустынные долины стали возделываться и оживились, благодаря поселенцам и приезжающим туда толпам паломников. Происхождение так называемых "синайских надписей", которые в огромном числе высечены язычниками и христианами на скалах в разных местах вокруг Синая, относится к ближайшим столетиям до и после Р.Хр. Особенно много их находится в долине Вади-Мукаттаб (т.е. исписанная долина), получившей свое название от этих надписей, которая на северо-западе сливается с Вади-Фейран. Эти надписи, большею частью, состоят из кратких изречений, а иногда только из имен с изображением креста.

Синайская пустыня. См. "Синай".

Синедрион — слово греческое; еврейское — санхедрин (Мат. 5:22) — верховный суд в Иерусалиме, который, по Талмуду, являлся продолжением совета семидесяти, избранного Моисеем (Исх. 24:1; Исх. 11:16). В истории синедрион появляется со времени Маккавеев (совет старейшин 2 Макк. 1:10; 4:44), но Иосиф Флавий называет его именем синедрион только со времени Ирода. Из еврейского названия этого суда-санхедрин по сходству с греческим словом синедрион видно, что это учреждение возникло во времена владычества греков над израильтянами. Этот суд отличался от других учреждений подобного рода (как, например, суд Иосафата) тем, что он имеел значительную административную власть и до некоторой степени являлся даже политической властью. Династия Птоломея, под власть которых после персидского периода подпала Палестина, представила внутреннее управление страной целиком в руки местных властей и довольствовалось признанием в Палестине своей власти и ежегодно аккуратно выплачиваемой податью.

Синедрион состоял из первосвященников, старейшин и законников. К первой категории причислялись, кроме выбранного на этот год первосвященника, также бывшие первосвященники и начальники священнических чред (2 Пар. 36:14). По Талмуду, число членов синедриона было 70, с председателем, его помощником и некоторыми судебными служителями (Иоан. 18:22). По Иосифу Флавию и Новому Завету, избранный первосвященник был одновременно и председателем синедриона (Мат. 26:3; Деян. 5:17; 7:1; 23:2 и дал.). Среди членов находились фарисеи и саддукеи (Деян. 5:17, 34; 23:6). Заседания синедриона происходили в особом зале, называемом Гаццит, в одном из дворов храма; в случае же крайней важности — во дворце первосвященника (Мат. 26:3). Синедрион, главным образом, разбирал дела, касающиеся религиозных вопросов, например, богохульства, отпадения от веры, лжеучений, а также, может быть, и противогосударственные преступления. Власть синедриона в религиозных вопросах простиралась далеко за пределы Иудеи, даже до самой Сирии, что можно видеть из Деян. 9:2. Согласно Талмуду, Синедрион потерял право выносить смертные приговоры за 40 лет до разрушения Иерусалима (срав. Иоан. 18:31). Неизвестно, продолжал ли он свое существование после этого времени.

Этот синедрион допрашивал и осудил Иисуса (Мат. 26:59 и дал.; Мар. 14:55; 15:1), перед этим судом предстали и апостолы (Деян. 4:1, 15; 5:21); перед ним же Стефан свидетельствовал о Господе (Деян. 6:12, 15).

Талмуд упоминает также о низших судилищах, называемых синедрионами и состоявших из 23 членов — в городах, имевших более 120 жителей, а также о судилищах, состоявших только из 3 членов, которые разбирали менее важные дела. Но Иосиф Флавий ничего о том не говорит; он упоминает только о низших судилищах, состоявших из 7 членов. О правах этих последних мнения и сведения расходятся.

Синей — Сини́.

Синей, один из сыновей Ханаана (Быт. 10:17; 1 Пар. 1:15) также хананское племя, вероятно, населявшее западные склоны Ливана, к северу от Триполиса, где Иерониму был известен город под этим названием и где затем нашли селение Син.

Синим (Ис. 49:12), далекая страна, из которой люди соберутся к Сиону; по предположению некоторых — обширный Китай в восточной Азии, население которого, исчисляемое сотнями миллионов, в последнем столетии начало принимать Евангелие.

Синтихия. См. "Еводия".

Син — Цин.

1) Пустыня между Елимом и Рефидимом (Исх. 16:1; 17:1), вдоль восточного берега Чермного моря (Чис. 33: 10 и дал.), где израильтяне расположились станом через месяц после выхода из Египта и где они питались манною и ели перепелов.

2) Укрепленный город в Египте, которому угрожала ярость Господня (Иез. 30:15 и дал.); может быть, древний Пелузий на северо-востоке или Сиена у нильских порогов на юге.

3) Син, см. "Фаран".

Сион. 1) Тот же, что Ермон (Втор. 4: 48).

2) Сион — Цион.

Т. е. солнечный, одна из гор Иерусалима, древняя крепость Иевусеев (И. Нав. 15:63), которая была взята Давидом и стала главною крепостью нового царского города, называемого "город Давида" (2 Цар. 5:7, 9; 1 Пар. 11:5). В нем был похоронен Давид (3 Цар. 2:10). По древнему преданию предполагалось, что Сионом называлась юго-западная высота, одна из тех, на которых был построен Иерусалим; на этой высоте магометане до сих пор охраняют, так называемую, "могилу Давида"; см. "Могила Давида" и "Иерусалим". Однако же, слово Сион часто употребляется по отношению к восточной высоте Иерусалима, горе, на которой был построен храм. Это вполне ясно не только из первой книги Маккавеев, например, 4:37, 60; 6:48 и проч., но также из псалмов и книг пророков. В этих местах слово Сион излюбленное название Иерусалима и его святой горы, где обитал Господь (Псл. 9:12; 64:2; 73:2; 75:3; 83:8; 131:13; Ис. 2:3; 8: 18; 24:23; Мих. 4:2) и т.д., почему многие и думают, что Сион не был юго-западной высотой Иерусалима, а восточною, или горою Храма.

"Дщерь Сиона" или "дочь Сиона" — также поэтические названия Иерусалима и его народа (Ис. 1:8; Зах. 9:9; Соф. 3:14; Мат. 21:5; Иоан. 12: 15), равно, как и еврейские женщины в Ис. 3:16, 17 называются дочерями Сиона. С именем Сион преимущественно связаны славные пророчества о грядущем Царствие Божием, которое охватит всю землю и все народы (Псл. 101:1, 17, 22; 145:10; Ис. 28:16 и Рим. 9:33 об основном камне на Сионе; Ис. 35:10; 40:9; 46:13; 51:11; 52: 8; 62:1, 11).

Прообраз земной скинии, небесное жилище Бога, называется также горою Сион, небесным Иерусалимом (Евр. 12:22). На горе Сионе Иоанн видел 144000 запечатленных вокруг Агнца Божия (Отк. 14:1). От Сиона, который есть верх красоты (Псл. 49: 2), выйдет закон (Ис. 2:3; Мих. 4:2) и на Сион возвратятся избавленные Господом (Ис. 35:10).

Два раввина, приближавшиеся к Иерусалиму, увидели лисицу на горе Сионе, причем раввин Иешуа заплакал, а раввин Елиезер улыбнулся. "Почему ты смеешься", — спросил первый. "Скажи мне прежде, о чем ты плачешь?" — возразил второй. "Я плачу", отвечал Иешуа, "потому что исполнилось то, о чем сказано в Книге Плача Иеремии" (5:18) "опустела гора Сион, лисицы ходят по ней". — "А именно потому я и радуюсь", отвечал Елиезер, "ибо, когда я вижу собственными глазами, что Бог исполнил в точности свои угрозы, то для меня это является ручательством того, что ни одно из Его обетований не останется несбывшимся: ибо Он постоянно более готов оказать милость, нежели суд".

Сиракузы. Большой, известный греческий город на восточном берегу Сицилии, где, по пути в Рим, ап. Павел пробыл три дня. Этот город основан дорянами около 735 г. до Р.Хр. на острове Ортигии, расположенном около берегов Сицилии. Город очень быстро перешел на остров Сицилию и имел в 5-ом столетии до Р.Хр. в окружности 30 км и 1.200.000 жителей. Не считая пригородов, он делился на пять частей, из которых каждая была окружена стеною. Город славился художественными изделиями и обширной торговлей, которая очень была облегчена наличием двух хороших гаваней. Сиракузы, которые одно время были самым могущественным и большим городом Сицилии, были покорены римлянами после двухлетней осады, в 212 г. до Р.Хр. В настоящее время город с его 20.000 жителей, является только тенью прежних Сиракуз.

Сирион — то же, что и Ермон (Втор. 3:9).

Сирия. Сирия в еврейском тексте обозначается словом Арам. Слово Сирия, которое является или сокращением слова Ассирия, или новообразованием от слова Сур или Цор (Тир), — у древних имело неопределенное меняющееся значение. В широком смысле оно употреблялось, как название страны вдоль всего восточного берега Средиземного моря до самого Евфрата, включая сюда и Месопотамию; в более же узком смысле слова, Сирия обозначала страну между Финикией на юге и горой Тавр на севере и между морем на западе и Пальмирской пустыней на востоке; так, обыкновенно, представляют Сирию в противоположность Палестине. Точнее же говоря, это страна, расположенная между Средиземным морем и Сирийской пустыней и между Тиром и заливом Искендерун; протяжением около 54 км. в длину и от 16 до 32 км. в ширину. Южная часть до реки Нахр-ель-Кебир, состоит из Ливанской и Антиливанской горных цепей, затем следуют горы Джебель-эль-Ансарие, а далее, на севере, тянутся отроги Тавра. Плоскогорие между Ливаном и Антиливаном, называемое Эль-Бека (древняя Келесирия), служит водоразделом для некоторых рек: Литани или Леонтеса, текущего на юг и впадающего в море к северу от Тира, Барада в направлении к Дамаску и Оронта или Эль-Ази, который стремительно несется через всю северную Сирию и впадает в Средиземное море к югу от Антиохии.

Еврейское слово Арам, которое, как полагают, означает возвышенную страну, в противоположность береговой низменной стране, населенной хананеями, имело различные значения. В Ветхом Завете оно обозначает страны, расположенные к востоку и северо-востоку от Палестины (4 Цар. 24:2), и также их отдельные части.

2) Арам Цоба (русск. пер. "Сирия Цованская") — арамейское царство к северо-востоку от Дамаска (Псл. 59: 2), которое многократно воевало с израильтянами. Саул вел войны с царями Совы (1 Цар. 14:47), но Давид первый серьезно решил покончить с Совой (Сувой) и другими сирийскими племенами. Он наложил на них тяжкое наказание и взял большое количество пленных (2 Цар. 8:3 и дал.). Потом сирийцы Сувы вновь восстали и помогли аммонитянам воевавшим с Давидом, что стоило им нового поражения (10:6 и дал.; 1 Пар. 19:6 и дал.).

3) Арам-Дамаск, т.е. область вокруг Дамаска, была покорена Давидом, приблизительно, в одно время с Совой (2 Цар. 8:5 и дал.).

4) Арам-Мааха, у подошвы Гермона. Царь Мааха также пытался помочь аммонитянам, но был покорен Давидом (2 Цар. 10:6 и дал.; 1 Пар. 19:6; срав. "Мааха 4").

5) Арам-Беф-Рехов был также покорен Давидом (2 Цар. 10:6 и дал.).

6) Имаф, область у реки Оронта, к северу от Ливана (2 Цар. 8:9).

7) Емаф-Сува, которая была взята и укреплена Соломоном (2 Пар. 8:3), была, весьма возможно, частью царства Имаф, которое прежде находилось под властью Совы (Срав. 2 Цар. 8:9 и дал.).

Кроме того, в Ветхом Завете упоминаются также различные другие области, которые, обыкновенно, считались принадлежащими Сирии или Араму, как, например, Авран, Гессуя и Тов.

Итак, сирийские или арамские цари находились в постоянной вражде с израильскими. Во времена Саула и Давида совские цари были самыми могущественными между сирийцами; после них выдвинулись дамасские князья (3 Цар. 15:18 и дал.). Когда ассирийские войска шли войною на Сирию и Палестину , сметая на своем пути всякое сопротивление, то сирийских царей постигла та же участь, что и царей израильских и иудейских: маленькие царства слились с большими державами. Сирия стала частью мировой халдейской державы и, затем, вместе с Финикией и Иудеей отошла к Персидской монархии; повидимому, вся эта область в отношении управления рассматривалась как одна провинция к западу от Евфрата (Езд. 5:3; 6:13; Неем. 2:7; 3:7). После падения персидского царства Сирия подпала под власть Александра Великого, и, когда огромное царство после его смерти было разделено между его полководцами, Сирия после ряда кровавых битв и решительного сражения при Ипсе в 301 г. до Р.Хр., досталась Селевку Победителю, власть которого простиралась также на Месопотамию и Вавилон. Таким путем, временно образовалось значительное царство: Селевкидская Сирия со столицею Антиохией на Оронте. Временем возникновения этой монархии считают, обыкновенно, 312 г. до Р.Хр., когда Селевк взял Вавилон. Он царствовал до 280 г.; преемником его был Антиох, за которым следовал Селевк, и т.д. Эта сирийская держава, которой была подчинена Палестина, по временам терпя от нее тяжкие притеснения — вскоре ослабла вследствие внутренних раздоров и в 64 г. до Р.Хр. стала, при Помпее, римской провинцией (Лук. 2:2). Палестина также считалась в это время частью Сирии. Иудея и Самария управлялись между 6-41 гг., а вся Палестина после 44 г. по Р.Хр. — прокураторами, которые находились в прямой зависимости от наместника Сирии.

Христианство в Сирии рано возникло и в ее столице Антиохии ученики впервые стали называться христианами (Деян. 11:19, 26).

Арабы называют Сирию "Суриа" или чаще "ель-Шам" (страна налево" или север, в противоположность Иемину, что значит "направо", или Аравия, и включают в нее также и Палестину (Фаластин). Турки называют ее "Суристан".

Сирофиникия (Мар. 7:26), древнияя Финикия, которая во времена Христа принадлежала к римской провинции Сирии. Языческая женщина, искавшая помощи у Иисуса для своей бесноватой дочери и своею верою вызвавшая

Его удивление, называется у Марка сирофиникиянкой, а у Мат. хананеянкой (Мат. 15:22), потому что финикияне были также хананейским народом.

Сисара, военачальник царя Иавина, был разбит Вараком и Деворою и убит рукою женщины Иаили (Суд. 4:7 и дал.; 1 Цар. 12:9; Псл. 82:10).

Ситна, т.е. сопротивление, второй колодец, который Исаак приказал выкопать в Гераре, после того, как чужие пастухи отняли первый, который он назвал Есек, т.е. спор. Когда они стали претендовать и на этот колодец, то он выкопал третий и назвал его Реховаф, т.е. простор (Быт. 26:20 и дал.; срав. вопрос Павла в 1 Кор. 6:7).

Ситтим — Шитим.

Ситтим (т.е. акация). 1) Место, где израильтяне расположились станом, немного не доходя до Иордана, откуда Иисус Навин послал соглядатаев в Иерихон (Чис. 25:1; И. Нав. 2:1; 3:1; Мих. 6:5). В Чис. 33:4 это место называется Аве-Ситтим, т.е. долина акаций. Группы акаций можно видеть еще и теперь "на равнинах Моавитских у Иордана напротив Иерехона" (ст. 50).

2) В Иоил. 3:18 говорится, что из дома Господня выйдет источник и будет напоять долину Ситтим. Вряд ли здесь имеется в виду вышеупомянутая местность у Иордана.

Сиф — Шет.

Сиф, т.е. вознаграждения, замена (Лук. 3:38), сын родившийся у Адама после смерти Авеля (Быт. 4:25; 5:3 и дал.), праотец целого поколения праведников.

"Сыны Сифовы" в Чис. 24:17, правильнее — сыны мятежные — название моавитян; те же слова встречаются у Иер. 48:45, там они переведены верно.

Сихарь — город близ колодца Иаковлева, откуда самарянка пришла взять воды (Иоан. 4:5 и дал.). Предполагают, что Сихарь был малоизвестным городом, который теперь называется Аскар, в растоянии ¼ часа пути к востоку от колодца. По мнению других "Сихарь" был испорченный выговор слова "Сихем" или насмешливое прозвище этого самарийского города, обозначающее "пьяный город" или "город лжи".

Сихем — Шхем.

Сихем. 1) Сын хананейского князя, который обесчестил дочь Иакова Дину и был убит Симеоном и Левием (Быт. 34).

2) Древний город в средней Палестине в гористой части удела колена Ефремова (И. Нав. 20:7; 21:21; 3 Цар. 12:25). Он был расположен в богатой водою и плодоносной долине у подошвы горы Гаризим (Суд. 9:7), почти в 80 км к северу от Иерусалима. О Сихеме упоминается уже в Быт. 12:6, и о нем мы читаем в истории патриархов. Подобно Аврааму, здесь жил Иаков и приобрел себе участок земли (Быт. 33:18 и дал.), который затем отдал Иосифу (48:22), где последний и был погребен (И. Нав. 24: 32). Сихем свято хранился в памяти, как место, где патриархи призывали имя Иеговы (Быт. 12:7; 33:20; срав. И. Нав. 24:26). Город был отдан Иисусом Навином колену Ефремову и сделался городом левитов (И. Нав. 21:21) и городом убежища (20:7). Во время Иисуса Навина Сихем был местом собрания колен (24:1 и дал.). Авимелех сделал Сихем своим временным местопребыванием, но затем разрушил его (Суд. 9). Впоследствии город был вновь отстроен и Ровоам созвал там собрание колен израилевых, в результате которого произошло разделение царства (3 Цар. 12). Затем, на время, город сделался местопребыванием Иоровоама (3 Цар. 12: 25). Еще во время Вавилонского плена упоминается о Сихеме (Иер. 41:5); после этого он стал местом богослужения самарян. Разрушенный, по всей вероятности, во время последней Иудейской войны, город вновь был отстроен кесарем Флавием Веспасианом и получил название Флавия Неаполис; с несколько измененным названием Наблус он до сих пор стоит на месте древнего Сихема, на склоне горы Гаризим; в прежнее время Сихем, по всей вероятности, простирался дальше к востоку, судя по остаткам древних стен.

Близ Наблуса посреди долины возвышается небольшая белая гробница, известная под названием могилы Иосифа, а немного южнее находится древний "колодец Иакова" (Иоан. 4).

Долина Наблуса является одной из самых красивых местностей Святой земли. Когда приходишь сюда из пустынной Иудеи, то поражаешься шумящим потокам и цветущим лугам и невольно кажется, как будто попал в другую страну. Вокруг Наблуса насчитывают не менее 80 источников. Миндаль, фиги, гранаты, сливы, грецкие орехи, апельсины и виноград растут здесь в изобилии, а над плодовыми деревьями покачивают своими верхушками пальмы. Птицы поют, шумят мельничные колеса и рыба играет в воде. — Робинсон говорит об этой местности следующее: "Здесь открылся перед нашими взорами вид чрезвычайный и почти бесподобный. Вся долина была заполнена огородами и всевозможными фруктовыми садами, орошаемыми многочисленными родниками, которые пробиваются в разных местах и текут в западном направлении, образуя журчащие потоки. Зрелище открылось перед нами внезапно и произвело поражающее впечатление; мы стояли как очарованные; ничего подобного мы не видели в Палестине".

Сихор — Шахо́р.

Сихор, т. е. черный. 1) Название реки Нила (Ис. 23:3), может быть из-за черного ила, который река несет с собой. Греки также называли Нил "Мелас", т.е. черный, и самое слово Нил (Неилос), как полагают, происходит от санскритского "нилас", т.е. "темносиний".

2) В некоторых местах Писания, Сихор упоминается, как южная граница Ханаана (И. Нав. 13:3; 1 Пар. 13:5); по предположению, это поток "Рин띄колура", теперь Вади-ель-Ариш, "поток Египетский" (Чис. 34:5), приблизительно в 10 км. к юго-западу от Газы.

Некоторые полагают, что "Сихор" во всех местах Писания обозначает реку Нил. (Срав. Быт. 15:18).

Сказание пророка Адды. См. "Библия".

Скева, ефесский еврей, "первосвященник", т.е. из первосвященнического рода, или же начальник чреды священников; у него было 7 сыновей, которые пытались изгнать бесов именем Иисуса, "Которого Павел проповедует", но злой дух воспротивился им и бесноватый бросился на них "и, одолев их, взял над ними такую силу, что они нагие и избитые выбежали из того дома... и величаемо было имя Господа Иисуса"; евангельская весть достигла тогда и занимавшихся чародейством (Деян. 19:14 и дал.).

Скиния — евр. мишка́н.

Скиния или шатер (Евр. 11:9) — слово, которое преимущественно употреблялось для обозначения той палатки, которую Моисей, по повелению Божию, устроил в пустыне в качестве помещения для богослужений. Эта скиния называется также "скинией откровения" (Исх. 38:21) и "скинией собрания", потому что народ собирался вокруг нее для богослужения.

По образцу, указанному Господом Моисею (Исх. 25:9, 40; 26:30; Деян. 7:44; Евр. 8:5), скиния была построена в пустыне у Синая под руководством Веселиила и Аголива (Исх. 31: 2, 6; 35:30, 34) из драгоценных материалов, большую часть которых народ вынес из Египта (Исх. 3:21 и дал.; 12:35 и дал.); одного только золота было 29 талантов и 730 сиклей, а серебра 100 талантов и 1775 сиклей (Исх. 38:24 и дал.), всего, приблизительно, на сумму около 2 миллионов рублей (срав. "деньги"). Дары израильтян для скинии были так обильны, что собранного было более, чем нужно (Исх. 25; 35; 36:3 и дал.). Скиния представляла продолговатый прямоугольник, 15 метров длины, 5 м ширины и 5 м вышины (Исх. 26:15 и дал.; 36:20 и дал.). Продольные стороны были обращены на юг и север, вход был с восточной стороны. Продольные и задние стены были сделаны из дерева ситтим, обложенны тонкими листами золота и прикрепленны шипами к литым серебрянным подножиям. Наверху они были соединены шестами из того же дерева, обложенными золотом; эти шесты вкладывались в золотые кольца на концах вертикально стоявших брусьев. На восточной стороне не было брусьев, а только пять столбов из дерева ситтим, обложенных золотом, снабженных золотыми крючками и утвержденных на медных подножиях. Составленный таким образом остов покрывали четырьмя различными покрывалами. Первое и самое внутренее состояло из тонкой льняной ткани, искусно вышитой изображениями херувимов с отливом голубого, пурпурного и червленого цвета. Следующие покрытие было из лучшей козьей шерсти, третье из красных бараньих кож и четвертое или верхнее из более грубых и поэтому менее подверженных порче синих кож, см. "Сафьян". На пяти столбах, которые стояли перед входом с восточной стороны, висела богато вышитая завеса шириною в 20 локтей из голубой, пурпуровой и червленой шерсти и белого виссона (Исх. 27:16).

Внутри скиния была разделена на две части четырьмя столбами из дерева ситтим, обложенными золотом, подобно первым, но утвержденными на подножиях из серебра, вместо меди (Исх. 26:32; 36:36); на этих столбах висела такая же завеса, как только что упомянутая (Исх. 26:31 и дал.; 36:35; Евр. 9:3). Оба внутренние помещения, вероятно, были разделены так, как и в храме: ⅔ скинии были заняты передним помещением, называемым Святое, а одна треть — задняя — Святое Святых; следовательно, Святое было длиною 10 метров, шириною 5 метров и высотою 5 метров. Святое Святых представляло помещение в форме куба с одинаковой длиной, шириной и высотой в 5 метров. Ни Святое, ни Святое Святых не имели окон, чем объясняется постоянная необходимость в освещении во время богослужения.

Скиния была окружена двором в 50 метров длины и 25 ширины, расположенным с запада на восток и окруженным завесами или полотнищами, повешенными на столбах, обложенных

Скиния в пустыне, модель д-ра Конрада Шик.

медью в 7,5 м вышины, с перекладинами и крючками из серебра. Эти столбы были утверждены на медных подножиях по 20 на продольных сторонах и по 10 на поперечных (Исх. 27:9 и дал.; 38:9 и дал.). Завесы двора были сделаны из такой белой крученой пряжи, кроме завесы у входа, на восточной стороне, которая была сделана из голубой, червленой и пурпурной шерсти и крученого виссона (Исх. 27:16; 38:18). На этом дворе в западном направлении стояла скиния; ближе ко входу — жертвенник всесожжения, а между жертвенником и скинией — умывальник (Исх. 40:6, 7, 29, 30).

В скинии находились различные священные предметы. За первой завесой, в Святом, куда было позволено входить только священникам (Евр. 9:6), помещались жертвенник курения, стол для хлебов предложения и светильник. Жертвенник курения стоял посредине перед завесою (Исх. 30:6 и дал.; 40:26 и дал.). На северной стороне от жертвенника курения, т.е. направо от входа, стоял стол для хлебов предложения (26:35; 40:22 и дал.); на южной стороне, т.е. налево — золотой светильник (26:35; 40:24). За второй завесой, в Святом Святых, куда входил только первосвященник и, притом, однажды в год (Евр. 9:7), стоял ковчег завета.

В первый день первого месяца второго года после выхода из Египта Скиния была воздвигнута (Исх. 40:17) и вместе со всеми принадлежностями торжественно помазана священным елеем (ст. 9 и дал.), после чего слава Господня в облаке опустилась и наполнила скинию (40:34). О ее освящении кровью (Евр. 9:20) упоминается в Исх. 29:36 и дал.; Лев. 8:15, 18.

Схема Скинии с притвором.

Запад
Север
Восток
Юг
А) Святое святых
а) Ковчег завета
Б) Святое
б) Жертвенник курения
в) Стол для хлебов предложения
г) Светильник
д) Умывальник
е) Жертвенник всесожжения

Предназначенная для того, чтобы странствовать с Израилем по пустыне, скиния имела такое устройство, что ее легко было разбирать и носить, и также легко ставить снова. Попечение о ней и ее переноска были доверены левитам. Облачный столп был водителем по пустыне и, когда он поднимался, израильтяне отправлялись в путь (Исх. 40:36; Чис. 9:17 и дал.); когда столп останавливался, израильтяне воздвигали скинию посреди своих шатров, которые разбивались вокруг нее четырехугольником под различными знаменами колен (Чис. 2). См. "Лагерь".

После того, как израильтяне осели в стране обетованной, скиния была поставлена в Силоме (И. Нав. 18:1), где она и оставалась во все время Судей (19:51). Изредка о ней упоминается под названием дома Божия (Суд. 18:31), дома Господня (1 Цар. 1:24; 3:15) или храма Господня (1:9; 3:3). Во время Самуила ковчег был взят оттуда и перенесен в Кириафиарим (1 Цар. 7:1), а во время Саула скиния стояла в Номве (1 Цар. 21:1 и дал.). Когда Давид взял ковчег в Иерусалим, то он устроил для него новую скинию (2 Цар. 6:17; 1 Пар. 15:1). Давидова скиния упоминается в нескольких местах (2 Цар. 7:2; 12:20; 15:25; 3 Цар. 1:39; 2:28); в то же время в царствование Давида и Соломона древняя скиния находилась в Гаваоне, где регулярно приносились жертвоприношения (1 Пар. 21:29); следовательно, богослужение одновременно совершалось в двух святилищах. Так, например, в 1 Пар. 16 говорится, что Давид приносил жертвы в той скинии, которую он поставил в Иерусалиме, где и совершалось богослужение (ст. 1 и дал.), но также, что он установил жертвоприношение на жертвеннике перед Господом в скинии в Гаваоне (ст. 39 и дал.). В 3 Цар. 3 рассказывается, что Соломон, принесши жертву в Гаваоне, "где был главный жертвенник", и получивши там откровение от Господа (ст. 4 и дал.), пошел в Иерусалим и совершил жертвоприношение перед ковчегом (ст. 15; срав. 2 Пар. 1:3 и дал.). Когда был построен храм, Соломон повелел принести старую скинию вместе с ее принадлежностями в Иерусалимский храм (3 Цар. 8:4; 2 Пар. 5:5), где все это хранилось, как священное воспоминание, по всей вероятности, до самого разрушения города Навуходоносором.

О символическом значении скинии см. Евр. 9 гл.

Скифы. Дикие племена, кочевавшие в восточной части черноморской степи. Ап. Павел упоминает о них вместе с варварами, как о имеющих равное с иудеями и эллинами право на спасение (Кол. 3:11).

Скорпион — евр. акра́в.

Скорпион принадлежит к насекомым, причиняющим в жарких странах мучения людям и животным, и даже смерть. В Палестине нашли 8 видов скорпионов. Самым опасным является водящийся на скалах черный скорпион (Skorpio afex), толщиною в палец и длиною около 10 см., по виду похожий на речного рака, с твердым панцырем темно-коричневого цвета, черной головкой, 8-мью ногами, с двумя клешнями, весьма подвижным хвостом из шести суставов, который оканчивается изогнутым ядовитым жалом. Этим жалом скорпион делает очень опасные уколы. Скорпионы питаются насекомыми, но не пренебрегают и своими собратьями. Мопертию (Maupertius) набрал около 100 скорпионов в стеклянный сосуд, и через несколько дней их осталось всего 14, которые убили и съели всех остальных. Самка, которую он поместил в стеклянный сосуд, пожрала своих только что родившихся детенышей; только одному удалось спастись, забравшись на спину к матери; вскоре он, в свою очередь, умертвил мать. Рассказывают, что это ужасное насекомое, когда находится в опасности и не может ее избежать, жалит самого себя на смерть. От таких животных Иегова хранил Свой народ и пустыне (Втор. 8:15; срав. "Акраввим"). В Иез. 2:6 иудеи уподобляются скорпионам; у Лук. 10:19 семидесяти ученикам дана власть наступать на змей и скорпионов. О получении скорпиона, вместо яйца, упоминается у Лук. 11:12, как о крайне жестоком поступке. В Отк. 9:3 и дал. говорится о саранче и мучении от нее, которое уподобляется мучению от скорпиона. О скорпионах Ровоами (3 Цар. 12:11 см. "Бич".

Скотоложство (Исх. 22:19; Лев. 18:23) наказывалось смертью человека и животного (Лев. 20:15 и дал.).

Скрижали — евр. лухо́т.

Скрижали из различных материалов употреблялись раньше, как письменная принадлежность. Две скрижали завета, на которых были вырезаны 10 заповедей Божиих, были сделаны из камня (Исх. 34:1). Две первые были сделаны самим Богом и начертаны Его собственною рукою (Исх. 32:16), но когда Моисей разбил их (32:19), то он высек две другие скрижали, подобные первым, на которых Господь повелел вновь написать десятословие (34:1, 4, 28). Маленькие скрижали из белого камня, вероятно, имеются ввиду в Отк. 2:17 (См. "Камень"). Скрижали из металла, которые были в большом употреблении у греков и римлян, быть может, упоминаются у Ис. 30:8; Авв. 2:2. Для письма употреблялись также деревянные дощечки, покрытые воском; на таковой, вероятно, писал Захария (Лук. 1:63). В переносном смысле говорится о пло-

---

Прим.: Схема коп. Ханс Борелл.

тяных скрижалях сердца (Прит. 3:3; Иер. 17:1; 2 Кор. 3:3).

Слава, честь. "Воздать славу Богу" обозначает: не извратить правды (И. Нав. 7:19; Иоан. 9:24). Самым важным преимуществом человека перед животным является его душа, почему она и названа в Ветхом Завете его "славою", или честью (Быт. 49:6; Псл. 15:9 евр.; 56:9; 107:2). Соответствующее этому еврейское слово "кавод" (вес, достоинство) родственно другому еврейскому слову "кавед" печень (в смысле самой тяжелой из внутренностей человека); поэтому некоторые понимают слово "кавод" как печень — центр чувствований, по представлению древних.

Слезы — евр. дмаóг.

Слезы выражение горя (Иоан. 16:20; Лук. 19:41; Иоан. 11:33; Евр. 5:7) и радости (Быт. 29:11; 45:2); по Исх 22:29 это слово по-еврейски является иносказательным обозначением первого сока олив и винограда из-под пресса, который в Чис. 18:27 называется "взятым от точила".

Слова Давида в Псл. 55:9: "Положи слезы мои в сосуд у Тебя", указывают, как полагают, на древний обычай собирать слезы, изливавшиеся во время погребения, в маленькие урны, которые затем клали в могилу вместе с умершим. Большое количество подобных сосудов находят в древних могилах в Палестине и Риме. Так исчислит Бог слезы детей своих и отрет все слезы с их очей (Псл. 114:8; Ис. 25:8; Отк. 7:17).

Слово — одно из имен, которым Иоанн называет Иисуса Христа. "В начале было Слово, и Слово было у Бога и Слово было Бог... и Слово стало плотью" (Иоан. 1:1, 14). В 1 Иоан. он называет Его "Словом жизни" и в Отк. 19:13 "Словом Божиим". В 1. главе книги Бытия повторяется более 10 раз "Бог сказал". Все эти слова Божии Иоанн заключает в единственном, великом, живом и личном "Слове". Во всех сказанных словах апостол Иоанн находит говорящее "Слово". Мессия есть Слово, в Котором живет слово Божие и из Которого исходит Слово Божие, подобно тому, как Он есть Премудрость, ибо в Нем обитает и через Него говорит премудрость Божия (Лук. 11:49; 1 Кор. 1:24, 30; Еф. 3:10). Слово Божие и премудрость Божию уже в Ветхом Завете начинали понимать, как личность, что видно из следующих мест: о Слове — Псл. 32:4, 6; 106:16-20; 118:89-105; 147:4, 7; и о премудрости — Иов. 28:12 и дал.; Прит. гл. 8 и 9, а также и в апокрифических книгах: книга Сираха и Премудрости Соломона. См. Прит. 8: 22 и дал. Премудрость была создана прежде всего, от вечности; она присутствовала, когда Бог водрузил горы и уготовил небо и т.д. В халдейских переводах Ветхого Завета, т.н. Таргумах, часто встречается выражение "Мемра", т.е. Слово Божие, в тех местах, где в еврейском тексте написано Иегова, особенно в тех случаях, где Иегова открывается Своему народу или говорит с ним. Так, например, по халдейскому переводу, "Слово Божие" говорит Адаму в раю; "Слово Господне" говорило Аврааму, дало закон на Синае и т.д.; в Быт. 19:24 сказано, что "Слово Иеговы низвело на Содом огонь и серу от Иеговы". В одном из этих халдейских переводов (Таргум Ионафана) сказано в Ис. 45: 18, 22, 25: "Так говорит Иегова... если обратитесь к Слову Моему, то вы спасетесь". В Слове Иеговы все семя Израилево будет оправдано и прославлено. Когда в Быт. 31:13 ангел Иеговы говорит Иакову, что Он тот Бог, Которому Иаков дал обет в Вефиле, то в "Онкелос Таргум", другом халдейском переводе, говорится, что Иаков дал свой обет Слову Иеговы: "если Слово Иеговы сделается моею помощью, то Слово Иеговы будет мне Богом" (Быт. 28:20 и дал.). Эти места показывают, что определенное различие между Иеговою и Его Словом, которое расматривается, как личность — "Ангел Господень" или "Ангел Союза", все яснее и яснее выступало в сознании ветхозаветных людей, пока, наконец, Слово Само не воплотилось и не указало на Себя, как на Премудрость Божию (Лук. 11:49), говоря: "Я есмь путь, истина и жизнь, ...кто видел Меня, видел Отца" (Иоан. 14:6, 9).

Слово Бога. Мессия, см. "Слово".

Слово Завета. См. "Библия".

Слоновая кость — евр. шенгáв.

Слоновая кость была известна евреям раньше, чем они узнали о слонах, родина которых Африка и Индия. Слоновая кость упоминается между товарами, которые привозились на кораблях Соломона (3 Цар. 10:22) и караванами Дедана (Иез. 27:15). Соломон приказал сделать себе престол из слоновой кости и обложить его золотом (3 Цар. 10:18). Дворцы из слоновой кости упоминаются в 3 Цар. 22: 39; Псл. 44:9; Ам. 3:15. Вероятно, залы и другие комнаты богатых домов украшались слоновой костью. Гомер описывает дворец Менелая, украшенный слоновой костью и другими драгоценностями (Одиссея 4. 73). Домашняя обстановка, как, например, диваны и т. п., украшались слоновой костью (Ам. 6:4; срав. Иез. 27:6; Отк. 18:12).

Слуга — евр. мешарéт.

Слуга. Хотя это слово иногда применяется по отношению к обыкновенным слугам, которые, в сущности, были рабами (Быт. 14:14; 1 Тим. 6:1; См. "Раб"), однако слугами во многих случаях называются также люди, которые служили не по принуждению, а как преданные ученики и друзья. Так, например, Иисус Навин был слугою Моисея (Исх. 24:13; 33:11); Елисей — служители Илии (3 Цар. 19:21; 4 Цар. 3:11), Иоанн Марк был служителем Павла и Варнавы (Деян. 13:5). Павел называет Тихика своим возлюбленным братом и верным служителем (Еф. 6:21). Таким образом понятия служитель и друг совпадают; срав. слова Иисуса к ученикам (Иоан. 15: 14; 12:26; Мар. 9:35).

Равным образом, и Сам Иисус называл Себя и был слугою (Мат. 20:28; Рим. 15:8), даже принял образ раба (Фил. 2:7); также и апостолы и свидетели являются служителями Божиими (2 Кор. 6:4), служителями Христовыми (11:23; 1 Тим. 4:6) и даже Его рабами (Рим. 1:1; Фил. 1:1).

Особые служители церкви (греч. диаконы) упоминаются в Фил. 1:1; в 1 Тим. 3:8 и дал.; имеются для них предписания. Думают, что диаконы занимали особую должность в церкви и были подчинены надзирателям или пресвитерам (старейшинам). Срав. 1 Тим. 3:13. Возникновение этой должности находят в Деян. 6, где говорится, что община в Иерусалиме, когда христиане из еллинистов (евреи из языческих стран) жаловались на то, что их вдовицы были пренебрегаемы в ежедневном раздавании милостыни, по предположению апостолов избрала семь верных мужей, возложив на них особенное попечение о бедных и нуждающихся. Вот те семь мужей, которых тогда избрали, о которых молились и которых рукоположили: Стефан, Прохор, Никанор, Тимон, Пармен, Филипп и Николай Антиохиец. Из них Стефан и Филипп также были благовестниками (Деян. 7; 21:8).

Служение диаконов, которое, как полагают, соответствовало должности габаим в синагоге, было, повидимому, довольно рано поручено женщинам, т.н. диакониссам. Так, например, Фива называется диакониссой Кенхрейской церкви (Рим. 16:1). Таковыми, может быть, были также Прискилла, Мариамь, Трифена, Трифоса и Персида, служение которых Павел одобряет.

В Исх. 35:25, 26, 29 упоминается о женщинах, которые с радостью принесли украшения в дар Господу (Срав. 1 Цар. 2:22).

Слепота очень распространена на Востоке по многим причинам: палящее солнце и мелкая пыль, а также неопрятность, действуют особенно вредно на глаза; слепые нищие упоминаются в Евангелии; в пророчествах говорится, что Христос будет открывать глаза слепым (Ис. 29:18; Срав. Псл. 145:8). Моисеев Закон повелевает заботиться о слепых Лев. 19:14; Втор. 27:18). Иногда лишали зрения за политическое преступление или же в видах предосторожности, чтобы обезопасить себя от врага на будущее время (1 Цар. 11:2; Иер. 39:7).

Смарагд. См. "Драгоценные камни".

Смерть — евр. ма́ве.

Смерть, умирать. Эти слова имеют различные значения: 1) Телесная смерть, т.е. отделение души от тела, которое возвращается в землю (Иоан. 11:4; Быт. 3:19; Еккл. 12:7; 1 Кор. 15:21), и далее 2) Духовная смерть в грехах и преступлениях (Еф. 1:1; 1 Иоан. 3:14; 2 Кор. 7:10; Иоан. 5:24); 3) Отвержение Богом в будущем веке (Рим. 1: 32; 8:13; Иоан. 6:50; 11:26); эта смерть называется второй смертью (Отк. 2:11; 20:6), вероятно, в некоторых местах эти значения совпадают, как, например, в Рим. 5:12; 6:16; 7: 24; 8:2 и т. д. 4) Иногда эти слова обозначают опасность для нашей жизни; например, 2 Кор. 1:10; 4:11 или тяжелые страдания (2 Кор. 4:12; срав. 1 Кор. 15:31: "Я умираю каждый день", и 2 Кор. 6:9. 5) В переносном смысле эти слова обозначают полное духовное бессилие, например, "а я умер" (Рим. 7:10). Срав. Отк. 3:2-6), порывание всякой связи с кем-либо или чем-либо, например, "умереть для закона" (Гал. 2:19; Рим. 7:6), "для греха" (Рим. 6:2), для стихий мира, т.е. для учений мира (Кол. 2:20; Срав. Рим. 6:8).

Так о христианах в одном смысле говорится, что они были мертвы (Еф. 2:1; значение 2), и в другом смысле, что они суть мертвы (Кол. 3:3; значение 6). К предметам и понятиям применяется слово смерть в смысле бессилия или бездеятельности, так, например, говорится о мертвой вере (Иак. 2:17 и т. д.); что грех мертв, пока не является заповедь (Рим. 7:8); в Евр. 6:1; 9:14 говорится о мертвых делах. В некоторых местах смерть обозначает царство мертвых (1 Кор. 15:55; Отк. 1:18; 20:13).

Смирна — знаменитый торговый город в Ионии, на западном берегу Малой Азии при впадении реки Меле в Эгейское море, расположенный на расстоянии около 8 км к северо-западу от Ефеса. Смирна была разрушена лидийцами около 600 г. до Р.Хр. и затем находилась в запустении до времени Александра Великого, после чего она вновь отстроена, немного южнее прежнего места. Эта Смирна достигла крупного значения и могущества и во время первых императоров была одним из самых многолюдных и красивых городов Азии, принадлежа с 133 г. до Р.Хр. Римской империи. Уже в первом веке здесь существовала христианская церковь, одна из тех семи, к которым Господь Иисус через ап. Иоанна послал особое извещение (Отк. 1:11; 2:8 и дал.). Эта церковь получила от Господа слово утешения и ободрения и, при условии верности, — обещание венца жизни.

Теперешняя Смирна (Измир) представляет значительный торговый город. На возвышенностях вокруг города видны остатки старого города, между прочим, и театр, где, по преданию, старец Поликарп, ученик ап. Иоанна и епископ в Смирне, около 150-166 гг. после Р.Хр. претерпел мученическую смерть за то, что не хотел исполнить приказания язычников проклясть Христа, "ибо", сказал он, "я 86 лет служу Ему, и Он никогда не сказал мне ничего, кроме хорошего, как же я тогда прокляну моего Царя, Который спас меня?" Хотя Смирна многократно разрушалась землетрясениями, пожарами, мечом и страдала от чумы, но всегда восстанавливалась вновь. Этот город является важным пунктом миссионерской деятельности.

Смирна, мирра — евр. бóсем.
Смирна, мирра, сильно благоухающая смола миррового дерева (Balsamodendron myrra), растущего в Аравии и Ефиопии. Она употреблялась для священного елея (Исх. 30:23), для притирания и курения (Есф. 2:12; Псл. 44:9; Песн. П. 4:6; 5:5, 13) и для бальзамирования мертвых (Иоан. 19:39); она была одним из даров, принесенных волхвами (Мат. 2:11). Ее прибавляли в напиток, даваемый приговоренным к смерти (Прит. 31:6; Мар. 15:23; "вино со смирною"). Мирровая смола, которая вытекает из коры или сама собою или после надреза, бывает сначала светло-желтого цвета и жидкой, но, застывая, делается золотистого цвета, подобно цвету коровьего масла, а в застывшем виде принимает красновато-коричневый цвет.

От этой мирры надо отличать ту благовонную смолу, которую вез с собою караван измаильтян (Быт. 27: 25) и которую Иаков послал Иосифу в подарок (Быт. 43:11). Еврейское название "лот" означает, вероятно, ладан, благоухающую смолу растения (cistus creticus), растущего в Палестине, называемую арабами ладаном. Куст этого растения, высотою в локоть, с красными цветами, принадлежит к семейству "Helianthemum". Смолу его, которая выглядит как роса, собирают с листьев при помощи особого приспособления. Геродот сообщает, что в начале ладан добывался следующим образом: пастухи заметили, что капли его прилипали к бородам коз, которые паслись между кустами этого растения. Тогда пастухи стали делать для собирания ладана приспособления из ремней наподобие козьей бороды, они выходили немедленно после восхода солнца и хлестали по кустарникам до тех пор, пока ремни не покрывались этой смолой.

Смоква и смоковница — евр. тейнá.
Смоква и смоковница. В Палестине всегда росло много смоковниц (Втор. 8:8). Ее широко раскинувшиеся ветви с крупными листьями и прекрасными питательными плодами сделали ее символом мира и благословения (3 Цар. 4:25; Мих. 4:4; Зах. 3:10; Иоан. 1:48 дал.). Созревание смокв начиналось, приблизительно, с праздника Пятидесятницы и с этого времени она приносила плоды почти весь год. Особенно ценились ранние смоквы (Ис. 28: 4; Иер. 24:2; Наум. 3:12). Неурожай смокв был большим бедствием (Иер. 8:13; Иоил. 1:7, 12; Авв. 3:17 и дал.; Срав. Иер. 5:17). Листья на этих деревьях появляются после плодов, и служат верным признаком наступления лета (Мат. 24:32; срав. Песн. П. 2:13). Поэтому то дерево, которое отдало всю свою силу на листья и не имело плодов, было готово для осуждения (Мат. 21:19; Мар. 11:13 и дал.). Смоквы прессовались в виде лепешек (пластов) и так сохранялись; о таких лепешках упоминается в 1 Цар. 25:18; 4 Цар. 20:7; 1 Пар. 12:40. Смоквы также употреблялись, как лекарственное средство (4 Цар. 20:7; Ис. 38:21).

Смоковница. См. "Смоква".

Смола земляная, т. е. асфальт — евр. зéфег.
Смола употреблялась для скрепления кирпичей, для осмаливания лодок и т. п. (Исх. 2:3). Она встречалась в изобилии в долине Сиддим (Быт. 14: 10) и в Вавилонии (Быт. 11:3). Еще и доныне Мертвое море выбрасывает со дна массы особого сорта смолы-асфальта. Вавилонские развалины свидетельствуют, что асфальт был одним из лучших скрепляющих материалов.

Сновидение — евр. халóм.
Сновидение. Жители Востока, особенно евреи, придавали большое значение снам. Это видно из рассказов о сновидениях Иакова, фараона (Быт. 41), Навуходоносора и т. д. Согласно книге Иова, сновидения являются особенным способом откровений Божиих (Иов. 4:13; 7:14). "Бог говорит однажды и, если того не заметят, в другой раз: во сне, в ночном видении,

когда сон находит на людей, во время дремоты на ложе. Тогда Он открывает у человека ухо и запечатлевает Свое наставление, чтобы отвести человека от какого-либо предприятия и удалить от него гордость, чтобы отвести душу его от пропасти, жизнь его от поражения мечем" (Иов. 33:14 и дал.). Во сне Бог открывался даже людям, не имевшим ничего общего с Израилем, например, Авимелеху (Быт. 20:3 и дал.), а в особенности "народу, взятому в удел", т.е. Израилю (Быт. 28:12 и дал.; 1 Цар. 28:6; Мат. 1:20). О толковании или изъяснении снов говорится как об особом Божьем даре (Дан. 1:17). Но всякое толкование снов, которое отвращает от Иеговы к идолам, считалось преступлением и наказывалось смертью (Втор. 13:1 и дал.). Но не только во сне, а и в состоянии полудремоты или забытья некоторые люди получали сверхъестественные откровения (Быт. 15:12 и дал..; Деян. 10:10; 22:17; 2 Кор. 12:1 и дал.; Срав. также Быт. 2:21 и дал.; Дан. 7:2; 8:2; 10:8, 16; также Валаам (Чис. 24:4, 16). Заметно, что эта форма откровения Божия Своим слугам относится к раннему, несовершенному периоду их жизни (Иоил. 2:28; Срав. Деян. 27:23); срав. слова Господа в Чис. 12:6-8: "Если бывает у вас пророк Господень, то Я открываюсь ему в видении, во сне говорю с ним; но не так с рабом Моим Моисеем; он верен во всем доме Моем. Устами к устам говорю Я с ним и явно, а не в гаданиях, и образ Господа он видит".

Снег — евр. шелег.

Снег выпадает в возвышенных местах Палестины в январе, феврале и изредка в декабре, причем покрывает почву на тридцать-шестьдесят см, но долго он не держится. В Иорданской долине снег никогда не выпадает; на некоторых же вершинах Ливана он лежит круглый год. Как о чем то необыкновенном рассказывается, что в 1844 году в Палестине снег выпал 11-го апреля. В 1743 г. выпало особенно много снега, причем 25 человек замерзло вблизи Назарета; в июне месяце в Иерусалиме выпало столько снега, что евреи не могли итти на утреннее богослужение в синагогу. Вблизи селения Брем в верхней Галилее один путешественник из Ливорно в 1522 году нашел среди развалин камень с такой надписью: "не удивляйтесь снегу в апреле: мы видели его в июне".

Снег — дар Божий (Псл. 147:5 и дал.), символ чистоты и святости (Псл. 50:9; Ис. 1:18; Мат. 28:3; Отк. 1:14), сильное средство очищения (Иов. 9:30), прохлада во время жатвы (Прит. 25:13). В Прит. же 26:1 летний снег является символом неуместности.

Совы. Нечистые птицы, перечисленные в Лев. 11:16 и 17 (Втор. 14:15 и 16) в трех разных видах, по всей вероятности, принадлежат к семейству сов, именно, 1) "Тахмас", по-русски — сова; некоторые предполагают, что это страус или ласточка. 2) "Кос", по-русски — филин, птица обитающая в разрушенных городах (Псл. 101:7). 3) "яншуф", по-русски — филин, который в Лев. 11:17; Втор. 14:16; Ис. 34:11, по мнению некоторых, означает птицу выпь. Точно определить эти виды невозможно. В Сирии и в Египте теперь встречаются пять различных видов сов.

Совесть — непосредственное ощущение человеческой души ее отношения к тому нравственному закону, который ею признан и неподкупно свидетельствует внутри человека, одобряя или осуждая его; отношение к тому закону, который говорит ему, что правильно и что неправильно. Всякий человек, не исключая и язычников, у которых нет писанного закона, имеет внутри себя это вложенное в него Богом чувство доброго и справедливого, которое и побуждает его к послушанию. "Дело закона у них написано в сердцах", и совесть свидетельствует человеку о его отношении к этому закону (Рим. 2:14 и дал.), она оправдывает его (Рим. 9:1; 2 Кор. 1:12) или осуждает (Иоан. 8:9; Рим. 14:23). Чем строже и совершеннее этот закон, тем яснее суд совести (Рим. 14; 1 Кор. 8; 10:25 и дал.); всякий должен прислушиваться к голосу своей собственной совести, а не совести другого (1 Кор. 10:29). От личного отношения человека к этому суду совести, зависит развитие его характера, который образуется различно, смотря по тому, поступает ли он по ее велению или же восстает против нее и идет наперекор ей (Рим. 2:15). В первом случае человек утверждается в добром и пользуется доброю (Деян. 23:1), чистою и непорочною совестью (1 Тим. 1:5; 3:9; Деян. 24:16). В последнем случае он мучается порочной и оскверненной совестью (Евр. 10:22; Тит. 1:15), которая, если даже ему и дастся путем упорного сопротивления заставить ее замолчать и ожесточить свое сердце до полнейшего безразличия (Рим. 1:21; Еф. 4:19), все-таки время от времени она пробуждается и тревожит его страхом (Прит. 28:1), который наподобие раскаленного железа жжет его совесть (1 Тим. 4:2; срав. Иоан. 3:19 и дал.); говорится также о "немощной" совести (1 Кор. 8:10, 12; срав. Рим. 14:1 и дал.; 15:1). В Евр. 9:14 говорится об очищенной совести (срав. 10:2, 22; 1 Пет. 3:16, 21).

В Ветхом Завете совесть изображается такими словами: "светильник Господень — дух человека, испытывающий все глубины сердца" (Прит. 20:27). Действие совести выражается в том, что сердце человека болит, от той неправды, которую он сделал (1 Цар. 24:6; 2 Цар. 24:10).

Совет и члены совета (советники, евр. йоэцим).

Совет и члены совета (советники), эти слова употребляются в Ветхом Завете для обозначения советников царей израильских (2 Цар. 15:12; 2 Пар. 25:16; Иов. 3:14), персидских (Езд. 7:14; 8:25) и т.д., а также вообще правящих лиц (Ис. 1:26; 3:3). В Езд. 4:7 и дал.; 5:3 и дал.; 6:6 и дал. то же еврейское слово обозначает сослуживца, или товарища по службе.

Совет, с которым имел дело Фест (Деян. 25:12), надо понимать, как группу лиц, избранную из среды граждан римской провинции, которые присутствовали в качестве присяжных на судебных собраниях (Деян. 19:38). Эти присяжные и назывались советниками проконсула.

Сови. См. "Наас".

Совохай (Сибха́й) хушатянин, израильский герой, который убил филистимлянина Сафута (Сафа), одного из потомков рефаимов (2 Цар. 21:18; 1 Пар. 20:4); он же называется Мебуннаем во 2 Цар. 23:27.

Содом — Сдом.

Содом (Быт. 10:19), главный из пяти городов, завоеванных Кедорлаомером (14:1 и дал.), название которых — Содом, Гоморра, Адма, Севоим и Сигор. Все они, за исключением Сигора, за свое нечестие были истреблены огнем, сшедшим с неба (Быт. 19; Втор. 29:23; Иер. 49:18; 50:40; Ам. 4:11; 2 Пет. 2:6), и служат для нас предостерегающим примером, "Подвергшись казни огня вечного" (Иуд. 7). О более страшном суде, нежели суд над Содомом, говорится в Мат. 10:15; 11:24; Мар. 6:11; Лук. 10:12; Срав. Плач. 4:6. Дочерями Содома называются в Иез. 16:53, 56 города, находившиеся под властью Содома, которые Господь обещает в последнее время восстановить и обратить вместе с Иерусалимом и Самарией.

В духовном смысле Иерусалим называется Содомом в Отк. 11:8.

О названии и местоположении Содома напоминает соляная гора, расположенная на юго-западном берегу Мертвого моря — Джебел Усдум, т.е. гора Содома — обособленная возвышенность, высотою в 45 метров с очень крутыми склонами и остроконечной вершиной, которая, по народному поверию, есть окаменевшая фигура жены Лота (См. "Лот").

Рассказ о гибели Содома вполне соответствует природным особенностям в южной части Мертвого моря. Землетрясения эта область испытывала многократно, и, так как долина Сиддим, в которой эти города были расположены, была вся изрыта ямами для добывания асфальта, то подземный толчок легко мог понизить подкопанную поверхность земли и похоронить города в ее недрах. Кроме асфальта, здесь встречаются также нефтяные источники, которые легко могли загореться при землетрясении, как, например, это случилось весною 1861 г. в Пенсильвании, когда там загорелись нефтяные источники и в одно мгновение наполнили воздух огнем.

Соглядатаи — 12 мужей, по одному из каждого колена Израиля, которых по просьбе народа (Втор. 1:22) и по повелению Божию Моисей послал из пустыни Фаран в Ханаанскую землю. Вот имена этих 12 мужей: Самуа, Сафат, Халев, Игал, Осия, Фалтий, Гадиил, Аммиил, Сефур, Нахбий, Гаддий и Геуил. После 40-дневного странствования по Ханаанской земле они возвратились и рассказали о ней, как о прекрасной стране, показали образцы ее плодов: виноградную кисть, гранатовые яблоки и смоквы. Но эти соглядатаи также высказали свое опасение по поводу воинственных племен, населявших Ханаан и их укрепленных городов (Чис. 13:2 и дал.). Только двое из двенадцати: Халев и Иисус Навин (Осия), ободряли народ, убеждая итти в Ханаан (13:31; 14:6 и дал.).

Сокровищница — евр. оца́р.

Сокровищница. 1) В 4 Цар. 12:9; 2 Пар. 24:8 упоминается о самом древнем ящике для сбора денег. Когда царь Иоас повелел произвести сбор для ремонта храма, то результат был плохим, пока этим делом заведывали священники. Тогда царь приказал сделать ящик, на крышке которого первосвященник Иодай сделал отверстие и поставил подле жертвенника, по правую сторону его при входе в дом Господень. Поступавшие средства подсчитывались царским писцом и первосвященником и выдавались производителям работ (4 Цар. 12:4 и дал.; 2 Пар. 24:5 и дал.).

Сокровищница в Иерусалимском храме, где Иисус отметил дар бедной вдовы (Мар. 12:41; Лук. 21:1) и где Он проповедывал евреям (Иоан. 8:20), была особой постройкой в притворе женщин, где хранили приношения для храма (Срав. Неем. 10:37 и дал.). Рядом с нею были поставлены 13 кружек, в которые посетители храма опускали добровольные пожертвования.

2) (4 Цар. 20:13; Мат. 13:52).

Сокхоф (Сохо), город в низменной части Иудеи (И. Нав. 15:35), которому угрожали филистимляне и который, несмотря на укрепления Ровоама, был ими взят (1 Цар. 17:1; 2 Пар. 11:7; 28:18). Его местонахождение, как предполагают, развалины Шувеке с древними пещерами, в 20 км от Иерусалима в юго-западному направлении.

Сокхоф (сукóт, т. е. шалаши. 1) Первая стоянка израильтян по выходе из Египта незадолго до их прихода в Ефам (Исх. 12:37; Чис. 33:6).

2) Местность к востоку от Иордана и к югу от потока Иавока, где Иаков поставил свои шатры после примирения с Исавом (Быт. 33:17). Затем это место упоминается, как город, принадлежавший колену Гадову (И. Нав. 13:27). Гедеон наказал жителей этого города "пустынным терновиком и молотильными досками" за то, что они отказались поддержать его в войне с мадианитянами (Суд. 8:14 и дал.). Царь Соломон отливал в глинистой почве около этого города медные принадлежности для храма (3 Цар. 7:46; 2 Пар. 4:17).

Солам. См. "Саранча".

Соленая долина — евр. гай-мéлах. Соленая долина, где идумеяне были поражены Давидом (2 Цар. 8:13; 1 Пар. 18:12; Псл. 59) и Амасиею (4 Цар. 14:7; 2 Пар. 25:11) — так названа, по всей вероятности, долина Гор или Арава, расположенная к югу от Мертвого моря и представляющая бесплодную, солончаковую местность, богатую теплыми источниками; она часто заливается водою Мертвого моря. Предполагают, что там был расположен упоминаемый у И. Нав. 15:62 город Ир-Мелах (т.е. город соли).

Соленое море — евр. ям а-мéлах. Соленое море (Быт. 14:3; Чис. 34:3, 12; Втор. 3:17); называлось также морем равнины (И. Нав. 3:16; Втор. 3:17; 4:49), морем пустыни (4 Цар. 14:25) или Восточным морем (Иоил. 2:20; Зах. 14:8; Иез. 47:18). Греки и римляне называли его ""Асфальтитес", т.е. Асфальтовое озеро. Арабы теперь называют его "бахр Лут", т.е. море Лота. Это замечательное озеро занимает прежнее место долины Сиддим (Быт. 14:3), на юго-восточной границе Палестины (Втор. 3:17); теперь оно известно под именем Мертвого моря. Это самое большое озеро Палестины, принимающее воды Иордана с севера и воды некоторых потоков с востока; имеет длину почти 11 км. и в ширину около 3 км. Это глубочайшая впадина на нашем материке, 430 м. ниже уровня Средиземного моря. Вода, которую Иордан изливает в этот водоем, не имеет стока: она испаряется от нестерпимой жары, которая наблюдается в этой котловине от лучей солнца, усиленных отражением от белых известковых скал, возвышающихся по обеим сторонам озера, на западе вышиною от 400 до 500 м. и на востоке до 700 м. Берега покрыты белыми пятнами соли, подобными выпавшему снегу. Пятна эти появляются после испарения набегающих на берег соленых волн. Местность в целом представляет мрачный и пустынный вид; удушливый зной, доходящий до 40° по Цельсию при закате солнца, царит в этой глубокой котловине. Жизнь в такой местности почти совершенно отсутствует и только кое-где встречаются родники свежей воды, которые на своем пути в море протекают через небольшие оазисы с роскошной зеленью, где гнездится множество птиц.

Вода Мертвого моря — кристально прозрачна, но чрезвычайно солена и горька. Она на ⅕ или ¼ тяжелее обыкновенной воды. Анализом установлено, что она содержит 25 и более процентов различных солей. После купания в Мертвом море кожа покрывается тонкою корою соли. Ни одна порода рыб не может жить в этой насыщенной солью воде; те рыбы, которые сносятся туда течением Иордана, сейчас же умирают. Вода до такой степени насыщена солью, что даже неумеющий плавать легко держится на поверхности Мертвого моря; чтобы погрузиться в воду, — приходится употреблять усилие.

По временам, особенно после землетрясений, большие куски асфальта отрываются со дна моря, поднимаются и плавают по поверхности. Арабы собирают их для разных целей. На берегах этого моря находят также серу и какой-то вонючий камень, который при трении издает нестерпимо отвратительный запах. Этот черного цвета камень попадается также на окружающих горах и поддается полировке. Маундрель видел такие отполированные камни до двух футов (около 50 см.) в квадрате, блеском напоминавшие черный мрамор с высеченными барельефами. Население употребляет этот камень для настилки полов в церквах, мечетях, дворах и различных общественных местах. После полировки скверный запах камня исчезает.

В 1848 г. капитан североамериканского флота Лич на двух металических лодках отплыл из Тивериадского озера вниз по реке Иордану в Мертвое море. Втечение трех недель он занимался изучением Мертвого моря и нашел, что оно имеет почти 1300 футов (около 400 м) глубины, и его поверхность ниже поверхности Средиземного моря больше, чем на 1300 футов (около 400 м). С восточной стороны, на расстоянии одной мили (1600 м.) от южного конца озера в него вдается низменный мыс, занимающий ⅔ ширины озера, по направлению к западным возвышенностям; этот мыс затем простирается в северном направлении на 1 милю (1 км. 600 м.). К югу от этого пункта озеро вдруг мельчает, и южная его бухта имеет не более 12-15 футов (4-5 м.) глубины. Полагают, что эта мелкая южная часть озера покрывает уничтоженные небесным огнем города: Содом, Гоморру, Адму и Севоим. Эта Сиддимская долина (Быт. 14:3) некогда была цветущей, хорошо орошенной равниной, подобно саду Господню (Быт. 13:10), а теперь для всех грядущих времен является грозным предупреждением о справедливом гневе Господнем (Втор. 29:23; Мат. 10:15; 11:22 и дал.; 2 Пет. 2:6; Иуд. 7).

Солнечные часы. См. "Ступени Ахазовы".

Солнце — евр. ше́меш хама́.

Солнце, "большое светило", которое Бог создал для управления днем (Быт. 1:16), которое выходит, как жених из брачного чертога своего, радуется... пробежать свое поприще" (Псл. 18:5 и дал.); часто упоминается в символических оборотах речи Библии. Как символ красоты, оно вместе с луною, приводится в Песн. П. 6:10; путь праведника уподобляется в Прит. 4:8 усиливающему блеску всходящего солнца и Сам Господь уподобляется солнцу (Псл. 83:12) или "Солнцу правды" (Мал. 4:2; Срав. Отк. 1:16; 10:1; 12:1). Служение солнцу, совершавшееся у соседних языческих народов (Ваал у финикийцев, Хемос у моавитян и Молох и амманитян) часто заражало также и Израиля, допускавшего это, несмотря на предупреждения Господа (Втор. 4:19; 17:3; 4 Цар. 21:3; 23:5; Иер. 8:2); цари израильские даже посвящали коней и колесницы Богу солнца (4 Цар. 23:11). В Писании упоминаются три чудесных случая в связи с ходом солнца: продление дня в Гаваоне (И. Нав. 10:12); знамение на ступенях Ахазовых, когда тень возвратилась назад на 10 ступеней (4 Цар. 20:11) и помрачение солнца во время распятия Иисуса Христа, о котором свидетельствуют Матфей и Марк: "тьма была по всей земле от шестого часа и до девятого". Лука: "солнце померкло" (Лук. 23:45). Это не могло быть обыкновенным затемнением солнца, ибо таковое не может случиться во время полнолуния, почему некоторые и пытались объяснить это явление потемнением воздуха, которое наблюдается при землетрясениях или сильном ненастье. Но слова евангелиста Луки показывают, что причиной общей тьмы на земле было померкшее солнце.

Затмения солнца также упоминаются в некоторых местах у пророков, как знамение судов Божиих (Иоил. 2:31; 3:15; Ам. 8:9; Срав. Мат. 24:29; Мар. 13:24; Деян. 2:20; Отк. 6:12).

Соломон — Шломо.

Соломон, т. е. мирный или богатый миром, сын Давида от Вирсавии и его наследник, царствовавший, приблизительно, с 1015 до 975 гг. до Р.Хр. (3 Цар. гл. 1-11; 1 Пар. 29; 2 Пар. гл. 1-9). Уже с начала его жизни "Господь возлюбил его" (2 Цар. 12:24 и дал.), и послал пророка Нафана назвать рожденного именем Иедидиа, то есть друг Божий. Царь Давид поручил Нафану воспитание Соломона. Имя Соломон имело также особенное значение. Давид был человек воинственный и потому Господь сказал ему, когда он пожелал построить дом во имя Господа: "Ты пролил много крови на землю пред лицом Моим. Вот, у тебя родится сын: он будет человек мирный. Я дам ему покой от всех врагов его кругом: посему имя ему будет Соломон. И мир и покой дам Израилю во дни его. Он построит дом имени Моему и он будет Мне сыном, а Я ему Отцом, и утвержу престол царства его над Израилем навек" (1 Пар. 22:8-10). Вследствие замыслов Адонии Соломон в ранних годах, еще при жизни Давида, был помазан на царство (3 Цар. 1; 1 Пар. 23:1). Сказать же, что он был тогда очень молод, — нельзя, так как он уже имел сына Ровоама, которому в конце 40-летнего царствования Соломона был 41 год (3 Цар. 14:21). Молодой Соломон казнил смертью опасных для его престола лиц: Адонию, Иоава и Семея (3 Цар. 2). Он женился на дочери египетского царя (3 Цар. 3) и на 4 году своего царствования начал большую работу — постройку храма, которая была окончена 7 лет спустя (3 Цар. 6), после чего храм был освящен перенесением в него ковчега завета, обильным жертвоприношением и торжественной молитвой царя (3 Цар. 8 гл.). После этого Соломон строил свой дворец в продолжение тринадцати лет. Этот дворец состоял из множества различных роскошных построек, украшенных колоннадами и притворами. На первом плане находился кедровый дом (Ис. 22:8), который, как видно, служил арсеналом. Это было трехэтажное здание по 15 комнат в каждом этаже, 50 метров длины, 25 метров ширины и 15 метров вышины и покоившееся на четырех рядах кедровых колонн. Через колонный зал, в 25 м длины и 15 м ширины с особым притвором, проходили в тронный зал, обшитый от пола до потолка панелями из кедрового дерева. Во внутреннем дворе помещались собственные покои Соломона, а также и особый дворец дочери фараона (3 Цар. 7:1 и дал.). Для управления делами, Соломон разделил царство на 12 областей, независимо от деления на колена. Для защиты от врагов Соломон составил значительное войско с колесницами и всадниками, основал особые гарнизонные города для запасов, а также укрепил Иерусалим и прочие важные в военном отношении пункты. Все оставшиеся коренные жители Ханаана были обложены податью. Свою власть Соломон распространил дальше всех израильских царей, живших до и после него (3 Цар. 9 гл.). Его царствование было хотя и коротким, но зато самым цветущим периодом в истории израильского народа: власть израильтян простиралась от Египта на юге до Евфрата на северо-востоке; от моря на западе до пустыни на востоке, "и жили Иуда и Израиль спокойно, каждый под виноградником своим и под смоковницею своею, от Дана до Вирсавии, во все дни Соломона" (3 Цар. 4:24 и дал.). Из гаваней Чермного моря Соломон посылал свои корабли в далекие экспедиции. Он удивлял свой народ разными диковинами, привозимыми из чужих стран, его купцы продавали сирийским царям лошадей из Египта, со всех сторон привозили ему драгоценности, серебро и золото, так что серебро в Иерусалиме сделалось равноценно простым камням, а кедры, по их множеству, сделались равноценными сикоморам, растущим в низких местах. И царь Соломон превосходил всех царей земли богатством и мудростью (3 Цар. 10:23). Он был мудрее всех своих современников и его имя было в славе у всех окрестных народов. Он сказал 3000 притчей и составил 1005 песней; он мудро говорил о деревьях, животных, птицах, пресмыкающихся и рыбах (3 Цар. 4:31 и дал.). И не только царица Савская, посетившая его, чтобы испытать его загадками, удивлялась его мудрости и богатству, и почтила его подарками (3 Цар. 10), но и от всех народов и от царей приходили послушать мудрости Соломона (3 Цар. 4:34). Относительно его мудрости в 3 Цар. 3 гл. сказано, что он в начале своего царствования, после большого жертвоприношения в Гаве, ночью во сне видел видение: Бог явился ему и предложил ему просить Его, о чем он хочет. Соломон не стал просить себе долгой жизни, богатства или душ своих врагов, но просил себе разума, чтобы уметь судить и управлять. И вот за то, что он просил себе этого, Бог обещал ему: "Я сделаю по слову твоему: вот, Я даю тебе сердце мудрое и разумное, так что подобного тебе не было прежде тебя и после тебя не восстанет подобный тебе. И то, чего ты не просил, Я даю тебе: и богатство, и славу, так что не будет подобного тебе между царями во все дни твои. И, если будешь ходить путем Моим, сохраняя уставы Мои и заповеди Мои, как ходил отец твой Давид, Я продолжу и дни твои. И пробудился Соломон, и вот, это было сновидение" (3 Цар. 3:12-15). Первое проявление его мудрости описано в случае с двумя женщинами, недавно родившими по ребенку (3 Цар. 3:16 и дал.). Как пример его богатства приводятся те огромные средства, которыми он располагал; одни только суммы, полученные в виде военной добычи, которые Давид передал Соломону для построения храма, — по 1 Пар. 22:14, — составляли 100.000 талантов золота, 1.000.000 талантов серебра, "а меди и железу нет веса, потому что их множество". Для той же цели из собственных своих средств Давид оставил 3.000 талантов золота и 7.000 талантов серебра (1 Пар. 29: 4). Подарки, которые царица Савская поднесла Соломону, состояли, между прочим, из 120 талантов золота, не считая других подношений (3 Цар. 10:10; 2 Пар. 9:9).

Доход царя Соломона от торговых предприятий с Офиром, по 3 Цар. 9: 28 и 2 Пар. 8:18, составлял 420 или 450 талантов золота, по 2 Пар. 9:13, 3 Цар. 10:14 ежегодный доход Соломона составлял 666 талантов золота. Срав. "Деньги".

Эти цифры наводят на некоторые размышления. Естественно, что для сбора таких огромных податей, несмотря на то, что они обозначались прекрасным названием "подарки" (3 Цар. 10:25), иногда требовалось принимать серьезные меры. Тяжела также была та повинность. которою Соломон возложил на всего Израиля. Она заключалась в том, что 30.000 человек, попеременно, по 10.000 человек ежемесячно, должны были работать на Ливане (3 Цар. 5:13, 14). После смерти Соломона народное недовольство выразилось в словах, обращенных к его сыну: "Отец твой положил на нас тяжкое иго, ты же облегчи нам жестокую работу отца твоего" и т. д. (3 Цар. 12:4), на что тот ответил: "Отец мой наказывал вас бичами, а я буду наказыавть вас скорпионами" (ст. 11).

Чрезвычайная роскошь в царском дворце, где все сосуды были сделаны из золота (3 Цар. 10:1), где ежедневно употреблялось в пищу множество провизии (3 Цар. 4:22 и дал.), наличие десятков тысяч лошадей (3 Цар. 4: 26), — все это имело дурное вли-

Праведный приговор Соломона.

яние. К этой дворцовой раскоши принадлежал также многочисленный гарем; в этом отношении Соломон являлся настоящим восточным властелином. Кроме фараоновой дочери, царь имел многих чужестранных жен: моавитянок, аммонитянок, идумеянок, сидонянок, хеттеянок и т. д.; всего у него было 700 жен и 300 наложниц. В Песн. П. 6:8 говорится о 60 царицах, восьмидесяти наложницах и о девицах без числа. Правила в Втор. 17:14-20, воспрещают царю заводить множество лошадей, брать много жен и накоплять во множестве серебро и золото. Мудрейший из царей, преступивший во всем этом закон, поступал как безумец. Чего бы его глаза ни пожелали, он доставал себе (См. Еккл. 2:4 и дал.): сады, рощи, пруды, серебро и золото, дань от царей и стран, певцы, певицы и разные музыкальные орудия. Мудрость он имел большую (Еккл. 2:9), но как он употреблял ее? Великолепие царствования Соломона, на самом деле, было блестящим бедствием.

Жены развратили сердце Соломона, так что в старости он стал поклоняться иным богам и служить мерзостям, как Астарта и Молох, и поставил им жертвенники. Всем своим чужеземным женам он разрешил поклоняться их богам, приносить им жертвы и каждения. В наказание за это Бог воздвигал против царя мятежников, как, например, идумеянина Адера, сириянина Разона и израильтянина Иеровоама, которые причиняли ему много беспокойства; к тому же над царем был произнесен суд, — что царство его, после его смерти, разделится, так что сын его будет царствовать лишь над малой его частью (3 Цар. 11:9 и дал.).

После 40-летнего царствования над всем Израилем Соломон "почил с отцами своими" и был погребен в городе Давидовом (3 Цар. 11:43).

Блестящий период царствования Соломона в последующие времена разделений и унижений вставал в памяти народа, подобно потерянному раю (2 Пар. 30:26; срав. указания в Мих. 4:4; Зах. 9:10 с 3 Цар. 4:21, 25). В честь Соломона его имя соединили с названием некоторых мест. Например, "водоемами Соломона" называются 3 больших выложенных каменными плитами водоемы, которые существуют до сих пор, в расстоянии 1 часа пути к юго-западу от Вифлеема; это название, может быть, намекает на Еккл. 2:6. Соломонов притвор, упоминаемый в Новом Завете, был восточной частью колоннады, окружавшей Иерусалимский храм (Иоан. 10:23; Деян. 3:11; 5:12).

Судя по заголовку Псл. 126, Соломон является его автором. Он также составил не малое количество притчей в книге Притчей Соломоновых. По всей вероятности, он является также автором книг Екклезиаста и Песни Песней.

Соль — евр. ме́лах.
Соль, в изобилии имеется в Мертвом море и по его берегам. Евреи употребляли ее в качестве приправы и для предохранения пищи от порчи и гниения (Иов. 6:6; Ис. 30:24). Закон требовал, чтобы при всяком жертвоприношении употреблялась соль (Лев. 2:13; Иез. 43:24; Мар. 9:49) и для этой цели употребляли большое количество соли (Езд. 6:9; 7:22). Из Исх. 30:35 (евр.) видно, что соль прибавлялась также и к св. курению.

По Иез. 16:4 новорожденные младенцы натирались солью. Соль, как предохранение от порчи продуктов, является символом важности и силы, почему и Спаситель называет Своих учеников солью мира (Мат. 5:13; Срав. Лук. 14:34; Мар. 9:49 и дал.; Кол. 4:6) Выражение "есть соль" у

Столб из соли на горе Содом так называемый „женой Лота". Горы из соли на западном берегу Мертвого моря.

кого-либо обозначает — быть на службе у него, или быть в союзе с ним, смотри Езд. 4:14: "мы едим соль от дворца царского", т.е. мы состоим на службе у царя. "Завет соли", т.е. прочный завет (Чис. 18:19; 2 Пар. 13:5; Срав. Лев. 2:13). Арабы до сих пор считают того союзником, кто ел вместе с ними соль и хлеб. Еврейка в Сирии сказала нам (автору книги и его спутникам) однажды: "Мы сделались как будто братьями и сестрами; мы вместе с вами ели хлеб и соль".

С другой стороны, так как почва, содержащая в себе соль, бесплодна, то соль стала символом смерти и погибели. Неплодородная земля называется по-еврейски "соленой степью" (Иов. 39:6; Срав. Втор. 29:20; Псл. 106:34; Иер. 17:6; Соф. 2:9), поэтому на разрушенные города посыпали соль (Суд. 9:45).

Заключение, которое выводят некоторые из Лук. 14:35, что соль употребляется для удобрения земли, является необдуманным.

Соляной столп. См. "Лот".

Сонам (Шунем), город в колене Иссахаровом, где филистимляне раскинули лагерь во время последней войны с Саулом, который расположился в Гелвуе (И. Нав. 19:18; 1 Цар. 28:4). Из Сонама была та женщина, которая приняла в свой дом Елисея (4 Цар. 4), и оттуда же была красивая Ависага, которую приставили к престарелому Давиду (3 Цар. 1:3); может быть, также и имя Суламита означает деву из Сулема или Сунема. Евсевий упоминает о местности, называемой Сулем. Еще и теперь существует небольшое селение Сулем на западном склоне горы Дахи, к югу от Назарета.

Древние сосуды.

Сонамитянка (4 Цар. 4:12, 25), обеспеченная и бездетная женщина в Сонаме, которой за гостеприимство, оказанное Елисею, была обещена радость материнства. Впоследствии пророк Елисей воскресил ее умершего ребенка и дал ей совет, как избежать трудностей семилетнего голода — переехав в филистимскую землю; благодаря его влиянию на царя, она получила обратно свое имение, которое находилось в чужих руках (4 Цар. 4; 8:1 и дал.; Срав. Мат. 10:41).

Сонм — евр. лаака́.

Сонм, т. е. хор, собрание или множество, например, хор певцов или пророчествующих (1 Цар. 19:20).

Сорек, т.е. виноградная лоза, — долина, где жила Далида (Суд. 16:4), вероятно, теперешний Вади-Сарар, где найдены развалины "Сурик" к западу от Сар, или Цоры, родины Симеона. Быть может, долина получила такое название потому что там занимались виноделием.

Сосипатр. 1) Родственник Павла, которого он приветствует в своем послании (Рим. 16:21).

2) Вериец, сын Пирра, один из братьев, провожавших Павла из Греции в Азию (Деян. 20:4).

Составляющий масти — евр. рока́х.

Составляющий масти (Исх. 30:25; 37:29; 2 Пар. 16:14) и

Составляющая масти — евр. рока́хат.

Составляющая масти (1 Цар. 8:13) — мастер, приготовляющий благовонную мазь и курение. В Песн. П. 3:6 это слово заменено названием "мироварник".

Сосуд. См. "Мера".

Сосудцы с духами (Ис. 3:19) или флаконы с духами.

Сосуды для питья (1 Цар. 26:11) приготовлялись из различных материалов и имели разную форму; мы читаем о чашах (Быт. 40:11; 2 Цар. 12:3; Быт. 44:2, 12; Иер. 5:17). Чаши богатых были из серебра (Быт. 44:2), даже из золота (3 Цар. 10:21; 2 Пар. 9:20). В Прит. 23:31 говорится о вине в чаше. В Быт. 44:5 говорится о гадании при помощи чаши. По рассказам древних,

Алебастровые сосуды.

река Нил называлась чашею Египта; серебряной же чаше, которая была символом Нила, приписывали тайные и чудесные свойства. На ней гадали по отражению света от воды или посредством камней с надписями, которые бросали в эту чашу. Подобное гадание на чашах производится до сих пор на островах Южных морей. В иносказательных оборотах речи под словом чаша часто подразумевается ее содержание; так, например, чаша спасения (Псл. 115:4); чаша страдания (Мат. 20:22; 26:39); чаша гнева ярости (Ис. 51:17).

Сосфен. 1) Начальник синагоги в Коринфе, которого греки избили после жалобы евреев на Павла (Деян. 18:17), может быть, то же лицо, что и

2) Сосфен брат, который вместе с Павлом писал в Коринф (1 Кор. 1:1).

Сотник — центурион.

Сотник — римский офицер, командовавший ста солдатами. О некоторых сотниках в Новом Завете упоминается, как о достойных уважения (Мар. 15:39; Лук. 7:1 и дал.). Первый язычник, уверовавший во Христа, был сотник Корнилий, "благочестивый и боящийся Бога" (Деян. 10).

Софар (Цофáр) наамитянин, один из 3-х друзей Иова (2:11; 11:1; 20:1).

Софония — Цфаниягу́.

Софония. 1) Сын Маасеи, священник, посланный в качестве посла от Седекии в Иерусалим (Иер. 21:1; 37:3), в котором Шемаия Нехеламитянин хотел возбудить вражду против Иеремии (29:25, 29). Он был убит вавилонским царем в Рифле (2 Цар. 25:18, 21; Иер. 52:24, 27).

2) Сын Хусия, праправнук Езекии, пророк Господень во времена Иосии (641-610 гг. до Р.Хр.; Соф. 1:1) до того, как тот начал свою реформационную деятельность 630-623 гг. (2 Пар. 34:3, 8) и вплоть до разрушения Ниневии в 625 г.? (Соф. 2:13).

Сохо, город в нагорной Иудее (И. Нав. 15:48), может быть, теперешнее местечко Шувеке, к югу от Хеврона.

Союз — евр. брит.

Союз — обоюдный договор и принятие обязательств для поддержания мира и дружбы, как, например, союз Авраама с Мамрэ и его братьями, Израиля с Гаваонитянами, Давида с Ионафаном. Такой союз скреплялся призванием во свидетели Господа Бога (Быт. 31:50) и клятвою (Быт. 26:28; 4 Цар. 11:4); при этом нередко устраивали пир (2 Цар. 3:12, 13, 20) и в знак заключения союза воздвигали памятники (Быт. 31:44 и дал.). Союз подтверждался также жертвою, причем животное рассекалось на две части, между которыми проходили заключившие союз, показывая этим, что они сами должны быть рассечены таким же образом в случае нарушения союза (Быт. 15:9 и дал.; Иер. 34:18). Иногда при заключении союза для большего утверждения обе стороны ели вместе соль, почему существует выражение: "завет соли". См. "Соль". Слово "союз" в широком смысле употребляется для обозначения союза (завета) Бога с людьми, как, например, с Ноем (Быт. 9), с Авраамом (Быт. 17), с "избранным народом" — Израилем и т. д., так как здесь союз заключается в обещании благодати. Общение, данное Богом Ною, что подобного потопа больше не будет, называется заветом Бога с ним, с его потомками и с животными (Быт. 9:9-12), хотя людям и животным не предписывалось никаких обязательств. Весь план спасения Богом человечества также назван заветом; его Бог заключил с клятвою (Втор. 4:31; Псл. 88:4; Иер. 31:33 и дал.).

Спаситель и избавитель — евр. мошӣа.

Спаситель и избавитель, оказавший помощь в нужде — так называли некоторых из судей (Суд. 3:9, 15); и израильского царя Иеровоама 2. ((4 Цар. 13:5; Срав. Неем. 9:27). Давид называет Господа своим Избавителем (2 Цар. 22:2), и Господь Сам называет Себя Спасителем Израиля (Ис. 43:3). Все те спасители, которых Бог время от времени давал Своему народу (Неем. 9:27), были только орудием в руке Того, Который был и есть единственный и истинный Спаситель; вместе с тем они служили прообразом Того Великого Спасителя, Которого Бог дал в Своем Единородном Сыне. "Я, Я — Господь и нет Спасителя, кроме Меня! (Ис. 43:11; Ос. 13:4). Этот обещанный Спаситель, Который должен был взойти на гору Сион (Срав. Псл. 49:2; Ис. 2:3; Авд. 21), был Иисус Христос, Который пришел в мир спасти грешников (Мат. 1:21). В Новом Завете, поэтому, иногда говорится о Боге, как о нашем Спасителе (Тит. 2:10; 1 Тим. 2:3), как о Спасителе всех людей и особенно верующих (1 Тим. 4:10), а также и об Иисусе Христе, как о нашем Спасителе (Деян. 5:31; 2 Тим. 1:10). См. ст. 514.

Стадия. См. "Мера".

Стакти. См. "Каждение".

Стан израильтян — евр. матэ, моханэ.

Стан израильтян. Численность еврейского народа после исхода из Египта равнялась более 600.000 мужей, годных для войны, кроме женщин и детей (Чис. 1:46). Как должно было разместить все общество в стане и во время пути, описывается в Чис. 2. Вокруг скинии собрания имели свои места три левитские рода: на северной стороне потомки Мерарины; на южной стороне — Каафовы, на западной стороне скинии — потомки Гирсоновы, а на восточной стороне скинии имели свои места Моисей, Аарон и священники. Вокруг скинии колена Израилевы были расположены следующим образом: на восточной стороне, которая первая выступала в поход, стояло колено Иудино, потом Иссахарово и Завулоново; на южной стороне — колена Рувимово, Симеоново и Гадово; на западной стороне — колена Ефремово, Манассиино и Вениаминово и на северной стороне — колена Даново, Асирово и Неффалимово. Каждое колено имело своего начальника и свое знамя. Вид этого стана был великолепен. Когда Валаам рассматривал с Моавитских высот панораму, которая развернулась под его ногами, то воскликнул: "Как прекрасны шатры твои, Иаков, жилища твои, Израиль (Числа 24:5). Переход израильтян от одной стоянки до другой подробно описывается в Чис. 9:15 и дал. О стоянках Израиля (Чис. 33) срав. "хождение по пустыне". Что нужно было делать вне стана, см. Лев. 4:12; 6:11; 8:17; 10:4 и дал.; 13.46; 24:14; Чис. 12:14 и дал.; 31:19; Втор. 23:10 и дал.; И. Нав. 6:22; Лев. 14:3.

Старейшины — евр. зкеним.
Старейшины. Звание старейшины и у евреев и у окружающих народов было обыкновенным должностным и почетным званием и обозначало должности разного рода (2 Пар. 12:17; Иез. 27:9; Быт. 50:7; Чис. 22:7), где образ правления — патриархальный, там старейшина является представителем племени, как, например, еще и теперь у арабов, где верховная власть принадлежит шейху (старцу). Старейшины имели у евреев такое значение, что, как представители народа, они часто упоминаются вместо самого народа (И. Навина 24:1 и дал.; 1 Цар. 8:4 и дал.). Их власть распространялась на все, что относилось к общему благу. Со временем стали отличать особыми названиями тех, которые были народными представителями, областеначальниками (Втор. 31:28; 2 Пар. 19:11; евр. текст), или служили, как начальствующие лица, отправляющие правосудие в провинциальных городах (Втор. 19:12; Руф. 4:9 и дал.; 3 Цар. 21:8). Они удержали свое положение при всех политических переворотах во время судей (Суд. 2:7; 1 Цар. 4:3); царей (2 Цар. 17:4); плена (Иер. 29:1; Иез. 8:1); после плена (Езд. 3:5; 6:7; 10:8); во время Маккавеев (1 Макк. 7:33; 12:6; 2 Макк. 1:10) и также в евангельское время (Лук. 22:66; Деян. 22:5). Срав. "Правосудие".

В христианских церквах с самого начала мы находим старейшин (пресвитеров) (Деян. 11:30; 21:18; 14:23; 15:2), обязанностью которых, как пастырей и блюстителей (греч. епископы) было печься о духовном благе стада (1 Пет. 5:2); учить всенародно и по домам (1Фес. 5:12; Тит. 1:9; 1 Тим. 5:17); посещать больных братьев и молиться о них (Иак. 5:14), принимать странников (1 Тим. 3:2; Тит. 1:8) и являть своей жизнью пример для других (1 Пет. 5:3). Первая церковь не знала никакого различия между пресвитером и епископом; первые были то же, что и последние, и последние то же, что и первые (Деян. 20:17, 28). Для того, чтобы быть верным старейшиною, по пастырским посланиям, требовалось вести безукоризненную жизнь, иметь доброе имя также и среди язычников, иметь дар учительства, быть кротким и страннолюбивым, мужем одной жены, хорошо управлять собою и своим домом, а также не быть из новообращенных.

Статир. См. "Деньги".

Стахий, возлюбленный брат в Риме, которого Павел приветствует (Рим. 16.9).

Стекло, вероятно, было известно евреям, так как они были соседи его изобретателей — финикийцев. Из египетских памятников видно, что изготовление стекла было известно там еще во времена Иосифа. В развалинах Ниневии найдены куски стекла. В Иов. 28:17 "зхухит" переведенное словом "кристалл", точнее означает стекло. Указания на стекло мы находим в Отк. 4:6; 15:2; 21:18, 21. В Прит. 23:31 в еврейском тексте помещено слово "стекло" вместо "чаши". Срав. "Алебастр".

Стефан (т.е. венец), один из семи диаконов в Иерусалимской общине, муж "исполненный веры и Духа Святого" (Деян. 6:5). Совершаемые им чудеса и его убедительная проповедь о Христе возбудили против него сильную вражду евреев, которые, наконец, схватили его и привели в синедрион, обвиняя в богохульстве и противодействии закону (ст. 8-15). В своей защитительной речи он доказал исторически, что христианство было истинным развитием религии Моисеевой, исполнением всех ее прообразов и пророчеств и что противники христианства суть "достойные потомки и последователи тех, которые всегда преследовали истину". Раздраженные такой речью слушатели, схватили его, стремительно повлекли его за город и весь синедрион уподобился в это время толпе взбешенной черни. Подобно Христу, Стефан великодушно простил своих убийц и почил, побиваемый камнями, устремив взор на стоявшего одесную Бога Иисуса, Который как бы встал со Своего престола, чтобы поддержать и принять Своего первого мученика (Деян. 7). Последствия смерти Стефана оправдывают изречение Тертулиана, что кровь мучеников есть семя церкви (Деян. 8:1, 4; 11:19 и дал.). Давно уже принято мнение, что обращение и дальнейшая деятельность ап. Павла, являются плодом молитвы Стефана. Павел, без сомнения, чувствовал силу доказательств Стефана в речи, предшествовавшей его кончине, и долгое время спустя он вспоминает о своем присутсвии при смерти мученика (Деян. 22:19 и дал.). У ног Савла свидетели сложили свое платье, когда они побивали мученика камнями (Срав. Втор. 17:7).

Стоики (Деян. 17:18), представители философского учения, возникшего в Греции и основанного философом Зеноном из города Ситиума на Кипре (род. в 340 г. до Р. Хр.) и получившего свое название от крытой колоннады или портика (стоа), украшенного картинами кисти художника Полигнота. Учение Зенона получило дальнейшее развитие благодаря его последователям: Клеанфу из Асс (около 260 года до Р. Хр.), а еще более Хризиппу из Киликии (около 240 г. до Р. Хр.), который и оформил его. Стоики считали всю вселенную в целом живым существом, тело которого — материя, и душа которого — Бог. Бог, или мировая душа, есть блаженное, святое и совершенное Существо, человеколюбивое и благодетельное, попечитель и отец всего, наказывающий нечестивых и награждающий добрых. Из Своего собственного Существа, которое представляет субстанцию огня или горящего воздуха, Он создал мир, прекрасный и совершенный, как и Он сам; зло существует только для того, чтобы яснее обнаруживалось добро. Подобно тому, как мир имел начало, он также будет иметь и конец, вследствие всеобщего пожара вселенной, во время которого все погибнет, кроме самого Бога. После этого пожара начнется новая эпоха, подобная предыдущей, которая опять окончится всеобщим пожаром, после которого начнется новая эра и т.д. без конца. Душа человека продолжает свою жизнь после смерти, но только до пожара вселенной; после пожара она вновь входит в мировую душу или Бога; в этом мире ее величайшей задачей является жизнь в согласии с природой, т.е. следование тем законам, которые даны ей и ее положением во вселенной. Она должна жить, во-первых, как часть целого, приноравливаясь к определенному порядку вещей, во-вторых, жить как член общества, состоящего из разумных существ. Такая жизнь в согласии с природой является добродетелью, а добродетель есть единственное добро.

Стол — евр. шульха́н.

Стол иногда упоминается в качестве домашней мебли (4 Цар. 4:10 и дал.). Вероятно, обеденный стол у древних евреев был такой же, какой и теперь употребляется у восточных народов: на полу расстиляют выделанную шкуру, на которую ставится низкий стол. См. “Пища” и “Питье”.

Стол для хлебов предложения — евр. шульхан а-мааре́хег.

Стол для хлебов предложения помещал-

Стол для хлебов предложения.

ся во внешнем святилище, называемом “святое”, вместе со светильником и кадильным жертвенником. Стол был сделан из дерева ситтим, длиною в 2 локтя и вышиною в полтора локтя, и обложен чистым золотом; верх его был окружен золотым венцом. К его ножкам были прикреплены четыре золотых кольца; в них продевались шесты, на которых носили стол. К этому принадлежали блюда, чаши и кружки из чистого золота (Исх. 25:23 и дал.; 37: 10 и дал.). В пути стол закутывали покрывалами из голубой и багряной шерсти, а сверху покрывали кожей синего цвета (Чис. 4:7 и дал.). Из 3 Цар. 7:48 выглядит, что в Соломоновом храме был только один стол для хлебов предложения, но из 1 Пар. 28:16 некоторые заключают, что там было несколько столов, так как написано, что Давид дал “золота для столов предложения хлебов”, а в 2 Пар. 4:8 сказано, что Соломон сделал 10 столов для храма и поставил их в храме 5 по правую и 5 по левую сторону. Другие же полагают, что эти столы служили для того, чтобы на них ставили светильники. Древний рисунок стола для хлебов предложения находится на триумфальной арке Тита в Риме. (См. "Светильник").

Столбы — евр. амуддим.

Столбы были в большом употреблении в восточной архитектуре, служа подпорой для плоских крыш, а также и украшением. См. описание кедрового дворца Соломона (3 Цар. 7:2 и дал.) и описание храма, в котором были поставлены 2 медных столба, называемые: Иахин и Воаз (3 Цар. 7:15 и дал.); Срав. Иез. 40:49.

В некоторых местах Библии говорится о памятниках и столбах, поставленных в память какого-нибудь события или в знак исполнения данного обещания и т. д. Так поступал Иаков (Быт. 28:18; 31:46; 35:14). Моисей тоже поставил у Синая 12 камней по числу колен Израилевых (Исх. 24:4). Иисус Навин поставил 24 камня (И. Нав. 4:8, 9). Иаков поставил памятник над гробом Рахили (Быт. 35:20). Авессалом еще при жизни своей "поставил себе памятник в царской долине" (2 Цар. 18:18). Саул поставил себе памятник в честь победы (на Кармиле) (1 Цар. 15:12). "Рукою" называется тот знак, который Иезекииль должен был начертать при начале двух дорог (Иез. 21:19).

Иногда ставили столбы (истуканы) в честь идолов, с языческими изображениями и украшениями (См. Лев. 26:1; Втор. 7:5; 12:3; 16:22) и т.д. Иегова шел впереди народа "днем в столпе облачном, показывая им путь, а ночью в столпе огненном, светя им, дабы итти им и днем и ночью. Не отлучался столп облачный днем и столп огненный ночью от лица народа" (Исх. 13:21, 22). Также в Песн. П. 3:6 и в Отк. 10:1 говорится о столпах дыма и столпах огненных.

В символическом смысле говорится о столпах земли (Псл. 74:4; срав. 1 Цар. 2:8). В кн. Иов. 26:11 говорится о столпах небес; само небо уподобляется распростертому шатру в Псл. 103:2; Ис. 40:22; Иер. 51:15. То же указание на столп, как на опору, встречается в 1 Тим. 3:15; где говориться, что церковь Бога живого есть "столп и утверждение истины", равно как и в Гал. 2:9 Иаков, Петр и Иоанн упоминаются, как "столпы Церкви". В Псл. же 143:12, где дочери уподобляются искусно изваянным столпам в чертогах, имеется ввиду не опора, а красота. Так и Христос обещает сделать побеждающего столпом в храме Бога Его (Отк. 3:12).

Сторожа — евр. шомрим.

Сторожа. В Библии упоминаются различного рода сторожа. Мы читаем о сторожах в военных станах (Суд. 7:19); о страже на крепостных башнях (4 Цар. 9:17); на городских стенах и улицах (2 Цар. 18:24; Песн. П. 3:3; 5:7); о страже в виноградниках (1:5; 8:11); о сторожах дверей и ворот (4 Цар. 7:11; Мар. 13:34; Иоан. 10:3); о привратниках в храме, известных левитах во время Давида в числе 4000, разделенных на чреды, т.е. дежуривших поочередно (1 Пар. 16:42; 23:5; 26:1, 13, 19; 2 Пар. 8:14; 35:15); Псл. 133 побуждает их прославлять Господа на своих постах ночью.

Бодрствующими (сторожами) называются в Дан. 4:10, 14, 20 святые ангелы, служащие Богу духи (Евр. 1:14). Картинами, взятыми из обязанностей сторожей, часто рисуется служение и обязанности пророков и учителей (Ис. 21:8 и дал.; Иер. 6:17; Иез. 33:2 и дал.; Евр. 13:17). Аввакум стоял на своей страже (Авв. 2:1); Господь обещает поставить на стенах Иерусалима сторожей, которые не умолкнут ни днем, ни ночью (Ис. 62:6).

Стражи ночи. См. "День".

Страннолюбие. Епископ, как говорит ап. Павел, должен быть страннолюбивым (1 Тим. 3:2; Тит. 1:8). Гостеприимство многими древними народами считалось одной из самых главных добродетелей. Евреям оно внушалось заповедями о чужеземцах (Лев. 19:33 и дал.), о бедных (Лев. 25; Втор. 15) и выкупе (Лев. 25). Мы находим много прекрасных примеров гостеприимства как в Ветхом, так и в Новом Завете. См. рассказы об Аврааме и Лоте (Быт. 18:1 и дал.; 19:1 и дал.). Срав. дал. Исх. 2:20; Суд. 13:15; 19:17 и дал.; о сонамитянке (4 Цар. 4:10); об учениках в Эммаусе (Лук. 24:29); об иноплеменниках на Мальте и ап. Павле (Деян. 28:2, 7). Милосердный Самарянин (Лук. 10:33) для всех времен служит образцом христианского гостеприимства. Пренебрежение этим является грехом против Самого Христа (Мат. 25:43). Уже в Ветхом Завете негостеприимство осуждалось (Суд. 19:15; Иов. 31:32). Апостолы увещали христиан: "ревнуйте о страннолриимстве" (Рим. 12:13; 1 Тим. 5:10) и "без ропота" (1 Пет. 4:9), вспоминая пример Авраама, который, не зная, оказал гостеприимство ангелам (Евр. 13:2).

Яркую картину восточного гостеприимства рисует библейский рассказ о принятии Авраамом трех ангелов, По словам Лейна (Lane), он является точной картиной современного гостеприимства среди бедуинов, когда какой-нибудь чужеземец появляется в их стане. Начальник сейчас же приказывает жене или женщинам испечь хлеб, сам закалывает овцу или др. животное. Все это поспешно изготовляется и ставится перед гостями или гостем вместе с молоком и другими освежающими напитками. Если пришельцы знатные люди, то он сам во время еды стоит около них, как некогда Авраам. Бедуин скорее перенесет всякие лишения сам со своим семейством, чем допустит,чтобы пришелец имел недостаток или неудобство под его кровлей.

Странствование по пустыне. Проведя около года у горы Синая и в пустыне Син, израильтяне двинулись в 20-тый день 2-го месяца 2-го года оттуда в северо-восточном направлении. Сделав остановки в Киброт-Гаттааве и Асирофе, они пришли в пустыню Фаран, где из местечка Кадес-Варни, близ южной границы Палестины, они послали соглядатаев для обследования земли (Втор. 1:19 и дал.). Когда израильтяне услыхали от возвратившихся о живших в Палестине великанах, то подняли ропот и хотели возвратиться в Египет. За это они были осуждены Богом на странствование по пустыне до тех пор, пока умрут все вышедшие взрослыми из Египта (Чис. 14:25, 32); только их дети вошли в обетованную землю. Вопреки этому определению Божию они все же хотели вторгнуться в обетованную землю и потерпели большое поражение (Втор. 1:41 и дал.); после этого в течение 38 лет они должны были странствовать по пустыне между Мертвым морем и восточным заливом Чермного моря. Эти годы странствования, в продолжение которых народ питался манною, одежды их не ветшали и обувь не изнашивалась (Втор. 8:3 и дал.; 29:5 и дал.), представляются как бы ненаписанной страницей Священной истории. Где и как протекли эти годы, об этом Писание умалчивает; тайна, которая окружает этот период, подобна ужасной могиле, в которой зарыты мятежники. Моисей перечисляет 17 лагерных стоянок, местоположение которых неизвестно, пока не достигли Ецнон-Гавера (Чис. 33:19 и дал.) — и упоминает, затем, о возвращении израильтян в Кадес (36 ст.) в первый месяц 40-го года (Чис. 20:1). Некоторые предполагают, что в продолжение этого периода главный лагерь был в Кадесе, а народ кочевал по пустыне, ища пастбищ для своего скота (Чис. 14:33; Втор. 1:46). Когда они, наконец, вновь были собраны в Кадес, Моисей послал просить у едомского царя разрешения пройти через его страну. Им было в этом отказано. Народ, не решаясь силою пробиться в Палестину с юга, должен был вновь итти к югу через Ор, где скончался Аарон. Они дошли до Еціон-Гавера у Аравийского залива, где, перейдя через горы, двинулись на восток от Едома у Мертвого моря в северном направлении. Дойдя до Аваримских гор, они взяли области аморреев и моавитян, и, совершив военный поход на Васан, расположились станом на Моавитских равнинах, откуда, двинувщись дальше, перешли Иордан и вступили в Обетованую землю (Чис. 20:22; 21:4; 21:13, 25, 33; 22:1; 33: 48).

1) От Египта до Синая: Рамзес, Сокфоф, Ефам, Мигдол, переход через море, Мерра, Елим у Чермного моря, пустыня Син, Дофка, Алуш, Рефидим, Синай (Исх. 12-17; 19; Чис. 33:5 и дал.).

2) От Синая до Кадеса: Киброт-Гаттава, Асироф, Кадес (Чис. 11; 13; 33: 1 и дал.).

3) 38-летнее странствование: Рифма, Римнон-Фарец, Ливна, Рисса, Кегелаф, гора Шафер, Харада, Макелоф, Тахаф, Тарах, Мифка, Хашмона, Мосероф, Бене-Яакана, Хор-Агидгад, Иотвафа, Аврон, Едион-Гавер, Кадес (Чис. 33:18 и дал.; 20:1).

4) От Кадеса до Иордана: Бероф-Бене-Яакан, Мозер, Гудгод, Иотвафа (Втор. 10:6 и дал.; Чис. 20:22; 33: 37), мимо Чермного моря, через Елаф и Ецион-Гавер (Чис. 21:4; Втор. 2:8); Салмон, Пунон, Овоф, Ийм-Аварим (первое лагерное место в восточных пределах Иордана), (Чис. 33:41 и дал.; 21:10 и дал.); долина Заред, река Арнон, Беер, Матанна, Нагалиил, Вамоф, Дивон-Гад, Алмон-Дивлафаим, Фасги на горах Аваримских (где умер Моисей), равнина Моавитская (Чис. 21:12 и дал.; 22:1; 33:45; Втор. 2:13 и дал.).

Страус (по-еврейски яэн), наибольшая из всех птиц, водится в песчаных пустынях Азии и Африки (Исаии 13: 21; 34:13; Иеремии 50:39), где она живет большими стадами; картинное описание страуса находим у Иов. 39: 13 и дал. Страус, мясо которого евреям было воспрещено употреблять в пищу (Лев. 11:16), более всего славится своими перьями. Самец с оперением из черного пуха имеет длинные мягкие перья ослепительно белого цвета на крыльях и хвосте, пух же и перья самки коричневого или серого цвета. Бедра и голени почти голы, а длинная шея покрыта редким беловатым пухом. Все тело и строение крыльев указывают на то, что эта птица создана для бега. Самка часто оставляет яйца из страха пред самой незначительной опасностью. “Он жесток к детям своим, как-бы не своим” (Иов. 39:16). Это отмечает Иеремия в своем описании голода и недостатка у матерей пищи для детей: дщерь народа Моего стала жестока подобно страусам в пустыне (Плач. 4:3).

Боязливые по природе страусы иногда, вынуждаемые голодом, совершают набеги на возделанные поля; но, чаще всего, их можно встретить малыми или большими стадами, между дикими ослами и другими обитателями пустыни. Пищу страуса составляют скудная растительность пустыни, улитки и насекомые; вообще он способен глотать все, что ни попадется. По быстроте бега он превосходит самую быструю лошадь: "Когда поднимается на высоту, посмеевается коню и всаднику его" (Иов. 39:18). Иногда самка издает резкие, плачущие звуки, с которыми пророк Михей сравнивает свой плач в опустошенной стране (их. 1:8).

Страх Исаака (евр. па́ход Ицха́х). Так называется Бог в Быт. 31:42, 53.

Стрелы. См. "Лук".

Струны. См. "Музыка".

Струнный инструмент. См. "Музыка" (Еккл. 2:8; Срав. "Соломон").

Стулья — евр. киса́от.

Стулья у древних израильтян были в большем употреблении, нежели в позднейшие времена, когда установился персидский и римский обычай возлежать за столом. Иосиф посадил своих братьев за стол (Быт. 43:33; Срав. 3 Цар. 13:20; 1 Цар. 9:22; 20:5, 24, 25). Соломон изображает блудницу сидящею на стуле (Прит. 9:14). В комнате, приготовленной для Елисея, сонамитянка поставила также стул (4 Цар. 4:10). Евреи, без сомнения, познакомились с употреблением стульев в Египте. Древние египтяне употребляли разнообразные стулья, начиная с самых простых рабочих с тремя ножками и кожанным сиденьем, до самих роскошных кресел, выложенных слоновой костью и обитых драгоценными материями. Один египетский завоеватель при перечислении своей добычи упоминает о шести царских стульях с подножиями из слоновой кости и кедрового дерева и о шести столах с накладками из золота и драгоценных камней.

Таким роскошным царским стулом был трон Соломона из слоновой кости, обложенный золотом и снабженный шестью широкими ступенями, на которых стояло 12 золотых львов (3 Цар. 10:18 и дал.). О престоле Божием говорится в Ис. 66:1; Мат. 5:34; 23:22; Срав. Псл. 96:2; Ис. 6:1; Иез. 1; о "престоле славы" Христа (Мат. 25:31) одесную престола Божия (Евр. 12:2; Срав. Псл. 44:7; 109:1; Евр. 1:8); и о престолах учеников Его вместе с Ним (Лук. 22:30; Срав. Отк. 3:21; 4:4).

Символически престол обозначает достоинство и власть, например, "престол Давида" (Лук. 1:32) и т. д.

В Кол. 1:16 этим словом обозначены ангельские степени. Срав. "Ангелы".

Ступа — евр. медоха́.

Ступа, известная домашняя утварь, в которой израильтяне в пустыне толкли манну (Чис. 11:8), а иногда также и хлебные зерна (Прит. 27:22).

Ступени. 1) В 4 Цар. 9:13 этим словом обозначается лестница (по-еврейски маалот), на которой военачальники отрядов Иорама расстилали свои одежды перед Ииуем, когда провозгласили его царем.

2) "Ступени Ахазовы" (4 Цар. 20:11) евр. маалот — указатель времени, или солнечные часы, которые показывали время посредством ступеней, по которым двигалась тень. Предполагают, что эти ступени, или солнечные часы, представляли обелиск или что-либо подобное, тень от которого падала на размеренный круг, или на ступени, которые были размерены специально для этой цели. Из их названия "маалот" заключают, что царь Ахаз, любивший все иностранное (Срав. 4 Цар. 16:10), привез их из заграницы или построил по заграничному образцу. Когда царь Езекия просил знамения от Господа, что его здоровье будет восстанвлено, то, по молитве Исаии, ему было дано знамение: тень на ступенях Ахазовых вернулась на 10 ступеней обратно (4 Цар. 20:8 и дал.). В Ис. 38:7 и дал. это выражено так: "Я возвращу назад на десять ступеней солнце" (евр.). По всей вероятности, это чудо, слух о котором дошел до самого Вавилона, было причиною того, что оттуда пришли особые послы, чтобы подробнее узнать о нем (2 Пар. 32:31). Для сравнения приводят случай, который наблюдал настоятель монастыря в Меце 27 марта 1103 г., когда тень на солнечных часах, двигалась в обратном направлении в продолжение полутора часа, вследствие преломления солнечных лучей в облаках.

Ступица — центральная часть колеса, в которой укреплены спицы, и в которую вкладавается ось (3 Цар. 7:33).

Суббота — евр. шаба́т.

Суббота, т.е. покой (Быт. 2:2-3). "И совершил Бог к седьмому дню дела Свои, которые Он делал, и почил в день седьмый от всех дел Своих, которые делал.

И благословил Бог седьмой день, и освятил его, ибо в оный почил от всех дел Своих, которые Бог творил и создал".

Свидетельство о соблюдении субботы до издания закона находят в счислении недель (Быт. 29:27), а также в наставлении о сборе манны в двойной мере в день перед субботой (Исх. 16:5, 22 и дал.). "Смотрите, Господь дал вам субботу, посему Он и дает в шестой день хлеба на два дня: оставайтесь каждый у себя, никто не выходи от места своего в седьмый день" (Исх. 16:29). Затем суббота вновь была закреплена в памяти народа на Синае: шесть дней должно было работать, а в седьмой день отдыхать, ибо в шесть дней Господь сотворил небо и землю и почил в седьмой (Исх. 20:8 и дал.). "Соблюдайте субботу, ибо она свята для вас: кто осквернит ее, тот да будет предан смерти..." Это знамение между Мною и сынами Израилевыми навеки (Исх. 31:14, 17). В Втор. 5:12-15 в связи с празднованием субботы указывается также на избавление от египетского рабства. "И помни, что ты был рабом в земле египетской, но Господь, Бог твой, вывел тебя оттуда рукою крепкою и мышцею высокою; потому и повелел тебе Господь, Бог твой соблюдать день субботний".

Суббота должна быть днем покоя во время посева и жатвы (Исх. 34:21; в субботу нельзя было зажигать в домах огонь (Исх. 35:3), нельзя было печь и варить (Исх. 16:23); запрещалось носить ношу (Иер. 17:21 и дал.; Иоан. 5:10); покупать или продавать (Неем. 10:31; 13:15 и дал.). В Чис. 15:32 и дал. приводится случай, когда собиравший дрова в субботу был побит камнями. Этот день должен был отличаться, сверх обычных ежедневних жертв, приношением жертвы всесожжения, состоявшей из двух агнцев, вместе с хлебным приношением из пшеничной муки и елея, и возлиянием при нем (Чис. 28:9 и дал.). В субботу также должно было заменять старые хлебы предложения свежими (Лев. 24:8); в этот день весь народ должен был собираться к святилищу (Лев. 23:2 и дал.).

Подобно субботе, или дню святого покоя, должно было праздновать первый и последний дни Пасхи (Лев. 23:39) и, подобно субботе суббот, или "великой субботе" праздновать великий день очищения (Лев. 16:31; 23:32). О "великой субботе" в Иоан. 19:31 см. "Пасха".

Господь обещает обильное благословение соблюдающему субботу (Ис. 58:13 и дал.). Нарушение субботы было грехом, против которого горячо восставали пророки (Иер. 17:21 и дал.; Иез. 20:12 и дал.; 22:26). В 2 Пар. 36:21 высказывается, что Бог в продолжение 70-тилетнего Вавилонского плена дал земле отдых за те субботы и субботние годы, которые народ ей не дал. (Срав.: предостережения в Лев. 26:34 и дал.). После плена Неемия особенно ревновал о соблюдении субботы (Неем. 13:15 и дал.). С течением времени фарисейское иудейство довело внешнее празднование субботы до такой крайности, что запрещало даже делать добро в субботу, так что евреи во время Христа были известны даже между язычниками своим соблюдением субботы. Против такого субботства восстал Христос, как Господин субботы (Мат. 12:1 и дал.; Лук. 13:14 и дал.; Иоан. 7:21 и дал.; Лук. 14:3 и дал.). Когда же евреи нападали на Него, как на нарушителя субботы, то Он отвечал им: "Отец Мой доныне делает и Я делаю" (Иоан. 5:17).

Наконец, Своею смертью и воскресением Христос уничтожил обрядовую по букве субботу закона (Кол. 2:14-16). Некоторые из первохристиан продолжали различать дни по еврейским установлениям (Рим. 14:5). Но уже в апостольские времена христиане собирались "в первый день недели", или в воскресенье (Деян. 20:7 и 1 Кор. 16:2). В Отк. 1:10 говорится, что Иоанн был в Духе в день Господень (греч. текст), т.е. в воскресенье. Этот день и назван так в воспоминание воскресения Христова из мертвых.*

О праздновании воскресного дня первохристианами имеется очень древнее свидетельство: Плиний Младший, наместник Вифинии в конце первого столетия, в своем донесении императору Траяну сообщает, что: "христиане имеют обыкновение в определенный день собираться до восхода солнца, чтобы воспевать песни Христу, как Богу, и обязывают себя торжественной клятвой не делать никакой неправды". Этот обычай был настолько известен, что обыкновенный вопрос, предлагавшийся подозреваемому в принадлежности к христианству, был таков: "соблюдаешь ли день Господень?" На это отвечали: "Я христианин и не могу не радеть об этом". Иустин Мученик рассказывает, что "в день Господень все христиане в городах или деревнях собираются вместе, ибо этот день является днем воскресения нашего Господа; тогда мы читаем Священное Писание, после чего пресвитер держит речь к собравшимся, убеждая их исполнять слышанное. Затем, мы все соединяемся в молитве и совершаем таинство, по окончании

---

* ПРИМЕЧАНИЕ ПЕРЕВОДЧИКА. В Исх. 15:23-25 говорится, что израильтяне пришли в Мерру и "там Бог дал народу устав и закон". От создания человека до того дня в Библии ничего не говорится о том, что суббота соблюдалась людьми; только сказано, что "Бог почил в день седьмый от всех дел Своих". После же времени Моисея говорится очень часто о праздновании и нарушении субботы.

В последующие времена одна часть христиан стала придерживаться празднования воскресенья, а другая, более малочисленная, празднует субботу.

В Слове Божием мы не встречаем установления празднования воскресного дня.

которого, желающие жертвуют по своему усмотрению; собранные средства передаются заведующему, который распределяет вспомоществование сиротам, вдовам и прочим нуждающимся христианам по степени их нужды".

Субботний год. См. "Седьмой год", "Юбилейный год" и "Рабы".

Субботний путь. См. "Мера".

Сува. См. "Сирия".

Суд (Мат. 5:21). См. "Право".

Суд Божий. Так переведено в Деян. 28:4 слово "дике", обозначающее богиню возмездия, которая постепенно, но верно настигала преступника.

Судилище (Мат. 10:17; Мар. 13:9) — суд в провинциальных городах Палестины.

Судно, корабль — евр. оний.

Судно, корабль. Хотя евреи, за некоторыми исключениями, и не были мореплавателями, но все-таки в Библии мы встречаем указания на корабли и мореплавание, благодаря расположению страны при Средиземном море, ее соседству с финикийцами — мореплавателями древнего времени — и тому обстоятельству, что внутри Палестины было судоходное Геннисаретское озеро. Живущие при море колена Завулоново (Быт. 49:13), Даново и Асирово (Суд. 5:17), по всей вероятности, не были чужды мореплаванию, судя по вышеприведенным местам. Иоппия или Яффа у северной границы земли Филистимской и Тир в Финикии с древних времен славились, как хорошие гавани для приходивших издалека торговых судов (Прит. 31:14). В Яффу по 2 Пар. 2:16 привозились бревна с Ливана; из Яффы бежал пророк Иона морем (Ион. 1:3; срав. о Тире Ис. 23:1; Иез. 27; Деян. 21:7). В иудейских гаванях Елафе и Ецион-Гаврее Соломон с помощью финикийских моряков, устроил сообщение по морю с отдельными странами (3 Цар. 9:26 и дал.; 10:22); то же самое пытался возобновить, также и Иосафат (3 Цар. 22:48). В Псл. 106:23 и дал. мы читаем об отправляющихся на кораблях в море, производящих "дела на больших водах"; буря, повергая их в страшную опасность, заставляет взывать к Господу и Он избавляет их, и они воспевают Его святое имя в народных собраниях и в сонме старейшин — указание на плавающих в море израильтянах. Все же большая часть кораблей, упоминаемых в Библии, принадлежала чужим народам. Единственной значительной гаванью Палестины была построенная Иродом гавань в Кесарии, из которой отплыл ап. Павел (Деян. 27:2) и, заметим, — на Адрамитском корабле. В Ис. 43:14 говорится о флоте Халдеев; в Ис. 18:2 — о египетских папирусовых судах (См. "Тростник" и в Ис. 23:1 — о кораблях Фарсиса (См. "Фарсис"). Суда евреев, большей частью представляли небольшие барки или рыбачьи лодки, в которых галилейские рыбаки занимались своим ремеслом на Тивериадском озере и которые встречаются в Евангелии под названием лодка (Мат. 4:18 и дал.; 8:23 и дал.; Мар. 1:16 и дал.; 4:35 и дал.; Лук. 5:14 и дал.; 8:22 и дал.).

Древний корабль.

Корабли того времени приводились у движение или при помощи весел, или же плыли под парусами. Римские торговые суда были более шире и имели большую осадку, нежели военные корабли; следовательно, были чрезвычайно вместительными. Они плавали, большею частью, под парусами; военные же приводились в движение веслами, которыми работали гребцы, сидевшие друг над другом. На носу корабля помещался корабельный знак, или знамя (Деян. 28:11). Иногда корабли были роскошно отделанными; у Иез. 27 красивые Тирские корабли изображаются со всем своим пышным снаряжением: кипарисовыми палубами, кедровими мачтами, дубовыми веслами, буковыми скамьями, украшенными слоновой костью, узорчатыми парусами, флагами и палатками из египетской ткани голубого и пурпурового цвета и т.д. В рассказе Деян. 27 о морском путешествии Павла и кораблекрушении находим множество подробностей относительно снаряжения больших торговых судов. Мы читаем там о начальнике корабля, кормчем и матросах (см. стихи 11, 27, 30) о рулевых канатах ("развязали рули" ст. 40), то есть о канатах, при помощи которых управляли рулем (Иак. 3:4) или рулями, потому что большие корабли часто имели по два руля; далее — о спасительной лодке ст. 16, 32), якорях (ст. 29, 40), и об измерительном приборе, т.е. лоте (ст. 28). В 17 стихе говорится о том, что корабль обязывали канатами, чтобы он не разбился — способ, который часто употреблялся древними. В том же стихе упоминается о спускании парусов. Далее яркими красками описываются меры, принятые для спасения потерпевших кораблекрушение: "своими руками побросали с корабля вещи" (19 ст.), "хотели бежать с корабля и спускали на море лодку" (ст. 30 и дал.) "стали облегчать корабль, выкидывая пшеницу в море" (38 ст.), "подняли якоря" (40 ст.), затем спасались вплавь, а кто не умел плавать, держался за доски и обломки корабля. Это было не малое торговое судно: оно вмещало 276 человек (37 ст.).

В древности моряки плавали, в большинстве случаев, осторожно, держась берегов; если приходилось отдаляться от берега, то свой путь они направляли по солнцу или известным звездам. Только в летнее время осмеливались доверяться морю. Даже во времена Павла суда, находившиеся на пути из Палестины в Италию, должны были искать себе гавань для зимовки (Деян. 27:12; 28:11). Понятно, что морские путешествия при таких условиях считались чем-то ужасным. Срав. рассказы о бедствии на море пророка Ионы (Ион. 1:4 и дал.) и переживания Павла на глубине (2 Кор. 11:25 и дал.).

Судья — евр. шоре́г.

1) Судьи, в собственном значении этого слова, т.е. люди разбирающие дела по закону, поставлены Моисеем по совету его тестя Иофора (Исх. 18:13 и дал.). В последствии были даны законы, касающиеся самих судей (Втор. 16:18 и дал.; 2 Пар. 19:5 и дал.). См. "Право".

2) Судья, в более широком значении слова, значит правитель. Так назывались те вожди и освободители, которые в беспокойные времена после смерти Иисуса Навина до периода царей, время от времени воздвигались Господом для управления и помощи народу, страдавшему от руки врагов. Беспорядок и нужда во времена судей и деятельности последних коротко описываются в Суд. 2:10 и дал. Когда Иисус Навин и его современники умерли и подросло новое поколение, которое не знало Господа и Его дел для Израиля, сыны Израилевы оставили Господа и стали служить Ваалу и Астарте, то "воспылал гнев Господа на Израиля", и Он предал их в руки грабителей и врагов, окружавших их; и им было весьма тесно. И воздвигал им Господь судей, которые спасали их от руки грабителей, ибо умилосердился над ними Бог и помогал им при жизни судей. Когда же судьи умирали, народ возвращался к прежнему и даже поступал еще хуже отцов в злых делах своих и воспылал гнев Господень на Израиля снова. Необузданность и беспорядок этого времени обрисовывается очень метко несколькими словами: "В те дни не было царя у Израиля; каждый делал то, что ему казалось справедливым" (Суд. 17:6; 18:1; -9:1; 21:25). Судьи не имели власти царя (Авимелех Суд. 9 был исключением); они не имели никакой власти над землей и народом и не передавали своего звания по наследству (Суд. 8:22 и дал.). Как лично призванные Иеговой, истинным Царем Израиля, они применяли свою власть в то время и в том месте, которые Он указывал. Эта власть заключалась частью в отправлении правосудия, т.е. в деятельности судей в буквальном значении слова (Суд 4:4 и дал.; 1 Цар. 7:15 и дал.; 8:1 и дал.); частью в исполнении обязанностей правителя (Суд. 10:2 и дал.; 12:8 и дал.).

Люди приветствуют судью на базаре.

Деятельность судьи, обыкновенно, начиналась с выступления во главе войска на врагов, которые в то время беспокоили землю; победивши врагов, судья управлял страной до своей смерти. См., например, Суд. 10:8, 18;

11:32; 12:7. Далее надо заметить, что большая часть судей управляла только известными частями страны; колена Израилевы в то время еще не сплотились настолько, чтобы представлять один народ. Иеффай был вождем жителей Галаадских и, победив Аммонитян, вступил в кровавое сражение с коленом Ефремовым (Суд. 12:1 и дал.). За Деворой и Вараком на войну последовала только часть колен Израилевых; Рувим, Гад, Дан и Асир осуждаются за то, что не приняли участия в войне (Суд. 5:14 и дал.). Гедеон не признавался ефремлянами (Суд. 8:1) и т. д. В конце периода судей их деятельность ограничивалась управлением гражданскими делами, сами они не принимали участия в войнах; как, например, Илий и Самуил.

Положение израильских судей и их титул (евр. шофет-судья) сравнивали с положением и титулом, так называемых "суффетов" в древнем Карфагене, — чиновников, власть которых соответствовала власти консулов в Риме и которых историк Тит Ливий называет судьями; а также с упоминаемыми Иосифом Флавием "дикастей", т.е. судьями, которые в шестом веке до Р.Хр. одно время правили в Тире. Всего судей было 14 (или 15, если считать и Самегара, который не называется судьей; Суд. 3:31; 5:6).

Их порядок и время их правления видны из следующей таблицы.

Под игом Хусарсафема (Суд. 3:8)	8 лет
1) Гофониил (Суд. 3:9), судья в течение	40 лет
Иго моавитян (Суд. 3:14)	18 лет
2) Судья Аод (Суд. 3:30). Спокойствие	80 лет
Самегар (Суд. 3:31)	
Под властью Иавина (Суд. 4:2)	20 лет
3, 4) Девора и Варак (Суд. 44:4 и дал.). Спокойствие (Суд. 5:51)	40 лет
Владычество Мадианитян (Суд. 6:1)	7 лет
5) Гедеон (Суд. 8:28). Судья	40 лет
6) Авимелех, "царь" (Суд. 9:6, 22)	3 года
7) Фола (Суд. 10:2). Судья	23 года
8) Иаир (Суд. 10:3). Судья	22 года
Владычество филистимлян и аммонитян (Суд. 10:8)	18 лет
9) Иеффай (Суд. 12:7). Судья	6 лет
10) Есевон (Суд. 12:9). Судья	7 лет
11) Елон (Суд. 12:11). Судья	10 лет
12) Авдон (Суд. 12:14). Судья	8 лет
Власть филистимлян (Суд. 13:1)	40 лет
13) Самсон (Суд. 15:20)	20 лет
14) Первосвященник Илий "был судьею Израиля 40 лет" (1 Цар. 4:18)	40 лет
15) Самуил "был судьею Израиля по все дни жизни своей (1 Цар. 7:15)	?

Приведенные здесь года составляют в сумме 450 лет, такую же сумму лет мы находим и в Деян. 13:20: "около 450 лет давал им судей до пророка Самуила". Это счисление ап. Павла, которого держится и Иосиф Флавий; все-таки стоит в противоречии с указанием в 3 Цар. 6:1, где говорится, что время от выхода из Египта до четвертого года царствования Соломона составляет 480 лет. Если из этих 480 лет отнять 450 лет времени правления судей, то остается 30 лет; но откуда получится 40 лет странствования в пустыне, годы правления Самуила и Саула, 40-летнее царствование Давида и четыре первых года царствования Соломона? Между многими попытками разрешения этого трудного вопроса более правдоподобно одно предположение, именно, что несколько периодов рабства и периодов судей, упомянутых в книге Судей, совпадали по времени, но в какой мере, — трудно определить. Согласно книге Суд. 11:26 триста лет прошло от конца странствования по пустыне до времени судьи Иеффая.

Сузы — Шушан.

Сузы, т.е. лилия — персидская столица на реке Улае, где Артаксеркс устроил торжественный пир в третий год своего царствования (Есф. 1:2 и дал.), где Неемия получил позволение от Артаксеркса возвратиться в Палестину и восстановить стены Иерусалима (Неем. 1:1 и дал.), и где Даниил видел одно из своих видений, близ реки Улая (Дан. 8:2, 16). В Сузах жили евреи, что видно из Есф. 2:5; 4:16. Город Сузы грекам и римлянам был известен под названием Суза при реке Хоаспе, славившегося своей водою. Этот город был столицей провинции Сузис или Сузианы, между Вавилоном и Персией, зимним местожительством персидских царей. Он был украшен роскошными постройками и служил местом хранения персидских царских сокровищ. По Страбону, город занимал площадь в 120 или 200 стадий . Развалины Суз еще и ныне существуют под названием Шуш, к востоку от небольшого потока Шапур, между Керху, притоком Тигра на западе, и рекою Дисфуль на востоке. Шапур и Дисфуль впадают в реку Карун, которая, равно как и Керху, течет с севера и впадает в Шат-эль-Араб, общее русло Тигра и Евфрата. Там, где Керху и Карун сближаются, между притоками последнего Шапуром и Дисфулем, и находятся развалины Шуш, замечательные по занимаемой ими площади (2 километры с востока на запад и 1,5 км с севера на юг) с многочисленными колоннадами и надписями на кирпичах и на камнях. У потока Шапура возвышается надгробная постройка, называемая могилой Даниила. Трудно определить, который из упомянутых потоков является древним Хоаспом или Улаем. По всей вероятности, все эти реки в древности были соединены каналами. Когда Даниил (Дан. 8:16) говорит, что он слышал голос "от средины Улая", он, быть может, обозначает этим окружавшие город потоки.

Суккот-бенеф — Суко́т-бано́т.

Суккот-бенеф, истукан, который переселенцы из Вавилона поставили в Самарии (4 Цар. 17:30); согласно Равлинзону и Шрадеру, — это переделка ассирийского слова Цир-банит, т.е. "дающий семя", имя богини плодородия. По-еврейски это слово может означать "хижины дочерей" (Срав. 4 Цар. 23:7).

Сукхиты — Сукии́м.

Сукхиты (2 Пар. 12:3) упоминаемые вместе с египтянами, ливийцами и эфиоплянами, как вспомагательное войско фараона Сусакима, были, как полагают, жителями города Сухе, упоминаемого Плинием, расположенного на западном берегу аравийского залива.

Суламита (Шулами́т). См. "Песня П."

Сума на дорогу (Мат. 10:10) и **сума** (Мар. 6:8; Лук. 8:3; 22:35) — маленький кожанный мешок, в котором галилейские жители носили в дороге пищу или другие нужные вещи; таковою была также пастушеская сумка Давида (1 Цар. 17:40).

Сунем. См. "Сонам".

Сур — Шур.

Сур, теперь **Суэц,** город на северном конце западного залива Чермного моря (Быт. 16:7; 20:1; 25:18; 1 Цар. 15:7; 27:8). По имени этого города названа пустыня, которая простирается от северной части залива, вдоль восточного берега (Исх. 15:22); ее называли также Ефамской пустыней (Чис. 33:8).

Сусаким — Шишак.

Сусаким. Египетский фараон, названный на памятниках Шешенк 1., первый царь 22-й (или бубастской) династии. Он оказал покровительство бежавшему Иеровоаму (3 Цар. 11:40), и, вероятно по его совету, начал войну с Ровоамом, покорил укрепленные города в Иудее,взял все сокровища Иерусалимского храма и дворца, и, повидимому, сделал Ровоама своим данником (3 Цар. 14:25 и дал.; 2 Пар. 12:2 и дал.). Сусаким оставил повествование об этом победоносном походе, высеченным на одной из стен посвященного его богу покровителю Аммону, храма в Фивах, теперешнего Карнакского храма. Там перечисляются покоренные им страны, города и народы. Еще и теперь можно прочесть такие имена, как Адораим, Веферон, Айалон, Фаанах, Мегиддон и названия некоторых северных и восточных городов Палестины.

Среди рисунков на этом памятнике находятся также поясные изображения закованных людей с семитическими чертами лица. Под одним из них можно прочесть такую надпись: "Иуда Малек", т.е. царь Иудейский или царская Иудея. В речи царю победителю от имени бога Аммона, между прочим, говорится следующее: "Мое сердце радуется, ибо я видел твои победы милый сын мой, Аммон-мер-Шешенк (друг Аммона-Шешенк)... Я повелел народам юга прийти к тебе с выражением покорности и северным народам покориться величию твоего имени".

Сусанна, одна из тех женщин, которые служили Господу Иисусу своим имением (Лук. 8:3).

Сын — евр. бен.

Сын. Кроме буквального значения, это слово употребляется в значении внука, или потомка вообще, например, Быт. 29:5; 2 Цар. 19:24; Мат. 1:1; часто также имеет значение ученика (1 Цар. 3:6), или слуги (4 Цар. 8:9; срав. Тит. 1:4). Далее, это слово употребляется, равно как и слово дочь, согласно еврейскому обороту речи, во множестве выражений для обозначения качества зависимости, сходства и т. п., например, "сын 500 лет", т.е. 500-летний (Быт. 5:32, евр. текст), "сын одной ночи", т.е. выросший втечение одной ночи (Иоан. 4:10 евр.), "сын старости", т.е. сын, рожденный в старости отца (Быт. 37:3); "сын Велиара", т.е. злой человек (1 Цар. 25:17; 2 Кор. 6:15 — Велиар), "сын смерти", т.е. обреченный на смерть (1 Цар. 20:31 евр.); также, "сын погибели" (Иоан. 17:12). Далее "сыны громовы", т.е. уподобляющиеся по силе грому (Мар. 3:17), "сын мира", т.е. мирный, "сыны воскресения" учасники воскресения (Лук. 20:36), "сыны противления" (Еф. 2:2), "сын утешения" (Деян. 4:36), т.е. утешитель;

"сыны царства" (Мат. 8:12), т.е. участники в царстве, "сыны чертога брачного (см. "Брак"), т.е. участники брачного пира.

Сын Божий — евр. Бен Элохи́м.

Сын Божий в самом высоком значении слова — Мессия (Псл. 2:7; Дан. 3:25; Лук. 1:35; Иоан. 1:18, 34), о Котором уже в Прит. 30:4 мудрец спрашивает: "Кто поставил все пределы земли? Какое имя Ему? И какое имя Сыну Его, знаешь ли?"

Сын человеческий — евр. Бен-ада́м.

Сын человеческий — название, которое Иисус часто применял к Самому Себе, и которое частью обозначало настоящую человеческую природу Христа и Его совершенное соединение с человечеством (Евр. 2:6), частью указывает на пророчества в Ветхом Завете, особенно у Дан. 7:13, где с облаками шел как бы Сын человеческий".. Срав. Псл. 8:5; Мат. 24:30; 26:64; Мар. 13:26; Лук. 21:27. Это название, обозначающее Спасителя, встречается 80 раз в Новом Завете, и особенно в Ев. Матфея, который показывает, как в Иисусе исполнились пророчества.

Сыновья пророков (евр. бней-невиим). См. "Пророки".

Сыновья рабов Соломоновых. См. "Нефинеи".

Сыны Божии, дети Божии, чада Божия. Эти слова употребляются в Новом Завете в трех различных значениях: 1) в естественном значении Адам называется сыном Божиим, как созданный Богом (Лук. 3:38); 2) в духовном смысле верующие называются детьми Божьими, как возрожденные по Его подобию (Иоан. 1:12; Рим. 8:14); 3) в сверхестественном значении, сподобившиеся достигнуть того века и воскресения из мертвых суть сыны Божии (Лук. 20:36).

Сынами Божьими называются также ангелы (Иов. 38:7).

Сыны Божии в Быт. 6:2, от которых дочери человеческие рождали исполинов, по мнению одних были могущественными мужами княжеского рода, по мнению же других, благочестивыми людьми, ангелами и т. д. Срав. слово "Бог".

Сыны громовы. См. "Иаков 3".

Сыр, упоминается в 1 Цар. 17:18 и в Иов. 10:10 (евр. гвина, араб. джубн-сыр, в русском переводе творог). Свидетельство Филона о существовании сыра у теперешних бедуинов, образ жизни которых не изменился в течение тысячелетий, вместе с вышеприведенными местами Библии и тем фактом, что в Иерусалиме была особая местность, называвшаяся "долиной сыровара" (по Иосифу Флавию), дают основание предполагать, что израильтянам было известно изготовление сыра в настоящем значении этого слова.

Рыболовы при берегу Кесарии, где показано руины древних зданий упавших в море.

Т

Тавеил — Тава́ль.

Тавеил, сириянин, сына которого Рецин и Факей намеревались поставить царем в Иерусалиме вместо Ахаза (Ис. 7:6).

Тавера. См. "Киброт-Гаттаава".

Тавифа, т.е. серна, по греч. Доркас, ученица в Иоппии, которая "была исполнена добрых дел и творила много милостыни". Петр воскресил ее из мертвых (Деян. 9:36 и дал.).

Тавримон, отец сирийского царя Венадада (3 Цар. 15:18).

Талант. См. "Деньги".

"Талифа́ ку́ми", т.е. девица, тебе говорю, встань! — слова Иисуса, обращенные к дочери Иаира (Мар. 5:41).

Талмон. См. "Телем 2.".

Талмуд (т. е. учение). См. "Книжники".

Тамара — Тама́р.

Тамара, город на южной границе Иудеи (Иез. 47:19; 48:28); считается некоторыми за Фадмор, построенный Соломоном (3 Цар. 9:18; 2 Пар. 8:4).

Таппуах, т. е. яблоко. Город в низменной части Иудеи (И. Нав. 15:34).

Тарах, одна из стоянок израильтян в пустыне (Чис. 33:27 и дал.).

Тарпелея, одно из мест, откуда ассирийцы переселили колонистов в Самарию (Езд. 4:9). Предполагают, что это Триполис или Траблус в северной Финикии. По Иосифу Флавию, самаряне называли себя "сидонянами, живущими в Сихеме".

Тарс, столица Киликии на реке Тарсусе (в древности Кидн), недалеко от ее впадения в Средиземное море. Здесь родился ап. Павел и где, после своего обращения, когда ненависть евреев заставила его покинуть Иерусалим, он прожил несколько лет — до того времени, как был приведен Варнавою в Антиохию на дело служения (Деян. 9:11, 30; 11:25; 22:3). Тарс был большим и многолюдным городом (21:39), вел оживленную торговлю и, как средоточие наук, соперничал с Афинами и Александрией. Срав. "Киликия". Апостол Павел получил там греческое образование, а еврейское, по его словам (22:3), он получил в Иерусалиме, "у ног Гамалиила". Правом римского гражданства, по мнению некоторых, он пользовался только потому, что был уроженцем Тарса. Однако же этому противоречит то обстоятельство, что сотник, узнав, что Павел был из Тарса (21:39), все-таки приказал бить его (22:24), и отменил свое приказание, когда узнал, что Павел был римским гражданином (22:27). Тарс тогда уже был вольным городом с правами самоуправления под протекторатом Рима, однако город долгое время не имел права римского гражданства. От древнего Тарса остались только незначительные развалины.

Тартак, идол, которому поклонялись Аввийцы (4 Цар. 17:31).

Тартан упоминается в 4 Цар. 18:17, как один из военачальников, посланных Сеннахиримом к Иерусалиму, и в Ис. 20:1, как военачальник, посланный Саргоном к Азоту. Из ассирийских памятников мы узнаем, что это слово не является собственным именеем, а титулом (по-ассирийски "Туртану"). Так назывался высший чиновник и военачальник, который заменял царя в том случае, если царь лично не шел на войну; этот титул, приблизительно, соответствует теперешнему званию фельдмаршала.

Тафна — Тахпанхес.

Тафна или Тафнис, город в Египте, куда убежала часть евреев после разрушения Иерусалима, и где проповедывал Иеремия (Иер. 2:16; 43:7 и дал.; 44:1; 46:14). Повидимому, Тафнис был значительным городом с царским дворцом и кирпичными заводами (43:9). В Иез. 30:18 городу угрожала гибель. Тафнис, который у Геродота упоминается под названием Дафна, а на памятниках называется Табнет, был пограничной крепостью, недалеко от моря, на западном берегу у Пелузийского рукава Нила; его местоположение отмечается теперь развалинами Дефенне.

Тахпенеса, современная Давиду египетская царица, сестра которой была отдана фараоном в жены идумеянину Адеру. Тахпенеса воспитывала их сына Генувата в своем доме вместе с сыновьями фараоновыми (3 Цар. 11: 19, 20).

Тахтим-Ходши — область, которую обходил Иоав во время исчисления народа; она находилась, по всей вероятности, к востоку от Геннисаретского озера (2 Цар. 24:6).

Твердь, небо (евр. "ракиа" — пространство), которое Библия представляет прозрачным сводом или куполом, распростертым над землею. Так, например,в вопросе Елиуя: "Разумеешь ли равновесие облаков, чудное дело совершеннейшего в звании? Ты ли с Ним распростер небеса, твердые как литое зеркало?" (Иов. 37:16, 18). Эта твердь разделяет воды вверху от вод, находящихся внизу (Быт. 1:6 и дал.; Ис. 40:22; Псл. 103:2 и дал.), и имеет окна (Быт. 7:11; Ис. 24:16), или двери (Псл. 77:23), через которые падает дождь (Мал. 3:10); она поддерживает планеты, которые прикреплены к ней (Быт. 1:14; Срав. Ис. 14:12; Мат. 24:29). Наряду с этим поэтическим представлением о происхождении дождя, существовало и другое мнение, что видно из Быт. 2:6; Иов. 36:27 и дал.; Срав. 3 Цар. 18:44 и дал., где говорится, что Илия видел небольшое облако, и в Прит. 25:14 о тучах без дождя.

Творение. В противоположность языческим религиям и философским теориям, Библия говорит с самого начала, что все существующее произошло от свободного творчества всемогущего Бога и названо творением, т.е. созданием существующего из ничего. Священное Писание свидетельствует, что все создано Отцом (Быт. 1:1; Отк. 4:11) через Сына (Иоан. 1:1 и дал.; Кол. 1:16) оживотворяющей силою Духа (Быт. 1:2; Срав. Прит. 8: 22 и дал.; Евр. 11:3). По представлению евреев Бог после сотворения мира почил от дел Своих, но Христос розъяснил нам, что Бог постоянно продолжал и продолжает творить (Иоан. 5:17). Мы видим также, что продолжающееся Божье действие в царстве природы и благодати в Ветхом и в Новом Заветах часто представляется, как творение. См. Псл. 50:12: "Сотвори во мне чистое сердце"; Еф. 2:10: "Мы Его творение, созданы во Христе Иисусе" (Срав. Ис. 4:5; 45:7; 65:17, 18; Кол. 3:10).

Величественную картину первоначального творения мы находим в Быт. 1:2; Иов. 38:4 и дал.; Псл. 103. В Быт. гл. 1 создание вселенной охватывает "шесть дней". Некоторые предполагают, что эти шесть дней обозначают шесть длительных геологических периодов, ибо "у Господа тысяча лет, как один день" (Псл. 89:4; 2 Пет. 3: 8). По мнению других, период геологических формаций имел место в промежутке между первым и вторым стихами (Быт. 1-2). Дейсвительно промежуток между этими стихами является для нас тайной, которая объяснится только в вечности. Мы не можем верить, что творение началось с "безвидного и пустого"; стих 2 свидетельствует, повидимому, о катастрофе, которая произошла на первой земле в связи с возмущением сатаны и его сообщников (Иуд. 6). Как из этих темных развалин Создатель вторично в течение шести дней сотворил новый мир, приспособленный для жизни человека — Моисей узрел в пророческом видении. Таково мнение некоторых исследователей Библии. Придерживающиеся традиционных взглядов видят в днях творения обыкновенные дни, заключающие 24 часа, и верят, что Творец не только мог, но и на самом деле заключил этих 6 длинных периодов в 6 обыкновенных дней и сотворил мир настолько совершенным, что нам кажется, будто устройство его потребовало много времени.

Исследуя все места Библии, говорящие о творении, можно поставить вопрос: нужно ли все эти места понимать буквально, т.е. предназначены ли они для того, чтобы преподать нам знания по геологии, астрономии и т. п. Согласно Быт. 1, сотворению человека предшествует сотворение растений (ст. 12 и дал.), а во 2:5 — наоборот; или в Быт. 1 говорится, что звезды были созданы в 4 день, а по Иов. 38:6 и дал. утренние звезды существовали и ликовали, когда "полагался краеугольный камень" земли. Все это научает нас оставить бесплодные попытки согласования Библии с наукой касательно этих вопросов. Пусть наука говорит нам о том, что существует. Библия же указывает нам на Того, Кто сотворил существующее. Самое значительное в библейском рассказе о творении заключается в том, что Бог с начала создал все "весьма хорошо", и что все создание в конце будет воспевать хвалу Создателю (Отк. 5:13).

Театр. См. "Зрелище, ристалище".

Тевец, город, где Авимелех пал от руки женщины (Суд. 9:50 и дал.; 2 Цар. 11:21), теперь большое селение Тубас в 16 км. к западу от Наблуса.

Тевеф, январь, см. "Месяцы".

Тел-Авив, т. е. холм 1) весны (Иез. 3: 15), место при реке Ховаре в Месопотамии, где жили выселенные евреи.

2) См. "Яффа".

Телаим. См. "Телем 1".

Телем. 1) Город в южной Иудее (И. Нав. 15:24), вероятно, тот же, что Телаим (1 Цар. 15:4), где Саул произвел смотр своим войскам перед войной с амаликитянами.

2) Привратник в храме во время Ездры (Езд. 10:24), тот же, что Талмон в Езд. 2:42; Неем. 12:25.

Телец, теленок — евр. эгель.

Телец, теленок. Тельцов в большом количестве приносили в жертву. Откормленный теленок считался лакомым блюдом (Быт. 18:7; Ам. 6:4; Лук. 15: 23). В символическом обороте речи тельцы обозначают легкомыслие и упрямство. Срав. Иер. 46:20 и дал.

"Рассечь тельца на двое и пройти между рассеченными частями его" (Иер. 34:18) обозначает, по предположению некоторых, ветхозаветную форму скрепления союза. Этим способом выражалось обоюдное согласие подвергнуться участи животного в случае нарушения союза.

"Золотой телец" — евр. эгель загáв.

"Золотой телец". Когда народу показалось, что Моисей слишком долго оставался на Синае, то он принудил Аарона сделать из золотых серег и колец тельца, который был бы образом Бога и шел бы перед народом. Аарон сделал это и построил жертвенник, на котором народ принес жертвы, после чего стали пировать и плясать (Исх. 32:1 и дал.). Моисей, сойдя с горы, при виде этого зрелища разгневался, сжег тельца в огне, истолок его в порошок; затем высыпал порошок в ручей, который протекал с горы, и велел народу пить свой собственный грех себе на проклятие (Исх. 32:20; Втор. 9:21). Когда же народ стал хулить его за совершенный поступок, Моисей отделил тех, которые желали принадлежать Господу. Все сыны Левины присоединились к нему, взяли свои мечи, прошли по стану и убили около 3000 мужчин. Предполагают, что этот телец напоминает изображение священных быков, которые израильтяне видели в Египте, например, черного быка Аписа в Мемфисе, который изображал Озириса, или белого быка Мневиса в Гелиополе, в земле Гесем, который изображал бога солнца Гора. Образец тельца они могли заимствовать от египтян, которые носили во время священных процессий небольшие изображения быков, которые мы видим теперь на сохранившихся египетских памятниках. Изображение божества под видом сильного быка было обычной формой идолопоклонства на Востоке. Хотя Аарон, отливая тельца, не намеревался изобразить какого-либо идола, но самого Иегову (Исх. 32:8), все же это его дело считается отпадением, так как являлось попыткой изобразить Невидимого. Такое же стремление побудило Иеровоама поставить золотых тельцов — одного в Вефиле, а другого в Дане, как изображения Иеговы, чтобы отвлечь народ от Иерусалима. И то же неблаговоление Божие часто высказывается пророками по поводу "греха Иеровоама" (3 Цар. 12:26 и дал.; 4 Цар. 17:21; Ос. 8:5; 10:5 и дал.).

Телмелах и Тел-Харши — названия вавилонских местностей, откуда возвратились евреи (Езд. 2:59; Неем. 7:61).

Темница — евр. бейт-сóа.

Темница. Закон Моисея ничего не говорит о тюремном заключении; единственный род наказания подобного рода, упоминаемый там, есть заключение под стражу (Лев. 24:12). В Египте существовали тюрьмы (Быт. 39:20; 42:19). Также в Израиле в позднейшие времена пророки Господни сажались в тюрьмы (Иер. 32:2; 2 Пар. 16:10; 18:26). После плена и во времена Нового Завета заключение было весьма обыкновенным наказанием, особенно за долги (Мат. 18:30) и за религиозные преступления (Мат. 11:2; Деян. 5:18; 8:3). Темницами служили иногда пустые цистерны, колодцы или ямы (Быт. 37:20), иногда с толстым слоем грязи на дне (Иер. 38:6). Государственные тюрьмы находились в стенах городов около ворот (Иер. 20:2), под землею (Иер. 37:16), или при царских дворцах (Иер. 32:2) и т. д. Заключенные заковывались в цепи (Суд. 16:21; Иер. 40:1). Во времена римского владычества одна или обе руки преступника приковывались к руке солдата, который стерег его (Деян. 12:4; 21:33). Иногда заключенного забивали в колоду — орудие, состоящее из двух бревен с отверстиями для ног, рук или шеи. Так поступили с Иеремией (Иер. 20:2; 29:26), с Павлом и Силою (Деян. 16:24) и таким же страданиям Иов уподобляет свои мучения (Иов. 13:27; 33:11). В древние времена посещение заключенных в тюрьмах было легче, чем теперь (Иер. 32:8; Мат. 25:36). См. "Клятва".

Выражение: "возвращение плена" обозначает возвращение заключенных из плена или возвращение разорившегося к его прежнему благосостоянию. См., например, Иов. 42:10; Иер. 29:14; Псл. 125:1 и т. д.

Тень — евр. цель.

Тень упоминается в символической речи Библии в различных значениях. Тень часто является символом спокойствия и покровительства (Ис. 30:2; 49:2; Ос. 14:8); так, например, говорится о тени (сени) Всевышнего (Псл. 90:1) и т. д. Это слово употребляется также как символ тленности жизни (1 Пар. 29:15; Псл. 101:12; Еккл. 6:12). Выражение "тень смертная" обозначает духовное и физическое бедствие и душевное беспокойство (Мат. 4:16; Псл. 22:4). Завет закона уподобляется "тени" в противоположность "свету" Нового Завета (Кол. 2:17; Евр. 8:5; 10:1).

Терафимы (Ос. 3:4), какие-то домашние боги, которых израильтяне, повидимому, наследовали от своих арамейских праотцов Когда Рахиль со своим семейством оставила дом отца, то она похитила его терафимов (Быт. 31:19, 30), и, когда он нагнал их и стал обыскивать, то она спрятала терафимов под верблюжье седло (ст. 34). Эти истуканы, следовательно, не были так велики, как тот терафим, который находился у Мелхолы, дочери Саула, которая окутала его голову козьей шкурой и покрыла одеждою (1 Цар. 19:13, 16). Из кн. Судей 17:5; 18:5, 14 видно, что терафимом пользовались, как своего рода оракулом, чтобы узнать волю Божию. Царь Вавилонский советовался со своими терафимами (Иез. 21:21). Пророки Господни не одобряли этот языческий обычай (1 Цар. 15:23; Зах. 10:2); когда царь Иосия очистил царство Иудейское от всякого чародейства и идолопоклонства, то он также не пощадил и терафимов (4 Цар. 23:4 евр.). "Сыны Израилевы долгое время будут оставаться без царя, без жертвенника, ефода и терафима" (Ос. 3:4).

Теревинф — фисташковое дерево.

Теревниф. Еврейское слово "Элая" и "Эль", вероятно, обозначают теревинф; они встречаются в еврейском тексте Быт. 35:4; 2 Цар. 18:10; Ос. 4:13; Ис. 1:29, 30; 61:3. Теревинф (Pistacia Terebinthus) — ветвистое дерево с высоким стволом, с вечнозелеными, растущими пучками, листьями и плодами, похожими на виноград. Дерево достигает возраста в тысячу и более лет и вместе с дубом принадлежит к самым драгоценным лесным породам в Палестине.

Терние. См. "Волчцы".

Тертий писал Павлу послание к Римлянам; приветствует христиан в Риме (Рим. 16:22).

Тертулл, — красноречивый римский адвокат, услугами которого воспользовались первосвященник Анания и евреи для подачи жалобы на Павла правителю Феликсу (Деян. 24:1 и дал.).

Тетрарх, т.е. четверовласник или правитель над четвертою частью царства. Этот титул давался впоследствии вассальному правителю, который управлял частью большого царства, даже если подвластная ему область не являлась в строгом смысле четвертою частью всего царства. По смерти Ирода Великого подвластные ему области были разделены между его сыновьями Архелаем, Антипой и Филиппом. Оба последних получили титул тетрарха. Антипа, который в Библии, обыкновенно, называется Иродом четверовластником (Мат. 14:1; Деян. 13:1) стал царем (Мат. 14:9) Галилеи и Переи, а Филипп, брат его, царствовал в Итурее и Трахонитской области (см. Лук. 3:1); тут же упоминается Лисаний, четверовластник в Авилинсе.

Тивериада — Тве́рия.

Тивериада (Иоан. 6:1, 23); город в Галилее на западном берегу Геннисаретского озера, которое, по имени города, также иногда называется Тивериадским морем (Иоан. 21:1). Город был построен Иродом Антипой незадолго до начала открытого служения Иисуса Христа; там был театр, ристалище и другие языческие учреждения, вследствие чего евреи гнушались этим городом, а м. б. также и потому, что он частью был построен на месте древнего кладбища. Ирод Антипа, который избрал его своей резиденцией, назвал город по имени своего государя, императора Тиверия. После разрушения Иерусалима отвращение евреев к этому городу постепенно прошло, а спустя два столетия он стал центром палестинского иудейства и здесь частично закончилось собирание главных частей Талмуда — Мишны и Гемары (см. "Книжники"). По-арабски город называется Табарие. Здесь ревностно занимаются изучением Талмуда. Евреи считают Тивериаду одним из четырех священных городов (остальные — Иерусалим, Хеврон и Сафед), из которых должна всегда возноситься молитва, иначе мир превратится в хаос. По мнению евреев, Мессия, при Своем пришествии, выйдет из вод Геннисарета на берег Тивериады и пойдет в Сафед, где и поставит свой трон на самой высокой вершине Галилеи.

Тивериада в 1837 году была сильно разрушена землетрясением, причем погибло много народа. На юге города еще существуют упоминаемые Иосифом Флавием под названием "Аммаус" горячие источники с находящейся при них водолечебницей. Цветущие олеандры служат украшением этой местности и, как память о прежней роскошной растительности в этом саду Ханаана — еще видны кое-где одинокие пальмы, возвышающие свои зеленые верхушки по берегам живописного озера, на северном конце которого виднеется белая вершина Ермона.

В современной Тверии проживает около 30-ти тисяч человек, почти все — евреи, занятые в рыболовстве и в обслуживании многочисленных туристов.

Тивериадское море. См. "Геннисаретское озеро".

Тиверий, Клавдий Нерон, второй из римских кесарей, вступивший на престол после Августа в возрасте 55 лет — царствовал 23 года (767-790 гг. по римскому счислению, т.е. 14-37 гг. по Р.Хр. Будучи выдающимся полководцем, оратором и правителем, он, сделавшись кесарем и подпав под влияние недостойных любимцев, стал тупым развратником и безжалостным деспотом и умер ужасной смертью. Рассказывается, что провинции имели особенное основание быть довольными его царствованием, так как он придерживался принципа — как можно реже менять наместников. Тиверий уподоблял провинции раненому, который лежит на дороге и страдает от мух; отогнав мух — не окажешь ему услуги, ибо сейчас же на их месте появятся новые и с свежими силами начинают мучить больного; поэтому только изредка следовало посылать новых мучителей в провинции.

Его любимец Сеян особенно побуждал его к жестокостям по отношению к евреям; 4000 из них, живших в Риме, были отправлены на военную службу в Сардинию, а остальные были высланы из столицы. Во время царствования этого кесаря открыто выступал и претерпел смерть Иисус Христос.

По Лук. 3:1 Иоанн Креститель, а также и Иисус начал служение на 15 году царствования Тиверия или между 19 августа 28 г. по Р.Хр. и 19 августа 29 г. по Р.Хр. По мнению некоторых, этот 15 год надо считать двумя годами ранее, если принять во внимание, что Тиверий был соправителем Августа в течение двух последних лет царствования последнего.

По словам римского историка Тацита (Анналы XV, 44) “Христос, основатель названия христиан, был наказан смертью правителем Понтием Пилатом” в царствование кесаря Тиверия.

Тивхафа. См. “Беф”.

Тигр. См. “Хиддекель”.

Тимон, один из семи диаконов (Деян. 6: 5).

Тимофей родился в Листре Ликаонской от грека отца и еврейки матери Евники, которая с самых юных лет наставляла его в Слове Божием (Деян. 16: 1; 2 Тим. 1:5; 3:15). Павел часто называет его своим сыном (1 Кор. 4:17; 1 Тим. 1:2; 2 Тим. 1:2; 2:1); из чего можно заключить, что Тимофей стал христианином, благодаря проповеди Павла, может быть, во время его первого посещения Листры (Деян. 14:6). Вероятно также, что Тимофей был очевидцем того случая, когда Павла едва не побили камнями евреи (Деян. 14:19; 2 Тим. 3:11) и слышал также проповедь апостола о кресте и о страданиях, как условии вступления в царство Божие (Деян. 14:22). Когда Павел в третий раз пришел в Листру, то о Тимофее был дан братьями такой хороший отзыв, что Павел взял его с собой в качестве спутника и сотрудника, обрезав его ради евреев (Деян. 15:2 и дал.).

Тимофей вместе с Павлом отправились в путешествие через Македонию в Верию (Деян. 17:14), где задержался, и затем пришел к Павлу в Афины (ст. 15). Оттуда Павел послал его в Фессалонику (Фес. 3:1 и дал.), после чего Тимофей пришел к апостолу в Коринф с радостными вестями (3:6), и оставался там, в то время, когда Павел писал свои два послания к Фессалоникийцам (Деян. 18:5; 1 Фес. 1: 1; 2 Фес. 1:1). Затем он сопровождал Павла в Ефес (Деян. 18:18 и дал.), откуда был им послан в Македонию и Коринф (1 Кор. 4:17; 16:10). После этого он снова прибыл к Павлу в Македонию, когда тот писал второе послание к Коринфянам (2 Кор. 1:1), и последовал за ним в Коринф, откуда Павел писал свое послание к Римлянам (Рим. 16:21). Тимофей, отделившись от Павла на обратном пути последнего в Иерусалим, ожидал его в Троаде (Деян. 20:3 и дал.). Впоследствии он разделял его заключение в Кесарии и Риме (Кол. 1:1; Филим. 1; Фил. 1:1). Павел надеялся послать его из Рима в Филиппы (2:19).

Затем, согласно 1 Тим. 1:3, в одно из путешествий Павла по Македонии Тимофей был оставлен в Ефесе, чтобы противодействовать тамошним лжеучителям. Незадолго до своей смерти Павел зовет его прийти к нему по возможности скорее (2 Тим. 4:9, 13). Из 1 Тим. 4:14; 2 Тим. 1:6, видно, что он был торжественно посвящен на служение через рукоположение Павла и пресвитеров (1 Тим. 1:18), вероятно, для предстоящей деятельности в Ефесе. Автор послания к евреям говорит о заключении некоего Тимофея, неизвестно когда (Евр. 13:23).

Тимофей, судя по всему, был бескорысным, самоотверженным и скромным человеком. Он охотно допустил обрезать себя (Деян. 16:1 и дал.), нуждался в увещании “не пить одну воду” (1 Тим. 5:23); и был побуждаем к безбоязненному серьезному отношению к лжеучителям (1 Тим. 4:12; 5:20; 2 Тим. 1:5 и дал.; 3:10). Коринфянам предлагалось оказать ему должную честь (1 Кор. 16:10 и дал.).

Типсах — Тифсах.

Типсах, северная граница обширных владений Соломона (3 Цар. 4:24), старинный известный город “Тапсакус” на Евфрате, был важным торговым пунктом, так как на этом месте была переправа через реку. Здесь Кир Младший и Александр Македонский переправились через Евфрат. Город перестал существовать несколько столетий тому назад. Его местоположение ищут близ местечка “Ракка” (36° сев. ширины), где Евфрат в мелководье имеет не более 1,2 м глубины.

В 4 Цар. 15:16, рассказывается, что Типсах был взят израильским царем Менаимом, который при этом жестоко расправился с населением; здесь, может быть, имеется в виду другой город под тем же названием.

Тир, славившийся в древние времена финикийский торговый город на берегу Средиземного моря, на расстоянии почти 40 км. к северу от Акки и более 30 км. к югу от Сайды (Сидона), часто упоминается в Ветхом Завете под еврейским названием Цор, т.е. скала (в русской Библии, обыкновенно, передано словом “Тир” — греческая форма арамейского Тура). Уже в И. Нав. 19:29 говорится об “укрепленном городе Царе” (русс. Тире), на северной границе Асира. Уполномоченные Давида при исчислении народа дошли до укреплений Тира (2 Цар. 24:7). В этом городе царствовал Хирам (2 Цар. 5:11; 3 Цар. 5:1), который был с израильскими царями Давидом и Соломоном в хороших отношениях. Тир был одним из значительных финикийских городов, который находился ближе всего к Израилю. По сведению древних, самая древняя часть Тира, старый город "Палетир" или "Старотир", находился на материке, а новая часть города или "Ново-Тир" — на двух островах, которые Хирам соединил, засыпав пролив. Окруженный водою, с прекрасными гаванями на юге и севере, этот город на островах стал естественной крепостью. Славясь своим храмом в честь Мелькарта (Геркулеса), он все же более был известен своей обширной торговлей и своими колониями. Как Библия, так и языческие писатели древнего мира дают нам яркое описание его богатства и великолепия. В Иез. 27 мы находим замечательный с культурно-исторической точки зрения перечень разнообразных народов, которые торговали с Тиром; наций, которые входили в состав наемного войска и тех товаров, которые имелись на его рынках. Там упоминается также о том, что Иуда и Израиль привозили на его базары пшеницу, мед, масло и бальзам (гл. 27:17). Его богатство сравнивается в Иез. 28:13 с Едемом, садом Божим; Он был украшен драгоценными камнями: рубинами, топазами, алмазами, хризолитом, ониксом, ясписом, сапфирами, карбункулами, изумрудами, золотом и т. п. Но обольщение богатством принесло с собою проклятие. Уже Амос и Иоиль угрожают Цору (Тиру) наказаниями за то, что он забыл прежнюю дружбу и продавал израильтян в рабство идумеям и грекам (Ам. 1:9 и дал.; Иоил. 3:4 и дал.). Что Тир был центром работорговли, видно из Иез. 27:13. Жителей Тира скоро постигло наказание в лице ассирийцев. Салманассар, заняв приморскую область около 721 года до Р.Хр., осаждал Тир в течение пяти лет, но без успеха. 23-я глава Исаии, по всей вероятности, является обличительной проповедью против Тира того времени. (Срав. "Саргон"). Затем Тир был обложен Навуходоносором, который, после разрушения Иерусалима в течение 15 лет (по Иосифу Флавию) осаждал город. В это время Иеремия угрожал Тиру наказанием (Иер. 25:22; 47:4), и Иезекииль величественными картинами изобразил его гибель (Иез. 26-28) предсказав, что он будет "местом для расстилания сетей" среди моря, опустелым городом и т. д. (26:5 и 19). Повидимому Навуходоносор не мог взять эту неприступную крепость; по крайней мере, нет достоверных сведений о взятии им города Тира. Иезекииль в позднейшем пророчестве сообщает (Иез. 29:18 и дал.), что за то, что Навуходоносор "утомил свое войско большими работами при Тире", он получит на разграбление Египет. Из выражения в Иез. 29:18: "все головы оплешивели и все плеча стерты" заключают, что Навуходоносор пытался овладеть городом, насыпав домбу, что в последствии было осуществлено Александром Великим. После семимесячной осады Тира и нападения на него с моря Александр Великий овладел городом и могущественный Тир пал в 322 г. до Р.Хр. Со времени Александра Тир был расположен на полуострове, вследствие того, что насыпаная им дамба превратилась в перешеек. Город некоторое время вел незначительную торговлю, но его вскоре затмила Александрия. "Город знаменитый", не был более населен мореходцами (Иез. 26:17), "который раздавал венцы" (Ис. 23:8), подпал под власть Селевкидов, а затем римлян, которым он и принадлежал во времена Иисуса Христа. В Псл. 86:4 встречается обетование также и для Тира. В его пределы приходил Господь Иисус Христос (Мат. 15: 21; срав. Мар. 3:8; 7:24). Уже в первое время христианства там возникла христианская община, которую посетил Павел (Деян. 21:3 и дал.; Срав. слова Христа о Тире и Сидоне в Мат. 11:21 и дал.).

Предсказания пророков о Тире, что он будет разрушен и опустошен, превращен в голую скалу, место для расстилания сетей и т.д. (Ис. 23; Иез. 26:4, 5 и 14), исполнились только долгое время спустя. Раз за разом он востанавливался после разрушений и еше во времена Христа был значительным торговым городом, быть может, даже больше Иерусалима. Иероним в 5-ом веке по Р.Хр. делает заметку к Иез. 26 (Тир тогда был цветущим городом, с которым вели торговлю почти все страны), пытаясь объяснить пророчество в Иез. 26:14, что Тир не будет более построен, таким образом, что тут имеется в виду его самостоятельность, так как Тир сперва был подчинен халдеям, а потом египтянам и римлянам. Но Тиру должно было пасть еще ниже. Под властью магометан, хотя и на унизительных условиях, он мог до некоторой степени поддерживать свое существование, так что затем, во время крестоносцев, он был вновь значительным городом, с стеклянными заводами, еврейскими купцами и т. д. Но, наконец, когда Акка, или Птолемаида, пала в войне с сарацинами в 1291 г., тиряне оставили свой город и отдали его без сопротивления во власть победителей. Блеск города угас. Модевиль в 14-ом веке упоминает его, как город разрушенный сарацинами. Маунрель пишет о нем в 1697 г. "Здесь находится какой-то своего рода Вавилон из разрушенных стен, колонн и арок"; шведский путешественник Хассельквист, который посетил Тир в 1751 г., выражается следующим образом: "Мы отправились вдоль морского берега и достигли Тира, который теперь называется Цуром, где и ночевали. Ни один город с некогда славным именем не разрушен до такой степени, как Тир, за исключением разве Трои. Этот Цур теперь является захудалым поселком, приблизительно, с 10 жителями, турками и христианами, промышляющими рыболовством".

Тиранн, житель Ефеса, в училище которого благовествовал Павел (Деян. 19:9).

Тиргак — Эфиопский царь, вышедший сразиться с Сеннахиримом, когда тот хотел итти и разрушить Иерусалим (4 Цар. 19:9). Он тот же, что Тагарка на памятниках, — третий и последний царь 25-ой или Эфиопской династии.

Тит, грек (Гал. 2:3), обращенный к Господу через проповедь ап. Павла (Тит. 1:4), а впоследствии его сотрудник (2 Кор. 8:23). Он сопровождал Павла и Варнаву, когда они были посланы Антиохийской церковью в Иерусалим (Деян. 15:2; Гал. 2:1), и затем был послан в Коринф, где, повидимому, работал с успехом (2 Кор. 8;6; 12:18). Встретив Павла в Филиппах и сообщив ему радостные вести (2 Кор. 2: 12; 7:6), он возвратился в Коринф и собрал там подаяния для бедных в Иудее (2 Кор. 8:6, 16 и дал.). Несколько лет спустя мы находим его на Крите, где его оставил ап. Павел с поручением закончить организацию церкви (Тит. 1:5). Его пребывание там не было продолжительным, ибо ап. Павел хотел дождаться его в Никополе, где он решил провести зиму (3:12). По всей вероятности, он затем встретился с Павлом и после этого отправился в Далматию (2 Тим. 4:10).

Надо заметить, что Тита, пришедшего в Иерусалим, не принуждали обрезаться, чтобы не дать повода думать ревнителям исполнения еврейского закона, что они имеют преимущество в деле спасения (Гал. 2:3 и дал.); Тимофей же, который был наполовину еврейского происхождения, был обрезан Павлом в Листре не для того, чтобы уступить требованиям подобных ревнителей, но чтобы устранить ненужные сомнения у тех, кто знал, что мать Тимофея была еврейка, а отец грек.

Тихик, ученик из Асии, один из спутников Павла на пути из Коринфа в Иерусалим (Деян. 20:4) и затем, во время заключения Павла, — его верный сослужитель и сотрудник (Еф. 6: 21; Кол. 4:7 и дал.; Тит. 3:12; 2 Тим. 4:12).

Тиршафа. См. "Областеначальник".

Ткань — евр. ба.

Ткань. Прядение и тканье с древних времен было занятием женщин (Исх. 35:25 и дал.; Прит. 31:13, 19). В Библии упоминается о том, что женщины ткали одежды для Астарты (4 Цар. 23:7), и что Далила воткала волосы Самсона в ткань (Суд. 16:13, 14). Впрочем были также и мужчины ткачи, как, например, в Египте; в Ис. 38:12 говорится, что ткач отрезает ткань. Мужчины преимущественно ткали художественные ткани, например, для завес и священных одежд скинии; поэтому их работа называлась искусною (Исх. 26:31; 28:6; 35: 32, 33). В Исх. 35:30 и дал. упоминается о том, что Веселиил и Аголиав исполнились Духом Божиим, мудростью, разумением, ведением и всяким искусством для составления искусных тканей. Израильтяне уже в Египте приобрели навык в этом искусстве, которым в древности славилась эта страна (Быт. 41:42; Ис. 19:9; 27:7). В 1 Пар. 4:21 говорится, что еврейские семейства были известны выделкой виссона.

Ткацкие станки древних были высоки, и основа натягивалась не горизонтально, а сверху вниз, так что ткач во время работы стоял. Это еще и теперь можно наблюдать в Сирии, где ткач, помещаясь в углублении в земле, исполняет свою работу почти стоя, с небольшой опорой за спиной. О ткацких станках не упоминается в Библии, но различные их принадлежности встречаются в ее сравнениях; например, навой (1 Цар. 17:7; 2 Цар. 21:19), ткальная колода (Суд. 16:14), быстро бегущий челнок, образ убегающей жизни (Иов. 7:6); в Лев. 13:48 упоминаются основа и уток. Более грубые ткани делались из овечьей, козьей и верблюжьей шерсти (Исх. 26: 7; Лев. 13:47; Прит. 27:26; 31:13; Иез. 27:18; Мат. 3:4). Для лучшей ткани употреблялись лен и хлопок. О тонких египетских тканях см. "лен". Носить одежду, сделанную из шерсти и льна вместе, воспрещалось законом (Лев. 19:19; Втор. 22:11).

Тмин — евр. камон.

Тмин, упоминаемый в Библии, римский тмин (Cuminum satinum) (Ис. 28:25 и дал.; Мат. 23:23) растет в странах, прилегающих к Средиземному морю. Семя его выбивали палками (Ис. 28: 27). Теперь таким же образом его разводят и выколачивают на Мальте.

Тов, страна к востоку от Иордана, куда убежал Иеффай (Суд. 11:3 и дал.), вероятно, та же страна, которая во 2 Цар. 10:6 и дал. упоминается под названием Истов (Иштóв, т. е. Муж из Това), которые помогли аммонитянам в войне с Давидом.

Товия. 1) Аммонитянин, который вместе с Санаваллатом и самарянами стремился воспрепятствовать постройке храма (Неем. 2:10; 4:3). Хотя он имел большое влияние в Иерусалиме, ему все-таки не удалось привести в исполнение свой план ни силою, ни хитростью (Неем. 6:17 и дал.; 13:1 и дал.).

2) (Зах. 6:10) См. "Хелдай".

Топаз. См. "Драгоценные камни".

Топоры — евр. гарзе́.

Топоры упоминаются в разных местах, как орудия для рубки дров (Иер. 46:22; Суд. 9:48); леса (Втор. 20:19); работ по дереву (3 Цар. 6:7); грабежа и разрушения (Псл. 75:5); Срав. Мат. 3:10: "Секира при корне дерев". Об оттачивании топоров говорится в 1 Цар. 13:20, 21. Топор насаживался на топорище, как и теперь, это видно из того, что он мог соскочить с топорища (Втор. 19:5).

Торг — евр. рхов-ша, букв. улица у ворот).

Торг. Обыкновенно это было свободное место у городских ворот, где не только покупали и продавали (4 Цар. 7:1), но также собиралось народное собрание (Мар. 7:4; 2 Пар. 32:6), религиозное собрание (Неем. 8:1, 3, 16; Езд. 10:9), или производился суд (Деян. 16:19). На торг ходили для того, чтобы посмотреть на других и самим показаться (Мар. 12:38; Лук. 20:46), или для того, чтобы услышать что-нибудь новое (Деян. 17:17); там играли дети (Лук. 7:32), и поденщики искали работы (Мат. 20:3).

Торговля — евр. саха́р.

Торговля (Прит. 31:14 и дал.). По Божьему плану, евреи должны были быть, главным образом, земледельцами. Но положение их страны между соседними народами было очень выгодно для развития торговли; через Палестину проходили караванные дороги из Египта в Аравию и из Сирии в Африку. Несмотря на то, что Израиль, как страна, в большей части своей был отрезан от моря и не имел ни одной гавани на Средиземном море, способности к торговле уже рано стали проявляться, в особенности у северо-западных колен (Срав. Быт. 49:13; Суд. 5:17). Во времена Соломона велась оживленая торговля. Сам Соломон через своих купцов торговал лошадьми с Египтом и Сирией (3 Цар. 10:28 и дал.;; 2 Пар. 1:16 и дал.); он завязал также торговые отношения с Тиром (3 Цар. 9:26 и дал.) и построил торговый флот, стоянка которого была в Красном море, в гаванях, завоеваных ранее Давидом (3 Цар. 10:11, 22. Об участи евреев в финикийской торговле см. Иез. 26:2; 27:17). После возвращения евреев из Вавилонского плена торговля особенно оживилась. От финикийцев евреи получали древесный материал (3 Цар. 5), морскую рыбу (Неем. 13:16), большое количество предметов роскоши, ладан, пурпуровые ткани и т. д. (см. Иез. 27) и давали им в обмен пшеницу, елей, мед, бальзам и т. д. (Иез. 27:17; 3 Цар. 5:11; Деян. 12:20; Срав. Прит. 31:24).

Мелкая торговля внутри страны, о которой в Законе существовали предписания, касавшиеся верного веса, меры и т. д. (Лев. 19:36; Втор. 25:13 и дал.), особенно оживлялась во время ежегодных праздников, когда народные массы сходились к храму. Торговля животными для жертвоприношения и мена денег происходила даже на дворах храма (Мат. 21:12; Иоан. 2:14).

Торжище (Ис. 23:3), торговое место, срав. Иез. 27.

Тофел — место на юго-восточной границе Ханаана (Втор. 1:1), вероятно, теперешнее село "Тафиле", в плодоносной Тафильской долине, приблизительно, в 20 км. к юго-востоку от Мертвого моря.

Тофет. См. "Еннomова долина".

Точило — евр. гат.

Точило обыкновенно высекалось в твердой скале и представляло котлообразный чан, с отверстием на дне, через которое сок от раздавленных в верхнем чане ягод стекал в нижний, меньший по размеру чан, тоже высеченный в скале. У Иоил. 3:13 говорится о точиле, полном ягод, и подточильи, полном сока; срав. также Прит. 3:10; Агг. 2:16. Одно такое древнее точило в хорошем состоянии нашел Робинзон между Сихемом и Яффой. В скале, выступающей из земли, сверху на южной стороне было высечено квадратное углубление длиною в 8 футов (2.5 м) и глубиною в 15 дюймов (36 см) с покатым к северу дном. Двумя футами (0.6 м) ниже было высечено другое углубление, меньше первого: 4 фута (1.2 м.) длины и 3 фута (90 см) глубины. В скале еще сохранилось отверстие, через которое сок протекал из точила в подточилье. На египетских памятниках можно видеть два подточилия для приема сока, при одном точиле. Иногда точило было довольно большим. Гедеон вымолотил однажды пшеницу в своем точиле. Топтание в точиле было тяжелым трудом, который люди старались облегчить пением (Ис. 16:10; Иер. 25:30; 48:33). Виноград топтался ногами "топчущих в точиле"; эти последние иногда держались за укрепленные над их головами веревки, что видно на египетских памятниках. Сок красного винограда "кровь гроздьев" (Быт. 49:11) или "кровь виноградных ягод" (Втор. 32:14) окрашивал при этом одежды топчущих в точиле (Ис. 63:

2 и дал.).

Сок (евр. тирош), выдавленный из ягод, разливали частью в мехи (Иов. 32:19; Мат. 9:17), частью в большие глиняные кувшины (Иер. 48:11), или варили из него сироп, или виноградный мед, "дваш", араб. "дибс" (См. "Мед"), или же оставляли бродить. Перебродившее вино иногда на некоторое время оставляли вместе с осадком; если первое брожение было недостаточно, то его подвергали второму, а потом сливали его с осадка (Ис. 25:6; Иер. 48:11); и сохраняли для будущего употребления в кувшинах или мехах (1 Цар. 16:20).

Трава — евр. эсев.

Трава — обычная пища скота (Ис. 15:6; Псл. 103:14), благодаря быстрому росту и скорому засыханию дает святым авторам много подходящих сравнений (Псл. 89:5 и дал.; 91:8; 102:15 и дал.; Ис. 40:6 и дал.; 51:12; Иак. 1:10 и дал.; 1 Пет. 1:24). Еще до сих пор, в Сирии в очаги подкладывают траву и кустарник вместо дров (Мат. 6:30). Трава на крышах встречается в Палестине и теперь. Во время бездождия трава обычно засыхает (Псл. 128:6 и дал.; Ис. 37:27).

Трахонитская область во время Христа управлялась Филиппом, сыном Ирода Великого и Клеопатры (Лук. 3:1). Теперь эта область соотвествует, приблизительно, провинции Леджа к северо-востоку от Геннисаретского озера, между Джедуром (Итурея) и Дамаском на севере и Авраном на юге. Характер природы с неровными скалами и обширными подземными пещерами вполне соответствует описанию И. Флавием образа жизни ее обитателей;они не имели ни городов, ни полей, но жили со своими стадами в пещерах; входы в пещеры были так тесны, что туда с трудом входил человек, но внутри они были чрезвычайно поместительны. Эта область была населена опасными разбойниками, почему Август и отдал ее Ироду Великому с условием, что тот усмирит ее население. Ирод затем отдал эту страну своему сыну Филиппу. Население Леджу и до сих пор сохранило свои непривлекательные черты.

Третье послание Иоанна — обращено к "возлюбленному Гаию". Иоанн радуется свидетельству братьев о его любви к посланникам Христовым, предостерегает от Диотрефа и рекомендует некоего Димитрия.

Третья Эгла, т. е. трехлетняя телка (Ис. 15:5 и Иер. 48:31). Некоторые понимают это выражение, как название местности в моавитской земле; другие, — что оно обозначает гордый моавитский народ.

Три гостинницы (Деян. 28:15) в 30 верстах от Рима на Аппиевой площади, где приветствовали Павла братья, вышедшие к нему навстречу из Рима.

Трифима и Трифоса — ревностные христианки в Риме, которых приветствует Павел (Рим. 16:12).

Трифоса. См. "Трифима".

Троада — город на западном берегу Мисии у Геллеспонта, откуда Павел, после того, как было ему видение, впервые отправился в Европу (Деян. 16:8, 11) и где он во время третьего миссионерского путешествия нашел "отверстую дверь для Евангелия" (2 Кор. 2:12). Там же он воскресил юношу Евтиха, который, во время затянувшейся беседы апостола Павла с учениками, уснул, сидя на окне, упал вниз с третьего этажа и поднят был мертвым (Деян. 20:6 и дал.). В Троаде Павел позднее оставил у Карпа фелонь и некоторые книги (2 Тим. 4:13).

Троада, которая была основана Антигоном, одним из военачальников Александра Великого, сначала называлась Антигонией, а затем Александрией Троадской. Во время римского владычества она была главным городом небольшой области того же названия со значительной оживленной гаванью. Для римлян этот город представлял особый интерес, т. к. его название и местоположение напоминало древнию классическую Трою, — "колыбель римского народа". Значительные развалины римской Троады сохранились в теперешнем Эски-Стамбул.

Трогиллия — город и мыс в Ионии, где гора Микале отвесно спускается в море, между Ефесом и устьем Меандра, напротив острова Самоса. Павел ночевал здесь на пути из Самоса в Милит (Деян. 20:15).

Тростник. В еврейской Библии четыре разных слова обозначают разновидности этого растения:

1) "Агмон" тростник (Ис. 58:5) — символ слабости или лицемерия (гнет голову, как тростник); в Ис. 9:14 трость употреблена, как символ незначительных людей, в противоположность значительным людям, уподобляемым пальмам.

2) "Кане" (Иов. 40:16; 3 Цар. 14:15; Иез. 29:6), общее название слабых и хилых растений этого рода. Слово трость является поэтому символом неустойчивости (Мат. 11:7); надломленная трость обозначает полную беспомощность (Ис. 42:3; Мат. 12:20). Трости для измерения (Иез. 40:3; 42:16), обозначаются также словом канех.

3) "Суф" (Исх. 2:3, 5; Иоан. 2:6; Ис. 19:6).

4) "Гоме" (Иов. 8:11; Ис. 35:7; Исх. 2:3; Ис. 18:2). Это слово обозначает известное растение папирус (papyrus

antiquorum), которое прежде росло на берегах Нила, теперь же встречается только в тропиках, а также в одном месте Сицилии и в некоторых местах в Сирии. Оно в изобилии растет вокруг озер и болот, в верхней части Иорданской долины, а также, как говорят, у подошвы Кармила, близ Хайфы. Это высокое растение с трехгранным стволом, достигающее в высоту 10-15 метров, оканчивается густой метелкой листьев, арабы называют его "бабир" и плетут из него циновки, которыми покрывают стены и крыши. В древности строили суда из гибких стеблей папируса (Ис. 18:2), что подтверждается некоторыми древними писателями, например, Плинием и проч. Из этого же материала была сделена корзина, в которой дочь фараона нашла Моисея (Исх. 2:3). Из волокон папируса древние изготовляли бумагу, которая называлась папирусом. Для этого папирусные стебли вымачивали в воде до тех пор, пока их зеленая кора не отделялась от мягкой древесины; после чего эта последняя разрезалась на полосы шириной в палец, которые друг возле друга укладывались рядами такой длины и ширины, какую хотели придать папирусному листу. Полоски укладывали на доску, смоченную нильскою водою, в два пласта, причем полоски нижнего ряда лежали вдоль, а в верхнем ряду — поперек; уложив таким образом, их прессовали и высушивали на солнце.

Папирусную древесину употребляли также в пищу, о чем упоминает Геродот. Некоторые объясняют этим те места Писания, где говорится о съедании книг (Иер. 15:16; Иез. 3:1:1, 3; Отк. 10:8 и дал.).

Трофим — обращенный язычник, ефесянин, спутник Павла из Коринфа, через Македонию и Малую Азию в Иерусалим (Деян. 20:4), где общение с ним Павла послужило поводом к заключению апостола, так как евреи заподозрили Павла в том, что он ввел его в храм (21:29). Во 2 Тим. 4:20 Павел говорит, что оставил Трофима больным в Милите. Если предположить, что это послание было написано в конце первого (и в таком случае единственного) заключения апостола в Риме, то здесь он имел в виду свое посещение Милита, за 6 лет до заключения (Деян. 20:17); но против этого говорят многие обстоятельства, например, то, что тогда Тимофей был с ним (ст. 4 и дал.), и следовательно, Тимофея не нужно было уведомлять о том, что ему было известно так же хорошо, как и Павлу; и, во-вторых, то, что Павел тогда не оставлял Трофима в Милите, но они отправились вместе в Иерусалим (20:4 и дал.; 21:29). Из всего этого ясно, что Павел во 2 Тим. 4:20 имел в виду позднейшее посещение Милита, и это, следовательно, является одним из доказательств того, что Павел был освобожден после первого заключения в Риме и совершил миссионерские путешествия, не упомянутые в Деян., пока, наконец, он вторично не был заключен и претерпел мученическую кончину вскоре после того, как написал 2 Послание к Тимофею.

Труба — евр. шофа́р.

Труба — инструмент, сделанный из рога животного или из металла. Она употреблялась на войне для сигналов (И. Нав. 6:4, 19; Иер. 4:5; 6:1), для оповещения о торжественных праздниках, например, о юбилейном годе (Лев. 25:9) и вообще при богослужениях, когда возвещалась слава Господня (Псл. 150:3). Подобно тому, как в день вручения закона был слышен трубный звук (Исх. 19:16; Евр. 12:19), мы услышим последний трубный звук к воскресению и к суду (Зах. 9:14; 1 Кор. 15:52; 1 Фес. 4:14). О семи последних трубах см. Отк. 8:2. Трубить перед собою во время подачи милостыни, по обычаям фарисеев, запрещается в Мат. 6:2.

Труп (евр. гуфа́, Иов. 39:30; Мат. 24:28).

Тувалкаин, сын Ламеха (потомка Каина) от Цаллы; он был "ковачем всех орудий из меди и железа" (Быт. 4:22; срав. Иез. 27:13, где говорится о народе Фувал, торгующем медною посудой и людьми).

Тук — евр. шума́н.

Тук, т.е. жир. Жир с жертвенных животных: "тук, покрывающий внутренности и весь тук, который на внутренностях, и обе почки и тук, который на них, который на стегнах, и сальник, который на печени", принадлежал Господу и должен был, даже и в тех случаях, когда все животное не сжигалось, — непременно сжигаться (Лев. 3:3, 9, 16, 17; 4:8). Это повеление, равно, как и воспрещение есть тук или кровь (Лев. 7:23 и дал.), было согласно с естественным чувством и требованиями гигиены. Наоборот, не было воспрещено есть наружный жир. У Неем. 8:10; 3 Цар. 4:23; Лук. 15:23 говорится, что животных откармливали для еды.

Тутовое дерево или шелковица (2 Цар. 5:23 и дал.; 1 Пар. 14:14 и дал.), по евр. "бака" (плач). Вероятно, долина плача получила свое название от этого дерева (Псл. 83:7).

Тысячелетнее царство. См. "Воскресение".

Тысяча — евр. элеф.

Тысяча. Это слово иногда означает часть колена, заключающую в себе тысячу семейств. Моисей разделил народ на 1000, 100, 50 и 10, при чем каждая группа составляла один род или племя (Исх. 18:25). Так, Самуил велел народу предстать пред Господом по коленам и племенам (евр. по тысячам) (1 Цар. 10:19) и после того, как указано было на колено Вениаминово, оно пошло по племенам, и, когда пошли племена, было указано племя Матриево (ст. 21). Из этих стихов видно, что принадлежавшие к известному колену роды, также назывались тысячами. Так в Чис. 10:4 мы читаем о тысяченачальниках, то есть начальниках родов, как и в Чис. 1:16. Впоследствии те места, где жили главы родов, стали обозначаться тем же названием: тысячи. Следовательно: "Тысячи Иудины (Мих. 5:2) суть города, в которых жили тысяченачальники (или начальники) в Иудее. Срав. Мат. 2:6.

Тьма. См. "Мрак".

Свадебная процессия библейских времен.

У

Убийство — евр. ре́цах.

Убийство. Разница между умышленным и неумышленным убийством ясно выражена в законе (Исх. 21:12 и дал.; Чис. 35:16 и дал.; Втор. 19:4 и дал.), где представлены два признака, которые придают смертельному удару характер умышленного убийства, а именно: употребление оружия или враждебное отношение убийцы к убитому. Если эти признаки отсутсвовали, то лишение другого жизни рассматривалось как нечаянное убийство. Убийство вора при взломе среди дня считалось преступлением, ночное же таковым не считалось (Исх. 22:2 и дал.). Для нечаянного убийцы, который не был убитому врагом "вчера и третьего дня", имелось верное убежище в 6 городах, но ни жертвенник, ни город убежища не могли спасти умышленного убийцу (Исх. 21:13 и дал.; Чис. 35:31 и дал.; Втор. 19:11 и дал.; 3 Цар. 2:5, 6, 28 и дал.). Намеренное убийство искупалось только жизнью убийцы (Лев. 24:17). Это основной закон, который признавался уже первым убийцей — Каином (Быт. 4:14), ясно высказан Иеговою уже в Быт. 9:5 и дал.; он был ясен и языческим народам (Деян. 28:4). Убийцу, по обвинению не менее двух свидетелей, должно было немедленно побить камнями (Чис. 35:50). Если убитый был найден на поле, и неизвестно было, кто убил его, то ближайший город должен был очиститься приношением в жертву телицы (Втор. 21:1 и дал.). Бог выражает в разных местах Писания Свое отвращение к этому преступлению и говорит о наказании за него (Втор. 32:43; Псл. 9:13; Ос. 1:4; Отк. 22:15). Христос осуждает одинаково строго как фактическое убийство, так и мысленное, т.е. ненависть к ближнему (Мат. 15:21 и дал.; 1 Иоан. 3:15). В Законе ничего не говорится о самоубийстве. Писание судит об этом в случаях самоубийства Саула, Ахитефеля и Иуды Искариота (1 Цар. 31:4; 2 Цар. 17:23; Деян. 1:18). В Деян. 16:28 отношение к самоубийству выражается словами: "не делай себе никакого зла".

Угольница — евр. махта́.

Угольница (Исх. 27:3; 38:3; 4 Цар. 16:17). Священники употребляли ее для того, чтобы переносить уголья с жертвенника всесожжения на стоящий в святилище жертвенник кадильный, затем возжигали фимиам (Лев. 10:1; 16:12). В скинии эти угольницы были из меди (Исх. 27:3), в храме же Соломоновом — из золота (2 Пар. 4:22). Форма этих предметов нам не известна, по всей вероятности, священники держали их в руке на весу. На египетских памятниках мы видим разнообразные рисунки подобных уголниц, напоминающих ложки. Угольницы у греков и римлян висели на цепочках, за которые их носили, подобно тому, как держат кадило в православных храмах.

Удод, по-евр. "духифат", нечистая птица (Лев. 11:19; Втор. 14:18) величиною с дрозда, с длинным, тонким клювом и нарядным султаном на голове. Арабы и греки смотрели на эту птицу с суеверным уважением; о ней имеется множество басен.

Узал (евр. Меузал, т.е. из Узала). Срав. "Ведан".

Узал — шестой сын Иоктана (Быт. 10:27); а также арабское племя, название которого обнаруживается в старинном слове Авзал, столицы Иемена, впоследствии названной Сана. Существует предположение, что это название имеется в виду в Иез. 27:19 под словом "Узал".

Уззен-Шеера, город, построенный Шеерой, дочерью Ефрема или его сына (1 Пар. 7:23, 24). Предполагают, что это теперешняя местность Бет-Сира, к северо-западу от Иерусалима.

Узиил (Узиэль, т. е. мощь моя — Бог), четвертый сын Каафа (Исх. 6:18).

Укал. См. "Уфиил".

Уксус — евр. хо́мец.

Уксус из вина и других крепких напитков, который был воспрещен назореям (Чис. 6:3); употреблялся иногда, как прохладительный напиток (Руф. 2:14); равно как "поска", или кислый напиток римских солдат, которого отведал Спаситель, когда жаждал на кресте (Мат. 27:48; Мар. 15:36). Напиток, который Он отказался пить перед распятием, состоял из вина, смешанного со смирною (Мар. 15:23; в Мат. 27:34 названный "уксусом, смешанным с желчью"; срав. Псл. 68:22); этот напиток был предназначен для того, чтобы заглушить страдания. Срав. Прит. 31:6. Об остром вкусе уксуса — срав. Прит. 10:26; 25:20.

Улам, один из потомков Мемфивосфея, многочисленный род которого славился героями и стрелками из лука (1 Пар. 8:40).

Улай, река в Персии (Дан. 8:2), см. "Сузы".

Улитка — евр. шавлу́ль.

Улитка, которая ползает в прахе, выделяя из себя слизь и как бы плывя по ней, является в Псл. 57:9 символом конца нечестивого.

Улица — евр. рхов.

Улица. Улицы в восточных городах, как и теперь, были узки, темны, извилисты, плохо или совершенно не вымощены. Для защиты от солнечных лучей они иногда завешивались коврами, прикрепленными на крышах противоположных домов. Иногда они имели названия, соответствующие тем цехам, которые занимались своим ремеслом на этой улице, так что слово улица иногда может означать целый ряд лавок или базаров. В Иерусалиме существовала "улица хлебопеков" (Иер. 37:21). См. "Дамаск". Прямые улицы были редки; одна из таковых нам известна в Дамаске (Деян. 9:11). Иногда слово улица обозначает открытое место или торг, где дети могли играть, а старики сидели для отдыха (Зах. 8:4 и дал.) и где люди собирались для совещания или слушали чтение закона (Неем. 8:1, 3, 16).

Улица хлебопеков (Иер. 37:21). См. "Улица".

Умывальник — евр. киóр.

Умывальник, медный чан, назначенный для омовения священников, был вылит из зеркал женщин (Исх. 38:8, евр. текст), и поставлен между скинией и жертвенником всесожжения (Исх. 30:18 и дал.; 40:7, 30 и дал.).

Умывальница. См. "Медная подстава".

Упарсин. См. "Мене".

Ур Халдейский — евр. Ур-Касди́.

Ур Халдейский, родина Фарры и Авраама (Быт. 11:28, 31; 15:7; Неем. 9:7). Это место, по преданию, находилось в Месопотамии, например, в городе Орфах или др. м. Новейшие исследователи отыскивают его в развалинах Мукайяр (Смоляной), на западном берегу Евфрата, недалеко от Персидского залива, где сохранились, между прочим, громадные развалины храма, посвященные богу луны, Сину. Также и ассирийские клинописи упоминают о знаменитом городе — столице под названием Уру, как раз в этой области.

Урбан, один из сотрудников Павла, которого он приветствует (Рим. 16:9).

Уриил — Уриэль.

Уриил, т.е. "Бог — свет мой". 1) Левит из рода Каафова (1 Пар. 6:24), может быть, тот же, что упоминается в 1 Пар. 15:5 — начальник сынов Каафовых во время Давида.

2) Из Гивы — Отец Михаии (Маахи), любимой наложницы Ровоама (2 Пар. 13:2).

Урим и Туммим, т.е. свет и совершенство (Исх. 28:30) — посредством которых первосвященник в очень важных случаях вопрошал Бога (Чис. 27:21; Втор. 33:8). Это не были 12 драгоценных камней на наперснике, как предполагают некоторые толкователи Библии, что ясно вытекает из сравнения между Исх. 39:10 и дал. и Лев. 8:8. В Исх. 39 описывается как был сделан наперсник и как в него были вставлены 12 драгоценных камней, составляя часть готового наперсника, а в Лев. 8 рассказывается, что Моисей, одевая Аарона в его одежды, возложил на него наперсник и на наперсник положил урим и туммим. По всей вероятности, урим и тумим имеются в виду также в тех местах, где говорится о том, как через ефод вопрошали Господа (1 Цар. 23:9 и дал.; 30:7 и дал.). Что это были за предметы и как через них давалось откровение — неизвестно. Предположение, что это были камни или изображения с написанными на них словами: "да" и "нет" или что-либо подобное, и что они употреблялись для бросания своего рода жребия, нашло некоторые подтверждение в греческом переводе 70 толковников 1 Цар. 14:41: "И сказал Саул: "Господи Боже Израилев! Отчего Ты ныне не отвечал рабу Твоему? Моя ли в том вина, или сына моего Ионафана? Господи Боже Израилев, дай знамение (свет)! Если же она в народе Твоем Израиле, дай ему освящение!" В двух местах упоминается только урим (Чис. 27:21; 1 Цар. 28:6); в последний раз урим и туммим упоминаются в Езд. 2:63 и Неем. 7:65.

Урия. 1) Хеттеянин, муж Вирсавии, один из военачальников Давида, который от Давида получил письмо к Иоаву, с приказанием поставить его в опасное место с тем, чтобы он был убит в сражении аммонитянами (2 Цар. гл. 11; 23:39; Мат. 1:6). Поэтому подобные предательские письма называются "урииными письмами".

Усыновление мог получить и не состоявший в семье, если она принимала его, как наследника и собственное дитя. Когда Иосиф привел к умирающему отцу двух своих сыновей, Ефрема и Манассию (Быт. 48:5), то Иаков усыновил их, т.е. принял, как собственных сыновей, вместо Иосифа, для того, чтобы каждый из них получил свой удел в Израиле. Другой род усыновления таков: отец, имеющий единственную дочь, усыновляет ее детей. Махир, внук Иосифа и отец Галаада (Чис. 26:29), имел одну дочь, которая вышла замуж за Есрома, когда тому было 60 лет и родила ему Сегува, от которого родился Иаир (1 Пар. 2:21, 22). Между тем, ни Иаир, ни его поколение не причислены к колену Иудину, хотя они по отцу, Есрому, происходят от Иуды, но названы сыновьями Манассии, отца Галаада (Чис. 32:41). Точно так же Мардохей принял Есфирь, как свое родное дитя (Есф. 2:7); дочь фараона приняла Моисея (Исх. 2:10) и он считался ее сыном. В кн. Руф. 4:17 мы читаем, что у Ноемии родился сын, но на самом деле он был сыном Руфи.

Усыновление Богом. В Ветхом Завете народ израильский был усыновлен Богом (Исх. 4:22; Втор. 14:1; Рим. 9:4) и был взят Им в удел (Исх. 19:5; Втор. 26:18), так и в Новом Завете усыновление Богом народа, который приобретен через Христа, есть Божий дар (1 Пет. 2:9; Иоан. 3:3-5; 1 Иоан. 3:1, 2; Рим. 8:14-17; Гал. 3: 26; 4:4, 5; Еф. 1:4-5).

Уток. См. "Ткани".

Утреннее и вечернее жертвоприношение. По закону Исх. 29:38 и дал. и Исх. 28:3 и дал., ежедневно требовалось приносить жертвы всесожжения. Утром одного агнца и с ним предписанное хлебное приношение с возлиянием, состоящее из пшеничной муки, елея и вина. Кроме этого, на жертвеннике кадильном сжигали благовонный фимиам. Вечером, при заходе солнца, приносили жертву другого агнца с таким же хлебным приношением, возлиянием и курением (Исх. 29:39, 41; Чис. 28:4). В это же время должны были закалывать и пасхального агнца (Исх. 12:6; Втор. 16:6). По этим хлебным приношениям утро называли также временем возношения хлебного приношения (4 Цар. 3:20), а вечер "временем вечерней жертвы" (Езд. 9:4; Дан. 9:21; срав. молитву Давида Псл. 140:2).

Утренняя звезда. См. "Звезды".

Уфаз — неизвестное место, откуда получали чистое золото (Иер. 10:9; Дан. 10:5). Предполагают, что это Офир или река Уфаз в Индии и т. д.

Ухо (евр. óзен). Прокалывание ушей — см. "Рабы". О серьгах — см. "Кольца".

Уц (Оз). 1) Один из сыновей Арама (Быт. 10:23).

2) Один из сыновей Нахора (Быт. 22:21).

3) Иудейский старейшина (Быт. 36: 28).

4) Родина Иова (Иов. 1:1), близ земель арабов и халдеев (Иов. 1:15 и дал.); находился, вероятно, к юго-востоку от Палестины, между Едомом и Евфратом; Птолемей упоминает, что в этом месте жил народ Айзитаи. В переводе 70 толковников Уц называется Авзитис. Страна Уц упоминается также в Плач. 14:21; Иер. 25:20.

Сеятель.

Ф

Фаанаф-Силом, город на северной границе колена Ефремова (И. Нав. 16:6), вероятно, теперешние развалины Тана в расстоянии 10-ти км к юго-востоку от Наблуса или Сихема.

Фаанах — ханаанский царский город на юго-западной границе Изреельской равнины, расположеный в уделе Иссахаровом, но назначенный колену Манассину, впоследствии один из левитских городов. Он часто упоминается вместе с Мегиддоном. Развалины его существуют еще в селении Тааннук, почти в 2-х км. к югу от Леджуна или Мегиддона (И. Нав. 12:21; 17:11; 21:25; Суд. 1:27; 3 Цар. 4:12).

Фавор — Табо́р, т. е. пуп.

Фавор. 1) Гора в восточной части Галилеи недалеко от Назарета, на северной границе Изреельской равнины; на этой горе Варак расположился станом перед сражением с Сисарой (Суд. 4:6, 12, 14). Это красивая стоящая отдельно гора, высотою около 320-ти м над равниной и 526-ти м над уровнем моря, поросшая дубами, оливками и другими деревьями и благоухающими травами. Фавор своей формой напоминает полушарие и с его вершины открывается красивый вид. "Как Фавор посреди гор" говорит Иеремия (46:18). В западном направлении можно различить сверкающие воды "большого моря", под ногами расстелается Изреельская равнина, на северо-востоке видна часть Галилейского моря, а на севере, на одной из Галилейских гор раскинулся город Сафед, к которому, как предполагают, относятся слова: "не может укрыться город, стоящий на вершине горы". На западе виднеются вершины Кармила, а далеко на севере на расстоянии около 80 км. вырисовывается белоснежная вершина Ермона. "Фавор и Ермон о имени Твоем радуются" (Псл. 88:13). Арабское название Фавора — Джебель-Тур (гора). Предание о том, что Фавор был местом преображения Господа (Мат. 17), противоречит тому обстоятельству, что как до Христа, так и во время, и после Него на вершине горы постоянно находился римский гарнизон и была крепость. Еще и теперь там можно видеть остатки домов и крепостных стен, частью со времени крестоносцев, а частью более древнего происхождения. Здесь, следовательно, не имелось уединенного места, на которое указывается словами: "на гору высокую одних". См. "Преображение".

2) Город Фавор. См. "Кесуллоф".

Фаддей. См. "Иуда 1".

Фадмор — Тадмо́р.

Фадмор — местность в пустыне, застроенная Соломоном (2 Пар. 8:4), по общему мнению, древний город Фадмор был расположен в Сирийской пустыне, на полпути между Дамаском и Евфратом, и через него проходила караванная дорога из Дамаска в Багдад. Александр Великий завоевал этот город и назвал его Пальмирой (Пальмовым городом). Теперь это бедное селение Фадмор из нескольких арабских хижин, разбросанных среди величественных развалин, напоминающих о прежнем великолепии.

В параллельном месте (3 Цар. 9:18 евр.) сказано, что Соломон построил "Тамар" в пустынной части страны. Это наименование несходно с вышеупомянутым во 2 Пар. 8:4. Некоторые считают, что это упоминаемый у Иез. 47:19 город (Тамара), на южной границе Иудеи. Если бы в 3 Цар. 9 имелся в виду Фадмор, то это находилось

Гора Фавор, Галилея, традиционная гора Преображения.

бы в противоречии с указанием, что город был построен внутри страны (Палестины). Фадмор или Пальмира расположен так далеко от северо-восточной границы Палестины, что трудно представить, чтобы Соломон мог приобрести там прочные владения. Поэтому новейшие иследователи хотят исправить 2 Пар. 8:4 по 3 Цар. 9:18, чтобы в обоих местах читать Тамар. Но против этого возражают следующее: если владычество Соломона простиралось до самого Типсаха на Евфрате (3 Цар. 4:24), то, во всяком случае, он мог взять и этот значительный пункт — Фадмор.

Время процветания Пальмиры совпало с 3-м столетием по Р.Хр. Там было республиканское правление под протекторатом Рима, и город стоял во главе области того же названия. Когда его правитель Оденат хотел присвоить себе титул кесаря, то был убит. После его смерти царствовала его вдова, царица Зиновия, воинственная и умная женщина, которая распространила свою власть на Сирию и Месопотамию до самого Египта. После победоносной войны римлян с парфянами она в триумфальном шествии Аврелия была приведена в качестве пленницы в Рим (173 г. по Р.Хр.). Во время арабского владычества Пальмира получила свое прежнее название Фадмор. С этого времени город стал приходить в упадок; войны и землетрясения содействовали его разрушению. В конце концов о нем совсем забыли. Так продолжалось до 1678 года, когда он был вновь открыт. Теперешний Фадмор представляет бесконечную массу развалин, целый лес коринфских колонн, повсюду рассыпаны древние остатки, большею частью римского происхождения. Во дворе древнего храма в честь солнца находятся глинобитные хижины теперешнего населения, а развалины самого храма превращены в мечеть.

Факей — Пака́х.

Факей, сын Ремалии, сановник при дворе израильского царя Факии; он составил против своего господина заговор, убил его, воцарился вместо него над Израилем и царствовал двадцать лет (759-739 до Р.Хр.). Во вторую половину своего неугодного Богу царствования он заключил союз с Рецином, царем Дамаска, и напал на иудейского царя Ахаза, который, в свою очередь, искал помощи в Ассирии. Следствием этого было завоевание Феглафелласаром Дамаска, а также израильской земли к востоку от Иордана и к северу от Геннисаретского озера, причем часть населения была отведена в плен. Некоторое время спустя, Осия, сын Илы, составил заговор против Факея, умертвил его и сам воцарился вместо него (4 Цар. 15:25 и дал.; 16:1 и дал.; Ис. 7:1; 8:6).

Факия — Пакахия.

Факия, сын Менаима и его наследник на израильском престоле, был неспособным правителем и после двухлетнего царствования был умерщвлен Факеем, сыном Рамалии, 761-759 гг. до Р.Хр. (4 Цар. 15:22 и дал.).

Фалек — Пе́лег.

Фалек, т. е. разделение, сын Евера, родился через 100 лет после потопа. "Во дни его земля разделена" (Быт. 10:25; 1 Пар. 1:19). Предполагают, что это означает рассеяние и разделение обитателей земли (Быт. 11).

Фалассар — Теласар.

Фалассар, место или страна покоренная ассирийцами до времени Сеннахирима (4 Цар. 19:12; Ис. 37:12). На ассирийских надписях упоминается "Тиль-Ассури", т.е. холм Ассура, название одного вавилонского города.

Фалтий — Палти.

Фалтий, сын Лаиша из Галлима, за которого царь Саул отдал свою дочь Мелхолу, жену Давидову, после того, как прогнал последнего от себя (1 Цар. 25:44). Впоследствии, когда Давид потребовал от Иевосфея свою жену, тот взял ее от мужа и отдал Давиду. Пошел с нею и муж ее и с плачем провожал ее до Бахурима; но Авенир сказал ему: ступай назад. И он возвратился (2 Цар. 3:15 и дал.).

Фалтия. См. "Иазания".

Фамарь — Тамар.

Фамарь, т. е. пальма. 1) Хананеянка, которую Иуда взял в жены своему сыну Иру, а после его смерти — Онану и которую он, когда те оба умерли бездетными, обещал дать в жены третьему сыну Шеле, когда тот выростет. Однако он не исполнил своего обещания. Тогда Фамарь, переодевшись блудницею и вступив в связь с Иудою, родила ему Фареса и Зару (Быт. 38).

2) Красивая сестра Авессалома, которая была обесчещена своим братом Аммоном (2 Цар. 13).

3) Красивая дочь Авессалома (2 Цар. 14:27).

Фаммуза — Тамму́з.

Фаммуза. 1) Божество, по которому израильтянки плакали у входа в храм (Иез. 8:14), согласно Иерониму, финикийский бог Адонис, соответствующий Озирису египтян, символ дремлющей зимой, но теплотою солнца вновь пробуждаемой силы природы. Сперва женщины праздновали смерть этого божества плачем, распутством и соответствующими похоронными обрядами, а затем его воскресение — удовольствиями и весельем. По Шрадеру, название Фаммуза — вавилонского происхождения: Думузи, т.е. "сын жизни".

2) Июль. См. "Месяцы".

Фамна — Тимна́.

Фамна. 1) Наложница Елифаза, сына Исавова, мать Амалика (Быт. 36:12), вероятно, то же лицо что и

2) Дочь Сеира и сестра Лотана (Быт. 36:22).

3) Место, где Иуда стриг овец и встретил Фамарь (Быт. 38:12 и дал.).

Фамнаф-Сараи — Тимна́т-Хе́рес.

Фимнаф-Сараи (Суд. 2:9), город на горе Ефремовой, который по повелению Божию и согласно с собственным желанием Иисуса Навина был ему отдан (И. Нав. 19:50). Там он был похоронен (24:30; Суд. 2:9). Этот город отыскивают в развалинах Тибне: в 30 км. к северо-западу от Иерусалима, и в 10 км. к западу от дороги в Сихем. Около этого Тибне в горе (Гаше? И. Нав. 24:30) находят множество древних могильных пещер, отчасти напоминающих известные царские могилы к северу от Иерусалима.

Фамний (Тивни́), сын Гонафа (Гината), соперник израильского царя Амария, царствовал 4 года (3 Цар. 16:21 и дал.).

Фараон — евр. паро́.

Фараон — название в Священном Писании почти всех египетских царей, следовательно, своего рода царский титул (Быт. 40; 41 и дал.). Обыкновенно упоминается только титул — фараон, царь египетский, без обозначения собственного имени. Например, 3 Цар. 3:1; 4 Цар. 17:7; 18:1, но иногда присоединяется и последнее, например, "фараон Нехао, царь египетский" (4 Цар. 23:29), "фараон Вафрий, царь египетский" (Иер. 44:30). Значение слова фараон весьма неясно. — По словам Иосифа Флавия, оно означает царь, это значение найдено в коптском слове "пуро" или "фуро"; (срав. евр. слово фир-ах, т.е. князь). Другие относят его к слову Фра или Пра, т.е. солнце, встречаемому в иероглифах. Новейшие египтологи полагают, что это название произошло от слова "пер-аа", т.е. большой дом, обозначающего царскую власть, которое сравнивают с турецким выражением "Высокая Порта", высокие ворота. Много было положено труда, чтобы в длинных списках царей у Мането (См. "Египет") отыскать фараонов, упомянутых в Библии, но в большинстве случаев положительных результатов еще не достигнуто.

Следующие фараоны упоминаются в Библии:

1) Фараон во времена Авраама, который взял себе в жену Сарру, жену Авраама (Быт. 12:15). Этого фараона относят к периоду до владычества Гиксов; предполагают, что это — Аментема или Салатис.

2) Фараон во время Иосифа (Быт. 37:36; главы 39-50; Деян. 7:10, 13), один из гиксов. Некоторые полагают, что фараон, о котором говорится в Быт. 37:36, есть отец того фарона, который возвысил Иосифа.

3) Фараон, который не знал Иосифа, притеснял израильтян и сделал их рабами, изнуряя работою над глиной и кирпичами (Исх. 1:8 и дал.). Многие думают, что это был фараон Тотмес 3, который изгнал предыдущую династию гиксов. Открыт рисунок на могиле той эпохи (около 1740 г. до Р.Хр.), на котором, как предполагают, изображено выделывание кирпичей израильтянами. См. "Кирпич". Более достоверно предположение, согласно которому притеснявший израильский народ фараон был тот же, при котором родился и вырос Моисей (Исх. 2). Полагают, что это был Рамзес 2 Великий, называемый греками Сезострисом, который известен большими военными походами и великолепными постройками. От его времени остались многочисленные художественные произведения. Он особенно заботился о школах и библиотеках, и соорудил большие постройки в дельте Нила и в древнем городе Танисе, для каковых пользовался трудом живших там израильтян.

4) Фараон, который ожесточил свое сердце при предупреждениях Господа и после посылаемых Им через Моисея и Аарона казней. Этот фараон мучил народ Божий еще более тяжкими работами (Исх. 2:23) и упорно отказывался отпустить израильтян из Египта, пока не наступила последняя казнь (когда Ангел Божий убил всех первенцев египетских) и фараон был вынужден отпустить Израиля. Но после этого он погнался за ними и потонул вместе со своим войском в Чермном море (Исх. 5-14 главы; Псл. 135:15; Рим. 9:17). Полагают, что это был Менефта или Мернефта.

5) Отец Бифьи, жены израильтянина Мереда (1 Пар. 4:18).

6) Фараон, современник Давида, который выдал за идумеянина Адера сестру своей жены (3 Цар. 11:18 и дал.).

7) Тесть Соломона (3 Цар. 3:1), который покорил хананейский город Газер и отдал его своей дочери, жене Соломона, в приданое (3 Цар. 9:16).

8) Сусаким, победивший Ровоама (3 Цар. 11:40; 14:25). См. "Сусаким".

9) Зарай, который напал на Асу (2 Пар. 14:9). См. "Зарай 3.").

10) Сигор, с которым желал заключить союз Осия (4 Цар. 17:4). См. "Сигор".

11) Тирган, который помог **Езекии**

(4 Цар. 19:9). См. "Тиргак".

12) Фараон Нехао. См. "Нехао".

13) Фараон Вафий (Иер. 44:30), внук или второй наследник Нехао, названный греками Априсом (около 583-570 г. до Р.Хр.), по всей вероятности, тот фараон, который стремился помочь Езекии в войне с Навуходоносором, но ничего не мог сделать, чтобы воспрепятствовать разрушению Иерусалима (Иер. 37:5 и дал.; Иез. 17:11 и дал.). Он был свержен восставшими под предводительством Амазиса египтянами и задушен в Саисе (Срав. Иер. 44: 30).

Фаран — Пара́н.

Фаран. 1) Пустыня, в которой жил Измаил (Быт. 21:21) и куда пришел израильский народ от горы Господней через 3 дня (Чис. 10:12, 13); 13:1), представляет собой пустынную горную страну внутри Синайского полуострова, тянущуюся в северном направлении до владений Иуды. Эта пустыня арабами называется "Тих-бени-Израиль", т.е. блуждание сынов Израиля, а бедуинами — эль-Тих, т.е. блуждание. По Чис. 13:4, 27 двенадцать соглядатаев были посланы из Фарана и возвратились опять туда, в Кадес. По Чис. 20:1; 27:14 Кадес был расположен в пустыне Син, и по 13:22 соглядатаи пошли высматривать землю из пустыни Син. Из этого заключают, что северная или северо-восточная часть пустыни Фаран называлась Син. В 1 Цар. 25:1 говорится, что Давид после смерти Самуила бежал в пустыню Фаран; следовательно, можно предположить, что частью этой пустыни считалась также гористая местность к югу от Иудейской пустыни. Через Фаран идумеянин Адер бежал в Египет (3 Цар. 11:18).

2) Эль-Фаран (Быт. 14:6), т.е. дуб Фарана, место у южной границы Едома при пустыне, может быть, то же, что и Елаф.

3) В Втор. 33:2; Авв. 3:3 упоминается гора Фаран, как исходный пункт откровений Божиих. Этим словом, вероятно, обозначается северная гористая часть Фаранской пустыни. Некоторые считают Фараном гору Джебель-эль-Тих на южной границе пустыни Фаран, к северо-западу от Акабского залива.

Фарес — Парец.

Фарес (Быт. 38:29; Мат. 1:3; Лук. 3: 33), сын Иуды от Фамари, его невестки. Потомки Фареса, как видно из Чис. 26:20; Руф. 4:12, были многочисленны.

Фарисеи (Перушим, т. е. толкователи), самая многочисленная и могущественная партия между евреиями. Иосиф Флавий, написавший историю еврейского народа, впервые упоминает о фарисеях при первосвященнике Ионафане (около 145 г. до Р.Хр.) и говорит о них следующее:

"Фарисеи живут скудно, воздерживаются от вкусной пищи и следуют велению разума: что разум предписывает им, как добро, то они и делают, и верят, что им следует серьезно стремиться исполнять предписания разума. Они оказывают почтение старцам, и что бы те не утверждали, — фарисеи не противоречат им. Думая, что все совершается по ранее намеченным планам, они все же не отрицают свободы выбора со стороны человека. По их мнению, Бог ставит события в такой порядок, чтобы исполнилось то, что Он хочет, и в то же время воля человека свободна в выборе между добродетелью и пороком. Они также верят, что души бессмертны и заслужат в преисподней награду или наказание, смотря по тому, как люди жили в этой жизни — добродетельно или порочно; последние будут содержаться в вечной темнице, первые же получат силу пробудиться и жить снова. Такое учение привлекло к ним широкие массы, и во всем, что относилось к богослужению, молитве и жертвоприношениям, люди стали поступать по их указаниям; и города давали хороший отзыв о их добродетельных поступках и словах".

Фарисеи верили в существование духов и воскресение мертвых (Деян. 23:6 и дал.; 24:15 и дал.), и Павел, который воспитывался в их среде, в некотором отношении выставляет и себя фарисеем. Не только это характеризовало фарисеев, но также подчеркнуто строгое соблюдение всяких внешних установлений, как предписанных законом, так и множество других заповедей, которые они добавили к закону. Они были ревностными хранителями отеческих установлений, как церковных, так и общественных, добивались политической независимости еврейского народа. Фарисеи были ортодоксальными (т.е. неуклонно соблюдающими признанные догматы) патриотами, в противоположность либеральной партии саддукеев, которая относилась к этим вопросам более свободно. Фарисеи пользовались уважением со стороны народа, и одна пословица гласила: "ели бы только два человека попали на небо, то один из них был бы фарисей".

Но Господь Иисус раскрыл лицемерие фарисеев, показав, что их внешняя святость прикрывает внутренюю нечистоту. Со всеми своими благочестивыми правилами, они были подобны окрашенным гробам. Эти правила, которые впоследствии были собраны и развиты в Талмуде, второй Библии евреев, содержат иногда самые нелепые странности. Возьмем несколько примеров.

Омывать руки до и после еды (Мат. 15:2), они считали религиозным обрядом, неисполнение которого являлось таким же грубым преступлением, как прелюбодеяние, и за нарушение этого правила исключали из своей общины: "кто берет пищу неумытыми руками", говорит один из раввинов, "повинен смерти". Далее, если сын определял в дар Богу те средства, которые должен был употребить на содержание отца или матери, то они считали его свободным от этой обязанности. Таким образом, они своими постановлениями уничтожили слово Божие, оставив в стороне важнейшее в Законе: праведность, любовь и милосердие, а допустили лицемерие, сребролюбие, ложную праведность и презрительное отношение к прочим людям. На это указал Иисус в притче о фарисее и мытаре (Лук. 18:9 и дал.).

Фарисеи были самыми злобными противниками Христа, и Христос предвидел, что мытари и блудницы скорее войдут в Царство Божие (Мат. 21:31), чем они, хотя фарисеи часто постились, расширяли свои хранилища (повязки на руках и на лбу со словами закона), долго молились и давали десятину даже с самых незначительных огородных растений, как мята, анис и тмин (Мат. 23:23). Срав. следующие места: Мат. 9:11, 34; 15; 19: 23; Мар. 10; Лук. 5; 7; 11; 14; 15:2; 16; Иоан. 7:32; 9:15; 11:47; 12:19. Надо заметить, что и со стороны фарисеев Иисусу Христу иногда оказывалось уважение и внимание. Многократно мы читаем, что фарисеи приглашали Его к себе в дома, и что Он шел и к ним, так же как и к мытарям. См. Лук. 7:36 и дал.; 11:37 и дал.; 14:1 и дал. Может быть, такие приглашения были вызваны тайным желанием познать истину: по словам ев. Иоанна, многие из начальников веровали в Иисуса (Иоан. 12:42), а, может быть, это было по обычаю восточного гостеприимства. В известной степени, возможно, воспринял истину также и фарисей Гамалиил, который в синедрионе высказал свое мнение о деятельности апостолов (Деян. 5:34 и дал.).

Наконец, нужно прибавить, что усиленная ревность по нахождению приверженцев (прозелитов), побуждавшая их ездить по всем странам, чтобы обращать язычников (Мат. 23: 15), подготовила почву для проповеди Евангелия. Почти везде, куда приходили благовествовать апостолы, находились общины прозелитов, знакомых с учением фарисеев о мире духов и воскресении, и привыкших к богослужебному порядку в синагогах, который давал возможность излагать общине новое учение (Лук. 4:16; Деян. 17:2). Поэтому, когда величайший из миссионеров, родом еврей, по воспитанию и учению фарисей, по языку грек, рожденный римским гражданином, выступил с проповедью о воскресшем Христе, — он везде находил подготовленную почву для восприятия небесного семени.

Фарра — Тара́х.

Фарра, сын Нахора, отец Авраама, Нахора и Арана, переселился со своим семейством из Ура Халдейского в Харран, где и умер в возрасте 205 лет (Быт. 11:24 и дал.; И. Нав. 24:2).

Фарра. См. "Говафа".

Фарсис — Тарши́ш.

Фарсис. 1) Один из сыновей Иавана (Быт. 10:4; 1 Пар. 1:7); полагают, что это название обозначает тирсенское или этрусское племя, а также и население дальнего запада Испании, см. ниже.

2) Страна и народ на дальнем западе, прославившиеся торговлею и мореходством (Ис. 23:6; 60:9; 66:19). Фарсис поддерживал оживленные торговые сношения с Тиром, товары которого его богатые купцы (Иез. 38: 13) вывозили на своих кораблях (27: 25) и платили за них серебром, железом, оловом и свинцом (27:12; Срав. Иер. 10:9). Фарсисские цари упоминаются в Псл. 71:10, среди тех, которые будут приносить дары царю израильскому. В Фарсис намеревался бежать пророк Иона (Ион. 1:3). Из Ис. 23:10 видно, что Фарсис (как колония?) был подчинен Финикии, ибо ему предлагается воспользоваться своей свободою, когда Тир падет. По сообщению древних писателей (Страрбона и Павзания), греки и римляне, называли Тартессусом реку Бятис (теперешний Гвадалквивир) в Испании, а также и город расположенный близ его устья; окрестная страна носила название "Тартессис". Предполагали, что город Тартессус и страна Тартессис, т.е. Испания, обозначены еврейским словом Фарсис.

Другие же, которые не могут представить, чтобы корабли израильтян из Красного моря вокруг Африки могли доплыть до Фарсиса — Испании(3 Цар. 10:22; 22:49; 2 Пар. 9:21; 20:36); полагают, что слово Фарсис является названием какого-либо места в Индии или Африке, и что название "корабли Фарсисские" (собственно — корабли из Фарсиса, Ис. 23:1; Иез. 27:25), по всей вероятности, вообще является названием больших кораблей, которые в пророчествах выставляются, как символ упорства и гордости (Ис. 2: 16; Псл. 47:8). К этому надо заметить, что, когда во 2 кн. Паралипоменон говорится о кораблях, отправляющихся в Фарсис, то в параллельном месте 3 кн. Царств мы находим более общее выражение: "корабли Фарсисские".

Фарурим — Парури́м.

Фарурим, дом или постройка в Иерусалиме близ храма, где иудейские цари держали лошадей и колесницы для языческого служения солнцу (4 Цар. 23:11), может быть, то же место, которое в 1 Пар. 26:18 называется Парвар (евр.), в русс. переводе – притвор.

Фарфар. См. "Авана".

Фасга — Пиcга́.

Фасга, одна из вершин Аварима к востоку от Иордана, напротив Иерихона, на ней была расположена сторожевая площадка, где Валак построил 7 жертвенников и принуждал Валаама проклясть Израиля (Чис. 23:14 и дал.). С гор Нево, с вершины Фасги, позволено было Моисею взглянуть на Ханаан и потом умереть (Втор. 3:27; 34:1 и дал.). В одной из долин на этой возвышенности израильтяне расположились станом (Чис. 21:20). Фасга принадлежала Сигону и была отдана колену Рувимову (Втор. 3:17; И. Нав. 12:3; 13:20).

Фафнай — Татна́й.

Фафнай — персид. областеначальник в Сирии, который по тщательном ознакомлении с правом евреев на восстановление храма, написал о том Дарию; получив благоприятный ответ, он стал оказывать им всяческое содействие (Езд. 5:3; 6:13).

Февда — еврейский мятежник, который, по словам Гамалиила, обращенным к синедриону, до Иуды Галилеянина, следовательно, до 6 г. по Р.Хр., восстал против властей во главе шайки, приблизительно в 400 человек, которые поддались обману, приняв его за кого-то великого, и был убит, а его сторонники рассеялись (Деян. 5:36 и дал.). Некоторые полагали, что здесь имеется в виду Февда, который, согласно Иосифу Флавию, явился после 44 г. по Р.Хр. и увлек за собою некоторое число людей, последовавших за ним, чтобы посмотреть, как, по его слову, расступится вода в Иордане. Власти послали всадников, которые рассеяли толпу и отсекли Февде голову.

Феглаффелласар — Тиглатпилесе́р.

Феглаффелласар, ассирийский царь, который воевал с израильским царем Факеем, покорил большую часть его страны и увел народ в плен в Ассирию (4 Цар. 15:29). Затем он, побуждаемый иудейским царем Ахазом, вновь напал на соединенные силы царей израильского Факея и ассирийского Рецина, взял Дамаск, убил Рецина и увел народ его в Кир (4 Цар. 16:7 и дал.). В 1 Пар. 5:26 также повествуется, что Ассирийские цари Фул и Феглаффелласар отвели в плен живших к востоку от Иордана колена Рувимово, Гадово и половину колена Манассиина в Халах, Хавор, Ару и на реку Гозан. Из 2 Пар. 28:20 и дал. видно, что Ахаз послал ценные подарки ассирийскому царю, чтобы заручиться его помощью, который все-таки не принес ему большой пользы. Ахаз после того посетил Феглаффелласара в Дамаске (4 Цар. 16:10).

Древняя история (кроме Библии) ничего не говорит об этом царе; поэтому тем более поразительным является свидетельство ассирийских памятников, вполне подтверждающих рассказ Библии. При раскопках обнаружено множество глиняных таблиц с рисунками и надписями, дающими яркое представление о Феглаффелласаре, имя которого на клинописях гласит — Туклатхабал-Изарра, т.е. "уповающий на сына Изарры", или "слуга сына Изарры"; он царствовал согласно ассирийским спискам царей между 745 и 728 гг. до Р.Хр., следовательно одновременно с израильским царем Факеем (759-739 гг. до Р.Хр.) и с иудейским царем Ахазом (742-726 гг. до Р.Хр.). Среди множества походов, которые, по его словам, он совершил в различных странах, упоминается один в 738 г., причем между покоренными и изъявившими покорность правителями встречаются имена Разунну (Рецин) из Дамаска, Минхимми (Менагим) из Самарии, Хирумму (Хирам) из Тира, Сибиттибихли из Гевала и арабская царица Цабибех. В позднейших надписях он повествует о своих победах в земле Бет-Омри или Самарии, откуда он увел в Ассирию знатных жителей вместе с их сокровищами, умертвил их царя Пакаха (Факея) и воцарил вместо него Аузи (Осию). Срав. 4 Цар. 15:30. Далее повествуется о том, что Феглаффелласар пошел на Рецина, взял после двухлетней осады Дамаск и принял выражение покорности от множества князей, между которыми были Санибу-Бит-Амманай (Санниб из Аммона), Саламану Мабай (Саллан из Моава) и другие, а также и Иахухази Иахудай. т.е. Ахаз из Иудеи.

Фегор — Пео́р.

Фегор. 1) Гора в Моаве, с которой Валаам, подкупленный Валаком для проклятия народа Божия, смотрел на стан израильтян, расположенный внизу (Чис. 23:28). Предполагают, что гора Фегор была частью горной цепи Фасги, которая в свою очередь, являлась северной частью Аварийских гор. Срав. 21:20; 27:12.

2) Моавитский идол. См. "Ваал".

3) Дом Фегора. См. "Беф-Фегор" (И. Нав. 13:20).

Фекоя — Текоа́.

Фекоя — город в Иудее (1 Пар. 2:24), укрепленный Ровоамом (2 Пар. 11:6).

Из этого города была та умная женщина, с которою советовался Иоав (2 Цар. 14:2). Пророк Амос был из пастухов этого города (Ам. 1:1). Фекойская пустыня простиралась по направлению к Мертвому морю (2 Пар. 20:20). Развалины Фекои существуют еще и теперь близ Текуа, в 10 км. к югу от Вифлеема.

Феликс — вольноотпущенный раб кесаря Клавдия, римский наместник в Иудее, около 52-60 год. по Р.Хр.; был низким, бесчестным человеком и жестоким властелином, он представлял полную противоположность льстивой похвале, которую высказал Тертулл (Деян. 24:3). Павла, посланного к нему в Кесарию Лисием, он выслушал и убедился в его невинности. Истина коснулась его сердца, но он ее не принял. Павла он держал в заключении, надеясь получить за него большой выкуп, часто призывал его и беседовал с ним (Деян. 23:26; 24). Два года спустя Феликс был отозван в Рим, и только благодаря ходатайству своего брата Палла перед Нероном, он избежал смертной казни за свое плохое управление. Свою должность и узника Павла он оставил своему преемнику Фесту.

Фема (Темá), девятый сын Измаила (Быт. 25:15).

Фемайская земля, вероятно, названа так по имени Фема, сына Измаила (Ис. 21: 14; Иер. 25:23), была известна своими дорогами (Иов. 6:19). В четырех днях пути к югу от Думат-эль-Джандала (См. "Дума"), существует еще место "Тайма". Другое место с этим названием находится в Авране, в нескольких километрах к юго-востоку от Дамаска.

Феман (Теймáн). 1) Едомский старейшина, сын Елифаза, внук Исава (Быт. 36:11, 15).

2) Город в Идумее, вероятно, в южной ее части, так как Феман означает юг, — жители которого Феманитяне (Быт. 36:34), равно как и прочие идумеяне, были известны своею мудростью (Иер. 49:7; Авд. 8 и дал.); вот почему первым из трех друзей Иова упоминается Елифаз Феманитянин (Иов. 2:11; 4:1). Наказание жителям Фемана предсказано в Иер. 49:20 и дал.; Ам. 1:12.

Феннана (Пнинá), вторая жена Елканы, отца Самуила (1 Цар. 1:2 и дал.).

Феофил — лицо, которому Лука посвящает свое Евангелие и Деян. (Лук. 1: 3; Деян. 1:1).

Ферезеи — Патрусúм.
Ферезеи жили в Ханаане в доизраильские времена. Так как они не упоминаются при перечислении 11 ханаанских племен (Быт. 10:15 и дал.), то некоторые думают, что это название указывает на образ их жизни — земледелие и скотоводство в противоположность городским жителям низменной части Ханаана; которые, главным образом, и называются хананеями. Они жили вместе с Авраамом и Лотом (Быт. 13:7; 34:30; И. Нав. 11:3). Иисус Навин покорил их (И. Нав. 12:8), все же остаток этого народа населял северную часть Ханаана (И. Нав. 17: 15; Суд. 3:15) еще во времена Соломона (3 Цар. 9:20).

Фесвитянин — Тишбú.
Фесвитянин; так называется Илия в 3 Цар. 17:1; 21:17 и проч. Предполагают, что этим словом обозначается его происхождения из города Фесвы, в Галааде или в Галилее.

Фессалоника, знаменитый торговый город в Македонии на северо-восточном конце Термейского залива; после покорения римлянами в 141 г. до Р.Хр. долгое время был местопребыванием римского губернатора. Около 54 г. по Р.Хр., благодаря проповеди Павла здесь возникла церковь из евреев и язычников. Для попечения о ней Павел, когда ему пришлось бежать от ярости евреев (Деян. 17:1 и дал.), послал из Афин своего ученика Тимофея, который затем дал апостолу утешительные сведения о ее состоянии (1 Фес. 3:26). Проповедническая деятельность Павла в Фессалонике имела важное значение, так как этот город был главным пунктом на большой римской дороге, называемой "Виа Эгнация", которая соединяла Рим со странами к северу от Эгейского моря. Поэтому Павел писал фессалоникийцам, что от них Слово Господне пронеслось по Македонии, Ахаии и еще далее (1 Фес. 1:18). Теперь Фессалоника называется Салониками. Город Салоники в средние века был оплотом восточной церкви, пока турки не взяли его в 1430 г. Он имеет больше церковных древностей, чем какой-либо другой город в Греции, хотя его собор переделан в мечеть.

Удивительный пример того, как точен ев. Лука в своих сведениях и выражениях представляет его сообщение о случае в Фессалонике, причем он называет начальников этого города политархами (Деян. 17:6 и дал.). Этот титул не встречается ни у одного древнего писателя; но еще и теперь его можно ясно прочесть в Салониках на старинной арке, относящейся к первому периоду царей, т. наз. "Вардарские ворота", построенные на главной улице города.

Фест, (Portius Festus), римский наместник в Иудее (60-62 по Р.Хр.). Он безуспешно пытался исправить ошибки Феликса. Через несколько времени после занятия своего поста он в присутствии царя Агриппы Ирода 2 и его сестры Вереники разобрал дело Павла, который оставался в узах после Феликса. Фест хотел решить дело Павла соответственно решению синедриона, но Павел потребовал суда кесарева и таким образом избежал злобы евреев (Деян. 24:27; 25:11 и дал.; 26).

Фиатира, цветущая греческая колония в Лидии, в Малой Азии, между Сардисом и Пергамом, славилась особенно пурпуровыми красильнями и ткацкими мастерскими. Из этого города была торговавшая багряницею Лидия (Деян. 16:14). Здесь рано возникла христианская церковь, одна из семи, к которым Господь послал через Иоанна предостережения и ободрения (Отк. 1:11; 2:18 и дал.). Она упрекается в попустительстве по отношению к лжепророчице Иезавели.

На месте Фиатиры находится теперь маленький городок Акхиссар с довольно значительными развалинами.

Фива, христианка, состоявшая на службе в Кенхрейской общине, которая помогала многим, между прочим, и Павлу. Павел просит римскую церковь хорошо принять ее. Предполагают, что она привезла с собой послание к римлянам из Коринфа (Рим. 16:1).

Фигелл и Ермоген, два асийца, которые оставили Павла во время его последнего, известного нам, заключения (2 Тим. 1:15).

Филадельфия, т.е. братская любовь; город в Лидии у подножия горы Тмола, в 40-50 км к юго-востоку от города Сард; он назван так по имени своего основателя Аттала Филадельфа, царя Пергамского, умершего в 138 году до Р.Хр. Город прежде страдал от частых землетрясений и потому был невелик и незначителен. Христианская община, находившаяся там, имела большое значение (Отк. 1:11), она особенно прославляется за свою верность (Отк. 3:7 и дал.). Город до сих пор существовал под названием Алах Шер, т.е. город Бога.

Фидал (Тида́ль), союзник Кедорлаомера (Быт. 14:1).

Филимон, христианин в Колоссах, который, предоставляя свой дом для собраний и оказывая любов нуждающимся, показал свою верность. Его беглый раб, Онисим, попал в Рим и уверовал там во Христа через проповедь Павла. Он был отправлен апостолом обратно к своему господину одновременно с Тихиком, посланным в Ефес и Колоссы (Фил. 2, 5, 10; Кол. 4:7 и дал.; срав. Еф. 6:21).

Филин. Встречающееся у Ис. 34:11; Ис. 14:23 в еврейской Библии слово “Кипподʼʼ по-русски переведено словами: филин и еж. Некоторые предполагают, что это слово означает птицу выпь (Ardea stellaris) из семейства цапель, приблизительно 2,5 футов (70 см) длиною, пеструю, с пятнами желтого и ржавого цвета, и длинными перьями на шее; крылья у этой птицы имеют черные и ржавого цвета поперечные полосы. Та же птица, по мнению некоторых, имеется в виду в Лев. 11:17 под названием “Ианшуф” (евр.).

Филипп. 1) Сын Ирода Великого и Мариамны. См. “Ирод 2”.

2) Сын Ирода Великого и Клеопатры. См. “Ирод 5”.

3) Апостол Филипп, галилеянин из Вифсаиды (Мат. 10:3; Мар. 3:18; Лук. 6:14; Деян. 1:13), поведал Нафанаилу о том, что он нашел Мессию в Иисусе, Сыне Иосифа из Назарета, и на его возражение — из Назарета может ли быть что доброе? — коротко ответил: “прийди и посмотри” (Иоан. 1:43 и дал.). В Иоан. 6:5 и дал. Иисус совещается с Филиппом, испытывая его относительно хлебов для насыщения народа. Впоследствии он привел нескольких греков к Иисусу (Иоан. 12:20 и дал.). В Иоан. 14:8 и дал. он высказывает желание видеть Отца, на что Иисус отвечает: “Столько времени Я с вами, и ты не знаешь Меня, Филипп? Видевший Меня, видел Отца, как же ты говоришь: “покажи нам Отца? Разве ты не веришь, что Я в Отце, и Отец во Мне”. Предание говорит, что он проповедывал Евангелие во Фригии и умер в глубокой старости в Иерополе.

4) Один из семи диаконов Иерусалимской церкви, благовестник Филипп (Деян. 6:5; 21:8). По причине гонения, последовавшего после смерти Стефана, Филипп должен был покинуть Иерусалим. Он проповедывал в Самарии в силе Духа, со многими знамениями (Деян. 8:5 и дал.). После этого он был послан Ангелом на дорогу, идущую в Газу, и встретился там с вельможей-ефиоплянинном, который ехал в своей колеснице и читал 53 главу пророка Исаии. Филипп объяснил ему это непонятное для него место Священного Писания, благовествовал о Христе, и по желанию евнуха, крестил его. Когда они вышли из воды, Ангел Господень восхитил Филиппа, так что вельможа больше его не видел и, радуясь, продолжал путь. После этого Филипп проповедывал в Азоте и других городах, пока не пришел в Кесарию Палестинскую (Деян. 8:26 и дал.). Он имел четырех дочерей, которые пророчествовали. В его доме в Кесарии Павел жил некоторое время со своими спутниками (Деян. 21:8 и дал.).

Филиппы, город в Македонии близ Фракийской границы, назван по имени Филиппа, отца Александра Великого, который расширил и украсил его. Прежнее название этого места было Кренида, т.е. родник. Город был известен золотыми приисками, находившимися в его окрестностях, а также сражением, которое произошло в 42 г. до Р.Хр., когда пали последние защитники римской республики Брут и Кассий. Когда Павел во время второго миссионерского путешествия был в Троаде, то он видел в видении македонянина, который просил его прийти и помочь им. Павел сейчас же отправился вместе с Силой и начал свою миссионерскую деятельность на материке Европы. На берегах небольшой реки Ганги или Гангиты, теперь Бурнабаки, сохранились развалины Филипп, под названием Филибе. За городом на берегу было место, куда обыкновенно собирались на молитву (Деян. 16:13), ап. Павел благовествовал там Евангелие некоторым женщинам и Господь открыл сердце Лидии. После того, как служанка прорицательница была излечена Павлом и перестала прорицать, произошло гонение на апостолов, и они были заключены в темницу. Землетрясение открыло двери темницы; сторож из страха, что узники разбегутся, хотел лишить себя жизни, но, узнав, что все были налицо, он припал к ногам апостолов, чувствуя нужду в спасении. Со своими домашними он омыл раны апостолов, выслушал Евангелие и тотчас же крестился со всем своим домом. Так возникла церковь в Филиппах (Деян. 16:12 и дал.), которую ап. Павел вторично посетил впоследствии (Деян. 20:1 и дал.). Эта церковь сделалась ярким светом среди мрака язычества (Фил. 2:15), радостью и венцом "апостола язычников" (Фил. 4:1).

Замечание ев. Луки о Филиппах, как о свободном городе или колонии (Деян. 16:12), подтверждается историческими данными; император Август в память своей победы над Брутом и Кассием сделал Филиппы римской колонией, т.е. переселил туда выходцев из Рима. Римский свободный город, или колония, считалась как бы частью самого Рима, перенесенной в провинцию, и жители его считались гражданами Рима, записанными в одном из трибов или частей, на которые делились римские владения и граждане; они имели право участвовать в голосовании в Риме. В таких свободных городах или колониях римский закон соблюдался более строго, чем в других покоренных римлянами местностях. Латинский язык употреблялся на их монетах и надписях и они управлялись собственным статутом и чиновниками, а не губернатором провинции.

По особому италийскому праву, некоторые из этих колоний имели то преимущество, что вся их область была свободна от податей. Этим преимуществом пользовался город Филиппы. Римскими гражданами были только потомки выходцев из Рима. Когда же с течением времени население таких городов делалось слишком смешанным, то его время от времени пополняли новыми выходцами (колонистами) из Рима.

Филистимляне (евр. Плишти́м) вышли из Каслухима, в Египте (Быт. 10:14); это место понимают следующим образом: филистимляне были семиты, пришельцы из Аравии и некоторое время жили среди народа каслухим в Египте. Филистимляне часто называются необрезанными (египтяне же обрезывались); израильтяне, которые нуждались в переводчиках при переговорах с египтянами, никогда не пользовались таковыми в сношениях с филистимлянами. Некоторые думают, что филистимляне дали название городу Пелузиуму и также пелузийскому рукаву Нила. Из Египта они вышли в южную часть Ханаана, еще до Авраама (Быт. 21:32 и дал.), в то время, как другое родственное племя Кафторим поселилось на острове Крит и оттуда в позднейшее время переправилось на Палестинское побережье, к северу от Газы (Ам. 9:7; Иер. 47:4). Оба племени впоследствии получили общее название филистимлян, хотя название телохранителей Давида, хелефеи и фелефеи, напоминает о двух переселившихся народах. Филистимляне и критяне часто упоминаются вместе (Срав. 1 Цар. 30:14; Иез. 25:16; Соф. 2:5.

У филистимлян уже во время Авраама были цари и крупные города (Быт. 20:2; 21:32). После выхода из Египта Бог не повел Израиль через их землю, чтобы не раскаялся народ из-за боязни войны (Исх. 13:17). Их область была намечена для колена Иудина (И. Нав. 15:45 и дал.), но во время Иисуса Навина у филистимлян ничего не было взято (И. Нав. 13:2); впоследствии филистимляне большей частью были совершенно независимыми, являясь как бы занозой в боку Израиля. Долгое время, начиная от Судей до Саула включительно, они притесняли народ Божий. Их победителями были Самегар (Суд. 3:31), Самсон (Суд. 14 и дал.), Самуил (1 Цар. 7) и Саул (1 Цар. 14:47), хотя они не могли совершенно покорить их. Во времена Саула филистимляне до такой степени разорили израильтян, что те не имели ни одного собственного кузнеца и должны были ходить к филистимлянам оттачивать топоры и другие орудия (1 Цар. 13:19 и дал.). Они сохранили независимость до времени царя Давида, который покорил их (2 Цар. 5:17 и дал.; 8:1; 21:5 и дал.; 23:9 и дал.). Из филистимлян Давид набрал себе телохранителей, которые остались верны ему в несчастии (2 Цар. 15:18 и дал.). После Давида филистимляне не тревожили израильтян до царствования Иорама, при котором они снова восстали (2 Пар. 21:16). Озия успешно воевал с ними (2 Пар. 26:6 и дал.). Во времена Ахаза они производили опустошения в Иудее (2 Пар. 28:18). Езекия снова усмирил их (4 Цар. 18:8). Во время войн Ассирии с Египтом филистимляне потерпели много бедствий и вместе с народами Сирии, Финикии и Палестины должны были изъявить покорность Навуходоносору. Затем они подпали под власть персов, и впоследствии — под власть Александра Великого, который разрушил Газу, единственный филистимский город, оказавший ему сопротивление. Римляне присоединили филистимские владения к Сирийской провинции. С тех пор филистимский народ исчез, но название их небольшой области Фелешет или Фелистея все еще существует под измененным названием — Палестина. (Этим именем обозначается теперь вся область между Египтом и Ливаном). Филистимляне известны в истории как воинственное племя, занимавшееся в то же время, и земледелием, и ремеслами (Быт. 26:1; Суд. 15:5; 1 Цар. 13:20; 17:5 и дал.). Их богами были Дагон и Веельзевул. Жрецов и прорицателей у них было очень много (1 Цар. 6:2; 4 Цар. 1:2; Ис. 2:6). На войну они брали с собой своих идолов; один раз им пришлось оставить их (2 Цар. 5:21). Из рассказов о детях, рожденных от смешанного брака, которые говорили наполовину по-азотски, наполовину по-иудейски (Неем. 13:24) видно, что между их языком и еврейским существовало различие в произношении.

Пророчества о филистимлянах находятся в Иер. 47; Иез. 25:15 и дал.; Ам. 1:6 и дал.

Филистимская земля — евр. Арец-Плиштим.

Филистим. земля (Ис. 14:29, 31; Псл. 59:10; Быт. 21:32; 1 Цар. 29:11) — южная прибрежная часть Ханаана, от Екрона до Египта (И. Нав. 13:3); раньше была цветущей страной с хлебными полями, виноградниками и масличными садами (Суд. 15:5), с многочисленными городами, из которых самых значительных было пять: Газа, Азот, Аскалон, Геф и Екрон.

Филит. См. "Именей".

Филолог, христианин в Риме, которого приветствует Павел (Рим. 16:15).

Философ, т.е. любящий мудрость, и **философия,** т.е. любовь к мудрости. Эти термины (названия), как говорят, были введены греком Пифагором, вместо названий "мудрый и мудрость", после чего они стали общеупотребительными. Пифагор считал дерзостью, называть себя мудрецом и потому он избрал для себя скромное название "философ", т.е. любящий мудрость или друг мудрости; слово же софия, т.е. мудрость, он заменил словом философия, т.е. любовь к мудрости.

Философия имеет задачею установление начальных или основных истин. Эти истины философия выясняет путем исследования и доказательства. Языческие народы во все прошедшие времена занимались исследованием происхождения и цели всего существующего и пытались найти объяснение существованию мира и религий.

Философия, о которой упоминается в Новом Завете, была предметом изучения у греков (1 Кор. 1:22), и считает своим родоначальником Фалеса из Милета (6 век до Р.Хр.), который учил, что началом всего существующего была вода. После него следовала система за системой: один усматривал начало в огне, другой — в воздухе, третий — в числе, порядке, в соразмерности существующего и т. д. Около 450 г. до Р.Хр. выступили, так называемые, софисты, т.е. учителя мудрости, которые учили, что собственное представление есть единственное мерило существующего; объективной (общей) истины не существует; поэтому всякий предмет или вещь таковы, каким они нам представляются. Вследствие этого они придавали большое значение умению говорить, т.е. приводить доводы за и против. В конце концов они в своих словопрениях дошли до того, что границы между добром и злом, справедливостью и несправедливостью совсем слились и исчезли. Против такого направления выступил афинянин Сократ (469 г. до Р.Хр.), который предлагал углубляться в себя, познать самого себя. Он учил, что познание добродетели, основанное на ясном понятии истинной сущности вещей, является величайшей задачей человека. Противники обвинили его в том, что он отрицал богов, ввел новые божества и развращал молодое поколение. Его приговорили к смерти и он выпил чашу с ядом на 71 году своей жизни (399 г. до Р.Хр.). Он умер, окруженный скорбящими учениками, которым он говорил, что теперь начнется для него новая жизнь. Самыми знаменитыми из его учеников были Платон и Аристотель. Платон, изучавший мир идей, высказал, что трудно найти Высшее Существо, и что толпа не в состоянии познать Его. Аристотель отдался изучению явлений, существующих в природе, истории и душе человека. Платон стремился из идей объяснить мир, Аристотель же — в многообразии мира найти и показать идею. Наряду с этими философскими системами, для большинства чуждыми и малопонятными, существовали два учения, которые особенно распространились во времена Христа и приобрели много последователей, именно, учение эпикурейцев, последователей Эпикура (около 300 г. до Р.Хр.) и учение стоиков, последователей Зенона (около 300 г. до Р.Хр.; Деян. 17:18). Первые искали высшее добро в наслаждениях, в спокойствии души, последнее — в добродетели и самоуглубленном равнодушии ко всему внешнему. Когда Евангелие стало распространяться в мире, оно должно было встретиться с этим хаосом противоречащих друг другу мнений и систем, из которых каждая имела последователей. Однако все эти учения и системы не могли дать света жаждущей душе, оставляя ее неудовлетворенной. Римлянин Цицерон сознавал, что в вопросе о существе богов самые ученые люди придерживались противоречащих друг другу взглядов, из чего он заключил, что причиной и основанием философии было незнание (Nat. deor. I, 1). В одном из своих рассуждений (презрение к смерти) он высказал в беседе между А и М, что его философия не могла дать удовлетворительного ответа на вопрос о бессмертии души. После того, как М привел мнение некоторых философов о душе, что она — воздух, огонь и тому подобное, и показал, что эти взгляды не дают надежды на жизнь после смерти, он прибавил: — "мнения остальных философов дают надежду, если только тебя может утешить мысль, что душа, оставив тело, пойдет на небо, как на свою родину. "Да", ответил А, "это, конечно, радует меня, и я больше всего хотел бы, чтобы это действительно было так; но все же, если это и не так, я хотел бы в том убедиться". — Если ты этого хочешь, то зачем ты обращаешься к ним за помощью?" — спрашивает М. — Разве мы красноречивее Платона? Читай прилежней его книгу "О душе" и большего ты не будешь желать. — "Это я уже делал, отвечает А: "и даже очень часто, но не знаю, почему так выходит: пока читаю, я согласен, но это согласие рушится, когда я, отложив книгу, начинаю размышлять сам в себе о бессмертии души".

Последним словом языческой мудрости ко времени Христа были или безнадежность (отчаяние), или презрительная насмешка: "Что есть истина?" спросил Пилат. "Что хочет сказать этот суеслов?" спрашивали философы в Афинах о Павле (Деян. 17: 18). Сомнение и суеверие заставили многих обращаться к обманщикам, как, например, Симону (Деян. 8:9), Елиме (Деян. 13:8), сыновьям первосвященника Скевы (19:14).

Из соединения языческого и еврейского миросозерцания возникли новые философские мировозрения, учение о мире духов, об ангелах и их взаимоотношениях, а также учение о внешнем воздержании и умерщвленни плоти, и это имело притягательную силу для некоторых из первохристиан. Павел особенно борется против таких заблуждений в своем послании к Колоссянам. Он предупреждает во 2:8 об увлечения "философией и пустым обольщением по преданию человеческому" и во 2:18 от "самовольного смиренномудрия и служения ангелов". Сравни его слова о "прекословиях лжеименного знания" в 1 Тим. 6:20.

То, что искали философы, христиане нашли во Христе. Христос, который есть путь, истина и жизнь и явил им Отца, осветил сокрытое в мире духов, дал им высокий и в то же время близкий идеал, и Сам является для них светом и силой. В Нем сокрыты "все сокровища премудрости и ведения" (Кол. 2:3; 1 Кор. 1:30); смиренное их исследование имеет самые высокие задачи (Еф. 3:18) и самую возвышенную цель (Еф. 4:13).

Фимиам. Отк. 18:13; срав. Лук. 1:10; Отк. 5:8; 8:3. См. "Курение".

Фимна (Тимна́) 1) Один из иудейских старейшин (Быт. 36:40; 1 Пар. 1:51).

2) Город на северной границе колена Иудина (И. Нав. 15:10); его местоположение предполагают в развалинах "Тибне" в 25 км. к юго-западу от Иерусалима.

3) Город в гористой части Иудеи (И. Нав. 15:57).

4) Город в Иудее, который был взят филистимлянами во время Ахаза (2 Пар. 28:18). Предполагают, что три последних города суть то же, что и Фимна 2., т.е. теперешние развалины "Тибне".

Фимнафа (Тимна́та). 1) Город в колене Давидовом (И. Нав. 19:43).

2) Филистимский город, откуда Самсон взял себе жену (Суд. 14:1).

Финеес — Пинха́с.

Финеес. 1) Сын Елеазара, внук Аарона (Исх. 6:25), третий первосвященник. Ревнуя о славе Божией, он умертвил Зимри из колена Симеонова во время его прелюбодеяния и своим поступком отвратил гнев Божий от народа израильского; поэтому Бог и обещал ему, что священство навсегда останется за его родом (Чис. 25:7 и дал.). Обещание Божие исполнилось; за исключением промежутка времени от Илия до Садока, род Финееса занимал место первосвященника до разрушения храма. Финеес и в дальнейшем проявлял ревность в деле Божием (И. Нав. 22:

13 и дал.; Суд. 20:26 и дал.). Он получил город Гиву на горе Ефремовой (И. Нав. 24:33); имя его прославляется в Израиле (Псл. 105:30 и дал.).

2) Один из сыновей Илия. См. "Офин".

Финик (Деян. 27:12), гавань на южном берегу Крита (теперь называется Лютро), куда корабль с Павлом и другими узниками, носимый по морю ветром, напрасно старался пристать.

Финикия (Деян. 11:10; 15:3). В широком смысле слова этим названием обозначалась узкая прибержная полоса вдоль всего восточного побережья Средиземного моря, от Антиохии до Египта, но собственно Финикия состояла из прибрежных областей, принадлежавших городам Тиру и Сидону. Народ был хананейского племени; женщина, которая у ев. Марка названа сирофиникиянкой (Мар. 7:26), у Матфея называется хананеянкой (Мат. 15:22). Финикия была частью земли ханаанской, которая была дана евреям в наследие, но колена, которые должны были занять эту область, именно, — Дан, Асир и Неффалим, — не изгнали финикиян, и те остались жить по соседству с израильтянами, сохранив свою независимость во времена Иисуса Навина, а также Давида, Соломона и последующих царей. Наконец, они были покорены ассирийскими и вавилонскими царями, а затем подпали последовательно под власть персов, греков и римлян.

Долгое время финикийцы славились богатством, образованностью и могуществом. Это государство представляло союз торговых городов, например, Тир, Сидон, Берутта, причем каждый из союзных городов вместе с принадлежавшей ему областью имел своего правителя.

Эта страна, расположенная между Средиземным морем и возвышенностями Ливана, была хорошо орошена и поэтому плодородна. На возвышенных местах финикийцы занимались земледелием. Они были первыми мореплавателями, которые, оставив родные берега, переплывали Средиземное море и распространили свою торговлю и колонии на далекие берега Европы и Африки. На их рынках выменивались товары из всех известных стран (Иез. 27). Карфаген, ранний соперник Рима, был финикийской колонией; их колониями были также Кадикс и Фарсис в Испании (Иез. 38:13). Их язык имел большое сходство с еврейским; следы от него сохранились до сих пор в названиях различных испанских городов. Соломон нанимал из Финикии мастеров и рабочих для постройки храма и для снаряжения своих торговых судов. Финикийцы пользуются всеобщей известностью также благодаря своим многочисленным открытиям и изобретениям. Они изобрели стекло, чеканили монету, ткали пурпуровую ткань. Самое замечательное из их изобретений — это алфавит. До того писали при помощи различных знаков — иероглифами и клинописью. См. "Египет". Алфавит перешел от них к евреям, грекам, римлянам и нашим предкам. В отношении честности финикийцы пользовались дурной славой; "punica fides" — финикийская честность — невысоко ценилась римлянами. До сих пор еще народ, который живет в прежней Финикии, дерзок, нагл и вообще не заслуживает доверия.

Фирас (Тира́с), младший из синовей Иафета (Быт. 10:2).

Фирца — Тирца́.

Фирца — ханаан. царский город, покоренный Иисусом Навином (И. Нав. 12:24). Он был известен своей красотой (Песн. П. 6:4). В этом городе жили израильские цари со времени Иеровоама до тех пор, пока Фирца не была разрушена во время войны между Замврием и Амврием, после чего последний построил Самарию (3 Цар. 14:17; 15:21; 33; 4 Цар. 15:14 и дал.; 3 Цар. 16:6, 23). Предполагают, что теперешняя местность Таллуца к северу от горы Гевала, является прежним местоположением Фирцы.

Фисон (Пишо́н), одна из рек Едема (Быт. 2:11). См. "Едем 1" и "Хвила 1".

Фисташковые орехи растут в Сирии, Индии и т. д.

Фихол (Пихо́ль), военачальник царя Авемилеха (Быт. 21:22; 26:26).

Флегонт, христианин в Риме, которого Павел приветствует (Рим. 16:14).

Фогарма — Тогарма́.

Фогарма, один из сыновей Гомера, а также племя Иафетян (Быт. 10:3), жившее на далеком севере (Иез. 38:6), откуда они приводили на рынки Тира лошадей и лошаков (27:14). Эти места указывают на Армению, славившуюся в древности коннозаводством.

Фой — Той.

Фой, царь имафский, послал Иорама, сына своего к Давиду с ценными дарами, чтобы поздравить его с победой над Адраазаром (2 Цар. 8:9; 1 Пар. 18:9 и дал.).

Фола (Тола́). 1) Старший сын Иссахара (Быт. 46:13; Чис. 26:23).

2) Сын Фуи из колена Иссахарова, жил в Шамире и судил израильтян в продолжение 23 лет после Авимелеха (Суд. 10:1, 2).

Фома, т.е. близнец, один из двенадцати апостолов (Мат. 10:3; Мар. 3:18; Лук. 6:15; Деян. 1:13). Евангелие от Иоанна отмечает три черты, выявляющие его характер. В Иоан. 11:16 он видит опасность, но все-таки готов следовать на смерть за своим Наставником. В 14:5, он сомневался, как ученики могут знать путь, не зная, куда идет Наставник. В 20:25, услышав о явлении Воскресшего Господа Иисуса Христа, он требовал осязательных доказательств для того, чтобы поверить в невероятное, т.е. увидеть живого Христа, крестный образ Которого врезался в его сердце. Неделю спустя Воскресший Господь явился ученикам и предложил Фоме вложить перст в Его раны, Фома ответил: “Господь мой и Бог мой!” Иисус сказал: “Блаженны не видевшие и уверовавшие (ст. 26 и дал.). Фома присутствовал также при явлении Христа у Тивериадского озера (21:2 и дал.).

Фома обладал склонной к скептицизму натурой и видел часто во всем лишь темные стороны, но в то же время был беззаветно предан своему Наставнику. Он не удовлетворился свидетельством других о дивном факте воскресения, которое в его представлении, как и в представлении прочих учеников, являлось чем-то странным и невероятным: он, как и прочие ученики, нуждался в осязательных доказательствах, которые они и получили; на это указывает Иоанн в 1 Иоан. 1:1. Чем более размышляешь об этом, тем яснее становится тщетность попыток некоторых безумцев объяснить воскресение Христа самообманом, например, Ренан пытается уверить своих читателей, что выдумка о воскресении Христа принадлежит Марии Магдалине”, и что “после Иисуса Мария Магдалина более всего сделала для основания христианства”. — Пример Фомы учит нас противоположному.

Фортунат. См. “Ахаик”.

Фригия, расположенная высоко в горах провинция внутри М. Азии между Вифинией на севере и Писидией на юге, богатая хлебом и вином, и известная хорошим скотом. Из городов Фригии в Библии упоминаются Лаодикия, Иераполь и Колоссы. В первую Пятидесятницу в Иерусалиме находились евреи также и из Фригии (Деян. 2: 10)). Павел проезжал через Фригию два раза (Деян. 16:6; 18:23).

Фуа. См. “Шифра”.

Фувал — Тува́ль.

Фувал, пятый сын Иафета (Быт. 10:2), по Ис. 66:19 — народ, живущий среди далеких язычников, а по Иез. 27:13 торгующий с Тиром. В Иез. 38:2 и 39:1 этот народ упоминается среди подчиненных Гогу. Срав. 32:26. По общему мнению, название Фувал обозначает упоминавшийся древними народ тибаренский, населявший южное побережье Черного моря и в клинописях называвшийся “Табал”.

Фул 1, ассирийский царь, который пошел на землю Израилеву, но получив тысячу талантов серебра, возвратился обратно (4 Цар. 15:19). Так как имени Фул не оказалось в списках ассирийских царей (хотя он упоминается у Берозуса под именем Фула, но как вавилонский царь, то предполагали, что Фул — другое имя какого-либо из перечисленных в списках царей, а именно Феглаффелласара, который, как предполагают, до воцарения назывался Фулом, но срав. 1 Пар. 5:26.

Фура (Пура́), слуга Гедеона, последовал за ним в лагерь мадианитян (Суд. 7: 10 и дал.).

Фут. См. “Ливия”.

Футиил (Путиэль), тесть Елеазара, сына Аарона (Исх. 6:25).

Первая пасха.

Х

Хавила. 1) Земля, богатая золотом, которую обтекала райская река Фисон (Быт. 2:11). Предполагают, что это Кавказ (Колхида), населенный народом Хвалиссами. По их имени Каспийское море называли Хвалынским морем. Другие же ищут Хавилу в Персии или Индии; срав. "Едем".

2) Сын Хуша (Быт. 10:7).

3) Один из сыновей Иоктана (Быт. 10:29).

4) "От Хавила до Сура" граница владений измаильтян (Быт. 25:18) и амаликитян (1 Цар. 15:7). Из этого можно заключить, что Хавила находится в восточной части Аравии.

Хавор. См. "Ховар".

Хагаб. См. "Саранча".

Хадаша, город в уделе колена Иудина (И. Нав. 15:37).

Халад, город в колене Вениаминовом близ Лода и Оно (Езд. 2:23; Неем. 7: 37, 11.34).

Хадрах, земля или страна, о которой пророчествует Захария (9:1); по мнению некоторых, это Дамасская Сирия, другие полагают, что это мистическое название Персии: сильный-слабый.

Хазва (Чис. 25:15). См. "Зимри".

Халван, одна из составных частей святого курительного состава (Исх. 30: 34). Халван — род канифоли светло-желтого цвета; он горек на вкус и имеет отвратительный запах. Древние употребляли его, как средство против насекомых, для выкуривания пчел и т.д. Он получается из различных кустов и растений, как, например, бубон (Bubon galbanum) в Африке, гальбан (galbanum officinale) в Сирии и т. д.

Халдеи (Дан. 2:2). См. "Звезды".

Халдея (Быт. 11:28) — земля халдеев (Иер. 50). По описании древних географов, она находилась около Персидского залива и граничила с Аравией, т.е. представляла, приблизительно, южную часть Вавилонских владений, обозначая все Вавилонское царство (См. "Вавилон"). Халдеи, евр. Касдим, описываются, как дикий и жестокий народ (Авв. 1:6 и дал.; Иов. 1:17). В ассирийских записях они называются Калдим или Калдиай, и провинция Вавилония названа там "мат Калду", т.е. страна Халдеев.

Халдеи в некоторых местах Библии обозначают ученых людей, особенно астрологов. Наименование этих ученых халдеями произошло потому что вавилоняне ревностно изучали астрономию и т. п. науки. См. Дан. 2:2 и дал.

Халев — Калев.

Халев, сын Иефоннии (Чис. 13:7), названный Кенезеянином (Чис. 32:12; И. Нав. 14:6), один из соглядатаев. После разведки только он и Иисус Навин ободряли народ, убеждая вступить в Ханаанскую землю (Чис. 13:31; 14: 6). За его полное повиновение Богу только он вместе с Иисусом Навином из всего старшего поколения сынов израилевых вступили в Обетованную землю (Чис. 14:24-30; 14:38; 26:25; Втор. 1:36). Он участвовал в дележе земли (Чис. 34:19) и получил во владение Хеврон с его окрестностями (И. Нав. 14:9 и дал.), который он должен был завоевать у сынов Енаковых (И. Нав. 15:13 и дал.). Хеврон впоследствии стал городом левитов, но его окрестностями с принадлежавшими им небольшими городами владели потомки Халева (И. Нав. 21:11 и дал.).

Владение Халева увеличилось (И. Нав. 15:15 и дал.). Впоследствии оно стало называться Халевом (1 Цар. 30: 14) или Халев-Ефрафой (1 Пар. 2: 24).

Халколиван (Отк. 1:15; 2:18) обозначает какой-то ценный металл или сплав металлов, который излучал яркий блеск. Его сравнивают с упоминаемой у Езд. 8:27 "лучшей блестящей медью", Дан. 10:6 "блестящая медь" и с Иез. 1:4,27; 8:2, где это еврейское слово "Хашмал" переведено словами "огонь", "свет пламени".

Халах, одно из тех мест, куда были отведены 10 племен (1 Пар. 5:26; 4 Цар. 17:6; 18:11); может быть, это Халкида, провинция в Месопотамии, упоминаемая Птолемеем.

Халке, один из городов Нимрода в земле Сеннаар (Быт. 10:10; Ис. 10:9) у Ам. 6:2 называется Калне и у Иез. 27:23 Хане(?).

Халхул, город в гористой части Иудеи (И. Нав. 15:58). В настоящее время, недалеко от селения Халхул в северном направлении от Хеврона находятся развалины, где показывают также гроб пророка Ионы "неби Юнус" (вероятно, развалины магометанской мечети).

Халкедон. См. "Драгоценные камни".

Хам, т. е. жаркий, один из сыновей Ноя (Быт. 9:18); он известен своим непочтительным отношением к отцу и тем, что своим поступком навлек проклятие Ноя на своего сына Ханаана (9:20 и дал.). Сыновья Хама назывались: Хуш, Мицроим, Фут и Ханаан (Быт. 10:6).

Хаммон. 1) Город в колене Асировом (И. Нав. 19:28). Думают, что это теперешнее небольшое селение Хамул, почти в двух км. к югу от Тира.

2) Укрепленный город в колене Неффалимовом (1 Пар. 6:76) называемый также Хамаф (И. Нав. 19:35).

Хамос — Кемо́ш.

Хамос, главный идол моавитян (Чис. 21:29). Служение ему было введено в Иерусалиме Соломоном (3 Цар. 11:7), но было уничтожено Иосией (4 Цар. 23: 13). Хамосу, как и Молоху, приносились человеческие жертвы (4 Цар. 3: 27; Срав. Ам. 2:1). Моавитяне называются "народом Хамоса" в Чис. 21: 29.

Хамоф-Дор (Хамо́т-Дор) (И. Нав. 21: 32). Думают, что он находился близ теплых источников, в южном направлении от Тивериады.

Хамоф. См. "Хаммон".

Хамоф-Дар. См. "Хаммон".

Ханаан — Кнаан.

Ханаан. 1) Сын Хама, внук Ноя (Быт. 9:18) праотец финикийцев (Сидон) и хананеев (Быт. 10:15 и дал.). То проклятие, которые Ной изрек Хаму, обрушилось на Ханаана потому что Ханаан, как думают евреи, участвовал в грехе отца (Быт. 9:20 и дал.).

2) По мнению некоторых, слово Ханаан означает низменность; вначале так называлась низменная полоса вдоль Средиземного моря, где жили хананеяне в узком значении этого слова. Эта местность составляла часть всего Ханаана, куда входила и нагорная страна (См. Чис. 13:30; И. Нав. 11:3). Этим именем называлась Финикия (Ис. 23:11) и земля филистимская (Соф. 2:5).

3) Впоследствии название Ханаан (в широком значении) стало применяться ко всей Ханаанской земле на запад от Иордана, в противоположность стране Галаад, к югу от Иордана. Колена Рувимово и Гадово поселились в стране Галаад, и остальные колена пошли в Ханаанскую землю (Срав. Чис. 32:29 и дал.; И. Нав. 22:9, 32). Следовательно, Ханааном называлась страна между Средиземным морем и Иорданом, от Ливана до потока Египетского (Чис. 33:51; 34:1 и дал.; 35:10, 14). О других названиях Ханаана см. "Палестина".

Земля Ханаанская была покорена и разделена Иисусом Навином, который велел сделать описание этой страны (И. Нав. 18:4 и дал.).

В храме Карнака в Египте недавно найдено описание 118 или 119 городов Ханаана, которые, как думают, были покорены египетским царем Тотмесом 3, до времени Иисуса Навина. Это самое раннее известие о Ханаанских городах до дней Иисуса Навина.

Хананела, башня на городской стене Иерусалима (Неем. 3:1; 12:39).

Хананеяне — кнаний́м.

Хананеяне. Это слово является 1) названием всех языческих народов: хетеев, иевусеев, амореев и т. д. (Быт. 10:15 и дал.), которые жили в Ханаане до покорения его евреями и которые, наполнив меру своих грехов, были осуждены Богом на истребление Израилем. Но Израиль не истребил их поголовно, а оставил часть из них Суд. 1:21, 27 и дал.) на горе и как сеть для себя (Суд. 3:5 и дал.).

2) Этим словом называется один из упомянутых народов — хананеяне, в узком смысле слова (Быт. 15:21), жившие у берега моря и около Иордана (И. Нав. 11:3; Чис. 13:30). Вероятно, это были финикийцы — торговый народ, населявший побережье Средиземного моря к северу от Кармила. Срав. И. Нав. 5:1; 13:4; Ис. 23: 11; Авд. 20 — земля Ханаанская до Сарепты; Мат. 15:22. Поэтому слово хананеянин иногда употребляется в значении купца, торговца. Срав. Ис. 23:8; Иез. 17:4; Прит. 31:24 и дал.

Ханани, брат Неемии, сообщивший последнему о бедственном положении Иерусалима (Неем. 1:1 и дал.). Впоследствии ему было поручено наблюдение за городскими воротами (7:2 и дал.).

Ханания, начальник Иерусалимской крепости времен Неемии, верный и боящийся Бога человек (Неем. 7:2).

Хане. См. "Халне".

Ханес (Ис. 30:4), город в Египте, быть может, тот же, что и Анизис у Геродота или Гераклеополь в среднем Египте.

Ханох. 1) Первый сын Рувима (Быт. 46: 9).

2) Один из сыновей Мадиана (Быт. 25:4).

Харбона (Есф. 7:9) рассказал царю Артаксерксу о виселице, поставленной у дома Амана для Мардохея. Евреи вспоминают его во время праздника Пурим.

Харгол. См. "Саранча".

Харод, источник и местность близ Изрееля, у подножия горы Галаад, может быть, обильный водою источник Айн-Джалуд, недалеко на восток от Изрееля (Срав. 1 Цар. 29:1). Возможно, что герои Давида — хародитяне — были из этой местности (2 Цар. 23: 25).

Харошев-Гоим, родина Сисары в Галиме (Суд. 4:2, 13, 16), вероятно, теперешнее село Хартиже, к юго-востоку от Хайфы, у подножия Кармила.

Харран, место, где жил Авраам после выхода из Ура халдейского, до переселения в Ханаан (Быт. 11:31 и дал.; 12:5). Вероятно, это Харран, римский Каррэ (в Деян. 7:4 — Харран) в северо-западной части Месопотамии, между Евфратом и Хавором. Из этого "города Нахорова" Исаак получил

Общий вид Хеврона. Мечеть (в центре) построена на пещере Махпелу, гробницы Авраама и Сарры.

себе жену (Быт. 24:10; срав. 27:43). Сюда бежал Иаков от Исава (28:10). Город торговал с Тиром (Иез. 27:23) и был покорен ассирийцами (4 Цар. 19:12).

Харшив. См. "Навозные ворота".

Харшив ворота. См. "Навозные ворота".

Хаслев. См. "Месяцы".

Хацар-Гадда, город в южной Иудее (И. Нав. 15:27).

Хацармавеф (Хацармавет, т.е. двор смерти; Быт. 10:26), третий сын Иоктана, также область в Адрамитии, южной части Аравии, родина ладана.

Хацар-Суса, город в колене Симеоновом (И. Нав. 19:5).

Хацер-Шуал, город в южной Иудее (И. Нав. 15:28; Неем. 11:27).

Хацацон-Фамара. См. "Енгедди".

Хевер. 1) Внук Асира (Быт. 46:17), праотец поколения Хеверова (Чис. 26:45).

2) Кенеянин, отделился от кенеян, ушел на юг и поставил свой шатер близ Кадеса в колене Неффалимовом. Его жена, Иаиль, убила Сисару (Суд. 4:11, 17 и дал.).

Хеврон. 1) Третий сын Каафа (Исх. 6:18), брат Амрама, отца Моисея (Чис. 3:19; 1 Пар. 23:12).

2) Древний город в гористой части Иудеи. По Чис. 13:23, он построен за 7 лет до египетского города Цоана. Хеврон расположен в 30-ти км от Иерусалима в южном направлении, почти на 900 метров выше уровня моря. Древнее название этого места было Кириаф-Арба, т.е. город Арба (Быт. 23:1; 35:27; И. Нав. 14:15). Здесь раскидывали свои шатры Авраам, Исаак и Иаков (Быт. 13:18; 35:27; 37:14). Здесь Авраам купил себе пещеру, где он и покоится со своими потомками (Быт. 23:2 и дал.; 25:10; 49:29 и дал.; 50:12 и дал.). Хеврон был взят у хананеян и отдан во владение Халеву (И. Нав. 14:13 и дал.; 15:13); впоследствии он сделался городом убежища и местом жительства священников, но земля все же принадлежала потомкам Халева (И. Нав. 20:7; 21:11 и дал.). Хеврон был резиденцией Давида в течение 7½ лет, когда он царствовал только над коленом Иудиным (2 Цар. 2:3; 5:5). Здесь Авессалом поднял восстание (2 Цар. 15:9 и дал.). Город этот был укреплен Ровоамом (2 Пар. 11:10). После Вавилонского плена он стал называться прежним именем — Кириаф-Арба (Неем. 11:25). Теперешний Хеврон расположен в долине Вади-эль-Халиль, из которой он поднимается по склону горы. Арабы называют этот город Эль-Халиль, т.е. друг, в память друга Божия (Иак. 2:23), могила которого, как они утверждают, находится в мечети Харама, на восточном склоне долины. Там находятся две большие цистерны (водохранилища), обложенные кирпичами; одна из них, расположенная в северной части, имеет 12 саж. 10 верш. (26 м) в длину, другая, в южной части, — 19 саж. (40 метр.) в длину. Этими цистернами все еще пользуются, несмотря на их древность. Возможно, что последняя цистерна и есть тот "пруд в Хевроне", над которым Давид приказал повесить убийц Иевосфея (2 Цар. 4:12). В городе 9 мечетей и 3 синагоги. Улицы его узки; дома каменные с плоскими крышами, украшенными небольшими куполами. Окрестности прекрасны и плодоносны.

Холмы засажены роскошными оливковыми рощами; фисташки, гранаты и фиги здесь хорошо произрастают.

Особенно замечателен превосходный крупный виноград, который разводится здесь в изобилии.

В современном Хевроне живут около 40-ка тысяч арабов, почти все — мусульмане. С 1948-го года Хеврон принадлежал Иордании, в 1967 году был занят израильскими войсками и с тех пор управляется израильской военной администрацией. Арабское население занято в стекольном, гончарном и кожевенном производстве.

Хефциба, мать Манассии (4 Цар. 21:1).

Хелбон, место, откуда привозилось дамасскими купцами в Тир замечательное вино (Иез. 27:18); теперешнее селение Халбун в долине Ливана, в 10-ти км к северу от Дамаска, известно и до сих пор своими виноградниками. Оно встречается в записях Навуходоносора под имением Хилбунув, как место, доставляющее царю в виде дани вино и елей.

Хелдай — прочный (Зах. 6:10); в ст. 14 назван Хелем — крепкий; вместе с двумя другими мужами — Товием (Бог благ) и Иедаем (Бог знает) был послан жившими в Вавилоне евреями в Иерусалим с золотом и серебром для постройки храма. В Иерусалиме они были приняты сыном Софонии Иосией (Бог опора), который называется также Хен (благодать). Все эти имена символически обозначают "полноту язычников" и "остаток Израиля". Из этих приношений сделали двойной венец, который возложили на голову первосвященника (Зах. 6:11) и сохранили в храме на память.

Хелефеи (Крети́м) **и фелефеи** (плети́м). Хелефеи и фелефеи, телохранители Давида из критян и филистимлян, которых он набрал себе после того, как покорил филистимлян (2 Цар. 8:18; 15:18; 20:7, 23 и т.д.). Срав. "филистимляне".

Хелкаф-Хаццурим (т.е. поле меча), место близ Гаваона, где произошло кровавое столкновение между 12 слугами Иевосфея и 12 слугами Давида, во время которого все пали (2 Цар. 2:14 и дал.).

Хен. См. "Хелдай".

Херет, лес в колене Иудином, где прятался Давид (1 Цар. 22:5).

Херувим — Керуви́м.

Херувим был поставлен Богом, чтобы охранять путь к дереву жизни (Быт. 3:24). Золотые изображения херувимов украшали крышку ковчега завета (по одному на двух противоположных узких краях), покрывая ее своими распростертыми крыльями; лица их были обращены друг к другу и склонены вниз, к крышке (Исх. 25:18 и дал.;

Дубильщики в Хевроне изготовляют мехи из козловой кожи для воды.

37:7 и дал.). На завесе также были вытканы изображения херувимов (Исх. 36:35). В Соломоновом храме, во святом святых стояли две огромных фигуры херувимов из оливкового дерева, обложенные золотом (3 Цар. 6:23 и дал.). Кроме изображения херувимов находились на всех стенах храма и косяках дверей (3 Цар. 6:29, 32, 35; 2 Пар. 3:7), так что херувимы, вместе с львами, волами и пальмами составляли украшение храма (3 Цар. 7:29, 36). В псалмах херувимы называются престолом Всевышнего (Псл. 79:2; 98:1). Так как Бог желал являтся своему народу над ковчегом завета, то Он часто называется Богом, "сидящим на херувимах" (1 Цар. 4:4; 2 Цар. 6:2; 4 Цар. 19:15; Ис. 37:16). В видении Иезекииля херувимы подпирали прозрачный свод, над которым возвышался престол как бы из сапфира, и на нем подобие славы Божией в образе человека, от которого исходило сияние, подобное радуге (Иез. 1:22, 26, 28; 10:18-20).

Получить ясное понятие о виде херувимов по приведенным выше местам очень трудно. Вообще их понимают как символические изображения славы и силы Иеговы, проявляющейся в Его творении. Известно, что древние народы при совершении своего богослужения имели разные изображения, которые соединяли в себе черты различных животных, символизирующие более высокие и совершенные существа, нежели те, которые их окружали в действительности. Египетские сфинксы, ассирийские крылатые быки с человеческим лицом, грифоны греч. мифов с орлиными крыльями и львиными когтями, которые стерегли золотые сокровища севера и т. д., достаточно говорят об этом. Предполагают, что Моисей, под руководством Божиим, принял эту известную всем евреям идею символического крылатого существа, облагородив и одухотворив эту идею, очистив ее от идольских представлений.

Египтяне также имели священные ковчеги, украшенные окрыленными изображениями, но в этих ковчегах находились кошки, крокодилы и змеи, в качестве предметов поклонения. Ковчег же Завета заключал в себе только закон Божий, написанный на двух каменных скрижалях и сокрытый от всех взоров; над ним восседал Бог, не внутри херувимов, но между ними, не в телесном виде, но невидимый для взора смертных.

С херувимами Иезекииля сравнивают четырех животных в Отк. Иоанна, которые уподоблялись — первое льву, второе — тельцу (быку), третье — человеку, четвертое — летящему орлу, все они, имея крылья и множество глаз, громко и беспрерывно взывали: "Свят, свят, свят Господь Бог Вседержитель, Который был, есть и грядет" (Отк. 4:6 и дал.).

Следовательно, эти херувимы символически изображают служение Богу всей природы и духовных существ в совокупности, и проявление этого служения в исполнении воли Божией. Всякое создание, находящееся на небе и на земле, и под землею, и на море воспевало хвалебную песнь Богу, и четыре животных говорили: аминь (Отк. 5:13, 14). Также Псл. 148 призывает все создание к такому прославлению.

Некоторые же считают херувимов не символами, а настоящими сверхестественными духовными существами, которые окружают престол Божий. "Херувимы славы" (Евр. 9:5 греч. текст) — не животные, но живые существа.

Относительно значения слова херувим мнения расходятся. Некоторые думают, что оно происходит от слова рахав, т. е. ехать верхом, ездить (если переставить буквы в корне слова, потому что Иегова восседает на них, как на животных или колеснице. Другие производят это слово от карав, т. е. хватать, и сравнивают греческое грипс с германским грип, грипа, гриффин и т. д.

Хет, второй сын Ханаана (Быт. 10:15), праотец Хеттеев, или сынов Хетовых, хананский народ в пределах Хеврона (Быт. 15:20; 23:3), который, несмотря на приговор об их истреблении (И. Нав. 3:10), долго еще жил в Палестине (1 Цар. 26:6; 3 Цар. 9:20; 11:

Те хеттеи, о которых говорится в 3 Цар. 10:29 и 4 Цар. 7:6, что они имели своих царей, были, вероятно, другой ветвью того же племени (или другой народ?), жившей к северу от Палестины.

Хеттеи. См. "Хет".

Хеттура (Ктура́), вторая жена Авраама, от которой он в своей старости имел много детей (Быт. 25:1).

Хецрон, сын Рувима (Быт. 46:9).

Хешмон, город в южной части Иудеи (И. Нав. 15:27).

Хиддекель, одна из рек Эдема (Быт. 2:14), называемая Даниилом "большой рекою" (Дан. 10:4), река Тигр, которая отделяла Ассирию от Месопотамии; ее теперешнее название Диджле ясно указывает на древне-еврейское название, а также на его ассирийскую форму — Диглат. Греческое название Тигр, просходит от персидского Тигра. Река берет начало недалеко от истока Евфрата и течет параллельно до слияния с ним. Раньше обе реки были соединены каналами, которые орошали местность, расположенную между ними. Тигр протекает теперь через пустыню. См. "Евфрат".

Хидоново гумно. См. "Нахоново гумно".

Хилеон, сын Елимелеха, муж Орфы (Руф. 1:2 и дал.).

Хилкия (Хелкия), верный первосвященник во времена царя Иосии, который нашел книгу Закона в храме. Он руководил реформационной деятельностью царя Иосии. При нем было совершено торжественное празднование Пасхи (4 Цар. 22:4, 8 и дал.).

Хилмад (Иез. 27:23), местность, которая торговала с Тиром.

Хим — Ким.

Хим (Плеяды), известное созвездие в восточной части небесного свода (Иов. 9:9; Ам. 5:8). В Иов. 38:31 "можешь ли ты связать узел Хима и разрешить узы Кесиль?", д-р богословия Мелин делает следующее примечание: "Хим, действительно, представляет соединенную группу звезд в количестве около ста, из которых только семь видны невооруженным глазом; это созвездие, с центральной звездою Альционой является центром притяжения нашей звездной ситемы. Созвездие же Орион только кажется соединенной группой, но на самом деле это обособленные звезды".

Химам, селение близ Вифлеема (Иер. 41:17).

Хиннереф — Кине́рет.

Хиннереф — укрепленный город в колене Неффалимовом на западном берегу Геннисаретского озера (И. Нав. 19:35); в 11:2 назван Хиннарофом; в 3 Цар. 15:20 он назван Киннерофом и, повидимому, обозначает как город, так и его окрестности. Срав. "Геннисарет".

Хиннароф. См. "Хиннереф".

Хиос, теперь Окиа, остров в Эгейском море у берегов Ионии, между Лесбосом (Деян. 20:15) и Самосом.

Хирам. 1) Царь Тира, который послал работников и древесный материал в Иерусалим (2 Цар. 5:11; 1 Пар. 14:1) сперва для постройки дворца Давиду, другом которого он был до конца его жизни (3 Цар. 5:1), затем Соломону для постройки храма (3 Цар. 5: 10; 2 Пар. 2), с которым он заключил торговый договор (3 Цар. 5:11 и дал.). Хирам доставил Соломону много материала для построек и подарил ему 120 талантов золота. Соломон отблагодарил его 20 городами в Галилее (3 Цар. 9:11, 14); но Хирам не был доволен этими городами (3 Цар. 9:11 и дал.). Впоследствии Соломон и Хирам соединились для больших торговых экспедиций (3 Цар. 9:26 и дал.; 10:11, 22; 2 Пар. 8:18). По Иосифу Флавию, Хирам много сделал полезного для своего народа за время своего 34-летнего царствования.

2) Искусный мастер по выделке всяких медных вещей, которого тирский царь Хирам прислал к Соломону. Он был сын вдовы из колена Неффалимова, отец его был медник, житель Тира (3 Цар. 7:13 и дал.). Во 2 Пар. 2:13 он назван Хирам-Авия.

Хлеб — евр. лéхем.

Хлеб пекли, обыкновенно, из пшеничной муки; ячмень употреблялся бедняками, а также во время голодных годов. Мололи вручную, сколько нужно было на день, замешивали тесто и пекли хлебы в печах (Лев. 2:4; 7:9; 26: 26). Квашня упоминается в Исх. 8: 3; 12:34. При выходе из Египта израильтяне возложили на плечи свои квашни и обвязали их одеждами. Когда Авраам увидел, что три шедших мимо мужа решили остановиться у него, то он поспешил в шатер и сказал Саре: "Поскорее замеси три саты лучшей муки и сделай пресные хлебы" (Быт. 18:6). Также волшебница в Аэндоре, увидев Саула ослабевшим, поспешила замесить муки и испекла хлебы (1 Цар. 28:29). Так и теперь простой народ в Палестине ежедневно печет свой хлеб. Печью служит или изогнутый в виде конуса, железный лист, внутри которого разводят огонь, а пекут снаружи, или же глиняный горшок, с отверстием на дне или без него, который нагревается изнутри хворостом, травою и т.п. (Иер. 7:18; Мат. 6:30), также углем или раскаленными в огне камнями. После того, как горшок достаточно нагреется, к его наружным стенам прилепляют раскатанное тесто и через несколько минут хлеб готов. Иногда хлебы пекут прямо на раскаленных углях или камнях. Бывает и так, что печью служит яма в земле, которую сначала раскаляют горючим материалом, а потом к ее краям прилепляют тесто. При этом топливо бывает иногда необыкновенного рода. Однажды в Назарете мне пришлось видеть бедную пекарню, где горючим материалом, на котором пекли хлебы, служил конский навоз. Этот горючий материал избирают потому что он дольше других сохраняет тепло. Иногда в Палестине можно наблюдать старушек и детей, крадущихся вдоль дороги и собирающих этот навоз. Такой способ печения хлеба хорошо объясняет нам Иез. 4:12-15, где пророку в виде особой милости разрешается Господом употребить коровий навоз для печения хлебов. В настоящее время навоз (кизяк) употребляется в некоторых странах для отопления. Большие печи, может быть, подобные нашим, упоминаются у Ос. 7:4, 6, 7. Специальные пекарни были только в больших городах (Иер. 37: 21; Ос. 7:4). В Быт. 40:1 и далее мы читаем о главном пекаре фараона. Самуил говорит народу, желавшему выбрать царя, что царь возьмет их дочерей в прислуги для варки кушанья и печенья хлеба (1 Цар. 8:13).

Хлеб Божий. См. "Жертва".

Хлебное приношение (по-еврейски минха,) то есть дар — общее название приношений из растений: хлеба, елея, курения, а также соли. Хлебное приношение состояло из растолченных зерен, из колосьев, высушенных на огне (Лев. 2:14) или из мелкой муки (2-1), — в обоих случаях с прибавлением елея и ливана (Ст. 1, 15); также из хлебов, приготовленных тремя способами, а именно: печеных хлебов смешанных с елеем, лепешек помазанных елеем, и печенья, приготовленного в горшке из пшеничной

Хлебы приношения.

муки с елеем (ст. 4 и дал.). Ко всем этим видам хлебного приношения нужно было добавлять соль (ст. 13), но употребление закваски или меда не допускалось (ст. 11). Хлебное приношение обыкновенно сопровождалось возлиянием, соответствовавшему размеру жертвы (Чис. 28:5 и дал.; 29:6 и дал.).

Хлебное приношение было или самостоятельной жертвой, или же соединено с жертвами всесожжения и заклания. Самостоятельной хлебной жертвой являлась та, которую священник приносил за самого себя (Лев. 6:14), а также приношение ревнования, которое описывается в Чис. 5:15, 25; может быть, также приносили самостоятельно жертвы, описанные в Лев. 2. Кроме того, хлебные жертвы и жертвы возлияния сопровождали ежедневные, субботние и праздничные жертвы, как добровольные, так и по обету, соответственно количеству и роду приносимых в жертву животных, так, например, на одного агнца — 1/10 ефы муки, на одного овна — 2/10 ефы, на вола или тельца 3/10 ефы муки, а также вина и елея по уставу (Чис. 15:4 и дал.; 28:28 и дал.).

При приношении хлебной жертвы исполняющему обязанности священнику предписывалось брать муки с елеем и весь ливан для сожжения, в память и в благоухание приятное Господу, остальное доставалось священникам (Лев. 2:2 и дал.; 6:15 и дал.; 9:17). Исключение составляла жертва, которую священники приносили за себя: ее должно было сжигать целиком (6:22 и дал.). Хлебное приношение (хлебы, лепешки), составлявшие часть мирной жертвы, состояло из пресных хлебов, лепешек из муки, смешанных с елеем; приносящий эту жертву, должен был отдать по одному из всех видов этих хлебов священнику, как дар Господу (7:12 и дал.), остальные же, по всей вероятности, оставались у принесшего для трапезы после жертвоприношения. Особого рода хлебную жертву за грех закон разрешал приносить бедному; если он был в состоянии приносить двух горлиц или двух молодых голубей, то ему разрешалось принести в жертву за грех 1/10 часть ефы пшеничной муки, но без елея и ливана. Священнику предписывалось взять из этого "полную горсть в память" и сжечь при жертве всесожжения на жертвеннике, остальное же должно было принадлежать священнику, как хлебная жертва (Лев. 5:11 и дал.).

Значение хлебной жертвы понимают в том смысле, что она прообразовала плоды святой жизни, которые производила у молящегося благодать примирения. Подобно этому, обращение язычников через свидетельство верующих, представляется, как жертва, благоприятная Богу (Ис. 66:20; Рим. 15:16).

Хлебы предложения — ле́хем-пани́м.

Хлебы предложения, евр. хлебы лица (Божия), (Исх. 25:30; 35:13; 39:36; 40:4, 23, — двенадцать опресноков, каждый весом в 2/10 ефы мелкой пшеничной муки, которые клались перед лицом Божиим в святилище, друг на друга в два ряда по 6 в каждом; поэтому по-еврейски они называются также "хлебами порядка" (1 Пар. 9: 32; 23:29; евр.), на каждый ряд клали чистого ливана, "в память, в жертву Господу" (Лев. 24:5 и дал.). Каждую субботу хлебы предложения заменялись свежими; священники съедали старые, сжигали на жертвеннике ливан и клали свежие хлебы со свежим ливаном, на стол (Лев. 24:5 и дал.). Заготовление этих хлебов было поручено сынам Каафовым (1 Пар. 9:32). Эти хлебы получил Давид от Ахимелеха и съел их (1 Цар. 21:1 и дал.). Этот случай приводится Христом в защиту учеников, когда те, проходя в субботу засеянными полями, срывали колосья (Мат. 12:1 и дал.; Лук. 6:4).

Эти хлебы предложения считаются символом той духовной пищи, ради которой Христос побуждал учеников подвизаться (Срав. Иоан. 4:32 и дал.; 6:27). Ливан (ладан), полагаемый на хлебы, служит символом того, что истинный духовный плод дается только по молитве; поедание хлебов символизирует духовную радость, которая является следствием посвящения жизни Богу.

Хлоя, христианка, от домашних которой Павел узнал о положении дел в Коринфе (1 Кор. 1:11).

Хова, к северу от Дамаска (Быт. 14:15), местность, до которой Авраам преследовал царей, ограбивших Содом.

Ховад — Хова́в.

Ховад, сын Рагуила, шурин Моисея, не согласился на предложение Моисея оставить свою родину и быть проводником израильского народа в пустыне (Чис. 10:29 и дал.). Из Суд. 4:11 заключают, что Ховад все-таки согласился и последовал с израильским народом.

Хозай, автор летописи царствования Манасии (2 Пар. 33:19).

Холм Божий, евр. Гива́т-Елогим (1 Цар. 10:5), может быть, холм в Гиве Вениаминовой, где филистимляне имели гарнизон и где находилась школа пророков, основанная Самуилом. См. "Гива 5".

Холм обрезания (евр. Гиват-а-арало́т; И. Нав. 5:3) — место обрезания еврейского народа. Впоследствии назван Галгалом.

Хомер. См. "Мера".

Хоразин, город в Галилее, который вместе с Вифсаидой получил грозное предупреждение от Господа (Мат. 11:21; Лук. 10:13). Следы от него ищут в развалинах Керазе, в часе пути к северу от Тель-Хума (Капернаум?).

Хораф — Керит.

Хораф, поток к востоку от Иордана,

Вороны кормят пророка Илию у потока Хорафа.

близ которого пророк Илия скрывался некоторое время, и куда вороны приносили ему хлеб и мясо (3 Цар. 17:3-6).

Хорив. См. "Синай".

Хорма. См. "Цефаф".

Хоронаим, город в моавитской стране (Ис. 15:5; Иер. 48:3, 5, 34), родина Санаваллата (Неем. 2:10?).

Хорошие пристани, залив и гавань близ гор. Ласея на острове Крите, где остановился корабель с Павлом на пути в Рим (Деян. 27:8).

Хорреи, древний народ, живший в земляных пещерах горной страны Сеир, к югу от Мертвого моря (Быт. 14:6); оттуда их изгнали и истребили Идумеи (Втор. 2:12, 22), но не целиком, ибо в Быт. 36:20 и дал. перечисляются некоторые хоррейские князья (называемые "сынами Сеира") в земле Едома, вместе с едомскими князьями. Возможно, что в Иов. 24:5 и дал.; 30:3 и дал. описывается бедственное положение остатка хоррейского народа.

Ховар — Квар.

Ховар, река (Иез. 1:1, 3), у которой Иезекиль видел некоторые свои видения, и где жили пленные евреи (Иез. 3:15); она является притоком Евфрата, в который впадает при Кархемисе; называется теперь Кабуром. Греки называли эту реку Хабором. Полагают, что это та же река, что и Ховар при реке Гозан (4 Цар. 17:6).

Храм — евр. бейт-микдаш, т. е. дом святилища.

Храм (лат. templum). Первоначально это слово обозначало отделенный круг для упражнения в искусстве гадания, затем вообще помещение, отделенное для религиозных целей, или здание, посвященное божеству. Этим словом в Библии иногда называются те капища, которые язычники строили для своих богов, например, храм (капище) Навуходоносора в Вавилоне (2 Пар. 36:7); храм Артемиды в Ефесе (Деян. 19:27), как и маленькие серебряные храмы, которые были копией главного (19:24). Однако же идольские храмы часто называются просто домами, например: "Дом Дагона" (1 Пар. 10:10). дом бога Нисроха (4 Цар. 19:13) и т. д. Этим же словом также назывались те помещения, которые израильтянами были посвящены Иегове. Скиния, например, называется домом Господним (1 Цар. 1:7) и храмом (ст. 9; 3:3), также и то святилище, которое было построено в Иерусалиме (3 Цар. 7:21; 4 Цар. 24:13).

Иерусалимский храм (евр. хекал, т.е. чертог, как в Прит. 30:28) называется в Ветхом Завете часто домом Господним (3 Цар. 8:10; 2 Пар. 3:1; 5:1), также домом Божиим (Езд. 1:4; 3:8) и храмом Господним (Срав. Езд. 3:6, 11; Агг. 1:2; 2:15). В Новом Завете также встречаются все эти три наименования Иерусалимского храма: "храм Божий" (Мат. 26:61); "храм Господень" (Лук. 1:9); и "дом Божий" (Мат. 12:4); "дом Отца Моего" (Иоан. 2:16) и также просто "храм" (Мат. 23:16; Лук. 11:51; греч. дом). Обыкновенное наименование храма в истории Иисуса и апостолов — "святилище", греч. иерон (Мат. 4:5; Деян. 2:46 и т.д.), изредка "храм Божий" (Мат. 21:12). В новозаветных оборотах речи подлинное (греч.) слово — храм (наос) обыкновенно обозначает самое здание храма (Мат. 23:35; 27:51; Лук. 1:9) в то время, как более общее слово "хиерон" — святилище употребляется для обозначения принадлежащих к храму притворов; следовательно, повсюду, где говорится о том, что Иисус или апостолы (которые не были еврейскими священниками) входили в храм, учили в храме и т. д. (Мат. 21:12; Лук. 24:53; Деян. 21:26), в переводе это различие исчезает.

Храм является символом 1) храма тела Иисуса Христа (Иоан. 2:19 и дал.), 2) тел и личностей христиан, как храма Божия и обители Святого Духа (1 Кор. 3:16 и дал.; 6:19; 2 Кор. 6:16); 3) христианской церкви (Еф. 2:21; Отк. 3:12; 2 Фес. 2:4), 4) неба — "храм Божий на небе" ((Отк. 7:15; 11:19; 16:17; Срав. Псл. 10:4; Авв. 2:20).

В Новом Иерусалиме св. Иоанн не видел храма, "ибо Господь Бог Вседержитель — храм его, и Агнец" (Отк. 21:22).

Иерусалимский храм.

Со времени Соломона в Иерусалиме были один за другим три храма, которые нужно различать. Первый храм, построенный Соломоном, существовал с 1004 до 588 г. до Р.Хр. Когда Давид решил построить дом Иегове, то Бог через пророка Нафана удержал его от этого (2 Цар. 7); тогда Давид собрал материал и драгоценности для постройки храма и это дело завещал своему сыну Соломону, когда тот воцарится (1 Пар. 22; 28; 29). Ценность собранного и заготовленного Давидом имущества для постройки храма достигала 10 миллиардов рублей. См. "Соломон". Соломон тотчас же по воцарении приступил к делу; он заключил союз с тирским царем Хирамом, который доставлял ему кедровое и кипарисовое дерево и камень с Ливана, а также послал искусного художника Хирама, чтобы руководить работами (3 Цар. 5; 2 Пар. 2), так что храм начали строить уже на 4 году царствования Соломона, через 480 л.* после исхода евреев из Египта (3 Цар. 6:1), или в 1011 г. до Р.Хр., на холме Мориа в восточной части Иерусалима, на том месте, которое Давид по прекращении моровой язвы, предназначил для этой цели, поставив там жертвенник и совершив жертвоприношение (1 Пар. 21:18 и дал.; 22:1). Здание было готово через семь с половиною лет в 11 году царствования Соломона, т.е. в 1004 г. до Р.Хр. (3 Цар. 6:37 и дал.), после чего храм был освящен с большим торжеством (3 Цар. 8; 2 Пар. 5-7).

Для построения храма и его частей Давид оставил Соломону, данный ему Богом, образец: "все сие в письмени от Господа" (1 Пар. 28:11 и дал.); вообще же храм был устроен по образцу скинии, но только в гораздо большем размере, что усматривается из подробных описаний в 3 Цар. 6; 7:13 и дал.; 2 Пар. 3:4 и далее.

Собственно храм представлял прямоугольное здание из тесанных камней (30 м длины, 10 м ширины и 15 метров высоты во внутренней его части, с плоской кровлей из кедровых бревен и досок. Посредством промежуточной перегородки из кедрового дерева дом был разделен на 2 помещения: внешнее — Святое, 20 м длины, 10 м ширины, 15 м высоты и внутренее — Святое Святых, 10 метров длины, ширины и высоты, так что сверху Святого Святых оставалось 5 метров до потолка храма, это помещение называлось горницами (1 Пар. 28:11; 2 Пар. 3:9). Изнутри стены были обшиты кедровым деревом с резными изображениями херувимов, пальм, плодов и цветов, сплошь обложенных золотом (3 Цар. 6:22). Потолок также был обшит кедровым деревом, а пол — кипарисовым: и тот и другой были обложены золотом. Дверь с дверцами из оливкового дерева, украшенными изображениями херувимов, пальм, цветов и обложенная золотом, представляла вход в Святое Святых. Перед этим входом висела, подобно как и в скинии, завеса из искусно сделанной многоцветной ткани (2 Пар. 3:14), прикрепленная, быть может, к тем золотым цепям, которые были протянуты перед входом в Святое Святых (Дáвир) по 3 Цар. 6:21. Входом в Святое служила двухстворчатая дверь из кипариса с косяками из оливкового дерева, дверцы которой могли складываться и были украшены подобно двери в Святое Святых.

Перед зданием храма находился притвор 10 метров ширины и 5 метров длины (3 Цар. 6:3; 2 Пар. 3:4), перед ним или при входе в него стояли два

---

* О хронологических трудностях см. статью "Судьи". Фьелстедт высчитывает эти 480 лет следующим образом:

Странствование по пустыне	40 лет
Иисус Навин	17 лет
Время Судей	340 лет
Саул	40 лет
Давид	40 лет
Соломон (до постройки храма)	3 года
Итого	480 лет

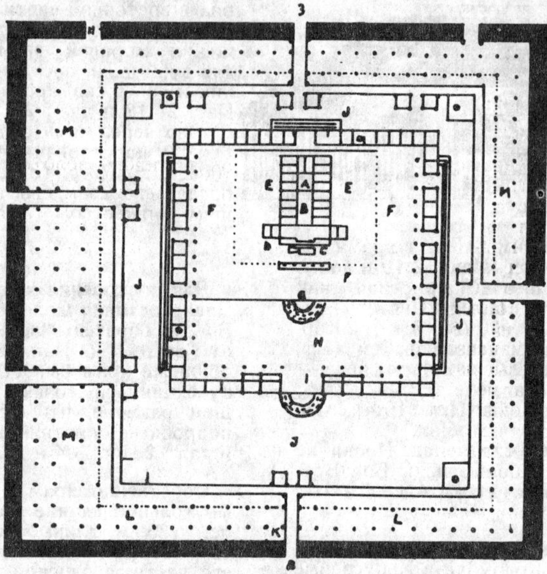

ПЛАН ХРАМА ВО ВРЕМЕНА ХРИСТА

A. Святое Святых;
B. Святое;
C. Жертвенник всесожжения;
D. Умывальница;
E. Двор священников;
F. Двор израильтян;
G. Ворота в двор израильтян;
H. Двор женщин;
I. Никаноровые ворота;
J. Двор язычников;
K. Восточные ворота;
L. Притвор Соломонов;
M. Царский портик;
N. Внешние стены;
O. Комнаты для различных целей.

МЕСТО ХРАМА В РАЗРЕЗЕ С ЮГА

a. Строения на горе Сионе;
b. Мост через долину Тиропеон между Сионом и Мориа;
c. Западная колоннада;
d. Парапет между внешним и внутренним дворами;
e. Стена за храмом;
f. Здание храма;
g. Жертвенник всесожжения;
h. Колоннада (проход) между двором священников и двором израильтян;
i. Ворота во двор израильтян:
j. Никаноровы ворота;
k. Притвор Соломонов;
l. Укрепление на Офеле;
m. Мост через Кедронскую долину;
n. Внешняя южная стена храма;
o, p. Ворота ведущие снизу к храму.

Прим.: Рис. коп. Ханс Борелл.

медных столба по имени Иахин и Воаз, каждый по 9 м вышиною, с капителями, искусно сделанными с углублениями и выпуклостями, и украшенные гранатовыми яблоками, сетками плетеной работы и лилиями. Высота этих столбов была по 3 Цар. 15 и дал.; Иер. 52:21 и дал., 18 евр. локтей, не считая капителей в 5 локтей (2,5 м); а по 2 Пар. 3:15 высота их, не считая капителей, составляла 35 локтей; наконец, по 4 Цар. 17-18 — 3 локтя. Высота этих столбов, вероятно, была та же, что и притвора; о ней не говорится в 3 Цар. 6, но во 2 Пар. 3:4, она указана в 120 евр. локтей (60 м); некоторые видят в этом указание на башню, поднимавшуюся высоко над столбами; другие предполагают здесь описку. Вокруг продольной задней стены самого храма была пристройка в три этажа с комнатами для принадлежностей богослужения и запасов; она соединялась с храмом таким образом, что потолочные балки пристройки были укреплены на выступах стен храма; эти выступы в каждом этаже делали стены храма на локоть тоньше, а комнаты настолько же шире; поэтому нижний этаж пристройки был пяти локтей ширины, средний шести и верхний семи. Вышина каждого этажа была 2,5 м (3 Цар. 6:6 и дал.); поэтому стены самого храма значительно возвышались над боковой пристройкой и на них было достаточно места для окон, через которые свет проникал в Святое (3 Цар. 6:4). Святое же Святых подобно скинии, было темным. В боковую пристройку входили через дверь на южной стороне, откуда витая лестница вела в верхние этажи (3 Цар. 6:8).

Далее, вокруг храма были построены притворы, из которых ближайший к храму, внутренний двор для священников, был построен из 3 рядов плитняка и одного ряда кедровых брусьев (3 Цар. 6:36); вокруг него был внешний притвор, или большой двор для народа, закрывавшийся выложенными медью воротами (2 Пар. 4:9). Полагают, что это тот притвор, которай был увеличен Иосафатом и в 2 Пар. 20:5 называется новым двором. Из Иер. 36:10, где внутренний двор называется "верхним двором", видно, что он был расположен выше внешнего; по всей вероятности, и самый храм был расположен выше верхнего двора, так что все здание было построено террассами. Из 4 Цар. 23:11; Иер. 35:2, 4; 36:10 видно, что большой двор был обстроен комнатамы, портиками и т. п. для различных надобностей. О размерах внешнего двора ничего не сказано в Библии; вероятно, он был в два раза больше внутреннего двора, который равнялся 300 фут. (100 м) длин. и 150 фут. (50 м) шир., следовательно двор был 600 фут. длин. и 300 фут. ширины (200×100 метров).

В Святом Святых храма ковчег Завета поставленный между изображениями херувимов, которые были 10 локтей (5 м) вышины и сделаны из обложенного золотом оливкового дерева, с крыльями в 2,5 м длины, распростертыми так, что одно крыло каждого херувима касалось боковых стен, два же других крыла соединялись концами над ковчегом. Херувимы стояли на ногах с лицами обращенными к Святому (3 Цар. 6:23 и дал.; 2 Пар. 3:10 и дал.). В Святом стояли следующие предметы: жертвенник для курения из кедрового дерева, покрытого золотом, 10 золотых светильников, каждый с 7 лампадами, 5 по правую и 5 по левую сторону перед задним отделением храма, и стол для хлебов предложения с их принадлежностями (3 Цар. 7:48 и дал.). По мнению некоторых, в храме находилось 10 столов для хлебов предложения. См. "Стол для хлебов предложения".

На внутреннем дворе стоял медный жертвенник всесожжения 5 метров в высоту (2 Пар. 4:1) с его принадлежностями: тазами, лопатками, чашами и вилками (3 Цар. 7:40, 45, 45; 2 Пар. 4:11, 16); затем большое медное море, или водоем, стоявшее на 12 медных волах (3 Цар. 7:23 и далее; 2 Пар. 4: 2 и дал.) и на 10 искусно сделанных подставах с 10 медными умывальниками для ополаскивания жертвенного мяса (3 Цар. 7:27 и дал.; 2 Пар. 4:6).

Когда храм был готов, его освятили великолепным торжественным жертвоприношением. Так как медного жертвенника не хватало для размещения жертв, то Соломон освятил среднию часть двора перед храмом, как большее место для жертвоприношения (3 Цар. 8:64; 2 Пар. 7:7). Царь принес здесь в жертву 22.000 волов и 120.000 овец (2 Пар. 7:15). Преклонив колена на возвышении из меди, он призвал благословение Божие на храм и на всех молящихся в нем (3 Цар. 8; 2 Пар. 6). После молитвы сошел с неба огонь, поглотил всесожжение и жертвы и слава Господня наполнила дом (2 Пар. 7:1).

Храм Саломонов был ограблен уже во время царствования его сына Ровоама египетским царем Сусакимом (3 Цар. 14:26), а остальное серебро и золото, царь Аса послал в дар сирийскому царю Венададу, чтобы склонить его заключить с ним союз против Ваасы, царя израильского (15:18, 19). Так исчезла слава храма и внутренняя и внешняя! Впоследсвие, разрушения храма чередовались с его востановлениями. Храм был ограблен израилским царем Иоасом (4 Цар. 14:14), обобран иудейским царем Ахазом, чтобы подкупить Феглаффелласара (16:8), затем Езекиею, для уплаты дани Сеннахириму (18:15 и дал.). Восстановления же производились Иоасом (4 Цар. 12:5 и дал.), Иоафамом (15:35). Манассия окончательно осквернил храм, поставив в нем истукан Астарты, идольские жертвенники и коней, посвященных солнцу, и поселив там блудниц (4 Цар. 21; 23:7, 11); все это было удалено благочестивым Иосиею. Вскоре после этого пришел Навуходоносор и вывез все сокровища храма (4 Цар. 24:13), и, наконец, когда Иерусалим был разрушен его войсками, сгорел также и храм Соломонов до самого основания (4 Цар. 25:9; 2 Пар. 36:19) в 588 г. до Р.Хр. после 416 летнего существования.

Храм Зоровавеля.

2) Когда персидский царь Кир в 536 г. до Р.Хр. разрешил евреям, жившим в Вавилоне, возвратиться в Иудею и построить храм в Иерусалиме, он выдал им священные сосуды, которые Навуходоносор принес в Вавилон; кроме того, обещал им поддержку и повелел своим подчиненным всячески содействовать евреям в этом деле (Езд. 1:2 и дал.; 6:3 и дал.). Тогда Тиршафа, т.е. персидский правитель Иудеи, Заровавель и первосвященник Иисус, тотчас же по возвращении в опустошенный Иерусалим, начали постройку жертвенника всесожжения на его прежнем месте и восстановили жертвенное богослужение (3:1 и дал.). Они достали рабочих, привезли кедрового дерева с Ливана и таким образом положили вторично основание храму во втором месяце, второго года после возвращения из Вавилона, 534 г. до Р.Хр. (3:7 и дал.). Многие из стариков, видевших первый храм, при этом громко плакали, но многие также радостно восклицали. В это время вмешались самаряне и своими интригами добились того, что работы по восстановлению храма были приостановлены на 15 лет, до второго года царствования Дария Гистаспа в 520 г. до Р.Хр. (4:24). Этот царь, ознакомившись с повелением Кира (6:1 и дал.), отдал вторичное приказание относительно постройки храма и необходимой материальной поддержке (Езд. 6:6 и дал.). Ободренные пророками Аггеем и Захарией, князья и народ поспешили с продолжением работ, и храм был готов в 12 месяце 6 года царствования Дария 516 г. до Р.Хр., после чего он был освящен жертвою всесожжения, состоявшей из 100 волов, 200 овнов и 400 ягнят, и жертвою за грех, состоявшей из 12 козлов. После этого закололи пасхальных агнцев и отпраздновали праздник опресноков (6:15 и дал.).

По повелению Кира, этот храм должен был иметь 60 локтей в вышину и 60 в ширину, следовательно по размеру значительно больше Соломонова храма (Езд. 6:3), однако же из Езд. 3:12 и Агг. 2:3 видно, что он многим казался незначительным в сравнении с первым, хотя не следует понимать, что здесь имеются в виду его внешние размеры. По роскоши и славе он не мог сравниться с первым храмом, ибо в нем не было ковчега завета и, следовательно, также отсутствовала "шехина", как видимый знак божественного присутствия. Святое Святых было пусто; на месте ковчега был положен камень, на который первосвященник ставил кадильницу в великий день очищения. В Святом был только один золотой светильник, стол для хлебов предложения и жертвенник кадильный, а на дворе жертвенник всесожжения, сложенный из камня (1 Макк. 1:21 и дал.; 4:45 и дал.). Аггей утешал народ тем, что придет время и слава этого храма превзойдет славу прежнего, и что здесь Господь даст мир (Агг. 2:9); это пророчество сбылось в 3-м храме (который был увеличенной копией второго), ибо в нем учил Христос. Второй храм также имел притворы с комнатами, колоннадами и вратами (1 Макк. 4:38).

Этот храм был ограблен Антиохом Епифаном и осквернен идолопоклонством (1 Макк. 1:21 и дал.; 1:46 и дал.; 4:38), так что даже "мерзость запустения" — жертвенник, посвященный Юпитеру Олимпийскому, был поставлен на жертвеннике всесожжения в 167 году до Р.Хр. (1 Макк. 1:54; 2 Макк. 6:2). Храбрые Маккавеи восстали за свободу, изгнали сирийцев, восстановили Святилище, после 3-летнего унижения, вновь освятили храм (1 Макк. 4:36 и дал.) и укрепили гору храма стенами и башнями (4:60; 6:7).

В память восстановления храма был установлен 25 декабря 164 г. до Р.Хр. Иудою Маккавеем и обществом израильским новый праздник обновления (храма), евр. Ханука́, причем его должно было праздновать в течение 8 дней после 25-го декабря. Он праздновался еще во времена Иисуса Христа и упоминается у Иоан. 10:22.

Впоследствии этот храм постигли новые удары, например, когда Помпей после 3-месячной осады взял его в самый день очищения и на его дворах произвел ужасное кровопролитие, хотя без ограбления; или когда Ирод Великий с римскими войсками взял его штурмом и сжег некоторые из надворных построек.

Храм Ирода.

Храм Зоровавелев показался тщеславному Ироду Великому слишком незначительным и он решил перестроить его, придав ему большие размеры. Он начал эту работу на 18 году своего царствования, приблизительно, за 20 лет до Р.Хр., или в 735 г. Рима. Самое здание храма было готово через полтора года, а дворы — через 8 лет, но внешние пристройки сооружались в продолжение целого ряда лет. Во время всенародного выступления Иисуса Христа срок постройки храма определялся в 46 лет (Иоан. 2:20), т.е. с 20 г. до Р.Хр. по 26 г. после Р.Хр.). Вся работа была закончена только во время Агриппы 2. (64 г. после Р.Хр.) — следовательно, только за 6 лет до окончательного разрушения. Так как евреи не допустили, чтобы храм Зоровавелев был сразу разрушен, то Ирод, уступая их желанию, убирал части старого храма по мере постройки новых, почему этот храм долгое время назывался "вторым храмом", хотя увеличенным и украшенным. Этот храм Ирода требует однако же особенного внимания, так как он украшал Иерусалим во дни нашего Спасителя. Он учил на его дворах и предвозвестил его гибель, когда ученики указывали Ему на роскошь и драгоценности храма (Лук. 21:5 и дал.). Этот храм, который со своими дворами занимал площадь равную одной стадии (Иос. Флавий) или 500 кв. локтей, т. е. 250 м² (Талмуд), т. е. почти то же пространство, что и теперешняя площадь Харам, был построен террасами, так что каждый из внутренних дворов был расположен выше внешнего, а самый храм возвышался на западной стороне и, обозреваемый из города и его окрестностей, представлял величественное зрелище. "Посмотри, какие камни и какие здания", сказал Иисусу один из Его учеников (Мар. 13:1). Внешний двор, который был доступен также для язычников и нечистых, был окружен высокой стеной с несколькими воротами; он был вымощен разноцветными плитами; с трех его сторон шла двойная колоннада, а с четвертой, южной стороны — тройная колоннада под кедровой крышей, которая поддерживалась мраморными колоннами в 25 локтей вышиною. Эта южная колоннада, самая лучшая и большая, называлась царским портиком. Восточная была названа притвором Соломоновым (Иоан. 10:23), вероятно, как сохранившаяся с более древних времен. На этом внешнем дворе продавали волов, овец и голубей и сидели меновщики, предлагавшие деньги для размена (Мат. 21:12; Иоан. 2:14). С внутренней стороны этот двор был отделен от внутренних дворов храма каменным парапетом в 3 локтя вышиною и террасой в 10 локтей шириною. На этом парапете в нескольких местах были помещены доски с греческими и латинскими надписями, которые воспрещали не евреям — под страхом смертной казни — проходить дальше. Такая доска из Иродова храма недавно найдена в Иерусалиме с греческой надписью следующего содержания; "Никакой иноплеменник не имеет доступа внутрь ограды и каменной стены вокруг храма. Кто будет застигнут в нарушении этого правила, пусть сам несет ответственность за смертную казнь, которая за это следует". Даже сами римляне с уважением относились к этому запрещению. До какой степени евреи проявляли фанатизм по отношению к преступившим это запрещение, указывает случай с Павлом и Трофимом (Деян. 21:28; срав. Еф. 2:14 о преграде). Самое место храма внутри этой преграды было со всех сторон окружено стеною, которая с внешней стороны была 40 локтей (20 метров) вышины, а с внутренней только 25 локтей (12,5 м) вследствие уклона горы, так что туда должно входить по лестницам. Сперва вступали на двор женщин, имевший 135 кв. локтей (67,5 м²).

Главные из ворот, которые вели во двор женщин, были восточные или Никаноровы ворота, покрытые коринфскою медью, которые назывались также Красными (Деян. 3:2, 10). (Некоторые полагают, что эти ворота были во внешней восточной стене). Со двора женщин попадали через несколько ворот на расположенный выше вокруг здания храма большой двор — 187 локтей длин. (с востока на запад) и 135 локтей ширины (с севера на юг). Часть этого двора была ограждена и называлась двором израильтян; внутренняя его часть называлась двором священников; здесь стоял большой жертвенник всесожжения 30 локтей длины и ширины, и 15 локтей высоты и умывальница, предназначенная для священников, а дальше, в западной части со входом с востока, находилось само здание храма. Величину и великолепие этих дворов с их пристройками, стенами, воротами и колоннадами, кроме Талмуда, блестяще описал Иосиф Флавий. О царском портике, который тянулся вдоль южного края храмовой горы с востока на запад, он говорит так: "Это было самое замечательное произведение искусства, которое когда-либо существовало под солнцем. Кто смотрел с его вершины вниз, у того кружилась

голова от высоты постройки и глубины долины. Портик состоял из четырех рядов колонн, которые от одного края до другого стояли друг против друга, все одинакового размера. Четвертый ряд до половины был вделан в окружавшую храм стену и состоял, следовательно, из полуколонн. Три человека требовалось для того, чтобы обхватить одну колонну; высота их была 9 метров. Число их было 162 и каждая из них оканчивалась коринфской капителью, удивительной работы. Между этими 4-мя рядами колонн было три прохода, из которых два крайние были однаковой ширины, каждый по 10 метров, имея 1 стадию длины и более 16 метров вышины. Средний проход был наполовину шире боковых и в 2 раза выше их, высоко возвышаясь над боковыми сторонами". Предполагают Соломонова притвора на востоке имеется в виду в Мат. 4:5, как "крыло храма".

Внешняя стена, которая окружала все дворы и возвышалась высоко над уровнем земли, представляла особенно с западной и южной сторон замечательнейший вид глубоких долин у подножия горы. Раскопки последних лет показали, что южная стена храма, которая возвышается на 20-23 метров над теперешней поверхностью, тянется сквозь массы развалин до 30 метров в глубину под землей, — следовательно, эта стена возвышалась на 50 метров выше горы, на которой она была построена. Вполне понятно, каких огромных трудов стоило возведение таких стен и планировка храмовой горы, особенно когда подумаешь о том, как огромны те камни, из которых складывались эти стены. Если посмотреть на большие каменные плиты, например, в "стене плача" или на "арке Робинзона" (См. Иерусалим") и подумать о том, что здесь стена спускается глубоко под землю, пока не достигнет монолитной скалы, то не удивляешься изумлению, которое выражают Иосиф Флавий и ученики Христа.

Само здание храма было расположено 12 ступенями выше двора священников, в северо-восточной части храмовой горы; оно было построено на новом фундаменте из огромных белых мраморных плит и богато выложено золотом внутри и снаружи. Его вышина и длина вместе с притвором достигали ста локтей, ширина с севера на юг от 60 до 70 локтей; на каждой стороне притвора были выступы в 20 (или 15) локтей, так что ширина его достигала 100 локтей. Притвор внутри был 10 локтей в глубину (с вост. на запад), 50 локтей ширины и 90 высоты, с порталом в 70 локтей вышины и 25 локт. шир. без дверей (внутри сплошь покрытый золотом. Храм, как и прежний, был разделен на Святое и Святое Святых. Портал имел две открытые двухстворчатые двери, 55 локтей вышины и 16 локтей ширины, они служили входом в Святое; над ними было украшение в виде огромной золотой виноградной лозы с кистями в человеческий рост.

При входе висела вавилонская завеса, сотканная из священных цветов. В Святом, которое было 40 локт. дл., 20 шир. и 60 выш., стоял золотой светильник, стол для хлебов предложения и жертвенник для курения. Стена с дверью и завеса отделяли Святое от Святого Святых, которое было 20 локт. длины и ширины и 60 высоты и внутри было совершенно пусто. Эти и другие определения размеров Иродова храма, основанные на сведениях Иосифа Флавия и других, нельзя считать безошибочными. По сведениям раввинов, между обоими помещениями не было стены, а только двойная завеса из двух полотнищ с промежутком в один локоть. Об этой завесе Талмуд говорит, что "она была толщиною в ладонь, выткана из 72 нитей утока, причем каждая нить была скручена из 24 нитей; она была 40 локтей длины и 20 ширины". Это была та завеса, которая разодралась при смерти Христа (Мат. 27:51; Срав. Евр. 6:19; 9:3; 10:20). До крыши храма над Святилищем оставалось еще 40 локтей, которые, по всей вероятности, употреблялись, как верхние горницы. С боковых и задней сторон храма были, равно как и в Соломоновом храме, пристройки в три этажа, внутри 10 локтей ширины и все вместе 60 локтей высоты, так что самый храм возвышался на 40 локтей выше их. Крыша была двухскатная, низкая, украшенная золотыми шпицами.

Уход за храмом и охрана его лежали на обязанности священников и левитов. Во главе стражи стояло пользовавшееся почетом лицо, называвшееся "начальником стражи" при храме. Этот начальник упоминается наряду с первосвященником (Деян. 4:11; 5:24-26). Это же слово встречается также во множественном числе, когда говорится о его помощниках (Лук. 22:4, 52). Иосиф Флавий сообщает, что ежедневно требовалось 200 человек для закрывания ворот храма; из них 20 человек только для тяжелых медных ворот на восточной стороне.

Для защиты и охраны дворов храма служила также крепость Антония (Деян. 21:34), расположенная в северо-восточном углу храма, как раз там, где соединялись северная и западная колоннады. По Иосифу Флавею, она была построена на скале в 50 локтей вышиною и облицована гладкими каменными плитами, которые делали затруднительным ее взятие и придавали ей великолепный вид. Она была окружена стеною в 3 локтя вышины и снабжена четырьмя башнями, из которых 3 были в 50 локтей вышины, и четвертая на юго-востоке — 70 локтей, так что оттуда было видно все местоположение храма.

Этому роскошному храму, в притворах которого благовествовали Иисус и апостолы, не надолго было дано сохранить свою славу. Мятежный дух народа наполнил его дворы насилием и кровью, так что Иерусалимский храм представлял подлинный вертеп разбойников. В 70 году после Р.Хр. он был разрушен при взятии Иерусалима Титом. Тит хотел пощадить храм, но римские солдаты сожгли его до тла. Священные сосуды были вывезены в Рим, где изображения их еще и теперь можно видеть на триумфальной арке (см. "Светильник"). На прежнем месте храма возвышается теперь мечеть Омара, приблизительно там, где находился царский портик. Мечеть Омара — роскошное восьмиугольное здание, около 56 м вышины и 8 сторон по 22,3 м в окружности с величественным куполом; она называется также Куббет-ес-Сахра (мечеть скалы), по находящемуся внутри ее обломку скалы, около 16,6 м длины и ширины, который, по преданию, был гумном Орны, местом жертвоприношения Мелхиседека, центром земли и т. д. Под основанием храма ниже поверхности земли можно еще и теперь ходить по огромным корридорам со сводами и колоннадами древних времен; но от самого храма не осталось и камня на камне.

Хранилище (Мат. 23:5), греч. филактерии. В Исх. 15:9-16, сказано в постановлении относительно празднования Пасхи и освящения первенцев, что оно будет Израилю знаком на руке его, и памятником перед глазами его (ст. 9), и вместо повязки (евр. тотафот) над глазами их; в Втор. 6:8; 11:18 повторяется то же относительно всех заповедей Господних вообще. Эти предписания некоторыми были поняты как иносказательные обороты речи, имеющие целью запечатлеть важность того, чтобы закон Божий всегда был как бы перед глазами; так понимают это евреи-караимы, отвергающие предания. Другие же думают, что в этих местах имеются в виду внешние знаки, как напоминание при молитве. Языческий обычай татуировать на теле "священные" знаки, например, у древних египтян или у теперешних бедуинов, строго воспрещался законом (Лев. 19:28); но он допускал ношение известных внешних знаков с надписями для святой цели. Таковым знаком была золотая дощечка на кидаре первосвященника с надписью: "Святыня Господня" (Исх. 28:36); срав. знак Иезекииля (Иез. 9:4) и конские уборы Зах. 14:20). По их мнению, имеется в виду нечто подобное, также и в вышеприведенных постановлениях закона. Так же понимали это во времена Христа евреи, которые в соответствии с этими постановлениями, пользовались при совершении молитв особыми молитвенными ремнями (евр. тефиллин); их Иисус имел в виду, когда в Мат. 23:5 говорит, что "они расширяют хранилища свои; они назывались филактериями или хранилищами и предназначились для лучшего сохранения в памяти закона Божия или для защиты от злых духов.

Евреи-талмудисти пользуются двумя родами молитвенных ремней или тефиллин. Первый род, который называется "тефиллин шель рош", т.е. молитвенный ремень для головы, приготовляется следующим образом: на деревянном кубике варезаются три продольные выемки глубиною, приблизительно, в конечный сустав мизинца; благодаря этим выемкам, получаются четыре выпуклости, на которые накладывается размоченная в воде кожа чистого животного; после того, как она высохнет, ее снимают, таким образом, получается маленькая кожаная коробка с четырьмя отделениями. В эти отделения кладут четыре кусочка пергамента, на которых мелким и красным шрифтом написаны следующие 4 места из закона Моисеева: 1)Исх. 13:2-10: "Освяти Мне каждого первенца" и т. д.; 2) Исх. 13:11-16: "И когда введет тебя Господь в землю Хананскую" и т. д; 3) Втор. 6:4-9: "Слушай Израиль: Господь Бог твой, Господь един есть" и т. д.; 4) Втор. 11:13-21: "Если вы будете слушать заповеди Мои" и т. д. Ко дну коробки, сделанному из крепкой двойной кожи, прикрепляется длинный ремень из мягкой кожи, которым коробка привязывается к голове. Все это должно быть окрашено в черный цвет и сделано евреем. Концы ремня должны спускаться по плечам на грудь.

Второй род хранилища называется "тефеллин шель яд", т. е. молитвенный ремень для руки. Он состоял из кожаной коробочки с ремнями; но эта коробка немного меньше и только с одним отделением, в которое кладется один кусок пергамента с теми же библейскими текстами, что и в первом случае. Эти молитвенные ремни укрепляются на левой руке так, что когда рука сгибается, коробка прижимается к сердцу, согласно слов закона: "Положите сии слова Мои в сердце ваше" (Втор. 11:18). Ремень должен быть настолько длинным, чтобы его можно было 7 раз обернуть вокруг руки и 7 раз вокруг среднего пальца, и чтобы он мог затем немного свисать с пальца.

Употребление молитвенных ремней вообще свято соблюдается евреями. Они одевают их всегда во время совершения утренней молитвы. Молитва, которую произносит еврей, одевая тефиллин, гласит так: "Да будешь Ты прославлен, Господь Бог наш, Царь мира, Который освятил нас Твоими заповедями и дал нам повеление о тефиллин".

Другим внешним знаком набожности являлись кисточки, которые израильтяне укрепляли на четырех углах покрывала для того, чтобы они напоминали им о соблюдении заповедей Божиих (Втор. 22:12). В каждой кисти должна была выделяться нить голубого цвета (Чис. 15:38 и дал.). Так как, по исчислению раввинов, в законе находится 248 заповедей и 365 запрещений, в суме 613 — число, равное количеству букв в 10 заповедях, то они дали подробные предписания о том, как должны быть сплетены и обмотаны нити кистей для того, чтобы получить символическое значение упомянутого числа. Некоторые раввины объясняют, что заповедь о кисточках у покрывал так же важна, как все остальные. Кисточки покрывала первоначально находились на верхнем платье, состоявшем из длинного куска материи с отверстием для головы посередине, так что оно было своего рода мантией. Когда же ношение его евреями вызвало всеобщие насмешки и стало признаком для их познания во время преследований, то они уменьшили эти покрывала и стали носить их как нижнее платье. Правоверный еврей носит еще и теперь свое покрывало с 4 кисточками. В субботы и праздники в синагогах евреи поверх своих одежд одевают большое покрывало с кистями. Эти кисти фарисеи делали очень большими, что известно из Мат. 23:5. И когда мы читаем, что больные хотели прикоснуться к "краю одежды Его", то тут имеется в виду подобная кисть на Его покрывале (Мат. 9:20; 14:36; Лук. 8:44).

Хризолиф. См. "Драгоценные камни".

Хризолит. См. "Драгоценные камни".

Хризопраз. См. "Драгоценные камни".

Христиане. Так впервые были названы последователи Христа в Антиохии (Деян. 11:26) около 43 г. по Р.Хр., вероятно, потому что тамошняя церковь, состоявшая из верующих евреев и язычников, была известна, как община, отделенная от евреев. Это название дано было им язычниками; сами же они называли себя "верующими", "братьями" или "святыми"; евреи называли их назореянами (евр. ноцри́н или галилеянами. Следовательно, название христианин в Новом Завете является презрительным прозвищем. Срав. его употребление в Деян. 26:28; 1 Пет. 4:16.

Христос — греческий перевод еврейского слова Мессия, т.е. помазанник. См. "Мессия".

Хроника Исаии, сына Амосова, пророка. См. "Библия".

Хуб — народ или страна, упоминаемая вместе с Египтом и Эфиопией (Иез. 30:5).

Хуза, домоправитель Ирода Антипы; жена его Иоанна была одной из тех женщин, которые служили Иисусу своим имением (Лук. 8:3).

Хул — один из сыновей Арама (Быт. 10:23); предполагают, что его потомки жили в Сирии, в местности вокруг озера Мерома, к югу от Ермона, которая до сих пор называется Хуле. Некоторые считают местом их жительства Целезирою — долину между Ливаном и Антиливаном.

Хусарсафем — Куша́н Ришата́им.

Хусарсафем — царь Мессопотамии, который покорил израильтян и был для них орудием наказания в течение 8 лет, пока они не возопили к Господу и Он не воздвиг им избавителя в лице Гофониила (Суд. 3:8).

Хулить. Хула — евр. хилуль, каала́.

Хула или поношение имени Бога наказывалось смертью (Лев. 24:10 и дал.). За "хулу" приговорили к смерти Иисуса Христа и Стефана. Хула на Духа Святого состояла в том, что чудеса Иисуса, сотворенные "перстом Божиим" и силою Святого Духа, приписывали силе и действию сатаны (Мат. 12:31 и дал.; Мар. 3:28 и дал.; Лук. 12:10 и дал.).

Хусий — Хуши.

Хусий, друг Давида, пошел к нему навстречу, когда последний бежал от Авессалома. Одежда Хусия была разодрана и голова посыпана прахом. По просьбе Давида он возвратился в Иерусалим, сделался советником Авессалома и повел дело так, что план Ахитофела не удался (2 Цар. 15:32 и дал.; 16:16 и дал.; 17).

2) Слуга Иоава, посланный к Давиду после битвы с Авессаломом; ему пришлось только сообщить печальное известие (о смерти Авессалома), ибо Ахимаас первый рассказал Давиду о победе (2 Цар. 18:21 и дал.).

Хуш (евр. Куш) упомиается в родословии (Быт. 10:6), как старший из сыновей Хама. Это имя стоит в Библии в близкой связи с Мицраимом, т.е. Египтом; в клинописях слово Кузи (Хуш) помещено рядом с Музур (Мицраим). Следовательно Хуш обозначает народ, живший по соседству с Египтом. Это подтверждается тем, что титул: "царь Египта и Хуша" в клинописях чередуется с титулом "царь Египта и Милухи" (вероятно, Мероэ). Хуш обозначает Эфиопию к югу от Египта; в Ветхом Завете Египет и Эфопия (Хуш) часто упоминаются вместе (Ис. 20:3 и дал.; Иер. 46:8 и дал.). В некоторых местах слово Хуш, вероятно, нужно понимать в более широком значении, как южные народы вообще. В таком смысле некоторые толкуют слово Хуш в Быт. 10:8 и 2: 13).

Исаак благословляет Иакова.

Ц

Цаан (Мих. 1:11). См. "Ценан".

Цаанним. См. "Цананним".

Цананним, место в колене Неффалимовом (И. Нав. 19:33); вероятно, то же место, что и Цаанним, где кенеянин Хевер раскинул свой шатер (Суд. 4: 11).

Цапля (Лев. 11:19). См. "Нист".

Цареда, родина царя Иеровоама 1. (3 Цар. 11:26).

Царедворец обозначает: 1) начальника с телохранителей; его дом был соединен тюрьмой (Быт. 37:36; 4 Цар. 25:8); 2) начальника дворца, основ. текст — "над домом" (3 Цар. 4:6; 4 Цар. 18: 18) и 3) начальника волхвов. См. "Волхв".

Царера (Суд. 7:22). См. "Цареда".

Цари и земля Израилева — евр. ме́лех Исраэль и Арец Исраэль.

Цари и земля Израелева. После судей израильский народ стал управляться царями. Три первых из них: Саул, Давид и Соломон, царствовали над всем, еще не разделенным Израилем. После смерти Соломона, при его сыне Ровоаме, отпали 10 колен в 975 г. до Р. Хр. и создали особое царство, называемое Израильским. Только 2 колена, Иудино и Вениаминово, остались верными дому Давида и составили царство, называемое Иудейским (3 Цар. 12:23; 4 Цар. 11:12). Впоследствии большая часть колена Вениаминова соединилась с северным царством, или царством Израильским, и только южная его часть со столицею Иерусалимом принадлежала Иудейскому царству. (Срав. 3 Цар. 15:22). Но Иудейскому царству принадлежали еще владения Дана и Симеона — природные границы были причиной этого; этим коленам было невозможно присоединиться к Израильскому царству, т. к. они были отделены от него могущественной Иудейской страной. Города колена Данова: Цора и Аиалон причисляются к коленам Иудину и Вениаминову (2)Пар. 11:10); также Секелаг и Вирсавия, принадлежавшие колену Симеонову, считались за Иудеей (1 Цар. 27:6; 3 Цар. 19:3). Израильское царство было гораздо больше и многолюднее Иудейского. По "Библейскому атласу" Киперта, площадь Израильского царства была в 3 раза больше площади царства Иудейского.

ТАБЛИЦА ЧИСЛЕННОСТИ СПОСОБНЫХ К ВОЙНЕ ИУДЕЕВ И ИЗРАИЛЬТЯН В РАЗЛИЧНЫЕ ПЕРИОДЫ ВРЕМЕН

При выходе из Египта	600.000	(Исх. 12:37)
Год спустя	603.550	(Чис. 1:46)
При вступлении в Ханаан	601.730	(Чис. 26:51)
Во времена судей, после междоусобной войны	426.700	(Суд. 20:2, 15, 17)
Войско Саула	330.000	(1 Цар. 11:8)
Войско Давида	1.300.000	(2 Цар. 24:9)
(То же по другим свидениям)	1.570.000	(1 Пар. 21:5)
Войско Авоии, царя Иудейского	400.000	(2 Пар. 13:3)
Войско Иеровоама, царя Израильского	800.000	(2 Пар. 13:3)
Войско обоих царств вместе	1.200.000	
Войско Иудейского царя Асы	580.000	(2 Пар. 14:8)
Войско Иосафата, сына Иудейского царя Асы	1.160.000	(2 Пар. 17:14-18)

Если предположить, что отношение между способными к войне мужами и всем народам равно 1 к 5, то количество всего населения выразится числом 6.500.000 чел.

Израильское (север.) царство иногда называется пророками "Ефремом", потому что колено Ефремово занимало первенствующее место среди остальных. В колене Ефремовом находился также город Самария, который одно время был столицей царства. (См. Ос. 6; 7; 8; Ис. 11:13 и другие места).

О количестве населения этих двух царств нет определенных сведений, но можно все-таки вывести некоторые заключения, принимая в расчет число воинов; счисление Давида дало 800.000 мужей способных к войне из израильтян и 500.000 из иудеев (2 Цар. 24:9) или, по 1 Пар. 21:5 — 1.100.000 израильтян и 470.000 иудеев. Иеровоам имел войско в 800.000 мужей, иудейский царь Авия 400.000 (2 Пар. 13:3). Эти цифры указывают на население в 5.000.000 человек. Страна, в границах которой жила и двигилась вся эта масса людей, была совсем незначительной, по сравнению с теми могущественными государствами, которые ее окружали. Вся израильская земля, т.е. оба царства вместе, занимали площадь, равную 40.000-50.000 кв. километров, — ничто, по сравнению, например, с Аравией, занимающей пространство в 5 млн. квадратовых км. Северная и средняя части Ханаана были, без сомнения, самые плодородные. Но насколько царство Израильское имело больше преимуществ в отношении границ и количества населения, настолько оно уступало Иудейскому царству по своей внутренней силе. Во все время 250-летнего существования царства Израильского мы видим постоянные внутренние междоусобицы, частую смену царей, безнравственность и идолопоклонство. За это время царство управлялось 19 царями, принадлежавшими к 9 различным княжеским домам. Все они, без исключения, были безбожниками. Иудейское же царство, существовавшее 387 лет после разделения, в течение всего времени, управлялось 19 царями, исключительно из дома Давидова, и некоторые из них были "мужами по сердцу Господа". Столицей Израильского царства были поочередно: Сихем, Фирца и Самария. Отделение от святыни Иерусалима, внутренние раздоры, вызванные борьбой партий и частые нападения внешних врагов с разных сторон сделали то, что разложение здесь произошло гораздо раньше, чем в Иудее. В 721 году до Р.Хр. последний царь Осия был уведен в плен, вместе с большей частью народа, часть которого уже ранее была выселена. Самария пала и Израильское царство прекратило свое существование. Северные колена, как целый народ, больше не возвратились из плена. Те же отдельные группы, которые возвращались, смешались с потомками Иуды и Вениамина. Но и в то темное время упадка пророки смотрели на оба разделенные друг от друга народа, как на ветви одного и того же "народа Божия", на "два дома Израиля" (Ис. 8:14). Иезекииль же пророчествует о времени, когда оба народа будут составлять одно, под властью одного царя, Давида (Иез. 37:15-28).

Следующая таблица показывает в начале тех царей, которые царствовали до разделения колен, а потом тех, которые царствовали одновременно в Иудейском и Израильском царствах. Нужно заметить, что у различных хронологов замечается разница в годах, зависящая от различных способов счисления по библейским сведениям. Когда еврейские авторы указывали приблизительные числа, то случалось, что части годов иногда не принимались во внимание, а иногда неполные года считались за полные, результатами чего явилось некоторое различие в годах у разных авторов.

Притча о работниках в винограднике.

СРАВНИТЕЛЬНАЯ ТАБЛИЦА ЦАРЕЙ ИУДЕЙСКИХ И ИЗРАИЛЬСКИХ

1. ЦАРИ НЕРАЗДЕЛЕННОГО ИЗРАИЛЬСКОГО ЦАРСТВА

Саул (1 Цар. 15:1) — царствовал 1095 - 1055 до Р.Хр.
Ивосфей (2 Цар. 2:10) — царствовал над всем Израилем, кроме колена Иудина 1055 - 1053 до Р.Хр.
Давид (2 Цар. 5:17) после Ивосфея царствовал над всем Израилем 1055 - 1015 до Р.Хр.
Соломон (Неем. 13:26) — царствовал над всем Израилем 1015 - 975 до Р.Хр.

2. ЦАРИ В РАЗДЕЛИВШЕМСЯ ЦАРСТВЕ ИЗРАИЛЬСКОМ

	Царство Иудейское			**Царство Израильское**
2.	Авия	с 975 г. до Р.Хр.	1.	Иеровоам 1.
3.	Аса	с 958 г. до Р.Хр.		
4.	Иосафат	с 955 г. до Р.Хр.		
		с 954 г. до Р.Хр.	2.	Нават
		с 953 г. до Р.Хр.	3.	Вааса
		с 930 г. до Р.Хр.	4.	Ила
		с 929 г. до Р.Хр.	5.	Замврий
		с 929 г. до Р.Хр.	6.	Амврий
		с 918 г. до Р.Хр.	7.	Ахав
1.	Ровоам	с 914 г. до Р.Хр.		
		с 897 г. до Р.Хр.	8.	Охозия
		с 896 г. до Р.Хр.	9.	Иорам
5.	Иорам	с 889 г. до Р.Хр.		
6.	Охозия	с 885 г. до Р.Хр.		
	(Гофолия, царица)	с 884 г. до Р.Хр.	10.	Ииуй
7.	Иоас	с 878 г. до Р.Хр.		
		с 856 г. до Р.Хр.	11.	Иоахаз
		с 839 г. по Р.Хр.	12.	Иоас
8.	Амасия	с 838 г. до Р.Хр.		
		с 825 г. до Р.Хр.	13.	Иеровоам 2.
9.	Озия (Азария)	с 810 г. до Р.Хр.		
		с 784 г. до Р.Хр.		Анархия
		с 772 г. до Р.Хр.	14.	Захария
		с 772 г. до Р.Хр.	15.	Селлум
		с 771 г. до Р.Хр.	16.	Менаим
		с 761 г. до Р.Хр.	17.	Факия
		с 759 г. по Р.Хр.	18.	Факей
10.	Иоафам	с 758 г. до Р.Хр.		
11.	Ахаз	с 742 г. до Р.Хр.		
		с 739 г. до Р.Хр.		
		с 730 г. до Р.Хр.		Анархия?
12.	Езекия	с 726 г. до Р.Хр.	19.	Осия
	Падение Самарии	с 721 г. до Р.Хр.		Падение царства Израильского
13.	Манассия	с 697 г. до Р.Хр.		
14.	Амон	с 642 г. до Р.Хр.		
15.	Иосия	с 640 г. до Р.Хр.		
16.	Иоахас	с 610 г. до Р.Хр.		
17.	Иоаким	с 609 г. до Р.Хр.		
18.	Иехония	с 599 г. до Р.Хр.		
19.	Седекия	с 599 г. до Р.Хр.		
	Падение Иерусалима	с 588 г. до Р.Хр.		Падение царства Иудейского.

Царица Неба, см. "Астарта".

Царская долина — евр. Эмек амéхех.
Царская долина или долина Шаве — место, где Авраам был встречен содомским царем. Туда же вышел Мелхиседек благословить его (Быт. 14:17). Полагают, что это была Кедронская долина, на восток от Иерусалима. В этой царской долине Авессалом поставил себе памятник (2 Цар. 18:18).

Царство Божие. См. "Царство небесное".

Царство мертвых. См. "Ад".

Царство Небесное — евр. Макáт Шамáит.
Царство Небесное, собственно "Царство Небес" (Мат. 3:2), название, которое встречается только у евангелиста Матфея; предсказано Даниилом (Дан. 2:44; 7:13 и дал.), чаще называется Царством Божиим (Мат. 12:28; Мар. 1:14 и дал.; Лук. 6:20; Иоан. 3:3; Рим. 14:17) и изредка Царством Христа (Лук. 1:33; Еф. 5:5; Кол. 1:13). Некоторые придерживаются того мнения, что Царство Небесное и Царство Бо-

жие исключительно обозначают то Царство Христа, которое явится в будущем; конечно, многие места Писания должны пониматься так, например, Мат. 8:11; 13:43; 16:28; 25:1, 34; Мар. 14:25; Лук. 13:29; 19:11; 22:16, 18; Мат. 6:10 и также то место, где Павел выражает надежду, что Господь избавит его от зла и сохранит для Своего Царства (2 Тим. 4:18; Срав. 2 Тим. 4:1). Но верно и то, что эти слова в некоторых местах Писания обозначают уже существующее здесь на земле Царство Божие, а также и господство Христа над душами: "Праведность, мир и радость в Духе Святом (Рим. 14:17) объединяются словами "Царство Небесное" или "Царство Божие". Когда, например, Христос говорит: "приблизилось Царство Небесное" (Мат. 4:17; 10:7), "достигло до вас "Царствие Божие" (Мат. 12:28), или, "отнимется от вас Царствие Божие" (Мат. 21:43), "Царство Небесное силою берется" (Мат. 11:12), "всякий усилием входит в него (в Царствие Божие (Лук. 16:16) или когда Христос говорит книжнику: "недалеко ты от Царствия Божия" (Мар. 12:34), и когда Павел побуждает верующих благодарить Отца, Который избавил их от власти тьмы и ввел в Царство Сына Своего (Кол. 1:13), то ясно, что эти места нельзя понимать в смысле будущего царства, но царства, существующего уже теперь. В противовес мнению фарисеев, что Царство Божие придет приметным образом, Иисус говорит, что Царствие Божие внутри них (Лук. 17:21). Посреди них было Царство Мессии, потому что Христос был и действовал среди них (Иоан. 1:26). Там, где находится Он, законный Царь, поддерживающий Свое Царство, назначенный для того Своим Отцом (Лук. 22:29), — там и было видимое Царство Мессии (которое Он окончательно установит при Своем втором пришествии) в первоначальной форме, подобно семени, горчичному зерну, закваске и т.д." (Мейер). И это Царство Мессии или Небесное Царство, короче говоря, есть подчинение всего Богу через Христа, так что "Бог будет все во всем" (1 Кор. 15:25 и дал.).

Цартан. 1) Место близ города Адама, где остановились воды Иордана при переходе израильтян; может быть, то же, что

2) Цартан близ Сокхофа, в окрестностях которого Соломон отливал в глинистой земле разные вещи из меди для храма (3 Цар. 7:46) и то же, что

3) Цартан в 3 Цар. 4:12, близ Бефсана, в верхней Иорданской долине.

4) Цартан (3 Цар. 7:46). См. "Цереда".

Царь — евр. ме́лех.

Царь. Это слово в Священном Писании не всегда обозначает властелина большой области. Отдельные города или города с прилежащими селами имели своих собственных царей. Нередко царями называли таких лиц, которых мы назвали бы начальниками или предводителями. Этим объясняется, почему небольшой Ханаан имел множество царей, из которых 31 были побеждены Иисусом Навином (И. Нав. 12:9 и дал.), а остальные бежали от него. Адони-Везек, самый могущественный из хананейских царей, говорит о 70 царях, которых он покорил и отрубил им пальцы (Суд. 1:7; Срав. 3 Цар. 4:24).

Израильтянами управляли сперва старейшины, например, в Египте, затем вожди, избранные Богом, например, Моисей и Иисус Навин, и, впоследствии, судьи, например, Гедеон и Самуил. Эти вожди и судьи не были властителями народа, как цари у язычников. Гедеон отказался от предложенной ему царской власти, потому что только один Иегова должен был быть Владыкой народа.

Израильтяне имели теократический образ правления, т.е. их главою был Бог (даже в вопросах, касающихся политики), Который управлял народом посредством данных Им законов и тех представителей, которых Он избрал, чтобы творить суд и расправу (Суд. 8:23; Втор. 33:5). Недовольный плохим управлением Иоиля и Авии, сыновей Самуила, и боясь аммонитского царя Нааса, народ стал просить у Самуила царя (1 Цар. 8:5; 12:12). Их просьба была неугодна Богу, так как этим израильтяне изменнически и мятежно отказались от Его непосредственного управления (1 Цар. 8:7). Несмотря на это, Бог дал им царя. В законе такой случай был предвиден (Втор. 17:14 и дал.); в нем указывалось на то, что царь должен изучать Закон Господень и поступать по нему, чтобы в будущем для Израиля остались в силе слова: "Господь — судья наш, Господь — законодатель наш, Господь — царь наш" (Ис. 33:22); свобода царя была ограничена законом: он не мог быть иностранцем; ему воспрещалось заводить для себя множество коней, иметь много жен и умножать себе серебра и золота (Втор. 17). Страх Божий должен был быть его основным законом, следовательно, идолопоклонство было государственной изменой. Пророк или первосвященник Божий помазывал царя, возлагал венец на его голову и давал ему скипетр в руки (1 Цар. 10:1; 12:12 и дал.; 3 Цар. 1:39, 45; 4 Цар. 9:1 и дал.; 11:12; Псл. 20:4). Через Своих священников и пророков Бог давал нужные и испрошенные указания, касающиеся государственных дел; и эти орудия Божии (пророки и священники) имели большое влияние на историю народа. О Иудейских и Израильских царях см. "Цари и земля Израилева".

Цафнаф-пансах. См. "Иосиф 1."

Цветок кипера (Евр. кофер, араб. алхенна), куст около 3,3 м вышины (Lawsonia inermis) из семейства Lythra ria с благоухающими светло-желтоватыми цветами, напоминающими виноградную кисть. Его родина в Ост-Иидии, Персии, Сирии и Египте. Египтянки носили эти цветы на груди; аравитянки до сих пор красят отваром из листьев этого растения ногти, концы пальцев, лицо и ноги. Иногда можно встретить девушек, у которых руки так окрашены этим растением, как будто они в перчатках. Полагают, что в Песн. П. 1:13; 4:13 говорится про это растение.

Цветок — евр. ховаце́лет-шаро́н.
Цветы в Сароне (Песни П. 2:1) считают, что это нарциссы, которые вместе с другими растениями из семейства лилий, покрывают весною Сарон чудными коврами; у Ис. 35:1 они называются нарциссами.

Цевоим. 1) Долина в колене Вениаминовом, простирающаяся почти до Иерихонской пустыни (1 Цар. 13:18).
2) Один из городов, которые были истреблены вместе с Содомом (Быт. 10:19; 14:2-8; Втор. 29:23; Ос. 11:8).

Цедад, место на северной границе Ханаана (Чис. 34:8; Иез. 47:15).

Цела, город в колене Вениаминовом (И. Нав. 18:28); где Кис, отец Саула, имел семейную могилу, в которой были погребены Саул и Ионафан (2 Цар. 21:14).

Целцаха, место на границе колена Вениаминова, близ гроба Рахили (1 Цар. 10:2).

Цемараим, город в колене Вениаминовом (Ис. Нав. 18:22).

Цемараимская гора, расположена в гористой части колена Ефремова (2 Пар. 13:4).

Цемарей (Быт. 10:18; 1 Пар. 1:16), хананейское племя в северном Ханаане. Следы этого названия находят в "Сумра", развалины к северу от Ливана.

Ценан, город в низменной части Иудеи (И. Нав. 15:37); у Мих. 1:11 он назван Цааном.

Церуа, мать Иеровоама, сына Наватова (3 Цар. 11:26).

Цефат, долина близ Мареши, к юго-западу от Иерусалима, где Аса разбил эфиоплянина Зарая (2 Пар. 14:10).

Цефаф — Цефа́т.
Цефаф, хананейский царский город на южной границе Иудеи. Он был завоеван после смерти Иисуса Навина и впоследствии назван Хорма, т.е. опустошение (Суд. 1:17), под каковым названием он обыкновенно и упоминается (И. Нав. 12:14; 15:30; 19:4, и даже в Чис. 21:3). Здесь израильтяне были отброшены при своей первой попытке проникнуть в Палестину Чис. 14:40 и дал.; Втор. 1:44). Следы этого названия одни находят в горном ущелье Сафа в растоянии 30 км. к юго-западу от Мертвого моря; другие же видят его в Себете, расположенном в 70 км. к югу от Газы, где имеются значительные остатки башен, стен и водоемов.

Цивеон, евеянин, отец Аны (Быт. 36:2); вероятно, то же, что и Цивеон, хорреянин, сын Сеира (ст. 20:24, 29).

Цивья (газель) из Вирсавии, мать Иудейского царя Иоаса (4 Цар. 12:1).

Циддим, укрепленный город в колене Неффалимовом (И. Нав. 19:35).

Циклаг (Секелаг), город в пределе колена Иудина (И. Нав. 15:31), предназначенный колену Симеонову (19:5). Он находился в руках филистимлян во время Саула; Анхус отдал его Давиду, который жил там некоторые время. Впоследствии город был имением иудейских царей (1 Цар. 27:6; 2 Цар. 1:1; 4:10). Однажды в отсутсвие Давида он был ограблен амаликитянами, которые были наказаны за это Давидом (1 Цар. 30). После плена евреи поселились также в Циклаге.

Цилла, одна из двух жен Ламеха, мать Тувалкаина (Быт. 4:19 и дал.).

Цифрон, одно из северных пограничных мест Ханаана близ Цедада (Лев. 34:8, 9).

Циц, возвышенность близ Фекоя, где Иосафат разбил аммонитян и моавитян (2 Пар. 20:16).

Цоан, древний город в Египте (Чис. 13:23; Ис. 30:4); в нем совершились некоторые из чудес Моисея (Псл. 77: 12, 43); князей этого города пророк Исаия называет "обезумевшими" (Ис. 19:11, 13); Господь угрожает истребить Цоан огнем (Иез. 30:14). Цоан то же, что упоминаемый греками царский город Танис, у Таинского рукава Нила. Теперь он представляет груды развалин, обелисков и т. п., которые еще носят прежнее название — Цоан. Срав. "Фараон" и "Рамзес".

Цора, город в колене Иудином или Дановом, родина Маноя и Самсона (Суд. 13:2, 25; 16:31; 2 Пар. 11:10); может быть, теперешнее селение Цора в 20 км к западу от Иерусалима.

Цофай. См. "Елкана 2".

Цур, мадианитский князь, дочь которого, Хазва, была убита Финеесом (Чис. 25:15 и дал.), и который впоследствии сам пал в войне с израильтянами (Чис. 31:8; И. Нав. 13:21).

Цуф. См. "Елкана 2"; "Рама 2".

Ч

Чайка — нечистая птица (Лев. 11:16).

Час. См. "День".

Чаша. Срав. Быт. 44:2; 3 Цар. 7:50; Отк. 5:8 и дал.

Человек греха. См. "Антихрист".

Червь. См. "Саранча".

Чермное море или Красное море — евр. Ям-Суф.

Чермное море или Красное море, через которое израильтяне были переведены Моисеем, представляет залив Индийского океана к востоку от Египта. Евреи называли его Суфским морем, т.е. Тростниковым морем, по причине обильно растущего у его берегов тростника (Исх. 10:19; 13:18; 15:4, 22; Чис. 14:25). Древние называли Чермным или Красным морем всю северо-западную часть Индийского океана (от восточного мыса Африки до устьев Инда) с его двумя заливами — Аравийским и Персидским, которые омывают Аравийский полуостров. Упоминаемое в Библии Чермное море является частью Аравийского моря, которая простирается от Бабельмандебского пролива до Суэца, и имет в длину около 2000 км. В северном конце это море разделяется на два залива: Суэцкий и Акабский, который также называется Чермным морем в Цар. 9:26. Эти заливы, из которых первый длиною около 250 км, а второй около 160, омывают Синайский полуостров, бывший местом странствования израильтян по пустыне и издания закона.

О переходе через Чермное море повествуется в Исх. 14 и воспевается в хвалебных песнях Моисея и израильтян (Исх. 15:15; Псл. 77; 105; 135). Последняя египетская казнь заставила упорного фараона отпустить народ Божий, и в 15-ый день первого месяца народ израильский вышел из Раамсеса в Сокхоф в количестве до шестисот тысяч пеших мужчин, кроме женщин и детей (Исх. 12:37). Из Раамсеса они в течение ночи пришли в Сокхоф, сопровождаемые множеством разноплеменных людей и весьма большими стадами крупного и мелкого скота. Вместо того, чтобы итти прямой дорогой через землю филистимскую вдоль берега Средиземного моря (Исх. 13:17), они двинулись к югу и расположились станом в Ефраме, между египетской и арабской пустынями (Исх. 13:20; Чис. 33:8).

Тогда Господь повелел Моисею сказать сынам израилевым, чтобы они обратились и расположились станом пред Пи-Гахирофом, между Мигдолом и морем, пред Вааль-Цефоном (Исх. 14:2). Вместо того, чтобы вступить в Аравийскую пустыню между горькими озерами и северо-западной оконечностью Чермного моря, Моисей повернул обратно по направлению к Египту, т.е. он двигался не в восточном направлении вдоль правого берега моря, а вдоль его западного берега, по направлению к Пи-Гахирофу (может быть, к теперешней крепости Аджеруд к западу от Суэца). Мигдол и Ваал-Цефон находились, вероятно, на горе Аттака, которая окружала израильтян спереди и с правой стороны, в то время как море было от них налево и пустыня сзади. Итак, израильский народ стоял здесь окруженный пустынею, горами и морем, и неудивительно, что они весьма устрашились, увидя позади себя колесницы и всадников фараона, с которыми он, уверенный в удаче, намеревался вернуть их обратно (Исх. 14:3, 10). Моисей старался усмирить ропщущий народ, взывая сердцем к Богу, и получил повеление двинуться с народом вперед. Ангел Господень вместе с огненным столпом стал позади народа — между египтянами и израильтянами, и был огненный столп облаком и мраком для египтян, для израильтян же он освещал дорогу. "Моисей простер руку свою на море, и гнал Господь море сильным восточным ветром всю ночь и сделал море сушею; и расступились воды" (Исх. 14:21). Израильтяне прошли по дну моря; вода же стояла стеной по правую и левую сторону. Египтяне гнались за ними по дну моря и Господь потопил их в то время, когда все израильтяне вышли на другой берег. Израильтяне видели руку Господню, убоялись виденного и поверили Господу и Моисею, рабу Его (Исх. 14:15, 30, 31).

После перехода через Чермное море, израильтяне, по всей вероятности, очутились на том месте, которое до сего времени носит название Айюн-Музы, т.е. источники Моисея, откуда и вступили в пустыню Сур. После трехдневного пути они пришли в Мерру, где горькая вода чудом была сделана годной для питья (Исх. 15:22, 25). Тронувшись оттуда, они пришли в Елим, где были источники и финиковые деревья (Исх. 15:27). После этого в 15-ый день второго месяца (после исхода из Египта) они пришли в пустыню Син, между Елимом и Синаем (Исх. 16:1). По Чис. 33:10, они перед этим расположились станом у Чермного моря. Здесь в последний раз они видели Чермное море и берега страны рабства. Из пустыни Син израильтяне продолжали путь, с небольшими остановками в Дофке и Алуше, и расположились в Рефидиме (Исх. 17:1; Срав. Чис. 33:12 и дал.). Из Рефидима они пришли в Синайскую пустыню в третий месяц по выходе из Египта и расположились станом против горы Господней (Исх. 19). Срав. "Синай". Здесь они оставались около года, или до 20-го дня второго месяца второго года после исхода из Египта (Чис. 10:11). О дальнейшем пути израильтян от Синая до Ханаана, см. "Странствование по пустыне".

Чернила (евр. дьо). См. "Книга".

Черта (Лук. 16:17; Мат. 5:18), знаки (маленький рог, круг или тире), благодаря которым схожие буквы отличаются друг от друга.

Чеснок (евр. шум), см. "Лук".

Честь, см. "Слава".

Четверица. Это слово встречается в Деян. 12:4. Оно обозначает стражу, состоящую из четырех солдат, из которых одной паре поручалось стеречь пленника, а другой — стоять на страже у дверей темницы. Для каждой из четырех страж ночи была назначена одна такая четверица, следовательно втечение ночи всего — шестнадцать человек.

Число. С древнейших времен различным числам приписывали тайные значения. Философы, последователи Пифагора (около 500 г. до Р.Хр.), утверждали, что числа являются основным началом и сущностью вещей и подробно определили качества и роды чисел. По их утверждению, один есть мужское число, ибо от него происходят все остальные, два — женское число, потому что соединение 1 и 2 производит единство и многообразие; три — первое совершенное число, так как 3 помноженное на 3, больше, чем 3 сложенное с 3, чего не бывает с 2, ибо $2\times2=4$ и $2+2=4$. Нечетные числа — ограничены: четные же неограничены; ибо четное число можна делить пополам, тогда как нечетное при таком делении дает остаток. Число 4 совершеннее числа 3, ибо в четырех первых числах заключена вся полнота или 10 $(1+2+3+4)$; 10 есть число окончания, величайший символ мирового порядка. У человека также 10 пальцев на руках и 10 на ногах. Число 7 является символом святости, здоровья и разума; 8 — число любви, дружбы и творчества и т. д.

Подобным образом некоторые исследователи Библии стремились объяснить символику библейских чисел, например: 12 есть число хроматической гаммы, ибо октава заключает 12 полутонов; но, чтобы гамма стала законченным целым нужно добавить тринадцатый полутон, — следовательно $12=13$. Так, известно о $12+1$ подвигах Геркулеса; о $12+1$ коленах израилевых, о $12+1$ апостолах и т.д.

Число 12, как произведение совершенных чисел 3 и 4, является также священным числом семейства; поэтому Бог называется Богом Авраама, Исаака и Иакова, — трех отцов; и 12 колен произошли от 4 матерей: Лии, Рахили, Валлы и Зелфы.

Примеры на число 3 в Библии следующие: отречение Петра повторилось трижды; Иисус у Геннисаретского озера обратился к Петру с вопросом также 3 раза; видение, которое ему было (Деян. 10) повторилось также 3 раза; 3 года искал плодов на смоковнице (Лук. 13:7), в 3 меры муки женщина положила закваску (Мат. 13). Также и в книге Отк. 3:5 — три обещания; 3:8 — 3 слова хваления; 3:12 — 3 имени; 3:18 — 3 совета; 4:5 — 3 предмета, которые исходили от престола; 4:8 — троекратное "свят", равно как и в Ис. 6:3 и т.д.

Число 4 встречается в следующих местах: Отк. 4:6 — 4 животных; 7:1 — 4 ангела; 4 угла земли; 4 ветра; 12:9 — 4 имени сатаны; 14:7 — 4 сотворенных Богом предмета; 12:10 — 4 совершенства власти Бога; 17:15 — 4 имени народов и т.д.

Как примеры на число 5, половину 10, приводят Исх. 22:1; Лев. 22:14; Мат. 25:12.

Число 7 называется "истинно святым числом", как соединение числа 3 — божественного совершенства, и 4 — мирового порядка; следовательно оно является символом союза Бога с человеком, или общения между Богом и Его творением. В 7 день, после шести дней творения, Бог почил. По 7 пар из чистых животных должно было взять в ковчег (Быт. 7:2). Урожайных годов в Египте было 7 и неурожайных тоже 7 (Быт. 41:29 и дал.). Каждый 7-ой день был свят, также каждый 7-ой год и после 7×7 лет, наступал юбилейный год. Большие праздники праздновались 7 дней; при многих жертвоприношениях число животных было 7. Золотой светильник имел 7 ветвей; 7 священников с 7 трубами ходили 7 дней вокруг Иерихона и в 7 день обошли его 7 раз. В книге Откровения говорится о 7 церквах, 7 духах, 7 звездах, 7 печатях, 7 трубных звуках, 7 чашах, 7 язвах и 7 ангелах, выливавших чаши.

Число 7 употребляется в Библии часто, как "круглое число", срав. 1 Цар. 2:5; Иов. 5:19; Прит. 26:16, 25; Ис. 4:1; Иер. 15:9; Мат. 12:45; также "всемеро" ((Быт. 4:15, 24; Лев. 26:24; Псл. 11:7; 18:12; Мат. 18:21); высшей степенью является "седмижды семьдесят" (Мат. 18:22).

10, число совершенства, которое также является числом 10 заповедей Божиих, часто употребляется как "круглое число". Так, например, 10 женщин в Лев. 26:26; 10 человек у Ам. 6:9; 10 драхм у Лук. 15:8; 10 мин (Лук. 19:13); 10 рогов и 10 венцов зверя (Отк. 13:1).

Также и число 12 часто встречается в книге Откровения: 12 ворот; 12 ангелов; 12 плодов; 12 тысяч стадий; 12 раз 12 тысяч запечатленных. См. 7:4 и дал.; 21:12, 16; 22:2.

Другое число, которое часто употребляется как "круглое число", есть 40. Мы читаем о сорокадневном посте Моисея, Илии и Иисуса (Втор. 9:9, 18; 10:10; 3 Цар. 19:8; Мат. 4:2); преступник наказывался 40 ударами (Втор. 25:3); 40 дней нужно было для очищения после рождения младенца мужеского пола (Лев. 12:2, 4); 40 дней лил дождь во время потопа (Быт. 7); 40 дней было дано Ниневии на размышление (Ион. 3:4); 40 лет является обозначением срока, которое часто встречается в истории Израиля. На три сорокалетних периода разделяется жизнь Моисея (Деян. 7:23, 30, 36; Втор. 34:7); 40 лет жили спокойно израильтяне во время Гофониила (Суд. 3:11). Девора и Варака (5:31), Гедеона (8:28). 40 лет филистимляне притесняли Израиля; 40 лет продолжалось служение Илия (1 Цар. 13:21) и Давида (3 Цар. 2:11).

Число 1000 часто встречается в значении множества; так, например, 1000 крат (Втор. 1:11); 1000 родов (7:9; 1 Пар. 16:15); одно из 1000 (Иов. 9:3); 1000 дней (Псл. 83:11); 2 раза 1000 (евр.) лет ((Еккл. 6:6); 1000 виноградных лоз (Ис. 7:23); 1000 лет (2 Пет. 3:8). Об Отк. 20:2 и дал. см. "Воскресение".

В связи с указанным здесь вкратце значением чисел следует заметить, с какою тщательностью указаны в Библии размеры для строений, произведенных по повелению Божию, например, для постройки ковчега (Быт. 6:15 и дал.), для скинии и ее принадлежностей (Исх. 25 и дал.; срав. Отк. 21:15 и дал.). Срав. числа и меры, которые обнаруживаются в творении мира и мировом строе (Иов. 28:20 и дал.; Псл. 103:24; Прит. 8:22 и дал.; Ис. 40:12 и дал.; Иер. 10:12; 51:15). Исчисляющий количество звезд (Псл. 146:4) счел также и количество волос на голове (Мат. 10:30; Лук. 12:7). О "высшей небесной математике" см. Еф. 3:18.

Число зверя в кн. Откровения 13:18 упоминается как особенное число; это число человеческое, т.е. оно может быть сочтено людьми, и сумма его составляет 666, т.е. буквы его, если они читаются, как цифры, составят 666. Среди сотни толкований, которые пытались дать этому числу, упомянем о том, которое встречается уже у Иринея (202 г. по Р.Хр.) и которое в этом числе находит слово Латейнос (греч. форма от Latinus). Буквы в этом слове представляют по-гречески следующие цифры:

Л	30
а	1
т	300
е	5
й	10
н	50
о	70
с	200
	666

"Это решение задачи кажется единственным достойным внимания", говорит Альфорд; "Империя языческого Рима и папство христианского Рима — оба характеризуются словом латинский; латинская церковь, латинское богослужение (даже и там, где народ не понимает из него ни одного слова), — вот ложная похвала папства". Однако Альфорд добавляет, что, хотя это толкование и кажется ему наиболее приемлемым из всех известных ему, но все же почти уверен, что оно неправильно.

Другие толкования относят число 666 к следующим лицам: "Нерон Кесарь", "Бонапарт", "Мартин Лютер" и т.д. Существуют и такие толкования, которые сравнивают это число с ежегодным доходом Соломона, составлявшим 666 талантов золота, или с 66 сыновьями Адонирама (Езд. 2:13) и т.д.

Числа — евр. бемидба́р, т. е. в пустыне. Числа (четвертая Книга Моисеева, перечень изр. семейства). В этой книге продолжается описание странствования, начатое во 2 книге Моисеевой, с первого дня второго месяца после исхода из Египта и описываются разные события во время странствования по пустыне от Синайской горы до границы Ханаана, охватывая в общем 38 лет и 9 месяцев. В первой части (гл. 1-9) даются сведения относительно численности колен Израилевых, перечисляются приношения начальников колен для святилища, а также даются различные предписания закона. В последней части (гл. 10-36) описывается странствование по пустыне, покорение некоторых языческих народов, завоевание и разделение страны к востоку от Иордана, кроме того, некоторые отдельные события и правила закона. Псалом 77, 104, 105, 135, а также 1 Кор. 10 говорят о применении написаного в этой книге.

Число зверя. См. "Число".

Чресла (стегно, бедро) — евр. яре́х.

Чресла (стегно, бедро). Держать руку на чреслах (Иер. 30:6) или бить себя по чреслам (бедрам) (Иер. 31:19; Иез. 21:12), было знаком глубокого страдания и отчаяния. Положить свою руку под стегно кого-либо, означало подтверждение данного обещания или обязательства (Быт. 24:2, 9; 47:29).

Чудо — евр. нес.

Чудом называются такие дела или события, которые своим действием и величием, превышающими человеческие способности и обыкновенный опыт, вызывают удивление очевидца и являются для него знамением, свидетельствующим об особом вмешательстве силы Самого Бога, подобно тому, как, например, Петр в своей проповеди в день Пятидесятницы говорит, что те чудеса и знамения, которые Бог совершил через Иисуса из Назарета, доказывали, что Он был Мессией (Деян. 2:22). Свящ. Писание представляет, как чудо, не только дела Божии, проявившиеся в творении и промысле Его (Иов. 5:9 и дал.; срав. 9:10; Псл. 9:2; 25:7; 39:6; Евр. 1:3) и Его руководство, как отдельными лицами, так и народами, в милости и суде (Исх. 34:10; И. Нав. 3:5; Псл. 4:4; 70:7; 76:15; Дан. 6:27), — (внимательным видны Его чудеса даже в мелочах; срав. Псл. 138:14 и дал.); но в особенности совершение дела спасения через Христа, Который уже в пророчестве характеризуется именем "Чудный" (Ис. 9:6), не только в чудных делах, которые даже Его враги не могли отрицать*) и на которые Он указывает, как на доказательство, что Он послан Богом (Мат. 11:3 и дал.; Иоан. 9:16, 32 и дал.; 14:11; 20:31), но, еще более, в чистой глубине духа Своей личности (Иоан. 8:46; 14:6) и в самоотверженной любви, которая взыскала самых погибших (Иоан. 4:27, 32) и отдала Себя Самого за Своих врагов (Рим. 5:8 и дал.). Вокруг этого великого центрального чуда группируются не только все предыдущие чудеса в истории Израиля, но и те чудеса, которые сопровождали первоначальную проповедь Евангелия (Мат. 10:8; Иоан. 14:12; Деян. 4:30); также чудо возрождения посредством той же силы, которая воскресила Иисуса из мертвых (Еф. 1:19 и дал.); чудо единения верующих (Деян. 2:44 и дал.; 4:32 и дал.; Еф. 4:4 и дал.); чудо пророчества и исполнения молитв (Иоан. 14:13 и дал.; Деян. 1:28) и все иные дары духа (1 Кор. 1:7; 12:4 и дал.). Противоположностью этим божественным чудесам являются ложные чудеса волшебников и лжеучителей, которые не служат святым целям, но отвращают людей от Бога (Втор. 24:24; 2 Фес. 2:9; Отк. 13:13 и дал.).

Чудовище в морях (Иез. 32:2). См. "Левиафан".

Чужие (евр. зари́м) (Ос. **8:12**; "чужое учение" или ересь). Так была названа обличительная проповедь Осии.

Улица в Иерусалиме.

---

*) Хотя они и объяснили их, как проявление силы злых духов (Мат. 12:24; Мар. 3:22; Лук. 11:15), равно как и Талмуд в одном месте говорит, что "Сын Стыда" (ругательное имя Иисуса) привел с собою чародейство из Египта в разрезе сделаном им в своей коже". Все это является косвенным свидетельствоом исторической достоверности чудес Иисуса (Делич, "Иисус и Гиллель").

Ш

Шаалаввин. См. "Шаалвин".

Шаалвим или **Шаалаввин** (И. Нав. 19: 42), город в колене Дановом (Суд. 1:35); местожительство одного из приставников Соломона (доставлявших продовольствие к царскому столу (3 Цар. 4:9; срав. 2 Цар. 23:32).

Шаалим. См. "Шалиша".

Шаве (долина). См. "Царская долина".

Шаве-Кириафаим (двойной город) — город в восточной части Иорданской страны. Первоначально он принадлежал эмимам (Быт. 14:5); после покорения земли Ханаанской он был отдан колену Рувимову (Чис. 32:37; И. Нав. 13:19). Впоследствии этот город был взят моавитянами (Иер. 48:1; Иез. 25:9). Предполагают, что арабское селение Керейат, к востоку от Мертвого моря, находится на месте этого города.

Шалеф, второй из сыновей Иоктана (Быт. 10:26), племя в южной Аравии.

Шалиша, см. "Шаалаввин".

Шалиша и **Шаалим** — две долины на западной стороне Ефремовых гор, где Саул искал пропавших ослиц своего отца (1 Цар. 1:4); срав. "Ваалшалиш.

Шаллум. Муж пророчицы Олдамы, хранитель одежд царя Иосии (4 Цар. 22: 14).

Шамир. 1) Город в нагорной части колена Ефремова, местожительство судьи Фолы (Суд. 10:1).

2) Город в колене Иудином (И. Нав. 15:48).

Шамма. 1) Сын Рагуила, внук Исава (Быт. 36:13 и дал.).

2) Последний из трех главных героев Давида, сын Аи, гараритянин (2 Цар. 23:11 и дал.).

3) Хародитянин, один из 30 героев Давида (2 Цар. 23:25); вероятно, он же упоминается в 1 Пар. 11:27; 27:8 (Шамгуф).

Шарецер, один из сыновей Сеннахирима, убийца своего отца (Ис. 37:38); срав. "Адрамелех 1".

Шатер — евр. óтель.

Шатер. Это легко раскидываемое и снимаемое жилище кочующих людей под разными названиями часто упоминается в Библии. В Быт. 4:20, как "отец живущих в шатрах" со стадами, упоминается Иавал; праотцы евреев: Авраам, Исаак и Иаков, также жили в шатрах (Быт. 18:1; Евр. 11:9). Во время странствования по пустыне израильтяне переносили свои шатры с места на место, и после поселения в Ханаане у некоторых из них остался старый обычай — жить в шатрах (Суд. 4:17; Иер. 35:10); в особенности, конечно, у колен придерживавшихся кочевого образа жизни (И. Нав. 22:4, 7). Ковчег Божий также долгое время находился под шатром (2 Цар. 7:2), и Господь вместе с израильтянами "переходил в шатре и скинии" (ст. 6). Переносные шатры еще и теперь употребляются кочевниками Северной Европы и Северной и Средней Азии, как, например, лопарями, монголами и проч. Бедуины в Аравии до сего времени живут в шатрах. Их шатры делаются из прочной грубой, черной ткани (козья шерсть), которую ткут бедуинские женщины; эта ткань настолько плотна, что не пропускает дождя. О подобных черных шатрах арабского племени Кидар, мы читаем уже в 119-ом псалме стих 5 и Песн. П. 1:4. Израильские женщины пряли козью шерсть, что видно из Исх. 35:26. Приготовленная для шатра ткань растягивается на нескольких шестах, образуя шатер, одна сторона которого имеет отверстие в рост человека; этот, так называемый, дом часто состоит из двух отделений: одного для мужчин и другого для женщин. Посреди мужеского отделения выкапывается в земле яма для очага, который топят сухими ветками или высушенным навозом. Для укрепления шатра служат веревки, которые привязываются к вбитым в землю колышкам. Такой кол Иаиль вонзила в голову Сисары (Суд. 4:21). Иногда в том же шатре, в котором живет семейство, можно увидеть скотину. Бывает, что одно и то же семейство имеет несколько шатров. Срав. Быт. 24:67; 31:33; Суд. 4:17. Более богатые шатры бывают цветными.

Из жизни в шатрах в Св. Писании взято многих иносказаний. Так, будущая безопасность Иерусалима рисуется в виде скинии, "столпы которой никогда не исторгнутся, и ни одна вервь ее не порвется" (Ис. 33:20); в гл. 54, ст. 2 Израилю повелевается распространить место шатра его, расширить покровы жилищ его, пустить длиннее верви и утвердить колья. Небо также уподобляется шатру или скинии (Ис. 40:22; Евр. 8:2). С другой стороны, Езекия уподобляет свою быстро летящую жизнь переносному пастушескому шалашу (Ис. 38:12), а Павел сравнивает немощное тело с земным домом, хижиной (2 Кор. 5:1; срав. 2 Пет. 1:13). Ламартин в своем "Путешествии по Востоку" дает следующее описание: "Утром, пока погонщики верблюдов и рабы взнуздывают лошадей, снимаются шатры. Два или три араба раскачивают средний шест, который служит столбом; он падает и ткань, которая только что давала сень целому семейству путешественников, опускается и свертывается в тюк, который переносят под мышкой на седло верблюда и на пустом месте, где ты только что чувствовал себя, как дома, ничего не остается, кроме маленького очага, который еще дымится, но скоро погаснет при сиянии солнца. Это настоящая живописная картина преходящей жизни, которая так часто рисуется в Библии, и которая много говорила мне каждый раз, когда встречалась моему взору". "Часто", говорит М. Шейн, "мы, будучи еще не вполне одеты, оказывались без крова. Какой символ нашей телесной хижины! Как часто она снимается прежде, чем душа наша делается способной к участию в наследии святых во свете!"

Шафан, секретарь царя Иосии, который прочел ему найденную в храме книгу Закона, и который вместе с другими был послан царем к пророчице Олдаме (4 Цар. 22:3, 8 и дал.). По всей вероятности, этот Шафан и Шафан, отец Ахикама (4 Цар. 22:12), не одно и то же лицо.

Шафер, гора, на которой израильтяне располагались станом (Чис. 33:23 и дал.).

Шафран — евр. карко́м.
Шафран (Crocus sativus), сравниваемый с красотой невесты в Песн. П. 4: 14, культивированное луковичное растение с лилиеобразными фиолетовыми цветами, красноватожелтые ароматные пестики, которых дают известную ценную пряность — шафран (арабск. цафран), который в древности в большом количестве употреблялся для приготовления красок, мазей, духов и лекарств.

Шеарясув — Шоряшу́в.
Шеарясув, т. е. "остаток возвратится", имя одного из сыновей пророка Исаии (Ис. 7:3); на значение этого имени, может быть, указывается в Ис. 10:20 и дал.

Шева. 1) Сын Раамы, внук Хуша (Быт. 10:7; 1 Пар. 1:9); по предположению некоторых — также народ в восточной Аравии у Персидского залива, который торговал с Тиром (Иез. 27:22).

2) Сын Иокшана, внук Авраама от Хеттуры (Быт. 25:3; 1 Пар. 1:32); по мнению некоторых, также семитическое племя, жившее около устья Евфрата и верхней части Персидского залива; упоминается о его торговых сношениях с Тиром (Иез. 27:23). Достойно замечания, что различие в Быт. 10 и 25 между Хушскими (эфиопскими) и семитическими Шевскими народами спустя много столетей повторяется у Иез. 27:22 и дал.

3) Один из сыновей Иоктана (Быт. 10:28; 1 Пар. 1:22); также арабское племя, названное по его имени Сава или Савейское, жившее в юго-западной Аравии при Иемене (Ис. 60:6; Иов. 6:19). Этот народ был одним из самых могущественных арабских племен и, наряду с финикийцами — самым значительным из торговых народов передней Азии того времени. Поэтому часто упоминается о золоте, драгоценных камнях и фимиаме, как о предметах торговли этого народа. Из этой Савы пришла царица к Соломону, чтобы послушать его мудрости и принесла ему в дар золото, слоновую кость и множество драгоценностей (3 Цар. 10). На эту страну имеются также указания в Ис. 60:6: "Все они из Савы придут, принесут золото и ладан и возвестят славу Господа". Срав. Иов. 1:15; 6:19; Псл. 71:10, 15; Иоил. 3:8.

О древней культуре в юго-западной части Аравии, сосредоточенной в город Мариабе, свидетельствуют и до сего дня не только кимнаритские надписи, на которых часто встречается название Шева, но также и величественные развалины Мариабы (Мариб) в расстоянии нескольких дневных переходов к северу от Адена.

Шева, город в колене Симеоновом (И. Нав. 19:2).

Шеват. См. "Месяцы".

Шела, третий сын Иуды от хананеянки (Быт. 38:5; 46:12), его потомство (Чис.26:20) отличалось выделкой виссона (1 Пар. 4:21 и дал.).

Шелемия, верный священник, которого Неемия вместе с другими поставил хранителем запасов храма (Неем. 13: 13).

Шелк — евр. ме́ши.
Шелк, изготовлявшийся первоначально в Китае и Тибете, проник из Ост-Индии в Грецию и Рим. Он упоминается между сокровищами Вавилона в Отк. 18:12; в Иез. 16:10, 13, говорится о "шелковом покрывале" и "шелковой одежде".

Шемаия. 1) Левит, сын Нафанаила, записывал, при бросании жребия, 24 чреды священников (1 Пар. 15:8 и дал.; 24:6).

Шешбацар. См. "Зоровавель"

Шемевер, царь Севоима (Быт. 14:2).

Шеревия, доверенный левит, содействовавший Ездре (Езд. 8:18, 24; Неем. 8: 7 и дал.).

Шершини. О них упоминается как об одном из способов, посредством которого хананеяне были прогнаны от лица Израиля (Исх. 23:28; Втор. 7:20; И. Нав. 24:12). Одни понимают это слово буквально, другие разумеют под этим какие-нибудь мучения, так как слово (цир-а́) в основном тексте соответствует арабскому, которое означает мучения; в этом слове видят живую картину того ужаса, который овладел врагами израильтян, как это объясняется в Втор. 2:25; И. Нав. 2: 11.

Шестьсот шестьдесят шесть. См. "Число".

Шефам, место на восточной границе Израиля (Чис. 34:10).

Шибболет. Во время войны между ефремлянами и жителями Галаада, когда первые убежали по направлению к Иордану, то они были задержаны при переправе через реку галаадскими воинами, которые спрашивали каждого прибегающего: "не ефремлянин ли ты?" Если он отвечал отрицательно, то они заставляли его произнести слово "шиболет" (поток или колос); если он произносил "сибболет" и не мог иначе выговорить, то его убивали. И так убили 42.000 ефремлян (Суд. 12:4 и дал.).

Шива (Ше́ва). См. "Беэршива".

Шило́ (евр. слово). См. "Примиритель".

Шимей. В Зах. 12:13 сказано, что "племя Симеоново" вместе с другими будет плакать и ридать о Пронзенном; может быть, здесь указывается на левитов Гирсонова дома — Шамеев (Чис. 3:18, 21).

Шимрон, северный хананейский царский город (И. Нав. 11:1), названный также Шимрон-Мерон (12:20), был отдан колену Завулонову (19:15). На его месте теперь, вероятно, расположено селение Семирие, в пяти км к северу от г. Акка.

Шимрон-Мерон. См. "Шимрон".

Шимшай. См. "Рехум".

Шинав, царь Адмы (Быт. 14:2).

Шион, город в колене Иссахаровом (И. Нав. 19:19) около источника Шаин, севернее Фавора.

Шифмоф, город в Иудее, где старейшины оказали Давиду помощь, за что и были награждены им (1 Цар. 30:28).

Шифра и **Фуа** (Пуа́).

Шифра и Фуа — повивальные бабки, которым фараон повелел умерщвлять еврейских младенцев мужеского пола, но которые боялись Бога и оставляли младенцев в живых, за что Бог благословил их и их домы (Исх. 1:15 и дал.).

Шихор-Ливнаф (И. Нав. 19:26), пограничная река в колене Ассировом. Предполагают, что это название означает: "река стекла"; может быть, это речка к югу от г. Акка, которую греки называли "Белюс" и которая теперь носит название Нахр Нааман; по преданию, песок с ее берегов послужил финикийцам материалом для изготовления стекла.

Школа — евр. бейт-се́фер.

Школа. Школ для обучения детей в древние времена у евреев не было. Слово "училище" в Деян. 19:9 имеет ввиду помещение, предоставленное ап. Павлу для проповеди Слова Божия. Закон обязывал родителей внушать своим детям Закон Божий дома в повседневной жизни (Втор. 6:7 и дал.; 11:18 и дал.); в Прит. Соломона мудрый дает наставление своим ученикам хранить заповедь отца своего и не отвергать наставления матери своей (Прит. 6:20). Без сомнения, матерям поручалось учить детей в первые годы их жизни. Царь Лемуил принял от матери своей наставление, написанное в книге Прит. 31:2 и дал.; Тимофей был с детства наставлен в Священных писаниях (2 Тим. 3:15). Царь Иосафат послал доверенных людей по иудейским городам учить народ закону Божию (2 Пар. 17:7 и дал.). Школы в буквальном смысле слова были учреждены, согласно Иосифу Флавию, только в позднейшее время. Однако умение читать и писать в Израиле было распространено уже с давних времен; об этом мы можем заключить из некоторых постановлений закона, предполагавших умение писать и читать (Чис. 5:23; 17:2, 9; Втор. 17:18) и т.д.; юноша — чернорабочий (евр. текст) из жителей Сокхофа написал Гедеону имена 77 человек своего города (Суд. 8:14).

Иерусалимский Талмуд говорит, что Иосиф-бен-Шетах (первое столетие до Р.Хр.) организовал детские школы в Палестине. Из разных выражений Иосифа и Филона можно заключить, что такие школы были обыкновенным явлением среди евреев во времена Иисуса. О программе обучения говорится в Мишне, что Писание изучалось в возрасте от 5 до 10 лет, и с 10 до 13 лет изучалась Мишна (постановления старейшин). Изучение Св. Писания начинали с кн. Левит и эта книга изучалась наизусть. Затем следовало таким же образом изучение кн. Чис. и кн. Втор., после этого кн. Исх., и последняя кн. Быт. В возрасте 10 лет ребенок знал, таким образом, все 5 книг Моисея наизусть. Кроме них изучались наизусть важные отрывки из книг пророков и Псалтыри. Мы имеем, таким образом, право предполагать, что Иисус и Его ученики получили такое образование. Из поучительных речей Иисуса ясно, что Он предполагал, что слушатели знали Писания Ветхого Завета.

Школа пророков. См. "Пророки".

Шлем. См. "Война".

Штраф. См. "Правосудие".

Шуа, хананеянин, дочь которого была женою Иуды и родила Ира, Онана и Шелу (Быт. 38:2).

Шуах, один из сыновей Авраама и Хеттуры (Быт. 25:2).

Щ

Щипцы (евр. мелькахи́м) служили для того, чтобы поправлять и тушить лампады светильника (Исх. 25:38; 3 Цар. 7:49).

Э

Эвроклидон. См. "Ветер".

Эгла, одна из жен Давида, мать Иефораама (2 Цар. 3:5).

Эглаим (Ис. 15:8), место в Моаве.

Эль Вефиль — Эль Бейт-Эль.

Эль Вефиль, т.е. Бог Вефиля, название места, где Иаков устроил жертвенник (Быт. 35:7). Еще раньше он поставил там камень в память Божьего откровения (Быт. 28:18 и дал.). Жертвенник, поставленный в Сихеме, Иаков назвал "Бог, Бог Израилев" (евр. Эль Элогей Исраэль; Быт. 33:20, евр. текст).

Эмимы, т.е. грозный великорослый народ, первоначально населявший землю Моава (Втор. 2:10 и дал.); они были разбиты уже во время Авраама Кедорлаомером при Шеве-Кириафаиме (Быт. 14:5), а впоследствии вытеснены моавитянами.

Эммаус, село, где Спаситель в день Своего воскресения преломлял хлеб с двумя учениками, которых Он нашел печальными на пути из Иерусалима (Лук. 24:13 и дал.). По Евангелию, это село было расположено в 60 стадиях (10 км) от Иерусалима. Наверно, это — теперешнее селение Кубебе (как и гласит предание), расположенное в 60 стадиях к северо-западу от Иерусалима, с многочисленными развалинами; там есть церковь, которая, по преданию, выстроена на том месте, где Господь преломлял хлеб. Другие предполагают, что это был город Эммаус, названный потом Никополем (теперь Амвас, находящийся в 30 км к северо-востоку от Иерусалима). Удивительно также, что в Синайском тексте (рукопись Евангелия, найденная не так давно и которую относят к 4-му веку по Р.Хр. (в Лук. 24:13 указано на 160 стадий вместо 60-ти (9). Также имеется основание предполагать, что это теперешнее село Калоние, последняя остановка на пути из Яффы в Иерусалим.

Эпикурейцы (Деян. 7:18), последователи греческого философа Эпикура, который жил и учил в городе Афинах (342-270 гг. до Р.Хр.). Эпикур учил, что душевный покой — высшее благо и что добродетель — лучшее средство для приобретения безмятежного покоя. Его последователи видели сущность эпикуризма в удовлетворении плотских страстей. У Горация встречаются ядовитые замечания о лоснящихся и хорошо откормленных свиньях в стаде Эпикура. Боги, по мнению Эпикура, блаженные существа, которые живут в совершенном покое, так же мало заботясь о мире (который произошел благодаря случайному столкновению бесконечно малых тел-атомов, — беспорядочно носившихся в пространстве), как и о людях, которые непрестанно меняются вместе с миром и со смертью перестают существовать. Неудивительно, поэтому, что учение Павла о сотворении мира и воскресении мертвых, показалось этим философам весьма странным.

Эрех, один из городов Нимрода в земле Сеннаар (Быт. 10:10); место этого города, удержавшее прежнее название, "Орхоэ", находится к юго-востоку от Вавилона. Развалины города называются теперь Варка или Ирка. Эрех упоминается также в Езд. 4:9 (русск. Библия — Арех), как родина некоторых племен, которые были выселены в Самарию.

Эшкол, брат аморреянина Мамре, один из тех, которые содействовали Аврааму в преследовании четырех царей, ограбивших Содом и уведших в плен Лота (Быт. 14:13, 24).

Стоянка около горы Синай.

Ю

Юбилейный год (евр. Иовель) — праздничный год, который наступал после семи субботних лет, т.е. каждый пятидесятый год (Лев. 25:8 и дал.; 23 и дал.). В день очищения, 10-й день седьмого месяца высчитывали семь раз по семи, т.е. 49 лет, и возвещали по всей земле о наступлении юбилейного года протяжными трубными звуками. Этот звук обозначается в еврейском языке словом иовель; отчего и произошло название юбилейный год. Юбилейный год был подобен субботнему году, но он был в гораздо большей степени свободным годом или годом освобождения и восстановления. В этот год все должно было быть восстановлено в своем первоначальном состоянии. Этот год был годом отдыха для земли и скота. Все рабы освобождались, всякое имение, как купленное, так и заложенное, возвращались прежнему владельцу; исключение составлял дом в городе, если город был окружен стенами (Лев. 25: 29 и дал.). Каждое колено, каждый род и семейство должны были получить обратно свое прежнее владение, и все это должно было быть восстановлено в прежнем виде (Чис. 36:4). В этом году нельзя было ни сеять, ни жать; только в случае нужды было позволено собрать из выросшего на полях, как это предписывалось и относительно субботнего года (Срав. Лев. 25:21 и дал.).

Юбилейный год, еще в большей мере чем субботний год, должен был служить напоминанием о том, что Иегова есть Владелец и Владыка всего, народ был подвластен Ему, "ибо Моя земля; вы пришельцы и поселенцы у Меня" (Лев. 25:23). Такой порядок, естественно, имел влияние на ценность земли и прочего имущества по числу лет, оставшихся до юбилейного года (Срав. Лев. 27:17 и дал.).

Нельзя с уверенностью сказать, что евреи соблюдали юбилейные годы; указания на это встречаются в Иез. 7:12 и дал.; 46:17; Срав. Иер. 32:7 и дал. Исаия берет юбилейный год, как символ, изображающий "лето Господне благоприятное", когда будет возвещено Евангелие (Ис. 61:1 и дал.; срав. Лук. 4:17 и дал.).

Юлий, римский сотник, которому было поручено привести Павла вместе с другими в Рим. Он хорошо обходился с Павлом: позволил ему сойти на берег в Сидоне для посещения своих друзей и позаботился о спасении его жизни при кораблекрушении (Деян. 27:1 и дал.; 42 и дал.). Возможно, что по его ходатайству узник Павел пользовался некоторыми льготами (Деян. 28:16).

Юлия, ученица в Риме, которая приветствуется Павлом (Рим. 16:15).

Юния. См. "Андроник".

Юпитер, римское божество, называвшееся у греков Зевсом, было главным из их многочисленных богов и поэтому часто сравнивается с западноазиатским божеством Ваалом или Белом. Он считался преимущественно богом ветра, дождя и молнии, "собирающий облака Зевс"; кроме этого, ему давали и другие имена, или в зависимости от места, где ему поклонялись, как, например, олимпийский, капитолийский, или же по различным действиям, которые приписывались ему (дающий дождь, громовержец и т.д.). Антиох Епифан хотел принудить евреев поклоняться олимпийскому Зевсу или Юпитеру (2 Макк. 6:2); с этой целью жертвенник ему был поставлен на жертвеннике всесожжения, на что имеется указание у пророка Даниила (9:27) о мерзости запустения, стоящей на святом месте. Спутником Юпитера и его слугою римляне считали вестника богов, Меркурия (у греков он назывался Гермесом), божество красноречия, учености и искусств. Павел с Варнавой были в Листре, то жители Ликаона, пораженные чудом с хромым, стали кричать, что боги сошли к ним, при этом Павла они приняли за Меркурия (Ермий то же, что и Гермес), потому что он начальствовал в слове, а Варнаву за Юпитера (Зевса (Деян. 14: 12). С большим трудом удалось апостолам удержать народ от принесения им жертв. В основе почитания Юпитера в Ликаонии лежит древнее народное предание. Однажды Юпитер и Меркурий, путешествуя в человеческом образе по Ликаонии, просили о ночлеге, но везде встречали отказ, пока, наконец, не попали в небольшую хижину, где старая счастливая чета, Филимон и Бавкида, радушно приняли их. Когда старики увидели в чаше вино вместо воды, то очень испугались, поклонились богам и хотели принести им в жертву своего единственного гуся. "Пусть он живет", сказал Юпитер, "вы же посмотрите, как я накажу безбожную область и вознагражу вас". Он возвел их на гору. Оттуда они увидили всю страну под водой; осталась только их хижина, превращенная в храм. (Овидий VIII).

Юта (Ютта), город священников в нагорной части Иудеи (И. Нав. 15:55; 21:16), вероятно, теперешнее селение Ятта или Ютта, к югу от Хеврона. Возможно, что это был тот город, который у Лук. 1:39 упоминается, как место жительства священника Захарии, где Мария посетила Елизавету: "город Иудин" или город в Иудее. Некоторые полагают, что город Юта то же, что и Хеврон.

Я

Яблоня — евр. эц-тапу́ах.

Яблоня упоминается как ценное дерево в Песн. П. 2:3; 8:5; Иоил. 1:12; о яблоках упоминается в Песн. П. 2:5; 7:9; срав. Прит. 25:11. О культивировании этого дерева в Палестине свидетельствуют также различные древние названия местностей, как, например, "Таппуах" (яблоко), "Бейт Таппуах" (дом яблок). "Ен-Таппуах" (источник яблок) (И. Нав. 17:7). Возможно, что это еврейское слово обозначает также дерево айву; но лимонов и апельсин оно обозначать не может, ибо эти фрукты стали известны израильтянам во время плена, на родине этих деревьев, в Индии и Персии.

Яд (евр. раа́ль). См. "Желчь".

Язва. В Отк. 15:8; 16 говорится о 7 последних язвах, которые 7 ангелов изольют из 7 чаш гнева Божия на землю.

Язычники. Слово язычник является переводом латинского слова и означает буквально: провинциал, деревенский житель. В начале, когда Евангелие было принято в городах, слово paganus, т.е. деревенский житель, стало обозначать всякого человека, чуждого Евангелию. Таким образом, слово paganus (язычник) получило свое религиозное значение. Слово, соответствующее этому значению, не встречается ни в Ветхом, ни в Новом Заветах, и там, где в различных переводах употреблено слово язычник, в основном тексте ему соответствует слово, обозначающее народ или национальность вообще. В таком смысле в евр. тексте употреблено слово гойим от единств. числа гой (Псл. 2:1, 8; Ис. 60:3, 11, 16) и т.д., и греческое слово этнэ от единственного числа этнос (Деян. 14:16; 15:17) и т. д. по отношению к тем народам, "которые не знают Бога" (1 Фес. 4:5; Рим. 2:14). Но эти слова не употребляются в их буквальном значении; например, израильский народ назван словом "гой" (Ис. 1:4), и также словом "этнос" (Лук. 7:5; Деян. 10:22). Слова "панта та этна" переводятся то в значении "все народы", то — "все язычники", как это видно из Мат. 25:32; 28:19; срав. Деян. 14:16; 15:17.

В некоторых местах слово "этна" — язычники — обозначает христиан из язычников, а не из евреев (Рим. 16:4; Гал. 2:12). Пример двоякого значения этого слова мы находим в Еф. 2:11 и 3:1 "вы, некогда язычники" и "язычники".

Хотя уже в Ветхом Завете обещано всем людям не израильского происхождения участие в спасении и царстве Мессии (3 Цар. 8:41 и дал.; Псл. 2:8; Ис. 60; 65:1), все же евреям трудно было принять Евангелие Иисуса, которое ставило язычников наравне с евреями, как одинаково нуждающихся в спасении и имеющих право на одну и ту же благодать (Деян. 10; Рим. 9:30 и даль). Как поставленный Богом проповедывать язычникам, Павел назван апостолом язычников (1 Тим. 2:7), Петр же с остальными были "апостолами у обрезанных (Гал. 2:8). Но, так как евреи упорно отказывались от предлагаемой им благодати, то пришел на них суд и Царство Божие отдано было язычникам (Деян. 13:46; 1 Фес. 2:16).

Во тьме язычества находится до сих пор большая часть людей на земле. И все они, подобно македонскому мужу, явившемуся Павлу, взывают: "Приди и помоги нам" (Деян. 16:9).

Якорь (Деян. 27:29, 30). См. "Судно". О якоре для души см. Евр. 6:18, 19.

Яспис. См. "Драгоценные камни".

Ястреб (евр. перец, т.е. ломающий) упоминается между нечистыми птицами (Лев. 11:16).

Яффа в Ветхом Завете Иоппия — приморский город в колене Дановом (И. Нав. 19:46), единственная гавань Иерусалима на берегу Средиземного моря (2 Пар. 2:16; Езд. 2:16; 3:7), в 5-6 милях к северо-западу от Иерусалима. Здесь сел на корабль пророк Иона, чтобы бежать от лица Божия (Ион. 1:3). Здесь же Петр воскресил Тавифу (Деян. 9:36) и гостил у кожевника Симона (ст. 43), дом которого жители Яффы показывают до сего времени.

Город, сохранивший свое прежнее название — Яффа, расположен на выдающейся возвышенности, окруженный фруктовыми садами.

Современная Яффа является южным пригородом Тель-Авива, который, возникнув в начале XX-го века, разросся в полумиллионный город и поглотил старую Яффу. В Яффе сохранилась древняя гавань, упоминавшаяся в Библии. Яффу населяют около 67-ми тысяч человек, из которых 60 тысяч — евреи, а остальные — мусульмане и христиане.

Ячмень. См. "Семя".

Ящерица. В Палестине встречается более 20 видов ящериц. В Лев. 11:29, 30, среди нечистых животных перечисляются не менее 6 различных видов этой породы, которые очень трудно точно определить. Они суть следующие: цав, по-русски ящерица (ст. 29), анака, коах, летаа, хомет, зики́т. Цав напоминает арабское слово "дабо", вид так называемых, конических ящериц (чешуя имеет конические выступы); это название, по всей вероятности, является родовым, так как сказано: "Цав с ее породою".

Анака, т.е. стонущий, вероятно, какой-либо род ящериц гекко, которые издают громкие жалобные звуки.

Коах, т.е. сила (русск. хамелон). Предполагают, что это слово обозначает какой-либо род варанов; некоторые из них достигают в длину до одного метра. Более крупный вид: водяной варан, или нильская ящерица; ее особенно ценили, думая, что она питалась яйцами крокодила и его детенышами. Жареный варан еще и теперь считается в Африке лакомым блюдом.

Летаа и хомет. Это может быть ящерицы гекко или песчанные. Их белое и вкусное мясо бедуины едят очень охотно.

Зикит — это название обозначает хамелеона, особого рода, ящерицу, длиною около 15 см. Глаза его очень выпуклы и независимы друг от друга, так что одним глазом может смотреть вперед, а другим — назад. Хамелеон в Палестине, особенно в Иорданской долине, водится, большею частью, на деревьях, где он при помощи своего длинного хвоста очень легко передвигается и кормится насекомыми, которых он ловит своим необыкновенно длинным и липким языком.

По предположению некоторых, "семамит" в Прит. 30:28 также является названием ящерицы; другие же переводят его словом паук, как и в русской Библии.

Час молитвы в семье.

ПРИЛОЖЕНИЕ

ХРОНОЛОГИЧЕСКИЙ ОБЗОР ВАЖНЕЙШИХ СОБЫТИЙ БИБЛИИ В СВЯЗИ С ИСТОРИЕЙ ВСЕМИРНЫХ ДЕРЖАВ

До Р.Хр.

ок. 2500 г.	Палестина под властью Вавилона или, по крайней мере, под влиянием вавилонской культуры.
ок. 2000	Палестина под властью Елама (Быт. 14). Исход Авраама в землю обетованную — Палестину. Хамураби (в Библии — Амрафел) свергает еламское владычество и Палестина вновь подпадает под власть вавилонян.
ок. 1800 г.	Гиксы вторгаются в Египет.
ок. 1600 г.	Изгнание гиксов. Египетское влияние в Палестине.
ок. 1450 г.	Исход израильтян из Египта, влияние которого в Палестине ослаблено.
ок. 1035 г.	Царь Саул. Израильское царство становится великой державой.
ок. 1005 г.	Царь Давид.
975 г.	Царь Соломон; построение храма. Израильское царство на вершине могущества.
ок. 935 г.	Израильское царство распадается на 2 царства: Иудейское и Израильское.
854 г.	Салманассар III, царь ассирийский, победил при Каркаре союзных царей, в числе которых был Ахав, царь израильский.
842 г.	Израильский царь Ииуй платит дань Саламанассару III.
763 г.	15 июня солнечное затмение, на которое указывает пророк Амос.
738 г.	Израильский царь Менаим платит дань Феглаффелласару IV, царю ассирийскому (4 Цар. 15:19).
725 г.	Салманассар V, царь ассирийский, принуждает израильского царя Осию платить ему дань (4 Царь 17:3).
724 г.	Салманассар V идет войной на Осию, берет его в плен и приступает к осаде Самарии (4 Цар.17:4 и дал.).
722 г.	Смерть Салманассара V. Узурпатор Саргон II воцаряется над Ассирией и завоевывает Самарию. Жители Израильского царства уводятся в ассирийский плен.
702 г. 701 г.	Сеннахирим, сын и преемник Саргона, идет войною на Иудейского царя Езекию, который надеялся откупиться от него богатыми дарами (4 Цар. 18:13 и дал.). Только с помощью Божией он избежал опасности (4 Цар. 19:35). Со времени царя Ахава Иудейское царство более или меннее зависимо от Ассирии, влияние которой Асардан распространил и на Египет.
622 г.	Реформационная деятельность Иудейского царя Иосии (4 Цар. 22 и дал.).
608 г.	Царь Иосия пал в битве с египетским фараоном Нехао II (4 Цар. 23:29 и дал.). Иудея становится зависимой от Египта (4 Цар. 23:31).
607 г. 606 г.	Свержение ассирийского всемирного владычества и основание нововавилонского.
605 г. 604 г.	Нехао II, фараон египетский, побежден при Кархемисе вавилонским наследником престола, халдеем Навуходоносором (Иер. 46:2). Иудея подпадает под власть вавилоно-халдейского царства. Это время можно считать началом 70-летнего вавилонского пленения.
597 г.	Взятие в плен иудейского царя Иехонии и разграбление Иерусалимского храма. Первое переселение иудеев в Вавилон (4 Цар. 24:10 и дал.).
588 г.	Египетский фараон Хофра убеждает иудейского царя Седекию свергнуть вавилонское иго (2 Пар. 36:13).
586 г.	Завоевание Иерусалима. Седекия ослеплен и в числе множества пленных иудеев отведен в Вавилон (Иер. 39:1-7). Приблизительно в это время основана иудейская колония на о. Елефантине, где и выстроен был храм Господень.
538 г.	Кир разрешает иудеям возвратиться на родину (2 Пар. 36:23 и дал.; Езд. 1). Первая партия под предводительством Зоровавеля.
519 г.	Разрешение постройки Иерусалимского храма (Езд. 5).
515 г.	Окончание постройки храма (Езд. 6:15)
458 г.	Новая партия возвращающихся иудеев под предводительством Ездры (Езд. 7).

445 г. Неемия получает разрешение поехать в Иерусалим для возведения стен города (Неем. 2).
411 г. Разрушение храма Господня на острове Елефантине.
333 г. Палестина под властью Александра Великого.
302 г. Палестина под властью Египта.
198 г. Палестина под властью Сирии.
170 г. Антиох IV Епифан оскверняет Иерусалимский храм.
168 г. Отмена иудейского богослужения. Построение в Леонтополе, в Египте, храма Господня.
165 г. Начало освободительной войны под предводительством Маккавеев. Очищение Иерусалимского храма.
141 г. Дело освобождения закончено.
63 г. Иудея сделалась римской провинцией, присоединенной к Сирии.
37 г. Ирод Великий поставлен римлянами вассальным царем Иудеи.

По Р.Хр.

6 г. Иудея вновь становится римской провинцией, управляемой губернатором.
30 г.
или 33 г. Распятие Иисуса Христа.
41 г. Агриппа I, внук Ирода Великого, царь Иудейский.
44 г. Иудея вновь управляется губернатором.
66 г. Начало великой иудейской войны.
70 г. Взятие Иерусалима.
116 г. Восстание иудеев.
143 г. до 135 г. Новое восстание. Уничтожение названия "Иерусалим". Вместо него построена Элиа Капитолина. Наименование "Иудея" заменено названием "Палестинская Сирия".

УКАЗАТЕЛЬ ЯЗЫЧЕСКИХ И ХРИСТИАНСКИХ ПИСАТЕЛЕЙ, ФИЛОСОФОВ, ОТЦОВ ЦЕРКВИ, УЧЕНЫХ ПУТЕШЕСТВЕННИКОВ, КОТОРЫЕ УПОМИНАЮТСЯ В ЭТОЙ КНИГЕ

Абарбанель, Исаак: ученый португальский еврей, родившийся в Лисабоне в 1437 г., умерший в 1508 г.; автор ряда комментариев к книгам Ветхого Завета.

Августин, Аврелий: самый выдающийся из отцов Западной церкви, родился в Тагасте, в Нумидии (Северной Африке) 13-го ноября 354 г., воспитывался в христианском духе своей благочистивой матерью Моникой. Будучи юношей, он легкомысленно прожигал жизнь; затем начал колебаться между различними учениями и системами и, наконец, по молитвам матери, обратился и был крещен в христианскую веру. С 395 г. он сделался епископом в Гиппоне, в Африке, где и оставался до своей смерти, последовавшей 28-го августа 430 г. Он написал много книг, из которых самые известные — 4 книги "о христианском учении", 22 книги "о царстве Божием" и его "Исповедь".

Арат из Солоя: греческий поэт. См. "Поэты и поэзия".

Аристотель: греческий философ, родился в Стагире, во Фракии, в 384 г. до Р.Хр., на 18 году пришел в Афины к Платону и прожил с ним 20 лет. За свое неутомимое стремление к науке он получил от Платона название "чтец". В 343 году он был приглашен Филиппом Македонским учителем к его сыну Александру. Затем он учил в Афинах; вследствие того, что он имел обыкновение во время беседы ходить взад и вперед, его школа получила название перипатетической (от слова перипатео, т.е. гулять). 13 лет спустя его обвинили в безбожии, и он оставил город. Он умер в Халкисе, в 322 г. до Р.Хр. После него осталось около ста сочинений.

Афанасий: епископ в Александрии 328-373 гг.;"отец правоверия", защищал божество Христа в споре с Арием.

Бенгель, Иоанн Альберт, 1687-1752 гг.: выдающийся протестантский богослов в Германии; особенно известен своими исчислениями времени 2-го пришествия Христа, тысячелетнего царства; он ожидал, что оно осуществится в 1836 г.

Бохарт, Самуил: французский протестант-богослов, 1599-1667 гг., особенно прославившийся своим ученым трудом Хиерозоикон (Hierozoikum), который посвящен исследованию библейской естественной истории, особенно библейской зоологии.

Бригитта, 1302-1373 гг.: шведская знатная женщина. Еще будучи супругою судьи Ульфа Гудмансона посвятила себя благочестивым подвигам и делам милосердия.

Затем, оставшись вдовою, она стала особенно известна, как учредительница монастыря в Вадстене и как получающая божественные откровения. После ее смерти папа объявил ее святой. В ее сочинениях проявляется самостоятельно работающий ум, который не парит особенно высоко, но все-таки свободно летает под небом, отражающимся в спокойной воде пролива.

Буркгардт, Иоанн Лудвиг, 1784-1815 гг.; швейцарец, известный путешественник по Сирии, Палестине и Египту.

Виклифф, Джон, 1320-1384 гг.:священник английской церкви, доктор богословия Оксфордского университета, боролся против некоторых папских злоупотреблений и лжеучений; посылал странствующих проповедников; перевел латинскую Библию на английский язык; объявил ересью (заблуждением) запрещение мирянам читать Библию, в противоположность католическим патерам, которые считали, что это то же, что бросать жемчуг свиньям. В 1428 г. его кости были выкопаны и сожжены.

Гермас или Герма: один из отцов церкви, апостольский ученик.

Геродот: родился в Галикарнасе в 484 г. до Р.Хр. Он написал историю грекоперсидских войн. Он писал также о древнем Египте по тем сведениям, которые он получил от египетских жрецов во время своих путешествий по Египту. Так как он является самым древним из историков, то назван "отцом истории".

Гиллель: вавилонский еврей и знаменитый раввин во времена Христа. См. "Книжники".

Евсевий, приблизительно 263-340 гг. епископ в Кесарии Палестинской, автор древнейшей истории церкви от рождества Христа до 324 года, почему ему и дали название "отца истории церкви". Кроме других трудов, он издал также "Onamasticon" или географический указатель местностей и городов Палестины.

Зенон, основатель стоической философии.

Игнатий: епископ антиохийский; согласно преданию, ученик Иоанна; брошен на растерзание зверям в Риме по приказанию императора Траяна в 107 или 115 году.

Ириней, 140-202: ученик Поликарпа Смирнского и с 177 года епископ Лионский и Виеннский; автор пяти книг против гностицизма.

Иероним из Далмации, 330-419 гг. Один из выдающихся учителей церкви по знанию древнееврейского языка и толкованию Ветхого Завета. Он исправил латинский перевод Библии. Он написал также много комментариев к Библии, житий святых и преданий. Последние годы своей жизни он провел в монастыре в Вифлееме.

Иосиф Флавий: иудейский историк, род. в 37 г. по Р.Хр. в Иерусалиме и наставлен в римском учении. Во время последней еврейской войны он был военачальником в Галилее и был взят в плен римлянами в 67 году, после чего он перешел на их сторону. По окончании войны, он жил в Риме до времени Траяна (около 103 г.). В Риме он написал несколько больших трудов, именно: 7 книг о еврейской войне, 20 книг о еврейской археологии, апологическое сочинение против Апиона и свою биографию.

Иустин Мученик, самый старший и выдающийся из так называемых апологетов первохристианства (которые писали в защиту христианства), родился в Наблусе около 100 г. по Р.Хр. Сначала он был сторонником одной за другой нескольких философских школ, но, увидев стойкость христианских мучеников, он, наконец, решился исследовать христанское учение, которое и воспринял. Затем этот философ стал разъезжать и проповедывать Евангелие, свидетельствуя об истине, а около 165 г. он был обезглавлен в Риме. Большую ценность представляют его две апологии, адресованные римскому императору, около 150-160 гг., и его "Беседа с евреем Трифоном".

Клеанф из Асса, в Троаде, в Малой Азии: род. около 300 года до Р.Хр., философ школы стоиков. Чтобы иметь возможность днем заниматься философией, он работал по ночам, как рабочий. Он написал замечательный, отличающийся религиозным подъемом гимн Зевсу, который отмечается отцами церкви, как один из голосов язычества, в котором сказывается пророческое предчувствие христианства. Этот гимн заключает в себе то выражение, на которое Павел ссылается в Деян. 17:28.

Климент Александрийский, языческий философ, путешествовавший по разным далеким странам. В зрелом возрасте он принял христианство и был пресвитером в Александрии, наставником катехизической школы и учителем Оригена. Во время гонения в 202 году он бежал в Палестину, где и умер около 220 года. После себя он оставил ряд сочинений для поучения и назидания.

Климент Римский; один из учеников апостольских; по мнению многих, один из первых епископов в Риме. С древних времен его считали автором послания к Коринфянам. См. "Евангелие". В этом послании Климента некоторые замечают впервые обнаруживаемые домогательства Римом верховной церковной власти.

Кризипп из Соли, в Киликии, 282-209 гг. до Р.Хр.; ученик Клеанфа, развивший философию стоиков. Говорят, что он написал 705 сочинений; ни одно из них до нас не дошло.

Ксенофонт из Афин, один из учеников Сократа, философ, полководец и писатель; умер около 359 г. до Р.Хр.

Лаврентий Петри, один из шведских реформаторов, архиепископ в Упсале в 1531 г.; умер в 1573 г. Между 1526-1541 гг. при его деятельном участии переведена и издана Библия на шведском языке.

Ловт, Роберт, 1710-1787 гг., профессор поэзии в Оксфорде, потом епископ в Лондоне, издал замечательное сочинение о еврейской поэзии в 1753 г. и перевод книги пророка Исаии с примечаниями в 1788 г.

Лютер, Мартин: известный реформатор, перевел Библию на немецкий язык; родился в Эйслебенс, в Саксонии, 10-го ноября 1483 г., был монахом в августинском монастыре, в Эрфурте с 1505 г.; профессором в Виттенберге с 1508 г.; умер 18-го февраля 1546 г. в Эйслебене.

Ленг, капитан американского флота. Первый путешественник, основательно исследовавший Мертвое море. См. "Соленое или Мертвое море".

Мането: египетский жрец, который написал историю своего отечества на греческом языке. От этого сочинения остались части, которые приводятся в трудах других писателей: Иосифа Флавия, Евсевия и др.

Марциал из Испании, римский поэт.

Маттиас: каноник в Линчспинге, духовник св. Бригитты, умер в Стокгольме около 1350 г.; особенно известен, как автор обширного труда на шведском языке, т.н. Конкорданции или пояснения библейских текстов. Он написал также предисловие к откровениям Бригитты.

Менандр: греч. поэт в Афинах около 342 г. до Р.Хр., которого цитировал Павел. Он написал около 100 комедий; сохранились небольшие отрывки некоторых из них.

Мондевилль, Джон, 1322-1356 гг., родившийся в Англии французский путешественник.

Маундрелль, Генрик, английский священник в Алеппс; автор дневника путешественника из Алеппо в Иерусалим 1697 года; он путешествовал также к Евфрату и на Синай.

Нибур, Карстен: немецкий путешественник; посетил Аравию, Сирию, Палестину и другие страны между 1770-1780 гг.

Ориген, родился в Александрии в 185 г. по Р.Хр.; изучал богословские науки у Климента Александрийского и в то же время занимался философией. Он выказал такое усердие к занятиям, что его назвали "адамантом", т.е. твердым, как алмаз. Будучи учителем в катехизической школе и сильным защитником христианства, он приобрел большое влияние и, вследствие этого, навлек на себя много неприятностей со стороны епископа Димитрия Александрийского. Он удалился в Кесарию и затем в Афины. Во время гонения при императоре Декие он был мучим язычниками и скончался в 253 г. Ориген написал очень много сочинений по толкованию и критике текста, догматике и апологетике. Наиболее замечательны его четыре книге "О началах"; это сочинение представляет первую попытку систематического изложения вероучения; далее его 8 книг "Против Цельсия" — защита христианства против язычника Цельсия; его библейские комментарии и крупное библейское сочинение "Гекзапла", содержащее текст Ветхого Завета в 6-ти параллельных изложениях: первое — по-еврейски, еврейскими буквами; второе — по-еврейски, греческими буквами, и остальные четыре — различные греческие переводы.

Пифагор с острова Самоса, в Малой Азии; выступил как философ или как учитель нравственности в Южной Италии, где он, как говорят, учредил религиозное или моральное общество около 540-500 гг. до Р.Хр.

Платон: самый выдающийся греческий философ, родился в 429 г. до Р.Хр. 20-ти лет он пришел к Сократу и пробыл в течение 10 лет его учеником. После этого он в продолжение 10 лет путешествовал по Египту, Италии и Сицилии, а затем преподавал философию в парке при академии, близ Афин, до своей смерти в 347 г. до Р.Хр. Его сочинения, 44 работы, сохранились до нашего времени.

Плиний, Секунд, Старший; ученый римлянин, который оставил после себя пространную естественную историю в 37-ми книгах; он задохнулся дымом Везувия, когда наблюдал его извержение в 79 г. по Р.Хр.

Плиний, Секунд, Младший; сын сестры первого; проконсул в Понте во времена кесаря Траяна, умер около 115 г. по Р.Хр. После себя он оставил сборник писем в 9-ти книгах.

Поликарп: епископ Смирнский, ученик ап. Иоанна, сожжен на костре около 160 г. После него осталось одно послание к Филиппийской церкви. См. "Евангелие". Русский перевод напечатан в "Христианском Чтении" 1821 года.

Потин: епископ в Южной Франции во втором столетии.

Робинсон, Эдуард, 1794-1863 г.; профессор богословия в Нью-Йорке; совершил большие путешествия и исследования в Египте и Палестине в 1838 и 1852 гг.

Сократ из Афин, родился в 479 г. до Р.Хр., занимался одно время ремеслом своего отца — ваянием, но потом отдался воспитанию юношей и беседам со своими согражданами относительно задач и целей жизни. Хотя его внешность была весьма непривлекательна: отвисший живот, глаза навыкате, вздернутый нос и большой рот, но его нравственный облик был таков, что ученики говорили о нем только хорошее. Он выпил по приговору чашу с ядом в 399 г. до Р.Хр. Срав. "Философ".

Сперджен, Чарльс Халдон: 1834-1892 г.; баптистский проповедник в Лондоне, записавший многие свои проповеди.

Тертуллиан, Квинт Септимий Флоренс; один из латинских отцов церкви, родившийся в Карфагене в 160 г. по Р.Хр.; был известен, как юрист и оратор до тех пор, пока не принял христианство в 185 г. После этого он написал множество сочинений относительно догматических и практических вопросов. Умер около 230 года.

Тиндаль, Вильям, английский реформатор и переводчик Библии, издал Новый Завет на английском языке в 1526 г. и всю Библию в 1532 г., сожжен в 1535 г., как еритик, в Брабанте; его последними словами были: "Господи! Открой глаза английскому королю!"

Тишендорф, Константин, 1815-1874 гг., профессор богословия в Лейпциге, совершил несколько поездок по Европе и Востоку для исследований и сбору материала по уяснению правильного библейского текста и издал множество сочинений по этому вопросу. Главным его трудом является перевод и издание синайской рукописи Библии.

Ульфила, около 318-388 гг. по Р.Хр.; апостол готтов, оставил своему народу алфавит и перевел на его язык Библию. Самый значительный отрывок этого перевода находится в Упсале и называется "Серебряной рукописью" (Codex argentum).

Фалес, Милетский, около 640-550 гг. до Р.Хр.; старейший из греческих философов.

Фьельстедт, Петр, 1802-1881 г.; шведский миссионер и толкователь Библии.

Филон, ученый еврей в Александрии 25 г. до Р.Хр. - 40 г. по Р.Хр. — посланник александрийских евреев в Рим, выдающийся представитель эллинистической религозной философии, мастер в аллегорическом изложении Ветхого Завета. Он стремился установить гармонию между Моисеевым миросозерцанием и греческой философией; по его мнению Бог Библии является также абсолютным бытием философов; ангелы Библии — то же, что и Платонские идеи, и самая высшая из этих идей или сил изображает "логос", или слово "старшего сына Божия", которым был создан мир, Его "младший сын", и т.д. Филон хочет доказать, что вся греческая философия заимствована из божественного откровения еврейства; но в развитии этой мысли он попадает в затруднительное положение.

Хассельквист, Фридрих, шведский путешественник, род. в 1722 г.; один из самых способных учеников Линнея в Упсале (Швеция). Он путешествовал по Малой Азии, Египту и Палестине 1749-1752 гг. Умер он в Смирне 9-го февраля 1752 г. Линней издал описание его путешествия.

Цельсий, Олаф, 1670-1756 гг.; профессор богословия и восточных языков, настоятель кафедрального собора в Упсале; особенно достопамятен своим попечением о Линнее. Самая лучшая из работ Цельсия — "Hiero botanicon", о растениях, упомянутых в Библии (Упсала, 1745-1747 г.).

Цицерон, Марк Туллий, 106-45 гг. до Р.Хр.; знаменитый римский государственный деятель, философ и оратор, автор многих сочинений по философии и нравственности. Его рассуждение "об обязанности" (De officiis) можно причислить к самым лучшим сочинениям о добродетели, которые могла создать человеческая мудрость. Его переписка очень интересна, потому что она, вместе с его другими трудами, наглядно рисует разложение внутреннего состояния римского народа незадолго до появления христианства. Мы видим из нее, что последним словом язычества было — сомнение и отчаяние.

Шаммай, раввин во времена Христа.

Шафф, Филипп, 1819-1894 гг., профессор церковной истории в Нью-Йорке, выдающийся, продуктивный писатель.

ПРОРОЧЕСТВА О МЕССИИ ИСПОЛНИЛИСЬ С ПРИХОДОМ ХРИСТА

Поданные здесь в хронологическом порядке

ПРОРОЧЕСТВО В ПИСАНИИ	ТЕМА	ИСПОЛНИЛОСЬ
Бытие 3:15 И вражду положу между тобою и между женою, и между семенем твоим и между семенем ее; оно будет поражать тебя в голову, а ты будешь жалить его в пяту.	**Семя жены**	**Гал. 4:4** Но когда пришла полнота времени, Бог послал Сына Своего (Единородного), Который родился от жены, подчинился закону.
Бытие 12:3 Я благословлю благословляющих тебя, и злословящих тебя прокляну; и благословятся в тебе все племена земные.	**Семя Авраама**	**Матфея 1:1** Родословие Иисуса Христа, Сына Давидова, Сына Авраамова.
Бытие 17:19 Бог же сказал: именно Сарра, жена твоя, родит тебе сына, и ты наречешь ему имя: Исаак; и поставлю завет Мой с ним заветом вечным, и потомству его после него.	**Семя Исаака**	**Луки 3:34** Иаковлев, Исааков, Авраамов, Фарин, Нахоров,
Числа 24:17 Вижу Его, но ныне еще нет; зрю Его, но не близко. Восходит звезда от Иакова и востает жезл от Израиля, и разит князей Моава и сокрушает всех сынов Сифовых.	**Семя Иакова**	**Матфея 1:2** Авраам родил Исаака; Исаак родил Иакова; Иаков родил Иуду и братьев его;
Бытие 49:10 Не отойдет скипетр от Иуды и законодатель от чресл его, доколе не приидет Примиритель, и Ему покорность народов.	**От колена Иуды**	**Луки 3:33** Аминадавов, Арамов, Есромов, Фаресов, Иудин,
Исаия 9:7 Умножению владычества Его и мира нет предела на престоле Давида и в царстве его, чтобы Ему утвердить его и укрепить его судом и правдою отныне и до века. Ревность Господа Саваофа соделает это.	**Наследник престола царя Давида**	**Луки 1:32, 33** Он будет велик и наречется Сыном Всевышнего; и даст Ему Господь Бог престол Давида, отца Его; И будет царствовать над домом Иакова вовеки, и Царству Его не будет конца.
Михей 5:2 И ты, Вифлеем — Ефрафа, мал ли ты между тысячами Иудиными? из тебя произойдет Мне Тот, Который должен быть Владыкою в Израиле, и Которого происхождение из начала, от дней вечных.	**Рожден в Вифлееме**	**Луки 2:4, 5, 7** Пошел также и Иосиф из Галилеи, из города Назарета, в Иудею, в город Давидов, называемый Вифлеем, потому что он был из дома и рода Давидова. Записаться с Мариею, обрученною ему женою, которая была беременна. И родила Сына Своего первенца, и спеленала Его, и положила Его в ясли, потому что не было им места в гостинице.

ПРОРОЧЕСТВО В ПИСАНИИ	ТЕМА	ИСПОЛНИЛОСЬ
Даниила 9:25 Итак знай и разумей: с того времени, как выйдет повеление о восстановлении Иерусалима, до Христа Владыки семь седьмин и шестьдесят две седьмины; и вазвратится народ и обстроятся улицы и стены, но в трудные времена.	**Время рождения Христа**	**Луки 2:1, 2** В те дни вышло от кесаря Августа повеление сделать перепись по всей земле. Эта перепись была первая в правление Квириния Сириею.
Исаия 7:14 Итак Сам Господь даст вам знамение: се, Дева во чреве приимет, и родит Сына, и нарекут имя Ему: Еммануил.	**Народиться от Девы**	**Луки 1:26, 27, 30, 31** В шестой же месяц послан был Ангел Гавриил от Бога в город галилейский, называемый Назарет, К деве, обрученной мужу, именем Иосифу, из дома Давидова; имя же Деве: Мария. И сказал Ей Ангел: не бойся, Мария, ибо Ты обрела благодать у Бога; И вот, зачнешь во чреве, и родишь Сына, и наречешь Ему имя: Иисус.
Иеремия 31:15 Так говорит Господь: голос слышен в Раме; вопль и горькое рыдание; Рахиль плачет о детях своих и не хочет утешиться о детях своих, ибо их нет.	**Избиение младенцев**	**Матфея 2:16-18** Тогда Ирод, увидев себя осмеянным волхвами, весьма разгневался и послал избить всех младенцев в Вифлееме и во всех пределах его, от двух лет и ниже, по времени, которое выведал от волхвов. Тогда сбылось реченное чрез пророка Иеремию, который говорит: “Глас в Раме слышен, плач и рыдание, и вопль великий; Рахиль плачет о детях своих и не хочет утешиться, ибо их нет”.
Осия 11:1 Когда Израиль был юн, Я любил его и из Египта вызвал сына Моего.	**Бегство в Египет**	**Матфея 2:14, 15** Он встал, взял Младенца и Матерь Его ночью, и пошел в Египет. И там был до смерти Ирода, да сбудется реченное Господом чрез пророка, который говорит: “из Египта воззвал Я Сына Моего”.
Малахия 3:1 Вот, Я посылаю Ангела Моего,и он приготовит путь предо Мною, и внезапно придет в храм Свой Господь, Которого вы ищете, и Ангел завета, Которого вы желаете; вот, Он идет, говорит Господь Саваоф.	**Приготовление пути**	**Луки 7:24, 27** По отшествии же посланных Иоанном, начал говорить к народу об Иоанне: что смотреть ходили вы в пустыню? трость ли, ветром колеблемую? Сей есть, о котором написано: “вот, Я посылаю Ангела Моего пред лицем Твоим, который приготовит путь Твой пред Тобою”.

ПРОРОЧЕСТВО В ПИСАНИИ	ТЕМА	ИСПОЛНИЛОСЬ
Псалом 2:7 Возвещу определение: Господь сказал Мне: Ты Сын Мой; Я ныне родил Тебя;	**Возвещен Сыном Божьим**	**Матфея 3:17** И се, глас с небес глаголющий: Сей есть Сын Мой Возлюбленный, в Котором Мое благоволение.
Исаия 9:1, 2 Прежнее время умалило землю Завулонову и землю Неффалимову; но последующее возвеличит приморский путь, заИорданскую страну, Галилею языческую. Народ, ходящий во тьме, увидит свет великий; на живущих в стране тени смертной свет воссияет.	**Галилейская миссия**	**Матфея 4:13-16** И, оставив Назарет, пришел и поселился в Капернауме приморском, в пределах Завулоновых и Неффалимовых, Да сбудется реченное чрез пророка Исаию, который говорит: “Земля Завулонова и земля Неффалимова, на пути приморском, за Иорданом, Галилея языческая, Народ, сидящий во тьме, увидел свет великий, и сидящим в стране и тени смертной воссиял свет”.
Второзаконие 18:15 Пророка из среды тебя, из братьев твоих, как меня, воздвигнет тебе Господь, Бог твой, — Его слушайте;	**Пророк**	**Деяния 3:20, 22** Да придут времена отрады от лица Господа, и да пошлет Он предназначенного вам Иисуса Христа, Моисей сказал отцам: “Господь Бог ваш воздвигнет вам из братьев наших Пророка, как меня; слушайтесь Его во всем, что Он ни будет говорить вам;
Исаия 61:1, 2 Дух Господа Бога на Мне, ибо Господь помазал Меня благовествовать нищим, послал Меня исцелять сокрушенных сердцем, проповедывать пленным освобождение и узникам — открытие темницы, Проповедывать лето Господне благоприятное и день мщения Бога нашего, утешит всех сетующих,	**Утешение всех сетующих**	**Луки 4:18, 19** “Дух Господень на Мне; ибо Он помазал Меня благовествовать нищим и послал Меня исцелять сокрушенных сердцем, проповедывать пленным освобождение, слепым прозрение, отпустить измученных на свободу, Проповедывать лето Господне благоприятное”.
Исаия 53:3 Он был презрен и умален пред людьми, муж скорбей и изведавший болезни, и мы отвращали от Него лице свое; Он был презираем, и мы ни во что ставили Его.	**Свои (евреи) Его не приняли**	**Иоанна 1:11** Пришел к своим, и свои Его не приняли. **Луки 23:18** Но весь народ стал кричать: смерть Ему! а отпусти нам Варавву.
Псалом 108:4 Клялся Господь, и не раскается: Ты священник вовек по чину Мельхиседека.	**Священник по чину Мелхиседека**	**Евреям 5:5, 6** Так и Христос не Сам Себе присвоил славу быть первосвященником, но Тот, Кто сказал Ему: “Ты Сын Мой, Я ныне родил Тебя”; Как и в другом месте говорит: “Ты священник вовек по чину Мелхиседека”.

ПРОРОЧЕСТВО В ПИСАНИИ	ТЕМА	ИСПОЛНИЛОСЬ
Захария 9:9 Ликуй от радости, дщерь Сиона, торжествуй, дщерь Иерусалима: се, Царь твой грядет к тебе, праведный и спасающий, кроткий, сидящий на ослице и на молодом осле, сыне подъяремной.	**Торжественный въезд**	**Марка 11:7,9, 11** И привели осленка к Иисусу, и возложили на него одежды свои; Иисус сел на него. И предшествовавшие и сопровождавшие восклицали: осанна! благословен грядущий во имя Господне! И вошел Иисус в Иерусалим и в храм; и осмотрев все, как время уже было позднее, вышел в Вифанию с двенадцатью.
Псалом 40:10 Даже человек мирный со мною, на которого я полагался, который ел хлеб мой, поднял на меня пяту.	**Предательство друга**	**Луки 22:47, 48** Когда Он еще говорил это, появился народ, а впереди его шел один из двенадцати, называемый Иуда, и он подошел к Иисусу, чтобы поцеловать Его. Ибо он такой им дал знак: Кого я поцелую, Тот и есть. Иисус же сказал ему: Иуда! целованием ли предаешь Сына Человеческого?
Захария 11:12 И скажу им: если угодно вам, то дайте Мне плату Мою; если же нет, — не давайте; и они отвесят в уплату Мне тридцать серебренников.	**Продан за 30 серебренников**	**Матфея 26:15** И сказал: что вы дадите мне, и я вам предам Его? Они предложили ему тридцать сребренников;
Псалом 34:11 Восстали на меня свидители неправедные: чего я не знаю, о том допрашивают меня.	**Лжесвидетельство**	**Марка 14:57, 58** И некоторые вставши лжесвидетельствовали против Него и говорили: Мы слышали, как Он говорил: "Я разрушу храм сей рукотворенный, и чрез три дня воздвигну другой нерукотворенный".
Исаия 53:7 Он истязуем был, но страдал добровольно, и не открывал уст Своих; как овца, веден был Он на заклание, и, как агнец пред стригущим его безгласен, так не отверзал уст Своих.	**Безгласен пред обвинителями**	**Марка 15:4, 5** Пилат же опять спросил Его: Ты ничего не отвечаешь? видишь как много против Тебя обвинений. Но Иисус и на это ничего не отвечал, так-что Пилат дивился.
Исаия 50:6 Я предал хребет Мой биющим и ланиты Мои поражающим; лица Моего не закрывал от поруганий и оплевания.	**Поругания и оплевания**	**Матфея 26:67** Тогда плевали Ему в лицо и заушали Его; другие же ударяли Его по ланитам
Псалом 34:19 Чтобы не торжествовали надо мною враждующие против меня неправедно, и не перемигивались глазами ненавидящие меня безвинно.	**Враждующие неправедно**	**Иоанна 15:24, 25** Если бы Я не сотворил между ними дел, каких никто другой не делал, то не имели бы греха; а теперь и видели, и возненавидели и Меня и Отца Моего. Но да сбудется слово, написанное в законе их: "возненавидели Меня напрасно".

ПРОРОЧЕСТВО В ПИСАНИИ	ТЕМА	ИСПОЛНИЛОСЬ
Исаия 53:5 Но Он изъязвлен был за грехи наши и мучим за беззакония наши; наказание мира нашего было на Нем, и ранами Его мы исцелились.	**Изъявлен за грехи наши**	**Римлянам 5:6, 8** Ибо Христос, когда еще мы были немощны, в определенное время умер за нечестивых. Но Бог Свою любовь к нам доказывает тем, что Христос умер за нас, когда мы были еще грешниками.
Исаия 53:12 Посему Я дам Ему часть между великими, и с сильными будет делить добычу, за то, что предал душу Свою на смерть, и к злодеям причтен был, тогда как Он понес на Себе грех многих и за преступников сделался ходатаем.	**К злодеям причтен**	**Марка 15:27, 28** С Ним распяли двух разбойников, одного по правую, а другого по левую сторону Его. И сбылось слово Писания: "и к злодеям причтен".
Захария 12:10 А на дом Давида и на жителей Иерусалима изолью дух благодати и умиления, и они воззрят на Него, Которого пронзили, и будут рыдать о Нем, как рыдают об единородном сыне, и скорбеть, как скорбят о первенце.	**Руки и ноги Его пронзили**	**Иоанна 20:27** Потом говорит Фоме: подай перст твой сюда и посмотри руки Мои; подай руку твою и вложи в ребра Мои; и не будь неверующим, но верующим.
Псалом 21:8, 9 Все, видящие меня, ругаются надо мною; говорят устами, кивая головою: "Он уповал на Господа, — пусть избавит его; пусть спасет, если он угоден Ему".	**Ругались и смеялись над Ним**	**Луки 23:35** И стоял народ и смотрел. Насмехались же вместе с ними и начальники, говоря: других спасал, пусть спасет Себя Самого, если Он Христос, избранный Божий.
Псалом 68:22 И дали мне в пищу желчь, и в жажде моей напоили меня уксусом.	**Дали Ему пить уксуса**	**Матфея 27,34** Дали Ему пить уксуса, смешанного с желчью; и, отведав, не хотел пить.
Псалом 109:4 За любовь мою они враждуют на меня, а я молюсь.	**Он молился За врагов Своих**	**Луки 23:34** Иисус же говорил: Отче! прости им, ибо не знают, что делают. И делили одежды Его, бросая жребий.
Псалом 21:18, 19 Можно было бы перечесть все кости мои, а они смотрять и делают из меня зрелище; Делят ризы мои между собою, и об одежде моей бросают жребий.	**Об одежде Его бросали жребий**	**Матфея 27:35, 36** Распявшие же Его делили одежды Его, бросая жребий; И, сидя, стерегли Его там.

ПРОРОЧЕСТВО В ПИСАНИИ	ТЕМА	ИСПОЛНИЛОСЬ
Псалом 33:21 Он хранит все кости его; ни одна из них не сокрушится.	**Господь хранил все кости Его**	**Иоанна 19:32, 33, 36** Итак пришли воины, и у первого перебили голени, и у другого, распятого с Ним; Но, пришедши к Иисусу, как увидели Его уже умершим, не перебили у Него голеней, Ибо сие произошло, да сбудется Писание: "кость Его да не сокрушится".
Захария 12:10 А на дом Давида и на жителей Иерусалима изолью дух благодати и умиления, и они воззрят на Него, Которого пронзили, и будут рыдать о Нем, как рыдают об единородном сыне, и скорбеть, как скорбят о первенце.	**И бок Его пронзили**	**Иоанна 19:34** Но один из воинов копьем пронзил Ему ребра, и тотчас истекла кровь и вода.
Исаия 53:9 Ему назначали гроб со злодеями, но Он погребен у богатого, потому что не сделал греха, и не было лжи в устах Его.	**Он погребен у багатого**	**Матфея 27:57-60** Когда же настал вечер, пришел богатый человек из Аримафеи, именем Иосиф, который также учился у Иисуса; Он, пришед к Пилату, просил Тела Иисусова. Тогда Пилат приказал отдать Тело. И взял Тело, Иосиф обвил его чистою плащаницею И положил его в новом своем гробе, который высек он в скале; и, привалив большой камень к двери гроба, удалился.
Псалом 15:10 Ибо Ты не оставишь души моей в аде и не дашь святому Твоему увидеть тление. **Псалом 48:16** Но Бог избавит душу мою от власти преисподней, когда примет меня.	**Он воскрес**	**Марка 16:6-7** Он же говорит им: не ужасайтесь. Иисуса ищете Назарянина, распятого; Он воскрес, Его нет здесь. Вот место, где Он был положен. Но идите, скажите ученикам Его и Петру, что Он предваряет вас в Галилее; там Его увидете, как Он сказал вам.
Псалом 67:19 Ты восшел на высоту, пленил плен, принял дары для человеков, так чтоб и из противящихся могли обитать у Господа Бога.	**Он вознесся на небо и воссел одесную Бога**	**Марка 16:19** И так Господь, после беседования с ними, вознесся на небо и воссел одесную Бога. **1 Кор. 15:4** И что Он погребен был и что воскрес в третий день по Писанию. **Ефес. 4:8** Посему и сказано: "восшед на высоту, пленил плен и дал дары человекам".

МИР С БОГОМ

1. Иметь мир с Богом, это самое замечательное явление в жизни человека. И первым шагом к этому миру есть ознакомление с **Божьим планом спасения,** который приносит полный мир чоловеку.

Бог любит вас, и Он хочет, чтобы вы имели мир и жизнь вечную.

В Библии сказано:

"...Мы имеем мир с Богом чрез Господа нашего Иисуса Христа".

Римлянам 5:1

"Ибо так возлюбил Бог мир, что отдал Сына Своего единородного, дабы всякий, верующий в Него, не погиб, но имел жизнь вечную".

Иоанна 3:16

"...Я пришел для того, чтоб имели жизнь и имели с избытком".

Иоанна 10:10

Бог желает, чтобы люди имели мир и полную жизнь, но многие живут таким образом жизни, который не приносит им мира.

2. Человек должен осознать свою **проблему разлуки с Богом.**

Бог сотворил человека по образу Своему и дал ему прекрасную жизнь. И Он не сотворил его роботом, который автоматически любил бы Бога, безвольно исполняя Его волю. Бог дал человеку свободный выбор между добром и злом.

Человечество избрало себе путь непослушания Богу и живет без Бога. Человек всегда имел и теперь имеет эту возможность выбора между добром и злом. А выбор злого пути ведет к **разлуки** с Богом.

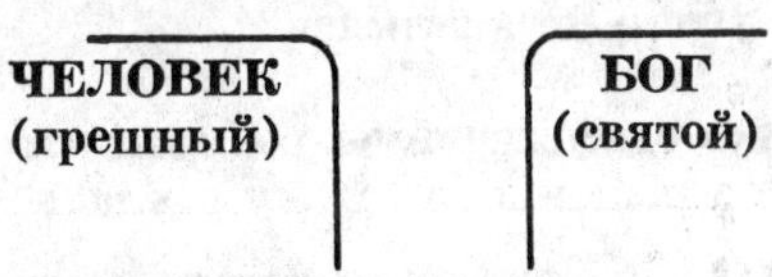

В Библии сказано:

"Потому что все согрешили и лишены славы Божией".

Римлянам 3:23

"Ибо возмездие за грех — смерть, а дар Божий — жизнь вечная во Христе Иисусе, Господе нашем".

Римлянам 6:23

Люди всех времен старались перекрыть эту пропасть разлуки с Богом, но им не удавалось сделать этого.

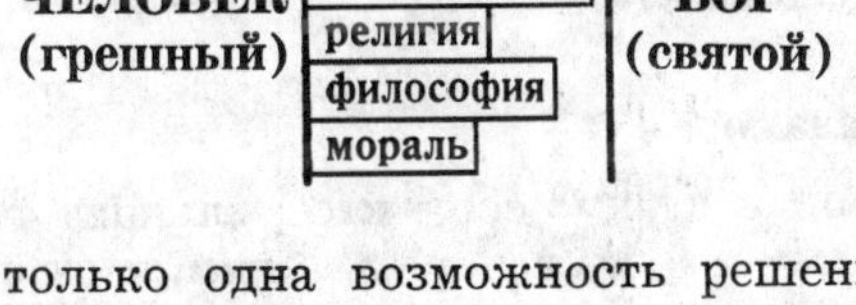

В мире есть только одна возможность решения этой проблемы разлуки человека с Богом.

3. Осознать **Божье средство — Голгофский крест.**

Иисус Христос является единственным выходом из этого гибельного положения разлуки с Богом. Эта разлука лежит пропастью между Богом и человеком. Христос, предавши Себя для искупления всех, умер на кресте, но воскрес из мертвых и тем самым перекрыл пропасть между Богом и человеком. Его **смерть** и **воскресение** дает новую жизнь всем, кто верит в Него.

Бог стоит по одной стороне этой пропасти, а все человечество — по другой. Иисус Христос, Богочеловек, есть мостом через эту ужасную пропасть, и Он Своим посредничеством восстанавливает нарушенную связь между Богом и человеком.

В Библии сказано:

“Но Бог Свою любов к нам доказывает тем, что Христос умер за нас, когда мы были еще грешниками”.

Римлянам 5:8

“Иисус сказал ему: Я есмь путь и истина и жизнь; никто не приходит к Отцу, как только чрез Меня”.

Иоанна 14:6

“Ибо благодатию вы спасены чрез веру, и сие не от вас, Божий дар: Не от дел, чтобы никто не хвалился”.

Ефесянам 2:8, 9

Бог дает нам только **единственную возможность**, и каждый человек должен сделать свое решение: что ему сделать с Христом?

4. Вы должны теперь сделать свое решение: принять или отвергнуть Иисуса Христа.

Мы должны довериться Христу и лично **принять** Его в наше сердце.

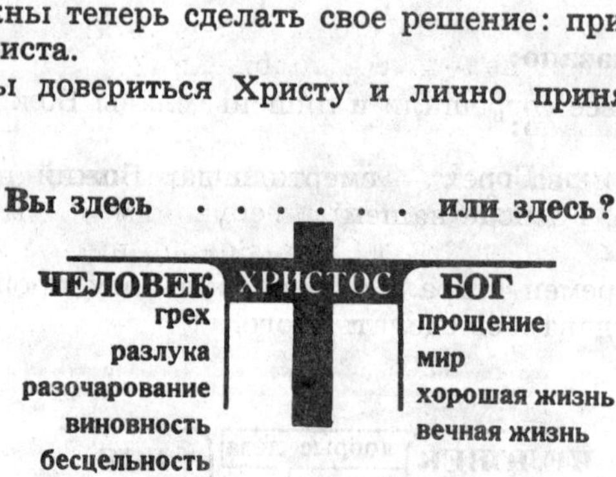

В Библии сказано:

“Се, стою у двери и стучу: если кто услышит голос Мой и отворит дверь, войду к нему и буду вечерять с ним, и он со Мною”.

Откровение 3:20

"А тем, которые приняли Его, верующим во имя Его, дал власть быть чадами Божиими".

Иоанна 1:12

"Ибо, если устами твоими будешь исповедывать Иисуса Господом и сердцем твоим веровать, что Бог воскресил Его из мертвых, то спасешься".

Римлянам 10:9

Что вам мешает сейчас принять Иисуса Христа, как вашего личного Спасителя?

Что вам нужно делать:

1. Осознать, что вы грешник.
1. Покаяться.
3. Поверить, что Христос умер за вас на кресте и воскрес из мертвых.
4. Принять Христа, как личного Спасителя.

О чем молиться:

Дорогой Господь,
Я знаю, что я заблудший грешник и нуждаюсь в Твоем прощении моих грехов. Я верю, что Ты умер за мои грехи. Я хочу перестать грешить и прошу Тебя войти в мое сердце, и изменить мою жизнь. Я верю, что Ты мой Спаситель и Господь, и я хочу прославлять Тебя вместе с другими членами Твоей Церкви.

Божья гарантия спасения в Его Слове.

Молились ли вы этой молитвой?

В Библии сказано:

"Ибо всякий, кто призовет имя Господне, спасется".

Римлянам 10:13

Пригласили ли вы Христа стать вашим Господом и Спасителем? В каком вы теперь находитесь положении?

В Библии сказано:

"Имеющий Сына Божия имеет жизнь, не имеющий Сына Божия не имеет жизни. Сие написал я вам, верующим во имя Сына Божия, дабы вы знали, что вы, веруя в Сына Божия, имеете жизнь вечную".

1-е Иоанна 5:12, 13

НЕТ БОЛЬШЕЙ ЛЮБВИ.

Ибо так возлюбил Бог мир, что отдал Сына Своего единородного, дабы всякий, верующий в Него, не погиб, но имел жизнь вечную.
Иоанна 3:16.

СТРАНЫ СРЕДИЗЕМНОГО МОРЯ
В ПЕРВЫЙ ВЕК ПО Р. Х.
КИЛОМЕТРЫ
0 100 200 300 400
Рим
Три гостиницы
Аппиева площадь
ИТАЛИЯ
Путеол
Неаполь
Брундизий
Адриатическое море
СИЦИЛИЯ
Ригия
Сиракузы
МЕЛИТ
МАЛЬТА
ДАЛМАТИЯ
ИЛЛИРИК
МАКЕДОНИЯ
Фессалоники
Верия
Филиппы
Амфиполь
Аполлония
Неаполь
ФРАКИЯ
Истамбул
Черное море
САМОФРАКИЯ
Никополь
АХАИЯ
Коринф
Кенхрея
Афины
КРИТ
Финик
Ласея
Салмон
КЛАВДА
Хорошие пристани
МИТИЛИНА
ХИОС
САМОС
ПАТМОС
КОС
Книд
РОДОС
Троада
Асс
Адрамит
Пергам
Фиатир
Сардис
Смирна
Ефес
Милит
МИСИЯ
ЛИДИЯ
Филадельфия
Иераполь
Колоссы
ФРИГИЯ
Антиохия
ПИСИДИЯ
Иконня
ЛИКАОНИЯ
Листра
Дервия?
ПАМФИЛИЯ
Атталия
Пергия
ЛИКИЯ
Патара
Миры
ВИФИНИЯ
ПОНТ
ГАЛАТИЯ
Анкара
АРМЕНИЯ
КАППАДОКИЯ
КИЛИКИЯ
Тарс
Селевкия
Антиохия
Алеппо
СИРИЯ
КИПР
Саламин
Паф
Вейрут
Сидон
Тир
Дамаск
ФИНИКИЯ
ИТУРЕЯ
Птолемаида
Кесария
Иоппия (Яффа)
Иерусалим
Газа
ПАЛЕСТИНА
ИУДЕЯ
Порт-Саид
Александрия
ЕГИПЕТ
Каир
АРАВИЯ
Кириния
ЛИВИЯ
Средиземное море

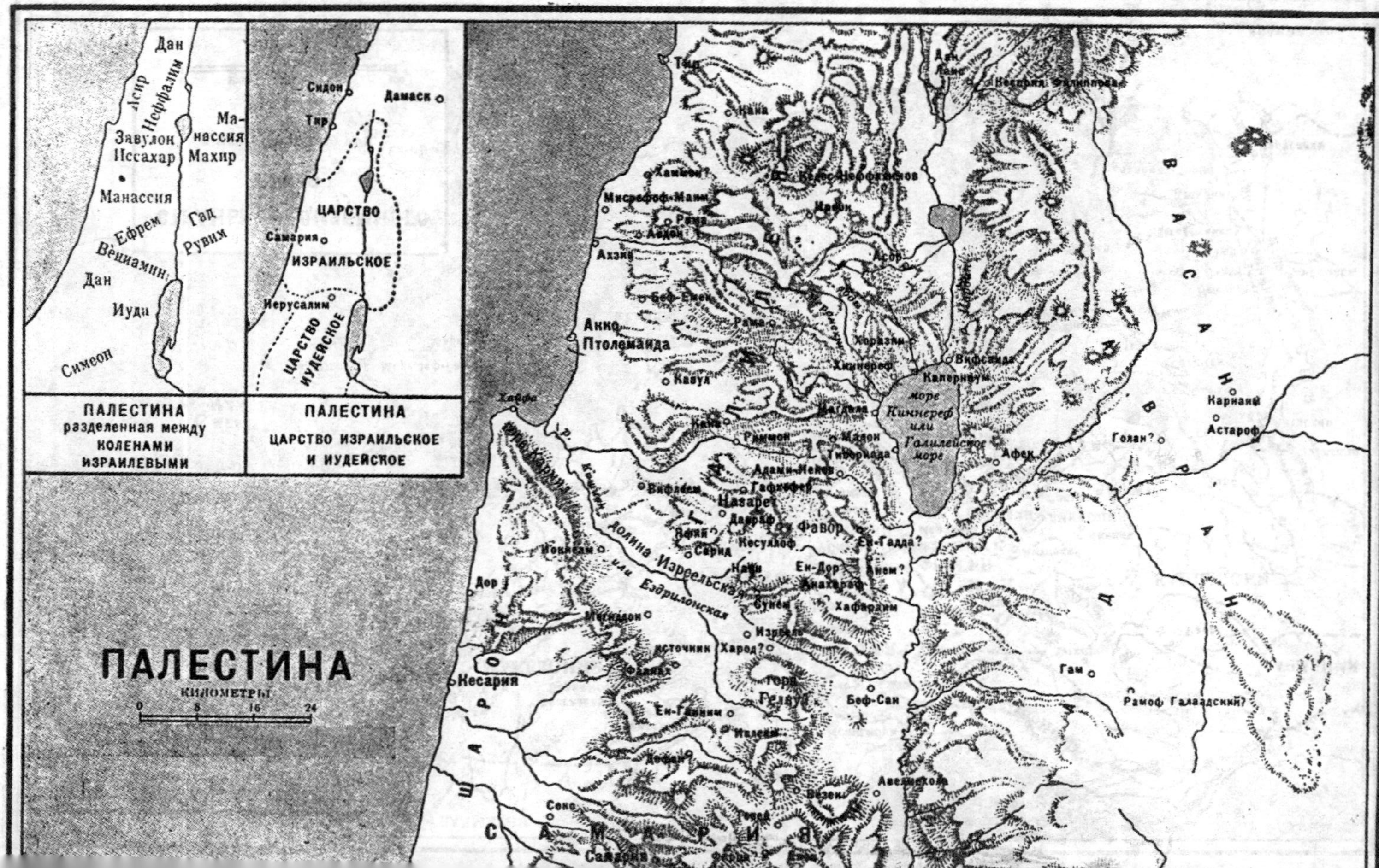

ПАЛЕСТИНА
КИЛОМЕТРЫ
0
8
16
24
ПАЛЕСТИНА
разделенная между
коленами
израилевыми
Дан
Асир
Неффалим
Завулон
Иссахар
Манассия
Махир
Ма-
нассия
Манассия
Ефрем
Гад
Рувим
Вениамин
Дан
Иуда
Симеон
ПАЛЕСТИНА
ЦАРСТВО ИЗРАИЛЬСКОЕ
И ИУДЕЙСКОЕ
Сидон
Дамаск
Тир
ЦАРСТВО
Самария
ИЗРАИЛЬСКОЕ
Иерусалим
ЦАРСТВО
ИУДЕЙСКОЕ
Тир
Кана
Хаммон?
Мисрефоф-Маим
Рама
Авдон
Ахзив
Беф-Емек
Рама
Акко
Птолемаида
Хайфа
Кавул
Кана
Риммон
Хоразин
Хиннереф
Вифсаида
Капернаум
Магдала
море
Киннереф
или
Галилейское
море
Мадон
Тивериада
Адами-Некев
Гафхефер
Вифлеем
Назарет
Даврафф
Фавор
Ен-Гадда?
Кесуллоф
Сарид
Иокнеам
Наин
Ен-Дор
Аном?
Анахараф
Сунем
Хафараим
Дор
Мегиддон
долина Изреельская
или Ездрилонская
Изреель
источник Харод?
Кесария
гора
Гелвуй
Беф-Сан
Ен-Ганним
Ивлеам
Дофан
Авелмехола
Везек
Соко
Самария
С А М А Р И Я
Ш А Р О Н
Асор
Кедес-Неффалимов
Кесария Филиппова
Афек
Голан?
Карнаим
Астароф
Гам
Рамоф Галаадский?
В А С А Н
А В Р А Н

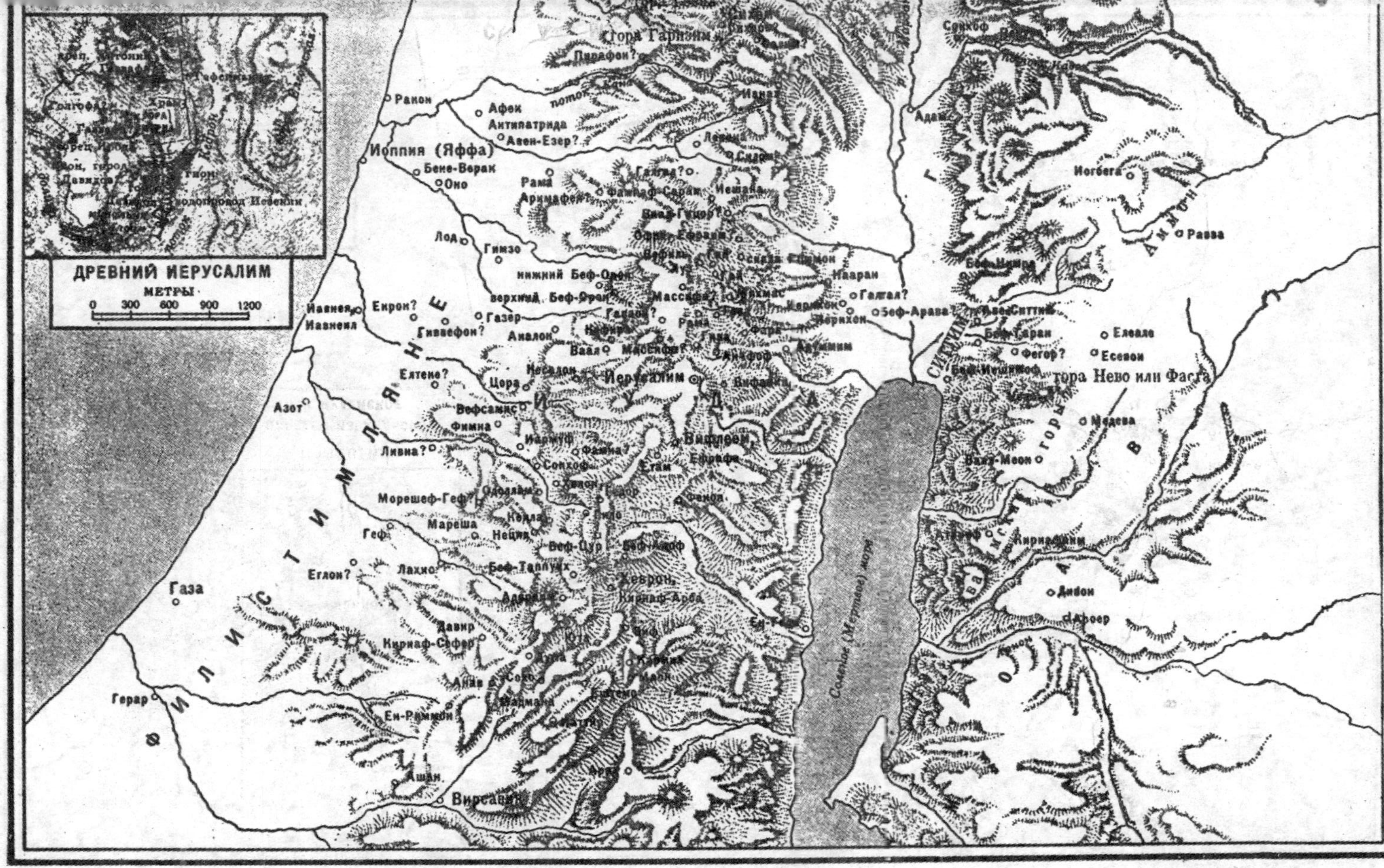
ДРЕВНИЙ ИЕРУСАЛИМ
МЕТРЫ
0 300 600 900 1200
гора Гаризим
Пирафон?
Ранон
Афек
Антипатрида
Авен-Езер?
Иоппия (Яффа)
Бене-Верак
Оно
Рама
Аримафея
Лод
Гимзо
нижний Беф-Орон
верхний Беф-Орон
Газер
Иавнея
Иавнеил
Екрон?
Гиввефон?
Аналон
Ваал
Ефтене?
Цора
Иерусалим
Азот
Вефсамис
Фимна
Ливна?
Вифлеем
Ефрафа
Етам
Сокхоф
Морешеф-Геф?
Одоллам
Мареша
Кеилла
Нецив
Геф
Беф-Цур
Беф-Таппуах
Лахис
Еглон?
Хеврон
Кириаф-Арба
Газа
Давир
Кириаф-Софер
Зиф
Анав
Герар
Ен-Риммон
Ашан
Вирсавия
Ен-Гадди
Соленое (Мертвое) море
Адам
Сокхоф
Иогбега
Равва
Аммон
Наараи
Галгал?
Иерихон
Беф-Арава
Ситтим
Беф-Гаран
Фегор?
Елеале
Есевон
гора Нево или Фасга
Медева
Ваал-Меон
Кириафаим
Дивон
Ароер

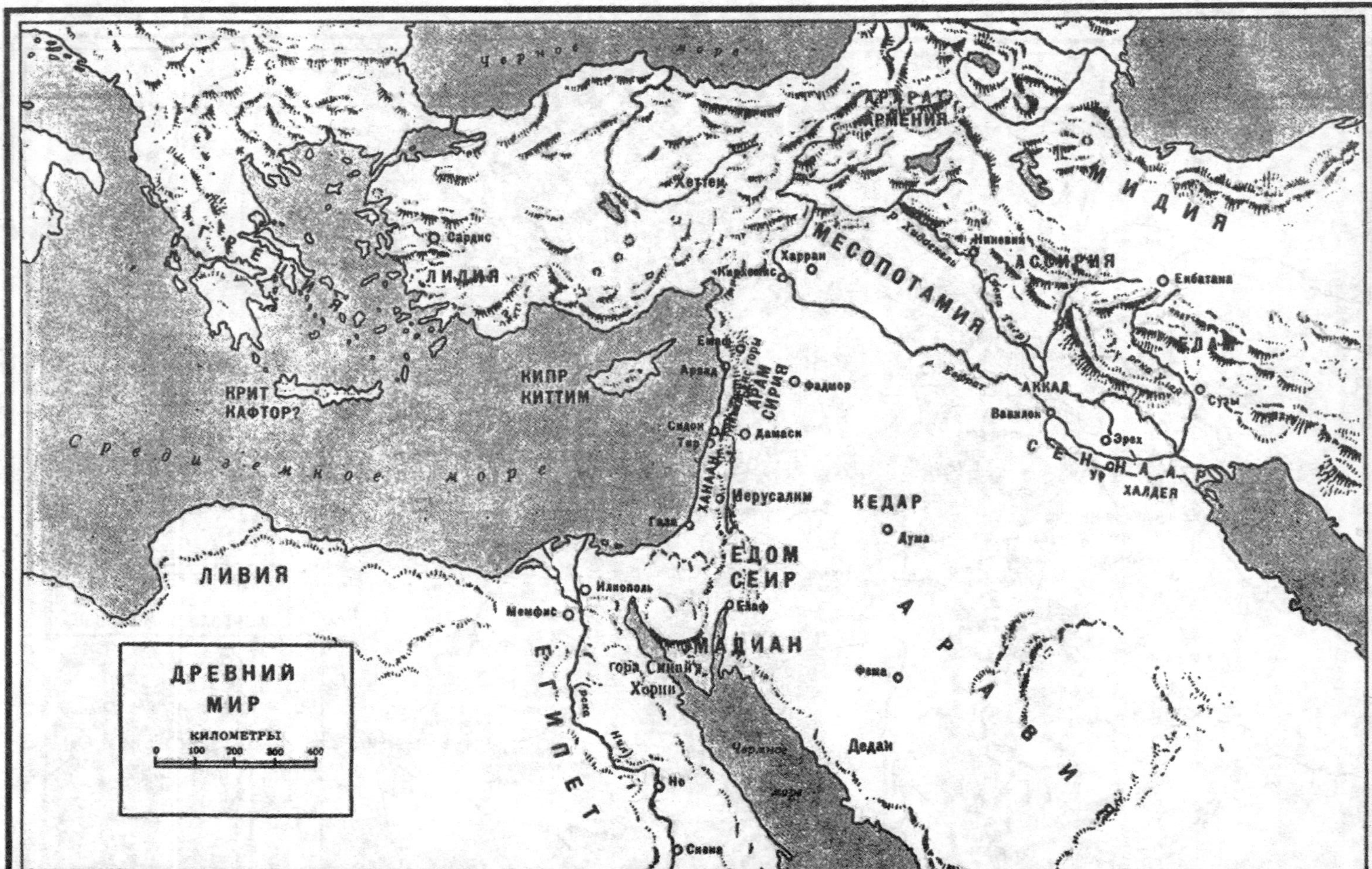
ДРЕВНИЙ МИР
КИЛОМЕТРЫ
0 100 200 300 400
Черное море
Средиземное море
ГРЕЦИЯ
ЛИДИЯ
Сардис
КРИТ
КАФТОР?
КИПР
КИТТИМ
Хеттеи
Кархемис
Харран
АРАРАТ
АРМЕНИЯ
МЕСОПОТАМИЯ
р. Хаворы
Ниневия
АССИРИЯ
МИДИЯ
Екбатана
река Тигр
Евфрат
АККАД
Вавилон
Эрех
ЕЛАМ
река Улай
Сузы
СЕННААР
Ур
ХАЛДЕЯ
Арвад
Сидон
Тир
АРАМ
СИРИЯ
Фадмор
Дамаск
ХАНААН
Иерусалим
Газа
КЕДАР
Дума
ЕДОМ
СЕИР
Елаф
МАДИАН
гора Синай
Хорив
АРАВИЯ
Фема
Дедан
Черное море
ЛИВИЯ
Илиополь
Мемфис
ЕГИПЕТ
река Нил
Но
Сиена

Репринтное издание

ЛР № 030588 от 13 января 1994 г.
Подп. в печ. 15.09.95. Формат 60×90 1/16.
Объем 34 п. л. + 0,5 п. л. вклейки. Печать офсетная.
Тираж 25 000 экз. Зак. № 1379.

Издание
христианского общества «Библия для всех»
(196233, Санкт-Петербург, пр. Космонавтов, 96/2;
196233, Санкт-Петербург, а/я 237).
Отпечатано с оригинал-макета
в ГПП «Печатный Двор» Комитета РФ по печати.
197110, Санкт-Петербург, Чкаловский пр., 15.